国家出版基金项目
NATIONAL PUBLICATION FOUNDATION

海上絲綢之路文獻集成

總主編　陳支平　陳春聲

民間譜牒編 46

主編　林楓

海峽出版發行集團
THE STRAITS PUBLISHING & DISTRIBUTING GROUP
福建人民出版社

本册目次

［浙江慈溪］慈谿鴻門童氏宗譜十七卷首一卷（卷首至卷一）

童賡年等纂修

［浙江慈溪］《慈谿鴻門童氏宗譜》十七卷首一卷，童賡年等纂修。童氏世遠源長，一世祖朝陽由鄞之建隩支分於慈谿之鴻門，遂世家此。五世祖静窗宋慶曆間始創此譜，歷宋至清，代有修輯。清光緒間擬議重修，而或作或輟，未抵於成。民國初，以童賡年總其任，稿初成。十八年重議譜事，仍由童賡年續葺，閲一年而譜成。卷首序、凡例、家訓、記文等。卷一、卷二世系圖，每五世一圖，詳記源流。卷三至十五世傳，卷十六寓居世傳，記生卒葬地。卷十七事略、家傳、壽序、墓表等。清中葉以後，童氏族人多往來滬、甬，業工商爲生。延及近代，滬、甬爲對外交通重要口岸，童氏因乘其勢，出洋經營，遂稱望族。故其族人多有寓居兩地者，如三十二世錦遜、三十三世勤昇、三十四世慎昌等皆寓居滬上，而寓甬者尤不可勝指。至卒於海外者，如三十世祥瑞，遠出客死日本。又有留學國外者，如三十一世文甲、文萊，三十二世遜瑗，分别畢業於日本中央大學、法國昂西大學、美國紐約大學。據民國十八年（一九二九）排印本影印。

慈谿鴻門童氏宗譜

乙巳仲冬
迪白董思題

乙巳仲冬重修

慈谿鴻門董氏宗譜

也白董　君題簽

重修宗譜序

譜始於周沿於漢而盛於六朝六朝之譜今見於劉註世說中者凡四十餘部而童氏未有聞焉德行篇註云吳坦之父堅娶東莞童繪女名秦姬然所引者仍吳氏譜非童氏譜也吾宗之譜創於宋慶歷朝校書公宣和紹定兩修之元至正明萬曆各一修之清嘉慶道光又修之同治時復修之迄今六十餘年矣溯吾族重脩宗譜創議於光緒二十三四年間延杏軒荔軒兩茂才主其事嗣杏軒歸道山而荔軒先將東西河譜一二年間草創意欲兼及二房及後三房中房南房西房之譜未成而殁傷已維時二房以人口衆後三房中房南房西房以人口少各有所難人口多則搜查需時人口少則無人措

任譜事是以或作或輟會逢國變佐宸廣文由太平學任解組歸田即請佐宸總其譜事擔任文字而杏軒茂才家居授徒亦從事稱少房分之譜三四年間編輯略備會佐宸就館他方將譜稿携至余處余再三雒誦犂然有當佐宸譜事勞不可言余竊思初議之時咸欲略收舊觀以光家乘孔子云十室之邑必有忠信黃魯直有言族中有才行者爲作小傳於是自備白金重聘陳敏遜孝廉主文字而余以長年卧病一時無事跡以盡交陳君故撰述不多歲月如流生齒日增今年族中諸君子重議譜事仍請佐宸總其譜事而各房羣子弟查生卒墓葬及事跡以助之余老病在家樂觀厥成爲之敘述原委不掩勞不掠美後之攬者亦將有感於斯文

大中華民國十八年　月　日

三十世孫祥春敬撰

己巳重修宗譜序

三十三世孫 賡年謹譔

慨自歐風東漸平等自由之說中於人心遂將吾中國數千年之名敎綱常於不顧棄仁背義寡廉鮮恥至今日尤甚視宗族若弁髦余竊焉傷之欲挽世運無所措手徒喚奈何而已幸吾甬僻處海隅風俗樸厚比戶善良猶以脩輯宗譜爲急務數典不忘其祖時深水源木本之思族人之志亦可嘉矣余遠官台鐸辛亥鼎革歸里埋憂土室已閱卅年設館授徒飢驅奔走還我本眞不欲出而問世雖台屬門生敦請余就職鹽知事每以老寡頒不合時世粧却之今年春倦鳥知還適族人有修輯宗譜之請既可却聘又可聯宗竟七十年未竟之緒亦義所不容辭也況吾族宗譜至明鼎革時子姓散居四方

世系不絶者如縷高祖柳園公讀書之暇手抄宗譜釐訂成帙百餘年間賴以不墜承上啟下厥功甚鉅嘉道間鴻逵慈錕公修譜皆賴柳園公手抄譜爲藍本同治間遜組伯重脩宗譜條分縷析蔚爲大觀洵稱完璧茲余承其乏手抄釐定已歷三年此次編定年老力衰恐虞隕越乃延同族五人如柄魁璐魁兄弟任鈔謄堂弟家模頌德任校對堂姪子華任調查不避艱難共襄其事閱一年而告成余之功皆五人之功也余不過濫竽其間無微功之足言惟河山改革故舊淪亡余以無才獨存猶得躬逢其盛任編纂之役紹高祖柳園公之志輾然色喜者累月今因宗譜排印告成在卽爰述其大略弁之簡端焉

慈東童氏宗譜

目錄

卷十一

世傳三十一世　謙行一起至二百四十止

卷十二

世傳三十一世　謙行二百四一起至四百七四止

卷十三

世傳三十二世　遜行一起至百五十止

卷十四

世傳三十二世　遜行百五一起至三百四三止

卷十五

世傳三十三世　勤行一起至百九五止

又序

薿薿室詩話序

又序

和家嬾仙叔十嬾詩有序

墓表

柳園先生墓表

梧園公墓表

邇齋童公墓誌銘

童苻楚先生墓碣銘

愼齋公墓誌

慈東童氏宗譜卷首

原序

記曰萬物本乎天人本乎祖故天道亨而萬物順祖德懋而子孫昌木本水源之思是固天理人情之至惟不肖者罔念先德處貧賤則放僻邪侈玷祖宗之高風處富貴則傲惰驕逸壞禮義之家法故雖玉葉金枝之裔反不若下品寒門之流矣若此者舉世皆然惟我祖宗以仁厚立心以孝悌律行其所以積陰德以遺子孫者凡五百九十載有餘矣歷世廿二凡子若孫莫不以世繼世範心術於正大之地嚴家法於禮義之規仕者不辱於朝耕者不惰於野工者不廢作商者不罔利凡此者皆

祖宗垂蔭積德之餘慶耳故易曰積善之家必有餘慶詩曰永言配命自求多福書曰唯德動天唯天眷德此之謂也凡我同宗盍亦念祖宗之德行其所行言其所言親其所親名不墜其所著業不廢其所成先後一德以濟世美於無窮則其孝也不亦大哉且吾丹陽郡守恢祖之訓有曰孝則親樂悌則長悅忠則君安信則友從此四者立身之本也又曰勤則家成儉則用足讀者惜陰不廢晨昏耕者惜時不違農月勤之道也冠婚喪祭稱家有無朝饔夕飧隨分蔬菜衣不極敝不更屋不大壞不治儉之道也此二者治家之本也又曰論語云小不忍則亂大謀師德云人有唾面正使自乾此則忍耐之道也又曰詩云但存方寸地留與子孫耕凡事寧人負我毋我負人有

德思報有怨莫酬此則忠厚之道也又曰易云思不出位諺云依本
分無煩惱幸有貲財合當耕讀度日若是貪心去別業圖利乃破家
之漸切宜守分爲貴也凡此五訓折衷先後比類推明不憚重複者
皆
祖宗契道於心慮後之深諄勤懇切所以垂戒將來者至矣然天道
之行資陰陽而運祖德之流賴宗譜而傳迺者愚以衰朽之資荷
聖朝之寵一詔賜譜萬代光榮尤我子孫所當致思者因備述
祖訓及吾編第八十字爰立序而共告於後幸不負作譜之意而後
可
旹

大宋慶歷五年乙酉朔日吉旦

郡守恢祖三十一世孫校書郎詔端肅拜謹序

宗譜重修序

童氏系出有周吳泰伯之後也葢泰伯太王長子讓位季歷自竄荆蠻至武王克商封泰伯之後於吳至七世孫壽夢之少子字老童者因獲罪於周穆王避難而始居雁門遂以己字爲姓故改姬爲童焉越三十一世漢丹陽太守恢生子漢中郡守仁仁次子貴遇赤眉之亂遂居漢中至魏時洪生晉武陵郡下令尹道道子元忠從晉南渡居桐廬迨唐末德新提舉祖自桐邑分徙鄞之建墺自祖之嫡派諱葵者由建墺支分於慈谿之鴻門遂世爲慈谿人傳至五世祖諱詔於慶歷癸未召對時夏竦奸佞人未之省特爲辨別君子小人之論稱

旨除校書郎

宋仁宗親灑宸翰以寵錫之而譜始成自此抵今又四世矣設使不重輯之則年遠族廣徙居各方有親而爲疎同而爲異相見一如途人矣肇深爲此慮廼不揣愚陋因本尋支從源求派又緝爲續編以接乎校書郎所修譜序使子孫有所攷焉噫作於前者尤貴有所述於後創於始者尤貴有所續於終後之子孫有能心校書郎之心志吾之志復能得而續之又肇之所深望者也端書以俟

旹

宋徽宗宣和四年歲次壬寅菊月望後三日之吉

朝陽祖九世孫肇端肅拜序

重修世譜序

古者天子因生賜姓褒表賢艮差分族類以辨貴賤固矣然故家大姓枝派之繁苗裔之遠其或因姓於封國之號者有之得氏於賜爵之名者有之分形錯處各有族屬爰及中古設氏族之官修大宗之禮族統於宗宗主於嫡國有世家之史以别貴賤家有世系之譜以序親疏故貴者不得凌駕寒門賤者不得參越公族近者不廢親合九族而同宗疎者不閒親會萬派於一本此貴貴賤賤親親疎疎各以類屬而交相忠愛也是雖帝王統理民物敦崇教化之一端實故家大族序姓尊親之大典大法也然則史可不作而譜可不修哉鴻門童彬有志忠孝者也以詩賦經義愷切獲上除進義校尉愧元倢

遏委身出戰大捷回朝因老榮歸詳修族譜余考其宗系葢出有周吳泰伯之後也下及漢唐宗族可至萬餘戶星居五郡九族連纓至我國朝而子姓益大陜著姓於長安蜀著姓於崇寧廣著姓於南海荆著姓於建武若浙著姓於四明五郡名賢懿士皆其世系而嫡派金枝則自　朝陽公初居鴻門而始大其族屬之遠衣冠之舊源流之深爲鴻門縉紳家第一族與陳趙汪史齊名而世德家法過之噫一德流芳古今不易吾知童氏之昌其未艾乎雖然昌于古者未必昌于今昌于今者未必昌於後惟克監先德其永無忝矣故彬之修譜備究精密以淑將來其慮之深矣其防之遠矣又屬余序以發其意懇切叮嚀固不容辭敢爲序以紀公之行於譜端云

旹

宋理宗紹定三年陽月朔後三日吉旦

少師右丞相史　拜序

童氏重修世譜序

宗譜何爲而作也賢人君子孝子順孫紀宗派述祖德而作也葢自上古聖王統理人物賜姓命氏區別族類有自來矣自夫大宗之禮定而嫡庶之統紀明世系之譜修而祖宗之本源著故支派分條子姓羣聚義立而恩篤家和而睦族矣後世茲禮不行世系不序服盡恩竭禮曠情疎尊卑上下藐無所統迄至末流爾汝稱於伯叔蠻貊視於兄弟惟知富貴貧賤之勢相高下竟不知以尊卑親疎之體爲隆殺矣是猶可言也其有輕薄之子矜己之富而耻與貧者共族遂至界立藩籬謬分貴賤一本而二姓骨肉而路人矣其視祖宗爲何如又有出贅外家冒倚別姓乞養異姓作爲己嗣者是以更相易冒

姓氏不眞雖古宦大家隨世輕重與時高下亦莫有知其爲何人之後者嗚呼可勝嘆哉余閱鶴林童君所修宗譜得於世集原緒分於建陜宗族本於雁門上窮五族之統歸下明三十世之興替布圖序系嫡庶昭然表名紀行親疎蝙析敘羣宗于一本明百世於萬年五服既彰九族攸序是固鶴林先生正家明倫修譜之義也厥後子孫倘能繼此而修之則宗支必不至紊亂姓氏亦不至冒易愈昌愈大彌久彌光則振古名賢遺裔將極千古而勿替矣余與鶴林契深屬文于余余奚敢辭故爲序

旹

元順帝至正十九年己亥孟夏朔日之吉

廣西桂林府興安縣令尹陸九思頓首謹序

老易董氏家譜　卷首

厚又堂

續修宗譜序

夫譜牒之作古人以爲尊祖敬宗睦族之典也尊敬而無譜則昧木本水源之由睦族而無譜則失同宗共族之義此古人作譜之意葢有在也予族童氏系出有周吳泰伯姬姓之後也八世孫字老童者始居雁門厥後貴支分于漢中而桐邑又分於建塽而鴻門簪纓相紹支庶蕃衍自

朝陽祖抵今凡二十有一葉矣然此豈非我

祖宗垂蔭積德之餘慶也耶

國朝隆慶己巳我復吾族伯位居宗長嘗以譜事命修余雖有志奈緣餬口而未逮也越十四禩癸未正旦宗人敘拜禮畢宜齋完吾敬

吾三叔及兄文川璧川南泉輩又揖余而言曰吾族由各祖分徙之後別立宗譜行第名稱無據雖云族屬多視途人茲欲會集河西舟山杭溫二州清林等弟兄子姪纂成統宗家譜編書分守庶某祖之分某派某派之分某處家喻戸曉傳之永久豈不美歟然秉若筆總若事非爾不可也況昔宗長有命爾可不虔其責乎余卽欣然曰善哉舉也予昔志也敢不以身任之輒排家錄其行諱嫁娶葬所間有子忘其父諱孫眛其祖行姪遺其伯叔之葬所弟失其兄妹之嫁娶且不知己爲誰之嫡派誰爲我之旁支噫譜之失修獘也一至於此可勝惜哉允若茲曷以考厥成于是撥庶務亶心志或攷諸殘編或參諸遺說訛者正之疑者闕之備書分別夜以繼日者幾八旬始得

各派之源諸支之緒次編成卷以示來裔庶蕃衍者不至混淆星散者不至雜擾矣詎有相見如途人者乎不然則留侯張湯同出西都而人謂其同祖者豈盡無哉噫宗長不倡則渙散之派無由萃叔兄不命則先人之譜莫能續文成不筆則二者之志曷克遂耶特書之以勵後嗣爾云

旹

明神宗萬曆甲申歲臘月朔後十日吉旦

朝陽祖二十一世孫文成端肅頓首敬述

慈東直上宗譜　卷首

厚大堂

童氏重修宗譜序

夫譜所以合族章敎也本支明則愛敬生焉九族叙則親疎著焉燕會有節則禮讓興焉履行有稽則風勵出焉故一物而衆善備者其譜於族之謂也甚矣譜之義大矣哉鴻門童氏支成以明敏之資承尊長之命會修族譜已成乃持一緘而來曰予先世鶴林祖得興安縣令陸九思序以弁其端幸莫大焉顧求先生一言以彰先德而垂無窮余不揣固陋以續諸作之後夫惟士君子爲人後者上以昭祖宗已往之迹下以示子孫將來之法非譜無以明也粤童之爲姓系出姬姓之後支居桐邑有提舉公自桐邑分徙建隩迨公之嫡派字朝陽者又支分於慈谿之鴻門故慈之稱世族者必歸焉厥後本支

繁盛英豪間出再數世而分徙或東埠或十六都河西舟山杭温等各一其方各一其譜彼此子孫不相聞知者久矣今文成氏爲能念一本之恩推同宗之義重編行第八十字統第會修聯其族屬合其渙散以朝陽公而下距今二十四世總系甚詳凡吾五族名字世行生壽卒葬嫁娶嗣續出處行事備錄無遺焉噫子雲子長漢大儒也猶謬序姓所自而文成詳其所可知不敢誣其祖是亦狄青不附梁公守道夢煜不附文忠忠簡公之志也且五族之間疑者略之失者闕之愼攷竄嚴去取謹傳聞則又春秋傳疑傳信之旨矣是雖不及史氏之襃貶而五族子孫自是知一本之義不至視如途人者端有在也童君重修而合譜也其無意乎聯之以族譜則必惇之以行誼

五族異派而共宗則必異居而同祖率尊尊親親老老幼幼歲時相燕會以洽其歡朝夕勤敎導以匡其失生相慶死相吊貧相救患相恤疾病喪禮相與扶持而賻助之使三族有所視傚有所觀法則鴻門舟山二州河西之名益著將窮千古而勿替矣譜之修也其重如此童氏子孫其勵之哉敬書以俟

旹

萬曆甲申歲臘月晦前七日之吉

賜進士第江西布政司左布政眷生秦　鈁拜序

童氏重修宗譜序

余姓之有宗譜由來遠矣

祖宗之懿訓賢達之贈言載之甚詳予復何贅第譜自前明文成公纂輯後至乾隆三十年間族叔諱繼潛字亦陶者始爲重修迄今又四十餘年宗族大而子姓繁若不繼續前譜恐日後歲時久遠世系難考殊失前人承啟之意余向有志於此因計圖進取而未暇也迨庚申邀鄉薦三上公車不第而吾年亦既老矣乙丑回里思了夙願因挨家訪輯分其尊卑長幼而先後之排次既定乃與族中之好義者出貲而付之梓其欵式一仍乎舊云譜既成有向予而言者曰大家之譜皆有行述傳記以爲家乘光子曷亦取而載之予曰家譜與

國史異國史記善惡垂勸戒家譜不得稱人之惡所載者惟是壽序
行述多虛詞飾説而無實且人孰不樂道其祖父苟一爲刊刻則爲
子孫者皆思浼文章之士以道揚其先人其孰棄而孰取之故非有
德行道藝卓卓如古人可紀者槩不濫誌其他有功于宗族實有事
蹟可據者則詳書其人名下以著其美亦不另立傳記惟是某支某
派毫不敢失使各家世系閱千百年而可考是則予之責也惟冀後
之人復繼予而時修葺之斯固
列祖在天之願而亦余之厚望也夫

昔

嘉慶十六年歲次辛未菊月望前之吉

朝陽祖二十八世孫鴻逵端肅拜序

童氏重修宗譜序

余姓之有宗譜自有宋以迄明修之者屢矣迨至
國朝乾隆三十年間伯祖考柳園公親書手訂後族伯杏村公相繼
重修之蓋作於前者必待述於後創於始者尤貴續於終此先人承
啟之至意殆惓惓焉錕嘗有志重修艱於梓費而未逮也歲在甲辰
祥隆祥裕二姪謂余曰譜牒之作所以溯本源紀世德載生年嫁娶
卒葬爲後人稽考者也溯自堂叔祖杏村公修後屈指計之越三十
三年于茲矣苟不舉必修輯恐世遠年湮不無遺忘矧族益大而子
姓益繁乎吾二人願出貲以與叔任厥事會祥吉姪亦謂余曰先君
子碧山公嘗蓄此心且有遺金命姪藏貯備修宗譜之需第以專心

上進未成先志今既各有敦本收族之意自應分勞共襄之以無負
先人遺命余喜三姪同心而素志可遂於是相與踴躍不憚辛勤詳
閱舊譜世系紅圖止處按名錄入草譜然後家詢戶訪將各名下添
丁嫁娶卒葬謹錄無遺間有未備者因無從訪輯均不敢妄補亦春
秋闕疑之意其自嘉慶十六年後未入譜者咸登草譜分其尊卑長
幼排其行次而先後之夜以繼日手不停書者幾八閱月而譜始成
命剞劂氏照式印之庶幾某支某派源源本本秩然不紊開卷一覽
瞭然心目惟冀後人繼往昔開來茲時修勿替斯固
列祖在天之靈所深望者也謹書以俟
旹

道光二十四年歲次甲辰菊月中澣穀旦

朝陽祖二十九世孫慈錕端肅頓首拜序

重修童氏宗譜序

族之有譜尙矣自魏晉齊梁以來歷代重之蓋所以尊祖敬宗繫姓合族者胥於是乎在然創造者在祖宗修明者豈不賴子姓乎去年春家慈命喬曰予今年七十汝等欲以祝壽之舉謀及予身曷若以修譜之舉克承父志憶自道光二十四年汝父及叔與族伯卜年同創是舉而族叔祖月亭公則專司其事迄今垂三十年生齒愈繁嫁娶並增匪擾之後尤多遷移若不亟爲修續將來代遠年湮慮有忘失遺漏者汝父在日屢以此舉囑汝兄願相繼成其事乃不幸願相亦逝世今欲繼是舉者惟爾曹是望爾其勉爲之可也喬承命唯唯於是偕昆季子姪輩稟告於　諸宗老專囑七弟宋仝族姪小橋共

司厥事分查彙纂歷兩寒暑而始克付之手民其間去取咸遵舊章亦稍有與之異者前譜始祖遺容未經繪入茲則敬繪之以昭鄭重前譜行次如行傳一轍今以兩行併一使閱者易於醒目前譜刋有卜年伯祖先墓圖山脈地道載記甚繁今舊板無查復刻殊難故議以删去之夫事貴無私庶足昭垂乎後世而法衷至善不容摭襲乎前人所惜匪擾以來流離未集族人之遠徙者不克徧考周知而族內諸家有小譜者易於查核其無小譜者祇憑其所記述者書之故生歿年月亦不能無所脫誤綱羅放失豈易言乎梓既成爰復命於家慈而卽以是語誌諸簡端

昔

同治十三年歲次甲戌一陽月中澣穀旦

朝陽祖三十一世孫喬莊肅頓首拜序

重修童氏宗譜序

蓋聞國有史家有乘國史據事直書以見一代盛衰之故家乘分支别派以彰一族昭穆之蕃故國史有藉修明而家乘亦資補續也余族之譜自五世祖　靜窗公創始以來至今歷八百載其間繼修續纂代有其人是以族雖繁盛而世系支派無抱殘守缺之憾焉道光二十四年從高叔祖月亭公得族叔祖晴麓垂昆卜年諸公慨助資斧重修宗譜先君子襄題傳讚先叔父則監梓校對其時組年甫髫齡讀書祠中見其分查會纂辛苦備嘗忽忽數十年先輩多已謝世匪擾後族內子姓益繁遷移更多於三十一世下又增二葉不及時補修咎將安歸前族叔鎮橋屢以修譜事與組言自承委囑刻不忘

懷採錄編考已非一日嗣因鎮橋叔捐館而事遂中止去年春鎮橋叔之弟珊珂叔復承母氏之訓設局於家之聽濤館命組與伊弟宲叔同司厥事開局以來從事惟謹家訪戶查至再至三雖分徙遠方者亦寄書往問由是已入者固照舊鏤刷未登者亦詳審補錄間有脫訛不敢妄自增損追派分已定核對旣淸乃付手民刷印七帙六房各藏一帙其一藏諸宗祠以便稽查自去春以至今冬凡再更寒暑而始告竣焉夫修譜之舉本非易任組不才何敢當此然承先人之遺意荷珊叔之委任亦惟細爲搜羅詳加編葺期無負尊祖敬宗繫姓合族之意則組於斯役亦庶幾可告無罪矣適是年本邑修志任組以採訪左支右絀事難專致是譜之成蓋半由於宲叔爲譜旣

成爰贅數語并綴同事諸名於後俾後之觀者知修譜之緣起焉是

爲序

旹

同治甲戌年仲冬月吉旦

朝陽祖三十二世孫遜組莊肅頓首拜序

紫東董上宗譜　卷首

厚本堂

童氏重修宗譜序

嘗聞朝有史記國有典章而家有譜牒譜牒之設所以叙世系別支派也顧本大者枝茂源遠者流長莫爲之前固無以溯厥淵源莫爲之後又無以承其統緒慈邑童氏本舊大家自有宋創譜以來修之者屢矣至道光甲辰年閒其後裔晴麓先生等出其資斧重加鼎新凡世系支派已靡不周詳且蕃茲則生齒愈繁子姓愈衆加之以兵燹繼之以流離苟不舉必輯修其不至湮沒紊亂者幾何矣珊舸先生昆季承母氏之訓繼先人之志慨然以續修爲己任爰謀諸宗長商及族人邀族姪小橋先生分司其事閱兩寒暑始克告成余適館於珊舸先生府上譜成後丐余作序余固不文而嘉其有敬祖尊宗

之意承先啟後之謨繼繼繩繩相傳勿替則其有功於童氏者豈淺鮮哉是爲序

旹

同治十三年歲次甲戌葭月中澣穀旦

鄞邑朱金藻頓首謹序

新增譜例

一共和改建改用陽曆惟我族行次生卒年月以民國十六年爲止倘在政府未頒陽曆之前故仍從陰曆嗣後續修者當從陽曆以遵國體

一初婚書娶某氏續絃書繼配某氏如明媒正娶無論三四五續仍書繼娶或書又娶妾書側室再醮書再娶明有别也至於聘定他姓閨女及童養媳未經完婚者則書聘不書配其或夫死而他適則書某氏改醮或妾賢惠生子者族人公議扶正者書續室又夫在而犯條被出者則書某氏出或大歸字樣雖生有子嗣亦例其姓氏生卒年月日蓋存其子而佚其母以示婦出與廟絕之意或

有子女帶去者其子准予歸宗又坐產招夫者書法於改醮同

一此次續修宗譜自同治甲戌越此次修輯已七十餘年之久其遠出者生卒年月或有不齊未能臆斷閱者諒之

一墓文贈言傳贊等類舊譜摘附於本人世次傳之下今除寥寥數語外仍存其舊如有長篇確有善行者分類登載於十七卷俾閱者容易醒目且便於檢查

一宋明清自遊庠至登鄉會榜任內外職者皆足增宗族光寵因當備載於本名之下卽援例納粟仰邀一監一職與夫覃恩上壽亦表出以重名器自科舉停止欲求上達不得不由學堂一途凡自初中高中及大學畢業者適足當遊庠登鄉會榜之資格亦當備

載於本名之下以重名器且爲後進者勸

一此次續修宗譜印廿二部每部共十八卷又樣譜一部謹藏家廟内二三南西中東西河六房各一部存各房長處凡認欵在百元以上者各贈一部以爲勇於急公者勸或有遷往他鄉及寓居者從未見宗譜情節如願備價購藏者每部酌量定價俾各周知吾族宗譜之所由成亦敬宗收族之意也

新增凡例

一議進主入祠必須　祭祖賀主妥靈如不遵規議罰

一議未曾合婚者及髫子横死人等一概不許入祠如私自擅入公同遷徙其主交本房人收領惟其人其事有關於忠孝節義者不在此例

一祠内乃祖宗出入之所理宜潔淨爲先琴棋書畫一切文墨等物准其祠内玩賞如聚衆賭博諠譁或百工造作及堆積農具一經察出議罰

一議日後進新主者尺寸照依老式毋得參差

一議進主入祠每位捐洋六角以作公費

虎頁董氏宗譜　卷首

匯本堂

家訓

一凡人之行以孝爲先一孝不立百行雖善無足稱矣故爲子不孝得罪於天地取禍於鬼神不能自立於世後裔不昌縱有子孫必習惡以報之古語有雨落簷水點滴不移之説此善喻也故爲子者不可以不孝蓋父母者吾身所由生也今之人但知愛其妻子而獨不愛其父母將何如其心也古人有叱狗出妻減膳埋子何嘗以妻子之私哀其孝哉凡我族人咸當戒勉勿以妻子之累陷身於不孝

一冬温夏凊昏定晨省出告反面或以此爲孝之疎節而今人多不之行蓋孝根於誠緐文末節雖似可略而聲音笑貌卽誠所寓吾

願族中子弟其勉爲之蓋孝從此始也

一骨肉之失歡有本於至微而終至不可解者只緣失歡之後各自負氣不肯相下爾朝夕羣居不能無相失相失之後有一人能先下氣與之笑談則彼此酬酢卽如平時矣

一慈父用情不一而子或不見察於慈父蓋中人之性强則避之弱則凌之父嚴則子知所畏不敢爲非寬則子玩易而恣其所行矣子不肖父多優容子愿慤父或反加責備之無已矣至於兄弟夫婦之間亦往往如此皆由强弱之勢積漸致然爲人父者能以他子之不肖喻己子爲人子者能以他父之不慈者喻己父則孝慈蒸蒸而家道肥矣

一夫婦者人屬而合相親之至者也夫婦無別倫理虧矣幾何不爲禽獸之歸乎故夫當正身以帥婦婦當正身以從夫夫婦皆正則自然和諧家道成而萬物宜天下風化悉基於此

一祖宗者由吾身推而上之吾身之原也祖不可忘忘祖爲不孝古人春秋讀譜記祖宗之名歲時祭享報祖宗之德以世傳世不忘其本乃爲禮義之家

一宗族者吾祖宗一體而分者也於分固有親疏於祖宗實爲同氣同氣之道貧乏當相賙患難當相扶疾病當相恤有善當相勸有過當相戒財產當相讓酒食當相會不可恝然不顧也

一宗屬疏遠者富貴貧賤雖殊尊卑長幼不易貧者尤可矜況可犯

分以驕之驕之者是驕祖宗也爲子孫者能推吾祖宗一體之念尊尊卑卑長長幼幼秩然有禮垂裕後世顧不美哉

一興盛之家長幼每多和協蓋所求皆遂無所爭也貧薄之家妻孥未必有過而家長每多責詈蓋衣食不給一觸卽怒積忿莫發惟可施於妻孥耳妻孥能知此意當委曲承順之

一同居之人或相往來須揚聲曳履使人知之不可默造慮或私議彼此懷慚進退不可又私居時不可謂僻靜無人而輒談議人長短慮或有聞之者此亦生事興爭之端也

一人之有子須使有業貧賤而有業則不至於饑寒富貴而有業則不至於爲非凡富貴子弟多耽酒色好博弈美衣服飾輿馬與羣

小爲伍以致破家者非其人皆不肖也良由無業以繫其身心浮浪度日小人因得以貪緣而入贊其爲非在彼則有餔啜貨賄之之利而此則傾圯累世之業矣

一中年喪妻乃大不幸幼子穉女無與撫存飲食衣服無與料理則不能以不娶娶室女則少艾之心非暮年者所能御娶孀婦又慮不能安其室之人兼恐不能忘情於前夫之子故中年再娶尤難此晉參王駿所以有鑑於古而忘死不娶者也

一娶孀婦或攜有孤女年未及笄如內外親婣有可付託莫若卽與議親鞠養於舅姑俟其長而成禮若隨母長于後艾之家則嫌疑之間多有不能自明者

一婦女衣飾務宜潔淨尤不可異衆且如數十人同處而一人之衣飾獨異衆所指目其行坐能自安否

一起家之人日已當厚尙慮不免於饑寒破家之子雖產業日消猶任情而不顧所謂吉人凶其吉凶人吉其凶也

一今人有愛其小兒者以金珠寶之屬飾之盜於僻靜處殺而取其物雖聞之官而置之法何益哉禮云服之不衷身之災也

一司馬温公居家雜儀事非緊要毋令僕子入中門婦女婢妾無故亦不得出中門只令鈴下小童通傳治家之法此過半矣

一國家以農事爲重以其爲衣食之源也人家耕種出於佃人亦何可不以佃人爲重也凡有事當厚賙之假貸之賑恤之水旱之年

察其所虧諒爲折減井惟佃人佩德亦忠厚垂裕之意也

一池塘碑磡之類須於冬月浚之使深築之使固遇天時亢旱雖不大稔亦不至全損今人往往於亢旱之際常思修治收刈之後則忘之矣諺云三月思種桑六月思築塘蓋言慮不及遠也

一宗譜之設所以聯一本之親敘九族之誼昭穆使之不紊尊卑使之有序述祖功宗德使子孫有所觀感書生卒嗣續以承祭祀墓葬地方以勸表記自不致祭享失期外姓冒認譜之設也其重加此故必須什襲藏之笥篋每歲當暑擇晴吉而謹曬之勿使煙熏雨漬蠹魚損蝕時存尊祖敬宗之意

一螟蛉異姓有混同本姓行第非我童氏世系嫡派槩不許入席登

譜亂我宗族至吾自己子弟亦不許出繼親友葢代遠年湮或至忘其本來設有同姓爲婚犯分背禮後裔不昌其害有不可勝言者此例禁所以甚嚴也可不愼哉

補刊家訓記

讀聖賢經書如書首觀型詩首二南類言齊家事皆足爲治家法顧經語典奥中材者見之茫若河漢以經書意説家常話語語切中情弊使聞之者易生感悟則莫如家訓一書此婺源朱氏瑯琊顏氏山陰陸氏所以各著有家訓也余族之家訓未詳著自何祖癸巳年有族人出舊譜一本内載家訓二十一條皆前譜所未刊族兄春圃見而悦之錄其文以告予曰此傳家寶也謹藏之以備補刊新譜且屬揭諸宗祠遇春秋祭享朗誦一過以聳觀聽越數載春圃兄捐館舍舊譜隨亦散逸惟予所藏其手錄者巋然如靈光之獨存予懼歲久就湮會修新譜檢付剞劂列諸簡端并記數言於右明其所自惟冀

凡我後人如親聆

祖考之訓身體力行各勉爲孝子順孫以無負我

祖垂訓之心并族兄春圃囑刋之意且使吾童氏家訓與朱氏顏氏

陸氏並傳不朽也豈不懿哉

道光甲辰九月　吉旦

朝陽祖三十世孫祥吉端肅頓首敬誌

重編行第辯

余觀靜窗祖之創譜也明世系序昭穆立行第別同異其用心精密總理甚周眞得古人作譜之良法矣奈緣世代既遠兵燹沓遭譜牒散失殆盡幸世有名賢間出或稽諸殘編叅諸遺說其他猶得考輯而無遺獨編次行第八十字並無一字可稽而傳後不亦甚可惜哉夫既失其傳則後世無據而各派自立行第焉本同一兄弟也東派則第彼西派則第此況移居各方不相知識伊叔同我姪之第者有之我祖同伊孫之第者有之獘可勝言哉成也深爲此慮久矣適承尊諭修譜不揣庸愚重編八十字於後於以上紹靜窗祖失傳之遺意也然己前雜第不宜變易今自二十三世孫爲首以孝字第始世

照編次挨推合族而統第之不惟同宗共族之義由此而可明且尊卑長幼之序亦因此而易見矣行第之重也如此後之子孫爲能必靜窗祖之心志吾之志世守而珍重之其亦孝子順孫也歟故特書於左以俟於後

行第編次

孝悌恭敬　敏惠慈祥　謙遜勤慎　廉直公方

才能英武　賢美端莊　重厚簡默　聖善柔剛

貞靜清肅　高潔安康　詩書禮樂　錦繡文章

悠遠進益　廣積豐昌　盈滿盛秀　佳彩奇光

福壽名位　尊顯稱揚　百千萬億　久第垂芳

旹

萬曆甲申臘月朔後十日

朝陽祖二十一世孫文成謹次辯左

螟蛉論

按螟蛉有子蜾蠃負之小雅所云以興不似者可教之似非謂無後者可借以爲後也故凡無子者宜嗣以親兄弟之子或嗣以從兄弟之子或嗣以族兄弟之子否或一子兼承亦無不可蓋均是一脈相傳也若夫今之所謂螟蛉者與我不類者也不類則血脈不相通精神不相屬在當日既無天性之親安望身後之血食乎縱漸至長大我授之以田產其經營不過財利之僕從彼送之以衰麻其哭泣亦如優孟之衣冠而識者且指之曰某某螟蛉子也固非某某之子也到此復何益乎夫民不祀非族神不歆非類假螟蛉以爲子異姓亂宗前人之以是爲規者不可不深長思也

戒容養穉子文

鼎橋童謙孟

世間獨養子率皆性咆哮如虎出言行事剛愎自用有拂其意者卽聲色俱厲而敦厚和平者十無二三豈天之降才故殊於獨子之門哉蓋少成若天性習慣成自然耳其初生也父母愛若珍奇百計保護惟恐不周聞其笑則相與附和見其怒則競相調停甚且鞭撻姊若妹以悅其意而爲之姊妹者呑聲忍氣不敢剖白而是子遂養成驕氣愈長愈熾一觸卽發如雷霆風雨之不可遏矣始而淩轢家人旣而施諸隣里又旣而施諸朋友師長人見其頑梗不化相率遠避受其侮者亦隱忍不與計較而彼由是自以爲是驕恣放肆益無忌譚世人不察以爲獨養子之本來面目固如是也嗚呼夫子不云乎

性相近也習相遠也夫人有五子則曰五子不聞曰五養子人有三子則曰三子不聞曰三養子然則人惟獨子則亦曰獨子而已何以羣指爲獨養子耶顧名思義殆養而不教之謂乎吾年三十四始舉一子而提抱撫摩倍蓰於諸女吾婦尤甚焉然當乳哺時姑置弗論今七歲矣視其每飯飲食必置美者於肘腋間諸女相戒不下箸間因嬉戲相爭卒亦順從其意余習見之不爲怪而一經回思喟然歎曰是得毋類世間獨養子之所爲乎倘及今不教養成暴慢將向之笑於人者亦復爲人所笑可不懼哉乙巳仲冬命吾子入小學既爲之裁抑其飲食爰作是文以自戒亦使吾子後日稍有知識見是文而警覺焉

童氏祠堂新入祭田記

童君小霞自慈谿來言曰吾童氏聚族縣東戌溪里及慈浩之身二十有九世固有祠堂亦固有祭田慈浩少失怙比長母氏以先志勗不肖孤曰昔者汝父念本根甚篤常願有腴田以助蘋蘩今其能爲之與否在汝矣慈浩謹識弗敢忘道光乙巳五月遭終堂之戚其年仲冬謹割田三十五畝以入之祠慈浩豈敢有異於其宗人懼荒先人之志墜母氏之訓是以急爲之願有言以明其意葢古者卿大夫必有圭田士必有祭田宗子掌之其支子與族人祭必與不責問其所有也支子與族人則量其力而歸餘於宗夫或歸餘於宗或不必責問其所有皆各視其當然此豈有所矯拂而於是焉毀譽之哉士

大夫不能收族至以孝友睦婣布爲政令而世教亦於是衰矣今童氏祠堂既有祭田而君復本先志以爲此舉夫固不足以表異抑亦先人之教與古歸餘之義殆若有相會者耶宗法雖廢猶有能存其意者故樂而書之

鄞邑舍人徐時棟撰

霞蔚書塾助田記 代

小霞既入祭田之明年復割田七十八畝入之祠收田所入即其祠旁舍延師教族之子弟族之人義之小霞遜然謝曰吾先君志也童氏居慈谿東聚族數百家號童姚邨先君懼將有失學者思淑之不幸早世不肖幼孤先慈常以爲訓是以承其志也美哉乎童氏之爲此也昔元至大間子丹童先生居杜湖築室百餘楹於先廬之側以爲鄉學其子桂復買山田增益之後以爲杜洲書院杜湖小霞之宗也子丹父子爲之於前小霞志父子爲之於後可不謂美乎雖然子丹之立學也諸生居有舍養有田誦讀有藏書祀鄉先生有祭器食息有什器儲偫今者爲擴之而漸大亦能彷彿其規模乎而小霞則

又遜然謝曰吾先君固若是其志之也先君自號寄霞事成將以霞蔚名其塾不肖圖之久恐不克成其志重負先人之急爲是權輿也夫事莫難於創踵而華焉易耳小霞果志之吾知其將成之也杜湖與童姚分支始於宋支屬若斯其疏也童姚在縣東三十里杜湖在其西北去縣亦三十里地若斯其遠也自至大至今日且五百餘年爲時又若斯其久也此豈有歆羨於前者之所爲而姑襲其似也哉夫非其本志而黜人而效之則不旋踵而其意沮矣出乎其本心而環念焉若朝餐夕眠之萬不容已者則必將周思其美備小霞果志之吾知其終成之也四明爲文物之國數十年來家塾黨庠甲於東浙戶親其里而人愛其宗若童氏者不足以風乎杜洲書院祀宋杜

洲先生學統繫焉弦歌久輟鞠爲榛莽流風未墜倘有念先賢而興
感者乎小霞其宗也盍過杜湖問之

[illegible]東董氏宗譜　卷首

匯文堂

慈谿童氏龍江書塾續助義田記

鎮海陳祖詔

慈谿童氏之有義田也自童君繩霞始先是繩霞之考小霞常承其父寄霞之意助宗祠祭田若干畝復割田若干畝爲義塾鄉先正徐舍人柳泉記之君承小霞先生意斥助學田若干畝又築龍江學舍若干楹方明經漪生記之獨君義田之文缺焉今年余舘於君從弟廣文梧鄰家爲余言寄霞父子嘗有置義田意而未及以爲及君主家政卽助田十餘畝仿范氏規模而稍變通之由家給孤寡米若干升學舍改建續助田百餘畝廣之至鰥者獨者廢疾者由塾人給穀若干斤余曰君祖若父祭田學田之設亦旣有以敬祖育才矣君之義田更恩及無告用意不尤厚歟梧鄰曰君此舉更有隱德焉蓋君

既置義田然田少人衆雖樂歲往往不足於給而君顧沛然有餘人輒異之及君既殁嗣事者求其故而後知君蓋歲斥白金數百兩以糴穀而君初不自言也君又常儲穀數萬石以備一朝荒祲君殁而學堂興學塾之費不足以償則卽取君所儲穀續之故今學堂之立亦君有以陰相之余猶憶往時梧鄰嘗爲余言他人之爲善求名耳冀子孫之食報耳獨君皆無所爲而爲其言誠信夫慈鎮兩邑大姓義莊林立要其所以爲之者不爲名計卽爲子孫之飢寒計然以視乎厚自封殖一任族人之困苦顛連者固遠勝之而況乎醇樸性成我行我是無所於祈如君也哉昔宋饑司城氏貸而不書叔向曰施而不德樂氏加焉其君之謂乎夫發微闡幽吾人之志也前人有善

行不欲任其湮没無聞使後人有所法守又栫隣欲余一言之意也

而非君隱行其善之心則皆不暇計焉

慈谿童氏龍江書塾各房助田記

鎭海陳祖詔

余既次梧隣之語爲繩霞君義田記矣梧隣又爲余言各房助田事蓋繩霞之置義田時則有寄霞同父兄蕙樓後人玉剛與其從弟梧隣益齋割蕙樓祀田四拾餘畝益之（鄞東古老田照糧册）繩霞歿梧鄰嗣其事於時義塾改爲學堂經用錢益浩博梧鄰則又酌取鑑堂祀所入若干金以附益之鑑堂者梧鄰之父蔭樓者玉剛之父皆寄霞之從子也是其於繩霞爲從祖以下則又有遠祖雖同而昭穆絕遠者性好施予斥千金不靳助以他姓已賣未絕之田後得以其贖金置田者是爲季眉君儉於自奉見義勇爲助白金數百兩（原洋五百元）後得與季眉之金合以購田二十餘畝者是爲正芳君平生好施臨歿遺言助

金近千兩（原洋一千元）後得以買田十七畝者是爲茂堂君書范文正既置義田矣其子忠宣公又益以千畝故能歷久而不廢顧忠宣之於文正父子也若諸君子者其與繩霞惟玉剛梧隣諸人猶在羣從之列其餘則遠哉遙遙矣自繩霞一倡而好義之徒卽接踵而起非獨其族之人裕於財計而已亦風俗之美有以致之夫財力之厚薄足以覘族之盛衰而風俗之美惡更足以驗族之久暫吾於童氏不惟美其義田之多多而已也爰復樂而書之

宗祠大廳聯對

光緒四年歲次戊寅六月 吉旦

此何地耶試仰觀列祖昭臨如生如存萬派敢忘一本

我亦裔耳惟深願後賢繼起盡物盡志千秋勿替明禋

二十八世孫宗長惠海敬立

光緒四年歲次戊寅五月上浣吉旦

建姓本姬周世系垂三千餘載其間有大儒有循吏有逸民後人克

繼前修方不愧敬宗尊祖

忘遺訓庶堪稱孝子順孫

遷居始趙宋家教傳二十一條吾族爲士仕爲農工爲商賈舉念弗

三十世孫祥權祥杓祥楞敬立權并書

光緒四年仲夏月　吉旦

建陝舊分支由鴻門而上溯雁門潛德淵深貽燕翼

宋宗初賜譜自一世以遠垂萬世榮光璀璨煥龍江

三十二世孫遜祖敬書

光緒四年戊寅仲秋月　吉旦

科第尙哉必於忠孝貞廉自盡數端方許無慙宗祖

詩書貴矣但使農工商賈各執一業便非不肖子孫

三十三世孫敬熙謹書

嘉慶十六年各房捐貲名次

本族宗譜向有手抄一部恐有疏失之虞必須用刻板乃可多印而苦於無貲嗣孫惠南慈耿祥發等踴躍勸捐而各家孝子賢孫亦慷慨樂輸以共成厥事爰刻其名於左以著其敦本收族之意云

南房

艮三祀捐錢八千文

中房

孟二祀捐錢五千文

二房

邇齋祀捐錢二十千文

石三祀捐錢十千文

宏韜捐錢五千文

宏達捐錢三千文

鴻逵捐錢二千文

宏詞捐錢一千文

惠南捐錢一千文

慈祥祀捐錢一千二百文

慈福捐錢二千文

慈昭捐錢一千文

申培捐錢一千文
慈威捐錢三千文
祥鳳捐錢二千文
祥吉捐錢四千文
祥璉捐錢一千文
文煒捐錢一千文

三房

維明捐錢二千文
宏倫捐錢一千文
宏先捐錢一千文

宏有捐錢二千文

慈寬捐錢一千文

慈騰捐錢二千文

東西河

敏立捐錢一千文

在元捐錢三千文

在邦捐錢四千文

重修宗譜記

瑜版紙連草譜紙夾連史　洋二百八十六元
栗壳盛紡面子五疋　洋五十九元
玉藍竹布譜底三疋　洋二十一元
密色板綾題簽四疋　洋十三元六角
白紡綢包角一丈六尺　洋三元八角四分
白三扣線八兩七錢　洋七元六角五分六釐
印譜盤三只連訂譜板二只　洋十元二角
始祖拍照相連照相銅版印照相及贊　洋七元七角二分
刻印版裏外題簽像贊　洋四元六角

珠墨筆 印櫻砂皮 苧蔴　洋廿三元二角一分九釐

印刻工食 二千一百六十一盤 每盤印廿三頁二角五分算　洋五百四十元二角五分

劃紅線 七千九百八十一頁 每頁八釐算　洋六十三元八角四分八釐

裝訂 廿三册 每册十八本每本三角　洋一百廿四元二角

印刷工友 大人及字板 來往川資　洋二十元

又 零送 酒菜　洋十二元

航船帶力及紙捐稅　洋七元二分

登報 申新一百十九元 四明時事四十八元　洋一百六十七元

外埠調查費　洋二十三元

印調查單 連紙　洋六元

閲報費　洋十七元七角二分

職員薪水　洋一千四十元

福食連開印祭祖及節費　洋四百十二元

現申　洋五十三元一角

譜箱二十二只每只三元九角算　洋八十五元八角

開辦費所買各物存放宗祠　洋十七元二角七分八釐

雜項　洋三十一元五角六分五釐

共計洋三千零五十七元六角一分六釐

尚有小數未盡之賬不克付印登入賬簿

捐戶登左

游湘　捐洋五百元
汝蕃 汝權　捐洋五百元
道源祀　捐洋三百元
緝孫祀　捐洋三百元
梧隣　捐洋二百元
金輝　捐洋二百元
裕生祀　捐洋壹百元
錦釗祀　捐洋壹百元
慈權祀　捐洋壹百元
顯廷祀　捐洋壹百元

永薌祀　捐洋壹百元

臣熙祀　捐洋壹百元

益齋祀　捐洋壹百元

遜大　捐洋壹百元

振宇　捐洋壹百元

槐青　捐洋壹百元

承志堂　捐洋壹百元

賡財　捐洋壹百元

雅園　捐洋三十元

金聲　捐洋三十元

遜昶　捐洋二十元

荔軒祀　捐洋十五元

仁賢祀　捐洋十五元

炳甫　捐洋壹十元

共計洋三千三百二十元

助修族譜奬勵章程

一助五百元　永給碗八只 主入東廳三代　贈譜一册

一助三百元　永給碗六只 主入東廳二代　贈譜一册

一助二百元　永給碗四只 主入東廳一代　贈譜一册

一助壹百元　永給碗二只　贈譜一册

右記各項經費數目以備後日重修查據一覽便知今共修新譜一式念貳部又樣譜一部其式樣與舊譜不同改革新式每部分卷首卷一卷二卷三上卷三下卷四上卷四下卷五卷六卷七卷八卷九卷十卷十一卷十二卷十三十四合卷十五十六合卷十七共十八本仍照舊章一部編總字存放宗祠六部編孝友睦婣任恤分存六房餘或贈於子孫認捐過百元者或子孫願出資購者其規則載明譜前茲不重贅惟冀藏譜者宜各珍重查前譜有不識貴重率意添改者甚至草書塗鴉不堪污瀆殊不知譜爲吾宗信史繪錄已定不得妄有更改設有嫁娶卒葬未經印刊亦須待下次修譜時再行付刊今將新譜編

號分存各房責有攸歸倘仍有故蹈前轍者惟藏譜房長是問而草率私註之人罰在宗祠演戲祭祖各宜慎之無違

職員表

發起人　二十九世孫　宗長　慈廷

三十世孫　二房房長　桐森

二十九世孫　東西河房長　慈泉

西房房長　慈順

南房房長　錦華

三十世孫　中房房長　祥璉

三十一世孫　三房房長　謙燮

義務總纂　三十世孫　祥春 梧鄰

編纂　三十三世孫　賡年 佐宸

總監兼募捐　三十一世孫　文煇 金輝

參議兼募捐　三十三世孫　成章 桐莊

三十四世孫　愼衍 汝蕃

義務調查　三十一世孫　文驤 永綏

調查兼校對　三十三世孫　勤安 家模

三十四世孫　愼初 子華

謄錄兼校對　三十三世孫　勤垣 柄魁

勤誠 頌德

會計兼校對　三十三世孫　勤墉 瑤魁

印刊　新昌縣　石渭畋 載姜

時

民國己巳年　二十九世孫　宗長　慈廷敬記

慈東童氏宗譜卷一

世系圖

第一世

始遷祖朝陽公

查建塋譜永明公第三世有諱萊者下注有一支有諱棻號朝陽遷居慈谿之鴻門民國十七年建塋族長以朝陽公墓道樅

第二世

仁生　義生　禮生

第三世

萬年

第四世

三才　三綱

第五世

靜軒見下　靜窗見下

林被佔吾族人起而相爭乃釀金爭還寢事想鄂陽公雖出外務農向懷故土遺命仍葬四明山下亦是不忘其本之意惟墓前有牌樓三座必是其先提舉公墓道朝陽公附葬其下

第五世	第六世	第七世	第八世	第九世
靜軒	仁紹	守	正辭 行補三	汝明 見下 進士
			婉辭 行補八	汝和 見下
靜窗	義紹	安	清辭 行補九	肇 見下 行豁十六
				肇 行豁三三

第九世　第十世　十一世　十二世　十三世

汝明

行簡　此派居東埠　杜州先生嘉定己未進士知廣東德慶府知府

鍾

金　號一間　副尉入縣誌義行傳

桂

标

行菾　副尉

彬　行源四　校尉

克諸　行從廿三

術　行慶五　見下

衍　行慶十　見下

汝和——行善

犟——行仁

行裕十六

十三世至十七世

十三世
衕　行慶五

十四世
夢龍　行寄一

十五世
仕俊　行庚一
仕道　行庚二

十六世
浩　入繼　行孟一（仕俊下）
浩　出繼　行孟一（仕道下）
善　行孟三（仕道下）

十七世
仲剛　入繼　見下　行和二（浩下）
伯剛　見下　行和一（善下）
仲剛　出繼　行和二（善下）
叔剛　見下（善下）

仕安　行庚三

得　行孟五

仁　行孟二

信

行和六

季剛　見下　行和十一

克剛　見下　行和三

師剛　見下　行和十四

俊英　入繼　見下　行和十三

奇觀　見下

行孟四

敬

行孟六

行和四

能觀見下

行和十

傑英見下

行和七

佶英見下

行和十二

俊英出繼

行和十三

衍
行慶十
西房祖

夢經
行寄二一

仕英
行庚四

朝元
行觀四

景延見下
行陽八

景順見下
行陽十

景平
行陽十五

景亨
行陽十九

仕亨
行庚五

朝相入繼
行觀五

景美見下
行陽六

仕賢　行庚六

朝賓　行觀一

朝相出繼　行觀五

景良見下　行陽一

景太見下　行陽二

景定見下　行陽三

景元見下　行陽四

朝臣——景貞

行觀六　行陽五

十七世　十八世　十九世　二十世　廿一世

- 仲剛　行和二
  - 瑗　行穆四
  - 琳　行穆五
    - 鍠　行常三二
      - 漸　行安六
      - 澮　行安八
        - 侗　行定七　移居杭州
    - 鏞　行常三三
      - 溢　行安一
      - 渤
        - 侃

瑜
行穆六

鈺
行常廿四
移居鎮邑
江南

行安四
行定二

湛
行安七

倫
行定八

傳
行定十一

伯剛
行和一

與顯
行穆三

鉄
行常一

泮
行仍一

僖
行乾三

溥
行仍十一

倚
見下
行乾七

偎
行乾九

儕
行乾十四

儧
行乾十五

倅
行乾十八

鑽
行常三

瀾
行仍十三

洎
行仍廿一

偃
行乾二十

佁
行乾五
見下

優
行乾六

保
行乾十

釗 行常十

潮 行仍廿七　派 行仍三五

倨 行乾十　脩 行乾廿二

僎 行乾十七　俊 行乾十九　倓 行乾廿四

叔剛
行和六

與偉
行穆七
老房祖

鈍
行常四

錫
行常六

滿
行仍四

浩
行仍八

渞
行仍五

儁　見下
行坤六

倪
行坤十

伸
行坤十二

偉
行坤八

侍
行坤三

鎬
行常十四

鎰
行常十五

佰
行坤七

涇
行仍十二

倬
行坤十四

代
行坤十七

澄
行仍廿三

位
行坤十九

沚
行仍三十

淑
行仍四八

儱
行坤四六

俌
行坤四八

侶
行坤五四

仲
行坤六四

倌
行坤六九

鑌 行常十七

錡 行常廿二

游 行仍十四

滄 行仍廿九

濱 行仍三八

涯 行仍五二

任 行坤五八

淋 行仍四十

與愷　行穆九　二房祖

鈿　行常五　巡檢

銳　行常十三

法　行仍五十

沂　行仍三　舍人

漆　行仍七

溧　行仍十五

倍　行坤五六　見下

佳　行坤六六　見下

俯　行坤一

儀　行坤十八　入繼

佑　行坤十一　見下

津　行仍十九

濙　行仍三六

儀　出繼　行坤十八

儲　見下　行坤三六

億　見下　行坤廿四

仞　行坤四十

侯　行坤廿五

興甯
行穆十二
三房祖

鎮
行常十一

汲
行仍十

淪

備
行坤三三
移居定海
尖淇

佐
行坤四
見下

俶
行坤五

偕
行坤廿六

伯直

行仍廿四

行坤十五

伯和

行坤廿九

涉

行仍廿八

鋐

行常十六

清

行仍四一

伯明 見下

行坤廿八

潊

行仍五一

伯美 見下

行坤四四

伯顯 見下

鐮
行常十八
—
濟
行仍三七

行坤六一
爲蛟川林氏後

伯達
行坤七十

伯艮
行坤三一

伯友
行坤三八

伯遂
行坤五五

- 錀 行常十九
  - 漳 行仍三四
    - 伯道 見下 行坤五九
    - 伯章 見下 行坤廿七
  - 淇 行仍四九
    - 伯英 見下 行坤三十
    - 伯謚 行坤四一
- 銓 行常二十
  - 海 行仍三一
    - 伯通 行坤四九

佰洪 見下
行坤六八

源
行仍四六

季剛
行和十一
南房祖

璣
行穆十四

珩
行穆十五

錦
行常廿九

洽
行昂一

時化
行正一
移居溫州
樂淸

珊

鍠

沔

時習

行穆十六
行常廿八
行昂九
行正十四

璉
行穆十七

鈞
行常三一

欽
行常廿七

鑑
行常三十

洋
行昂二

潤
行昂三

湑
行昂五

時宜　見下
行正二

時俊　見下

滂

行昂十

時濟　見下

行正六

時貴　見下

行正九

時重

行正四

時榮

行正七

時華

行正十一

潭
行昂十一

汀
行昂十四

行正十五

時茂
行正十七

時盛見下
行正十九

時秀見下
行正十二

時敏見下

行正二十

湘　行昴十六

時艮　見下　行正廿一

克剛　行和三

霸先　行穆十九

立道　行恆一

存道　行恆二

聞道　行恆四

淵　行仍五四

伯升　行坤五二

濤

行仍五五

浼
行仍五六

師剛
行和十四

貨先
行穆廿一

居道
行恆六

懷道
行恆七

望道
行恆八

赤道

行恆九

俊英
行和十三
東西河祖

初觀久康

尚文
行讓一

阜
行誠一

途
行聰四

通
行聰六

迪
行聰九

遂
見下
行聰十二

遺
見下

行聰十七

昊

行誠六

逵

見下

行聰十一

遲

見下

行聰十五

遷

見下

行聰十九

運

見下

行聰廿一

晏

逑

尙武
行讓三

景
行誠九

壘

行誠七

迋
行聰十

迂
行聰十三

遐
行聰二十

遠
行聰廿二

行誠十

尙德
行讓四

劭觀永康
細觀恒康
名觀安康

奇觀
行和四
中房祖

宗祖
行宗一

齊
行繩一

思祿
行紀十四

淇
見下
行綱六

㷿
出繼
行綱十九

宗祉
行宗二

亶
行繩二

思名入繼
行紀十七

思名出繼
行紀十七

爋
行綱十四

熤
見下
行綱廿七

炳
行綱三二

炌
見下
行綱廿三

立　行繩六

思仁　行紀六

煥　行綱三一　出繼

焆　行綱三四　見下

炫　行綱二　見下

燉　行綱八

煤　行綱廿八　見下

宗福 行宗五

育 行繩四

交 行繩九

思義 行紀八

思禮 行紀七

思恭 行紀廿八

思聰 行紀三四

灼 行綱七

燈 見下 行綱廿三

㜲 行綱四一

燦 行綱三五

奇
行繩十一

襄
行繩十五

思敬
行紀廿六

思諒
行紀三三

標
行綱四七

炤
行綱三六

熠
行綱四十

燍
行綱四六

思問
行紀三九

爚
行綱四八

燎
行綱五十

熺
行綱四九

爍
行綱五一

煌
行綱五二

宗祥 行宗七

言 行繩十四

思位 行紀十五

思謙 行紀三二

爗 入繼見下 行綱十九

雍 行繩十七

充 行繩十八

京 行繩十九

思明 行紀三六

煥 入繼見下 行綱三一

能觀　行和十

璜　行宗四

文　行繩三

思孝　行紀二

煇　行綱一　見下

燻　行綱五　見下

烔　行綱九　見下

熇　行綱十六

思誠　行紀三

焍　行綱十二

度
行繩十二

思恭
行紀五

熜
行綱十七

思信
行紀九

焴
行綱廿一

燿
行綱廿五

思道
行紀十一

思廉
行紀廿四

瑱
行宗六

褒
行繩十六

思智
行紀十

熾
行綱十

思壽
行紀二十

炬
行綱三七

爍
行綱三八

燴
行綱四二
爲孔浦王氏後

燧

行綱四五

傑英
行和七

全
行宗八
移居舟山

僉
行宗十三

企
行宗十五

本阜
行誂五

本立
行誂十二

惔
行浩一

惲
行浩二

懌
行浩八

佶英　行和十二

- 倉　行宗十
  - 本喬　行右二
    - 世德　行仁六
      - 宗道　行義二
  - 本成　行右三
  - 本質　行右四
- 介　行宗十一
  - 本原　行右五
    - 世賢　行仁一
    - 世良　行仁五
      - 宗武　行義六

世顯　行仁七
　宗和　行義十一

世忠　行仁八

世昌　行仁九

世彩　行仁十
　宗儒　行義七
　宗奇　行義十四

世傑
行仁十一

宗周
行義十三

宗憲
行義十五

本行
行右六

景延
行陽八

玥
行堊一

可用
行永一

琖
行堊三

景順　行陽十

瑾　行亜六

可成入繼　行永四

奩　行奎四

耆　行奎六

文秀見下　行德十

文通　行德十三

文洽　行德十六

文譽

行德十八

- 景奚　行陽六
  - 琳　行堊十四
    - 銀　行永六
      - 日新　行榮二
        - 文謙　行華二
      - 日進　行榮三
        - 文玉　行華一
    - 杏　行永廿一
      - 日隆　行榮四
      - 日晟　行榮六
        - 文貴　行華八
      - 日茂

行榮七

璽
行亜十五

可尙
行永十七

可奇
行永廿二

可欽
行永廿七

景艮
行陽一

貞　入繼
行亜七

可久　入繼
行永五

善德
行奎十

文盛
行德四

文煥

善積　行奎十一

廿七

文學　行德八　見下

行德六

文高　行德十二　見下

文明　行德十五　見下

文成　行德七　見下

文化

景太
行陽二

禋
行亜五

可立
行永二

可成出繼
行永四

可久出繼

奎
行奎一

行德十一

文祥見下
行德一

文瑞見下
行德三

文泰見下
行德五

行永五

可安　行永七

善生　行奎五

文山　行德九

善助　行奎七

貞　行亞七　出繼

祇　行亞十

可重　行永十二

景定
行陽三

禮
行臸十一

可達
行永九
邦貞入繼
行奎十八

可顯
行永十三
邦榮
行奎十六
邦貞出繼
行奎十八
邦川
行奎廿一

可法
行永十四
邦彥
行奎十五
文備見下
行德十七

景元
行陽四

祁
行堊十三

社
行堊十六

可則　出繼
行永廿四

可觀
行永廿三

可則　入繼
行永廿四

邦直
行奎十二

邦傑
行奎十七

文命
行德十九

文輝
行德二十

邦助

行奎廿二

廿一世　廿二世　廿三世　廿四世　廿五世

- 倚 行乾七
  - 太美 行金九
    - 大升 行孝六五
  - 太良 行金十二
- 佑 行乾五
  - 子秀 行金八
    - 大育 行孝廿九
    - 大眷 行孝五七

儁　行坤六

廷芳　行元二

大憲　行孝三

大世　行孝七

大法　行孝十一

大則　行孝四九

倍　行坤五六

廷相　行元廿七

大　行孝

龍　行悌

士貴　行恭百十

一

佳
行坤六六

廷秀
行元廿九

大奎
行孝

震龍
行悌廿七

士奇　見下
行恭二十

士鳳
行恭

廷賢
行元三一

大元
行孝

雲龍
行悌廿五

士顯　見下
行恭

士衡　見下
行恭五九

士道　見下
行恭七五

霖龍 行悌
士章 見下 行恭五三

霆龍 行悌

大 行孝

文龍 行悌
士榮 見下 行恭六二

龍 行悌
士臣 見下 行恭八三

廷憲 行元三二

佑　行坤十一

德潤　行元七

大文　行孝三七

一龍　行悌

一蛟　行悌

一鯨　行悌

大武　行孝四七

一鳳　行悌又八

士俊　行恭十三　見下

一高　行悌又十　二

二明　行悌廿四

士　行恭

士賢　見下　行恭二十

士忠　見下　行恭三六

大臣　行孝六七

一麒　行悌十六

士英　見下　行恭十六

士觀　見下　行恭十八

德顯
行元十一

大賓
行孝三八

大宰
行孝七三

一麟
行悌三一

士美見下
行恭三七

士顯
行恭四二

士臣見下
行恭六八

儲
行坤三六

德達
行元十七

大俊
行孝五五

學詩
行悌六

學禮
行悌

士宏 見下
行恭

士毅 見下
行恭

士璘 出繼
行恭十五

士聰 見下
行恭八

士明
行恭廿三

德盛 行元十九

大志 行孝七一

大惠 行孝

學仁 行悌

酉 行悌

巳 行悌

乙 行悌

士璘 入繼見下 行恭十五

億
行坤廿四

德茂
行元八

德美
行元十三

大英
行孝五八

佐
行坤四

良寶
行寶一

大昌
行孝九

珍壹
行悌

鼎
行恭
見下

繼
行恭

進
行恭

大盛　行孝三二

朝選　行悌五
朝　行悌
朝遴　行悌七

益　行恭四　見下
復　行恭
泰　行恭六　見下
震　行恭十二　見下

良玉
行寶二

大慶
行孝十

朝慶　出繼
行悌九

沙
行悌

二
行悌

壽
行悌

豫　見下
行恭廿二

士英　見下
行恭

大忠　行孝廿八

朝慶　入繼　行悌九

咸　見下　行恭十

臨　見下　行恭廿一

艮珠　行寶三

大化　行孝廿三

朝華　行悌八

士艮　入繼　見下　行恭九

朝英　行悌十二

士艮　出繼　行恭九

士安　行恭

士貴 見下
行恭四九

朝恩
行悌

大本
行孝三五

伯明
行坤廿八

崇
行寶四

棣
行寶十七

栢　行寶三四

伯美　行坤四四
　幃　行寶十三
　悅　行寶十八
　悌　行寶廿九

伯顯　行坤六一
　愉　行寶四一

伯道 行坤五九 —— 良相 行寶三九

伯章 行坤廿七 —— 良清 行寶五

良清 —— 大用 行孝十二

良清 —— 大德 行孝十六 —— 朝榮 行悌

朝榮 —— 福元 行恭

朝榮 —— 福貞 行恭十四 見下

朝榮 —— 福瑞 行恭

- 良才　行實十
  - 大道　行孝四四
    - 朝儀　行悌十四
      - 士翹　行恭五六　見下
      - 士傑　行恭六四
    - 順　行悌
- 大春　行孝三九
- 大節　行孝五一

祖相　行悌

大通　行孝

良佐　行寶廿四

大章　行孝五十

大器　行孝七五

大升　行孝八一

朝福　行悌十八

猿　行恭十九

俞　見下
行恭三一

斌　見下
行恭六七

朝祿
行悌廿一

朝祚
行悌廿九

朝祺
行悌三六

大禮　行孝六八

朝祥　行悌四十

文進　行恭

文運　行恭

朝瑞　行悌三八

潛　見下　行恭八二

朝德　行悌四三

文英　見下　行恭百二

朝科　行悌四七

文林　見下　行恭八九

朝拱
行悌五五

文德
行恭九七

文盛　見下
行恭百七

文生
行恭百十四

文瀾　見下
行恭百廿五

文富　見下
行恭百廿七

伯英
行坤三十

良貴
行寶六

大山
行孝廿一
移居杭州

大倴
行孝三三

朝宰
行悌六十
移居杭州
太平門

文錦
行恭百十八

文鎮
行恭百三七

朝雲
行悌

三六
行悌

彬
見下
行恭三三

大愛　行孝六六

朝文　行悌

朝武　行悌

朝魁　行悌

世圭　行恭七六　見下

世卿　行恭九五　見下

良翰　行寶廿一

大秀　行孝六二

學富　行悌

學宗　行悌四九
世則　見下　行恭百廿八

學韶　行悌

學賢　行悌五八
世道　見下　行恭百十三
世法　見下　行恭百廿四
世顯　見下　行恭百廿九

良會　行寶廿八

大晉　行孝七七

朝佐　行悌十九

元升　行恭十一　見下

元助　行恭廿五　見下

朝位　行悌廿三

元祥　行恭

世盛　行恭十四　見下

世福　行恭廿七　見下

朝彬　行悌四九

元奇　行恭

世英　見下　行恭六六

伯洪　行坤六八

良宰　行寶三七

良輔　行寶三八

大期　行孝

朝金　行悌　爲鎮邑周姓後

朝璧　行悌

日性　見下　行恭一百　移居餘姚上塘

日奇　行恭百九

朝琮　行悌

文貴　行恭百四　移居鎮邑小港

朝瓚　行悌五三

文榮　見下　行恭六九

文華　見下
行恭百十五

良賓
行寶四十

時宜
行正二

天德
行良一

大勛
行孝

元任
行悌

高　入繼見下
行恭九二

大觀
行孝

元魁
行悌

元英
行悌

大復
行孝

天祥
行良二

大用
行孝

元林
行悌

元榮
行悌

昇　見下
行恭四一

叅　見下
行恭五七

高　出繼
行恭九二

七
行孝
典史

五十
行孝十

元月
行悌

元發
行悌

玉卿
行悌

元瑞
行悌

世宗
行恭
見下
徙居杜谷

廿一
行孝

廿八
行孝

天祿
行良五

天相
行良六

時俊
行正六

天爵
行良十

天錫　行艮十三

天祐　行艮十四

志乾　行孝百三

殿元　行悌七三

世瓚　見下　行恭百三一

世琦　行恭百三六

世璋　見下　行恭百四二

世瑗　行恭百五十

志震
行孝百五

聯元
行悌七五

志泰
行孝百六

元相入繼
行悌六四

世璉
行恭百六五

世統
行恭百三五

世貞
行恭百五七

世則
行恭百七二

世賢見下
行恭百廿六

世垣　見下
行慕百四

世城
四　行慕百六
九

天保
行艮十八

志昂
行孝

天澤
行艮七

時濟
行正九
移居浮上
橋

鳳岐
行孝

天恩
行良九

鳳來
行孝

元敬
行悌七六

啓俊
行恭百四十

啓正
行恭百五二

啓元
行恭百七四

時貴　行正四

天位　行艮三

鳳起　行孝九四

元貴　行悌四五
- 世傑　見下　行恭五四

元隆　行悌五十
- 世元　行恭七七
- 世俊　見下　行恭九四
- 世仁　見下　行恭百十

元明　行悌六八
- 世吉　見下　行恭百廿

鳳徵　行孝九五

元陞　行悌五七

世因見下　行恭八七

元鄧　行悌六一

世珍見下　行恭百四五

世玉見下　行恭百六二

鳳鳴　行孝九六

元陛　行悌五四

世德見下　行恭九一

元相出繼　行悌大四

元選　行悌七一

元美　行悌

世英　行恭

世芳　見下　行恭百四

六

世芹　見下　行恭百五

五

世澤　行恭　移居舟山

鳳文　行孝九八
元宰　行悌六三
世醕　見下　行恭百五六
世卿　出繼　行恭百六十
世忠　行恭百六四
元臣　行悌七十
世卿　入繼　見下　行恭百六十

鳳儀　行孝九九
元俊　行悌六五
世爵　見下　行恭百二十

元亮
行悌七四
世榮
見下
行恭百三
十
世錦
見下
行恭
爲洪姓後
出繼
世華
行恭百三
八
世富
行恭百六
八
入繼
世華
見下
行恭百三
八

元奇
行悌七八

天與　行艮八

時盛　行正十九
天　行艮三四
源　行孝
衡元　行悌
裔元　行悌九十
世法　行恭百七九
世顯　行恭百八一

時秀　行正十二
天職　行艮十二
鼎新　行孝

天倫　行艮十六　移居杭州

志鳳　行孝

志夔　行孝

時敏　行正二十

天敘　行艮

仕元　行孝

天成　行艮十五

大璋　行孝

天性　行艮

天允
行艮

天化
行艮二十

應斗
行孝
移居鎮海白砂

生
行孝

劉
行悌

世顯
行恭百三三

世貴
行恭百四三

世才
行恭百五九

天震
行良廿一

時良
行正廿一

在棠
行良
庠生

正棠
行良

招緣
行孝

遂
行聰十二

繼榮
行明八

繼德
行明十三

遺
行聰十七
移居東河

繼庸
行明廿六

大統
行孝六八

瑞梧
行悌三二

允星
行恭八六

瑞槐
行悌

繼元
行明三三

繼華
行明十四

大綬
行孝三四

繼名
行明廿一

大綱
行孝四五
爲駱駝橋

翁氏後

繼富　行明廿七
大綱　行孝六三
邱二　行悌
瑞禮　行悌
元　行恭　見下

繼貴　行明三十
大紀　行孝五九
瑞美　行悌
英　行恭廿大　見下
三二　行悌
嚴　行恭

大紋 行孝

瑞兆 行悌

進 行恭

壽 行悌

可文 見下 行恭十七

馬 行悌

夏 行悌

大富 行孝

張二 行悌

欽 行恭

瑞成 出繼 行悌廿二

瑞招 行悌

錫 行恭

錡 見下 行恭四七

鑛 行恭

銈 行恭

大新　行孝八四

瑞成　行悌廿二　入繼

金　行恭

瑞甯　行悌

鎦　行恭六八三

寅　行恭

小英　行恭

鋼　行恭　見下

海壽
行恭

增
行恭

璉
行恭五八
見下

誌
見下
行恭百四七

瑞宏
行悌

瑞英
行悌六六

大才 行孝

大運 行悌

瑞奇 行悌四二

銘 行恭八十 見下

鐮 行恭八八 見下

繼遠 行明四一

大光 行孝

車生 行悌

車來 行悌

和 行恭

大恩
行孝

瑞我
行悌二十

鑽　見下
行恭四四

海欲
行恭

蕙
行恭五一

茂　見下
行恭六五

芸　見下
行恭七三

逵
行聰十一

繼道　入繼
行明廿四

大繪
行孝七十

瑞球
行悌

瑞珠
行悌廿六

子元　見下
行恭五十

子相　見下
行恭六九

子純　見下
行恭九三

子繒　見下
行恭百大

遲　行聰十五
- 繼富　行明十七
  - 大綜　行孝五三
  - 大紳　行孝六四
    - 瑞芝　行悌
      - 子賢見下　行恭八一
    - 瑞楦　行悌
- 繼道出繼　行明廿四

遷　行聰十九
- 繼懷　行明廿九
  - 大敬　行孝
    - 瑞林　行悌

繼章　行明三一

大績　行孝

十　行孝

張八　行悌

佩　行悌

瑞星　行悌

瑞斗　行悌

子惠　行恭　見下

大綸　行孝

瑞日　行悌三三

子榮　行恭　見下

子華　行恭

瑞隆　行悌三九

子芳　行恭百十二　見下

冬　行孝

纖中　行明三六

大勝　行孝

瑞璉　行悌五二

子昌　行恭百八　見下

運
行聰廿一

繼禮
行明四五

繼志
行明十九

繼學
行明三五

繼登
行明三九

大治
行孝

瑞春
行悌

日升
行恭

日恒
行恭

日生
行恭

繼善
行明四二

守分
行維四

煤
行綱六

守功
行維十三

大淮
行孝十七

大洲
行孝三六

守慶
行維廿二

炌
行綱廿三

守惠
行維廿八

大登
行孝廿七

大悅
行孝四三

大高
行孝五二

大魁
行孝六十

煜
行綱廿七
移居淸林

守恕
行維五二

守志
行維三三

守約
行維四十

守貞
行維四六

守節
行維五三

守恒
行維五八

應料
行孝

應登
行孝百二

友文
行悌八三

友武
行悌八八

友魁
行悌八九

世榮
行恭百七五

世昌
行恭百七八

世盛
行恭百八三

世華
行恭百八六

應選
行孝

大成
行孝三十

大韶
行孝四六

大嶽
行孝七四

焆
行綱三四

守禮
行維五六

炫
行綱二

守仁
行維二

大福
行孝二

友
行悌
兼祧

彬
行恭五
見下

守奎
出繼
行維二十

煤
行綱廿八

守奎
入繼
行維二十

大壽
行孝廿二

友
行悌
兼祧

彬
行恭五
見下

灼
行綱七

守祥
行維三五

守福
行維九一

守成
行維五五

燈
行綢廿二

守忠
行維十四

守德
行維廿六

大富
行孝五

大貴
行孝八

大良
行孝十四

大中
行孝二十

大史 行孝五四

守英 行維五四
大寶 行孝六九

燦 行綱三五
守高 行維五九
守位 行維六三
守職 行維六四

守業　行維六八

守讓　行維七一

熛　行綱四七
- 守昌　行維
- 守壽　行維

炤　行綱三六
- 守道　行維六五

熺　行綱四九
- 守安　行維六七
- 守宜　行維七七

燦　行綱五一
- 守順　行維六九
- 守法　行維七六
  - 汝觀　行孝
- 守規　行維七八

燸　行綱十九
守恩　行維廿五
大巖　行孝十八

煥　行綱三一
守昂　行維四三
大名　行孝廿四
大有　行孝四二
大壯　行孝七二

煇　行綱一
守端　行維五
大華　行孝一

守正
行維九

大賢
行孝四

守甯
行維三一

燫
行綱五

守和
行維六

大敬
行孝六

大蔡
行孝三一
爲四方橋

守穆 行維十一

大祿 行孝十九 曹氏後

友彥 行悌

友儀 行悌

友華 行悌

播 行恭

斌 行恭四八 入繼 見下

斌 行恭四八 出繼

琦 行恭六一 見下

玫 見下

行恭九十

大　行孝

大　行孝
友增　行悌

大祉　行孝廿六
友賢　行悌十五
璵　行恭廿七　見下
瑾　行恭

守燧
大殷

行維廿七

行孝廿五

烱

行綱九

守榮

行維十

大益

行孝四十

守納

行維十七

守富

行維四二

守盛

行維四八

爲鄞邑顧氏後

熇
行綱十六

守祿
行維十五

守貴
行維三十

守瑞
行維三九

大方
行孝四一

大規
行孝四八

大年
行孝六一

壽
行悌

友諒
行悌

瑋
行恭三五
見下

璉
行恭七
見下

琨
行恭
見下

大卿　行孝

大學　行孝

友謙　行悌

友彥　行悌

瑛　見下　行恭三十四

珩　見下　行恭廿八

珪　見下　行恭三十九

珂　行恭四三

友章　行悌

球　行恭六十　見下

昌　行悌

友廉　行悌廿八

瑋　行恭

瑋　行恭九八

環　行恭百五　見下

守豐　行維四九

大與　行孝五六

守餘　行維五七　爲白沙毛氏後

文秀　行德十

應登入繼　行祿三八

國祚　行孝八七

明文　行悌四四

裕昌見下　行恭七一

明章　行悌四六

允昌見下　行恭七八

文學　行德八　移居四方　橋

應期　行祿廿五

應斗　行祿三二

應璧　行祿四三

應彩　行祿

國寧　行孝

明卿　行悌六九

明佐　行悌七二

俊星　行恭百四九

俊賢　行恭百五八

俊傑　見下　行恭百四一

俊德　行恭百六七

明耀　行悌八四

俊國　行恭百六　三

錩　行恭百七　十

國定　行孝

明相　行悌八一

俊芳　行恭百六　六

明佑　行悌八二

俊宗　行恭百七　三

俊元　行恭百八　四

文高
行德十二

應廉
行祿四十

應麟
行祿四四

國淇
行孝八八

國奇出繼
行孝

國福
行孝

國英
行孝

明善
行悌五一

俊聲見下
行恭百三二

應試 行祿五六

國奇 入繼 行孝

明新 行悌

文明 行德十五

冬 行祿

國龍 行孝百七

明聰 行悌九一

明睿 行悌

元昌 見下 行恭百八二

愷昌 行恭百八五

聖昌 見下 行恭百八八

文成
行德七

應時
行祿九

國寶
行孝七六

明道
行悌十一

珸　見下
行恭廿四

璡　見下
行恭廿九

明德
行悌

璘　見下
行恭四六

明禮
行悌

小龍
行悌

應聘
行祿十四

應辰
行祿三十

國賢
行孝九三

國良
行孝百一

明倫
行悌

明遠
行悌

明佶
行悌六七

國惠
行孝百四

明仁
行悌八十

明初
行悌

明陞
行悌

必昌見下
行恭百五三

榮昌
行恭百七一

明顯
行悌八六

- 明宰　行悌
- 應蛟　行祿四七
- 文祥　行德一
  - 應綜　行祿一
    - 國才　行孝十三
      - 明宰　行悌一
        - 心　行恭一　見下
        - 顏　行恭二　出繼
      - 明爵　行悌三
        - 庚　行恭

甲 見下
行恭三

丙
行恭

國學 出繼
行孝十五

應綉
行祿八

國學 入繼
行孝十五

明相
行悌二

明元
行悌四

應科
行祿廿四

國士
行孝七九

明佐
行悌

明臣
行悌十

明遴
行悌十七

世昌入繼見下
行恭三二

五昌
行恭

世昌出繼
行恭三二

其昌見下
行恭三八

- 國治 行孝八二
  - 明選 行悌
  - 明裕 行悌三十
    - 基昌 見下 行恭七九
    - 至昌 見下 行恭八五
  - 明禮 行悌

- 應和 行祿三七
  - 國用 行孝八五
    - 明輔 行悌十三
      - 顏 入繼 見下 行恭二

勳　行孝

明祖　行悌七七

卜昌　入繼　行恭百八十

明貴　行悌八七

卜昌　出繼　行恭百八十

孫昌　見下　行恭百八七

熙　行孝

應綺　行祿三

文瑞　行德三

應綸
行祿六

國泰
行孝七八

一
行悌

三
行悌

八
行悌

明鑾
行悌

瑞昌
行恭
入贅寧海

廿九
行悌

四十　行悌

沙　行悌

國相　行孝八十

明珠　行悌

明金　行悌

士章　入繼見下　行恭四五

明玉　行悌三七　移居黃楊

士章　出繼　行恭四五

橋

士達　見下
行恭五五

士英　見下
行恭七十

應龍
行祿十六

應鳳
行祿十九

國賓
行孝八三

明甫
行悌

明倫
行悌

繼昌
行恭

復昌 見下
行恭

招
行恭
移居舟山

明鼎
行悌四一

茂昌 見下
行恭百

應宿
行祿廿八

國壽
行孝九七
爲湖西孫姓後

文泰
行德五

應春
行祿十二

國徵
行孝九十

長德
行悌

咬嚌
行悌

應元
行祿十七

應召
行祿廿七

國猷
行孝八九

明龍
行悌四八

錫昌
行恭五二
見下

梓昌
行恭七四
見下

汝昌　見下
行恭八四

順昌　見下
行恭百十六

百昌　見下
行恭百十七

明佐　出繼
行悌五六

明俊
行悌五九

繼昌　見下
行恭

國顯 行孝九一
明佐 入繼 行悌五六
際昌 見下 行恭百三
會昌 見下 行恭百廿二
克昌 見下 行恭百三四

明乾 行悌
兆昌 見下 行恭九九

海緣 行恭

應文 行祿三一 — 國棟 行孝九二 — 明斐 行悌六二 — 森昌 行恭百五四

蘊昌 見下 行恭百六一

益昌 行恭百七六

應登 出繼 行祿三八

應旂 行祿四二 — 國順 行孝一百

應賓 行祿四八

應用 行祿

文備 行德十七

應瑞 行祿四九

國 行孝

明佐 行悌七九

明銓 行悌八五

加昌 見下 行恭百三九

德昌 見下 行恭百四八

世昌 見下 行恭百五一

應詔
行祿五十

國聖
行孝百八

明暹
行悌九二

明逵
行悌九三

明遠
行悌九四

明
行悌

又昌
行恭百七七

國祥——明
行孝百九
行悌
爲金塘杜
氏後

老房分支世系圖

廿五世
士奇 字君茂 行恭二十

廿六世
嘉琳 字玉林 行敬四二

廿七世
繼才 行敏六九

廿八世
宏振 行惠百廿五

廿九世
慈標 見下 行慈百四七
慈根 見下 行慈百七六
慈楓 見下 行慈百八九
慈森 無後 行慈二百十七

宏雲　行惠百五四
慈法　早世　行慈二百五十
慈海　無後　行慈三百十四
宏安　未娶　行惠百九四
宏揚　無後　行惠
慈烝　見下　行慈二百八十

明顯 出繼

行敏百六四

嘉瑋

行敬五八

繼槐

行敏百二

宏有 無後

行惠百六

宏寶 無後

行惠百五六

宏烈 無後

行惠百七八

繼統

行敏百九九

宏宰

行惠二百三二

慈金 未娶

行慈二百八四

士顯
行恭

嘉賢
行敬九十

明顯入繼
行敏百六四

嘉善入繼
行敬百五七

繼遠
行敏二百六九

慈道見下
行慈三百四二

慈有見下
行慈三百六一

宏易
行惠二百六七

慈惜無後
行慈三百十八

宏學
行惠二百八七

慈鎔見下
行慈四百十一

士衡 行恭五九
嘉元 行敬百一
繼世 行敏百十七

宏雉 行惠二百九八
慶壽 行慈 螟蛉韓姓

宏福 行惠八十
慈源 入繼見下 行慈百七十

宏祿 行惠九五
慈源 出繼 行慈百七十
慈椿 無後 行慈二百二十

宏祚 行惠百一
慈本 早世 行慈二百二九

宏眞 行惠百六一
宏禔 行惠二百九

慈艮 入繼 見下 行慈二百六三
慈隆 入繼 無後 行慈三百三四
慈艮 出繼 行慈二百六三
慈隆 出繼 行慈三百三四
慈成 見下 行慈三百四八

士道　行恭七五

嘉相　行敬九四

繼美　行敏八八

宏魁　行惠百二九

宏高　無後　行惠百四三

宏順　行惠百七二

慈高　未娶　行慈三百七九

慈智　見下　行慈百六九

慈照　無後　行慈二百二五

慈普　無後　行慈二百七

慈山 見下 行慈三百

繼韶 行敏百十三

繼富 字立成 行敏百三八

宏慶 字坤山 行惠百七七

慈寶 未娶 行慈三百三

宏瑞 未娶 行惠百九一

宏愷

金才

行惠二百四十

行慈　螟蛉與人

嘉善　出繼　行敬百五七

嘉謨　出繼　行敬百六七

嘉盛　行敬百八三

繼仁　早世　行敏

繼　早世　行敏

繼　早世

行敏

士章
行恭五三

嘉華入繼
字殿玉
行敬百二二

繼範
行斂百四三

宏寬
行惠百三七

慈德見下
行慈百九九

士榮
行恭六二

嘉華出繼
行敬百二二

文祥出繼
行敬百三七
爲南房恭八七公後

嘉富

行敬百五三

士臣
行恭八三

嘉謨入繼
行敬百六七

繼恆
行敏二百六十

宏恂無後
行惠三百三四

繼良
行敏三百八七

廿九世　三十世　三一世　三二世　三三世

慈標　行慈百四七
　祥埜　無後　行祥二百五三

慈根　行慈百七六
　祥慶　早世　行祥二百五七
　祥來　未娶　行祥三百十四
　祥遠　未娶　行祥三百七三

慈楓
　祥萱　無後

行慈百八九

祥全　行祥二百四六

謙明　未娶　行謙三百

謙德　未娶　行謙三百六十

慈杰　行慈二百八十

祥存　早世　行祥三百廿四

祥茂　行祥三百九七

謙安　行謙四百三六

慈道
行慈三百
四二

祥楓　未娶
行祥三百
八九

祥柄　未娶
行祥四百
一

祥枋　未娶
行祥四百
十二

慈有
行慈三百
六一

祥芳
行祥四百
三八

謙耀　未娶
行謙四百
廿二

謙隆　未娶
行謙四百
三七

謙惠　未娶
行謙四百四三

謙彪
行謙四百七二
字永齡
寓居費市鎮

慈鎔——祥組　未娶
行慈四百十一
行祥四百二八

慈源——祥舟　無後
行慈百七十
行祥二百五五

慈艮——祥生未娶
行慈二百六十三　行祥四百七

慈成——祥華未娶
行慈三百四十八　行祥四百三十四

慈智——祥棻未娶
行慈百六十九　行祥二百九十二
　　——祥薇未娶
行祥三百廿二

慈山——祥爻無後
行慈三百　行祥三百五十八

慈德

行慈百九九

祥龍

行祥二百三九

謙恆　未娶

行謙三百四

祥虎　未娶

行祥二百五八

祥熊　未娶

行祥三百二

二房分支世系圖

廿五世　廿六世　廿七世　廿八世　廿九世

士俊 字爾陞 行恭十三
嘉允 字錫光 行敬十四
繼志 字武周 行敏三
宏濟 字天玉 行惠四
慈祥 見下 行慈三
慈禎 見下 行慈八
慈福 見下 行慈十
慈禄 見下 行慈十六

嘉韜
字元豐
行敬十六

繼成
字台榮
行敬十五

宏鼎
字學海
行惠十九

宏鯉
字化龍
行惠廿二

宏倫
行惠廿五
寓居蘭谿
另有分派
圖

慈元 見下
行慈三三

慈裔
行慈六八

慈義 見下
行慈廿六

慈發
行慈

慈啟
行慈

宏燮
字公調
行愿三二一

慈恩
行慈

慈贈
行慈

慈富 無後
行慈三七

慈甯 無後
行慈五二

慈宗 無後
行慈六三

慈章 無後
行慈七二

慈忠 見下
行慈八二

繼芳
行敏三三

宏材
行惠三九

慈靈 入繼
行慈百二
十

宏杏
行惠七四

慈靈 出繼
行慈百二
十

慈揚 見下
行慈百六
五

嘉文　行敬廿三

嘉貞　行敬廿七

嘉德　字玉芝　行敬廿九

繼光　字虞章　行敏三十

宏成　行惠廿一

慈馮　無後　行慈十四

慈愛　見下　行慈廿八

宏肩　行惠百七

慈奕　無後　行慈百七三

宏盛 無後
行惠三五

宏鳴 無後
行惠四三

繼和
字亦林
行敏三八

宏器
行惠四四

慈善 見下
行慈廿九

慈信 見下
行慈七六

繼倫
行敏四六

宏盛 入繼
行惠三五

繼祥
行敏六三

嘉祿
字申之
行敬三七

繼先
字兼才
行敏三一

宏鵬
字一飛
行惠廿三

慈明見下
行慈七

宏鯨出繼
行惠廿七

宏鼇無後
行惠三八

繼行
行敏七二

宏鯨入繼
行惠廿七

慈穠見下
行慈四三

繼綱

字因三

行敏八一

宏法入繼

行惠七三

慈昂無後

行慈又五三

慈蘭見下

行慈七三

慈芳見下

行慈九十

慈蕊見下

行慈百廿九

慈華無後

行慈百五八

繼常　字常五　行敏九五

宏訓　行惠六三

宏法　出繼　行惠七三

宏道　行惠八五

慈菊　見下　行慈百七四

慈忍　無後　行慈七一

慈息　出繼　行慈八三

慈春　無後　行慈九二

士賢　字爾進　行恭三十

嘉仁　字濟元　行敬四四

繼宗　字立功　行敬廿二

宏文　行惠九九

慈息　入繼　行慈八三

宏緒　無後　行惠百四　入

宏儒　字席珍　行惠十三　國學生

慈惠　見下　行慈六

慈恩　見下　行慈十二

慈思　見下　行慈二十

宏聲
字聞廣
行惠十七

宏乾
字鎮國
行惠三一

慈安見下
行慈廿四

慈悅見下
行慈五三

慈俊見下
行慈廿一

慈雲見下
行慈廿七

慈霖見下
行慈三二

繼周
字紹文
行敏五十

宏謀
行惠六一

宏詞
字天章
行惠九七

宏詮
行惠百廿四

慈範 見下
行慈五四

慈奎 見下
行慈七八

慈聖 見下
行慈七四

慈珂 見下
行慈百四

慈璇 見下
行慈百三七

慈蓮無後
行慈百五十

慈琰見下
行慈百八十

慈瑜見下
行慈百四十

宏譽
字光祓
行惠百廿八

嘉義出繼
行敬八三

士忠
行恭三六

嘉義入繼
字交仁
行敬八三

繼濬
字柳園
行敏七三
邑庠生

宏度
字竹林
行惠四九

慈昭見下
行慈三五

慈朗見下
行慈四九

慈崗見下
行慈六九

慈峯見下
行慈七七

慈嵩見下
行慈九一

宏志　行惠六六　無後

宏彦　字廷秀　行惠七五

宏受　字天祐　行惠百二

慈岑　行慈九九　見下

慈嶽　行慈五九　見下

慈清　行慈九三　見下

慈潮　行慈九六　見下

纘旦 字亦顯 行錢百二十

宏經 字靜康 行惠八八

宏緯 字樂庭 行惠百十三

宏純 無後 行惠百廿六

慈洲 見下 行慈百廿六

慈錕 入繼 見下 行慈百四八

慈錕 出繼 行慈百四八

慈榮 見下 行慈百八五

士英
字爾雄
行恭十六

嘉琰
字純美
行敬四八

繼望
行敏百四七

宏規入繼
行惠二百十五
客外未歸

繼𤦺出繼
行敏百八二

繼封
行敏百九六

嘉璠
行敬五六

繼𤦺入繼
行敏百八二

宏規出繼
行惠二百十五

宏任

嘉瑞 出繼
行敬六七

行惠二百九二
久出未歸

士觀
行恭十八

嘉瑞 入繼
行敬六七

繼泗
行敏百六十

宏玉
行惠百五八

慈掄 見下
行慈百六三

慈均 見下
行慈二百四二

慈瑜 見下
行慈二百七三

慈怡　行慈三百廿二　無後

宏耀　行惠二百廿一

慈富　行慈三百七四　無後

宏珏　行惠二百五六　無後

士美　行慕三七

嘉爵　行敬九六

嘉陞　行敬百二十

士臣　字止敬　行恭六八一

嘉逵　行敬百十

繼蘇　行敏百四二

明文　行敏百六二

文宰　行敏百九七

士宏　行恭

嘉積　字君成　行敬七

繼序　行敏四

宏道　行惠　無後

宏毅　行惠六　無後

繼甯
字靖周
行敏九

宏先無後
行惠九

宏化入繼
行惠四八

增培見下
行慈又九三

宏任
字予肩
行惠十一

慈和見下
行慈四

慈忠見下
行慈廿五

宏範無後
行惠十八

繼賢　字聖基　行敏十

宏士　行惠八

殷培無後　行慈十一

宏楣　行惠十五

光廷見下　行慈四四　寓居蘇州

宏化出繼　行惠四八

繼善　字性先　行敏十四　郡庠生

宏模　字子範　行惠十六

元培見下　官名秀　行慈五　增廣生

申培見下

行慈十五　職員

昌培　見下　行慈三八

嘉奇　字君聘　行敬十一

繼元　行敏十一

宏綱　無後　行惠三七

繼祖　行敏十三

宏灝　行惠三三

慈峰　見下　行慈三四

繼龍　行敏四四

士毅（行恭）

坤壽（行敬）　嘉言（字錫彰　行敬十九）

繼昌（字其昌　行敏廿一）　繼盛

宏疇（行惠三十　無後）　宏紀（行惠四八）

慈孝（行慈三六　無後）　慈悌（行慈四六　見下　寓居長石橋）

行敏三九

士聰
字偉生
行恭八

嘉炳
字哲先
行敬四七

繼業
字繩武
行敏廿九

繼禹
字啓賢
行敏三七

繼榮
字錦堂
行敏六五

惠國
行惠

惠蘭
行惠

繼豐　字景文　行敏百五

惠信　行惠百十

惠南　字愛人　行惠百三五

惠和　無後　行惠百七六

慈保　見下　行慈百廿五

慈敎　見下　行慈百三二

慈九　見下　行慈二百八一

繼唐
字堯天
行敏百廿
四

繼濂
字亦周
行敏百四
一
邑庠生

惠揚 出繼
行惠二百
六

惠仁
行惠
川外名汞
登譜

惠岷
行惠

惠揚 入繼
字杏齋
行惠二百
六

慈肇 見下
行慈二百
五四

慈啓 無後

行慈二百七六

嘉燦
字英三
行敬五四

繼增
行敏九四

繼翰
行敏百六

繼烈
行敏百十八

繼柳
行敏百四四

士璘　字爾美　行恭十五

嘉賓　行敬十八

嘉宰　行敬廿乚

嘉修　字又全　行敬三一

繼文　改名用周　行敏十六　郡庠生

鴻遠　字在茲　行惠廿八　國學生

鴻飛　字翔雲　行惠四七

慈高　見下　行慈廿二　國學生

慈賢　出繼　行慈四五

慈水　無後　行慈四十

鴻敷
行惠五四

鴻達
字天衢
行惠六七
邑庠生
嘉慶庚申
恩科三十
入名舉人

慈川　見下
行慈六十

慈賢　入繼見下
行慈四五
國學生

慈泰　見下
行慈六二

慈金　見下
行慈七五

慈珏　見下
行慈八七

纘武　字成周　行敏廿四

宏德　字聖祝　行惠廿四

宏炎　字璋五　行惠五六

慈增　見下　行慈百三

慈訓　見下　行慈十八

慈寬　見下　行慈廿三

慈鏜　見下　行慈四八

慈鋋　無後　行慈百廿三

繼聖
字道宗
號文闌
行敏廿八

宏略
字石三
行惠六十
國學生

慈霖　見下
行慈四一

慈炳　見下
行慈八五

慈瑛　見下
行慈百八

繼緒
字經能
號謹堂
行敏五五

宏量
字克廣
行惠五十
國學生

慈豐　見下
行慈五一

慈虔　見下
行慈六七

慈春 出繼
行慈八四

慈威 見下
行慈百一

宏韜
字錫文
行惠五九
國學生

慈盛 見下
行慈六四

宏佐
字朝綱
行惠七七
國學生

慈春 入繼 見下
行慈八四

繼楨　字國藩　行敏五八

宏達　字可行　行惠六二　職員

慈耿　見下　行慈七十

慈煥　無後　行慈八九

慈灼　見下　行慈九四

繼祚　行敏七十

宏博　字學廣　行惠五五

慈仁　行慈三十

慈信　見下　行慈四二

繼洙 字仰山 行敏八六

宏顯 字聲揚 行惠百廿二

宏漸 字遠九 行惠百三

慈智 見下 行慈六六五

慈珩 見下 行慈百九

慈楝 見下 行慈百二

慈梁 見下 行慈百四五

慈模 行慈百八八

八

慈崧　見下
行慈二百四八

宏章
行惠百四六

慈柱　見下
行慈百三四

慈楷　見下
行慈百大八

慈烋　無後
行慈二百四七

宏翔
字振衢
行惠百六

慈杏　見下
行慈百八一

十

慈槐見下
行慈二百
五二

廿九世

- 慈祥　字子發　行慈三　國學生

三十世

- 文炳　字光耀　行祥二　國學生

三十一世

- 謙益　行謙一
- 謙風　字東谷　行謙十七

三十二世

- 遜榮　字廷才　行遜十一
- 遜華　字廷福　行遜廿六
- 遜富　字在章　行遜三八　國學生

三十三世

- 勤浩　見下　字松貴　行勤四十
- 勤源　見下　字本泉　行勤廿三

文燈　字偉照　行祥三　邑庠生　乾隆壬子科舉人

謙金　字振聲　行謙三

遜順　行遜一　出家杭州

遜貫　行遜二

謙亨　字紹基　行謙四　增廣生

遜言　行遜三

遜桂　字廷五　行遜四一

勤芝　行勤　早世

謙禮　字肇英　行謙九

文炤　字星野　行祥十六　邑庠生

謙巽　字庚三　行謙十四

遜效入繼　字潤元　行遜十七

勤寶見下　行勤廿六

謙治　字咸一　行謙十八

遜效出繼　行遜十七

遜雅　字秉言　行遜五六

謙譽　字慶朝　行謙四七

遜雅兼祧　行遜五六

謙行　字敬忠　行謙八四

謙涵
行謙百五
四

慈楨
字瑞芝
行慈八

文煒
字光明
行祥四

謙恭
字謦齋
行謙二

遜槐
字晉三
行遜五
國學生

勤恩無後
字鞠生
行勤八

勤惠見下
字念橋
行勤十一

遜和
字禮行
行遜九
國學生

勤業無後
字書常
行勤五

遜華

勤芳見下

謙吉
字餘慶
行謙七

謙撝
字易尊
行謙十二
國學生

字蓮峯
行遜十二
國學生

字元壽
行勤三一

遜桓
字象樞
行遜六
國學生

遜鎔
字鼎初
行遜十六

勤菑　見下

勤畬
字稔田
行勤廿二
未娶

勤學　見下
字蔭生
行勤廿七

字緝孫
行勤十

謙順 字鳳翰 行謙廿九 國學生

文烜 字暄章 行祥九

謙常 行謙五

遜全 字承倫 行遜四

勤志 見下 字有高 行勤一

勤嘉

勤順 見下 字有才 行勤三

勤國 未娶 行勤六

勤魁　見下
字小寶
行勤十三

字聚才
行勤十八

謙牧
字杏園
行謙十三

謙鎬
字在京
行謙廿三

文烺
行祥十四

謙衷
字宸懷
行謙十一

遜賚
字學修
行遜十

勤鉞　見下
字安壽
行勤三七

慈福 字受茲 行慈十

文爛 字德星 行祥八

謙懷 字谷如 行謙十

遜學 字維脩 行遜八

勤勳 兼祧見下 字銘竹 行勤九

謙鏞 字大鏞 行謙廿五

遜模 入繼 字丕顯 行遜廿四

謙釗 字紹康 行謙三六

遜敬 字蓮生 行遜六一

遜慶 行遜九四

遜模 出繼 行遜廿四

邑庠生

國學生

國學生

謙恂
字杏春
行謙十九

國學生

遜悌
字友塤
行遜十五
邑庠生

勤袞
見下

勤襄
出繼
字仰山
行勤四

行勤七

遜谿
字漁湘
行遜廿二
國學生

勤勷
見下

官名詠沂
行勤九
邑庠生

遜圭
字配璋
行遜十四

勤襄
入繼
見下
字贊思
行勤七

文燦
字美中
行祥二十
國學生

謙悅
字增輝
行謙廿一
國學生

遜品
字式君
行遜廿三
國學生

遜唐
字聘魯
行遜三六

遜岳
字魯贍
行遜三三
國學生

勤襄 兼祧 見下
行勤七

勤本 無後
字實卿
行勤十二

勤才 無後
行勤廿一

勤堉 無後
行勤十六

勤元 見下

行勤十九

勤水　出繼
行勤五九

謙忱
字克成
行謙廿八
國學生

遜垚
字勤唐
行遜廿七
國學生

勤聚　無後
行勤十四

遜逵　無後
行遜三四

遜坊
字鎮北
行遜六七

勤水　入繼
字豫章
行勤五九

文炯
字漢章
行祥四五
國學生

謙惇
字有善
行謙五二
國學生

遜標
字子青
行遜四二
國學生

勤忠入繼
字德川
行勤百五

遜英
字企雄
行遜百一

勤忠出繼
行勤百五

勤孝
行勤百十四

勤積
行勤百三五

勤義

行勤

謙惀
字學知
行謙九十
國學生

遜脩
字道源
行遜七七

遜敘
字笙如
行遜百五

遜大
字錦泉
行遜百七
四

勤海　見下
字澄海
行勤五四

勤漁　見下
字侶樵
行勤七二

勤濬　見下
字哲明
行勤六三

謙懫早世
行謙百八

謙懌
字配京
行謙百六
十
國學生

謙協
字邦和
行謙百八
一
職員

遜昱無後
行遜二百
八

遜昶
字笙昌
行遜二百
九

勤能
行勤百六
二

勤詒

行勤百九三

遜晟——勤治

遜晟
字雅園
行遜二百二十

勤治
行勤百八三

遜杲——勤立

遜杲
字廷蓀
行遜二百廿九

勤立
字楚香
行勤百七九

謙恆　無後
字玉如
行謙二百九

慈祿　字懋功　行慈十六　職員

文十　字易成　行祥六八

謙備　行謙七三

遜賢　行遜七五　寓居上海

遜艮　行遜九十　寓居上海

謙侯　無後　行謙九一

慈元　字體仁　行慈三三

祥鵠　無後　行祥七十

慈義

祥震

謙貫

行慈廿六

行祥四六

祥惠　無後
行祥七七

祥乾
行祥九六

行謙七七

謙盛
行謙百十六

遜裕　未娶
行遜百三九

錦源　未娶
行謙二百七

貴　未娶
行謙二百廿八

慈忠　行慈八二

祥雲無後　行祥百十五

祥棟無後　行祥百三三

祥楣無後　行祥二百十

慈靈　行慈百二十

祥福　行祥百九八

謙巽　行謙二百十二

謙艮無後　行謙二百廿六

遜和　行遜百九四

勤泰　行勤百六三

謙震 無後
行謙二百五三

謙利 早世
行謙二百六七

謙恂
行謙二百七三
出繼祥潮公爲嗣

祥均 無後
行祥二百三二

慈揚　行慈百六五
　祥榮　無後　行祥三百二九

慈愛　行慈廿八
　祥峯　字恆山　行祥六四
　　謙寶　無後　字芳來　行謙百四五

慈善　行慈廿九
　祥茂　行祥廿八
　　謙申　字康盛　行謙五七
　　　遜豪　無後　行遜百四一

慈信　行慈七六
　祥芳　無後　行祥六五

慈明 字光遠 行慈七 職員

祥變 無後 行祥

祥雲 無後 行祥七

祥吉 字卜年 行祥廿九 國學生

伯龍 字南陽 行謙三一 國學生

伯虎

遜金 字品三 行遜七四 國學生

遜鈞 早世

勤章 見下 官名成章 字桐莊 行勤四三 邑庠生

勤綸 出繼 行勤四八

字其文
行謙三九
國學生

行遜

遜銀
字曙聲
行遜百四

勤富　未娶
行勤七五

勤貴
行勤九四

勤功
行勤百十

遜銀　無後
字金生
行遜百十三

伯驥
行謙五九
出繼祥佑
公爲嗣

伯熊
字蘭芬
行謙百十
八
邑庠生

遜鑰無後
行遜八六

遜鈴無後
字承林
行遜九五

遜銓無後
字承襄
行遜百二

遜鏷
字亦蘭
行遜百三一

勤奎　見下
字康權
行勤九二二

伯駿
字蘭芳
行謙百五七
國學生

遜鎬
字久森
行遜百廿三

勤綸　兼祧
字鎮畬
行勤四八

遜銳
字貴森
行遜百廿八

伯驊

遜寶

勤昌

字蘭薰
行謙二百二

字雲亭
行遜百三五

遜富　無後
郎阿珠
行遜百五六

遜敏
字楚臣
行遜二百

字芝椿
行勤百三十

勤泰
字芝安
行勤百五一

慈禨 字如圭 行慈四三

祥佑 字啓正 行祥四四

伯驥 入繼 行謙五九

遜鏜 早世 行遜五九

遜鏴 無後 行遜七一

一

慈蘭 字谷香 行慈七三

祥柄 字在坤 行祥六一

謙裕 無後 行謙百廿九

祥林 出繼 行祥八四

慈芳　字蕙茂　行慈九十

祥林　入繼　字雨金　行祥八四

慈蕊　字聚玉　行慈百廿九

祥泰　無後　字明山　行祥百七一

祥森　無後　字春山　行祥二百廿六

慈菊　字榮章　行慈百七

祥巨　無後　行祥二百九十

四

慈惠
字德揚
行慈六
國學生

祥鳳
字鳴瑞
行祥十三

謙本
字禮初
行謙十六

遜照兼承
行遜廿九
無後

謙榮
字震耀
行謙廿七

遜照無後
字元熙
行遜廿九

祥鶴
字春圃
行祥十八
郡庠生

謙孟
字鼎橋
行謙廿四
邑庠生

遜組
字小橋
行遜四九
邑庠生

勤耕見下
字硯香
行勤二十

勤耘見下
字稻香
行勤廿四

勤耜 見下

字稷香

行勤六十

勤耡 見下

字蔆香

行勤八一

謙孚

字應天

行謙三二

遜繩 無後

字秉直

行遜五十

謙學 無後

行謙六十

慈恩
祥璉
謙尊
益
勤斯 見下

祥鴻 字東亭 行祥廿三

謙詞 字慎餘 行謙廿二

遜梁 無後 字輿成 行遜二十

謙誥 字亦訓 行謙三四

遜霖 無後 字介孚 行遜三一

遜霨 無後 行遜四三

遜雨 早世 行遜六二

字雨霄
行慈十二

字美才
行祥十一

字天爵
行謙六
從九品

謙和　早世
行謙八

謙六
字成之
行謙三十

字遠香
行遜七
行勤二

金
字卜水
行遜十三

勤燧　見下
字啓堂
行勤三二

濱　無後
字松壽
行遜十八

清　無後
行遜三二

祥球
行祥三一
—謙能 早世
行謙百二十

祥珏
字配玉
行祥三八
—謙福
字康哉
行謙三五
—遜權 無後
行遜五五

慈思
字秉三
行慈二十
國學生
—祥杰 無後
行祥百六八

慈安
字靜邦
行慈廿四
—祥珪
字錫元
行祥廿七
—謙龍 無後
字臨海
行謙五十

慈悅
行慈五三

祥珪 無後
行祥百六

祥炎 早世
行祥九八

祥琂 早世
行祥百十四

祥珅 無後
字崑岡
行祥百四二

祥球 無後

行祥二百廿五

慈儉 字景夫 行慈廿一

祥理 無後 行祥十五

祥珂 行祥廿一

祥璜 出繼 行祥廿五

祥琦 行祥五一

謙全 入繼 無後 行謙百三五

謙全 出繼 行謙百三五

謙介　字雙全　行謙百七九

遜明　未娶　行遜百七十

遜義　行遜百九六　出外無查

慈雲　行慈廿七

祥瑚　早世　行祥三五

祥瑄　出家　行祥六三

祥瑁　早世

行祥百十

慈淼
行慈三二
祥璜 入繼 無後
行祥廿五

慈範
行慈九四
祥玠 無後
行祥百五

慈奎
行慈七八
祥珩
行祥九五
久出無查

祥玫 無後
行祥百五四

祥瑤 行祥百六六

相 行謙二百

遜芳 字連順 行遜百七二

遜茂

勤家 字寶福 行勤百十三

勤全 行勤百四九

勤得 行勤百六五

勤美 行勤百八二

榆
行謙二百四三

遜莊
字聯青
行遜二百

字連有
行遜百八六

遜讓
字欽章
行遜二百二

勤康
行勤百六六

勤庸
行勤百八七

椿無後
行謙二百五二

祥珠　行祥百八四

祥璧　行祥百九十

謙紳　字雲生　行謙二百四十

遜訓　字來安　行遜二百廿四

慈聖　行慈七四

祥池　早世　行祥七九

祥基　早世　行祥百十一

慈珂　行慈百四

祥芝　行祥百四六

祥蕙　行祥百五六

謙鳳　字炳生　行謙二百三七

遜廷　字增源　行遜百七九

勤翔　行勤百三七

祥葵　無後　行祥百八六

祥芬　無後　行祥二百十四

慈璇
字衡玉
行慈百三七

祥雲　入繼
字瑞昌
行祥二百三六

謙煒　無後
字炳才
行謙二百八一

謙燡
行謙三百九七
客死

慈琰
字啓榮
行慈百八十

祥雲　出繼
行祥二百三六

祥賚
字月莊
行祥三百

謙華
字炳甫
行謙三百

遜驤
行遜二百五十

慈瑜
字玉成
行慈百四
十

祥鼇
行祥百七
二

六八

廿五

謙萃　早世
行謙四百
十

謙煜
字炳桀
行謙百八
七

謙煌
字文軒
行謙二百
三五

遜勝
行遜二百
五八

遜懋　無後
行遜百二一
十

慈昭　字德茂　行慈三五

文烈　字光燦　行祥四三

文霖　字雨蒼　行祥六九

謙槐　字光卿　行謙六九

謙榛　名師曾　行謙七二　附貢生

遜寶　字如珍　行遜七三

遜福　無後　字綏之　行遜九九

遜廉　字燮堂　行遜五七　國學生

勤潘　行勤八二　客死

勤輔　見下　官名賡年　行勤廿五　光緒辛卯科舉人

勤愷　見下　字臣凱　行勤四六

謙鑰　字麗川　行謙百四

遜畦　字筱塘　行遜百三

勤學　字耀賡　行勤百三　無後

遜涵　字容之　行遜百五二

勤恩　字鳳翔　行勤百八

遜介　字寄梅　行遜七八　國學生

勤熙　字壽蘅　行勤八十　見下

遜隅　字啓方　行遜六六

勤翊　字臣翼　行勤四五　見下

七
國學生

四

勤讀　見下
字耀金
行勤百廿三

慈朗
字玉山
行慈四九

文楷
字丹書
行祥六二

謙鈁
字載揚
行謙百廿二

遜璋
字圭玉
行遜百八二

勤益
字友三
行勤百七一

慈崗
字鳳山
行慈六九

文淵
字秉心
行祥八一

文奇
字爲章
行祥百八

謙坰　無後
字南陽
行謙百七

慈峰　字景高　行慈七七

文鑑　字耿光　行祥九十

謙傳　字薪甫　行謙二百廿二

遜恂　無後　字子明　行遜百三八

文燧　字春榆　行祥百五三　職員

謙鈞　無後　字韶和　行謙百七十

慈嵩　字名高　行慈九一

文耀　字漢文　行祥百九

謙梧　字釆南　行謙百三四

遜鉞　字鼎甫　行遜九七

勤艮　字仰高　行勤一百

遜標 早世
行遜百三

文盛
字際昌
行祥百六十

謙輝 無後
字杏生
行謙二百七六

文華 無後
字初榮
行祥二百一

慈岑
字峻三
行慈九九

文堯
字配唐
行祥百四

謙權 無後
行謙百四十

謙芬　字永官　行謙百七一　無後

謙桂　行謙二百廿三　早世

慈嶽　字嵩高　行慈五九

文荇　字春榮　行祥七三

謙誠　字成舜　行謙百三九　無後

文楠

謙𧊟　無後

字增榮
行祥九七

謙彪
字震生
行謙百六一

字炳交
行謙百六七

謙紳
字顯廷
行謙二百

遜渭
字水薌
行遜百四九

遜雪
行遜百六八

勤熾
行勤百五八

勤燧
行勤百八五

勤煊
行勤百九五

三四

出外無查

遜霞
字笙雅
行遜二百十八

遜霦
啞子
行遜二百三三

勤忠
行勤百五九

勤悳
行勤百七五

遜霱
字潤章
行遜二百

慈清
字聖泉
行慈九三

文瑛
字懐玉
行祥八八

謙棠無後
字震東
行謙百九

文瑍出繼
行祥百十二

文珩
行祥百四八

謙康
字東海
行謙百八九

遜雲入繼
字鴻卿
行遜二百十五

文球

謙悌

字錫彪
行祥百五
九
職員

謙恩
字友三
行謙百九
七
無後

字受卿
行謙二百
四六

遜榮
字燮光
行遜百七
七

勤櫝
無後
行勤百四
一

文珍
無後
行祥百七
三

文炎
無後
行祥百六
三

慈潮
字景韓
行慈九六

文瑛入繼　行祥百十二

謙和　字南山　行謙百六六

遜慶　行遜百六七

勤昇　行勤又百四二

遜雲出繼　行遜二百十五

慈洲　字瀛洲　行慈百廿六

文寶　字配昊　行祥百七九

謙衽　字舜五　行謙二百六三

遜禮無後　行遜二百十七

文圭　字釆鎮　行祥二百

慈錕　字可鑒　行慈百四八　附貢生

六

源　字有本　行祥百八八
　謙震　無後　行謙二百三一

浴　字春沂　行祥二百七
　謙壽　無後　字夢蘇　行謙二百六四

瀚　字承先　行祥二百六九　國學生
　謙雲　出繼　行謙三百十四

演　字譜生　行祥三百廿七

謙霈　無後　字懷珍　行謙二百八四

謙雩　早世　行謙

謙雯　字輔卿　行謙三百四五

遜裕　行遜三百三

溪　無後　字錦泉　行祥二百

慈榮　行慈百八五

五

浩
字善養
行祥二百
四一
國學生

謙雲入繼
字瑞卿
行謙三百
十四

遜均
行遜二百
六二

祥來無後
字吉如
行祥三百
四

慈掄
字肇修
行慈百六
三

金無後
字歲元
行祥二百
八六

慈鈞
字肇雷
行慈二百
四二

甯　無後
行祥三百五
才　無後
行祥三百廿八
譜
字惇宗
行祥三百六十
謙裕　無後
字祖興
行謙三百五六
謙安
字祖良
行謙四百三
遜章
行遜三百廿八

森　行祥三百八五
　謙禮　無後　字和興　行謙三百九五

慈瑜　字淮喬　行慈二百七三
　祥寶　字寶生　行祥四百廿三

增培　行慈又九三
　祥頂　行祥二百四二　久客富陽

慈和
　祥玉　兼承

行慈四　行祥三九

慈忠——祥玉

行慈廿五　行祥三九

坤

字德載

行謙六三

槐——遜潮　無後

行謙七一　行遜百十

標　無後

行謙八六

枌——遜漳——勤壽　無後

字丙南　行遜百十九　字樂安

行謙百廿七　行勤百一

光廷
行慈四四
寓居蘇州

祥彩
郎祥霞
行祥

祥齡無後
行祥

謙接無後
行謙百五
五

瑞無後
行謙百六
四

元培
字廷秀
行慈五
邑增廣生

祥釗
字明遠
行祥五

謙爵入繼
字錫榮
行謙二十

遜慶
行遜百十
四

勤權
行勤百七
二

遜銀出繼
行遜百三
二

祥錦 字奚章 行祥六 職員

謙爵 出繼 行謙二十

謙恒 字可常 行謙廿六 職員

謙悌 字鄂懷 行謙四六 光祿寺署丞

遜楷 無後 字敘伯 行遜四十 刑部司獄

遜銀 入繼 行遜百三 二

勤耿 行勤百三 六

勤紳 行勤百七 六

勤倫

行勤百九十

謙慎　字翼交　行謙六八六

遜貴　無後　行遜七十

遜福　無後　行遜八三

遜壽　無後　字仰山　行遜百十

謙慵　出繼　行謙五四

祥鑑 字在正 行祥廿四

謙悀 入繼 字慶懐 行謙五四

遜楷 兼承 行遜四十

申培 字鳳岡 行慈十五 職員

祥銘 字景水 行祥十 職員

謙潮 字湧泉 行謙四十 職員

遜梅 字占魁 行遜廿一 職員

勤炤 入繼見下 字光燿 行勤三三

遜椿 字茂堂 行遜四四 國學生

勤灼 無後 字夏嵐 行勤四四

遜樗
字肯堂
行遜五二
國學生

勤炤 出繼
行勤三三

勤熚 無後
字子明
行勤三九

遜樺
字薇塘
行遜八十
郡庠生

勤爕 早世
行勤四七

勤燧 見下
官名鼎年
字懷淸
行勤七十
邑庠生

祥鈁　早世
行祥廿二

祥鈿
字丹文
行祥四一

謙海
字靜瀾
行謙六一

遜榔
字其南
行遜九一

勤煇　無後
字安卿
行勤六二

遜涵
字楚南
行遜四八

勤煥　見下
字小齋
行勤三五

遜燿　無後
字燦南
行遜五四

昌培
字啓豐
行慈三八

祥鉉　無後
字鼎和
行祥廿六

祥鉞
字偉皐
行祥三六

謙淇
字六均
行謙九五

遜霖
行遜六三

遜香
無査

遜枏　無後
字金生
行遜六九

遜榕
字蔭甫
行遜八八

勤煥　兼祧
行勤三五

行遜八五
寓京都
無查

祥銓
字玉軫
行祥六六

謙浩　無後
字配生
行謙百三
二

慈峰
行慈三四

祥銂
行祥六十

謙淶　無後
行謙百四
一

謙潍
行謙二百
三
寓河南
無查

祥鉸　字占雲　行祥七六

謙沅　字盈科　行謙百四五

遜來入繼　行遜百五五

勤豪　郎勤鼇　行勤百九

勤傑　行勤百五四

祥福無後　行祥百二

祥嘉無後　行祥百廿四

慈悌
行慈四六

錦富
行祥九三
寓長石橋
無查

慈保
字丹木
行慈百廿五

祥蟾入繼
字桂芳
行祥百七四

謙爻無後
行謙百九三

慈教
字沛雨
行慈百三二

祥蟾出繼
行祥百七四

祥琛
行祥百九七

久出無查

祥喬
字嶽瞻
行祥二百二十

謙恂 入繼
行謙二百七三

遜康 入繼
行遜二百六

慈九
字韶成
行慈二百八一

祥珩 無後
行祥三百六一

慈肇
字啓昆
行慈二百五四

祥瑗 無後
行祥二百九一

祥芳
行祥三百
十一
寓金塘

慈高
字鳳鳴
行慈廿二
國學生

祥發
字康吉
行祥十二
國學生

基
字九峯
行謙三三

垣
字星度
行謙三七

遜鏞
字元音
行遜十九
議敘

遜銘
字予村
行遜廿五

鈺
字寶齋
行遜三十

勤傳見下
字祖熙
行勤廿八

勤傳兼祧
行勤廿八

勤傳見下
字亦卿
行勤十五

職員

勤業 出繼
行勤十七

勤稼 見下
字安園
行勤三十

錦 出繼
行遜三九

鑑 無後
字岐孫
行遜六五

垚

銓 早世

祥昌
字儆文
行祥十九
國學生

字惟三
行謙四三

培
早世

字德栽
行謙四九

嶽
字鎮五
行謙四五
國學生

行遜三五

錦 入繼
字友生
行遜三九

勤業 入繼 見下
字鎮安
行勤十七

遜韶
字允諧
行遜三七
國學生

勤綸 兼祧
行勤三六

遜彬

勤綸 見下

字美增
行遜四六

遜僑
字子卿
行遜五八

遜模
字子範
行遜六八

河
字禹九
行謙七六

字梅生
行勤三六

勤純 入繼見下
字玉麟
行勤九九

勤國
字玉章
行勤五八

勤道 早世
行勤七一

勤純 出繼見下
字玉麟
行勤九九

勤玉
字玉珍
行勤百廿九

慈川
字匯海
行慈六十

祥和
字應山
行祥三七

慶
字來章
行謙四二

遜樞無後
行遜四七

遜橿無後
行遜五三

遜源無後
行遜六十

祥久
字其吉
行祥七五

遜楚　無後
字在元
行遜九二

庚　早世
行謙五一

順　早世
行謙六七

裕　早世
行謙百五

富　入繼　無後
行謙百五十

祥成 字光烈 行祥百廿八

富 出繼 行謙百五十

恩 字信意 行謙二百十

遜運 字桂元 行遜百六六

勤昌 字錫榮 行勤百廿五

遜道 無後 字桂卿 行遜二百五

祥恆 無後

字兆山
行祥百五
七

慈賢
字登書
行慈四五
國學生

祥桂
字月香
行祥五九
國學生

祥梧
字作琴
行祥七一

煒
無後
字章卿
行謙百四
八

炘
字燾明
行謙百八
五

遜
無後
字□明
行遜百七
八

炘
入繼
無後
字春輝
行謙八三

國學生

祥松
字瞻喬
行祥八三
國學生

炘 出繼
行謙八三

炤 無後

炯 無後
字巨昭
行謙九七

字倬雲
行謙百十
三

煥
字舜文
行謙百十

遜慶 無後
行遜八二

四

煜　字旭初　行謙百八六

遜福　入繼　無後　行遜百七一

烺　字星炳　行謙二百五

遜禧　字松蓀　行遜百九八

爟　無後　字元昭　行謙二百十九

慈泰
字彙征
行慈六八二
國學生

祥平
字玉階
行祥五七

祥安
字于磐
行祥八七

謙讓 無後
行謙八九

謙亭 早世
行謙九六

謙瑞
字君常
行謙百廿四

遜鼇 早世
行遜

遜肇
字少五
行遜百九一

慈金
字南貢
行慈七五

祥喜　無後
字錫慶
行祥百廿五

祥華
字祝三
行祥五四

謙禮　無後
字義和
行謙百三七

謙珍　早世
行謙百九五

謙愛　早世
行謙七八

國學生

國學生

祥颷
字佮和
行祥八二

謙德 入繼
行謙七五
久出無查

謙德 出繼
行謙七五

謙育 無後
行謙百三
十

謙謦 無後
行謙百四
四

謙迎　字蔓仙　行謙百六三

遜蔭　字金生　行遜百四二

勤康　字永福　行勤百三九

勤益　字永富　行勤百七四

遜桂　早世　行遜

遜來　出繼　行遜百五五

祥正
字寅初
行祥九一

謙福
字聚星
行謙八五

謙祿
字富臣
行謙百六

遜元入繼
字桂生
行遜百八

遜麟
字光文
行遜百六
國學生

勤安兼承
行勤七四

勤豪見下
字錫賢
行勤八三

勤亮
字錫賚
行勤百十
一

勤高
行勤百廿
四

謙祉
字綏君
行謙百三八
國學生

遜元出繼
行遜百八

遜蘭
字久香
行遜百十五
國學生

勤安見下
字家楧
行勤七四
國學生

勤亨
行勤百四七

勤亭
行勤百六十

祥集　字以成　行祥百三六

謙祄　無後　字望雲　行謙百五六　國學生

謙剛　字益和　行謙百七五

遜榮　字正高　行遜百四六

遜華　行遜百五三

勤學　見下　字省三　行勤百四四

勤瑱　行勤百廿二

勤志　行勤百十八

慈珏
字美斯
行慈八七
邑庠生

祥駿
字楚良
行祥百廿
六

謙耀
字光祖
行謙二百
廿五

遜江
字炳元
行遜百四
十

勤萬
字久運
行勤百七

勤章

遜富
行遜百六
四

勤偉
行勤百六
七

勤元
行勤百三
四

遜福
出繼
行遜百七
一

行勤百十
大字振運

遜渭 出繼
行遜百五十

祥騏
字汝麟
行祥百四四

謙光
字明輝
行謙百六八

遜渭 入繼
字柳泉
行遜百五十

勤志 見下

勤方 早世
字五昌
行勤九六

行勤百十七

祥騄
字駿一
行祥百六九

謙光 兼承
行謙百六八

慈增　字如川　行慈百三
祥風　字聖時　行祥百十三
謙盈　無後　行謙百廿一

慈訓　行慈十八
祥文　行祥十七
謙和　未娶　行謙十五
謙恩　未娶　行謙四一

慈寬　行慈廿三
祥渲　字益儒　行祥八十
謙均　未娶　行謙百一
謙增　未娶

行謙百十九

慈鍠
行慈四八

祥生
行祥五二

謙榮
未娶
行謙六八

祥南
未娶
行祥百二十

慈霖
字雨林
行慈四一
國學生

祥元
官名爲春
字心彝
行祥三三
郡庠生

燧
字左佩
行謙三八

遜五
字增美
行遜廿八

勤和
字駿益
行勤三四

勤家
字駿良
行勤五一

祥亨
字賡禹
行祥四八
國學生

熣無後
行謙五八

煌無後
行謙七九

謙均
字冠橋
行謙五五

遜琪入繼
行遜百八
十

勤學入繼
字翰卿
行勤五七

謙堃無後
字德載
行謙八一

謙堳無後

祥利　字配義　行祥五五　國學生

謙型　字如衡　行謙九四　無後
字邦孚　行謙百十

江　字蓉水　行謙六二　議敘

遜恂　字春棠　行遜四五
勤益　兼祧　行勤廿九

遜怡　出繼　行遜六四

津

遜怡　入繼

勤益　見下

字孟水
行謙七四

字悅堂
行遜六四
國學生

勤賢　早世
字益貴
行勤廿九

字良貴
行勤三八

灑
字卜水
行謙一百
國學生

遜賢
字恆堂
行遜八一

勤業　見下
字永富
行勤四二

勤學　出繼
行勤五七

浩　無後
字芳水
行謙百廿

祥貞
字云吉
行祥六七
國學生

祥耕
字九餘
行祥百三
國學生

慈炳
字光熊
行慈八五
國學生

八

模
字式章
行謙八七
國學生

遜諭
字蔭棠
號安生
行遜八四

勤諏 入繼 見下
字頌堯
行勤八九

桂 無後
字星桂
行謙百三一

瑾
字品瑜
號桂章
行謙八八
職員

遜綬 入繼
行遜百七五

勤奎
行勤百五三

祥耘
字穡生
行祥百十六
國學生

珍無後
字品賢
行謙九八

琅無後
字廉泉
行謙百六五

瑜無後
字蓴樓
行謙百四六

球無後
字如玉
行謙百八

慈瑛
字崑圃
行慈百八
國學生

祥福
字聿懷
行祥百四
九
國學生

十

瀚
字嵛仙
行謙百九
十
國學生

遜琪 出繼
字麟祥
行遜百八
十

遜璿
字麟瑞
行遜百八
五

勤侒 無後
行勤百四
十

勤寬
行勤百六
八

勤家
行勤百八
十

勤和
行勤百九四

遜琳
字麟趾
行遜二百廿二

漳 出繼
行謙二百廿七

瀾
字慶雲
行謙二百三十

遜鏞
字仰之
行遜百七六

勤嘉 無後
行勤百廿八

祥祿
字申之
行祥百七十
國學生

沼
字炳南
行謙百九二

遜椿
字祖恩
行遜百十七

勤元 無後

勤光 見下
字艮甫
行勤六九

勤先 無後
字明甫
行勤八六

字仁甫
行勤九三

勤諏 出繼
行勤八九

祥祉
字介蕃
行祥二百九
國學生

漣
字詠濤
行謙二百廿一
職員

遜緯
字杏村
行遜百三三
邑庠生

勤謌
字頌甫
行勤百二一

遜純　無後

遜繹　字藹邨　行遜百二六

勤訓

勤訥　字頌魯　行勤百十五

勤誠　出繼

字頌德　行勤百三二

字吟村
行遜百七
三

字彭齡
行勤百十
九

勤誥
字彭年
行勤百五
六

祥祜
字啓周
行祥二百
廿三
讓欽

漳 入繼
字慶裕
行謙二百
廿七
議叙

遜綬 出繼
行遜百七
五

遜縉
字益齋
行遜二百
十三

勤誠 入繼
字頌德
行勤百三
二

慈豐
字維謙
行慈五一
國學生
移居鄞西
白塔洋

祥浪
字畬新
行祥四十

國樞
字斗瞻
行謙四四

國芬 無後

遜發 入繼
字駿甫
行遜七九

勤鎬 見下
字純生
行勤四九

勤釗 無後
字炳生
行勤六一

勤銘 無後
字茗生
行勤六八

勤鏶
字釗生
行勤七九

字挺南
行謙五六

國衡
字酣臯
行謙七十

國楠 無後
字思齊
行謙八十

遜發 出繼
行遜七九

遜德
字厚甫
行遜八九

勤鎔 無後
字儒舲
行勤五二

勤鈞
字麗生
行勤六六

祥渭　字水宗　行祥七八　國學生

祥濤　字巨山　行祥八九　國學生

國豪　字起凡　行謙六五

遜權　字君謀　行遜五一

遜鍪　字配昌　行遜又九六

勤鑣　入繼　字均賢　行勤五十　無後

勤鑣　出繼　行勤五十

勤鈺　未娶　行勤七三

勤鏞　字引生　行勤九十

國珅　字玉申　行謙九三

遜禮　字茂棠　行遜百九

勤欽　行勤百廿六

勤璋　行勤

遜善　無後　字永慶　行遜又百十九

祥海
字饒六
行祥百廿九

國衡兼祧
行謙七十

慈虔
字秉鉞
行慈六七
國學生

祥溱
字益慶
行祥五十
國學生

國珍
字魯東
行謙四八
國學生

遜鈿早世
行遜

國華出繼
行謙五三

國琦早世
行謙六四

國茂　早世
行謙八二

祥汗
字明水
行祥百四九
客死

國泰　無後
行謙百九

祥濡
字芝山
行祥百十七

國楨　早世
行謙百三六

祥江
字薔岡
行祥百三

國華　入繼
字佐舜
行謙五三

瑞龍　早世
行遜

十

職員

祥漢　字星槎　行祥百三八

國寶　行謙百七二

慈威　字臨莊　行慈百一　國學生

祥浦　字玉泉　行祥百七五

國寶兼承　行謙百七二

慈盛　字載堯　行慈六四　國學生

祥隆　字成六　行祥九四　國學生

昭　字介明　行謙九九　國學生

遜傳　官名益章　行遜九六　邑庠生

勤邦見下　字冠春　行勤四一

襄
字願相
行謙百十七
議敘

喬
字在簡
行謙百四二
國學生

遜信
字亦橋
行遜百十二

遜伸
官名宗玉
字杏軒
行遜百七
邑庠生

遜偉出繼

勤基見下
字榮祖
行勤六四

勤宸見下
字光初
行勤五三

勤功見下
字耀初
行勤六七

勤善見下
字秉初
行勤七六

英
字育才
行謙百五
三
國學生

遜俶　無後
行遜百三七
字永康
行遜百六三

遜伊　出繼
行遜百六九

遜俊　無後
字俊官
行遜九八
國學生

遜侃
勤恩

字菊如
行遜百廿
七

字祖欽
行勤八八

晉
字德階
行謙百七
七
國學生

遜傑　無後
字鐵槎
行遜百六
一

賚
字玉堂
行謙百九
六
議敘

遜偉　入繼
字杏梁
又名傳
行遜百三
七

勤本
行勤百四
四

勤道
行勤百六
四

宗
遜伊　入繼
勤文

字友梅 行謙二百二十 國學生

行遜百六九

字葆初 行勤百十二

祥裕 字垂昆 行祥百三五 國學生

勤 字品元 行謙百五八 國學生

遜億 字安甫 行遜百十六 國學生

勤黻 見下

字荷舲 行勤五六

勤昌 見下

字兆麟 行勤七七

勤珊

字湖舲 行勤八七

勤華

字汝舲 行勤百二

遜像　無後
字英甫
行遜百廿九

遜儛
字敬甫
行遜百四三

勤章
行勤百三三

勤劭
行勤百五十

勤岳
行勤百五五

遜倬
字仁甫
行遜百五
一

勤嘉
字閏祖
行勤九八

勤德
行勤百廿
七

勤志
行勤百五
二

勤業
行勤百六
一

勤有
行勤百七
七

遜侒
字性甫
行遜百六
二

勤榮
行勤百四
八

勤宣
行勤百七
八

慈春
字杏芳
行慈八四
國學生

祥清
字聖水
行祥七四
國學生

棆　無後
字巨木
行謙百二

栒
字魯琴
行謙百十
二
國學生
本出繼

遜炕　兼承
行遜百四
八

行謙百五二

榮
字位卿
行謙二百三六
職員

遜炕
字友槐
行遜百四八

勤基
字肇初
行勤九一

勤組 出繼
行勤百四二

祥淮

標
字紫卿
行謙二百四一

遜煥
字金麟
行遜二百四二

霖 入繼

遜奇 無後

字均川
行祥八六
職員

祥澄
字雲濤
行祥百十

字汝雨
行謙百七
國學生

霖　出繼
行謙百七

字寶霞
行遜七二
國學生

遜臣　未娶
字笏齋
行遜八七
邑庠生

遜昌
字五峯
行遜百四七

勤組　入繼
字肇圭
行勤百四二

八

森 無後
字震生
行謙百三
三

枌 無後
字南洲
行謙百四
三

榆
字燧生
行謙二百
八

遜炘
字景炎
行遜百五
四

勤墉 入繼見下
字耀奎
行勤百六

椰 早世

祥溪
字禹德
行祥百六二

字茂生
行謙二百十六

楨
字樹周
行謙百八三

遜煊　兼承
行遜百九七

梓　早世
行謙二百一

棠　無後
字甘卿
行謙二百六六

祥淦
字廉懷
行祥百六七
國學生

楠
字慶生
行謙二百五四

遜煊
字紹康
行遜百九七

勤德
字永楚
行勤百四六

勤治
行勤百七三

樟
字慶茂
行謙二百六一

遜燦　未娶
字珍玉
行遜二百十四

祥淥
字在泮
號薔麓
行祥百七
七

本入繼
字豫堂
號漁舫
行謙百五
二
國學生

遜灼
官名文崇
字俊三
行遜百十
八
邑庠生
光緒甲午
科舉人

勤垣見下
字柄魁
行勤八五

勤墉出繼
行勤百六

祥波早世
字靜軒
行祥百八
七

慈耿
字懋昭
行慈七十
國學生

祥珍
字懷奇
行祥百廿
七

祥倫　無後
字聖言
行祥百四
三

謙鍠
字林泉
行謙二百
五六

謙鉞　未娶
字雙泉
行謙二百
六八

遜章
字耕利
行遜二百
廿七

慈灼　字俊三　行慈九四

祥乾　字易初　行祥百一

謙成　未娶　行謙百十一

祥綱　無後　字沛如　行祥百六一

慈信　字寶山　行慈四二

祥麟　字慶來　行祥百廿二

謙溥　行謙百九一

遜華　未娶　啞子　行遜二百三四

祥驥　早世

行祥百六四

慈智
字德方
行慈六五

祥彩
字鳳翔
行祥九二

謙倫
字順梓
行謙百十五

遜財 早世
行遜九三

遜源
字杏雲
行遜百廿四

遜桂 無後

勤章
行勤七八

勤卓 早世
行勤

勤勇
行勤百四五

行遜百五八

慈珩　字鳴珮　行慈百九

祥光　行祥百九九

謙經　字和卿　行謙二百七十

遜高　字賡才　行遜二百三五

勤國　行勤百七十

謙緯　早世　行謙

慈棟　字作棵　行慈百二

祥標　早世　行祥百三二

慈梁　字大任　行慈百四五

祥瑞　字麟書　行祥二百廿四

謙元　無後　行謙二百五五

慈松　字艮木　行慈二百四八

祥芹　無後　字魯水　行祥二百八二

祥莪　行祥三百十七

謙照　無後　行謙二百八九

祥蓉　無後　行祥三百三三

慈柱　字朝棟　行慈百三四

　祥寅　無後　行祥二百七七

慈楷　行慈百六八

　祥寶　無後　行祥二百三三

　祥賓　無後　行祥二百八一

　祥家　無後　行祥三百十二

　祥實　無後

行祥三百三一

慈杏
字春榮
行慈百八一

祥炳 無後
行祥二百八

祥烘 無後
行祥二百十八

祥炕 無後
字維新
行祥二百三十

慈槐
字葉成
行慈二百五二

祥鍾無後
字鼎篆
行祥二百九七

祥鎬無後
字錦豐
行祥三百十五

祥鏞無後
行祥三百七九

祥鋃未娶
行祥四百廿一

祥鈁　未娶
行祥四百
四十

三十三世	三十四世	三十五世	三十六世	三十七世
勤浩 字松貴 行勤四十	慎湘 字汝佑 行慎三一			
勤源 字本泉 行勤廿三	慎衍 字汝蕃 行慎七	廉耕 行廉五		
	慎衡 字汝權 行慎十三			
勤寶 行勤廿六	慎翔 行慎七二			

勤畬
字稔田
行勤廿二

慎珪
字銘卿
行慎五十

勤學
官名熙年
字緝孫
行勤十
附貢生

維聖無後
字薇卿
行慎五

惟賢
字寶卿
行慎八

惟德
字懋卿
行慎十一

惟孝

惟忠
字友卿
行慎十五
早世
字艮卿
行慎二十

勤志
字有高
行勤一
寓上海

慎昌
行慎一
寓居上海
無查

慎恆
行慎二
寓居上海
無查

勤嘉　字有才　行勤三
　慎官　行慎四八

勤順　行勤六
　慎孝　行慎廿九

勤魁　字聚才　行勤十八
　慎安　行慎三十
　慎裕　行慎三五

勤鉞　行勤三七
　慎興　行慎七五

勤勳
官名詠沂
字銘竹
行勤九
邑庠生

愼康入繼
字梅卿
行愼四

廉泉
行廉一

廉功出繼
行廉三

廉權
行廉十

勤衮
字仰山
行勤四
國學生

愼彦
字可卿
行愼九

廉功入繼早世
行廉三

勤元
行勤十九

慎金
行慎十九

慎禮
行慎廿一

勤芳
字元壽
行勤三一

慎思
行慎廿二

勤海
字澄海
行勤五四

慎誥
字訓卿
行慎三九

慎誌
行慎七十

勤漁　行勤七二

　慎謀　行慎六九

勤濬　字哲明　行勤六三

　慎卿　字訓政　行慎四六

　慎齋　字均安　行慎五二

勤章　官名成章　字桐莊　行勤四三　邑庠生

　慎廷　字家祥　行慎廿八

　慎國　字家昌　行慎三四

慎福
字家春
行慎四十

慎祿
字家艮
行慎五六

慎壽
字家寅
行慎四四

勤綸
字震裕
行勤四八

慎康 出繼
行慎四

勤襄
字贊思
行勤七

慎庸
字和卿
行慎十

廉德
行廉二

慎賡　字鳳卿　行慎十六

廉芬　行廉八

廉芳　行廉十一

勤奎　行勤九二

慎恩　行慎六一

慎惠　行慎七九

勤耕　字硯香　行勤二十

慎言　無後　行慎六

議敘

勤耘
字稻香
行勤廿四
國學生

慎初
字子華
行慎十四

慎三 出繼
行慎十八

廉圭
字善基
行廉四

廉坊
字善甫
行廉六

廉培
字善達
行廉十二

勤耜
行勤六十

慎三　入繼
字子香
行慎十八

廉均
字善慶
行廉七

勤耡
字蔓香
行勤八一

慎恩
字斌章
行慎五九

慎慧
字斌泉
行慎六二

勤斯
行勤二

慎徽　未娶
字吟坤
行慎三

勤燧　字啓堂　行勤三二

- 慎富　字葆卿　行慎三六
- 慎貴　字茂卿　行慎四五

勤輔　官名賡年　行勤廿五　光緒辛卯科舉人太平縣教諭

- 慎樞　字課青　行慎十七
  - 善本　字性初　行廉九
- 慎機

勤愷

- 慎煇　字葭青　行慎廿四

行勤四六
國學生

字棣卿
行慎廿五

慎徵
字長卿
行慎四七

勤翊
字臣翼
行勤四五
國學生

慎炤
字祖紹
行慎廿六

慎煜
字功紹
行慎三八

勤熙
行勤八十

慎澤
行慎六三

勤讀　行勤百廿三
　慎得　行慎七三

勤炤　行勤三三
　慎坊　行慎五八

勤燧　官名鼎年　字槐青　行勤七十　邑庠生
　慎圭　行慎五五
　慎垣　行慎六七

勤煥　字小齋　行勤三五
　慎亨　行慎六四

勤傳　字祖熙　行勤廿八
　慎生　行慎三三
　慎興　行慎五一

勤傳　字亦卿　行勤十五
　慎修無後　字茂春　行慎十二

勤稼　字安圜　行勤三十
　慎齡　行慎四一

勤綸　字梅生　行勤三六
　慎甫　字祉卿　行慎三二

勤純——愼德
字玉璘
行勤九九
行愼七四

勤豪——愼杲
字俊英
行勤八三
字元琯
行愼五七

勤安——愼焕
字家模
行勤七四
國學生
字焕燈
行愼四九

勤學——愼海
字省三
行勤百四
字海林
行愼八一

勤志　字五昌　行勤九六
　慎成　字金鑫　行慎七八

勤業　行勤四二
　慎德　字祖根　行慎四三

勤諏　字頌堯　行勤八九
　慎華　字初華　行慎六六

勤益　字益貴　行勤廿九
　慎守　字伯敬　行慎廿七
　慎法　字佳才　行慎三七

勤光——慎行

勤光 字明甫 行勤八六

慎行 字家振 行慎六十

勤鎬——慎志

勤鎬 行勤四九 寓鄞西白塔洋

慎志 字林泉 行慎五四

勤邦——慎敬

勤邦 行勤四一

慎敬 字富翔 行慎七七

勤基——慎餘

勤基 字榮祖 行勤六四

慎餘 行慎六八

勤宸——慎聖
字光初　字希曾
行勤五三　行慎四二

勤功——慎賢
字耀初　字熙臣
行勤六七　行慎五三

勤善——慎治
字秉初　字濟民
行勤七六　行慎七六

勤檄——慎國入繼
字荷舲　字埜餘
行勤五六　行慎八十

勤昌——慎國出繼
字兆舲
行勤七七　行慎八十

勤墉——愼初
字耀奎　字兆丞
行勤百六　行愼七一

勤垣——愼修
字柄魁　字永思
行勤八五　行愼六五

国家出版基金项目
NATIONAL PUBLICATION FOUNDATION

海上絲綢之路文獻集成

總主編　陳支平　陳春聲

民間譜牒編 48

主編　林　楓

海峽出版發行集團
THE STRAITS PUBLISHING & DISTRIBUTING GROUP
福建人民出版社

本册目次

［浙江慈溪］慈谿鴻門童氏宗譜十七卷首一卷（卷三下至卷四上）

童賡年等纂修

慈東童氏宗譜卷三下

世傳

第二十二世

行富一 諱子静 字寂卿

定二公之子

生於明嘉靖三十四年乙卯十一月初二日戌時

卒無考

娶□氏生無考

卒無考

爲道院韓氏之後

行金一 諱太和 字貴卿

乾五三公之子

生於　年　月　日時

卒於　年　月　日時

娶□氏生於　年　月　日時

卒於　年　月　日時

無後

墓葬

行金八諱子秀字寶卿

乾五公之子

生於　丙申年　月　日時

卒無考

娶朱氏生卒無考
生二子　長大育　次大春
行金九諱太美字佳卿
乾七公長子
生於明嘉靖十七年戊戌三月三十日　時
卒無考
娶施氏生於明嘉靖三十七年戊午十二月初七日丑時
卒無考
生一子　大升
二女
行金十諱太誠字信卿

乾十七公長子

生於　庚子年　月　日　時

卒無考

行金十二諱太艮字吉卿

乾七公次子

生於明嘉靖二十年辛丑閏五月初九日巳時

卒無考

娶姜氏生於明嘉靖三十九年庚申九月初八日卯時

卒無考

行金十三諱太德

乾廿二公之子

生卒無考

無後

行金十五 諱 太厚

乾十七公少子

生於　戊申年八月十六日　時

卒無考

行金廿三 諱 太忠

乾十九公之子

生卒無考

[illegible]

行元二 諱 廷芳 字 魁卿 號 養真

坤六公之子

生無考

卒於　庚辰年十月初五日　時

娶徐氏生無考

卒於　丙申年十月三十日　時

生四子　長大憲　次大世　三大法　四大則

二女長適邑中秦　次適洪

葬祖墳右

行元四諱廷美

坤十九公長子

生卒無考

行元六諱廷謨

坤八公之子
生於明嘉靖十六年丁酉十月初十日亥時
卒無考
娶烏氏生於　壬寅年十一月廿四日卯時
卒無考
生一女

𡊮二

行元七諱德潤字身卿
坤十一公長子
生於明嘉靖十六年丁酉十一月廿一日戌時
卒無考
娶錢氏生於明嘉靖廿四年乙巳七月廿五日子時

卮

卒無考

生三子　長大文　次大武　三大臣

行元八　諱德茂　字寶卿　號心源

坤廿四公長子

生於明嘉靖十六年丁酉十二月廿七日　時

卒無考

行元九　諱廷善

坤十九公次子

生卒無考

行元十一　諱德顯　字榮卿

坤十一公次子

生於明嘉靖十九年庚子十月廿八日寅時
卒無考
娶許氏生於明嘉靖三十二年癸丑正月廿九日戌時
卒無考
生二子　長大賓　次大宰
二女

彪

行元十三　諱德美　字華卿
坤廿四公次子
生於明嘉靖廿一年壬寅　月　日時
卒無考
娶邵氏生卒無考

二房

生一子　大英

行元十五諱廷貴

坤十九公三子

生卒無考

行元十七諱德達字顯卿

坤三六公長子

生於明嘉靖廿八年己酉十一月十一日辰時

卒無考

娶孔氏生於明嘉靖三十九年庚申九月十六日辰時

生一子　大俊

二女長適洋墅徐　次適上沈沈

𣎴

行元十八諱德惠字恩卿
坤四十公之子
生於明嘉靖廿八年己酉十二月初四日午時
卒無考
娶陳氏生於明隆慶二年戊辰二月十二日卯時
卒無考

行元十九諱德𢡟字茂卿號景川
坤三六公次子
生於明嘉靖三十二年癸丑三月二十日未時
卒無考
娶戴氏生於明嘉靖四十四年乙丑正月十七日未時

卒無考

生二子　長大志　次大惠

行元廿一　諱德齊　字敬卿

坤十八公之子

生於明嘉靖三十三年甲寅九月廿五日午時

卒無考

娶高氏生於明隆慶元年丁卯五月十八日午時

卒無考

行元廿三　諱廷彩

坤四六公之子

生於明嘉靖三十四年乙卯九月初十日辰時

卒無考

娶鄭氏生於明隆慶元年丁卯七月廿七日丑時

卒無考

䏲

行元廿七諱廷相字助卿

坤五六公之子

生於明隆慶四年庚午十一月初五日丑時

卒無考

娶姚氏生卒無考

生子大

䏲

行元廿九諱廷秀字正卿

坤六六公長子

生於明萬歷二年甲戌九月初三日午時
卒無考
娶□氏生卒無考
生一子　大奎

䏲

行元三一　諱廷賢　字寶山
坤六六公次子
生於明萬歷七年己卯八月初六日未時
卒無考
娶□氏生卒無考
生二子　長大元　次大

䏲

行元三二　諱廷憲

睹

坤六六公三子

生卒無考

行元四六諱廷桂

坤五二公之子

生於明萬歷元年癸酉九月初七日亥時

卒無考

彪

行寶一諱良寶字善卿號震洲

坤四公長子

生於明嘉靖七年戊子九月十五日未時

卒無考

娶鄞東徐氏生於明嘉靖廿八年己酉十月十七日戌時

三房

卒無考

生二子　長大昌　次大盛

二女長適邑中劉志謙　次適沈

行寶二　諱艮玉　字潤卿

坤四公次子

生無考

卒於明萬歷九年辛巳十二月廿四日　時

娶夏氏生於明嘉靖九年庚寅六月廿七日未時

卒無考

生二子　長大慶　次大忠

合葬父墳傍

彪

行寶三 諱良珠 字瑩卿 號東洲

坤四公三子

生於明嘉靖十三年甲午二月十一日　時

卒無考

娶洪氏生於明嘉靖十八年己亥六月十七日　時

卒無考

生二子 長大化 次大本

彪

行寶四 諱棠 字思卿 號憶洲

坤廿八公長子

生於明嘉靖十四年乙未十一月十一日酉時

卒無考

彥

娶□氏生卒無考

行寶五諱良清字源卿號三洲

坤廿七公長子

生於明嘉靖十七年戊戌十月初二日辰時

卒無考

娶本里胡氏生於明嘉靖二十年辛丑七月十七日申時

卒無考

生四子　長大用　次大德　三大春　四大節

彥

行寶六諱良貴字性卿號金洲

坤三十公長子

生於明嘉靖廿一年壬寅十一月初五日子時

卒無考

娶三都嚴氏生於明嘉靖廿六年丁未正月二十日辰時

卒無考

生三子　長大山　次大俸　三大受

二女

彪

行寶十諱艮才字賢卿號晃洲

坤廿七公次子

生於明嘉靖廿五年丙午八月廿九日丑時

卒無考

娶孔氏生於明嘉靖三十年辛亥九月廿三日卯時

卒無考

生一子　大道
二女長適本都孔　次適

三房
行寶十三 諱 愇
坤四四公長子
生於明嘉靖廿八年己酉四月廿一日卯時
卒無考

三房
行寶十四 諱 艮臣 字 忠卿 號 益洲
坤廿九公長子
生於明嘉靖廿八年己酉十二月初七日子時
卒無考
娶鄞縣東鄉柳氏生卒無考

彦

行寶十七諱棣　字威卿

坤廿八公次子

生於明嘉靖廿八年己酉八月初六日丑時

卒無考

彦

行寶十八諱悅　字懌卿

坤四四公次子

生於明嘉靖三十年辛亥十二月廿六日辰時

卒無考

彦

行寶十九諱艮朋　字錫卿號清洲

坤四一公長子

生於明嘉靖三十一年壬子四月廿八日申時

卒無考

娶本都徐氏生卒無考

肜

行實二十諱良器

坤廿九公次子

生卒無考

無後

肜

行實廿一諱良翰字衞卿號圭洲

坤三十公次子

生於明嘉靖三十二年癸丑正月廿三日卯時

卒無考

娶應氏生於明嘉靖三十八年己未八月初八日子時

卒於明萬歷四十五年丁巳七月廿一日　時

生一子　大秀

行贇廿二諱艮化字神卿

坤四一公次子

生於明嘉靖三十三年甲寅三月二十日辰時

卒無考

三房

行寶廿四諱艮佐字輔卿號鑒洲

坤廿七公三子

生於明嘉靖三十四年乙卯十一月十七日子時

卒無考

娶本都戚氏生於明嘉靖三十六年丁巳七月十一日

卒無考

生四子　長大章　次大器　三大升　四大禮

一女

彪

行實廿五　諱艮盟　字會卿

坤廿九公三子

生於明嘉靖三十五年丙辰十一月廿六日戌時

卒無考

彪

行實廿七　諱艮時　字習卿

坤四一公三子

生於　丁巳年七月　日　時

卒無考

彪

行寶廿八諱艮會字聚卿號璧洲

坤三十公三子

生於明嘉靖三十七年戊午十一月廿九日未時

卒於明萬歷　年　月　日　時

娶董氏生於明嘉靖四十五年丙辰十二月廿一日巳時

卒無考

生一子　大晉

彪

行寶廿九諱悌

坤四四公三子

生於明嘉靖三十八年己未十二月十二日戌時

卒無考

三房

行寶三三　諱良知

坤四一公四子

爲蛟川王氏之後

三房

行寶三四　諱柏　字挺卿

坤廿八公三子

生於明嘉靖四十二年癸亥九月廿二日卯時

卒無考

三房

行寶三七　諱良宰

坤六八公長子

生卒無考

三房

行寶三八　諱良輔

坤六八公次子
生卒無考
娶洪氏生卒無考
生一子　大期

彪三
行寶三九諱艮相
坤五九公之子
生於明萬歷五年丁丑八月廿二日酉時
卒無考

彪三
行寶四十諱艮賓
坤六八公三子
生卒無考

彫三

行寶四一　諱愉

坤六一公之子

生於明萬歷八年庚辰六月初六日　時

卒無考

肅

行艮一　諱天德　字本卿

正二公長子

生於明嘉靖三十年辛亥七月初二日未時

卒無考

娶陳氏生於明嘉靖四十一年壬戌四月二十日　時

卒無考

生三子　長大勛　次大觀　三大復

肅

行艮二諱天祥字瑞卿

正二公次子

生於明嘉靖三十四年乙卯十二月初八日辰時

卒無考

娶陳氏生卒無考

生一女適田陳陳

又娶錢氏生卒無考

生五子　長大用　次五十　三七　四廿一

五廿八

肅

行艮三諱天位

正四公長子

生於明嘉靖三十六年丁巳六月三十日亥時

卒於　年　二月二十日　時

娶胡氏生無考

卒於　年　九月初二日　時

生五子　長鳳起　次鳳徵　三鳳鳴　四鳳文

五鳳儀

一女適邵

合葬父墳左

事略見後

歸

行良五諱天祿

正二公三子

　　早世

肅

行艮六　諱天相　字吉卿

正六公長子

生於明嘉靖四十四年乙丑八月十一日午時

卒無考

無後

肅

行艮七　諱天澤

正九公長子

生於明隆慶元年丁卯七月初七日酉時

卒無考

肅

行艮八　諱天與

正四公次子

生於明隆慶三年己巳五月初五日戌時

卒於　年　十一月廿一日　時

未娶

葬父墳右

⿰艮南

行艮九 諱 天恩

正九公次子

生於明隆慶四年庚午九月二十日申時

卒無考

⿰艮南

行艮十 諱 天爵

正六公次子

生於明隆慶六年壬申八月初五日亥時

卒無考

無後

𦕂

行𠮷十二諱天職

正十二公長子

生卒無考

娶孫氏生卒無考

生一子　鼎新

𦕂

行𠮷十三諱天錫

正六公三子

生於明萬歷四年丙子四月十七日酉時

卒無考

䎗

行艮十四諱天祐

無後

正六公四子

生於明萬歷七年己卯九月初八日丑時

卒無考

娶黄氏生卒無考

生三子　長志乾　次志震　三志泰

一女適邑中姚

合葬杜家漕頭

䎗

行艮十五諱天成

肅

正二十公之子

生於明萬歷八年庚辰九月初二日丑時

卒無考

娶□氏生卒無考

生一子　大璋

行艮十六諱天倫

正十二公次子

生於明萬歷八年庚辰十一月初四日丑時

卒無考

娶□氏生卒無考

生二子　長志鳳　次志夔

黼　黼

此派移居杭州

行艮十七諱天

正十三公之子

生於明萬歷九年辛巳八月初三日午時

卒無考

行艮十八諱天保

正六公五子

生於明萬歷十年壬午十月十六日卯時

卒無考

娶翁氏生卒無考

蛉螟子　祚

生一子　志昂

二女長適慈城貢元桂天時　次適洋墅徐

合葬杜家漕頭

旓

行艮　諱天敘

正二十公長子

生卒無考

娶□氏生卒無考

生一子　仕元

旓

行艮　諱天性

正二十公三子

生卒無考

無後

牖

行艮　諱天允

正二十公四子

生卒無考

無後

牖

行艮二十　諱天化

正二十公五子

生卒無考

娶□氏生卒無考

生二子　長應斗　次生

移居白沙

鏞

行艮廿一　諱天震

正二十公六子

生卒無考

無後

鏞

行艮三四　諱天

正十九公之子

生卒無考

娶□氏生卒無考

生一子　源

鏞

行艮　諱天惠

正九公三子

生於明隆慶　年　月　日　時

卒無考

旟

行艮　諱在蒙字湘

正廿一公長子　才學俱優早年入泮

生卒無考

娶□氏生卒無考

生一子　招緣

旟

行艮　諱正蒙

正廿一公次子

生卒無考

無後

行明二諱繼惠
聰五公之子
生卒無考
無後
行明三諱繼祿
聰六公之子
早世
行明五諱繼美
聰十公之子
生卒無考
娶□氏生卒無考

生一女適錢

無後

行明七諱繼宗字器卿

聰十三公長子

生於明嘉靖十三年甲午十一月廿七日子時

卒無考

娶吳氏生卒無考

墓葬

行明八諱繼榮

聰十二公長子

生於明嘉靖十五年丙申十一月二十日申時

涷

𣵀

行明十三諱繼德

卒無考

聰十二公次子

生於　庚子年十月廿九日子時

卒無考

娶莊氏生卒無考

𣵀

行明十四諱繼華

聰十七公長子

生無考

卒於明萬歷四年丙子五月初八日　時

娶□氏生卒無考

生一子　大綬

葬張河

𧼈

行明十六諱繼和字貴卿

聰十三公次子

生於明嘉靖廿一年壬寅四月廿七日戌時

卒無考

娶張氏生卒無考

生一女適

洒

行明十七諱繼富字裕卿

聰十五公長子

生於明嘉靖廿二年癸卯十一月初二日丑時

卒無考

娶杜氏生於明嘉靖三十一年壬子十一月初九日丑時

卒無考

生二子　長大綜　次大紳

洒

行明十九諱繼志

聰廿一公長子

生無考

卒於明萬歷七年己卯八月廿五日　時

無後

湅

行明廿一諱繼名

聰十七公次子

生於明嘉靖廿四年乙巳五月初二日丑時

卒無考

娶杜氏生於明嘉靖三十六年丁巳十一月初一日　時

卒無考

生一子　大綱

三女

洒

行明廿四諱繼道字化卿

聰十五公次子

生於明嘉靖廿六年丁未閏五月初五日戌時

娶戴氏生卒無考

生一子　大繪

𣶒

行明廿六諱繼庸

聰十二公三子

生於明嘉靖廿七年戊申十月初八日午時

卒無考

娶周氏生於明嘉靖四十二年癸亥八月十二日巳時

卒無考

生一子　大統

𣶒

行明廿七諱繼富字九卿

聰十七公三子

生於明嘉靖廿七年戊申十二月十三日酉時

卒無考

娶劉氏生卒無考

生一子　大綱

洒

行明廿九諱繼懷字德卿

聰十九公長子

生於明嘉靖廿九年庚戌二月二十日酉時

卒無考

娶□氏生卒無考

生一子　大敬

涷

行明三十諱繼貴字茂卿

聰十七公四子

生於明嘉靖三十一年壬子二月廿三日辰時

卒無考
娶王氏生於明嘉靖四十二年癸亥正月初八日卯時
卒無考
生五子　長大紀　次大紋　三大富　四大新
五大才

洒

行明三一　諱繼章字文卿
聰十九公次子
生於明嘉靖三十三年甲寅二月廿九日午時
卒無考
娶蛟川曹氏生卒無考
生四子　長大績　次十　三大綸　四冬

源

行明三三諱繼元

聰十二公四子

早卒

洒

行明三五諱繼學字效卿

聰廿一公次子

生於明嘉靖三十四年乙卯十一月十三日丑時

卒無考

洒

行明三六諱繼中字時卿

聰十九公三子

生於明嘉靖三十六年丁巳五月廿三日午時

卒無考

洒

娶□氏生卒無考

生一子　大勝

行明三九諱繼登字高卿

聰廿一公三子

生於明嘉靖三十七年戊申七月廿五日丑時

卒無考

娶錢氏生卒無考

生一子　大治

行明四十諱繼恩字澤卿

聰二十公之子

生於明嘉靖三十八年己未十一月廿一日戌時

卒無考

娶袁氏生於明隆慶二年戊辰二月初九日巳時

卒無考

源東

行明四一諱繼遠字望之

聰十七公五子

生於明嘉靖四十年辛酉三月十六日子時

卒無考

娶張氏生卒無考

生二子　長大光　次大恩

洒西

行明四二諱繼善字心卿

聰廿一公四子

生於明嘉靖四十年辛酉九月十八日巳時

卒無考

娶沈氏生卒無考

𡍼

行明四五諱繼禮字齊卿

聰十九公四子

生於明隆慶元年丁卯十二月初五日丑時

卒無考

娶蛟川陳氏生卒無考

無後

行明四六諱繼科

聰十八公之子

生於明隆慶六年壬申十月十七日丑時
卒無考

中房
行維二諱守仁字依卿
綱二公長子
生於明嘉靖三十七年戊午十月初一日　時
卒無考
娶姚氏生無考
卒於　辛酉年　月　日　時
生一子　大福
一女適十三都洪

中房
行維四諱守分

中房

綱六公長子
生卒無考
無後

行維五諱守瑞字緒卿
綱一公長子
生無考
卒於明嘉靖四十五年丙寅三月十六日　時
娶□氏生卒無考
生二子　長大華　次大賢
一女適邑中任
葬西港

中房

行維六　諱守和　字悦卿

綱五公長子

生於明嘉靖元年壬午三月初五日辰時

卒無考

娶姚氏生於明嘉靖十二年癸巳十一月十六日卯時

卒無考

生二子　長大敬　次大恭

三女長次俱適郎家平周　三適龍山所周

中房

行維七　諱守亨

綱廿一公長子

早世

坤

行維九諱守正

綱一公次子

生卒無考

娶□氏生卒無考

無後

生一女適包

坤

行維十諱守榮字仁卿號紫崖

綱九公長子

生於明嘉靖三年甲申三月十七日巳時

卒無考

娶高氏生於明嘉靖六年丁亥九月初三日子時

卒無考

生一子　大益

一女適文溪余

中房

行維十一　諱守穆　字肅卿

綱五公次子

生於明嘉靖三年甲申七月廿五日亥時

卒無考

娶蔣氏生無考

卒於　甲申年　月　日　時

生四子　長大祿　次大　三大　四大祉

中房

行維十三　諱守功

綱六公次子
生無考
卒於明隆慶　年　月　日　時
娶□氏生卒無考
生二子　長大淮　次大洲

肆
行維十四諱守忠字艮卿號澄心
綱廿二公長子
生於明嘉靖五年丙戌七月初九日戌時
卒無考
娶邵氏生於明嘉靖八年己丑五月初四日酉時
卒無考

生三子　長大富　次大貴　三大艮

一女適五都應本

中房

行維十五諱守祿

綱十六公長子

早世

中房

行維十七諱守訥

綱九公次子

生於明嘉靖七年戊子五月十一日　時

卒無考

中房

行維二十諱守奎

綱二公次子爲綱廿八公繼子

生於明嘉靖九年庚寅十一月初一日丑時
娶朱氏生卒無考
生一子　大壽

𤨏中
行維廿二諱守慶
綱六公三子
生於明嘉靖十一年壬辰十月廿二日卯時
卒無考
娶費氏生於明嘉靖十二年癸巳正月廿七日辰時
卒無考

𤨏中
行維廿四諱守義
綱廿一公次子

生卒無考

中房

行維廿五諱守恩

綱十九公之子

生於明嘉靖十一年壬辰五月廿二日子時

卒無考

娶方氏生於明嘉靖十八年己亥八月　日辰時

卒無考

生一子　大巖

中房

行維廿六諱守德

綱廿二公次子

生於明嘉靖十一年壬辰十月初三日亥時

卒無考
娶蔣氏生於　甲辰年四月十五日辰時
卒無考
生二子　長大中　次大史

翀
行維廿七諱守遂
綱五公三子
生無考
卒於明隆慶　年　月　日時
娶□氏生卒無考
生一子　大殷

翀
行維廿八諱守惠字霖卿

綱廿三公長子
生於明嘉靖十二年癸巳十一月十三日丑時
卒無考
娶曹氏生於明嘉靖三十一年壬子二月初十日寅時
卒無考
生四子　長大登　次大悅　三大高　四大魁
一女
行維三十諱守貴
綱十六公次子
生無考
卒於明萬歷六年戊寅十月初十日　時

卒無考

娶□氏生卒無考

生二子　長大方　次大規

胂

行維三一諱守寧字謐卿號晃陽

綱一公三子

生於明嘉靖十四年乙未正月初十日酉時

卒無考

娶張氏生於　丁酉年三月廿八日丑時

卒無考

生一女

胂

行維三三諱守志字道卿

綱廿九公長子

生於明嘉靖十四年乙未三月十四日亥時

卒無考

娶劉氏生卒無考

無後

中房

行維三五諱守祥

綱七公長子

早世

中房

行維三七諱守保

綱廿一公三子

早世

衶

行維三九諱守瑞字祥卿號印田

綱十六公三子

生於明嘉靖十六年丁酉九月廿三日戌時

卒於　　年　　八月廿三日　時

娶徐氏生於明嘉靖廿七年戊申四月初五日子時

卒於　　年　　十一月廿七日　時

又娶范氏生無考

卒於　　年　　七月廿三日　時

生三子　長大年　次大卿　三大學

衶

行維四十諱守約

綱廿七公次子

生於明嘉靖十六年丁酉十二月十七日丑時
卒無考

中房

行維四二諱守富
綱九公三子
生於明嘉靖十七年戊戌九月初六日寅時
卒無考

中房

行維四三諱守昂字顒卿
綱三一公之子
生於明嘉靖十七年戊戌十月十八日丑時
卒無考
娶徐氏生於明嘉靖廿一年壬寅二月十八日丑時

卒無考
生三子　長大名　次大有　三大壯
二女長適馮　次適白沙董

中房
行維四六諱守貞
綱廿七公三子
生於明嘉靖二十年辛丑十月初二日巳時
卒無考

中房
行維四八諱守盛
綱九公四子
爲鄞縣顧氏之後

中房
行維四九諱守豐

中房

綱十六公三子

生於明嘉靖廿一年壬寅六月初一日辰時

卒無考

娶王氏生於明嘉靖廿二年癸卯八月廿一日卯時

卒無考

生一子　大與

行維五一　諱守福

綱七公次子

生於明嘉靖廿一年壬寅十月初七日子時

卒無考

娶董氏生於明嘉靖廿七年戊申四月初八日亥時

肿
行維五二諱守恕
卒無考

綱廿三公次子
生於明嘉靖三十二年癸丑十二月廿八日巳時
卒無考

肿
行維五三諱守節
綱廿七公四子
生無考
卒於　甲申年　月　日　時
無後

肿
行維五四諱守英字俊卿

綱廿二公三子

生於明嘉靖廿四年乙巳正月十七日子時

卒無考

娶楊氏生於明嘉靖四十年辛酉二月初四日亥時

卒無考

生一子　大寶

行維五五　諱守成

綱七公三子

生於明嘉靖廿六年丁未正月廿五日申時

卒無考

娶李氏生無考

卒於明萬歷　年　月　日時

肿

行維五六諱守禮字立卿號雲原

綱三四公之子

生於明嘉靖廿八年己酉九月廿三日午時

卒無考

娶胡氏生於明嘉靖三十四年乙卯三月廿六日巳時

卒無考

生三子　長大成　次大韶　三大岳

二女

肿

行維五七諱守餘

綱十六公四子

爲白沙毛氏之後

肆

行維五八諱守恒

綱廿七公五子

生於明嘉靖三十年辛亥正月廿九日亥時

卒於明萬歷四十二年甲寅五月十七日□時壽六十

有四

娶□氏生卒無考

生三子　長應科　次應登　三應先

肆

行維五九諱守高

綱三五公長子

生於明嘉靖三十一年壬子八月廿五日寅時

肆

卒無考

行維六一諱守才

綱三二公之子

生於明嘉靖三十四年乙卯九月廿二日未時

卒無考

肆

行維六三諱守位

綱三五公次子

生於　乙卯年十一月初七日　時

卒無考

肆

行維六四諱守職

綱三五公三子

生於　庚申年七月二十日午時

卒無考

肆

行維六五諱守道字志卿

綱三六公之子

生於明嘉靖四十四年乙丑五月廿九日酉時

卒無考

娶徐氏生卒無考

肆

行維六七諱守安

綱四九公長子

生於明隆慶三年己巳閏六月初四日申時

卒無考

行維六八諱守業
綱三五公四子
生於　戊辰年十月二十日寅時
配
卒無考

行維六九諱守順字和卿
綱五一公長子
生於明隆慶四年庚午十二月廿八日丑時
配
卒無考

行維七一諱守讓
綱三五公五子
生於明萬歷六年戊寅四月初七日亥時
配

卒無考

胤

行維七四諱守政
綱四二公之子
生於明萬曆五年丁丑十月初五日戌時
卒無考

胤

行維七六諱守法
綱五一公次子
生於明萬曆六年戊寅十二月初九日丑時
卒無考

胤

行維七七諱守宜
綱四九公次子

生於　己卯年二月　日時

卒無考

䣭

行維七八諱守規

綱五一公三子

生於明萬歷九年辛未十二月二十日酉時

卒無考

行　諱應元

子　曾爲宗長數載移居四方橋

娶劉氏生卒無考

生一子　志源

因出外不歸其先世支派渺無可考姑懸記名以俟細

酾

查

行祿一　諱應綜字理卿

德一公長子徐氏所出也

生於明嘉靖十九年庚子八月廿五日　時

卒於明嘉靖四十四年乙丑四月二十日　時年二十有六

娶本都李氏生卒無考

又娶荷花池頭陳氏生於明嘉靖廿三年甲辰二月二十日酉時

卒於明萬歷四十八年庚申二月初十日　時壽七十有七

生二子　長國才　次國學
葬西港屋後
配
行祿三　諱應綺
德三公長子
生卒無考
配
行祿六　諱應綸　字經卿
德三公次子
生於明嘉靖三十三年甲寅正月廿九日寅時
卒無考
娶本都姚氏生於明嘉靖三十五年丙辰十二月初五日
巳時

卒無考

生二子　長國泰　次國相

一女

配

行祿七諱應紳字訓卿

德四公長子

生於明嘉靖三十四年乙卯閏十一月十六日申時

卒於明天啓五年乙丑十二月廿四日辰時壽七十有

一

無後

配

行祿八諱應綉

德一公次子徐氏所生也

厤

生無考

卒於明萬歷四年丙子七月初七日　時

娶唐氏生卒無考

又娶文溪周氏生卒無考

無後　繼子　國學

合葬西井

行祿九 諱 應時 字 中卿 號 景泉

德七公長子

生於明嘉靖三十七年己酉九月初七日　時

卒無考

娶蛟川曲塘陳氏生於明嘉靖四十二年甲寅九月初十

酾

日時

卒無考

生一子　國寶

合葬

行祿十二諱應春字榮卿

德五公長子蔡氏所出也

生於明嘉靖三十九年辛亥六月廿八日寅時

卒無考

娶海田周氏生卒無考

生一子　國徵

一女適沈

　　

䶢

行祿十四諱應聘字珍卿

德七公次子爲德十一公繼子

生於明嘉靖四十一年壬戌七月十八日　時

不娶而卒

䶢

行祿十六諱應龍字雲卿

德三公三子

生於明嘉靖四十二年癸亥正月廿九日丑時

卒無考

娶王氏生卒無考

生一子　國

一女適邵

配

行祿十七諱應元

德五公次子蔡氏所出也

生於明嘉靖四十二年癸亥十月廿七日寅時

卒無考

娶張氏生卒無考

無後

配

行祿十八諱應魁

德四公次子

生於明嘉靖四十三年甲子六月廿六日卯時

卒於　年　九月初七日　時

配

行祿十九諱應鳳字祥卿號翔宇

贏

德三公四子

生於明嘉靖四十四年乙丑九月初六日子時

卒無考

娶蛟川倪氏生於明隆慶五年辛未二月初六日　時

卒無考

生一子　國賓

行祿廿四諱應科字元卿號偉明　鄉賓

德一公三子孫氏所出也

生於明隆慶元年丁卯八月十八日午時

卒無考

娶邑中羅氏生於明隆慶元年丁卯六月廿一日卯時

西房

卒無考

生二子　長 國士　次 國治

三女

行祿廿五 諱 應期 字 時卿

德八公長子

生於明隆慶元年丁卯八月廿五日辰時

卒無考

娶□氏生卒無考

生四子　長 國寧　次 國定　三 國　四 國

此派子孫移居四方橋因乏老成知識將上代支派茫

無所考余特細尋源流知在應期應斗應璧應彩四人

之後總不識爲誰之後也故混續于長房應期之下此

絶次不絶長之意也

酾

行祿廿七諱應召號龍泉

德五公三子林氏所出也　曾爲帥府柁師至老榮歸栖心

禪學知命樂天贊曰爲國出身元老壯猷風飄舟散君

有奇謀

生於明隆慶二年戊辰十一月十一日戌時

卒無考

娶胡氏生卒無考

生二子　長國猷　次國顯

一女適錢

房西

合葬父墳之左

行祿廿八諱應宿字辰卿

德三公五子

生於明隆慶三年己巳九月十二日子時

卒無考

娶戴氏生卒無考

又娶□氏生卒無考

生一子　國壽

房西

行祿三十諱應辰字宿卿號望泉

德七公三子

生於明隆慶四年庚午十一月初二日　時

卒無考
娶蛟川莊氏生於明萬歷十三年乙酉四月初九日酉時
卒於　年　五月廿四日　時
生三子　長國賢　次國良　三國惠

䧺
行祿三一諱應文
德五公四子林氏所出也
生於明隆慶五年辛未三月初一日戌時
卒無考
娶□氏生卒無考
生一子　國棟

䧺
行祿三二諱應斗字拱卿

德八公次子

生於明隆慶五年辛未七月廿三日酉時

卒無考

娶鄞邑李氏生卒無考

行祿三七諱應和字美卿號仰泉　郡邑賓

德一公四子孫氏所出

生於明萬歷三年乙亥八月初六日亥時

卒於淸順治十七年庚子七月十七日　時壽八十有

六

娶徐氏生卒無考

又娶毛氏生卒無考

（續）

又娶妾三房朱氏王氏陳氏生卒俱無考

生三子　長國用　次勳　三熙

一女適五都應六傳

合葬鍾監堰沈姓屋側

行誼見事略

行祿三八諱應登

德五公五子林氏所出也爲德十公繼子

生於明萬歷三年乙亥十月十三日丑時

卒無考

娶朱氏生卒無考

生一子　國祚

酾

行祿四十　諱應廉

德十二公長子

生於明萬歷四年丙子十二月十三日卯時

卒於　年　四月十六日　時

娶十三都洪氏生無考

卒於　年　八月十二日　時

生四子　長國洪　次國奇　三國福　四國英

酾

行祿四一　諱應昌

德十六公長子

生卒無考

酾

行祿四二　諱應旂

酉

德五公六子林氏所出也

生於明萬歷八年庚辰正月十九日午時

卒無考

娶沈氏生卒無考

生一子　國順

行祿四三諱應璧

德八公三子

生於明萬歷八年庚辰九月十六日亥時

卒無考

娶鄞邑馬氏生於明萬歷廿三年乙未十二月廿八日

卒於明萬歷四十七年己未正月初三日丑時年二十

有五

行祿四四諱應麟字瑞之

配

德十二公次子

生於明萬歷九年辛巳十二月十九日　時

卒於　年　六月廿七日　時

行祿四五諱應福

配

德十三公之子

生卒無考

行祿四六諱應陽

配

德十六公次子

生卒無考

廲

行祿四七諱應蛟字起鳳號騰寓

德七公四子

生於明萬歷十年壬午七月十二日　時

卒無考

廲

行祿四八諱應賓

德五公七子林氏所出也

生於明萬歷十年壬午十月廿一日　時

卒於　四十六年十二月十七日　時

無後

廲

行祿四九諱應瑞

德十七公長子

西房

生卒無考

行祿五十　諱應詔

德十七公次子

生於　丁酉年四月廿七日卯時

卒無考

娶□氏生卒無考

生二子　長國聖　次國祥

西房

行祿五六　諱應試

德十二公三子

生於明萬歷　年　月　日時

卒無考

娶□氏生卒無考

繼子　國奇

䏚

行祿　諱　應彩

德八公四子

生卒無考

䏚

行祿　諱　冬

德十五公之子

生卒無考

娶□氏生卒無考

生一子　國龍

第二十三世

行孝一　諱大華　字彩卿

維五公長子

生於明嘉靖廿八年己酉二月廿一日戌時

卒無考

行孝二　諱大福

維二公之子

生於明嘉靖廿八年己酉五月初一日亥時

卒無考

娶管氏生於明隆慶二年戊辰七月廿八日亥時

卒無考

賠

行孝三諱大憲

元二公長子

生於明嘉靖三十一年壬子十一月十一日卯時

卒無考

娶姚氏生於明嘉靖四十二年癸亥十二月廿一日午時

卒無考

賱

行孝四諱大賢字位卿

維五公次子

生於明嘉靖三十二年癸丑六月初三日亥時

卒無考

娶余氏生卒無考

中房

行孝五 諱大富

維十四公長子

生於明嘉靖三十三年甲寅七月十五日丑時

卒無考

中房

行孝六 諱大敬

維六公長子

生於明嘉靖三十四年乙卯九月廿六日申時

卒無考

娶朱氏生於明隆慶五年辛未十二月廿五日未時

卒無考

老房

行孝七 諱大世

肿

元二公次子

早世

行孝八諱大貴

維十四公次子

生於明嘉靖三十七年戊午四月十一日未時

卒無考

朏

行孝九諱大昌

寶一公長子

生於明嘉靖三十八年己未二月初三日戌時

卒無考

娶胡氏生卒無考

廿三

生一子　珍壹

行孝十　諱大慶

寶二公長子

生於明嘉靖三十八年己未八月二十日申時

卒無考

娶胡氏生卒無考

生三子　長沙　次二　三壽

廿七

行孝十一　諱大法

元二公三子

生於明嘉靖三十八年己未八月廿八日亥時

卒無考

行孝十二諱大用

寶五公長子

生於明嘉靖三十九年庚申三月十三日卯時

卒無考

娶鄭氏生卒無考

行孝十三諱國才號鎭南

祿一公長子

生於明嘉靖四十年辛酉五月初六日申時

卒於明萬歷廿二年甲午三月初七日　時年三十有

四

娶夏家墺邵氏生於明嘉靖四十年辛酉五月廿八日辰

時

卒於　年　三月十五日　時

生二子　長明宰　次明爵

中房

行孝十四　諱大艮

維十四公三子

生於明嘉靖四十年辛酉七月初一日亥時

卒無考

西房

行孝十五　諱國學　字子鈆　號聲南

祿一公季子爲祿八公繼子

生於明嘉靖四十二年癸亥四月初五日子時

卒於　年　月　日時

娶本都成氏生於明嘉靖四十四年乙丑 月 日

卒於 年 月 日 時

生四子 長明相 次明元 三明佐 四明臣

二女長適庠生張九章 次適姚元揚

胜

行孝十六諱大德

寶五公次子

生於明嘉靖四十二年癸亥七月廿四日巳時

卒無考

娶□氏生卒無考

生一子 朝榮

腁

行孝十七諱大淮

維十二公長子
生於明嘉靖四十二年癸亥九月　日　時
卒無考

𣃆 行孝十八　諱大巖
維廿五公之子
生於明嘉靖四十二年癸亥九月初二日　時
卒無考

𣃆 行孝十九　諱大祿
維十一公長子
生於明嘉靖四十三年甲子六月初二日申時
卒無考

娶邵氏生卒無考
生三子　長友彦　次友儀　三友華
合葬馬經橋頭

翀
行孝二十諱大中
維廿六公長子
生於明嘉靖四十四年乙丑十二月十一日丑時
卒無考

肜
行孝廿一諱大山
寶六公長子
生於明隆慶元年丁卯三月十五日午時
卒無考

娶金氏生卒無考

移居杭州

中房

行孝廿二　諱大壽

維二十公之子

生於明隆慶元年丁卯七月廿七日亥時

卒無考

三房

行孝廿三　諱大化

寶三公長子

生於明隆慶元年丁卯十一月初六日　時

卒無考

娶陳氏生卒無考

廟

行孝廿四　諱大名

生三子　長朝華　次朝英　三朝恩

維四三公長子

生於明隆慶三年己巳五月十二日丑時

卒無考

娶應氏生卒無考

廟

行孝廿五　諱大般

維廿七公之子

生於明隆慶三年己巳九月初三日　時

卒無考

廟

行孝廿六　諱大祉

〔?〕

維十一公四子

生於明隆慶四年庚午二月十七日午時

卒於　年　十月初五日　時

娶陸氏生無考

卒於　年　二月初二日　時

生一子　友賢

一女適姚

合葬西港

行孝廿七諱大登

維廿八公長子

生於明隆慶四年庚午閏六月初四日丑時

卒無考

行孝廿八諱大忠

寳二公季子

生於明隆慶四年庚午閏六月初七日申時

卒無考

娶□氏生卒無考

無後　繼子　朝慶

行孝廿九諱大育

金八公長子

生於明隆慶四年庚午八月　日　時

卒無考

中房　行孝三十　諱大成

維五六公長子

生於明隆慶四年庚午九月廿七日申時

卒無考

中房　行孝三一　諱大恭

維六公季子爲四方橋曹氏後

三房　行孝三二　諱大盛

寶一公季子

生於明隆慶五年辛未五月十三日寅時

卒無考

娶唐氏生卒無考

生四子長朝選次朝　三朝遴　四朝慶出繼

三女長適蟹浦鄭　次適郞家坪周　三適黃家閘沈

合葬

朓

行孝三三諱大倖

寶六公次子

生於明隆慶五年辛未九月十六日卯時

卒無考

娶□氏生卒無考

生二子長朝雲　次三六

瀚

行孝三四諱大綬字仲興

明十四公之子

生於明隆慶六年壬申閏二月十五日亥時

卒無考

三房

行孝三五　諱大本

寶三公季子

生於明隆慶六年壬申六月廿一日　時

卒無考

中房

行孝三六　諱大洲

維十三公季子

生於明隆慶六年壬申七月初一日　時

卒無考

二房

行孝三七　諱大文

元七公長子
生於明隆慶六年壬申八月十二日　時
卒於　年　九月初三日　時
娶房氏生無考
卒於　年　九月十二日　時
生三子　長龍　次蛟　三鯨
合葬長大墳

二房

行孝三八諱大賓
元十一公長子
生於明萬歷元年癸酉正月初一日　時
卒無考

房三

行孝三九 諱大春

寶五公三子

生於明萬歷二年甲戌正月初四日酉時

卒無考

房中

行孝四十 諱大益

維十公之子

生於明萬歷二年甲戌正月十五日卯時

卒無考

房中

行孝四一 諱大方

維三十公長子

生於明萬歷二年甲戌二月初六日　時

卒無考
娶□氏生卒無考
生二子　長招一　次壽

肺
行孝四二諱大有
維四三公次子
生於明萬歷二年甲戌四月廿八日丑時
卒無考

肺
行孝四三諱大悅
維廿八公次子
生於明萬歷二年甲戌七月十五日子時
卒無考

彫

行孝四四 諱大道
寶十公長子
生於明萬歷二年甲戌八月廿七日卯時
卒無考
娶洪氏生卒無考
生三子 長朝儀 次朝順 三祖相
合葬匠人墳

濂

行孝四五 諱大綱
明廿一公之子
生於明萬歷二年甲戌十月十七日寅時
爲駱駝橋翁姓後

翀

行孝四六諱大韶

維五六公次子

生於明萬歷三年乙亥十一月初四日亥時

卒無考

二房

行孝四七諱大武

元七公次子

生於明萬歷四年丙子二月初八日　時

卒於　年　八月十三日　時

娶袁氏生於　年　九月廿三日　時

卒無考

生三子　長一鳳　次一高　三一明

一女適田胡胡

合葬茅墳沭坐北朝南有碑為記

胂

行孝四八諱大規

維三十公次子

生於明萬歷四年丙子二月初十日卯時

卒無考

䏸

行孝四九諱大則

元二公四子

生於明萬歷四年丙子五月初三日午時

卒無考

肛

行孝五十諱大章

三十

寶廿四公長子

生於明萬歷四年丙子八月十六日戌時

早世

行孝五一　諱大節

寶五公四子

生於明萬歷四年丙子十月十四日戌時

卒無考

三十一

行孝五二　諱大高

維廿八公三子

生於明萬歷四年丙子　月　日　時

卒無考

酾
行孝五三諱大綜
明十七公長子
早世

酙
行孝五四諱大史
繼廿六公次子
生於明萬歷五年丁丑二月廿五日酉時
卒無考

酛
行孝五五諱大俊
元十七公之子
生於明萬歷五年丁丑七月廿四日酉時
卒於　年　六月十七日　時

娶洪氏生於　年　三月初九日　時

卒於　年　正月二十日　時

生二子　長學詩　次學禮

一女適杜谷沈

合葬長大墳

維四九公之子

行孝五六　諱大與

早世

行孝五七　諱大眷

金八公次子

生於明萬歷六年戊寅五月　日時

卒無考

彪

行孝五八諱大英

元十三公之子

生於明萬歷七年己卯正月廿六日　時

卒無考

瀚

行孝五九諱大紀

明三十公長子

生於明萬歷七年己卯五月十四日亥時

卒無考

娶□氏生卒無考

生二子　長瑞美　次三二

胙

合葬柘樹塘

行孝六十諱大魁

維廿八公四子

生卒無考

胙

行孝六一諱大年

維三九公長子

生於明萬歷七年己卯十一月二十日卯時

卒於　年　九月廿一日　時

娶趙氏生無考

卒於　年　八月廿七日　時

生二子　長友諒　次友謙

合葬高田

行孝六二 諱大秀

寶廿一公之子

生卒無考

娶邵氏生卒無考

生四子　長學富　次學宗　三學韜　四學賢

合葬河裏岸

行孝六三 諱大綱

明廿七公之子

生於明萬歷八年庚辰五月十九日戌時

卒無考

譜

娶邱氏生卒無考

生二子　長邱二　次瑞禮

行孝六四諱大紳

明十七公次子

生於明萬歷八年庚辰六月十九日丑時

卒無考

娶□氏生卒無考

生二子　長瑞芝　次瑞楦

行孝六五諱大升

金九公之子

生於明萬歷八年庚辰八月廿六日亥時

卒無考

行孝六六諱大受

寶六公三子

生於明萬歷八年庚辰十一月十五日戌時

卒無考

娶□氏生卒無考

生三子　長朝文　次朝武　三朝魁

一女適濤林王

合葬鄭家墓

行孝六七諱大臣

元七公三子

生於明萬歷八年庚辰十二月十八日戌時
卒於　　年　　四月初五日　時
娶鄭氏生於　　年　　八月廿六日　時
卒於　　年　　八月初八日　時
生二子　長一麒　次一麟
合葬長大墳

行孝六八諱大統
明廿六公之子
生於明萬歷九年辛巳三月廿七日寅時
卒無考
娶□氏生卒無考

中房

生二子　長瑞梧　次瑞槐

行孝六九諱大寶

維五四公之子

生於明萬歷九年辛巳九月初六日亥時

卒無考

行孝七十諱大繪

明廿四公之子

生於明萬歷九年辛巳十月十一日辰時

卒無考

娶馮氏生卒無考

生二子　長瑞球　次瑞珠

一女適徐君挺

合葬茅墳

配

行孝七一諱大志

元十九公長子

生於明萬歷十年壬午八月　日　時

早世

配

行孝七二諱大壯

維四三公三子

生於明萬歷十一年癸未二月廿二日戌時

卒無考

配

行孝七三諱大宰

胂　　脏

元十一公次子
生於明萬歷十一年癸未　月　日　時
卒無考
行孝七四 諱大嶽
維五六公三子
生於明萬歷十二年甲申八月　日　時
卒無考
行孝七五 諱大器
寶廿四公次子
生於明萬歷十二年甲申十一月十一日未時
卒無考

䶑

行孝七六諱國寶字家珍

祿九公之子

生於明萬歷十六年戊子九月初六日　時

卒無考

娶蛟川蔣氏生於明萬歷廿一年癸巳正月初六日　時

卒無考

生六子　長明道　次明德　三明禮　四小龍

五明倫　六明遠

行孝七七諱大晉

寶廿八公之子

生於明萬歷十七年己丑三月十七日卯時

卒於清順治八年辛卯八月十四日　時壽六十有三

娶曹氏生卒無考

生三子　長朝佐　次朝位　三朝彬

二女長適八都應　次適六都費

合葬河裏岸

行孝七八諱國泰

祿六公長子

生於明萬歷十七年己丑十月十九日午時

卒無考

娶邵氏生卒無考

生七子　長一　次八　三三　四明鸞　五廿九

六四十　七沙

合葬西港

行孝七九諱國士

祿廿四公長子

生於明萬歷十八年庚寅六月十二日　時

卒於清順治六年己丑九月初二日丑時壽六十歲

娶沈氏生無考

卒於　年　六月十二日　時

生一子　明遴

一女適杜谷沈

行孝八十諱國相

贈

祿六公季子

生於明萬歷二十年壬辰正月廿九日寅時

卒無考

娶蛟川陳氏生於明萬歷廿八年庚子八月　日　時

卒無考

生三子　長明珠　次明金　三明玉

行孝八一　諱大升

寶廿四公三子

生於明萬歷二十年壬辰八月廿四日　時

卒於淸順治七年庚寅五月初一日未時年五十有九

娶董氏生於明萬歷廿八年庚子四月十六日未時

卒於清康熙十四年乙卯三月廿五日丑時壽七十有

六

生五子　長朝福　次朝祿　三朝祚　四朝祺

五朝祥

合葬匠人墳

行孝八二諱國治字涵眞

祿廿四公次子

生於明萬歷二十年壬辰十二月初九日　時

卒於　年　九月廿五日　時

娶香山錢氏生於明萬歷廿五年丁酉正月初十日　時

卒於　年　十二月廿三日　時

生三子　長明選　次明裕　三明禮
三女長適汶溪庠生周　次適馬經張　三適盛
合葬汶溪

行孝八三諱國賓
禄十九公之子
生於明萬歷廿一年癸巳　月　日　時
卒無考
娶沙河頭陳氏生卒無考
生三子　長明甫　次明倫　三明鼎

行孝八四諱大新字振颸
明三十公四子

生於明萬曆廿二年甲午二月十四日　時
卒於　年　八月初八日　時
娶謝氏生於　年　四月十四日　時
卒於　年　二月廿六日　時
繼子　瑞成
又置妾甯氏生卒無考
生二子　長瑞宏　次瑞英
一女適李碶李
合葬四方橋薛家河斗

行孝八五諱國用字子行
祿三七公長子毛氏所出也　天資明敏志趣超羣惜年不

永紫府修文

生於明萬歷廿二年甲午九月初三日　時

卒於明天啓二年壬戌十二月三十日　時年二十有

九

娶羅氏生於明萬歴廿一年癸巳八月初四日　時

卒於明崇禎十四年辛巳二月　日　時年四十有

九

生一子　明輔

二女長適邑中周　次適大方橋王

行孝八六諱大禮

寳廿四公四子

生於明萬歷廿四年丙申五月廿九日未時
卒於　年　九月廿九日　時
娶孔氏生於明萬歷三十七年己酉十月初五日亥時
卒於清康熙十五年丙辰八月廿六日寅時壽六十有
八
生五子　長朝瑞　次朝德　三朝科　四朝拱
五朝宰
合葬匠人墳
行孝八七諱國祚
祿三八公之子
生於明萬歷　年　月　日　時

卒於　年　三月十三日　時

娶葉氏生無考

卒於　年　六月廿四日　時

生二子　長明文　次明章

合葬茅塘

行孝八八諱國洪

祿四十公長子

生卒無考

娶周氏生卒無考

生一子　明善

一女適火鍁路頭錢

合葬杜家漕頭

䎺

行孝八九諱國猷

祿廿七公長子

生於明萬歷　年　月　日時

卒無考

娶河角頭陳氏生卒無考

又娶陳氏生卒無考

生四子　長明龍　次明佐出繼　三明俊　四明乾

䎺

行孝九十諱國徵

祿十二公之子

生於明萬歷　年　月　日時

卒無考
娶□氏生卒無考
生二子　長長德　次咬臍

行孝九一諱國顯
祿廿七公次子
生卒無考
娶薛氏生卒無考
又娶沈氏改適
無後　繼子　明佐

行孝九二諱國棟
祿三一公之子

生無考
卒於淸順治十年癸巳十月十六日　時
葬西井頭
娶穆氏生無考
卒於　　年　　三月廿三日　時
生一子　明斐
分葬三透屋前

行孝九三諱國賢
祿三十公長子
生於明萬歷廿八年庚子十二月初七日丑時
卒於淸康熙十一年壬子九月十六日卯時壽七十有

三

娶莊氏生於明天啓元年辛酉十二月十六日　時

卒於清康熙八年己酉十月二十日　時年四十有九

客死杭州上四鄉

行孝九四 諱鳳起 字見宇

艮三公長子

生於明萬歷三十二年甲辰四月十五日　時

卒於清康熙五年丙午七月十八日　時壽六十有三

娶沈氏生於　年　十月初六日　時

卒於　年　十二月廿二日　時

生三子 長元貴 次元隆 三元明

肅

合葬横河祖墳左

行孝九五諱鳳徵字文吾

艮三公次子

生於明萬歷三十六年戊申二月初八日　時

卒於清康熙三十二年癸酉九月十七日　時壽八十有六

娶翁氏生於　年　十月廿三日　時

卒於　年　八月初九日　時

生二子　長元陛　次元鄧

一女適五馬橋淩

合葬横河祖墳左

行孝九六 諱 鳳鳴 字 明宇
艮三公三子
生於明萬歷三十九年辛亥十月廿三日 時
卒於清康熙十四年乙卯十二月二十日 時壽六十
有五
娶張氏生於 年 四月廿八日 時
卒於 年 八月十七日 時
生四子 長 元陞 次 元相 三 元選 四 元美
合葬横河祖墳左
行孝九七 諱 國壽
祿廿八公之子

生於明萬歷四十年壬子　月　日時
爲湖西孫姓之後
行孝八九諱鳳文字文宇
艮三公四子
生於明萬歷四十三年乙卯十一月廿五日　時
卒於清康熙十一年壬子四月初九日　時年五十有
八
娶唐氏生卒無考
生二子　長元宰　次元臣
合葬橫河祖墳左
行孝九九諱鳳儀字玉宇

艮三公五子

生於明天啓二年壬戌十月初八日　時

卒於清康熙三十九年庚辰十二月十四日　時壽七

十有九

娶翁氏生於明崇禎四年辛未三月十四日亥時

卒於清康熙五十八年己亥九月初九日　時壽八十

有九

生三子　長元俊　次元亮　三元奇

一女適陶見侯

合葬橫河祖墳左

行孝一百諱國順

祿四二公之子　曾爲宗長數載

生卒無考

娶唐氏生卒無考

無後

生三女長適舒　次適徐　三適姚

行孝百一諱國良字君瑞

祿三十公次子

生於明天啓三年癸亥正月初六日丑時

卒於清康熙廿二年癸亥十二月廿三日戌時壽六十

有一

娶王氏生於　　年　　五月十九日未時

卒於清康熙五十四年乙未九月初二日辰時

生二子　長明信　次明仁

二女長適錢家橋錢　次適路滘唐唐

行孝百二諱應登字瑞之

維五八公次子

生於明天啓四年甲子八月廿六日　時

卒於清康熙廿四年乙丑二月初十日亥時壽六十二

娶潘氏生於清順治六年己丑九月十九日亥時

卒於清康熙五十七年戊戌十月十二日戌時壽七十

歲

生三子　長友文　次友武　三友魁

顯

合葬地田

行孝百三諱志乾字茂林號覺乾

艮十四公長子

生於明天啓六年丙寅十月十四日　時

卒於清康熙四十八年己丑八月初二日　時壽八十

有四

娶成氏生無考

卒於　年　四月十七日　時

生一子　殿元

合葬漕西爿

妣

行孝百四諱國惠字君相

祿三十公三子

生於明天啓七年丁卯十一月初九日丑時

卒於清康熙十七年戊午九月十三日申時年五十二

娶邵氏 改適

生四子　長 明初　次 明陞　三 明顯　四 明宰

葬郭家㐲下

行孝百五 諱 志震 號 覺震

艮十四公次子　曾爲宗長十餘載入敎門爲禪師

生於明崇禎五年壬申二月初三日　時

卒於清康熙六十年辛丑八月十四日酉時壽九十歲

娶葛氏生於清順治九年壬辰十月三十日　時

卒於清康熙三十八年己卯八月十七日　時年四十有八

生一子　聯元

五女長適洋墅徐　次適趙吉生　三適鄭文英四適葛奕文　五適黃

合葬香山寺前盎洞山

行孝百六諱志泰字二美

艮十四公三子

生於明崇禎九年丙子四月十三日　時

卒於清康熙四十一年壬午五月十七日　時壽六十有七

娶陳氏生於清順治十五年戊戌正月初八日　時
卒於清雍正三年乙巳八月初十日酉時壽六十有八
無後　繼子　元相
生三女長適邑中姚子發　次適胡　三適洋墅徐
合葬磨壟趴

行孝百七諱國龍
祿冬公之子
生於明崇禎十六年癸未十月十二日　時
卒於清康熙六十年辛丑五月十四日　時壽七十九
娶虞氏生卒無考
生二子　長明聰　次明睿

賾

合葬磨盤跟

行孝百八 諱 國聖 字 君寧

祿五十公長子

生於清順治八年辛卯八月初三日　時

卒無考

娶朱氏生卒無考

生三子　長 明暹　次 明達　三 明遠

賾

行孝百九 諱 國祥

祿五十公次子

生卒無考

娶□氏生卒無考

[illegible]

生一子　爲金塘杜氏後

行孝　諱大

元廿七公之子

生卒無考

娶□氏生卒無考

生一子　龍

[illegible]

行孝　諱大奎

元廿九公之子

生卒無考

娶毛氏生卒無考

生一子　震龍

朊
行孝　諱大元
元三一公長子
生卒無考

朊
行孝　諱大
元三一公次子
娶□氏生卒無考
生三子　長雲龍　次霖龍　三霆龍
生卒無考
娶□氏生卒無考

朊
行孝　諱大惠
生二子　長文龍　次□龍

元十九公次子
生卒無考
娶孫氏生卒無考
生四子　長學仁　次酉　三巳　四乙
行孝　諱大期
寶三八公之子
生卒無考
娶周氏生卒無考
生四子　長朝金　次朝璧　三朝琮　四朝瓚
一女適長石橋王
合葬宅東

[illegible]

行孝　諱大勛

艮一公長子

生卒無考

娶陳氏生卒無考

生一子　元任

[illegible]

行孝　諱大觀

艮一公次子

生卒無考

娶應氏生卒無考

生二子　長元魁　次元英

[illegible]

行孝　諱大復

肅

艮一公三子

生卒無考

娶傅氏生卒無考

無後

行孝　諱大用

艮二公長子

生卒無考

娶楊氏生卒無考

生四子　長元林　次元榮　三元月　四元發

一女適夏家塽邵

合葬下菴

行孝　諱五十
艮二公次子
生卒無考
娶沈氏生卒無考
生二子　長玉卿　次元瑞
合葬上坂

行孝　諱七
艮二公三子　曾爲典史
生卒無考
娶□氏生卒無考
無後

肅

行孝　諱志昂字凌雲

艮十八公之子

生卒無考

娶胡氏生卒無考

無後

生一女適汪

合葬馬經河沿

肅

行孝　諱鳳岐

艮　公之子

移居相隩

肅

行孝　諱鳳來

艮　公之子
移居浮上橋相隩
行孝　諱源
艮三四公之子
生卒無考
娶盧氏生卒無考
生二子　長衡元　次裔元
行孝　諱鼎新
艮十二公之子
生卒無考
未娶

新昇董氏宗譜　卷二

肅

葬澧西岸田

行孝　諱志鳳

艮十六公長子

生卒無考

娶□氏生卒無考

生二子　長元長　次元

肅

行孝　諱志夔

艮十六公次子

生卒無考

移居應姓

肅

行孝　諱仕元

厚本堂

牖

艮天敘公之子

生卒無考

娶□氏生卒無考

生一子　恩

行孝　諱大璋

艮十五公之子

生卒無考

娶□氏生卒無考

無後

生一女適葛錫玉

牖

行孝　諱應斗

良天化公長子
生卒無考
娶□氏生卒無考
生一子　劉

庸
行孝　諱生
良天化公次子
生卒無考

庸
行孝　諱招緣
良在蒙公之子
生卒無考
早世

隸

行孝　諱大紋

明三十公次子

生卒無考

娶周氏生卒無考

生四子　長瑞兆　次壽　三馬　四夏

合葬柘樹塘

隸

行孝　諱大富

明三十公三子

生卒無考

娶張氏生卒無考

又娶柴氏生卒無考

生四子　長張二　次瑞成出繼　三瑞招　四瑞寧

二女長適五都應　次適馬徑張

合葬常家橋

行孝　諱大才

明三十公五子

生卒無考

娶姚氏生卒無考

生二子　長大運　次瑞奇

合葬外河沿柘樹塘

行孝　諱大光

明四一公長子

生卒無考

娶車氏生卒無考

生二子 長車生 次車來

合葬柘樹塘

行孝 諱大恩 字繼傳

明四一公次子

生無考

卒於 年 十月初四日 時

娶鄞邑屠氏生卒無考

又娶張氏生卒無考

生一子 瑞我

二女長適長石橋王　次適袁陳陳

螟子　李增

合葬柘樹塘

行孝　諱大敬

明廿九公之子

生卒無考

娶張氏生卒無考

生二子　長瑞琳　次張八

行孝　諱大績

明三一公長子

生卒無考

娶□氏生卒無考
生三子　長佩　次瑞星　三瑞斗

行孝　諱大綸
明三一公三子
生無考
卒於　年　七月二十日　時
娶曹氏生無考
卒於　年　八月廿五日　時
生二子　長瑞日　次瑞隆
一女適鄞邑板橋頭劉
合葬西橋頭

行孝　諱大勝
明三六公之子
生卒無考
娶李氏生卒無考
生一子　瑞璉
合葬西高田

行孝　諱大治
明三九公之子
生卒無考
娶徐氏生卒無考
生一子　瑞春

合葬西高田

行孝 諱應科
維五八公長子
生於明萬歷 年 七月初八日 時
卒於清康熙廿六年丁卯正月初四日 時
娶鍾氏生卒無考

行孝 諱應選
無後

維五八公三子
行孝 諱
生卒無考

肆

公之子

生卒無考

行孝　諱

公之子

生卒無考

娶□氏生卒無考

生一子　友卿

此派於維字行無可考姑懸續於此

肆

行孝　諱汝觀

維六七公之子

生卒無考

娶□氏生卒無考

無後　螟子

序

行孝　諱大卿

維三九公次子

生卒無考

娶方氏生卒無考

無後

生二女長適劉　次適

序

行孝　諱大學

維三九公三子

生無考

卒於　年　七月廿八日　時

娶鍾氏生無考

卒於　年　二月初五日　時

生四子　長友彥　次友章　三友昌　四友廉

合葬染地下坂

行孝　諱國寧

公之子

生卒無考

娶王氏生卒無考

生三子　長明卿　次明佐　三明耀

合葬周張漕頭

此下二派移居鎮邑四方橋宜在祿字行應期應斗
應璧應彩之下但未知其爲誰所出也終不敢妄定

行孝　諱國定
公之子
生卒無考
娶朱氏生卒無考
生二子　長明相　次明佑
合葬四方橋河角頭

行孝　諱國奇字天玉
祿四十公次子爲祿五六公繼子　爲宗長三載
生卒無考

娶鄭氏生卒無考

生一子　明新

二女長次俱適洋墅徐

合葬墓壟跟

顯

行孝　諱國福

祿四十公三子

生卒無考

未娶

顯

行孝　諱國英字吉甫

祿四十公四子

生卒無考

未娶

葬郭家岜下

諱勳

行孝

祿三七公次子

生於　年　七月十六日　時

卒於　年　二月初一日　時

娶孔氏生於明崇禎十五年壬午三月初一日　時

卒於　年　七月二十日　時

生二子　長明祖　次明貴

一女適洪莊廟跟錢

合葬宅前田

䯄

行孝　諱熙　字敬一

祿三七公次子　丰姿英偉武藝精通存心制行克紹父風

職居守備祿安總戎中年歸里宗族光榮自此一去莫

知所終

娶陳氏生卒無考

又娶顧氏生卒無考

生一女適洋墅徐

䯄

行孝　諱國

祿四九公之子

娶□氏生卒無考

生三子　長明佐　次明銓　三明

第二十四世

行悌一　諱明宰　字可參　號我揆

孝十三公長子

生於明萬歷十年壬午三月十一日丑時

卒於　年　九月廿二日午時

娶邵氏生於明萬歷十二年甲申十一月十五日時

卒無考

生二子　長心　次顔出繼

一女適邑中觀音堂馮

合葬大車斗

行悌二　諱明相　字可贊

孝十五公長子

生於明萬歷十年壬午三月十八日巳時

卒無考

娶董氏生卒無考

又娶邱氏生卒無考

無後

行悌三 諱明爵 號思南

孝十三公次子

生於明萬歷十二年甲申八月廿四日子時

卒於　　年　　六月十六日　　時

娶何氏生於明萬歷十九年辛卯　月　　日　　時

鵬

卒於　年　二月廿六日　時

生三子　長庚　次甲　三丙

合葬磨壟跟

行悌四　諱明元

孝十五公次子

生於明萬歷十九年辛卯二月　日　時

娶王氏生於　年　月　日　時

卒無考

卒無考

無後

駐

行悌五　諱朝選

肛

孝三二公長子

生於明萬歷廿四年丙申　月　日　時

卒無考

娶劉氏生卒無考

生二子　長谿　次復

合葬方家屋後

行悌六　諱學詩

孝五五公長子

生於明萬歷廿七年己亥七月廿五日　時

卒於　年　六月十四日　時

娶胡氏生於　年　正月十二日　時

卒於　年　正月十六日　時
生三子　長士宏　次士毅　三士璘
合葬廟西長大墳
行悌七諱朝遴
孝三二公三子
生於明萬歷三十五年丁未　月　日　時
卒無考
娶包氏生卒無考
生三子　長泰　次震　三豫
行悌八諱朝華字敬宇
孝廿三公長子

生於明萬曆三十六年戊申　月　日　時

卒於　年　九月十五日　時

娶李氏生卒無考

無出　繼子　七艮

葬鄭家墓

行悌又八　諱一鳳

孝四七公長子

生於明萬曆三十六年戊申四月十六日　時

卒於　年　三月初四日　時

娶李氏生於　年　四月十七日　時

卒於　年　八月初三日　時

生一子　士俊

合葬港嘴頭田與姪士賢公並葬

行悌九　諱朝慶

孝三二公四子爲孝廿八公繼子

生於明萬歷三十七年己酉五月初九日　時

卒於　年　正月廿六日　時

娶陳氏生卒無考

生二子　長咸　次臨

行悌十　諱明臣

孝十五公四子

生於明萬歷三十七年己酉　月　日　時

娶李氏生卒無考

無後　繼子　世昌

行悌十一　諱明道　字體性

孝七六公長子

生於明萬歷三十八年庚戌五月廿六日辰時

卒於　年　三月十五日　時

娶高路頭孫氏生於　年　十月十六日　時

卒於　年　十月廿六日　時

生二子　長珸　次璡

一女適梅林袁

合葬大車㪷頭朝西北向

莊

行悌十二諱朝英

孝廿三公次子

生於明萬歷三十九年辛亥閏三月初三日　時

卒於清康熙廿五年丙寅十月初七日亥時壽七十六

娶倪氏生於　年　九月十九日　時

卒於　年　八月初二日　時

生三子　長士艮　次士安　三士貴

合葬鄭家墓

配

行悌又十二諱一高

孝四七公次子

生於明萬歷三十九年辛亥　月　日　時

卒無考

無後

行悌十三 諱 明輔 字 棐君

孝八五公之子

生於明萬歷三十九年辛亥六月初一日寅時

卒無考

娶山前趙氏生卒無考

無後 繼子 顔

合葬西高田父墳側

行悌十四 諱 朝儀 字 聖嶽

孝四四公長子

稗

生於明萬歷三十九年辛亥十一月十九日　時

卒無考

娶姜氏生卒無考

又娶顔氏生卒無考

再娶嚴氏生卒無考

生二子　長士翘　次士傑

一女適梅林莊

合葬匠人墳

行悌十五諱友賢

孝廿六公之子

生於明萬歷四十年壬子閏十一月廿三日　時

卒於清康熙四年乙巳六月初八日　時年五十有四

娶林氏生卒無考

生二子　長瑌　次瑾

行悌十六諱一麒

孝六七公長子

生於明萬歷四十一年癸丑十月廿一日　時

卒於　年　四月初二日　時

娶邵氏生於明萬歷四十四年丙辰十一月初二日　時

卒於　年　三月廿一日　時

生三子　長士英　次士觀　三士美

一女適邑中庚辰進士任禮部主事陳吳嶽封孺人

合葬鎮邑唐家橋

行悌十七諱明遴字仁甫

孝七九公之子

生於明萬歷四十六年戊午九月十四日戌時

卒於清康熙十九年庚申四月初二日 時壽六十三

娶張氏生無考

卒於 年 正月廿八日 時

生三子 長五昌 次世昌 三其昌

行悌十八諱朝福

孝八一公長子

生於明萬歷四十六年戊午十月廿二日寅時

卒於清康熙四十四年乙酉七月三十日酉時壽八十
有八
娶張氏生於明天啓二年壬戌五月初二日午時
卒於清康熙三十五年丙子九月十一日酉時壽七十
有五
又娶俞氏生無考
卒於　年　十二月初六日　時
生三子　長猿　次俞　三斌
一女適陳
合葬後河頭秧田
行悌十九諱朝佐小名四三

孝七七公長子

生於明萬歷四十六年戊午十一月初四日 時

卒於 年 七月初九日 時

娶□氏生卒無考

生二子 長元升 次元助

一女適費龍吉

行悌二十 諱瑞我

孝大恩公之子

生於明萬歷四十六年戊午 月 日 時

卒無考

娶張氏生卒無考

胚　滌

生五子　長鑽　次海欲　三蕙　四茂　五芸

合葬柘樹塘

行悌廿一　諱朝祿

孝八一公次子

生於明天啓元年辛酉八月廿四日酉時

卒無考

娶洪氏生卒無考

無後

行悌廿二　諱瑞成

孝大富公次子孝八四公命立爲後

生於明天啓元年辛酉十二月廿三日　時

卒無考

娶謝氏生卒無考

生四子　長金　次海壽　三增　四璉

合葬夏家河頭

行悌廿三諱朝位

孝七七公次子

生於明天啓二年壬戌十二月廿五日　時

卒無考

娶夏氏生卒無考

生三子　長元祥　次世盛　三世瑞

合葬方家地田

二房

行悌廿四　諱一明

孝四七公三子

生於明天啓四年甲子二月十一日　時

卒於　年　二月廿五日　時

娶鎮邑夏氏生於　年　三月初六日　時

卒於　年　四月初三日　時

生三子　長士　早世　次士賢　三士忠

合葬港嘴頭土名地下二畝田南向欄土誌長發其祥

四字

行悌廿五　諱雲龍

孝大元公長子

生於明天啓四年甲子八月廿六日　時

卒於　年　五月初八日　時

娶華氏生卒無考

生三子　長士顯　次士衡　三士道

合葬茅塘

行悌廿六諱瑞珠字光宇

孝七十公次子

生於明天啓四年甲子十一月十八日　時

卒無考

娶周氏生卒無考

生四子　長子元　次子相　三子純　四子縉

一女適胡玉符

合葬屋西漕頭爿

䑀　行悌廿七諱震龍

孝大奎公之子

生於明天啓四年甲子　月　日　時

卒於　年　九月初四日　時

娶徐氏生卒無考

生一子　士奇

合葬茅塘

䑀　行悌廿八諱友廉

孝大學公四子

生於明天啓五年乙丑十月廿九日 時

卒無考

娶宋氏生卒無考

生三子 長瑋 次璋 三環

合葬染地下

腫

行悌廿九諱朝祚

孝八一公三子

生於明天啓六年丙寅閏六月廿九日子時

卒於 年 十月初一日 時

未娶

腯

行悌三十諱明裕字君錫

孝八二公次子

生於明天啓六年丙寅五月初二日戌時

卒於清康熙四十一年壬午六月廿三日午時壽七十

有七

娶余氏生於明崇禎四年辛未九月廿三日戌時

卒於清康熙五十二年癸巳十二月廿六日辰時壽八

十有三

生二子　長基昌　次至昌

合葬馬徑河滔

行悌三一　諱一麟

孝六七公次子

生於明天啓六年丙寅十一月初四日　時
卒於　年　七月廿七日　時
娶朱氏生卒無考
又娶王氏生卒無考
生二子　長士顯　次士臣
合葬暗漕頭

行悌三二　諱瑞梧
孝六八公長子
生於明天啓六年丙寅十一月　日　時
卒無考
娶孔氏生卒無考

生一子　允星

二女長適鄭　次適江北岸翁

合葬西園

瑞

行悌三三諱瑞日

孝大綸公長子

生於明天啓六年丙寅　月　日　時

卒無考

娶周氏生卒無考

生二子　長子榮　次子華

合葬馬徑河沿

友

行悌三四諱友卿

孝　公之子
生於明崇禎元年戊辰九月廿一日　時
卒於清康熙四十八年己丑二月廿一日　時壽八十
有二
娶劉氏生於清康熙四年乙巳十二月十六日　時
卒於清康熙四十三年甲申九月廿一日　時年四十
歲
生二子　長天球　次天奇
一女適鄭
合葬暗灃頭
行悌三五諱朝彩字賓王

孝七七公三子

生於明崇禎二年己巳二月初六日　時

卒於清康熙三十一年壬申十一月十四日　時壽六

十有四

娶陳氏生卒無考

生二子　長元奇　次世英

一女適蛟川湯

合葬河襄岸

行悌三六諱朝祺

孝八一公四子

生於明崇禎三年庚午十月初三日申時

卒無考

未娶

行悌三七諱明玉

孝八十公三子

生於明崇禎四年辛未二月初六日　時

卒於　年　六月初三日　時

娶鄔氏生於明崇禎三年庚午三月十六日　時

卒於　年　十一月初四日　時

生三子　長士章　次士達　三士英

二女長適杜　次適顏家橋方

合葬宅東

彭

瀰

行悌三八諱朝瑞

孝八六公長子

生於明崇禎四年辛未　月　日　時

卒無考

娶張氏生卒無考

生一子　潛

合葬屋基

行悌三九諱瑞隆字天玉

孝大綸公次子

生於明崇禎五年壬申七月二十日　時

卒於淸康熙四十八年己丑十月初六日戌時壽七十

有八
娶徐氏生於清順治二年乙酉正月初六日 時
卒於清康熙四十八年己丑六月初二日戌時壽六十
有五
生一子 子芳
一女適陳
合葬雉雞衖店園地

庭三
行悌四十諱朝祥
孝八一公五子
生於明崇禎六年癸酉三月廿六日未時
卒無考

廼

娶盛氏生卒無考
生二子　長文進　次文運
三女長適曹　次適包　三適盛
行悌四一　諱明鼎　字君相
孝八三公三子
生於明崇禎六年癸酉十一月初六日　時
卒無考
娶潘氏生卒無考
生一子　茂昌
二女長適黄楊橋陳　次適姚
合葬墳河

禄

行悌四二諱瑞奇

孝大才公次子

生於明崇禎七年甲戌十月初九日　時

卒無考

娶沈氏生卒無考

生二子　長銘　次鏮

合葬瓦窑頭

胜

行悌四三諱朝德

孝八六公次子

生於明崇禎七年甲戌　月　日　時

卒無考

娶張氏生卒無考
生一子　文英
三女長適徐　次適　　三適
合葬上坂
行悌四四諱明文
孝八七公長子
生於明崇禎九年丙子九月十七日　時
卒於清康熙廿四年乙丑十一月初八日　時年五十
歲
娶范氏生卒無考
又娶劉氏生於明崇禎十五年壬午十二月初八日　時

卒於清康熙四十年辛巳四月十九日　時壽六十歲
生一子　裕昌
合葬茅塘小橋頭

𦙶

行悌四五諱元貴字長卿
孝九四公長子
生於明崇禎十年丁丑十二月初二日　時
卒於清康熙五年丙午十二月十六日　時年三十歲
娶劉氏生卒無考
生一子　世傑

𦙶

行悌四六諱明章
孝八七公次子

生於明崇禎十一年戊寅正月廿六日　時

卒於清雍正十年壬子四月初七日　時壽九十有五

娶桂氏生於清順治九年壬辰五月三十日　時

卒於清雍正十二年甲寅十二月廿四日　時壽八十

有三

生一子　允昌

四女長適蛟川韓　次適錢　三適方　四適李

合葬

行悌四七諱朝料字敬川

孝八六公三子

生於明崇禎十一年戊寅三月廿八日　時

卒於清康熙五十四年乙未七月十六日　時壽七十有八

娶虹橋朱氏生於明順治十二年乙未七月廿五日　時卒於清康熙五十一年壬辰五月十一日　時年五十有八

生五子　長文林　次文德　三文盛　四文生　五文瀾

合葬後河頭

䎵

行悌四八諱明龍

孝八九公長子

生於明崇禎十二年己卯五月廿七日　時

卒於　年　十月三十日　時
娶姚氏生於明崇禎十五年壬午六月初三日　時
卒於清雍正二年甲辰九月廿二日　時壽八十有三
生五子　長錫昌　次梓昌　三汝昌　四順昌
五百昌
二女長適江北岸厝　次適洋墅徐
合葬小橋頭
行悌四九諱學宗
孝六二公次子
生於明崇禎十二年己卯十二月初四日　時
卒於　年　八月十九日　時

娶鄭氏生卒無考

又娶朱氏生卒無考

生一子　世則

合葬水涋

行悌五十諱元隆字茂卿

孝九四公次子

生於明崇禎十二年己卯十二月十九日　時

卒於清康熙五十一年壬辰十一月十七日　時壽七

十有四

娶郭氏生於　年　八月廿九日　時

卒於清康熙廿七年戊辰十一月初四日　時

生三子　長世元　次世俊　三世仁

二女長適十三都裘　次適張

合葬漕西㘭

行悌五一　諱明善

孝八八公之子

生於明崇禎十三年庚辰十一月初一日　時

卒於　年　九月十二日　時

娶李氏生於清順治九年壬辰八月廿六日　時

卒於清雍正十一年癸丑四月廿六日　時壽八十有

二

生一子　俊聲

二女長適李　次適樊

合葬墓甏跟

行愢五二諱瑞璉字殷璧

孝大勝公之子

生於明崇禎十四年辛巳十一月十五日　時

卒於清康熙五十四年乙未二月初十日　時壽七十

有五

娶徐氏生於明崇禎十六年癸未六月廿七日　時

卒於清康熙六十一年壬寅十月初九日　時壽八十

歲

生一子　子昌

二女長適曹　次適葉

合葬宅前西橋頭

行悌五三諱朝瓚

孝大期公四子

生於明崇禎十六年癸未八月十八日　時

卒於清康熙四十五年丙戌八月廿五日午時壽六十

有四

娶陳氏生於清順治九年壬辰十二月初六日丑時

卒於清康熙四十八年己丑九月初一日午時年五十

有八

生二子長文榮　次文華

牖

一女適梅林莊

合葬西港墳河斗

行悌五四諱元陞字瑞生

孝九六公長子

生於清順治元年甲申十月初八日　時

卒於清康熙十九年庚申四月初七日　時年三十有

七

娶桂氏生於清順治十一年甲午四月廿三日　時

卒於　年　正月初四日　時

生一子　世德

一女適張

房三

行悌五五諱朝拱

孝八六公四子

生於清順治二年乙酉十一月初五日　時

卒於清康熙四十九年庚寅五月十九日未時壽六十

有六

娶陳氏生於清康熙十二年癸丑九月初三日　時

卒於清雍正十三年乙卯二月初五日辰時壽六十有

三

生一子　文富

二女長適慈城徐　次適鎮邑灣塘周

合葬匠人墳

肅　　　　　　　　　　　　　　　　　　　　　　　肅

行悌五六諱明佐

孝八九公次子爲孝九一公繼子

生於清順治四年丁亥二月三十日　時

卒無考

娶張氏生卒無考

生三子　長際昌　次會昌　三克昌

二女長適趙　次適徐

合葬鄞邑西山石蕩寺跟

行悌五七諱元陛字美卿

孝九五公長子

生於清順治四年丁亥十一月廿一日　時

卒於清康熙四十六年丁亥十一月廿三日　時壽六
十有一
娶錢氏生於清順治三年丙戌二月廿五日辰時
卒於清雍正十一年癸丑十二月十四日　時壽八十
有八
生一子　世因
一女適孔鳳儀
合葬高車頭西首田
行悌五八諱學賢
孝六二公四子
生於清順治五年戊子七月初七日子時

卒於清康熙五十年辛卯六月初四日 時壽六十四
娶王氏生於清康熙七年戊申三月廿四日丑時
卒於清乾隆十九年甲戌正月十七日辰時壽八十七
生三子 長世道 次世法 三世顯
一女適姚
合葬水斗田
行悌五九諱明俊
孝八九公三子
生於清順治七年庚寅 月 日 時
卒無考
娶應氏生卒無考

肜　肅

生二子　長繼昌　次海緣

行悌六十　諱朝宰

孝八六公五子

生於清順治七年庚寅　月　日　時

卒無考

娶顧氏生卒無考

生二子　長文錦　次文鎮

移居杭州太平門

行悌六一　諱元鄧　字雲龍

孝九五公次子

生於清順治九年壬辰三月初六日辰時

卒於清康熙五十四年乙未九月十七日　時壽六十
有四
娶葛氏生於清康熙十七年戊午三月十四日　時
卒於清乾隆八年癸亥五月初八日　時壽六十有六
生二子　長世珍　次世玉
一女適徐
合葬前秧田
行悌六二諱明斐字斐卿
孝九二公之子
生於清順治九年壬辰四月十一日　時
卒於清雍正元年癸卯五月十七日巳時壽八十有二

娶徐氏生於清順治十八年辛丑七月廿六日卯時

卒於清雍正元年癸卯五月初十日卯時壽六十有三

娶妾王氏生於清康熙廿二年癸亥五月初九日申時

卒於清乾隆十七年壬申四月十七日酉時壽七十歲

生三子　長森昌　次蘊昌　三益昌

七女長適龔　次適孔　三適姜　四適盛　五適姚

六適張　七適王

合葬宅西柏樹墳田

行悌六三　諱元宰　字君榮

孝九八公長子　曾爲宗長數載

生於清順治十年癸巳八月初五日　時

卒於清雍正五年丁未八月初十日　時壽七十有五
娶盧氏生於清康熙六年丁未二月十六日戌時
卒於清乾隆五年庚申九月十八日申時壽七十有四
生三子　長世醑　次世卿出繼　三世忠
一女適趙
螟子　世聯
合葬周張漕西田

鼐
行悌六四諱元相字功亮號覺相
孝九六公次子爲孝一百六公繼子　曾爲宗長
生於清順治十年癸巳十二月初五日丑時
卒於清雍正十二年甲寅正月初五日戌時壽八十二

麟

娶王氏生於清康熙九年庚戌五月初十日午時

卒無考

生三子　長世賢　次世垣　三世城

三女長適桂　次適邵　三適孔

合葬下橫河

行悌六五諱元俊字顯卿號覺俊

孝九九公長子

生於清順治十一年甲午正月廿三日巳時

卒於清雍正十年壬子九月初七日戌時壽七十有九

娶吳氏生於清康熙四年乙巳四月十九日　時

卒於清康熙三十三年甲戌五月十七日　時年三十

歲

生一子　世爵

二女長適徐家堰徐　次適河西岸周子宏

合葬松樹墳前

行悌六六諱瑞英字瑞卿號六一居士

孝八四公次子

生於清順治十一年甲午七月十七日卯時

卒於　年　三月十六日辰時

未娶

葬外河沿

行悌六七諱明佶字美卿

肅

孝百一公長子

生於清順治十二年乙未二月廿五日　時

卒無考

未娶

行悌六八諱元明字文明

孝九四公三子

生於清順治十二年乙未十二月初六日　時

卒於　年　閏三月廿八日　時

娶孔氏生於清康熙八年己酉四月廿五日　時

卒於清雍正十年壬子十二月二十日　時壽六十四

生一子　世吉

二女長適鄔　次適葛

合葬澧西田

𠜱

行悌六九諱明卿

孝國寧公長子

生於清順治十三年丙申七月十六日　時

卒於清康熙五十年辛卯八月廿五日　時年五十六

娶孔氏生於清康熙十七年戊午七月初十日　時

卒於清雍正元年癸卯九月廿四日　時年四十有六

生二子　長俊星　次俊賢

二女長適鄔　次適韓

合葬四方橋北樹橋頭

肅

行悌七十諱元臣字君華

孝九八公次子

生於清順治十三年丙申八月二十日　時

卒於清雍正十年壬子十二月十七日　時壽七十七

娶姚氏生卒無考

又娶陳氏生卒無考

無後　繼子　世卿

肅

行悌七一諱元選

孝九六公三子　曾爲宗長七載

生於清順治十六年己亥八月廿四日卯時

卒於清乾隆六年辛酉六月廿五日午時壽八十有三

娶張氏生於淸康熙十四年乙卯八月十三日丑時
卒無考
生四子　長世英　次世芳　三世芹　四世澤
二女長適徐　次適洪
合葬下橫河

行悌七二諱明佐
孝國寧公次子
生於淸順治十七年庚子五月初九日申時
卒於淸康熙六十一年壬寅四月十九日　時壽六十
有三
娶吳氏生於淸康熙廿五年丙寅正月廿一日酉時

卒於清乾隆十七年壬申三月廿三日　時壽六十七

生二子　長俊傑　次俊德

三女長適陳　次適陳　三適王

合葬洲漲漕田

行悌七三　諱殿元　字御三

孝百三公之子

生於清順治十七年庚子十月　日　時

卒於清康熙五十八年己亥九月初三日　時壽六十

歲

娶茅氏生卒無考

生五子　長世瓚　次世琦　三世璋　四世瑗

脯

五世璉

一女適茅

行悌七四諱元亮字君卿

孝九九公次子

生於淸順治十七年庚子十二月十二日　時

卒於淸雍正元年癸卯七月十六日　時壽六十有四

娶姚氏生於淸康熙　年　五月初九日　時

卒於　年　五月初二日　時

生四子　長世榮　次世錦　三世華　四世富

二女長適朱　次適張

合葬門前地田

脯　　脯

行悌七五諱聯元字捷三

孝百五公之子　爲宗長二載

生於清順治十八年辛丑五月廿五日　時

卒於清乾隆八年癸亥九月初四日未時壽八十有三

娶胡氏生於清康熙十三年甲寅八月二十日午時

卒無考

生三子　長世統　次世貞　三世則

四女長適唐　次適盛　三適洋墅徐

合葬香山父墳側

行悌七六諱元敬

孝鳳　公之子

生於清順治十八年辛丑十一月初三日　時

卒於清雍正五年丁未三月十八日辰時壽六十有七

娶石人橋馮氏生於清康熙二十年辛酉正月十一日戌

時

卒於清乾隆十年乙丑四月廿一日　時壽六十有五

生三子　長啓俊　次啓正　三啓源

三女長適孔家嶺沈　次適郭墺朱　三適東嶼徐

合葬砂墩頭

此係浮上橋之派宜爲鳳岐鳳來之後未知誰出不敢

妄定

脑

行悌七七諱明祖

孝勳公長子

生於淸康熙二年癸卯十月廿三日酉時

卒於淸雍正七年己酉閏七月初十日　時壽六十七

娶錢氏生於淸康熙二十年辛酉七月初三日丑時

卒於淸乾隆十六年辛未十一月初五日未時壽七十

有一

繼子　卜昌

生一女適紹興寓住寧城張

合葬范家地田

行悌七八諱元奇

孝九九公三子

生於清康熙三年甲辰九月初二日　時

卒於　年　二月廿七日　時

娶邵氏生卒無考

無後　繼子　世𦏁

合葬杜家漕

行悌七九諱明佐字佐仁

孝國　公長子

生於清康熙三年甲辰　月　日　時

卒無考

娶虞氏生卒無考

又娶□氏生卒無考

生二子　長加昌　次德昌

合葬西高田

[illegible]

行悌八十　諱明仁

孝百一公次子

生於清康熙四年乙巳正月廿三日巳時

卒無考

娶劉氏生於　　年　　七月十六日　　時

卒無考

無後

[illegible]

行悌八一　諱明相

孝國定公長子

生於清康熙六年丁未三月初六日　時

卒於清雍正三年乙巳三月初二日　時年五十有九

娶陳氏生卒無考

生一子　俊芳

葬河角頭

行悌八二諱明佑

孝國定公次子

生於清康熙八年己酉十二月初六日　時

卒無考

娶成氏生卒無考

生二子　長俊宗　次俊元

此派移居奉化

行悌八三諱友文

孝百二公長子　曾爲宗長兩載

生於清康熙十年辛亥九月三十日時

卒於清乾隆十年乙丑七月廿一日　時壽七十有五

未娶

無後

葬笆下田

行悌八四諱明耀

孝國寧公三子

生於清康熙十一年壬子七月初五日　時

卒於清康熙六十一年壬寅四月初五日　時年五十有一

娶林氏生於清康熙廿六年丁卯六月廿八日　時卒於清康熙六十一年壬寅三月十六日　時年三十有六

生二子　長俊國　次錦

二女長適趙　次適方

合葬樹橋頭

行悌八五諱明銓字　日生

孝國　公次子

生於清康熙十二年癸丑正月初八日　時

卒於清雍正三年乙巳四月初二日　時年五十有三

娶王氏生於清康熙廿四年乙丑三月十五日寅時

卒於清乾隆六年戊申八月十五日卯時年四十有四

生二子　長世昌　次又昌

合葬彌勒菴港

行悌八六　諱明顯

孝百四公三子

生於清康熙十五年丙辰八月十三日　時

卒無考

行悌八七　諱明貴　字道三

孝勳公次子

肆

生於清康熙二十年辛酉十月初三日酉時
卒於清乾隆九年甲子四月廿二日寅時壽六十有四
娶張氏生於清康熙四十年辛巳二月初三日未時
卒無考
生二子　長卜昌出繼　次孫昌
一女適清水湖羅
行悌八八諱友武字允生
孝百二公次子
生於清康熙二十年辛酉十一月十九日　時
卒於清雍正五年丁未十二月廿九日　時年四十七
娶徐氏生於清康熙三十三年甲戌五月　日　時

肆

卒無考
生一子　世榮
一女適青林移住舟山姜
合葬四畝田
行悌八九　諱友魁　字允富
孝百二公三子
生於清康熙廿六年丁卯三月十一日戌時
卒無考
娶顏氏生於清康熙三十九年庚辰十月二十日辰時
卒無考
生三子　長世昌　次世盛　三世華

腑

一女適泮墅徐

行悌九十諱裔元字君嗣

孝源公次子　爲宗長六載

生於清康熙廿七年戊辰十月初十日　時

卒於清乾隆十五年庚午四月初四日辰時壽六十三

娶錢氏生於清康熙三十七年戊寅十二月十八日　時

卒於清乾隆二年丁巳六月十二日　時年四十歲

生二子　長世法　次世顯

合葬朱家泍

腑

行悌九一諱明聰

孝百七公長子　爲宗長

西房

生於淸康熙廿九年庚午五月初二日未時

卒無考

娶任氏生於淸康熙四十五年丙戌十一月十一日戌時

卒於淸乾隆十九年甲戌七月初五日卯時年四十九

生三子　長元昌　次愷昌　三聖昌

合葬墓壟跟

行悌九二　諱明暹

孝百八公長子

生於淸康熙三十二年癸酉七月十七日　時

卒無考

娶楊氏生卒無考

百房

行悌九三諱明遠

孝百八公次子

生於清康熙三十四年己亥三月初九日　時

卒無考

面房

行悌九四諱明遠

孝百八公三子

生於清康熙四十二年癸未三月初六日　時

卒無考

老房

行悌九五諱龍

孝大　公之子

生卒無考

娶陳氏生卒無考

生二子　長士貴　次士鳳

䖍

行悌九六諱霖龍

孝大元公次子

生卒無考

娶□氏生卒無考

生一子　士章

䖍

行悌九七諱文龍

孝大　公長子

生卒無考

娶□氏生卒無考

腓　耻

生一子　士榮
行悌九八諱龍
孝大　公次子
生卒無考
娶劉氏生卒無考
生三子　長士臣　次士　三士
行悌九九諱學禮
孝五五公次子
生卒無考
娶鄔氏生卒無考
生二子　長士聰　次士明

二女長適貴駟橋劉　次適慈城陳

合葬應家橋岸

行悌一百諱學仁

孝大惠公長子

生於　年　八月二十日　時

卒於　年　五月廿四日　時

娶李氏生卒無考

無後　繼子　士璘

合葬應家橋岸長大墳西

行悌百一諱珍壹

孝九公之子

生卒無考
娶陳氏生卒無考
生三子　長鼎　次繼　三進
行悌百二諱沙
孝大慶公長子
生卒無考
娶唐氏生卒無考
生一子　士英
行悌百三諱朝榮
孝十六公之子
生卒無考

娶邵氏生卒無考

生三子　長福元　次福貞　三福瑞

合葬九都油車嶺高地

此派移居東懸嶺

行悌百四　諱朝雲

孝三三公長子

生卒無考

娶王氏生卒無考

無後

合葬地田

行悌百五　諱三六

孝三三公次子
生卒無考
娶李氏生卒無考
生一子　彬
一女適范
合葬地田
行悌百六諱朝文
孝六六公長子
生卒無考
娶王氏生卒無考
無後

[illegible]

合葬鄭家墓

行悌百七諱朝武

孝六六公次子

生卒無考

娶余氏生卒無考

無後

合葬鄭家墓

[illegible]

行悌百八諱朝魁

孝六六公三子

生卒無考

娶徐氏生卒無考

又娶李氏生卒無考
生二子　長世圭　次世卿
一女適夏
合葬鄭家墓
行悌百九諱朝璧
孝大期公次子
生卒無考
娶孫氏生卒無考
生二子　長日性　次日奇
一女適鎮邑包
合葬墳河

行悌百十　諱　朝琮

孝大期公三子

生卒無考

娶王氏生卒無考

生一子　文貴

一女適暖川李

合葬屋後

行悌百十一　諱　元任

孝大勛公之子

生卒無考

娶朱氏生卒無考

腩

無後　繼子嵐

合葬朱家⿰氵斗

行悌百十二諱元林

孝大用公長子

生卒無考

娶林氏生卒無考

生三子　長昇　次叅　三高出繼

合葬上畈

腩

行悌百十三諱元瑞

孝五十公次子

生卒無考

肅　涼

娶周氏 改適

生一子　世宗

行悌百十四 諱

孝　公　子

生卒無考

娶□氏生卒無考

行悌百十五 諱 瑞禮

孝六三公次子

生無考

卒於　年　十二月三十日　時

娶嚴氏生卒無考

諫　　[illegible]

生一子　元

行悌百十六　諱瑞美

孝五九公長子

生卒無考

娶唐氏生卒無考

生一子　英

一女適盧曽曹

合葬柘樹塘

行悌百十七　諱三二

孝五九公次子

生卒無考

娶嚴氏生卒無考

生一子　嚴

合葬栢樹塘

䕫

行悌百十八諱瑞兆

孝大紋公長子

生卒無考

娶周氏生卒無考

生一子　進

合葬栢樹塘

䕫

行悌百十九諱壽

孝大紋公次子

生卒無考

娶□氏生卒無考

生一子　可文

行悌百二十諱張二

孝大富公長子

生卒無考

娶洪氏生卒無考

生三子　長欽　次錫　三錡

一女適沈

合葬堰橋頭

行悌百廿一諱瑞招

湶

孝富公三子

生卒無考

娶應氏生卒無考

生四子　長鑛　次銈　三鋼　四小英

三女長適邵　次適應　三適孔

合葬夏家河頭

行悌百廿二　諱瑞寧

孝大富公四子

生卒無考

娶張氏生卒無考

生二子　長寅　次鐳

潓

四女長適周家墊洪　次適陳　三適湯　四適李

合葬孫家𣳚

行悌百廿三諱瑞宏字廣生

孝八四公長子

生於　年　正月十九日　時

卒於　年　七月十四日　時

娶洪氏生卒無考

又娶王氏生於　年　十一月初三日　時

卒於　年　六月廿五日　時

生一子　鋕

一女適莊

湅

合葬四方橋

行悌百廿四　諱　車來

孝大光公次子

生卒無考

娶嚴氏生卒無考

生一子　和

合葬柘樹塘父墳側

涸

行悌百廿五　諱　瑞芝

孝六四公長子

生卒無考

娶屠氏生卒無考

生一子　子賢
合葬西高田
行悌百廿六諱佩
孝大績公長子
生卒無考
娶莊氏生卒無考
生一子　子惠
合葬西高田
行悌百廿七諱瑞春
孝大治公之子
生卒無考

涸　肿

娶朱氏生卒無考
生三子　長曰升　次曰恆　三曰生
合葬繞漕
行悌百廿八諱友
孝　公　子
生卒無考
娶祿氏生卒無考
生一子　壽彬
行悌百廿九諱友彥
孝十九公長子
生卒無考

娶張氏生卒無考
生一子　璠
合葬馬徑河沿

中房　行悌百三十　諱　友儀
孝十九公次子
生卒無考
娶劉氏生卒無考
無後　繼子　斌

中房　行悌百三一　諱　友華
孝十九公三子
生卒無考

娶朱氏生卒無考

生三子　長斌出繼　次琦　三玫

合葬河灣

大郞

行悌百三二諱壽

孝四一公次子

生卒無考

娶□氏生卒無考

生一子璋

大郞

行悌百三三諱友諒

孝六一公長子

生無考

卒於　年　四月初六日　時
娶戴氏生無考
卒於　年　四月廿四日　時
生二子　長璉　次琨
合葬茅墳
行悌百三四諱友謙字益之
孝六一公次子
生卒無考
娶曹氏生卒無考
生一子　瑛
二女長適慈城周　次適胡

肆

合葬高田

行悌百三五諱友彦字佑申

孝大學公長子

生無考

卒於　年　正月初七日　時

娶胡氏生無考

卒於　年　九月初九日　時

生三子　長珩　次珪　三珂

合葬地田

肆

行悌百三六諱友章

孝大學公次子

生無考
卒於清康熙九年庚戌二月廿八日　時
娶洪氏生卒無考
又娶李氏生卒無考
生一子　球
合葬染地衕

行悌百三七　諱明德
孝七六公次子
生卒無考
娶成氏生卒無考
生一子　璘

合葬杜家漕頭

行悌百三八　諱明禮

孝七六公三子

生卒無考

未娶

行悌百三九　諱小龍

孝七六公四子

生卒無考

未娶

行悌百四十　諱明倫

孝七六公五子

生卒無考

行悌百四一諱明遠號覺遠

孝七六公六子　生平嗜蔬入二字教門

生於　年　八月初十日　時

卒於　年　十二月初三日　時壽八十有

餘　未娶

葬宅前五畝田

行悌百四二諱明陞

孝百四公次子

生於　年　三月廿九日丑時

卒於清康熙五十二年癸巳二月初三日　時

娶羅氏改適
生二子　長必昌　次榮昌
行悌百四三諱明鸞
孝七五公四子
生卒無考
娶□氏生卒無考
生一子　瑞昌
行悌百四四諱明金
孝八十公次子
生卒無考
娶□氏生卒無考

無後　繼子　士章　後出家淨土庵爲僧卽不退禪

師是也

生一女適白沙王

葬宅南鎮龍橋西

㢑　行悌百四五諱明甫

孝八三公長子

生卒無考

娶□氏生卒無考

生一女適洪姓

合葬秧田

㢑　行悌百四六諱明倫

孝八三公次子

生卒無考

娶潘氏生卒無考

生三子　長繼昌　次復昌　三招

合葬西秧田

行悌百四七諱明乾

孝八九公四子

生卒無考

娶姚氏生卒無考

生一子　兆昌

合葬盧家屋側

慈東童氏宗譜卷四上

世傳

第二十五世

酾

行恭一　諱必　字純之

悌一公長子

生於明萬歴三十四年丙午六月初一日　時

卒無考

娶翁氏生卒無考

生二子　長高　次承泰

一女適莊

合葬墓失考

廼

行恭二 諱顏 字宇冲

悌一公次子爲悌十三公繼子

生於明萬歷四十一年癸丑三月初六日　時

卒於清康熙三十五年丙子十一月十六日　時壽八

十有四

娶王氏生於明萬歷四十五年丁巳八月初十日　時

卒於清康熙三十年辛未三月廿八日　時壽七十五

生五子　長承綸　次承組　三承純　四承綱

五承緒

二女長適姚　次適孫

合葬大車頭

酾　三房

行恭三　諱甲　字連城

悌三公次子

生於明天啓三年癸亥二月初九日　時

卒於　年　四月初一日　時

娶陳氏生卒無考

生四子　長承達　次承美　三承文　四承宗出繼

行恭四　諱崟　字爾昌

悌五公長子

生於明天啓三年癸亥十二月初八日　時

卒於清康熙四十一年壬午六月初九日　時壽八十

歲

娶湯氏生無考
卒於　年　正月廿八日　時
生一子　顯德
合葬方家屋後
行恭五諱彬
悌友　公子
生於明天啓七年丁卯九月十六日　時
卒於清康熙五十二年癸巳二月十四日　時壽八十
有七
娶邵氏生於　年　七月初四日　時
卒於　年　二月初十日　時

生五子　長秉仁　次秉義　三秉禮　四秉智　五秉信　一女適洪

合葬方家岸

三十二

行恭六　諱泰

悌七公長子

生於明崇禎二年己巳　月　日　時

卒於　年　二月初二日　時

娶沈氏生無考

卒於　年　二月十五日　時

生一子　秉謙

三十四

行恭七　諱璉　字爾玉

悌友諒公長子

生於明崇禎三年庚午十一月初三日　時

卒於　年　五月十一日　時

娶鄔氏生無考

卒於　年　六月十七日　時

又娶雷氏生無考

卒於　年　十月初六日　時

生二子　長允吉　次允昌

二女長適陳　次適曹

合葬高田

行恭八　諱士聰　字偉生

睢

悌學禮公長子

生於明崇禎五年壬申九月十三日　時

卒於清康熙五十六年丁酉五月十六日　時壽八十

有六

娶王氏生於清順治十一年甲午九月十八日　時

卒於清康熙六十年辛丑三月廿三日　時壽六十八

生二子　長嘉炳　次嘉燦

一女適孔浦水

合葬馬徑橋西北地東向

行恭九　諱士良

悌十二公長子

生於明崇禎九年丙子九月初二日　時

卒無考

娶盧氏生於清順治三年丙戌十月廿七日寅時

卒於清雍正四年丙午正月初五日未時壽八十有一

生二子　長秉仁　次秉倫

合葬鄭家墓

行恭十　諱咸

悌九公長子

生於明崇禎十二年己卯五月廿一日　時

卒於清康熙廿四年乙丑九月廿一日　時年四十七

娶張氏生於清順治五年戊子閏四月廿四日巳時

卒於清雍正七年戊申三月廿九日子時壽八十有一
生三子　長秉忠　次秉恕　三秉彝

合葬方家屋後

行恭十一　諱元升
悌十九公長子
生於明崇禎十三年庚辰九月廿六日　時
卒於　年　九月初一日　時
娶楊氏生卒無考
無後
葬河裏岸

行恭十二　諱震

悌七公次子

生於明崇禎十四年辛巳二月初五日　時

卒於清康熙三十三年甲戌二月初十日　時年五十

有四

娶孔氏生於清順治十五年戊戌十二月十二日　時

卒於清雍正元年癸卯六月廿四日未時壽六十有六

生二子　長秉文　次秉章

合葬方家屋後

行荼十三諱士俊字爾陞

悌叉八一鳳公之子

生於明崇禎十四年辛巳七月十九日　時

卒於　年　二月廿五日　時

娶王氏生於明崇禎十四年辛巳六月十六日　時

卒於　年　四月十二日　時

生六子　長嘉允　次嘉韜　三嘉文　四嘉貞

五嘉德　六嘉祿

合葬宅東地下二畝田東向

庄

行萘十四諱福貞

悌朝榮公次子

生於明崇禎十四年辛巳九月十五日　時

卒於　年　十月初八日　時

娶方氏生卒無考

生三子　長城德　次城發　三城文

二女長適馮　次適

合葬九都一圖東懸嶺腳檀樹下

行綦十五　諱士璘　字爾美

悌六公三子爲悌學仁公繼子

生於明崇禎十五年壬午八月十六日　時

卒於　年　十二月廿四日　時

娶張氏生於　年　九月十九日　時

卒於　年　五月初五日　時

生三子　長嘉賓　次嘉宰　三嘉修

一女適文溪迎聖橋許

二

合葬文溪小洞墺山

行恭十六諱士英字爾雄

悌十六公長子

生於明崇禎十五年壬午十月初十日時

卒於清雍正二年甲辰二月三十日時壽八十有三

娶方氏生於清順治十一年甲午二月廿二日時

卒於清乾隆七年壬戌二月廿四日時壽八十有九

生三子長嘉炎次嘉瑤三嘉瑞出繼

二女俱適道院盛

合葬鎮邑唐家橋

行恭十七諱可文

悌壽公之子

生於明崇禎十六年癸未十二月廿五日　時

卒於淸康熙五十七年戊戌十一月二十日辰時壽七

十有六

娶顏氏生於淸康熙七年戊申十二月廿九日戌時

卒無考

生三子　長士鳳　次士茂　三士盛

二女長適莊市莊　次適川山

行恭十八諱士觀

悌十六公次子

生於淸順治元年甲申七月十二日　時

卒於清康熙五十三年甲午四月廿三日　時壽七十

有一

娶戎氏生卒無考

無後　繼子　嘉瑞

合葬茅墳泭染地

胙

行恭十九諱猿

悌十八公長子

生於清順治元年甲申七月廿二日寅時

卒於　年　九月十一日　時

未娶

𦞦

行恭二十諱士奇字君茂

悌廿七公之子
生於清順治二年乙酉十月初九日　時
卒於清雍正五年丁未八月十九日　時壽八十有三
娶姜氏生於清順治十八年辛丑五月初七日　時
卒於清雍正六年戊申八月十一日　時壽六十有八
生三子　長嘉琳　次嘉瑋　三嘉賢
二女長適鄭　次適嚴家堰嚴
合葬應家橋岸

行恭廿一　諱臨　字子宜
悌九公次子
生於清順治三年丙戌四月廿七日丑時

卒於清雍正八年庚戌十一月十二日戌時壽八十五

娶施氏生於清康熙四年乙巳三月初九日　時

卒於清乾隆十七年壬申十一月廿八日酉時壽八十

有八

生三子　長秉賢　次秉良　三秉方

三女長適卲　次適嚴　三適徐

合葬方家屋後

行恭廿二諱豫

悌七公三子

生於清順治三年丙戌十月初十日　時

卒於清康熙三十八年己丑十一月廿一日　時年五

十有四

娶陸氏生於清康熙二年癸卯八月十三日亥時

卒於清乾隆十三年戊辰十月廿九日卯時壽八十六

生二子　長秉倫　次秉毓

二女長適王　次適范

合葬方家屋後

行蒸廿三　諱士明

悌學禮公次子

生於清順治四年丁亥八月初三日　時

卒於清康熙廿一年壬戌　月　日　時年三十六

娶吳氏生卒無考

俪

無後

生一女適隔河陳陳

行恭廿四諱珸

悌十一公長子

生於淸順治五年戊子　月　日　時

卒於　年　七月初十日　時

娶刁氏生卒無考

生三子　長承謨　次承烈　三承德

合葬宅前五畝田父墳側

尨

行恭廿五諱世助

悌十九公次子

生於清順治五年戊子二月十七日子時

卒於清康熙五十年辛卯三月十九日午時壽六十四

娶徐氏生於清康熙三年甲辰十一月廿一日未時

卒於清康熙四十三年甲申三月初七日申時年四十

有一

生一子　毓才

一女適江南朱

合葬屋後

[illegible]

行恭廿六諱英

悌瑞美公之子

生於清順治五年戊子九月廿四日　時

卒於清康熙五十六年丁酉七月初二日　時壽七十
娶趙氏生卒無考
又娶蘇氏生於清康熙六年丁未七月初六日　時
卒於清康熙五十五年丙申六月初十日　時年五十
歲
生二子　長士俊　次士文
二女長適馮　次適五里牌王
合葬外河沿土名朱五官田
行蒸廿七諱璵字振甫
悌十五公長子
生於清順治七年庚寅二月初六日　時

卒於清雍正七年己酉　月　日　時壽八十歲

娶何氏生卒無考

又娶應氏生卒無考

生一子　允嵩早世　繼子　允暉

合葬暗漕頭

珩

行蕃廿八諱珩字楚玉

悌友彥公長子

生於清順治七年庚寅八月廿一日寅時

卒於　年　五月十六日　時

娶潘氏生於清康熙三年甲辰三月廿九日寅時

卒於　年　十月十一日　時

生一子　允忠

一女適謝

合葬烏沿田

行蒸廿九諱璡　字爾公

悌十一公次子

生於清順治八年辛卯四月初四日未時

卒於清雍正十一年癸丑九月十九日　時壽八十三

娶蛟川妙勝寺䟶龍舌王氏生於清康熙六年丁未七月

廿七日亥時

卒於清康熙五十七年戊戌二月十四日戌時年五十

有二

生一子　承章

合葬宅前五畝田

二房

行蒸三十諱士賢字爾進

悌廿四公次子

生於清順治八年辛卯五月初二日　時

卒於清康熙　年　二月十九日　時

娶鎮邑徐家岸徐氏生於清康熙元年壬寅六月十二日

時

卒於清康熙　年　十二月十二日　時

生二子　長嘉仁　次嘉義出繼

一女適鎮邑貴駟橋劉

合葬宅前港嘴頭東向

行恭三一　諱俞
悌十八公次子
生於清順治八年辛卯六月廿八日辰時
卒於清康熙四十四年乙酉十月十四日　時年五十有五
娶王氏生於清康熙七年戊申二月十九日戌時
卒於清康熙　年　十一月初五日申時
無後　繼子　秉乾
合葬匠人墳

行恭三二　諱世昌

悌十七公次子爲悌十公繼子

生於清順治八年辛卯九月初三日戌時

卒於清康熙四十八年己丑八月廿一日辰時年五十有九

娶董氏生無考

卒於　年　十月初二日　時

無後　繼子　承宗

行恭三三諱彬

悌三六公之子

生於清順治九年壬辰七月初十日　時

卒無考

肆

娶沈氏生卒無考

生二子　長銧奇　次銧仁

二女長適盧　次適周

行恭三四諱瑛

悌友謙公次子

生於清順治九年壬辰十月十三日　時

卒於清康熙四十七年戊子十一月廿一日午時年五

十有七

娶曹氏生於清順治十二年乙未九月十九日　時

卒於清康熙五十年辛卯十月廿二日寅時年五十七

生三子　長允龍　次允鳳　三允彪

二女長適劉　次適方

合葬小高田

行恭三五諱璋

悌壽公之子

生於清順治十年癸巳六月廿六日　時

卒於清康熙五十二年癸巳正月廿九日　時壽六十

有一

娶洋墅徐氏生於清康熙十三年甲寅六月初一日午時

卒於清乾隆十三年戊辰八月廿三日辰時壽七十五

生二子　長允曜　次允暉出繼

二女長適張　次適象山城中張

合葬柘塘廟前

行恭三六諱士忠

悌廿四公三子

生於清順治　年　十一月初十日　時

卒於清康熙　年　十一月初十日　時

娶孫氏生於清康熙　年　八月廿八日　時

卒於清康熙　年　四月十二日　時

繼子　嘉義

合葬宅東港嘴頭地下二畝朝南向欄土誌蹟厚流輝

四字

行恭三七諱士美

鼎

悌十六公三子

生於清順治十一年甲午五月初九日卯時

卒於清雍正二年甲辰十二月廿三日亥時壽七十一

娶曹氏生於清康熙十年辛亥十二月十五日酉時

卒於清乾隆十一年丙寅三月十二日戌時壽七十六

生二子　長嘉爵　次嘉陞

一女適馬徑張

合葬鎮邑唐家橋

行恭三八諱其昌

悌十七公三子

生於清順治十一年甲午九月十九日午時

卒於清康熙五十九年庚子閏月初九日丑時壽六十
有七
娶應氏生於清康熙三年甲辰十二月初二日卯時
卒於清乾隆十三年戊辰十二月初十日酉時壽八十
有五
生一子　承魁
三女長適姚　次適陳　三適嚴
合葬墓壟跟

行恭三九諱珪　字信玉
悌友彥公次子
生於清順治十一年甲午十月初二日戌時

卒於淸康熙五十六年丁酉十一月三十日辰時壽六
十有四
娶張氏生於淸康熙六年丁未九月十二日卯時
卒於淸雍正十一年癸丑十一月十二日辰時壽六十
有七
生一子 允和
二女長適下袁袁　次適章橋舒
合葬茅墳斗朝東墳
行萘四十 諱世盛
悌廿三公次子
生於淸順治十一年甲午十一月廿四日　時

卒無考
娶俞氏生卒無考
又娶鍾氏生卒無考
生一子　吉祥
一女適姚
合葬方家地

睛
行恭四一諱昇　字瑞明
悌元林公長子
生於清順治十三年丙申二月初十日　時
卒於清康熙四十八年己丑九月廿一日　時年五十
有四

娶劉氏生於清康熙九年庚戌正月初一日　時

卒於清康熙五十二年癸巳五月廿六日　時年四十

有四

生四子　長兆煥　次兆炳　三兆燦　四兆科

一女適劉

合葬上畈墳

行恭四二諱士顯

悌三一公長子

生於清順治十四年丁酉六月三十日　時

卒無考

行恭四三諱珂　字佩玉

悌友彥公三子
生於清順治十四年丁酉九月廿一日寅時
卒於　年　二月十九日　時
未娶
行恭四四諱鑽　字鑽先
悌二十公長子
生於清順治十四年丁酉十月初十日　時
卒於清康熙四十九年庚寅七月廿三日卯時年五十
有四
娶費氏生卒無考
生一子　志顯

［廟］

合葬杜家地田

行蒸四五諱士章字子芳

悌三七公長子爲悌明金公繼子

生於清順治十四年丁酉十月廿七日午時

卒於清雍正九年辛亥六月十七日戌時壽七十有五

娶陳氏生於清康熙十二年癸丑十二月初六日亥時

卒於清乾隆十七年壬申九月十九日丑時壽八十歲

生三子　長宮芹　次宮藻　三宮華

三女長適朱　次適嚴　三適張

合葬婁家橋

［廟］

行蒸四六諱璘字斐公

悌明德公之子

生於清順治十五年戊戌二月十九日　時

卒於清雍正三年乙巳六月十六日　時壽六十有八

娶葛氏生卒無考

又娶王氏生無考

卒於　年　七月十六日　時

生四子　長承仁　次承禮　三承智　四承信

二女長適成　次適孔

合葬宅前田

行恭四七諱錡

悌張二公三子

[illegible]

生於清順治十五年戊戌十一月廿七日　時

卒於清康熙五十一年壬辰正月二十日丑時年五十

有五

娶劉氏生於清康熙十八年己未十二月十六日戌時

卒於清乾隆七年壬戌十二月初六日卯時壽六十四

生三子　長士高　次劉　三士英

三女長適陳　次適洪　三適莊

合葬堰橋頭總港

行蒸四八諱斌

悌友華公長子爲悌友義公繼子

生於清順治十六年己亥三月初三日　時

卒無考

娶盧氏生卒無考

生二子　長允陞　次允階出繼

行恭四九諱士貴字覺貴

悌十二公三子

生於清順治十六年己亥四月十三日巳時

卒於清雍正十一年癸丑二月廿二日酉時壽七十五

娶嚴氏生於清康熙十一年壬子二月初八日午時

卒於清康熙五十五年丙申四月初七日丑時年四十

有五

生四子　長秉倪　次秉政　三秉直　四秉睿

合葬鄭家墓

行恭五十諱子元字爾芳

悌廿六公長子

生於清順治十六年己亥十一月初八日　時

卒於　年　四月十五日　時

娶應氏生於清康熙六年丁未二月廿二日　時

卒於清雍正十二年甲寅九月十四日　時壽六十八

無後　繼子　汝才

生二女長適張　次適沈

合葬三畝掘田

行恭五一諱蕙字偉卿

悌二十公三子
生於清順治十七年庚子九月初五日 時
卒無考
娶劉氏生卒無考
無後
生一女適張
合墓柘樹塘
行恭五二諱錫昌字天麟
悌四八公長子
生於清順治十七年庚子十月十五日 時
卒於清乾隆二年丁巳九月十五日申時壽七十有八

娶嚴氏生於清康熙十二年癸丑十月廿四日　時

卒於清雍正元年癸卯十月初九日　時年五十有一

生一子　承祥

三女長適孫　次適姚　三適王

合葬上坂墳田

行恭五三　諱士章

悌霖龍公之子

生於清順治十七年庚子　月　日　時

卒無考

娶蔡氏生卒無考

無後　繼子　嘉華

譜

合葬上坂

行恭五四 諱 世傑

悌四五公之子

生於清順治十八年辛丑三月初三日　時

卒於清雍正五年丁未六月初六日　時壽六十有七

娶刁氏生於　年　十二月廿八日　時

卒於　年　五月廿八日　時

又娶楊氏生於清康熙五年丙午四月廿二日　時

卒於清乾隆五年庚申正月廿九日　時壽七十有五

生一子　兆慶

合葬漕西爿

麗

行恭五五諱士達字子芬

悌三七公次子

生於清順治十八年辛丑四月初四日　時

卒於清乾隆六年辛酉八月廿四日未時壽八十有一

娶陳氏生於清康熙十四年乙卯八月初九日　時

卒於清康熙四十五年丙戌六月初五日酉時年三十

有二

生一子　宮彩

一女適蟹浦陳

又娶邵氏生卒無考

又娶吳氏生於清康熙十六年丁巳五月廿六日　時

卒於清雍正十一年癸丑九月初一日 時年五十七

生一子 宮玉

二女長適陳 次適顧

合葬婁家橋

行恭五六諱士翹字美生

悌十四公長子

生於清順治十八年辛丑四月廿一日 時

卒於清乾隆六年辛酉正月十九日 時壽八十有一

娶余氏生於清康熙十六年丁巳九月十二日 時

卒於清康熙五十一年壬辰四月十九日 時年三十

有六

生一子　啓元
二女長適周　次適沈
又娶邵氏生於清康熙十三年甲寅　月　日　時
卒於清康熙五十七年戊戌八月廿六日　時年四十
有五
合葬匠人墳

腣

行恭五七諱紊　字瑞宇
悌元林公次子
生於清順治十八年辛丑六月十五日　時
卒於　年　十二月十四日　時
娶費氏生於清康熙三十七年戊寅九月十七日　時

卒於清雍正八年庚戌三月十三日　時年三十有三
生三子　長兆甲　次兆宰　三兆瑞
合葬上坂

行恭五八諱璉　字子璉
悌廿二公四子
生於清順治十八年辛丑十月廿七日　時
卒於清雍正元年癸卯正月十八日申時壽六十有三
娶吳氏生於清康熙十三年甲寅三月十四日　時
卒於清康熙三十六年丁丑　月　日　時年二十
有四
生二子　長士位　次士鵬

一女適姚
合葬夏家匯頭
行茶五九諱士衡
悌廿五公次子
生於清康熙三年甲辰五月十三日　時
卒於清康熙四十三年甲申十一月三十日　時年四十有一
娶陳氏生於清康熙十二年癸丑六月初八日　時
卒於清雍正九年庚戌十一月廿六日　時年五十八
生一子　嘉元
合葬倉谷園

胏

行恭六十　諱球

悌友章公之子

生於清康熙三年甲辰七月初一日亥時

卒於清雍正二年甲辰十月十五日午時壽六十有一

娶周氏生於清康熙廿三年甲子正月十五日亥時

卒無考

生二子　長允富　次允貴

合葬染地南

胏

行恭六一　諱琦

悌友華公次子

生於清康熙三年甲辰十二月初二日　時

號

卒無考
娶沈氏生卒無考
無後　繼子　允階
行萘六二　諱士榮
悌文龍公之子
生於清康熙三年甲辰　月　日　時
卒於清康熙五十三年甲午十月十五日　時年五十
有一
娶唐氏　改適
生三子　長嘉華出繼　次文祥出繼　三嘉富
三女長適夏家澳卲　次適周家墊洪　三適江北岸

李
合葬宅南油車泮
行恭六三諱鎦 字允卿
悌瑞寧公次子
生於清康熙三年甲辰十二月廿四日 時
卒無考
娶陳氏生卒無考
無後 螟子 士宗
行恭六四諱士傑
悌十四公次子
生於清康熙四年乙巳三月廿九日 時

卒於清康熙五十六年丁酉正月十一日　時年五十

有三

娶莊氏生卒無考

無後

葬匠人墳

行恭六五諱茂　字君相

悌二十公四子　賦性誠樸勤勞穡事

生於清康熙四年乙巳四月廿五日　時

卒於清康熙五十一年壬辰八月廿一日　時年四十

有八

娶吳氏甫彌月而卒

又娶姜氏　道光己酉　欽旌節孝生於清康熙廿八年
己巳六月初五日　時
卒於清乾隆四年己未八月二十日　時年五十有一
生一子　志聖
合葬杜家地田坐乾向巽
行蓀六六諱世英字子千
悌三五公次子
生於清康熙四年乙巳十月二十日辰時
卒於清雍正二年甲辰八月初八日寅時壽六十歲
娶費氏生無考
卒於　年　七月初二日　時

又娶陳氏生無考
卒於　年　三月初五日　時
又娶嵇氏生於清康熙廿四年乙丑二月二十日亥時
卒無考
生一子　毓睿
三女長適奉化縣庠生戴長庚　次適金家隩金　三
適更樓朱
行恭六七諱斌　字啓雲
悌十八公三子
生於清康熙四年乙巳十二月初二日午時
卒於清康熙五十七年戊戌五月十一日丑時年五十

有四
娶俞氏生於清康熙十九年庚申十一月廿七日亥時
卒無考
生四子　長秉聰　次秉乾　三秉智　四秉奇
二女長適邵　次適鍾
行恭六八諱士臣字止敬
悌三一公次子
生於清康熙五年丙午二月初六日　時
卒於清雍正九年辛亥八月初十日戌時壽六十有六
娶范氏生於清康熙廿三年甲子十一月廿三日　時
卒於清康熙六十一年壬寅十月廿八日　時年三十

有九

生一子　嘉達

一女適費

合葬暗漕頭上墳田

行恭六九諱子相字仲賢

悌廿六公次子

生於清康熙五年丙午十一月初七日　時

卒於清雍正二年甲辰四月初八日　時年五十有九

娶張氏生於清康熙十六年丁巳十一月廿四日　時

卒於清乾隆元年丙辰九月廿三日未時壽六十歲

生一子　汝能

二女長適張　次適鎮邑徐

合葬西園地

行綦七十諱士英字子榮

悌三七公三子

生於清康熙五年丙午十一月三十日　時

卒於清雍正十一年癸丑十二月初五日卯時壽六十

有八

娶王氏生於清康熙十七年戊午二月十二日　時

卒於清雍正十一年癸丑八月十一日巳時年五十六

生一子　宫岳

三女長適王　次適祿　三適徐

合葬婁家港

行恭七一 諱裕昌

悌四十公之子

生於清康熙六年丁未二月初六日　時

卒於清康熙廿七年戊辰八月廿三日　時年二十二

娶姚氏 改適

無後　繼子　承本

葬茅塘

行恭七二 諱世瑞 字子龍 一名世福

悌　公之子

生於清康熙六年丁未三月廿三日　時

卒於　年　四月初三日　時
娶周氏生卒無考
又娶姚氏生於清康熙廿二年癸亥六月二十日亥時
卒於清乾隆十一年丙寅十二月初二日酉時壽六十
有四
生三子　長毓貴　次毓富　三毓彪
合葬河裏岸
行恭七三諱芸　字芸卿
悌二十公五子
生於清康熙六年丁未八月初四日　時
卒無考

[illegible]

娶戴氏生於清康熙廿六年丁卯四月廿六日　時

卒無考

生二子　長志達　次志亨

四女長適劉　次適陳　三適

葬柘樹塘

行萘七四　諱梓昌　字天備

悌四八公次子

生於清康熙六年丁未十月初六日　時

卒於清雍正十二年甲寅正月十九日卯時壽六十八

娶徐氏生於清康熙廿五年丙寅正月二十日亥時

卒無考

號

生四子　長承瑞　次承明出繼　三承堯　四承乾

二女長適丁陶丁　次適鎮邑白龍廟跟陳

合葬應家橋

行恭七五諱士道

悌廿五公三子

生於清康熙六年丁未十一月初五日　時

卒於清雍正九年辛亥十二月十一日子時壽六十五

娶余氏生於清康熙廿四年乙丑　月　日　時

卒於清乾隆八年癸亥十二月二十日子時年五十九

生四子　長嘉相　次嘉善出繼　三嘉謨出繼

四嘉盛

房三

一女適方家河頭方

合葬暗漕頭大爿地

行荼七六諱世圭字禹錫

悌朝魁公長子

生於清康熙七年戊申正月廿七日　時

卒於清乾隆六年辛酉八月初一日申時壽七十有四

娶張氏生於清康熙十三年甲寅　月　日　時

卒於清康熙三十五年丙子二月廿一日　時年二十

有三

生一子　毓元

合葬張河裏岸

牖

行恭七七諱世元字顯臣

悌五十公長子

生於清康熙七年戊申八月初三日卯時

卒於清乾隆五年庚申八月十二日子時壽七十有三

娶張氏生於清康熙十七年戊午十一月初七日　時

卒於清康熙五十七年戊戌六月十三日　時年四十

有一

無後

生一女適章橋葛

合葬漕西爿

牖

行恭七八諱允昌字爾祿號覺允

悌四六公之子　行事備詳行狀

生於清康熙八年己酉二月廿二日丑時

卒於清雍正六年戊申十二月十一日　時壽六十歲

娶蛟川西管莊氏生於清康熙十六年丁巳十一月廿六

日巳時

卒無考

生二子　長承本出繼　次承輔

四女長適方　次適周　三適孔　四適余

葬宅北橫大路長四畝田

行恭七九諱基昌字奕堂

悌三十公長子

生於清康熙八年己酉二月三十日亥時
卒於清乾隆五年庚申九月廿八日　時壽七十有二
娶沈氏生卒無考
生一子　光祖
二女長適夏家嶴邵　次適鎮邑盧
合葬馬徑洲漲墳

滌

行恭八十諱銘　字欽章
悌四二公長子
生於清康熙八年己酉十二月初三日亥時
卒於清乾隆十一年丙寅八月初六日卯時壽七十有
八

娶翁氏生於清康熙廿五年丙寅十月廿三日戌時

卒於清乾隆八年癸亥十月初二日子時年五十有八

生五子　長士乾　次士坤　三士芳　四士元

五士玉

合葬堰橋頭

行恭八一諱子賢

悌瑞芝公之子

生於清康熙八年己酉　月　日　時

卒於清康熙五十年己亥八月廿二日　時年四十有

一

娶莊氏生於清康熙廿七年戊辰　月　日　時

卒於　年　三月十六日　時
生一子　汝興
合葬宅西高田

脏
行恭八二諱潛
悌三八公之子
生於清康熙九年庚戌　月　日　時
卒無考
娶胡氏生卒無考
生二子　長秉進　次秉法
移居洪家塘頭

䏚
行恭八三諱士臣

丽

悌　龍公長子
生於清康熙九年庚戌十一月初六日　時
卒無考
娶王氏生卒無考
無後　繼子　嘉謨
生一女適馬徑張
合葬倉谷園
行綦八四諱汝昌字天漢
悌四八公三子
生於清康熙十年辛亥五月廿二日　時
卒於清乾隆八年癸亥十一月初七日子時壽七十三

娶杜氏生於清康熙廿三年甲子二月初二日申時

卒於清乾隆二十年乙亥九月初　日　時壽七十二

生三子　長承芳　次承祖　三承周

五女長適馬鞍山前胡　次適汶溪胡　三適應

四適鎮邑西管莊　五適劉杜杜

合葬後坂朱家三畝田

行恭八五諱至昌字茂華

悌三十公次子

生於清康熙十年辛亥六月初十日寅時

卒於清乾隆九年甲子十月十二日申時壽七十有四

娶盛氏生於清康熙廿六年丁卯八月廿六日戌時

卒於清康熙五十五年丙申七月廿二日亥時年三十
歲
生二子　長承宰　次承宣
一女適汶溪周
合葬馬徑河沿

行慕八六　諱允星　字麟玉
悌三二公之子
生於清康熙十年辛亥七月初十日　時
卒無考
娶翁氏生卒無考
生二女長適姚

肅

行恭八七諱世因字德安

悌五七公之子

生於清康熙十一年壬子二月初四日　時

卒於清康熙五十六年丁酉九月廿一日　時年四十

有六

娶王氏生於清康熙十七年戊午三月初一日　時

卒無考

又娶孔氏生於清康熙廿八年己巳六月十六日　時

卒於清乾隆五年庚申四月十五日　時年五十有二

無後　繼子　兆祥　爰子　文祥

生一女適半路庵洪

合葬大車頭

行蓁八八　諱　鎌　字　天祥

悌四二公次子

生於清康熙十一年壬子十一月十七日戌時

卒於清雍正十三年乙卯二月廿九日辰時壽六十四

娶姚氏生於清康熙廿六年丁卯十二月廿八日　時

卒於清康熙五十年辛卯二月初一日　時年二十五

又娶朱氏生於清康熙廿六年丁卯十二月初一日子時

卒無考

生二子　長　士登　次　士艮

一女適鎮邑沈

庶

合葬堰頭橋

行恭八九諱文林字茂林

悌四七公長子

生於清康熙十二年癸丑三月廿六日申時

卒於清乾隆十四年己巳正月十三日巳時壽七十七

娶應氏生於清康熙廿二年癸亥正月初十日辰時

卒無考

生一子　秉剛

葬後河頭

肅

行恭九十諱玫

悌友華公三子

肅

生於清康熙十二年癸丑四月廿五日　時

卒無考

娶李氏生卒無考

生一子　允周

行蒸九一　諱世德　字志先

悌五四公之子

生於清康熙十二年癸丑七月廿六日　時

卒於清雍正四年丙午四月廿五日　時年五十有四

娶張氏生於清康熙二十年辛酉六月初十日亥時

卒於清康熙　年　正月十八日　時

生三子　長兆祥出繼　次兆福　三兆祉

瑞玉　仲德

四女長適張　次適應　三適莊　四適劉

合葬下横河

行恭九二諱高　字瑞玉

悌元林公三子爲悌元任公繼子

生於清康熙十二年癸丑十二月十四日　時

卒於清雍正十一年癸丑十二月初十日　時壽六十

有一

娶鍾氏改適

生一子　兆發

葬上畈田

行恭九三諱子純字仲德

悌廿六公三子

生於清康熙十三年甲寅九月廿五日　時

卒於清乾隆十四年己巳二月十一日戌時壽七十六

娶羅氏生於清康熙十三年甲寅九月初九日亥時

卒於清乾隆二十年乙亥　月　日　時壽八十二

生三子　長汝才出繼　次汝南　三汝文

三女長適陳　次適張　三適鄭邑卞

合葬屋西西岜下

行恭九四諱世俊字德文

悌五十公次子

生於清康熙十五年丙辰正月廿四日　時

卒於清康熙五十九年庚子十二月初二日　時年四
十有五
娶陳氏生於清康熙廿七年戊辰十一月三十日午時
卒於清乾隆四年己未正月十六日子時年五十有二
生一子　兆相
二女長適鄭　次適張
合葬漕西吳
行莕九五　諱世卿
悌朝魁公次子
生於清康熙十五年丙辰四月廿二日　時
卒於清乾隆十九年甲戌十二月廿四日午時壽七十

有九
娶蘇氏生於清康熙三十四年乙未九月廿四日亥時
卒無考
生三子　長毓中　次毓靈　三毓德
合葬鄭家墓

行恭九六諱文榮字耀宇
悌五三公長子
生於清康熙十五年丙辰八月廿二日巳時
卒於清乾隆六年辛酉九月廿四日戌時壽六十有六
娶徐氏生於清康熙廿五年丙寅九月廿五日　時
卒於清乾隆六年辛酉八月十八日申時年五十有六

生五子　長秉道　次秉禮　三秉德　四秉性

五秉悅

一女適洋墅徐

合葬應家河頭

庭

行恭九七諱文德

惕四七公次子

生於清康熙十五年丙辰十一月二十日　時

卒於清雍正四年丙午八月廿四日辰時年五十有一

未娶

葬河裏岸

靜

行恭九八諱瑋　字闇生

悌廿八公次子

生於清康熙十六年丁巳四月三十日　時

卒於清乾隆十三年戊辰六月廿二日丑時壽七十二

娶成氏生於清康熙三十一年壬申七月十二日　時

卒於清乾隆十五年庚午正月初三日子時年五十九

無後　螟子　慶

合葬茅墳泮朝東墳

行恭九九　諱兆昌

悌明乾公之子

生於清康熙十七年戊午七月初一日　時

卒於清雍正二年甲辰八月十六日　時年四十有七

娶□氏生卒無考

無後

繼子　承亨

合葬盧頭盧家屋側

行蒸一百諱日性

悌朝璧公長子

生於清康熙十七年戊午　月　日時

卒無考

娶葉氏生卒無考

生一子　秉宰

移居餘姚上塘

行恭百一 諱茂昌 字文生

悌四一公之子

生於清康熙十八年己未十二月二十日酉時

卒於清乾隆十六年辛未十月初十日丑時壽七十三

娶姚氏生於清康熙三十四年乙亥四月十四日午時

卒無考

生二子 長承勛 次承律

一女適樟橋錢

合葬墳河

行恭百二 諱文英

悌四三公之子

生於清康熙十九年庚申　月　日　時
卒無考
娶李氏生卒無考
生一子　秉成
移住鄞邑灣頭

行蒸百三諱際昌字際生
悌五六公長子
生於清康熙十九年庚申六月初八日　時
卒於清乾隆十七年壬申六月初六日卯時壽七十三
娶洪氏生於清康熙三十六年丁丑十一月初五日卯時
卒無考

生四子　長承元　次承亨出繼　三承天　四承律

二女長適章橋成　次適寧城北門葉

行恭百四　諱文貴

悌朝琮公之子

生於清康熙十九年庚申　月　日　時

卒無考

行恭百五　諱環　字闇如

悌廿八公三子

生於清康熙二十年辛酉二月廿九日　時

卒於清乾隆十七年壬申十一月初四日未時壽七十

有二

娶樟樹下蘇氏生於淸康熙四十三年甲申十一月初四
日卯時
卒於淸乾隆三十九年甲午六月初六日　時壽七十
有一
生一子　允成
一女適洋墅徐
合葬橫大路頭田

行恭百六　諱子縉　字殿颺
悌廿六公四子
生於淸康熙二十年辛酉四月初四日　時
卒於淸康熙五十四年乙未正月廿九日　時年三十

有五

娶姚氏生於清康熙廿八年己巳八月初四日未時

卒於清乾隆十五年庚午二月廿九日　時壽六十二

生一子　汝昌

一女適費

合葬三畝堀

行恭百七諱文盛字茂甫

悌四七公三子

生於清康熙二十年辛酉五月初二日寅時

卒於清乾隆十四年己巳五月二十日辰時壽六十九

娶陳氏生於清康熙三十一年壬申十二月二十日子時

卒於　年　三月十七日　時
生二子　長秉昌　次秉鈞
二女長適鎭邑張李張　次適河陽橋桂
合葬後河頭

行荼百八諱子昌字君榮
悌五二公之子
生於清康熙二十年辛酉五月廿九日　時
卒於清雍正九年辛亥六月三十日　時年五十有一
失火未葬
娶張氏生於清康熙三十六年丁丑正月廿五日午時
卒無考

生三子　長汝成　次汝光　三汝圭

一女適鎮邑路林施

膨

行恭百九諱日奇

悌朝璧公次子

生於清康熙二十年辛酉　月　日時

卒無考

膽

行恭百十諱世仁字成久

悌五十公三子

生於清康熙廿一年壬戌閏六月初二日　時

卒於清乾隆五年庚申三月十九日未時年五十有九

娶趙氏生於清康熙三十五年丙子正月初四日酉時

卒於清乾隆十五年庚午八月廿三日　時年五十五

生一子　兆鯨

三女長適孔　次適鎭邑陳　三適紹興羅

合葬漕西爿

腈

行恭百十一諱士貴

悌　龍公長子

生於清康熙廿一年壬戌　月　日　時

卒無考

娶陳氏生卒無考

移居鄞邑江北岸

䎘

行恭百十二諱子芳字德甫

彪

悌三九公之子
生於清康熙廿二年癸亥八月十四日子時
卒無考
娶徐氏生於清康熙廿二年癸亥九月廿九日戌時
卒無考
生四子　長汝霖　次汝楫　三汝舟　四汝爲
三女長適慈城趙　次適趙　三適盧曹羅

行慕百十三　諱世道　字子兼
悌五八公長子
生於清康熙廿三年甲子六月十六日午時
卒於　年　四月初二日　時

娶邵氏生於清康熙廿八年己巳十月初四日　時
卒無考
又娶郭氏生於清康熙三十六年丁丑五月初一日亥時
卒無考
生二子　長毓文　次毓武
二女長適鄭　次適長石橋陸

行恭百十四　諱文生
悌四七公四子
生於清康熙廿四年乙丑二月初九日　時
卒於清康熙五十八年己亥五月十一日　時年三十
有五

三房

娶朱氏生卒無考

無後

合葬上坂

行恭百十五　諱文華

悌五三公次子

生於清康熙廿四年乙丑七月十五日午時

卒於清乾隆廿五年庚辰七月廿七日　時壽七十六

娶王氏生於清康熙三十七年戊寅三月初八日丑時

卒無考

生二子　長秉恒　次秉恪

三女長適梅林莊　次適樟樹下蘇　三適鎮邑唐

緬

行蒸百十六諱順昌

悌四八公四子

生於清康熙　年　月　日時

卒無考

娶周氏改適

生一子承顯

緬

行蒸百十七諱百昌

悌四八公五子

生於清康熙廿四年乙丑十月二十日　時

卒於清雍正元年癸卯四月初六日　時年三十有九

娶成氏生卒無考

彪三

無後　繼子　承祖

葬後畈地田

行恭百十八諱文錦字惠臨

悌六十公長子

生於清康熙廿五年丙寅　月　日　時

卒無考

娶顧氏生卒無考

移居杭州

廝中

行恭百十九諱天球

悌三四公長子

生於清康熙廿六年丁卯七月初二日戌時

卒無考

娶鎮邑封港沈氏生於清康熙三十八年己卯六月廿四

日巳時

卒於清乾隆八年癸亥正月初六日子時年四十有五

生三子　長允增　次允美　三允貴

二女長適餘姚　次適孔浦徐

合葬暗漕頭秧田北

膌

行恭百二十諱世爵字廷三號御菻

悌六五公之子　持己端莊待人平恕鄉黨宗族莫不欽服

晚年崇信瞿曇樂善好施白髮齊眉孫曾森列極福履

之盛

生於清康熙廿七年戊辰七月十六日申時

卒於清乾隆三十七年壬辰十二月初二日　時壽八

十有五

娶趙氏生於清康熙廿一年壬戌十月初四日巳時

卒於清乾隆五十一年丙午正月初六日　時壽一百

有五

生四子　長兆祚　次兆祺　三兆稚　四兆禨

四女長適姚　次適費　三適黃　四適孫

合葬庶來橋山頭黃

行恭百廿一　諱天奇

悌三四公次子

生於清康熙廿八年己酉四月初二日戌時

卒無考

娶姚氏生於清康熙四十一年壬午正月初七日申時

卒無考

生二子　長允興　次允

二女長適周　次適孔浦張

[illegible]

行恭百廿二　諱會昌

悌五六公次子

生於清康熙廿九年庚午九月初十日未時

卒無考

娶嚴氏生於清康熙三十八年己卯三月十六日　時

廂

卒無考

生二子　長承賢　次承惠

二女長適河西岸周　次適鳳浦澳方

行蒸百廿三　諱世吉　字漢三

悌六八公之子

生於清康熙廿九年庚午十月十八日　時

卒於清雍正七年己酉閏七月十八日　時年四十歲

娶桂氏生於清康熙三十四年乙亥五月十三日　時

卒於清雍正十年壬子八月廿八日丑時年三十有八

生一子　兆禧

一女適後葛

胙　胙

合葬漕西只

行恭百廿四諱世法字景雲

悌五八公次子

生於清康熙廿九年庚午十一月廿四日　時

卒無考

娶姚氏生於清康熙三十七年戊寅三月十二日子時

卒無考

生二子　長毓陞　次毓鵬

一女適姚

行恭百廿五諱文瀾字茂公

悌四七公五子

腓

生於清康熙廿九年庚午十一月三十日丑時
卒於清乾隆十四年己巳三月十九日辰時壽六十歲
娶葛氏生卒無考
又娶徐氏生於清康熙五十一年壬辰五月十一日酉時
卒無考
生三子　長秉忠　次秉義　三秉盛
合葬匠人墳

行恭百廿六諱世賢字月三
悌四六公長子
生於清康熙三十年辛未三月廿二日丑時
卒於清乾隆七年壬戌三月十四日卯時年五十有二

娶胡氏生於清康熙三十四年乙亥七月廿三日　時

卒於清雍正三年乙巳九月初九日　時年三十有一

生一子　兆安

二女長適鄭　次適胡

又娶張氏生於清康熙三十九年庚辰六月十二日辰時

卒於清乾隆十七年壬申九月廿九日未時年五十三

合葬下横河

行恭百廿七諱文富

悌五五公之子

生於清康熙三十年辛未五月廿九日巳時

卒無考

庇

娶孔氏生於清康熙四十二年癸未正月廿九日未時
卒無考
生二子 長秉志 次秉雲
一女適鎮邑西管莊

行恭百廿八 諱世則
悌四九公之子
生於清康熙三十年辛未六月初二日 時
卒於清乾隆二年丁巳三月廿三日巳時年四十有八
娶李氏生於清康熙三十九年庚辰正月初八日 時
卒於清 年 十二月十五日 時
又娶徐氏 改適

生二子　長毓和　次毓良

葬水泮高田

行恭百廿九諱世顯字孝先

悌五八公四子

生於清康熙三十一年壬申十一月初八日　時

卒於清乾隆四年己未三月初三日　時年四十有八

娶胡氏生於清康熙三十九年庚辰八月十一日　時

卒於清乾隆十三年戊辰三月初八日　時年四十九

生三子　長毓乾　次毓豪　毓興

二女長適馬鞍山前邵　次適青林徐

合葬方家屋後

齲

行恭百三十諱世榮字錫三

悌七四公長子

生於清康熙三十二年癸酉十月十四日　時

卒於清雍正九年辛亥二月初六日　時年三十有九

娶李氏生卒無考

生一子　兆龍

齲

行恭百三一諱世瓚字永侯

悌七三公長子

生於清康熙三十二年癸酉十二月初二日　時

卒於清乾隆十五年庚午四月初六日辰時年五十八

娶楊氏改適

無後　繼子　兆鯉

葬油車汖

行恭百三二諱俊聲字則宣

悌五一公之子

生於清康熙三十二年癸酉十二月廿二日　時

卒於清雍正十一年癸丑六月初八日　時年四十一

娶張氏改適

生二子　長承恩　次承武

一女適餘姚低塘王

葬墓壟跟

行恭百三三諱世顯

悌劉公長子
生於清康熙三十三年甲戌　月　日　時
卒無考
娶周氏生卒無考
行𦸣百三四　諱克昌
悌五六公三子
生於清康熙三十四年乙亥正月十九日子時
卒於清乾隆　年　十二月初九日　時
娶任氏生於清康熙四十二年癸未十月廿五日子時
卒於清乾隆　年　七月十一日　時
生二子　長承艮　次承志

璹

合葬後坂

行慕百三五諱世統字揆一

悌七五公長子

生於清康熙三十四年乙亥七月初一日辰時

卒於清雍正五年丁未三月廿五日未時年三十有三

娶洋墅徐氏生於清康熙三十九年庚辰正月初八日辰

時

卒無考

生一子　兆鰲

三女長適孔　次適胡　三適洪

葬墓壠跟

肅　[illegible]　肅

行萘百三六諱世琦

悌七三公次子

生於清康熙三十五年丙子五月初一日　時

卒於杭州　未娶

行萘百三七諱文鎮

悌六十公次子

生於清康熙三十六年丁丑　月　日　時

卒無考

娶張氏生卒無考

行萘百三八諱世華字兼三

悌七四公三子爲悌七八公繼子

生於清康熙三十六年丁丑三月廿八日　時
卒於清乾隆十七年壬申六月十二日未時年五十六
娶嚴氏生於清康熙四十四年乙酉閏四月十九日午時
卒於清嘉慶二年丁巳六月廿五日　時壽九十有三
生三子　長兆巖　次兆運　三兆品
一女適樟橋金
合葬地田
行恭百三九諱加昌字君相
悌七九公長子
生於清康熙三十七年戊寅二月初二日戌時
卒於清乾隆十七年壬申二月初五日　時年五十五

娶范氏生於清康熙四十五年丙戌八月十七日戌時

卒於清雍正九年辛亥九月初一日未時年二十有六

又娶嚴氏 改適

生二子 長承山 次承

合葬馬徑河沿

廳

行恭百四十 諱啓俊

悌七六公長子

生於清康熙三十八年己卯七月初十日 時

卒無考

娶王氏生於清康熙四十八年己丑 月 日 時

卒無考

生二子　長兆臣　次兆
一女適峋路頭朱

佪

行恭百四一　諱俊傑
悌七二公長子
生於淸康熙三十八年己卯十一月十六日申時
卒無考
娶陳氏生於淸康熙五十一年壬辰八月初三日辰時
卒無考
生三子　長承一　次承中　三承三

㣄

行恭百四二　諱世璋
悌七三公三子

庯

生於清康熙四十年辛巳正月初五日戌時

卒於清乾隆廿六年辛巳十二月廿七日　時年六十

有一

娶張氏生於清康熙六十年辛丑正月十七日辰時

卒於清乾隆五十八年癸丑八月十九日　時壽七十

有三

生三子　長兆鯉出繼　次兆文　三兆運

合葬朱家汫

行恭百四三諱世貴

悌劉公次子

生於清康熙四十年辛巳　月　日　時

肅

卒無考

行恭百四四　諱世垣

悌六四公次子

生於清康熙四十年辛巳十一月廿八日亥時

卒於清雍正十二年甲寅二月廿八日午時年三十四

娶金氏生於清康熙四十一年壬午九月十九日辰時

卒於清乾隆十年乙丑四月廿一日巳時年四十有四

生一子　兆貞

二女長適孔浦張　次適翁

葬下橫河

肅

行恭百四五　諱世珍　字廷元

悌六一公長子

生於清康熙四十年辛巳十二月廿一日申時

卒於清乾隆三十九年甲午正月廿九日　時壽七十

有四

娶姚氏生於清康熙四十一年壬午六月廿一日未時

卒於清乾隆三十五年庚寅十月十一日　時壽六十

有九

生二子　長兆熊　次兆棟

一女適應

合葬大車頭

行恭百四六諱世芳字廷顯

悌七一公次子
生於清康熙四十一年壬午正月廿六日卯時
卒於清乾隆十九年甲戌十二月廿八日酉時年五十
有三
娶唐氏生於清康熙四十九年庚寅九月十九日辰時
卒於清乾隆四十六年辛丑三月廿六日　時壽七十
有二
生四子　長兆基　次兆宗　三兆鳳　四兆豐
一女適胡
葬杜家漕頭西九畝田
行恭百四七諱銥　字湯銘

悌瑞宏公之子

生於清康熙四十一年壬午八月初四日子時

卒於清乾隆三十七年壬辰正月初九日寅時壽七十

有一

娶渡頭李氏生於清康熙四十八年己丑十月十七日卯

時

卒於清乾隆三十四年己丑二月廿五日申時壽六十

有一

生四子　長士祥　次士祁　三士龍　四士鳳

二女長適田胡胡　次適方

合葬外河沿

稨

行荼百四八諱德昌字子盛

悌七九公次子

生於清康熙四十一年壬午十一月廿一日戌時

卒無考

娶范氏生於清康熙四十八年己丑四月十三日戌時

卒無考

生三子　長承美　次小傳　三阿王　阿王移居舟山生一子阿足出家

瑯

行荼百四九諱俊星

悌六九公長子

生於清康熙四十二年癸未正月十三日未時

卒無考

娶余氏生於清康熙四十二年癸未正月十八日辰時

卒無考

生一女適

行恭百五十諱世瑗

悌七三公四子

生於清康熙四十二年癸未十一月廿九日　時

卒於清乾隆十九年甲戌二月初二日　時年五十有

二

未娶

葬漕西圩

顯　麃

行恭百五一　諱世昌
悌八五公長子
生於清康熙四十三年甲申二月初三日酉時
卒於清乾隆十九年甲戌十月初八日酉時年五十一
娶嚴氏生卒無考
生二子　長承佑　次承佐
合葬後姚

行恭百五二　諱啓正
悌七六公次子
生於清康熙四十三年甲申八月廿四日寅時
卒無考

娶謝氏生於清康熙五十二年癸巳八月初五日　時

卒無考

生三子　長兆逑　次兆榮　三兆

一女適東澳徐

行恭百五三諱必昌字子上

悌明陞公長子

生於清康熙四十三年甲申十月初三日午時

卒無考

娶姚氏生於清康熙五十二年癸巳十月三十日子時

卒無考

生三子　長承聖　次承佑　三承式

𪊨

一女適鎮邑

行恭百五四諱森昌字天文

悌六二公長子

生於清康熙四十四年乙酉五月初二日辰時

卒無考

娶張氏生於清康熙五十一年壬辰八月十四日卯時

卒於清乾隆十二年丁卯七月廿五日寅時年三十六

無後

葬柏樹墳田

𪊨

行恭百五五諱世芹

悌七一公三子

生於清康熙四十四年乙酉五月廿七日午時
卒於清乾隆廿九年甲申三月十三日酉時壽六十歲
娶馬徑張氏生於清康熙五十二年癸巳十二月十七日
戌時
卒於清乾隆六十年乙卯十二月初四日　時壽八十
有三
生三子　長兆昌　次兆禹　三兆富
二女長適孔　次適沈
合葬杜家漕䟴
行蒸百五六諱世醋字子厚
悌六三公長子

生於清康熙四十四年乙酉七月初四日戌時
卒於清乾隆六十年乙卯閏二月廿九日丑時壽九十
有一
娶方氏生於清康熙四十三年甲申十二月廿七日未時
卒於清乾隆七年壬戌五月廿七日酉時年三十有九
生一子　兆楷
一女適徐家岸徐
又娶周氏生於清康熙五十六年丁酉六月廿九日卯時
卒於清乾隆十年乙丑四月十一日卯時年二十有九
生一女
又娶蘇氏生於清康熙五十一年壬辰七月廿九日丑時

廳

卒於清乾隆四十一年丙申十二月初四日戌時壽六
十有五
生一子　兆賢
一女
又娶馮氏生於清康熙五十四年乙未三月初五日亥時
卒於清嘉慶二年丁巳八月初九日　時壽八十有三
合葬周張漕田貼祖墳西首
行森百五七諱世貞字德祥
悌七五公次子
生於清康熙四十六年丁亥七月初八日酉時
卒無考

娶道院盛氏生於清雍正五年丁未九月廿五日戌時
卒無考
生一子　兆

𥬠
行萘百五八諱俊賢
悌六九公次子
生於清康熙四十六年丁亥十月初五日辰時
卒無考
娶莊氏生於清雍正四年丙午六月初八日午時
卒無考

𥬠
行萘百五九諱世才
悌劉公三子

生於清康熙四十六年丁亥　月　日時

卒無考

行恭百六十諱世卿字子大

悌六三公次子爲悌七十公繼子

生於清康熙四十六年丁亥十二月廿八日戌時

卒於清乾隆三十四年己丑四月廿四日丑時壽六十

有三

娶張氏生於清康熙四十八年己丑二月十九日戌時

卒於清乾隆五十年乙巳十一月十四日巳時壽七十

有七

生四子　長兆興　次兆麟　三兆昌　四兆嘉

合葬文溪王界

行蒸百六一諱藴昌字天如

悌六二公次子

生於清康熙四十七年戊子三月初六日亥時

卒無考

娶鎮邑江南孫氏生於清康熙五十一年壬辰五月初八

日卯時

卒於清乾隆八年癸亥十一月三十日辰時年三十二

生一子　承剛

又娶五都應氏生於清雍正三年乙巳九月廿八日亥時

卒無考

生二子　長承統　次承

二女

葬柏樹墳前

牖

行蒸百六二　諱世玉

悌六一公次子

生於清康熙四十七年戊子八月廿六日午時

卒於清乾隆三十四年己丑六月十三日　時壽六十

有二

娶邵氏生於清雍正元年癸卯十月十三日辰時

卒於清乾隆六十年乙卯十月初九日　時壽七十三

生三子　長兆圭　次兆吉　三兆千

一女適陳

葬馬徑河滸

行恭百六三諱俊國

悌八四公長子

生於淸康熙四十九年庚寅三月廿六日　時

卒於淸乾隆十八年癸酉二月初一日　時年四十四

娶程氏生於淸康熙六十年辛丑三月初二日戌時

卒無考

生一子

行恭百六四諱世忠

悌六三公三子

牖

生於清康熙五十年辛卯正月廿一日戌時
卒於清乾隆元年丙辰十二月初八日戌時年二十六
未娶
葬小雙漕跟

行恭百六五　諱世璉　字廷侯
悌七三公五子
生於清康熙五十年辛卯六月初三日辰時
卒無考
娶徐氏生於清康熙六十一年壬寅二月　日　時
卒於清乾隆十二年丁卯六月　日　時年二十六
又娶陳氏生於清雍正四年丙午七月二十日寅時

卒無考
葬油車氿

房
行蒸百六六諱俊芳
悌八一公之子
生於清康熙五十年辛卯　月　日　時
卒無考
移住李同港

房
行蒸百六七諱俊德
悌七二公次子
生於清康熙五十年辛卯八月十二日　時
卒於清乾隆十七年壬申六月初四日　時年四十二

娶徐氏 攺適

生一子

行恭百六八 諱世富

悌七四公四子

生於清康熙五十年辛卯　月　日　時

卒無考

行恭百六九 諱世城

悌六四公三子

生於清康熙五十二年癸巳正月十六日　時

卒於清乾隆元年丙辰三月廿六日　時年二十有四

娶余氏 攺適

無後
葬馬徑河角尺田

行恭百七十　諱錦
悌八四公次子
生於清康熙五十二年癸巳正月十八日　時
卒無考
娶夏氏生於清雍正六年戊申五月廿一日　時
卒於清乾隆十六年辛未四月二十日　時年二十四
葬長官田

行恭百七一　諱榮昌　字子華
悌明陞公次子

生於清康熙五十二年癸巳五月廿三日申時

卒無考

娶蟹浦鄭氏生於清康熙六十年辛丑五月十八日申時

卒無考

行恭百七二諱世則字嘉祥

悌七五公三子

生於清康熙五十二年癸巳七月廿三日巳時

卒於清乾隆十三年戊辰二月十七日子時年三十六

未娶

葬磨壟跟

行恭百七三諱俊宗

悌八二公長子
生於清康熙五十四年乙未 月 日 時
卒無考

行恭百七四諱啓源
悌七六公三子
生於清康熙五十七年戊戌正月十一日寅時
卒無考
娶林氏生於清雍正三年乙巳 月 日 時
卒於清乾隆十四年己巳十月初四日 時年二十五
又娶張氏生卒無考
葬砂墩頭

[illegible]

行蒸百七五諱世榮

悌八八公之子

生於清康熙五十七年戊戌十二月初八日酉時

卒無考

娶徐氏生於清雍正六年戊申八月二十日　時

卒無考

生一子

[illegible]

行蒸百七六諱益昌字天相

悌六二公三子

生於清康熙五十八年己亥二月廿八日亥時

卒無考

顧

行恭百七七諱又昌

悌八五公次子

生於清康熙五十九年庚子八月廿二日午時

卒無考

娶寧城陳氏生於清康熙五十九年庚子　月　日

卒無考

勝

行恭百七八諱世昌

悌八九公長子

生於清康熙六十一年壬寅正月初九日午時

卒於清乾隆三年戊午八月　日　時

未娶

牗

行荼百七九諱世法
悌九十公長子
生於清雍正元年癸卯八月十五日子時
卒無考
娶錢氏生於清雍正十二年甲寅八月廿五日丑時
卒無考

牗

行荼百八十諱卜昌
悌八七公長子爲悌七七公繼子
生於清雍正三年乙巳五月初八日戌時
卒無考
娶鎮邑周家樓下周氏生於清雍正八年庚戌十二月十

八日未時
卒無考
生一子 承立 出門在外杳無音信

牖

行恭百八一諱世顯
悌九十公次子
生於清雍正五年丁未四月 日 時
卒無考

牖

行恭百八二諱元昌
悌九一公長子
生於清雍正五年丁未八月十五日 時
卒於 年 十月廿八日 時

娶居氏生於清　年　九月初二日　時
卒於　年　九月廿一日　時
生三子　長承學　次承先出繼　三承孝　向客杭
州未嘗歸娶

行恭百八三諱世盛
悌八九公次子
生於清雍正十一年癸丑八月二十日戌時
卒無考
娶顏氏生於清乾隆元年丙辰十二月廿二日　時
卒無考

行恭百八四諱俊元

悌八二公次子
生卒無考

行慕百八五諱愷昌
悌九一公次子
生於清乾隆元年丙辰三月　日　時
卒無考

行慕百八六諱世華
悌八九公三子
生於清乾隆三年戊午八月十九日戌時
卒無考

行慕百八七諱孫昌

西房

悌八七公次子
生於清乾隆五年庚申九月十五日酉時
卒無考
娶應氏生卒無考
生三子　長承恩　次承春　三承泰
一女適郭
寓居鄞邑靈橋門內

行恭百八八　諱聖昌
悌九一公三子
生於清乾隆八年癸亥九月十五日酉時
卒於清嘉慶二年丁巳十二月廿五日申時年五十五

娶應氏生於清乾隆　年　正月廿九日戌時
卒無考
無後　繼子　承先

派
行恭　諱　士鳳
悌　龍公次子
生卒無考
娶□氏生卒無考
生一子　雙全
移居江北岸

派
行恭　諱　士顯
悌廿五公長子

二房　　二房

生卒無考

娶□氏生卒無考

無後　繼子　嘉善

一女適馬徑張

行恭　　諱士

悌廿四公長子

早世

行恭　　諱士宏

悌六一公長子

生卒無考

娶鄭氏生卒無考

又娶陳氏生卒無考
生三子　長嘉積　次嘉奇　三招生
二女長適金家墺金　次適徐
合葬茅墳㳈

庭　行恭　諱士毅
悌六公次子
生卒無考
娶陳氏生卒無考
生二子　長坤壽　次嘉言

庭　行恭　諱鼎
悌珍壹公長子

生卒無考
娶□氏生卒無考
生三子　長承美　次運泰　三奇

庭

行恭　諱士英
悌沙公之子
生卒無考
娶皇氏生卒無考
生二子　長秉元　次秉貞

肅

行恭　諱世宗
悌元瑞公之子
生卒無考

隨母寓住杜谷沈
娶□氏生卒無考
生一子 兆傑
行恭 諱 世錦
悌元亮公之子 爲洪姓後
生卒無考
娶□氏生卒無考
生一子 兆彝
行恭 諱 元
悌瑞禮公之子
生無考

卒於清　年　十月初八日　時
娶姚氏生無考
卒於清　年　十二月初八日　時
生一子　志相

行恭　諱鋼
悌瑞招公三子
生卒無考
娶洪氏生卒無考
生一子　士成
二女長適倪　次適陳
合葬堰橋頭

行恭　諱子惠

悌颯公之子

生卒無考

娶□氏生卒無考

生一子　友卿

行恭　諱子榮

悌三三公長子

生卒無考

娶□氏生卒無考

生一子　汝息

行恭　諱琨

悌友諒公次子
生卒無考
娶□氏生卒無考
生一子　允榮
行恭　諱繼昌
悌明倫公長子
生卒無考
娶□氏生卒無考
繼子　承明
行恭　諱復昌字文玉
悌明倫公次子

生卒無考

娶蔣氏生卒無考

生二子　長承耀　次龍祥

行恭　諱招

悌明倫公三子

生卒無考

移居舟山

第二十六世

行敬一諱運泰字昌時

恭鼎公次子

生於明崇禎十六年癸未　月　日　時

卒無考

娶蔣氏生卒無考

生一子　儲慶

行敬二諱承綸

恭二公長子

生於清順治元年甲申九月　日　時

卒於清康熙三十年辛未六月二十日　時年四十八

娶唐氏生卒無考
又娶李氏生無考
卒於清康熙三十年辛未十月初二日　時
生一子　允懌
合葬墓壟跟

行敬三諱承組
恭二公次子
生於清順治二年乙酉九月十四日　時
卒於清康熙三十八年己卯二月十四日　時年五十
有五
娶徐氏生於清順治十七年庚子八月廿五日申時

譜

卒於清雍正十二年癸丑五月初八日　時壽七十四

生一子　允恒

合葬墓壠跟

行敬四　諱承泰　字茂英

恭一公次子

生於清順治三年丙戌十二月三十日　時

卒於清雍正九年辛亥三月廿五日　時壽八十有六

娶徐氏生於清康熙三年甲辰五月十三日　時

卒於清乾隆五年庚申九月初四日　時壽七十有七

無後

生三女長適謝　次適徐　三適夏家隩邵

繼子　允瑞

合葬墓璽跟

行敬五　諱顯德　號覺德

恭四公之子

生於淸順治四年丁亥八月廿六日戌時

卒於淸康熙五十年辛卯五月廿六日　時壽六十五

娶鄔氏生於淸順治十六年己亥七月廿二日酉時

卒於淸雍正十一年癸丑二月廿五日午時壽七十五

生三子　長維翰　次維幹　三維藩

四女長適韓　次適唐　三適徐　四適張

合葬上坂楊家三畝田

腼

行敬六 諱承純 字文之

綦二公三子

生於清順治七年庚寅十月十三日 時

卒於清康熙四十一年壬午正月十九日 時年五十

有三

娶沈氏生於清 年 正月廿五日 時

卒於清康熙廿五年丙寅閏四月初二日 時

生一子 允愷

合葬鍾監堰頭

行敬七 諱嘉積 字君成

綦士宏公長子

生於清順治十一年甲午十月初十日　時
卒於清雍正十二年癸丑九月初七日　時壽八十歲
娶徐氏生於清康熙六年丁未五月初四日申時
卒於清乾隆九年甲子十一月十三日　時壽七十八
生四子　長繼序　次繼寧　三繼賢　四繼善
一女適田胡胡
合葬暗漕頭
行敬八諱秉仁
恭五公長子
生於清順治十二年乙未七月廿五日　時
卒於清　年　七月廿六日　時

娶成氏生卒無考

無後

行敬九 諱承綱

恭二公四子

生於清順治十三年丙申正月初四日　時

卒於清康熙廿六年丁卯十月十九日　時年三十二

娶邵氏 改適

生一女適孔

葬西園

行敬十 諱承達 字允吉

恭三公長子

生於清順治十五年戊戌九月初九日　時
卒於清康熙六十年辛丑十月十四日　時壽六十四
娶葛氏生於清康熙五年丙午九月初二日卯時
卒於清乾隆五年庚申十月十九日未時壽七十有五
生二子　長允文　次允章
一女適張

行敬十一諱嘉奇字君聘
棊士宏公次子
生於清順治十五年戊戌十二月初五日　時
卒於清乾隆三年戊午二月初一日卯時壽八十有一
娶鎮邑陳氏生於清康熙九年庚戌十一月十五日　時

卒於清雍正十一年癸丑十一月廿三日申時壽六十
有四
生三子　長繼元　次繼祖　三繼龍
三女長適洋墅徐　次適菱漕頭陳　三適隔河陳陳
合葬鎮邑隔河陳
行敬十二諱秉義
恭五公次子
生於清順治十六年己亥三月廿九日　時
卒於清雍正七年己酉七月初十日戌時壽七十有一
娶官莊橋徐氏生於清康熙廿二年癸亥五月廿六日巳
時

卒無考
生三子　長士錦　次士俊　三士宏
二女長適更樓錢　次適官莊橋徐
行敬十三諱承緒
恭二公五子
生於清順治十六年己亥七月初四日戌時
卒於清康熙五十五年丙申十月廿六日　時年五十
有八
娶孫氏生於清康熙十四年乙卯閏五月廿二日酉時
卒於清乾隆十七年壬申正月初七日午時壽七十八
生二子　長允祥　次允瑞出繼

二女長適張　次適鄭

合葬香山大峋頭

行敬十四　諱嘉允　字錫光

恭十三公長子　英年捐世

生於清順治十八年辛丑七月初七日　時

卒於清康熙廿六年丁卯五月十四日　時年二十七

葬宅東港嘴頭地田

娶室徐氏年方二十有六苦心守志慮人諷已遂屏居寧

城戒智庵爲僧五十餘年迨老始歸就養年九十歲而

卒生於清康熙元年壬寅三月十四日丑時

卒於清乾隆十六年辛未九月廿七日午時壽九十歲

生一子　繼志

分葬宅東地下二畝田

行敬十五諱秉禮

荼五公三子

生於清康熙二年癸卯十二月十六日　時

卒於清雍正十二年甲寅十二月十七日　時壽七十

有二

娶羅氏生於清康熙廿六年丁卯　月　日　時

卒於清雍正九年辛亥七月初六日　時年四十有五

生二子　長士綉　次士康

二女長適五都廳　次適姚

合葬杜家澧東

行敬十六諱嘉韜字元豐

恭十三公次子

生於清康熙四年乙巳五月初七日　時

卒於清雍正四年丙午五月廿九日　時壽六十有二

娶費氏生於清康熙十五年丙辰七月廿四日　時

卒於清乾隆十年乙丑三月廿九日　時壽七十歲

生二子　長繼成　次繼芳

四女長適張　次適鎮邑上陳陳　三適青林顔

四適費

合葬港嘴頭地下二畝田

行敬十七諱秉謙字益恭號覺謙
恭六公之子
生於清康熙五年丙午四月十三日　時
卒於清雍正六年戊申九月初十日　時壽六十有三
娶沈氏生於清康熙十七年戊午十二月十八日酉時
卒於清乾隆十七年壬申三月初四日申時壽七十五
生三子　長維善　次維新　三維烏
二女長適鎮邑貴駟橋郎　次適邵
合葬鄭家墓

行敬十八諱嘉賓
恭十五公長子　崇信釋教誓不娶室凡遇寺觀裝塑佛像

輒罄囊不惜

生於清康熙五年丙午十二月初十日酉時

卒於清乾隆十一年丙寅四月廿一日巳時壽八十有

一不立繼子每年祭享在敬三一嘉修七子輪流承辦

行敬十九諱嘉言字錫彰

恭士毅公次子

生於清康熙六年丁未五月廿八日子時

卒於清乾隆五年庚申四月廿五日　時壽七十有四

娶邱氏生於清康熙廿三年甲子十一月十六日亥時

卒無考

生二子　長繼昌　次繼盛

三女長適汶溪胡　次適王　三適馬鞍山前趙
葬汶溪南山
行敬二十諱秉智
恭五公四子
生於清康熙六年丁未十月初三日　時
卒於清雍正五年丁未六月初四日戌時壽六十有一
娶傒氏生於清康熙廿七年戊辰十月十二日亥時
卒無考
生三子　長士英　次士榮出繼　三士華
一女適鄞邑西門毛
合葬應家橋岸

行敬廿一　諱　嘉宰　字　邦甫

恭十五公次子

生於清康熙八年己酉六月初一日　時

卒於清　年　四月十三日　時

未娶　每年祭享在敬三一　嘉修之子七房輪流承辦

葬長大墳西首

行敬廿二　諱　秉忠

恭十公長子

生於清康熙八年己酉十一月廿一日酉時

卒於清康熙五十三年甲午十一月廿七日申時年四

十有六

娶翁氏生於清康熙廿五年丙寅四月初五日辰時
卒於清雍正十三年乙卯十二月初七日丑時年五十
歲
生二子　長維仁　次維岳出繼
合葬鄭家墓
行敬廿三諱嘉文字子章
恭十三公三子
生於清康熙九年庚戌十月十八日　時
卒於清　年　十二月廿九日　時
娶莊氏改適
葬地田

行敬廿四諱承文

恭三公三子

生於清康熙十年辛亥正月廿六日　時

卒於清康熙四十九年庚寅三月初十日　時年四十

歲

娶王氏生於清康熙十年辛亥九月二十日卯時

卒於清乾隆十九年甲戌八月廿七日卯時壽八十四

無後　繼子　允敬

生二女長適周　次適葛

合葬河灣

行敬廿五諱秉恕字益之

騂

恭十公次子

生於清康熙十一年壬子七月十二日未時

卒於清康熙四十九年庚寅三月十三日亥時年三十

有九

娶沈氏生於清康熙廿八年己巳三月廿五日戌時

卒無考

無後　繼子　維岳

葬鄭家墓

行敬廿六諱秉信

恭五公五子

生於清康熙十一年壬子十一月十一日　時

卒於清乾隆四年己未七月廿九日　時壽六十有八

娶孔氏生卒無考

無後　繼子　士榮

生一女適余

合葬杜家漕頭

行敬廿七諱嘉貞字錫几

恭十三公四子

生於清康熙十一年壬子十一月廿八日　時

卒於清康熙六十一年壬寅六月初七日申時年五十

有一

娶孔氏生於清康熙廿一年壬戌十一月廿八日　時

卒於清康熙五十一年壬辰四月十五日　時年三十

有一

又娶鎮邑周氏生於清康熙三十三年甲戌正月十五日

酉時

卒無考

無後

生三女長適馬徑張　次適跨塘周　三適貴駟橋郎

合葬宅東地下二畝田

行敬廿八諱允昌字奕文

恭七公次子

生於清康熙十三年甲寅二月初九日　時

卒於清乾隆十一年丙寅三月初五日辰時壽七十三

娶稽氏生於清康熙三十七年戊寅　月　日　時

卒於清乾隆七年壬戌十月初六日　時年四十有五

生三子　長士淵　次士錦　三士發

一女適橫山頭沈

合葬小高田

行敬廿九　諱嘉德　字玉芝

恭十三公五子

生於清康熙十五年丙辰八月廿七日　時

卒於清康熙六十一年壬寅三月廿六日辰時年四十有七

娶孔氏生於清康熙廿四年乙丑十二月十五日巳時
卒於淸乾隆廿六年辛巳十二月廿三日　時壽七十
有七
生四子　長繼光　次繼和　三繼倫　四繼祥
一女適梅林莊
合葬宅東港嘴頭地田
行敬三十諱城德字協先
恭十四公長子
生於淸康熙十五年丙辰十月廿五日　時
卒無考
娶李氏生於淸康熙廿七年戊辰六月初七日丑時

卒無考

生三子　長與昌　次與茂　三與光

一女適橫山田心曹

葬高地

行敬三一　諱嘉修　字又全

恭十五公三子

生於清康熙十六年丁巳十一月初八日卯時

卒於清乾隆五年庚申八月十五日未時壽六十有四

娶曹氏生於清康熙十九年庚申七月初八日酉時

卒於清乾隆十二年丁卯正月廿二日巳時壽六十八

生七子　長繼文　次繼武　三繼聖　四繼緒

五繼楨　六繼祚　七繼法

一女適鄞邑蔣

合葬水泭

行敬三二諱允龍字得雨

恭三四公長子

生於清康熙十八年己未六月二十日戌時

卒於清雍正九年辛亥三月十一日卯時年五十有三

娶徐氏生於清康熙廿八年己巳十二月十八日　時

卒於清康熙六十年辛丑七月廿一日　時年三十三

無後

合葬河裏岸

行敬三三諱秉文字文龍

恭十二公長子

生於清康熙十九年庚申十二月廿八日未時

卒於清雍正七年己酉五月廿四日申時年五十歲

娶姚氏生於清康熙三十四年乙亥十一月初三日　時

卒於清乾隆十七年壬申九月廿六日　時年五十八

生一子　維貞

三女長適姚　次適姚　三適洪

合葬柘塘廟後

行敬三四諱秉賢字益甫

恭廿一公長子

生於清康熙二十年辛酉七月初十日　時
卒於清乾隆十三年戊辰六月十七日　時壽六十八
娶姚氏生於清康熙三十年辛未四月十四日　時
卒於清乾隆十六年辛未十二月初三日　時壽六十
有一
生二子　長維憲　次維千
一女適蔣
合葬應家橋

行敬三五諱志顯
恭四四公之子
生於清康熙二十年辛酉十月初九日子時

卒於清乾隆三十二年丁亥七月廿九日　時壽八十

有七

娶張氏生於清康熙廿九年庚午四月廿五日卯時

卒於清乾隆四十一年丙申正月初一日　時壽七十

有七

生三子　長在學　次在泮　三在位

一女適鎮邑東坂安

合葬柘樹塘

行敬三六諱承宗字耀先

恭三公四子爲恭三二公繼子

生於清康熙廿一年壬戌七月十二日　時

房

卒無考

無後

行敬三七諱嘉祿字申之

恭十三公六子　居家行孝友處世尚寬和發憤攻書有志

未售人皆惜之

生於淸康熙廿一年壬戌八月初四日子時

卒於淸乾隆十三年戊辰八月廿三日丑時壽六十歲

娶朱氏生於淸康熙廿二年甲子十二月十八日丑時

卒於淸乾隆十年乙丑六月十四日亥時壽六十有二

生四子　長繼先　次繼行　三繼綱　四繼常

五女長適太二房姚　次適五都應　三適淸林渡顏

四適太二房姚　五未字而卒墓在大地前

合葬後三房屋東地下二畝田坐西朝東土名倒橋頭

附父墳南首

行敬三八諱允鳳字德舜

恭三四公次子

生於清康熙廿一年壬戌十一月二十日丑時

卒於清乾隆十一年丙寅正月廿三日午時壽六十五

娶余氏生於清康熙三十一年壬申六月廿二日巳時

卒無考

無後　螟子　士茂

葬茅墳湫

行敬三九諱城發字天祥
恭三四公次子
生於清康熙廿一年壬戌　月　日時
卒無考
娶徐氏生卒無考
生一子　與貴
行敬四十諱秉仁字益偉
恭九公長子
生於清康熙廿二年癸亥六月初二日子時
卒於清乾隆十六年辛未六月廿八日未時壽六十九
娶曹氏生於清康熙三十九年庚辰八月廿一日酉時

卒於清乾隆五十一年丙午九月十七日　時壽八十有七

生三子　長維艮　次維周　三維聰

二女長適鎮邑唐　次適馬徑張

合葬倒橋頭

行敬四一　諱志相

恭元公之子

生於清康熙廿二年癸亥十月初十日　時

卒於清雍正四年丙午七月廿三日　時年四十有四

娶陳氏生無考

卒於清　年　正月初四日　時

朓

又娶方氏生於清　年　十二月廿七日　時

卒於清　年　七月十五日　時

生一子　在田

行敬四二諱嘉琳字玉林

恭二十公長子

生於清康熙廿三年甲子二月廿四日辰時

卒於清乾隆十年乙丑八月廿六日寅時壽六十有二

娶邵氏生於清康熙三十五年丙子十二月初六日　時

卒於清乾隆十一年丙寅三月十一日未時年五十一

生二子　長繼才　次明顯

三女長適馮　次適徐　三適鎮邑夏

合葬鄭家㳇

厈

行敬四三 諱秉彝 字鎰章

恭十公三子

生於淸康熙廿三年甲子六月十九日丑時

卒於淸乾隆三年戊午三月廿八日丑時年五十有五

娶張氏生於淸康熙三十五年丙子六月廿六日寅時

卒於淸乾隆十八年癸酉四月十六日　時年五十八

生三子　長維遠　次維進　三維一

一女適鎮邑顏

合葬鄭家墓

厈

行敬四四 諱嘉仁 字濟元

謙

恭三十公長子

生於清康熙廿三年甲子十月初七日寅時

卒於清乾隆廿八年癸未九月十六日酉時壽八十歲

娶劉氏生於清康熙　年　九月十四日卯時

卒於清乾隆十八年癸酉三月廿六日丑時

生二子　長繼宗　次繼周

合葬河瀠朝西向欄土誌垂裕後昆四字

行敬四五諱士鳳

恭十七公長子

生於清康熙廿四年乙丑四月十六日丑時

卒於清乾隆九年甲子十月十一日　時壽六十歲

三房

娶張氏生於清康熙四十四年乙酉十一月廿五日丑時
卒無考
生二子 長在任 次在廷
一女

行敬四六 諱秉章 字顯章
恭十二公次子
生於清康熙廿四年乙丑十月初八日卯時
卒無考
娶徐氏生於清康熙三十六年丁丑十月十五日 時
卒於清康熙五十九年庚子五月十二日 時年二十
有四

配

無後　繼子　維新

行敬四七諱嘉炳字哲先

恭八公長子

生於清康熙廿五年丙寅三月十三日巳時

卒於清　年　六月初四日　時

娶胡氏生於清康熙廿九年庚午八月廿四日丑時

卒於清　年　十一月初八日　時

生六子　長繼業　次繼禹　三繼榮　四繼豐

五繼唐　六繼濂

二女長適邵　次適陳

合葬西園地坐南朝北

二房

行敬四八諱嘉炎字純美

慕十六公長子

生於清康熙廿五年丙寅九月十八日子時

卒於清乾隆十年乙丑五月廿四日戌時壽六十歲

娶孔氏生於清康熙三十三年甲戌九月十五日　時

卒於清雍正三年乙巳十月十三日　時年三十有二

生二女長適瀆水湖張　次適陸

合葬門前田

又娶沈氏生於清康熙三十八年己卯五月初七日　時

卒於清雍正十一年癸卯四月十三日　時年三十五

分葬染地

又娶潘氏生於清康熙四十一年壬午三月廿七日卯時
卒於清　年　十月初三日　時
生三子　長繼望　次繼爽出繼　三繼封

行敬四九諱秉倫
恭九公次子
生於清康熙廿五年丙寅　月　日　時
卒無考
娶□氏生卒無考
無後

行敬五十諱承謨
恭廿四公長子

庭

生於清康熙廿五年丙寅十一月初五日　時

卒於清乾隆十一年丙寅六月初二日　時壽六十一

娶陶氏生於清康熙三十七年戊寅十二月十四日寅時

卒於清　年　正月廿二日　時

生一子　允翼

三女長適姚　次適象山楊　三適徐

合葬五畝田

行敬五一　諱毓才　字濟生

茶廿五公之子

生於清康熙廿六年丁卯九月十一日戌時

卒無考

娶費氏生於清康熙三十二年癸酉八月初一日　時
卒於清雍正四年丙午二月十一日　時年三十有四
葬方家屋前
又娶常氏生於清康熙三十六年丁丑九月初三日寅時
卒無考
生二子　長興仁　次興禮
二女長適孔浦吳　次適奉化竺

牖
行敬五二　諱兆煥
恭四一公長子
生於清康熙廿七年戊辰五月廿七日辰時
卒於清乾隆十五年庚午十月十八日戌時壽六十有

三

葬上畈

行敬五三　諱士位　字行三

恭五八公長子

生於清康熙廿八年己巳正月初一日　時

卒於清乾隆十八年癸酉十月廿二日丑時壽六十五

娶姚氏生於清康熙三十年辛未十二月廿六日戌時

卒於清乾隆十六年辛未五月廿二日子時壽六十一

生三子　長在科　次在中　三在鼎

四女長適官莊橋顏　次適半路庵洪　三適姚

四適章橋徐

合葬洪家門前墳田

行敬五四　諱嘉燦　字英三

恭八公次子

生於清康熙廿八年己巳二月初四日申時

卒於清乾隆十一年丙寅七月十三日　時年五十八

娶錢氏生於清康熙三十六年丁丑正月廿三日　時

卒於清乾隆六年辛酉六月廿五日　時年五十有五

生四子　長繼增　次繼翰　三繼烈　四繼柳

一女適鎮邑夏

合葬馬徑河沿

行敬五五　諱承烈　字允生

萘廿四公次子
生於清康熙廿八年己巳二月初五日　時
卒無考
娶陳氏生於清康熙四十二年癸未　月　日　時
卒無考
生三子　長允颸　次允貞　三允豪
移居台州寧海七塽
行敬五六　諱嘉瑤
萘十六公次子
生於清康熙廿八年己巳閏三月十六日　時
卒於清康熙五十四年乙未十月廿五日　時年二十七

肆

有七
娶□氏生卒無考
無後　繼子　繼奭
葬茅墳染地

行敬五七諱允曜
恭三五公長子
生於清康熙廿八年己巳七月初八日　時
卒於清乾隆元年丙辰十月十九日　時年四十有八
娶張氏生於清康熙四十四年乙酉十月初三日子時
卒無考
生一子　士魁

二女長適長石橋王　次適靑林姜

葬大雷園

厖

行敬五八 諱嘉瑋

恭二十公次子

生於淸康熙廿九年庚午三月三十日　時

卒於淸　年　十二月廿六日　時

娶姚氏生於淸康熙四十四年乙酉四月初七日午時

卒於淸乾隆四十年乙未九月十八日　時壽七十一

生二子　長繼槐　次繼統

一女適五都應

厈

行敬五九 諱秉倪

恭四九公長子

生於清康熙廿九年庚午十一月廿六日未時

卒於清康熙六十一年壬寅八月初五日巳時年三十

有三

娶陳氏生於清康熙三十二年癸酉十二月初三日　時

卒於清康熙五十三年甲午正月十七日　時年三十

有二

無後

合葬鄭家墓

行敬六十諱承魁字君葵

恭三八公之子

涼

生於清康熙廿九年庚午十一月廿九日辰時

卒無考

娶顧氏生於清康熙三十九年庚辰正月十七日丑時

卒無考

生四子　長允恭　次允敬　三允讓　四允遜

二女長適章橋葛　次適上邵邵

行敬六一　諱士鵬

恭五八公次子

生於清康熙三十年辛未六月十八日戌時

卒於清乾隆十八年癸酉四月初九日亥時壽六十三

娶沈氏生於清康熙三十八年己卯十一月十七日巳時

生四子　長在甲　次在雲　三在明　四在常

二女長適長石橋王　次適鎮邑徐家岸徐

葬洪家門前

棟

行敬六二諱士茂

恭十七公次子

生於清康熙三十一年壬申二月初九日戌時

卒無考

娶□氏生於清康熙三十二年癸亥　月　日　時

卒無考

移居杭州

朋

行敬六三諱秉倫

恭廿二公長子

生於清康熙三十一年壬申四月初四日　時

卒於清康熙五十五年丙申十一月初三日　時年二

十有五

娶施氏 改適

無後

葬鄭家墓

行敬六四 諱承祥

恭五二公之子

生於清康熙三十一年壬申七月十一日丑時

卒於清乾隆十四年己巳十一月初八日申時年五十

有八
娶錢氏生於清康熙三十八年己卯四月初八日　時
卒於清雍正十年壬子十二月十三日亥時年三十四
生三子　長允圭　次允璋　三允琦
一女適陸
又娶張氏生於清康熙三十八年己卯十一月廿二日
卒於清乾隆二年丁巳十一月初八日　時年三十九
又娶周氏生於清康熙三十一年壬申十二月廿八日午
時
卒於清乾隆十六年辛未七月十一日　時壽六十歲
生一子　允盛

合葬上坂

行敬六五　諱承德

恭廿四公三子

生於淸康熙三十一年壬申十一月廿二日辰時

卒於淸乾隆廿六年辛巳六月十一日　時壽七十歲

娶陶氏生於淸康熙四十年辛巳九月初四日　時

卒於淸乾隆二年丁巳四月十八日酉時年三十有七

生三子　長允標　次允謙　三允明

一女適鎭邑鄔

合葬杜家漕頭

行敬六六　諱毓奇

恭三三公長子

生於清康熙三十二年癸酉四月十一日　時

卒於清乾隆三年戊午正月初二日申時年四十有六

娶桂氏生於清康熙三十七年戊寅　月　日　時

卒於清雍正十三年乙卯四月初二日午時年三十八

生二子　長興詩　次興茂

二女長適　次適章橋成

行敬六七諱嘉瑞

恭十六公三子爲恭十八公繼子

生於清康熙三十二年癸酉八月十六日亥時

卒於清乾隆十六年辛未五月廿一日丑時年五十九

娶戎氏生於清康熙四十四年乙酉二月十六日辰時
卒於清乾隆四十七年壬寅七月廿二日丑時壽七十
有八
生一子　繼泗
二女長適官莊橋徐　次適鎮邑胡
合葬任家田

行敬六八諱允忠
恭廿八公之子
生於清康熙三十二年癸酉八月廿八日寅時
卒於清雍正四年丙午十二月初二日午時年三十四
娶羅氏改適

雁　　　　雁

行敬六九諱秉昆

生三子　長士元　次士仁　三士義

恭廿一公次子

生於清康熙三十二年癸酉九月初九日辰時

卒於清乾隆十六年辛未九月十一日子時年五十九

娶姚氏生於清康熙四十年辛巳八月十九日丑時

卒無考

生二子　長維榮　次維勤

二女長適鎮邑沈　次適海田周

行敬七十諱兆炳

恭四一公次子

庄

生於清康熙三十三年甲戌四月十六日　時

卒於杭州　未娶

行攸七一　諱毓元

恭七六公之子

生於清康熙三十三年甲戌五月初六日寅時

卒於清乾隆十九年甲戌九月廿九日申時壽六十一

娶應氏生於清康熙三十九年庚辰五月初六日辰時

卒於清乾隆三十四年己丑五月十八日　時壽七十

歲

無後　繼子　興茂

葬河裏岸

行敬七二諱允彪
恭三四公三子
生於清康熙三十三年甲戌七月十九日　時
卒於清雍正八年庚戌三月初六日　時年三十有七
未娶
葬河裏岸

行敬七三諱允陞
恭四八公長子
生於清康熙三十三年甲戌十二月廿六日　時
卒於清　年　七月初七日　時
娶莊氏生於清　年　二月初九日　時

卒於清乾隆三十七年壬辰十月廿三日　時

生一子　士莊

葬應家橋樟樹墳

行敬七四 諱承仁 字維人

蒸四六公長子

生於清康熙三十四年乙亥四月廿九日丑時

卒於清乾隆　年　十一月初五日　時

娶費氏生於清康熙四十二年癸未七月廿四日辰時

卒於清乾隆　年　八月初二日　時

生三子　長允英　次允懷　三允芳

二女長適馬鞍山前鄭　次適漢王廟跟張

濂

葬暗漕頭

行敬七五諱士俊字煥文

㳟廿六公長子

生於清康熙三十四年乙亥十月十六日辰時

卒於清乾隆三十四年己丑五月十九日　時壽七十

有五

娶姚氏生於清康熙三十九年庚辰二月廿二日丑時

卒無考

生五子　長在德　次在茲　三在賢　四在貴

五在鳳

一女

行敬七六 諱秉毓 字文錫

恭廿二公次子

生於清康熙三十四年乙亥十二月初五日辰時

卒於清雍正十一年癸丑九月廿六日戌時年三十九

娶余氏生於清康熙四十四年乙酉三月廿六日酉時

卒於清乾隆　年　七月初二日　時

生一子　維吉

二女長適王　次適鎮邑雁塘廟沈

合葬庵漕頭田

行敬七七 諱兆燦

恭四一公三子

生於清康熙三十五年丙子正月初一日 時
卒於清乾隆十三年戊辰七月廿七日 時年五十三
未娶
葬上畈
行敬七八諱宮芹字君采
莃四五公長子
生於清康熙三十五年丙子五月初五日午時
卒於清乾隆六年辛酉十一月廿三日亥時年四十六
娶王氏生於清康熙三十六年丁丑七月初三日寅時
卒於清乾隆十七年壬申十一月初五日戌時年五十
有六

三房

生一子 仁山

二女長適打大門周周 次適迎聖橋黃

合葬張家港

行敬七九 諱秉芳

恭廿一公三子

生於清康熙三十六年丁丑三月廿六日 時

卒於清乾隆十五年庚午四月廿四日酉時年五十四

娶張氏生於清康熙四十四年乙酉二月初十日亥時

卒無考

生三子 長維城 次維德 三維積

二女長適長石橋唐 次適杭州張

葬應家橋岸

行敬八十諱秉聰字漢臣

蒸六七公長子

生於清康熙三十六年丁丑八月廿五日亥時

卒於清乾隆廿八年癸未八月廿八日　時壽六十七

娶五都應氏生於清康熙三十九年庚辰八月初六日午

時

卒於清乾隆二十年乙亥正月十二日　時年五十六

生二子　長維慧　次維學

五女長次俱適鎮邑董　三適姚　四適周家樓下周

五適

[illegible]

葬水泮

行敬八一諱秉直

恭四九公次子

生於清康熙三十六年丁丑十一月廿七日未時

卒無考

娶姚氏生於清康熙三十七年戊寅八月十二日辰時

卒於清雍正八年庚戌二月十二日酉時年三十有三

又娶蔡氏生於清康熙四十七年戊子五月十四日巳時

卒於清乾隆十八年癸酉九月初四日申時年四十五

葬鄭家墓

[illegible]

行敬八二諱承本字逢年

恭七八公長子爲恭七一公繼子
生於清康熙三十七年戊寅九月廿八日巳時
卒於清乾隆廿九年甲申正月十三日　時壽六十六
娶馬徑張氏生於清康熙三十九年庚辰四月十八日卯時一
卒於清乾隆四十四年己亥四月廿八日　時壽七十歲
生三子　長允孝　次允忠　三允揚
四女長適寧城郡庠生林大中　次適章橋徐　三適壓賽堰陳　四適河西岸周
合葬屋後小橋跟

二房

行敬八三諱嘉義字次仁

恭三十公次子爲恭三六公繼子

生於清康熙三十七年戊寅十一月十六日酉時

卒於清乾隆三十五年庚寅五月初十日巳時壽七十

有三

娶鎮邑貫駟橋劉氏生於清康熙三十八年己卯正月初

五日酉時

卒於清乾隆三十九年甲午十月十七日亥時壽七十

有六

生二子長繼濬次繼旦

一女適跨塘周

合葬倒橋跟河西岸南向欄土誌白雲封獲四字

行敬八四諱宮彩字公耀

恭五五公長子

生於清康熙三十八年己卯二月初一日未時

卒無考

娶姚氏生於清康熙四十年辛巳十二月初二日酉時

卒無考

生二子長仁千　次仁大

三女長適山頭黃眞　次適黃梅堰顧　三適

行敬八五諱宮藻

恭四五公次子

生於清康熙三十八年己卯九月十八日酉時
卒於清乾隆十六年辛未十二月廿四日酉時年五十
有三
娶葛氏生於清康熙四十六年丁亥九月初一日申時
卒無考
生二子　長仁武　次仁存
一女適下嵇𥡴
葬張家港

行敬八六諱兆慶字汝光
　恭五四公之子
生於清康熙三十九年庚辰四月廿五日　時

卒於清乾隆十年乙丑正月十二日亥時年四十有五

娶費氏生於清康熙四十七年戊子九月二十日卯時

卒於清乾隆三十六年辛卯八月初四日　時壽六十

有四

生三子　長敏功　次敏求　三敏祿未娶祭祀隨父

輪辦

二女長適汶溪潘　次適馬徑張

葬油車壩田

行敬八七諱允富

恭六十公長子

生於清康熙四十年辛巳四月十六日亥時

旺

卒於清乾隆十二年丁卯七月十五日丑時年四十八

失水在洋未曾歸葬

娶沈氏生於清康熙五十三年甲午十一月十八日酉時

卒無考

生三子　長士泰　次士艮　三士健

一女

行敬八八　諱啓元　字振先

恭五六公之子

生於清康熙四十年辛巳八月十二日卯時

卒無考

娶顧氏　改適

生二子　長丹　次桂

行敬八九諱承禮字文三

恭四六公次子

生於清康熙四十年辛巳九月廿二日　時

卒於清乾隆十六年辛未七月初一日申時年五十一

娶鄭氏生於清康熙四十年辛巳十一月十六日　時

卒於清乾隆九年甲子八月初六日　時年四十有四

生四子　長允中　次允玉　三允金　四允彩

合葬杜家漕田

行敬九十諱嘉賢

恭二十公三子

庄

生於淸康熙四十年辛巳十月十九日子時

卒無考

未娶　無後

明顯承祀

行敬九一　諱毓貴

棻七二公長子

生於淸康熙四十年辛巳十一月十一日　時

卒無考

娶洪氏生卒無考

繼子　興孝

移住定海岱山

庸

行敬九二諱兆祥字熊占
恭九一公長子爲恭八七公繼子
生於淸康熙四十一年壬午正月廿五日　時
卒於淸乾隆四十一年丙申正月廿一日未時壽七十
有五
娶洪氏生無考
卒於淸　年　五月初四日　時
又娶包氏生於淸康熙五十二年癸巳十月廿九日　時
卒於淸乾隆四十九年甲辰七月廿四日申時壽七十
有二
生二子　長敏詩　次敏富

肅

二女長適奉邑陳　次適鎮邑鄭
葬杜家漕
行敬九三　諱兆甲
恭五七公長子
生於清康熙四十一年壬午九月初二日　時
卒於清乾隆二年丁巳四月十九日戌時年三十有六
娶孔氏　改適
無後
葬上坂

[illegible]

行敬九四　諱嘉相
恭七五公長子

庸

生於清康熙四十一年壬午九月廿九日午時
卒無考
娶邵氏生於清康熙四十四年乙酉二月初九日子時
卒無考
生三子　長繼美　次繼韶　三繼富
三女長適葛　次適灣頭方　三適
行敬九五諱兆科
恭四一公四子
生於清康熙四十一年壬午十月十八日酉時
卒於清乾隆四十九年甲辰八月十六日午時
娶孔家山孔氏生於清康熙四十九年庚寅十月廿七日

申時
卒於清乾隆廿九年甲申十月十六日戌時年五十五
生三子　長敏行　次敏泰　三敏喻
二女長適漢王廟前張　次適袁
合葬上坂

行敬九六　諱嘉爵
叅三七公長子
生於清康熙四十一年壬午十月廿九日午時
卒無考
未娶

行敬九七　諱士盛

恭十七公三子

生於清康熙四十二年癸未正月廿六日　時

卒無考

未娶

行敬九八諱毓富

恭七二公次子

生於清康熙四十二年癸未六月三十日酉時

卒於清乾隆三十九年甲午十二月廿七日　時壽七十有二

娶孔氏生於清康熙五十年辛卯二月十五日　時

卒於清乾隆二年丁巳九月十一日酉時年二十有七

又娶灣頭徐氏生於清康熙五十六年丁酉八月廿二日

酉時

卒於清乾隆四十六年辛丑八月十二日　時壽六十

有五

生二子　長興孝出繼　次興來

二女長適章橋成　次適顏

葬方家屋前

行敬九九諱士乾

恭八十公長子

生於清康熙四十二年癸未八月廿二日戌時

卒於清乾隆三年戊午九月十七日酉時年三十有六

娶徐家岸徐氏生於清康熙四十六年丁亥九月十一日
戌時
卒於清乾隆十四年己巳十月初二日申時年四十三
生三子　長在興　次在富　三在智
二女長適馬鞍山前鄭　次適鎮邑董
合葬堰橋頭父墳側

行敬一百　諱士高　字昆才
恭四七公長子
生於清康熙四十三年甲申正月廿六日亥時
卒於清乾隆廿四年己卯十月初二日　時年四十六
娶嚴氏生於清康熙五十三年甲午四月廿二日巳時

卒於清乾隆五十三年戊申八月十七日　時壽七十
有五
生一子　在職
二女長適徐　次適袁
合葬總角田
行敬百一　諱嘉元
恭五九公之子
生於清康熙四十三年甲申三月十一日子時
卒於清雍正七年己酉九月初十日未時年二十有六
娶邵氏生於清康熙四十四年乙酉十一月廿九日申時
卒於清嘉慶元年丙辰二月廿九日丑時壽九十有二

生一子　繼世
葬鄭家𣲖
行敬百二 諱 吉祥 字 丹卿
恭四十公之子
生於清康熙四十三年甲申四月　日　時
卒於清乾隆十八年癸酉五月十一日　時年五十歲
娶桂氏生於清康熙五十七年戊戌十二月　日　時
卒於清乾隆十八年癸酉六月初五日　時年三十六
生一子　興法
一女適白龍王廟跟陳
合葬方家屋前

行敬百三 諱 秉道

恭九六公長子

生於清康熙四十三年甲申六月初四日 時

卒於清乾隆八年癸亥五月十九日 時年四十歲

娶洪氏 改適

生一子 宏祖

三女長適裘 次適白龍王廟跟 三適洪家塘頭

張

葬河裏岸

行敬百四 諱 承瑞

恭七四公長子

生於清康熙四十三年甲申十月十七日 時
卒於清雍正十二年甲寅三月初九日 時年三十一
娶葛氏改適
無後
葬西家田
行敬百五諱秉政
恭四九公三子
生於清康熙四十三年甲申十二月初一日子時
卒於清乾隆六年辛酉十月十五日酉時年三十有八
娶周氏生於清康熙五十年辛卯十二月初五日丑時
卒於清乾隆二年丁巳八月初二日未時年二十有七

又娶張氏生卒無考

無後

合葬鄭家墓

行敬百六 諱鎬 字漢雯 號松園 邑庠生

恭廿九公之子

生於清康熙四十四年乙酉正月十九日　時

卒於清乾隆十八年癸酉十二月廿四日　時年四十

有九

娶徐氏生於清康熙四十七年戊子十一月廿二日申時

卒於清　年　四月初一日　時

生三子　長允冠　次允冕　三允端

二女長適鎮邑陳　次適盧

合葬大車頭田

行敬百七諱承智字維周

蒸四六公三子

生於清康熙四十四年乙酉四月十七日酉時

卒於清乾隆　年　月　日時

娶長石橋王氏生於清康熙五十四年乙未正月初二日

寅時

卒於清乾隆　年　月　日時

生五子　長允桼　次允才　三允　四允

五允千

一女

行敬百八 諱秉乾 字漢卿

恭六七公次子爲恭三一公繼子

生於清康熙四十四年乙酉閏四月十五日亥時

卒於清　年　七月十二日　時

娶徐氏生於清康熙五十二年癸巳閏五月十八日亥時

卒於清　年　八月廿三日　時

生二子　長維元　次維明

四女長適刁孫　次適長石橋王　三適徐　四適

姚

合葬水泮

行敬百九諱志達字子才

恭三七公長子

生於清康熙四十四年乙酉閏四月廿七日卯時

卒於清乾隆廿五年庚辰十一月初五日　時年五十有六

娶鎮邑徐氏生於清康熙四十二年癸未七月廿一日卯時

卒於清乾隆十六年辛未閏五月廿一日午時年四十有九

生八子　長在文　次在秀　三在興　四在庠

五在洲　六在良　七在賓　八在官

帥

一女

葬柘樹塘

行敬百十　諱允和　字萬育

恭三九公之子

生於清康熙四十四年乙酉八月初一日卯時

卒於清乾隆四十二年丁酉十一月廿六日　時壽七

十有三

娶孔氏生於清康熙五十一年壬辰正月廿一日子時

卒於清乾隆五十三年戊申六月初四日　時壽七十

有七

生一子　士鋐

四女長適林　次適張　三適周　四適姚

行敬百十一諱嘉逵

恭六八公之子

生於清康熙四十四年乙酉十月廿六日　時

卒無考

娶周氏生於清康熙五十一年壬辰　月　日　時

卒無考

生三子　長繼蘇　次明文　三文宰

二女長適鎮邑洪　次適方

葬暗漕頭

行敬百十二諱秉進

恭八二公長子

生於清康熙四十四年乙酉　月　日　時

卒無考

移居慈城

行敬百十三　諱允階

恭四八公次子爲恭六一公繼子

生於清康熙四十五年丙戌正月十五日　時

卒於清乾隆十三年戊辰三月十二日　時年四十三

娶邵氏生於清康熙五十三年甲午八月初七日　時

卒於清乾隆五十一年丙午八月十八日　時壽七十

有三

[illegible]

生一子 士超
一女適鄞邑史
葬應家橋岸

行敬百十四 諱 兆宰
恭五七公次子
生於清康熙四十五年丙戌正月廿一日 時
卒於清雍正十一年癸丑正月廿一日 時年二十八
未娶
葬上坂

[illegible]

行敬百十五 諱 承芳
恭八四公長子

匪

生於清康熙四十五年丙戌二月十七日戌時
卒於清乾隆十九年甲戌正月十八日　時年四十九
娶孔氏生於清康熙五十七年戊戌　月　日　時
卒於清乾隆十四年己巳十一月初一日　時年三十
有二
生一子　允德

行敬百十六諱毓仁
恭三三公次子
生於清康熙四十五年丙戌二月二十日辰時
卒於清　年　七月十五日　時
娶鎮邑李氏生於清康熙五十三年甲午十月廿二日卯

時
卒於清乾隆五十八年癸丑七月廿五日 時壽八十
歲
生二子 長開宗 次允宗
一女適洪
合葬鄭家墓
行敬百十七諱汝霖
恭百十二公長子
生於清康熙四十五年丙戌二月二十日酉時
卒於清雍正十一年癸丑二月二十日酉時年二十八
未娶

嗣

葬屋西高田

行散百十八諱允暉

恭三五公次子爲恭廿七公繼子

生於清康熙四十五年丙戌八月初八日亥時

卒於清乾隆十八年癸酉六月初九日　時年四十八

娶章橋舒氏生於清康熙五十二年癸巳九月廿三日子

時

卒於清乾隆　年　十一月初五日　時

生四子　長士高　次士溥　三士興　四士達

二女長適舒　次適

葬象山

廼

行敬百十九諱宮華字君甫

恭四五公三子

生於清康熙四十五年丙戌八月廿八日丑時

卒無考

娶林氏生卒無考

又娶余氏生於清康熙四十九年庚寅十月初八日戌時

卒於清乾隆十二年丁卯八月廿五日丑時年三十八

生一子　仁贊

又娶鄭氏生於清康熙五十四年乙未五月初九日亥時

卒無考

生一子

一女

葬張家港

行敬百二十 諱嘉陞

蒸三七公次子

生於清康熙四十五年丙戌九月初二日午時

卒無考

行敬百廿一 諱允貴

蒸六十公次子

生於清康熙四十五年丙戌十月初十日午時

卒於清乾隆十二年丁卯十二月初二日申時年四十

有二

娶余氏改適
生一子　士行
葬茅墳㘶朝南墳田
行敬百廿二諱嘉華字殿玉
桊六二公長子爲桊五三公繼子
生於淸康熙四十五年丙戌十一月初三日戌時
卒無考
娶半港王氏生於淸康熙四十八年己丑十月初十日未
時
卒無考
生一子　繼範

二女長適蟹浦鄭　次適田胡胡

行敬百廿三諱士坤

恭八十公次子

生於清康熙四十五年丙戌十一月初十日戌時

卒無考

娶鎮邑徐氏生於清康熙五十五年丙申十二月十七日

時

卒於清乾隆七年壬戌十二月廿四日卯時年二十七

無後

葬堰橋頭祖墳側

行敬百廿四諱允周字維新

恭九十公之子
生於清康熙四十五年丙戌十一月廿五日　時
卒於清乾隆十七年壬申　月　日　時年四十七
娶張氏　改適
生一子　阿魁
二女長適馮　次適
葬應家橋岸
行敬百廿五諱汝息
恭子榮公之子
生於清康熙四十五年丙戌　月　日　時
卒無考

娶□氏生卒無考

無後

行敬百廿六諱秉禮字漢文

恭九六公次子

生於清康熙四十六年丁亥二月廿二日丑時

卒無考

娶五都應氏生於清康熙五十四年乙未二月廿三日戌

時

卒無考

生二子　長芳卿　次法卿

三女長適慈城秦

行敬百廿七諱劉　字艮臣

恭四七公次子

生於清康熙四十六年丁亥六月十二日戌時

卒於清乾隆十一年丙寅九月初五日辰時年四十歲

娶陳氏生卒無考

生一子　在恆

葬屋西錢家園

行敬百廿八諱兆福

恭九一公次子

生於清康熙四十六年丁亥九月二十日辰時

卒於清乾隆四十一年丙申三月廿一日　時壽七十

歲
娶洪氏生於清康熙五十四年乙未六月初八日酉時
卒於清　年　正月初六日　時
生五子　長敏達　次敏易　三敏才　四敏剛
五敏强
二女長適五都應　次適曹
合葬杜家漕西

行敬百廿九諱秉宰字美章
恭一百公之子
生於清康熙四十六年丁亥　月　日　時
卒無考

移居餘姚上塘

行敬百三十諱秉睿字勝千

蒸四九公四子

生於清康熙四十七年戊子二月初五日午時

卒無考

娶鎮邑倪氏生於清康熙五十二年癸巳十一月初二日

卯時

卒於清乾隆廿一年丙子四月十　日　時年四十四

一女適吏樓朱

葬鄭家墓

行敬百三一諱承明

恭七四公次子爲繼昌公後

生於清康熙四十七年戊子五月十四日亥時

卒無考

娶鎮邑江南葉氏生於清雍正七年己酉九月二十日子

時

卒於清乾隆三十三年戊子十一月初七日　時年四

十歲

生三子　長允元　次允道　三金山出蛤巖姓

合葬應家橋

行敬百三二諱承宰字廷輔

恭八五公長子

生於清康熙四十七年戊子七月初六日辰時
卒於清乾隆四十八年癸卯正月廿二日午時壽七十
有六
娶龍山鄭氏生於清康熙四十八年己丑三月十九日申
時
卒於清雍正七年己酉四月初四日　時年二十有一
又娶西邵邵氏生於清康熙四十五年丙戌十二月初九
日申時
卒於清乾隆五十五年庚戌二月廿四日　時壽八十
有五
生一子　允信

五女長適田胡胡　次適湖華　三適舒　四適錢

五適徐

葬馬徑河洲漲墳地

行敬百三三諱承耀

恭復昌公長子

生於清康熙四十七年戊子八月十七日　時

卒無考

行敬百三四諱承信字蘭周

恭四六公四子

生於清康熙四十七年戊子十二月十八日巳時

卒於清乾隆三十一年丙戌三月十一日　時年五十

有九

娶姚氏生於清康熙六十年辛丑十二月十三日亥時

卒於清乾隆　年　十二月十一日　時

生一子　允本

一女適張

行敬百三五諱秉法

恭八二公次子

生於清康熙四十七年戊子　月　日時

卒無考

移居慈城

行敬百三六諱士英字艮佐

麻

恭四七公三子
生於淸康熙四十八年己丑七月初一日子時
卒無考
娶呂青橋呂氏 改適
無後

行敬百三七 諱文祥 字維千
恭六二公次子爲恭八七公繼子
生於淸康熙四十八年己丑十月十四日亥時
卒於淸乾隆四十三年戊戌六月廿三日 時壽七十
歲
娶洪家塘頭秦氏生於淸康熙五十年辛卯十二月初六

日子時
卒於清乾隆三十七年壬辰十月十四日　時壽六十
有二
生一子　敏質
一女適姚
葬西河遷葬後畈冬至會田

行敬百三八諱宮嶽
恭七十公之子
生於清康熙四十八年己丑十一月初二日　時
卒無考
娶徐氏生於淸康熙四十六年丁亥九月廿四日卯時

卒無考
生二子　長仁美　次仁義
行敬百三九諱汝興
恭八一公之子
生於清康熙四十八年己丑十一月廿五日卯時
卒於清乾隆三十三年戊子十二月二十日　時壽六
十歲
娶鎮邑夏氏生於清雍正元年癸卯四月廿五日卯時
卒於清乾隆五十八年癸丑八月初二日　時壽七十
有一
生二子　長敏立　次敏剛

葬東河港

行敬百四十諱兆祚字維昌

恭百二十公長子

生於清康熙四十八年己丑十二月初十日亥時

卒於清乾隆五十二年丁未正月十三日　時壽七十有九

娶周氏生於清康熙五十二年癸巳六月十一日酉時

卒於清嘉慶二年丁巳七月廿七日　時壽七十有五

生二子　長敏學　次敏孝

三女長適黃　次適姚　三適成

合葬大車頭繞墳

行敬百四一 諱秉成

恭百二公之子

生於清康熙四十八年己丑　月　日　時

卒無考

移居象山

行敬百四二 諱秉德 字漢三

恭九六公三子

生於清康熙四十九年庚寅正月十二日　時

卒於清乾隆九年甲子二月十七日　時年三十有五

娶戴氏 改適

無後

行敬百四三 諱 汝楫

蓁百十二公次子

生於清康熙四十九年庚寅七月十七日子時

卒於清乾隆　年　十二月十七日　時

娶孔浦張氏生於清雍正五年丁未九月十四日丑時

卒於清乾隆　年　五月廿三日　時

無後

生二女長適姚　次適劉

合葬杜家漕跟

行敬百四四 諱 汝才

蓁九三公長子爲蓁五十公繼子

生於清康熙四十九年庚寅閏七月初九日寅時
卒於清乾隆五十一年丙午八月廿八日　時壽七十
有七
娶鎮邑陳氏生於清康熙五十七年戊戌六月廿五日午
時
卒於清乾隆四十九年甲辰六月廿三日　時壽六十
有七
生二子　長敏忠　次敏芳
三女
合葬西港

行敬百四五諱兆瑞

恭五七公三子

生於清康熙五十年辛卯五月初十日子時

卒無考

娶鄭邑磚橋杜氏生於清雍正元年癸卯九月廿一日子時

卒無考

生一子 早世無後

行敬百四六 諱承勛 字殿安

恭百一公長子

生於清康熙五十年辛卯七月廿一日巳時

卒無考

酾

娶青林姜氏生於清雍正十一年癸丑五月十二日戌時

卒無考

生一子

行敬百四七 諱宮玉

恭五五公次子

生於清康熙五十年辛卯八月十一日　時

卒於清乾隆十三年戊辰七月初七日卯時年三十八

娶迎聖橋黃氏生於清康熙四十九年庚寅二月廿一日

戌時

卒無考

生四子　長仁能　次仁孝　三仁德　四仁

一女
葬長四畝田
行敬百四八 諱 毓彪 字 允卿
恭七二公三子
生於清康熙五十年辛卯九月十八日子時
卒於清乾隆五十一年丙午正月十四日　時壽七十
有六
娶鎮邑沈氏生於清康熙六十年辛丑正月十一日戌時
卒無考
生四子　長 興弟　次 興文　三 興華　四 興池
二女長適方　次適張

東河

行敬百四九諱志聖字學賢

恭六五公之子

生於清康熙五十年辛卯十一月廿五日巳時

卒於清乾隆五十一年丙午十一月廿一日　時壽七十有六

娶徐家岸徐氏生於清康熙五十九年庚子十一月初四日未時

卒於清乾隆三十九年甲午十月廿六日　時年五十有五

生二子　長在勤　次在元

三女長適朱　次適胡　三適吳

合葬鎮邑杜家地田坐巳向亥傍祔二子墓

行敞百五十諱承輔字凌雲

恭七八公次子

生於清康熙五十年辛卯十二月初一日丑時

卒於清乾隆十七年壬申八月廿八日未時年四十二

娶蛟川徐氏生於清康熙四十七年戊子二月十八日卯時

卒於清乾隆　年　五月十六日　時

生五子　長允文　次允覲　三允鼎　四允鼐

五允迪

二女長適西成廟跟劉　次適

合葬屋後小橋頭田

行敬百五一 諱承宣 字思陳

恭八五公次子

生於清康熙五十一年壬辰正月十四日亥時

卒於清乾隆十六年辛未四月初七日戌時年四十歲

娶洋墅徐氏生於清康熙五十三年甲午九月二十日卯

時

卒無考

生一子 允剛

三女長適鄭 次適張 三適胡

行敬百五二 諱秉性

恭九六公四子

生於清康熙五十一年壬辰十月廿二日　時

卒於清雍正九年辛亥十一月初六日寅時年二十歲

未娶

行敬百五三諱嘉富

恭六二公三子

生於清康熙五十二年癸巳正月初六日寅時

卒於清乾隆十六年辛未六月十二日丑時年四十歲

娶唐氏改適

生一子早世

行敬百五四諱汝昌

麻

恭百六公之子
生於清康熙五十二年癸巳正月廿七日　時
卒無考
娶鎮邑朱氏生於清雍正三年乙巳　月　日時
卒於清乾隆十四年己巳十一月初十日　時年二十
有五
繼子　開元
葬三畝田墹

行敬百五五 諱 兆祉 字 榮昌
恭九一公三子
生於清康熙五十二年癸巳六月廿四日酉時

卒於清乾隆五十年乙巳十二月十九日　時壽七十
有三
娶五都應氏生於清雍正三年乙巳二月初六日寅時
卒無考
生三子　長敏英　次敏悦　三敏善
二女長適劉　次適奉邑陳
葬杜家漕西

行敬百五六諱銧中
恭九五公長子
生於淸康熙五十二年癸巳七月廿五日辰時
卒於淸乾隆十六年辛未閏五月廿五日　時年四十

歲

娶唐氏改適

無後

葬鄭家墓

行敬百五七諱嘉善字子元

恭七五公次子爲士顯公後

生於清康熙五十二年癸巳七月廿九日亥時

卒於清乾隆五十三年戊申六月初三日　時壽七十

有六

娶鎮邑余氏生於清康熙五十七年戊戌二月廿五日卯

時

卒於清乾隆五十九年甲寅十二月初八日　時壽七
十有七
生一子　繼遠
一女適邵
合葬蒲墩下
行敬百五八諱秉智字漢貴
恭六七公三子
生於清康熙五十三年甲午四月十七日寅時
卒於清乾隆五十九年甲寅七月十九日　時壽八十
有一
娶方氏生於清康熙五十三年甲午十一月十八日亥時

卒於清乾隆　年　三月十一日　時

生一子　維裕

三女長適姚　次適鎮邑劉　三適葛

合葬水斗

行敬百五九　諱士登　字顯科

恭八八公長子

生於清康熙五十三年甲午九月十三日寅時

卒於清乾隆　年　二月十二日　時

娶方氏生於清康熙五十五年丙申九月十二日亥時

卒於清乾隆　年　三月十二日　時

生三子　長在爵　次在祿　三在達

二女長適華　次適張

合葬地田

行敬百六十諱士芳

恭八十公三子

生於清康熙五十三年甲午十二月廿八日戌時

卒無考

未娶

行敬百六一諱承祖

恭八四公次子爲百昌公繼子

生於清康熙五十四年乙未七月三十日午時

卒於清乾隆五十八年癸丑九月廿九日戌時壽七十

有九

娶鎮邑王氏生於清雍正三年乙巳十一月廿三日辰時

卒於清乾隆四十九年甲辰三月初五日　時壽六十

歲

生一子　允寧

合葬西港朱家三畝

行敬百六二諱兆祺字維彰　太學生

恭百二十公次子

生於清康熙五十四年乙未九月初二日亥時

卒於清乾隆五十二年丁未七月初七日　時壽七十

有三

娶張氏生於清康熙五十五年丙申五月廿七日戌時
卒於清乾隆三十一年丙戌十二月初十日　時年五
十有一
又娶柯氏生於清雍正十二年甲寅七月初六日辰時
卒於清嘉慶十六年辛未五月二十日未時壽七十八
生三子　長敏忠　次敏蛟　三敏鰲
二女長適徐　次適姚
合葬
行敬百六三諱汝南字亦周
恭九三公次子
生於清康熙五十四年乙未九月廿六日亥時

廟

卒於清乾隆　年　正月初八日　時

娶洪氏生於清康熙六十一年壬寅二月廿四日寅時

卒於清嘉慶四年己未八月十九日　時壽七十有八

生四子　長開元出繼　次三四俱未娶

行敬百六四諱兆龍字維乘

恭百三十公之子

生於清康熙五十四年乙未十一月十六日　時

卒於清乾隆五十八年癸丑六月初五日　時壽七十

有九

娶莊氏生於清　年　二月初九日　時

卒於　年　五月十五日　時

又娶張氏生無考
卒於　年　五月十五日　時
又娶姚氏生於清雍正七年己酉正月廿二日巳時
卒無考
生五子　長敏仁　次敏義　三敏禮　四敏智
五敏信
一女適盛
合葬地田

[illegible]
行敬百六五　諱兆禧　字維新
恭百廿三公之子
生於清康熙五十五年丙申正月十五日午時

卒於清乾隆三十九年甲午五月十五日　時年四十
有九
娶徐氏生於清雍正五年丁未十二月十八日酉時
卒於清乾隆五十八年癸丑四月十七日　時壽六十
有七
生三子　長敏忠　次敏義　三敏立
一女
合葬杜家漕跟

行敬百六六　諱兆相
恭九四公之子
生於清康熙五十五年丙申六月初五日午時

卒無考
娶方氏生於清雍正元年癸卯十二月初八日酉時
卒於清乾隆十二年丁卯七月初四日午時年二十五
生一子早世
一女適鎮邑沈
葬澧西田
行敬百六七諱嘉謨
恭七五公三子爲恭八三公繼子
生於清康熙五十五年丙申八月初六日子時
卒於清乾隆　年　十二月初九日　時
娶姚氏生於清雍正八年庚戌四月二十日申時

卒無考

生二子　長繼恒　次繼艮

一女適更樓朱

行敬百六八　諱汝舟　字聖千

恭百十二公三子

生於清康熙五十五年丙申十月十五日子時

卒於清乾隆六十年乙卯八月十一日申時壽八十歲

娶姚氏生於清雍正八年庚戌正月初一日午時

卒於清嘉慶九年甲子五月十五日　時壽七十有五

生一子　敏遠

一女適周

合葬西港

行敬百六九 諱承顯

恭百十六公之子

生於清康熙五十六年丁酉六月十二日未時

卒無考

娶鎮邑李氏生於清雍正四年丙午　月　日　時

卒無考

生一女

行敬百七十 諱汝成

恭百八公長子

生於清康熙五十六年丁酉七月廿二日寅時

卒於清乾隆十五年庚午八月十三日未時年三十四

娶華氏　改適

無後

葬澆漕䟴

行敬百七一　諱承恩

恭百三二公長子

生於清康熙五十六年丁酉八月十七日子時

卒無考

娶□氏生卒無考

生一子　允定

行敬百七二　諱允增

恭百十九公長子
生於清康熙五十七年戊戌正月十九日卯時
卒無考
娶蘇州徐氏生卒無考
無出

行敬百七三諱秉奇字漢才
恭六七公四子
生於清康熙五十七年戊戌七月十二日子時
卒於清乾隆三十六年辛卯八月十四日未時年五十
有四
娶鎮邑徐氏生於清康熙五十八年己亥十月二十日卯

[illegible]

時
卒於清乾隆五十一年丙午八月廿九日戌時壽六十
有八
生三子　長維文　次維安　三維林出家江心寺
三女長適應　次適奉邑周　三適長石橋唐
合葬水㪷
行敬百七四　諱秉剛　字漢武
恭八九公之子
生於清康熙五十七年戊戌七月廿二日卯時
卒無考
娶鎮邑鄔氏生於清康熙五十六年丁酉七月初九日未

贈

時
卒無考
生一子　維忠
二女

行敬百七五諱兆發
恭九二公之子
生於淸康熙五十七年戊戌八月廿五日卯時
卒無考
未娶

庶

行敬百七六諱秉昌字漢秀
恭百七公長子

生於清康熙五十七年戊戌九月十六日子時
卒於　年　八月廿二日　時
娶河角頭陳氏生於清康熙六十一年壬寅十一月初二
日寅時
卒於清　年　二月初五日丑時
生二子　長維衡　次維權
一女適白龍王界曹

行敬百七七　諱承元　字瀛洲
恭百三公長子
生於清康熙五十七年戊戌十一月十七日巳時
卒無考

牒

娶姚氏生於清雍正十二年甲寅六月初三日午時

卒無考

無後

生一女適劉

葬

行敬百七八諱兆裎字維風

恭百二十公三子

生於清康熙五十七年戊戌十二月初二日戌時

卒於清乾隆三十六年辛卯四月十六日　時年五十

有四

娶油車橋邵氏生於清康熙五十九年庚子十二月廿八

日亥時
卒於清乾隆三十六年辛卯五月廿六日　時年五十
有二
生一子　敏孚
三女長適黃　次適姚　三適姚
葬大車頭

行敬百七九諱汝能字明山
恭六九公之子
生於清康熙五十八年己亥八月初三日午時
卒於清嘉慶六年辛酉十一月廿六日　時壽八十三
娶鎮邑陳氏生於清雍正元年癸卯九月十一日　時

卒於清乾隆九年甲子十月十三日　時年二十有二
又娶姚氏生於清雍正七年己酉七月初七日寅時
卒於清乾隆五十一年丙午六月三十日　時年五十
有八
生三子　長敏發　次敏科　三敏高
二女長適陳　次適張
葬宅西南西圖地

行敬百八十　諱兆安　字行德
恭百廿六公之子
生於清康熙五十八年己亥十二月初八日亥時
卒於清乾隆五十九年甲寅十二月十七日午時壽七

十有六

娶田胡胡氏生於清雍正七年己酉五月初一日寅時

卒於清乾隆十九年甲戌五月初七日午時年二十六

生二子　長敏和　次敏清

二女

又娶徐氏生於清雍正七年己酉七月初一日戌時

卒於　年　十一月初六日　時

又娶洪氏生於清康熙六十一年壬寅十月廿五日辰時

卒無考

生一女適鎮邑陳

葬大車頭

行敬百八一諱毓靈
恭九五公次子
生於清康熙五十九年庚子六月廿六日寅時
卒無考
娶吳氏生於清乾隆三年戊午八月廿一日戌時
卒無考
無後

行敬百八二諱毓睿字明元
恭六六公之子
生於清康熙五十九年庚子七月初三日亥時
卒無考

娶寧波寺跟徐氏生於清雍正三年乙巳三月初八日卯

時

卒無考

生一子

號

行敬百八三 諱嘉盛

蓀七五公四子

生於清康熙五十九年庚子八月初六日未時

卒無考

娶邵氏生於清雍正十一年癸丑四月十七日亥時

卒無考

生三子　長繼仁　次繼　三繼　俱早世無後

行敬百八四諱秉恆字漢常

恭百十五公長子

生於清康熙六十年辛丑正月初五日戌時

卒無考

娶五都應氏生於清雍正七年己酉八月十八日戌時

卒無考

生一子

行敬百八五諱秉悅

恭九六公五子

生於清康熙六十年辛丑閏六月十六日寅時

卒無考

酾

行敬百八六　諱汝光

恭百八公次子

生於清康熙六十年辛丑九月初七日申時

卒於清乾隆四十五年庚子四月廿四日　時壽六十

有二

娶鎮邑桂氏生於清雍正十二年甲寅十月廿八日戌時

卒於清乾隆十九年甲戌六月十九日午時年二十一

又娶姚氏生於清乾隆七年壬戌三月初四日戌時

卒無考

生二子　長敏英　次敏祥

二女長適周　次適應

庄

合葬東河港

行敬百八七諱毓陞字學聖

恭百廿四公長子

生於清康熙六十年辛丑十二月十八日子時

卒於清乾隆四十年乙未四月廿八日　時年五十六

娶馬鞍山前鄭氏生於清雍正七年己酉六月廿二日午

時

卒於清嘉慶三年戊午四月初九日　時壽七十歲

生三子　長興德　次興麟　三興周出繼

三女長適陳　次適戴　三適洪

合葬河裏岸

三房

行敬百八八 諱 毓和
恭百廿八公長子
生於清康熙六十一年壬寅九月廿五日午時
卒於清　年　九月初二日　時
娶洪氏生於清雍正十二年甲寅八月廿六日子時
卒無考
生三子　長 敏修　次 通揚　三 開風

[illegible]房

行敬百八九 諱 允美
恭百十九公次子
生於清康熙六十一年壬寅十一月二十日卯時
卒無考

娶洪氏生於清康熙五十五年丙申六月初三日　時

卒無考

生一子　士揚

脏

行敬百九十諱秉志

恭百廿七公長子

生於清康熙六十一年壬寅十一月初三日亥時

卒無考

滌

行敬百九一諱士元

恭八十公四子

生於清雍正元年癸卯正月十七日亥時

卒於清乾隆四十九年甲辰四月初八日　時壽六十

有二

娶李氏生於清雍正六年戊申七月十三日　時

卒於清乾隆五十八年癸丑十月十四日　時壽六十

有六

無後　繼子　在國

合葬周家田

行敬百九二 諱 汝文 字 明一

恭九三公三子

生於清雍正元年癸卯五月十五日丑時

卒於清乾隆四十三年戊戌三月十二日　時年五十

有六

西房

娶宅前洪氏生於淸雍正八年庚戌八月廿六日丑時
卒於淸乾隆廿九年甲申四月初八日　時年三十五
生四子　長敏興　次敏盛　三敏茂　四敏義
又娶吳氏生於淸乾隆五年庚申五月初四日未時
卒無考
生一子　敏珏
合葬西港
行敬百九三　諱承堯
恭七四公三子
生於淸雍正元年癸卯六月三十日亥時
卒於淸乾隆五十八年癸丑九月初七日　時壽七十

滿

有一

娶菱漕頭陳氏生於清乾隆元年丙辰正月初四日午時

卒於清乾隆三十二年丁亥十月十九日　時年三十

有二

生一子　允範

二女長適張　次適成

行敬百九四諱兆祺字維翰

萘百二十公四子

生於清雍正元年癸卯十月十八日未時

卒於清乾隆十四年己巳十二月初三日未時年二十

有七

聘盧氏未婚

無後

酾

行敬百九五諱承亨字德洲

恭百三公次子爲恭九九公繼子

生於清雍正元年癸卯十二月廿六日戌時

卒於清乾隆四十三年戊戌五月初三日巳時年五十有六

娶居氏生於清乾隆六年辛酉八月廿五日申時

卒於清嘉慶十一年丙寅正月初七日　時壽六十六

生二子　長允杰　次允修

漣

行敬百九六諱志亨字嘉會

恭七三公次子
生於清雍正二年甲辰正月廿五日丑時
卒於清乾隆五十一年丙午九月十八日　時壽六十
有三
娶五都應氏生於清乾隆元年丙辰六月廿八日　時
卒於清乾隆五十年乙巳九月十八日　時年五十歲
生三子　長在英　次在雄　三在豪
三女長適邵　次適孔　三適周
葬柘樹塘
行敬百九七諱鯱乾字彩章
恭百廿九公長子

生於清雍正三年乙巳正月初九日子時
卒於清乾隆五十一年丙午十月廿五日未時壽六十
有二
娶柳氏生於清乾隆元年丙辰正月初十日丑時
卒於清乾隆五十四年己酉三月初二日丑時年五十
有四
生三子　長興法　次興元　三興富
合葬方家屋前

行敬百九八　諱承武
恭百三二公次子
生於清雍正三年乙巳七月初四日寅時

中房

卒於清乾隆十一年丙寅四月　日　時年二十二

未娶

行敬百九九 諱 允成

恭百五公之子

生於清雍正三年乙巳七月廿八日寅時

卒於清乾隆五十七年壬子四月二十日　時壽六十

有八

娶鍾氏生於清乾隆六年辛酉四月二十日未時

卒於清嘉慶十七年壬申四月十八日　時壽七十二

生二子　長士明　次士昉

二女長適劉　次適余

行敬二百 諱秉鈞
恭百七公次子
生於清雍正三年乙巳八月初十日　時
卒於清乾隆十年乙丑十二月十七日卯時年二十一
未娶

行敬二百一 諱兆楨
恭百四四公之子
生於清雍正三年乙巳十二月廿八日亥時
卒於清乾隆五十九年甲寅十月初五日　時壽七十
歲
娶徐家岸徐氏生於清雍正十一年癸丑五月初六日午

時

卒無考

無後

葬官田角尺

行敬二百二諱兆楷字步雲

恭百五六公長子

生於清雍正三年乙巳十二月廿九日午時

卒於清乾隆五十九年甲寅十月十四日　時壽七十

歲

娶鎮邑莊氏生於清雍正四年丙午五月十一日戌時

卒無考

卒無考
生一子　敏耀
六女長適龔　次適蘇　三適徐　四適龔　五適蘇
六適方
行敬二百三諱汝爲字聖萬
恭百十二公四子
生於清雍正四年丙午二月十一日子時
卒於清嘉慶元年丙辰十一月廿七日　時壽七十一
娶葛氏生於清雍正八年庚戌十二月十五日子時
卒於清乾隆　年　七月初一日　時
又娶應氏生於清乾隆三年戊午九月廿一日亥時

湖東

卒於清嘉慶九年甲子十二月十六日 時壽六十七
生三子 長敏成 次敏信 三敏禮
一女適馮
合葬上坂
行敬二百四 諱士艮 字聖階
恭八八公次子
生於清雍正四年丙午二月十六日戌時
卒於清乾隆五十一年丙午七月十八日戌時壽六十
有一
娶鎮邑洪氏生於清雍正六年戊申正月廿三日戌時
卒於清乾隆四十九年甲辰八月廿三日巳時年五十

有七

又娶汪氏生於清乾隆七年壬戌九月廿八日戌時

卒無考

生二子　長在邦　次在卿

四女長適沈　次適胡　三適胡　四適馮

葬暗漕頭

行敬二百五諱承周

恭八四公三子

生於清雍正四年丙午十一月十九日戌時

卒於清嘉慶二年丁巳三月初五日　時壽七十有二

娶邵氏生於清乾隆八年癸亥四月十四日　時

卒於清乾隆六十年乙卯正月廿二日　時年五十三

生一子　允旦

二女長適徐　次適林

合葬西港

行敬二百六諱毓良

恭百廿八公次子

生於清雍正五年丁未五月廿三日戌時

卒於清　年　十二月廿四日　時

娶姚氏生卒無考

生一子　興宗

一女適餘姚徐

合葬鄭家畝

行敬二百七諱汝圭字上臣

　恭百八公三子

　　生於清雍正五年丁未十月十三日子時

　　卒於清乾隆三十年乙酉四月廿一日　時年三十九

　　娶盧氏生於清乾隆四年己未十一月廿七日　時

　　卒無考

　　生一子　敏秀

行敬二百八諱毓鵬

　恭百廿四公次子

　　生於清雍正六年戊申五月十九日辰時

卒於清乾隆十八年癸酉二月初七日　時年二十六

未娶

[illegible]

行敬二百九　諱　毓文

恭百十三公長子

生於清雍正六年戊申十一月初六日子時

卒無考

未娶

[illegible]

行敬二百十　諱　承天

恭百三公三子

生於清雍正六年戊申十二月廿六日寅時

卒於清乾隆五十三年戊申九月初一日　時壽六十

有一
出家在香山寺

胂

行敬二百十一　諱允貴
恭百十九公三子
生於清雍正七年己酉四月初九日辰時
卒無考
無後

胹

行敬二百十二　諱承一
恭百四一公長子
生於清雍正七年己酉八月十五日　時
卒於清乾隆十七年壬申四月廿七日　時年二十四

配

未娶

行敬二百十三 諱承艮

恭百三四公長子

生於清雍正七年己酉十一月十一日卯時

卒於清乾隆五十一年丙午十一月二十日　時年五

十有八

娶五都應氏生於清乾隆二年丁巳九月廿六日戌時

卒於清嘉慶元年丙辰九月廿八日　時壽六十歲

生二子　長允臧　次允善

三女長適孔　次適姚　三適夏

合葬後坂父墳側

廼

行敬二百十四諱承乾

萘七四公四子

生於清雍正七年己酉十一月廿七日酉時

卒於清乾隆四十九年甲辰四月初五日酉時年五十有六

娶周氏生於清乾隆十五年庚午閏五月廿五日午時

卒無考

生二子　長允求　次允盛

一女適邵

廨

行敬二百十五諱光鯨

萘百十公之子

生於清雍正九年辛亥正月廿二日　時
卒於清　年　三月初二日　時
娶朱氏生於清　年　十月初四日　時
卒於清　年　五月十六日　時
生三子　長敏高　次敏興　三敏雲

行敬二百十六諱秉忠
恭百廿五公長子
生於清雍正九年辛亥四月初七日子時
卒於清乾隆六十年乙卯七月十八日　時壽六十四
娶范氏生於清乾隆十三年戊辰七月十二日子時
卒無考

三房

生三子　長維城　次維清　三維賢

一女適姚

行敬二百十七諱毓武字濟昌

恭百十三公次子

生於清雍正九年辛亥六月廿八日寅時

卒無考

四房

毓陞三子興周入繼

行敬二百十八諱承律字聖洲

恭百三公四子

生於清雍正九年辛亥八月初五日子時

卒無考

娶姜氏生卒無考

無後

南房

行敬二百十九諱兆傑

恭世宗公之子

早世

南房

行敬二百二十諱兆弈

恭世錦公之子

出家無後

西房

行敬二百廿一諱承美

恭百四八公長子

生於清雍正十年壬子正月廿四日卯時

南房

卒無考

行敬二百廿二　諱兆巖

恭百三八公長子

生於清雍正十年壬子閏五月廿八日未時

卒於清乾隆廿三年戊寅六月二十日　時年二十七

未娶

西房

行敬二百廿三　諱承賢

恭百廿二公長子

生於清雍正十年壬子六月初二日　時

卒無考

無後

涼　[illegible]

行敬二百廿四 諱士玉
恭八十公五子
生於清雍正十年壬子七月初九日亥時
卒於清乾隆四十二年丁酉七月十五日亥時年四十
有六
娶陳氏生於清乾隆十一年丙寅九月廿五日寅時
卒於清嘉慶十二年丁卯九月十三日　時壽六十二
生二子 長在國出繼 次在高
一女適洪
合葬洪家屋後
行敬二百廿五 諱承中

恭百四一公次子
生於清雍正十年壬子十月廿六日　時
卒於清乾隆十九年甲戌十二月初四日　時年二十
有三
未娶

彫
行敬二百廿六 諱秉雲
恭百廿七公次子
生於清雍正十年壬子十一月廿一日酉時
卒無考

彫
行敬二百廿七 諱毓豪 字彩臣
恭百廿九公次子

肅

生於清雍正十一年癸丑四月十三日亥時

卒無考

娶嚴氏生卒無考

生一子　艮朝

四女長適劉　次適應　三適劉　四適盛

行敬二百廿八諱兆基字思朋

恭百四六公長子　曾爲宗長十餘載

生於清雍正十二年甲寅三月初一日卯時

卒於清嘉慶二十年乙亥八月初七日卯時壽八十二

娶朱氏生於清乾隆七年壬戌十月十九日酉時

卒於清嘉慶十一年丙寅七月三十日　時壽六十五

庭

生四子　長敏登　次敏捷　三敏揆　四敏濟

一女適胡

合葬杜家漕跟

行敬二百廿九諱毓德

恭九五公三子

生於清雍正十二年甲寅六月初六日酉時

卒無考

無後

翻

行敬二百三十諱承剛

恭百六一公長子

生於清雍正十二年甲寅十二月十九日申時

牖

卒無考

娶方氏生卒無考

無後

行敬二百三一 諱兆蓮 字維玉

恭百三八公次子

生於清雍正十三年乙卯正月廿六日申時

卒於清嘉慶九年甲子九月十九日　時壽七十歲

娶朱氏生於清乾隆十三年戊辰八月初二日午時

卒無考

生二子 長敏貴 次敏恩

二女長適陳　次適孔

潚

行敬二百三二諱士祥字乾齡
恭百四七公長子
生於清雍正十三年乙卯四月十六日　時
卒於清乾隆五十九年甲寅四月十六日　時壽六十
歲
娶李氏生於清乾隆九年甲子正月廿八日卯時
卒無考
生一子　在魁
四女長適洪　次適周　三適姚　四適奉邑
合葬碗潭

肅

行敬二百三三諱兆興字凊山

恭百六十公長子
生於清雍正十三年乙卯十二月廿四日亥時
卒無考
娶嚴氏生於清乾隆三年戊午四月十九日卯時
卒於清乾隆五十七年壬子四月十七日未時年五十
有四
無後
葬南洲漲漕
行敬二百三四　諱小傳
恭百四八公次子
生於清乾隆元年丙辰二月廿四日卯時

卒無考

行敬二百三五諱秉義

恭百廿五公次子

生於清乾隆元年丙辰十一月廿五日子時

卒無考

未娶

行敬二百三六諱兆宗字思學

恭百四六公次子

生於清乾隆二年丁巳正月十二日卯時

卒於清嘉慶十三年戊辰十月十七日午時壽七十二

娶穆氏生於清乾隆六年辛酉正月初三日子時

卒於清　年　十一月十三日　時
娶妾鄭氏生於清乾隆廿二年丁丑二月初二日子時
卒無考
生三子　長敏山　次敏覺　三敏蛟
一女適穆
墓葬父墳傍

行敬二百三七諱承三
恭百四一公三子
生於清乾隆二年丁巳二月廿二日卯時
卒無考
未娶

行敬二百三八諱士祁字乾盛
恭百四七公次子
生於清乾隆二年丁巳七月十四日巳時
卒於清嘉慶七年壬戌十月初五日寅時壽六十有六
娶孔氏生於清乾隆六年辛酉七月初八日午時
卒於清道光十六年丙申二月十三日寅時壽九十六
敬二百五六士鳳公次子在林入繼
合葬河角三畝頭

行敬二百三九諱承山
恭百三九公長子
生於清乾隆二年丁巳九月廿六日　時

客死外地

牖

行敬二百四十 諱兆熊

恭百四五公長子

生於清乾隆二年丁巳十一月初五日戌時

卒於清乾隆三十四年己丑十月廿一日　時年三十

有三

娶姚氏 敀適

無後

牖

行敬二百四一 諱兆昌

恭百五五公長子

生於清乾隆三年戊午十月十八日辰時

卒於清乾隆六十年乙卯二月廿九日　時年五十八

娶莊氏生於清乾隆七年壬戌九月廿一日辰時

卒於清乾隆六十年乙卯二月十九日　時年五十四

生二子　長敏福　次敏惠

三女長適鄭　次適葛　三適張

合葬杜家漕跟

行敬二百四二諱毓興

恭百廿九公三子

生於清乾隆三年戊午十二月十四日戌時

卒無考

娶沈氏生卒無考

生四子　寓住舟山

二女長適陳　次適奉邑陳

行敬二百四三諱兆品

恭百三八公三子

生於清乾隆三年戊午十二月十六日戌時

卒於清乾隆五十九年甲寅九月廿七日　時年五十

有七

未娶

葬杜家漕跟

行敬二百四四諱承惠

恭百廿二公次子

[illegible]

生於清乾隆三年戊午十二月廿二日　時
卒無考

行敬二百四五 諱兆鯉
恭百四二公長子爲恭三一公繼子
生於清乾隆四年己未八月十七日辰時
卒無考
娶張氏生於清乾隆十四年己巳八月初七日丑時
卒於清乾隆四十九年甲辰五月廿九日　時年三十
有六
生二子　長敏友　次敏芳
二女長適張　次適鄭

行敬二百四六 諱承聖
恭百五三公長子
生於清乾隆四年己未十月十二日　時
卒無考
未娶

行敬二百四七 諱秉恪 字漢星
恭百十五公次子
生於清乾隆四年己未十月廿六日午時
卒無考

行敬二百四八 諱承志
恭百三四公次子

庶

生於清乾隆四年己未十二月廿四日酉時
卒於清嘉慶三年戊午十二月十四日巳時壽六十歲
娶姚氏生於清乾隆十五年庚午十月　日　時
卒於清嘉慶三年戊午九月十三日　時年四十有九
生三子　長允華　次允泰　三允豐
二女長適李　次適胡

行敬二百四十九諱兆鳳字思斌
恭百三五公三子
生於清乾隆五年庚申三月二十日酉時
卒於清嘉慶元年丙辰正月十五日　時年五十有七
娶嫣氏生於清乾隆十四年己巳八月廿六日子時

卒於清道光元年辛巳六月廿六日午時壽七十有三
生三子　長敏賢　次敏威　三敏文
三女長適陳　次適傅　三適劉
墓葬杜家漕跟父墳傍

行敬二百五十諱兆麟
恭百六十公次子
生於清乾隆五年庚申閏六月廿一日戌時
卒於清嘉慶十六年辛未八月廿二日辰時壽七十二
娶陳氏生於清乾隆九年甲子十月十八日戌時
卒於清乾隆四十二年丁酉二月廿九日巳時年三十
有四

又娶邵氏生於清乾隆十八年癸酉十月廿二日丑時
卒於清乾隆四十九年甲辰九月初三日巳時年三十
有二
生三子　長敏肇早世　次敏揚　三敏詮
三女長適錢　次適周　三適葛
葬南洲漲漕
行敬二百五一諱允興
恭百廿一公長子
生於清乾隆五年庚申十一月初十日子時
卒無考
無後

涼

行敬二百五二　諱士龍　字乾豐

恭百四七公三子

生於清乾隆六年辛酉五月初二日戌時

卒於清乾隆五十年乙巳七月初六日　時年四十五

娶余氏生於清乾隆十六年辛未五月廿一日寅時

卒於清嘉慶十一年丙寅八月十二日戌時年五十六

生二子　長在昌　次在天

合葬河角三畝頭

[illegible]

行敬二百五三　諱承佑

恭百五一　世昌公長子

生於清乾隆七年壬戌三月初二日酉時

卒無考

娶岱山王氏生於清乾隆廿二年丁丑四月初四日寅時

卒無考

生一子　允瑞

肅

行敬二百五四諱兆圭

恭百六二世玉公長子

生於清乾隆八年癸亥七月廿六日　時

卒無考

未娶

肅

行敬二百五五諱兆禹

恭百五五世芹公次子

生於清乾隆九年甲子九月廿四日卯時
卒於清道光十五年乙未五月十三日　時壽九十二
娶湯氏生於清乾隆十四年己巳十月廿五日卯時
卒於清道光　年　正月十二日　時
生三子　長敏春　次敏鷚　三敏鳳
四女長適莊　次適余　三適方　四適邵
墓葬杜家漕䟞

行敬二百五六　諱士鳳　字乾侯
恭百四七鋕公四子
生於清乾隆十年乙丑四月初五日午時
卒於清乾隆四十四年己亥五月十五日戌時年三十

有五
娶方氏矢志守貞躬勤紡績艱苦備嘗撫孤成立
道光廿九年　欽旌節孝生於清乾隆十三年戊辰正
月廿二日戌時
卒於清嘉慶十九年甲戌二月二十日子時壽六十六
生三子　長在朝　次在林出繼　三在功
合葬外河沿
行敬二百五七諱承佐
恭百五一世昌公次子
生於清乾隆十年乙丑七月初三日　時
卒無考

牖

娶章氏生於淸乾隆三十一年丙戌十一月初八日　時

卒於淸乾隆　年　四月廿九日　時

無後

行敬二百五八諱兆文

恭百四二世璋公次子

生於淸乾隆十一年丙寅十月十五日辰時

卒無考

娶金氏生於淸乾隆廿三年戊寅二月廿二日　時

卒於淸乾隆五十一年丙午五月廿四日　時年二十

有九

又娶徐氏生於淸乾隆九年甲子正月初八日寅時

無後　兆鯉次子敏芳入繼

生一女適徐

行敬二百五九諱兆豐字思玉

恭百四六世芳公四子

生於清乾隆十一年丙寅十一月十四日未時

卒於清乾隆三十八年癸巳九月廿七日　時年二十

有八

娶張氏輕年苦節日事女紅仰事俯蓄八六而終生於清

乾隆十一年丙寅十一月初五日子時

卒於清道光十二年壬辰正月初七日戌時壽八十七

生二子　長敏博　次敏錫

[illegible]

合葬杜家漕父墳傍

行敬二百六十　諱兆賢

恭百五六世醋公次子

生於清乾隆十二年丁卯九月十一日戌時

卒於清道光　年　月　日時

娶方氏生於清乾隆十二年丁卯七月十三日巳時

卒於清乾隆五十六年辛亥九月二十日　時年四十

有五

生四子　長敏乾　次敏震　三敏恒　四敏升

二女長適徐　次適姚

又娶楊氏生於清乾隆十二年丁卯四月廿一日戌時

卒於清嘉慶十年乙丑十一月初七日　時年五十九
又娶貝氏生於清乾隆廿三年戊寅七月十二日申時
卒無考
合葬大車頭
行敬二百六一諱光昌字明盛
恭百六十世卿公三子
生於清乾隆十四年己巳十一月十九日巳時
卒於清乾隆三十八年癸巳十月初四日申時年三十
有五
娶姚氏啟適
無後　祭祀隨父輪流

行敬二百六二諱兆吉

恭百六二世玉公次子

生於清乾隆十六年辛未三月廿二日卯時

卒無考

娶孫氏生於清乾隆廿八年癸未十一月初五日午時

卒於清道光七年丁亥六月十九日　時壽六十有五

生一子　敏瑞

一女適陳

合葬馬徑河東岸

行敬二百六三諱兆嘉

恭百六十世卿公四子

生於清乾隆十九年甲戌四月二十日戌時
卒於清嘉慶十三年戊辰八月廿七日　時年五十五
娶盛氏生於清乾隆廿二年丁丑六月廿五日戌時
卒於清嘉慶廿四年己卯十月廿六日　時壽六十三
生四子　長敏卓　次敏舉　三敏寧　四敏輝
三女長適舒　次適陳　三適舒
墓葬油車壩漕地向東

行敬二百六四　諱兆千
　　恭百六二世玉公三子
生於清乾隆廿二年丁丑三月廿四日辰時
卒於清嘉慶　年　月　日時

[illegible]　[illegible]

未娶

行敬二百六五 諱兆運

恭百四二世璋公三子

生於清乾隆廿三年戊寅十一月初六日丑時

卒無考

娶嚴氏生於清乾隆三十六年辛卯十二月初五日申時

卒無考

生一子 敏康

行敬二百六六 諱承學

恭百八二元昌公長子

生於清乾隆廿三年戊寅十二月初四日　時

卒於清道光元年辛巳七月初五日　時壽六十有四
娶余氏生於清乾隆四十七年壬寅十二月廿九日卯時
卒於清同治二年癸亥十二月廿五日　時壽八十二
生一子　允茂
葬後坂父墳傍

行敬二百六七諱承先
恭百八二元昌公次子爲恭百八八聚昌公繼子
生於清乾隆廿七年壬午十月十四日　時
卒無考
無後

行敬二百六八諱承孝

酯　酯

恭百八二元昌公三子
生於清乾隆三十六年辛卯　月　日　時
向客杭州未歸
行敬二百六九諱承恩
恭百八七孫昌公長子
生於清乾隆三十八年癸巳　月　日　時
卒無考
墓葬山頭方
行敬二百七十諱承春
恭百八七孫昌公次子
生於清乾隆四十年乙未　月　日　時

廱

卒無考
墓葬山頭方

行敬二百七一諱承泰
恭百八七孫昌公三子
生於淸乾隆四十八年癸卯十二月廿四日卯時
卒於淸　年　十一月初八日未時
娶嚴氏生於淸乾隆五十六年辛亥三月十八日午時
卒於淸　年　九月初二日子時
生三子　長允龍　次允中　三允貴
寓居郡城靈橋門內
合葬宅南大和西首

補遺

行敬　諱秉元

恭　士英公長子

生卒無考

娶□氏生卒無考

生一子　維人

海上絲綢之路文獻集成

總主編 陳支平 陳春聲

民間譜牒編 47

主編 林楓

海峽出版發行集團
THE STRAITS PUBLISHING & DISTRIBUTING GROUP
福建人民出版社

本册目次

[浙江慈溪]慈谿鴻門童氏宗譜十七卷首一卷(卷二至卷三上)

童賡年等纂修

慈東童氏宗譜卷二

三房分支世系圖

廿五世　廿六世　廿七世　廿八世　廿九世

鼎　行恭

承美　行敬

運泰　字昌時　行敬一

儲慶　行敏一

奇　行敬

益　字爾昌　行恭四

顯德　字覺德　行敬五

維翰　字殿臣　行敏二

伯成　字德銓　行惠一

其勤見下　行慈一

其昌出繼　行慈二

維幹　字殿卿　行敏五

宏祖　字承先　行惠七

慈錦見下　行慈十七

宏宗　行惠十四

慈隆未娶　行慈九

宏學　字文彪　行惠廿九

慈茂見下　行慈十三

泰
行恭六

秉謙
字覺謙
行敬十七

維善
字禹臣
行敏十七

宏燕
字懷玉
行惠六八

慈行見下
行慈三九

維蕃
字殿侯
行敏十二

宏本
行惠廿六

其昌入繼未娶
字鳳占
行慈二

慈坤見下
行慈五六

慈乾見下
行慈四七

慈泰見下
行慈十九

國學生

慈言見下
行慈五五

慈進見下
行慈七九

慈美見下
行慈百十四

維新出繼
行敏三五

維高
字禹貴
行敏四七

宏烈早世
行惠四六

宏照　入繼
行惠五三

慈雲　無後
行慈五十

慈霖　無後
行慈六一

慈霞　無後
行慈百十六

慈霧　見下
行慈百三十

慈能　無後
行慈百七九

宏先
行惠九八

維楨
行敏五二

秉文
字文龍
行敬三三三

震
行恭十二

秉章 字顯章 行敬四六

宏孝 無後 行惠百十五

維新 入繼 行敏三五

宏勳 行惠四十

宏照 出繼 行惠五三

慈寬 見下 行慈三一

慈廣 未娶 行慈五七

慈學 見下 行慈八八

豫
行恭廿二

秉倫
行敬六三

秉毓
字文錫
行敬七六

維吉
字卜臣
行敏百十

宏瀾
字靜波
行惠八四

宏源
行惠百十四

慈隲見下
行慈八十

慈陞見下
行慈百十

慈祚見下
行慈百三三

慈陶見下
行慈百四大

宏海　字匯川　行惠百五七

慈階　見下　行慈百五九

士英　行恭

秉元　行敬

維人　行敏十八　寓居鎮邑沈家

宏才　無後　行惠四二

秉貞　行敬

咸　行恭十

秉忠　行敬廿二

維仁　行敏二十

德修　行惠五七

慈甯　無後　行慈百十九

秉恕
字益之
行敬廿五

維岳 出繼
行敏廿六

維岳 入繼
字禹千
行敏廿六

宏聖
行惠八二

慈福 未娶
行慈百八四

慈順 見下
行慈二百三十

慈峰 無後
行慈二百五八

秉彝
字益章
行敬四三

維遠
行敏四八

成 未娶
行惠五一

寓鎮邑三山浦

臨　字子宜　行恭廿一

秉賢　字益甫　行敬三四

維進　行敏百廿六

維一　行敏百七六

維憲　行敏三四

維干　行敏六一

有才　行惠五八

有德　行惠八七

慈貴　行慈　寓居杭州

慈懷　見下　行慈二百三六

宏智　行惠百四
仁富　行慈百九五　寓居杭州

宏倫　行惠百三十
慈瑞　見下　行慈百三五
慈煥　早世　行慈百六二
慈雅　見下　行慈百九六
慈槐　見下

行慈二百十二

慈祥

行慈二百七七

客死

秉艮

行敬六九

維榮

行敏六八

維勤

行敏百五八

秉方

行敬七九

維城

行敏九三

維德　行敏百四

宏華　行惠百六六

慈愷無後　行慈三百六

宏明　行惠二百十一

慈元見下　行慈三百五四

慈堯　行慈　乳名生官　頓蛤孔浦

維積　行敏百十九

士艮
行恭九

秉仁
字益偉
行敬四十

維艮
字禹章
行敏六六

維周
字煥章
行敏九二

維聰
字禹凡
行敏二二百廿一

宏金 無後
行惠二二百八一

秉倫
行敬四九

士貴

秉倪

字覺貴
行恭四九
行敬五九

秉直
行敬八一

秉政
行敬百五

秉睿
行敬百三十

福貞
行恭十四

城德
字協先
行敬三十

與昌
字無昌
行敬四二

與茂　行敏六四

士發　行惠

士俊　行惠

與光　行敏百十

與貴　行敏五三　早世

城發　字天祥　行敬三九

城文　行敬

士翹
字美生
行恭五六

啟元
行敬八八

丹桂
行敏

得才
行敏

俞
行恭三一

秉乾 入繼
字漢卿
行敬百八

維元
行敏二百
十四

宏道
行惠百七十
客死

宏魁 無後
行惠百八五

宏越

慈恩 未娶

行惠二百四三
行慈四百一

宏林
行惠

維明
字沛明
行敏二百四三

宏椿
字大林
行惠二百三一
鄉耆

慈璋　早世
行慈三百三六

慈榮　見下
行慈四百六十

宏江

慈詔　無後

宗□
字蒼雨
行惠二百五四
鄉飲賓

慈詰見下
行慈二百五十

行慈四百四

宗煥
字德昌
行惠二百八十

慈蛀見下
行慈三百七

慈玉見下
行慈三百九六

宏銓
字鈞衡
行惠三百

慈順見下
行慈三百九一

七

斌
字啓雲
行恭六七

秉聰
字漢臣
行敬八十

維慧
行敏百八一

宏有
行惠百八

慈忠 見下
行慈四百廿一

慈水 見下
行慈百廿七

慈成 見下
行慈百五六

慈昶 無後
行慈百八二

慈佩 無後

維學 行敏二百三
宏大 行惠百四五
慈達 早世 行慈百三九

宏畡 無後 行惠百三九
宏陶 行惠百八十
慈暄 見下 行慈二百五
宏泰 行惠二百五
慈法 未娶 行慈二百五五
行慈百九三

宏瑞　行惠二百廿六

慈達　行慈百四九　早世

慈遠　行慈百九八　入繼　見下

慈遠　行慈百九八　出繼

慈述　行慈二百四十　見下

慈陽　行慈三百廿一　見下

秉乾　出繼
行敬百八

秉智
字漢貴
行敬百五
八

維裕
行敏二百
四六

宏壽
行惠二百
廿三
寓居上海

慈慶
行慈二百
廿三
寓居上海
無查

慈楷
行慈二百
六一
出外

慈權
行慈二百
六九

寓居上海
無查

慈桂
行慈二百九一
寓居上海
無查

宏籌　無後
行惠二百六十

宏光　無後
行惠三百廿四

宏盛
字德成
行惠二百六十

慈暉　見下
行慈二百

維文
字配高
行敏二百

秉奇
字漢才
行敬百七

三

廿四

四五

鄉耆

宏珏

字德宸

行惠二百

九四

慈曜無後

行慈三百

七十

維安

行敏二百

三八

維林

行敏

出家爲僧

潛

行恭八二

移居洪塘

秉進

行敬百十

二

移居慈城

秉法
行敬百三
五

文英
行恭百二
移居鄞邑
灣頭

秉成
行敬百四
一
徙居象山

文林
字茂林
行恭八九

秉剛
字漢武
行敬百七
四

維忠
行敏

文盛　字茂甫　行恭百七

秉昌　字漢秀　行敬百七六

維衡　行敏二百十一

宏寶　行惠二百三八

慈復　見下　行慈三百四一　寓居蘇州

秉均　行敬二百

文瀾　字茂公　行恭百廿五

秉忠　行敬二百十六

維城　行敏三百十一

維清　行敏三百三四

維賢

宏高　無後

行鐓三百
四七

行惠四百
十二

宏增　未娶
行惠四百
廿九

宏瑾
字小比
行惠四百
三四

慈榮　無後
行慈五百
十三

慈棟
行慈五百
二十

宏雲　未娶
惠
行慈四百
三六

宏才　未娶
行惠四百三八

宏毅　無後
行惠四百三九

宏業　未娶
行惠四百四一

秉義
行敬二百三五

秉志
行敬百九十

文富
行恭百廿七

秉雲 行敬二百廿六

彬 行恭三三

毓奇 行敬六六

毓仁 行敬百十六

興詩 行敏六二 客死岱山

興茂 出繼 行敏百廿八

開宗 行敏二百二

尙錦 行惠百九十 久客江北

尙孝

慈瑗 無後

世圭
字禹錫
行恭七六

毓元
行敬七一

興茂入繼
行敏百廿八

尚林無後
行惠二百六八
行慈四百十五

尚忠
行惠百十七

慈祿無後
字光龍
行慈三百五八

尚隆無後
行惠百四二

行惠二百廿七

世卿
行恭九五

毓中
行敬百五六

鋶靈　行敬百八一

鋶德　行敬二百廿九

世則　行恭百廿八

鋶和　行敬百八八

敏脩　行敏二百四十

通揚　行敏二百五八

開風　行敏二百六六

鯍艮　行敬二百六
興宗　行敏二百九二　移居餘姚性貴山徐姓

世道　字子堅　行恭百十三
鯍文　行敏二百九
鯍武　行敬二百十七
興周　入繼　行敏二百八一

世法　字景澐　行恭百廿
鯍陞　字學聖　行敬百八
興德　行敏二百六二
宏文　無後　行惠三百六九

四

世顯
字孝先
行恭百廿九

七

毓鵬
行敬二百八

毓乾
字彩章
行敬百九七

興麟
行敏二百六八

興周 出繼
行敏二百八一

興法
行敏二百七十

興元
行敏二百八五

世英

銃睿

銃豪
字彩臣
行敬二百
廿七

艮潮
行敏
寓上海

宏源
行惠

宏釗
行惠
入寓居類

銃興
行敬二百
四二
寓舟山

興富
行敏三百
廿四

字子千
行恭六六

日性
行恭一百
寓餘姚上塘

文榮
字耀宇
行恭九六

字明元
行敬百八二

秉宰
行敬百廿九

秉道
行敬百三

秉禮
字漢文
行敬百廿六

宏祖
行敏百四六

芳卿
行敏百七三

法卿

行敏二一百

秉德 行敬百四二

秉性 行敬百五二

秉悅 行敬百八五

文華 行恭百十五

秉恆 行敬百八四

秉恪

行敬二百四七

元助　又名世助　行恭廿五

毓才　字濟生　行敬五一

興仁　字沛占　行敏百八

興禮　字魁占　行敏百三三

尚友　無後　行惠六四

尚智　無後　行惠八六

尚綱　未娶　行惠九一

世盛
行恭四十

吉祥
字丹卿
行敬百二

興發
行敏

世福
字子龍
行恭七二

毓貴
行敬九一
寓岱山

興孝入繼
行敏二百三

尙麟未娶
行惠百六九

尙金早世
行惠百九六

毓富
行敬九八

興孝出繼
行敏二百三

興來　行敏二百四九

尚貴　行惠三百十一

慈運　無後　行慈四百四三

尚德　未娶　行惠三百三一

毓彪　字允爗　行敬百四八

興悌　行敏二百十二

宏巨　字克肩　行惠二百三

慈堃　無後　行慈

慈宷　無後　行慈三百七八

興文
行敏二百三十

興華
行敏二百三九

興池
行敏二百四七

廿九世　三十世　三十一世　三十二世　三十三世

其勤　行慈一
- 祥麟　無後　行祥一

慈錦　行慈十七
- 祥照　行祥七二
  - 國治　無後　行謙百四九
  - 國相　行謙百六二
    - 遜鈞　無後　行遜百八一　字全林
  - 國家　行謙二百四
    - 遜富　行遜二百六七

祥義
行祥一百
寓居乍浦

謙寶
行謙百五
九
無查

祥明
行祥百三
四

謙濤
字寶生
行謙二百
三八

遜鐘
行遜百八
四
無查

遜彥
未娶
字瑞雲
行遜二百
七
學生

遜康

出繼二房

謙成　未娶　行謙二百六九

慈茂　行慈十三

祥電　無後　行祥三十

祥雷　未娶　行祥四七

慈泰　行慈十九

祥風　行祥三四　寓居上海　無查

祥雲
行祥四九
寓居上海
無查

妙雲
行祥五六
寓居上海
無查

慈乾
行慈四七

祥昂
行祥二百
客死他鄉

慈坤
行慈五六

祥發
早世

行祥百十九

祥賢 早世　行祥百七大

祥德　行祥百九二

謙益　行謙二百三三

謙裕　即謙貴　行謙二百四五

遜初 未娶　行遜百九五

遜陽　行遜二百廿一

遜金 無後　行遜二百四三

遜康

慈行　字可表　行慈三九

祥運　字春雷　行祥三二一

謙潢　字靜濤　行謙百九四

遜炤　未娶　字光裕　行遜百八九　行遜又二百六六

遜琪　字玉卿　行遜二百十

勤坤　行勤百八六

慈言　字有章　行慈五五

祥增　字光照　行祥五三

謙和　字階平　行謙九二

遜國　早世　行遜七六

謙貴　字良初　行謙百廿三

遜源　行遜二百九三

祥坤　字德載　行祥百三九　國學生

謙黼　字文三　行謙百廿六

遜錦　行遜一百

遜禧　無後

勤泉　無後　行勤五五

勤勇　未娶　行勤六五

勤世　行勤八四

字成如
行遜百廿一

謙闈
字蓮浦
行謙百八二

遜齊
字雅如
行遜百廿六

勤忠
行勤九五

遜淦 無後
字雅棠
行遜百四四

遜治
字雅庭
行遜百五八

勤垚
行勤百三

慈進　字禮權　行慈七九

祥樞　字炳南　行祥百五十　國學生

謙康　字介三　行謙二百十三

遜鼎　字正香　行遜百八八

勤俊　行勤百八一

勤倬　行勤百九二

慈美　字里仁　行慈百十四

祥翰　字若林　行祥百八十

謙謹　字竹安　行謙二百十四

遜炳　字玉庭　行遜二百十一

遜品

行遜二百三二

祥福 字天來 行祥二百十二

謙誌 早世 行謙二百五九

謙溢 無後 字景良 行謙三百三

慈霧 行慈百三十

祥蓮 未娶 行祥三百十六

祥荐 早世 行祥三百三八

慈寬
行慈三一

祥能
行祥四二

謙寶 未娶
行謙百三

祥奎 無後
行祥五八

祥耿
字景星
行祥百三一

謙雲
行謙二百十一

遜海 未娶
行遜百六五

祥瑤
字廣生
行祥百五一
出外無查

慈學　行慈八八

祥銓　行祥百廿一

謙瑞　行謙百九八　無後

謙章　行謙二百十七　未娶

謙琳　行謙二百三二　無後

謙富　行謙二百四七　未娶

慈隲　字克昌　行慈八十

梁　字夢橋　行祥百七

謙適　字觀臣　行謙百五　無後

一 國學生

謙述 字繼成 行謙百六九

遜茂 早世 行遜

慈陞 字德高 行慈百十

樞 字在東 行祥百四五 久出無查

桂 字一山 行祥百五二

進 字襄成 行謙百七六

遜珍 無後 字珍山 行遜百廿二

慈
祚
行慈百三三

遜瑜早世
行遜

樾無後
字璇衡
行祥百七八

橒
行祥二百十一
久出無查

栅出繼
行祥百五五

材　字作人　行祥百八三

謙成　行謙二百四九　久客未歸

慈陶　字德豐　行慈百四六

栟　入繼　字人和　行祥百五五　寓居江北

慈階　行慈百五九

標　無後　行祥百九六

渠　未娶　行祥二百廿二

慈順 行慈二百三十
祥慶 未娶 行祥二百四三

慈貴 行慈 寓居杭州 無查

慈懷 行慈二百三六
祥洲 字登仁 行祥二百六一
謙章 字允蓀 行謙三百十六
祥鈞 字登壽 行祥三百
謙芳 行謙三百廿四

謙芬 行謙四百十六

仁富 行慈 寓居杭州 無查

慈瑞 字鶴鳴 行慈百三五

祥占 無後 行祥百五八

祥徵 字登峻 行祥二百

謙增 行謙三百廿九

遜華 行遜二百八七

五一
謙和——遜德
行謙三百四八
行遜三百四十

慈雅——祥泰
字松茂
行慈百九六
寓蘇州
行祥二百十六
寓居蘇州

慈槐——祥寶
字松盛
行慈二百十二
寓柳湖
行祥二百廿八
寓居柳湖

慈元——祥牲 未娶
行慈三百五四
行祥三百六九

慈榮 字文顯 行慈四百六十

祥球 字亦珍 行祥四百十三

謙耿 無後 字立生 行謙三百九六

祥璉 無後 字錦才 行祥四百廿四

祥琛 無後 字亦珊 行祥四百三五

慈誥

祥恒 無後

字九雲
行慈四百四

行祥四百廿五

慈甡
字星基
行慈三百七

祥煜　無後
行祥三百一

祥嘉　無後
字顯祿
行祥三百三五

祥盈
字誠泰
行祥四百八

謙唐
字堯臣
行謙三百三七

謙潮——遜堉

字蓮孫
行謙三百七三

行遜三百十五

謙源
字冬蓮
行祥三百八五

謙湘
行謙四百二

謙浩
字蒓生
行謙四百

十四

謙洪
行謙四百
四五

慈順
字際艮
行慈三百
九一

祥琪
字槐庭
行祥三百
九八

謙棟　無後
字朝棠
行謙三百
四七

謙楓
字棟初
行謙四百
八

遜耀
行遜三百
廿五

謙榛

字梅刱
行謙四百
廿八

慈玉
字崑玉
行慈三百
九六

祥科
行祥三百
八四
久客未歸

祥發
行祥四百
八四

慈忠
字正芳
行慈四百
廿一

祥琢
字洵美
行祥四百
七三

謙松
字麗孫
行謙四百
四二

慈水　行慈百廿七

祥蘭　無後　行祥百八五

慈成　行慈百五六

祥華　字瑞芳　行祥百九一

祥芸

謙富　字仁林　行謙二百五十

遜珍　未娶　行遜二百三一

謙安　行謙二百六七

遜寶　行遜二百六四

遜昌　行遜三百四

行祥二百四四
久出無查

慈膻
行慈二百五

祥榮
字錦齋
行祥二百九八

謙德　出繼
字大方
行謙二百九十

謙燮
字小方
行謙三百十

謙堯
行謙三百三一

遜英
行遜二百九六

祥祉 行祥三百四十

謙華 行謙三百五一

慈遠 行慈百九八

祥懷 行祥二百五四

謙鶴 行謙二百七七

遜水 又名遜泰 行遜二百五四 寓居牛西劉

慈述 行慈二百四十

祥賢 行祥二百四九 無後

祥智 未娶

行祥二百七六

慈揚 字仁義 行慈三百廿一

祥松 字永茂 行祥三百四一

祥榆早世 行祥三百六二

謙益 字春泉 行謙三百七一 寓鄞陳埠頭

謙艮無後 行謙三百九一

遜康 行遜三百四三

慈暉
字光浩
行慈二百
六十
議敘

祥劭
字子才
行祥二百
三七
國學生

祥効 無後
字徵甫
行祥三百
八二

謙德 入繼
行謙二百
九十

南房分支世系圖

廿五世　廿六世　廿七世　廿八世　廿九世

高 字瑞玉 行恭九二五 — 兆發 行敬百七

昇 字瑞明 行恭四一 — 兆煥 行敬五二
兆炳 行敬七十
兆燦 行敬七七

兆科
行敬九五

敏行
行敏百九十

敏泰
行敏二百四

惠清　無後
行惠二百十二

敏喻
行敏二百十六

叅
行恭五七

兆甲
行敬九三

兆宰

兆瑞
行敬百十四

行敬百四五

世宗
行恭移居文溪杜谷

兆傑 早世
行敬二百十九

世瓚
字永侯
行恭百三一

兆鯉 入繼
行敬二百四五

敏友
行敏二百八六

惠杏 早世
行惠三百廿七

敏芳　出繼
行敏三百五

惠正
行惠四百

慈壽　未娶
行慈五百十四

世璋
行恭百四二

兆鯉　出繼
行敬二百四五

兆文
行敬二百五八

敏芳　入繼
行敏三百五

惠山
行惠四百十七
久出無查

兆運 行敬二百六五
敏康 行敏三百五四

世賢 字月三 行恭百廿六
兆安 行敬百八十
敏和 行敏二百廿八
惠乾 行惠二百廿二
慈桂 未娶 行慈二百三二
慈槐 見下 行慈二百三九

惠坤 行惠二百三三
慈晃 見下 字耿茂 行慈二百六八

慈曛見下
字耿盛
行慈二百八七

慈瞰無後
字耿順
行慈三百八十

慈昌無後
字耿裕
行慈三百九七

世垣——兆楨

行恭百四四

行敬二百一

世傑

行恭五四四

兆慶

行敬八六

敏功

行敏百十四

惠風

行惠百二十

慈均見下

行慈百三六

慈增見下

行慈二百一

慈培見下

行慈二百十九

慈坊見下

行慈二百三三

敏求　行敏百六七

惠高　行惠二百八

惠洪　行惠二百二十

惠深　行惠二百五五

慈瑾　未娶　行慈三百三七

慈璇　入繼見下　行慈二百八三

慈璇　出繼　行慈二百八三

慈璣　無後　行慈三百四五

慈瑛　無後　行慈三百九八

世俊
字德文
行恭九四

兆相
行敬百六
六

世仁
字成久
行恭百十
十

兆鯨
行敬二百
十五

敏高
行敏二百
八十

敏興
行敏二百
九六

惠長
行惠三百
廿五
久出無查

敏雲
行敏三百
十九

- 世吉　字漢三　行恭百廿三
  - 兆禧　行敬百六五
    - 敏忠　行敏二百十九
      - 惠銓　行惠二百廿四
      - 惠齡　行惠三百十九
        - 慈相　未娶　行慈四百四四
    - 敏義　行敏二百三三
    - 敏立　行敏二百七五
      - 惠祥　字雲祺　行惠三百四
        - 慈歡　無後　行慈三百十五
        - 慈卿　無後　行慈三百七一

惠泮
行惠三百九七

惠津
行惠四百五

世因
字德安
行恭八七

兆祥 入繼
行敬九二

敏詩
行敏二百一
職員

惠彬
字國雅
行惠二百七七

慈爵 無後
行慈二百廿八

慈治 無後
行慈三百二

慈邦 未娶
行慈三百廿六

敏富
行敏二百廿六

惠梁
字水橋
行惠二百八六

慈容　早世
行慈二百七四

慈宰　無後
行慈二百八九

慈宥　無後
行慈三百五一

慈訓　未娶
行慈四百廿二

慈堯　未娶
行慈四百七一

文祥入繼　行敬百三七

敏質　行敏百九四

惠林　行惠百五二

惠我　字心藏　行惠三百四七

慈宏未娶　行慈三百三一

慈宋無後　行慈三百五二

慈定未娶　行慈三百七五

慈寅未娶　行慈四百十八

老房恭六
二公次子

惠相　行惠百八九
　慈福　行慈三百八三　久出無查

惠楝　行惠二百三六

惠梓　行惠二百五七
　慈茂　見下　行慈三百九四
　慈盛　見下　行慈四百八

世珍
字廷元
行恭百四五

兆熊
行敬二百四十

世玉
行恭百六二

兆圭
行敬二百五四

兆吉
行敬二百六二

敏瑞
行敏三百四九

惠英
行惠四百十九

兆干
行敬二百六四

世德　字志先　行恭九一

- 兆祥　出繼　行敬九二
- 兆福　行敬百廿八
  - 敏達　行敏百六八
  - 敏易　行敏百八四
    - 惠芳　行惠二百四二
  - 敏才　行敏二百廿五
- 兆祉　行敬百五五
  - 敏英　行敏二百三四
    - 惠懋　行惠三百三九
      - 慈泰　見下　行慈二百八六

敏悅　行敏二百四二
惠聖　行惠二百九六
慈錦　行慈三百四　客死

敏善　行敏二百五七
惠慶　行惠三百五
慈萊　入繼見下　行慈四百七

惠源　行惠三百三三

惠川　行惠三百六三
慈萊　出繼　行慈四百七
慈章　未娶

行慈四百七五

世芳
字廷顯
行恭百四六

兆基
字思朋
行敬二百廿八

敏登
行敏二百六一

惠標
行惠二百四九

惠海
行惠三百十七

慈照
行慈三百八二
客死外地

慈玉
見下
字家國
行慈五百十二

敏提
行敏二百六七

惠春
行惠三百七四

敏掞
行敏二百八九

惠昂
字熊飛
行惠三百七二

慈松 無後
行慈四百十六

慈鶴 見下
行慈四百廿九

惠鈿
行惠四百六

慈鳳 未娶
字愛順
行慈五百

敏濟
行敏三百廿六

惠占
行惠三百六六

惠友
行惠三百七九

慈順 無後
行慈四百三九

慈潮 未娶
行慈四百九七

慈椿 見下
行慈四百八四

慈棟 無後
行慈四百九十

兆宗
字思學
行敬二百
三六

敏山
行敏三百
三六

惠長無後
行惠三百
五三

惠成無後
行惠三百
六二

惠吉無後
行惠三百
七八

惠朝未娶
即景朝
行惠三百
九九

惠秀無後

敏覺

行敏三百四四

惠智　行惠四百十　早世

惠寶　行惠　未娶

敏皎

行敏三百五二

惠政　行惠四百十五　早世

惠　行惠四百廿四

行惠　螟蛉他姓

兆鳳
字思斌
行敬二百
四九

敏賢
行敏三百
十二

惠英無後
行惠三百
二

惠嵩
行惠

惠才
行惠三百
廿二

慈桂見下
行慈四百
十九

慈球無後
行慈四百
三二

慈楠見下
行慈四百
五八

惠忠

行惠三百九三

慈櫟

行慈四百六五

出外無查

慈楞無後

行慈四百六七

慈楞見下

字仁水

行慈四百七九

慈棠見下

字仁海

行慈四百

敏威
行敏三百
廿八

敏文
行敏三百
四二

惠琦
行惠三百
八二

惠金
行惠四百
十四

惠全

慈森 出繼
行慈四百
九一
八三

慈森 入繼 未娶
行慈四百
九一

慈富 見下

行惠四百廿六

行慈四百九八寓居上海

兆豐
字思玉
行敬二百五九

敏博
行敏二百九四

惠雲
行惠三百八
耆民

慈介見下
行慈三百廿九

慈倫無後
行慈三百六八

慈伸無後
行慈四百二

慈俟無後
行慈四百六三

惠霖　行惠三百十四

慈儛　無後　行慈四百三八

惠霞　行惠三百四十　寓居上海　無查

惠霆　行惠三百五六

慈侃　見下　行慈四百七十

敏錫　行敏三百二

世芹　行恭百五五

兆昌　行敬二百四一

兆禹　行敬二百五五

敏福　行敏三百三一

敏惠　行敏三百三二

敏春　行敏二百九八

惠宣入繼　字大年　行惠三百五十

慈發無後　行慈四百十四

慈勇　行慈四百五一　寓居上海　無查

敏鶚　行敏三百三十

敏鳳　行敏三百五一

惠宣　出繼　行惠三百五十

惠玉　早世　行惠三百九五

惠興　行惠四百二十　移居覺渡寺

慈孝　未娶　行慈五百

慈康　未娶　行慈五百五

慈誥　未娶　行慈五百八

世醇　字子厚　行恭百五六

兆楷　行敬二百二

兆賢　行敬二百六十

敏耀　行敏二百二十

敏乾　行敏二百八八

惠典　早世　行惠四百廿七

惠濟　行惠百八二

福來　行惠二百七九

慈林　早世　行慈二百四

慈年　早世　行慈二百七十

梁　見下　行慈又三百五三

敏震　行敏三百十五

敏恒　行敏三百廿七
　惠誠　未娶　行惠四百九
　惠立　無後　行惠四百十三

敏升　行敏三百三七
　惠均　無後　行惠四百三一
　惠恩　字增泰　行惠四百
　　慈榮　見下　行慈五百十六

三五

慈華 見下

行慈五百十八

世卿

字子大

行恭百六十

兆興

行敬二百三三

兆麟

行敬二百五十

敏肇

行敏

敏揚

行敏三百十

敏詮

行敏三百三五

兆昌　字明盛　行敬二百六一

兆嘉　行敬二百六三

敏卓　行敏三百四三

惠鵬入繼　行惠四百三十

慈富見下　行慈五百七

敏犖　行敏三百四五

惠鵬出繼　行惠四百三十

敏甯　行敏三百五十

世爵
字廷三
行恭百二十

兆祚
字繼昌
行敬百四十

敏輝
行敏三百五三

敏學
行敏百六一

惠明
字照遠
行惠百三三

惠政
行惠百四四

惠昭
行惠百五五

慈愛 入繼見下
行慈百五一

慈譽 入繼未娶
行慈二百五三

慈愛 出繼

慈煜 無後
行慈百五一

惠遠 行惠百八八

惠豪 行惠二百四四

慈金 行慈二百七五 見下

慈蕊 行慈三百十一 無後

慈睦 行慈二百十一 無後

慈譽 行慈二百四六 出繼

慈瑚 行慈二百五三 出繼

敏孝　行敏二百十三

惠文　行惠百八　七

惠剛　出繼　行惠二百　七

慈宰　見下　行慈二百　六五

字顯哉　號慈華　行慈二百　九四

慈淵　無後　行慈二百

慈源　未娶　行慈三百　廿八

兆祺
字維彰
行敬百六二

敏忠
行敏二百五四

惠剛入繼
行惠二百七

慈洪
行慈二百三七
久寓揚州
無查

慈德未娶
行慈三百八八

敏蛟
行敏二百九十

敏鼇
行敏三百九

惠沐早世
行惠三百八十

惠亭無後
行惠四百八

兆裎
字維風
行敬百七八

敏字
行敏二百五九

惠震
字春輝
行惠二百五三
職員

慈瑚入繼見下
行慈二百六五

兆禨
行敬百九四

世榮
字錫三
行恭百三十

兆龍
字維乘
行敬百六四

敏仁
字性德
行敏二百四五

錦
字光顯
行惠二百四八
職員

慈璉見下
行慈三百廿三

邦
字廷艮
行惠三百
六
職員

慈觀
行慈三百
六九
客死

慈堃見下
行慈四百
五九

慈慧見下
行慈三百
五九

慈立見下
字維勤
行慈四百
八八

敏義　行敏二百五二

敏禮　行敏二百六五

敏智　行敏二百七九

秀　行惠二百八二

福　行惠二百九九

祿　行惠三百十八

瑞春　無後　行惠三百四四

瑞慶　無後　行惠三百六五

世錦
行恭

兆奕
行敬二百
二十
出家

敏信
行敏三百
一

瑞源
行惠三百
九一

慈森未娶
行慈四百
八二

慈燊未娶
行慈四百
九二

世華　字兼三　行恭百三八

兆巖　行敬二百廿二

兆運　行敬二百三一

兆品　行敬二百四三

敏貴　行敏三百廿一

敏恩　早世　行敏三百四六

惠堂　行惠四百三三　無查

廿九世　三十世　三十一世　三十二世　三十三世

慈槐
字桂春
行慈二百
三九

祥宥
行祥二百
七五

祥全　無後
行祥三百
三十

祥彪
行祥三百
九三

謙允
行謙三百
八六

慈晃
字耿茂
行慈二百

祥愷
字和春
行祥二百

謙生
字子寬
行謙二百

遜敏
字永清
行遜二百

六八

五十　軍功五品銜

九九

五五

祥鼇　字海山　行祥三百　九

軍功都閫府

謙生　兼承　行謙二百　九九

慈曛　字耿盛　行慈二百　八七

祥堯　早世　行祥三百　四九

祥雲　未娶　字漢清　行祥三百

七八

慈均　行慈百三六

祥年　行祥百九四

謙鼇　早世　行謙二百五一

謙勳　行謙二百六二

遜順　未娶　行遜二百廿三

遜棠　行遜二百七六

遜嘉　行遜二百九九

祥載　無後
行祥二百三八

慈增
行慈二百一

祥茂　早世
行祥二百六十

慈培
行慈二百十九

祥彪
行祥二百六二

謙寶
行謙三百五

遜楚　未娶
行遜二百七十

謙綸　出繼
行謙三百二十

祥永
字玉山
行祥二百

謙和　早世
行謙

八八

謙綸入繼
字小有
行謙三百
二十

慈坊
行慈二百
三三

祥銘
字巨源
行祥三百
十

謙璋
字德生
行謙三百
十七

遜年
行遜二百
九十

謙光
字炳生
行謙三百
六九

慈璇

祥福無後

行慈二百八三

慈茂　行慈三百九四

祥金　行祥四百四五　無後

行祥四百四六　兼承慈璣公祀

慈盛　行慈四百八

祥林　行祥四百四四

慈泰　行慈三百八六

祥禧　行祥四百十六　字賢孚　未娶

慈萊　行慈四百七

祥鎮　未娶　小名阿德　行祥四百三六

祥賡　無後　行祥四百二

祥豐　行祥四百三三

謙源　行謙四百廿七

謙瑭　行謙四百三十

謙善
行謙四百
五一

謙嘉
行謙四百
六五

慈玉
字家國
行慈五百
十二

祥榮
又名祥龍
字春榮
行祥四百
九七

慈鶴
字仁寶
行慈四百
廿九

祥富
行祥四百
五六

祥發　無查
行祥四百
六五

慈椿
行慈四百
八四

祥法
行祥四百
七六
寓居上海

慈桂
行慈四百
十九

祥美
字金生
行祥四百
四二

謙壽
行謙四百
六四

慈楠
行慈四百
五八

祥耿
行祥四百
七二

祥煌
行祥四百
八二

慈楞
字仁水
行慈四百
七九

祥震　無後
字澤霖
行祥四百
六九

慈棠
字仁海
行慈四百
八三

祥鑑
字慶福
行祥四百
六八

謙富
字春耕
行謙四百
三五

慈介
字維康
行慈三百

祥芳
字旭初
行祥三百

謙富　無後
字春榮
行謙三百

廿九
議欽

七五

三五

謙德
字春富
行謙三百
五四

遜潤
行遜二百
九二

遜源
行遜三百
十三

謙光
字炳文
行謙三百
六七

遜通
行遜三百
十一

遜達
行遜三百
三二

謙耀
行謙四百

祥奎　無後
行祥四百
三一

慈侃
行慈四百
七十

祥麟
小名阿七
行祥四百
七七

慈榮
字錦釗
行慈五百
十六

祥浩
行祥五百
四

祥垣
行祥五百七

祥德
行祥五百十

慈華
行慈五百十八

祥年
行祥四百九八

祥賡
行祥五百六

梁

祥森　未娶

行慈三百又五三

行祥三百七六

慈富
字仁法
行慈五百七

祥豪　無後
行祥四百八一

慈愛
字炳哉
行慈百五一

祥陞
行祥四百九十

謙榮
行謙四百六十

祥東
行祥百八九

謙受　未娶
行謙二百六十

祥南　未娶
行祥二百十七

祥雲 未娶
行祥二百
三五

慈金 字一哉
行慈三百
十一

祥鏞 無後
行祥三百
五六

慈瑚 字承哉
行慈二百
六五
職員
客死京都

祥寶
行祥四百
五九
寓居京城

慈宰

祥敷

謙懷

字顯哉　小名阿福
行慈二百九四
行祥三百四七

慈璉
字介和
行慈三百廿三

祥呈
行祥三百五七

謙鶴
字雲甫
行謙三百九八
行謙四百五

謙麟　無後
行謙四百廿一

謙彪
行謙四百四一

謙鴻
行謙四百四九

慈慧
字養和
行慈三百
五九
國學生

祥褧 入繼
字韻笙
行祥四百
四七

謙松 無後
字鶴年
行謙四百
三三

慈立
字維勤
行慈四百
八八
國學生

祥鋆 出繼
行祥四百
四七

祥鑒
字兼笙
行祥四百
六二

慈堃
字雲泉
行慈四百

祥欽
字安榮
行祥四百

五九

六七

祥鈺

字寶榮

行祥四百

九三

東西河分支世系圖

廿五世　廿六世　廿七世　廿八世　廿九世

元　行恭
志相　行敬四一
在田　行敏八七
知鴻　未娶　行惠九三
知行　無後　行惠百五三

英　行恭廿六
士俊　字煥文　行敬七五
在德　行敏七四
在茲

行敏八二

在賢
行敏九一

知光
行惠百四九

慈友 見下
行慈二百十八

知遠
行惠百七三

慈增 見下
行慈二百六二

慈培 見下
行慈二百九九

知和 無後
行惠二百四六

在貴　行敏百六　三
知覺　未娶　行惠二百　四七

在鳳　行敏百八　三
知運　行惠二百　十八

慈震　見下　行慈二百　六六
慈祥　無後　行慈三百　三二
慈林　未娶　行慈三百　七三
慈興　無後　行慈四百　三

知才
郎知艮　行惠二百三九

慈甯　未娶
行慈四百十

慈安　出繼
行慈四百三十

知豪
行惠二百八九

慈安　入繼　未娶
行慈四百三十

王文
行敬

可文
行恭十七

士鳳
行敬四五

在任
行敏百三六

錡
行恭四七

士高
字艮才
行敬一百五

在職
行敏百八

士盛
行敬九七

士茂
行敬六二
移居杭州

在廷
行敏百八七
俱移居松江

寓蘇州

劉
字艮臣
行敬百廿七

在恒
行敏

士英
字艮佐
行敬百三六

鋼
行恭

士成
行敬

璉　字子璉　行恭五八

士位　字行三　行敬五三

在科　字德明　行敏三六

知能　行惠六九

慈東　見下　行慈百廿一

知義　行惠九四

慈榮　見下　行慈百七

慈華　行慈百四三　出蛤慈城

在中　字德盛　行敏六七

知先　無後　行惠百四一

在鼎　行敏百十五

知本　行惠百廿三

知成　行惠百四七

慈論　見下　行慈百四二

慈諭　見下　行慈百五二

慈謀　無後　行慈百七八

慈鴻　見下　行慈二百十三

慈芳　無後　行慈二百四三

士鵬
行敬六一

在甲
行敏八五

在雲
行敏百三

在明
行敏百三一

在常
行敏二百六

知美　無後
行惠二百十七

知華　無後
行惠三百十二

誌
字湯銘
行恭百四七

士祥
字乾齡
行敬二百三二

在魁
字炳南
行敏二百七一

知孝　無後
行惠二百六五

知江
行惠四百四

慈舜　見下
行慈四百六一

士祁
字乾盛
行敬二百三八

在林　入繼
行敏三百十七

知立
行惠三百八三

慈恆　見下
行慈四百五十

慈懷　未娶
行慈四百七六

慈愷　見下
行慈四百八九

士龍　字乾豐　行敬二百五二

在昌　行敏三百二十

在天　行敏三百三三

知鈞　未娶　行惠三百五七

知錦　無後　行惠三百九二

士鳳　字乾侯　行敬二百五六

在朝　字與聞　行敏三百八

知倫　字履常　行惠三百五四

慈棣　入繼見下　行慈四百四五

知偉 字景璋 行惠三百七一
慈模 入繼無後 行慈四百六二

知俊 字蓮塘 行惠三百八七
慈楝 出繼兼祧 行慈四百四五

知傑 字配豪 行惠三百九六 職員
慈模 出繼 行慈四百六二
慈權 見下
字堃堂 行慈四百

知俸 未娶
字月增
行惠四百十六

知傳
字克家
行惠四百廿八

慈樟 見下
行慈五百六

慈訓
行慈五百廿四

慈詔
行慈五百廿五

在林 出繼
行敏三百十七

在功
字裕通
行敏三百廿九

知存
字錦福
行惠四百廿二
由軍功官江南右營外委
寓居上海

慈鑫
字桂生
行慈五百一
寓居上海無查

慈松 出繼
行慈

慈楓
行慈五百十五

無查

慈楠
行慈五百
十七
無查

慈華
行慈

知岳
字珠福
行惠四百
三二
寓居上海

慈松 入繼
早世
行慈

銘　字欽章　行恭八十

士乾　行敬九九

在興　行敏百廿三

在富　行敏百五十

在智　行敏百七四

知德　未娶　行惠百九七

知禮　無後　行惠百九三

知貴　未娶　行惠二百六一

知安　行惠二百十四

知寬　行惠二百八三

慈昇　見下　行慈百七五

慈昇　兼祧　行慈百七五

士坤 行敬百廿三

士芳 行敬百六十

士元 行敬百九一

在國 入繼 行敏三百七

知秀 入繼 無後 行惠四百七

士玉 行敬二百廿四

在國 出繼

在高 行敏三百七

知秀 出繼

行敏三百廿三

知勇
行惠四百七
行惠四百廿五

慈泉　見下
行慈五百十一

慈炎　見下
行慈五百十九

慈圭　見下
行慈五百廿一

鐮
字天祥
行恭八八

士登
字顯科
行敬百五九

在爵
行敏二百十七

知大　無後
行惠百六三

在祿　行敏二百　四四

知明　行惠二百　五一

知有　出繼　行惠二百　九五

知富　行惠三百　四二

慈清　見下　行慈二百　二

慈濂　無後　行慈二百　廿七

慈松　未娶　行慈四百　廿八

慈桂　未娶　行慈四百　四二

在達
字必聞
行敏二百五五

知有入繼
行惠二百九五

慈占見下
郎慈遠
行慈四百五六

慈沐無後
行慈三百四七

慈錦見下
行慈三百九九

慈萬見下
行慈四百九

慈本見下

士良 字聖階 行敬二百四

在邦 字配金 行敏二百八三

知道 字裕豐 行惠二百七二

知通 行惠二百八五

行慈四百七八

慈雯 見下 行慈三百廿七

慈霞 早世 行慈三百十二

慈霖 早世 行慈三百三八

慈雲 無後 行慈三百四六

慈霑　無後
行慈三百七二

知遠——慈鶴　兼承
行惠三百十三
行慈四百十七

知遷——慈鶴　見下
行惠三百四九
行慈四百十七

知遙　無後
行惠三百六一

在卿 字配銀 行敏二百九三

知遜 無後 行惠三百七六

知建 行惠三百七七

慈霉 見下 行慈四百四七

知性 行惠二百五二

慈福 見下 行慈二百七九

慈鳳 出繼 行慈三百五六

慈林 無後 行慈三百八一

知發　字大興　行惠二百六九
　慈鳳　入繼　見下　行慈三百五六

知權　行惠三百九
　慈震　入繼　見下　行慈三百四九

知水　行惠三百十六
　慈震　出繼　行慈三百四九
　慈春　見下　行慈三百八四

慈峰 見下
行慈四百十二

慈斌 未娶
行慈四百三六

慈美 無後
行慈四百五三

鑽
字鑽先
行恭四四

志顯
行敬三五

在學
行敏四十

在泮
字鳴和
行敏四九

知言 無後
行惠七二

在位

知仁
字德盛
行惠九六

慈光早世
行慈百五

慈剛見下
行慈百六
一

慈勇出繼
行慈百九
七

知甯
字德貴
行惠百十
一

慈勇入繼見下
行慈百九
七

知廉

慈照入繼見下

字有臧
行敏八四

字清泉
行惠八三
八
行慈百廿

知賢
字與立
行惠百十
八

慈照　出繼
行慈百廿
八

慈熙　見下
行慈百四
一

慈勳　見下
行慈百五
五

慈燾　見下
行慈百七
二

茂　字君相　行恭六五

志聖　字學賢　行敬百四九

在勤　行敏百七五

知訓　字欽哉　行惠百七九

慈烈　見下　行慈二百廿四

慈煦　見下　行慈二百五六

炳乾　無後　行慈二百六

金乾　無後　行慈二百三一

沛乾　見下　行慈三百廿五

知誠　未娶
字顯哉
行惠百九八

知謨
字承哉
行惠二百十六

慈楊　見下
行慈二百六四

慈相　見下
行慈二百八二

慈梅
行慈三百六四
久出無查

在元　字善長　行敏二百十五　鄉飲賓

知恒　字可久　行惠百七四　國學生

知懷　字孝思　行惠二百　鄉耆

慈潮　見下　行慈三百四十

慈瀚　見下　行慈三百六六

慈濟　見下　行慈二百四一

慈濱　見下　行慈三百一

慈泮　無後　行慈三百廿四

慈沂　見下
行慈三百六五

知悌
字寄霞
行惠二百廿八
國學生

慈浩　見下
行慈二百六七

慈沛　見下
行慈二百九二

知悅
字楚香
行惠二百七一
國學生

慈滄　見下
行慈二百八五

芸　字芸卿　行恭七三

志達　字子才　行敬百九

在文　行敏八九

在秀　行敏百一

知勇　未娶　行惠百三

知方　行惠百三六

慈朋　早世　行慈百四四

慈明　見下　行慈百八六

慈鶴　見下　行慈二百四五

知靈　字其賢　行惠百五一

慈楷　無後　字廷模　行慈百九四

慈樟　未娶　字瑞龍　行慈二百九三

慈椿　未娶　字嵩山　行慈三百二十

知來　無後

在興——知信
十　行惠二百
七　行敏百廿　行惠

在庠
九　行敏百五
移住蘇州

在洲
九　行敏百七
彩住山東
林湑

在良　行敏百九五

在寶　行敏二百七
　知學　行惠二百三五
　　慈偉　見下　行慈二百七二
　知煥　行惠三百廿九
　　慈煊　見下　行慈三百六七

在官　行敏二百十八

志亨　字嘉會　行敬百九
　在英　行敏二百六三
　　知高　未娶　行惠三百十五

在雄

知友 無後
字可友
行惠三百
四三

知松 無後
字可順
行惠三百
五二

知鶴
字邦法
行惠三百
九十

慈廷 見下
行慈四百
八七

知福

慈存

行敏三百
七六

字德聞
行惠三百
六四
寓蘇州

知璜
字德金
行惠三百
八八

行慈四百
無查

慈發
行慈四百
三三
寓居蘇州
無查

慈寶
行慈四百
四十
寓居蘇州
無查

慈乾
行慈四百
廿七
無查

在豪　行敏三百四

子元　字爾芳　行恭五十　西河派

汝才　入繼　行敏百四四

敏忠　行敏二百廿三

敏芳　行敏二百五三

惠清　行惠二百六六

慈玠　早世　行慈二百七一

慈蓮　未娶　行慈三百十

慈順　見下　行慈三百五七

子相　行恭六八九
汝能　字明山　行敬百七九
敏發　行敏二百廿七
惠大　行惠百九五
慈昂　見下　行慈三百九
慈永　見下　行慈三百八七
敏科　行敏二百三七
敏高　行敏二百九九
子純
汝才　出繼

字仲德
行恭九三

行敬百四

汝南
字亦周
行敬百六
三

開元　出繼
行敏二百
五

敏興　入繼
行敏二百
四八

惠通
行惠三百
一
寓居杭州
無查

惠春　未娶
行惠三百
廿三

汝文
字明一
行敬百九
二

敏興　出繼
行敏二百
四八

敏盛
行敏二百
五六

敏茂
行敏二百
六四

惠政
行惠三百
三五

惠元
行惠三百
七三
俱寓貴駟
橋現遷稷

慈富　入繼　見下
行慈

慈震
行慈

橋

慈富 出繼
行慈

慈蓮 見下
行慈
寓貴驅橋

敏義
行敏二百九一

敏珏 早世
行敏三百四八

子縉
字殿颺
行恭百六

汝昌
行敬百五四

開元 入繼
行敏二百五

惠明
行惠二百三四

寓慈城

子賢
行恭八一

汝興
行敬百三
九

敏立
行敏二百
三一

惠本
字守初
行惠三百
三二
國學生

源
無後
行慈三百
三五

浩
無後
行慈三百
六十

涵
見下
行慈四百
四一

濱
未娶
行慈四百
八十

敏剛
行敏二百五十

惠能
行惠三百三八

慈雷　未娶
行慈四百六八

慈霖　無後
行慈四百八一

子榮
行恭

汝息
行敬百廿五

子芳
字德甫
行恭百十二

汝霖
行敬百十七

汝楫　行敬百四三

汝舟　字聖千　行敬百六八

敏遠　行敏三百

汝爲　字聖萬　行敬二百三

敏成　行敏二百七四

惠鈐　行惠二百六二

慈汻　見下　行慈三百七七

惠錦　出繼　行惠二百七四

敏信
行敏二百九七

敏禮
行敏三百廿五

惠銑無後
行惠二百九三

惠錦入繼無後
行惠二百七四

惠鎬
行惠三百二十

慈洲未娶
行慈三百六二

慈法未娶
行慈四百六

慈源無後
行慈四百廿五

慈潮 未娶
行慈四百五七

惠鉉
行惠三百四六

慈圓 未娶
行慈四百廿四

惠鐔 無後
行惠三百五九

惠鈴 未娶
行惠三百六十

惠紡
行惠三百九八

慈深 見下
字廷棨
行慈五百

四
國學生

子昌
字君榮
行恭百八

汝成
行敬百七
十

汝光
行敬百八
六

敏英
行敏二百
八四

惠發
行惠三百
三六

惠榮
行惠三百
五一
鄉者

慈模
行慈三百
九五
久出無查

慈登
未娶
行慈三百
八九

敏祥　行敏三百十三

惠松　行惠三百八五

惠椿

慈忠　未娶　行慈四百五

慈品　無後　行慈四百七四

慈寅　見下　行慈四百五五

慈章　見下　字友三　行慈四百九三

慈和　未娶

字雙福
行慈五百
九

行惠四百
廿三

汝圭
行敬二百
七

敏秀
行敏三百
六

惠棠
行惠三百
寓居舟山

惠錫
行惠三百
八一
寓居舟山

廿九世　三十世　三十一世　三十二世　三十三世

慈友　行慈二百十八
- 祥泰　無後　行祥二百六五

慈增　行慈二百六二
- 祥槐　行祥三百五二　居太倉
  - 謙發　兼祧　字炳山　行謙又四百十七
- 祥楓　即祥豐　行祥四百四
  - 謙棠　無後　字福山　行謙四百廿四
  - 謙發

行謙又四百十七

慈培
行慈二百九九
寓太倉

祥瑞
行祥三百三二

謙元
行謙三百廿二
寓太倉無查

謙亨
行謙三百廿七
寓太倉無查

謙貞
行謙三百五七

寓太倉無查

祥連　行祥三百六六　寓太倉無查

祥福　行祥三百七一　寓太倉無查

慈震　行慈二百六六

祥雲　行祥三百四六　久出無查

慈東 行慈百廿一

祥豐 出繼 行祥二百十九

祥林 行祥三百

謙仁 行謙二百九五 寓官莊橋 無查

慈榮 行慈百七

祥豐 入繼 行祥二百十九

謙財 行謙四百廿九 寓官莊橋

慈論 字名揚 行慈百四

祥壽 早世 行祥

二

祥桂　兼承
行祥二百
四五

慈諭
行慈百五
二
寓上海

祥槐
行祥二百
廿七
寓上海

祥桂
行祥二百
四五

謙晉
行謙二百
九四
又名謙吉

錦遜　無後
字金生
行遜又二
百四八
寓上海

遜泉
字遠麟
行遜三百

慈鴻
行慈二百十三

祥麟
字關華
又名祥華
行祥三百九二

謙德
行謙三百九
俱寓上海

遜藍
行遜二百七九

遜銓
行遜三百二

謙和
行謙三百六八

謙育
字德榮
行謙三百八三

謙炳
字炳坤
行謙三百
九四

慈舜
行慈四百
六一

祥鎰入繼
字裕臣
行祥四百
七八

慈恆
字其俊
行慈四百
五十

祥鴻入繼
字銀水
行祥四百
八五
無查

慈愷　字安三　行慈四百八九

祥鴻出繼　行祥四百八五

祥鵠　行祥四百九五

慈棣　字蕚棠　行慈四百四五

祥樋　字鏡湖　行祥四百十七

文瀾　行謙四百三二

文海　行謙四百六二

慈權
字堃堂
行慈四百
九六

祥琪
字鏡珊
行祥四百
五十

文濤未娶
行謙四百
二十

祥錮
字芝生
行祥四百
六一

文渭
行謙四百
六三

祥鎰出繼
行祥四百
七八

祥鏕
字蕙臣
行祥四百

八七

慈樟　字薇洲　行慈五百六

祥釗　早世　行祥四百七十

祥卿　字昌年　行祥四百八八

謙金　行謙四百六八

祥銓　字仁初　行祥四百九九

慈昇

祥述

行慈百七五

祥明
行祥二百九六
久客未歸

行祥三百七四

謙尊 入繼
原名文銘
行謙四百十三

慈泉
行慈五百十一

祥珍
行祥五百一

祥英
行祥五百九

慈炎 字蓮生 行慈五百十九

祥麟 未娶 行祥五百二

祥金 出繼 行祥五百三

慈圭 行慈五百廿一

祥金 入繼 行祥五百三

慈清 字繹成 行慈二百二

祥仁 早世 行祥二百五九

祥義 無後 行祥二百七一

祥禮 字三美 行祥二百八四

謙榮 行謙二百七三

遜浩 無後 行遜百九十

謙尊 行謙二百八七

遜梁 無後 行遜二百十六

祥文 入繼 行祥四百九一

慈占 譜名慈遠 行慈四百五六

祥裕 無後 行祥四百五七

慈錦 字性如 行慈三百

九九

慈萬
行慈四百
九

祥元
行祥四百
五二

祥光　未娶
行祥四百
八六

文吉
行謙四百
五四

文宗
行謙四百
六一

文鴻
行謙四百
七十

慈本　字小多　行慈四百七八
　祥文　出繼　行祥四百九一
　祥章　無後　字水法　行祥四百九六

慈雯　字彩成　行慈三百廿七
　祥燮　行祥三百九四　久出無查

慈鶴　字春喬　行慈四百
　祥潮　無後　字潮林　行祥四百

十七
兼承知達
公祀

祥法
七四
字潮雲
行祥四百
八九

謙安
行謙四百
六九

慈霉
字寶仁
行慈四百
四七

祥森 無後
字春來
行祥四百
五四

慈福
行慈二百
七九

祥有
行祥四百
廿二

文星
字兆春
行謙四百
一

謙尊 出繼　行謙四百十三

慈鳳　行慈三百五六
- 祥暄　行祥三百八十
  - 文星 兼祧　行謙四百一

慈震　行慈三百四九
- 祥炘　行祥三百八六
  - 謙吉 無後　行謙三百四九
- 祥泉　行祥四百三
  - 文高 入繼　行謙四百十九

慈春　行慈三百八四

祥耀　行祥四百廿六

謙裕　未娶　行謙三百七五

謙良　行謙四百十一　瞽者

文高　出繼　行謙四百十九

慈峰　行慈四百十二

祥樟　行祥又四百六十

祥卿 行祥四百六四
謙興 行謙四百五三
謙金 行謙四百六八

慈剛 行慈百六一
祥釗 行祥二百三一
福謙 無後 字汝發 行謙二百四八

慈勇 行慈百九七
祥筌 行祥三百六
文亨 字安定 行謙三百八二
遜順 行遜三百四一

祥圻 無後
行祥三百八一

慈照
字文炳
行慈百廿八

祥豪 入繼
行祥二百三
兼祧本生

祐謙
字紀生
行謙二百八二

慈熙
行慈百四一

祥豪 出繼
行祥二百三
兼祧本生

祐謙
字紀生
行謙二百八二

遜財
行遜二百四七

遜寶
行遜二百五六

遜龍
行遜二百六一

遜林
行遜二百七四

祥貴
行祥二百十三
久出未歸

祥林入繼無後
行祥二百六四

慈勳
行慈百五五

慈肅　行慈百七二

祥瑞　無後　行祥二百五六

祥林　出繼　行祥二百六四

慈烈　字炳如　行慈二百廿四　鄉耆

祥崑　字金山　行祥三百十八

謙仁　未娶　行謙二百八三

祥崙　字香山　行祥三百六五

謙雲　無後　行謙三百五五

慈煦
字曉亭
行慈二百
五六
鄉耆

祥淮
字長源
行祥三百
九六

謙鼇
字銀輝
行謙三百
三十

謙順無後
字利仁
行謙三百
四十

遜章
行遜二百
七五

遜球
行遜二百
九四

遜武
行遜三百
九

謙衷——遜華
字聯星
行謙三百八一
行遜三百三八

謙光　無後
字興隆
行謙三百九二

謙巽　無後
字興章
行謙四百四

沛乾——祥槤　無後

字溢川
行慈三百
廿五

行祥四百
十八

慈揚
行慈二百
六四

祥琛　早世
行祥三百
五十

慈相
行慈二百
八二

祥球　未娶
行祥四百
十

慈潮
字信颿
行慈三百
四十
附貢生署

祥樞　無後
字斗寅
行祥三百
三

湖州府學
訓導

祥杓
字玉剛
行祥三百
四四
國學生保
舉五品銜

文煇
字金輝
官名錦蔚
行謙三百
廿三
邑庠生

遜瑗
字祖根
行遜二百
六十
上海復旦
大學畢業
游學美國
紐約大學
畢業

遜瑜
字祖齡
行遜二百
七一

遜璟
字祖庭
行遜三百

廿七

祥機
官印景春
行祥三百
九十
邑庠生
光緒乙酉
舉人敕封
中書科中
書

文然
字青閣
行謙三百
廿六
業儒

遜球入繼
字祖安
行遜二百
七七

文烻
字蓉閣
行謙三百
六四
監生

遜珩
字祖浩
行遜二百
九八

文燠
字友閣
行謙三百

遜球出繼
行遜二百
七七

七九
國學生

祥栻
字貞泰
行祥三百九五
國學生

文燧
字猶香
行謙三百四三
國學生

遜琳
字君安
行遜二百九一

遜珪
字祖恩
行遜二百七三

遜璋
字祖德
行遜二百八五

遜瑤

行遜三百四三

慈瀚
字亦潛
行慈三百六六
國學生

祥楞
字子嚴
行祥三百五九
國學生

文燕入繼
字詠文
行謙三百三三
邑庠生

遜塏
字祖詒
行遜二百五一

勤厚
行勤百八八

遜均
字祖訓
行遜二百七二

遜堦
字祖良
行遜三百十二

祥櫝
改名祥春
官名景運
字梧鄰
行祥三百八七
郡庠生丁酉歲貢署理金華縣學教諭

文燕　出繼
行謙三百三三

文鳳
字廣甫
行謙三百五三
國學生

遜坡
字祖壽
行遜三百廿九

遜圻
字祖福
行遜三百五

遜坰

字祁祿
行遜三百
二十

遜墉
字祖祺
行遜三百
三十

文鵬
字詠章
行謙三百
七二
國學生

遜基
字祖華
行遜二百
八四

文奎

字詠奎
一字達甫
行謙四百
三一

文沅
字詠沅
一字湘甫
行謙四百
四六
上海復旦
大學畢業
生

祥棶
字益齋
行祥四百
十四
國學生同

文驤
字詠綬
行謙四百
廿三

知銜

祥棨
字慎思
行祥四百
廿七
國學生

文照
字鏡賢
原名文琪
行謙三百
六五

文甲
改名蒙求
字鏡吾
行謙三百
七八
邑庠生
日本中央
大學畢業
生

文傑
字鏡川
行謙三百
九三

文第
改名約之
字鏡蓉
行謙三百
九九

文燊
改名深道
字鏡熙
行謙四百
三四
法國昂西
大學畢業

生

祥枋
字承楚
行祥四百三二
國學生

文鴻
字夢熊
行謙三百八七

遜培
字寶善
行遜二百九七

遜彬
字寶皆
行遜三百十七

遜郇
行遜三百三五

文鵠　字夢燕　行謙四百九

遜濤　字葆珩　行遜三百廿六

文鴛　字夢麟　行謙四百廿六

文鶴　字夢虎　行謙四百五一

慈濟　字世德　行慈二百四一

祥楨　字佐才　行祥二百六七

祥楷

福謙　字福卿　行謙二百七八

祿謙　無後　字雲生　行謙三百八

文泰　無後

遜英　字正發　行遜二百三九

遜華　無後　字正財　行遜二百五二

行祥二百　字仁卿
九三　原名順謙
兼承慈泮　行謙二百
公祀　七六

祥模　無後
字介貴
行祥三百
廿一

祥栒
字晉三
行祥三百
四五
久出無查

慈濱　字東洋　行慈三百一

祥棟早世　行祥三百十九

祥桓　字廷貴　行祥三百三四　兼祧慈沂公祀

文達　字慶餘　行謙三百十二

文炳兼祧

遜鏘　字正釗　行遜二百四五

遜鎮　字正康　行遜二百五九

字慶甫
行謙三百
三二

祥櫺　早世
行祥三百
六三

祥桓　兼祧
字廷貴
行祥三百
三四

慈沂
字魯南
行慈三百
六五

文炳
字慶甫
行謙三百
三二

遜照　無後
行遜二百
六九

遜鐘
字蓉初
行遜三百
三四

慈浩　字小霞　行慈二百六七　國學生

祥楧　行祥二百七八

祥權　字震巽　行祥二百九九　國學生

文熊　入繼　行謙二百九七

文熊　出繼　行謙二百九七

文熙

行墀　字正益　行遜二百廿六

忠銘　行勤百六九

行均　字辰九　行遜二百四六

忠德　行勤百八四

行增

字權村
行謙三百十五
邑庠生
承慈沭公祀

行遜二百五七
行塏　早世
行遜二百八一
行坤
行遜二百八九
行堦
行遜三百一
行培
行遜三百七
行基

行遜三百十九

文杰
字莪村
行謙三百四六
國學生

行坰早世
字蓉亭
行遜二百六三

行圻早世
字荷亭
行遜二百六八

行垣早世
行遜三百

行城

行遜三百十四

行奎
行遜三百廿四

行址
行遜三百三三

行垓
行遜三百十八

文烺
字荇村
行謙四百六

慈沛
字景漢
行慈二百

祥權　兼祧
行祥二百九九

文熙　兼承
行謙三百十五

九二

慈滄
字巨觀
行慈二百八五
國學生

祥楠
字豫章
行祥二百六三

履謙
字荔軒
行謙二百七九
邑庠生

和謙
字仁賢
行謙二百九二

遜堂
字玉卿
行遜二百三

遜型
行遜二百三十

遜埏
行遜二百四八

遜墀
行遜二百五二

祥枚
字維吉
行祥三百十三

組謙
字靜齋
行謙三百七

紳謙無後
行謙三百三九

緯謙
字雲章
行謙三百五二

遜寶
行遜二百八六

纆謙
字靜安
行謙三百

九十

祥棫
字作人
行祥三百
五一

仁謙
字兆榮
行謙二百
九八

遜城無後
行遜二百
三八

遜堯
行遜二百
四四

遜禹
行遜二百
六六

祥樟
字瑞庭
行祥三百

謙焌
字仰喬
行謙三百

遜楨
行遜二百
九五

七二

三六

遜祐
行遜三百
十

遜禎
行遜三百
三一

慈明
小字萬見
行慈百八
六

祥慶
行祥二百
九四

祥嘉
未娶

字三元
行祥三百
五九
寓蘇州

謙安
行謙四百
五三

慈鶴
小字萬茂
行慈二百
四五
寓蘇州

祥高
行祥三百
八八
無查

慈偉
行慈二百
七二

祥榆
字文松
行祥二百
八九
無後

慈煊
行慈三百
六七

祥祿
行祥又四
百
寓居嵊縣
西巖

謙德
行謙三百
五十
無查

謙地　行謙四百十二　無查

慈廷　行慈百四八七

祥貞　字雲林　行祥四百七五

謙豫　行謙四百五五

祥棟　字麟生　行祥四百九二

慈順

祥豪

謙珍

行慈三百五七

字坤元
行祥四百

謙生
字榮生
行謙三百八八

行謙又四百五二

慈永
行慈三百八七

祥龍
行祥四百廿九
無查

慈昂
行慈三百九

祥昌
行祥三百四八
久出無查

涵
字錦泉
行慈四百
四一

祥奎
字藍田
行祥四百
三九

謙益
字定國
行謙四百
五八

慈泮
行慈三百
七七

祥標
無後
字雨美
行祥三百
八三

慈深
字廷榮
行慈五百
四
國學生

祥富
行祥五百
五

祥甯
行祥五百
八

慈寅
行慈四百
五五

文宏
字深才
行祥四百
四三

謙益
行謙四百
五九

文江　無後
行祥四百
五八

慈章
字友三
行慈四百
九三

祥烺
字炳富
行祥五百

中房分支世系圖

廿五世　廿六世　廿七世　廿八世　廿九世

彬 行慕五

秉仁 行敬八

秉義 行敬十二

士錦 行敏十九

士俊 字君顯 行敏四三

宏林 行惠百七五

元浩 入繼見下 行慈二百八八

士洪 字載道 行敏九九

宏模 行惠一百

元浩 出繼 行慈二百八八

秉禮　行敬十五
秉智　行敬二十

士繡　行敏廿五
士康　行敏四五
士英　行敏四一

宏範　無後　行惠百十二
宏聖　行惠百五

元標　無後　行慈三百五
元文　無後　行慈百十七
元武　見下

行慈百十八

元魁　見下
行慈百五三

士榮　出繼
行敏五一

士華
行敏五七

宏恩
行惠七六

元昌　無後
行慈百十一

宏備
行惠百九

元豐　早世
行慈二百七八

秉信　行敬廿六

士榮 入繼　行敏五一

宏潮 無後　行惠百六二

宏略　行惠七一

元 早世

宏軾　行惠七九

元祥 見下　行慈百廿四

元裕 見下　行慈二百三八

宏名　行惠百廿一
　　元鳳　早世　行慈百七一

天球　行恭百十九
　　允增　行敬百七二
　　允美　行敬百八九
　　　　士場　行敏
　　允貴　行敬二百十一

天奇
　　允興

行恭百廿一
行敬二百五一

斌
行恭四八

允陞
行敬七三

士莊
字國賢
行敏百九二

允階出繼
行敬百十三

琦
行恭六一

允階入繼
行敬百十三

士超
行敏百五六

宏標
字開揚
行惠百五六

元順未娶
行慈二百八

宏柄　字炳揚　行惠百八三

元坤　見下　行慈二百十五

慈溪　未娶　行慈二百五七

元榮　未娶　行慈三百四四

宏湧　無後　行惠二百一

宏潤　未娶

行惠二百
二

宏洽　無後
行惠二百
廿九

宏澍　無後
行惠二百
四一

宏波——元本　見下
字如川
行惠二百
七六
行慈四百
三五

攻——允周——阿魁
行恭九十
字維新
行敬百廿
行敏二百
三六

四

璵
字振甫
行恭廿七

允暉入繼
行敬百十
八

士高
行敏百廿
一

士溥
行敏百七
八

宏書無後
行惠百九
九

宏義無後
行惠二百
五九

宏敬未娶
行惠二百
七十

宏成
行惠二百八八

元高
行慈三百九二
未娶

璋
行恭三五

允曜
行敬五七

士魁
行敏九八
移居象山城中

允暉
出繼
行敬百十八

璉
字爾玉
行恭七

允吉
早世
行敬

允昌 字奕文 行敬廿八
- 士淵 行敏五六
- 士錦 行敏百十二
  - 宏模 行惠百四十
    - 元亨 見下 行慈二百三二
- 士發 行敏百四九

允榮 行敬
- 琨 行恭

允龍
- 瑛

行恭三四

允鳳
行敬三二

允鳳
行敬三八

允彪
行敬七二

珩
字楚玉
行恭廿八

允忠
行敬六八

士元
行敏七一
螟蛉他姓

士仁
行敏八十

宏昌
行惠八一

元友見下
行慈八六

元定 出繼
行慈百十二

士義
行敏九七
宏高
行惠百廿七
元定 入繼 無後
行慈百十二

珪
字信玉
行恭三九
允和
字萬育
行敬百十
士鉉
字象金
行敏二百廿九
春
字雨津
行惠二百五八
元泰 見下
行慈二百九

球
行恭六十
允富
行敬八七
士泰
行敏百三七
宏貴
行惠百五九
元愷 見下
行慈二百十六

元良 出繼
行慈二百三五

宏國
行惠百八四

元良 入繼見下
行慈二百三五

士良
行敏百五七

士健
行敏百八八

允蕢
行敬百廿一

士行
行敏二百廿二

宏岐　未娶
行惠二百九十

宏純　未娶
行惠三百廿一

環
字闇如
行恭百五

允成
行敬百九九

士明
行敏二百七八

宏彩
行惠二百六三

元福　入繼　無後
行慈三百四三

宏淸
行惠二百七八

元福　出繼
行慈三百四三

元增　未娶

元才　未娶
行慈三百八五
行慈四百三四

宏淮
行惠三百四一
元林　無後
行慈四百二十

宏海
行惠三百七五
元慶　未娶
行慈四百八五
元聯　未娶
行慈五百二

寓居上海

士昉　行敏三百十六

宏泮　未娶　行惠三百五八

宏江　無後　行惠三百八四

宏汾　無後　字有源　行惠四百一

宏津　未娶　行惠四百十八

廿九世　三十世　三十一世　三十二世　三十三世

元浩 行慈二百八八
　祥嘉 未娶 行祥二百七四
　善祥 行祥二百九五 字慶餘 寓鄞城西門外青石橋
　　謙恆 入繼 無後 行謙三百六

元武 行慈百十八
　祥照 行祥二百四八
　　謙益 未娶 行謙二百九三

元魁
行慈百五
三

發　未娶
行祥二百
七九

謙恒　出繼
行謙三百
六

謙豫　早卒
行謙

謙履
行謙三百
六二

元祥　行慈百廿四

洲　入繼　字登瀛　行祥二百四

謙坊　字漢九　行謙二百六

謙剛　字堅冊　行謙二百

遜艇　無後　行遜百六十

遜國　字吉如　行遜百九九

遜惠　字繹如　行遜二百三六

遜斌　字蔚如　行遜百八

勤瑞　行勤百廿一

十五

三

勤潤
行勤百三
一

勤相
行勤百四
三

遜昂
字軒如
行遜百九
二

遜鎔
字信如
行遜二百
四

勤恩
行勤百九
一

謙亨　字大亨　行謙二百三九

遜繖　字丹如　行遜百八七

克勤　行勤百五七

遜絇　字彥如　行遜二百十二

遜綵　字圭如　行遜二百廿八

元裕

洲出繼

行慈二百三八

元坤
字博厚
行慈二百十五

行祥二百四

浵
字雨若
行祥二百廿九

謙才　無後
行謙二百五七

祥盈
字芝豐
行祥二百八五

謙嶽　無後
字仰喬
行謙二百八十

祥鋈　無後
字品南
行祥三百廿三

祥鑑　無後
字金三
行祥三百
四三

祥楣　無後
字聯甫
行謙四百
六
以寓居圖
四港閘謙
富承偵

元本
字性善
行慈四百
三五
國學生

祥年
字三英
行祥四百
四九

謙惠
字玉卿
行謙四百
七

元亨
行慈二百三二

祥春
行祥
此派居四港閘

元友
行慈八六

祥龍
早世
行祥百八二

元泰
字亦占
行慈二百九

文楷
字梅琴
行祥二百四七

謙品
字品章
行謙二百七五

遜順
字海林
行遜二百十九

勤烈
行勤百八九

遜頤
字茂林
行遜二百

謙瑞
行謙三百
廿八

元愷
行慈二百
十六

文聯　未娶
郎祥順
行祥二百
七十

文才　未娶
行祥三百
廿五

元良
行慈二百
三五

文芝　未娶
行祥二百
八十

西房分支世系圖

廿五世　廿六世　廿七世　廿八世　廿九世

裕昌 行恭七一

承本 入繼 字逢年 行敬八二

允孝 行敏六十

允忠 行敏九六

宏裕 行惠八十 國學生

慈愷 無後 行慈百廿二

慈恂 早世 行慈百六十

慈懷 見下 行慈百七七

允揚
行敏百七十

允昌
字爾濂
行恭七八

承本 出繼
行敬八二

承輔
字淩雲
行敬百五十

允文
行敏百三四
俱在外無信

允覲
行敏百五四

俊傑
行恭百四十一

承一
行敬二百十二

承中
行敬二百廿五

允鼎
行敏百八十

允鼐
行敏百九十

允迪
行敏

承三　行敬二百三七

俊聲　字則宣　行恭百三二

承恩　行敬百七一

允定　行敏三百三九

宏海　行惠四百廿一　無後

承武　行敬百九八

元昌　行恭百八二

承學　行敬二百六六

允茂　行敏三百五五

宏全　行惠四百三七

宏遠

慈均

承先　出繼
行敬二百六七

宏錦
字汝良
行惠四百四十
字東生
行惠四百四二

慈才　未娶
字祖根
行慈五百廿二
字祖才
行慈五百廿三

慈來　無後
行慈五百廿六

承孝 行敬二百六八 久客杭州未歸

聖昌 行恭百八

承先 入繼 行敬二百六七

琣 行恭廿四

承謨 行敬五十

允翼 行敏七七

宏元 行惠百十九

慈亭 見下 行慈百六四 寓居江北

承烈 行敬五五

允颺 行敏七六

- 允貞　行敏百三十
- 允豪　行敏百六六
- 承德　行敬六五
- 允標　行敏七八
- 宏楨　行惠六五
- 慈修　見下　行慈六六
- 慈軾　見下　行慈九五
- 慈能　出繼

行慈九七

宏格 行惠七八

慈美 未娶 行慈百六

慈能 入繼見下 行慈九七

宏柄 行惠八九

慈炎 無後 行慈百十五

慈暄 無後 行慈百三一

允謙
行敏百廿五

宏春
行惠二百十九

慈昭無後
行慈百五七

慈才無後
行慈百八三

慈楠見下
行慈二百九七

慈富未娶
行慈三百五五

慈化無後

行慈三百九十

慈章

行慈又二百五六寓居五鄉碶

慈蘭

行慈又三百五八寓居五鄉碶

允明

字可誠行敏百五一寓居鄞東五鄉碶

宏楷

行惠

宏智

行惠

宏仁
行惠

璡
字爾公
行恭廿九

鎬
行敬百六
邑庠生

允冠
行敏百十六

允冕
行敏百三九
寓舟山蒲隩

允端
行敏百九一
寓山北龍山所

墡
字斐公
行恭四六

承仁
字惟人
行敬七四

允英
行敏九十

宏魁
行惠百三四
久客山東未歸

宏惠
行惠百六七
無後

宏山
行惠二百十三
未娶

允懷
行敏百廿二

宏奎
行惠

允芳
行敏二百三五

承禮
字文山
行敬八九

允中
行敏七五

宏宰
未娶
行惠七十

宏健
未娶
行惠百十六

宏大
行惠百三一
寓居蘇州

宏南
無後

允玉
行敏一百

宏義
一
行惠百七
行惠

慈貴
行慈三百
十九
無查

慈敷
行慈四百
廿六
無查

允金
行敏百五
二
寓蘇州東
半城

允彩　行敏百七七

承智　字維周　行敬百七

允叅　行敏百八九

宏興　行惠百八六

慈照　未娶　行慈二百廿一

慈詠　無後　行慈二百五一

慈謀　無後　行慈二百八六

慈任　見下　行慈三百八

允才
行敏二百九

允千
行敏二百四一

宏文未娶

郎宏孝
行惠二百六四

宏春
行惠二百七九

慈湘無後
行慈三百九八

無查

宏夏　行惠三百十　隨母至餘姚見寓居圖

如恒　見下　行慈

如源　見下　行慈

承信　字蘭周　行敬百三四

允本　行敏二百十

宏立　行惠二百三十

慈基　未娶　行慈百九二

慈道　見下　行慈二百十

必昌 字子上 行恭百五三
　承聖 行敬二百四六

心 字純之 行恭一
　高 行敬

　承泰 字茂英 行敬四
　　允瑞 入繼 行敏五四

甲 字連城 行恭三
　承達 行敬十
　　允文 行敏廿三
　　　宏智 未娶 行惠三四

允章
行敏廿七

承美
行敬

承文
行敬廿四

允敬　入繼
行敏百七

承宗　出繼
行敬三十六

世昌
行恭三十二

承宗　入繼
字耀先
行敬三十六

其昌
行恭三八

承魁
字君葵
行敬六十

允恭
行敏七九
久客蘇州
只有孫慈
孝歸家

宏
行惠

慈孝 見下
行慈百五
四

允敬 出繼
行敏百七

允讓
行敏百五
五

宏柱
行惠二百
八四

慈海 無後
行慈三百
十七

慈邦 見下
行慈三百
六三

基昌
字奕堂
行恭七九

光祖
行敬

至昌
字茂華
行恭八五

承宰
字廷輔
行敬百三

允信
行敏百三二

宏泰
行惠百三二

慈祥 入繼 無後
行慈百九十

允遜
行敏百八六

宏彦
行惠二百七五

慈富 見下
行慈二百九五

慈貴 見下
行慈三百十六

慈有 無後
行慈三百三三

宏全 行惠百五十

慈乾 入繼見下 行慈二百廿二

宏友 行惠百六四

慈祥 出繼 行慈百九十

慈裕 見下 行慈三百三十

宏富 行惠百八一

慈甯 見下 行慈百九一

宏瑞 行惠二百廿九

慈增 出繼 行慈二百十四

承宣
字思陳
行敬百五

允剛
行敏百七二

宏珖 未娶
行惠二百三七

宏遠
行惠二百七三

慈瞻 入繼 無後
行慈四百廿三

慈乾 出繼
行慈二百廿二

慈坤 見下
行慈二百四四

慈垤 見下
行慈二百九八

宏治 行惠二百九七

慈瞻 出繼 行慈四百廿三

慈廉 未娶 行慈四百六六

慈彥 見下 行慈四百七七

顏 字宇沖 行恭二

承綸 行敬二

允懌 行敏八

元武 行惠五 寓象山

慈則 行慈 寓象山

宏仁 無後 行惠十二

宏法　行惠二十　無後

承組　行敬三
允恒　字子久　行敏七
元學　行惠二　無後
元文　行惠三　客死

承純　行敬六
允愷　行敏六
宏才　行惠十　無後

承綱　行敬九

承緒　行敬十三

允祥　行敏三二

宏詁　行惠四一

慈增　入繼見下　行慈二百十四

允瑞　出繼　行敏五四

士章　字子芳　行恭四五

宮芹　字君釆　行敬七八

仁山　行敏百四八

宮藻　行敬八五

仁武　行敏百五三

仁存

行敏百九三

士達
字子芬
行恭五五

宮華
字君甫
行敬百十九

仁贊
行敏

宮彩
字公耀
行敬八四

仁千
行敏百廿九

仁大
行敏百六九

宮玉
行敬百四七

仁能
行敏百三五

士英　字子榮　行恭七十

復昌　字文玉　行恭

宮嶽　行敬百三八

承耀　行敬百三三

仁孝　行敏百四五

仁德　行敏百六五

仁美　行敏

仁義　行敏百四十

龍祥 行敬

茂昌 字文生 行恭百一

承勛 字殿安 行敬百四六

承律 行敬

錫昌 字天麟 行恭五二

承祥 行敬六四

允圭 行敏五九

宏煜 行惠三六

慈德 見下 行慈五八

慈文 出繼

宏業
行惠五二

宏宣
行惠九二

行慈八一

慈揚 見下
行慈九八

慈剛 無後
行慈一百

慈康
行慈 無查

慈高 未娶
行慈百十
三

慈勝 見下

梓昌
字天備
行恭七四

承瑞
行敬百四

行慈百三八

允璋
行敏八三

允琦
行敏百九

允盛
行敏百七一

宏有
行惠百九二

慈文入繼見下
行慈八一

承明 出繼
行敬百三一

承堯
行敬百九三

允範
行敏二百七三

宏惠
行惠三百三七
隨母至洋墅

承乾
行敬二百十四

允求
行敏三百十八

允盛
行敏三百三八

汝昌
字天漢
行恭八四

承芳
行敬百十五

允德
行敏二百八

宏善
行惠百六八

宏吉
行惠二百四

慈芹　見下
行慈百八七

慈蕙　見下
行慈二百廿六

慈芬　無後
行慈二百四九

慈葵　見下
行慈二百五九

慈標　無後

宏慶
行惠二一百五十

宏嘉
字易尊
行惠二三百三

慈萃
行慈二一百九六
無後

慈蓮
行慈三一百五三
見下

慈萊
行慈三一百七六
見下

慈瑛
行慈三一百十三

行慈四一百四八
生子隨母
改適

承祖　出繼
行敬百六一

承周
行敬二二百五

允旦
行敏二二百七七

宏嶽
行惠二二百九一

宏祥
字春和
行惠三百四八

慈勇　見下
字金水
行慈四百八六

慈蔾　見下
行慈四百四六

順昌 行恭百十六

承顯 行敬百六九

百昌 行恭百十七

承祖 入繼 行敬百六一

允甯 行敏三百十四

宏文 字通和 行惠三百八六

慈盈 見下 行慈又四百七八

宏耀 無後 行惠三百廿六

宏輝 無後 行惠三百五五

繼昌
行恭

承明 入繼
行敬百三一

允元
行敏二百三二

允道

宏煬 未娶
行惠三百七十

宏順
行惠三百六七

宏志
行惠三百八九

慈琛 見下
字博也
行慈四百十三

慈恒 見下
字厚也
行慈四百四九

行敏二百五一

兆昌
行恭九九

承亨　入繼
字德洲
行敬百九五

允杰
行敏二百七二

允脩
行敏三百廿二

際昌
字際生
行恭百三

承元
行敬百七七

承亨　出繼
行敬百九五

承天　行敬二百十　出家香山寺

承律　行敬二百十八

會昌　行恭百廿二

承賢　行敬二百廿三

承惠　行敬二百四四

克昌
行恭百三四

承艮
行敬二百十三

允臧
行敏二百八二

允善
行敏三百三

宏達 無後
行惠三百九四

宏迪
行惠四百三

宏逑 未娶
行惠四百十一

宏達
行惠三百三十

慈順 無後
行慈五百十

慈鑑 無後
行慈三百三九

慈鑣

宏週
行惠三百四五

慈麟　見下
行慈四百三七

慈龍　見下
行慈四百七二

慈虎　未娶

慈鏗
行慈四百五四
無查

行慈四百三一
無查

宏遜 無後
行惠三百六八

宏遵
行惠四百二

行慈四百五二
慈櫺 未娶

行慈四百六四
慈學 無後

行慈四百九六
慈恩 見下

行慈四百六九
慈慧 見下

承志　行敬二百四八

允華　行敏二百九五

允泰　行敏三百四十

慈忠　行慈四百七三　未娶

慈懋　行慈四百九四　無後

行慈四百九九

允豐
行敏三百四一

蘊昌
字天如
行恭百六一

承剛
行敬二百三十

承統
行敬

加昌
字君相
行恭百三九

承山
行敬二百三九
客死外地

德昌　字子盛　行恭百四八
- 承美　行敬二百廿一
- 小傳　行敬二百三四

世昌　行恭百五一
- 承佑　行敬二百五三
  - 允瑞　行敬三百三九
- 承佐　行敬二百五七

孫昌　行恭百八七
- 承恩　行敬二百六九

承春
行敬二百
七十

承泰
行敬二百
七一

允龍
行敏三百
五六

允中
行敏三百
五七

允貴
行敏三百
五八

宏茂
字桂林
行惠四百
四三
出家爲僧

廿九世 三十世 三十一世 三十二世 三十三世

慈懷 行慈百七七
祥泰無後 行祥二百十五

慈亭 行慈百六四 寓居江北

慈修 行慈六六六
祥璠 字童桂 行祥百廿三
謙葵無後 行謙百八八
謙章未娶 行謙二百六五

祥雅　字元桂　行祥百三七

謙巨　未娶　字瑞青　行謙二百四四

慈軾　行慈九五

祥瑛　行祥百四七

謙釗　行謙百八四

遜瑞　行遜百廿五

勤發　無後　行勤九七

謙芳　行謙二百廿四

遜灝　行遜百五七　出家學道

遜彬

字銀桊
行遜百九
三
無查

祥瑚
行祥二百
二

謙生未娶
行謙二百
四二

謙賢
行謙二百
九六

謙艮未娶
字紀雲
行謙三百
十三

祥瑞　行祥二百廿一

謙緯　入繼　行謙三百一

遜良　行遜二百八二

遜玉　早世　行遜三百十六

祥瑾　字慶芳　行祥二百四十

謙綸　未娶　字桂生　行謙二百五八

謙紳　字春生　行謙二百

遜濂　早世　行遜二百廿五

七一

遜植
字柏連
行遜二百
三七

謙緯 出繼
字仁生
行謙三百
一

謙經
字蘭生
行謙三百
三四

遜葆
行遜三百
三六

慈能

祥珍 無後

行慈九七

祥璉 行祥百六五

行祥百四十

謙有 行謙百七三

遜庸 未娶 行遜百四五

卹痒駝阿 庸

謙桂 未娶 行謙二百十八

謙和 未娶 行謙二百廿九

慈楠
行慈二百
九七

祥芬
字尙山
行祥三百
三九

謙富
字士發
行謙三百
七六

遜廷
字奎章
行遜三百
八

遜餘
行遜三百
三七

如恒
行慈

祥道
行祥
寓居餘姚

謙德
行謙

遜江
行遜

如源
行慈

祥明
行祥
寓居餘姚

- 慈任　行慈三百八
  - 祥鈴　行祥三百七十
    - 謙浩　未娶　字雲貴　行謙三百五八
    - 謙三　字友來　行謙三百八十
      - 遜標　行遜三百廿二
- 慈道　字福泰　行慈二百十
  - 祥根　字松齡　行祥
- 慈孝
  - 祥大　無後

行慈百五 四

行祥二百 五二

慈邦 行慈三百 六三

祥連 無後 行祥三百 七七

慈富 行慈二百 九五

祥法 無後 行祥三百 九一

祥清 兼祧 行祥四百 十一

慈貫 行慈三百 十六

祥清 無後 行祥四百 十一

慈乾　行慈二百廿二

祥興　出繼　行祥二百六八

祥安　行祥二百八三

祥慶　出繼　行祥三百二十

謙均　無後　行謙二百九一

謙槐　無後　行謙三百四四

祥生
行祥三百六四

謙釗
字芳錦
行謙三百十八

遜榮
字祖賡
行遜二百六五

謙鈺
行謙三百六一

慈裕
行慈三百三十

祥春
字繼春
行祥三百三七

謙才
行謙三百廿一

遜祚
行遜三百廿一

祥寶未娶

行祥三百六七

慈甯
字明山
行慈百九一

祥潮
行祥二百三四
未娶

祥品
行祥四百三十

謙抑
字永壽
行謙三百五九

謙撝
字永福
行謙三百八九

遜鑰
行遜二百七八

遜銓
行遜三百廿一

慈坤——祥慶入繼 無後
行慈二百四四
行祥三百二十

慈垤——祥銘未娶
行慈二百九八
寓居柳湖
行祥三百三六

慈彥——祥發
字春山
行慈四百七七
行祥四百七一

慈增——祥興入繼

行慈二百十四

行祥二百六八
久客未歸

慈德
行慈五八

祥堂
字茂春
行祥八五

謙雲
一名謙學
字開雲
行謙百廿五
寓居江北

遜和 未娶
行遜百三十

祥棻 早世
行祥九九

慈揚
行慈九八

祥椿
行祥百八一

謙庸 無後
行謙百七四

祥槿　未娶　行祥百九三

慈勝　行慈百三八
祥霖　行祥三百四二
謙肇　行謙三百十九
遜立　行遜二百八十

慈文　行慈八一
祥森　無後　行祥百九五

慈芹　行慈百八七
祥惀　行祥二百七二
謙學　字玉林　行謙二百八五
遜和　行遜二百四九

遜榮
行遜三百六

謙富
字林富
行謙三百十一

遜廷
行遜二百九九

遜延
行遜三百四二

謙貴
行謙三百三八

遜泉
行遜二百八三

祥康　字三曉　行祥三百廿六

謙華　無後　字善富　行謙三百七十

謙榮　字九林　行謙三百四二

謙元　無後　字九卿　行謙三百六三

謙巍

字善青
行謙三百
八四

慈蕙
字友蘭
行慈二百
廿六

祥愼
行祥二百
六六

謙韶 未娶
字學才
行謙二百
八六

謙林 未娶
字生才
行謙三百
二

慈葵
字懷寬
行慈二百

祥江 無後
行祥二百
八七

五九

祥薫　未娶
行祥三百五四

慈蓮
行慈三百七六

祥甯　未娶
行祥三百九九

祥霖　無後
行祥四百九

慈萊
字彩棠
行慈三百十三

祥衡
字金銓
行祥三百七

謙楷　未娶
字皆春
行謙三百四一

謙壹
行謙四百廿五

謙吉
行謙四百三九

謙和
行謙四百六六

祥衍
字寶豐
行祥三百五三

祥衛
字金生
行祥四百
五

謙泉
行謙四百
四七

謙福
行謙四百
五七

慈勇
字金水
行慈四百
八六

祥麟
字清生
行祥四百
九四

慈葵
行慈四百
四六

祥廷 無後
行祥四百
二十

慈盈　字安心　行慈又四百七八

祥珠　字乾順　行祥四百五三

祥珏　行祥四百六六

謙吉　行謙四百六七

祥瑛　行祥四百七八　無後

慈琛　字博也　行慈四百十三

祥法　字妙法　行祥四百五五

慈恆　字厚也　行慈四百四九

祥榮無後　字仁法　行祥四百六十

祥忠無後　字東生　行祥四百四一

祥孝　字桐甫　行祥四百八十

慈龍

祥松

謙仁

字沭然
行慈四百三七

慈麟
行慈四百五二

行祥四百十五

祥榮
行祥四百十九

祥華
行祥四百四八

行謙四百五六

謙益　無後
行謙三百七四

謙益
行謙三百七七

謙明　無後
字在明
行謙四百十七

慈恩
行慈四百六九

祥錦
行祥四百三七

謙泰
行謙三百六六

謙友
行謙四百十五

祥貴
字三順
行祥四百八三

謙梅
行謙四百五二

謙恩
行謙四百四十

謙壽
行謙四百
五十

慈慧
行慈四百
七三

祥富
字穀臣
行祥四百
六三

文英
行謙四百
三八

文中
行謙四百
四四

慈東童氏宗譜卷三上

世傳

第一世

始祖　諱葵字朝陽號　系出鄞之建墺

生卒無考

娶□氏生卒無考

生三子　長仁生　次義生　三禮生　次三兩子分

徙各方譜不記述長子仁生實鴻門二世祖也

第二世

諱仁生

始祖長子

生卒無考

娶□氏生卒無考

生一子　萬年

第三世

諱萬年

仁生公子

生卒無考

娶□氏生卒無考

生二子　長三才　次三綱

第四世

諱三才

萬年公長子

生卒無考

娶□氏生卒無考

生一子　讓

諱三綱

萬年公次子

生卒無考

娶□氏生卒無考

生一子　詔

第五世

諱讓　字克遜號靜軒

三才公子

生卒無考

娶□氏生卒無考

生一子　仁紹

諱詔　字克恩號靜窗　校書郎公

三綱公子　首創族譜事見行狀

生卒無考

娶□氏生卒無考

生一子　義紹

第六世

諱仁紹

靜軒公子

生卒無考

娶□氏生卒無考

生一子　守

一女適錢九經

葬石山

諱義紹字宜善號化龍　八承奉

靜窗公子

生無考

卒於宋熙寧　年　月　日

娶王氏生卒無考

生一子　安

一女適邑庠生金盤

第七世

諱守

仁紹公子

生卒無考

娶□氏生卒無考

生二子　正辭　娩辭

諱安　字司蒸號坤原・伍齋長

化龍公子

生卒無考

娶方氏生卒無考

生一子　清辭

一女適鄞城知縣楊天錫

第八世

補三　諱正辭

守公長子

生卒無考

娶□氏生卒無考

生一子　亮

補八　諱婉辭　字善卿　提舉

守公次子

生卒無考

娶金氏生卒無考

生一子　雍

補九諱清辭字明卿號葵陽府丞

坤原公子

生卒無考

娶□氏生卒無考

生二子　長鞏　次肇

一女適蛟川庠生李倖

第九世

諱亮　字汝明　進士

正辭公長子

生於宋乾興五年丁卯　月　日

卒於宋崇寧四年乙酉九月廿八日壽七十有九

娶□氏生卒無考

生二子　長行簡　次行恭

一女適李少卿

葬於蕭家山

生平行事詳見墓誌

裕十諱雍　字汝和號賓石　蓮幕

善卿公子

生卒無考

娶□氏生卒無考

生一子　行善　早世

裕十六　諱肇　字益固　號維陽　承信

明卿公長子　重修宗譜有功於族

生卒無考

娶□氏生卒無考

生一子　行仁　早世

裕三三　諱肇　官人

明卿公次子　早世

第十世

諱居易字行簡號杜洲　嘉定己未進士知德慶府知府

汝明公長子

生卒無考

娶□氏生卒無考

生一子　鍾

行事詳見書院記

此派分居東埠

諱行恭字屈正號鴻門　副尉

汝明公次子　爲進義副尉

生無考

卒於宋紹興　年　月　日壽六十有七
娶周氏生卒無考
生一子　彬
合葬父墳傍

第十一世

諱鍾　校尉

杜洲公之子　爲進義校尉

生卒無考

娶□氏生卒無考

生一子　金

源四　諱彬　字國華　號鳳梧　校尉

行恭公之子　詳修族譜以紀世德

生於宋紹熙元年庚戌正月廿九日未時

卒於宋開慶二年庚申九月初十日壽七十有一

娶張氏生無考

卒於元咸淳元年乙丑　月　日

生一子　克譜

合葬祖塋之右在金川鄉五磊山

第十二世

諱金　號一閒　副尉　入縣誌義行傳

鍾公之子

生卒無考

娶□氏生卒無考

生二子　長桂　次棣

從廿三　諱克譜　字一和　號潯陽

鳳梧公之子

生於宋淳祐五年乙巳二月初一日午時

卒於元元貞二年丙申四月初三日壽六十有七

娶鍾氏生無考

卒於元大德三年己亥　月　日

生二子　長術　次衍

一女適邑中貢元桂一枝

合葬應橋西北之原

第十三世

諱桂　提舉

一開公長子

居學後

諱栐　學祿

一開公次子

居學後

慶五諱術　字正心號石鹿

克諧公長子

生於元咸淳五年己巳　月　日

卒於元延祐二年乙卯　月　日年四十有七

娶毛氏生無考

卒於元至治　年　月　日

生一子　夢龍

一女適王上達

合葬大墓

慶十諱衍　字正和號袞龍

克諧公次子

生無考

卒於元泰定　年　月　日

娶王氏生卒無考

生一子　夢鯉

合葬大墓

第十四世

寄一諱夢龍字乘雲號升宇　宣敎

石鹿公之子　孝奉雙親友愛昆弟博覽羣書旁觀古史遺

運之乖六九而逝

生卒無考

娶張氏生卒無考

生三子　長仕俊　次仕道　三仕安

合葬横塘

寄二諱夢鯉字躍淵號禹門　都尉

袞龍公之子　稟性渲厚動罔不臧敦倫不怠家業豐昌年

及七九腹疾而亡

生於元元貞　年　月　日

卒於元至元　年　月　日

娶邵氏生無考

卒於元至正　年　月　日

生三子　長仕英　次仕亨　三仕賢

一女適鄞城提舉高登雲

合葬大墓

第十五世

庚一諱仕俊字子才號麓林

升字公長子　天資聰敏幹濟有方

生於元至順元年庚午　月　日

卒於明洪武十一年戊午　月　日年四十有九

娶孫氏生卒無考

繼子　浩

合葬考塋之側

庚二諱仕道字子化號石林

升字公次子　承紹家業耽嗜詩書教訓子弟大樂延師

生於元元統　年　月　日

卒於明洪武　年　月　日
娶□氏生卒無考
生三子　長浩出繼　次善　三得
合葬横墓
庚三諱仕安字子寧號鳳林
升字公三子
生卒無考
娶徐氏生卒無考
生三子　長仁　次信　三敬
合葬横墓
庚四諱仕英字子俊號梅林

禹門公長子　不涉世事不至城市眞太古之民何壯年而
逝悼哉
鄭氏孀居守志備歷酸辛孝養卲氏五九之庚倏然背
世夫婦合葬橫墓之傍　　眷弟高登雲述
生一子　朝元

庚五諱仕亨字子達號杏林
禹門公次子
生卒無考
娶顏氏生卒無考
無後　繼子　朝相

庚六諱仕賢字子德號鶴林

禹門公三子　夙稟美質長知義方諸書博覽古史旁通詳
修族譜以示來裔可謂克盡尊祖敬宗之誠也歟
生於元元統　年　月　日
卒於明洪武　年　月　日
娶錢氏生無考
卒於明永樂　年　月　日
生三子　長朝賓　次朝相出繼　三朝臣
合葬西井

第十六世

孟一諱浩　字大有號錦崖

庚二公長子

生於元至正四年甲申　月　日

卒於明永樂　年　月　日

娶□氏生卒無考

無後　繼子　仲剛

葬橫墓

孟二諱仁　字有元號瑤池

庚三公長子　克勤克儉家道豐昌緣乏後嗣捨建庵堂娶

室周氏同月而亡夫妻合葬西港之傍

繼子　俊英

孟三諱善　字有慶號瓊崖

庚二公次子　性稟剛強身長一仞計如艮平勇如賁育勤

儉營家遂致殷實

生於元至正七年丁亥　月　日

卒於明永樂　年　月　日

娶翁氏生卒無考

生四子　長伯剛　次仲剛出繼　三叔剛　四季剛

一女適徐家庫徐

合葬茅墳泖

孟四諱信　字有成號錦沙

庚三公次子　爲糧事戍于陝西莊郞衛後奉恩轉撥觀海衛
龍山所子孫傳膺此役實府君始也
生於明洪武十八年乙丑　月　日
卒無考
娶陳氏生卒無考
生二子　長奇觀　次能觀
合葬墓蔡家墺
孟五諱得　字有獲號玉崖
庚二公三子　資性明敏重厚寡言嫉惡好善尙義親賢
生於元至正十年庚寅　月　日
卒於　乙酉年　月　日

娶翁氏生卒無考

生二子　長克剛　次師剛

一女適邑中張

合葬大墓

孟六諱敬　字有德號寶涯

庚三公三子　爲糧事戍于天津衛子孫傳當此役實府君

始也

生於明洪武廿八年乙亥　月　日

卒無考

娶盧氏生卒無考

生三子　長傑英　次佶英　三俊英出繼

觀一諱朝賓字有見號瓊淵

庚六公長子　耿介性戇木訥寡言好善嫉惡倘義親賢孝

親友弟優老敬先時維甲申夢斷黃泉享年七九附葬

考塋

娶室周氏貞而且賢先公而卒庚午之年

生四子　長景良　次景太　三景定　四景元

觀四諱朝元字有選號金城

庚四公之子

生於元至正　年　月　日

卒於明洪熙　年　月　日

娶陸氏生卒無考

生四子　長景延　次景順　三景平　四景亨
一女適沈問津任南雄府保昌縣主簿
合葬西井
觀五諱朝相字有輔號珠洲
庚六公次子爲杏林公繼子
生卒無考
娶邵氏生卒無考
生一子　景美
合葬父塋側
觀六諱朝臣字有忠號瑤源
庚六公三子

生卒無考

娶王氏生卒無考

生一子　景貞

合葬西井

第十七世

行和一 諱伯剛 字孟甫 號雲宇

孟三公長子

生卒無考

娶胡氏生卒無考

生一子 與顯

合葬祖塋側

行和二 諱仲剛 字次甫 號雲麓

孟三公次子爲錦崖公繼子 勤儉營家眞情率物壽延花

甲遽然逝

生卒無考

娶陳氏生卒無考
生三子　長瑗　次琳　三珣
合葬繼父塋側

行和三　諱克剛　字復甫　號雲門
孟五公長子　操履方正不伐不矜隱居樂善方寸是耕胡
爲瘋疾七九而斃娶室王氏同載而傾舅氏不幸甥實
哀矜　愚甥張楷述
生一子　霸先

行和四　諱奇觀　字妙甫　號雲坛
孟四公長子　年未冠如成人既長治家勤儉產業豐隆置
定海即今鎮海民田三千畝安閒享福年五十有九

娶方氏生卒無考

生四子　長宗祖　次宗祉　三宗福　四宗祥

合葬父塋

行和六諱叔剛字季甫號雲屈

孟三公三子

生無考

卒於明永樂　年　月　日

娶四方橋陳氏生卒無考

生三子　長與偉　次與愷　三與寧

合葬鄭家墓

行和七諱傑英字才甫號雲城

孟六公長子

生卒無考

娶徐氏生卒無考

生三子　長全　次僉　三企

行和十諱能觀字艮甫號雲谷

孟四公次子

生卒無考

娶周氏生卒無考

生二子　長瓚　次璜

合葬嫡伯塋側

行和十一諱季剛字少甫號雲橋

孟三公四子　必㨗春陽操秉鉄石不志功名留情稼穡七

九之庚　倏然易簀

生卒無考

娶唐氏生卒無考

再娶翁氏生卒無考

生四子　長璣　次珩　三珊　四璉

合葬父塋側

行和十二諱佶英字迪甫號雲臺

孟六公次子

生卒無考

娶顧氏生卒無考

繼娶金氏生卒無考

生二子　長倉　次介

合葬大車𣲗

行和十三諱俊英字秀甫號雲坊

孟六公三子爲瑤池公繼子避生父單棄繼父遺下庵產分

過二圖立籍

生卒無考

娶金氏生卒無考

生四子　長久康　次永康　三恒康　四安康

合葬園墓

行和十四諱師剛字法甫號雲屏

孟五公次子

生卒無考

娶金氏生卒無考

生一子　貨先

合葬父墳側

行陽一諱景艮字吉甫號雲樓

觀一公長子

生卒無考

娶徐氏生卒無考

無出　繼子　正

行陽二諱景太字舒甫號雲屏

觀一公次子

生無考

卒於明天順　年　月　日

娶沈氏生無考

卒於明景泰　年　月　日

生三子　長禋　次正出繼　三祺

合葬祖墳傍

行陽三諱景定字靜甫號雲亭

觀一公三子

生卒無考

娶王氏生卒無考

生二子　長禮　次祈

行陽四諱景元字選甫號雲館

觀一公四子

生卒無考

娶陳氏生無考

卒於明景泰　年　月　日

生一子祉

行陽五諱景貞字節甫號雲程

觀六公之子

生於　甲申年　月　日

卒於　壬辰年　月　日

娶張氏生卒無考

生一子　裕

合葬横墓

行陽六諱景美字成甫號雲窗

觀五公之子

生卒無考

娶王氏生卒無考

生二子　長涞　次璽

合葬横塘

行陽八諱景延字久甫號雲樵

觀四公長子

生無考
卒於　己亥年　月　日
娶錢氏生無考
卒於　癸卯年　月　日
生二子　長琩　次炎
合葬父墳側
行陽十諱景順字平甫號雲闌
觀四公次子　黽勉自强疲勞幹蠱忽于晚年訟起鄉土未
結而亡曷勝哀苦娶室周氏同載而故
生一子　瑾
行陽十五諱景平字正甫號雲闢

觀四公三子
生卒無考
娶沈氏同月而亡
無後
行陽十九諱景亨字通甫號雲堂
觀四公四子
生卒無考
娶韓氏生卒無考
生一子　珂

第十八世

行穆三諱與顯字耀夫號敬修

和一公之子　納粟五百爲本府義官

生無考

卒於　丙申年　月　日壽九十有九

娶周氏生無考

卒於　甲申年　月　日

生三子　長鉄　次鑽　三釗

一女適郜人姚進四

合葬横墓

行穆四諱瑗

和二公長子
生無考
卒於明正統　年　月　日
無後
行穆五　諱琳
和二公次子
生無考
卒於　癸亥年　月　日
娶胡氏生無考
卒於　癸亥年　月　日
生二子　長鍠　次鏞

行穆六諱珣

和二公三子

生卒無考

娶洪氏生卒無考

生一子鈺

行穆七諱與偉字訏夫號賓南

和六公長子　少穎異習舉業弗遇於時遂充吏本司至後

冠帶榮身見寵獲利謀充竈籍有鹽場一帶坐鳴鶴鄉

今辦鹽事實府君始也

生卒無考

娶朱氏生卒無考

繼娶陸氏生卒無考
又娶本里范氏生卒無考
生六子　長鈍　次錫　三鎬　四鎰　五鑌　六錡
合葬橫塘

行穆九諱與愷字和夫號對峯
和六公次子
生卒無考
娶王氏生卒無考
生二子　長錮　次鋭
合葬茅塘

行穆十二諱與寧字安夫號屏原

和六公三子

生無考

卒於明正統　年　月　日

娶李氏生卒無考

又娶石浦王氏生卒無考

生五子　長鎮　次鉉　三鐮　四錀　五銓

一女適金家墺金霽任湖廣保慶府推官

合葬鄭家墓

行穆十四諱璣

和十一公長子

生卒無考

無後

行穆十五諱珩

和十一公次子

生卒無考

娶嚴氏生卒無考

生一子　錦

葬茅墳

行穆十六諱珊

和十一公三子

生無考

卒於明成化　年　月　日

娶□氏生卒無考

生二子　長鍠　次鈞

葬兄墳右

行穆十七諱璉

和十一公四子

生無考

卒於明成化　年　月　日

娶陳氏生無考

卒於明宏治　年　月　日

生二子　長欽　次鑑

行穆十九諱霸先

和三公之子

生無考

卒於明成化　年　月　日

娶□氏生卒無考

生四子　長立道　次存道　三聞道　四居道

一女適邑中袁

行穆廿一　諱貨先

和十四公之子

生卒無考

娶裘氏生卒無考

生三子　長懷道　次望道　三志道

初觀諱久康

和十三公長子

生無考

卒於明成化　年　月　日

娶滕氏生卒無考

生三子　長尚文　次尚武　三尚德

合葬團墓

幼觀諱永康

和十三公次子

生卒無考

無後

細觀諱恆康
和十三公三子
生卒無考
無後
名觀諱安康
和十三公四子
生卒無考
無後
行宗一諱宗祖字光夫號印臺
和四公長子
生無考

卒於明天順　年　月　日
娶李氏生卒無考
生一子　齊
一女適徐
合葬暗漕

行宗二諱宗祉字福夫
和四公次子
生卒無考
娶洪氏生卒無考
生二子　長亶　次立

行宗四諱瓚字玉夫號圭田

和十公長子　理家勤儉
生無考
卒於　丙戌年　月　日
娶劉氏生卒無考
生二子　長文　次度
合葬西港
行宗五諱宗福
和四公三子
生卒無考
娶周氏生卒無考
生四子　長育　次交　三奇　四襄

合葬倪橋

行宗六　諱瑱

和十公次子

生無考

卒於　丙申年　月　日

娶毛氏生無考

卒於　己亥年　月　日

生一子　褒

一女適邑中茅

合葬兄塋

行宗七　諱宗祥　字瑞夫

和四公四子

生卒無考

娶□氏生卒無考

生四子　長言　次雍　三充　四京

行宗八諱仝

和七公長子

此派居舟山

行宗十諱倉　字寶夫號南濵

和十二公長子

生無考

卒於　乙丑年　月　日

娶朱氏生卒無考

生三子　長本喬　次本成　三本質

三女長適岀塘鄭　次適丈亭陳　三適市龍堂周

行宗十一　諱介　字方夫　號見濱

和十二公次子

生卒無考

娶周氏生卒無考

再娶顧氏生卒無考

生二子　長本原　次本行

一女適路沿塘唐

合葬大車沜

行宗十三諱僉
和七公次子
生無考
卒於　丙辰年　月　日
娶□氏生卒無考
生一子　本阜
葬柏木墳

行宗十五諱企
和七公三子
生無考
卒於　癸亥年　月　日

娶方氏生無考

卒於　己巳年　月　日

生一子　本立

葬兄墓側

行亞一　諱琄　字善夫號松庭

陽八公長子

生無考

卒於天順　年　月　日

娶周氏生卒無考

生一子　可用

行亞三　諱炎　字珪夫

陽八公次子
早世
行壐四諱珂
陽十九公之子
生卒無考
無後
行壐五諱禋　字敬夫號菊庭
陽二公長子　敦本務實勤儉營家薄於自奉而急于濟人
嚴於律身而寬於待物故鄉人莫不敬而慕之
生無考
卒於明宏治　年　月　日

娶張氏生卒無考

生四子　長可立　次可成出繼　三可久出繼　四

可安

合葬西井

行亞六諱瑾　字瑜夫號蘭庭

陽十公之子

生無考

卒於明成化　年　月　日

娶□氏生卒無考

繼子　可成

行亞七諱正　字祥夫號桂庭

陽二公次子爲陽一公之繼子　勤儉治家剛柔相濟宗親
外戚克盡恩義年及中壽瘋疾背世
生無考
卒於明宏治元年戊申正月初五日　時
娶更樓錢氏生無考
卒於明宏治七年甲寅正月初七日　時
繼子　可久
二女長未適而亡　次適清水湖張譚
合葬生父之塋

行亞八諱裕　字豐夫
陽五公之子

早世

行亞十　諱祺　字恭夫　號月庭

陽二公三子

生卒無考

娶□氏生卒無考

生一子　重可

行亞十一　諱禮　字立夫　號芝庭

陽三公長子

生無考

卒於　壬辰年　月　日

娶林氏生卒無考

生四子　長可達　次可顯　三可法　四可則出繼

一女適十三都洪

合葬西井

行堊十三諱沂　字進夫

陽三公次子

生無考

卒於　丙辰年　月　日

娶□氏生卒無考

生一子　可觀

行堊十四諱球　字玉夫號槐庭

陽六公長子　爲嚴州府吏

生無考

卒於明宏治　年　月　日

娶鍾氏生卒無考

又娶邵氏生卒無考

生二子　長銀　次杏

合葬横塘

行亞十五諱壐　字印夫號栢庭

陽六公次子

生無考

卒於　辛酉年　月　日

娶計氏生卒無考

生三子　長可倘　次可奇　三可欽

合葬横墓

行亞十六諱祉　字福夫號竹庭

陽四公之子

生無考

卒於　己卯年　月　日

娶洪氏生卒無考

生一子　永廿五世早　繼子　可則

第十九世

行常一　諱鉄　字允德　號如修
穆三公長子
生無考
卒於明天順　年　月　日
娶華氏生無考
卒於　辛卯年　月　日
生二子　長泮　次溥
合葬父墳

行常三　諱鑌
穆三公次子

生卒無考

娶李氏生卒無考

生二子　長瀾　次洎

行常四諱鈍

穆七公長子

生卒無考

娶吳氏生卒無考

生二子　長滿　次浩

二女長適陸家埠沈　次適毛家朱

合葬鄭家墓

行常五諱錮　字允榮號憶峯

穆九公長子　任廣梅嶺廵檢不幸卒於官舍

生卒無考

娶孔氏生卒無考

生一子　沂

合葬橫墓

行常六諱錫

穆七公次子

生卒無考

娶徐氏生卒無考

生一子　湄

行常十諱釗

穆三公三子

生卒無考

娶陸氏生卒無考

生二子　長潮　次派

行常十二諱鎮　字允守

穆十二公長子

生無考

卒於明宏治　年　月　日年四十有六

娶徐氏生卒無考

生三子　長汲　次淪　三涉

一女適姚

合葬考墳

行常十三諱鋭　字允進號及峯

穆九公次子

生無考

卒於明正德十二年丁丑十一月初十日　時

娶王氏生卒無考

又娶洪氏生卒無考

生四子　長漆　次溧　三津　四澐

三女長適林　次適三都周　三適獅公山華

合葬鄭家墓

行常十四諱鎬

穆七公三子
生卒無考
娶□氏生卒無考
無後
生一女適東門外王
行常十五諱鎰
穆七公四子
生無考
卒於明嘉靖元年壬午八月廿五日　時
娶唐氏生卒無考
生四子　長涇　次澄　三沚　四淑

二女長適本都林　次適九都沈
合葬次兄之塋側

行常十六 諱鋐
穆十二公次子
生於明天順七年癸未　月　日
卒於明正德十年乙亥十月初一日　時年五十有三
娶邵氏生無考
卒於明嘉靖元年壬午　月　日　時
生二子 長清　次澣
二女長適邑中錢　次適貴駟橋劉
合葬河灣

行常十七諱鑌
穆七公五子
生卒無考
娶朱氏生卒無考
生四子　長澣　次澮　三濱　四涯
一女適洪
行常十八諱鐮
穆十二公三子
生於明景泰三年壬申　月　日
卒於明嘉靖二年癸未五月初二日　時壽七十有二
娶桂氏生卒無考

生一子 濟

一女適路下徐徐

合葬兄墳側

行常十九諱鑰 字允防

穆十二公四子

生於明景泰元年庚午 月 日 時

卒於明嘉靖十二年癸巳十二月廿六日申時壽八十

有四

娶馮氏生卒無考

生二子 長漳 次淇

合葬河裏岸

行常二十諱銓　字允衡

穆十二公五子　爲宗長一十二載

生於明景泰三年壬申　月　日

卒於明嘉靖廿五年丙午八月初十日壽九十有五

娶姚氏生卒無考

生二子　長海　次源

一女適張菊坡

合葬宅東

行常廿二諱錡

穆七公六子

生無考

卒於　辛酉年正月初八日　時

娶韓氏生卒無考

生二子　長淋　次法

二女長適大街馮　次適洋墅徐

合葬河褒岸

行常廿四諱鈺

穆六公之子

此派移居定海江南

行常廿七諱欽

穆十七公長子

生卒無考

娶韓氏生卒無考

生二子　長洋　次潤

合葬横墓

行常廿八諱鎧

穆十六公長子

生卒無考

娶□氏生卒無考

生一子　沔

行常廿九諱錦

穆十五公之子

生卒無考

娶□氏生卒無考

生一子　洽

行常三十諱鑑　字允明號靜庵

穆十七公次子　言訥心良識見悠長呈濬河道利及鄉邦

公雖逝矣名譽孔彰

生於明成化十四年戊戌十月初八日　時

卒於明嘉靖廿七年戊申七月初七日壽七十有一

娶七都吳氏生卒無考

又娶鄭氏生卒無考

再娶盧氏生卒無考

生五子　長淯　次滂　三潭　四汀　五湘

一女適劉

合葬西高田

行常三一諱鈞

穆十六公次子

生卒無考

無後

行常三二諱鍠

穆五公長子

生卒無考

娶本里范氏生卒無考

生二子　長漸　次澹

行常三三　諱鏞

穆五公次子

生卒無考

娶袁氏生卒無考

生三子　長溢　次渤　三湛

行恒一　諱立道

穆十九公長子

生無考

卒於明宏治　年　月　日　時

無後

行恒二　諱存道

穆十九公次子
生卒無考
無後
行恆四諱開道字景明號正字
穆十九公三子　公以俊英之資遍通書史屢困場屋不利於時
生無考
卒於明正德　年　月　日時
娶趙氏生卒無考
生三子　長淵　次濤　三恆
一女適洪

行恆六　諱居道
穆十九公四子
生卒無考
無後
行恆七　諱懷道
穆廿一公長子
生卒無考
無後
行恆八　諱望道
穆廿一公次子
生卒無考

無後

行恒九諱志道字景向號升西

穆廿一公三子

生無考

卒於明嘉靖廿一年壬寅四月廿七日

葬栢塘廟西園地

眞容塑廟春秋奉祀不缺始爲境勝寺僧後轉居吉祥

寺迨老返正回家娶室捨己屋二間二庫重建栢塘廟

己田一十畝三分以奉童氏香火其亦義士也歟

行讓一諱倘文

初觀公長子

生卒無考

娶吳氏生卒無考

生三子　長皐　次昊　三旻

三女長適施　次適周　三適鍾

合葬考墳側

行讓三　諱尚武

初觀公次子

生無考

卒於明正德　年　月　日

娶李氏生無考

卒於明嘉靖　年　月　日

生二子　長景　次曇
二女長適張　次適本都成
行讓四諱尚德
初覾公三子
生卒無考
娶李氏生卒無考
無後
行繩一諱齊　字允飭號少臺
宗一公之子
生無考
卒於明成化　年　月　日

娶陳氏生卒無考
又娶張氏生卒無考
生二子　長思祿　次思名出繼
三女長適余　次適王　三適劉
合葬父塋側
行繩二諱亶　字允信
宗二公長子
生無考
卒於明成化　年　月　日
娶郎氏生無考
卒於明成化　年　月　日

繼子　思名

行繩三諱文　字允章號鎮州

宗四公長子

生無考

卒於　庚戌年　月　日

娶范氏生卒無考

再娶鄭氏生卒無考

生四子　長思孝　次思誠　三思恭　四思信

合葬考墳右

行繩四諱育　字允春

宗五公長子

生卒無考
娶胡氏生卒無考
生一子　思禮
合葬父塋側
行繩六諱立　字允可
宗二公次子
生卒無考
娶周氏生卒無考
生二子　長思仁　次思義
二女長適龍山所西門外吳　次適邑中劉
合葬油車㳆

行繩九諱交　字允善
宗五公次子
生卒無考
娶胡氏生卒無考
生二子　長思恭　次思聰

行繩十一諱奇
宗五公三子
生卒無考

行繩十二諱度　字允量
無後
宗四公次子

生卒無考

娶□氏生卒無考

生二子　長思道　次思廉

行繩十四諱言　字允宜

宗七公長子

生卒無考

娶□氏生卒無考

生二子　長思位　次思謙

行繩十五諱襄

宗五公四子

生卒無考

娶陳氏生卒無考
生三子　長思敬　次思諒　三思問
合葬父塋側
行繩十六諱褒　字允譽
宗六公之子
生無考
卒於　辛卯年　月　日
娶□氏生無考
卒於　壬午年　月　日
生二子　長思智　次思壽
一女適本邑岸生孫守端

合葬堂兄墓側

行縄十七諱雍

宗七公次子

生卒無考

無後

行縄十八諱充

宗七公三子

生卒無考

無後

行縄十九諱京　字允大

宗七公四子

生卒無考

娶□氏生卒無考

生一子 思明

行詵五諱本阜

宗十三公之子

生無考

卒於 丁卯年 月 日

娶□氏生卒無考

生一子 惔

葬考墓側

行詵十二諱本立字道生

宗十五公之子

生卒無考

娶□氏生卒無考

生二子　長惲　次懌

行右二諱本喬字高生號少濱

宗十公長子

生卒無考

娶□氏生卒無考

生一子　世德

二女長適曲塘鄭時俊　次適坊隅羅姓

行右三諱本成字信生

宗十公次子
生無考
卒於明嘉靖　年　月　日
娶董氏生無考
卒於明嘉靖　年　月　日
無後
葬下庵
行右四諱本質字義生
宗十三公之子
生卒無考
娶曹氏生卒無考

無後

行右五諱本原字復生號龍池

宗十一公長子　丰姿俊偉稟性剛强作事有制舉動有方

廣拓阡陌家業豐昌

生於明宏治五年壬子九月初一日申時

卒於明嘉靖三十二年癸丑正月廿八日戌時壽六十

有二

娶費氏生於明宏治十三年庚申十二月廿三日戌時

卒於明嘉靖四十五年丙寅十月廿一日　時壽六十

有七

生七子　長世賢　次世艮　三世顯　四世忠

五世昌　六世彩　七世傑

二女長適陳克齋　次適本邑庠生毛

葬下庵

行右六諱本行字禮生

宗十一公次子

生卒無考

無後

行永一諱可用字叔任

垔一公之子

早世

行永二諱可立字叔禮號莘野

塈五公長子

生於明天順六年壬午　月　日　時

卒於明嘉靖四年乙酉九月十二日　時壽六十有四

娶蛟川何氏生無考

卒於明嘉靖十八年己亥六月廿九日　時

生一子　奎

三女長適邑中陳　次適大街倪　三適庠生馮嵞軒

合葬西井

行永四諱可成字叔樂號景庭

塈五公次子爲塈六公繼子　居家勤儉接物寬宏處宗族

間恂恂有古人風

生於明成化三年丁亥　月　日　時
卒於明嘉靖九年庚寅十月廿三日壽六十有四
娶袁氏生無考
卒於明嘉靖三十一年壬子九月初一日　時
生二子　長奩　次奢
行汞五諱可久字叔遠號清虛
亞五公三子爲亞七公繼子　温厚和平眞情率物勤儉營
家田聯阡陌奉繼母錢氏以孝待昆弟以友族有不給
者樂爲賑貸里有爭競者善爲解釋子孫森立拱手聽
命宜爲一族之長也
生於明成化五年己丑閏二月初四日辰時

卒於明嘉靖三十三年甲寅八月廿一日午時壽八十
有六
娶更樓朱氏生於明成化十六年庚子十月十四日丑時
卒於明嘉靖三十年辛亥九月十六日戌時壽七十有
二
生二子　長善德　次善積
二女長適本邑庠生林鳳　次適更樓庠生朱希唐
合葬西墳田
行永六諱銀　字叔寶號龍坡
垔十四公長子
生無考

卒於明嘉靖九年庚寅九月廿七日　時

娶王氏生無考

卒於明嘉靖三十二年癸丑九月十六日　時

生二子　長日新　次日進

一女適九都沈

合葬茅塘

行永七　諱可安　字叔寧　號隱耕

堊五公四子　爲宗長五載

生於明成化九年癸巳　月　日　時

卒於明嘉靖三十七年戊午七月初十日　時壽八十

有六

娶葉氏生卒無考
生二子　長善生　次善助
合葬西井
行永九諱可達字叔通號見源
堊十一公長子
生於明成化九年癸巳　月　日　時
卒於明嘉靖廿四年乙巳閏九月初七日　時壽七十
有三
娶余氏生於明成化九年癸巳　月　日　時
卒於明嘉靖三十四年乙卯三月廿三日　時壽八十
有三

繼子　邦貞

一女適邱洋王

合葬遶漕

行永十二諱可重字叔威

堊十公之子

生卒無考

娶□氏生卒無考

無後

一女適張

行永十三諱可顯字叔耀號鑒源

堊十一公次子

生於明成化十六年庚子八月十一日

卒於明嘉靖三十七年戊午五月初五日午時壽七十

有九

娶董氏生無考

卒於　辛酉年　月　日時

生三子　長邦榮　次邦貞　三邦用

一女適六都賁

合葬西井

行永十四諱可法字叔則號碩源

堊十一公三子

生於明成化廿三年丁未　月　日時

卒於明嘉靖四十五年丙寅正月廿二日壽八十

娶陳氏生於明宏治八年乙卯　月　日　時

卒於明隆慶二年戊辰正月廿六日壽七十有四

生一子　邦彥

二女長適陶　次適都人姚廷綱

合葬西井

行永十七諱可尙字叔向

堊十五公長子

生卒無考

無後

行永廿一諱杏　字叔林號龍橋

亞十四公次子

生無考

卒於明嘉靖　年　月　日時

娶沈氏生卒無考

又娶王氏生卒無考

生三子　長日隆　次日盛　三日茂

四女長適孫　次適王　三適二都陳克齋　四適徐

行永廿二諱可奇字叔巽

亞十五公次子

生卒無考

無後

行永廿三諱可觀字叔望

堊十三公之子

生卒無考

無後

行永廿四諱可則字叔法號頎源

堊十一公四子爲堊十六公之繼子

生無考

卒於明嘉靖二十三年甲辰九月十七日

娶姚氏生卒無考

生三子　長邦直　次邦傑　三邦祚

一女適九都孫

合葬西井

行永廿七 諱 可欽 字 叔恭

亞十五公三子

生無考

卒於　戊申年　月　日時

無後

葬橫墓

第二十世

行安一　諱溢

　常三三公長子

　　生卒無考

　　無後

行安四　諱渤

　常三三公次子

　　生卒無考

　　娶任氏生卒無考

　　生一子　侃

行安六　諱漸

常三二公長子
生卒無考
無後

行安七　諱湛
常三三公三子
生卒無考
娶葉氏生卒無考
生二子　長倫　次傳

行安八　諱澹
常三二公次子
生卒無考

娶陳氏生卒無考
生一子　侗
行仍一　諱汻
常一公長子
生無考
卒於　甲辰年　月　日時
娶唐氏生無考
卒於　甲寅年　月　日時
生二子　長儔　次倚
二女長適龍山所朱　次適范源
合葬祖墳右

行仍三　諱沂

巡檢公之子

生卒無考

娶洪氏生卒無考

生一子　俯

行仍四　諱滿

常四公長子

生卒無考

娶翁氏生卒無考

生三子　長儁　倪　三伸

三女長適葉　次適朱　三適葉茂

合葬考墳

行仍五 諱湑

常六公之子

生卒無考

娶江氏生卒無考

生二子 長侍 次伯

行仍七 諱漆

常十三公長子

生無考

卒於明嘉靖四年乙酉十一月十一日 時

娶徐氏生卒無考

繼子 儀
一女適湖西李
合葬廟西之原
行仍八諱浩
常四公次子
生卒無考
娶桂氏生卒無考
生一子 偉
一女適杜
合葬鄭家墓
行仍十諱汲

常十二公長子
生無考
卒於明正德　年　月　日　時
娶徐氏生卒無考
生三子　長佐　次俶　三偕
二女長適林　次適毛
合葬父墳旁
行仍十一　諱溥
常一公次子
生卒無考
娶林氏生卒無考

生五子　長偎　次儕　三儹　四侔　五偃

行仍十三諱瀾

常三公長子

生卒無考

娶王氏生卒無考

生三子　長佑　次優　三保

行仍十四諱游

常十七公長子

生卒無考

無後

行仍十五諱渫　字仲深號古原

常十三公次子
生於明正德八年癸酉四月廿八日　時
卒無考
娶李氏生無考
卒於明嘉靖三十八年己未十二月十七日　時
生三子　長佑　次儀　三儲
二女長適徐家庫徐　次適徐家堰頭徐
合葬兄墳石

行仍十九諱津　字仲問
常十三公三子
生於明成化九年癸巳　月　日　時

卒於明嘉靖十二年癸巳十一月初六日　時壽六十

有一

娶王氏生卒無考

又娶李氏生卒無考

生二子　長億　次仞

合葬鄭家墓

行仍二十諱涇

常十五公長子

生無考

卒於明嘉靖十年辛卯　月　日　時

娶陸氏生卒無考

生二子 長倬 次代

一女適劉

合葬横墓

行仍廿一諱洎

常三公次子

生卒無考

無後

行仍廿三諱澄

常十五公次子

生卒無考

娶周氏生卒無考

生一子　位

一女適高溪頭陳

行仍廿四諱淪

常十二公次子

生卒無考

娶徐氏生卒無考

生二子　長伯値　次伯和

一女適劉

合葬祖墳傍

行仍廿七諱潮

常十公長子

生卒無考
娶李氏生卒無考
又娶王氏生卒無考
生二子　長倨　次修
行仍廿八諱涉
常十二公三子
生卒無考
娶盧氏生卒無考
無後
生一女適張
行仍廿九諱滄

常十七公次子

生卒無考

無後

行仍三十 諱沚

常十五公三子

生無考

卒於明嘉靖十七年戊戌八月十六日　時

娶朱氏生卒無考

生一子　儱

三女長適洪　次適王　三適九羣朱

行仍三一 諱海　字仲榮

常二十公長子
生無考
卒於明嘉靖十九年庚子十二月十八日　時
娶方氏生卒無考
又娶胡氏生於明隆慶三年己巳六月廿八日　時
卒無考
生二子　長伯通　次伯洪
三女長適方　次適本邑庠生袁應鰲　三適張
合葬考墳
行仍三四諱漳　字仲水
常十九公長子

生於明成化十八年壬寅　月　日時
卒於明嘉靖三十六年丁巳十一月廿五日丑時壽七十有六
娶陳氏生於明宏治二年己酉　月　日時
卒於明嘉靖四十五年丙寅六月廿六日巳時壽七十有八
生一子　伯章
二女長適孔　次適王
合葬閭家岸
行仍三五諱派
常十公次子

生卒無考
娶吳氏生卒無考
生三子　長僎　次佊　三俠
一女適邑中庠生余
合葬父墳側
行仍三六諱澐　字仲龍
常十三公次子
生無考
卒於明嘉靖十七年戊戌七月初二日　時
娶范氏生卒無考
生二子　長俟　次備

行仍三七諱濟

常十八公之子

生於明成化十九年癸卯五月十二日　時

卒於明嘉靖三十八年己未十一月廿八日　時壽七

十有七

娶王氏生於明宏治十年丁巳　月　日　時

卒於明嘉靖三十八年己未四月二十日　時壽六十

有三

生四子　長伯良　次伯友　三伯遂　四伯道

二女長適張邦傑　次適黃穆

合葬河裏岸

行仍三八諱濱

常十七公三子

生卒無考

無後

行仍四十諱淋

常廿二公長子

生卒無考

娶□氏生卒無考

無後

生一女適更樓錢

行仍四一諱清

常十六公長子
生於明成化廿一年乙巳　月　日　時
卒於明嘉靖十六年丁酉七月初三日　時年五十有
三
娶烏氏生無考
卒於明隆慶二年戊辰十一月廿七日　時
生一子　伯明
合葬父墳
行仍四六諱源
常二十公次子
生卒無考

無後
行仍四八諱淑　字仲善
常十五公四子
生於明宏治三年庚戌　月　日　時
卒於明嘉靖三十七年戊午十一月初五日　時壽六
十有九
娶葉氏生無考
卒於明嘉靖廿三年甲辰四月廿一日　時
又娶范氏生無考
卒於明萬歷三年乙亥四月十五日　時
生四子　長備　次侶　三仲　四倌

一女適六都沈大有

合葬河裏岸

行仍四九諱淇　字仲悠

常十九公次子　爲宗長十年

生於明宏治二年己酉　月　日　時

卒於明隆慶五年辛未正月二十日　時壽八十有三

娶張氏生卒無考

又娶方氏生卒無考

生二子　長伯英　次伯益

二女長適姚　次適姚廷輔

合葬考墳側

行仍五十諱法
常廿二公次子
生無考
卒於明嘉靖十九年庚子八月廿五日　時
娶余氏生無考
卒於明宏治十五年壬戌十一月初一日子時
生二子　長倍　次佳
一女適邱洋王
葬茅塘
行仍五一諱幹
常十六公次子

生於明宏治二年己酉六月初八日　時

卒於明嘉靖四十年辛酉九月初七日

娶陳氏生於明正德十六年辛巳　月　日　時

卒於明萬歷九年辛巳正月廿四日　時壽六十有一

生三子　長伯美　次伯顯　三伯達

二女長適費姓　次適柰姓

合葬河裏岸

行仍五二諱涯

常十七公四子

生卒無考

娶王氏生卒無考

生一子　任

一女適官莊葉

行仍四五諱淵

恒四公長子

生無考

卒於明嘉靖三十九年庚申十月初八日　時

娶周氏生卒無考

生一子　伯升

行仍五五諱濤

恒四公次子

生卒無考

無後

行仍五六　諱浼

恆四公三子

生卒無考

無後

行昂一　諱洽

常廿九公之子

生卒無考

娶□氏生卒無考

生一子　時化

行昂二　諱洋

常廿七公長子
生卒無考
無後
行昴三諱潤　字仲晬
常廿七公次子
生無考
卒於明嘉靖三十九年庚申六月廿三日　時
娶張氏生於明正德十年乙亥十月廿八日子時
卒無考
生三女長適姚鱠　次適傳　三適陶
螟蛉子　時富

行昂五 諱湑 字仲濟 號復吾

常三十公長子

生於明宏治十七年甲子三月十八日　時

卒於明萬歷十年壬午三月十九日　時壽七十有九

娶孫氏生無考

卒於明嘉靖三十九年庚申閏四月二十日　時

又娶刁氏生無考

卒於　年　七月廿一日　時

生三子　長時宜　次時俊　三時濟

一女適都人姚廷恩

合葬西管五都松樹下田

行昴九諱洒
常廿八公之子
生無考
卒於明嘉靖 年 月 日 時
娶□氏生卒無考
生一子 時習

行昴十諱滂
常三十公次子
生無考
卒於明嘉靖三十九年庚申六月初一日 時
娶陳氏生於明正德十二年丁丑六月十七日丑時

生六子　長時貴　次時重　三時榮　四時華　五
時茂　六時盛
二女長適余　次適鄭
行昂十一　諱潭
常三十公三子
生卒無考
娶□氏生卒無考
無後
生二女長適錢　次適卲
葬河灣
行昂十四　諱汀　字仲清　號完吾

常三十公四子
生於明嘉靖四年乙酉二月初三日戌時
卒無考
娶成氏生於明嘉靖十年辛卯五月廿三日亥時
卒無考
生二子　長時秀　次時敏
一女適本邑庠生姚文在
行昻十六諱湘字仲淵號敬吾
常三十公五子
生於明嘉靖十年辛卯九月廿六日子時
卒無考

娶倪氏生於明嘉靖十二年癸巳八月十三日卯時

卒無考

生一子　時艮

二女長適邑中王九忠　次適寺前周上佐第周世澤

行誠一　諱臯

讓一公長子

生無考

卒於明嘉靖　年　月　日時

娶陳氏生卒無考

又娶張氏生卒無考

生五子　長逵　次通　三迪　四遂　五遺

四女長適余　次適周　三適孫　四適董

合葬祖墳側

行誠二諱星

讓四公螟蛉子

生卒無考

娶洪氏生卒無考

生四子　長近　次迎　三逋　四進

行誠六諱昊

讓一公次子

生於明成化十五年己亥　月　日　時

卒於明嘉靖三十二年癸丑正月十四日　時壽七十

有五

娶李氏生卒無考

生四子 長逵 次暹 三遷 四運

一女適陶

合葬考墳

行誠七 諱旻

讓一公三子

生於明宏治九年丙辰　月　日　時

卒於明嘉靖三十一年壬子十一月十四日　時年五

十有七

娶錢氏生無考

卒於明嘉靖三十八年己未十月二十日　時

生四子　長述　次迁　三遐　四遠

二女長適盧　次適余

葬祖塋側

行誠九諱景

讓三公長子

生卒無考

無後

行誠十諱曇

讓三公次子

生卒無考

無後

行紀二諱思孝字惟順

繩三公長子

生無考

卒於明嘉靖十四年乙未四月廿六日　時

娶李氏生無考

卒於明嘉靖五年丙戌六月廿五日　時

生四子　長燀　次爍　三烔　四熇

一女適徐

葬祖墳右

行紀三諱思誠

繩三公次子
生卒無考
娶王氏生卒無考
生一子　焴
行紀五　諱思恭
繩三公三子
生卒無考
娶金氏生卒無考
生一子　熜
行紀六　諱思仁字惟元
繩六公長子

生無考

卒於明嘉靖二年癸未四月廿八日　時

娶孔氏生卒無考

又娶唐氏生卒無考

生三子　長炫　次燉　三煤

一女適劉

合葬父墳側

行紀七諱思禮字惟立

繩四公之子

生無考

卒於　丙戌年十一月初七日　時壽八十有六

娶礡橋陳氏生卒無考
生二子　長灼　次燈
合葬方家岸
行紀八諱思義
繩六公次子
早世
行紀九諱思信字惟誠
繩三公次子
生卒無考
娶韓氏生卒無考
生二子　長焴　次燿

一女適杜

葬考墳側

行紀十　諱思智

繩十六公長子

生無考

卒於　丙戌年　月　日　時

娶方氏生卒無考

生一子　㷍

一女適方

行紀十一　諱思道

繩十二公長子

生卒無考
無後
行紀十四諱思祿字惟廉
繩一公長子
生無考
卒於　辛巳年　月　日　時
娶陳氏生無考
卒於　乙酉年　月　日　時
生四子　長祺　次燡　三炌　四炳
三女長適蛟川庠生李谿　次適邑中陳國賓　三適
曲塘陳瑚

合葬祖墳側

行紀十五諱思位

繩十四公長子

生卒無考

無後

行紀十七諱思名字惟正

繩一公次子爲繩二公繼子

生卒無考

娶舒氏生卒無考

生四子　長熺　次煜　三燠　四熠

二女長適姚　次適劉

合葬河灣

行紀二十諱思壽字惟齡

繩十六公次子

生無考

卒於明嘉靖六年丁亥四月十七日　時

娶袁氏生無考

卒於　癸未年　月　日　時

生四子　長炬　次爍　三燴　四燧

二女長適金　次適都人姚壽

行紀廿四諱思廉

繩十二公次子

生卒無考

無後

行紀廿六諱思敬

繩十五公長子

生無考

卒於明嘉靖廿四年乙巳十一月二十日　時

娶莊氏生無考

卒於明隆慶五年辛未十二月十五日　時

生一子　標

二女長適錢　次適徐

合葬考墳側

行紀廿八諱思恭字惟欽
繩九公長子
生卒無考
娶王氏生卒無考
生一子　𤫊
一女適
行紀三二諱思謙
繩十四公次子
生無考
卒於明嘉靖　年　月　日時
娶欒氏生無考

卒於明嘉靖　年　月　日　時

生一子　綱

四三遊外方紀十四公次子繼之

行紀三三諱思諒字惟信

繩十五公次子

生無考

卒於明嘉靖三十八年己未五月初九日　時

娶陸氏生無考

卒於明隆慶元年丁卯正月初十日　時

生五子　長炤　次熠　三㸹　四煸　五煒

二女長適許　次適孔

葬下庵

行紀三四諱思聰字惟聽

繩九公次子

生無考

卒於明嘉靖　年　月　日　時

贅六都一圖吳氏生無考

卒於明嘉靖　年　月　日　時

生一子　燦

一女適十二都洪

此派屋清林

葬陳廣橋畈

行紀三六諱思明字惟視

繩十九公之子

生卒無考

娶□氏生卒無考

繼子煥

行紀三九諱思問字惟疑

繩十五公三子

生無考

卒於明嘉靖四十一年壬戌正月廿九日　時

娶余氏生於明正德六年辛未七月廿九日　時

卒無考

生三子　長熺　次爍　三煌

四女長適李　次適方　三適蘇　四適錢

葬下庵

行浩一　諱惔　字惟通

詵五公之子

生卒無考

無後

行浩二　諱惲　字惟暢

詵十二公長子

生卒無考

娶□氏生卒無考

無後

生一女適邑中馮

行浩八諱懌

詵十二公次子

生卒無考

無後

行仁一諱世賢字惟才號奇齋

右五公長子

生於明正德十三年戊寅十二月初一日　時

卒於明嘉靖三十一年壬子六月廿六日　時年三十

有五

娶□氏生卒無考
無後
生一女適張
葬下庵
行仁五諱世良字惟吉號宜齋
右五公次子
生於明嘉靖三年甲申六月廿一日未時
卒無考
娶六都謝氏生於明嘉靖十一年壬辰十一月初七日丑時
卒無考
生一子　宗武

行仁六諱世德字惟敬
右二公之子
生卒無考
娶本都姚氏生卒無考
生一子　宗道
行仁七諱世顯字惟達號誠齋
右五公三子
生於明嘉靖六年丁亥四月廿六日寅時
卒無考
娶邑中王氏生於明嘉靖十六年丁酉四月十二日申時
卒無考

生一子　宗和
一女適曲塘鄭錦
行仁八諱世忠字惟行號益齋
右五公四子
生無考
卒於明萬歷九年辛巳四月廿三日　時
娶江東張氏生無考
卒於明嘉靖四十四年乙丑四月十二日　時
無後
合葬下庵
行仁九諱世昌字惟茂號敬齋

右五公五子

生於明嘉靖十三年甲午七月初一日卯時

卒無考

娶六都羅氏生於明嘉靖三十三年甲寅五月十九日丑

時

卒無考

生二女

行仁十諱世彩字惟光號正齋

右五公六子

生於明嘉靖十五年丙申十二月初一日戌時

卒無考

娶鎮海東管張氏生於明嘉靖三十年辛亥七月廿四日
戌時
卒無考
生二子　長宗儒　次宗奇
一女
行仁十一諱世傑字惟美號端齋
右五公七子
生於明嘉靖廿三年甲辰十二月十一日戌時
卒無考
娶定海縣西管錢氏生於明嘉靖四十三年甲子四月十
五日戌時

卒無考
生二子　長宗周　次宗憲
行奎一諱奎　字元宿號復齋
永二公之子　敦厚樸實勤務菑畬肯堂肯構貲彥豐餘優
游泮奐處世無虞
生於明成化十九年癸卯八月十一日　時
卒於明嘉靖廿七年戊申二月十二日　時壽六十有
六
娶傅氏生卒無考
又娶徐氏生於明宏治八年乙卯　月　日　時
卒於明嘉靖三十二年癸丑閏三月十六日　時年五

十有九
生三子　長文祥　次文瑞　三文泰
二女長適湯　次適鄭
合葬祖墳前地
行奎四　諱畬　字惟盛號彬齋
承四公長子
生無考
卒於明嘉靖十年辛卯八月初八日　時
娶李氏生卒無考
無後
行奎五　諱善生字元發號直齋

永七公長子

生於明嘉靖元年壬午　月　日　時

卒於明嘉靖三十七年戊午五月廿四日　時年五十

有一

娶□氏生卒無考

生一子　文山

三女長適杜　次適洪　三適李

行奎六諱睿　字元華號心齋

永四公次子　治家勤儉產業自增持身謙遜接物和平遵

崇釋教九七而逝

生於明正德十一年丙子十月初四日　時

卒於明隆慶二年戊辰十月初三日　時年五十有三

娶張氏生卒無考

又娶王氏生於明正德十年乙亥八月十二日未時

卒無考

生四子　長文秀　次文通　三文治　四文醫

三女長適王子文　次適周文德　三適於世亨

葬郭家爸下田

行奎七諱善助字元祐

永七公次子

早世

行奎十諱善德字元章號誠齋

永五公長子　忠信誠篤與物無爭憂無慼心事勿勞形家
貲豐腆處世康寧
生於明正德九年甲戌十月初三日　時
卒於明嘉靖三十四年乙卯九月廿五日申時年四十
有二
娶孫氏生於明正德八年癸酉七月十七日未時
卒於　年　七月十三日　時
生五子　長文盛　次文煥　三文學　四文高　五
文明
葬墳田
行奎十一諱善積字元慶號愼齋

一汞五公次子　小穎異出就外傅習舉業勿遇于時遂究心
蕭曹參經歷司二考已闕不幸六七而終焉
生於明正德十三年戊寅七月初十日丑時
卒於明嘉靖三十八年己未十一月初四日丑時年四
十有二
娶本都姚氏生於明正德十五年庚辰五月廿五日寅時
卒於明萬歷十一年癸未九月十七日巳時壽六十有
四
生二子　長文成　次文化
二女長適廿三都葉世宅　次適蛟川東管蔣維寧
合葬西墳田坐壬向丙兼巳亥

行奎十二諱邦直字正元號頤齋

汞廿四公長子

生無考

卒於明萬歴三年乙亥正月初九日　時

娶□氏生卒無考

生二子　長文命　次文輝

一女適胡

行奎十五諱邦彥字元美號飭齋

汞十四公之子

生於明嘉靖五年丙戌　月　日　時

卒於明萬歴三年乙亥九月初五日　時年五十歲

娶□氏生卒無考

生一子　文備

二女長適錢　次適蔣

行奎十六諱邦榮字叔達號寅齋

永十三公長子

生無考

卒於明萬歷五年丁丑九月十九日　時

無後

行奎十七諱邦傑字元英

永廿四公次子

生無考

卒於　戊午年　月　日　時

無後

行奎十八　諱邦正　字元祥　號明齋

永十三公次子爲九五公繼子

生於明嘉靖十年辛卯十二月初六日卯時

卒無考

娶徐氏生於明嘉靖十六年丁酉二月十一日辰時

卒無考

行奎廿一　諱邦用　字元任　號見齋

永十三公三子

生於明嘉靖二十年辛丑四月十四日　時

卒無考

娶陳氏生於明嘉靖三十六年丁巳　月　日　時

卒無考

無後

行奎廿二諱邦祚字元壽

永廿四公三子

生於明嘉靖廿一年壬寅二月十七日卯時

卒無考

無後

行榮二諱日新字元進號恒齋

永六公長子

生無考

卒於明嘉靖三十九年庚申六月初十日　時

娶姚氏生無考

卒於明萬歷　年　月　日時

生一子　文謙

合葬茅塘

行榮三諱日進字元禮號眞齋

承六公次子

生無考

卒於明嘉靖廿八年己酉六月二十日　時

娶□氏生卒無考

生一子　文玉
一女適沈
行榮四諱日隆字元豐號勉齋
永廿一公長子
生卒無考
無後
行榮六諱日盛字元昌號思齋
永廿一公次子
生於明嘉靖元年壬午八月十一日酉時
卒無考
娶周氏生於明嘉靖十一年壬辰九月十三日卯時

卒無考

生一子　文貴

二女長適十七都徐廷士　次適横港陳子明

行榮七諱日茂

永廿一公三子

生卒無考

無後

第二十一世

行定二諱侃

安四公之子

生卒無考

娶□氏生卒無考

生一子　子靜

行定七諱侗

安八公之子

生卒無考

此派移居杭州

行定八諱倫

安七公長子

生卒無考

無後

行定十一　諱傳

安七公次子

生卒無考

娶李氏生卒無考

生一女

行乾三　諱僖

仍一公長子

生無考

卒於明嘉靖三十二年癸丑十二月廿一日　時

娶宋氏生無考

卒於明嘉靖四十三年甲子六月廿五日　時

生一子　太和

合葬祖塋

行乾五　諱佑

仍十三公長子

生卒無考

娶董氏生卒無考

生一子　子秀

三女長適王　次適徐　三適李

行乾六諱優
仍十三公次子
生卒無考
無後
行乾七諱倚
仍一公次子
生無考
卒於明嘉靖廿二年癸卯十二月初一日　時
娶虞氏生無考
卒於明隆慶六年壬申十一月廿二日　時
生二子　長太美　次太良

合葬兄墳右

行乾九諱偎

仍十一公長子

生卒無考

無後

行乾十諱保

仍十三公三子

生卒無考

無後

行乾十一諱倨

仍廿七公長子

生卒無考

無後

行乾十四諱儕

仍十一公次子

生卒無考

無後

行乾十五諱儹

仍十一公三子

生卒無考

無後

行乾十七諱僎

仍三五公長子
生卒無考
娶□氏生卒無考
生二子　長太誠　次太厚
行乾十八諱倴
仍十一公四子
生卒無考
無後
行乾十九諱佊
仍三五公次子
生卒無考

娶袁氏生卒無考

生一子　太忠

行乾二十諱偃

仍十一公五子

生卒無考

無後

行乾廿二諱修

仍廿七公次子

生卒無考

娶□氏生卒無考

生一子　太德

一女適洪

行乾廿四諱俠

仍三五公三子

生卒無考

無後

行坤一諱俯

仍三舍人子

生卒無考

無後

行坤三諱侍

仍五公長子

三房

生卒無考

無後

行坤四諱佐

仍十公長子

生於明宏治三年庚戌　月　日　時

卒於明嘉靖廿一年壬寅正月十三日　時年五十有

三

娶朱氏生於明宏治十三年庚申　月　日　時

卒於明萬歷五年丁丑八月初六日　時壽七十有八

生三子　長艮寶　次艮玉　三艮珠

一女適徐

𦡆

行坤五諱俶

合葬鄭家墓

仍十公次子

生卒無考

無後

𦡆

行坤六諱儁

仍四公長子

生卒無考

娶顔氏生卒無考

生一子　廷芳

行坤七諱伯

仍五公次子
生卒無考
無後

行坤八諱偉
仍八公之子
生卒無考
娶施氏生卒無考
生一子　廷謨
一女適葉

行坤十諱倪
仍四公次子

房二

生卒無考

娶□氏生卒無考

無後

生一女適成

行坤十一　諱佑

仍十五公長子

生於明宏治十二年己未　月　日　時

卒於明隆慶四年庚午十二月十二日　時壽七十有

二

娶嚴氏生無考

卒於明隆慶六年壬申五月廿四日　時

生二子　長德潤　次德顯

一女適王子明

葬父墳側

行坤十二諱伸

仍四公三子

生卒無考

無後

行坤十四諱倬

仍十二公長子

生卒無考

無後

行坤十五諱伯値
仍廿四公長子
生卒無考
無後

行坤十七諱代
仍二十公次子
生卒無考
無後

行坤十八諱儀
仍十五公次子爲仍七公之繼子
生於明正德二年丁卯　月　日時

卒於明嘉靖四十五年丙寅二月初七日　時壽六十

歲

娶余氏生無考

卒於明萬歷九年辛巳七月廿二日　時

生一子　德齊

合葬父墳傍

行坤十九諱位

仍廿三公之子

生卒無考

娶周氏生卒無考

生三子　長廷美　次廷善　三廷貴

二女長適顔　次適錢

葬横墓

行坤廿四諱億

仍十九公長子

生無考

卒於明嘉靖三十年辛亥二月初一日　時

娶陳氏生卒無考

生二子　長德茂　次德美

二女長適陶　次適邑中王

葬父墳側

行坤廿五諱傒

仍三六公長子
遊外方不知其處
行坤廿六諱偕
仍十三公之子
生卒無考
無後
行坤廿七諱伯章字成之號明川
仍三公四子
生於明正德八年癸酉　月　日　時
卒於明隆慶三年己巳六月廿四日午時年五十有七
娶孔氏生於明正德十五年庚辰正月初七日寅時

生三子　長良潸　次良才　三良佐
二女長適應承允　次適庠生應啓元
葬南宅南首

彪三

行坤廿八諱伯明字德之號文川
仍四一公之子
生於明正德八年癸酉九月廿七日卯時
卒無考
娶陳氏生無考
卒於明嘉靖三十一年壬子十一月廿七日　時
又娶徐氏生無考
卒於明萬歷元年癸酉十一月十一日　時

生三子　長棠　次棣　三柏

二女長適宋　次適沈

行坤廿九諱伯和

仍廿四公次子

生於明正德九年甲戌　月　日　時

卒於明隆慶四年庚午八月初二日　時年五十有七

娶林氏生卒無考

又娶徐氏生無考

卒於明萬歷八年庚辰九月廿四日　時

生三子　長良臣　次良器　三良盟

合葬鄭家墓

〈坤〉

行坤三十諱伯英字賢之號龍源

仍四九公長子

生無考

卒於明萬歷十二年甲午四月二十日　時

娶蔡氏生於明正德十五年庚辰三月十三日巳時

卒無考

生三子　長㫘貴　次㫘翰　三㫘會

二女長適金　次適黃

葬河裏岸

行坤三一　諱伯㫘

仍三七公長子

生卒無考

無後

行坤三三諱備

仍三六公次子

移居定海郎今鎮海尖淇

行坤三六諱儲　字副之號璧川

仍十五公三子

生於明正德十一年丙子十二月廿三日戌時

卒無考

娶華氏生無考

卒於明嘉靖五年丙戌十月廿七日辰時

生二子　長德達　次德盛

行坤三八諱伯友

仍三七公次子

生卒無考

無後

行坤四十諱例

仍十九公次子

生無考

卒於明萬歷七年己卯十月廿三日　時

娶□氏生卒無考

生一子　德惠

三房

行坤四一　諱伯益
仍四九公次子
生無考
卒於明嘉靖四十五年丙寅四月十八日　時
娶邵氏生卒無考
生四子　長艮朋　次艮化　三艮時　四艮知
葬祖墳側

行坤四四　諱伯美　字成之　號鑒川
仍五一公長子
生於明正德十五年庚辰十二月十七日酉時
卒無考

娶曹氏生於明嘉靖六年丁亥九月初十日亥時

卒無考

生三子　長憧　次悅　三悌

二女長適陳　次適韓子龍

行坤四六諱儱

仍三十公之子

生於明嘉靖元年壬午　月　日　時

卒於明萬歷八年庚辰十一月廿七日　時年五十有

九

娶王氏生卒無考

又娶李氏生卒無考

生一子　廷彩

一女適裘

合葬鄭家墓

行坤四八諱俌

仍四八公長子

生卒無考

無後

行坤四九諱伯通

仍三一公長子

生無考

卒於明嘉靖四十五年丙寅正月初四日　時

娶應氏生卒無考

無後

生二女長適王　次適翁

行坤五二諱伯升

仍五四公之子

生於明嘉靖七年戊子十月廿四日丑時

卒無考

娶嚴氏生卒無考

生一子　廷桂

一女未適

行坤五四諱侶

仍四八公次子

早世

行坤五五諱伯遂字順之號瑤川

仍三七公三子

生於明嘉靖九年庚寅九月廿一日辰時

卒無考

娶蔣氏生於明嘉靖十七年戊戌二月初八日酉時

卒無考

生二女長適胡　次適徐

[illegible]

行坤五六諱倍

仍五十公長子

生於明嘉靖九年庚寅十一月初三日巳時
卒無考
娶戴氏生於明嘉靖二十年辛丑八月二十日卯時
卒無考
生一子　廷相
行坤五八諱任
仍五二公之子
生卒無考
無後
行坤五九諱伯道字攸之
仍三七公四子
彪三

生於明嘉靖十二年癸巳十一月初六日亥時

卒無考

娶王氏生於明嘉靖十九年庚子正月初九日　時

卒無考

生一子　艮相

行坤六一　諱伯顯

仍五一公次子

生於明嘉靖十三年甲午八月廿三日酉時

卒無考

娶郭氏生於明嘉靖廿一年壬寅九月廿三日　時

卒無考

生一子　愉

行坤六四諱仲

仍四八公三子

生於明嘉靖十五年丙申五月十六日午時

卒無考

娶沈氏生於明嘉靖十六年丁酉八月廿八日亥時

卒無考

生一女適五都王

侊

行坤六六諱佳

仍五十公次子

生於明嘉靖十七年戊戌四月初八日丑時

三房

卒無考

娶張氏生於明嘉靖廿九年庚戌九月十三日申時

卒無考

生三子　長廷秀　次廷賢　三廷憲

二女長適六都賫　次適

行坤六八諱伯洪

仍三一公次子

生於明嘉靖十七年戊戌四月廿七日卯時

卒無考

娶朱氏生卒無考

生三子　長艮宰　次艮輔　三艮賓

一女適張

行坤六九諱偘

仍四八公四子

生於明嘉靖二十年辛丑十二月廿三日子時

卒無考

行坤七十諱伯達

仍五一公三子

爲蛟川林氏之後

繡

行正一諱時化

昂一公之子

生卒無考

齲

無後

行正二諱時宜字義之

昂五公長子

生無考

卒於明嘉靖三十九年庚申九月十八日　時

娶陳氏生無考

卒於明萬歷五年丁丑三月十二日　時

生三子　長天德　次天祥　三天祿

一女適胡文高

齲

行正四諱時貴

昂十公長子

生於明嘉靖十三年甲午九月初六日亥時
卒無考
娶邵氏生於明嘉靖十九年庚子十二月廿八日戌時
卒無考
生二子　長天位　次天與
三女長適施　次三未適

牖

行正六　諱時俊
昂五公次子
生於明嘉靖十五年丙申二月十九日亥時
卒無考
娶陳氏生於明嘉靖廿一年壬寅四月初四日戌時

卒無考
生五子　長天相　次天勺　三天錫　四天祐　五
天保
一女適徐友德

肅
行正七諱重
昂十公次子
早世

肅
行正九諱時濟字仁之
昂五公三子
生於明嘉靖十八年己亥九月初七日巳時
卒無考

娶吳氏生於明嘉靖廿五年丙午十一月十七日申時

卒無考

生三子　長天澤　次天恩　三天惠

二女長適王

肅

行正十一諱時榮

昴十公三子

早世

肅

行正十二諱時秀字俊之號景吾

昴十四公長子

生於明嘉靖廿七年戊申十一月十六日辰時

卒無考

娶姚氏生於明嘉靖三十二年癸丑八月初八日丑時
卒無考
生二子　長天職　次天倫
一女

腩

行正十三　諱時富
昂三公之子
生於明嘉靖廿八年己酉正月初八日　時
卒無考
娶徐氏生於明嘉靖四十一年壬戌十月初一日巳時
卒無考
生一子

一女

𦙶
行正十四諱時習
昂九公之子
此派移居温州樂清縣四都七圖改姓林氏易名子清

𦙶
行正十五諱時華
昂十公四子
生於明嘉靖廿八年己酉四月初八日　時
卒無考

𦙶
行正十七諱時茂字松之法名賓
昂十公五子
生於明嘉靖三十一年壬子八月廿八日丑時

爲延慶寺僧迨後推居僧官

𦨶

行正十九諱時盛

昂十公六子

生於明嘉靖三十四年乙卯正月初十日丑時

卒無考

娶□氏生卒無考

生一子　天

𦨶

行正二十諱時敏字速之

昂十四公次子

生於明嘉靖三十五年丙辰十一月廿九日寅時

卒無考

娶倪氏生於明嘉靖四十二年癸亥正月廿九日辰時

卒無考

生六子　長天敘　次天成　三天性　四天允　五天化　六天震

行正廿一諱時良字與之

鏞

昂十六公之子

生於明隆慶三年己巳十二月初六日戌時

卒無考

娶袁氏生於明隆慶五年辛未三月十八日　時

卒無考

又娶余氏生無考

卒於明天啓二年壬戌十月十一日巳時
生二子　長在棠　次正棠

行聰四諱途
誠一公長子
生卒無考
娶張氏生卒無考
無後
生二女長適周　次適陳

行聰五諱近
誠二公長子
生卒無考

娶王氏生卒無考
生一子　繼惠
一女適羅
行聰六諱通
誠一公次子
生卒無考
娶吳氏生卒無考
生一子　繼祿
一女適十都錢
行聰七諱迎
誠二公次子

生卒無考

無後

行聰八諱逋

誠二公三子

生卒無考

無後

行聰九諱迪

誠一公三子

生卒無考

娶陳氏生卒無考

無後

生二女長適邱　次適鄒

行聰十諱述

誠七公長子

生卒無考

娶鄭氏生卒無考

生一子　繼美

行聰十一諱逵

誠六公長子

生於明正德元年丙寅八月初二日　時

卒無考

娶李氏生於明正德九年甲戌六月十八日未時

卒無考

無後　繼子　繼道

生三女長適董　次適陶　三適朱

行聰十二諱遂

誠一公四子

生無考

卒於明嘉靖　年　月　日　時

娶楊氏生無考

卒於明萬曆　年　月　日　時

生四子　長繼榮　次繼德　三繼庸　四繼元

行聰十三諱迁

誠七公次子
生無考
卒於明嘉靖四十五年丙寅三月初八日酉時
娶洪氏生卒無考
生二子　長繼宗　次繼和
四女長適朱　次適王　三適方　四適趙
葬父墳側
行聰十五諱暹
誠六公次子
生無考
卒於明嘉靖三十一年壬子五月廿九日　時

聚戴氏生於明正德十五年庚辰二月初八日巳時
卒無考
生二子　長繼富　次繼道
二女長適陳　次適張
葬宅南

𣿈

行聰十七諱遺
誠一公五子
生無考
卒於明萬歷二年甲戌三月初六日　時
娶張氏生於明正德十四年己卯十月十五日亥時
卒無考

生五子　長繼華　次繼名　三繼富　四繼貴　五

繼遠

葬柘樹塘

行聰十八諱進　字益之

誠二公四子

生於明正德十二年丁丑九月初九日寅時

卒無考

娶葉氏生於明嘉靖十八年己亥八月初七日丑時

卒無考

生一子　繼科

行聰十九諱遷

洄西

誠六公三子

生無考

卒於明萬歷五年丁丑七月廿九日　時

娶曹氏生於明嘉靖五年丙戌正月十九日戌時

卒無考

生四子　長繼懷　次繼章　三繼中　四繼禮

一女適鍾

葬兄墳右

行聰二十　諱遐

誠七公三子

生卒無考

洒

無後

行聰廿一諱運

誠六公四子

生無考

卒於明隆慶五年辛未十一月廿七日　時

娶張氏生於明嘉靖七年戊子五月廿二日寅時

卒無考

生四子　長繼志　次繼學　三繼登　四繼善

二女長適費　次適姚

葬宅前

行聰廿二諱遠　字望之號華川

誠七公四子

生於明嘉靖四年乙酉九月廿一日戌時

卒無考

娶吳氏生無考

卒於明嘉靖四十四年乙丑六月二十日　時

又娶曹氏生於明嘉靖十年辛卯十一月十一日　時

卒無考

生一子　繼恩

翀

行綱一　諱輝

紀二公長子

生於明成化二十年甲辰　月　日　時

卒於明嘉靖四十四年乙丑正月十三日　時壽八十有二

娶董氏生無考

卒於明萬歷五年丁丑二月十三日　時

生三子　長守端　次守正　三守寧

二女長適邑中袁　次適姚

合葬西港

翀

行綱二諱炫　字耀之號吉川

紀六公長子

生於明宏治五年壬子　月　日　時

卒於明嘉靖四十四年乙丑二月十五日　時壽七十

翀

有四

娶陳氏生卒無考

生二子　長守仁　次守奎

合葬祖墳右

行綱五諱爃

紀二公次子

生無考

卒於明嘉靖十三年甲午七月初九日　時

娶徐氏生卒無考

生三子　長守和　次守穆　三守遂

一女適洪

葬河灣

翀

行綱六諱填

紀十園公長子

生無考

卒於明嘉靖十五年丙申八月十七日　時

娶王氏生卒無考

生三子　長守分　次守功　三守度

葬祖墳右

翀

行綱七諱灼　字華之

紀七公長子

生無考

卒於明嘉靖三十六年丁巳正月十三日　時

娶盧氏生卒無考

生三子　長守祥　次守福　三守成

三女長適姚　次適鄭元奇　三適沈

合葬祖墳右

艸

行綱八諱燉

紀六公次子

生卒無考

無後

艸

行綱九諱烱

紀二公三子　處事明敏存心以恆縣撥都總守法奉公鄉

鄞宗族罔怨罔恫
生於明宏治八年乙卯　月　日　時
卒於明嘉靖廿六年丁未五月初八日　時年五十有
三
娶胡氏生卒無考
生四子　長守榮　次守訥　三守富　四守盛
一女適胡克成
合葬河灣

翀
行綱十諱燧
紀十公之子
生卒無考

無後

房中

行綱十二諱烳

紀三公之子

生卒無考

娶莊氏生卒無考

無後

一女適傳

房中

行綱十四諱⿰火鄉

紀十七公長子

生卒無考

娶胡氏生卒無考

腳

無後

行綱十六諱熇

紀二公四子

生無考

卒於明嘉靖三十九年庚申十二月十五日　時

娶李氏生無考

卒於明嘉靖四十四年乙丑正月二十日　時

生五子　長守祿　次守貴　三守瑞　四守豐　五

守餘

一女適大街馮

合葬西港

翀
行綱十七諱熴
紀五公之子
生卒無考
無後

翀
行綱十九諱燡　字茂之
紀十四公次子爲紀三公之繼子
生無考
卒於明嘉靖三十六年丁巳正月初二日　時
娶葉氏生卒無考
生一子　守恩

翀
行綱廿一諱焴

紀九公長子
生卒無考
娶邵氏生卒無考
生三子　長守亨　次守義　三守寶
合葬西港
行綱廿二諱燈　字明之
紀七公次子
生於明宏治十六年癸亥　月　日　時
卒於明萬歷三年乙亥十一月十四日　時壽七十有
三
娶顧氏生卒無考

又娶周氏生卒無考
生三子　長守忠　次守德　三守英

昞
行綱廿三諱炌
紀十四公三子
生無考
卒於明萬歷五年丁丑十一月初三日　時
娶張氏生無考
卒於明萬歷十年壬午十一月　日　時
生二子　長守惠　次守恕
合葬宅南

昞
行綱廿五諱燿

紀九公次子
生卒無考
無後

𦙍
行綱廿七諱煜
紀十七公次子
生無考
卒於明嘉靖四十二年癸亥十一月三十日　時
娶周氏生於明正德六年辛未三月廿八日午時
卒無考
生五子　長守志　次守約　三守貞　四守節　五守恒

二女長適陳唐　次適邑中劉汝寧

葬宅南

胂

行綱廿八諱煤

紀六公三子

生無考

卒於明萬歷十年壬午正月初七日　時

娶計氏生卒無考

生一子　守華早世　繼子　守奎

合葬祖墳西

胂

行綱三一諱煥　字炎之號恢川

紀十七公三子爲紀三六公之繼子

生於明正德四年己巳　月　日　時
卒於明嘉靖四十五年丙寅六月初十日　時年五十
有八
娶包氏生無考
卒於明萬歷八年庚辰正月十五日　時
生一子　守昴
二女長適馮忠　次適邱洋王
合葬河灣

廾
行綱三二諱炳
紀十四公四子
生無考

卒於明萬歴十二年甲申二月三十日　時

娶任氏生無考

卒於明萬歴元年癸酉六月初二日　時

生一子　守才

三女長適邱　次適傅　三適山北錢

行綱三四諱焻

紀十七公四子

生無考

卒於明萬歴五年丁丑二月初七日　時

娶周氏生無考

卒於明隆慶六年壬申正月廿二日　時

生一子　守禮

二女長適沈珮　次適王明忠

合葬宅南

翀

行綱三五諱燦　字光之

紀三四公之子

生於明正德九年甲戌五月廿一日午時

卒無考

娶鍾氏生於明嘉靖十三年甲午十一月初六日　時

卒無考

生五子　長守高　次守位　三守職　四守業　五守讓

一女適九都孫

中房

行綱三六諱炤

紀三三公長子

生於明正德十六年辛巳十月十五日未時

卒無考

娶楊氏生於明嘉靖五年丙戌三月初七日寅時

卒無考

生一子　守道

中房

行綱三七諱炬

紀二十公長子

生卒無考

𣂏

行綱三八諱爍

無後

紀二十公次子

生無考

卒於明萬歷十一年癸未　月　日　時

無後

𣂏

行綱四十諱熠

紀三三公次子

生卒無考

無後

𣂏

行綱四一諱㰚

郱

紀廿八公之子

生卒無考

遊外方不知其處

行綱四二諱熗

紀二十公三子

生無考

卒於　甲申年六月初二日　時

娶唐氏生於明嘉靖十八年己亥六月廿五日　時

生一子　守政

一女

葬河灣

中房　行綱四五諱燧
紀二十公四子爲孔浦王氏之後

中房　行綱四六諱燍
紀三三公三子
生卒無考
無後

中房　行綱四七諱熛
紀廿六公之子
生於明嘉靖十一年壬辰正月初二日辰時
卒無考
娶徐氏生於明嘉靖三十一年壬子九月廿三日丑時

生二子　長守昌　次守壽

一女

中房

行綱四八諱熻

紀三三公四子

生卒無考

無後

中房

行綱四九諱熺

紀三九公長子

生於明嘉靖六年丁亥三月十三日巳時

卒無考

娶瞿氏生於明嘉靖三十年辛亥十月二十日　時

生二子　長守安　次守宜

一女適五都舒

岈

行綱五十諱煒

紀三三公五子

生於明嘉靖二十年辛丑十月廿四日酉時

卒無考

娶朱氏生於明嘉靖十八年己亥正月初四日　時

卒無考

岈

行綱五一諱爍

紀三九公次子

生於明嘉靖二十年辛丑十二月十六日子時

卒無考

娶貝氏生於明嘉靖廿三年甲辰十一月初七日寅時

卒無考

生三子　長守順　次守法　三守規

行綱五二諱煌

紀三九公三子

生於明嘉靖廿五年丙午十一月初六日未時

卒無考

娶陳氏生卒無考

墓葬

行義二諱宗道字德化

仁六公之子

生卒無考

行義六諱宗武字德鋭

仁五公之子

生於明嘉靖四十四年乙丑二月十一日寅時

卒無考

行義七諱宗儒

仁十公長子

生於明隆慶二年戊辰八月廿八日辰時

卒無考

行義十一諱宗和字德育

仁七公之子

生於明萬歷元年癸酉十月廿七日丑時

爲征遼而亡

行義十三　諱宗周

仁十一公長子

生於明萬歷八年庚辰五月廿九日未時

卒無考

行義十四　諱宗奇

仁十公次子

生於明萬歷十年壬午四月初十日亥時

卒無考

廿二世

行義十五諱宗憲

仁十一公次子

生於明萬歷十一年癸未九月十六日巳時

卒無考

行德一諱文祥字德徵號南泉

奎一公長子

生於明正德十五年庚辰正月十九日辰時

卒無考

娶徐氏生無考

卒於明嘉靖三十七年戊午九月初七日　時

又娶孫氏生於明嘉靖十三年甲午十二月初九日子時

卒於明萬歷四十八年庚申六月廿四日　時壽八十

有七

生四子　長應綜　次應綉　三應科　四應和

䣥

行德三諱文瑞字德賢號慶泉

奎一公次子

生於明嘉靖十年辛卯九月廿一日寅時

卒無考

娶蛟川倪氏生於明嘉靖十一年壬辰五月十九日寅時

卒無考

生五子　長應綺　次應綸　三應龍　四應鳳　五

應宿

一女適邑中大街庠生馮鰲

廼

行德四諱文盛字德豐號對川

奎十公長子

生於明嘉靖十二年癸巳　月　日　時

卒於明隆慶五年辛未六月初九日　時年三十有九

娶劉氏生無考

卒於　年　正月十八日　時

又娶張氏生於明嘉靖十一年壬辰六月廿六日巳時

卒於　年　十月十二日　時

生二子　長應紳　次應魁

一女適鄭

廼

行德五諱文泰字德安號錦泉

奎一公三子

生於明嘉靖十三年甲午十二月廿一日丑時

卒無考

娶傅氏生卒無考

又娶蔡氏生卒無考

再娶林氏生於明嘉靖廿七年戊申六月初五日未時

卒無考

生八子　長應春　次應元　三應召　四應文　五

應登　六應旂　七應賓　八應用

一女適本都范三才

廼

行德六諱文煥字德光號介川

奎十公次子

生於明嘉靖十七年戊戌五月初六日未時

卒於　年　正月廿六日　時

娶葛氏生無考

卒於明萬歷四年丙子八月廿九日　時

生二女長適邑中陳　次適本都葛

廼

行德七諱文成字德章號蒙泉

奎十一公長子　才學超羣志超亦别功名富貴等于浮雲

持躬接物率乎天眞修族譜以光先德宗祖是賴設絳

帳以傳後學斯道攸關噫追慕芳徽曷勝悲泣

生於明嘉靖十九年庚子十月初四日午時
卒於明萬曆四十七年己未十一月廿六日卯時壽八
十歳
娶李碶李氏生於明嘉靖十九年庚子九月初三日　時
卒於明萬曆十八年庚寅九月二十日　時年五十有
一
生四子　長應時　次應聘　三應辰　四應蛟
二女長適蛟川劉鳴佩　次適本邑庠生王雲程
合葬宅西南土名五畝田朝南向

行德八諱文學字德岔號覲川
奎十公三子

生於明嘉靖二十年辛丑九月二十日未時
卒無考
娶應氏生於明嘉靖廿七年戊申十一月廿八日丑時
卒無考
生四子　長應期　次應斗　三應璧　四應彩
一女適沈

酾

行德九諱文山字德重
奎五公之子
生於明嘉靖廿一年壬寅七月初十日子時
卒於明萬歷三十年壬寅　月　日　時壽六十有
一

酉房

行德十諱文秀字德芳號友泉

奎六公長子

生於明嘉靖廿二年癸卯九月廿一日辰時

卒無考

娶汪氏生卒無考

又娶孫氏生於明嘉靖三十三年甲寅十月廿五日酉時

卒無考

繼子　應登

酉房

行德十一諱文化字德純號鄮川　縣吏

奎十一公次子

生於明嘉靖廿三年甲辰五月廿五日丑時

卒於明萬歷四十年壬子十月初四日卯時壽六十有
九
娶邑中於氏生於明嘉靖廿六年丁未十月二十日　時
卒無考
繼子　應聘

行德十二諱文高字德厚號洪川
奎十公四子
生於明嘉靖廿三年甲辰十一月廿四日丑時
卒於明萬歷四十一年癸丑二月初一日　時壽七十
歲
娶戴氏生於明嘉靖三十二年癸丑六月廿三日丑時

卒無考

生三子　長應廉　次應麟　三應試

一女適本都舒

行德十三諱文通字德明號益泉

袝

奎六公次子

生於明嘉靖廿五年丙午十二月十四日戌時

卒無考

娶胡氏生於明嘉靖廿九年庚戌十二月初一日辰時

卒無考

生二子　長應福　次應

行德十五諱文明字德皓號秀川

袝

奎十公五子
生於明嘉靖三十三年甲寅十一月廿四日戌時
卒無考
娶蛟川湯氏生卒無考
生一子　冬
行德十六諱文治字德理號源泉
㕑
奎六公三子
生於明嘉靖三十六年丁巳十一月初八日丑時
卒無考
娶章氏生於明嘉靖四十二年癸亥二月初一日未時
卒無考

配

生二子　長應昌　次應陽

二女長適章村　次適邑中馮

行德十七諱文備字德全

奎十五公之子

生於明嘉靖三十七年戊午九月初十日　時

卒無考

娶□氏生卒無考

生二子　長應瑞　次應詔

配

行德十八諱文謩字德聞號後泉

奎六公四子

生於明嘉靖三十九年庚申十一月十四日丑時

卒無考
娶徐氏生於明嘉靖四十五年丙寅八月十二日　時
卒無考
生二子

酾
行德十九諱文命
奎十二公長子
生於明嘉靖四十一年壬戌十二月十二日未時
卒無考

酾
行德二十諱文輝
奎十二公次子
生卒無考

廝

行華一諱文玉字德璩

榮三公之子

生於明嘉靖十八年己亥八月初五日卯時

卒無考

廝

行華二諱文謙字德遜

榮二公之子

生於明嘉靖廿二年癸卯九月初六日酉時

卒無考

娶陳氏生卒無考

又娶方氏生卒無考

廝

行華八諱文貴

榮六公之子

生於明嘉靖四十一年壬戌十一月十七日辰時

卒無考

娶張氏生於明嘉靖四十三年甲子正月初二日午時

卒無考

国家出版基金项目
NATIONAL PUBLICATION FOUNDATION

海上絲綢之路文獻集成

總主編　陳支平　陳春聲

民間譜牒編

49

主編　林　楓

海峽出版發行集團
THE STRAITS PUBLISHING & DISTRIBUTING GROUP
福建人民出版社

本册目次

［浙江慈溪］慈谿鴻門童氏宗譜十七卷首一卷（卷四下至卷五）

童賡年等纂修

慈東童氏宗譜卷四下

世傳

第二十七世

彪

行敏一　諱儲慶

敬一公之子

生於清康熙十一年壬子　月　日　時卒無考

彪三

行敏二　諱維翰　字殿臣

敬五公長子

生於清康熙十四年乙卯十二月廿六日戌時卒無考

娶張氏生於清康熙廿二年癸亥十二月廿五日戌時

卒於清康熙六十年辛丑三月　日　時年三十九

生一子　伯成
二女長適胡　次適鎮邑龔
又娶朱氏生於清康熙廿二年癸亥三月初六日子時
卒無考
合葬上坂楊家三畝田
行敏三諱繼志字武周
敬十四公之子
生於清康熙二十年辛酉九月初四日酉時
卒於清乾隆二年丁巳四月十七日巳時年五十有七
娶刁家橋馮氏生於清康熙三十年辛未二月初七日亥時

卒於清乾隆四十一年丙申十一月廿一日戌時壽八
十有六
生一子　宏濟
三女長適盧曹徐　次適姚　三適馬徑張
葬港嘴頭地田

行敏四諱繼序
敬七公長子
生於清康熙廿二年癸亥十月十一日　時
卒於清康熙六十一年壬寅十月初二日酉時年四十
歲
娶鎮邑陳氏生於清康熙廿六年丁卯正月初七日丑時

三房

卒於清乾隆廿一年丙子　月　日　時壽七十歲
生三子　長宏道　次宏毅　三宏先　俱未娶
敏十繼賢公三子惠四八宏化入繼
二女長適鍾家堰鍾　次適青林陳
合葬暗漕頭父墳西側

行敏五　諱維幹　字殿卿
敬五公次子
生於清康熙廿二年癸亥十月廿七日戌時
卒於清乾隆廿一年丙子十一月初　日　時壽七十
有四
娶吳氏生於清康熙三十年辛未十二月初三日戌時

卒無考

生三子　長宏祖　次宏宗　三宏學

二女俱適鎮邑李

葬上畈父墳側

行敏六　諱允愷

敬六公之子

生於清康熙廿三年甲子十二月廿六日酉時

卒無考

娶鎮邑陳氏生於清康熙三十二年癸酉六月廿七日子時

卒於清乾隆十七年壬申五月十一日丑時壽六十歲

[illegible]

生一子　宏才

二女長適洋墅徐　次適鎮邑何

葬

行敏七　諱允恆　字子久

敬三公之子

生於清康熙廿四年乙丑十月十五日辰時

卒於清乾隆二十年乙亥八月三十日　時壽七十一

娶翁氏生於清康熙廿七年戊辰十二月十七日未時

卒於清雍正十年壬子八月二十日　時年四十有五

生二子　長元學　次元文

四女長適汶溪宋　次適章橋孔　三適夏家墺邵

四適鎮邑謝
合葬大車頭田

酾

行敏八諱允懌
敬二公之子
生於清康熙廿五年丙寅十二月廿六日子時
卒於清乾隆廿一年丙子　月　日　時壽七十一
娶貝氏生於清康熙三十八年己卯五月初五日巳時
卒於清雍正十一年癸丑五月廿二日午時年三十五
生三子　長元武　次宏仁　三宏法
一女適寧城何
又娶劉氏生於清康熙三十五年丙子三月初二日辰時

二房

卒無考

合葬墓壟踞

行敏九 諱繼甯 字靖周

敬七公次子

生於清康熙廿六年丁卯正月十六日子時

卒於清乾隆十七年壬申九月十九日　時壽六十六

娶董氏生於清康熙三十三年甲戌閏五月十三日丑時

卒於清雍正十年壬子六月初二日戌時年三十有九

生二子　長宏任　次宏範

又娶林氏生於清康熙三十七年戊寅四月廿八日辰時

卒無考

合葬暗漕頭父墳側東邊

廷

行敏十諱繼賢字聖基

敬二公三子

生於清康熙三十一年壬申十二月初三日　時

卒於清乾隆十四年己巳三月廿三日　時年五十八

娶鎮邑河角頭陳氏生於清康熙　年　月

日　時

卒無考

生二子　長宏士　次宏楣

一女適章橋孔

又娶陳氏生卒無考

生一子　宏化出繼

一女適紹興

合葬暗漕頭父墳側

行敏十一　諱繼元

敬十一公長子

生於清康熙三十三年甲戌閏五月初四日寅時

卒於清乾隆四年己未二月初二日辰時年四十有六

娶孔氏生於清康熙三十八年己卯十一月廿二日　時

卒於清雍正元年癸卯八月廿一日　時年二十有五

生二女長適道院韓　次適洋墅徐

又娶孔氏生於清康熙四十年辛巳十月廿四日子時

卒於清乾隆　年　六月初一日　時

生一子　宏綱

合葬鎮邑隔河陳

行敏十二諱維藩字殿侯

敬五公三子

生於清康熙三十五年丙子三月廿一日戌時

卒無考

娶劉氏生於清康熙三十五年丙子三月十二日午時

卒於清乾隆十年乙丑四月初三日戌時年五十歲

生一子　宏本

二女長適嚴　次適鎮邑蔡

又娶孫氏生於清康熙四十年辛巳正月十四日戌時
卒無考
合葬瓦窑頭田
行敏十三 諱繼祖
敬十一公次子
生於清康熙三十六年丁丑正月初七日　時
卒於清雍正十一年癸丑四月初二日寅時年三十七
娶邵氏生於清康熙四十三年甲申十二月初六日申時
卒於清乾隆　年　十二月廿二日　時
生一子　宏灝
一女適章橋孔

二房

葬墓壠跟

行敏十四諱繼善字性先號杏圃　郡庠生

敬七公四子

生於清康熙三十七年戊寅十月廿四日子時

卒於清乾隆三十一年丙戌二月廿四日午時壽六十

有九

娶賜卻亭沈氏生於清康熙三十九年庚辰十月廿一日

子時

卒於清乾隆四十三年戊戌八月十四日巳時壽七十

有九

生一子　宏模

二房

一女適前姚姚

合葬倉屋園田

行誼見事略

行敏十五諱繼成字台榮

敬十六公長子

生於清康熙三十九年庚辰七月十六日寅時

卒無考

娶鎮邑唐氏生於清康熙四十二年癸未十一月十一日

時

卒於清雍正十三年乙卯十月初二日　時年三十三

生四子　長宏鼎　次宏鯉　三宏倫　四宏燮

又娶孔浦朱氏生於清康熙四十七年戊子六月初九日
卯時
卒無考
生三女長適王　次適杜　三適顔
葬䳟漕頭地田
行敏十六諱用周字開周號蘭圃　郡庠生　例贈文林郎
敬三一公長子
生於清康熙四十年辛巳十月初一日亥時
卒於清嘉慶元年丙辰正月十一日卯時壽九十有六
娶嚴氏生於清康熙三十九年庚辰二月十七日戌時
卒於清雍正十二年甲寅正月初二日丑時年三十五

生一子 鴻遠

三女長適嚴 次適胡 三適周

又娶毛氏生於淸康熙四十三年甲申十二月十二日丑

時

卒於淸乾隆五十二年丁未五月初十日子時壽八十

有四

生三子 長鴻飛 次鴻敷 三鴻逵

一女適黃

合葬水斗父墳南首

行敏十七 諱維善 字禹臣

敬十七公長子

生於清康熙三十九年庚辰十月初八日未時
卒於清乾隆四十一年丙申十二月廿八日　時壽七
十有七
娶嚴氏生於清康熙四十年辛巳正月初九日卯時
卒於清乾隆四十年乙未十月廿七日卯時壽七十五
又娶李氏生於清康熙五十二年癸巳七月十三日　時
卒於清乾隆四十一年丙申八月廿八日　時壽六十
有四
生一子　宏燕
二女長適迎聖橋黃　次適章橋葛
合葬應家橋西北首

行敏十八諱維人字偉生
敬秉元公之子
生於清康熙四十一年壬午十月廿三日卯時
卒無考
娶范氏生卒無考
又入贅鎮邑沈姓嵇氏
生一子　宏才

行敏十九諱士錦
敬十二公長子
生於清康熙四十一年壬午十二月初五日　時
卒於清乾隆十六年辛未十月初二日　時

娶邵氏改適
生一子早世無後
一女適成
葬方家岸

脛

行敏二十諱維仁
敬廿二公長子
生於清康熙四十二年癸未五月廿四日寅時
卒於清乾隆三十年乙酉二月初五日　時壽六十三
娶更樓朱氏生於清康熙五十四年乙未十一月廿六日
時
卒於清乾隆　年　正月十七日　時

二房

生一子　德修

二女長次俱適鎮邑沈

合葬應家橋

行敏廿一　諱繼昌　字其昌

敬十九公長子

生於清康熙四十二年癸未七月初三日子時

卒無考

娶嚴氏生於清康熙五十年辛卯七月初四日　時

卒於清乾隆十七年壬申七月廿七日戌時年四十二

生二子　長宏疇　次宏紀

二女長適鎮邑唐

葬南山

行敏廿二 諱繼宗 字立功 號靜園

敬四四公長子

生於清康熙四十二年癸未十月初四日酉時

卒於清乾隆四十四年己亥二月十六日 時壽七十

有七

娶張氏生於清康熙四十四年乙酉三月廿五日亥時

卒於清嘉慶元年丙辰九月十四日 時壽九十有二

生三子 長宏儒 次宏聲 三宏乾

二女長適姚 次適嚴

合葬鎮龍橋東首父墳傍欄土誌旣固且安四字

行敏廿三 諱允文 字有文

敬十公長子

生於清康熙四十三年甲申五月初五日酉時

卒於清乾隆十五年庚午六月初八日 時年四十七

客死在外未經歸葬

娶葛氏 改適

生一子 宏智

一女適蟹浦鄭

行敏廿四 諱繼武 字成周

敬三一公次子

生於清康熙四十三年甲申八月十八日申時

房

卒於清　年　九月十九日　時
娶鎮邑曹氏生於清康熙四十一年壬午二月廿九日戌
時
卒於清　年　二月廿二日　時
生二子　長宏德　次宏炎
三女長適鎮邑孫　次適迎聖橋黄　三適後大河盛

行敏廿五　諱士綉
敬十五公長子
生於清康熙四十三年甲申八月廿八日　時
卒無考
未娶

行敏廿六諱維岳字禹千
敬廿二公次子爲敬廿五公繼子
生於清康熙四十五年丙戌九月十五日寅時
卒於清　年　十一月廿五日　時
娶姚氏生於清康熙五十四年乙未十二月廿六日卯時
卒於清　年　八月十六日　時
生三子　長宏京　次宏賢　三宏聖
二女長適慈城馮　次適馬徑張

行敏廿七諱允章
敬十公次子
生於清康熙四十五年丙戌十二月初五日　時

卒無考
未娶
行敏廿八諱繼聖字道宗號文圃
敬三一公三子
生於清康熙四十五年丙戌十一月十二日戌時
卒於清乾隆四十二年丁酉十一月廿五日未時壽七
十有二
娶王氏生於清康熙四十五年丙戌七月十六日子時
卒於清乾隆元年丙辰十二月廿七日子時年三十一
又娶葛氏生於清康熙四十四年乙酉閏四月初一日戌
時

卒於清乾隆廿九年甲申三月初四日辰時壽六十歲

生一子　宏略

一女適姚

合葬西岸郭家爸下坐南向北

行敏廿九　諱繼業　字繩武

敬四七公長子

生於清康熙四十六年丁亥七月初三日亥時

卒無考

娶□氏生卒無考

生一女適張

無後

行敏三十諱繼光字虞章
敬廿九公長子
生於清康熙四十六年丁亥八月初十日子時
卒於清　年　五月初七日　時
娶嚴氏生於清康熙四十二年癸未九月十九日未時
卒於清　年　九月十七日　時
生三子　長宏成　次宏盛　三宏鳴

行敏三一諱繼先字兼才
敬三七公長子
生於清康熙四十六年丁亥十月初一日子時
卒於清乾隆廿九年甲申五月廿二日　時年五十八

娶邵氏生於清康熙四十六年丁亥十二月廿五日酉時

卒於清乾隆五十三年戊申六月初五日　時壽八十

有二

生三子　長宏鵬　次宏鯨　三宏鰲

合葬港嘴頭坐西向東從南首因三公石欄土墳起數

至第三穴卽公之墓

行敏三二諱允祥

敬十三公長子

生於清康熙四十六年丁亥十一月初五日午時

卒於清乾隆三十五年庚寅三月廿三日　時壽六十

有四

娶馬徑張氏生於清康熙五十年辛卯十二月十五日子

時

卒於清乾隆五十七年壬子十一月廿五日丑時壽八

十有二

生一子　宏誥

三女長適張　次適朱　三適謝

合葬腊漕頭

行敏三三諱繼芳

敬十六公次子

生於清康熙四十七年戊子三月廿六日　時

卒於清乾隆五十年乙巳七月十三日　時壽七十九

娶汝溪裏邵邵氏生於淸康熙五十六年丁酉九月廿七
日巳時
卒於淸乾隆五十年乙巳十一月二十日　時壽六十
有九
生三子　長宏材　次宏杏　三宏眉
二女長適鎭邑王　次適奉化許
合葬應家橋方圩
行敏三四　諱維憲
敬三四公長子
生於淸康熙四十七年戊子五月初七日　時
卒於淸乾隆二年丁巳三月廿一日　時年三十歲

未娶

行敏三五 諱繼新 字禹明

敬十七公次子爲敬四五公繼子

生於清康熙四十八年己丑正月初一日寅時

卒於清乾隆四十九年甲辰二月十四日　時壽七十

有六

娶杜谷沈氏生於清康熙五十三年甲午正月十一日戌

時

卒於清乾隆四十六年辛丑二月廿五日　時壽六十

有八

生二子　長宏勳　次宏照出繼敏四七維高公

一女適應

合葬上坂

行敏三六諱在科字明德

敬五三公長子

生於清康熙四十八年己丑三月十九日卯時

卒無考

娶鎮邑潘家堰李氏生於清雍正三年乙巳十一月廿七

日辰時　十六

卒無考

生二子　長知能　次知義

行敏三七諱繼禹字啓賢

敬四七公次子
生於清康熙四十八年己丑六月三十日寅時
卒於清乾隆十七年壬申九月廿四日　時年四十四
娶胡氏生卒無考
無後
生二女長適王　次適
葬馬徑橋頭
行敏三八諱繼和字亦林
敬廿九公次子
生於清康熙四十八年己丑十月初四日未時
卒於清乾隆十一年丙寅九月初十日未時年三十八

娶成氏生於淸康熙四十九年庚寅正月廿九日　時
卒於淸乾隆元年丙辰正月廿六日　時年二十有七
又娶李氏生於淸康熙五十五年丙申九月廿七日申時
卒於淸乾隆十二年丁卯四月初十日丑時年三十二
生一子　宏器
一女
合葬地下二畝祖墳側

行敏三九諱繼盛
敬十九公次子
生於淸康熙四十八年己丑十一月　日　時
卒無考

未娶
葬茅墳柒地

行敏四十　諱在學　字明倫
敬三五公長子
生於清康熙四十九年庚寅三月初七日午時
卒於清乾隆七年壬戌十月廿四日　時年三十有三
娶邵氏生卒無考
無後
生一女適方
葬屋西錢家園

行敏四一　諱士英

敬二十公長子

生於清康熙四十九年庚寅八月廿六日子時

卒於清乾隆五十一年丙午九月初五日　時壽七十

有七

娶鄞邑范氏生於清康熙五十八年己亥三月廿五日

時

卒於清乾隆三十六年辛卯十月廿九日　時年五十

有三

生一子　宏聖

二女長適東邵　次適觀莊橋徐

行敏四二諱與昌

肆

敬三十公長子
生於清康熙四十九年庚寅　月　日　時
卒無考

行敏四三諱士俊字君顯
敬十二公次子
生於清康熙五十年辛卯正月廿八日子時
卒於清乾隆五十一年丙午八月廿九日　時壽七十
有六
娶鎮邑劉氏生於清雍正八年庚戌十月初九日未時
卒於清乾隆五十六年辛亥八月十一日　時壽六十
有二

一房

生一子　宏林

二女長適吳　次適錢

合葬馬徑河滸

行敏四四　諱　繼龍

敬十一公三子

生於清康熙五十年辛卯二月初六日　時

卒於清乾隆元年丙辰十一月十四日　時年二十六

未娶

葬腊澧頭秧田

行敏四五　諱　士康

敬十五公次子

生於清康熙五十年辛卯二月初六日亥時

卒無考

娶鄞邑北門俞氏生於清雍正九年辛亥八月廿七日寅時

卒無考

行敏四六諱繼倫

敬廿九公三子

生於清康熙五十一年壬辰九月十二日子時

卒於清乾隆四年己未八月廿一日未時年二十有八

娶馬徑張氏生於清康熙五十六年丁酉九月十三日戌時

卒於清乾隆三年戊午五月廿三日亥時年二十有二
無後　繼子　宏盛
合葬地下二畝田
行敏四七諱維高字禹貴
敬十三公三子
生於清康熙五十二年癸巳正月廿三日亥時
卒於清　年　六月十八日　時
娶張氏生於清康熙五十七年戊戌九月十六日午時
卒於清乾隆十一年丙寅六月廿六日午時年二十九
生一子　宏烈早世
又娶鄞邑郎氏生於清雍正元年癸卯十二月初二日

庄

時
卒於清乾隆十五年庚午八月初五日午時年二十八
又娶鎮邑莊氏生於清康熙六十年辛丑十月初三日午
時
卒無考
繼子 宏照係敏三五維新公次子
葬廟後
行敏四八諱維遠
敬四三公長子
生於清康熙五十二年癸巳二月初六日未時
卒於清乾隆十九年甲戌七月初五日 時年四十二

濂

娶鎮邑吳氏生卒無考

生二子

一女

移居鎮邑三山浦

行敏四九諱在泮字鳴和

敬三五公次子

生於清康熙五十二年癸巳七月廿六日戌時

卒於清乾隆四十一年丙申十月廿九日戌時壽六十

有四

娶費氏生於清雍正六年戊申七月初二日子時

卒於清　年　五月廿一日　時

房

生三子　長知言　次知仁　三知寧
三女長適姚　次適蘇　三適蘇
葬栢樹塘

行敏五十　諱繼周　字紹文
敬四四公次子
生於清康熙五十二年癸巳十月初十日酉時
卒於清乾隆五十一年丙午五月初六日　時壽七十
有四
娶姚氏生於清康熙五十年辛卯六月十五日申時
卒於清乾隆十一年丙寅三月初五日　時年三十六
生一子　宏謀

三女長適陸家莊陸　次適鎮邑杜　三適壓賽堰陳

又娶章橋葛氏生於清雍正二年甲辰九月十六日　時

卒於清乾隆十六年辛未正月初七日午時年二十八

又娶壓賽堰陳氏生於清康熙五十八年己亥四月廿五

日　時

卒於清嘉慶三年戊午六月十二日　時壽八十歲

生三子　長宏詞　次宏詮　三宏譽

葬莊家衕還朱家㳆

行敏五一　諱士榮

敬二十公次子爲敬廿六公繼子

生於清康熙五十二年癸巳十一月初六日亥時

卒於清嘉慶六年辛酉七月二十日卯時壽八十有九
娶余氏生於清雍正四年丙午七月十七日巳時
卒於清乾隆六十年乙卯七月十六日卯時壽七十歳
生三子　長宏輅　次宏軾　三宏名
二女長適周　次適余
合葬杜家漕南

[illegible]

行敏五二諱維楨
敬三三公之子
生於清康熙五十二年癸丑十一月十二日酉時
卒於清　年　九月　日時
娶張氏生於清雍正七年己酉　月　日時

房

卒於清乾隆十五年庚午二月初六日申時年二十二

又娶葛氏生於清雍正六年戊申三月廿三日戌時

卒於清嘉慶二年丁巳十一月廿九日　時壽七十歲

生二子　長宏先　次宏孝

二女長適鄖　次適唐

葬廟後

行敏五三諱與貴

敬三九公之子

生於清康熙五十二年癸巳　月　日　時

早世

葬東懸嶺檀樹下

行敏五四諱允瑞

敬十三公次子爲敬四公繼子

生於清康熙五十三年甲午正月三十日亥時

卒無考

未娶

行敏五五諱繼緒字經能號謹堂

敬三一公四子

生於清康熙五十三年甲午三月初三日戌時

卒於清嘉慶十三年戊辰四月廿三日巳時壽九十五

娶應氏生於清康熙五十年辛卯十一月初四日戌時

卒於清乾隆五十一年丙午閏七月十五日午時壽七

十有六
生三子　長宏量　次宏韜　三宏佐
一女適黃梅堰顧
合葬鎮邑宋家匯頭遷葬鄞邑江東姚街

行敏五六諱士淵
敬廿八公長子
生於清康熙五十四年乙未六月　日　時
卒於清乾隆十二年丁卯　月　日　時年三十三
娶趙氏生卒無考
無後
葬後河小高田

中房

行敏五七 諱士華

敬二十公三子

生於清康熙五十五年丙申六月十六日巳時

卒於清乾隆四十五年庚子八月十三日巳時壽六十

有五

娶鄞邑顧氏生於清雍正六年戊申二月廿二日寅時

卒無考

生三子 長宏恩 次宏備 三宏潮

二房

行敏五八 諱繼楨 字國藩 號樸齋 修職郎

敬三一公五子

生於清康熙五十五年丙申八月初九日丑時

卒於清嘉慶十一年丙寅八月初七日亥時壽九十有
一
娶吳氏生於清康熙五十七年戊戌十一月十九日亥時
卒於清乾隆四十一年丙申七月初七日卯時年五十
有九
生一子　宏達
四女長適顧　次適姚　三適應　四適胡
合葬水斗父墳北首坐西向東

[illegible]

行敏五九　諱允圭
敬六四公長子
生於清康熙五十六年丁酉正月廿二日戌時

酉房

卒於清乾隆三十六年辛卯正月廿三日　時年五十
有五
娶馮氏生於清康熙五十三年甲午正月十六日卯時
卒於清乾隆四十六年辛丑九月廿六日戌時壽六十
有八
生三子　長宏煜　次宏業　三宏宣
四女長適費　次適馮　三適葛　四適姚
合葬上坂

行敏六十諱允孝
敬八二公長子
生於清康熙五十六年丁酉六月初九日辰時

卒於清乾隆十二年丁卯九月十四日戌時年三十一

未娶

行敏六一　諱維千

敬三四公次子

生於清康熙五十六年丁酉十一月初四日酉時

卒於清　年　三月初十日　時

娶邵氏生於清康熙六十年辛丑四月十六日酉時

卒於清乾隆四十年乙未四月十七日　時年五十五

生四子　長有才　次有德　三宏智　四宏倫

二女長適趙　次適張

行敏六二　諱興詩

敬六六公長子
生於清康熙五十六年丁酉十一月初九日　時
客死岱山
娶唐氏生卒無考
無後
生一女
行敏六三諱繼祥
敬廿九公四子
生於清康熙五十七年戊戌二月廿二日未時
卒於清雍正十一年癸丑九月初九日　時年十六歲
未娶

行敏六四諱與茂

敬三十公次子

生於清康熙五十七年戊戌六月廿一日戌時

卒無考

娶陸氏生於清雍正十一年癸丑八月初八日午時

卒無考

生二子　長士發　次士俊

行敏六五諱繼榮字錦堂

敬四七公三子

生於清康熙五十七年戊戌十一月初六日午時

卒於清　年　七月十八日　時

[illegible]　[illegible]

娶鎮邑壓賽堰陳氏生卒無考
生三子　長惠國　次惠蘭　三惠信

行敏六六諱維艮字禹章
敬四十公長子
生於清康熙五十八年己亥二月十六日午時
卒無考

未娶

行敏六七諱在中字德成
敬五三公次子
生於清康熙五十八年己亥四月初一日子時
卒於清乾隆五十一年丙午十一月十三日　時壽六

十有八
娶鎮邑白沙徐氏生於清雍正十年壬子二月廿四日戌
時
卒於清乾隆五十一年丙午十一月初二日　時年五
十有五
生一子　知先
葬夏家匯頭

行敏六八諱維榮
敬六九公長子
生於清康熙五十八年己亥四月十八日辰時
卒於清乾隆四年己未三月初一日卯時年二十有一

睆

行敏六九諱繼才

未娶

敬四二公長子

生於清康熙五十八年己亥六月十三日　時

卒於清乾隆四十三年戊戌七月初三日　時壽六十

歲

娶蔡氏生於清雍正十二年甲寅二月初六日　時

卒無考

生四子　長宏振　次宏雲　三宏安　四宏楊

一女適奉邑

行敏七十諱繼祚

胣二

敬三一公六子

生於清康熙五十八年己亥七月廿三日巳時

卒於清乾隆十五年庚午三月十九日　時年三十二

娶應氏生於清康熙五十八年己亥三月廿三日寅時

卒於清乾隆四十五年庚子十二月十七日未時壽六

十有二

生一子　宏博

一女適孔

葬水斗父墳側

行敏七一　諱士元

敬六八公長子

生於清康熙五十八年己亥十一月初二日午時
卒無考
娶余氏生卒無考
爲姚姓後

行敏七二 諱繼行
敬三七公次子
生於清康熙五十九年庚子四月初四日辰時
卒於清乾隆五年庚申七月初九日申時年二十有一
娶章橋葛氏生於清康熙五十八年己亥二月十六日寅
時
卒於清嘉慶十四年己巳正月十一日戌時壽九十一

二房

無後　繼子　宏鯨
生一女
葬港嘴頭地田
行敏七三諱繼濬字亦陶號柳園　邑庠生
敬八三公長子　年十四歲入泮少優於才長而篤行不慕
榮利高尙其身乾隆三十年間抱殘守缺纂集宗譜親
自手書後之修譜者賴以不墜
生於淸康熙五十九年庚子五月廿三日寅時
卒於淸乾隆四十三年戊戌十月廿九日戌時年五十
有九
娶賜郤亭沈氏生於淸康熙五十八年己亥十一月初九

日巳時
卒於清嘉慶二年丁巳閏六月廿九日辰時壽七十九
生四子　長宏度　次宏志　三宏彦　四宏受
一女適章橋王
合葬㞢家橋西側
行敏七四諱在德字明德
敬七五公長子
生於清康熙五十九年庚子八月十五日辰時
卒無考
未娶
行敏七五諱允中

四房

敬八九公長子
生於清康熙五十九年庚子八月十六日未時
卒於清嘉慶元年丙辰三月初一日寅時壽七十有七
娶鎮邑龔氏生於清雍正九年辛亥九月廿四日申時
卒於清乾隆五十七年壬子七月十三日申時壽六十
有二
生四子　長　宏宰　次　宏健　三　宏大　四　宏南
葬暗漕頭

行敏七六　諱　允颺
敬五五公長子
生於清康熙五十九年庚子十一月廿七日申時

卒無考
娶熊氏生於清康熙五十九年庚子　月　日　時
卒無考
行敏七七諱允翼
敬五十公之子
生於清康熙六十年辛丑二月二十日辰時
卒於清乾隆五十六年辛亥二月初八日　時壽七十
有一
娶張氏生於清雍正十二年甲寅十二月初五日　時
卒於清乾隆六十年乙卯三月初十日　時壽六十二
生一子　宏元

西房

三女長適沈　次適陳　三適吳

葬西港坂

行敏七八諱允標

敬六五公長子

生於淸康熙六十年辛丑九月十九日亥時

卒於淸乾隆五十九年甲寅五月初一日　時壽六十

有四

娶更樓朱氏生於淸康熙六十年辛丑九月廿八日子時

卒於淸乾隆五十七年壬子十月初一日酉時壽七十

有二

生三子　長鴻楨　次鴻格　三鴻柄

二女長適劉　次適翁

合葬大車頭港

行敏七九諱允恭

敬六十公長子

生於清康熙六十年辛丑十月二十日子時

卒於清嘉慶十年乙丑六月初九日　時壽八十有五

娶章橋徐氏生於清雍正三年乙巳八月十七日丑時

卒無考

生四子俱死蘇州　第三子生一子　慈孝

行敏八十諱士仁

敬六八公次子

生於清康熙六十年辛丑十一月初三日子時
卒無考
娶莊氏生於清雍正十年壬子三月十九日戌時
卒無考
生一子　宏昌
行敏八一　諱繼綱　字因三
敬三七公三子
生於清康熙六十一年壬寅正月十八日午時
卒於清乾隆三十七年壬辰十一月初四日　時年五
十有一
娶鎮邕永寧寺邊陳氏生於清康熙六十一年壬寅正月

廿七日子時
卒於淸乾隆五十年乙巳三月十三日　時壽六十四
無後　繼子　宏法
合葬屋東港嘴頭
行敏八二　諱在茲
敬七五公次子
生於淸康熙六十一年壬寅十一月廿六日戌時
卒無考
未娶
行敏八三　諱允璋
敬六四公次子

生於清雍正元年癸卯十月十八日丑時
卒於清乾隆十七年壬申六月初六日　時年三十歲
未娶

行敏八四諱在位字有臧
敬三五公三子
生於清雍正元年癸卯十二月初三日卯時
卒於清乾隆三十四年己丑四月十九日酉時年四十有七
娶姚氏生於清雍正九年辛亥十二月十二日辰時
卒於清道光四年甲申二月廿一日寅時壽九十有四
生二子　長知廉　次知賢

二女長適邵　次適穆

合葬柘樹塘

行敏八五諱在甲

敬六一公長子

生於清雍正元年癸卯十二月初三日辰時

卒無考

未娶

行敏八六諱繼法字仰山　修職郎

敬三一公七子

生於清雍正二年甲辰正月初七日卯時

卒於清嘉慶十六年辛未三月十四日寅時壽八十八

娶周氏生於清雍正元年癸卯六月廿七日戌時

卒於清乾隆十七年壬申十一月廿九日酉時年三十

歲

生二女長適曹　次適陳

又娶鎮邑徐氏生於清雍正十三年乙卯五月廿六日亥

時

卒於清嘉慶二年丁巳十二月三十日戌時壽六十三

生四子　長宏顯　次宏漸　三宏章　四宏翔

一女適胡

葬鄞邑小溪

行敏八七　諱在田

敬四一公之子
生於清雍正二年甲辰十一月十三日午時
卒於清乾隆四十三年戊戌四月二十日戌時年五十
有五
娶費氏生於清雍正九年辛亥正月十八日戌時
卒無考
生二子　長知宏　次知行
一女適錢

行敏八八　諱繼美
敬九四公長子
生於清雍正二年甲辰十二月十一日寅時

卒於清乾隆四十六年辛丑九月十五日　時年五十
有八
娶章橋葛氏生於清乾隆七年壬戌十二月十六日午時
卒無考
生三子　長宏魁　次宏高　三宏順
一女適徐

行敏八九　諱在文
敬百九公長子
生於清雍正三年乙巳正月十一日戌時
卒於清乾隆十五年庚午六月十二日未時年二十六
未娶

行敏九十諱允英
敬七四公長子
生於清雍正三年乙巳正月十四日丑時
卒於清乾隆四十五年庚子五月初六日　時年五十
有六
娶張氏生於清乾隆二年丁巳三月初四日　時
卒無考
生三子　長宏魁　次宏惠　三宏山
二女長適莊　次適葛
葬杜家漕跟
行敏九一諱在賢

三

敬七五公三子

生於清雍正三年乙巳正月廿三日申時

卒於清乾隆五十一年丙午正月初六日　時壽六十

有二

娶李氏生於清乾隆十三年戊辰八月廿三日子時

卒無考

生三子　長知光　次知遠　三知和

一女適王

合葬洪家漕頭

行敏九二諱維周字煥章

敬四十公次子

房三

生於清雍正三年乙巳二月三十日卯時
卒無考
未娶

行敏九三 諱維城
敬七九公長子
生於清雍正三年乙巳二月三十日戌時
卒無考
未娶

房二

行敏九四 諱繼增
敬五四公長子
生於清雍正三年乙巳七月初一日 時

二房

卒無考

行敏九五 諱繼常 字常五

敬三七公四子

生於清雍正三年乙巳七月十三日申時

卒於清乾隆五十三年戊申十一月初六日 時壽六

十有四

娶章橋孔氏生於清雍正二年甲辰十月十九日丑時

卒於清嘉慶十一年丙寅八月初三日子時壽八十三

生五子 長宏訓 次宏法出繼 三宏道 四宏文

五宏緒

合葬周家[氵斗]

廿七

行敏九六諱允忠
敬八二公次子
生於清雍正三年乙巳八月廿二日丑時
卒於清乾隆四十八年癸卯十二月廿三日　時年五
十有九
娶更樓朱氏生於清雍正七年己酉四月十六日辰時
卒於清嘉慶二年丁巳十月初十日丑時壽六十有九
生一子　宏裕
三女長適沈　次適姚　三適吳

廿八

行敏九七諱士義
敬六八公三子

生於清雍正四年丙午正月十七日戌時
卒於清乾隆三十七年壬辰七月初六日　時年四十
有七
娶胡氏生於清乾隆三年戊午正月廿八日丑時
卒無考
生一子　宏高
二女長適鄞邑邵　次適張

肆

行敏九八諱士魁
敬五七公之子
生於清雍正四年丙午二月初七日子時
卒無考

房

娶鎮邑永寧寺跟陳氏生於清乾隆三年戊午　月
日　時
移居象山城中
行敏九九　諱士宏　字載道
敬十二公三子
生於清雍正四年丙午七月廿二日酉時
卒於清乾隆三十四年己丑六月初六日巳時年四十
有四
娶寧城陳氏撫孤守節奉　旨旌表生於清乾隆三年戊
午八月十九日申時
卒於清嘉慶二年丁巳四月初八日午時壽六十歲

[illegible]

生一子　宏模

三女長適道後徐　次適水仙廟鄭　三適南門外靈

顯廟徐

行敏一百　諱允玉

敬八九公次子

生於清雍正四年丙午八月廿五日酉時

卒於清乾隆　年　月　日　時

娶□氏　改適

生一子　宏義

一女適張

行敏百一　諱在秀

敬百九公次子

生於清雍正四年丙午十二月初四日戌時

卒於清乾隆五十四年己酉七月廿四日　時壽六十

有四

娶鎮邑唐氏生於清乾隆元年丙辰三月廿八日辰時

卒於清乾隆五十二年丁未七月廿七日　時年五十

有二

生四子　長知勇　次知芳　三知靈　四知來

四女長適李　次適鄭　三適胡　四適姚

合葬吳家屋後

行敏百二諱繼槐

敬五八公長子

生於清雍正五年丁未二月初八日辰時

卒於清乾隆五十五年庚戌十一月廿九日　時壽六十有四

娶鎮邑隔河倪氏生於清乾隆元年丙辰十一月十八日卯時

卒於清乾隆五十三年戊申四月初一日　時年五十有三

生三子　長宏有　次宏寶　三宏立

一女適邵

葬鄭家汫

行敏百三諱在雲
敬六一公次子
生於清雍正五年丁未五月廿九日申時
卒無考
娶馮氏敀適
無後

行敏百四諱維德
敬七九公次子
生於清雍正五年丁未七月廿一日戌時
卒於清　年　六月　日　時
娶張氏生於清乾隆六年辛酉十月廿八日　時

二房

卒於清乾隆五十九年甲寅十月初九日 時年五十

有四

生二子 長宏華 次宏明

行敏百五 諱繼豐 字景文

敬四七公四子

生於清雍正五年丁未七月廿六日丑時

卒於清乾隆五十九年甲寅三月初五日丑時壽六十

有八

娶唐氏生於清乾隆三年戊午六月初四日寅時

卒於清嘉慶十四年己巳八月初七日戌時壽七十一

生三子 長惠南 次惠和 三惠揚出繼

一女適方家堰方
合葬香山寺西側土名下楊樹坑山向坐壬向丙兼子
午

行敏百六諱繼翰
敬五四公次子
生於清雍正五年丁未九月初一日卯時
卒無考

行敏百七諱允敬
敬六十公次子爲敬廿四公繼子
生於清雍正六年戊申八月廿七日寅時
卒於清　　年　　十一月廿七日　時

三房

娶馮氏生於清乾隆六年辛酉四月廿二日　時

卒於清嘉慶二年丁巳六月廿三日　時年五十有七

無後

行敏百八諱興仁字沛占

敬五一公長子

生於清雍正六年戊申十一月廿八日辰時

卒無考

娶方氏生於清雍正四年丙午六月十九日戌時

卒於清乾隆三十一年丙戌二月初七日　時年四十

有一

生二子　長尚友　次尚智

二女長適章橋姚　次適奉邑竺

合葬方家屋前

行敏百九諱允琦

敬六四公三子

生於清雍正六年戊申十二月二十日辰時

卒無考

娶□氏生卒無考

無後

在舟山

行敏百十諱維吉字卜臣

敬七六公之子

生於清雍正七年己酉正月廿七日酉時
卒於清嘉慶五年庚申七月初六日　時壽七十有二
娶姚氏生於清雍正六年戊申二月十四日寅時
卒於清嘉慶十五年庚午十月廿七日巳時壽八十三
生三子　長宏瀾　次宏源　三宏海
五女長適莊　次適王　三適莊　四適劉　五適莊
合葬暗澧東嘴南首朝南向

行敏百十一　諱與光
敬三十公三子
生於清雍正七年己酉二月初四日子時
卒無考

肵

娶胡氏生於清乾隆三年戊午六月　日　時

卒無考

行敏百十二諱士錦

敬廿八公次子

生於清雍正七年己酉四月十四日　時

卒於清嘉慶九年甲子三月初六日　時壽七十有六

娶朱氏生於清乾隆十一年丙寅五月初十日　時

卒無考

生一子　宏模

肬

行敏百十三諱繼韶

敬九四公次子

肅

生於淸雍正七年己酉五月廿六日丑時
卒於淸乾隆廿一年丙子　月　日　時年二十八
未娶

行敏百十四諱敏功
敬八六公長子
生於淸雍正七年己酉六月廿四日辰時
卒於淸乾隆三十六年辛卯七月初八日　時年四十
有三
娶馬徑張氏生於淸乾隆元年丙辰十一月初十日酉時
卒於淸乾隆三十六年辛卯七月十二日　時年三十
有六

生四子 長惠春 次惠風 三惠仁 四惠能
長三四俱早世
合葬油車壩
行敏百十五 諱在鼎
敬五三公三子
生於清雍正七年己酉十一月廿八日午時
卒於清乾隆三十四年己丑十二月初二日 時年四
十有一
娶周氏生於清乾隆八年癸亥九月初十日未時
卒無考
生二子 長知本 次知成

行敏百十六　諱允冠
敬百六公長子
生於清雍正七年己酉十二月十三日辰時
卒於清乾隆十三年戊辰八月廿九日　時年二十歲
未娶

行敏百十七　諱繼世
敬百一公之子
生於清雍正七年己酉十二月廿九日子時
卒於清嘉慶廿三年戊寅正月初八日酉時壽九十歲
娶刁孫孫氏生於清雍正九年辛亥十月初五日戌時
卒於清嘉慶　年　十二月初六日　時

生五子　長宏福　次宏祿　三宏祚　四宏眞

五宏禔

二女長適陳　次適朱

合葬倉屋園

行敏百十八諱繼烈

敬五四公三子

生於清雍正八年庚戌正月十九日　時

卒無考

無後

行敏百十九諱維積

敬七九公三子

二房

生於清雍正八年庚戌二月廿一日申時
卒無考
未娶

行敏百二十諱繼旦字亦顯號逸軒
敬八三公次子
生於清雍正八年庚戌三月初七日酉時
卒於清嘉慶十四年己巳四月十八日未時壽八十歲
娶周家樓下周氏生於清雍正九年辛亥二月廿八日戌
時
卒於清嘉慶八年癸亥十二月廿九日戌時壽七十三
生三子　長宏經　次宏緯　三宏純

三女長適迎聖橋黃　次適方　三適陳
合葬河裏岸父墳傍父墳欄土題白雲封獲四字

行敏百廿一諱士高
敬百十八公長子
生於清雍正八年庚戌三月廿六日亥時
卒於清乾隆十七年壬申十月初三日　時年二十三
未娶

葬象山西門外

行敏百廿二諱允懷
敬七四公次子
生於清雍正八年庚戌六月十六日卯時

湅

卒無考
娶徐氏生卒無考
生一子　宏奎
三女長適城內　次適吳　三適後海頭
行敏百廿三諱在興
敬九九公長子
生於清雍正八年庚戌六月十六日亥時
卒於清乾隆四十二年丁酉十二月十五日丑時年四
十有八
娶嚴氏生於清乾隆十年乙丑十月十二日未時
卒無考

生一子　知德
二女長適毛　次適董
行敏百廿四　諱繼唐　字堯天
散四七公五子
生於清雍正八年庚戌八月十二日辰時
卒無考
娶朱氏生於清雍正八年庚戌八月十二日　時
卒於清乾隆　年　正月廿九日　時
生二子　長惠仁　次惠岷
一女適奉邑戴
行敏百廿五　諱允謙

三

敬六五公次子
生於清雍正八年庚戌八月廿九日寅時
卒於清乾隆四十五年庚子九月廿四日戌時年五十
有一
娶余氏生於清乾隆三年戊午十一月初十日亥時
卒無考
生一子　宏春
一女適余
行敏百廿六　諱維進

敬四三公次子
生於清雍正八年庚戌十月十二日戌時

卒無考
行敏百廿七諱在興
敬百九公三子
生於清雍正八年庚戌十月廿一日亥時
卒無考
娶朱氏生卒無考
生一子　知信
一女適陳
葬洪家門前
行敏百廿八諱興茂
敬六六公次子爲敬七一公繼子

生於清雍正八年庚戌十二月初九日寅時
卒無考
娶鎮邑徐氏生於清乾隆四年己未十二月廿二日亥時
卒無考
生三子　長尚林　次尚忠　三尚隆
四女長適葛　次適倪　三適陳　四適費

行敏百廿九　諱仁千
敬八四公長子
生於清雍正八年庚戌十二月廿一日酉時
卒於清乾隆十五年庚午十一月初七日寅時年二十
有一

房　派

未娶

葬長四畝田

行敏百三十　諱允貞

敬五五公次子

生於清雍正九年辛亥三月十六日亥時

卒無考

娶張氏生於清乾隆元年丙辰六月廿六日　時

卒於清乾隆十七年壬申十月　日　時年十七歲

行敏百三一　諱在明

敬六一公三子

生於清雍正九年辛亥六月初八日卯時

卒無考
娶嚴氏生卒無考
無後
生一女適徐

行敏百三二　諱允信
敬百三二公之子
生於清雍正十年壬子二月廿八日未時
卒於清嘉慶八年癸亥十一月初七日戌時壽七十二
娶王氏生於清乾隆六年辛酉十月初五日辰時
卒於清嘉慶五年庚申九月初九日辰時壽六十歲
生六子　長宏泰　次宏全　三宏友　四宏富

五宏瑞　六宏珧

二女長適胡　次適莊

合葬河灣漕

行敏百三三諱興禮字魁占

敬五一公次子

生於清雍正十年壬子三月廿六日丑時

卒於清乾隆五十年乙巳十二月廿二日　時年五十

有四

娶梅林莊氏生於清雍正六年戊申三月初一日午時

卒於清乾隆五十七年壬子四月初四日　時壽六十

有五

西房

生一子　尙絅
一女適奉邑楊
合葬方家屋前
行敏百三四諱允文字彬之
敬百五十公長子
生於清雍正十年壬子五月十六日午時
卒於清乾隆　年　五月初五日　時
娶沈氏改適
無後
行敏百三五諱仁能
敬百四七公長子

生於清雍正十年壬子五月廿一日子時
卒無考

濂
行敏百三六 諱 在任
敬四五公長子
生於清雍正十年壬子閏五月二十日午時
卒無考
寓松江

勛
行敏百三七 諱 士泰
敬八七公長子
生於清雍正十年壬子八月廿一日未時
卒於清乾隆四十年乙未九月十五日 時年四十四

娶鎮邑管氏生於清乾隆九年甲子正月十二日寅時

卒於清道光元年辛巳正月初二日　時壽七十有八

生二子　長宏貴　次宏國

合葬朝東墳田

行敏百三八諱繼富字立成

敬九四公三子

生於清雍正十年壬子九月廿七日丑時

卒於清嘉慶元年丙辰正月初十日　時壽六十有六

娶胡氏生於清乾隆十一年丙寅正月初八日戌時

卒於清嘉慶十九年甲戌正月十二日戌時壽六十九

生三子　長宏慶　次宏瑞　三宏愷

一女適楊
合葬鎮龍橋西首

房

行敏百三九 諱 允晃
敬百六公次子
生於清雍正十一年癸丑五月初七日子時
卒無考
寓住舟山蒲墺

房

行敏百四十 諱 仁義
敬百三八公次子
生於清雍正十一年癸丑九月初四日子時
卒無考

二房

行敏百四一　諱繼濂　字亦周　號蓮峯　邑庠生

敬四七公六子

生於清雍正十一年癸丑九月十七日戌時

卒於清嘉慶四年己未十二月廿九日申時壽六十七

娶費氏生於清　年　十一月廿九日辰時

卒於清　年　二月初八日　時

無出　敏百五繼豐少子惠揚入繼

合葬廟西河灣

費氏沒時公年尚未滿三十歲緣三長兄五長兄相繼去世嫂寡姪孤公歲以束金所入代爲撫養遂不再娶其亦近今所罕有者歟

配

行敏百四二諱繼蘇

敬百十一公長子

生於清雍正十一年癸丑十一月三十日未時

卒無考

娶張氏故適

無後

行敏百四三諱繼範

敬百廿二公長子

生於清雍正十二年甲寅三月廿五日寅時

卒於清乾隆五十一年丙午十一月十三日 時年五

十有三

娶應氏生於清雍正十二年甲寅八月十七日辰時

卒無考

生一子　宏寬

二女長適張　次適徐

二房

行敏百四四　諱繼柳

敬五四公四子

生於清雍正十二年甲寅五月十三日　時

卒無考

四房

行敏百四五　諱仁孝

敬百四七公次子

生於清雍正十二年甲寅十一月十五日辰時

房

卒無考

行敏百四六諱宏祖

敬百三公之子

生於清雍正十二年甲寅十一月十八日　時

卒無考

行敏百四七諱繼望

敬四八公長子

生於清雍正十三年乙卯三月十九日戌時

卒於清乾隆五十九年甲寅三月初七日　時壽六十

歲

娶潘氏生於清乾隆十二年丁卯四月十三日　時

卒於清　　年　六月廿六日　時
生一女適張
繼娶董氏生於清乾隆十四年己巳九月初八日　時
卒於清乾隆　年　九月初二日　時
無後　繼子　宏規
合葬港嘴頭
行敏百四八　諱　仁山
敬七八公之子
生於清雍正十三年乙卯七月初二日午時
卒無考
行敏百四九　諱　士發

敬廿八公三子
生於清雍正十三年乙卯十月初三日酉時
卒無考
無後
行敏百五十諱在富
敬九九公次子
生於清乾隆元年丙辰三月初九日寅時
卒於清嘉慶三年戊午四月廿三日午時壽六十有三
娶李氏生於清乾隆廿二年丁丑十月初六日午時
卒無考
生二子　長知禮　次知貴

二女長適鄭　次適

行敏百五一　諱允明

敬六五公三子

生於清乾隆元年丙辰五月廿七日丑時

卒無考

寓住鄞邑五鄉溪

入寓居圖

行敏百五二　諱允金

敬八九公三子

生於清乾隆元年丙辰八月十二日卯時

卒無考

寓住蘇州東牛城

行敏百五三諱仁武

敬八五公長子

生於清乾隆元年丙辰八月十八日辰時

卒無考

行敏百五四諱允覲

敬百五十公次子

生於清乾隆元年丙辰十一月初五日丑時

在外無信

行敏百五五諱允讓

敬六十公三子

中房

生於清乾隆元年丙辰十一月初十日戌時
卒無考
娶張氏生卒無考
生三子　長次無查　三宏柱
墓葬西園地

行敏百五六 諱 士超 字 乾元
敬百十三公之子
生於清乾隆元年丙辰十一月十九日巳時
卒於清道光元年辛巳七月十一日辰時壽八十有六
娶莊氏生於清乾隆十五年庚午五月十五日亥時
卒於清道光十二年壬辰九月廿三日申時壽八十三

生七子　長宏標　次宏柄　三宏湧　四宏潤　五宏洽　六宏澍　七宏波

二女長適舒　次適鎮邑孫

合葬牆漕頭高田後長大墳東首

肆

行敏百五七諱士艮

敬八七公次子

生於清乾隆二年丁巳五月初二日酉時

卒無考

未娶

肆三

行敏百五八諱維勤

敬六九公次子

濂

生於清乾隆二年丁巳五月初六日申時
卒無考
無後

行敏百五九諱在庠
敬百九公四子
生於清乾隆二年丁巳五月初九日丑時
移住蘇州

[illegible]

行敏百六十諱繼泗字卜山
敬六七公之子
生於清乾隆二年丁巳五月廿九日戌時
卒於清嘉慶九年甲子八月初七日午時壽六十有八

娶唐氏生於清乾隆十四年己巳十月廿一日戌時

卒於清嘉慶廿五年庚辰九月廿七日申時壽七十二

生三子　長宏玉　次宏耀　三宏珏

一女適陳

合葬淴嘴頭

行敏百六一　諱敏學

敬百四十公長子

生於清乾隆二年丁巳六月十九日未時

卒於清乾隆五十二年丁未十月十四日　時年五十有二

娶胡氏生於清乾隆四年己未十一月廿五日戌時

卒於清嘉慶八年癸亥二月廿八日戌時壽六十有五
生六子　長惠明　次惠政　三惠照　四惠遠
五惠豪　六惠英
四女長適沈　次適朱　三適穆　四適胡
合葬黃泥嶺

行敏百六二　諱明文
敬百十一公次子
生於清乾隆二年丁巳八月十三日卯時
卒無考
娶華氏生卒無考
無出

涼

行敏百六三諱在貴
敬七五公四子
生於清乾隆二年丁巳八月十六日辰時
卒於清嘉慶元年丙辰四月　日　時年六十歲
娶陳氏生於清乾隆十八年癸酉十二月廿七日酉時
卒無考
生一子　知覺
一女適奉化

[illegible]

行敏百六四諱明顯
敬四二公次子爲敬九十公繼子
生於清乾隆二年丁巳八月廿二日申時

卒無考

未娶

行敏百六五諱仁德

敬百四七公三子

生於清乾隆二年丁巳九月廿一日亥時

卒無考

行敏百六六諱允豪

敬五五公三子

生於清乾隆二年丁巳閏九月十五日辰時

卒無考

娶楊氏生卒無考

行敏百六七諱敏求

敬八六公次子

生於清乾隆二年丁巳十月廿四日子時

卒於清嘉慶四年己未七月十八日未時壽六十有三

娶嚴氏生於清乾隆十五年庚午二月廿四日亥時

卒於清嘉慶三年戊午七月廿四日申時年四十有九

生三子　長惠高　次惠洪　三惠深

合葬油車壩

行敏百六八諱敏達

敬百廿八公長子

生於清乾隆二年丁巳十一月十一日亥時

卒無考

未娶

行敏百六九 諱仁大

敬八四公次子

生於清乾隆二年丁巳十一月三十日丑時

卒無考

行敏百七十 諱允揚

敬八二公三子

生於清乾隆三年戊午正月廿一日丑時

卒於清乾隆　年　正月廿八日　時

娶林氏 改適

無後

行敏百七一　諱允盛

敬六四公四子

生於清乾隆三年戊午二月十七日子時

卒於清嘉慶三年戊午四月十九日未時壽六十有一

娶安氏生於清乾隆二十年乙亥二月廿九日亥時

卒無考

生一子　宏有

一女適管

行敏百七二　諱允剛

敬百五一　公之子

生於清乾隆三年戊午四月初一日亥時
卒於清嘉慶二年丁巳六月廿四日　時壽六十歲
娶朱氏生於清乾隆八年癸亥三月廿九日　時
卒於清乾隆四十一年丙申二月廿五日　時年三十
有四
繼娶陳氏生於清乾隆二十年乙亥二月廿六日　時
卒於清嘉慶十年乙丑三月初三日　時年五十有一
生二子　長宏遠　次宏治
一女適余
合葬鎮龍橋官井
行敏百七三　諱芳卿

敬百廿六公長子

生於清乾隆三年戊午七月廿四日丑時

卒無考

行敏百七四諱在智

敬九九公三子

生於清乾隆三年戊午八月十四日亥時

卒於清乾隆六十年乙卯正月初九日未時年五十八

娶邵氏生於清乾隆十九年甲戌四月十八日丑時

卒於清乾隆五十四年己酉十一月廿一日戌時年三十有六

又娶費氏生於清乾隆廿九年甲申二月十七日子時

涷

卒於清嘉慶　年　正月初九日　時
生三子　長知安　次知容早世　三知寬
一女適沈
合葬黄泥田

行敏百七五諱在勤字克邦
敬百四九志聖公長子
生於清　年　六月初七日午時
卒於清乾隆五十二年丁未正月廿三日　時
娶姚氏生於清乾隆八年癸亥三月初十日亥時
卒於清道光元年辛巳二月廿八日卯時壽七十有九
生三子　長知訓　次知誡　三知謨

一女適黃

合葬鎮邑杜家地田坐巳向亥

行敏百七六諱維一

敬四三公三子

生於清乾隆三年戊午十月十三日丑時

卒無考

行敏百七七諱允彩

敬八九公四子

生於清乾隆四年己未正月十二日申時

卒無考

未娶

中房

行敏百七八諱士溥字德祥
敬百十八公次子
生於清乾隆四年己未二月初五日丑時
卒於清嘉慶六年辛酉九月廿八日　時壽六十有三
娶應氏生於清乾隆二十年乙亥五月十四日戌時
卒無考
生四子　長宏書　次宏義　三宏敬　四宏成
葬腊漕頭

東河

行敏百七九諱在洲
敬百九公五子
生於清乾隆四年己未二月初五日丑時

卒無考
移住山東林清

行敏百八十 諱允鼎
敬百五十公三子
生於清乾隆四年己未五月初九日丑時
卒於清嘉慶十九年甲戌四月廿六日亥時壽七十六
未娶

行敏百八一 諱維慧 字 配三
敬八十公長子
生於清乾隆四年己未七月廿六日子時
卒於清嘉慶二年丁巳二月初二日 時年五十有九

二房

娶孫氏生於清乾隆二年丁巳十一月廿九日　時
卒於清乾隆三十九年甲午六月廿七日　時年三十
有八
又娶倪氏生於清乾隆十九年甲戌十二月初三日辰時
卒於清道光七年丁亥三月十三日辰時壽七十有四
生四子　長宏有　次宏皎　三宏陶　四宏泰
三女長適杜　次適吳　三適余
合葬河裏岸

行敏百八二　諱繼爽
敬四八公次子爲敬五六公繼子
生於清乾隆四年己未八月十七日寅時

卒於清嘉慶六年辛酉十一月十四日戌時壽六十三
娶周氏生於清乾隆十六年辛未十二月初一日亥時
卒無考
生二子　長宏規出繼敏百四七　次宏任
一女適張

行敏百八三　諱在鳳
敬七五公五子
生於清乾隆四年己未十一月初七日申時
卒於清乾隆五十八年癸丑正月初三日戌時年五十
有五
娶盧氏生於清乾隆廿一年丙子九月廿二日寅時

卒無考

生三子　長知運　次知才　三知豪

行敏百八四　諱敏易

敬百廿八公次子

生於清乾隆四年己未十二月初一日寅時

卒於清嘉慶十六年辛未三月初五日　時壽七十三

娶葛氏生於清乾隆十八年癸酉十一月十六日戌時

卒無考

生一子　惠芳早世

一女適張

行敏百八五　諱在職

敬一百公長子
生於清乾隆五年庚申二月十九日亥時
卒於清乾隆五十九年甲寅十二月初五日　時年五
十有五
娶馮氏　改適
生　子
居蘇州
行敏百八六　諱允遜
敬六十公四子
生於清乾隆五年庚申五月初六日戌時
卒無考

娶朱氏生於清乾隆十九年甲戌正月十五日申時

卒無考

生一子　宏彥

二女長適鄞邑顧　次適姚

合葬墓璽跟

行敏百八七諱在廷

敬四五公次子

生於清乾隆五年庚申五月廿八日寅時

卒無考

寓居松江

行敏百八八諱士健

敬八七公三子
生於淸乾隆五年庚申閏六月初十日午時
卒無考
未娶
行敏百八九諱允叅
敬百七公長子
生於淸乾隆五年庚申閏六月十七日子時
卒於淸乾隆四十八年癸卯四月十六日　時年四十有四
娶洪氏敀適
生一子　宏興

南房

一女適曹

行敏百九十　諱敏行

敬九五公長子

生於清乾隆五年庚申八月十七日辰時

卒於清　年　六月十三日午時

娶姚氏生卒無考

又娶姚氏生卒無考

無出

西房

行敏百九一　諱允端

敬百六公三子

生於清乾隆五年庚申八月廿一日辰時

卒於清嘉慶三年戊午十二月十八日午時年五十九
娶姚氏生卒無考
又娶虞氏生於清乾隆九年甲子五月十三日卯時
卒無考
螟蛉盧姓外甥爲子
寓住山北龍山所

勵
行敏百九二諱士莊字國賢號啓仁
敬七三公之子
生於清乾隆五年庚申六月十九日未時
卒於清嘉慶十七年壬申九月廿九日辰時壽七十三
娶龔氏生於清乾隆十六年辛未九月十七日亥時

卒於清道光　年　正月初三日寅時

又娶妾

生一女適姚

合葬西港斗裏

西房

行敏百九三諱仁存

敬八五公次子

生於清乾隆五年庚申九月十七日午時

卒無考

南房

行敏百九四諱敏質字明山

敬百三七公長子

生於清乾隆五年庚申十一月廿二日申時

卒於清乾隆五十五年庚戌四月二十日辰時年五十
有一
娶余氏生於清乾隆十二年丁卯十二月十五日卯時
卒於清道光六年丙戌九月廿七日丑時壽八十歲
生四子　長惠林　次惠相　三惠棟　四惠梓
二女長適盛　次適葛
合葬後坂冬至會田

行敏百九五諱在艮
敬百九公六子
生於清乾隆六年辛酉正月初八日亥時
卒無考

行敏百九六諱繼封

敬四八公三子

生於清乾隆六年辛酉六月初十日寅時

卒於清　　年　　六月初二日　時

未娶

行敏百九七諱文宰

敬百十一公三子

生於清乾隆六年辛酉七月廿六日寅時

卒於清嘉慶十七年壬申七月廿一日午時壽七十二

未娶

墓葬暗漕頭朝東

行敏百九八諱允鼒
敬百五十公四子
生於清乾隆六年辛酉八月初一日亥時
早世

行敏百九九諱繼統
敬五八公次子
生於清乾隆六年辛酉八月三十日辰時
卒無考
娶張氏生於清乾隆十五年庚午九月廿四日寅時
卒於清道光四年甲申四月初三日戌時壽七十有五
生一子　宏宰

行敏二百諱法卿

敬百廿六公次子

生於清乾隆六年辛酉十月廿一日丑時

卒無考

行敏二百一諱敏詩　登仕郎

敬九二公長子

生於清乾隆六年辛酉十月廿三日申時

卒於清嘉慶十三年戊辰十月十五日子時壽六十八

娶董氏生於清乾隆十八年癸酉十二月初一日　時

卒於清乾隆五十八年癸丑六月廿九日子時年四十

有一

又娶王氏生於清乾隆廿九年甲申七月初四日未時

卒無考

生一子　惠彬

一女適張

合葬杜家漕跟父墳旁

行敏二百二　諱開宗

敬百十六公長子

生於清乾隆六年辛酉十一月十四日戌時

卒於清嘉慶八年癸亥六月十二日　時壽六十有三

娶余氏生於清乾隆廿一年丙子九月廿一日戌時

卒於清嘉慶三年戊午三月十八日　時年四十有三

生二子　長尚錦　次尚孝

一女適劉

行敏二百三　諱維學　字振銓

敬八十公次子

生於清乾隆六年辛酉十二月十一日辰時

卒於清乾隆五十六年辛亥七月廿六日　時年五十

有一

娶鎮邑高氏生於清乾隆六年辛酉八月初八日亥時

卒無考

生二子　長宏大　次宏瑞

三女長適方　次適方　三適陳

庭

行敏二百又三 諱興孝
敬九八毓富公長子爲敬九一毓貴公繼子
生於清乾隆七年壬戌八月十六日 時
卒無考
娶金氏生卒無考
生一子 尚麟
一女適費
又娶張氏生卒無考
生一子 尚金

肅

行敏二百四 諱敏泰
敬九五兆科公次子

生於淸乾隆八年癸亥四月廿六日卯時

卒無考

娶徐氏生於淸乾隆十九年甲戌十二月初一日午時

卒無考

生　子　惠淸

一女適孔

行敏二百五諱開元

敬百六三汝南公長子爲汝昌公繼子

生於淸乾隆八年癸亥七月初九日　時

卒於淸乾隆五十八年癸丑十月十一日　時年五十

有一

娶姚氏生卒無考
生一子 惠明
行敏二百六諱在常
敬六一士鵬公四子
生於清乾隆八年癸亥九月廿二日亥時
卒於清嘉慶十二年丁卯九月初六日 時壽六十五
娶朱氏生於清乾隆廿三年戊寅七月十八日戌時
卒無考
生二子 長知美 次知華
行敏二百七諱在賓
敬百九志達公七子

生於清乾隆八年癸亥十二月廿七日子時

卒於清嘉慶八年癸亥五月初三日　時壽六十有一

娶莊氏生於清乾隆廿七年壬午十一月十一日丑時

卒無考

生二子　長知學　次知煥

一女適李

行敏二百八諱允德

敬百十五承芳公之子

生於清乾隆九年甲子正月初七日戌時

卒無考

娶杜氏生於清乾隆十四年己巳十月三十日　時

卒於清　年　六月廿二日　時
又娶周氏生於清　年　正月十二日酉時
卒於清嘉慶八年癸亥十月初三日　時
生四子　長宏善　次宏吉　三宏慶　四宏嘉
四女長適徐　次適張

行敏二百九諱允才
敬百七承智公次子
生於清乾隆九年甲子九月廿二日　時
卒無考
未娶

行敏二百十諱允本

二房

敬百三四承信公之子

生於清乾隆九年甲子十月十九日寅時

卒於清嘉慶八年癸亥九月廿七日巳時壽六十有二

娶姚氏生於清乾隆十三年戊辰九月初九日卯時

卒於清嘉慶二年丁巳五月初六日　時年五十歲

生一子　宏立

三女長適應　次適杜　三適姚

行敏二百十一　諱維衡　字禹艮

敬百七六秉昌公之子

生於清乾隆九年甲子十二月廿五日　時

卒於清乾隆五十九年甲寅十月廿八日　時年五十

旺

有一

娶胡氏生於淸乾隆十九年甲戌八月十一日　時

卒無考

生一子　宏寶

行敏二百十二諱興悌

敬百四八毓彪公長子

生於淸乾隆十年乙丑八月十三日未時

卒於淸乾隆五十六年辛亥八月廿三日　時年四十

有七

娶鄭氏生於淸乾隆十二年丁卯二月初三日申時

卒於淸嘉慶十九年甲戌三月初七日申時壽六十八

南房

生一子　宏衢

二女長適應　次適應

行敏二百十三　諱敏孝　字倫先

敬百四十兆祚公次子

生於清乾隆十年乙丑八月十四日　時

卒於清乾隆四十四年己亥九月十三日未時年三十

有五

娶胡氏生於清乾隆十三年戊辰二月初二日丑時

卒於清嘉慶十八年癸酉二月初五日　時壽六十六

生二子　長惠文　次惠剛出繼

一女適黃

胜

合葬西河釣竿

行敏二百十四　諱維元

敬百八秉乾公長子

生於清乾隆十年乙丑十月十八日戌時

卒無考

娶俞氏生於清乾隆十四年己巳九月初七日　時

卒於清乾隆五十七年壬子十月十九日　時年四十

有四

生四子　長宏道　次宏魁　三宏越　四宏林

二女長適沈　次適鄭

濂

行敏二百十五　諱在元　字善長　鄉飲賓　誥封奉政大夫

敬百四九志聖公次子

生於清乾隆十年乙丑十月廿二日子時

卒於清嘉慶廿二年丁丑二月十二日寅時壽七十三

娶余氏生於清乾隆十四年己巳四月十八日未時

卒於清嘉慶八年癸亥八月初八日　時年五十有五

生四子　長知恒　次知懷　三知悌　四知悅

三女長適周　次適方　三適舒

葬鎮邑杜家地田坐巳向亥

行敏二百十六諱敏喻

敬九五兆科公三子

生於清乾隆十年乙丑十二月廿二日戌時

宗[illegible]

卒於清乾隆五十二年丁未七月初五日丑時年四十
有三
未娶

行敏二百十七 諱在爵
敬百五九士發公長子
生於清乾隆十一年丙寅四月三十日卯時
卒於清乾隆三十五年庚寅五月十九日未時年二十
有五
娶朱氏生於清乾隆十年乙丑十二月廿八日戌時
卒於清　年　正月十九日　時
生一子 知大

合葬洪家屋前土名前竈田

東河

行敏二百十八諱在官

敬八九志達公八子

生於清乾隆十一年丙寅七月廿五日　時

卒於清乾隆四十三年戊戌六月廿二日　時年三十

有三

未娶

墓葬壯沜

南房

行敏二百十九諱敏忠

敬百六五兆禧公長子

生於清乾隆十一年丙寅九月初六日子時

卒於清　年　八月十四日　時

娶胡氏生於清乾隆廿四年己卯十二月十五日亥時

卒於清　年　二月十三日　時

生二子　長　惠詮　早世　次　惠齡

合葬四六大田朝西

行敏二百二十　諱　敏耀

敬二百二兆楷公之子

生於清乾隆十一年丙寅九月十三日卯時

卒於清　年　正月十七日　時

娶胡氏生於清乾隆十二年丁卯二月初五日戌時

卒於清　年　九月十四日　時

三房

生二子　長惠濟　次福來
二女長適孔　次適龔
合葬周張漕跟坐北向南
行敏二百廿一　諱維總　字禹凡
敬四十秉仁公三子
生於清乾隆十一年丙寅九月廿九日子時
卒於清乾隆五十九年甲寅正月十五日　時年四十
有九
娶戴氏　改適
生一子　宏金
二女長適唐　次適張

行敏二百廿二 諱 士行
敬百廿一允貴公之子
生於清乾隆十一年丙寅十二月初二日申時
卒於清　年　月　日　時
娶周氏生於清乾隆廿七年壬午九月初一日　時
卒於清　年　月　日　時
生二子 長 宏岐 次 宏純
二女長適奉邑 次適寺後胡

行敏二百廿三 諱 敏忠
敬百四四汝才公長子
生於清乾隆十二年丁卯四月初九日酉時

卒於清乾隆五十八年癸丑正月廿三日寅時年四十
有七
娶應氏生於清乾隆十五年庚午三月初二日未時
卒無考
生一女適孔
行敏二百廿四諱維文字配高
敬百七三秉奇公長子
生於清乾隆十二年丁卯九月二十日丑時
卒於清嘉慶二十年乙亥十二月初六日辰時壽六十
有九
娶余氏生於清乾隆十六年辛未九月廿四日　時

卒無考
生二子　長宏盛　次宏玨
二女長適韓　次適陳
合葬叓樓河灣坐南向北有欄土
行敏二百廿五諱敏才
敬百廿八兆福公三子
生於清乾隆十二年丁卯十一月十二日　時
卒無考
娶李氏　畋適
無後
其祭祀隨父輪當

行敏二百廿六 諱敏富 字景山
敬九二兆祥公次子
生於清乾隆十三年戊辰六月十二日未時
卒於清嘉慶十六年辛未十二月廿七日子時壽六十
有四
娶余氏生於清乾隆廿六年辛巳十二月廿五日未時
卒於清嘉慶廿三年戊寅十二月廿七日　時年五十
有七
生二子　長惠梁　次惠我
三女長適嚴　次適孔　三適孔
葬杜家漕跟

行敏二百廿七諱敏發字萬茂

敬百七九汝能公長子

生於清乾隆十三年戊辰七月二十日午時

卒於清乾隆四十七年壬寅五月初二日　時年三十有五

娶姚氏生於清乾隆三十一年丙戌九月初八日戌時

卒無考

生一子　惠大

行敏二百廿八諱敏和字恒和

敬百八十兆安公之子

生於清乾隆十三年戊辰八月初三日卯時

卒於清嘉慶十九年甲戌二月十三日午時壽六十七

娶方氏生於清乾隆十六年辛未三月初八日　時

卒於清乾隆四十九年甲辰三月廿九日未時年三十

有四

又娶貝氏生於清乾隆廿五年庚辰七月廿五日辰時

卒於清道光十六年丙申十一月廿三日　時壽七十

有七

生二子　長惠乾　次惠坤

四女長適胡　次適姚　三適湯　四適姚

合葬大車港東首

行敏二百廿九諱士鉉字象金號蘭亭又號知非居士　職員

敬百十允和公之子

生於清乾隆十三年戊辰九月廿四日寅時

卒於清嘉慶十六年辛未十月廿六日辰時壽六十四

娶李氏生於清乾隆十五年庚午九月十六日未時

卒於清嘉慶十四年己巳十一月廿八日亥時壽六十

歲

生一子　春

三女長適林　次適胡　三適翁

行敏二百三十　諱興文

敬百四八毓彪公次子

生於清乾隆十三年戊辰十一月十二日　時

卒於清乾隆　年　四月十九日　時

娶劉氏 改適

無後

生一女適姚

行敏二百三一 諱敏立　覃恩壽考

敬百三九汝興公長子

生於清乾隆十四年己巳四月廿二日巳時

卒於清道光十八年戊戌六月初四日丑時壽九十歲

娶唐氏生於清乾隆廿六年辛巳九月十五日午時

卒於清道光四年甲申八月十八日寅時壽六十有四

生一子　惠本

一女適鄭
與父墳合葬東河港

脯

行敏二百三二諱允元
敬百三一承明公長子
生於清乾隆十四年己巳十月二十日午時
卒於清道光八年戊子九月十六日巳時壽八十歲
娶胡氏生於清乾隆三十九年甲午正月二十日戌時
卒於清道光三十年庚戌九月初四日　時壽七十七
生二子　長宏順　次宏志
合葬墳河塘

脯

行敏二百三三諱敏義

敬百六五兆禧公次子

生於清乾隆十四年己巳十月廿五日　時

卒於清乾隆五十八年癸丑九月廿三日　時年四十

有五

娶周氏　改適

無後

行敏二百三四　諱敏英

敬百五五兆祉公長子

生於清乾隆十五年庚午十月初五日卯時

卒於清嘉慶廿三年戊寅正月初五日　時壽六十九

娶劉氏生於清乾隆三十七年壬辰四月十六日午時

卒於清乾隆六十年乙卯九月初四日巳時年二十四
又娶嚴氏生於清乾隆三十三年戊子五月初六日寅時
卒於清道光十年庚寅五月初五日　時壽六十有三
生一子　惠懋
二女長適洪　次適姚
合葬大車頭

行敏二百三五諱允芳
敬七四承仁公三子
生於清乾隆十五年庚午　月　日　時
卒於清乾隆五十九年甲寅九月廿三日　時年四十
有五

娶徐氏生於清　年　月　日　時

卒於清乾隆六十年乙卯八月初十日　時

無後

合葬腤漕頭

行敏二百三六諱阿魁

敬百廿四允周公之子

生於清乾隆十五年庚午　月　日　時

卒無考

娶□氏生卒無考

無後

行敏二百三七諱敏科

敬百七九汝能公次子
生於清乾隆十六年辛未五月廿五日　時
卒於清乾隆四十九年甲辰十一月初二日　時年三
十有四
娶孔氏 改適
無後

行敏二百三八 諱維安
敬百七三秉奇公次子
生於清乾隆十六年辛未八月十九日卯時
卒於清乾隆四十九年甲寅九月初十日　時年三十
有四

娶陳氏　改適

無後

生一女適章橋孔

墓葬方家間坐北向南

行敏二百三十九　諱興華

敬百四八毓彪公三子

生於淸乾隆十八年癸酉二月初十日　時

卒於淸乾隆五十七年壬子正月初八日　時年四十

歲

娶姚氏　改適

無後

行敏二百四十諱敏修
敬百八八毓和公長子
生於清乾隆十八年癸酉十月初八日　時
卒無考
寓居餘姚性貴山徐姓

行敏二百四一諱允千
敬百七承智公三子
生於清乾隆十八年癸酉十二月二十日戌時
卒於清嘉慶三年戊午九月初二日亥時年四十有六
娶王氏改適
生三子長宏文　次宏春　三宏夏

行敏二百四二　諱敏悦　字秀文

敬百五五兆祉公次子

生於清乾隆十九年甲戌正月初三日未時

卒於清嘉慶廿五年庚辰六月初十日　時壽七十七

娶盧氏生於清乾隆三十二年丁亥三月十二日寅時

卒無考

生一子　惠聖

一女適陳

墓葬大車頭

行敏二百四三　諱維明　字沛南　登仕郎

敬百八秉乾公次子

生於清乾隆十九年甲戌十月廿一日戌時
卒於清道光五年乙酉十月廿一日丑時壽七十有二
娶余氏生於清乾隆廿四年己卯十月初五日子時
卒於清嘉慶廿一年丙子二月初八日巳時年五十八
生四子　長宏椿　次宏江　三宏煥　四宏銓
二女長適曹　次適貴駟橋劉
墓葬後河頭坐南向北

行敏二百四四　諱在祿
敬百五九士登公次子
生於清乾隆十九年甲戌十二月廿三日戌時
卒於清嘉慶十七年壬申四月廿八日巳時年五十九

臚

娶洪氏生於清乾隆廿一年丙子七月廿四日戌時
卒於清嘉慶二十年乙亥八月廿三日卯時壽六十歲
生三子　長知明　次知有出繼　三知富
合葬河斗地田

行敏二百四五諱敏仁字性德
敬百六四兆龍公長子
生於清乾隆二十年乙亥五月初五日辰時
卒於清道光元年辛巳六月廿七日　時壽六十有七
娶傅氏生於清乾隆廿七年壬午十一月廿八日戌時
卒於清道光廿七年丁未九月初七日　時壽八十六
生二子　長錦　次邦

四女長適顧　次適盛　三適胡　四適徐

墓葬油車壙

行敏二百四六諱維裕字配守

敬百五八秉智公之子

生於清乾隆二十年乙亥九月廿五日亥時

卒於清嘉慶三年戊午十月廿六日　時年四十有四

娶劉氏生於清乾隆十九年甲戌十月十八日戌時

卒於清乾隆六十年乙卯十二月十四日申時年四十

有二

又娶徐氏生於清乾隆三十二年丁亥　月　日　時

卒無考

生三子　長宏壽　次宏籌　三宏光

三女長適費　次適劉　三適曹

行敏二百四七　諱興池

敬百四八毓彪公四子

生於清乾隆二十年乙亥十月十八日　時

卒於清乾隆　年　七月廿二日　時

未娶

行敏二百四八　諱敏興

敬百九二汝文公長子爲汝南公繼子

生於清乾隆二十年乙亥十月廿八日子時

卒無考

娶應氏生於清乾隆四十年乙未三月初八日午時
卒無考
生二子　長惠通　次惠春

行敏二百四九諱興來
敬九八毓富公次子
生於清乾隆廿一年丙子二月十八日戌時
卒於清嘉慶　年　月　日時
娶胡氏生於清乾隆三十八年癸巳七月十六日寅時
卒無考
生二子　長尚貴　次尚德

行敏二百五十諱敏剛

敬百三九汝興公次子
生於清乾隆廿一年丙子九月十七日卯時
卒無考
娶姚氏生於清乾隆三十四年己丑二月十四日卯時
卒無考
生一子　惠能

行敏二百五一　諱允道
敬百三一承明公次子
生於清乾隆廿一年丙子　月　日　時
卒無考
未娶

墓葬小橋跟八分

行敏二百五二諱敏義字性貴

敬百六四兆龍公次子

生於清乾隆廿二年丁丑五月初四日時

卒於清乾隆六十年乙卯十二月十一日時年三十有九

娶趙氏生於清乾隆廿七年壬午正月初一日時

卒於清嘉慶十四年己巳十月初六日巳時年四十八

生二子長瑞早世　次秀

合葬黃泥田

行敏二百五三諱敏芳

敬百四四汝才公次子

生於清乾隆廿三年戊寅八月十七日巳時

卒於清乾隆五十八年癸丑三月廿八日巳時年三十

有六

娶張氏生於清乾隆三十年乙酉六月初十日巳時

卒無考

生一子　惠清

二女長適張

行敏二百五四諱敏忠

敬百六二兆祺公長子

生於清乾隆廿三年戊寅九月初三日酉時

卒於清嘉慶　年　月　日時

娶張氏生於清乾隆廿八年癸未十一月廿七日　時

卒無考

繼子　惠剛

寓居楊州

行敏二百五五諱在達字必聞

敬百五九十發公三子

生於清乾隆廿四年己卯二月初五日午時

卒於清乾隆五十六年辛亥六月十六日戌時年三十

有三

娶姚氏生於清乾隆三十一年丙戌正月廿八日卯時

卒於清　　年　　七月初七日　　時

生一女適胡

在祿次子知有入繼

合葬地𠙶

行敏二百五六諱敏盛

敬百九二汝文公次子

生於清乾隆廿四年己卯三月初八日未時

卒無考

未娶

行敏二百五七諱敏善

敬百五五兆祉公三子

生於清乾隆廿四年己卯六月初六日巳時
卒於清道光十年庚寅九月初五日申時壽七十二
娶盛氏生於清乾隆三十八年癸巳三月廿四日寅時
卒於清咸豐元年辛亥五月廿九日　時壽七十有九
生三子　長惠慶　次惠源　三惠川
墓葬西河斗坐南向北

行敏二百五八諱通揚
敬百八八毓和公次子
生於清乾隆廿四年己卯十月初五日戌時
卒無考
寓居餘姚性貴山徐姓

南房　　肆房

行敏二百五九　諱敏孚　字瀛海　登仕郎

敬百七八兆裎公之子

生於清乾隆廿四年己卯十一月二十日辰時

卒於清嘉慶九年甲子十月初十日卯時年四十有六

娶姚氏生於清乾隆廿八年癸未十月廿二日酉時

卒於清道光十一年辛卯八月十九日　時壽六十九

生一子　惠震

一女適賚

合葬山頭黃

行敏二百六十　諱纘恒

敬百七六嘉謨公長子

生於清乾隆廿五年庚辰二月十六日子時
卒於清　年　正月初六日　時
娶張氏生於清乾隆三十四年己丑九月十四日午時
卒於清道光十八年戊戌閏四月初九日午時壽七十
歲
生一子　宏恂
一女適嚴
合葬倉屋園

[illegible]
行敏二百六一　諱敏登字大中
敬二百廿八兆基公長子
生於清乾隆廿五年庚辰八月十二日酉時

脡

卒於清道光六年丙戌八月廿二日　時壽六十有七
娶徐氏生於清乾隆三十年乙酉二月廿八日　時
卒於清乾隆五十五年庚戌七月初八日　時年二十
有六
又娶周氏生於清乾隆三十七年壬辰五月廿二日卯時
卒於清道光廿六年丙午九月初三日　時壽七十五
生三子　長惠標　次惠海　三惠春
一女適沈
合葬漕西田向東

行敏二百六二諱興德
敬百八七毓陞公長子

生於清乾隆廿五年庚辰十二月初二日戌時
卒於清道光　年　十月初一日　時
娶夏氏生於清乾隆四十一年丙申十二月廿八日戌時
卒於清同治二年癸亥七月廿四日　時壽八十有八
生一子　宏文
二女長適方　次適莊
合葬倒橋跟

行敏二百六十三　諱在英
敬百九六志亭公長子
生於清乾隆廿五年庚辰十二月初十日酉時
卒無考

洄

娶朱氏生於清乾隆三十八年癸巳八月十五日卯時

卒於清道光十二年壬辰正月廿九日　時壽六十歲

生四子　長知高　次知友　三知松　四知鶴

合葬莊泬

行敏二百六四諱敏茂字慶榮

敬百九二汝文公三子

生於清乾隆廿六年辛巳十月十五日寅時

卒於清道光八年戊子六月十三日　時壽六十有八

娶劉氏生於清乾隆四十七年壬寅三月廿二日　時

卒於清道光八年戊子八月廿三日　時年四十有七

生二子　長惠政　次惠元

葬姚家塘

寓居貴駟橋

鼒

行敏二百六五諱敏禮字性有號尙林

敬百六四兆龍公三子

生於淸乾隆廿七年壬午正月十二日丑時

卒無考

娶蘇氏生於淸乾隆三十四年己丑十月十五日　時

卒無考

生二子　長福　次祿

合葬油車壩

鼒

行敏二百六六諱開風

敬百八八毓和公三子

生於清乾隆廿七年壬午二月十四日戌時

卒無考

寓居餘姚性貴山徐姓

行敏二百六七諱敏捷

敬二百廿八兆基公次子

生於清乾隆廿七年壬午十二月初十日卯時

卒於清乾隆五十三年戊申八月廿六日　時年二十

有三

娶趙氏生於清乾隆三十五年庚寅二月初五日　時

卒於清乾隆五十五年庚戌九月廿八日　時年二十

肜

有一

無後　祭祀隨父榆值

合葬父墳南首

行敏二百六八諱興麟　覃恩上壽

敬百八七毓陞公次子

生於清乾隆廿七年壬午十二月十七日子時

卒於清道光十八年戊戌十二月廿七日未時壽七十

有七

娶陳氏生於清乾隆四十三年戊戌閏六月初八日戌時

卒無考

無後

朧　雁

行敏二百六九諱繼遠字廷元
敬百五七嘉善公之子
生於清乾隆廿八年癸未正月廿三日卯時
卒於清嘉慶元年丙辰十月初三日　時年三十有四
娶鄭氏生於清乾隆廿六年辛巳八月廿七日戌時
卒於清道光廿三年癸卯十一月十八日　時壽八十
有三
生三子　長宏易　次宏學　三宏雉
二女長適杜　次適周

行敏二百七十諱興法
敬百九七毓乾公長子

生於清乾隆廿八年癸未九月廿六日申時
卒於清道光　年　月　日時
娶胡氏生於清乾隆四十一年丙申二月初六日辰時
卒無考
無後

陳

行敏二百七一諱在魁字炳南
敬二百三二士祥公之子
生於清乾隆廿九年甲申十一月初五日丑時
卒無考
娶陳氏生於清乾隆廿二年丁丑正月十五日　時
卒於清乾隆五十二年丁未八月十九日　時年三十

有一
生一子　知孝
繼娶胡氏生於清乾隆廿九年甲申十月十五日　時
卒於清乾隆五十六年辛亥四月十九日　時年二十
有八
又娶沈氏生於清乾隆三十九年甲午三月十八日卯時
卒無考
生一子　知江
一女適張
合葬碗潭父墳處
行敏二百七二諱允杰

酾

敬百九五承亨公長子
生於清乾隆廿九年甲申十二月初二日巳時
卒無考
未娶

行敏二百七三 諱允範
敬百九三承堯公之子
生於清乾隆三十年乙酉正月廿九日未時
卒於清嘉慶十一年丙寅正月初三日 時年四十二
娶成氏 改適
生一子 宏惠

河酾

行敏二百七四 諱敏成 字茂揚

敬二百三汝爲公長子
生於清乾隆三十年乙酉四月十五日戌時
卒於清嘉慶二年丁巳十二月十八日　時年三十三
娶張氏生於清乾隆三十年乙酉十月廿四日辰時
卒無考
生三子　長惠鈐　次惠錫　三惠銑
行敏二百七五諱敏立
敬百六五兆禧公三子
生於清乾隆三十年乙酉八月廿五日　時
卒於清道光十五年乙未十一月初一日戌時壽七十
有一

娶鄭氏生於清乾隆四十一年丙申四月初一日　時
卒於清道光十六年丙申二月初一日戌時壽六十一
生一子　惠祥
又娶韓氏生於清乾隆五十二年丁未四月初三日　時
卒於清道光四年甲申八月廿五日未時年三十有八
生二子　長惠泮　次惠津
二女長適杜　次適胡
合葬後張

湞

行敏二百七十六諱在雄
敬百九八志亨公次子
生於清乾隆三十年乙酉十月廿七日午時

卒無考
娶吳氏生於清乾隆四十七年壬寅六月十六日未時
卒無考
生二子　長知福　次知璜
寓居蘇州
行敏二百七七　諱允旦
敬二百五承周公之子
生於清乾隆三十年乙酉十一月十六日戌時
卒於清道光十三年癸巳九月十五日午時壽六十九
娶姚氏生於清乾隆三十九年甲午七月十二日卯時
卒於清道光十八年戊戌二月十九日　時壽六十五

生三子　長宏嶽　次宏祥　三宏文

三女長適張　次適余　三適莊

合葬西港大路下父墳傍

行敏二百七八諱士明

敬百九九允成公長子

生於清乾隆三十一年丙戌四月廿四日未時

卒於清嘉慶二十年乙亥六月初九日　時年五十歲

娶陳氏生於清乾隆三十一年丙戌七月二十日未時

卒於清道光十六年丙申十一月廿六日　時壽七十

有一

生四子　長宏彩　次宏清　三宏淮　四宏海

一女適姚

合葬西港

肅

行敏二百七十九 諱敏智

敬百六四兆龍公四子

生於清乾隆三十一年丙戌八月廿六日　時

卒於清道光四年甲申正月十八日　時年五十有九

娶周氏生於清乾隆三十九年甲午八月廿二日戌時

卒於清道光十七年丁酉十一月廿二日　時壽六十

有四

生三子　長瑞春　次瑞慶　三瑞源

肅

行敏二百八十 諱敏高 字知富

敬二百十五兆鯨公長子

生於清乾隆三十一年丙戌九月十八日午時

卒無考

未娶

行敏二百八一諱興周

敬百八七毓聖公三子爲敬二百十七毓武公繼子

生於清乾隆三十一年丙戌九月十九日卯時

卒無考

娶孫氏生於清乾隆四十五年庚子二月廿九日辰時

卒無考

生一女適張

行敏二百八二　諱允臧

敬二百十三承良公長子

生於清乾隆三十一年丙戌十月初九日未時

卒於清道光三年癸未五月初十日午時年五十有八

娶葛氏生於清乾隆三十九年甲午八月十二日戌時

卒於清嘉慶六年辛酉三月廿六日　時年二十有八

生一女適陳

又娶姚氏生於清乾隆五十九年甲寅十月廿四日未時

卒無考

生三子　長宏達　次宏迪　三宏逑

墓葬後坂

行敏二百八三　諱花邦　字配金

敬二百四士良公長子

生於清乾隆三十二年丁亥二月初八日未時

卒於清嘉慶廿二年丁丑正月初七日酉時年五十一

娶胡氏生於清乾隆三十一年丙戌二月二十日子時

卒於清道光十二年壬辰六月初八日申時壽六十七

生七子　長知道　次知通　三知逵　四知遷

五知遙　六知遜　七知建

墓葬鎮邑沙灘頭

行敏二百八四　諱敏英　字英仁

敬百八六汝光公長子

生於清乾隆三十二年丁亥七月廿九日巳時
卒無考
娶張氏生於清乾隆三十七年壬辰十二月十三日戌時
卒於清道光三十年庚戌十一月初三日寅時壽七十
有九
生二子　長惠發　次惠榮
合葬東河港橫爿
行敏二百八五　諱興元
敬百九七毓乾公次子
生於清乾隆三十二年丁亥八月十九日卯時
卒無考

臙

行敏二百八六諱敏友

未娶

敬二百四五兆鯉公長子

生於清乾隆三十二年丁亥八月廿九日子時

卒無考

娶陳氏生於清乾隆四十年乙未五月十六日巳時

卒於清嘉慶九年甲子正月初三日　時年三十歲

又娶周氏生於清乾隆四十三年戊戌六月初三日戌時

卒無考

生二子　長惠杏　次惠正

臙

行敏二百八七諱繼良

敬百六七嘉謨公次子
生於清乾隆三十二年丁亥　月　日　時
卒於清道光十七年丁酉九月十六日未時壽七十一
未娶
墓葬茅塘

行敏二百八八諱敏乾字明揚
敬二百六十兆賢公長子
生於清乾隆三十二年丁亥十月廿三日辰時
卒於清嘉慶元年丙辰二月廿七日戌時年三十歲
娶張氏生於清乾隆三十四年己丑十月廿三日戌時
卒於清嘉慶五年庚申五月初七日　時年三十有二

肅

生二女長適徐　次適陳

行敏二百八九諱敏揆字文仲

敬二百廿八兆基公三子

生於清乾隆三十三年戊子正月二十日未時

卒於清道光八年戊子五月十八日未時壽六十有一

娶舒氏生於清乾隆四十三年戊戌八月初二日卯時

卒於清道光廿八年戊申正月初九日未時壽七十一

生二子　長惠昆　次惠鈿

三女長適陳　次適沈　三適楊

墓葬小泥公田坐西向東

行敏二百九十諱敏蛟

肅

敬百六二兆祺公次子

生於清乾隆三十三年戊子九月初五日午時

卒無考

無後

行敏二百九一　諱敏義

敬百九二汝文公四子

生於清乾隆三十三年戊子十一月初七日子時

卒無考

娶李氏生於清乾隆四十四年己亥　月　日　時

卒無考

行敏二百九二　諱興宗

敬二百六毓良公之子
生於清乾隆三十三年戊子十二月廿四日戌時
卒無考
娶紹興府傅氏生卒無考
生一女
寓居餘姚性貴山徐姓
行敏二百九三諱在卿字配銀
敬二百四士良公次子
生於清乾隆三十四年己丑七月十一日子時
卒於清　年　正月初七日　時
娶胡氏生於清乾隆廿九年甲申十月十三日　時

卒於淸嘉慶元年丙辰九月十五日　時年三十有三
又娶盧氏生於淸乾隆三十三年戊子十月初十日午時
卒於淸　年　八月廿九日申時
生四子　長知性　次知發　三知權　四知水
三女長適杜　次適劉　三適陳
墓葬後坂

行敏二百九四　諱敏博
敬二百五九兆豐公長子
生於淸乾隆三十四年己丑十月初五日酉時
卒於淸嘉慶十五年庚午八月初三日未時年四十五
娶吳氏生於淸乾隆三十八年癸巳十一月十七日酉時

卒於清咸豐元年辛亥十一月廿八日丑時壽七十九
生四子　長惠雲　次惠霖　三惠霞　四惠霆
墓葬馬徑河沿田坐東向西

䣊　行敏二百九五諱允華
敬二百四八承志公長子
生於清乾隆三十四年己丑　月　日時
卒於清嘉慶三年戊午十一月二十日　時年三十歲
娶姚氏生卒無考
無後
墓葬墳河塘

䣊　行敏二百九六諱敏興

敬二百十五兆鯨公次子

生於清乾隆三十四年己丑　月　日　時

卒無考

娶□氏生卒無考

生二子　長惠長　次惠春

行敏二百九七諱敏信

敬二百三汝爲公次子

生於清乾隆三十五年庚寅三月廿六日　時

卒於清嘉慶元年丙辰三月廿四日　時年二十有七

娶潘氏改適

繼子　惠錦

[illegible]

生二女長適黃　次適

行敏二百九八　諱敏春

敬二百五五兆禹公長子

生於清乾隆三十五年庚寅四月廿七日亥時

卒於清嘉慶五年庚申七月十五日　時年三十有一

娶張氏生於清乾隆四十年乙未三月十七日丑時

卒無考

繼子　惠宣

生一女適莊

墓葬杜家漕跟

[illegible]

行敏二百九九　諱敏高

敬百七九汝能公三子
生於清乾隆三十五年庚寅五月廿五日午時
卒於清道光元年辛巳六月二十日午時年五十有一
娶應氏生於清乾隆四十七年壬寅十月初七日午時
卒無考
無出

行敏三百　諱敏遠
敬百六八汝舟公之子
生於清乾隆三十五年庚寅七月十六日辰時
卒無考
娶林氏生於清乾隆三十九年甲午　月　日　時

卒於清乾隆五十九年甲寅九月十三日　時年二十

有一

無後

廂

行敏三百一　諱敏信

敬百六四兆龍公五子

生於清乾隆三十六年辛卯二月十九日未時

卒於清嘉慶三年戊午十月廿三日　時年二十有八

未娶

墓葬油車壩

廂

行敏三百二　諱敏錫

敬二百五九兆豐公次子

生於清乾隆三十六年辛卯三月初三日亥時

卒於清嘉慶二年丁巳十一月二十日　時年二十七

娶葛氏改適

無後

祭祀隨父祀輪辦

行敏三百三諱允善字孝先　覃恩上壽

敬二百十三承良公次子

生於清乾隆三十六年辛卯七月十五日戌時

卒於清道光十八年戊戌七月初六日寅時壽六十八

娶姚氏生於清乾隆四十一年丙申五月初八日辰時

卒於清道光廿四年甲辰三月十七日未時壽六十九

生四子　長宏逵　次宏週　三宏遜　四宏遵

一女適王

墓葬小橋跟墳河塘

涼

行敏三百四　諱在豪

敬百九六志亨公三子

生於清乾隆三十六年辛卯十月十六日酉時

卒於清乾隆五十五年庚戌五月初九日　時年二十

歲　未娶

浦

行敏三百五　諱敏芳

敬百四五兆鯉公次子爲敬二百五八兆文公繼子

生於清乾隆三十六年辛卯十一月十四日酉時

卒無考
娶胡氏生於清乾隆四十六年辛丑五月初二日申時
卒無考
生一子　惠山
行敏三百六諱敏秀
敬二百七汝圭公之子
生於清乾隆三十七年壬辰四月初五日戌時
卒無考
娶王氏生於清乾隆三十八年癸巳正月十六日酉時
卒無考
生二子　長惠棠　次惠錫

東河

行敏三百七 諱在國

敬二百廿四士玉公長子爲敬百九一士元公繼子

生於清乾隆三十八年癸巳四月初九日午時

卒於清　年　八月初九日午時

娶□氏生卒無考

無出　繼子　知秀

葬錢家園

東河

行敏三百八 諱在朝 字與聞 號萸芬 又號禹門

敬二百五六士鳳公長子

生於清乾隆三十八年癸巳六月初九日申時

卒於清道光廿五年乙巳十月初七日寅時壽七十三

娶嚴氏生於清乾隆五十一年丙午六月初二日卯時

卒於清道光三年癸未八月初三日申時年三十有八

生五子　長知倫　次知偉　三知俊　四知傑

五知俸早世

續娶嚴氏生於清乾隆四十九年甲辰八月初八日戌時

卒於清道光廿二年壬寅正月十九日酉時年五十九

生一子　知傳

合葬方家堰上

行誼見事略

行敏三百九諱敏鰲

敬百六二兆祺公三子

肅

生於清乾隆三十八年癸巳十月初九日戌時
卒於清道光十三年癸巳五月廿一日　時壽六十一
娶朱氏生於清乾隆四十六年辛丑十一月廿五日午時
卒於清道光十二年壬辰正月廿七日　時年五十二
生二子　長惠沐早世　次惠亭
合葬黃泥田

行敏三百十　諱敏揚
敬二百五十兆麟公長子
生於清乾隆三十八年癸巳十二月初一日子時
卒於清嘉慶十八年癸酉四月廿七日　時年四十一
娶李氏改適

無後

行敏三百十一 諱維城
敬二百十六秉忠公長子
生於清乾隆三十八年癸巳十二月初六日辰時
卒無考
娶錢氏 改適
無後

行敏三百十二 諱敏賢
敬二百四九兆鳳公長子
生於清乾隆三十九年甲午正月初十日寅時
卒於清道光元年辛巳七月初二日　時年四十有八

娶周氏生於清乾隆三十九年甲午十一月二十日卯時
卒於清道光十五年乙未四月初五日　時壽六十二
生四子　長惠英　次惠嵩早世　三惠才　四惠忠
四女長適杭州華　次適朱　三適應　四適朱
合葬洲漲漕地朝南

行敏三百十三諱敏祥
敬百八六汝光公次子
生於清乾隆三十九年甲午七月廿二日未時
卒於清道光廿一年辛丑七月廿三日午時壽六十八
娶姚氏生於清乾隆四十八年癸卯九月廿四日戌時
卒於清同治元年壬戌二月十三日　時壽八十歲

四房

生二子　長惠松　次惠椿
二女俱適張
墓葬後橫大路下

行敏三百十四諱允寧
敬百六一承祖公之子
生於清乾隆三十九年甲午十一月十四日酉時
卒於清道光十七年丁酉八月廿六日卯時壽六十四
娶周氏生於清乾隆三十七年壬辰九月廿二日戌時
卒無考
生三子　長宏耀　次宏輝　三宏煬
三女長適盛　次適洪　三適姚

墓葬西港朱家三畝

行敏三百十五 諱敏震

敬二百六十兆賢公次子

生於清乾隆四十年乙未二月廿二日子時

卒無考

娶邵氏生於清乾隆四十四年己亥五月十六日午時

卒於清嘉慶十五年庚午六月十九日 時年三十二

無出

行敏三百十六 諱士昉

敬百九九允成公次子

生於清乾隆四十年乙未閏十月初五日子時

卒於淸道光十四年甲午三月廿三日未時壽六十歲

娶姚氏生於淸乾隆四十四年己未二月廿五日辰時

卒無考

生四子　長宏泮早世　次宏江　三宏汾　四宏津

二女長適朱　次適余

墓葬西港張家田

行敏三百十七諱在林

敬二百五六士鳳公次子爲敬二百三八士祁公繼子

生於淸乾隆四十一年丙申二月十六日戌時

卒於淸道光廿三年癸卯十月二十日戌時壽六十八

娶郭氏生於淸乾隆四十三年戊戌正月初四日子時

卒於清同治三年甲子正月初二日　時壽八十有七
生一子　知立
一女適張
合葬鎮邑港塘王家屋後
行敏三百十八諱允求
敬二百十四承乾公長子
生於清乾隆四十一年丙申四月初四日戌時
卒無考
娶周氏生於清乾隆五十四年己酉三月廿七日辰時
卒無考
墓葬西河塘

肅　濂

行敏三百十九諱敏雲

敬二百十五兆鯨公三子

生於清乾隆四十一年丙申四月廿九日卯時

卒無考

未娶

行敏三百二十諱在昌

敬二百五二士龍公長子

生於清乾隆四十一年丙申六月初七日寅時

卒無考

娶張氏改適

無後

墓葬堰橋頭

行敏三百廿一　諱敏貴

敬二百三一兆蓮公長子

生於清乾隆四十一年丙申六月廿七日午時

卒於清道光十三年癸巳四月十七日巳時年五十八

娶胡氏生於清乾隆五十五年庚戌十月初五日亥時

卒無考

生一子　惠堂

一女適華

行敏三百廿二　諱允修　字聖道

敬百九五承亨公次子

生於清乾隆四十一年丙申六月廿七日申時
卒於清道光廿三年癸卯七月十四日未時壽六十八
墓葬小橋跟墳河塘
行敏三百廿三 諱在高
敬二百廿四士玉公次子　曾爲宗長四年
生於清乾隆四十二年丁酉正月十三日未時
卒於清道光廿八年戊申十一月初一日　時壽七十
有二
娶陳氏生於清乾隆五十二年丁未十二月十二日卯時
卒於清咸豐四年甲寅十月初五日　時壽六十有八
生二子　長知秀出繼　次知勇

一女適孔
合葬洪家屋後
行敏三百廿四諱興富
敬百九七毓乾公三子
生於清乾隆四十二年丁酉五月十二日戌時
卒無考　未娶
行敏三百廿五諱敏禮
敬二百三汝爲公三子
生於清乾隆四十二年丁酉七月二十日辰時
卒於清道光十五年乙未十二月初一日戌時年五十
有九

肅

娶姚氏生於清乾隆四十六年辛丑四月初五日申時
卒於清道光廿八年戊申九月初十日申時壽六十八
生五子　長惠鎬　次惠鉉　三惠鐕　四惠鈴
五惠鈁
四女長適周　次適張　三適黃　四適胡
合葬西港洪家田

行敏三百廿六諱敏濟
敬二百廿八兆基公四子
生於清乾隆四十二年丁酉七月初九日巳時
卒於清嘉慶廿一年丙子九月十八日　時年四十歲
娶姚氏生於清乾隆四十六年辛丑八月廿五日申時

卒於清道光廿六年丙午八月十四日　時壽六十六
生二子　長惠占　次惠有
三女長適鄔　次適張　三適王
墓葬雙漕田向西

行敏三百廿七諱敏恒
敬二百六十兆賢公三子
生於清乾隆四十二年丁酉十月初一日戌時
卒無考
娶莊氏生卒無考
生二子　長惠誠　次惠立

行敏三百廿八諱敏威

敬二百四九兆鳳公次子
生於清乾隆四十四年己亥正月初二日卯時
卒於清道光十九年己亥五月初五日　時壽六十一
娶徐氏生於清乾隆四十九年甲辰十二月廿二日戌時
卒於清咸豐四年甲寅十月十七日　時壽七十有一
生一女適方
合葬大車頭水路爿坐東向西
祭祀隨長兄輪流

行敏三百廿九諱在功字裕通
敬二百五六士鳳公三子
生於清乾隆四十四年己亥四月廿二日子時

卒於清道光二十年庚子十二月十六日子時　壽六十有二

娶吳氏生於清乾隆五十八年癸丑十一月初五日戌時

卒於清咸豐四年甲寅七月初七日　時壽六十有二

生二子　長知存　次知岳

二女長適曹　次適盛

行敏三百三十諱敏鶚　覃恩上壽

敬二百五五兆禹公次子　曾爲宗長三年

生於清乾隆四十四年己亥八月十三日戌時

卒於清道光三十年庚戌三月廿二日　時壽七十二

娶姚氏生於清乾隆四十七年壬寅七月十三日　時

卒於清嘉慶十六年辛未三月廿五日　時年三十歲
生一子　惠宣出繼
一女適張
又娶盛氏生於清乾隆五十六年辛亥十一月廿七日
時
卒於清　年　十月初一日　時
生一子　惠玉早世
又娶沈氏生於清乾隆五十七年壬子五月初三日　時
卒於清　年　八月初七日　時
生一女適胡
合葬杜家漕

行敏三百三一　諱敏福

敬二百四一兆昌公長子

生於清乾隆　年　月　日　時

卒於清乾隆五十八年癸丑十月初一日　時

娶姚氏　改適

無後

行敏三百三二　諱敏惠

敬二百四一兆昌公次子

生於清乾隆四十五年庚子四月廿六日戌時

卒無考

娶婁氏生於清乾隆五十七年壬子五月廿九日卯時

東湖

卒無考

無後

行敏三百三三　諱在天

敬二百五二士龍公次子

生於淸乾隆四十五年庚子八月初十日子時

卒於淸道光四年甲申六月初五日亥時年四十有五

娶張氏生於淸乾隆五十五年庚戌八月十二日丑時

卒無考

生二子　長知均　次知金

四女長適周　次適奉化周　三適朱　四適張

合葬吳應屋後

行敏三百三四諱維清

敬二百十六秉忠公次子

生於清乾隆四十五年庚子十二月初十日戌時

卒無考

未娶

行敏三百三五諱敏詮

敬二百五十兆麟公三子

生於清乾隆四十六年辛丑二月十四日丑時

卒無考

未娶

行敏三百三六諱敏山

敬二百三六兆宗公長子

生於清乾隆四十六年辛丑三月十五日未時

卒於清道光十二年壬辰六月十三日丑時年五十二

娶戴氏生於清乾隆四十六年辛丑二月十九日子時

卒於清道光十八年戊戌四月初二日　時年五十八

生五子　長惠長　次惠成　三惠吉　四景朝

五惠秀

二女長適洪　次適陳

墓葬南河㪷遶地向東

行敏三百三七　諱敏升

敬二百六十兆賢公四子

生於清乾隆四十六年辛丑四月廿一日卯時
卒無考
娶姚氏生於清乾隆五十八年癸丑二月廿七日酉時
卒無考
生二子　長惠均　次惠恩
二女長適馮　次適陳
合葬刁孫坂坐北向南
行敏三百三八　諱允盛
敬二百十四承乾公次子
生於清乾隆四十六年辛丑閏五月初四日辰時
卒無考

廿四世　　廿三世

墓葬西河塘

行敏三百三九諱允瑞

敬二百五三承佑公之子

生於清乾隆四十六年辛丑七月初四日卯時

卒無考

行敏又三百三九諱允定

敬百七一承恩公之子

生於清乾隆四十七年壬寅正月十四日　時

卒於清道光廿三年癸卯七月初五日　時壽六十二

娶余氏生於清乾隆四十三年戊戌十一月廿二日　時

卒於清道光六年丙戌六月廿二日　時年四十有九

生一子　宏海
葬杜家漕
行敏三百四十　諱允泰
敬二百四八承志公次子
生於清乾隆　年　月　日　時
卒於清嘉慶　年　七月廿六日　時
未娶
墓葬墳河塘
行敏三百四一　諱允豐
敬二百四八承志公三子
生於清乾隆四十七年壬寅　月　日　時

房

卒無考

墓葬墳河塘

行敏三百四二　諱敏文

敬二百四九兆鳳公三子

生於清乾隆四十七年壬寅正月廿二日酉時

卒於清道光三十年庚戌六月廿四日　時壽六十九

娶金氏生於清乾隆五十一年丙午九月初三日　時

卒於清道光十年庚寅正月初三日　時年四十有五

生三子　長惠琦　次惠金　三惠全

又娶劉氏生於清乾隆五十四年己酉十二月十六日酉

時

卒於清咸豐九年己未六月十二日　時壽七十有一

合葬官田

肅

行敏三百四三諱敏卓字允燮　覃恩上壽

敬二百六三兆嘉公長子　曾爲宗長十一年

生於清乾隆四十七年壬寅十二月初二日戌時

卒於清咸豐十年庚申五月十八日　時壽七十有九

娶洪氏生於清乾隆五十七年壬子十月初十日辰時

卒於清咸豐八年戊午十一月初九日　時壽六十七

繼子　惠鵬

二女長適周　次適莊

墓葬小松陞

行敏三百四四 諱 敏覺
敬二百三六兆宗公次子
生於清乾隆四十八年癸卯六月十六日亥時
卒於清道光廿二年壬寅四月十一日　時壽六十歲
娶范氏生於清乾隆五十年乙巳七月初九日申時
卒於清道光十八年戊戌　月　日　時年五十四
生二子　長 惠智　次 惠寶
三女長適王　次適應　三適應
墓葬南河斗遶地兄墳傍

行敏三百四五 諱 敏犖
敬二百六三兆嘉公次子

生於清乾隆五十年乙巳八月二十日丑時
卒於清道光八年戊子十二月廿六日 時年四十四
娶張氏生於清嘉慶二年丁巳十月廿六日 時
卒於清道光三十年庚戌六月廿三日 時年五十四
生一子 惠鵬出繼
葬小松隴

行敏三百四六諱敏恩
敬二百三一 兆蓮公次子
生於清乾隆五十二年丁未三月初二日酉時
卒無考
未娶

行敏三百四七　諱維賢

敬二百十六秉忠公三子

生於清乾隆五十二年丁未六月廿三日午時

卒於清咸豐元年辛亥九月十一日　時壽六十有五

娶張氏生於清嘉慶七年壬戌九月十四日戌時

卒於清咸豐十一年辛酉八月初五日　時壽六十歲

生七子　長宏高　次宏增　三宏瑾　四宏雲

五宏才　六宏毅　七宏業

三女長適徐　次適華　三適陳

墓葬祠東

行敏三百四八　諱敏珏

敬百九二汝文公五子

生於清乾隆　年　月　日時

卒無考

未娶

行敏三百四九諱敏瑞

敬二百六二兆吉公之子

生於清乾隆五十二年丁未十一月廿九日亥時

卒無考

娶余氏生於清嘉慶六年辛酉正月初二日辰時

卒無考

生一子　惠英

三女長適姚

肅

行敏三百五十　諱敏寧
敬二百六三兆嘉公三子
生於清乾隆五十三年戊申正月二十日辰時
卒無考
未娶

肅

行敏三百五一　諱敏鳳
敬二百五五兆禹公三子
生於清乾隆五十四年己酉六月廿二日戌時
卒於清道光十九年己亥十一月十四日　時年五十
有一

娶傅氏生於清乾隆五十九年甲寅三月初五日　時
卒於清道光十九年己亥五月廿四日　時年四十六
生二子　長惠興　次惠典
二女長適張　次適後鴈宕村徐

肅

行敏三百五二諱敏皎
敬二百三六光宗公三子
生於清嘉慶二年丁巳七月廿六日未時
卒於清道光　年　月　日時
娶吳氏改適
生二子　惠政　一子螟蛉與人
墓葬南河斗遶地兄墳傍

肅

行敏三百五三 諱敏輝

敬二百六三兆嘉公四子

生於清嘉慶三年戊午九月初六日寅時

卒無考

未娶

肅

行敏三百五四 諱敏康 字厚祿

敬二百六五兆運公之子　曾爲宗長數年

生於清嘉慶五年庚申十一月十九日亥時

卒於清同治二年癸亥七月初八日申時壽六十有四

娶余氏生於清嘉慶十五年庚午二月廿五日未時

卒無考

廟

行敏三百五五　諱允茂

敬二百六六　承學公長子

生於清嘉慶十五年庚午四月十四日卯時

卒於清同治元年壬戌八月十二日　時年五十有三

娶邵氏生於清嘉慶二十年乙亥七月十四日戌時

卒無考

生三子　長宏全　次宏遠　三宏錦

四女長適孔　次適顏　三適張　四適嚴

廟

行敏三百五六　諱允龍

敬二百七一　承泰公長子　曾爲宗長十一年

生於清嘉慶十七年壬申十月初九日子時

房西

卒於淸同治十二年癸酉九月初三日未時壽六十二
娶林氏生於淸道光二年壬午四月廿八日辰時
卒無考
生一子　宏茂
二女長適繆　次適林
行敏三百五十七 諱允中
敬二百七一承泰公次子
生於淸嘉慶廿五年庚辰五月初九日亥時
卒於淸咸豐七年丁巳八月廿六日　時年三十有八
娶徐氏 改適
無後

𦙶
行敏三百五八諱允貴
敬二百七一承泰公三子
生於清道光七年丁亥四月十六日午時
卒於清咸豐八年戊午正月十五日　時年三十有二
未娶

補遺

𦙶
行敏　諱允迪
敬百五十公三子
生卒無考
無後

配

行敏　諱仁美

敬百三八公長子

生卒無考

無後

慈東童氏宗譜卷五

世傳

第二十八世

彪三

行惠一諱伯成字德銓

敏二維翰公之子

生於清康熙四十五年丙戌九月廿二日戌時

卒於　年　月　日　時

娶張氏生於清康熙四十五年丙戌十一月廿四日子時

卒於清乾隆九年甲子十一月廿七日戌時年三十有

九

生二子　長其勤　次其昌

二女長適鎮海附生范滏　次適

又娶邱氏生於清康熙四十五年丙戌四月廿三日巳時

卒於　年　月　日　時

生一女適

墓葬

酾

行惠二諱元學字道源

敏七九恒公長子

生於清康熙五十一年壬辰十二月廿一日巳時

卒於清乾隆十七年壬申四月廿九日　時年四十有

一

娶穆氏生卒無查

西房

無後

行悳三　諱元文

敏七允恒公次子

生於清康熙五十三年甲午九月初五日亥時

卒於清乾隆十六年辛未十一月廿九日　時年三十

有八

客死京都未娶無後

二房

行惠四　諱宏濟　字天玉

敏三繼志公之子

生於清康熙五十三年甲午十月十六日戌時

卒於清乾隆三十六年辛卯十月二十日子時年五十

有八
娶舒氏生於清康熙五十二年癸巳四月初二日未時
卒於清乾隆四十九年甲辰八月初二日申時壽七十
有二
生四子　長慈祥　次慈禎　三慈福　四慈祿
三女長適曹　次適舒　三適胡
墓葬應家橋坐西朝東

酾

行惠五　諱元武
敏八允懌公長子
生於清康熙五十五年丙申閏三月廿五日辰時
卒於　年　月　日　時

娶張氏生於清雍正十二年甲寅六月二十日寅時
卒於　年　月　日　時
生一子　慈則
寓住象山

房二

行惠六諱宏毅
敏四繼序公次子
生於清康熙五十七年戊戌六月廿三日酉時
卒於清乾隆十三年戊辰三月十三日卯時年三十有
一未娶
葬後坂

房三

行惠七諱宏祖字承先

二房

敏五維幹公長子

生於清康熙五十九年庚子五月二十日寅時

卒於　年　七月十二日　時

娶沈氏生於清康熙六十年辛丑三月廿四日辰時

卒於清嘉慶四年己未正月初四日　時壽七十有九

生二子　長其玉　次士錦

四女長適成　次適陸　三適姚　四適李

墓葬

行惠八諱宏士字良才

敏十繼賢公長子

生於清康熙五十九年庚子七月初六日巳時

卒於清乾隆廿五年庚辰十二月十四日　時年四十有一

娶張氏生於清雍正七年己酉十一月初十日亥時
卒於清嘉慶五年庚申五月初四日　時壽七十有二

生二子　長殷培　次周培

一女適杜

墓葬䏁漕頭

行惠九諱宏先

敏四繼序公三子

生於清康熙五十九年庚子九月十三日卯時

卒於　年　月　日時

客死蘇州無查

西房

行惠十　諱宏才

敏六允愷公之子

生於清康熙六十年辛丑七月初七日丑時

卒於　年　月　日　時

娶張氏生於清雍正十二年甲寅二月廿二日　時

卒於　年　月　日　時

無後

二房

行惠十一　諱宏任　字子肩

敏九繼寧公長子

生於清康熙六十一年壬寅十一月十三日未時

卒於清乾隆三十五年庚寅十一月廿五日辰時年四
十有九
娶劉氏生於清康熙六十一年壬寅十一月十五日寅時
卒於清乾隆五十三年戊申九月十三日戌時壽六十
有七
生三子　長慈和　次慈順　三慈忠
墓葬

𨽻

行惠十二諱宏仁字德揚
敏八允懌公次子
生於清雍正元年癸卯四月十四日丑時
卒於清乾隆十九年甲戌六月廿六日子時年三十有

二

客死杭州未及歸葬

娶徐氏生卒無查

無後

行惠十三諱宏儒字席珍　國學生

敏廿二繼宗公長子

生於清雍正二年甲辰正月廿二日卯時

卒於清乾隆三十九年甲午十月初二日　時年五十

有一

娶張氏生於清雍正四年丙午十月初六日午時

卒於清乾隆五十五年庚戌十一月二十日　時壽六

彤

十有五
生三子 長慈惠 次慈恩 三慈思
一女適張
墓葬鄞縣江北岸磚橋顯德廟前坐巽向乾欄土題永
綏吉阡四字傍祔長子慈惠壙

行惠十四 諱宏宗
敏五繼幹公次子
生於清雍正二年甲辰七月十六日辰時
卒於 年 月 日 時
娶姚氏生於清雍正二年甲辰二月初八日亥時
卒於 年 月 日 時

生一子 慈隆

一女適

墓葬

二房

行惠十五諱宏楣

敏十繼賢公次子

生於清雍正三年乙巳八月十三日 時

卒於清乾隆 年 五月初六日 時

娶鄔氏改適

生一子 光廷

二房

行惠十六諱宏模字子範 職員

敏十四繼善公之子 服田稼穡力黜浮華事親以孝勤儉

起家有子三鳳卓卓堪誇
生於清雍正三年乙巳九月廿六日戌時
卒於清乾隆五十六年辛亥九月二十日未時壽六十
有七
娶張氏生於清雍正三年乙巳八月初六日午時
卒於清乾隆廿二年丁丑正月十七日子時年三十有
三
生二子　長元培　次申培
又娶翁氏生於清雍正八年庚戌六月初二日子時
卒於清乾隆三十九年甲午三月十九日子時年四十
有五

二房

生一子　昌培

又娶丁氏生於清乾隆四年己未正月初九日酉時

卒於清嘉慶十一年丙寅八月廿二日寅時壽六十有

八

墓葬倉屋圊

行惠十七諱宏聲字聞廣

敏廿二繼宗公次子

生於清雍正四年丙午八月初一日辰時

卒於清乾隆五十九年甲寅三月初三日　時壽六十

有九

娶李氏生於清雍正三年乙巳十月十二日戌時

二房

卒於清嘉慶元年丙辰十一月十八日　時壽七十有
二
生二子　長慈安　次慈悅
三女長適沈　次適顧　三適王
墓葬朱家𣲖

行惠十八　諱宏範　字範九
敏九繼寧公次子
生於清雍正四年丙午十月初八日戌時
卒於清乾隆五十年乙巳十一月廿九日　時壽六十
歲
娶陳氏生於清乾隆五年庚申三月廿九日卯時

二房

卒於　年　月　日　時

無後

行惠十九　諱宏鼎　字學海

敏十五繼成公長子

生於清雍正五年丁未六月十四日亥時

卒於　年　月　日　時

娶姚氏生於清雍正八年庚戌二月十九日午時

卒於　年　月　日　時

生二子　長慈元　次慈裔

二女長適莊　次適周

葬馬經橋跟坐東向西

璠

行惠二十諱宏法

敏八允懌公三子

生於清雍正五年丁未六月廿一日戌時

卒於　年　月　日時

娶邵氏生於　年　月　日時

卒於　年　月　日時

無後

生一女適朱

璇

行惠廿一諱宏成

敏三十繼光公長子

生於清雍正六年戊申九月初十日亥時

二房

卒於　年　七月十二日　時

娶施氏生於清雍正十年壬子八月初八日亥時

卒於　年　七月廿五日　時

生二子　長慈馮　次慈愛

行惠廿二　諱宏鯉　字化龍

敏十五繼成公次子

生於清雍正七年己酉正月廿七日戌時

卒於　年　十月初三日　時

娶余氏生於　年　七月廿七日　時

卒於　年　九月廿八日　時

生一子　慈義

𠃆

墓葬港嘴頭

行惠廿三諱宏鵬字一飛號誠齋

敏三一繼先公長子　養親豐盛自奉儉約接物温和治家

嚴肅皓首齊眉精紳矍鑠

生於清雍正七年己酉二月初四日丑時

卒於清嘉慶四年己未八月十三日戌時壽七十有一

娶應氏　恭儉仁慈終身茹素精於女工婦中師傅

生於清雍正五年丁未三月十一日子時

卒於清嘉慶十二年丁卯五月二十日亥時壽八十有

一

生一子　慈明

三女長適周　次適姚　三適陳

墓葬雙跟橋西岸坐西向東係後姚彌勒庵港東首河之東岸田中

房二

行惠廿四　諱宏德　字聖祝

敏廿四繼武公長子

生於清雍正七年己酉九月廿八日辰時

卒於清乾隆廿五年庚辰九月初二日　時年三十有二

娶姚氏生於清雍正六年戊申十月廿五日子時

卒於清乾隆五十五年庚戌二月十三日　時壽六十有三

房二

生三子　長慈訓　次慈敏早世　三慈寬

二女長適孫　次適邵

墓葬

行惠廿五諱宏倫字明五

敏十五繼成公三子

生於清雍正八年庚戌八月初七日戌時

卒於清乾隆三十六年辛卯五月十八日　時年四十

有二

娶陳氏生於清乾隆二年丁巳十二月初七日丑時

卒於清乾隆四十五年庚子五月廿三日申時年四十

有四

三房

又娶唐氏生於清乾隆十五年庚午正月初一日卯時

卒於　年　月　日　時

生四子　長慈發　次慈啓　三慈恩　四慈增

二女長適蘭溪趙　次適蘭溪吳

墓葬蘭溪革山錢村莊趙村

按此派寓居蘭溪

行惠廿六　諱宏本

敏十二繼藩公之子

生於清雍正八年庚戌十月十二日巳時

卒於清乾隆十五年庚午九月十二日亥時年二十有

一

娶姚氏生卒無查

無後 以惠一伯成公次子其昌入繼

墓葬瓦窰頭父墳側

行惠廿七諱宏鯨字學淵號鱗巨

敏三一繼先公次子爲敏七二繼行公繼子

生於清雍正九年辛亥正月十八日酉時

卒於清嘉慶三年戊午六月廿四日 時壽六十有八

娶費氏生於清乾隆三年戊午三月三十日 時

卒於清乾隆四十年乙未九月十二日 時年三十有八

生二子 長慈禯 次慈昴

墓葬暗漕頭大地坐東朝西

配

行惠廿八 諱鴻遠 字在茲 號邇齋 國學生以孫祥發銜誥贈

奉直大夫

敏十六用周公長子

生於清雍正九年辛亥四月十三日辰時

卒於清乾隆五十七年壬子正月十八日寅時壽六十

有二

娶嚴氏生於清雍正十年壬子閏五月十三日子時

卒於清嘉慶五年庚申正月十八日子時壽六十有九

生二子　長慈高　次慈賢

三女長適應　次適陳　三適胡

墓葬鄞縣大教塲南首後周門前係壬丙向

行誼見事略

行惠廿九諱宏學字文彪

敏五維幹公三子

生於清雍正九年辛亥五月初四日申時

卒於清嘉慶六年辛酉七月廿三日寅時壽七十有一

娶徐氏生於清雍正八年庚戌三月十七日　時

卒於清乾隆十五年庚午九月廿六日卯時年二十有

一

又娶徐氏生於清雍正十一年癸丑三月廿一日戌時

卒於　年　月　日　時

生四子　長慈茂　次慈泰　三慈乾　四慈坤

一女適朱

墓葬

彪

行惠三十諱宏疇

敏廿一繼昌公長子

生於清雍正九年辛亥十月　日時

卒於　年　月　日　時未娶

彪

行惠三一諱宏乾字鎮國

敏廿二繼宗公三子

生於清雍正十年壬子閏五月初一日辰時

卒於清嘉慶十五年庚午九月初九日卯時壽七十有

九

娶黄氏生於清雍正十三年乙卯十二月十一日卯時

卒於　年　月　日　時

生五子　長慈俊　次慈雲　三慈霖　四慈範　五慈奎

三女長適舒　次適朱　三適張

墓葬鎮龍橋東首父壙旁墓字白雲深處

行惠三二諱宏燮字公調

敏十五繼成公四子

生於清雍正十年壬子七月十八日未時

卒於清嘉慶六年辛酉四月二十日　時壽七十歲

庀

娶徐氏生於　年　十一月廿三日　時

卒於　年　十二月十三日　時

生五子　長慈富　次慈寧　三慈宗　四慈章　五

慈忠

二女長適應　次適應

墓葬

行惠三三　諱宏灝

敏十三纖祖公之子

生於清雍正十年壬子九月廿一日卯時

卒於清乾隆　年　十一月廿二日　時

娶孔氏　改適

髓　　　　　　　　　　　　　　　　　　　　　　　　　　　　匙

生一子　慈峰

行惠三四諱宏智

敏廿三允文公之子

生於淸雍正十一年癸丑七月初三日寅時

卒於　年　月　日　時未娶

行惠三五諱宏盛字可大

敏三十繼光公次子爲敏四六繼倫公繼子

生於淸雍正十一年癸丑八月十四日丑時

卒於　年　二月初一日　時

娶沈氏生於淸乾隆　年　十一月初十日　時

卒於　年　四月廿七日　時

廼

無後

墓葬

行惠三六 諱 宏煜

敏五九允圭公長子

生於清雍正十二年甲寅三月初十日子時

卒於清嘉慶七年壬戌十二月初三日　時壽六十有

九

娶盧氏生於清乾隆十五年庚午四月十四日午時

卒於　年　月　日　時

生三子　長慈德　次慈文　三慈揚

一女適姚

二房　　二房

墓葬

行惠三七諱宏綱
敏十一繼元公之子
生於清雍正十二年甲寅七月十九日戌時
卒於清乾隆　年　二月廿九日　時
娶陳氏改適
無後

行惠三八諱宏鰲字學成號恆昌
敏三一繼先公三子
生於清雍正十三年乙卯八月十三日申時
卒於清嘉慶廿二年丁丑十一月廿三日　時壽八十

有三
娶范氏生於清乾隆八年癸亥十月十七日亥時
卒於清乾隆三十五年庚寅四月廿七日辰時年二十
有八
生二女長適馮　次適沈
無後
墓葬港嘴頭西首秧田坐南向北

配

行惠三九諱宏材
敏三三繼芳公長子
生於清乾隆二年丁巳三月初二日巳時
卒於　年　二月初二日　時

庒

娶朱氏生於清乾隆十六年辛未八月初八日　時

卒於清乾隆五十年乙巳十月二十日　時年三十有

五

無後　以惠七四宏杏公長子慈靈入繼

墓葬

行惠四十諱宏勳字懋續

敏三五維新公長子

生於清乾隆二年丁巳三月初五日卯時

卒於清嘉慶十三年戊辰十一月初十日　時壽七十

有二

娶汪氏生於清乾隆五年庚申八月十四日　時

卒於清乾隆三十一年丙戌五月二十日 時年二十

有七

又娶朱氏生於清乾隆十一年丙寅九月廿七日寅時

卒於 年 月 日 時

生三子 長慈寬 次慈廣 三慈學

二女長適鄭 次適姚

墓葬

腼

行惠四一 諱宏諧

敏三二允祥公之子

生於清乾隆三年戊午六月廿六日辰時

卒於清嘉慶十四年己巳三月十七日申時壽七十有

二

娶邵氏生於清乾隆十九年甲戌四月初九日申時

卒於清嘉慶二年丁巳八月初七日子時年四十有四

無後　以惠二百廿五宏瑞公長子慈增入繼

生三女長適劉　次適姚　三適陳

墓葬

房三

行惠四二諱宏才

敏十八維八公長子

生於清乾隆三年戊午十月十四日亥時

卒於　年　月　日　時未娶

房二

行惠四三諱宏鳴字聲遠

敏三十維光公三子
生於清乾隆四年己未二月二十日戌時
卒於　年　二月廿二日　時
娶姚氏 改適
無後

行惠四四 諱宏器
敏三八繼和公之子
生於清乾隆四年己未三月十六日子時
卒於清嘉慶三年戊午正月初二日酉時壽六十歲
娶莊氏生於清乾隆四年己未五月十七日亥時
卒於清嘉慶十一年丙寅三月十五日　時壽六十有

仁

八
生二子　長慈善　次慈信
三女長適鄔　次適沐　三適費
墓葬

行惠四五　諱宏紀
敏廿一繼昌公次子
生於清乾隆四年己未六月初四日丑時
卒於清乾隆三十九年甲午七月初八日　時年三十
有六
娶趙氏生於清乾隆十四年己巳十一月十七日　時
卒於清嘉慶三年戊午九月廿九日　時年五十歲

生二子　長　慈孝　次　慈悌

墓葬茅墳[氵斗]碾地

房三

行惠四六　諱　宏烈

敏四七維高公之子

生於清乾隆五年庚申五月廿九日辰時

卒於　年　月　日　時未娶

房二

行惠四七　諱　鴻飛　字　翔雲

敏十六用周公次子

生於清乾隆五年庚申九月初九日辰時

卒於清乾隆四十三年戊戌九月初八日辰時年三十有九

配

娶姚氏生於清乾隆二年丁巳十二月十三日戌時

卒於　　年　　七月十八日　時

生二子　長慈水　次慈川

二女長適胡　次適倪

墓葬廟前坂

行惠四八諱宏化

敏十繼賢公三子爲敏四繼序公繼子

生於清乾隆五年庚申九月廿二日　時

卒於　　年　　月　　日　時

娶朱氏生卒無查

生一子　增培

二房

行惠四九 諱 宏度 字 越凡 號 竹林

敏七三繼潛公長子

生於淸乾隆六年辛酉九月十七日酉時

卒於淸嘉慶十一年丙寅十月初二日辰時壽六十有

六

娶莊氏生於淸乾隆六年辛酉十一月二十日亥時

卒於淸道光二年壬午正月十九日申時壽八十有二

生六子　長 慈昭　次 慈朗　三 慈崗　四 慈峰　五

慈嵩　六 慈岑

二女長適姚　次適劉

墓葬十字路茅嶺山黃泥地

行惠五十諱宏量字克廣號逸庭　國學生

欽五五繼緒公長子

生於清乾隆六年辛酉十二月廿六日丑時

卒於清道光九年己丑五月廿一日辰時壽八十有九

娶翁氏生於清乾隆五年庚申八月十八日戌時

卒於清乾隆五十年乙巳二月初一日　時年四十有

六

生四子　長慈豐　次慈虔　三慈春出繼　四慈威

三女長適嚴　次適翁　三適姚

又娶吳氏生於清乾隆五年庚申五月廿五日　時

卒於清乾隆五十六年辛亥四月廿一日　時年五十

有二

又娶許氏生於清乾隆廿一年丙子正月廿八日寅時

卒於清道光十九年己亥八月初十日申時壽七十有

四

墓葬鄞縣江東高塘頭

三房

行惠五一　諱　成

敏四八維遠公長子

生於清乾隆六年辛酉　月　日　時

卒無查未娶

四房

行惠五二　諱　宏業

敏五九允圭公次子

生於淸乾隆七年壬戌四月十九日巳時
卒於淸嘉慶四年己未二月初五日　時年五十有八
娶刁氏生於淸乾隆廿八年癸未十月十四日亥時
卒無查
生二子　長慈剛　次慈康
一女適陳
墓葬
行惠五三諱宏照
敏三五維新公次子爲敏四七維高公繼子
生於淸乾隆七年壬戌六月廿八日卯時
卒於淸嘉慶廿五年庚辰十二月十六日辰時壽七十

彪三

有九

娶陸氏生於清乾隆十二年丁卯四月廿一日卯時

卒於清嘉慶八年癸亥五月初六日戌時年五十有七

生四子　長慈雲　次慈霖　三慈霞　四慈霏

二女長適唐　次適莊

墓葬

行惠五四　諱宏數　字則和　號端齋

敏十六用周公三子

生於清乾隆八年癸亥八月廿三日亥時

卒於清乾隆三十一年丙戌五月初五日戌時年二十

有四

娶毛氏　青年守節玉潔冰清道光十二年壬辰
欽旌節孝建坊入祠
生於清乾隆六年辛酉十月初四日酉時
卒於清嘉慶十七年壬申三月二十日　時壽七十有
二
無後　以惠廿八宏遠公次子慈賢入繼
生一女適應
墓葬瞎漕頭坐北向南

二房

行惠五五 諱宏博 字學廣
敏七十繼祚公之子
生於清乾隆八年癸亥十月初十日午時

庀二

卒於清道光五年乙酉正月初二日　時壽八十有三

娶劉氏生於清乾隆七年壬戌二月廿二日丑時

卒於清嘉慶十年乙丑十二月廿五日寅時壽六十有

四

生四子　長慈仁　次慈信　三慈智　四慈珩

一女適姚

墓葬上坂河斗

行惠五六　諱宏炎　字璋五

敏廿四繼武公次子

生於清乾隆八年癸亥十一月十三日戌時

卒於清乾隆五十五年庚戌七月廿五日　時年四十

八
娶周氏生於清乾隆八年癸亥五月廿一日　時
卒於　　年　二月初九日時
生一子　慈鍠
又娶朱氏生於清乾隆十九年甲戌十月二十日丑時
卒於清嘉慶十七年壬申八月廿七日申時年五十有
九
生一子　慈鋋
一女適姚

行惠五七諱德修
敏二十維仁公之子

生於清乾隆九年甲子正月十二日酉時
卒於　年　月　日　時
娶孫氏生於清乾隆廿九年甲申四月十二日　時
卒於清嘉慶九年甲子九月初十日　時年四十有一
生一子　慈寧
一女適陳
墓葬

行惠五八　諱有才
敏六一　維千公長子
生於清乾隆九年甲子十月廿五日　時
卒於　年　月　日　時

肜

娶□氏生卒無查

生一子　慈貴

寓居杭州

行惠五九諱宏韜字錫文號愼齋　國學生以子慈盛五品銜

誥贈奉直大夫

敏五五繼緒公次子　弱冠客閩家業日起倜儻慷慨不設

城府晚年歸息田園樂善不倦莫不欽羡焉

生於淸乾隆九年甲子十一月廿一日寅時

卒於淸道光三年癸未正月廿九日午時壽八十歲

娶胡氏　誥贈宜人生於淸乾隆六年辛酉五月十八日

時

卒於清嘉慶三年戊午十一月廿三日　時年五十有

八

生一子　慈盛

二女長適費　次適姚

又娶王氏　誥贈宜人生於清乾隆十年乙丑五月十三

日酉時

卒於清嘉慶廿五年庚辰三月十二日未時壽七十有

六

墓葬鄞縣東鄉高塘頭鄒家漕跟坐西向東

房二

行惠六十　諱宏略　字石三　號石山　國學生

敏廿八纖聖公之子

生於清乾隆十年乙丑五月初九日巳時
卒於清乾隆五十六年辛亥二月初七日巳時年四十
有七
娶陳氏生於清乾隆八年癸亥三月廿二日子時
卒於清乾隆三十年乙酉正月廿一日子時年二十有
三
又娶沈氏生於清乾隆十四年己巳八月初四日子時
卒於清嘉慶十五年庚午九月二十日辰時壽六十有
二
生三子　長慈霖　次慈炳　三慈瑛
二女長適李　次適胡

墓葬長石橋後東巖大墳踉坐北向南

二房

行惠六一　諱宏謀

敏五十繼周公長子

生於清乾隆十年乙丑八月十五日午時

卒於清嘉慶十一年丙寅十月廿八日戌時壽六十有

二

娶陳氏生於清乾隆九年甲子六月初三日　時

卒於清乾隆三十三年戊子三月十一日　時年二十

有五

生一女適邵

又娶莊氏生於清乾隆十三年戊辰九月廿一日戌時

卒於清嘉慶九年甲子十月十二日戌時年五十有七
生一子　燕聖
三女長適朱　次適張　三適盛
墓葬茅墳㴩

行惠六二諱宏逵字可行　職員
敏五八繼楨公之子
生於清乾隆十年乙丑九月初五日子時
卒於清道光八年戊子十二月廿九日卯時壽八十有
四
娶王氏生於清乾隆八年癸亥八月二十日亥時
卒於清乾隆三十三年戊子六月十二日戌時年二十

二房

有六

又娶葛氏生於清乾隆十六年辛未三月初三日亥時

卒於清嘉慶十六年辛未九月廿五日戌時壽六十有

一

生三子　長慈耿　次慈煥　三慈灼

一女適林

墓葬鄞縣東鄉省隩橫山廟裏首坐丑向未

行惠六三諱宏訓字益受

敏九五繼常公長子

生於清乾隆十年乙丑十月初五日午時

卒於清乾隆四十四年己亥十月十九日　時年三十

有五

娶姚氏生於清乾隆十七年壬申十月廿八日巳時

卒於　年　月　日　時

生二子　長慈忍　次慈息出繼

一女適趙

行悳六四諱尙友

敏百八興仁公長子

生於清乾隆十二年丁卯二月十三日辰時

卒無查

娶劉氏生於清乾隆廿五年庚辰　月　日　時

卒無查

配

行惠六五　諱宏楨

無後

敏七八允標公長子

生於清乾隆十二年丁卯三月廿九日戌時

卒於清嘉慶十四年己巳十一月廿六日　時壽六十

有三

娶徐氏生於清乾隆十五年庚午九月十五日　時

卒於清嘉慶九年甲子正月十三日　時年五十有五

生四子　長慈脩　次慈軾　三慈能出繼　四慈美

墓葬大車頭港

配

行惠六六　諱宏志

敏七三繼潛公次子

生於清乾隆十二年丁卯四月十六日未時

卒於清乾隆四十八年癸卯十一月初九日卯時年四

十有七未娶

墓葬大車頭港坐西朝東與堂弟宏純並葬

祭祀隨父輪值

行惠六七諱鴻逵字天衢號杏村又號靜齋　廪貢生中嘉慶

庚申科舉人

敏十六用周公四子

生於清乾隆十二年丁卯十月廿二日亥時

卒於清道光八年戊子二月廿八日戌時壽八十有二

娶陳氏生於清乾隆十四年己巳二月十五日丑時

卒於清道光九年己丑十一月初四日亥時壽八十有

一

生四子　長慈泰　次慈金　三慈珏　四慈增

二女長適姚　次適張

墓葬暗漕頭坐北朝南

壽序行誼見事略祠堂後承啓堂有耄耋齊眉匾額

行惠六八　諱宏燕　字懷玉　國學生

敏十七維善公之子

生於清乾隆十二年丁卯十一月初四日子時

卒於清嘉慶三年戊午十一月十一日辰時年五十有

源

二

娶盛氏生於清乾隆九年甲子十一月十九日巳時

卒於　年　十一月十九日　時

生四子　長慈行　次慈言　三慈進　四慈美

四女長適葛　次適成　三適朱　四適李

墓葬

行惠六九諱知能

敏三六在科公長子

生於清乾隆十二年丁卯十二月十七日　時

卒於　年　月　日　時

娶姜氏生於清乾隆廿五年庚辰十月　日　時

卒無查

生一子　慈東

西房

行惠七十　諱宏宰

敏七五允中公長子

生於清乾隆十二年丁卯　月　日　時

卒於清乾隆　年　月　日　時未娶

中房

行惠七一　諱宏輅

敏五一士榮公長子

生於清乾隆十三年戊辰二月初二日丑時

卒於清嘉慶廿二年丁丑三月十四日巳時壽七十歲

娶陳氏生於清乾隆廿六年辛巳五月十八日未時

卒於清嘉慶十年乙丑三月十七日未時年四十有五
生一女適周
又娶徐氏生於清乾隆四十年乙未十月十四日戌時
卒於　年　月　日時
生一子　元早世
墓葬杜家漕跟

湶

行惠七二諱知言
敏四九在泮公長子
生於清乾隆十三年戊辰五月初三日戌時
卒於清乾隆四十年乙未七月廿四日　時年二十有
八

二房

娶張氏 改適

生一女適李

墓葬杜家橋

行惠七三 諱宏法

敏九五繼常公次子爲敏八一繼綱公繼子

生於清乾隆十三年戊辰九月初四日辰時

卒於清嘉慶十一年丙寅正月初二日辰時年五十有九

娶胡氏生於清乾隆十七年壬申正月十二日子時

卒於清乾隆五十九年甲寅七月廿九日　時年四十有三

二房

生三子　長　慈蘭　次　慈芳　三　慈蕊
四女長適洪　次適沈　三適杜　四適姚
又娶姚氏生於清乾隆廿三年戊寅十月初五日未時
卒於清道光十一年辛卯七月十六日　時壽七十有
四
生二子　長　慈華　次　慈菊
墓葬西岸大河頭

行惠七四　諱　宏杏
敏三三繼芳公次子
生於清乾隆十三年戊辰十二月廿一日亥時
卒於清道光四年甲申七月廿七日亥時壽七十有七

庀

娶邵氏生於清乾隆廿八年癸未十一月初七日申時
卒於清道光十五年乙未四月二十日申時壽七十有
三
生二子　長慈靈出繼　次慈揚
二女長適朱　次適鄭
墓葬應家橋東北首

行惠七五諱宏彥字廷美
敏七三繼潛公三子
生於清乾隆十四年己巳十一月十五日寅時
卒於清乾隆五十一年丙午正月廿一日申時年三十
有八

娶鍾氏生於清乾隆十三年戊辰八月初五日戌時
卒於清乾隆五十八年癸丑三月初三日戌時年四十
有六
生子一　慈嶽
三女長適費　次適張　三適費
墓葬腈澧頭蒲墩下地田

行惠七六諱宏恩
敏五七士華公長子
生於清乾隆十四年己巳十一月廿四日亥時
卒於清乾隆五十七年壬子五月初九日亥時年四十
有四

二房

娶應氏生於清乾隆廿五年庚辰十一月廿二日巳時
卒於　年　月　日　時
生一子　元昌
一女適姚
墓葬
行惠七七諱宏佐字朝綱　國學生
敏五五繼緒公三子
生於清乾隆十四年己巳十二月初六日辰時
卒於清乾隆四十三年戊戌六月初十日午時年四十
歲
娶姚氏生於清乾隆十四年己巳七月廿四日亥時

西房

卒於清道光七年丁亥三月初一日午時壽七十有九
無後　以惠五十宏量公三子慈春入繼
三女長適費　次適莊　三適姚
墓葬汶溪石洲廟左首棋盤山向南

行惠七八　諱宏榕　字愛天
敏七八允樑公次子
生於清乾隆十五年庚午五月廿五日　時
卒於清乾隆六十年乙卯十月初六日　時年四十有
六
娶鄭氏生於清乾隆十九年甲戌九月十三日午時
卒於　年　月　日　時

肺

無後　以惠六五宏楨公三子慈能入繼
生三女長適徐　次適胡　三適奉化
墓葬

行惠七九諱宏軾
敏五一士榮公次子
生於清乾隆十五年庚午十一月十八日卯時
卒於清嘉慶六年辛酉八月廿五日戌時年五十有二
娶張氏生於清乾隆十五年庚午十月十三日未時
卒於清道光八年戊子十一月十七日戌時壽七十有
九
生二子　長元祥　次元裕

腊

行惠八十　諱宏福　字錫和

塟葬杜家漕跟

敏百十七繼世公長子

生於清乾隆十六年辛未七月廿六日酉時

卒於清嘉慶六年辛酉四月初十日　時年五十有一

娶劉氏生卒無查

娶金氏生卒無查

無後　以惠九五宏祿公長子慈源入繼

肿

行惠八一　諱宏昌

敏八十七仁公之子

生於清乾隆十六年辛未十月十二日亥時

卒於清嘉慶廿四年己卯七月廿五日午時壽六十有
九
娶鄔氏生於清乾隆廿七年壬午五月初十日戌時
卒於清乾隆五十七年壬子十二月廿六日辰時年三
十有一
又娶王氏改適
生二子長元友次元定出繼
墓葬朝南墳田

三世

行惠八二諱宏聖
敏廿六維岳公之子
生於清乾隆十六年辛未十月十五日未時

湶

卒於清嘉慶十五年庚午十一月十五日　時壽六十

歲

娶陳氏生於清乾隆三十八年癸巳四月十八日　時

卒於　年　月　日　時

生三子　長慈福　次慈順　三慈豐

一女適胡

行悳八三　諱知廉　字清泉

敏八四在位公長子

生於清乾隆十六年辛未十月廿四日卯時

卒於清道光六年丙戌十二月十七日子時壽七十有

六

娶穆氏生於淸乾隆二十年乙亥十二月廿二日戌時
卒於淸乾隆四十三年戊戌八月廿二日寅時年二十
有四
無後　以惠百十八知賢公長子慈照入繼
墓葬洪家門前

三房

行惠八四　諱宏瀾　字靜波
敏百十維吉公長子
生於淸乾隆十六年辛未十一月十三日亥時
卒於淸嘉慶六年辛酉十一月初一日　時年五十有
一
娶胡氏生於淸乾隆十六年辛未十一月廿七日戌時

卒於清嘉慶七年壬戌正月初三日　時年五十有二

生二子　長慈隲　次慈陞

二女長適應　次適翁

墓葬唷漕頭東南首坐北朝南

配

行惠八五諱宏道

敏九五繼常公三子

生於清乾隆十六年辛未十二月十六日未時

卒於清乾隆六十年乙卯四月初二日戌時年四十有五

娶莊氏生於清乾隆十八年癸酉八月初八日戌時

卒於　年　月　日時

生一子　慈春

一女適方

二房

行惠八六諱尙智

敏百八興仁公次子

生於清乾隆十七年壬申七月十七日申時

卒於清嘉慶三年戊午十月初三日　時年四十有七

娶高氏生卒無查

無後

三房

行惠八七諱有德

敏六一維千公次子

生於清乾隆十七年壬申九月廿七日　時

卒於清嘉慶廿一年丙子十二月三十日戌時壽六十
有五
娶唐氏生於清乾隆四十二年丁酉九月十二日戌時
卒於　年　月　日　時
生一子　慈懷
行惠八八諱宏經字靜康號潯莊
敏百二十繼旦公長子
生於清乾隆十八年癸酉三月十三日亥時
卒於清嘉慶十九年甲戌八月初五日戌時壽六十有
二
娶毛氏生於清乾隆廿一年丙子九月初三日戌時

䣿

卒於清道光四年甲申七月初四日戌時壽六十有九
娶妾邵氏生於清乾隆三十二年丁亥十月十一日酉時
卒於清嘉慶　年　十一月廿九日　時
無後　以惠百十三宏緯公長子慈錕入繼
墓葬茅墳斗東北首坐東朝南

行惠八九　諱宏柄
敏七八允標公三子
生於清乾隆十八年癸酉九月十五日卯時
卒於清嘉慶十二年丁卯二月初五日　時年五十有
五
娶孔氏生於清乾隆廿六年辛巳六月廿四日巳時

卒於清咸豐元年辛亥八月廿六日　時壽九十有一
生四子　長慈炎　次慈暄　三慈照　四慈才
一女適戚
墓葬大車頭港

配

行惠九十　諱宏裕　國學生
敏九六允忠公之子
生於清乾隆十八年癸酉十月廿一日酉時
卒於清嘉慶廿一年丙子十月廿八日　時壽六十有
三
娶莊氏生於清乾隆廿六年辛巳五月十九日未時
卒於清嘉慶十五年庚午六月初二日午時年五十歲

生二子　長慈愷　次慈懷

二女長適翁　次適姚

娶妾呂氏生於清乾隆三十八年癸巳四月初五日戌時

卒於　年　月　日　時

生一子　慈恂

一女適方

墓葬小橋跟

彪

行惠九一　諱尚絅

敏百三三興禮公之子

生於清乾隆十八年癸酉十二月三十日子時

卒於　年　月　日　時未娶

西房

行惠九二　諱宏宣
敏五九允圭公三子
生於清乾隆十九年甲戌正月廿九日卯時
卒於清乾隆六十年乙卯六月十六日　時年四十有
二
娶胡氏生於清乾隆三十一年丙戌六月十六日　時
卒於清乾隆四十九年甲辰七月十五日　時年一十
有九
又娶張氏生於清乾隆三十三年戊子八月十八日辰時
卒於　年　月　日　時
生二子　長慈高　次慈勝

墓葬

湅

行惠九三 諱知鴻

敏八七在田公長子

生於淸乾隆十九年甲戌二月初七日亥時

卒於　年　月　日　時未娶

湅

行惠九四 諱知義

敏三六在科公次子

生於淸乾隆十九年甲戌五月廿二日　時

卒於淸乾隆六十年乙卯十月廿八日　時年四十有

二

娶朱氏生於淸乾隆三十四年己丑五月十九日　時

老房

卒於　年　月　日　時

生二子　長　慈榮　次　慈華出蛉慈城

墓葬

行惠九五諱宏祿

敏百十七繼世公次子

生於淸乾隆十九年甲戌十月十六日子時

卒於淸嘉慶十八年癸酉八月廿七日申時壽六十歲

娶張氏生於淸乾隆三十五年庚寅二月廿六日子時

卒於淸嘉慶十七年壬申正月十二日寅時年四十有

三

生二子　長　慈源出繼　次　慈椿

墓葬

涷

行惠九六諱知仁字德盛

敏四九在泮公次子

生於清乾隆二十年乙亥二月十七日戌時

卒於清道光十九年己亥二月初五日寅時壽八十有

五

娶應氏生於清乾隆廿七年壬午三月初十日丑時

卒於清道光廿二年壬寅四月三十日辰時壽八十有

一

生三子　長慈光　次慈剛　三慈勇出繼

墓葬堰橋方爿

房二

行惠九七諱宏詞字天章

敏五十繼周公次子

生於清乾隆二十年乙亥三月初六日酉時

卒於清道光十九年己亥十一月初六日辰時壽八十

有五

娶孔氏生於清乾隆十六年辛未十一月十六日寅時

卒於清道光　年　十一月初二日　時

生一子　慈珂

一女適姚

墓葬鄭家河斗東首坐北朝南

房三

行惠九八諱宏先

二房

敏五二維楨公長子
生於淸乾隆二十年乙亥四月十一日　時
卒無查
娶周氏生於淸乾隆四十二年丁酉正月十二日丑時
卒無查
生一子　慈能

行惠九九諱宏文
敏九五繼常公四子
生於淸乾隆廿一年丙子八月二十日午時
卒於淸乾隆五十六年辛亥正月廿七日　時年三十有六

娶杜氏改適

無後　以惠六三宏訓公次子慈息入繼

𦵔

行惠一百諱宏模字雲龍

敏九九士宏公之子

生於清乾隆廿一年丙子閏九月十六日辰時

卒於清道光七年丁亥十月廿七日辰時壽七十有二

娶鄞城林氏生於清乾隆三十二年丁亥十月初二日未

時

卒於清道光廿六年丙午十一月十四日辰時壽八十

歲

生二子　長元浩出繼　次元標

朧

三女

寓居郡城

墓葬鄞縣東錢湖陳姚隩

行惠百一 諱宏祚

敏百十七繼世公三子

生於清乾隆廿一年丙子十月初七日寅時

卒於清道光十二年壬辰十一月初二日　時壽七十

有七

娶邵氏生於清乾隆三十三年戊子六月廿七日酉時

卒於清道光十四年甲午十一月初九日　時壽六十

有七

生一子　慈本早世

無後　以惠二百九宏禔公長子慈艮入繼

二女長適張　次適張

𠩄

行惠百二諱宏受字天祐號介堂

敏七三繼潛公四子

生於清乾隆廿一年丙子十月廿一日亥時

卒於清嘉慶二十年乙亥五月初一日申時壽六十歲

娶項氏生於清乾隆廿四年己卯正月初七日卯時

卒於清道光十一年辛卯二月三十日未時壽七十有

三

生三子　長慈清　次慈潮　三慈洲

一女適沈

墓葬方家堰南畔

源

行惠百三諱知勇

敏百一在秀公長子

生於清乾隆廿一年丙子十一月十二日亥時

卒於　　年　　月　　日　　時未娶

臣三

行惠百四諱宏智

敏六一維千公三子

生於清乾隆廿二年丁丑九月廿七日巳時

卒於　　年　　月　　日　　時

娶翁氏生於清乾隆三十七年壬辰十二月廿九日　　時

中房

卒於　年　月　日　時

生一子　仁富

寓居杭州

行慈百五　諱　宏聖

敏四一士英公之子

生於清乾隆廿二年丁丑九月廿九日亥時

卒於　年　月　日　時

娶余氏生於清乾隆三十年乙酉正月廿四日　時

卒於　年　月　日　時

生三子　長元文　次元武　三元魁

墓葬

房老

行惠百六諱宏有

敏百二繼槐公長子

生於清乾隆廿二年丁丑十一月十一日　時

卒於清嘉慶三年戊午十一月廿二日　時年四十有

二

娶張氏　改適

生一女適

無後

墓葬鄭家河㳄

房二

行惠百七諱宏肩

敏三三繼芳公三子

生於清乾隆廿三年戊寅四月十二日午時
卒於清道光五年乙酉八月初五日戌時壽六十有八
娶葉氏生於清乾隆四十五年庚子十一月十二日申時
卒於清嘉慶十四年己巳正月初三日　時年三十歲
生一子　慈奕
墓葬應家橋東北首

行惠百八諱宏有
敏百八一維慧公長子
生於清乾隆廿三年戊寅五月廿二日申時
卒於清嘉慶廿二年丁丑五月廿二日辰時壽六十歲
娶范氏生於清乾隆廿五年庚辰十月十七日　時

卒於清道光六年丙戌正月初六日戌時壽六十有七
生四子　長慈水　次慈成　三慈昶　四慈佩
四女長適孫　次適方　三適孔　四適姚
墓葬河裏岸父墳旁

中房

行惠百九諱宏備
敏五七士華公次子
生於清乾隆廿三年戊寅六月初三日卯時
卒於清道光　年　月　日　時
娶洪氏生於清乾隆三十三年戊子十一月初七日　時
卒於清道光廿一年辛丑八月初三日　時壽七十有
四

房二

生一子　元豐早世

二女長適莊　次適邵

墓葬杜家漕跟

行惠百十　諱惠信

敏六五繼榮公三子

生於清乾隆廿三年戊寅七月十二日　時

早世

[illegible]

行惠百十一　諱知甫　字德貴

敏四九在泮公三子

生於清乾隆廿三年戊寅七月廿三日戌時

卒於清嘉慶十年乙丑九月廿一日　時年四十有八

娶方氏 改適

無後　以惠九六知仁公三子慈勇入繼

墓葬杜家橋

中房

行惠百十二 諱 宏範

敏四五士康公之子

生於清乾隆廿三年戊寅八月　日時

卒於清乾隆　年　月　日時

娶陳氏

無後

二房

行惠百十三 諱 宏緯 字 樂庭 號 晚香

敏百二十繼旦公次子　性介而和對家人亦靄顏然子姪

輩稍踰禮節必正色規誡不少假以耕讀課子孫布衣
蔬食晏如也喜閲史事與知書者談論津津忘倦雖耄
年猶然造謁者覿接古人風焉
生於清乾隆廿三年戊寅十月初九日午時
卒於清道光廿一年辛丑八月二十日酉時壽八十有
四
娶王氏生於清乾隆廿七年壬午七月十一日卯時
卒於清乾隆四十六年辛丑六月廿九日戌時年二十
歲
又娶唐氏生於清乾隆三十二年丁亥十月十九日丑時
卒於清道光廿一年辛丑七月廿五日子時壽七十有

五
生二子　長慈錕出繼　次慈榮
三女長適方　次適姚　三適方
墓葬茅墳料東北首坐東朝西

行惠百十四諱宏源
敏百十維吉公次子
生於清乾隆廿四年己卯正月廿六日戌時
卒於清嘉慶十七年壬申十月十三日酉時年五十有
四
娶陳氏生於清乾隆廿七年壬午十二月初二日　時
卒於清嘉慶二年丁巳閏六月十四日　時年三十有

六
生二子　長慈祚　次慈陶
又娶徐氏生於清乾隆四十四年己亥八月初二日　時
卒於清嘉慶五年庚申五月初九日　時年二十有二
又娶沈氏生於清乾隆三十年乙酉八月廿六日　時
卒於清嘉慶八年癸亥六月初二日　時年三十有九
又娶徐氏生於清乾隆廿一年丙子正月十五日　時
卒於　年　月　日　時
墓葬小洞澳梅園墺

彪

行惠百十五 諱宏孝
敏五二維楨公次子

生於清乾隆廿四年己卯二月初八日　時
卒於清嘉慶二年丁巳十一月初六日　時年三十有
九
娶張氏 改適
無後

房四

行惠百十六諱宏健
敏七五允中公次子
生於清乾隆廿四年己卯七月廿二日　時
卒於　年　月　日　時未娶

房三

行惠百十七諱尚林
敏百廿八興茂公長子

生於清乾隆廿四年己卯九月十四日　時
卒於　年　月　日時
娶陳氏生於清乾隆四十六年辛丑三月廿七日卯時
卒於　年　月　日　時
無後

行惠百十八諱知賢字與立
敏八四在位公次子
生於清乾隆廿四年己卯十一月初一日戌時
卒於清道光廿四年甲辰十二月二十日辰時壽八十
有六
娶方氏生於清乾隆三十二年丁亥五月十八日午時

卒於清道光十八年戊戌十二月廿五日戌時壽七十
有二
生六子　長慈照出繼　次慈熙　三慈勳　四慈肅
五慈烈　六慈煦
墓葬洪家厝前

配

行惠百十九　諱宏元
敏七七允冀公之子
生於清乾隆廿五年庚辰七月初四日午時
卒於清嘉慶十年乙丑正月三十日　時年四十有六
娶金氏生於清乾隆四十年乙未七月十七日巳時
卒於清嘉慶七年壬戌五月廿八日　時年二十有八

生一子　慈亨

墓葬

肅

行惠百二十諱惠風

敏百十四敏功公之子

生於清乾隆廿五年庚辰八月初八日午時

卒於清道光四年甲申七月廿一日未時壽六十有五

娶余氏生於清乾隆三十二年丁亥十二月十六日卯時

卒於清道光六年丙戌二月初八日戌時壽六十歲

生四子　長慈均　次慈增　三慈培　四慈坊

三女長適洪　次適張　三適朱

墓葬大路下高地田

中房

行惠百廿一　諱宏名

敏百一士榮公三子

生於清乾隆廿五年庚辰八月廿二日辰時

卒於清道光九年己丑五月　日　時壽七十歲

娶邵氏生於清乾隆三十八年癸巳十月十三日辰時

卒於　年　月　日　時

生一子　元鳳早世

墓葬杜家漕跟

二房

行惠百廿二　諱宏顯字聲揚

敏八六繼法公長子

生於清乾隆廿五年庚辰九月十三日未時

卒於清嘉慶八年癸亥五月初一日午時年四十有四
娶費氏生於清乾隆廿六年辛巳十月二十日　時
卒於清乾隆五十年乙巳三月廿三日　時年二十有
五
生一子　慈棟
又娶張氏生於清乾隆三十四年己丑十二月廿二日酉
時
卒於　　年　月　日　時
生一子　慈樑
墓葬

行惠百廿三諱知本

𤄊

房二

敏百十五在鼎公長子

生於清乾隆廿五年庚辰九月十三日未時

卒於清嘉慶四年己未七月初四日　時年四十歲

娶錢氏生於清乾隆三十八年癸巳四月廿七日辰時

卒於　年　月　日　時

生三子　長慈論　次慈諭　三慈謀

墓葬

行惠百廿四 諱宏詮

敏五十繼周公三子

生於清乾隆廿六年辛巳正月廿八日酉時

卒於清嘉慶六年辛酉二月初七日　時年四十有一

⿰月老

娶葛氏生於清乾隆廿八年癸未八月初五日　時
卒於清乾隆五十三年戊申十一月廿一日　時年二
十有六
繼娶莊氏生於清乾隆三十二年丁亥十一月廿四日酉
時
卒於　年　八月十七日亥時
生三子　長慈璇　次慈瑾　三慈琰
墓葬茅墳泭

行惠百廿五諱宏振
敏六九繼才公長子
生於清乾隆廿六年辛巳五月廿三日　時

卒於清道光十四年甲午六月初一日辰時壽七十有

四

娶周氏生於清乾隆四十一年丙申十二月初九日申時

卒於清道光廿九年己酉八月十　日　時壽七十有

四

生五子　長慈標　次慈根　三慈楓　四慈森　五

慈杰

一女適莊

墓葬杜家漕跟朝西

厖

行惠百廿六諱宏純字沛蒼

敏百二十繼旦公三子

生於清乾隆廿六年辛巳六月廿九日　時

卒於清乾隆四十三年戊戌閏六月廿六日　時年一

十有八未娶

祭祀隨父輪值

墓葬大車頭港東岸南首坐西朝東

行惠百廿七諱宏高

敏九七士義公之子

生於清乾隆廿六年辛巳九月初九日　時

卒於清乾隆五十七年壬子三月二十日　時年三十

有二

娶邵氏生於清乾隆三十六年辛卯十一月三十日　時

卒於清乾隆五十七年壬子閏四月二十日　時年二
十有二
無後　以惠八一宏昌公長子元定入繼
墓葬烏沿墳田

行惠百廿八　諱宏譽　字光祓
敏五十繼周公四子
生於清乾隆廿七年壬午五月廿七日　時
卒於清道光七年丁亥五月廿四日　時壽六十有六
娶毛氏生於清乾隆三十一年丙戌四月初九日　時
卒於清嘉慶三年戊午八月廿九日　時年三十有三
生一子　慈瑜

二女長適唐　次適鄔

朓

墓葬鄭家河㪷

行惠百廿九諱宏魁字錦麟

敏八八繼美公長子

生於淸乾隆廿七年壬午六月二十日酉時

卒於淸嘉慶廿三年戊寅十一月十一日辰時年五十

有七

娶應氏生卒無查

又娶俆氏生於淸乾隆三十一年丙戌十一月初十日酉

時

卒於淸道光廿九年己酉十一月初十日　時壽八十

彤三

有四

生二子　長慈著　次慈照

一女適胡

墓葬

行惠百三十　諱宏倫

敏六一維干公四子

生於清乾隆廿七年壬午九月廿三日申時

卒於清道光　年　九月十四日　時

娶陳氏生於清乾隆四十年乙未六月初九日亥時

卒於　年　十月十四日　時

生五子　長慈瑞　次慈焕早世　三慈雅　四慈槐

五慈祥

墓葬

配

行惠百三一諱宏大

敏七五允中公三子

生於清乾隆廿七年壬午十一月十七日　時

卒於　年　月　日　時

娶許氏生卒無查

配

僑居蘇州

行惠百三二諱宏泰

敏百三二允信公長子

生於清乾隆廿八年癸未九月廿四日午時

肅

卒於清嘉慶五年庚申八月初四日申時年三十有八

娶胡氏生於清乾隆三十八年癸巳三月廿七日　時

卒於清乾隆五十七年壬子五月十四日　時年二十

歲

無後　以惠百六四宏友公長子慈祥入繼

行惠百三三諱惠明字照遠號蕉園

敏百六一敏學公長子

生於清乾隆廿八年癸未十一月初三日戌時

卒於清道光四年甲申正月十一日　時壽六十有二

娶鄭氏生於清乾隆廿八年癸未五月初九日未時

卒於清道光十五年乙未十月廿九日　時壽七十有

房西

三
娶妾　氏生於清乾隆廿七年壬午八月初一日　時
卒於清道光十七年丁酉十月初十日　時壽七十有
六
無後　以惠百五五惠昭公長子慈愛入繼
墓葬上坂河㳶
行惠百三四　諱宏魁
敏九十允英公長子
生於清乾隆廿八年癸未十一月廿五日寅時
卒於　年　月　日　時
娶□氏生卒無查

生一子
寓居山東省東昌府
配
行惠百三五 諱惠南 字愛人
敏百五繼豐公長子
生於清乾隆廿八年癸未十二月初六日亥時
卒於清道光二年壬午八月十八日戌時壽六十歲
娶盛氏生於清乾隆三十九年甲午三月十七日申時
卒於清道光十八年戊戌十二月二十日巳時壽六十
有五
生三子 長慈保 次慈教 三慈九
三女長適姚 次適陳 三適姚

涑

墓葬香山寺西側土名下楊樹坑山父墳旁山向坐壬
向丙兼子午立有墓碑

行惠百三六　諱知方
敏百一在秀公次子
生於清乾隆廿八年癸未十二月初八日午時
卒於清道光五年乙酉八月十五日　時壽六十有三
娶陳氏生於清乾隆三十九年甲午六月十五日戌時
卒於清道光十七年丁酉七月廿五日午時壽六十有
四
生三子　長慈朋　次慈明　三慈鶴
墓葬吳家屋後父墳旁

老房

行惠百三七諱宏寛

敏百四三繼範公之子

生於清乾隆廿九年甲申五月十九日亥時

卒於清道光十四年甲午二月十一日辰時壽七十有

一

娶應氏生於清乾隆四十六年辛丑六月十三日　時

卒於清嘉慶十八年癸酉三月十一日戌時年三十有

三

生一子　慈德

墓葬倉屋園

二房

行惠百三八諱宏漸字達九

敏八六繼法公次子

生於清乾隆廿九年甲申十月初六日戌時

卒於清嘉慶廿四年己卯十一月初三日亥時年五十

有六

娶葛氏生於清乾隆三十六年辛卯四月十八日巳時

卒於清乾隆六十年乙卯十月十四日丑時年二十有

五

又娶黃氏生於清乾隆四十五年庚子十一月十九日

時

卒於　　年　　九月初一日　時

生二子　長慈模　次慈松

三房

一女適鄭

墓葬

行惠百三九 諱宏皎 字繼光

敏百八一 維慧公次子

生於清乾隆廿九年甲申十一月廿八日未時

卒於 年 十一月十六日 時

娶應氏生於清乾隆三十七年壬辰七月十七日 時

卒於 年 二月十六日 時

無後

祭祀隨兄宏有祀輪流承辦

墓葬河裏岸

翀

行惠百四十諱宏模

敏百十二士錦公之子

生於清乾隆廿九年甲申十二月十五日午時

卒於　年　月　日　時

娶陳氏生於清乾隆四十年乙未五月廿二日　時

卒於　年　月　日　時

生一子　元亨

一女適胡

墓葬

涑

行惠百四一諱知先

敏六七在中公長子

三房

生於清乾隆廿九年甲申十二月廿九日未時
卒於　年　月　日　時
娶張氏生於清乾隆四十七年壬寅十月廿六日戌時
卒於　年　月　日　時
無後

、行惠百四二諱佝忠
敏百廿八興茂公次子
生於清乾隆三十年乙酉三月初五日未時
卒於清道光　年　九月廿三日　時
娶張氏生於清乾隆五十年乙巳七月初十日午時
卒於清嘉慶　年　十一月初五日　時

[illegible]

生一子　慈祿
二女俱適朱
墓葬應家橋
行惠百四三　諱宏高
敏八八繼美公次子
生於清乾隆三十一年丙戌六月十八日戌時
卒於清嘉慶廿五年庚辰七月初九日戌時年五十有
五
娶周氏　改適
無後　以姪慈照承値祭祀
墓葬茅塘

廂

行惠百四四 諱惠政

敏百六一敏學公次子

生於清乾隆三十一年丙戌八月十二日午時

卒於清道光四年甲申十月廿六日　時年五十有九

娶胡氏生於清乾隆四十一年丙申三月初九日未時

卒於清咸豐五年乙卯正月十一日　時壽八十歲

無後　以惠二百四四惠豪公長子慈譽入繼

生三女長適舒　次適劉　三適洪

墓葬上坂河斗

三䣭

行惠百四五 諱宏大

敏二百二維學公長子

生於清乾隆三十一年丙戌九月初六日未時
卒於清嘉慶元年丙辰四月二十日　時年三十有一
娶應氏生於清乾隆三十五年庚寅十二月十五日　時
卒於清乾隆五十四年己酉五月初四日　時年二十
歲
又娶張氏生於清乾隆三十四年己丑六月十四日卯時
卒於清道光九年己丑八月十七日亥時壽六十有一
生二子　長慈遠　次慈達早世 俱未娶
以惠二百廿六宏瑞公長子慈遠入繼
一女適盛
墓葬倒橋跟高田父墳旁

二房

行惠百四六　諱宏章　字貢璋

敏八六繼法公三子

生於清乾隆三十二年丁亥三月十一日戌時

卒於清道光二年壬午九月初五日　時年五十有六

娶姚氏生於清乾隆三十五年庚寅三月十一日戌時

卒於清嘉慶九年甲子八月初一日　時年三十有五

生二子　長慈柱　次慈楷

又娶王氏　改適

生一子　慈烝

一女適

墓葬暗漕頭

禳

行惠百四七諱知成

敏百十五在鼎公次子

生於清乾隆三十二年丁亥五月二十日未時

卒於清道光四年甲申十月初五日　時年五十有八

娶曹氏生於清乾隆四十八年癸卯十二月廿七日戌時

卒於清道光十七年丁酉四月十四日辰時年五十有

五

生二子　長慈鴻　次慈芳

墓葬章泙

虍

行惠百四八諱宏緒

敏九五繼常公五子

生於清乾隆三十二年丁亥六月初八日子時
卒於清道光十四年甲午四月十九日　時壽六十有
八
娶張氏生於清乾隆四十三年戊戌十月廿七日子時
卒於清道光十四年甲午三月十七日　時年五十有
七
無後
生五女長適洪　次適楊　三適朱　四適李　五適
鄞城
墓葬周家斗

涷
行惠百四九諱如光

敏九一　在賢公長子

生於清乾隆三十二年丁亥五月廿七日丑時

卒於清道光廿五年乙巳　月　日　時壽七十有

九

娶沈氏生於清乾隆四十五年庚子十月初三日卯時

卒於　年　月　日時

生一子　慈友

一女適劉

娶妾金氏生於清乾隆四十八年癸卯十月十五日辰時

卒於清嘉慶十九年甲戌八月十三日辰時年三十有

二

娶妾朱氏生於清乾隆三十九年甲午九月十九日辰時
卒於　年　月　日　時
墓葬錢家漕頭

配

行惠百五十　諱宏全
敏百三二允信公次子
生於清乾隆三十二年丁亥九月十九日酉時
卒於　年　五月十八日　時
娶莊氏生於清乾隆三十八年癸巳三月廿一日酉時
卒於清嘉慶四年己未五月初六日　時年二十有七
又娶曹氏　改適
無後　以惠二百廿五宏瑞公次子慈乾入繼

𣽴

墓葬河灣漕南首

行惠百五一諱知靈字其延

敏百一在秀公三子

生於清乾隆三十二年丁亥九月廿四日丑時

卒於　年　月　日　時

娶謝氏生於清乾隆四十九年甲辰十月初九日午時

卒於　年　月　日　時

生三子　長慈楷　次慈樟　三慈椿

墓葬吳家屋後父墳旁

𣽴

行惠百五二諱惠林

敏百九四敏質公長子

涼

生於清乾隆三十三年戊子二月初三日申時
卒於清乾隆五十六年辛亥九月廿四日　時年二十
有四
娶邵氏改適
無後
生一女適應
墓葬後坂冬至會田

行惠百五三諱知行
敏八七在田公次子
生於清乾隆三十三年戊子三月初十日戌時
卒於　年　月　日時

䏧

娶錢氏生卒無查

無後

行惠百五四 諱 宏雲

敘六九繼才公次子

生於清乾隆三十三年戊子九月初一日　時

卒於清嘉慶　年　六月初三日　時

娶孔氏生於清乾隆五十年乙巳六月十五日　時

卒於清道光十六年丙申十月廿六日　時年五十有

二

生二子　長 慈法　次 慈海

三女長適洪　次適周　三適徐

墓葬刁家

腩

行惠百五五　諱　惠昭

敏百六一　敏學公三子

生於清乾隆三十三年戊子十月初十日巳時

卒於清道光八年戊子十月廿九日　時壽六十有一

娶傅氏生於清乾隆四十一年丙申五月十一日申時

卒於　年　月　日　時

生三子　長慈愛出繼　次慈煜　三慈金

墓葬上坂河斗

䐗

行惠百五六　諱　宏寶

敏百二繼槐公次子

生於清乾隆三十三年戊子十月廿四日戌時
卒於　年　月　日　時
客死蘇州洞庭山未曾歸葬
娶張氏生於清乾隆四十四年己亥十一月初九日子時
卒於　年　月　日　時
無後

三房

行惠百五七諱宏海字滙川
敏百十維吉公三子
生於清乾隆三十三年戊子十二月初四日辰時
卒於清嘉慶元年丙辰五月十五日　時年二十有九
娶嚴氏生於清乾隆三十五年庚寅十一月十一日午時

房二

卒於　　年　　月　　日時

生一子　慈階

一女適徐

墓葬

行惠百五八諱宏玉

敏百六十繼泗公長子

生於清乾隆三十四年己丑正月初十日丑時

卒於清嘉慶廿五年庚辰九月廿三日酉時年五十有

二

娶劉氏生於清乾隆四十二年丁酉九月廿四日未時

卒於　　年　　十一月十二日　時

中房

生四子　長慈掄　次慈均　三慈瑜　四慈怡

一女適洪

墓葬港嘴頭

行惠百五九　諱宏貴

敏百三七七　泰公長子

生於清乾隆三十四年己丑正月廿四日午時

卒於清道光十年庚寅三月十一日巳時壽六十有二

娶張氏生於清乾隆五十年乙巳十月初十日　時

卒於清同治元年壬戌五月　日　時壽七十有八

生二子　長元愷　次元艮

一女適吳

二房

墓葬

行惠百六十　諱宏翔　字振衢

敏百八六繼法公四子

生於清乾隆三十四年己丑五月廿五日卯時

卒於清道光九年己丑三月廿六日戌時壽六十有一

娶成氏生於清乾隆四十一年丙申十一月十九日未時

卒於清道光十九年己亥七月二十日辰時壽六十有

四

生二子　長慈杏　次慈槐

一女適蘇

墓葬倒橋跟

瓞

行惠百六一諱宏眞字楚玉

敏百十七繼世公四子

生於清乾隆三十四年己丑六月初四日亥時

卒於清道光十二年壬辰九月初五日辰時壽六十有

四

娶孫氏生於清乾隆四十一年丙申六月廿四日未時

卒於清道光廿二年壬寅十月初三日丑時壽六十有

七

無後　以惠二百九宏禔公次子慈隆入繼

墓葬鄭家河斗長另

肆

行惠百六二諱宏瀏字廣淩

敏五七士華公三子

生於清乾隆三十四年己丑八月廿五日戌時

卒於清嘉慶十六年辛未閏三月廿二日丑時年四十

有三

娶劉氏生於清乾隆三十八年癸巳十二月廿八日戌時

卒於清嘉慶十八年癸酉十一月十九日戌時年四十

有一

無後

墓葬杜家漕跟

瀩

行惠百六三諱知大

敏二百十七在爵公之子

生於清乾隆三十四年己丑十一月二十日辰時
卒於清道光十二年壬辰九月廿二日　時壽六十有
四
娶□氏生卒無查
無後
墓葬洪家屋前土名前竈田

行惠百六四 諱 宏友
敏百三二允信公三子
生於清乾隆三十五年庚寅正月十九日子時
卒於清道光十七年丁酉正月十七日子時壽六十有
八

肆

娶姚氏生於清乾隆四十六年辛丑二月廿二日子時
卒於清咸豐元年辛亥十一月廿一日　時壽七十有
一
生二子　長慈祥出繼　次慈裕
墓葬上坂

行惠百六五諱宏標字開陽號雲軒
敏百五六士超公長子
生於清乾隆三十五年庚寅四月初三日午時
卒於清嘉慶九年甲子七月三十日午時年三十有五
娶龔氏生於清乾隆三十二年丁亥五月廿五日　時
卒於清乾隆五十七年壬子九月十九日未時年二十

三房

有六
又娶徐氏生於清乾隆四十年乙未十二月廿八日　時
卒於清乾隆六十年乙卯十月初十日酉時年二十有
一
又娶毛氏　改適
生一子　元順
墓葬暗漕頭

行惠百六六　諱　宏華
敏百四維德公長子
生於清乾隆三十五年庚寅閏五月初七日戌時
卒於清道光廿五年乙巳十月十七日　時壽七十有

西房

六

娶陳氏生於清乾隆五十四年己酉十二月二十日　時

卒於清道光十四年甲午九月初九日　時年五十有

六

生一子　慈愷

二女長適邵　次適方

墓葬

行惠百六七諱宏惠郎東惠

敏九十允英公次子

生於清乾隆三十五年庚寅十月初五日丑時

卒於　年　月　日　時

娶孔氏改適

儷

無後

行惠百六八諱宏善

敏二百八允德公長子

生於清乾隆三十五年庚寅十二月初四日戌時

卒於清嘉慶廿三年戊寅五月初十日　時年四十有

九

娶胡氏生於清乾隆四十二年丁酉十一月十三日申時

卒於清道光十九年己亥十二月初九日戌時壽六十

有三

生三子　長慈芹　次慈蕙　三慈芬

墓葬上坂河泔西南首朝東南

三

行惠百六九諱尙麟

敏二百三興孝公長子

生於清乾隆三十五年庚寅　月　日　時

卒於　年　月　日　時未娶

三

行惠百七十諱宏道

敏二百十四維元公長子

生於清乾隆三十六年辛卯二月廿一日丑時

卒於　年　月　日　時未娶

行惠百七一諱宏南

客死杭州

䖏

敏七五允中公四子

生於清乾隆三十六年辛卯二月廿七日午時

卒於　年　月　日　時

娶莊氏生於清乾隆　年　月　日　時

卒於　年　月　日　時

生一女適姚

無後

行惠百七二諱宏順

敏八八繼美公三子

生於清乾隆三十六年辛卯四月初四日寅時

卒於清道光二年壬午四月初七日未時年五十有二

娶戴氏生於清乾隆四十八年癸卯十月十八日辰時
卒於清咸豐元年辛亥二月　日　時壽六十有九
生二子　長慈普　次慈山
墓葬

行惠百七三諱知達
敏九一在賢公次子
生於清乾隆三十六年辛卯五月初十日午時
卒於清道光十四年甲午九月廿五日戌時壽六十有
四
娶張氏生於清乾隆五十三年戊申八月廿五日亥時
卒於清同治二年癸亥八月廿五日　時壽七十有六

涷

生二子　長慈墱　次慈培

三女長適王　次適徐　三適姚

墓葬

行惠百七四　諱知恆　字可久　號蕙樓　國學生以長子慈潮銜

誥贈奉政大夫

敏二百十五　在元公長子　性慧年未弱冠即懋遷茂苑之

間卒居積致橋姚之富平生自奉儉約而好義樂施

生於清乾隆三十六年辛卯六月廿二日戌時

卒於清道光廿八年戊申正月廿四日亥時壽七十有

八

娶唐氏　誥贈宜人生於清乾隆四十六年辛丑十月十

一日未時
卒於清嘉慶十五年庚午九月十六日寅時年三十歲
生二女長適沈　次適李
又娶余氏　誥贈宜人生於清乾隆五十七年壬子十月
十二日辰時
卒於清嘉慶廿一年丙子十二月廿六日　時年二十
有五
生一女適姚
又娶李氏　誥贈宜人生於清乾隆五十九年甲寅二月
十二日亥時
卒於清道光十三年癸巳五月初三日　時年四十歲

生二子　長慈潮　次慈瀚

三女長適周　次適劉　三適穆

又娶葛氏　誥贈宜人生於清乾隆五十九年甲寅六月

廿四日戌時

卒於清咸豐七年丁巳二月十四日亥時壽六十有四

墓葬鎮西管鄉金華張家嘴坐卯向酉

行惠百七五諱宏林

敏四三士俊公之子

生於清乾隆三十六年辛卯七月初四日酉時

卒於清嘉慶十一年丙寅五月十八日　時年三十有

六

二房

娶余氏生於清乾隆三十四年己丑二月十六日午時
卒於清道光十六年丙申七月廿一日　時壽六十有
八
生一女適吳
無後　以惠一百　宏模公長子元浩入繼
墓葬馬經河沿

行惠百七六 諱 惠和 字 國安
敏百五繼豐公次子
生於清乾隆三十六年辛卯七月初十日未時
卒於清嘉慶十二年丁卯二月初三日戌時年三十有
七

娶夏氏改適

無後　以姪慈敎承值祭祀

生二女長適方　次適奉化

墓葬馬經河沿

曉

行惠百七七諱宏慶字坤山

敏百三八繼富公長子

生於清乾隆三十六年辛卯八月廿二日巳時

卒於清道光八年戊子八月廿八日亥時年五十有八

娶王氏生於清乾隆五十一年丙午六月廿二日戌時

卒於　年　月　日時

生一子　慈寶

朧

行惠百七八諱宏烈

墓葬鎮龍橋西首

敏百二繼槐公三子

生於清乾隆三十六年辛卯九月三十日戌時

卒於　年　月　日時

客死蘇州

娶□氏改適

無後

[illegible]

行惠百七九諱知訓字欽哉

敏百七五在勤公長子

生於清乾隆三十六年辛卯十月十三日午時

卒於清道光八年戊子二月廿五日　時年五十有八
娶姚氏生於清乾隆四十五年庚子五月廿五日丑時
卒於清道光廿一年辛丑九月初三日辰時壽六十二
生三子　長炳乾　次金乾　三沛乾
四女長適楊　次適方　三適陸　四適盛
墓葬本村止水塆

彪

行惠百八十諱宏陶
敏百八一維慧公三子
生於清乾隆三十七年壬辰正月廿四日辰時
卒於清嘉慶九年甲子六月十八日申時年三十有三
娶唐氏生於清乾隆三十八年癸巳七月初二日巳時

駟

卒於清咸豐六年丙辰十一月初六日　時壽八十有

四

生一子　慈暄

三女長適陸　次適嚴　三適王

墓葬屋後秀才園

行惠百八一　諱宏富

敏百三二允信公四子

生於清乾隆三十七年壬辰九月初二日卯時

卒於清道光廿三年癸卯八月初七日戌時壽七十有

二

娶范氏生於清乾隆四十六年辛丑二月初八日亥時

卒於清道光十三年癸巳九月十五日戌時年五十有

三

生一子　慈甯

一女適盛

墓葬上坂河抖

行惠百八二諱惠濟

敏二百二十敏耀公長子

生於清乾隆三十七年壬辰九月十九日卯時

卒於清道光廿二年壬寅十二月初六日　時壽七十

有一

娶張氏生於清乾隆四十五年庚子八月廿三日　時

中房

卒於　年　二月初九日　時

生二子　長慈林　次慈年　俱早世　無後

三女長適余　次適盧　三適王

墓葬

行惠百八三　諱宏柄　字炳揚　號怡臺

敏百五六士超公次子

生於清乾隆三十八年癸巳六月廿二日辰時

卒於清道光三年癸未六月十一日　時年五十有一

娶胡氏生於清乾隆四十一年丙申十二月廿七日丑時

卒於清嘉慶十一年丙寅五月初七日巳時年三十有

一

生二子　長元坤　次元榮

又娶高氏生於　　年　正月初十日　時

卒於清同治三年甲子十二月十二日　時

生一子　慈溪

墓葬吳家𣁾

行惠百八四諱宏國

敏百三七士泰公次子

生於清乾隆三十八年癸巳十月十九日　時

卒於清道光十三年癸巳九月三十日　時壽六十有

一

娶□氏生卒無查

彤

無後　以惠百五九宏貴公次子元艮入繼

行惠百八五諱宏魁

敏二百十四維元公次子

生於清乾隆三十八年癸巳十月廿八日　時

卒於清道光四年甲申八月初八日巳時年五十有二

娶翁氏生於清乾隆五十一年丙午十二月廿二日巳時

卒於　年　月　日時

無後

墓葬

酾

行惠百八六諱宏興

敏百八九允恭公之子

生於清乾隆三十九年甲午四月十一日卯時
卒於清道光十年庚寅九月廿八日　時年五十有七
娶陳氏生於清乾隆五十二年丁未四月十四日戌時
卒於清道光廿四年甲辰二月廿九日巳時年五十有
八
生五子　長慈照　次慈詠　三慈謀　四慈任　五
慈湘
一女適陳
墓葬上坂泂㪷

行惠百八七諱惠文
敏二百十三敏孝公長子

䳊

生於清乾隆三十九年甲午四月十二日辰時

卒於清道光十八年戊戌正月十四日午時壽六十有

五

娶劉氏生於清乾隆四十三年戊戌七月十七日丑時

卒於清咸豐六年丙辰正月十一日　時壽七十有九

生二子　長慈淵　次慈源

二女長適周　次適方

墓葬繞埠

行惠百八八諱惠遠

敏百六一敏學公四子

生於清乾隆三十九年甲午七月廿六日辰時

卒於清道光廿二年壬寅正月十三日　時年五十有

九

娶余氏生於清乾隆四十四年己亥十月初八日卯時

卒於清道光六年丙戌十二月初五日　時年四十有

八

生二子　長慈蕊　次慈睦

墓葬上坂河㳇

行惠百八九諱惠相

敏百九四敏質公次子

生於清乾隆三十九年甲午九月十一日辰時

卒於清道光七年丁亥正月廿八日　時年五十有四

娶姚氏生於清嘉慶二年丁巳八月廿八日　時
卒於清道光五年乙酉正月初二日　時年二十有九
又娶廖氏生卒無查
生一子　慈福
墓葬後坂冬至會田

三　彭
行惠百九十　諱尙錦
敏二百二開宗公長子
生於清乾隆三十九年甲午九月廿二日午時
卒於　年　月　日　時
久客江北杳無音信

聡
行惠百九一　諱宏瑞

䮑

敏百三八繼富公次子

生於淸乾隆三十九年甲午九月廿二日申時

卒於　年　月　日　時未娶

行惠百九二諱宏有

敏百七一允盛公之子

生於淸乾隆三十九年甲午十月初四日寅時

卒於淸嘉慶九年甲子三月初二日　時年三十有一

娶□氏改適

無後　以惠三六　宏煜公次子慈文入繼

墓葬

𤅢

行惠百九三諱知禮

賭　　　　酒

敏百五十在富公長子
生於清乾隆三十九年甲午十一月廿五日子時
卒於　年　月　日　時
娶張氏改適
無後
墓葬錢家園

行惠百九四諱宏安
敏六九繼才公三子
生於清乾隆三十九年甲午十二月初五日　時
卒於　年　月　日　時未娶

行惠百九五諱惠大

三

敏二百廿七敏發公之子

生於清乾隆三十九年甲午十二月廿八日午時

卒於清嘉慶廿二年丁丑四月初六日卯時年四十有

四

娶佘氏生於清乾隆四十九年甲辰三月十四日巳時

卒於　年　月　日時

生一子　慈昂

墓葬

行惠百九六諱尙金

敏二百三興孝公次子

生於淸乾隆三十九年甲午　月　日時

湶源

行惠百九七諱知德

早世

湶源

行惠百九八諱知誠字顯哉

敏百廿三在興公之子

生於清乾隆四十年乙未三月初七日寅時

卒於　年　月　日　時未娶

墓葬錢家園

敏百七五在勤公次子

生於清乾隆四十年乙未六月廿四日戌時

卒於　年　月　日　時未娶

萃中

行惠百九九諱宏書

敏百七八士溥公長子
生於清乾隆四十年乙未八月初五日卯時
卒於　年　月　日　時
娶蔡氏改適
無後
墓葬
行惠二二百諱知懷字孝思
敏二百十五在元公次子
生於清乾隆四十年乙未九月初九日巳時
卒於清道光廿八年戊申六月十六日申時壽七十有
四

娶徐氏生於清乾隆五十年乙巳四月初九日子時
卒於清道光廿二年壬寅八月初九日戌時年五十有
八
生四子　長慈濟　次慈濱　三慈泮　四慈浙
一女適杜
墓葬鄭家河斗

海上絲綢之路文獻集成

總主編　陳支平　陳春聲

民間譜牒編

50

主編　林　楓

海峽出版發行集團
THE STRAITS PUBLISHING & DISTRIBUTING GROUP
福建人民出版社

国家出版基金项目
NATIONAL PUBLICATION FOUNDATION

本册目次

［浙江慈溪］慈谿鴻門童氏宗譜十七卷首一卷（卷六至卷八）

童賡年等纂修

慈東童氏宗譜卷六

世傳

第二十八世

翀　行惠二百一諱宏湧字清揚

敏百五六士超公三子

生於清乾隆四十年乙未九月十六日午時

卒於清嘉慶十四年己巳九月十六日　時年三十有

五

娶陳氏生於清乾隆四十四年己亥十一月十八日寅時

卒於清道光三十年庚戌八月廿一日　時壽七十有

二

無後

生一女適陳

墓葬

中房

行惠二百二　諱宏潤　字南陽　鄉耆

敏百五六士超公四子

生於清乾隆四十年乙未九月十六日未時

卒於清道光五年乙酉四月初八日　時年五十有一

未娶

墓葬西港斗東首

三房

行惠二百三　諱宏巨　字克肩

敏二百十二興悌公之子

配

生於清乾隆四十年乙未九月廿五日酉時

卒於清咸豐三年癸丑八月初九日寅時壽七十有九

娶莊氏生於清乾隆五十三年戊申四月十八日申時

卒於清嘉慶十四年己巳二月初四日　時年二十有

二

又娶貝氏生於清乾隆五十四年己酉五月廿五日丑時

卒於清咸豐六年丙辰七月廿三日　時壽六十有八

生二子　長慈堃　次慈宋

墓葬河西岸

行惠二百四　諱宏吉

敏二百八允德公次子

生於清乾隆四十年乙未十月初十日戌時
卒於清道光四年甲申三月廿七日戌時年五十歲
娶陳氏生於清乾隆四十七年壬寅五月十六日　時
卒於清嘉慶九年甲子八月初四日　時年二十有三
又娶陳氏生於清乾隆五十年乙巳六月廿五日申時
卒於清同治元年壬戌十月十二日　時壽七十有八
生四子　長慈葵　次慈標　三慈萃　四慈蓮
二女長適杜　次適周
墓葬柏樹墳田高墳對落

行惠二百五諱宏泰
敏百八一維慧公四子

生於清乾隆四十年乙未十一月廿三日未時
卒於　年正月十四日　時
娶葉氏生於清乾隆四十七年壬寅九月十七日　時
卒於　年七月十四日　時
生一子　慈法
墓葬河裏岸

配

行惠二百六諱惠揚字杏齋號望春
敏百五繼豐公三子爲敏百四一繼濂公繼子
生於清乾隆四十年乙未十二月初七日午時
卒於清嘉慶廿五年庚辰七月廿七日　時年四十有
六

娶張氏生於清乾隆四十八年癸卯七月初二日未時

卒於清道光十三年癸巳六月廿六日　時年四十有

一

生三子　長慈承早世　次慈肇　三慈啓

墓葬柘塘廟西首父墳旁

肅

行惠二百七諱惠剛

敏二百十三敏孝公次子爲敏二百五四敏忠公繼子

生於清乾隆四十一年丙申五月初六日子時

卒於清道光十六年丙申正月十一日　時壽六十有

一

娶周氏生卒無查

生二子　長慈洪　次慈德

墓葬

肆

行惠二百八　諱惠高　字普昌

敏百六七敏求公長子

生於清乾隆四十一年丙申五月十二日午時

卒於清道光十四年甲午五月初六日　時年五十有

九

娶包氏生於清乾隆四十八年癸卯三月初三日子時

卒於清道光廿九年己酉正月二十日　時壽六十有

七

生一子　慈瑾

墓葬馬徑河沿西首石路下坐西朝東

朓

行惠二百九諱宏禔

敏百十七繼世公五子

生於清乾隆四十一年丙申六月初九日子時

卒於清道光八年戊子九月初七日未時年五十有三

娶胡氏生於清乾隆五十六年辛亥十一月十八日亥時

卒於清咸豐十年庚申九月十一日　時壽七十歲

生四子　長慈艮出繼　次慈隆出繼　三慈成　四

慈高

二女長適姚　次適周

墓葬

棟

行惠二百十諱知來

敏百一　在秀公四子

生於清乾隆四十一年丙申七月十二日辰時

卒於清嘉慶十五年庚午十二月十七日　時年三十

有五

娶方氏生卒無查

無後

墓葬

彫

行惠二百十一諱宏朗

敏百四　維德公次子

生於清乾隆四十一年丙申七月十三日辰時

[illegible]

卒於清道光八年戊子十一月　日　時年五十有
三
娶曹氏 改適
生二子　長 慈元　次 慈堯 螟蛉孔浦
墓葬

行惠二百十二 諱 惠清
敏二百四敏泰公之子
生於清乾隆四十一年丙申十二月初十日丑時
卒無查
娶洪氏生卒無查
無後

𦙶　行惠二百十三　諱宏山　字東山
敏九十允英公三子
生於清乾隆四十二年丁酉五月初七日寅時
卒無查　未娶

𣻂　行惠二百十四　諱知安
敏百七四在智公長子
生於清乾隆四十二年丁酉八月初九日亥時
卒無查
娶沈氏生於清乾隆四十一年丙申五月初三日寅時
卒於清道光　年　六月初八日　時
生一子　慈昇

墓葬錢家園

二房

行惠二百十五諱宏規
敏百八二繼奭公之子爲敏百四七繼望公繼子
生於清乾隆四十二年丁酉八月廿九日寅時
卒無查

涼

行惠二百十六諱知謨字承哉
敏百七五在勤公三子
生於清乾隆四十二年丁酉十一月初八日子時
卒於清道光十一年辛卯八月廿四日申時年五十有五
娶朱氏生於清乾隆五十七年壬子十二月廿四日戌時

卒於　　年　四月初七日　時
生三子　長慈楊　次慈相　三慈梅
一女適方
墓葬洪家漕跟南首

灝

行惠二百十七諱知美
敏二百六在常公長子
生於清乾隆四十三年戊戌正月廿六日戌時
卒無查
娶吴氏生於清乾隆五十五年庚戌七月三十日未時
卒無查
無後

墓葬

涼

行惠二百十八 諱知運

敏百八三在鳳公長子

生於清乾隆四十三年戊戌四月廿一日卯時

卒於清道光十七年丁酉十二月十五日戌時壽六十

歲

娶陳氏生於清乾隆五十九年甲寅八月廿九日卯時

卒於清咸豐六年丙辰九月廿四日　時壽六十有三

生四子　長慈震　次慈祥出繼　三慈林　四慈興

一女適馮

墓葬錢家園

配

行惠二百十九諱宏春

敏百廿五允謙公之子

生於清乾隆四十三年戊戌八月廿四日丑時

卒於清道光十四年甲午九月十五日辰時年五十有

七

娶小靈峯王氏生於清乾隆五十一年丙午八月初六日

戌時

卒於清同治六年丁卯九月廿五日　時壽八十有二

生三子　長慈楠　次慈富　三慈化

四女長適方　次適盛　三適姚　四適朱

配

行惠二百二十諱惠洪

二房

敏百六七敏求公次子

生於清乾隆四十三年戊戌十一月初十日辰時

卒於清道光十二年壬辰五月初五日未時年五十有

五

娶嚴氏生於清乾隆五十二年丁未三月廿九日戌時

卒於清道光十二年壬辰四月初八日子時年四十有

六

無後　以惠二百五五惠深公長子慈璇入繼

墓葬石路下

行惠二百廿一 諱宏耀

敏百六十繼泗公次子

生於清乾隆四十四年己亥三月二十日午時
卒於清道光十三年癸巳十二月廿五日　時年五十
有五
娶張氏生於清乾隆五十四年己酉九月廿一日午時
卒於清同治十年辛未五月十七日申時壽八十有三
生一子　慈富
墓葬港𡑞頭

肅

行惠二二百廿二諱惠乾
敏二二百廿八敏和公長子
生於清乾隆四十四年己亥五月初九日亥時
卒於清道光三十年庚戌八月廿四日　時壽七十有

二

娶胡氏生於清乾隆四十五年庚子十一月廿六日酉時

卒於清道光元年辛巳十一月初九日　時年四十有

二

生二子　長慈桂早世　次慈槐

二女長適胡　次適施

墓葬大車頭港

彫

行惠二百廿三諱宏壽

敏二百四六維裕公長子

生於清乾隆四十四年己亥五月十二日午時

卒於清道光十七年丁酉四月　日　時年五十有

九

娶邵氏生於清乾隆四十五年庚子十一月十五日子時

卒於清道光十五年乙未六月初七日酉時年五十有

六

生四子　長慈慶　次慈楷　三慈權　四慈桂

一女適費

墓葬

䟭

行惠二百廿四諱惠銓

敏二百十七敏忠公長子

生於清乾隆四十四年己亥五月十八日巳時

卒於清嘉慶　年　月　日　時早世

驪

行惠二百廿五 諱宏瑞 字德金

敏百三二允信公五子

生於淸乾隆四十四年己亥九月初二日申時

卒於淸嘉慶廿三年戊寅十月十五日　時年四十歲

娶張氏生於淸乾隆五十二年丁未四月廿八日午時

卒於淸道光七年丁亥十月廿六日　時年四十有一

生四子　長慈增出繼　次慈乾出繼　三慈坤　四

慈堃

墓葬河灣漕南首

居三

行惠二百廿六 諱宏瑞

敏二百三維學公次子

生於清乾隆四十四年己亥十一月廿二日未時
卒於清道光九年己丑五月廿一日卯時年五十有一
娶姚氏生於清乾隆四十九年甲辰四月廿一日卯時
卒於清同治元年壬戌七月廿一日　時壽七十有九
生三子　長慈遠出繼　次慈述　三慈陽
三女長適周　次適陳　三適張
墓葬倒橋跟高田父墳旁

行惠二百廿七諱尚隆
敏百廿八興茂公三子
生於清乾隆四十五年庚子三月十六日寅時
卒無查

娶姚氏改適

無後

墓葬

源

行惠二百廿八諱知悌字仁本號寄霞　國學生

敏二百十五在元公三子　性醇樸以家不中貲棄舉子業

作客滬江姓名大操而居心慷慨見義勇爲其於助祭

田創義學誠耿耿於心葢有志而未逮焉

生於清乾隆四十五年庚子七月十四日未時

卒於清道光二年壬午閏三月廿五日戌時年四十有

三

娶洪氏　善事舅姑治家以勤儉聞義方教子恆以府君

胂

遺言訓之曰兒輩當以敬祖睦族爲第一事吾家幸稍
餘願助田以承先意謹識之毋或忘惜未竟其事而歿
嗚呼若公與孺人者殆可謂孝思不匱者歟
生於清乾隆五十年乙巳二月十九日辰時
卒於清道光廿四年甲辰五月廿七日戌時壽六十歲
生二子　長慈浩　次慈沛
一女適余
墓葬鎮西翁家斗西河嘴頭坐北向南

行惠二百廿九　諱宏治　字聲久　號梧庭
敏百五六士遐公五子
生於清乾隆四十五年庚子十月廿三日辰時

卒於清道光廿三年癸卯八月十四日辰時壽六十有
四
娶陳氏生於清乾隆五十五年庚戌九月十七日寅時
卒於清嘉慶十三年戊辰四月廿六日寅時年一十有
九
又娶吳氏生卒無查
生一女適
無後
墓葬西港斗頭東首

西房

行惠二百三十 諱宏立
敏二百十允本公之子

三房

生於清乾隆四十六年辛丑四月十一日卯時

卒於清嘉慶廿二年丁丑四月十六日　時年三十有

七

娶姚氏生於清乾隆四十八年癸卯正月十二日子時

卒於清嘉慶十二年丁卯四月十六日　時年二十有

五

生二子　長慈基　次慈道

墓葬周家㳆

行惠二百三一　諱宏椿字大林　鄉耆

敏二百四三維明公長子

生於清乾隆四十六年辛丑六月十二日亥時

卒於清道光廿九年己酉十二月初十日卯時壽六十有九

娶余氏生於清乾隆四十九年甲辰五月初八日戌時卒於清嘉慶十五年庚午十二月十九日戌時年二十有七

又娶方氏生於清乾隆五十八年癸丑七月廿六日丑時卒於清道光九年己丑七月廿四日辰時年三十有七

生一子　慈璋早世

二女長適朱　次適劉

又娶黃氏生於清嘉慶八年癸亥三月廿五日酉時卒於清同治九年庚午五月廿一日亥時壽六十有八

老房

生一子　慈榮
三女長適王　次適方　三適姚
墓葬倪橋港
行惠二百三二諱宏宰
敏百九九繼統公之子
生於清乾隆四十六年辛丑七月三十日辰時
卒於清道光廿八年戊申十二月十二日　時壽六十
有八
娶葛氏生於清嘉慶元年丙辰十二月廿六日戌時
卒於清咸豐三年癸丑七月十二日　時年五十有八
生三子　長慈金　次慈道　三慈有

肅

三女長適唐　次適方　三適胡

墓葬

行惠二百三三諱惠坤　以孫祥愷銜誥贈昭武都尉

敏二百廿八敏和公次子

生於清乾隆四十六年辛丑十一月十八日亥時

卒於清道光廿一年辛丑六月十九日未時壽六十有一

娶陳氏　誥贈恭人生於清乾隆四十九年甲辰九月初三日辰時

卒於清嘉慶十三年戊辰五月廿六日　時年二十有五

酒

又娶貝氏　誥贈恭人生於清乾隆五十七年壬子九月
初九日子時
卒於清道光廿三年癸卯閏七月廿六日子時年五十
有二
生五子　長慈晃　次慈曛　三慈瞰　四慈昌　五
慈星早世
二女長適張　次適周
墓葬後張屋後漕大坪坐西向東

行惠二百三四　諱惠明
敏二百五開元公之子
生於清乾隆四十六年辛丑十二月初三日子時

卒無查

寓居慈谿城中

源

行惠二百三五 諱知學

敏二百七在賓公之子

生於清乾隆四十六年辛丑十二月十八日戌時

卒於清道光三年癸未四月十四日　時年四十有三

娶費氏生於清乾隆五十五年庚戌十二月十八日子時

卒於清道光廿三年癸卯十月廿六日申時年五十有

四

生一子　慈偉

墓葬洪家門前

廟　　　　　　　　　　　　　　　　　　　　　　　廟

行惠二百三六諱惠棟
敏百九四敏質公三子
生於清乾隆四十六年辛丑十二月十九日午時
卒於清道光七年丁亥七月初五日　時年四十有七
娶徐氏改適
墓葬後坂冬至會田

行惠二百三七諱宏珖
敏百三二允信公六子
生於清乾隆四十六年辛丑十二月廿四日　時
卒於清嘉慶八年癸亥三月廿三日　時年二十有三
未娶

三彫

行惠二百三八 諱宏寶

敏二百十一 維衡公之子

生於清乾隆四十七年壬寅四月廿二日午時

卒無查

娶杜氏生於清乾隆五十一年丙午三月初八日　時

卒無查

生一子　慈復

寓居蘇州

祿

行惠二百三九 諱知才 字知良

敏百八三在鳳公次子

生於清乾隆四十七年壬寅五月廿八日戌時

卒於清道光十九年己亥九月廿四日戌時年五十有八

娶王氏生於清嘉慶八年癸亥八月初十日午時

卒無查

生二子　長慈甯　次慈安出繼

墓葬

行惠二百四十諱宏愷

敏百三八繼富公三子

生於清乾隆四十七年壬寅七月初二日戌時

卒於清道光八年戊子　月　日　時年四十有七

娶余氏生卒無查

中房

生一子　金才　螟蛉他姓

墓葬

行惠二百四一　諱宏澍　字沛蒼

敏百五六士超公六子

生於清乾隆四十七年壬寅九月初十日亥時

卒於清道光十五年乙未四月初九日寅時年五十有

四

娶劉氏　改適

無後

墓葬河灣

南房

行惠二百四二　諱惠芳

房三

敏百八四敏易公之子

生於清乾隆四十七年壬寅十一月廿六日卯時

卒無查

娶曹氏 改適

無後

墓葬

行惠二百四三 諱宏越

敏二百十四維元公三子

生於清乾隆四十七年壬寅十二月廿六日申時

卒於清道光十三年癸巳十二月初十日未時年五十

有二

娶陳氏生於清乾隆五十九年甲寅正月十三日戌時

卒無查

生一子　慈恩

墓葬

南房

行惠二百四四 諱惠豪

敏百六一敏學公五子

生於清乾隆四十八年癸卯二月廿八日未時

卒於清道光十二年壬辰六月廿四日　時年五十歲

娶姚氏生於清乾隆五十二年丁未三月初一日　時年

四十有七

生三子　長慈謍出繼　次慈瑚出繼　三慈宰

墓葬上坂河㪷

配

行惠二百四五諱宏盛字德成　覃恩上壽

敏二百廿四維文公長子

生於清乾隆四十八年癸卯七月十九日巳時

卒於清道光十八年戊戌十月十六日卯時年五十有

六

娶姚氏生於清乾隆五十九年甲寅正月初六日酉時

卒於清道光十七年丁酉四月廿四日亥時年四十有

四

生一子　慈暉

三女長適余　次適胡　三適杜

墓葬更樓

源

行惠二百四六　諱知和

敏九一在賢公三子

生於清乾隆四十八年癸卯十月十九日午時

卒於清道光七年丁亥九月廿四日　時年四十有五

娶龔氏生於清乾隆五十七年壬子八月廿九日亥時

卒無查

無後

生一女適李

墓葬

源

行惠二百四七　諱知覺

肅

鍛百六三在貴公之子
生於清乾隆四十八年癸卯　月　日　時
卒於清嘉慶廿三年戊寅十一月廿五日　時年三十
有六未娶

行惠二百四八諱錦字光顯號蔭軒　職員
敏二百四五敏仁公長子
生於清乾隆四十九年甲辰正月廿八日戌時
卒於清咸豐九年己未三月十八日寅時壽七十有六
娶陳氏生於清嘉慶二年丁巳十月十六日寅時
卒於清道光元年辛巳六月廿九日　時年二十有五
生一子　慈璉

又娶清江王氏生於清嘉慶六年辛酉十一月十四日酉時

卒於清道光三十年庚戌八月初二日　時年五十歲

生一女適徐

又娶胡氏生於清嘉慶八年癸亥六月初一日酉時

卒於清光緒十九年癸巳五月十七日　時壽九十有一

生一子　慈慧

生一女適陳

娶妾夏氏生於清道光二年壬午二月初九日　時

卒於清宣統元年己酉九月三十日　時壽八十有八

生一子　慈立

墓葬宅南高田

𤇍 行惠二百四九 諱 惠標

敏二百六一 敏登公長子

生於清乾隆四十九年甲辰二月十一日丑時

卒於清道光三年癸未十二月初七日　時年四十歲

娶王氏生於清乾隆五十七年壬子五月廿六日亥時

卒無查

無後

墓葬漕西田向東父墳旁

𤇍 行惠二百五十 諱 宏慶

敏二百八允德公三子
生於清乾隆四十九年甲辰三月廿七日　時
卒於清道光廿一年辛丑九月十五日　時年五十有
八
娶杜氏生於清乾隆五十四年己酉正月廿八日亥時
卒於清道光二年壬午七月二十日　時年三十有四
生一子　慈萊
墓葬上坂河斗西南首朝東南

涷

行惠二百五一　諱知明
敏二百四四在祿公長子
生於清乾隆四十九年甲辰五月十七日辰時

卒於清咸豐元年辛亥二月十二日　時年五十有八
娶張氏生於清乾隆四十九年甲辰正月廿二日戌時
卒於清咸豐四年甲寅七月廿六日　時壽七十有一
生二子　長慈清　次慈濂
一女適張
墓葬地田

行惠二百五二諱知性
敏二百九三在卿公長子
生於清乾隆四十九年甲辰七月十六日丑時
卒於清道光十四年甲午十一月廿七日亥時年五十
有一

脪

娶刁氏生於清乾隆五十一年丙午七月十六日未時
卒於清道光三十年庚戌八月二十日　時壽六十有
五
生三子　長慈福　次慈鳳　三慈林
墓葬堰橋頭

行惠二百五三諱惠震字春輝　職員
敏二百五九敏孚公之子
生於清乾隆四十九年甲辰八月廿七日子時
卒於清道光元年辛巳十一月十五日　時年三十有
八
娶秦氏生於清乾隆四十九年甲辰九月廿二日子時

卒於清嘉慶廿二年丁丑六月廿三日卯時年三十有

四

又娶馮氏生於清嘉慶五年庚申十二月初一日午時

卒於清道光二年壬午三月初十日　時年二十有三

無後　以惠二百四四懋霖公次子慈瑚入繼

墓葬山頭黄父墳傍

行惠二百五四　諱宏江　字蒼雨　號虹磁

敏二百四三維鋗公次子　經理宗祠總帳二十餘年不辭

艱辛有益於族

生於清乾隆四十九年甲辰九月初七日辰時

卒於清道光廿三年癸卯十月十七日亥時年五十歲

娶杜氏生於清乾隆五十三年戊申八月十四日子時
卒於清嘉慶十九年甲戌七月十三日酉時年二十有
七
生一女適孔
又娶孔氏生於清乾隆五十八年癸丑正月十五日辰時
卒於清同治二年癸亥二月十五日辰時壽七十有一
生二子 長慈詔早世 次慈誥
一女適方
墓葬黃馬匯頭

肅

行惠二百五五 諱惠深
敏百六七敏求公三子

生於清乾隆四十九年甲辰十一月初九日戌時
卒於清道光十六年丙申八月初四日戌時年五十有
三
娶徐氏生於清乾隆五十九年甲寅十二月初十日戌時
卒於清咸豐十一年辛酉十月初七日 時壽六十有
八
生三子 長慈璇出繼 次慈璣 三慈瑛
四女長適姚 次適姜 三適余 四適徐
墓葬石路下
行惠二百五十六諱宏珏
敏百六十繼泗公三子

腩

生於清乾隆四十九年甲辰十一月廿四日丑時
卒於清道光八年戊子十月初十日　時年四十有五
未娶

行惠二百五七　諱惠梓
敏百九四敏質公四子
生於清乾隆五十年乙巳二月十三日辰時
卒於清道光廿八年戊申八月十五日　時壽六十有
四
娶盛氏生於清嘉慶元年丙辰六月廿二日卯時
卒於清嘉慶十九年甲戌九月十九日　時年一十有
九

又娶葉氏生於清嘉慶十年乙丑十月初六日　時
卒於清道光七年丁亥六月廿七日　時年二十有三
生二女長適陳　次適姚
又娶孔氏生於清嘉慶十一年丙寅十月廿四日午時
卒無查
生二子　長慈茂　次慈盛
一女適姚
墓葬西河

行惠二百五八諱春字與晉號雨津　職員

敏二百廿九士鉉公之子
生於清乾隆五十年乙巳三月廿六日卯時

胏

卒於清道光五年乙酉八月初九日酉時年四十有一
娶應氏生於清乾隆四十八年癸卯八月初八日丑時
卒於清道光十四年甲午六月廿六日巳時年五十有
二
生一子　元泰
墓葬

中房

行惠二百五九　諱宏義
敏百七八士溥公次子
生於清乾隆五十年乙巳十月十八日午時
卒無查
娶曹氏　改適

彪三

無後

行惠二一百六十諱宏籌

敏二百四六維裕公次子

生於清乾隆五十年乙巳十一月十二日未時

卒於清道光十五年乙未二月十七日　時年五十有

一

娶費氏生於清嘉慶五年庚申二月初七日申時

卒無查

生三女長適費　次適曹　三適

無後

墓葬

瀌

行惠二百六一　諱知貴

敏百五十在富公次子

生於清乾隆五十一年丙午四月初十日酉時

卒無查未娶

墓葬錢家園

䣾

行惠二百六二　諱惠鈐

敏二百七四敏成公長子

生於清乾隆五十一年丙午十一月初五日子時

卒於清道光廿五年乙巳七月　日　時壽六十歲

娶古氏生於清乾隆五十九年甲寅四月初九日子時

卒無查

中房

生一子　慈泮
二女長適龔　次適余
墓葬
行惠二百六三　諱宏彩
敏二百七八士明公長子
生於清乾隆五十一年丙午十二月初九日子時
卒於清嘉慶廿五年庚辰十一月十一日酉時年三十
有五
娶陳氏生於清乾隆五十六年辛亥二月廿三日戌時
卒於清嘉慶十七年壬申正月十四日　時年二十有
二

又娶周氏生於清嘉慶八年癸亥正月十二日　時

卒於清道光十三年癸巳七月十六日　時年三十有

一

無後　以惠二百七八宏清公長子元福入繼

墓葬西港

酾

行惠二百六四　諱宏文　郎宏孝

敏二百四一允千公長子

生於清乾隆五十二年丁未五月十三日　時

卒無查未娶

源

行惠二百六五　諱知孝　字源霖

敏二百七一在魁公長子

生於清乾隆五十二年丁未八月初九日辰時
卒於清嘉慶廿四年己卯四月十八日卯時年三十有
三
娶張氏生於清乾隆五十四年己酉六月廿五日寅時
卒於清咸豐十一年辛酉十月初五日　時壽六十有
三
無後
墓葬

洒
行惠二百六六諱惠清

敏二百五三敏芳公之子
生於清乾隆五十二年丁未八月廿四日辰時

卒於清道光八年戊子六月初三日酉時年四十有二
娶張氏生卒無查
生四子　長慈玢　次慈蓮　三慈順　四慈永
二女長適方　次適李
墓葬西港下横圻

行惠二百六七諱宏易

敏二百六九繼遠公長子
生於清乾隆五十二年丁未九月廿五日子時
卒於清道光十七年丁酉九月廿五日子時年五十有
一
娶莊氏生於清乾隆五十二年丁未十二月廿九日巳時

卒於清道光廿九年己酉八月廿六日　時壽六十有三

生一子　慈憎

二女長適韓　次適周

墓葬廟前畈

行惠二百六八諱倘孝

敏二百二開宗公次子

生於清乾隆五十三年戊申九月初四日寅時

卒無查

娶陳氏生於清嘉慶九年甲子八月十六日子時

卒無查

𤅢

生一子　慈瑗

一女適洪

墓葬

行惠二百六九諱知發字大興

敏二百九三在卿公次子

生於清乾隆五十三年戊申十月初三日時

卒於清咸豐元年辛亥四月十五日　時壽六十有四

娶姚氏生於清乾隆五十七年壬子正月廿五日丑時

卒於清同治二年癸亥十二月初二日　時壽六十有

二

無後　以惠二百五二知性公次子慈鳳入繼

中房　　源

生一女適張

墓葬後畈

行惠二百七十　諱宏敬

敏百七八士溥公三子

生於清乾隆五十三年戊申十月十七日未時

卒無查未娶

行惠二百七一　諱知悅　字楚香　號季蓮　國學生

敏二百十五在元公四子

生於清乾隆五十三年戊申十月廿一日丑時

卒於清道光十四年甲午五月廿三日未時年四十有

七

娶費氏生於清乾隆五十四年己酉十月廿二日亥時
卒於清同治二年癸亥八月初十日丑時壽七十有五
生一子　慈滄
二女長適姚　次適方
墓葬鎮邑東八部廟河東土名石柱塘坐巽巳向乾亥

濂

行惠二百七二　諱知道　字裕豐
敏二百八三在邦公長子
生於清乾隆五十四年己酉正月初十日酉時
卒於清嘉慶廿五年庚辰正月初十日亥時年三十有
二
娶方氏生於清乾隆五十四年己酉十一月十九日寅時

卒於清道光三十年庚戌八月廿八日　時壽六十有
二
生一子　慈雯
一女適朱
墓葬李家河

廳

行惠二百七三諱宏遠
敏百七二允剛公長子
生於清乾隆五十四年己酉三月初一日辰時
卒於清道光三年癸未十一月十七日　時年三十有
五
娶陳氏生於清乾隆五十七年壬子十一月初七日亥時

卒於清嘉慶十七年壬申六月初一日　時年二十有

一

在蜀久客未歸

無後　以惠二百九七宏治公長子慈贈入繼

墓葬四川重慶府巴縣

酉河

行惠二百七四諱惠錦

敏二百七四敏成公次子爲敏二百九七敏信公繼子

生於清乾隆五十四年己酉三月廿六日戌時

卒於清道光六年丙戌正月十二日巳時年三十有八

娶蔡氏生於清嘉慶五年庚申九月十七日　時

卒於清道光十二年壬辰十一月初五日　時年三十

有三

無後

生一女適范

墓葬上坂祖墳旁

行惠二百七五 諱宏彥

敏百八六允遜公之子

生於清乾隆五十四年己酉閏五月初五日寅時

卒於清道光六年丙戌九月十三日　時年三十有八

娶朱氏生於清乾隆五十四年己酉二月初一日辰時

卒無查

生三子　長慈富　次慈貴　三慈有

一女適陳

墓葬

行惠二百七六 諱宏波 字如川 號鏡湖

敏百五六士超公七子　友愛其行慷慨其性處事以和待人以敬

生於清乾隆五十四年己酉八月初三日戌時

卒於清道光廿四年甲辰五月初七日戌時年五十有六

娶洪氏生於清嘉慶五年庚申八月十二日戌時

卒於清同治十三年甲戌九月廿二日巳時壽七十有五

生一子　元本
三女長適鄭　次適孫　三適姚
墓葬隮灃頭

肅

行惠二百七七諱惠彬字國雅
敏二百一敏詩公之子
生於清乾隆五十四年己酉十月廿五日丑時
卒於清咸豐三年癸丑九月廿九日　時壽六十有五
娶孔氏生於清乾隆五十一年丙午二月初七日申時
卒於清道光十一年辛卯正月初八日午時年四十有
六
生三子　長慈爵　次慈治　三慈邦

三女長適張　次適周　三適張

又娶姜氏生於清嘉慶四年己未十一月十二日酉時

卒無查

墓葬杜家漕南土名長股坐西朝東

脚

行惠二百七八諱宏清

敏二百七八士明公次子

生於清乾隆五十四年己酉十二月初九日戌時

卒無查

娶袁氏生於清嘉慶元年丙辰十二月二十日子時

卒於清道光廿一年辛丑五月二十日　時年四十有

六

生三子　長元福　次元増　三元才

一女適孔

墓葬

䣢

行惠二百七九諱宏春小名阿春

敏二百四一允千公次子

生於清乾隆五十四年己酉七月廿三日　時

少隨母適餘姚

䏆

行惠又二百七九諱福乘字天錫

敏二百二十敏耀公次子

生於清乾隆五十四年己酉　月　日　時

卒無查

彪

娶李氏生卒無查

生一子　梁

寓居裹大路

行惠二百八十諱宏焕字德昌

敏二百四三維明公三子

生於清乾隆五十五年庚戌三月初四日子時

卒於清咸豐四年甲寅閏七月廿四日　時壽六十有

五

娶錢氏生於清乾隆五十七年壬子八月十二日寅時

卒於清咸豐十年庚申八月十九日酉時壽六十有九

生二子　長慈莊　次慈玉

彫

行惠二百八一　諱宏金

敏二百廿一維聰公之子

生於清乾隆五十五年庚戌五月十二日丑時

卒無查

娶□氏生於　年　月　日　時

卒於清同治十三年甲戌七月初五日　時

無後

墓葬

墓葬上坂

脯

行惠二百八二　諱秀

敏二百五二敏義公之子

涼

生於清乾隆五十五年庚戌九月十八日未時
卒無查
娶周氏生卒無查
無後
墓葬朱家泭

行惠二百八三 諱知寬
敏百七四 在智公次子
生於清乾隆五十五年庚戌十月十五日巳時
卒於　年　九月初一日　時
娶姚氏生於清嘉慶五年庚申九月二十日戌時
卒於清咸豐八年戊午十二月十三日　時年五十有

九

無後

生四女長適方　次適應　三適胡　四適莫

墓葬鄭家河浰

廿八世

行惠二百八四諱宏柱

敏百五五允讓公之子

生於清乾隆五十五年庚戌四月初一日　時

卒於清同治五年丙寅八月廿五日子時壽七十有七

娶韓氏生於清嘉慶三年戊午四月初四日酉時

卒於清同治四年乙丑十一月初五日辰時壽六十有

八

生二子　長慈海　次慈邦

四女長適盛　次適杜　三適方　四適方

墓葬上坂

濂

行惠二百八五諱知通

敏二百八三在邦公次子

生於清乾隆五十六年辛亥三月初八日亥時

卒於清道光廿六年丙午十月初十日　時年五十有六

娶鄭氏生於清乾隆五十六年辛亥十一月廿六日子時

卒於清道光廿七年丁未十一月十一日　時年五十有七

生四子　長慈霞早世　次慈霖早世　三慈雲

四慈霑

二女長適董　次適姚

墓葬沙灘頭

𦙍

行惠二百八六諱惠梁字水橋

敏二百廿六敏富公長子

生於清乾隆五十六年辛亥八月初十日申時

卒於清道光廿三年癸卯八月十五日申時年五十有

三

娶張氏生於清乾隆五十五年庚戌五月廿三日酉時

卒於清道光九年己丑六月初五日辰時年四十歲

生三子　長慈容　次慈宰　三慈宥

五女長適莊　次適薛　三適孔　四適周　五適費

又娶烏氏生於清嘉慶十年乙丑九月廿九日丑時

卒於清咸豐九年己未十二月十四日　時年五十有

五

生二子　長慈訓　次慈堯

二女長適董　次適張

墓葬杜家漕旁

朧

行惠二百八七　諱宏學

敏二百六九繼遠公次子

生於清乾隆五十六年辛亥十月初七日子時

卒於清道光十四年甲午十二月初六日辰時年四十有四

娶穆氏生於清嘉慶九年甲子十二月廿六日　時

卒於清道光五年乙酉正月廿六日辰時年二十有二

又娶周氏生於清嘉慶十四年己巳十一月廿二日　時

卒於清道光十八年戊戌五月廿三日午時年三十歲

生一子　蕊鎔

墓葬廟前坂

行惠二百八八諱宏成

敏百七八士溥公四子

生於清乾隆五十六年辛亥十一月十三日未時

卒無查

娶□氏生卒無查

生一子　元高

墓葬

漴

行惠二百八九 諱知豪

敏百八三在鳳公三子

生於清乾隆五十七年壬子二月十八日辰時

卒無查

娶孔氏生於清乾隆六十年乙卯三月十三日卯時

卒無查

無後　以惠二百三九知良公次子慈安入繼

墓葬

翀

行惠二百九十 諱宏岐

敏二百廿二士行公之子

生於清乾隆五十七年壬子七月初九日子時

卒無查未娶

䎆

行惠二百九二 諱宏嶽

敏二百七七允旦公長子

生於清乾隆五十七年壬子九月十三日亥時

卒於清嘉慶十九年甲戌十一月初十日　時年二十

有三

娶傅氏生卒無查

二房

無後

墓葬

四房

行惠二百九二 諱宏任

敏百八二繼奭公次子

生於清乾隆五十七年壬子十二月十三日子時

卒無查早世

行惠二百九三 諱惠銑

敏二百七四敏成公三子

生於清乾隆五十七年壬子十二月十六日亥時

卒無查

娶翁氏生於清嘉慶十二年丁卯十月初十日未時

卒於清道光十六年丙申七月初六日酉時年三十歲

無後

墓葬西港洪家田

行惠二百九四諱宏珏字德宸

敏二百廿四維文公次子

生於清乾隆五十七年壬子十二月廿二日辰時

卒於清咸豐二年壬子十一月十九日　時壽六十有

一

娶姚氏生於清嘉慶七年壬戌九月初五日巳時

卒於清同治十一年壬申二月初一日酉時壽七十有

一

生一子　慈曜

一女適刁

墓葬上坂

灝

行惠二百九五　諱知有

敏二百四四在祿公次子爲敏二百五五在達公繼子

生於清乾隆五十八年癸丑七月初六日辰時

卒於清道光三十年庚戌十二月廿六日　時年五十

有八

娶應氏生於清嘉慶七年壬戌十一月初一日戌時

卒於清咸豐九年己未二月十三日午時年五十有八

生四子　長慈淶　次慈錦　三慈萬　四慈本

三女長適葛　次適沈　三適刁

墓葬地田南首

𤥨

行惠二百九六諱惠聖

敏二百四二敏悦公之子

生於清乾隆五十九年甲寅二月十二日寅時

卒於清道光十三年癸巳四月廿八日　時年四十歲

娶邵氏生無查

卒於清道光二年壬午十月廿八日　時

生一子　慈錦

一女適朱

墓葬大車頭港

酾

行惠二百九七諱宏治

敏百七二允剛公次子

生於清乾隆五十九年甲寅四月初八日酉時

卒於清咸豐六年丙辰九月初九日　時壽六十有三

娶徐氏生於清嘉慶六年辛酉七月十八日卯時

卒於清道光廿九年己酉八月初九日　時年四十有九

生三子　長慈瞻出繼　次慈廉　三慈彥

三女長適姚　次適倪　三適嚴

墓葬河灣漕𡎺

𦡆

行惠二百九八諱宏雉

肅

敏二百六七繼遠公三子

生於清乾隆五十九年甲寅四月初八日亥時

卒於清道光廿二年壬寅二月廿二日卯時年四十有

九

娶陳氏生於清嘉慶十五年庚午九月十四日　時

卒於清道光廿一年辛丑十月廿六日寅時年三十有

二

生一子　慶壽頖蛤韓姓

墓葬廟前坂

行惠二百九九諱惠福字寶英

敏二百六五敏禮公長子

生於清乾隆五十九年甲寅九月初五日午時

卒無查

娶鍾氏 改適

無後

墓葬

迺

行惠三百 諱 惠棠 字 金山

敏三百六敏秀公之子

生於清乾隆五十九年甲寅九月廿九日子時

卒無查

寓居舟山與弟惠錫同往

迺

行惠三百一 諱 惠通

牖

敏二百四八敏興公長子
生於清乾隆五十九年甲寅十二月初三日午時
卒無查
寓居杭州

行惠三百二諱惠英
敏三百十二敏賢公長子
生於清乾隆五十九年甲寅十二月初六日卯時
卒無查
娶朱氏改適
無後　祭祀隨父輪辦
墓葬漲漕地父墳旁

廟

行惠三百三 諱宏嘉 字易尊

敏二百八允德公四子

生於清乾隆五十九年甲寅十二月十一日　時

卒於清咸豐　年　十一月十一日　時

娶張氏生於清乾隆五十九年甲寅九月十一日　時

卒於清道光二年壬午八月初一日　時年二十有九

生一女適林

繼娶羅氏生於清嘉慶九年甲子正月廿九日　時

卒於清道光十六年丙申九月初二日　時年三十有

三

生一女適胡

繼娶孫氏生於淸嘉慶十五年庚午十月十九日　時
卒於淸道光廿二年壬寅二月廿五日　時年三十有
三
生一子　慈鍈
一女適邵
又娶周氏生於淸嘉慶十六年辛未正月二十日　時
卒無查
生一子　慈勇
三女長適胡　次適費　三適胡
墓葬上坂
行惠三百四諱惠祥字雲祺
肅

敏二百七五敏立公之子

生於清乾隆六十年乙卯三月初十日子時

卒於清道光十八年戊戌六月初六日戌時年四十有

四

娶黃氏生於清乾隆六十年乙卯十一月十一日酉時

卒於清道光十四年甲午正月初八日卯時年四十歲

生二子　長慈歡　次慈卿

二女長適杜　次適胡

墓葬後張

腩

行惠三百五諱惠慶

敏二百五七敏善公長子

贍

生於淸乾隆六十年乙卯四月廿一日寅時
卒於淸道光十八年戊戌九月十九日未時年四十有
四
娶徐氏生於淸嘉慶二年丁巳三月初三日戌時
卒於淸道光十六年丙申八月初十日戌時年四十歲
生一女適莊
又娶朱氏改適
無後　以惠三百六三惠川公長子慈萊入繼
墓葬西河泮父墳旁東首
行惠三百六諱　邦宇廷艮　職員
敏二百四五敏仁公次子

生於清乾隆六十年乙卯八月廿一日辰時
卒於清道光廿九年己酉七月十六日　時年五十有
五
娶徐氏生於清嘉慶五年庚申十二月初一日　時
卒於清咸豐四年甲寅二月廿九日　時年五十有五
生二子　長慈觀　次慈堃
二女長適費　次適邵
墓葬西河岸
行惠三百七諱宏銓字鈞衡　覃恩上壽
敏二百四三維明公四子
生於清乾隆六十年乙卯十月廿九日丑時

卒於清同治元年壬戌閏八月廿四日卯時壽六十有

八

娶余氏生於清嘉慶四年己未三月初六日卯時

卒於清同治元年壬戌十二月廿六日戌時壽六十有

四

生二子 長慈順 次慈忠

二女長適曹 次適孔

墓葬

䄍

行惠三百八 諱憓雲 覃恩上壽

敏二百九四敏博公長子 養親孝謀事忠服田力穡迺至

家豐爲後人之表則有太古之高風

生於清嘉慶元年丙辰正月初五日子時
卒於清咸豐十年庚申十一月十一日戌時壽六十有
五
娶張氏　相夫教子悉明婦道時太姑尚在年邁患疾孺
人則冬溫夏凊櫛洗周至其事翁姑亦如禮焉
生於清嘉慶五年庚申九月十四日戌時
卒於清光緒二年丙子七月廿三日戌時壽七十有七
生四子　長慈介　次慈倫　三慈伸　四慈侯
二女長適范　次適張
墓葬馬經河滸下車頭父墳旁

㵝
行惠三百九諱知權

敏二百九三　在卿公三子

生於清嘉慶元年丙辰九月初四日　時

卒於清道光八年戊子九月初四日　時年三十有三

娶張氏生於清乾隆六十年乙卯八月初一日　時

卒於清嘉慶廿四年己卯九月十七日　時年二十有

五

繼娶陳氏生於清嘉慶十二年丁卯九月十八日　時

卒於清道光八年戊子八月十七日　時年二十有二

無後　以惠三百十六知水公長子慈震入繼

墓葬

行惠三百十　諱宏夏　小名阿三　隨母適餘姚

三房

敏二百四一允千公三子

生於清嘉慶元年丙辰六月初七日　時

卒於　年　十一月十八日　時

娶餘姚陳氏生於清嘉慶二十年乙亥二月廿七日戌時

卒無查

生二子　長如恒　次如源

墓葬

行惠三百十一　諱侚貴

敏二百四九興來公長子

生於清嘉慶元年丙辰十一月初一日寅時

卒無查

漸

娶□氏生於清嘉慶　年　月　日時

卒於　年　月　日時

生一子　慈運

墓葬

行惠三百十二諱知華

敏二百六在常公次子

生於清嘉慶二年丁巳四月十二日亥時

卒無查

娶□氏改適

無後

墓葬

濂

行惠三百十三 諱知逵

敏二百八三在邦公三子

生於清嘉慶二年丁巳六月廿三日未時

卒於清道光六年丙戌五月廿九日　時年三十歲

娶王氏　夫亡乏嗣霜雪相淩撫女出閣立繼兼承

同治年間欽旌節孝生於清乾隆六十年乙卯七月初

四日　時

卒無查

生一女適洪

無後　以惠三百四九知遭公之子慈鶴兼承

墓葬吳家宅東

廟

行惠三百十四諱惠霖

敏二百九四敏博公次子

生於淸嘉慶二年丁巳十月二十日亥時

卒於淸咸豐十年庚申七月廿三日　時壽六十有四

娶洪氏生於淸嘉慶十五年庚午九月十一日辰時

卒無查

生一子　慈傳

一女適費

墓葬馬經河沿父墳旁

滌

行惠三百十五諱知高字可法

敏二百六三在英公長子

生於清嘉慶二年丁巳十二月初三日酉時
卒無查未娶

濂
行惠三百十六諱知水
敏二百九三在翀公四子
生於清嘉慶三年戊午三月十四日寅時
卒於清道光廿八年戊申二月初一日　時年五十有一
娶姚氏生於清嘉慶八年癸亥十一月十八日申時
卒於清同治九年庚午七月十三日　時壽六十有八
生五子　長慈震出繼　次慈春　三慈峯　四慈斌
五慈美

廂

墓葬後坂

行惠三百十七諱惠海　禀恩上壽

敏二百六一敏登公次子　任宗長十年有肝膽遇事不辭

勞瘁

生於清嘉慶三年戊午四月十三日戌時

卒於清光緒　年　八月十七日　時

娶徐氏生於清嘉慶三年戊午二月初一日　時

卒於清同治二年癸亥九月二十日　時壽六十有六

生一子　慈照

二女長適嚴　次適張

又娶劉氏生於清道光十三年癸巳二月初六日子時

卒無查
生一子　慈玉
二女長適周、次適胡
墓葬父墳旁

肅

行惠三百十八諱　祿
敏二百六五敏禮公次子
生於清嘉慶三年戊午八月初十日卯時
卒於清道光廿三年癸卯十一月十二日　時年四十
有八
娶陳氏生於清嘉慶十六年辛未十二月二十日　時
卒無查

生一女適徐

無後

墓葬

行惠三百十九諱惠齡

敏二百十九敏忠公次子

生於清嘉慶三年戊午八月廿八日申時

卒無查

娶張氏生於清嘉慶十四年己巳四月十三日寅時

卒於清咸豐八年戊午九月初一日　時年五十歲

生一子　慈相

墓葬

洄西

行惠三百二十諱惠鎬

敏三百廿五敏禮公長子

生於清嘉慶三年戊午十月十七日亥時

卒於清道光二十年庚子八月初七日申時年四十有

三

娶時氏生於清嘉慶五年庚申正月廿五日戌時

卒於清咸豐十一年辛酉十月十四日　時壽六十有

二

生四子　長慈洲　次慈法　三慈源　四慈潮

一女適徐

墓葬上坂

翀

行惠三百廿一諱宏純

敏二百廿二士行公次子

生於清嘉慶三年戊午十一月十一日酉時

卒無查

娶□氏生於清嘉慶　年　月　日　時

卒於　年　月　日　時

墓葬

翩

行惠三百廿二諱惠才

敏三百十二敏賢公三子

生於清嘉慶四年己未正月初一日巳時

卒於清咸豐四年甲寅四月廿八日辰時年五十有六

娶余氏生於清嘉慶十九年甲戌六月廿四日　時
卒於清道光十一年辛卯正月廿七日　時年一十有
八
繼娶沈氏生於清嘉慶十六年辛未九月十一日巳時
卒於清道光廿六年丙午四月廿七日　時年三十有
六
生四子　長慈桂　次慈棣　三慈楠　四慈櫟
一女適劉
又娶孫氏生於清嘉慶十年乙丑十二月廿六日卯時
卒無查
墓葬雙漕田坐東向南

酾

行惠三百廿三諱惠春

敏二百四八敏興公次子

生於清嘉慶四年己未正月初五日巳時

卒無査未娶

彪

行惠三百廿四諱宏光

敏二百四六維裕公三子

生於清嘉慶四年己未正月廿九日申時

卒無査

娶朱氏生於清嘉慶十四年己巳三月十三日辰時

卒無査

無後

墓葬

𦙶

行惠三百廿五諱惠長

敏二百九六敏興公之子

生於清嘉慶四年己未三月初八日　時

卒無查

久出無查

䐢

行惠三百廿六諱宏曜

敏三百十四允甯公長子

生於清嘉慶四年己未八月廿一日戌時

卒於清道光廿三年癸卯八月十五日午時年四十有

五

肅

娶張氏生於清嘉慶六年辛酉七月十五日戌時

卒於清咸豐八年戊午四月初八日　時年五十有八

生一女適洪

無後

行惠三百廿七諱惠杏

墓葬西港

敏三百八六敏友公長子

生於清嘉慶四年己未九月十二日申時

早世

行惠三百廿八諱知義

敏　七忠公長子

生於清嘉慶四年己未十一月十一日子時
卒無查
行惠三百廿九諱知煥
𣽏
敏二百七在賓公次子
生於清嘉慶四年己未十一月十七日子時
卒無查
娶費氏生於清嘉慶七年壬戌正月廿二日子時
卒無查
生一子　慈煊
四女長適張　次適孔
墓葬

酾

行惠三百三十諱宏達

敏三百三允善公長子

生於清嘉慶四年己未十一月廿八日卯時

卒於清咸豐元年辛亥八月廿三日　時年五十有三

娶應氏生於清嘉慶五年庚申九月十八日戌時

卒於清咸豐三年癸丑七月廿七日　時年五十有四

生四子　長慈鑑　次慈鑣　三慈鏍　四慈忠

二女長適胡　次適姚

墓葬墳河塘

彨

行惠三百三一諱尙德

敏二百四九興來公次子

生於清嘉慶四年己未十二月廿二日戌時
卒無查未娶

洒
行惠三百三二諱惠本字守初號西橋　國學生
生於清嘉慶五年庚申四月十二日寅時
卒於清咸豐十一年辛酉六月十八日　時壽六十有
二
娶姚氏生於清嘉慶七年壬戌十月二十日亥時
卒於清同治八年己巳十一月三十日　時壽六十有
八
生四子　長源　次浩　三涵　四濱

敏二百三一敏立公之子

四女長適洪　次適吳　三適邵　四適夏

墓葬東河港

𢈢

行惠三百三三諱惠源

敏二百五七敏善公次子

生於清嘉慶五年庚申四月十七日申時

卒於清道光十二年壬辰七月二十日酉時年三十有

三

娶邵氏生於清嘉慶七年壬戌三月十六日午時

卒於清道光五年乙酉十一月十三日戌時年二十有

四

繼娶方氏生於清嘉慶十五年庚午十一月初七日　時

卒無查

無後

墓葬西河㪷父墳旁西首

行惠三百三四諱宏㣈

敏二百六十繼恒公長子

生於清嘉慶五年庚申四月廿六日未時

卒於清同治二年癸亥九月初三日申時壽六十有四

娶張氏生於清嘉慶十八年癸酉十一月十一日申時

卒於清道光廿一年辛丑十一月十八日　時年二十

有九

又娶邵氏改適

無後

生三女長適周　次適方　三適周

墓葬

涵

行惠三百三五諱憲政

敏二百六四敏茂公長子

生於清嘉慶五年庚申八月十一日寅時

卒於清咸豐三年癸丑七月十四日　時年五十有四

娶貝氏生於清嘉慶十五年庚午八月初七日　時

卒於清道光十二年壬辰二月初十日　時年二十有

三

無後　以惠三百七三惠元公次子慈富入繼

寓居貴駟橋　入寓居圖

灑
行惠三百三六諱惠發

敏二百八四敏英公長子

生於清嘉慶五年庚申十二月初五日子時

卒於清道光廿二年壬寅五月廿七日　時年三十有

三

娶王氏改適

生一子　慈模

墓葬

灑
行惠三百三七諱宏惠

敏二百七三允範公之子

生於清嘉慶六年辛酉正月初二日戌時
卒無查
隨母適洋墅

行惠三百三八諱惠能
敏二百五十敏剛公之子
生於清嘉慶六年辛酉正月十一日寅時
卒於清咸豐八年戊午十一月初八日寅時年五十有
八
娶姚氏生於清嘉慶十四年己巳十一月初九日戌時
卒無查
生二子　長慈雷早世　次慈霖

二女長適鍾　次適陳

墓葬上坂洞斗

脯

行惠三百三九　諱惠懋

敏二百三四敏英公之子

生於清嘉慶六年辛酉七月廿四日丑時

卒於清道光十七年丁酉二月十八日未時年三十有

七

娶湯氏　立志撫孤栢舟自操勤儉一生荆釵裙布生於

清嘉慶十一年丙寅十一月初一日卯時

卒於清光緒十二年丙戌十二月十三日　時壽八十

有一

生一子　慈泰

墓葬杜家漕跟

鏞

行惠三百四十　諱惠霞

敏二百九四敏博公三子

生於清嘉慶六年辛酉十一月十四日戌時

卒無查

娶張氏生於清嘉慶十六年辛未十一月十一日亥時

卒無查

生二女長適鮑　次適周

寓居上海

鈡

行惠三百四一　諱宏淮

敏二百七八士明公三子

生於清嘉慶七年壬戌三月初四日未時

卒於清道光十三年癸巳九月初八日　時年三十有

二

娶成氏生於清嘉慶十六年辛未六月初三日　時、

卒於清同治三年甲子三月初四日　時年五十有四

生一子　元林

墓葬

涼

行惠三百四二諱知富

敏二百四四往祿公三子

生於清嘉慶七年壬戌三月十三日子時

卒於清咸豐元年辛亥十一月初三日　時年五十歲

娶徐氏生於清嘉慶十七年壬申十月十二日　時

卒無查

生三子　長慈松　次慈桂　三慈占

三女長適邵　次適王　三適胡

墓葬地田

源

行惠三百四三　諱知友　字可友

敏二百六三在英公次子

生於清嘉慶七年壬戌十月十五日辰時

卒無查

娶□氏生於　年　月　日　時

卒於　年　月　日　時

無後

廟

行惠三百四四諱瑞春

敏二百七九敏智公長子

生於淸嘉慶七年壬戌十月廿八日子時

卒無查

娶舒氏改適

無後

廼

行惠三百四五諱宏週

敏三百三允善公次子

生於淸嘉慶七年壬戌十一月初十日午時

卒於清同治七年戊辰八月初四日亥時壽六十有七
娶胡氏生於清嘉慶八年癸亥六月初八日午時
卒於清道光三十年庚戌二月廿五日戌時年四十有
八
生三子　長慈龍　次慈麟　三慈檑
二女長適陳　次適胡
繼娶費氏生於清嘉慶十七年壬申四月十六日　時
卒無查
生一子　慈學
葬葬西港夾下圫

行惠三百四六諱惠鉉

敏三百廿五敏禮公次子

生於清嘉慶八年癸亥六月十三日寅時

卒於清道光十六年丙申十二月初十日亥時年三十有四

娶姚氏生於清嘉慶二十年乙亥九月十五日卯時

卒於清咸豐十一年辛酉六月三十日　時年四十有七

生一子　慈園

墓葬西港洪家田

肅

行惠三百四七諱惠我字必藏

敏二百廿六敏富公次子

生於清嘉慶八年癸亥八月廿四日子時
卒於清道光二十年庚子十一月初二日丑時年三十
有八
娶姚氏生於清嘉慶七年壬戌正月十三日　時
卒無查
生四子　長慈宏　次慈宋　三慈定　四慈寅
二女長適盛　次適胡
娶妾張氏生於清嘉慶二年丁巳八月初三日酉時
卒於清道光三年癸未九月廿六日亥時年二十有七
墓葬杜家漕西首
行惠三百四八諱宏祥字春和

敏二百七七允旦公次子

生於清嘉慶九年甲子正月廿五日巳時

卒無查

娶陳氏生於清嘉慶十八年癸酉　月　日　時

卒於清道光八年戊子三月初八日　時年一十有六

繼娶陳氏生於清道光元年辛巳四月初八日戌時

卒無查

生一子　慈爇

三女長適孔　次適費

墓葬西港北畔

涷

行惠三百四九諱知遷

敏二百八三在邦公四子
生於清嘉慶九年甲子十月十三日丑時
卒於清道光十九年己亥十二月廿一日　時年三十
有六
娶韓氏生於清嘉慶十四年己巳四月廿七日　時
卒於清道光八年戊子十一月初二日　時年二十歲
繼娶費氏　清光緒間欽旌節孝生於清嘉慶十七年壬
申十二月初十日子時
卒於清同治十二年癸酉六月廿三日　時壽六十有
二
生一子　慈鶴兼承

牖

墓葬李家河

行惠三百五十　諱惠宣　字大年

敏三百三十敏鶡公長子爲敏二百九八敏春公繼子

生於淸嘉慶九年甲子十一月初六日申時

卒於淸同治元年壬戌八月廿九日　時年五十有九

娶莊氏生於淸嘉慶十五年庚午五月十三日　時

卒於淸同治元年壬戌閏八月初六日　時年五十有

三

生二子　長慈發　次慈勇

三女長適劉　次適莊　三適張

墓葬

淈

行惠三百五一 諱惠榮 覃恩上壽

敏二百八四敏英公次子

生於清嘉慶十年乙丑二月十六日戌時

卒無查

娶周氏生於清嘉慶八年癸亥二月十四日子時

卒於清咸豐二年壬子十月廿四日卯時年五十歲

生三子 長慈登 次慈忠 三慈品

三女長適應 次適張 三適金

墓葬後園地

淙

行惠三百五二 諱知松 字可順

敏二百六三在英公三子

生於清嘉慶十年乙丑九月廿一日戌時
卒無查
娶倪氏生於清嘉慶廿四年己卯十月初二日戌時
卒無查
無後
墓葬

肅

行惠三百五三諱惠長
敏三百三六敏山公長子
生於清嘉慶十年乙丑九月廿二日丑時
卒於清咸豐三年癸丑正月十七日　時年四十有九
娶應氏生於清嘉慶廿四年己卯四月初八日申時

卒無查

生四女長適洪 次適黃 三適方 四適徐

無後

墓葬南河泮遶地父墳旁

潻

行惠三百五四 諱知倫 字履常

敏三百八在朝公長子

生於清嘉慶十一年丙寅正月廿八日子時

卒於清道光七年丁亥五月十八日巳時年二十有二

娶姚氏 于歸一年夫歿無子矢志告天堅心守死二老

在堂奉侍甘旨後起有人立繼承祀

清同治朝欽旌節孝建坊入祠生於清嘉慶十年乙丑

六月廿二日巳時

卒於清同治八年己巳八月十一日午時壽六十有五

無後　以惠三百八七知俊公之子慈棣入繼

墓葬方家堰父墳旁

西房

行惠三百五五 諱宏暉

敏三百十四允甯公次子

生於清嘉慶十一年丙寅三月初三日辰時

卒於清同治八年己巳九月十一日　時壽六十有四

娶盛氏 改適

生一女適周

無後

墓葬

廟

行惠三百五六諱惠霆

敏二百九四敏博公四子

生於清嘉慶十一年丙寅三月廿九日戌時

卒於清道光廿七年丁未八月初一日　時年四十有

二

娶陳氏生於清嘉慶廿三年戊寅六月廿六日戌時

卒於清咸豐十一年辛酉二月廿五日　時年三十有

四

生一子　慈侃

一女適顏

墓葬馬經河滑下車頭父墳旁

瀫

行惠三百五七諱知鈞

敏三百三三在天公長子

生於清嘉慶十一年丙寅六月廿四日辰時

卒無查未娶

𦙶

行惠三百五八諱宏泮

敏三百十六七昉公長子

生於清嘉慶十一年丙寅十月初二日子時

卒於清嘉慶廿五年庚辰五月二十日子時年二十有

五未娶

墓葬染地下

𣶒

行惠三百五九諱惠鐳　學生

敏三百廿五敏禮公三子

生於清嘉慶十一年丙寅十一月十四日寅時

卒於清咸豐十年庚申六月三十日　時年五十有五

娶周氏生於清嘉慶廿一年丙子十一月廿六日子時

卒無查

生一女適姚

墓葬

𣶒

行惠三百六十諱惠鈴

敏三百廿五敏禮公四子

生於清嘉慶十一年丙寅十一月十四日寅時

卒於清道光三年癸未八月初四日　時年一十有八

未娶

𥌖

行惠三百六一　諱知遙

敏二百八三在邦公五子

生於清嘉慶十二年丁卯正月初三日未時

卒無查

娶王氏生於清嘉慶十六年辛未　月　日　時

卒於清道光十年庚寅十二月初三日　時年二十歲

無後

墓葬錢家圖

𥌖

行惠三百六二　諱惠成

敏三百三六敏山公次子
生於清嘉慶十二年丁卯三月廿二日戌時
卒無查
娶謝氏生於清道光三年癸未八月廿四日巳時
卒無查
生一女適鄭
無後
墓葬

牖
行惠三百六三諱惠川

敏二百五七敏善公三子
生於清嘉慶十二年丁卯十一月廿五日戌時

卒於清同治八年己巳四月初六日　時壽六十有三

娶周氏生於清嘉慶十四年己巳三月初三日戌時

卒於清咸豐十年庚申三月初三日　時年五十有二

生二子　長慈萊出繼　次慈章早世

二女長適應　次適張

墓葬西河

濂

行惠三百六四　諱知福　字德聞

敏二百七六在雄公長子

生於清嘉慶十二年丁卯　月　日　時

卒無查

娶□氏生卒無查

生三子　長慈存　次慈發　三慈寶

墓葬

寓居蘇州

牖

行惠三百六五諱瑞慶

敏二百七九敏智公次子

生於清嘉慶十三年戊辰正月初七日未時

卒無查

娶洪氏生卒無查

無後

墓葬

牖

行惠三百六六諱惠占

敏三百廿六敏濟公長子

生於清嘉慶十三年戊辰正月廿六日午時

卒於清咸豐九年己未八月廿八日　時年五十有二

娶唐氏生於清嘉慶廿一年丙子十二月十八日　時

卒於清咸豐　年　八月初一日　時

生一子　慈順

一女適姜

又娶張氏改適

生一子　慈潮

一女適姚

墓葬雙漕田父墳旁

行惠三百六七諱宏順

敏二百三二允元公長子

生於清嘉慶十三年戊辰二月初五日辰時

卒於清道光二十年庚子九月二十日午時年三十有

三

娶周氏生於清嘉慶十六年辛未十一月廿七日巳時

卒於清同治二年癸亥九月初五日　時年五十有三

生一子　慈琛

二女俱適應

墓葬

行惠三百六八諱宏遜字維和

廼

敏三百四允善公三子
生於清嘉慶十三年戊辰二月廿八日辰時
卒於清同治十二年癸酉七月十六日　時壽六十有
六
娶金氏生於清嘉慶十二年丁卯十月十九日　時
卒於清道光十五年乙未七月初一日　時年二十有
九
繼娶周氏生於清嘉慶十四年己巳十月廿六日辰時
卒於清同治八年己巳九月廿四日　時壽六十有一
無後
墓葬後坂

彪
行惠三百六九諱宏文
敏二百六二興德公之子
生於清嘉慶十三年戊辰五月初四日亥時
卒無查
娶鄭氏改適
無後
墓葬

晒
行惠三百七十諱宏煬
敏三百十四允𥄢公三子
生於清嘉慶十三年戊辰六月初十日午時
卒於清道光十四年甲午五月廿六日　時年二十有

七未娶

湅

行惠三百七一　諱知偉　字景璋

敏三百八在朝公次子

生於清嘉慶十三年戊辰八月初十日丑時

卒於　年　七月廿四日　時

娶胡氏生於清嘉慶十七年壬申六月廿六日　時

卒於清道光九年己丑七月十八日申時年一十有八

無後　以惠三百九六知傑公長子慈模入繼

墓葬

腩

行惠三百七二　諱惠昆　字熊飛

敏二百八九敏掞公次子

生於淸嘉慶十四年己巳三月廿三日午時
卒於淸道光十五年乙未十二月初二日　時年二十
有七
娶烏氏　苦撫兩兒志堅心烈彤管之風柏舟之節
淸同治四年欽旌節孝建坊入祠生於淸嘉慶十三年
戊辰正月十二日辰時
卒於淸同治二年癸亥七月廿九日戌時年五十有六
生二子　長慈松　次慈鶴
墓葬
行惠三百七三諱惠元字仁金
敏二百六四敏茂公次子
洄

生於清嘉慶十五年庚午九月初六日午時

卒於清咸豐四年甲寅九月廿二日　時年四十有五

娶傅氏生於清道光二年壬午八月初八日寅時

卒無查

生三子　長慈震　次慈富　三慈蓮

墓葬姚家塘

寓居貴駟橋　入寓居圖

䗍

行惠三百七四　諱惠春

敏二百六一敏登公三子

生於清嘉慶十五年庚午三月廿二日申時

卒無查

肿

娶刁氏生卒無查

無後

墓葬漕西田父墳旁

行惪三百七五諱宏海

敏二百七八士明公四子

生於清嘉慶十五年庚午八月廿四日戌時

卒無查

娶朱氏生於清道光六年丙戌九月初三日亥時

卒無查

生二子　長元慶　次元聯

墓葬

源

行惠三百七六諱知遜

敏二百八三在邦公六子

生於清嘉慶十六年辛未三月初二日辰時

卒於清道光二十年庚子四月廿二日午時年三十歲

娶劉氏　清光緒間欽旌節孝生於清嘉慶十九年甲戌

十一月廿六日亥時

卒於清咸豐元年辛亥五月初十日　時年三十有八

無後

墓葬沙灘頭

源

行惠三百七七諱知建

敏二百八三在邦公七子

生於清嘉慶十六年辛未三月初二日　時
卒於清道光　年　六月初八日　時
娶葛氏生於清嘉慶十五年庚午四月初八日　時
卒於清道光三十年庚戌八月十四日　時年四十有
一
生一子　慈霉
墓葬

肅

行惠三百七八　諱惠吉
敏三百三六敏山公三子
生於清嘉慶十七年壬申二月廿八日戌時
卒於清咸豐十一年辛酉十二月初二日　時年五十

肅

歲

娶王氏生於清嘉慶廿四年己卯七月初八日酉時

卒無查

生一女適陳

墓葬雙漕田坐東向西

行惠三百七九諱惠友

敏三百廿六敏濟公次子

生於清嘉慶十七年壬申四月十六日酉時

卒於清同治元年壬戌八月十五日　時年五十有一

娶韓氏生於清道光五年乙酉二月初一日　時

卒於清咸豐六年丙辰十月廿六日　時年三十有二

生二子　長　慈椿　次　慈棟

繼娶王氏生於清道光五年乙酉十二月廿四日酉時

卒無查

生一女適韓

墓葬雙漕田父墳旁

脯

行惠三百八十　諱　惠沐

敏三百九敏鰲公長子

生於清嘉慶十七年壬申八月廿六日子時

卒無查未娶

湎

行惠三百八一　諱　惠錫

敏三百六敏秀公次子

生於清嘉慶十七年壬申九月初七日辰時

卒無查未娶

寓居舟山

肅

行惠三百八二諱惠琦

敏三百四二敏文公長子

生於清嘉慶十七年壬申九月三十日戌時

卒於清同治元年壬戌七月初三日戌時年五十有一

娶湯氏生於清嘉慶十五年庚午十一月十四日辰時

卒無查

無後　以惠三百九三惠忠公之子慈森入繼

生一女適劉

墓葬官田横弁北來第二支坐西向東

瀬
行惠三百八三諱知立字爾順
敏三百十七在林公之子
生於清嘉慶十七年壬申十月廿七日戌時
卒於清同治三年甲子八月初十日　時年五十有三
娶張氏生於清嘉慶十七年壬申十二月初十日寅時
卒無查
生三子　長慈恒　次慈懷　三慈愷
墓葬

牌
行惠三百八四諱宏江
敏三百十六士昉公次子

生於清嘉慶十七年壬申十一月廿五日戌時

卒於清道光十五年乙未五月廿五日　時年二十有

四

娶張氏改適

無後

墓葬染地下

行惠三百八五諱惠松

敏三百十三敏祥公長子

生於清嘉慶十七年壬申十二月初二日辰時

卒於清同治三年甲子九月十四日　時年五十有三

娶王氏生於清嘉慶十七年壬申九月十八日丑時

卒於清同治二年癸亥九月十三日　時年五十有二
生二子　長 慈寅　次 慈章
二女長適陳　次適姚
墓葬

西房

行憝三百八六 諱宏文 字通利
敏二百七七允旦公三子
生於清嘉慶十八年癸酉九月初六日辰時
卒於清同治十三年甲戌正月初二日　時壽六十有
二
娶張氏生於清道光元年辛巳三月十六日午時
卒無查

湖東

生一子　慈盈

墓葬

行惠三百八七諱知俊字見豪號蓮塘

敏三百在朝公三子

生於清嘉慶十八年癸酉十月初二日卯時

卒於清道光廿九年己酉二月十四日　時年三十有

七

娶蔡氏生於清嘉慶二十年乙亥四月初二日巳時

卒於清道光廿七年丁未七月廿四日　時年三十有

三

生一子　慈棣出繼

墓葬

行惠三百八八諱知璜字德金

敏二百七六在雄公次子

生於清嘉慶十八年癸酉十月初五日酉時

卒無查

娶□氏生卒無查

生一子　慈乾

墓葬

行惠三百八九諱宏志

敏二百三二允元公次子

生於清嘉慶十八年癸酉十二月廿一日午時

卒於清道光三十年庚戌七月十七日　時年三十有

八

娶吳氏生於清嘉慶廿一年丙子十一月十九日　時

卒於清同治八年己巳三月十三日　時年五十有四

生一子　慈恒

墓葬

淶

行崽三百九十諱知鶴字邦法

敏二百六三在英公四子

生於清嘉慶十八年癸酉十二月廿七日戌時

卒無查

娶□氏生卒無查

生一子　慈廷

䗝

行惠三百九一　諱瑞源

敏二百七九敏智公三子

生於清嘉慶十九年甲戌正月廿九日寅時

卒無查

娶曹氏生於清道光四年甲申正月十九日　時

卒於清同治十年辛未二月廿三日　時年四十有八

生二子　長慈森　次慈葵

墓葬

𤅷

行惠三百九二　諱知錦

敦三百三三在天公次子

房南

生於清嘉慶十九年甲戌十一月十九日酉時

卒於清同治三年甲子　月　日　時年五十有一

娶張氏改適

生一女適姚

墓葬

行惠三百九三諱惠忠字雲蓮官名翰　國學生布政使司理

問

敏三百十二敏賢公四子

生於清嘉慶十九年甲戌十二月十二日戌時

卒於清光緒八年壬午二月十八日巳時壽六十有九

娶方氏生於清道光六年丙戌五月十七日酉時

卒於清光緒四年戊寅八月廿三日卯時年五十有三
生四子　長慈楞　次慈楞　三慈棠　四慈森出繼
二女長適張　次適方
墓葬大泥工坐西向東

駟

行惠三百九四諱宏達
敏二百八二允臧公長子
生於清嘉慶二十年乙亥四月初九日子時
卒於清咸豐　年　十一月十三日　時
娶桑氏生於清嘉慶廿五年庚辰九月三十日　時
卒於清道光三十年庚戌二月廿八日　時年三十有

無後

墓葬墳河塘

肅

行惠三百九五 諱惠玉

敏三百三十敏鶚公次子

生於清嘉慶二十年乙亥六月廿四日　時

早世

謙

行惠三百九六 諱知傑 字配豪 號漢三　職員

敏三百八在朝公四子

生於清嘉慶二十年乙亥十月初十日申時

卒於清光緒二年丙子六月廿七日酉時壽六十有二

娶周氏生於清嘉慶廿五年庚辰二月廿五日亥時

臚

卒於清光緒五年己卯十一月初十日午時壽六十歲
生三子　長慈模出繼　次慈權　三慈樟
一女適杜
墓葬

行憲三百九七諱惠泮
敏二百七五敏立公次子
生於清嘉慶廿一年丙子五月廿六日午時
卒於清咸豐十一年辛酉九月廿四日　時年四十有
六
娶姚氏生於清嘉慶十六年辛未九月初六日子時
卒於清道光廿五年乙巳八月廿四日　時年三十有

洒

五

無後

生二女長適謝　次適沈

墓葬

行惠三百九八 諱 惠鈁 字 葦舫

敏三百廿五敏禮公五子

生於清嘉慶廿二年丁丑六月廿四日戌時

卒無查

娶李氏生於清道光六年丙戌十二月初三日午時

卒無查

生一子　慈深

二女長適沈　次適孔

墓葬

韺

行惠三百九九諱惠朝

敏三百三六敏山公四子

生於清嘉慶廿二年丁丑九月初六日子時

卒於清道光廿一年辛丑　月　日　時年二十有

五未娶

墓葬南河泘遶地父墳旁

韺

行惠四百諱惠正

敏二百八六敏友公次子

生於清嘉慶廿二年丁丑九月十八日戌時

中房

卒無查

娶丁氏生於清道光七年丁亥九月二十日　時

卒於清同治五年丙寅十月廿九日　時年四十歲

生一子　慈壽

墓葬

行惠四百一 諱 宏沕 字 有源

敏三百十六　士昉公三子

生於清嘉慶廿二年丁丑十一月初九日戌時

卒無查

娶杜氏生於清道光五年乙酉十一月廿五日戌時

卒無查

無後
墓葬
•廸
行惠四百二諱宏遵
敏三百三允善公四子
生於清嘉慶廿二年丁丑十二月十一日巳時
卒於清同治七年戊辰三月初二日未時年五十有二
娶朱氏生於清嘉慶廿四年己卯七月初二日辰時
卒無查
生四子　長慈恩　次慈慧　三慈忠　四慈懋
三女長適洪　次適洪　三適莊
墓葬

配

行惠四百三　諱宏廸

敏二百八二允臧公次子

生於清嘉慶廿三年戊寅六月廿一日戌時

卒於清同治七年戊辰九月初十日　時年五十有一

娶□氏生於清道光九　年己丑　月　日　時

卒於清同治十二年癸酉七月廿三日　時年四十有

五

生一子　慈順

墓葬

配

行惠四百四　諱知江

敏二百七一在魁公次子

生於清嘉慶廿三年戊寅十一月廿一日卯時

卒於清咸豐元年辛亥十一月初六日　時年四十有四

娶姚氏生於清嘉慶廿二年丁丑五月初九日未時

卒於清光緒六年庚辰七月初四日寅時壽六十有四

生一子　慈舜

墓葬

肅

行惠四百五諱惠津

敏二百七五敏立公三子

生於清嘉慶廿四年己卯三月十二日卯時

卒無查未娶

庯

行惠四百六諱惠鈿

敏二百八九敏掞公次子

生於清嘉慶廿四年己卯閏四月廿四日子時

卒於清同治四年乙丑十一月廿九日　時年四十有

七

娶張氏生於清嘉慶廿二年丁丑十一月初二日卯時

卒於清咸豐五年乙卯七月　日　時年三十有九

繼娶曹氏生卒無查

生一子　慈鳳

繼娶陳氏生卒無查

墓葬

涷　肅

行惠四百七諱知秀
敏三百廿三在高公長子爲敏三百七在國公繼子
生於清嘉慶廿四年己卯閏四月初十日丑時
卒於清同治三年甲子四月廿九日　時年四十有六
娶孔氏改適
無後
生一女適葛
墓葬

行惠四百八諱惠亭
敏三百九敏鰲公次子
生於清嘉慶廿四年己卯七月十三日辰時

卒無查

娶□氏大歸

無後

墓葬

繡

行惠四百九諱惠誠

敏三百廿七敏恆公長子

生於清嘉慶廿四年己卯八月廿一日　時

卒於清同治十一年壬申十二月十六日　時年五十

有四未娶

繡

行惠四百十諱惠秀

敏三百三六敏山公五子

生於清嘉慶廿四年己卯十二月十七日戌時
卒無查
娶□氏 遭粵匪亂失散
無後
墓葬

房四

行惠四百十一 諱宏述
敏二百八二允臧公三子
生於清嘉慶廿五年庚辰二月初七日戌時
卒無查未娶

房三

行惠四百十二 諱宏高
敏三百四七維賢公長子

肅

生於清嘉慶廿五年庚辰閏四月初二日戌時
卒於　年　三月廿一日　時
娶姚氏改適
無後
墓葬

行惠四百十三諱惠立
敏三百廿七敏恆公次子
生於清道光元年辛巳二月初一日子時
卒無查
娶姜氏生於清道光六年丙戌十二月初三日寅時
卒無查

無後

墓葬

牖

行惠四百十四諱惠金

敏三百四二敏文公次子

生於清道光元年辛巳五月十五日子時

卒無查

娶胡氏生卒無查

生一女適姜

無後

墓葬官田兄惠琦墳旁

牖

行惠四百十五諱惠寶

敏三百四四敏覺公次子

生於清道光二年壬午正月廿五日辰時

卒無查未娶

墓葬上海

行惠四百十六諱知倖字月增

敏三百八在朝公五子

生於清道光二年壬午二月二十日巳時

卒於清道光廿一年辛丑三月初十日巳時年二十歲

未娶

墓葬後方橋東北首

行惠四百十七諱惠山

肆　肆

敏三百五敏芳公之子
生於清道光二年壬午六月十二日子時
久出無查

行惠四百十八諱宏津
敏三百十六士昉公四子
生於清道光三年癸未四月初三日未時
卒無查未娶

行惠四百十九諱惠英
敏三百四九敏瑞公長子
生於清道光三年癸未九月廿三日戌時
久出無查

[illegible]

行惠四百二十　諱惠興

敏三百五一敏鳳公長子

生於清道光三年癸未十月廿六日午時

卒於清同治十一年壬申九月十二日辰時年五十歲

娶曹氏生於清道光十年庚寅十二月廿七日午時

卒於清光緒十六年庚寅九月廿六日亥時壽六十有

一

生三子　長慈孝　次慈康　三慈誥

三女長適陳　次適

墓葬

[illegible]

行惠四百廿一　諱宏海

敏又三百三九允定公之子

生於清道光四年甲申十月廿二日酉時

卒無查

娶胡氏生於清道光十一年辛卯七月初四日午時

卒無查

生四女長適胡　次適邵

無後

墓葬

行惠四百廿二諱知存名鎮海字錦福號春泉　由軍功官江

南右營外委欽加六品銜賞戴藍翎

敏三百廿九在功公長子

洒

生於清道光四年甲申三月初七日午時
卒於清同治十一年壬申七月十九日午時年四十有
九
娶夏氏生於清道光十九年己亥正月十九日戌時
卒無查
生五子　長慈鑫　次慈松出繼　三慈楓　四慈楠
五慈華
三女長適俞　次適朱　三適王
墓葬
寓居上海
行惠四百廿三　諱惠椿

膞

敏三百十三敏祥公次子
生於清道光四年甲申閏七月初五日子時
卒於　年　正月廿五日酉時
娶胡氏生於清道光廿三年癸卯　月　日　時
卒於清同治九年庚午三月三十日　時年二十有八
生一子　慈和
墓葬上坂

行惠四百廿四諱惠政
敏三百五二敏皎公長子
生於清道光四年甲申
早世

涼

行惠四百廿五　諱知勇　字恒三

敏三百廿三在高公次子

生於清道光五年乙酉二月初七日亥時

卒於清光緒廿二年丙申四月廿二日丑時壽七十有

二

娶張氏生於清道光十九年己亥六月初九日巳時

卒於民國九年庚申九月十六日巳時壽八十有二

生三子　長慈泉　次慈炎　三慈圭

一女適張

墓葬

[illegible]

行惠四百廿六　諱惠全

敏三百四二敏文公三子

生於清道光五年乙酉四月初九日午時

卒於清光緒五年己卯十二月初二日子時年五十有

五

娶孫氏生於清道光十一年辛卯四月十四日子時

卒於清光緒六年庚辰九月十三日　時年五十歲

生一子　慈富

墓葬

寓居上海

房

行惠四百廿七　諱惠典　字小策

敏三百五一敏鳳公次子

涼

生於清道光五年乙酉九月十九日　時

早世

行惠四百廿八諱知傳字克家　任宗長

敏三百八在朝公六子

生於清道光六年丙戌正月廿八日子時

卒於清光緒廿八年壬寅十月十七日巳時壽七十有

七

娶陳氏生於清道光六年丙戌六月廿三日辰時

卒於清光緒十四年戊子七月十九日巳時壽六十有

三

再娶唐氏　殁歸前夫家

生二子　長慈訓　次慈詔

墓葬

彫

行惠四百廿九諱宏增

敏三百四七維賢公次子

生於清道光六年丙戌十一月十二日辰時

卒無查未娶

鏞

行惠四百三十諱惠鵬

敏三百四五敏榮公之子爲敏三百四三敏卓公繼子

生於清道光七年丁亥十一月廿一日辰時

卒無查

娶孔氏生於清道光十七年丁酉七月二十日酉時

卒於清光緒十九年癸巳五月初八日午時年五十有

七

生一子　慈富

墓葬

𨕫

行惠四百三一　諱惠均　字增元

敏三百三七敏升公長子

生於清道光八年戊子五月十六日酉時

卒無查

娶邵氏　改適

無後

墓葬

源

行惠四百三二諱知岳字珠福號清泉

敏三百廿九在功公次子

生於清道光八年戊子六月初四日辰時

卒於　年　六月廿六日　時

娶單氏生於清道光十八年戊戌十月廿八日酉時

卒於清同治二年癸亥五月二十日午時年二十有六

無後　以惠四百廿二知存公次子慈松入繼

墓葬

寓居上海

肅

行惠四百三三諱惠堂

敏三百廿一敏貴公之子

生於清道光十年庚寅六月初六日申時

出外無查

彫

行惠四百三四 諱宏瑾 字小比

敏三百四七維賢公三子

生於清道光十一年辛卯九月十九日午時

卒於清光緒廿七年辛丑八月廿四日辰時壽七十有

一

娶姚氏生於清道光廿四年甲辰十一月初一日亥時

卒於清光緒廿九年癸卯八月廿二日　時壽六十歲

生二子　長慈榮　次慈棟

三女長適張　次適陳　三適陳

鏞

行惠四百三五諱惠恩字增泰

敏三百三七敏升公次子

生於清道光十二年壬辰五月廿三日戌時

卒於清同治十三年甲戌十月初四日巳時年四十三

娶韓氏生於清道光廿四年甲辰三月初五日亥時

卒於清光緒元年乙亥七月初九日未時年三十有二

生二子　長慈榮　次慈華

墓葬刁孫面前坐北朝南

寓居郡城

彪

行惠四百三六諱宏雲

敏三百四七維賢公四子

生於清道光十八年戊戌六月廿九日　時
卒於清同治七年戊辰九月初二日　時年三十有一
未娶

西房
行惠四百三七諱宏全
敏三百五五允茂公長子
生於清道光二十年庚子九月十五日午時
卒無查未娶

三房
行惠四百三八諱宏才
敏三百四七維賢公五子
生於清道光二十年庚子十一月十二日巳時
卒無查未娶

三房

行惠四百三九諱宏毅

敏三百四七維賢公六子

生於清道光廿三年癸卯八月初一日卯時

卒於清光緒廿九年癸卯九月初五日酉時壽六十有

一

娶姚氏生於清咸豐七年丁巳七月十三日　時

卒於清光緒三年丁丑四月初一日　時年二十有一

無後

墓葬

四房

行惠四百四十諱宏遠字汝良　任宗長

敏三百五五允茂公次子

生於淸道光廿四年甲辰正月廿二日卯時
卒於淸宣統三年辛亥正月廿二日卯時壽六十有八
娶□氏生於淸咸豐三年癸丑十月初九日　時
卒於淸光緒十一年乙酉四月廿二日　時年三十有
三
生一子　慈均
墓葬

彪三
行惠四百四一　諱宏業
敏三百四七維賢公七子
生於淸道光廿六年丙午三月三十日戌時
卒無查未娶

酉房

行惠四百四二　諱宏錦　字東生

敏三百五五允茂公三子

生於清咸豐二年壬子十二月初三日卯時

卒於清光緒廿七年辛丑九月廿四日　時年五十歲

娶費氏生於清同治七年戊辰四月初一日寅時

生二子　長慈才　早世　次慈來

三女長適方　次適胡　三適陳

酉房

行惠四百四三　諱宏茂　字桂林

敏三百五六允龍公之子

生於清同治元年壬戌十一月　日辰時

出家爲僧

慈東童氏宗譜卷七

世傳

第二十九世

行慈一 諱其勤 字鳳卜

惠一 伯成公長子

生於清雍正四年丙午二月十三日午時

卒於清乾隆廿一年丙子二月初十日　時年三十有

一

娶劉氏生於清雍正五年丁未　月　日時

卒於清乾隆十六年辛未五月初二日　時年二十有

五

生一女

又娶鎮邑沈氏生於清雍正八年庚戌　月廿七日　時

卒於　年　月　日　時

生一子　祥麟

行慈二　諱其昌　字鳳占

惠一伯成公次子

生於清雍正十一年癸丑十一月廿八日丑時

卒於　年　月　日　時未娶

行慈三　諱慈祥　字子發　國學生　以次子文燈舉人揀選知

縣例贈文林郎

惠四宏濟公長子

生於清雍正十三年乙卯三月廿二日申時
卒於清嘉慶元年丙辰十月廿二日申時壽六十有二
娶曹氏生於清雍正十三年乙卯十一月初七日酉時
卒於清嘉慶廿三年戊寅三月初四日戌時壽八十有
四
生三子　長文炳　次文燈　三文炤
三女長適孔　次適洪　三適沐
墓葬文溪小牛山之西南山麓

行慈四　諱慈和字震揚
惠十一宏任公長子
生於清乾隆五年庚申四月廿二日未時

卒於清嘉慶二年丁巳五月十一日　時年五十有八
娶桂氏生於清乾隆廿一年丙子六月二十日午時
卒於清道光十八年戊戌十月初十日寅時壽八十有
三
生二女長適陳　次適周
無後　祭祀以姪祥玉兼承
墓葬
行慈五諱元培官名童秀號桂莊　增廣生
惠十六宏模公長子
生於清乾隆九年甲子七月初七日寅時
卒於清嘉慶二年丁巳三月十八日亥時年五十有四

娶杜氏生於清乾隆七年壬戌八月初一日戌時

卒於清嘉慶七年壬戌六月廿三日戌時壽六十有一

生三子　長祥釗　次祥錦　三祥鑑

一女適張

墓葬倉屋園

行慈六諱慈惠字德揚　國學生

惠十三宏儒公長子

生於清乾隆十二年丁卯六月初七日巳時

卒於清乾隆四十九年甲辰七月十五日　時年三十

有八

娶朱氏生於清乾隆十二年丁卯七月十一日丑時

卒於清嘉慶廿一年丙子五月廿九日午時壽七十歲

公殁時長子九歲仲子六歲季子尚在襁褓孺人力持

門戶築室置產延師課讀時以其餘恤貧乏之家聲稱忠

厚焉晚年無事喜持齋諸子善奉色養葢其德教非偶

然也

生三子　長祥凰　次祥鶴　三祥鴻

二女長適馬家橋朱　次適刁家橋張

墓葬鄞邑江北岸顯德廟前祔父墳傍欄土書長發其

祥四字傍栽柏樹墓前有池一方土人呼爲荷花池

庀二

行慈七諱慈明字光遠號碧山　職員

惠廿三宏鵬公之子

生於清乾隆十二年丁卯七月廿七日丑時
卒於清嘉慶八年癸亥八月十二日亥時年五十有七
娶周氏生於清乾隆十二年丁卯九月十二日子時
卒於清嘉慶七年壬戌五月十五日巳時年五十有六
生二子　長祥雲　次祥吉
三女長適俞　次適胡　三適姚
繼娶李氏生於清乾隆三十八年癸巳閏月廿二日酉時
卒於清嘉慶八年癸亥十二月初七日戌時年三十有
一
墓葬汶溪外倪孫家嶺之西北山腰土名二石山坐丑
向未與兩嶴天馬峯爲案

二房

行慈八　諱慈貞　字瑞芝

惠四宏濟公次子

生於清乾隆十三年戊辰八月初九日戌時

卒於清嘉慶十四年己巳四月初八日未時壽六十有二

娶方氏生於清乾隆十年乙丑十二月十九日辰時

卒於清乾隆四十六年辛丑八月十八日　時年三十有七

生三子　長文煒　次文烜　三文烺

繼娶顧氏生於清乾隆二十年乙亥三月廿一日戌時

卒於清乾隆五十六年辛亥九月廿四日　時年三十

有七
又娶李氏生於清乾隆廿三年戊寅十月十二日酉時
卒於清嘉慶五年庚申十一月初七日　時年四十有
三
墓葬十字路九龍山下顧家園坐東南向西北

行慈九　諱慈隆
惠十四宏宗公之子
生於清乾隆十三年戊辰　月　日　時
卒於　年　月　日　時未娶

行慈十　諱慈福　字愛茲　號禮園　邑庠生
惠四宏濟公三子

生於清乾隆十六年辛未正月廿四日亥時
卒於清道光九年己丑十二月十三日巳時壽七十有
九
娶孔氏生於清乾隆十五年庚午十一月初八日子時
卒於清嘉慶廿四年己卯正月初三日巳時壽七十歲
生三子　長文爛　次文燦　三文炯
三女長適姚　次適葛　三適孔
墓葬洲漲漕西首坐北向南

行慈十一　諱般培　字振裕
惠八宏士公之子
生於清乾隆十六年辛未六月廿八日酉時

卒於清嘉慶　年　月　日　時

娶陳氏生於清乾隆廿八年癸未八月十三日　時

卒於清乾隆五十六年辛亥三月二十日　時年二十

有九

又娶姚氏改適

無後

墓葬

[illegible]

行慈十二諱慈[illegible]字雨膏

惠十三宏儒公次子

生於清乾隆十六年辛未十月廿一日酉時

卒於清嘉慶元年丙辰六月初八日　時年四十有六

娶朱氏生於清乾隆十六年辛未七月十六日辰時

卒於清道光十三年癸巳九月十三日辰時壽八十有

三

生三子　長祥璉　次祥球　三祥珏

一女適莊

墓葬鎮龍橋西南田中坐東向西

[illegible]

行慈十三諱慈茂

惠廿九宏學公長子

生於清乾隆十八年癸酉十月初十日卯時

卒於清乾隆六十年乙卯九月廿三日卯時年四十有

三

娶莊氏生於清乾隆廿八年癸未正月初六日午時
卒於清嘉慶十五年庚午十月廿五日辰時年四十八
生二子 長祥雷 次祥電
墓葬

行慈十四 諱慈馮 字懋行
惠廿一宏成公長子
生於清乾隆十八年癸酉十二月初八日丑時
卒於清嘉慶 年 月 日 時未娶
墓葬地下二畝

行慈十五 諱申培 字鳳岡 號梧園 職員
惠十六宏模公次子 早喪母事繼母一如所生執父喪葬

祭極誠性愷慈好周急作事剛方爲人排難解紛莫不
渙然冰釋
生於清乾隆十八年癸酉十二月廿八日戌時
卒於清道光三年癸未四月廿四日卯時壽七十有一
娶朱氏生於清乾隆十八年癸酉十二月十六日酉時
卒於清乾隆四十六年辛丑閏五月初二日辰時年二
十有九
生一子　祥銘
一女適姚
繼娶陸氏生於清乾隆廿九年甲申四月初八日卯時
卒於清道光元年辛巳十月十五日卯時年五十有八

生二子　長祥鈁　次祥鈿
五女長適余　次適孫　三適吳　四適洪　五適胡
又娶陳氏生於清乾隆廿九年甲申九月十七日寅時
卒於清道光廿一年辛丑正月初二日寅時壽七十八
墓葬倉屋園坐北向南子午兼丁癸

行慈十六　諱慈祿　字懋功　號鼎梅　職員
惠四宏濟公四子
生於清乾隆十八年癸酉十二月廿九日亥時
卒於清嘉慶七年壬戌正月廿六日子時年五十歲
娶陳氏生於清乾隆十八年癸酉十二月初七日亥時
卒於清嘉慶元年丙辰四月十一日辰時年四十有四

生四女長適姚　次適孔　三適姚　四適胡
娶妾陸氏生於清乾隆三十六年辛卯二月初四日亥時
卒於清乾隆六十年乙卯六月初一日辰時年二十五
娶妾金氏生於清乾隆三十年乙酉九月十七日丑時
卒於清嘉慶十九年甲戌七月初三日　時年五十歲
生一子　文十
一女適朱
墓葬朱家汎坐西向東
行誼見事略
行慈十七 諱慈錦
惠七宏祖公之子

生於清乾隆十九年甲戌七月初五日　時
卒於清嘉慶十四年己巳三月廿五日　時年五十六
娶孫氏生於清乾隆三十二年丁亥十二月廿八日　時
卒於清嘉慶二年丁巳九月廿六日　時年三十有一
生二女長適陳　次適姚
又娶鄔氏生於清乾隆三十六年辛卯十一月廿七日巳
時
卒於清道光十六年丙申正月初一日　時壽六十六
生三子　長祥昭　次祥義　三祥明
墓葬

[illegible]二

行慈十八　諱慈訓

惠廿四宏德公長子

生於清乾隆十九年甲戌十二月十八日　時

卒於清嘉慶十四年己巳六月廿一日辰時年五十六

娶宋氏生於清乾隆二十年乙亥八月廿二日巳時

卒於　　年　　月　　日時

生一子　祥文

一女適翁

墓葬

行慈十九 諱 慈泰

惠廿九宏學公次子

生於清乾隆二十年乙亥四月十六日卯時

卒於清嘉慶九年甲子正月初三日　時年五十歲
娶方氏生於清乾隆廿九年甲申　月　日　時
卒於清道光十四年甲午　月　日　時壽七十一
生三子　長祥風　次祥雲　三妙雲
墓葬

行慈二十 諱慈忠 字兼三　太學生
惠十三宏儒公三子
生於清乾隆廿一年丙子五月初五日申時
卒於清嘉慶廿四年己卯六月廿六日申時壽六十四
娶沈氏生於清乾隆二十年乙亥六月十四日　時
卒於清乾隆四十五年庚子七月十七日　時年二十

有六

繼娶陳氏生於清乾隆廿一年丙子十月廿七日巳時

卒於清道光十七年丁酉十一月十八日亥時壽八十

有二

生一女適陳

娶妾劉氏生於清乾隆四十年乙未正月十四日　時

卒於清道光七年丁亥七月初二日　時年五十有三

生一子　祥杰

一女

墓葬鎮龍橋

行慈廿一　諱慈俊　字景夫

忠三十一　宏乾公長子
生於清乾隆廿一年丙子九月初五日午時
卒於清道光七年丁亥九月十八日戌時壽七十有二
娶陳氏生於清乾隆廿五年庚辰八月廿五日未時
卒於清乾隆五十二年丁未八月十七日戌時年二十
有八
生三子　長祥理　次祥珂　三祥璜
繼娶孔氏生於清乾隆廿三年戊寅十月廿五日酉時
卒於清道光九年己丑八月廿一日酉時壽七十有二
生一子　祥琦
二女長適倪　次適劉

墓葬後坂

行慈廿二 諱 慈高 字 鳳鳴　國學生

惠廿八鴻遠公長子　以子祥發銜誥贈奉直大夫

生於清乾隆廿一年丙子閏九月初八日戌時

卒於清乾隆四十五年庚子六月十五日亥時年二十有五

娶費氏　誥贈宜人生於清乾隆十八年癸酉二月廿九日寅時

卒於清嘉慶十四年己巳十一月廿一日子時年五十有六

公沒時宜人方廿六歲矢松筠之操撫孤守節孝養翁

姑以共成家業嘉慶十六年奉
旨旌表節孝建坊入祠亦榮矣哉
生二子　長祥發　次祥昌
墓葬十字路九龍山之陽卯酉兼乙辛向

行慈廿三諱慈寬
應廿四宏德公次子
生於清乾隆廿三年戊寅二月廿三日子時
卒於清嘉慶廿四年己卯六月十四日　時壽六十二
娶張氏生於清乾隆廿七年壬午五月初三日戌時
卒於清道光十四年甲午正月十二日　時壽七十三
生一子　祥涫

墓葬塔嶼廟港

五

行慈廿四 諱慈安 字靜邦

惠十七宏聲公長子

生於清乾隆廿三年戊寅二月廿四日丑時

卒於清嘉慶廿一年丙子十一月廿二日辰時年五十

有九

娶王氏生於清乾隆廿三年戊寅十二月十四日亥時

卒於清乾隆四十九年甲辰五月初十日　時年二十

有七

生一女適應

繼娶成氏生於清乾隆三十年乙酉二月初十日巳時

卒於清乾隆五十七年壬子十月初三日亥時年二十有八

生一子　祥琏

又娶成氏生於清乾隆三十五年庚寅六月初三日寅時卒於清嘉慶二年丁巳七月十五日辰時年二十有八

續娶孔氏生於清乾隆廿七年壬午七月廿四日酉時卒於清道光廿二年壬寅三月初七日午時壽八十一

生一子　祥琏

墓葬

行慈廿五諱慈忠

愢十一宏任公次子

生於清乾隆廿四年己卯十二月十六日未時
卒於清乾隆五十年乙巳十月廿一日卯時年二十七
娶姜氏 改適
生一子　祥玉
柩停横塘

房二

行慈廿六 諱 慈義
惠廿二宏鯉公之子
生於清乾隆廿五年庚辰三月十六日未時
卒於清道光十五年乙未八月初二日丑時壽七十六
娶李氏生於清乾隆三十年乙酉八月十二日戌時
卒於清道光十八年戊戌二月初十日辰時壽七十四

生四子　長祥震　次祥惠　三祥乾　四祥雲

一女適邵

墓葬

行慈廿七諱慈雲

惠二一　宏乾公次子

生於清乾隆廿五年庚辰十月廿一日巳時

卒於清嘉慶十四年己巳二月廿七日　時年五十歲

娶張氏生於清乾隆廿三年戊寅十月廿六日　時

卒於清乾隆　年　九月初七日亥時

生一子　祥瑚

一女適鄭

繼娶莊氏生於清乾隆三十五年庚寅二月初二日卯時
卒於清嘉慶　年　十月初九日　時
生二子　長祥萱　次祥瑁
墓葬

行慈廿八　諱慈愛
惠廿一宏成公次子
生於清乾隆廿五年庚辰十一月廿二日巳時
卒於清嘉慶　年　月　日　時
娶余氏生於清乾隆廿六年辛巳十一月二十日　時
卒於　年　月　日　時
生一子　祥峯

一女適張
墓葬濮嘴頭北首向東
行慈廿九諱慈善
惠四四宏器公長子
生於清乾隆廿六年辛巳八月初五日亥時
卒於清道光十年庚寅正月十四日　時壽七十歲
娶姚氏生於清乾隆廿七年壬午二月十一日　時
卒於清乾隆五十八年癸丑十月初一日戌時年三十
有二
生一子　祥茂
二女長適鄔　次適姚

又娶陳氏生於清乾隆　年　月　日　時

卒於　年　十月初八日　時

墓葬西岸墓壠跟

行慈三十 諱慈仁 字體元

惠五五宏博公長子

生於清乾隆廿六年辛巳十二月廿二日寅時

卒於清嘉慶廿四年己卯七月十二日子時年五十九

娶姚氏生於清乾隆三十六年辛卯十月十一日寅時

卒於清乾隆五十四年己酉十一月廿九日　時年一

十有九

繼娶顏氏生於清乾隆三十二年丁亥七月十五日戌時

卒於清道光十三年癸巳四月　日　時壽六十七

無後

墓葬

行慈三一　諱慈寬

惠四十安勳公長子

生於清乾隆廿七年壬午六月廿二日卯時

卒於清嘉慶十七年壬申四月初六日寅時年五十一

娶周氏生於清乾隆三十八年癸巳閏三月廿一日辰時

卒於清道光廿九年己酉四月初六日　時壽七十七

生四子　長祥能　次祥奎　三祥耿　四祥瑤

墓葬

廿二

行慈三二 諱慈霖 字茂剛

惠三一宏乾公三子

生於清乾隆廿七年壬午九月十二日卯時

卒於清嘉慶十六年辛未七月十五日子時年五十歲

娶姚氏生於清乾隆廿九年甲申六月初二日亥時

卒於清嘉慶三年戊午六月廿三日未時年三十有五

生一女適董

繼娶沈氏生於清乾隆五十四年己酉十月廿一日子時

卒於清道光七年丁亥六月初二日子時年三十有九

無後　以慈廿一慈俊公三子祥璜入繼

墓葬橫大路下

行慈三三諱慈元字體仁
惠十九宏鼎公長子
生於清乾隆廿七年壬午十一月十七日戌時
卒於清嘉慶十三年戊辰八月初十日丑時年四十七
娶錢氏生於清乾隆三十五年庚寅三月初三日申時
卒於清嘉慶十五年庚午十二月初八日辰時年四十
有一
生一子　祥鵠早世
墓葬蒲敦下坐西向東

行慈三四諱慈峰字松林
惠三三宏□公之子

生於清乾隆廿七年壬午十二月十二日戌時

卒於清道光十三年癸巳九月十二日申時壽七十二

娶曹氏生於清乾隆三十五年庚寅十月廿四日未時

卒於清嘉慶廿五年庚辰八月初七日亥時年五十一

生四子　長祥銂　次祥鋑　三祥福　四祥嘉

墓葬西岸

行慈三五 諱慈曜 字德茂 號勖齋

惠四九宏度公長子

生於清乾隆廿八年癸未十二月廿一日丑時

卒於清道光十二年壬辰七月廿一日未時壽七十歲

娶盛氏生於清乾隆三十二年丁亥九月初二日酉時

卒於清嘉慶廿一年丙子四月十六日辰時年五十歲
生二子　長文烈　次文森
三女長適裘　次適胡　三適郎
墓葬十字路茅嶺山黃泥地父墳旁

配

行慈三六諱慈孝
惠潤五宏紀公長子
生於清乾隆廿九年甲申二月廿五日午時
卒於　年　月　日　時
娶馮氏生於清乾隆四十年乙未　月　日　時
卒於　年　月　日　時
無後

房二　行慈三七　諱　慈富　字　有福

惠三二宏燮公長子

生於清乾隆廿九年甲申二月廿五日巳時

卒於　年　月　日　時

客死乍浦未曾歸葬

娶鄭氏生卒無查

又娶徐氏生於清乾隆　年　月　日　時

卒於清道光十四年甲午二月廿一日　時

無後

墓葬樟樹墳旁

房二　行慈三八　諱　昌培　字　啓豐

惠十六宏模公三子

生於清乾隆廿九年甲申七月十七日寅時

卒於清嘉慶十六年辛未九月廿六日亥時年四十八

娶姚氏生於清乾隆廿九年甲申七月廿二日寅時

卒於清道光三年癸未十一月初十日酉時壽六十歲

生三子　長祥鉉　次祥鉞　三祥銓

一女適方

墓葬倉廬園

行慈三九諱慈行字可表

惠六八宏撫公長子

生於清乾隆三十年乙酉三月廿八日卯時

卒於清乾隆五十四年己酉八月初九日未時年二十
有五
娶盛氏生於清乾隆三十年乙酉十月廿二日午時
卒於清道光十八年戊戌四月廿三日戌時壽七十四
生一子　祥運
一女適劉
墓葬祠堂東首

行慈四十　諱慈水　字春漪
惠四七宏飛公長子
生於清乾隆三十年乙酉四月廿九日　時
卒於清乾隆四十六年辛丑五月初六日　時年一十

有七未娶

行慈四一　諱慈霖　字雨林　號名亭　國學生

惠六十宏略公長子

生於清乾隆三十年乙酉七月廿七日戌時

卒於清嘉慶十九年甲戌正月初二日子時年五十歲

娶姚氏生於清乾隆廿八年癸未十一月十九日酉時

卒於清道光元年辛巳三月廿二日卯時年五十有九

生四子　長祥元　次祥亨　三祥利　四祥貞

四女長適費　次適翁　三適胡　四適胡

墓葬杜谷郎家坪大郎坂坐北向南

行慈四二　諱慈信　字寶山

二房

惠五五宏博公次子

生於清乾隆三十年乙酉十二月十九日酉時

卒於清嘉慶　年　九月十三日　時

娶李氏生於清乾隆四十三年戊戌正月十五日亥時

卒於清咸豐六年丙辰十一月初七日　時壽七十九

生二子　長祥麟　次祥驥

一女適潘

墓葬上坂河㪷

行慈四三　諱慈穠　字如圭

惠廿七宏鯨公長子

生於清乾隆三十年乙酉十二月十九日戌時

卒於清乾隆五十八年癸丑三月廿七日　時年二十有九

娶張氏生於清乾隆三十四年己丑七月十三日寅時

卒於　年　月　日時

生一子　祥佑

墓葬

行誼見事略

行慈四四　諱光廷

惠十五宏楣公之子

生於清乾隆三十年乙酉　月　日時

娶□氏

生二子　長祥彩　次祥齡

寓居蘇州生卒無查

行慈四五　諱慈賢　字登書　國學生

惠廿八鴻遠公次子爲惠五四鴻敷公繼子

生於清乾隆三十一年丙戌二月廿六日丑時

卒於清嘉慶七年壬戌九月初四日亥時年三十有七

娶姚氏生於清乾隆三十四年己丑正月十九日辰時

卒於清道光三十年庚戌十月初七日申時壽八十二

生三子　長祥桂　次祥梧　三祥松

二女長適胡　次適胡

墓葬十字路九龍山之陽與兄慈高同葬

房

行慈四六諱慈悌

惠四五宏紀公次子

生於清乾隆三十一年丙戌八月初五日申時

卒於　年　月　日　時

娶葛氏生於清乾隆四十三年戊戌　月　日　時

卒於　年　月　日　時

生一子　錦富

墓葬

寓居長石橋

房

行慈四七諱慈乾

惠廿九宏學公三子

生於清乾隆三十一年丙戌九月廿二日子時

卒於清道光二年壬午正月十一日　時年五十有七

娶王氏生於清乾隆四十三年戊戌十一月十一日　時

卒於　年　月　日時

生一子　祥昂

墓葬

行慈四八諱慈鏜

惠五六宏炎公長子

生於清乾隆三十二年丁亥六月初一日丑時

卒於　年　月　日時

娶董氏生於清乾隆四十一年丙申八月十一日　時

房

卒於　年　月　日時

生二子　長祥生　次祥南

墓葬

行慈四九　諱慈朗　字玉山

惠四九宏度公次子

生於清乾隆三十二年丁亥八月初七日辰時

卒於清道光二年壬午七月十七日辰時年五十有六

娶鄭氏生於清乾隆四十年乙未九月十三日辰時

卒於清乾隆五十九年甲寅二月十九日午時年二十

續娶胡氏生於清乾隆四十年乙未九月廿六日酉時

卒於清道光十八年戊戌八月十二日卯時壽六十四

生一子　文楷

三女長適姚　次適胡　三適周

墓葬暗漕頭

行慈五十 諱 慈雲

惠五三宏照公長子

生於清乾隆三十三年戊子三月初九日亥時

卒於清道光二年壬午　月　日　時年五十有五

娶姚氏生於清乾隆四十七年壬寅十月初十日亥時

卒於清嘉慶九年甲子二月廿三日　時年二十有三

墓葬鄭家畝

行慈五一 諱 慈豐 名 維謙 號 抑菴　國學生

惠五十宏量公長子
生於清乾隆三十三年戊子四月廿八日申時
卒於清道光十四年甲午正月初一日辰時壽六十七
娶費氏生於清乾隆三十一年丙戌十月十五日　時
卒於清道光廿三年癸卯十二月十五日巳時壽七十
有八
生四子　長祥凝　次祥渭　三祥濤　四祥海
一女適洪
移居鄞縣西門外白塔洋
墓葬鄞西鄉楊家水坂楊家橋
行慈五二諱慈甯

惠三二宏燮公次子
生於清乾隆三十三年戊子七月十八日　時
卒於清道光廿一年辛丑九月初一日丑時壽七十有
四未娶
墓葬樟樹墳北首

行慈五三　諱慈悅
惠十七宏聲公次子
生於清乾隆三十三年戊子十月初四日丑時
卒於清道光六年丙戌九月十七日　時年五十有九
娶王氏生於清乾隆三十四年己丑二月初五日辰時
卒於清嘉慶三年戊午十月廿一日　時年三十歲

生二女長適應　次適王
繼娶盧氏生於清乾隆四十六年辛丑十月初九日丑時
卒於清道光　年　十月初九日　時
生四子　長祥炎　次祥瑄　三祥珅　四祥球
二女長適姚　次適陳
墓葬後坂

行慈文五三　諱慈昂
惠廿七宏鯨公次子
生於清乾隆三十四年己丑二月廿四日子時
卒於清嘉慶三年戊午二月廿七日亥時年三十歲
未娶

墓葬暗漕頭大地父墳旁坐東向西

緣前譜失排補入於此

行慈五四諱慈範

惠三一宏乾公四子

生於清乾隆三十四年己丑六月三十日亥時

卒於清道光四年甲申　月　日　時年五十有六

娶莊氏生於清乾隆四十二年丁酉四月初三日戌時

卒於　年　月　日　時

生一子　祥玠

一女適湯

墓葬

廿九世

行慈五五諱慈言字有章號愼齋
惠六八宏燕公次子
生於清乾隆三十四年己丑八月廿二日卯時
卒於清道光十五年乙未八月十四日丑時壽六十七
娶李氏生於清乾隆四十二年丁酉五月初四日未時
卒於清道光廿四年甲辰五月十三日丑時壽六十八
生二子　長祥增　次祥坤
一女適劉
墓葬盧家橋東畔

廿九世

行慈五六諱慈坤
惠廿九宏學公四子

生於清乾隆三十四年己丑十月廿一日亥時
卒於清道光十年庚寅正月初七日卯時壽六十有二
娶徐氏生於清乾隆四十六年辛丑三月十一日未時
卒於清道光廿五年乙巳十一月廿九日戌時壽六十
有五
生三子　祥發祥賢俱早世　祥德
一女適應
墓葬上畈

註

行慈五七諱慈廣
惠四十宏勳公次子
生於清乾隆三十四年己丑十二月初八日未時

卒於　年　月　日　時未娶

行慈五八諱慈德字荀龍

惠三六宏煜公長子

生於淸乾隆三十五年庚寅六月廿九日巳時

卒於　年　月　日　時

娶沈氏生於淸乾隆四十五年庚子七月十八日寅時

卒於淸道光廿三年癸卯十二月初七日酉時壽六十有四

生二子　長祥堂　次祥棻

四女長適鄭　次適姚　三適徐　四適沈

墓葬上畈河斗

二房

行慈五九 諱慈嶽 字嵩高

惠七五宏彥公之子

生於清乾隆三十五年庚寅七月十六日午時

卒於清嘉慶十五年庚午十一月初八日亥時年四十

有一

娶穆氏生於清乾隆三十九年甲午十二月初三日丑時

卒於清嘉慶　年　十一月十一日　時

生二子 長文苻 次文楠

一女適穆

墓葬暗漕頭

二房

行慈六十 諱慈川 字滙海

貽

惠四七鴻飛公次子

生於清乾隆三十五年庚寅八月初四日戌時

卒於清道光十九年己亥二月廿九日卯時壽七十歲

娶姚氏生於清乾隆三十五年庚寅正月廿五日卯時

卒於清道光廿七年丁未八月十七日卯時壽七十八

生四子　長祥和　次祥久　三祥成　四祥恆

三女長適李　次適嚴　三適姚

墓葬暗漕頭

行慈六一　諱慈霖

惠五三宏照公次子

生於清乾隆三十五年庚寅九月初十日辰時

房

卒於清道光　年　月　日　時
娶張氏 改適
無後
行慈六二 諱 慈泰 字 彙征 國學生
惠六七宏逵公長子
生於清乾隆三十五年庚寅十二月初四日寅時
卒於清嘉慶十三年戊辰五月十四日午時年三十九
娶沈氏生於清乾隆三十四年己丑九月廿四日巳時
卒於清道光二年壬午七月初四日午時年五十有四
生三子 長 祥平 次 祥安 三 祥喜
四女長適裘 次適洪 三適應 四適姚

墓葬陪澧頭坐北向南

行慈六三 諱 慈宗

惠三二宏燮公三子

生於清乾隆三十六年辛卯六月初四日　時

娶李氏生於清乾隆五十年乙巳　月　日　時

生一女適姚

無後

客死上海卒無查

行慈六四 諱 慈盛 字 載堯 號 松岑　國學生以子祥隆銜誥贈

奉直大夫以孫　銜貤贈朝議大夫

惠五九宏韜公之子

生於清乾隆三十六年辛卯九月十二日酉時

卒於清道光九年己丑六月十四日巳時年五十有九

娶莊氏　誥贈宜人　貤贈恭人生於清乾隆三十四年

己丑十二月十八日子時

卒於清道光十二年壬辰四月十八日子時壽六十四

生二子　長祥隆　次祥裕

三女長適姚　次適莊　三適吳

墓葬朱家㪷後遷葬鎮西龔李王河㪷坐酉向卯兼乙

辛

行慈六五諱慈智字德方

惠五五宏博公三子

生於清乾隆三十六年辛卯十月十三日酉時
卒於清道光十一年辛卯三月初四日未時壽六十一
娶沈氏生於清乾隆三十九年甲午八月二十日酉時
卒於清道光廿四年甲辰五月廿九日　時壽七十一
生一子　祥彩
六女長適余　次適傳　三適周　四適周　五適邵
六適盛
墓葬上坂河〈氵斗〉

行慈六六諱　慈修
惠六五鴻楨公長子
生於清乾隆三十六年辛卯十二月廿二日子時

卒於清道光二年壬午八月初七日　時年五十有二
娶沈氏生於清乾隆四十一年丙申十一月初六日巳時
卒於清嘉慶十九年甲戌二月十九日未時年三十九
生二子　長祥璠　次祥雅
三女長適徐　次適孔　三適胡
又娶張氏生於清乾隆三十八年癸巳十二月初八日
時
卒於清道光廿一年辛丑五月十九日　時壽六十九
生一女適施
墓葬大車頭港

行慈六七諱慈虔字秉鉞號菊塘

惠五十宏量公次子

生於清乾隆三十七年壬辰十月十二日戌時

卒於清嘉慶廿一年丙子四月十九日未時年四十六

娶姚氏生於清乾隆三十七年壬辰十月初五日戌時

卒於清嘉慶四年己未七月初四日　時年二十有八

生一子　祥溙

一女適徐

又娶姚氏生於清乾隆四十四年己亥十一月初一日未

時

卒於清道光十八年戊戌九月初四日子時壽六十歲

生四子　長祥千　次祥雷　三祥江　四祥漢

三女長適洪　次適徐　三適葛

墓葬更樓嶺塋朱

行慈六八 諱慈裔

惠十九宏鼎公次子

生於清乾隆三十七年壬辰十一月十四日丑時

卒於　年　月　日　時

娶孫氏生於清乾隆五十三年戊申十一月十一日子時

卒於　年　月　日　時

無後

墓葬

行慈六九 諱慈崗字鳳山號茨軒

惠四九宏度公三子

生於清乾隆三十八年癸巳二月初一日亥時

卒於清道光廿七年丁未八月十一日寅時壽七十五

娶徐氏生於清乾隆四十三年戊戌九月廿三日辰時

卒於清道光五年乙酉二月初一日申時年四十有八

生二子　長文淵　次文奇

墓葬腊漕頭東首向南

行慈七十諱慈耿字標臣　國學生

惠六二宏道公長子

生於清乾隆三十八年癸巳十月十九日卯時

卒於清道光九年己丑十月初一日卯時年五十有七

記

娶王氏生於清乾隆三十六年辛卯七月初七日寅時
卒於清咸豐元年辛亥正月十一日　時壽八十有一
生二子　長祥珍　次祥倫
墓葬廟前坂

行慈七一　諱慈忍　字秉揚
惠六三宏訓公長子
生於清乾隆三十八年癸巳十月三十日卯時
卒於　年　月　日　時
娶邵氏生於清乾隆四十六年辛丑七月初三日午時
卒於清咸豐四年甲寅八月廿五日午時壽七十有四
生一女適徐

無後

墓葬

行慈七二　諱慈章

惠三二宏燮公四子

生於清乾隆三十九年甲午正月初十日　時

卒於清嘉慶　年　月　日　時未娶

行慈七三　諱慈蘭　字谷香

惠七三宏三公長子

生於清乾隆三十九年甲午正月廿八日丑時

卒於清咸豐十年庚申十二月初五日　時壽八十八

娶魏氏生於清乾隆四十三年戊戌五月廿五日　時

卒於清嘉慶十七年壬申十月初八日　時年三十五

生二子　長祥柄　次祥林出繼

一女適張

又娶鄭氏生於清乾隆五十三年戊申七月初七日戌時

卒於清咸豐九年己未十月初九日丑時壽七十有二

墓葬

行慈七四　諱慈聖

惠六一宏謀公之子

生於清乾隆三十九年甲午七月廿二日午時

卒於清嘉慶十年乙丑八月初九日戌時年三十有二

娶王氏生於清乾隆三十七年壬辰三月初一日戌時

卒於　年　月　日　時

生二子　長祥池　次祥基

三女長適邵　次適洪　三適莊

墓葬

行慈七五　諱慈金　字南貢　國學生

崇六七鴻達公次子

生於清乾隆三十九年甲午十一月廿八日巳時

卒於清道光七年丁亥八月十九日辰時年五十有四

娶姚氏生於清乾隆三十九年甲午八月初六日未時

卒於清道光十二年壬辰六月廿五日子時年五十九

生四子　長祥華　次祥飈　三祥正　四祥集

二房

三女長適成　次適劉　三適姚

墓葬廟前坂

行慈七六 諱慈信

惠四四宏器公次子

生於清乾隆三十九年甲午十二月初一日戌時

卒於清嘉慶三年戊午十一月廿八日申時年二十五

娶舒氏生於清乾隆四十二年丁酉四月初五日戌時

卒於　年　月　日　時

生二子　長祥芳　次祥爕

墓葬西河墓壟跟

二房

行慈七七 諱慈峯 字景高

惠四九宏度公四子
生於清乾隆四十年乙未正月十一日亥時
卒於清道光十年庚寅六月十五日丑時年五十有六
娶盛氏生於清乾隆四十四年己亥十二月初十日子時
卒於清咸豐九年己未六月三十日辰時壽八十有一
生二子　長文鑑　次文燧
一女適張
墓葬腈瀆頭

行慈七八諱慈奎
惠三一宏乾公五子
生於清乾隆四十年乙未九月十七日亥時

三房

卒於清道光十七年丁酉九月十六日申時壽六十三
娶張氏生於清乾隆四十八年癸卯五月廿二日　時
卒於清道光廿九年己酉十一月十四日　時壽六十
有七
生五子　長祥珩　次祥玖　三祥瑤　四祥珠
五祥璧
一女適葉
墓葬上坂

行慈七九諱慈進字禮權
惠六八宏撫公三子
生於清乾隆四十年乙未十二月廿三日申時

卒於清道光廿一年辛丑十二月初三日戌時壽六十
有七
娶鄭氏生於清乾隆四十六年辛丑八月初二日未時
卒於清同治二年癸亥十一月十九日　時壽八十三
生一子　祥樞
一女適李
墓葬上畈

三房

行慈八十諱慈騭字克昌號朗軒
惠八四宏瀾公長子
生於清乾隆四十年乙未十二月廿四日寅時
卒於清道光五年乙酉八月初七日辰時年五十有一

[illegible]

娶姚氏生於清乾隆四十三年戊戌十一月十二日　時
卒於清道光八年戊子九月廿三日辰時年五十有一
生一子　梁
一女適陳
墓葬

行慈八一　諱　慈文
惠三六宏煜公次子爲惠百九二宏有公繼子
生於清乾隆四十一年丙申九月廿四日亥時
卒於清道光十九年己亥十一月廿九日戌時壽六十
有四
娶邵氏生於清乾隆五十四年己酉十月初八日戌時

卒於清咸豐五年乙卯九月二十日　時壽六十有七
生一子　祥森
二女長適費　次適朱
墓葬後畈

行慈八二諱慈忠
惠三二宏燮公五子
生於清乾隆四十二年丁酉二月十二日　時
卒於清道光六年丙戌六月初八日　時年五十歲
娶陳氏生於清乾隆五十六年辛亥十一月十六日　時
卒於清嘉慶廿一年丙子四月十二日　時年二十六
生一子　祥棟

房

又娶朱氏生於清乾隆六十年乙卯閏二月初一日子時
卒於清同治十三年甲戌八月二十日子時壽八十歲
生一子　祥楣
墓葬蒲墩下父墳旁
行慈八三諱慈息字大生
惠六三宏訓公次子爲惠九九宏文公繼子
生於清乾隆四十二年丁酉四月初五日未時
卒於清道光十年庚寅十月初九日丑時年五十有四
娶楊氏生於清乾隆五十七年壬子十一月初三日丑時
卒於清同治十年辛未十一月初二日午時壽八十歲
無後

墓葬西岸小橋跟

行慈八四　諱慈春　字杏芳　號牧園　國學生

惠五十宏量公三子爲惠七七宏佐公繼子

生於清乾隆四十三年戊戌三月廿五日亥時

卒於清道光十四年甲午十月初八日酉時年五十七

娶余氏生於清乾隆四十三年戊戌七月廿五日卯時

卒於清道光三十年庚戌八月廿二日　時壽七十三

生七子　長祥清　次祥淮　三祥澄　四祥溪　五祥淦　六祥滌　七祥波

五女長適鄭　次適盛　三適盛　四適裘　五適鄭

墓葬鎮邑西管鄉前華屋前坐西向東

二房

行慈八五 諱慈炳 字光熊 號野亭 國學生
惠六十宏略公次子
生於清乾隆四十三年戊戌六月十七日午時
卒於清道光十年庚寅八月廿三日丑時年五十有三
娶姚氏生於清乾隆四十三年戊戌正月十二日子時
卒於清道光三十年庚戌二月初七日 時壽七十三
生二子 長祥耕 次祥耘
三女長適翁 次適盛 三適吳
墓葬下河吳家地名矮跟

三房

行慈八六 諱元友
惠八一宏昌公長子

生於清乾隆四十三年戊戌十二月十七日戌時
卒於清道光十四年甲午二月十二日巳時年五十七
娶謝氏生於清嘉慶三年戊午正月初九日　時
卒於清道光十三年癸巳七月廿五日　時年三十六
生一子　祥龍早世
一女適邵
墓葬
行慈八七諱慈珏字美斯　邑庠生
惠六七鴻遠公三子
生於清乾隆四十四年己亥正月初九日寅時
卒於清咸豐元年辛亥閏八月廿三日卯時壽七十三

娶姚氏生於淸乾隆四十六年辛丑正月十九日　時
卒於淸同治元年壬戌七月十七日戌時壽八十有二
生三子　長祥騋　次祥騏　三祥騄
三女長適翁　次適劉　三適莊
墓葬腤漕頭

卅三

行慈八八 諱慈學
惠四十宏勳公三子
生於淸乾隆四十四年己亥正月廿五日寅時
卒於淸道光十年庚寅四月初十日卯時年五十有二
娶龔氏生於淸乾隆四十八年癸卯正月十一日酉時
卒於淸道光廿七年丁未十二月廿七日　時壽六十

有五

生一子　祥銓

墓葬

行慈八九諱慈煥字卓雲

惠六二宏達公次子

生於清乾隆四十四年己亥正月廿九日未時

卒於清嘉慶三年戊午九月初九日　時年二十歲

聘姚氏未娶而卒後女亦卒合葬東河港坐西向東

行慈九十諱慈芳字蕙茂

惠七三宏法公次子

生於清乾隆四十四年己亥五月初四日未時

卒於清道光八年戊子正月廿七日　時年五十歲

娶姚氏生於清乾隆四十六年辛丑六月十六日未時

卒於清道光十九年己亥十一月二十日卯時年五十

有九

生一女適應

又娶妾盛氏改適

生二女長適姚　次適吳

無後　以慈七三慈蘭公次子祥林入繼

墓葬西岸大河頭

行慈九一諱蒸嵩字名高號中嶽

惠四九宏度公五子

生於清乾隆四十四年己亥八月初六日戌時
卒於清道光十四年甲午六月廿七日戌時年五十六
娶姚氏生於清乾隆四十七年壬寅九月十三日戌時
卒於清嘉慶十三年戊辰八月十二日午時年二十七
生一子　文耀
繼娶沈氏生於清乾隆五十四年己酉八月十八日戌時
卒於清咸豐十年庚申十月初五日辰時壽七十有二
生二子　長文盛　次文華
墓葬䁲瀆頭坐北向南

行慈九二諱慈春

惠八五宏道公之子

生於清乾隆四十四年己亥十一月二十日子時
卒於清嘉慶　年　月　日　時
娶余氏改適
無後
墓葬

行慈九三諱慈清字聖泉號晏亭
惠百二宏受公長子
生於清乾隆四十四年己亥十二月廿四日申時
卒於清嘉慶廿三年戊寅六月廿八日　時年四十歲
娶莊氏生於清乾隆四十四年己亥十月初十日戌時
卒於清嘉慶廿五年庚辰七月十九日　時年四十二

生五子長文瑛　次文瑍出繼　三文珩　四文球
五文珍
二女長適董　次適莊
墓葬廟前畈
行慈九三諱增培
惠四八宏化公之子
生於清乾隆四十五年庚子十二月廿三日　時
从客富陽卒無查
娶□氏生卒無查
生一子　祥頂
緣前譜失排補入於此

行慈九四　諱慈灼　字俊三
惠六二宏達公三子
生於清乾隆四十六年辛丑閏五月廿二日寅時
卒於清道光十五年乙未五月廿一日申時年五十五
娶姚氏生於清乾隆四十八年癸卯三月初一日卯時
卒於清道光十四年甲午年七月廿四日午時年五十二
生二子　長祥乾　次祥綱
墓葬廟前畈

行慈九五　諱慈軾
惠六五鴻楨公次子
生於清乾隆四十六年辛丑七月十三日　時

卒於清道光廿七年丁未六月初五日　時壽六十七
娶曹氏生於清乾隆五十三年戊申十月初四日申時
卒於清咸豐五年乙卯八月廿二日　時壽六十有八
生四子　長祥瑛　次祥瑚　三祥瑞　四祥璉
四女長適姚　次適盛　三適費　四適王
墓葬後張屋後

行慈九六諱慈潮字景韓
惠百二宏受公次子
生於清乾隆四十七年壬寅正月初五日申時
卒於清道光　年　二月廿一日　時
娶洪氏生於清乾隆五十一年丙午正月初八日巳時

卒於清嘉慶　年　九月十二日　時

生一子　文炎早世

無後　以慈九三慈清公次子文煥入繼

墓葬蒲墩下地田向東

行慈九七諱慈能

惠六五鴻楨公三子爲惠七八宏格公繼子

生於清乾隆四十七年壬寅正月廿八日巳時

卒於清道光十五年乙未正月廿六日子時年五十四

娶孔氏生於清乾隆五十九年甲寅五月初八日午時

卒於清道光廿八年戊申十月廿三日丑時年五十五

生二子　長祥珍　次祥蓮

五女長適姚　次適張　三適徐　四適周　五適王

墓葬後坂

行慈九八諱慈揚字顯仁

惠三六宏煜公三子

生於清乾隆四十七年壬寅五月初一日卯時

卒於清道光六年丙戌四月初三日　時年四十有五

娶洪氏生於清乾隆五十七年壬子九月初七日寅時

卒於清道光九年己丑十月廿七日　時年三十有九

生二子　長祥椿　次祥槿

墓葬上坂黄泥田

行慈九九諱慈岑字峻山

惠四九宏度公六子

生於清乾隆四十七年壬寅五月初二日午時

卒於清嘉慶十九年甲戌三月廿五日未時年三十三

娶葛氏生於清乾隆四十九年甲辰九月三十日卯時

卒於清道光廿七年丁未十月初十日申時壽六十四

生一子　文堯

一女適費

墓葬

行慈一百諱慈剛

惠五二宏業公長子

生於清乾隆四十八年癸卯五月廿二日亥時

卒於　年　月　日　時
娶周氏 改適
墓葬上坂
行慈百一 諱慈威 字臨莊 號愼哉 國學生
惠五十宏量公四子
生於清乾隆四十八年癸卯五月廿四日丑時
卒於清道光七年丁亥七月初四日未時 年四十有五
娶夏氏生於清乾隆五十年乙巳三月廿二日申時
卒於　年　月　日　時
生三女 長適張 次適洪 三適胡
娶妾劉氏生於清嘉慶三年戊午十一月十一日子時

卒於清咸豐三年癸丑九月初四日　時年五十有六

生一子　祥浦

墓葬

行慈百二 諱 慈棟 字 作梁

惠百廿二宏顯公長子

生於清乾隆四十八年癸卯九月廿二日子時

卒於清嘉慶　年　月　日　時

娶沈氏生於清乾隆五十年乙巳六月二十日丑時

卒於清嘉慶廿二年丁丑正月初三日辰時年三十三

生一子　祥標 早世

墓葬

行慈百三　諱慈增　字如川
惠六七宏遠公四子
生於清乾隆四十八年癸卯十一月廿三日酉時
卒於清嘉慶十四年己巳七月三十日辰時年二十七
娶洪氏生於清乾隆五十年乙巳十一月初十日卯時
卒於清道光廿一年辛丑八月三十日戌時年五十七
生一子　祥風
一女適孫
墓葬

行慈百四　諱慈珂
惠九七宏嗣公之子

生於清乾隆四十九年甲辰七月初二日未時
卒於清道光　年　十一月　日　時
娶張氏生於清乾隆五十二年丁未七月廿四日申時
卒於清道光廿二年壬寅九月初八日未時年五十六
生四子　長祥芝　次祥蕙　三祥葵　四祥芬
二女長適姚　次適顏
墓葬鄭家河斗東首

行慈百五　諱慈光
惠九六知仁公長子
生於清乾隆四十九年甲辰九月三十日巳時
卒於　年　月　日　時未娶

行慈百六諱慈美
惠六五宏楨公四子
生於清乾隆四十九年甲辰十一月十八日戌時
卒於　年　月　日　時未娶
墓葬大車頭港

行慈百七諱慈榮
惠九四知義公長子
生於清乾隆五十一年丙午正月初八日戌時
卒於清嘉慶　年　月　日　時
娶周氏生於　年　月　日　時
卒於　年　月　日　時

無後　以慈百廿一　慈東公子祥豐入繼

墓葬

行慈百八　諱慈瑛　字崑圃　號孫亭　國學生

惠六十宏略公三子

生於清乾隆五十一年丙午七月十四日未時

卒於清道光七年丁亥四月十六日子時年四十有二

娶成氏生於清乾隆五十三年戊申九月廿四日辰時

卒於清咸豐五年乙卯五月十三日戌時壽六十有八

生四子　長祥福　次祥祿　三祥祉　四祥祜

四女長適陳　次適劉　三適吳　四適邵

墓葬河頭市佛船山之麓河頭市對河有董氏墓莊

行慈百九 諱 慈珩 字 鳴佩

惠五五宏博公四子

生於清乾隆五十一年丙午閏七月十六日巳時

卒於清道光六年丙戌七月初九日午時年四十有一

娶沈氏生於清乾隆五十六年辛亥五月十二日巳時

卒於清咸豐五年乙卯九月十八日午時壽六十有五

生一子 祥光

二女長適顧 次適葛

墓葬上畈河滸

行慈百十 諱 慈陞 字 德高

惠八四宏瀾公次子

生於清乾隆五十一年丙午九月廿二日寅時
卒於清道光十三年癸巳正月十二日戌時年四十八
娶張氏生於清乾隆五十四年己酉七月初九日未時
卒於清咸豐四年甲寅七月十一日戌時壽六十有六
生四子　長樞　次桂　三槐　四檦
二女長適翁　次適應
墓葬

行慈百十一　諱元昌　字恒耀
惠七六宏恩公之子
生於清乾隆五十一年丙午九月廿三日巳時
卒於清嘉慶十八年癸酉七月十六日辰時年二十八

娶顧氏生於清乾隆五十四年己酉六月初二日午時

卒於清嘉慶十九年甲戌二月廿四日辰時年二十六

無後

墓葬杜家漕跟

行慈百十二諱元定

惠八一宏昌公次子爲惠百廿七宏高公繼子

生於清乾隆五十一年丙午十月十九日卯時

卒於清道光　年　月　日時

娶范氏生於清嘉慶八年癸亥十二月初十日亥時

卒於清道光十九年己亥八月初三日午時年三十七

無後

墓葬

行慈百十三 諱慈高

惠九二宏宣公長子

生於清乾隆五十二年丁未五月十九日子時

卒於　年　月　日　時未娶

行慈百十四 諱慈美 字里仁 號古鄰

惠六八宏燕公四子

生於清乾隆五十二年丁未六月十四日戌時

卒於清咸豐八年戊午正月十七日卯時壽七十有二

娶孔氏生於清乾隆五十五年庚戌二月十八日亥時

卒於清道光廿七年丁未十月初九日戌時年五十八

生二子　長祥翰　次祥福

又娶張氏生於清嘉慶六年辛酉九月十六日子時

卒於　年　月　日　時

墓葬

行慈百十五　諱慈炎

惠八九宏柄公長子

生於清乾隆五十二年丁未十一月廿一日未時

卒於清道光十二年壬辰正月十七日　時年四十六

娶盛氏生於清乾隆六十年乙卯十一月初八日子時

卒於清同治四年乙丑十月十九日　時壽七十有一

生二女長適洪　次適方

無後

三房
行慈百十六　諱慈霞
惠五三宏照公三子
生於清乾隆五十三年戊申二月十一日子時
卒於清道光十九年己亥　月　日　時年五十二
娶姚氏生於清嘉慶四年己未二月初二日戌時
卒於　年　月　日　時
生一女適
無後

四房
行慈百十七　諱元文
惠百五宏聖公長子

生於清乾隆五十三年戊申十二月十六日辰時
卒於清道光　年　十二月廿七日　時
娶應氏生於　　年　十月十六日　時
卒於清道光　年　十月十六日　時
生一子　祥　早世
二女長適嚴　次適邵
墓葬鄭家閘

行慈百十八　諱元武
惠百五宏聖公次子
生於清乾隆五十三年戊申十二月十六日　時
卒於清道光　年　四月廿二日　時

娶張氏生於清嘉慶二年丁巳十月十六日戌時
卒於清咸豐十一年辛酉二月廿二日　時壽六十五
生一子　祥照
二女長適唐　次適陳
墓葬

行慈百十九　諱　慈甯
惠五七德修公之子
生於清乾隆五十三年戊申十二月廿五日　時
卒於清道光　年　月　日　時
娶劉氏　改適
無後

行慈百二十　諱慈靈

惠七四宏杏公長子爲惠三九宏材公繼子

生於清乾隆五十四年己酉七月廿四日丑時

卒於清咸豐四年甲寅七月十七日　時壽六十有六

娶徐氏生於清嘉慶六年辛酉十一月廿八日卯時

卒於清咸豐八年戊午十一月十四日　時年五十八

生二子　長祥福　次祥鈞

二女長適徐　次適張

墓葬

行慈百廿一　諱慈東

惠六九知能公長子

生於清乾隆五十四年己酉十一月初二日未時
卒於　年　月　日　時
娶□氏生於　年　月　日　時
卒於　年　月　日　時
生二子　長祥豐出繼　次祥林
墓葬

慈愷

行慈百廿二諱慈愷
惠九十宏裕公長子
生於清乾隆五十五年庚戌正月十二日午時
卒於清嘉慶十八年癸酉四月十五日子時年二十四
娶舒氏生於清乾隆五十三年戊申十月初九日亥時

卒於　年　月　日　時

無後

行慈百廿三 諱 慈鋌

惠五六宏炎公次子

生於清乾隆五十五年庚戌正月廿九日戌時

卒於　年　月　日　時

娶姚氏生於清乾隆五十九年甲寅正月十四日丑時

卒於　年　月　日　時

無後

行慈百廿四 諱 元祥

惠七九宏軾公長子

生於清乾隆五十五年庚戌四月初三日子時
卒於清道光二年壬午十月初十日寅時年三十有三
娶陳氏生於清嘉慶五年庚申十一月十一日戌時
卒於清道光廿五年乙巳十月廿五日　時年四十六
無後　以慈二百三八元裕公長子　洲入繼
墓葬杜家漕父墳旁

行慈百廿五　諱　慈保　字　丹木
惠百三五惠南公長子
生於清乾隆五十五年庚戌六月初八日寅時
卒於清道光十四年甲午九月廿一日午時年四十五
娶唐氏生於清乾隆五十六年辛亥六月廿六日巳時

卒於清道光廿三年癸卯正月廿七日未時年五十四

娶妾劉氏　夫卒年輕立誓願守撫養繼兒悉出婦手事嫡如姑敬而能久鄉里之人贊揚交口生於清嘉慶十二年丁卯十一月廿五日酉時

卒於清同治十年辛未十二月初三日卯時壽六十五

無後　以慈百三二慈敎公長子祥蟾入繼

墓葬

行慈百廿六 諱慈洲 字瀛洲 號憩亭　覃恩上壽

惠百二宏燮公三子

生於清乾隆五十五年庚戌六月十二日子時

卒於清咸豐九年己未六月十七日　時壽七十歲

娶姚氏生於清乾隆五十七年壬子二月初二日未時
卒於清道光十年庚寅八月十七日酉時年三十有九
生二子　長文寶　次文圭
四女長適姚　次適葛　三適邵　四適張
墓葬廟前坂

行慈百廿七　諱慈水
惠百八宏有公長子
生於清乾隆五十五年庚戌八月廿一日戌時
卒於清道光九年己丑十月廿四日酉時年四十歲
娶穆氏生於清乾隆五十八年癸丑十二月十九日　時
卒於清道光九年己丑二月初四日辰時年三十有七

生一子 祥蘭
三女長適姚 次適包 三適余
墓葬西港
行慈百廿八 諱慈照 字炳文
惠百十八知賢公長子爲惠八三知廉公繼子
生於清乾隆五十六年辛亥三月十二日辰時
卒於清咸豐元年辛亥八月十一日 時壽六十有一
娶姚氏生於清乾隆五十三年戊申三月廿三日戌時
卒於 年 月 日 時
生六女長適姚 次適姚 三適姜 四適洪 五適
姚 六適杜

無後　以慈百四一慈熙公長子祥豪入繼

墓葬

行慈百廿九　諱慈蕊　字聚玉

惠七三宏法公三子

生於清乾隆五十六年辛亥十一月十六日　時

卒於清道光十七年丁酉五月十二日　時年四十七

娶姚氏生於清嘉慶四年己未九月十六日　時

卒於清嘉慶廿二年丁丑正月初八日　時年一十九

生一子　祥泰

又娶姚氏生於清嘉慶十五年庚午九月廿二日申時

卒於　年　二月廿九日　時

生一子　祥森

墓葬西岸大河頭

行慈百三十諱慈霖

惠五三宏照公四子

生於清乾隆五十六年辛亥十一月廿六日亥時

卒於清道光　年　月　日　時

娶余氏生於清嘉慶十一年丙寅七月十八日辰時

卒於清同治八年己巳九月十三日申時壽六十有四

生二子　長祥蓮　次祥荇早世

墓葬

行慈百三一諱慈瑄

惠八九宏柄公次子

生於清乾隆五十七年壬子閏四月十八日巳時

卒於清道光元年辛巳十一月十四日　時年三十一

娶張氏改適

無後

行慈百三二諱慈敎字沛雨號我田

惠百三五惠南公次子

生於清乾隆五十七年壬子閏四月廿一日辰時

卒於清咸豐六年丙辰八月十五日　時壽六十有五

娶姚氏生於清嘉慶二年丁巳十一月十六日子時

卒於清道光十三年癸巳五月二十日巳時年三十七

生三子 長祥蟠出繼 次祥琛 三祥喬
二女長適方 次適陳
又娶湯氏生於清嘉慶七年壬戌十月初二日申時
卒於清咸豐七年丁巳七月初八日 時年五十有六
墓葬

行慈百三三諱慈祚
惠百十四宏源公長子
生於清乾隆五十七年壬子五月十九日丑時
卒於清嘉慶廿四年己卯三月廿一日亥時年二十八
娶王氏生於清乾隆五十七年壬子八月廿七日戌時
卒於清同治十二年癸酉十月 日 時壽八十二

生二子　長栟　次材

墓葬

行慈百三四　諱慈柱　字朝楝

惠百四六宏章公長子

生於清乾隆五十七年壬子六月廿二日亥時

卒於　年　月　日時

娶李氏生於清乾隆五十九年甲寅正月初九日　時

卒於清嘉慶廿四年己卯六月初九日　時年二十六

繼娶莊氏生於清嘉慶十六年辛未正月二十日　時

卒於　年　月　日時

生一子　祥寅

墓祔暗漕頭父墳旁

行慈百三五　諱慈瑞　字鶴鳴

惠百三十宏倫公長子

生於淸乾隆五十七年壬子七月廿九日子時

卒於淸道光十四年甲午十一月十四日亥時年四十

有三

娶朱氏生於淸乾隆五十七年壬子八月初七日子時

卒於淸同治三年甲子五月廿七日　時壽七十有三

生二子　長祥占　次祥徵

三女長適周　次適鄭　三適方

墓葬上坂

行慈百三六諱慈均
惠百二十　惠風公長子
生於清乾隆五十七年壬子八月廿六日戌時
卒於清咸豐元年辛亥二月二十日　時壽六十歲
娶張氏生於清嘉慶元年丙辰七月十一日寅時
卒於清咸豐八年戊午三月初五日　時壽六十有三
生二子　長祥年　次祥載
墓葬

行慈百三七諱慈璇字衡玉號玉珩　覃恩上壽
惠百廿四　宏詮公長子
生於清乾隆五十八年癸丑二月十五日酉時

卒於清同治十一年壬申六月廿八日午時壽七十歲

娶陳氏生於清嘉慶元年丙辰十月廿二日卯時

卒於清同治四年乙丑九月初五日亥時壽七十歲

無後　以慈百八十慈琰公長子祥雲入繼

生三女長適黃　次適湯　三適劉

墓葬茅墳泮

行慈百三八諱慈勝

惠九二宏宣公次子

生於清乾隆五十八年癸丑五月十六日丑時

卒於清咸豐　年　十月初七日卯時

娶鍾氏生於清嘉慶八年癸亥二月初六日巳時

卒於清咸豐　年　十月初七日巳時
生一子　祥霖
三女長適徐　次適
墓葬上坂

行慈百三九 諱 慈逵
惠百四五宏大公之子
生於清乾隆五十八年癸丑八月十一日子時
卒於清嘉慶　年　月　日　時早世

行慈百四十 諱 慈瑜 字 玉成
惠百廿八宏譽公之子
生於清乾隆五十八年癸丑九月初七日巳時

卒於清嘉慶廿五年庚辰八月十八日　時年二十八
娶顏氏生於清乾隆五十八年癸丑六月初二日戌時
卒於清道光十年庚寅十一月初四日　時年三十八
生一子　祥鼇
一女適金
墓葬鄭家河斗
行慈百四一　諱慈熙
惠百十八翔賢公次子
生於清乾隆五十八年癸丑十月十六日戌時
卒於清道光五年乙酉七月廿三日辰時年三十有三
娶王氏生於清乾隆五十九年甲寅十二月廿六日辰時

卒於清道光廿一年辛丑十月十九日戌時年四十八
生二子　長祥豪出繼　次祥貴
墓葬洪家門前

行慈百四二諱慈論字名揚
惠百廿三知本公長子
生於清乾隆五十八年癸丑十二月十九日子時
卒於清咸豐八年戊午閏五月二十日未時壽六十六
娶姚氏生於清嘉慶十三年戊辰三月初十日未時
卒於清咸豐二年壬子十一月廿四日戌時年四十五
生一子　祥壽早世　以慈百五二慈諭公次子祥樺
兼承

墓葬鎮邑路堰塘

行慈百四三 諱 慈華

惠九四知義公次子

生於清乾隆五十八年癸丑十二月廿三日戌時

出舲慈城無從查攷

行慈百四四 諱 慈朋

惠百三六知方公長子

生於清乾隆五十九年甲寅十月初五日戌時

早世

行慈百四五 諱 慈梁 字 大任

惠百廿二宏顯公次子

生於清乾隆五十九年甲寅十一月十五日辰時
卒於清道光　年　月　日　時
娶陳氏生於清乾隆五十八年癸丑正月廿一日亥時
卒於清道光　年　月　日　時
生一子　祥瑞
四女長適李　次適周　三適陳　四適陳
墓葬

[illegible]

行慈百四六　諱慈陶　字德豐
惠百十四宏源公次子
生於清乾隆五十九年甲寅十二月十二日戌時
卒於清道光廿二年壬寅正月廿四日戌時年四十九

娶孔氏生於清嘉慶三年戊午十二月廿三日寅時

卒於清同治十二年癸酉　月　日　時壽七十六

生一女適

無後　以慈百三三慈阼公長子　栩入繼

墓葬汶溪梅園隩

行慈百四七諱慈標

惠百廿五宏振公長子

生於清乾隆六十年乙卯五月廿四日　時

卒於清道光十四年甲午四月初六日申時年五十歲

娶朱氏　清同治朝欽旌節孝建坊入祠生於清嘉慶十

二年丁卯十月廿一日戌時

卒於清咸豐五年乙卯五月十四日酉時年四十有九

生一子　祥堃

墓葬塔嶼廟港

行慈百四八　諱慈錕　字可鑒　號月亭　附貢生

惠百十三宏緯公長子爲惠八八宏經公繼子

生於清乾隆六十年乙卯六月初七日子時

卒於清同治元年壬戌十一月十九日未時壽六十八

娶姚氏生於清嘉慶四年己未七月初八日亥時

卒於清同治元年壬戌閏八月廿九日丑時壽六十四

生四子　長源　次浴　三瀚　四演

二女長適杜　次適洪

墓葬茅墳洴坐卯酉兼庚申

行誼見事略

行慈百四九諱慈達

惠百四五宏大公次子

生於清乾隆六十年乙卯八月廿一日子時

早世

行慈百五十諱慈瑾字含輝

惠百廿四宏詮公次子

生於清乾隆六十年乙卯十月廿八日寅時

卒於清道光廿七年丁未六月廿七日午時年五十三

娶莊氏生於清嘉慶五年庚申七月廿九日寅時

卒於清同治六年丁卯正月十九日午時壽六十有八

無後

生一女適周

墓葬茅墳㳆

行慈百五一　諱慈愛字炳哉

惠百五五惠顯公長子爲惠百三三惠明公繼子

生於清乾隆六十年乙卯十一月廿六日寅時

卒於清道光廿三年癸卯閏七月十五日　時年四十有九

娶孫氏生於清乾隆五十七年壬子八月廿九日寅時

卒於清咸豐四年甲寅十月初五日　時壽六十有三

生三子　長祥東　次祥南　三祥雲

一女適孫

墓葬大車頭港繞埠坐北向南

行慈百五二諱慈諭

惠百廿三知本公次子

生於清乾隆六十年乙卯十一月廿七日子時

卒於清咸豐七年丁巳十二月十一日寅時壽六十三

娶錢氏生於清嘉慶十三年戊辰十一月廿九日巳時

卒於清道光廿四年甲辰八月初五日丑時年三十七

生二子　長祥槐　次祥桂

又娶唐氏生於清嘉慶六年辛酉四月廿四日亥時

卒於清同治二年癸亥九月初三日　時壽六十有三

墓葬鎮邑路堰塘

肆

行慈百五三諱元魁

惠百五宏聖公三子

生於清乾隆六十年乙卯十二月廿三日亥時

卒於　年　月　日　時

娶吳氏生於清嘉慶十九年甲戌三月初六日戌時

卒於　年　月　日　時

生一子　祥發

行慈百五四諱慈孝

敏七九允恭公之孫

生於清嘉慶元年丙辰正月初一日戌時
卒於　年　月　日　時
娶王氏生於清嘉慶十六年辛未十二月十六日巳時
卒於　年　月　日　時
生一子　祥大
按敏七九允恭公生四子俱死蘇州惟第三子諱無
考生一子即慈孝
行慈百五五　諱　慈勳
惠百十八知賢公三子
生於清嘉慶元年丙辰正月廿九日戌時
卒於清嘉慶廿四年己卯三月十四日辰時年二十四

娶朱氏　青年矢志苦節可嘉道光己酉年
欽旌節孝建坊入祠詳見縣志列女傳生於清嘉慶四
年己未二月十二日寅時
卒於清同治二年癸亥八月初一日　時壽六十有五
無後　以慈百七二慈肅公次子祥林入繼
生一女適杜
墓葬洪家門前

行慈百五六諱慈成
惠百八宏有公次子
生於清嘉慶元年丙辰四月初六日戌時
卒於清道光十七年丁酉四月廿二日　時年四十二

娶應氏生於清嘉慶二年丁巳二月廿一日時
卒於清道光十七年丁酉五月廿七日　時年四十一
生二子　長祥華　次祥芸
墓葬西港

行慈百五七諱慈昭
惠八九宏柄公三子
生於清嘉慶元年丙辰五月十九日申時
卒於清道光六年丙戌十一月初五日　時年三十一
娶唐氏改適
無後
墓葬

行慈百五八 諱慈華 字秀章
惠七三宏法公四子
生於清嘉慶元年丙辰八月廿五日丑時
卒於清道光七年丁亥十月初二日　時年三十有二
娶胡氏生於清嘉慶九年甲子五月十五日　時
卒於　年　九月初九日　時
無後
墓葬西岸大河頭

行慈百五九 諱慈階
惠百五七宏海公之子
生於清嘉慶元年丙辰九月廿九日巳時

卒於清道光廿一年辛丑八月初一日未時年四十六
娶林氏生於清嘉慶六年辛酉五月十四日　時
卒於清道光十五年乙未正月十一日戌時年三十五
生二子　長標　次渠
一女適
又娶劉氏生於清道光五年乙酉四月初九日辰時
卒於　年　月　日　時
墓葬

行慈百六十諱慈恂
惠九十宏裕公次子
生於清嘉慶元年丙辰十月初三日丑時

早世

墓葬小橋跟

行慈百六一　諱慈剛

惠百九六知仁公次子

生於清嘉慶元年丙辰十月廿九日子時

卒於清咸豐元年辛亥三月二十日　時年五十有六

娶謝氏生於清嘉慶九年甲子九月初八日申時

卒於清嘉慶廿三年戊寅五月初八日巳時年一十五

又娶胡氏生於清嘉慶十五年庚午十二月十七日丑時

卒於清道光十三年癸巳十月初十日子時年二十四

生一子　祥釗

一女適錢

又娶嚴氏生於清乾隆六十年乙卯七月二十日巳時

卒於清道光十五年乙未七月初七日亥時年四十一

又娶薛氏生於清嘉慶六年辛酉十二月廿四日戌時

卒於清道光二十年庚子二月初八日子時年四十歲

墓葬堰橋

行慈百六二諱慈煥

惠百三十宏倫公次子

生於清嘉慶元年丙辰十二月廿三日酉時

早世

行慈百六三諱慈掄字肇修號品三

惠百五八宏玉公長子
生於清嘉慶二年丁巳正月十七日丑時
卒於清同治五年丙寅三月十七日午時壽七十歲
娶顏氏生於清嘉慶十三年戊辰八月初八日戌時
卒於清光緒五年己卯十月廿六日辰時壽七十有二
生一子　祥來
墓葬

行慈百六四　諱慈亭
惠百十九宏元公之子
生於清嘉慶二年丁巳十一月初十日寅時
卒於　年　月　日　時

寓居江北無查

行慈百六五　諱　慈揚

惠七四宏杏公次子

生於清嘉慶二年丁巳十二月初十日酉時

卒於　年　十月十九日　時

娶舒氏生於清嘉慶十四年己巳十一月廿四日寅時

卒於清同治十二年癸酉十二月廿三日　時壽六十

有五

生一子　祥榮早世

墓葬

慈行於此越排二名因前譜有慈昂增培失排行次

附刻於後以備後之修譜者補入迨月亭公重修又
未補之將昂附於慈五三後增培附於慈九三後至
於今日欲待補入而世系主位排定已久況一動百
搖殊難改易仍照舊章越排二名則雖未改正而行
第猶不失也

行慈百六八　諱慈楷
惠百四六宏章公次子
生於清嘉慶三年戊午二月初八日戌時
卒於　年　月　日　時
娶吳氏生於清嘉慶十五年庚午正月十八日　時
卒於　年　月　日　時

生四子　長祥寶　次祥賓　三祥家　四祥實

行慈百六九　諱慈智　字信水

惠百廿九宏魁公長子

生於清嘉慶三年戊午二月廿七日戌時

卒於清咸豐三年癸丑十月十五日　時年五十有六

娶姚氏生於清嘉慶十七年壬申正月廿七日亥時

卒於清同治元年壬戌八月十九日　時年五十有一

生二子　長祥棻　次祥薇

二女長適葛　次適鄔

墓葬茅墳官井頭

行慈百七十　諱慈源

惠九五宏祿公長子爲惠八十宏福公繼子
生於清嘉慶三年戊午三月二十日戌時
卒於清道光二十年庚子十月二十日未時年四十三
娶周氏生於清嘉慶十六年辛未十一月十八日午時
卒於清光緒八年壬午十一月初八日戌時壽七十二
生一子　祥舟
墓葬後張坂
行慈百七一　諱元鳳
惠百廿一宏名公長子
生於清嘉慶三年戊午四月初八日未時
早世

行慈百七二 諱慈肅

惠百十八知賢公四子

生於清嘉慶三年戊午五月廿八日巳時

卒於清道光十七年丁酉九月廿九日戌時年四十歲

娶吳氏生於清嘉慶七年壬戌正月十四日戌時

卒於清咸豐五年乙卯九月初七日　時年五十有四

生二子　長祥瑞　次祥林出繼

二女長適龔　次適沈

墓葬洪家屋前父墳旁

行慈百七三 諱慈弈

惠百七宏肩公之子

生於清嘉慶三年戊午七月十四日戌時

早世

行慈百七四　諱　慈菊　字　榮章

惠七三宏法公五子

生於清嘉慶三年戊午七月十七日戌時

卒於　年　月　日　時

娶方氏生於清嘉慶十五年庚午六月二十日巳時

卒於　年　月　日　時

生一子　祥巨

墓葬

行慈百七五　諱　慈昇

惠二百十四知安公長子
生於清嘉慶三年戊午九月廿一日巳時
卒於清咸豐十年庚申十一月十八日　時壽六十三
娶劉氏生於清嘉慶廿一年丙子二月廿一日戌時
卒於清光緒十五年己丑九月初三日亥時壽七十四
生二子　長祥述　次祥明
墓葬張家堰小橋跟東首坐東朝西
號
行慈百七六諱慈根
惠百廿五宏振公次子
生於清嘉慶三年戊午十一月初一日戌時
卒於清咸豐九年己未正月廿九日　時壽六十有二

娶李氏生於清嘉慶十五年庚午九月十六日戌時
卒於清同治元年壬戌九月初七日　時年五十有三
生三子　長祥慶早世　次祥來　三祥遠早世
二女長適劉　次適余
墓葬廟前坂

行慈百七七　諱慈懷
惠九十宏裕公三子
生於清嘉慶三年戊午十二月二十日寅時
卒於清道光六年丙戌十一月廿七日戌時年二十九
娶周氏生於清嘉慶十二年丁卯五月初七日午時
卒於　年　月　日時

生一子　祥泰

墓葬

行慈百七八諱慈謀

惠百廿三知本公三子

生於清嘉慶三年戊午十二月廿三日亥時

卒於　年　十一月廿一日　時

娶舒氏生於清嘉慶八年癸亥十月十五日酉時

卒於清嘉慶廿四年己卯五月初十日　時年一十七

又娶楊氏生於清嘉慶　年　月　日　時

卒於　年　月　日　時

無後

三房

行慈百七九 諱 慈能

惠九八宏先公長子

生於清嘉慶三年戊午十二月廿八日巳時

卒於　年　月　日時

娶鄔氏生卒無查

又娶□氏生卒無查

墓葬方家屋基地

二房

行慈百八十 諱 慈琰 字 啓榮

惠百廿四宏詮公三子

生於清嘉慶四年己未七月初二日申時

卒於清咸豐十年庚申正月十二日巳時壽六十有二

娶張氏生於清嘉慶十一年丙寅八月初四日寅時
卒於清道光十三年癸巳六月廿四日午時年二十八
生一子　祥雲出繼
一女適方
又娶嚴氏生於清嘉慶十七年壬申十一月廿六日酉時
卒於清同治七年戊辰五月初二日午時年五十有七
生一子　祥賚
墓葬茅墳㳄
行慈百八一諱慈杏字春榮
惠百六十宏翔公長子
生於清嘉慶四年己未十月初十日巳時

記

卒於清道光廿七年丁未五月初八日未時年四十九

娶杜氏生於清嘉慶四年己未正月十八日未時

卒於清道光十七年丁酉五月十八日辰時年三十九

生三子 長祥炳 次祥祺 三祥炕

墓葬

行慈百八二 諱慈昶

惠百八宏有公三子

生於清嘉慶五年庚申正月十二日戌時

卒於清道光七年丁亥二月廿六日亥時年二十有八

娶蔡氏 夫亡無嗣矢志不貳清潔一生屬額榮賜同治

丁卯年

欽旌節孝建坊入祠生於清嘉慶九年甲子十月廿二
日戌時
卒於清同治十一年壬申六月十八日午時壽六十九
無後
墓葬河襄岸大爿

行慈百八三　諱慈才
惠八九宏柄公四子
生於清嘉慶五年庚申六月初二日午時
卒於清道光三十年庚戌三月廿六日申時年五十一
娶陳氏生於清嘉慶十九年甲戌正月二十日辰時
卒於清同治　年　月　日　時

無後

墓葬

行慈百八四 諱 慈福

惠八二宏聖公長子

生於清嘉慶五年庚申七月初一日丑時

卒於　，　年　月　日　時未娶

行慈百八五 諱 慈榮 字 德三 號 復生

惠百十三宏緯公次子

生於清嘉慶五年庚申八月十八日申時

卒於清道光十六年丙申六月初六日亥時年三十七

娶姚氏生於清嘉慶七年壬戌十一月廿九日卯時

卒於清道光十三年癸巳六月十六日未時年三十二
生二子　長溪　次浩
墓葬茅墳斗父墳旁

行慈百八六　諱慈明
惠百三六知方公次子
生於清嘉慶六年辛酉三月初六日午時
卒於　年　月　日時
娶王氏生於清嘉慶　年　月　日時
卒於　年　月　日時
生二子　長祥慶　次祥嘉
墓葬吳家河北首坐西朝東

四房

行慈百八七諱慈芹

惠百六八宏善公長子

生於清嘉慶六年辛酉四月廿八日未時

卒於　年　月　日　時

娶洪氏生於清嘉慶十四年己巳八月十二日亥時

卒於　年　月　日　時

生二子　長祥倫　次祥康

二女長適顧　次適曹

墓葬

二房

行慈百八八諱慈楧字楚材

惠百三八宏漸公長子

生於清嘉慶六年辛酉五月三十日戌時
卒於清道光十四年甲午十月十六日巳時年三十四
娶周氏生於清嘉慶　年　五月初十日　時
卒於　年　九月廿四日　時
無後
墓葬

行慈百八九　諱慈楓
惠百廿五宏振公三子
生於清嘉慶六年辛酉八月廿八日戌時
卒於清咸豐六年丙辰十月十七日未時年五十有六
娶朱氏生於清嘉慶十八年癸酉四月初五日卯時

卒於清同治元年壬戌八月廿二日　時年五十歲
生二子　長祥萱　次祥全
三女長適朱　次適林　三適周
墓葬廟前坂

行慈百九十　諱慈祥
惠百六四宏友公長子爲惠百三二宏泰公繼子
生於清嘉慶六年辛酉九月十四日戌時
卒於清道光十三年癸巳八月十五日　時年三十三
娶盧氏　改適
無後
墓葬

廼

行慈百九一 諱慈甯 字明山

惠百八一宏富公長子

生於清嘉慶六年辛酉九月十六日卯時

卒於清同治二年癸亥六月初十日 時壽六十有三

聚金氏生於清嘉慶十一年丙寅四月廿二日 時

卒於清咸豐九年己未六月初七日 時年五十有四

生一子 祥瀏

三女長適李 次適孔 三適周

再娶葛氏生於清道光九年己丑三月廿六日 時

卒於民國 年 月 日 時

生一子 祥品

顯

卒於清同治元年壬戌八月廿二日　時年五十歲

生二子　長祥萱　次祥全

三女長適朱　次適林　三適周

墓葬廟前坂

行慈百九十　諱慈祥

惠百六四宏友公長子爲惠百三二宏泰公繼子

生於清嘉慶六年辛酉九月十四日戌時

卒於清道光十三年癸巳八月十五日　時年三十三

娶盧氏　改適

無後

墓葬

行慈百九三 諱 慈佩
惠百八宏有公四子
生於清嘉慶六年辛酉十月廿六日巳時
卒於清道光五年乙酉五月十六日午時年二十有五
娶湯氏 于歸數月夫即殞殁苦節三十年清同治丁卯
欽旌節孝建坊入祠生於清嘉慶九年甲子二月廿一
日辰時
卒於清咸豐五年乙卯七月廿一日辰時年五十有二
無後
墓葬後畈河襄岸大爿

行慈百九四 諱 慈楷 字 廷模 號 瑞玉

服

惠百五一知靈公長子
生於清嘉慶六年辛酉十二月廿一日申時
卒於　年　月　日　時
娶姚氏生於清嘉慶十二年丁卯七月初五日戌時
卒於　年　月　日　時
無後

行慈百九五 諱仁富
惠百四宏智公長子
生於清嘉慶六年辛酉　月　日　時
卒於　年　月　日　時
寓居杭州

彤

行慈百九六諱慈雅字松茂

惠百三十宏倫公三子

生於清嘉慶七年壬戌五月廿九日亥時

卒於　年　月　日　時

娶徐氏生卒無查

生一子　祥泰

蘇

行慈百九七諱慈勇

惠九六知仁公三子爲惠百十一知甯公繼子

寓居蘇州

生於清嘉慶七年壬戌十一月初五日亥時

卒於清同治六年丁卯三月十三日　時壽六十有六

房

娶朱氏生於清嘉慶十九年甲戌十二月二十日寅時
卒於清光緒十年甲申正月廿二日亥時壽七十有一
生二子　長祥堃　次祥圻
三女長適蘇　次適曹　三適莊
墓葬堰橋西首

行慈百九八　諱慈遠
惠二百廿六宏瑞公長子爲百四五宏大公繼子
生於清嘉慶七年壬戌十一月初十日申時
卒於清同治二年癸亥十月三十日　時壽六十有二
娶傅氏生於清嘉慶八年癸亥十月十三日戌時
卒於清咸豐三年癸丑六月十七日　時年五十有一

生一子　祥懷

一女適盛

又娶徐氏生於清嘉慶十八年癸酉五月初六日　時

卒於清咸豐八年戊午五月十六日　時年五十有六

墓葬上畈

行慈百九九　諱　慈德

惠百三七宏寬公之子

生於清嘉慶八年癸亥正月廿五日卯時

卒於清咸豐十一年辛酉七月廿二日午時年五十九

娶朱氏生於清嘉慶十九年甲戌八月十五日　時

卒於清同治二年癸亥五月廿三日申時年五十歲

廊

生三子　長祥龍　次祥虎　三祥熊

二女長適胡　次適孔

墓葬南房屋前

行慈二百　諱慈淵　字澄源

惠百八七惠文公長子

生於清嘉慶八年癸亥二月廿二日卯時

卒於清同治九年庚午十二月廿八日辰時壽六十八

娶樓氏生於清嘉慶十年乙丑正月初五日丑時

卒於清咸豐九年己未十月初五日午時年五十有五

無後

生三女長適方　次適倪　三適陳

墓祔繞埠父墳旁

行慈二百一　諱　慈增

惠百二十惠風公次子

生於清嘉慶八年癸亥閏二月初五日戌時

卒於清咸豐元年辛亥三月十五日　時年四十有九

娶穆氏生於清嘉慶十三年戊辰八月廿九日戌時

卒於清同治十三年甲戌六月十九日　時壽六十七

生一子　祥茂早世

墓葬高田

行慈二百二　諱　慈清　字　繹成

惠二百五一知明公長子

生於清嘉慶八年癸亥七月廿五日午時

卒於清道光二十年庚子八月十七日巳時年三十八

娶刁氏生於清嘉慶十八年癸酉二月廿七日戌時

卒於清咸豐九年己未八月初四日　時年四十有七

生三子　長祥仁早世　次祥義早世　三祥禮

墓葬地田父墳旁

黼

行慈二百三　諱慈桂

惠二百廿二惠乾公長子

生於清嘉慶八年癸亥八月二十日戌時

卒於清道光　年　二月二十日巳時未娶

黼

行慈二百四　諱慈林

惠百八二惠濟公長子

生於清嘉慶八年癸亥九月十六日寅時

早世

行慈二百五諱慈瞳

惠百八十宏陶公之子

生於清嘉慶八年癸亥九月廿五日丑時

卒於清咸豐四年甲寅三月十八日戌時年五十有二

娶張氏生於清嘉慶十九年甲戌正月廿九日戌時

卒於清同治七年戊辰十月廿九日戌時年五十有五

生二子　長祥榮　次祥祉

墓葬屋後

行慈二百六諱炳乾字耀南

惠百七九烈訓公長子

生於清嘉慶八年癸亥十二月十二日子時

卒無查

娶胡氏生卒無查

無後

墓葬北水郭父墳旁

行慈二百七諱慈普

惠百七二宏順公長子

生於清嘉慶九年甲子四月十二日申時

卒無查

娶莊氏生於清嘉慶十六年辛未十二月廿九日戌時

卒於清道光十四年甲午十一月初六日寅時年二十

有四

無後

墓葬

行慈二百八諱元順

惠百六五宏標公長子

生於清嘉慶九年甲子五月初五日未時

卒於清道光三十年庚戌十月初一日　時年四十七

未娶

行慈二百九諱元泰字鼎三號亦占

惠二百五八　士鉉公之子
生於清嘉慶九年甲子六月十六日申時
卒於清咸豐五年乙卯九月十一日子時年五十有二
娶傅氏生於清嘉慶九年甲子五月初八日戌時
卒於清光緒九年癸未正月初三日　時壽八十歲
生一子　文楷
四女長適吳　次適傅　三適金　四適陳
墓葬下坂河沜

行慈二百十　諱慈道　字福泰　號小塘

惠二百三十　宏立公次子
生於清嘉慶九年甲子七月十一日寅時

卒於清同治六年丁卯九月十七日子時壽六十有四
娶張氏生於清嘉慶廿一年丙子四月廿九日酉時
卒無查
娶茭孫氏生於清道光十一年辛卯四月廿二日　時
卒於清光緒七年辛巳七月廿三日子時年五十有一
生一子　祥根
墓葬西河田
行慈二百十一　諱慈蕊
惠百八八惠遠公長子
生於清嘉慶九年甲子八月十八日子時
卒於清道光四年甲申正月廿五日酉時年二十有一

娶胡氏改適

墓葬泗墶地

無後

行慈二百十二諱慈槐字松盛

惠百三十宏倫公四子

生於清嘉慶九年甲子十月初六日亥時

卒無查

娶王氏生卒無查

生一子　祥寶

寓居柳湖

行慈二百十三諱慈鴻

惠百四七知成公長子
生於清嘉慶九年甲子十月廿八日巳時
卒無查
娶方氏生於清道光元年辛巳七月十一日子時
卒無查
生一子　祥華
三女長適張　次適張
墓葬莊氵斗

行慈二百十四諱慈增
惠二百廿五宏瑞公長子爲惠四一宏詣公繼子
生於清嘉慶九年甲子十一月初二日巳時

肆

客死上海柳湖

娶王氏生卒無查

無後　以慈二百廿二慈乾公長子祥興入繼

墓葬暗漕跟

行慈二百十五　諱元坤　字博厚　覃恩上壽

惠百八三宏柄公長子

生於清嘉慶九年甲子十一月初五日巳時

卒於清同治九年庚午八月十七日丑時壽六十有七

娶張氏生於清嘉慶廿一年丙子四月三十日戌時

卒於清光緒十年甲申八月初五日申時壽六十有九

生四子　長祥盈　次祥鋈　三祥鑑　四祥楣

一女適時

墓葬

肆

行慈二百十六諱元愷

惠百五九宏貴公長子

生於清嘉慶九年甲子十二月初六日子時

卒於清咸豐三年癸丑七月十四日巳時年五十歲

娶劉氏生於清嘉慶廿三年戊寅七月十二日巳時

卒於清道光廿九年己酉四月廿六日申時年三十二

生二子　長文聯　次文才

墓葬

肆

行慈二百十七諱慈森

惠百廿五宏振公四子

生於清嘉慶十年乙丑四月初七日巳時

卒於清道光十四年甲午八月廿九日卯時年三十歲

娶鄭氏改適

無後

墓祔社家漕父墳旁

行慈二百十八諱慈友字大勳

惠百四九知光公之子

生於清嘉慶十年乙丑閏六月廿九日卯時

卒於清道光廿二年壬寅十一月十三日子時年三十有八

娶顧氏生於清嘉慶十年乙丑十一月十五日卯時
卒於清道光十二年壬辰九月十三日戌時年二十八
又娶魏氏生於清嘉慶十七年壬申三月十九日亥時
卒無查
生一子　祥泰
一女適陳
墓葬

行慈二百十九諱慈培
惠百二十惠風公三子
生於清嘉慶十年乙丑八月初六日酉時
卒於清同治六年丁卯六月十六日　時壽六十有三

娶周氏生於清嘉慶廿一年丙子三月初九日　時

卒於清道光十七年丁酉八月廿九日　時年二十二

生一子　祥彪

又娶盛氏生於清嘉慶十四年己巳七月廿九日　時

卒於清咸豐七年丁巳七月初九日　時年四十有九

生一子　祥永

一女適張

墓葬

老號

行慈二百二十　諱慈椿

惠九五宏祿公次子

生於清嘉慶十一年丙寅正月十七日午時

卒於清同治元年壬戌六月十九日　時年五十有七

娶杜氏生於清道光三年癸未四月初七日午時

卒無查

無後

墓葬

行慈二百廿一　諱慈照

惠百八六宏興公長子

生於清嘉慶十一年丙寅二月十七日寅時

卒於清道光五年乙酉正月廿三日卯時年二十歲

未娶

墓葬後坂

驪

行慈二百廿二 諱慈乾

惠二百廿五宏端公次子爲惠百五十宏全公繼子

生於清嘉慶十一年丙寅六月十二日戌時

卒於清咸豐二年壬子十一月廿三日卯時年四十七

娶李氏生於清嘉慶十九年甲戌六月十八日卯時

卒於清咸豐三年癸丑八月初二日　時年四十歲

生四子　長祥興出繼　次祥安　三祥慶出繼

四祥生

墓葬上坂河斗

莊

行慈二百廿三 諱慈慶

惠三百廿三宏壽公長子

生於清嘉慶十一年丙寅七月廿五日戌時
卒無查
寓居上海
行慈二百廿四諱慈烈字炳如
惠百十八知賢公五子
生於清嘉慶十一年丙寅十一月初十日戌時
卒於清同治十三年甲戌八月初四日午時壽六十九
娶謝氏生於清嘉慶十四年己巳二月初九日午時
卒於清道光十四年甲午七月初四日戌時年二十六
又娶陳氏生於清道光元年辛巳十月十三日卯時
卒無查

生二子　長祥崑　次祥崙

三女長適方　次適杜　三適

墓葬

行慈二百廿五　諱慈照

惠百廿九宏魁公次子

生於清嘉慶十一年丙寅十一月廿九日亥時

卒於清咸豐六年丙辰七月初三日辰時年五十有一

娶曹氏生於清嘉慶廿三年戊寅三月十一日子時

卒於清咸豐六年丙辰九月廿四日未時年三十有九

生一女適姚

無後

行慈二百廿六諱慈惠字友蘭

惠百六八宏善公次子

生於清嘉慶十二年丁卯正月十六日戌時

卒無查

娶沈氏生於清嘉慶廿一年丙子二月初五日戌時

卒於清咸豐三年癸丑七月廿五日戌時年三十有八

生一子　祥慎

一女適姚

墓葬

行慈二百廿七諱慈濂

惠二百五一知明公次子

生於清嘉慶十二年丁卯二月廿八日戌時
卒於清同治六年丁卯十二月廿三日　時壽六十一
娶薛氏生於清嘉慶十六年辛未十一月初四日午時
卒於清光緒十四年戊子四月廿八日戌時壽七十八
生二女長適胡　次適張
無後
墓葬地田父墳旁

行慈二百廿八 諱慈爵 字靜芳
惠二百七七惠彬公長子
生於清嘉慶十二年丁卯三月廿七日午時
卒於清道光十二年壬辰正月初二日辰時年二十六

娶宋氏改適

無後

行慈二百廿九諱慈本

惠百一宏祚公之子

生於清嘉慶十二年丁卯五月初一日酉時

卒無查未娶

行慈二百三十諱慈順

惠八二宏聖公次子

生於清嘉慶十二年丁卯六月初七日　時

卒於清咸豐六年丙辰六月十六日子時年五十歲

娶陳氏生卒無查

生一子　祥慶

墓葬

洊　行慈二百三一　諱金乾　字景乾　號文剛

惠百七九知訓公亥子

生於清嘉慶十二年丁卯六月廿二日午時

卒於清咸豐四年甲寅三月初二日　時年四十有八

娶嚴氏生於清嘉慶十四年己巳十月初六日未時

卒無查

無後

墓葬洪家門前

𤃆　行慈二百三二　諱元亨

惠百四十宏模公之子

生於清嘉慶十二年丁卯十月初九日酉時

卒無查

娶周氏改適

生一子祥　隨母至張

行慈二百三三諱慈坊

惠百二十惠風公四子

生於清嘉慶十二年丁卯十月十一日申時

卒於清咸豐二年壬子十一月廿七日午時年四十六

娶莊氏生於清嘉慶廿三年戊寅八月廿七日午時

卒於清光緒廿一年乙未十一月十一日戌時壽七十

有八

生一子　祥銘

二女長適盛　次適張

墓葬高田坐東朝西

行慈二百三四　諱慈堃　字沛乾

惠二百三宏巨公長子

生於清嘉慶十二年丁卯十月廿九日巳時

卒於清道光十二年壬辰三月廿九日丑時年二十六

娶陸氏生於清嘉慶十五年庚午三月廿一日午時

卒於清咸豐四年甲寅九月十一日巳時年四十有五

無後

中房

墓葬河西岸父墳旁

行慈二百三五諱元珉

惠百五九宏貴公次子僞惠百八四宏國公繼子

生於清嘉慶十二年丁卯十一月廿四日子時

卒於清道光廿三年癸卯正月初四日子時年三十七

娶張氏生於清嘉慶廿三年戊寅九月廿二日卯時

卒無查

生一子　文芝早世

墓葬

行慈二百三六諱慈懷

惠八七有德公之子

生於清嘉慶十二年丁卯十二月廿六日未時
卒於清咸豐三年癸丑四月廿九日　時年四十有七
娶胡氏生於清嘉慶廿二年丁丑二月廿四日　時
卒於清道光廿一年辛丑七月廿八日戌時年二十五
生一子　祥洲
又娶錢氏生於清道光元年辛巳九月二十日　時
卒於清道光廿三年癸卯八月廿四日戌時年二十三
生一子　祥鈞
墓葬

脇

行慈二百三七諱慈洪字元亮
惠二一百七惠剛公長子

生於清嘉慶十三年戊辰二月十七日亥時

寓居揚州無查

肆

行慈二百三八諱元裕字丹墀

惠七九宏軾公次子

生於清嘉慶十三年戊辰十二月廿七日巳時

卒於清道光十二年壬辰八月十一日申時年二十五

娶穆氏生於清嘉慶九年甲子十二月初七日寅時

卒於清同治十三年甲戌十月廿二日丑時壽七十一

生二子　長洲出繼　次滂

墓葬塔嶴廟上畈

肆

行慈二百三九諱慈槐

惠二百廿二惠乾公次子

生於清嘉慶十三年戊辰五月初六日午時

卒於清同治九年庚午四月初三日辰時壽六十有三

娶李氏生於清嘉慶廿一年丙子六月廿九日申時

卒於清同治四年乙丑十二月廿四日申時年五十歲

生三子　長祥宥　次祥全　三祥彪

一女適胡

墓葬大車頭港

行慈二百四十　諱慈迹

惠二百廿六宏瑞公次子

生於清嘉慶十三年戊辰五月廿四日未時

卒於清道光廿七年丁未四月廿八日卯時年四十歲

娶陳氏生於清嘉慶十七年壬申正月初二日申時

卒於清光緒二年丙子五月廿六日未時壽六十有五

生二子　長祥賢　次祥智早世

墓葬高田

行慈二百四一　諱慈濟字世德號作舟

惠二百知懷公長子

生於清嘉慶十三年戊辰五月廿六日巳時

卒於清同治元年壬戌十一月廿七日卯時年五十五

娶陳氏生於清嘉慶十四年己巳四月十二日寅時

卒於清同治元年壬戌八月廿七日申時年五十有四

生四子　長祥楨　次祥楷　三祥模　四祥栒

墓葬

行慈二百四二　諱慈鈞　字肇雷

惠百五八宏玉公次子

生於清嘉慶十三年戊辰六月初三日辰時

卒於清同治九年庚午十月廿九日申時壽六十有三

娶周氏生於清嘉慶廿三年戊寅三月初十日巳時

卒於清同治十三年甲戌八月十九日戌時年五十七

生五子　長金　次甯　三才　四譜　五森

二女長適洪　次適陳

墓葬

行慈二百四三諱慈芳

惠百四七知成公次子

生於清嘉慶十三年戊辰七月初六日卯時

卒於清咸豐十一年辛酉十月十八日　時年四十四

娶洪氏生於清道光四年甲申十月廿九日辰時

卒於清咸豐五年乙卯二月初四日　時年三十有二

生三女長適張　次適陳　三適吳

無後

墓葬莊斗

行慈二百四四諱慈坤

惠二百廿五宏瑞公三子

生於清嘉慶十三年戊辰四月十一日丑時
卒於清咸豐三年癸丑正月十三日卯時年四十有六
娶張氏生於清嘉慶廿五年庚辰三月初六日辰時
卒於清咸豐二年壬子二月十八日巳時年三十有三
無後　以慈二百廿二慈乾公三子祥慶入繼
墓葬上坂河㴨
行慈二百四五　諱慈鶴
惠百三六知方公三子
生於清嘉慶十三年戊辰九月十四日戌時
卒無查
娶方氏生卒無查

生一子　祥高

寓居蘇州

行慈二百四六諱慈睦字致和

惠百八八惠遠公次子

生於清嘉慶十三年戊辰十月十六日午時

卒於清道光十四年甲午九月廿三日卯時年二十七

娶徐氏改適

無後

行慈二百四七諱慈杰

惠百四六宏章公三子

生於清嘉慶十三年戊辰十一月廿三日酉時

二房

早世

行慈二百四八　諱慈松　字艮木

惠百三八宏漸公次子

生於清嘉慶十三年戊辰十二月十五日戌時

卒於清咸豐六年丙辰十一月十一日　時年四十九

娶姚氏生於清嘉慶廿一年丙子十一月初四日戌時

卒於清同治七年戊辰五月廿六日　時年五十有三

生三子　長祥芹　次祥莪　三祥蓉

一女適姚

墓葬

行慈二百四九　諱慈芬

惠百六八宏善公三子
生於清嘉慶十四年己巳二月十二日子時
卒於清道光廿一年辛丑十一月初五日戌時年三十
有三
娶姚氏　守節芳齡隻影隨形謀生有術茹素誦經生於
清嘉慶廿二年丁丑四月三十日戌時
卒無查
無後
墓葬

行慈二百五十諱慈法
惠百五四宏雲公長子
朓

生於淸嘉慶十四年己巳六月初九日亥時

早世

行慈二百五一　諱慈詠　字配義

惠百八六宏興公次子

生於淸嘉慶十四年己巳六月十五日卯時

卒於淸光緒十年甲申　月　日　時壽七十有六

娶張氏生於淸嘉慶十九年甲戌二月十四日午時

卒無查

生一女適姚

無後

行慈二百五二　諱慈槐　字葉成

惠百六十宏翔公次子

生於淸嘉慶十四年己巳七月十六日酉時

卒無査

娶劉氏生於淸嘉慶十九年甲戌十一月廿六日酉時

卒於淸咸豐五年乙卯七月十八日　時年四十有二

生三子　長祥鏞　次祥鎬　三祥鏞

二女長適　次適劉

又娶嚴氏生於淸道光九年己丑正月十六日申時

卒無査

生二子　長祥鋃　次祥鈁

墓葬

行慈二百五三 諱 慈譽
惠二百四四惠豪公長子爲惠百四四惠政公繼子
生於清嘉慶十四年己巳八月廿七日戌時
卒於清道光十四年甲午四月廿一日　時年二十六
未娶

行慈二百五四 諱 慈肇 字 啓昆
惠二百六惠揚公長子
生於清嘉慶十四年己巳九月十二日子時
卒於清同治三年甲子五月初九日辰時年五十有六
娶郭氏生於清嘉慶廿四年己卯十一月二十日申時
卒於清道光廿七年丁未八月十三日巳時年二十七

生二子　長祥璦　次祥芳
一女適穆
墓葬
行慈二百五五諱慈法
惠二百五宏泰公長子
生於清嘉慶十四年己巳十月初三日辰時
卒無查未娶
行慈二百五六諱慈煦字曉亭
惠百十八知賢公六子　從事藥肆數十年誠實爲人所器重
生於清嘉慶十四年己巳十一月十一日巳時

卒於清光緒十二年丙戌十一月十七日　時壽七十
有八
娶莊氏生於清道光元年辛巳二月十二日酉時
卒於清光緒二十年甲午八月十五日　時壽六十四
生一子　祥淮
三女長適陸　次適董　三適盧
墓葬

行慈又二百五六 諱慈章
惠行　宏楷公長子　入寓居圖

行慈二百五七 諱慈溪
惠百八三宏柄公次子

生於清嘉慶十五年庚午四月初二日戌時
卒無查未娶

行慈二百五八諱慈峯
惠八二宏聖公三子
生於清嘉慶十五年庚午四月十四日寅時
卒無查
娶葛氏生卒無查
無後

行慈二百五九諱慈葵字懷寬
惠二百四宏吉公長子
生於清嘉慶十五年庚午四月廿三日巳時

卒於清咸豐八年戊午六月初八日丑時年四十有九
娶董氏生於清嘉慶廿二年丁丑二月十九日申時
卒於清同治十年辛未十二月廿四日子時年五十五
生二子　長祥江　次祥薰
二女長適周　次適胡
墓葬

行慈二百六十　諱慈暉　字光浩　議敘
惠二百四五宏盛公之子
生於清嘉慶十五年庚午五月初六日寅時
卒於清咸豐十年庚申正月廿三日寅時年五十有一
娶姚氏生於清嘉慶十五年庚午十一月十八日午時

卒於清咸豐十一年辛酉三月廿五日午時年五十二

生二子　長祥鈞　次祥効

三女長適徐　次適費　三適周

墓葬

行慈二百六一　諱慈楷

惠二百廿三宏壽公次子

生於清嘉慶十五年庚午七月廿九日午時

出外未歸無查

行慈二百六二　諱慈增

惠百七三知遠公長子

生於清嘉慶十五年庚午七月三十日酉時

卒於清同治元年壬戌十一月廿八日　時年五十三
娶孔氏生於清嘉慶廿四年己卯四月十六日戌時
卒於清道光廿九年己酉八月初十日　時年三十一
生一子　祥槐
二女長適范　次適桂
又娶胡氏生於清道光九年己丑四月十五日　時
卒於清光緒十二年丙戌十月廿九日　時年五十八
生一子　祥楓
墓葬父墳旁
行慈二百六三諱慈艮
惠二百九宏禔公長子爲惠百一宏祚公繼子

生於清嘉慶十五年庚午十月三十日戌時
卒於清同治三年甲子十一月廿六日戌時年五十五
娶莊氏生於清嘉慶廿四年己卯十二月十五日卯時
卒無查
生一子　祥生
二女長適周　次適徐
墓葬

行慈二百六四　諱慈揚
惠二百十六翔謨公長子
生於清嘉慶十五年庚午十二月初六日申時
卒於清咸豐五年乙卯八月初二日未時年四十有六

娶毛氏生於清道光三年癸未十月廿八日辰時

卒於清咸豐五年乙卯二月十二日　時年三十有三

生一子　祥琛

墓葬洪家漕跟

行慈二百六五　諱　慈瑚　字　承哉　職員

惠二百四四惠豪公次子爲惠二百五三惠震公繼子

生於清嘉慶十六年辛未二月十九日子時

卒於清同治十二年癸酉正月廿六日巳時壽六十三

娶孔氏生於清嘉慶十六年辛未十一月初六日丑時

卒於清同治八年己巳十一月初九日　時年五十九

生四女長適姚　次適應　三適陳　四適董

娶妾　氏生於清道光十九年己亥　月　日　時

卒無查

生一子　祥寶

墓葬

寓居京都

行慈二百六六諱　慈震

惠二百十八知運公長子

生於清嘉慶十六年辛未十一月十九日未時

卒於清咸豐十年庚申正月初三日午時年五十歲

娶方氏生於清道光五年乙酉二月廿四日子時

卒於清咸豐六年丙辰八月廿三日卯時年三十有二

生一子　祥雲

墓葬

行慈二百六七諱慈浩字其天號小霞　國學生

惠二百廿八知悌公長子

生於清嘉慶十六年辛未十一月廿六日戌時

卒於清道光廿九年己酉十二月初四日戌時年三十有九

娶方氏生於清嘉慶十七年壬申十一月初一日亥時

卒於清道光八年戊子九月廿九日辰時年二十有七

又娶夏氏生於清嘉慶十六年辛未二月十九日丑時

卒於清同治二年癸亥十二月十四日亥時年五十三

生二子　長祥楧　次祥權
一女適姚
墓葬鎮西李家河三港口
行詵見傳
行慈二百六八諱慈晃字耿茂　由子祥愷銜誥封昭武都尉
惠二百三三惠坤公長子
生於清嘉慶十六年辛未十二月廿一日未時
卒於清光緒十六年庚寅十一月十八日亥時壽八十歲
娶陳氏生於清嘉慶十六年辛未閏三月初六日子時
卒於清光緒十四年戊子十二月初三日寅時壽七十

有八

生二子　長祥愷　次祥鼇

五女長適范　次適施　三適邵　四適洪　五適胡

墓葬鎮龍橋東首

行慈二百六九　諱慈權

惠二百廿三宏壽公三子

生於清嘉慶十七年壬申四月初十日午時

寓居上海無查

行慈二百七十　諱慈年

惠百八二惠濟公次子

生於清嘉慶十七年壬申六月初一日子時

早世

行慈二百七一 諱慈玢
惠二百六六惠清公長子
生於清嘉慶十七年壬申九月初十日戌時
早世

行慈二百七二 諱慈偉
惠二百三五知學公長子
生於清嘉慶十七年壬申十一月初五日卯時
卒無查
娶王氏生於清道光四年甲申正月初四日寅時
卒無查

生一子　祥榆

墓葬洪家門前坐北朝南

行慈二百七三諱慈瑜字維喬

惠百五八宏玉公三子

生於清嘉慶十七年壬申十一月初七日丑時

卒於清同治十年辛未二月十六日丑時壽六十歲

娶衞氏生卒無查

又娶吳氏改適

生一子　寶生

行慈二百七四諱慈容

惠二百八六惠梁公長子

生於清嘉慶十七年壬申十二月初六日寅時
早世

行慈二百七五 諱慈熀 字升哉
惠百五五惠照公次子
生於清嘉慶十七年壬申十二月十三日酉時
卒於清道光十五年乙未七月廿四日辰時年二十五
娶黃氏生於清嘉慶十九年甲戌四月初六日未時
卒無查
無後
墓葬上坂河斗

行慈二百七六 諱慈啓 字沛哉

惠二百惠揚公次子

生於清嘉慶十七年壬申十二月十五日丑時

卒於清道光廿四年甲辰八月廿六日申時年三十四

娶嚴氏生於清道光四年甲申十二月初八日丑時

卒無查

無後

行慈二百七七 諱慈祥

惠百三十宏倫公五子

生於清嘉慶十八年癸酉五月廿五日辰時

卒無查 未娶

客死蘇州

行慈二百七八諱元豐
惠百九宏備公之子
生於清嘉慶十八年癸酉七月初七日巳時
早世

行慈二百七九諱慈福
惠二百五二知性公長子
生於清嘉慶十八年癸酉八月十四日丑時
卒於清同治十二年癸酉八月十九日子時壽六十一
娶朱氏生於清道光七年丁亥五月初三日卯時
卒於清道光廿四年甲辰四月初三日　時年一十八
又娶林氏改適

生一子　祥有

二女長適李　次適奉化

墓葬錢家園

行慈二百八十　諱慈杰

惠百廿五宏振公五子

生於清嘉慶十八年癸酉十月十七日午時

卒於清同治元年壬戌正月初十日戌時年五十歲

娶孔氏生於清道光元年辛巳七月初三日申時

卒無查

生二子　長祥存早世　次祥茂

一女適杜

墓葬廟前坂

行慈二百八一　諱慈九　字韶成

惠百三五惠南公三子　精於岐黃父風堪繼車馬盈門日

以百計手到病除救人濟世得醫之意姓名勿替

生於清嘉慶十八年癸酉十二月初二日戌時

卒於清咸豐二年壬子五月廿四日辰時年四十歲

娶方氏生於清嘉慶廿一年丙子二月十六日子時

卒無查

生一子　祥珩

三女長適姚　次適徐　三適姚

墓葬

行慈二百八二 諱 慈相

惠二百十六知謨公次子

生於清嘉慶十八年癸酉十二月十三日寅時

卒於清同治五年丙寅五月廿四日　時年五十有四

娶葛氏生於清道光九年己丑九月十一日申時

卒無查

生一子　祥球

墓葬洪家漕跟

行慈二百八三 諱 慈璇

惠二百五五惠深公長子爲惠二百二十惠洪公繼子

生於清嘉慶十九年甲戌正月廿五日亥時

卒於清同治七年戊辰正月十一日　時年五十有五
娶周氏生於清道光九年己丑　月　日　時
卒於清咸豐十一年辛酉八月廿六日　時年三十三
生一女適李
又娶嚴氏　改適
生一子　祥福
墓葬
行慈二百八四　諱　慈釜
惠二百三二宏幸公長子
生於清嘉慶十九年甲戌二月初二日丑時
卒於清道光十一年辛卯十一月二十日卯時年一十

有八未娶

行慈二百八五 諱慈滄 字巨觀 號曙樓 國學生

惠二百七一知悅公之子

生於清嘉慶十九年甲戌二月十一日卯時

卒於清咸豐六年丙辰八月廿四日午時年四十有三

娶方氏生於清嘉慶十九年甲戌四月初一日寅時

卒於清道光十六年丙申十一月十三日辰時年二十

有三

生一子 祥楠

又娶穆氏生於清嘉慶二十年乙亥十一月十二日卯時

卒於清同治二年癸亥十月初一日申時年四十有九

生三子　長祥枚　次祥棫　三祥樟
三女長適胡　次適夏　三適劉
墓葬莊泭
行慈二百八六諱慈謀字配三
惠百八六宏興公三子
生於清嘉慶十九年甲戌二月廿五日亥時
卒於清同治十一年壬申二月廿六日　時年五十九
娶李氏生於清道光七年丁亥三月廿六日巳時
卒於清光緒二十年甲午九月初七日卯時壽六十八
無後
行慈二百八七諱慈曛字耿盛

惠二百三三惠坤公次子

生於清嘉慶十九年甲戌二月廿九日子時

卒於清同治八年己巳五月廿八日辰時年五十有六

娶湯氏生於清嘉慶十九年甲戌三月初六日子時

卒於清道光廿三年癸卯七月廿六日子時年三十歲

又娶邵氏生於清道光二年壬午十月初八日午時

卒於清咸豐七年丁巳八月十七日申時年三十有六

生二子　長祥堯　次祥雲

又娶周氏生於清嘉慶廿五年庚辰正月十四日卯時

卒於清光緒九年癸卯九月初九日　時壽八十有四

生一女適李

墓葬大東頭港東首祖塋旁

行慈二百八八諱元浩字北海

惠一百宏模公長子爲惠百七五宏林公繼子

生於清嘉慶十九年甲戌五月廿六日午時

卒於清道光廿六年丙午九月初十日巳時年三十三

娶張氏生於清嘉慶十九年甲戌閏二月初一日辰時

卒於清光緒　年　月　日時

生二子　長嘉祥　次善祥

一女適袁

寓居鄞城青石橋

行慈二百八九諱慈宰字維恆

惠二百八六惠梁公次子

生於清嘉慶十九年甲戌七月廿五日未時

卒於清道光十九年己亥六月廿四日申時年二十六

娶張氏　節操青松志堅白璧慎始完終鄉里矜惜生於

清嘉慶十九年甲戌五月廿六日酉時

卒無查

生二女長適邵　次適穆

無後

墓葬後張大司港

行慈二百九十諱慈福

惠　宏高公長子

生於清嘉慶十九年甲戌九月十四日未時

按宏高公未知何房何派倘後有子弟上丁者須查明祖上以明派系以防混淆茲照老譜所載姑懸於此

行慈二百九一諱慈桂

惠二百廿三宏壽公四子

生於清嘉慶十九年甲戌十月初十日午時

卒無查

行慈二百九二諱慈沛字景漢號啄臺

寓居上海

惠二百廿八知悌公次子

生於清嘉慶十九年甲戌十二月十三日丑時
卒於清道光十二年壬辰十一月十二日亥時年一十有九
娶陳氏生於清嘉慶廿三年戊寅二月初九日未時
卒於清道光十四年甲午八月初九日寅時年一十七
無後　以慈二百六七兄慈浩公次子祥權兼承
墓葬吳家屋後
行慈二百九三諱慈樟字瑞龍
惠百五一知靈公次子
生於清嘉慶二十年乙亥七月初十日丑時
卒無查未娶

行慈二百九四諱慈宰字顯哉

惠二百四四惠豪公三子

生於清嘉慶二十年乙亥十一月初六日子時

卒於清咸豐八年戊午三月初三日丑時年四十有四

娶余氏生於清嘉慶廿五年庚辰正月廿二日卯時

卒於清咸豐十年庚申十月初十日子時年四十有一

生一子　祥富

墓葬上坂河㳚

行慈二百九五諱慈富

惠二百七五宏彥公長子

生於清嘉慶二十年乙亥十一月十七日子時

卒無查

娶王氏生卒無查

生一子　祥銘　入贅留湖

墓葬

行慈二百九九　諱慈培

惠百七三知遠公次子

生於清嘉慶廿一年丙子正月十八日辰時

卒無查

娶洪氏生卒無查

生三子　長祥瑞　次祥連　三祥福早世

墓葬

行慈二百九七諱慈楠
惠二百十九宏春公長子
生於清嘉慶二十年乙亥十二月十四日申時
卒於清道光廿七年丁未九月初三日寅時年三十三
娶潘氏生於清道光五年乙酉二月十五日辰時
卒無查
生一子　祥芬
墓葬

行慈二百九八諱慈埕
惠二百廿五宏瑞公四子
生於清嘉慶二十年乙亥二月十八日卯時

慈東童氏宗譜卷八

世傳

第二十九世

行慈三百一 諱慈濱 字東洋

惪二百 知懷公次子

生於清嘉慶廿一年丙子五月廿六日巳時

卒於清咸豐十年庚申七月廿四日戌時年四十有五

娶陳氏生於清嘉慶廿二年丁丑十月初二日子時

卒於清同治七年戊辰十一月十二日丑時年五十二

生三子 長祥棣早世 次祥桓出繼 三祥槺早世

三女長適洪 次適李

墓葬

行慈三百二諱慈治字嘉友

惠二百七七惠彬公次子

生於清嘉慶廿一年丙子八月十四日辰時

卒於清道光十六年丙申正月廿一日辰時年二十一

娶夏氏改適

無後

墓葬

行慈三百三諱慈寶

惠百七七宏慶公之子

生於清嘉慶廿一年丙子十一月初二日丑時

卒無查未娶

行慈三百四諱慈錦字連科

惠二百九六惠聖公之子

生於清嘉慶廿一年丙子十月十四日辰時

人出無查

行慈三百五諱元標字錦榮

惠一百宏模公次子

生於清嘉慶廿一年丙子十二月初五日未時

卒於清道光廿四年甲辰八月廿九日卯時年二十九

娶徐氏生於清嘉慶廿二年丁丑二月廿七日申時

卒無查

生一女適范

無後

寓居郡城

行慈三百六 諱 慈愷

惠百六六宏華公之子

生於清嘉慶廿一年丙子十二月初七日戌時

卒於清道光廿五年乙巳二月初四日未時年三十歲

娶曹氏 改適

無後

墓葬

行慈三百七 諱 慈牲 字 星基 號 省己

惠二百八十宏煥公長子　勤敏規矩律己甚嚴持家有法
鄉黨推重
生於清嘉慶廿一年丙子十二月初十日未時
卒於清光緒五年己卯二月初一日巳時壽六十有四
娶林氏生於清嘉慶廿一年丙子四月十四日辰時
卒於清光緒十四年戊子十二月十八日辰時壽七十
有三
生三子　長祥煜　次祥嘉　三祥盈
墓葬

行慈三百八諱慈任
惠百八六宏興公四子

生於清嘉慶廿一年丙子十二月廿一日戌時
卒於清同治二年癸亥八月十一日丑時年四十有八
娶余氏生於清道光四年甲申四月初四日卯時
卒於清同治元年壬戌六月廿二日酉時年三十有九
生一子　祥鈴
一女適杜
墓葬上坂河斗

行慈三百九　諱慈昂
惠百九五惠大公之子
生於清嘉慶廿二年丁丑正月十一日辰時
卒於清同治四年乙丑三月初一日　時年四十有九

娶周氏生於清道光六年丙戌三月廿三日子時
卒無查
生一子　祥昌
二女長適姚　次適余
墓葬
行慈三百十諱慈蓮
惠二百六六惠清公次子
生於清嘉慶廿二年丁丑二月十三日辰時
卒於清道光廿七年丁未五月十八日申時年三十一
未娶
行慈三百十一諱慈金字一哉

惠百五五惠昭公三子

生於清嘉慶廿二年丁丑二月廿六日未時

卒於清咸豐三年癸丑六月初三日丑時年三十有七

娶胡氏生於清道光七年丁亥七月初一日子時

卒於清咸豐五年乙卯五月三十日午時年二十有九

生一子　祥鏞

墓葬上畈河泔

行慈三百十二　諱慈霞

惠二百八五知道公長子

生於清嘉慶廿二年丁丑三月初九日戌時

卒於清道光十七年丁酉十二月二十日丑時年二十

翩

有一未娶

墓葬錢家園

行慈三百十三諱慈萊字彩堂

惠二百五十宏慶公之子

生於清嘉慶廿二年丁丑三月十二日午時

卒於清同治九年庚午十月二十日巳時年五十有四

娶邵氏生於清嘉慶廿四年己卯四月廿七日戌時

卒無查

生三子　長祥衡　次祥衍　三祥衞

一女適費

䟓

行慈三百十四諱慈海

惠百五四宏雲公次子

生於清嘉慶廿二年丁丑七月十五日午時

卒於清同治十三年甲戌正月初八日卯時年五十八

娶周氏生於清道光七年丁亥八月初八日　時

卒於清咸豐五年乙卯九月廿二日辰時年二十有九

又娶李氏生於清道光十年庚寅正月十三日辰時

卒無查

生一女

無後

墓葬

行慈三百十五諱慈歡字坤來

惠三百四惠祥公長子
生於清嘉慶廿二年丁丑十月十三日子時
卒無查
娶盛氏生於清嘉慶廿一年丙子六月初九日　時
卒無查
無後
墓葬
行慈三百十六諱慈賁
惠二百七五宏彥公次子
生於清嘉慶廿二年丁丑十一月初十日　時
卒無查

娶張氏生於清道光七年丁亥七月十七日戌時
卒無查
生一子　祥清兼祧
墓葬

行慈三百十七諱慈海
惠二百八四宏柱公長子
生於清嘉慶廿二年丁丑十二月廿四日丑時
卒於清道光十七年丁酉三月廿三日午時年二十一
娶胡氏生卒無查
無後
墓葬西河塘

行慈三百十八諱慈憤

惠二百六七宏易公之子

生於清嘉慶廿三年戊寅正月廿五日寅時

卒於清同治四年乙丑正月初三日卯時年四十有八

娶胡氏生於清道光九年己丑九月初六日辰時

卒無查

無後

行慈三百十九諱慈貴

惠　宏義公長子

生於清嘉慶廿三年戊寅二月十四日寅時

無查

行慈三百二十諱慈椿字嵩山號瑞卿
惠百五一知靈公三子
生於清嘉慶廿三年戊寅六月初三日午時
卒無查未娶

行慈三百廿一諱慈陽字仁義
惠二百廿六宏瑞公三子
生於清嘉慶廿三年戊寅七月廿八日亥時
卒無查
娶嵇氏生於清道光二年壬午三月初一日辰時
卒於清同治五年丙寅六月廿四日辰時年四十有五
生三子　長祥發早世　次祥松　三祥榆早世

寓居鄞邑陳埠頭

行慈三百廿二諱慈怡字榮春

惠百五八宏玉公四子

生於清嘉慶廿三年戊寅八月廿五日巳時

早世

行慈三百廿三諱慈璉字介和

惠二百四八悪錦公長子

生於清嘉慶廿三年戊寅十一月二十日丑時

卒於清同治五年丙寅五月初十日巳時年四十有九

娶葛氏生於清嘉慶二十年乙亥二月十七日卯時

卒於清咸豐九年己未七月十三日申時年四十有五

生一子　祥呈
二女長適應　次適姚
墓葬
行慈三百廿四諱慈泮字起鳳
惠二百知懷公三子
生於清嘉慶廿三年戊寅十二月十四日酉時
卒無查
娶方氏生於清道光十八年戊戌五月初八日亥時
卒於清咸豐二年壬子七月廿九日亥時年一十有五
無後
墓葬

行慈三百廿五諱沛乾字溢川
惠百七九知訓公三子
生於清嘉慶廿四年己卯正月廿七日戌時
卒於清同治十三年甲戌十一月廿五日戌時年五十
有六
娶沈氏生於清道光三年癸未九月二十日亥時
卒於清光緒十二年丙戌八月初三日　時壽六十四
生一子　祥槤
墓葬鎮邑踏堰塘

行慈三百廿六諱慈邦
惠二百七七惠彬公三子

生於清嘉慶廿四年己卯正月廿八日戌時
卒於清道光十四年甲午五月初四日丑時年一十六
未娶

行慈三百廿七諱慈雯字彩成
惠二百七二知道公之子
生於清嘉慶廿四年己卯三月二十日亥時
卒於清同治十二年癸酉十二月十九日亥時年五十
有五
娶馮氏生於清道光十年庚寅十月初四日子時
卒於清咸豐五年乙卯八月十六日　時年二十有六
生一子　祥燮

繼娶莊氏生於清道光十七年丁酉三月廿一日未時

卒於清同治三年甲子二月十五日申時年二十有八

又娶陶氏生於清道光九年己丑十月廿九日午時

卒無查

墓葬李家河

行慈三百廿八諱慈源

惠百八七惠文公次子

生於清嘉慶廿四年己卯三月廿七日丑時

卒無查未娶

墓葬繞埠父壙旁

行慈三百廿九諱慈介字維康　議敘

惠三百八惠雲公長子

生於清嘉慶廿四年己卯七月初十日丑時

卒於清光緒十三年丁亥十月廿八日戌時壽六十九

娶姚氏生於清道光七年丁亥二月十六日巳時

卒於清光緒八年壬午八月初五日戌時年五十有六

生二子　長祥芳　次祥奎

一女適范

墓葬

行慈三百三十　諱慈裕

惠百六四宏友公次子

生於清嘉慶廿四年己卯十一月十二日子時

卒於清道光廿九年己酉八月初四日子時年三十一
娶范氏　夫死家貧柴米莫給撫兒成立清光緒朝
欽旌節孝建坊入祠生於清道光三年癸未五月廿一
日巳時
卒於清光緒三十年甲辰七月十九日申時壽八十二
生二子　長祥春　次祥寶
二女長適周　次適周
墓葬上坂
行慈三百三一　諱慈宏　字溥仁
惠三百四七惠我公長子
生於清嘉慶廿五年庚辰二月十三日午時

卒無查未娶

行慈三百三二諱慈祥

惠二百十八知蓮公次子

生於清嘉慶廿五年庚辰三月十二日子時

卒於清咸豐九年己未九月廿一日子時年四十歲

娶姚氏生於清道光十三年癸巳　月　日　時

卒於清咸豐十年庚申十二月廿八日巳時年二十八

無後

墓葬

行慈三百三三諱慈有

惠二百七五宏彥公三子

生於清嘉慶廿五年庚辰六月十四日寅時
卒無查
娶應氏生於清道光九年己丑　月　日時
卒無查
無後
墓葬
行慈三百三四諱慈隆字東海
惠二百九宏祖公次子嗣惠百六一宏眞公繼子
生於清嘉慶廿五年庚辰九月初五日卯時
卒於清同治六年丁卯八月廿三日丑時年四十有八
娶陳氏生卒無查

無後

行慈三百三五諱源字毓川

惠三百三二惠本公長子

生於清嘉慶廿五年庚辰十月初八日戌時

卒於清道光十九年己亥正月初九日戌時年二十歲

娶邵氏生於清道光元年辛巳六月初三日未時

卒於清同治七年戊辰十月廿一日未時年四十有八

無後

墓葬

行慈三百三六諱慈璋

惠二百三一宏椿公長子

生於清嘉慶廿五年庚辰十一月初四日戌時
卒於清道光十九年己亥五月十二日辰時年二十歲
未娶

行慈三百三七諱慈璡
惠二百八惠高公之子
生於清道光元年辛巳二月初五日申時
卒於清咸豐五年乙卯九月廿九日　時年三十有五
未娶
墓葬石路下

行慈三百三八諱慈霖
惠二百八五炯通公次子

生於清道光元年辛巳三月初三日巳時
卒於清道光廿一年辛丑七月廿五日丑時年二十一
未娶
墓葬錢家園

行慈三百三九諱慈鑑
惠三百三十宏逵公長子
生於清道光元年辛巳六月十四日亥時
卒無查
娶張氏生於清道光元年辛巳三月初六日辰時
卒無查
無後

行慈三百四十諱慈潮官田振德字信颿號蔭樓　咸豐元年

學院吳入爲縣學生例捐試用訓導

惠百七四知恒公長子

生於清道光元年辛巳七月十一日午時

卒於清同治三年甲子十一月廿五日未時年四十四

娶胡氏生於清嘉慶廿五年庚辰六月十三日戌時

卒於清道光廿七年丁未八月十六日午時年二十八

生二子　長祥樞　次祥杓

繼娶朱氏生於清道光七年丁亥八月廿四日亥時

卒於清光緒七年辛巳五月廿二日卯時年五十有五

生二子　長祥機　次祥栻

二女長適鎮邑庠生洪美棖　次適本邑庠生鄭紳

墓葬鎮邑矮梘橋

行慈三百四一諱慈復

惠二百三八宏寶公之子

生於清道光元年辛巳八月初九日戌時

卒無查

行慈三百四二諱慈道

寓居蘇州

惠二百三二宏宰公次子

生於清道光元年辛巳十一月廿二日丑時

卒於清同治八年己巳十一月十一日　時年四十九

娶穆氏生卒無查

生三子　長祥楓　次祥柄　三祥枋

墓葬

行慈三百四三諱元福

惠二百七八宏清公長子爲惠二百六三宏彩公繼子

生於清道光元年辛巳十一月廿八日子時

卒於清同治八年己巳三月廿三日巳時年四十有九

娶應氏生卒無查

生一女適姚

無後

墓葬

行慈三百四四諱元榮

惠百八三宏柄公三子

生於清道光二年壬午二月初二日戌時

卒無查未娶

行慈三百四五諱慈璣

惠二百五五惠深公次子

生於清道光二年壬午二月廿七日子時

卒無查

娶胡氏生於清道光十六年丙申五月十七日申時

卒於清光緒廿七年辛丑五月初十日巳時壽六十六

無後

行慈三百四六諱慈雲字漢倬
惠二百八五知通公三子
生於清道光二年壬午十月初五日卯時
卒於清同治十年辛未十二月十二日丑時年五十歲
娶葛氏生於清道光十二年壬辰十一月初六日亥時
卒於　　年　　二月初三日　時
無後
生二女長適成　次適姚
墓葬錢家園

行慈三百四七諱慈涞
惠二百九五知有公長子

生於清道光二年壬午十月廿三日丑時

卒於　　年　十二月十二日　時

娶胡氏生於清道光十九年遭難離散

無後

行慈三百四八諱慈成字東福

惠二百九宏禔公三子

生於清道光二年壬午十一月初八日寅時

卒於清同治十一年壬申五月三十日申時年五十一

娶姚氏生於清道光十四年甲午六月初三日未時

卒無查

生一子　祥華

行慈三百四九諱慈震

惠三百十六知水公長子爲惠三百九知權公繼子

生於清道光三年癸未正月十九日丑時

卒於清同治十三年甲戌十月初三日　時年五十二

娶陳氏生於清道光十六年丙申正月十五日午時

卒於清同治八年己巳九月初一日未時年三十有四

生二子　長祥炘　次祥泉

一女適

再娶陳氏生於清道光十年庚寅九月十三日子時

卒於清光緒廿四年戊戌十月十二日亥時壽六十九

墓葬

行慈三百五十諱慈詔字炳堃
惠二百五四四宏江公長子
生於淸道光三年癸未二月十九日丑時
卒於淸道光十七年丁酉七月初六日卯時年一十五
娶洪氏生於淸道光三年癸未五月初八日申時
卒於淸道光二十年庚子二月廿二日申時年一十八
無後
墓葬上坂高田

行慈三百五一諱慈宥字增壽
惠二百八六惠粱公三子
生於淸道光三年癸未三月十五日子時

卒於清咸豐七年丁巳十月十三日卯時年三十有五

娶鄔氏生於清道光二年壬午十二月廿八日午時

卒於清同治九年庚午五月十六日午時年四十有九

生四女長適胡　次適陳

無後

墓葬

行慈三百五二諱慈宋字欽林

惠三百四七惠拔公次子

生於清道光三年癸未四月十八日未時

卒無查

娶□氏改適

無後

墓葬

行慈三百五三諱慈萃

惠二百四宏吉公三子

生於清道光三年癸未五月初一日寅時

卒於清咸豐十年庚申十月初三日未時年三十有八

娶胡氏生於清道光九年己丑五月廿七日戌時

卒於清咸豐十一年辛酉七月廿四日辰時年三十三

無後

墓葬

行慈又三百五三諱梁

惠又二百七九福來公之子
生於清道光三年癸未七月廿七日丑時
卒無查
娶□氏生卒無查
生一子　祥森
寓居裏大路
行慈三百五四　諱慈元
惠二百十一宏明公長子
生於清道光三年癸未九月初八日辰時
卒於清咸豐五年乙卯九月十一日申時年三十有三
娶徐氏生於清道光廿四年甲辰四月初十日亥時

卒無查

生一子　祥牲

墓葬

行慈三百五五諱慈富

惠二百十九宏春公次子

生於清道光三年癸未九月廿五日辰時

卒於清道光　年　五月廿五日卯時未娶

行慈三百五六諱慈鳳

惠二百五二知性公次子爲惠二百六九知發公繼子

生於清道光三年癸未十一月初九日辰時

卒於　年　十二月初八日　時

娶胡氏生於清道光十四年甲午九月廿三日戌時
卒於　年　七月廿一日　時
生一子　祥膧
一女適計
墓葬後畈
行慈三百五七諱慈順
惠二百六六惠清公三子
生於清道光三年癸未十二月初三日戌時
卒於清光緒三年丁丑九月初七日　時年五十有五
娶王氏生於清道光十一年辛卯正月初一日寅時
卒於清光緒十五年己丑二月初十日　時年五十九

生一子　祥豪

二女長適陳　次適唐

墓葬鎮龍橋

行慈三百五八　諱　慈祿

惠百四二尙忠公之子

生於清道光三年癸未十二月十四日戌時

卒於清同治七年戊辰九月十七日寅時年四十有六

娶王氏生於清道光十年庚寅十月廿五日申時

卒於清咸豐六年丙辰十月初八日未時年二十有七

生一女適孫

又娶張氏生於清道光十六年丙申三月十八日亥時

卒於清光緒廿三年丁酉十一月廿六日　時壽六十

有二

生一女適

無後

行慈又三百五八諱慈蘭

墓葬後河頭

惠行宏楷公次子　此派入寓居圖

行慈三百五九諱慈慧字養和　國學生

惠二百四八惠錦公次子

生於清道光四年甲申二月初二日酉時

卒於清道光三十年庚戌十月初九日丑時年二十七

娶葛氏生於清道光四年甲申二月十六日巳時
卒於清同治十二年癸酉二月初一日午時年五十歲
生一女適李
無後　以慈四百八九慈立公長子祥鋆入繼
墓葬後張大路下

行慈三百六十諱浩字海宗
惠三百三二惠本公次子
生於清道光四年甲申閏七月初六日未時
卒於清道光廿四年甲辰二月十五日亥時年二十一
娶馮氏生於清道光五年乙酉三月初十日未時
卒於清道光廿五年乙巳三月二十日辰時年二十一

無後
墓葬
行慈三百六一　諱慈有
惠二百三二宏宰公三子
生於清道光四年甲申閏七月廿八日戌時
卒無查
娶姚氏生於清道光十八年戊戌正月初十日申時
卒於清同治十一年壬申八月初八日未時年三十五
生二子　長祥芳　次祥牲
一女適
墓葬

行慈三百六二 諱慈洲
惠三百二十惠鎬公長子
生於清道光四年甲申八月十二日卯時
卒於清咸豐四年甲寅十月廿三日戌時年三十有一
未娶

行慈三百六三 諱慈邦 字翰邦
惠二百八四宏柱公次子
生於清道光四年甲申九月初十日子時
卒於清同治四年乙丑六月十八日子時年四十有二
娶蘇氏生於清道光十七年丁酉三月十八日子時
卒於清光緒十一年乙酉七月初八日未時年四十九

生一子　祥連

三女長適陳　次適陳

行慈三百六四諱慈梅

惠二百十六知謨公三子

生於清道光四年甲申十一月初五日辰時

卒無查未娶

行慈三百六五諱慈沂字魯南

惠二百知懷公四子

生於清道光四年甲申十一月廿四日戌時

卒於清道光三十年庚戌二月十九日丑時年二十七

娶胡氏生於清道光五年乙酉四月廿九日丑時

卒於清道光三十年庚戌二月廿五日子時年二十六
無後　以慈三百一慈濱公　子祥桓入繼
墓葬鄭家河斗

行慈三百六六 諱慈瀚 字亦潛 號鑑堂　由國學生欽加同知
銜
惠百七四知恒公次子　持身謹慎處事精詳家資富有儉
樸不忘
生於清道光四年甲申十二月十七日巳時
卒於清同治八年己巳九月十七日丑時年四十有六
娶杜氏生於清道光二年壬午六月十六日卯時
卒於清道光廿六年丙午正月三十日子時年二十五

繼娶邵氏生於清道光八年戊子五月廿二日戌時
卒於清咸豐十年庚申十二月廿一日亥時年三十三
生三子　長祥楞　次祥櫝　三祥棶
三女長適舒　次適應　三適徐
又娶陳氏生於清道光十七年丁酉十一月初二日未時
卒於清同治五年丙寅四月初六日巳時年三十歲
生二子　長祥蓁　次祥枋
又娶馬氏　清光緒朝欽旌節孝建坊入祠生於清道光
廿七年丁未九月初五日申時
卒於清宣統三年辛亥九月初七日亥時壽六十有五
生一女適方

墓葬鎮邑西管鄉火添路頭

行慈三百六七 諱慈煊

惠三百廿九知煥公長子

生於清道光五年乙酉正月二十日子時

卒於清光緒七年辛巳閏七月廿八日辰時年五十七

娶孔氏生卒無查

繼娶吳氏生於　年　月　日　時

卒於清光緒九年癸未五月廿四日　時

生一子　祥祿

墓葬嵊縣强口莊前山頭

寓居嵊縣

行慈三百六八 諱 慈倫

惠三百八 惠雲公次子

生於清道光五年乙酉三月十九日戌時

卒於清咸豐四年甲寅五月十四日未時年三十歲

娶曹氏 改適

無後

墓葬西坂坐東向西

行慈三百六九 諱 慈觀

惠三百六 邦公長子

生於清道光五年乙酉七月初四日丑時

客死外地

紀

娶徐氏生於清道光五年乙酉　月　日　時

卒無查

行慈三百七十諱慈曜字清輝

惠二百九四宏珏公之子

生於清道光五年乙酉九月初四日子時

卒於清同治六年丁卯八月廿三日申時年四十有三

娶周氏生於清道光三年癸未十月二十日申時

卒於清同治十二年癸酉八月　日　時年五十一

生一女適邵

無後

墓葬上坂

行慈三百七一諱慈卿

惠三百四惠祥公次子

生於清道光五年乙酉八月廿八日戌時

卒於清同治八年己巳三月廿六日巳時年四十有五

娶□氏生卒無查

無後

墓葬

行慈三百七二諱慈霑

惠二百八五知通公四子

生於清道光五年乙酉十一月十一日酉時

卒於清同治十二年癸酉四月十九日卯時年四十九

娶王氏生於清道光十五年乙未二月十四日酉時

卒於清咸豐五年乙卯八月初八日巳時年二十有一

無後

墓葬錢家園

行慈三百七三諱慈林

惠二百十八知蓮公三子

生於清道光五年乙酉十一月十四日辰時

卒於清道光三十年庚戌十月初一日申時年二十六

未娶

行慈三百七四諱慈富字與貴

惠二百廿一宏耀公之子

生於清道光五年乙酉十一月十八日丑時
卒於清光緒六年庚辰十月廿九日未時年五十有六
娶張氏生於清道光九年己丑二月初八日戌時
卒無查
無後
墓葬
行慈三百七五諱慈定字燮泉
惠三百四七惠我公三子
生於清道光五年乙酉十二月廿六日卯時
客死上海未娶
行慈三百七六諱慈蓮

惠二百四宏吉公四子

生於清道光六年丙戌二月十二日申時

卒於清咸豐十年庚申九月廿七日未時年三十有五

娶陳氏 改適

生二子 長祥甯 次祥霖

墓葬

行慈三百七七 諱慈泮

惠二百六二惠鈐公之子

生於清道光六年丙戌三月初五日午時

卒無查

娶陳氏生於清道光八年戊子十月十六日　時

卒於清咸豐十年庚申九月十五日　時年三十有三
生一子　祥標
二女長適余　次適胡
墓葬
行慈三百七八諱　慈寀字　俊官
惠二百三宏巨公次子
生於清道光六年丙戌四月十七日戌時
卒於清光緒廿五年己亥正月十八日申時壽七十四
娶朱氏生於清道光四年甲申正月初八日午時
卒於清光緒二年丙子八月廿二日申時年五十有三
再娶胡氏生於清咸豐五年乙卯二月初九日丑時

行慈三百七九諱慈高字東高

無後

惠二百九宏禔公四子

生於清道光六年丙戌十一月初九日卯時

卒於清咸豐十一年辛酉二月十五日丑時年三十六

未娶

行慈三百八十諱慈瞰字耿順

惠二百三三惠坤公三子

生於清道光六年丙戌十二月廿五日卯時

卒於清同治七年戊辰二月初八日亥時年四十有三

娶李氏生於清道光十一年辛卯正月初五日寅時

卒於清光緒廿七年辛丑八月廿五日　時壽七十一

無後

墓葬大車頭港

行慈三百八一　諱慈林字仁山

惠二百五二知性公三子

生於清道光七年丁亥二月廿八日辰時

卒於清同治元年壬戌八月廿五日亥時年三十有六

娶李氏生於清道光十九年己亥三月十三日亥時

卒於清光緒十八年壬辰六月十七日寅時年五十四

無後

墓葬鎮邑李家河

行慈三百八二 諱慈照
惠三百十七惠海公長子
生於清道光七年丁亥三月初二日戌時
客死外地未娶

行慈三百八三 諱慈福
惠百八九惠相公之子
生於清道光七年丁亥五月十六日未時
卒無查未娶

行慈三百八四 諱慈春
惠三百十六知水公次子
生於清道光七年丁亥六月廿六日巳時

卒於清同治十三年甲戌正月初四日申時年四十八
娶杜氏生於清道光十五年乙未十月廿八日卯時
卒於清咸豐二年壬子十月十六日亥時年一十有八
又娶張氏生於清道光十八年戊戌八月初三日卯時
卒於清光緒二年丙子正月十四日　時年三十有九
生一子　祥耀
墓葬鄭家河㴸
行慈三百八五諱元增
惠二百七八宏濤公次子
生於清道光七年丁亥八月十一日戌時
卒於清道光廿三年癸卯五月三十日　時年一十七

未娶

行慈三百八六　諱慈泰

惠三百三九惠懋公長子

生於清道光七年丁亥九月十六日辰時

卒於清光緒十七年辛卯四月初三日　時壽六十有五

娶張氏生於清道光十四年甲午十月初八日巳時

卒於清光緒十八年壬辰閏六月十二日　時年五十有九

生二子　長祥禧　次祥鎮

二女長適姚

墓葬

行慈三百八七諱慈永

惠二百六六惠清公四子

生於清道光七年丁亥十二月初三日戌時

卒於清同治六年丁卯正月初九日午時年四十有一

娶姚氏改適

生一子 祥龍 隨母至灣頭鄭家漕

行慈三百八八諱慈德

惠二百七惠剛公次子

生於清道光八年戊子九月初九日卯時

卒無查未娶

行慈三百八九　諱慈登

惠三百五一　惠榮公長子

生於清道光八年戊子九月廿五日戌時

卒於清道光三十年庚戌三月初七日　時年二十三

未娶

行慈三百九十　諱慈化

惠二百十九宏春公三子

生於清道光八年戊子十月初五日戌時

卒於清咸豐十年庚申　月　日　時年三十有三

娶姚氏生於清道光廿三年癸卯　月　日　時

卒於清光緒　年　月　日　時

無後

行慈三百九一諱慈順字濟民號子諒　國學生

惠三百七宏詮公長子

生於清道光八年戊子十一月十七日亥時

卒於清光緒十年甲申閏五月廿四日巳時年五十七

娶胡氏生於清道光六年丙戌四月初八日巳時

卒於清光緒十五年己丑正月廿六日酉時壽六十四

生一子　祥琪

三女長適周　次適胡　三適胡

墓葬邵家漇西明亭

行慈三百九二諱元高

惠二百八八宏成公之子

生於清道光八年戊子十一月三十日亥時

卒無查未娶

行慈三百九三諱慈來

惠　惠斌公次子　入寓居圖

行慈三百九四諱慈茂

惠二百五七惠梓公長子

生於清道光九年己丑正月十三日戌時

卒無查

娶刁氏生於清道光廿一年辛丑二月初三日巳時

卒無查

生一子　祥金

行慈三百九五諱慈模

惠三百三六惠發公之子

生於清道光九年己丑七月初六日午時

久出無查

行慈三百九六諱慈玉字崑玉號仰山　同知銜

惠二百八十宏煥公次子

生於清道光九年己丑十二月初八日亥時

卒於清光緒廿八年壬寅五月二十日巳時壽七十四

娶沈氏生於清道光九年己丑五月初二日亥時

卒於清同治三年甲子七月十八日戌時年三十有六

生一女適貝

繼娶孔氏生於清道光廿二年壬寅正月十六日午時

卒於清同治五年丙寅十月十一日巳時年二十有五

生一子　祥科

又娶方氏生於清咸豐元年辛亥八月廿三日巳時

卒於清同治五年丙寅十月十一日巳時年一十有六

生一子　祥發

一女適孫

墓葬

行慈三百九七諱慈昌字耿裕

惠二百三三惠坤公四子

生於清道光十年庚寅正月初五日午時
卒於清光緒十年甲申二月初八日　時年五十有五
娶方氏生於清道光十八年戊戌十一月廿四日午時
卒於清同治十年辛未五月初十日戌時年三十有四
無後
四女長適姚　次適胡　三適莊　四適胡
墓葬後張漕大圻
行慈三百九八諱慈瑛
惠二百五五惠深公三子
生於清道光十年庚寅正月初十日戌時
卒於清同治元年壬戌三月初六日　時年三十有三

娶莊氏生於清道光廿二年壬寅　月　日　時

卒於清咸豐四年甲寅十月初一日　時年一十有三

無後

墓葬油車漕

行慈叉三百九八諱慈湘字沛載

惠百八六宏興公五子

生於清道光十年庚寅正月廿五日戌時

卒於清同治二年癸亥十二月十三日　時年二十四

娶王氏生於清道光十九年己亥十一月初二日　時

卒無查

無後

生二女

墓葬

行慈三百九九諱慈錦字性如

惠二百九五知有公次子

生於清道光十年庚寅三月廿一日丑時

卒於清光緒九年癸未十二月十九日　時年五十四

娶盧氏生於清道光廿三年癸卯十二月十四日戌時

卒於清光緒六年庚辰四月初六日巳時年三十有八

生一子　祥裕

二女長適龔　次適陳

墓葬

行慈四百 諱慈存 字長春
惠三百六四知福公長子
生於清道光十年庚寅　月　日　時
久出無查
寓居蘇州
行慈四百一 諱慈恩
惠二百四三宏越公之子
生於清道光十一年辛卯正月廿二日亥時
卒無查未娶
行慈四百二 諱慈伸
惠三百八惠雲公三子

生於清道光十一年辛卯二月初八日辰時
卒於清咸豐六年丙辰八月廿三日巳時年二十有六
娶楊氏改適
無後

行慈四百三諱慈興
惠二百十八知運公四子　君業攻木動中肯綮指示衆工
井井有條
生於清道光十一年辛卯二月初十日戌時
卒於清光緒十五年己丑正月初六日卯時年五十九
娶鄔氏生於清道光廿三年癸卯十二月初一日亥時
卒於清宣統三年辛亥八月廿四日午時壽六十有九

生四女長適張　次適邵　三適忻　四適龔

無後

墓葬

行慈四百四諱慈詁字九雲

惠二百五四宏江公次子

生於清道光十一年辛卯三月廿三日亥時

卒於清光緒廿九年癸卯八月十一日亥時壽七十有

三

娶陳氏生於清道光十一年辛卯十月初二日亥時

卒於清光緒廿一年乙未三月廿四日巳時壽六十有

五

生二子 長祥恆 次祥恂
二女長適莊
墓葬黃馬滙頭
行慈四百五諱慈忠
惠三百五一惠榮公次子
生於清道光十一年辛卯七月廿二日戌時
卒於清道光廿八年戊申九月廿六日辰時年一十有
八未娶
行慈四百六諱慈法
惠三百二十惠鎬公次子
生於清道光十一年辛卯七月廿三日卯時

卒於清咸豐八年戊午六月初六日卯時年二十有八
未娶

行慈四百七 諱 慈萊
惠三百六三惠川公長子爲惠三百五惠慶公繼子
生於清道光十一年辛卯九月初四日戌時
卒於清同治九年庚午十二月初六日　時年四十歲
娶張氏生於清道光十六年丙申五月初九日　時
卒無查
生二子　長 祥賡　次 祥豐
一女
墓葬

行慈四百八諱慈盛

惠二百五七惠梓公次子

生於清道光十一年辛卯十一月初十日戌時

卒於清同治十年辛未十月廿一日子時年四十有一

娶嚴氏改適

生一子　祥林　隨母至更樓

墓葬

行慈四百九諱慈萬

惠二百九五知有公三子

生於清道光十一年辛卯十二月廿一日巳時

卒於清光緒十五年己丑八月初一日申時年五十九

娶朱氏生於清道光廿八年戊申十二月廿四日辰時
卒無查
生二子　長祥元　次祥光
一女適陳
墓葬

行慈四百十　諱慈甯
惠二百三九知良公長子
生於清道光十一年辛卯十二月廿四日巳時
卒無查未娶

行慈四百十一　諱慈鎔
惠二百八七宏學公之子

生於清道光十二年壬辰三月廿二日亥時
卒無查
娶孫氏生於清道光廿二年壬寅三月初五日　時
卒無查
生子早世
墓葬

行慈四百十二諱慈峰
惠三百十六知水公三子　君務農勤儉宅心忠厚
生於清道光十二年壬辰四月二十日卯時
卒於清光緒十年甲申十月廿九日寅時年五十有三
娶馮氏生於清道光廿一年辛丑九月十八日午時

卒於清光緒廿九年癸卯二月初二日子時壽六十有
三
生二子　長祥章　次祥卿
墓葬
行慈四百十三諱慈琛字博也
惠三百六七宏順公之子
生於清道光十二年壬辰五月初八日未時
卒於清光緒　年　六月十三日　時
娶李氏生於清道光廿一年辛丑二月廿九日午時
卒於清光緒　年　十月初五日　時
生二子　長祥法　次祥榮

墓葬

行慈四百十四諱慈發　覃恩上壽

惠三百五十惠宣公長子

生於清道光十二年壬辰八月十五日卯時

卒於清光緒廿八年壬寅八月廿八日寅時壽七十一

娶金氏生於清道光廿六年丙午十月十八日丑時

卒於清同治九年庚午三月十三日未時年二十有五

繼娶唐氏生於清道光十五年乙未十月初六日丑時

卒於清光緒廿三年丁酉五月十三日亥時壽六十三

無後

墓葬

行慈四百十五諱慈瑗
惠二百六八倘孝公之子
生於清道光十二年壬辰八月廿七日子時
卒無查

行慈四百十六諱慈松字仁賚號森嶺
惠二百七二惠邑公長子
生於清道光十二年壬辰閏九月十四日未時
卒於清光緒四年戊寅九月初八日　時年四十有七
娶方氏生於清道光十七年丁酉六月廿九日子時
卒於清咸豐七年丁巳九月初五日巳時年二十有一
無後

生一女適王

繼娶張氏生於清道光十九年己亥六月初八日辰時

卒於清光緒廿六年庚子三月二十日　時壽六十二

無後

墓葬

行慈四百十七諱慈鶴字春喬

惠三百四九知雷公之子兼承惠三百十三知逵公祭祀

生於清道光十二年壬辰十月十二日戌時

卒於清光緒廿二年丙申九月初五日未時壽六十五

娶王氏生於清道光廿四年甲辰十月初十日午時

卒於清同治二年癸亥八月初九日丑時年二十歲

繼娶陳氏生於清道光廿五年乙巳六月十九日巳時
卒於清光緒廿二年丙申九月十九日亥時年五十二
生二子　長祥潮　次祥法
墓葬李家河

肅
行慈四百十八　諱慈寅
惠三百四七惠我公四子
生於清道光十三年癸巳五月十六日午時
卒無查未娶

肅
行慈四百十九　諱慈桂
惠三百廿二惠才公長子
生於清道光十三年癸巳八月初一日午時

卒無查
娶佘氏生於清道光十八年戊戌九月十九日酉時
卒無查
生一子　祥美
一女適張

駒
行慈四百二十諱元林
惠三百四一宏淮公之子
生於清道光十三年癸巳八月初九日卯時
卒於清光緒二年丙子正月廿二日申時年四十有四
無後

駐
行慈四百廿一諱慈忠字正芳號荔軒　任宗長　覃恩上壽

惠三百七宏銓公次子　性謹慎旅滬五十年雖積有贏餘
粗衣糲食仍若寒素晚年家居助義學洋　元助漏
澤會洋兩百元亦足見其好善之誠矣
生於清道光十三年癸巳十一月十七日戌時
卒於民國元年壬子九月初二日巳時壽八十歲
娶周氏生於清道光十五年乙未三月廿五日巳時
卒於清宣統元年己酉十一月十六日巳時壽七十五
再娶曹氏生於清咸豐八年戊午十月廿一日申時
卒於民國二年癸丑六月十一日巳時年五十有六
生一子　祥琢
墓葬邵家匯

肅

行慈四百廿二諱慈訓

惠二百八六惠粱公四子

生於清道光十三年癸巳十二月初四日亥時

卒無查未娶

臚

行慈四百廿三諱慈贈

惠二百九七宏治公長子爲惠二百七三宏遠公繼子

生於清道光十四年甲午八月初八日卯時

卒無查

娶劉氏改適

無後

墓葬

行慈四百廿四諱慈園

惠三百四六惠鉉公之子

生於清道光十四年甲午十月初十日未時

卒無查未娶

行慈四百廿五諱慈源

惠三百二十惠鎬公三子

生於清道光十四年甲午十一月廿五日未時

卒於清光緒元年乙亥十二月初三日寅時年四十有

二

娶杜氏生於清道光廿五年乙未十月十七日丑時

卒於淸同治二年癸亥八月初七日未時年一十有九

繼娶陳氏生於清道光廿三年癸卯八月廿七日卯時
卒於清光緒三十四年戊申五月初七日寅時壽六十
有六
生二女長適周　次適裘
無後
墓葬西邑後
行慈四百廿六諱慈敷
惠　宏義公次子
生於清道光十四年甲午
卒無查
行慈四百廿七諱慈乾

惠三百八八知璜公之子

生於清道光十四年甲午

卒無查

行慈四百廿八　諱慈松

惠三百四二知富公長子

生於清道光十五年乙未三月廿四日卯時

卒於清咸豐五年乙卯八月廿五日午時年二十有一

未娶

行慈四百廿九　諱慈鶴　字仁寶

惠三百七二惠昆公次子

生於清道光十五年乙未五月二十日辰時

卒於清光緒七年辛巳四月十三日　時年四十有七

娶林氏生於清道光廿三年癸卯正月廿九日子時

卒於清同治六年丁卯三月初十日午時年二十有五

繼娶胡氏生於清道光廿八年戊申七月初九日辰時

卒無查

生二子　長祥富　次祥發

墓葬

行慈四百三十諱慈安

惠二百三九知辰公次子爲惠二百八九知豪公繼子

生於清道光十五年乙未八月十八日戌時

卒於清咸豐十年庚申十一月廿九日丑時年二十有

六未娶

[illegible]

行慈四百三一　諱慈鏕

惠三百三十宏逵公次子

生於清道光十五年乙未十月初三日未時

卒無查

[illegible]

行慈四百三二　諱慈球

惠三百廿二惠才公次子

生於清道光十五年乙未十二月三十日子時

卒於清同治十三年甲戌四月初四日卯時年四十歲

娶張氏生於清道光廿五年乙巳十一月十八日亥時

卒於清同治九年庚午二月廿五日午時年二十有六

生一女

無後

墓葬

行慈四百三三諱慈發

惠三百六四知福公次子

生於清道光十五年乙未　月　日　時

卒無查

寓居蘇州

行慈四百三四諱元才

惠二百七八宏清公三子

生於清道光十六年丙申九月十九日辰時

肆

卒於　年　月　日　時未娶

行慈四百三五諱元本字性善　國學生

惠二百七六宏波公之子

生於清道光十六年丙申十一月十八日辰時

卒於清光緒十八年壬辰十一月廿九日午時年五十

有七

娶俞氏生於清道光十七年丁酉十月初十日卯時

卒於清光緒十九年癸巳十二月十八日酉時年五十

有七

生一子　祥年

三女長適姚　次適楊　三適盛

墓葬留車橋坐東朝西

灝

行慈四百三十六諱慈斌

惠三百十六知水公四子

生於清道光十六年丙申十二月十四日戌時

卒於清咸豐四年甲寅九月廿九日丑時年一十有九

未娶

韞

行慈四百三十七諱慈龍字沛然

惠二百四五宏週公長子

生於清道光十七年丁酉正月十四日子時

卒於清光緒三十三年丁未九月十一日丑時壽七十

有一

娶應氏生於清道光十七年丁酉八月十九日未時
卒於　年　月　日時
生一子　祥松
一女
墓葬上坂河斗

行慈四百三八　諱慈儞　字宗禹
惠三百十四惠霖公之子
生於清道光十七年丁酉三月廿五日戌時
卒於清光緒　年　八月十二日戌時
娶王氏生於清道光廿一年辛丑十二月廿七日戌時
卒於清光緒廿七年辛丑八月初四日戌時壽六十一

肅

行慈四百三九諱慈順

無後

惠三百六六惠占公長子

生於清道光十七年丁酉七月十五日辰時

卒於清同治五年丙寅四月廿五日子時年三十歲

娶孔氏改適

生一女

隸

行慈四百四十諱慈寶

無後

惠三百六四知福公三子

生於清道光十七年丁酉七月廿六日卯時

卒無查

寓居蘇州

涵

行慈四百四一　諱涵字錦泉

悳三百三二悳本公三子

生於清道光十七年丁酉八月初三日戌時

卒於清同治十三年甲戌八月十九日卯時年三十八

娶姚氏生於清道光十八年戊戌九月初六日午時

卒於清咸豐九年己未七月廿九日巳時年二十有二

繼娶張氏生於清道光廿四年甲辰正月廿四日辰時

卒於　　年　　八月初七日　時

生一子　祥奎

墓葬

行慈四百四二諱慈桂

惠三百四二知富公次子

生於清道光十七年丁酉十月二十日午時

卒於　年　二月初八日　時未娶

墓葬錢家園

行慈四百四三諱慈運

惠三百十一尙貴公長子

生於清道光十七年丁酉十一月十三日卯時

卒於清同治九年庚午十一月廿四日卯時年三十四

娶傅氏生於清道光廿六年丙午十月十八日丑時

卒於清同治六年丁卯九月十二日子時年二十有二

無後

墓葬

[illegible]

行慈四百四四　諱慈相

惠三百十九惠齡公之子

生於清道光十七年丁酉十二月初三日子時

卒無資未娶

[illegible]

行慈四百四五　諱慈棣　字萼堂

惠三百八七知俊公之子爲惠三百五四知倫公繼子

生於清道光十八年戊戌三月二十日戌時

卒於清光緒二十年甲午十月十八日午時年五十七

娶顏氏生於清道光二十年庚子二月十二日辰時
卒於　年　月　日　時
生二子　長祥璉　次祥琪
墓葬

行慈四百四六　諱慈蔡
惠三百四八宏祥公之子
生於清道光十八年戊戌六月廿五日卯時
卒於清同治五年丙寅四月十三日申時年二十有九
娶張氏生於清道光二十年庚子四月廿九日亥時
卒無查
生一女

無後

墓葬

行慈四百四七諱慈霖字寶仁

惠三百七七知建公之子

生於清道光十八年戊戌十一月廿七日酉時

卒於清光緒九年癸未八月十六日午時年三十有六

娶胡氏生於清道光十八年戊戌十一月廿八日辰時

卒於清光緒廿一年乙未十月廿三日　時年五十八

生一子　祥森

墓葬

行慈四百四八諱慈瑛

惠三百三宏嘉公長子
生於清道光十八年戊戌十二月初十日卯時
卒於清同治七年戊辰十一月初一日午時年三十一
娶顧氏改適
生一子　阿申　隨母他適
墓葬
行慈四百四九諱慈恆字厚也
惠三百八九宏志公之子
生於清道光十九年己亥正月十三日亥時
卒於清光緒廿八年壬寅十一月十五日子時壽六十
有四

娶張氏生於淸道光廿六年丙午三月十六日辰時
卒於淸光緒三十二年丙午七月廿三日申時壽六十
有一
生二子　長祥忠　次祥孝
三女長適唐　次適盧　三適徐
墓葬
行慈四百五十　諱慈恒　字其俊
惠三百八三知立公長子　君服賈蘇州嘗爲某候補員司
賬誠實無欺
生於淸道光十九年己亥二月十七日酉時
卒於淸咸豐五年乙卯正月十七日寅時年一十有七

娶陳氏　清光緒朝欽旌節孝建坊入祠生於清道光廿四年甲辰九月十六日辰時

卒於清光緒四年戊寅十月三十日　時年三十有五

無後　以慈行四百九十慈愷公之子祥鴻入繼

墓葬鎮家堰橋南首

行慈四百五一　諱慈勇

惠三百五十惠宣公次子

生於清道光十九年己亥二月十八日申時

卒無查

寓居上海

行慈四百五二　諱慈麟

惠三百四五宏週公次子

生於清道光十九年己亥三月十九日亥時

卒於清光緒三十二年丙午正月十五日卯時壽六十有八

娶曹氏生於清道光廿三年癸卯七月初四日寅時

卒於民國九年庚申十二月廿二日戌時壽七十有八

生三子　長祥榮　次祥華　三祥貴

墓葬

行慈四百五三諱慈美

惠三百十六知水公五子

生於清道光十九年己亥九月初三日子時

卒於清同治四年乙丑正月二十日午時年二十有七
娶朱氏生於清道光廿三年癸卯二月十八日未時
卒於清同治三年甲子十月十九日丑時年二十有二
無後
墓葬後坂
行慈四百五四諱慈鏢
惠三百三十宏達公三子
生於清道光十九年己亥九月廿二日辰時
卒無查
行慈四百五五諱慈寅
惠三百八五惠松公長子

生於清道光十九年己亥十二月廿二日子時

卒無查

娶余氏生於清道光廿六年丙午六月十六日寅時

卒於民國八年己未十一月廿六日酉時壽七十有四

生二子　長文宏　次文江

墓葬

行慈四百五六 諱慈占 舊譜名慈遠

惠三百四二知富公三子

生於清道光二十年庚子二月十三日卯時

卒於清光緒十四年戊子七月廿一日卯時年四十有

九

娶吴氏生於清道光廿九年己酉正月十五日亥時

卒於清光緒二年丙子九月初一日　時年二十有八

繼娶周氏生於清咸豐九年己未正月初六日　時

卒於清光緒四年戊寅四月廿一日　時年二十歲

繼娶方氏生於清咸豐七年丁巳三月初三日申時

卒於清宣統二年庚戌　月十五日　時年五十有四

無後　以慈　慈本公長子祥文入繼

墓葬本村對河地

行慈四百五七諱慈潮

惠三百二十惠鎬公四子

生於清道光二十年庚子二月廿一日戌時

卒於清同治二年癸亥八月初五日申時年二十有四

未娶

行慈四百五八　諱慈楠

惠三百廿二惠才公三子

生於清道光二十年庚子二月廿五日寅時

卒於清光緒　年　七月廿八日　時

娶張氏生於清咸豐元年辛亥八月十五日　時

卒於清光緒廿五年己亥三月初六日　時年四十九

生二子　長祥耿　次祥煌

墓葬

行慈四百五九　諱慈堃

惠三百六惠邦公次子
生於清道光二十年庚子三月十六日卯時
卒無查
娶薛氏生於清道光廿九年己酉二月廿一日亥時
卒無查
生二子　長祥欽　次祥鈺
墓葬
行慈四百六十諱慈榮字文顯
惠二百三一安榛公次子
生於清道光二十年庚子五月初六日巳時
卒於清同治七年戊辰五月十二日午時年二十有九

涷

娶羅氏生於淸道光十九年己亥正月廿七日午時
卒於淸光緒廿七年辛丑六月廿九日　時壽六十三
生三子　長祥球　次祥璉　三祥琛
墓葬黃馬滙頭

行慈四百六一　諱慈舜
惠四百四知江公之子
生於淸道光二十年庚子五月廿一日申時
卒於淸光緒四年戊寅二月廿六日戌時年三十有九
娶張氏生於淸道光廿四年甲辰九月十六日辰時
卒於淸宣統三年辛亥閏六月初六日酉時壽六十有
八

無後　以慈四百九六慈權公次子祥鎰入繼

墓葬鎮邑薛家河口

濂

行慈四百六二諱慈模字艮楷

惠三百九六知傑公長子爲惠三百七一知偉公繼子

生於清道光二十年庚子七月二十日未時

卒於清同治四年乙丑六月初九日丑時年二十有六

娶胡氏生於清道光廿一年辛丑十月十六日戌時

卒於清同治四年乙丑十月廿三日寅時年二十有五

無後

墓葬張家堰橋塊

膺

行慈四百六三諱慈侯字耕三

繩

惠三百八惠雲公四子

生於清道光廿一年辛丑閏三月十三日申時

卒於清光緒元年乙亥七月十一日辰時年三十有五

娶應氏生於清道光廿六年丙午六月初六日子時

卒於民國十年辛酉三月初五日戌時壽七十有六

無後

墓葬長漕田

行慈四百六四 諱慈樞

惠三百四五宏週公三子

生於清道光廿一年辛丑九月十七日巳時

卒於清同治八年己巳六月十二日丑時年二十有九

未娶

行慈四百六五諱慈櫟

惠三百廿二惠才公四子

生於清道光廿一年辛丑十一月十八日戌時

出外無查

行慈四百六六諱慈廉

惠二百九七宏治公次子

生於清道光廿二年壬寅正月廿八日子時

卒無查未娶

行慈四百六七諱慈楞字仁山

惠三百九三惠忠公長子

酒

生於清道光廿二年壬寅二月初一日午時
卒於清咸豐六年丙辰十月初八日戌時年一十有五
娶應氏生於清道光二十年庚子十月十九日亥時
卒於民國七年戊午九月初二日酉時壽七十有九
無後
墓葬官田坐東向西

行慈四百六八 諱慈雷
惠三百三八惠能公長子
生於清道光廿二年壬寅二月初二日子時
卒於清咸豐十一年辛酉三月十一日亥時年二十歲
未娶

墓葬上坂河沜

行慈四百六九 諱 慈恩

惠四百二宏澄公長子

生於清道光廿二年壬寅九月初八日午時

卒無查

娶余氏生於清道光廿七年丁未八月十二日戌時

卒無查

行慈四百七十 諱 慈侃

惠三百五六惠霆公之子

生於清道光廿二年壬寅十一月初六日戌時

卒無查

娶余氏生於清咸豐四年甲寅九月初四日戌時

卒無查

生一子　祥麟

墓葬

行慈四百七一　諱慈堯

惠二百八六惠梁公五子

生於清道光廿二年壬寅十一月十三日巳時

卒無查未娶

行慈四百七二　諱慈虎

惠三百三十宏達公四子

生於清道光廿三年癸卯三月初二日子時

配

卒無查未娶

行慈四百七三諱慈慧

惠四百二宏遵公次子

生於清道光廿三年癸卯十二月初八日亥時

卒於清光緒三十二年丙午十月十二日午時壽六十

有四

娶洪氏生於清咸豐四年甲寅十一月十八日戌時

卒於民國六年丁巳四月初四日申時壽六十有四

生一子 祥富

三女長適沈 次適羅 三適方

墓葬姚太宜房坐西朝東

酒　　庸

行慈四百七四 諱慈品

惠二百五一惠榮公三子

生於淸道光廿四年甲辰四月初六日未時

卒無查

娶張氏生於淸道光廿四年甲辰四月初六日未時

卒無查

無後

墓葬

行慈四百七五 諱慈章

惠三百六三惠川公次子

生於淸道光廿四年甲辰九月初五日子時

卒於清同治十三年甲戌八月十五日　時年三十一

未娶

𤨗

行慈四百七六諱慈懷

惠三百八三知立公次子

生於清道光廿四年甲辰十一月廿六日亥時

卒於清光緒三年丁丑十一月二十日巳時年三十四

未娶

墓葬錢家園

𤩽

行慈四百七七諱慈彥字春山

惠二百九七宏治公三子

生於清道光廿四年甲辰十二月廿八日午時

卒於清光緒廿八年壬寅七月初八日未時年五十有
九
娶陳氏生於清咸豐四年甲寅九月十五日丑時
卒於清光緒三十年甲辰十一月十二日戌時年五十
有一
生一子　祥發
墓葬

行慈四百七八　諱慈本　字小多　任宗長
惠二百九五知有公四子
生於清道光廿五年乙巳二月十七日戌時
卒於民國八年己未正月十五日辰時壽七十有五

娶舒氏生於清咸豐八年戊午四月十三日子時
卒於清宣統元年己酉十二月十三日辰時年五十有
二
生二子　長祥文　次祥章
一女適吳
墓葬
行慈又四百七八諱慈蕴字安心
惠三百八六宏文公之子
生於清道光廿五年乙巳九月初一日午時
卒於清光緒十一年乙酉七月廿一日亥時年四十有
一

娶金氏生於清道光廿九年己酉九月二十日未時

卒於民國九年庚申十月初八日申時壽七十有二

生三子　長祥珠　次祥珏　三祥瑛

墓葬

行慈四百七九諱慈楞字仁水

惠三百九三惠忠公次子

生於清道光廿五年乙巳十二月廿三日卯時

卒於清光緒廿一年乙未七月初七日戌時年五十有

一

娶陳氏生於清道光廿九年己酉七月初六日亥時

卒於清宣統元年己酉十月十二日　時壽六十有一

生一子　祥震

二女長適陳　次適

墓葬儒賢匯河旁

行慈四百八十　諱慈濱

惠三百三二惠本公四子

生於清道光廿七年丁未二月廿三日酉時

卒無查未娶

行慈四百八一　諱慈霖

惠三百三八惠能公次子

生於清道光廿八年戊申正月十一日午時

卒無查

娶姚氏生於清咸豐十一年辛酉五月十二日戌時

卒無查

無後

墓葬

行慈四百八二諱慈森

惠三百九一瑞源公長子

生於清道光廿八年戊申七月廿九日戌時

卒於清光緒元年乙亥三月廿八日申時年二十有八

未娶

行慈四百八三諱慈棠字仁海

惠三百九三惠忠公三子

生於清道光廿九年己酉正月廿五日辰時
卒於清光緒廿九年癸卯五月初四日未時年五十有
五
娶胡氏生於清咸豐三年癸丑十二月廿八日酉時
卒於民國十三年甲子三月廿八日巳時壽七十有三
生一子 祥鑑
二女長適周 次適張
墓葬吳家河沖
行慈四百八四 諱慈椿
惠三百七九惠友公長子
生於清道光廿九年己酉四月初八日午時

卒無查
娶宋氏生卒無查
生一子 祥發
墓葬

行慈四百八五 諱元慶
惠三百七五宏海公長子
生於淸道光廿九年己酉八月廿三日未時
卒無查未娶

行慈四百八六 諱慈勇 字金水
惠三百三宏嘉公次子
生於淸道光廿九年己酉十二月初三日未時

卒於清光緒　年　月　日時

娶□氏生於　年　月　日時

生一子　祥麟

墓葬

行慈四百八七諱慈廷　任宗長

惠三百九十鄉鶴公之子

生於清道光三十年庚戌五月十八日戌時

娶胡氏生於清咸豐六年丙辰正月初二日亥時

卒於清光緒廿三年丁酉十月十七日丑時年四十有

二

生二子　長祥楨　次祥棟

又娶周氏生於清同治八年己巳十一月廿一日子時

卒於民國十四年乙丑閏四月十七日寅時年五十有

七

按慈廷公　係道光三十年生載明道光同治

兩譜想無錯誤慈廷公云是道光廿八年生本擬排

過者次因銜接之人多已亡過若重排過反致紊亂

故仍其舊

行慈四百八八 諱 慈立 字 維勤 號 詞笠

惠二百四八惠錦公三子

生於清道光三十年庚戌六月十六日卯時

卒於清光緒廿七年辛丑五月廿八日巳時年五十二

娶姚氏生於清道光廿七年丁未九月廿九日亥時

卒於清光緒廿九年癸卯六月初一日子時年五十有

七

生二子　長祥鋆出繼　次祥鑒

三女長適張　次適林　三適姚

墓葬

行慈四百八九諱慈愷

惠三百八三知立公三子

生於清咸豐元年辛亥正月廿五日寅時

卒於清光緒二十年甲午十一月初四日寅時年四十

有四

娶孔氏生於清同治三年甲子四月廿九日申時

卒於清光緒廿八年壬寅四月廿九日申時年三十有

九

生二子　長祥鴻出繼　次祥鵠

墓葬鍾家堰橋西南首

行慈四百九十諱慈楝

惠三百七九惠友公次子

生於清咸豐元年辛亥四月十二日卯時

卒於　年　十二月初六日　時

娶張氏生於清咸豐六年丙辰十月十八日巳時

卒無查

無後

墓葬

行慈四百九一諱慈森

惠三百九三惠忠公四子爲惠三百八二惠琦公繼子

生於清咸豐元年辛亥十月十六日寅時

卒無查未娶

墓葬宫田父墳旁

行慈四百九二諱慈葵

惠三百九一瑞源公次子

生於清咸豐元年辛亥十二月初二日子時

卒無查未娶

行慈四百九三諱慈章字友三
惠三百八五惠松公次子
生於清咸豐二年壬子三月初八日亥時
卒於清光緒廿五年己亥十一月初四日辰時年四十
有八
娶張氏生於清同治元年壬戌正月十一日子時
卒於清光緒三十一年乙巳八月廿三日巳時年四十
有四
生一子　祥煨
三女長適徐　次適許　三適陶
墓葬

行慈四百九四諱慈忠

惠四百二宏遵公三子

生於清咸豐二年壬子三月廿四日酉時

卒無查未娶

行慈四百九五諱慈權字堃堂

惠三百九六炳傑公次子　君幼服賈武林長家屠善書法

兼工篆隸尤精摹印

生於清咸豐三年癸丑三月十七日午時

卒於清光緒十四年戊子七月初十日卯時年三十有

六

娶鍾氏生於清咸豐五年乙卯九月十一日子時

卒於民國十五年丙寅七月廿六日亥時壽六十有二

生三子　長祥錮　次祥鎰出繼　三祥鏕

墓葬

行慈四百九六諱慈學

惠三百四五宏週公四子

生於清咸豐三年癸丑四月十五日酉時

卒於清光緒　年　月　日時

娶□氏生卒無查

無後

墓葬

行慈四百九七諱慈潮

惠三百六六惠占公次子
生於清咸豐四年甲寅四月初十日戌時
卒無查未娶

行慈四百九八諱慈富
惠四百二六惠全公之子
生於清咸豐四年甲寅九月廿三日寅時
卒於清光緒三十四年戊申十月初一日申時年五十有五
娶陳氏生於清咸豐九年己未十月十五日卯時
卒於清光緒十年甲申五月廿六日子時年二十有六
繼娶余氏生於清同治四年乙丑三月十三日卯時

生二子　長祥豪　次祥陞

寓居上海

行慈四百九九　諱慈懋

惠四百二宏遵公四子

生於清咸豐四年甲寅五月廿三日卯時

卒於清光緒廿九年癸卯六月初十日亥時年五十歲

娶陳氏生於清同治三年甲子三月十七日午時

行慈五百　諱慈孝

惠四百二十惠興公長子

生於清咸豐四年甲寅十一月十七日卯時

卒無查未娶

行慈五百一 諱慈鑫 乳名桂生

惠四百廿二知存公長子

生於清咸豐六年丙辰正月十四日巳時

卒無查

行慈五百二 諱元聯

寓居上海

惠三百七五宏海公次子

生於清咸豐六年丙辰七月十二日戌時

卒無查未娶

行慈五百三 諱慈鳳 字愛順

惠四百六惠錩公之子

生於清咸豐六年丙辰七月十六日申時
卒於清同治十二年癸酉七月初一日巳時年一十有
八未娶

行慈五百四 諱 慈深 字 廷榮 號 藜青　由國學生捐授同知銜
賞戴花翎
惠三百九八惠鈁公之子
生於清咸豐六年丙辰九月廿七日寅時
卒於民國三年甲寅十月十七日寅時年五十有九
娶舒氏生於清咸豐六年丙辰七月十三日　時
卒於清光緒三年丁丑二月十五日酉時年二十有二
繼娶李氏生於清咸豐六年丙辰四月十二日子時

卒於清光緒廿九年癸卯六月初十日戌時年四十有

八

側室陳氏生於清光緒四年戊寅三月十九日子時

卒於民國八年己未十二月初四日酉時年四十有二

生一女適

側室彭氏生於清光緒十三年丁亥十一月初九日酉時

生二子　長祥富　次祥甯

行慈五百五諱慈康

惠四百二十懸顯公次子

生於清咸豐八年戊午十一月十三日戌時

卒無查未娶

行慈五百六諱慈樟字薇洲

惠三百九六知傑公三子

生於清咸豐九年己未五月十七日辰時

卒於民國二年癸丑三月十一日辰時年五十有五

娶杜氏生於清咸豐九年己未十月廿六日申時

卒於民國十六年丁卯正月廿六日戌時壽六十有九

生三子　長祥釗早世　次祥欽　三祥銓

側室徐氏生於清同治十二年癸酉正月十七日丑時

卒於清光緒十七年辛卯十月十二日丑時年一十有

九

墓葬

行慈五百七諱慈富
惠四百三十惠鵬公長子
生於清咸豐十一年辛酉九月十五日寅時
卒於民國　年　月　日　時
娶余氏生卒無查
生二子　長祥浩　次祥陞
墓葬
行慈五百八諱慈詒
惠四百二十惠與公三子
生於清同治元年壬戌八月廿三日　時
卒無查未娶

行慈五百九諱慈和

惠四百二三惠椿公長子

生於清同治元年壬戌九月廿八日辰時

卒無查未娶

行慈五百十諱慈順字來順

惠四百三宏迪公之子

生於清同治五年丙寅二月十八日午時

再娶羅氏生於清光緒六年庚辰十月十六日寅時

生一女

行慈五百十一諱慈泉

惠四百二五智勇公長子

生於清同治五年丙寅五月廿一日辰時
娶朱氏生於清光緒三年丁丑正月十四日申時
生二子　長祥珍　次祥英
三女長適張　次適莊　三適胡
行慈五百十二諱慈玉字家國
惠三百十七惠海公次子
生於清同治五年丙寅六月初六日酉時
卒於清光緒廿九年癸卯十月初九日子時年三十有
八
娶茅氏生於清光緒三年丁丑四月初八日戌時
生一子　祥龍

一女適黃陂吳

行慈五百十三 諱慈榮 字連元

惠四百三四宏成公長子

生於清同治五年丙寅九月十一日寅時

卒於清宣統二年庚戌二月十四日　時年四十有五

娶貝氏生卒無查

無後

墓葬

行慈五百十四 諱慈壽

惠四百惠正公之子

生於清同治五年丙寅九月十三日申時

卒於清光緒二十年甲午 月 日 時年二十有
九未娶
行慈五百十五諱慈楓
惠四百廿二智存公三子
卒無查
生於清同治五年丙寅十二月十四日辰時
行慈五百十六諱慈榮字錦釗
惠四百三五惠恩公長子
生於清同治七年戊辰正月初九日卯時
卒於民國七年戊午三月十二日午時年五十有一
娶曹氏生於清光緒元年乙亥十二月三十日亥時

生三子　長祥浩　次祥垣　三祥德

二女長適方　次適張

行慈五百十七諱慈柟

惠四百廿二智存公四子

生於淸同治七年戊辰十一月廿八日午時

無查

行慈五百十八諱慈華

惠四百三五惠恩公次子

生於淸同治十年辛未十二月初三日丑時

娶沈氏生於淸同治十二年癸酉十月十八日寅時

卒於民國十四年乙丑六月廿八日午時年五十有三

生二子　長祥年　次祥賡

二女長適馬　次適應

行慈五百十九諱慈炎字蓮生

惠四百廿五智勇公次子

生於清同治十年辛未十二月十八日亥時

娶葛氏生於清光緒八年壬午十月十四日卯時

生三子　長祥麟　次祥金　三祥永

二女長適翁　次適古

行慈五百二十諱慈楝字連貴

惠四百三四宏成公次子

生於清同治十二年癸酉十月十三日寅時

娶陳氏生於清光緒四年戊寅七月初七日　時

卒於清光緒三十年甲辰十月廿二日　時年二十有

七

藏

行慈五百廿一諱慈圭字福生

惠四百廿五智勇公三子

生於清同治十三年甲戌十月廿一日巳時

卒於清宣統三年辛亥十一月十九日酉時年三十有

八

娶□氏改適

無後　以慈炎公次子祥金入繼

陽

行慈五百廿二諱慈均字祖根

惠四百四十宏鐩公之子
生於清光緒八年壬午三月初四日子時
卒無查

行慈五百廿三諱慈才字祖才
惠四百四二宏錦公長子
生於清光緒十年甲申十二月十一日戌時
卒於清光緒廿九年癸卯八月十六日午時年二十歲
未娶

行慈五百廿四諱慈訓字槐星
惠四百十八智傳公長子
生於清光緒廿二年丙申八月廿六日申時

祿　配

娶金氏生於清宣統三年辛亥九月初二日亥時

行慈五百廿五 諱慈詔 字觀明

惠四百十八智傳公次子

生於清光緒廿六年庚子五月廿五日　時

行慈五百廿六 諱慈來

惠四百四二宏錦公次子

生於清光緒廿七年辛丑正月廿六日戌時

卒於民國十七年戊辰十一月廿三日酉時年二十有

八

娶洪氏 改適

国家出版基金项目
NATIONAL PUBLICATION FOUNDATION

海上絲綢之路文獻集成

總主編 陳支平 陳春聲

民間譜牒編 51

主編 林楓

海峽出版發行集團
THE STRAITS PUBLISHING & DISTRIBUTING GROUP
福建人民出版社

本册目次

［浙江慈溪］慈谿鴻門童氏宗譜十七卷首一卷（卷九至卷一一）

童賡年等纂修

慈東童氏宗譜卷九

世傳

第三十世

行祥一諱祥麟字玉書

慈一其勸公之子

生於清乾隆十九年甲戌十二月廿九日　時

卒於清乾隆四十八年癸卯十月初四日　時年三十

歲

娶鄔氏改適

無後

行祥二諱文炳字光耀　國學生

慈三慈祥公長子

生於清乾隆廿四年己卯閏六月廿九日辰時

卒於清嘉慶廿四年己卯十一月廿九日　時壽六十一

有一

娶曹氏生於清乾隆廿六年辛巳八月初三日午時

卒於清道光十三年癸巳四月廿二日申時壽七十三

生二子　長謙益　次謙風

二女長適宋　次適曹

墓葬朱家𣲗西首

行祥三 諱文燈 字慧照 號澹香

慈三慈祥公次子　中清乾隆壬子科順天鄉試第五十七

名舉人考取宗學教習好學能文力圖上進奈天不遂
其志殁於京都惜哉
生於清乾隆廿七年壬午閏五月廿一日丑時
卒於清嘉慶十一年丙寅正月廿六日子時年五十五
娶汪氏生於清乾隆廿六年辛巳十一月廿七日　時
卒於清乾隆五十一年丙午六月廿一日　時年二十
有六
繼娶汪氏生於清乾隆三十五年庚寅正月十二日午時
卒於清乾隆五十三年戊申十二月初四日　時年一
十有九
又娶顧氏生於清乾隆三十七年壬辰十一月初九日辰

時

卒於　年　月　日　時

生三子　長謙金　次謙亨　三謙禮

一女適朱

墓葬周家𣂉北首坐南向北

行祥四　諱文煒　字光明　號雪軒

慈八慈楨公長子　識見過人權算中度

生於清乾隆三十二年丁亥九月十二日亥時

卒於清道光廿三年癸卯八月廿五日午時壽七十有

七

娶穆氏生於清乾隆三十一年丙戌十一月初六日午時

卒於清道光十三年癸巳九月廿八日戌時壽六十有
八
生四子　長謙恭　次謙吉　三謙撝　四謙順
三女長適陳　次適張　三適余
墓葬十字路茅嶺彭山廟後坐申向寅
行祥五諱祥釗字明遠
慈五元培公長子
生於清乾隆三十四年己丑十一月初一日巳時
卒於清乾隆五十九年甲寅七月十三日寅時年二十
有六
娶劉氏　咸豐年間欽旌節孝建坊入祠生於清乾隆三

十六年辛卯正月廿七日卯時
卒於清道光廿七年丁未十二月初四日子時壽七十
有七
無後　以祥六第錦公長子謙爵入繼
生一女適胡
墓葬官井頭
行誼見事略

行祥六 諱 祥錦 字 美章　職員例贈登仕郎
慈五元培公次子
生於清乾隆三十六年辛卯二月初四日亥時
卒於清道光十六年丙申十月廿五日亥時壽六十六

娶盛氏生於清乾隆四十一年丙申八月初二日辰時
卒於清嘉慶九年甲子十一月初七日　時年三十九
生一子　謙爵出繼
二女長適吳　次適姚
繼娶陳氏生於清乾隆五十年乙巳四月廿九日巳時
卒於清咸豐十一年辛酉四月廿一日申時壽七十七
生四子　長謙恆　次謙悌　三謙悀出繼　四謙慎
一女適杜
墓葬鎮龍橋東首官井頭
行祥七諱祥雲字雲衢
慈七慈明公長子

庄

生於清乾隆三十六年辛卯十月初六日丑時

卒於清乾隆五十一年丙午四月廿二日　時年一十有六

配姚氏

無後

墓葬茅墳㪷河東岸坐北向南

行祥八　諱文爛　字德星　號厚齋　國學生

慈十慈福公長子　事親以養志聞性沈靜行端楷處事精詳以計然策起家持家勤儉接物謙和强遇拂意無慍色其周書所謂吉人乎

生於清乾隆三十九年甲午二月十九日卯時

卒於清道光十九年己亥十一月廿九日戌時壽六十有六

娶洪氏生於清乾隆三十九年甲午二月廿一日卯時

卒於清道光廿九年己酉正月廿三日　時壽七十六

生二子　長謙懷　次謙恂

二女長適姚　次適洪

墓葬鎮邑周家墊庵後河坐南向北

行祥九諱文烜字臨章　覃恩上壽

慈八慈楨公亥子

生於清乾隆三十九年甲午六月初四日未時

卒於清道光廿九年己酉九月十一日　時壽七十六

娶胡氏生於清乾隆四十年乙未十一月十四日戌時
卒於清道光廿三年癸卯七月廿一日丑時壽七十歲
生三子　長謙常　次謙牧　三謙鎬
一女適方
墓葬暗漕頭朝南向
行祥十　諱祥銘　字景水　號新溪　職員以孫遜華職銜誥贈通
議大夫
慈十五申培公長子
生於清乾隆三十九年甲午九月廿八日未時
卒於清道光十八年戊戌正月初七日子時壽六十五
娶邵氏　以孫遜華職銜誥贈淑人生於清乾隆三十八

年癸巳二月初九日未時
卒於清嘉慶六年辛酉十二月十五日酉時年二十九
繼娶翁氏　以孫遜華職銜誥贈淑人生於清乾隆四十
五年庚子二月十七日未時
卒於清同治元年壬戌四月十一日酉時壽八十有三
生一子　謙潮
一女適莊
墓葬西河小橋跟
行誼見事略
行祥十一諱祥璉字美才號怡亭
慈十二慈恩公長子

生於清乾隆三十九年甲午十二月初一日巳時

卒於清道光十七年丁酉十一月廿九日戌時壽六十有四

娶姚氏生於清乾隆三十八年癸巳十月十一日亥時

卒於清嘉慶廿一年丙子四月十八日亥時年四十四

生三子 長謙尊 次謙和 三謙六

二女長適姚 次適孔

繼娶桂氏生於清乾隆五十七年壬子十二月初四日戌時

卒於清道光元年辛巳七月初八日卯時年三十歲

繼娶陳氏生於清乾隆五十一年丙午二月初七日卯時

卒於清道光二十年庚子十月初四日　時年五十五

墓葬馬經河沿

行祥十二諱祥發字康吉號西岐　由國學生捐授直隸州知

州誥授奉直大夫

慈廿二慈高公長子

生於清乾隆四十年乙未六月十八日寅時

卒於清道光二十年庚子二月廿三日辰時壽六十六

娶孔氏　誥封宜人生於清乾隆三十九年甲午十一月

十一日戌時

卒於清道光五年乙酉九月十八日卯時年五十有一

生四子　長基　次垣　三垚　四培早世

九女長適姚　次適姚　三適陳　四適費　五適陳
六適胡　七適姚　八適姚　九適裘
又娶賴氏生於清乾隆四十八年癸卯八月初六日卯時
卒於清同治三年甲子十二月初九日戌時壽八十二
墓葬西港坐子向午兼癸丁

行祥十三 諱祥鳳 字鳴瑞 號樸齋
慈六慈惠公長子　九歲失怙弱冠時即操家政遵母教務
以忠厚儉樸爲事有過誤處人有規之者改之不吝
生於清乾隆四十一年丙申十一月初四日子時
卒於清道光八年戊子七月十六日戌時年五十有三
娶陳氏生於清乾隆四十年乙未正月廿三日　時

卒於清嘉慶二年丁巳正月廿八日　時年二十有三
繼娶盛氏生於清乾隆四十三年戊戌十月廿九日丑時
卒於清道光廿三年癸卯正月初二日子時壽六十六
生二子　長謙本　次謙榮
四女長適孔　次適馮　三適朱　四適張
墓葬茅墳汌東北首朝西向
行祥十四諱文烺　覃恩上壽
慈八慈楨公三子
生於清乾隆四十一年丙申十一月十一日亥時
卒於清道光廿九年己酉十二月廿一日　時壽七十
有四

娶葛氏生於清乾隆四十四年己亥三月初一日申時

卒於清道光三年癸未十二月廿一日卯時年四十五

生三子 長謙衷 次謙鏞 三謙釗

二女長適方 次適翁

墓葬

行祥十五 諱祥理

慈廿一 慈俊公長子

生於清乾隆四十二年丁酉二月廿五日戌時

卒於清嘉慶廿二年丁丑四月初八日申時年四十有

一

娶唐氏生於清乾隆四十五年庚子正月初二日酉時

卒於清嘉慶七年壬戌十二月初一日戌時年二十三

無後

行祥十六諱文炤字星野號惺崖　邑庠生

慈三慈祥公三子

生於清乾隆四十三年戊戌七月初八日申時

卒於清道光二十年庚子二月廿三日　時壽六十三

娶邱氏生於清乾隆四十三年戊戌九月初十日戌時

卒於清嘉慶十一年丙寅十二月初五日巳時年二十

有九

生二子　長謙巽　次謙治

繼娶姚氏生於清乾隆五十年乙巳五月十七日亥時

卒於淸道光元年辛巳十二月十七日申時年三十七
生一子　謙譽
二女長適沐　次適戴
繼娶陳氏生於淸乾隆五十三年戊申十二月廿二日辰
時
卒於淸道光十八年戊戌十月初二日酉時年五十一
生二子　長謙行　次謙涵
一女適胡
繼娶徐氏生於淸嘉慶二年丁巳三月初八日午時
卒於淸同治九年庚午十一月廿二日　時壽七十四
墓葬後張村

行祥十七諱祥文

慈十八慈訓公之子

生於清乾隆四十四年己亥七月廿五日申時

卒無查

娶孫氏生於清乾隆四十六年辛丑五月廿三日　時

卒於清嘉慶七年壬戌五月廿三日　時年二十有二

生一子　謙和

又娶方氏生卒無查

生一子　謙恩

行祥十八諱祥鶴字春圃號芝田　郡庠生

慈六慈惠公次子

生於清乾隆四十四年己亥十一月初八日戌時

卒於清道光十八年戊戌三月廿一日巳時壽六十歲

娶姚氏　有內助之賢勤紡織善針紉年逾六旬子孫衣履猶半出其手製存心敬恕爲媳二十年爲姑二十年皆歡然如一日云生於清乾隆四十七年壬寅二月初五日辰時

卒於清道光廿九年己酉九月初九日戌時壽六十有八

生三子　長謙孟　次謙孚　三謙學早世

二女長適陳　次適盛

墓葬後周橋

行詳見事略

行祥十九 諱祥昌 字倣文 號實圃 國學生

慈廿二慈高公次子

生於清乾隆四十四年己亥十二月初十日亥時

卒於清道光八年戊子三月十五日巳時年五十歲

娶劉氏生於清乾隆四十三年戊戌十一月廿九日亥時

卒於清道光十七年丁酉七月十四日辰時壽六十歲

娶妾趙氏生於清乾隆五十八年癸丑正月廿九日酉時

卒於清道光三十年庚戌六月初八日戌時年五十有

八

生二子 長嶽 次河

房二

一女適劉

墓葬牛西劉河港坐東向西

行祥二十 諱文燦 字美中 號立賢 國學生

慈十慈福公次子

生於清乾隆四十六年辛丑七月初二日申時

卒於清咸豐十年庚申六月廿六日戌時壽八十歲

娶曹氏生於清乾隆四十六年辛丑五月初一日子時

卒於清咸豐十年庚申六月十六日亥時壽八十歲

生二子 長謙悅 次謙忱

二女長適邵 次適應

墓葬應費朱郭龍潭港牌樓跟

行祥廿一　諱祥珂

慈廿一慈俊公次子

生於清乾隆四十六年辛丑七月初十日亥時

卒於清道光九年己丑八月十一日申時年四十有九

娶姜氏　家赤貧甘守節立後嗣延瓜瓞謀升斗藉紡織

四十年如一日同治庚午年

欽旌節孝建坊入祠生於清嘉慶二年丁巳十月廿八

日辰時

卒於清同治十三年甲戌九月廿八日丑時壽七十八

無後　以祥五一弟祥琦公長子謙全入繼

墓葬上坂

配

行祥廿二　諱祥鈁　字邦甯

慈十五申培公次子

生於清乾隆四十七年壬寅八月十四日卯時

卒於清嘉慶六年辛酉五月十三日　時年二十歲

未娶

墓葬鎮龍橋向東

配

行祥廿三　諱祥鴻　字東亭

慈六慈惠公三子　性直重義遇宗戚當爲之事不辭艱鉅

見鄰里有爭論者力爲解釋

生於清乾隆四十八年癸卯五月十一日子時

卒於清道光廿二年壬寅二月廿八日巳時壽六十歲

娶屠氏生於清乾隆四十八年癸卯正月十五日酉時
卒於清道光廿四年甲辰五月初二日巳時壽六十二
生二子　長謙詞　次謙誥
三女長適方　次適張　三適姚
墓葬西岸
行祥廿四諱祥鑑字在正號靜菴
慈五元培公三子
生於清乾隆四十八年癸卯七月初六日申時
卒於清嘉慶廿三年戊寅正月廿五日　時年三十六
娶唐氏生於清乾隆五十一年丙午十一月十三日卯時
卒於清嘉慶十九年甲戌八月廿八日　時年二十九

繼娶馮氏生於清乾隆五十六年辛亥九月廿二日午時

卒於清嘉慶廿三年戊寅二月初六日酉時年二十有

八

無後　以祥六子謙愐入繼

墓葬鎮龍橋官井頭

行祥廿五諱祥璜

慈廿一慈俊公三子爲慈三二慈霖公繼子

生於清乾隆四十八年癸卯十月初八日亥時

卒於清道光十三年癸巳四月十九日午時年五十有

一

娶畢氏生於清乾隆五十九年甲寅十二月初八日辰時

卒於清道光十三年癸巳九月初九日午時年四十歲

無後

墓葬後坂横大路

行祥廿六諱祥鉉字鼎和

慈三八昌培公長子

生於清乾隆四十九年甲辰七月廿一日午時

卒於清道光二年壬午七月初六日　時年三十有九

娶盛氏生於清乾隆四十七年壬寅九月二十日子時

卒於清道光五年乙酉十一月初十日亥時年四十四

無後

生一女適姚

墓葬

行祥廿七諱祥珪字錫元

慈廿四慈安公長子

生於清乾隆五十年乙巳三月十八日　時

卒於清道光廿九年己酉三月初三日　時壽六十五

娶陳氏生於清乾隆五十三年戊申七月廿八日　時

卒於清道光三年癸未五月十七日酉時年三十有六

生一子　諱龍

二女長適洪　次適沈

墓葬

行祥廿八諱祥茂字星瑞

慈廿九慈善公之子
生於清乾隆五十年乙巳八月初五日酉時
卒於清嘉慶廿四年己卯四月廿三日　時年三十有
五
娶胡氏生於清乾隆五十七年壬子五月廿七日　時
卒於清道光廿三年癸卯四月十一日　時年五十有
二
生一子　謙申
墓葬西岸墓𪖙䟡
行祥廿九諱祥吉字卜年號荷橋　國學生
慈七慈明公次子

生於清乾隆五十一年丙午十月二十日亥時

卒於清道光三十年庚戌六月廿九日　時壽六十有

五

娶應氏生於清乾隆五十一年丙午十一月二十日子時

卒於清道光廿五年乙巳二月初六日　時壽六十歲

生三子　長伯龍　次伯虎　三伯驥出繼

二女長適胡　次適方

繼娶徐氏生於清嘉慶十三年戊辰七月廿九日亥時

卒於清同治二年癸亥二月十三日　時年五十有六

生三子　長伯熊　次伯駿　三伯驊

二女長適陳、次適姚

墓葬西港坐東朝西

行誼見事略

行祥三十 諱祥電

慈十三慈茂公長子

生於清乾隆五十二年丁未二月十二日亥時

卒於清嘉慶十九年甲戌正月十二日亥時年二十有八

娶顧氏改適

無後

行祥三一 諱祥球字在序

慈十二慈恩公次子

生於清乾隆五十三年戊申正月十二日戌時

卒於清道光三十年庚戌八月初一日申時壽六十有

三

娶華氏生於清乾隆五十二年丁未十一月廿一日午時

卒於清嘉慶二十年乙亥六月廿六日午時年二十九

繼娶蔡氏生於清嘉慶八年癸亥八月二十日戌時

卒於清同治三年甲子九月廿六日　時壽六十有二

生一子　謙能

墓葬馬經河沿

行祥三二諱祥運字春雷

慈三九慈行公之子

生於清乾隆五十三年戊申七月初五日亥時
卒於清咸豐八年戊午九月初五日　時壽七十有一
娶周氏生於清乾隆五十八年癸丑七月廿四日　時
卒於清道光四年甲申三月初九日　時年三十有三
繼娶余氏生於清嘉慶十一年丙寅六月廿四日　時
卒於清道光十二年壬辰十一月十八日　時年二十
有六
生一女適張
又娶吳氏生於清嘉慶十三年戊辰五月初八日丑時
卒於清咸豐八年戊午十二月廿三日　時年五十一
生一子　謙潢

一女適方

墓葬

行祥三三 諱祥元 官名爲春 號心彝 郡庠生

慈四一慈霖公長子

生於清乾隆五十三年戊申十一月十八日戌時

卒於清道光十八年戊戌十二月廿四日寅時年五十

有一

娶費氏生於清乾隆五十四年己酉十二月十四日子時

卒於清道光廿九年己酉十二月廿八日辰時壽六十

有一

生三子 長燧 次煊 三煌

四女長適姚　次適洪　三適周　四適孔
墓葬

行祥三四諱祥風
慈十九慈泰公長子
生於清乾隆五十三年戊申　月　日　時
卒於清道光十二年壬辰　月　日　時年四十五
寓居上海無查

行祥三五諱祥瑚
慈廿七慈雲公長子
生於清乾隆五十四年己酉正月廿五日亥時
卒無查未娶

行祥三六諱祥鉞字偉臯

慈三八昌培公次子

生於清乾隆五十四年己酉八月十四日卯時

卒無查

娶周氏生於清嘉慶二年丁巳五月初一日丑時

卒無查

生一子　謙淇

墓葬

行祥三七諱祥和字應山

慈六十慈川公長子

生於清乾隆五十四年己酉九月十七日子時

卒於清道光十五年乙未正月十三日亥時年四十七

娶胡氏生於清乾隆五十七年壬子六月十七日酉時

卒於清道光十四年甲午四月初五日 時年四十有

三

生三子 長謙慶 次謙庚早世 三謙順早世

墓葬暗漕頭

行祥三八諱祥珏字配玉

慈十二慈恩公三子

生於清乾隆五十四年己酉十月初三日午時

卒於清咸豐七年丁巳八月三十日未時壽六十有九

娶邵氏生於清乾隆五十四年己酉正月初九日 時

卒於清道光廿五年乙巳正月初一日卯時年五十有

七

生一子　謙福

三女長適翁　次適杜　三適穆

墓葬馬經河沿

行祥三九諱祥玉字佩鳴

慈廿五慈忠公之子兼承慈和公祀

生於清乾隆五十五年庚戌七月十七日辰時

卒於清咸豐九年己未五月初二日寅時壽七十歲

娶嚴氏生於清嘉慶三年戊午六月初五日戌時

卒於清咸豐五年乙卯七月廿一日申時年五十有八

生五子　長坤　次槐　三標　四枌　五瑞

墓葬

行祥四十諱祥泿字畬新號巽木

慈五一慈豐公長子

生於清乾隆五十五年庚戌十一月廿四日辰時

卒於清道光七年丁亥七月初八日丑時年三十有八

娶姚氏生於清乾隆五十八年癸丑二月初九日戌時

卒於清同治十一年壬申十二月十六日酉時壽八十

歲

生四子　長國樞　次國芬　三國衡　四國楠

墓葬鄞西鄉楊家水坂楊家橋

寓居鄞西白塔洋

行祥四一　諱祥錮　字丹文

慈十五申培公三子

生於清乾隆五十六年辛亥二月十七日午時

卒於清咸豐六年丙辰五月十七日申時壽六十有六

娶莊氏生於清乾隆五十六年辛亥七月十四日申時

卒於清道光廿三年癸卯九月十三日寅時年五十有

三

生一子　謙海

三女長適錢　次適朱　三適莊

墓葬鎮龍橋頭

行祥四二諱祥能
慈三一慈寬公長子
生於清乾隆五十六年辛亥四月初三日辰時
卒於清道光十六年丙申四月廿九日　時年四十有
六
娶邵氏生於清乾隆六十年乙卯九月十六日子時
卒於清道光十二年壬辰六月初三日寅時年三十有
八
生一子　謙寶早世
一女適王
墓葬

行祥四三　諱文烈　字光燦

慈三五慈昭公長子

生於清乾隆五十六年辛亥六月初十日戌時

卒於清道光廿五年乙巳八月初六日亥時年五十有

六

娶胡氏生於清乾隆五十九年甲寅六月初八日亥時

卒於清咸豐六年丙辰八月初四日寅時壽六十有三

生一子　謙槐

墓葬上坂河泘

行祥四四　諱祥祐　字啓正

慈四三慈穠公之子　事母至孝居心厚道胡天不祐中年

病亡
生於清乾隆五十六年辛亥十二月十六日午時
卒於清道光八年戊子二月初七日丑時年三十有八
娶劉氏　年方卅八婦兼子職侍奉萱堂盡誠竭力伶仃
孤苦日勤紡織克慰姑心賢哉孝媳生於清乾隆五十
七年壬子十一月十二日午時
卒於清同治元年壬戌十一月十九日　時壽七十有
一
無後　以祥廿九祥吉公三子伯驥入繼
墓葬周家抖坐西朝東
行祥四五　諱文烱字漢章號倬雲　國學生

慈十慈福公三子
生於清乾隆五十七年壬子六月初一日寅時
卒於清道光三十年庚戌九月十八日戌時年五十有
九
娶周氏生於清乾隆五十九年甲寅十月初五日未時
卒於清道光五年乙酉四月廿二日酉時年三十有二
生二子　長謙惇　次謙倫
一女適張
繼娶葛氏生於清嘉慶十二年丁卯十月廿九日亥時
卒於清道光十二年壬辰二月二十日酉時年二十有
六

生一子　謙償
又娶吳氏生於清嘉慶八年癸亥二月初五日卯時
卒於清光緒　年　八月初一日　時
生三子　長謙懌　次謙協　三謙恒
一女適張
墓葬茅墳斗坐東朝西
行祥四六諱祥震
慈廿六慈義公長子
生於清乾隆五十七年壬子六月初一日午時
卒於清道光十五年乙未八月初九日酉時年四十有
四

娶張氏生於清嘉慶六年辛酉八月初一日　時

卒於清道光十五年乙未八月初九日酉時年三十有

五

生二子　長謙貴　次謙盛

一女適邵

墓葬

行祥四七諱祥雷

慈十三慈茂公次子

生於清乾隆五十八年癸丑二月初四日午時

卒於清嘉慶　年　月　日　時未娶

行祥四八諱祥亨字賡禹號耕餘　國學生

慈四一慈霖公次子
生於清乾隆五十八年癸丑四月廿二日午時
卒於清道光十年庚寅四月初四日子時年三十有八
娶姚氏生於清乾隆五十七年壬子十二月初一日午時
卒於清道光十六年丙申三月初二日午時年四十有
五
生四子　長均　次堃　三塇　四型
墓葬鎮龍橋東首

行祥四九諱祥雲
慈十九慈泰公次子
生於清乾隆五十八年癸丑

卒無查
寓居上海
行祥五十 諱祥溱 字益慶 國學生
慈六七慈虔公長子
生於清乾隆五十九年甲寅十一月廿一日午時
卒於清道光十五年乙未九月十五日子時年四十有
二
娶孔氏生於清乾隆五十八年癸丑正月廿一日亥時
卒於清咸豐五年乙卯九月十七日　時壽六十有三
生四子　長國振　次國華出繼　三國琦早世
四國茂早世

一女適盛

墓葬鎮龍橋西南首

行祥五一　諱祥琦

慈廿一慈傪公四子

生於清乾隆五十九年甲寅十一月廿九日戌時

卒於清道光廿八年戊申九月廿四日　時年五十有

五

娶姚氏生於清嘉慶十年乙丑十月初五日丑時

卒於清道光廿一年辛丑四月廿六日未時年三十有

七

生二子　長謙全出繼　次謙成

二女長適錢　次適沈

墓葬

行祥五二諱祥生

慈四八慈鏜公長子

生於清乾隆五十九年甲寅十二月初三日卯時

卒無查

娶張氏生於清乾隆五十八年癸丑八月初三日亥時

卒無查

生一子　謙榮

墓葬

行祥五三諱祥增字光照號藺村　覃恩上壽

慈五五慈言公長子
生於清乾隆六十年乙卯正月初三日辰時
卒於清光緒元年乙亥九月廿九日 時壽八十有一
娶鄔氏生於清嘉慶三年戊午八月初二日卯時
卒於清同治九年庚午十月廿一日 時壽七十有三
生二子 長謙和 次謙貴
三女長適沈 次適周 三適穆
墓葬
行祥五四譜祥華字祝三 國學生
慈七五慈金公長子
生於清乾隆六十年乙卯三月十五日辰時

卒於清道光廿四年甲辰六月廿八日巳時年五十歲

娶孔氏生於清乾隆六十年乙卯二月初一日未時

卒於清道光二年壬午八月十九日　時年二十有八

生一子　謙受早世

二女長適孔　次適陳

又娶陳氏生於清嘉慶七年壬戌六月十四日申時

卒於清道光廿一年辛丑四月十五日　時年四十歲

無後　以祥八二弟飈公長子謙德入繼

墓葬

行祥五五諱祥利字配義號適庵　國學生

慈四一慈霖公三子

生於清乾隆六十年乙卯七月初六日辰時
卒於清咸豐元年辛亥六月初二日酉時年五十有七
娶杜氏生於清乾隆六十年乙卯三月廿一日午時
卒於清咸豐十年庚申九月廿二日子時壽六十有六
生四子　長江　次津　三灃　四浩
二女長適翁　次適邵
墓葬鎮龍橋西首北畔

行祥五六諱妙雲
慈十九慈泰公三子
生於清乾隆六十年乙卯　月　日　時
卒無查

寓居上海

行祥五七　諱祥平　字玉階

慈六二慈泰公長子

生於清嘉慶元年丙辰二月廿一日酉時

卒於清道光十七年丁酉三月初四日　時年四十有

二

娶林氏生於清嘉慶元年丙辰正月十一日子時

卒於清道光廿七年丁未七月十二日　時年五十有

二

生一子　謙讓

三女長適朱　次適于　三適李

墓葬

行祥五八諱祥奎

慈三一慈寬公次子

生於清嘉慶元年丙辰七月初五日亥時

卒於清道光十八年戊戌三月初八日　時年四十有

三

娶成氏生於清嘉慶五年庚申二月初八日子時

卒於清同治三年甲子九月十五日子時壽六十有五

生三女長適孫　次適徐　三適姚

無後

墓葬

行祥五九諱祥桂字月香號懶仙　國學生

慈四五慈賢公長子

生於清嘉慶元年丙辰九月初九日申時

卒於清道光十九年己亥二月初三日辰時年四十有

四

娶胡氏生於清乾隆五十八年癸丑十二月初九日午時

卒於清道光廿四年甲辰十月廿四日辰時年五十有

二

生二女長適胡　次適姚

娶妾張氏生於清嘉慶十七年壬申六月初九日寅時

卒於清同治四年乙丑八月十六日　時年五十有四

生二子　長煒　次炘

一女適徐

墓葬倒橋跟對岸河灣

行祥六十諱祥鉶

慈三四慈峯公長子

生於清嘉慶元年丙辰十月初九日卯時

卒無查

娶□氏生卒無查

生二子　長謙涞　次謙滙

寓居河南

行祥六一諱祥炳字在坤

慈七三慈蘭公長子

生於清嘉慶元年丙辰十一月初十日申時

卒於清道光　年　九月廿七日　時

娶葛氏生於清嘉慶九年甲子三月初七日卯時

卒於清道光十五年乙未五月初六日未時年三十有

二

生一子　謙裕

墓葬

行祥六二諱文楷字丹書

慈四九慈朗公之子

生於清嘉慶元年丙辰十一月廿一日丑時

卒於清咸豐二年壬子七月廿五日未時年五十有七
娶費氏生於清嘉慶四年己未四月廿二日辰時
卒於清同治八年己巳七月十九日午時壽七十有一
生一子 謙鈁
二女長適馮 次適胡
墓葬後姚廟後坐東朝西
行祥六三諱祥瑄
慈廿七慈雲公次子
生於清嘉慶二年丁巳三月初五日卯時
卒無查
出家定海

行祥六四 諱祥寀 字恒山

慈廿八慈受公之子

生於清嘉慶二年丁巳三月廿七日寅時

卒無查

娶方氏生於清嘉慶二年丁巳正月初四日 時

卒無查

生一子 謙寶

行祥六五 諱祥芳

慈七六慈信公長子

生於清嘉慶二年丁巳四月十八日申時

卒無查未娶

行祥六六諱祥銓字玉軫
慈三八昌培公三子
生於清嘉慶二年丁巳閏六月十五日午時
卒於清道光廿六年丙午八月廿一日　時年五十有
二
娶葉氏生於清嘉慶十二年丁卯十月廿一日辰時
卒於清光緒八年壬午十月廿九日酉時壽七十有六
生一子　謙浩
二女長適陳　次適姚
墓葬
行祥六七諱祥貞字云吉號雲級　國學生

慈四一　慈霖公四子

生於清嘉慶二年丁巳十月廿四日子時

卒於清道光十八年戊戌六月廿四日辰時年四十有二

娶吳氏生於清嘉慶二年丁巳三月十二日辰時

卒於清道光十五年乙未八月廿一日巳時年三十有九

生二子　長模　次桂

二女長適姚　次適陳

繼娶張氏生於清嘉慶廿三年戊寅三月十八日　時

卒於清道光十六年丙申四月廿二日申時年一十九

又娶洪氏生於清嘉慶廿一年丙子十二月廿四日寅時
卒於清道光廿四年甲辰十一月十五日　時年二十
有九
生一女適鄭
墓葬名新橋
行祥六八諱文十字易成
慈十六慈祿公之子
生於清嘉慶三年戊午正月廿三日丑時
卒於清道光　年　十一月初十日　時
娶張氏生於清嘉慶　年　十月十二日　時
卒於　年　九月廿一日　時

又娶孔氏生於清嘉慶　年　十一月十七日　時
卒於清道光二十年庚子九月廿五日　時
生二子　長謙備　次謙侯
一女適杜
墓葬
行祥六九諱文霖字雨蒼號漁總
慈三五慈昭公次子　公幼秉殊質好讀書承父業廢書服
賈克勤克儉期無廑二親憂弱冠失恃事父益謹宗戚
有匱乏者周邺所無所吝人有爭端力爲排解務令冰
釋而後已公之德蓋如此
生於清嘉慶三年戊午二月廿四日辰時

卒於清道光廿五年乙巳五月十八日酉時年四十八
娶華氏　事翁姑得懽心姑歿事翁益以孝聞性嚴正娣
姒有紛爭理以相勸兒媳稍有過訓飭不少貸一門之
內皆敬憚之孺人之德又如此生於清嘉慶二年丁巳
六月初二日戌時
卒於清同治元年壬戌四月廿五日未時壽六十有六
生二子　長謙榛　次謙錀
墓葬十字路茅嶺崗之南山坐南朝北
行祥七十　諱祥鵠
慈三三慈元公長子
生於清嘉慶三年戊午六月初六日巳時

卒無查未娶
墓祔父墳旁
行祥七一 諱祥梧字作琴號秋生
慈四五慈賢公次子
生於清嘉慶三年戊午八月廿五日申時
卒於清道光十二年壬辰十一月廿四日巳時年三十
有五
娶吳氏生於清嘉慶三年戊午八月十三日未時
卒於清道光二年壬午八月十五日辰時年二十有五
生一女適胡
又娶姚氏生於清嘉慶十一年丙寅三月廿八日丑時

卒於清道光三十年庚戌九月初四日　時年四十有

五

無後　以祥八三弟祥松長子炘入繼

生四女長適費　次適柴　三適胡　四適莊

墓葬

行祥七二諱祥照

慈十七慈錦公長子

生於清嘉慶四年己未二月初四日辰時

卒於清咸豐五年乙卯十一月廿二日　時年五十有

七

娶葛氏生於清嘉慶十年乙丑十月廿九日寅時

卒於清咸豐七年丁巳十月十五日　時年五十有三
生三子　長國治　次國相　三國家
二女長適杜　次適姜
墓葬上坂河斗
行祥七三諱文荇字春榮
慈五九慈嶽公長子
生於清嘉慶四年己未四月廿三日未時
卒於清咸豐七年丁巳三月二十日辰時年五十有九
娶徐氏生於清嘉慶六年辛酉二月十一日未時
卒於清同治元年壬戌正月廿八日卯時壽六十有二
生一子　謙誠

一女適孔
墓葬刁孫
行祥七四諱祥清字聖水號必泉　國學生職員敕授儒林郎
慈八四慈春公長子
生於清嘉慶四年己未九月十一日亥時
卒於清咸豐十一年辛酉十月十八日酉時壽六十有
三
娶應氏　敕封安人生於清嘉慶三年丁巳三月初九日
寅時
卒於清道光廿六年丙午五月廿三日亥時年五十歲
生三子　長楡　次栒　三本出繼

三女長適李　次適胡　三適姚

又娶應氏　敕封安人生於清道光二年壬午九月初五

日辰時

卒於清光緒廿一年乙未三月初九日寅時年七十有

四

生二子　長榮　次標

三女長適顧　次適胡　三適翁

墓葬

行祥七五諱祥久字其吉

慈六十慈川公次子

生於清嘉慶四年己未九月廿四日亥時

卒於清道光廿一年辛丑五月二十日卯時年四十有
三
娶陳氏生於清嘉慶四年己未九月初十日亥時
卒於清同治八年己巳九月初二日　時壽七十有一
生一子　謙裕早世
無後　以祥百廿八祥成公長子謙富入繼
生三女長適李　次適劉　三適邵
墓葬

行祥七六譜祥鋑字占雲
慈三四慈峯公次子
生於清嘉慶五年庚申五月十一日巳時

卒於清道光十一年辛卯十月初八日卯時年三十有

一

娶宋氏生於清嘉慶八年癸亥正月初二日申時

卒於清咸豐八年戊午十月廿九日辰時年五十有六

生一子　謙沅

墓葬蔡家隩

行祥七七諱祥惠

慈廿六慈義公次子

生於清嘉慶五年庚申二月初十日未時

卒無查未娶

行祥七八諱祥渭字水宗號蘭谷　國學生

慈五一　慈豐公次子

生於清嘉慶五年庚申四月初八日辰時

卒於清道光廿七年丁未四月初五日戌時年四十八

娶裘氏生於清嘉慶六年辛酉二月初七日酉時

卒於清道光八年戊子十月初三日丑時年二十有八

繼娶裘氏生於清嘉慶十四年己巳八月廿二日子時

卒於清咸豐六年丙辰九月十八日未時年四十有八

娶妾袁氏生於清嘉慶十九年甲戌八月廿四日戌時

卒無查

無後

二女長適裘　次適杜

墓葬西山黃蟮埠頭

寓居鄭西白塔洋

行祥七九　諱祥池

慈七四慈聖公長子

生於清嘉慶五年庚申四月十四日巳時

卒無查未娶

行祥八十　諱祥滀　字鎰儁

慈廿三慈寛公之子

生於清嘉慶五年庚申五月初七日亥時

卒於清同治九年庚午十一月十七日子時壽七十有

一

娶夏氏生於清嘉慶三年戊午四月初二日卯時
卒於清同治十二年癸酉二月廿一日辰時壽七十有
六
生二子　長謙均　次謙增
墓葬塔嶼廟港
行祥八一諱文淵字秉心
慈六九慈崗公長子
生於清嘉慶五年庚申九月初六日戌時
卒於清道光十年庚寅十二月廿四日卯時年三十有
一
娶陳氏　清同治朝其甥舉人烏顯煥稟撫憲楊給

一片冰心匾額

欽旌節孝建坊入祠生於清嘉慶九年甲子十二月初

十日戌時

卒於清光緒三年丁丑三月初九日　時壽七十有四

生一女適張

無後

墓葬上畈河斗

行祥八二諱祥颷字佾和

慈七五慈金公次子

生於清嘉慶五年庚申九月十七日巳時

卒於清咸豐十年庚申十二月廿四日　時壽六十一

娶應氏生於清嘉慶三年戊午七月廿五日子時

卒於清咸豐五年乙卯五月初四日丑時年五十有八

生四子　長謙德出繼　次謙育　三謙譽　四謙迎

三女長適姚　次適應　三適王

墓葬

行祥八三諱祥松字贍喬號鶴洲　國學生

慈四五慈賢公三子

生於清嘉慶五年庚申九月廿七日酉時

卒於清道光廿六年丙午十月廿七日午時年四十有

六

娶應氏生於清嘉慶五年庚申三月廿四日　時

卒於清道光二年壬午正月初四日午時年二十有三

生一女適胡

繼娶陳氏生於清嘉慶九年甲子五月二十日戌時

卒於清道光十一年辛卯六月十三日卯時年二十有

八

生四子　長炘出繼　次炤　三炯　四煥

繼娶姚氏生於清嘉慶十九年甲戌二月十五日卯時

卒於清咸豐十年庚申十月初五日卯時年四十有七

生三子　長焜　次烺　三燿

二女長適姚　次適倪

墓葬庶來橋山頭黄

行祥八四諱祥林字雨金

慈七三慈蘭公次子爲慈九十慈芳公繼子

生於清嘉慶五年庚申十月廿五日辰時

卒於清咸豐三年癸丑十二月廿八日亥時年五十有

四

娶周氏生於清嘉慶十五年庚午十月廿八日卯時

卒於清咸豐八年戊午八月廿五日未時年四十有九

生二女長適穆　次適張

墓葬大車頭港東首望賢堂屋之西首

行祥八五諱祥堂字茂春

慈五八慈德公長子

生於清嘉慶五年庚申十二月十八日申時
卒於清道光十九年己亥正月十七日　時年四十歲
娶劉氏生於清嘉慶十二年丁卯三月十八日　時
卒於　　年　　八月初四日　時
生一子　謙學
繼娶莊氏生於清嘉慶十五年庚午二月十三日辰時
卒無查
墓葬

行祥八六　諱祥淮　字均川　從九品
慈八四慈春公次子
生於清嘉慶五年庚申十二月廿一日亥時

卒於清道光九年己丑二月二十日戌時年三十歲
娶費氏生於清嘉慶四年己未七月十七日丑時
卒於清同治八年己巳九月初二日未時壽七十有一
無後　以祥百十八弟祥澄公長子　霖入繼

行祥八七諱祥安字于磐
慈六二慈泰公次子
生於清嘉慶六年辛酉五月廿九日戌時
卒於清道光廿一年辛丑八月廿七日子時年四十有
一
娶姚氏生於清嘉慶八年癸亥十二月廿七日巳時
卒於清同治十一年壬申正月初四日辰時壽七十歲

生四子　長謙亨　次謙瑞　三謙利　四謙珍

一女適杜

墓葬

行祥八八 諱文瑛 字懷玉

慈九三慈清公長子

生於清嘉慶七年壬戌四月十六日午時

卒於清道光廿一年辛丑三月廿五日　時年四十歲

娶董氏生於清嘉慶十三年戊辰十一月初八日　時

卒於清道光十年庚寅六月廿九日　時年二十有三

生一子　謙棠

又娶胡氏 改適

墓祔父墳旁

行祥八九諱祥濤字巨山號東高　國學生

慈五一慈豐公三子

生於清嘉慶七年壬戌十一月二十日戌時

卒於清同治七年戊辰正月十三日　時壽六十有七

娶邵氏生於清嘉慶七年壬戌九月初一日戌時

卒於清光緒元年乙亥八月十二日　時壽七十有四

生二子　長國豪　次國珅

墓葬楊家橋

寓居鄞西白塔洋

行祥九十諱文鑑字賡光號蓮塘

慈七七慈峯公長子
生於清嘉慶七年壬戌十一月廿六日丑時
卒於清道光廿八年戊申七月十五日　時年四十有
七
娶方氏生於清嘉慶十一年丙寅十月初九日戌時
卒於清道光十一年辛卯七月廿二日未時年二十有
六
繼娶姚氏生於清道光三年癸未四月初三日卯時
卒於清道光廿六年丙午五月廿六日戌時年二十有
四
生一子　謙傳　兼祧文燧公祀

墓祔父墳旁

行祥九一諱祥正字寅初號芹楚 誥贈奉直大夫

慈七五慈金公三子

生於清嘉慶八年癸亥正月初一日辰時

卒於清道光十七年丁酉九月廿六日申時年三十五

娶姚氏 誥贈宜人生於清嘉慶九年甲子十一月十八日戌時

卒於清同治七年戊辰十一月十一日子時壽六十五

生四子 長謙福 次謙祿 三謙祉 四謙礽

墓葬廟前坂

行祥九二諱祥彩字鳳翔

慈六五慈智公之子

生於清嘉慶八年癸亥二月初四日午時

卒於清道光十二年壬辰四月初七日辰時年三十歲

娶余氏 改適

生一子　謙倫

一女適張

墓葬

行祥九三 諱 錦富

慈四六慈悌公之子

生於清嘉慶八年癸亥九月初四日戌時

卒無查未娶

寓居長石橋
行祥九四諱祥隆字成六號晴麓 由國學生保舉州同加二
級例授奉直大夫誥贈朝議大夫
慈六四慈盛公長子 同修宗譜兼葺宗祠
生於清嘉慶八年癸亥九月十一日卯時
卒於清咸豐十年庚申閏三月初七日巳時年五十八
娶胡氏 誥封恭人生於清嘉慶九年甲子八月初二日
酉時
卒於清光緒四年戊寅五月十二日申時壽七十有五
生七子 長昭 次襄 三喬 四英 五晉 六賚
七宗

四女長適姚　次適姚　三適胡　四適邵

墓祔鎮邑龔李王河泮父墳旁

行誼見事略

行祥九五　諱祥珩

慈七八慈奎公長子

生於清嘉慶八年癸亥十二月初十日酉時

卒無查

久出未歸

行祥九六　諱祥乾

慈廿六慈義公三子

生於清嘉慶八年癸亥十二月十二日亥時

娶陳氏生卒無查
生二子　長錦源　次貴
行祥九七諱文楠字增榮號瑞華
慈五九慈嶽公次子
生於清嘉慶九年甲子五月初三日辰時
卒於清同治三年甲子七月初九日午時壽六十有一
娶朱氏生於清嘉慶十九年甲戌九月初三日亥時
卒於清光緒十六年庚寅二月廿一日　時壽七十有
七
生三子　長謙甡　次謙彪　三謙紳
一女適姚

墓葬鎮龍橋

行祥九八　諱祥炎

慈五三慈悅公長子

生於清嘉慶九年甲子七月初三日午時

卒無查未娶

行祥九九　諱祥棻

慈五八慈德公次子

生於清嘉慶九年甲子七月十九日寅時

卒無查未娶

行祥一百　諱祥義

慈十七慈錦公次子

生於清嘉慶九年甲子八月二十日申時
卒無查
娶□氏生卒無查
生一子　謙寶
寓居乍浦
行祥百一諱祥乾字易初
慈九四慈灼公長子
生於清嘉慶九年甲子九月初十日丑時
卒於清同治八年己巳正月十一日　時壽六十有六
娶應氏生於清嘉慶六年辛酉八月廿八日戌時
卒於清道光二十年庚子九月廿四日酉時年四十歲

生一子　謙成早世

二女長適孔　次適方

墓葬廟前坂

行祥百二諱祥福

慈三四慈峯公三子

生於清嘉慶九年甲子十一月十一日丑時

卒無查未娶

行祥百三諱祥耕字九餘號蕉巖　國學生

慈八五慈炳公長子

生於清嘉慶十年乙丑正月十二日亥時

卒於清道光二十年庚子正月十七日未時年三十六

娶姚氏生於清嘉慶七年壬戌十一月十八日卯時
卒於清嘉慶二十年乙亥六月初二日未時年一十四
繼娶洪氏生於清嘉慶十年乙丑九月廿六日亥時
卒於清道光十四年甲午十月十九日未時年三十歲
生二子　長謙瑾　次謙珍
一女適姚
又娶穆氏生於清嘉慶廿二年丁丑十一月初七日卯時
卒於清同治十二年癸酉二月廿四日子時年五十七
生一子　謙琅
墓葬三和屋西首
行祥百四諱祥汗字明水

慈六七慈虔公次子

生於清嘉慶十年乙丑三月初八日丑時

卒無查

娶林氏生於清嘉慶十年乙丑

卒無查

生一子　國泰

出外未歸不知所終

行祥百五　諱祥玠

慈五四慈範公之子

生於清嘉慶十年乙丑三月廿五日酉時

卒無查

娶湯氏生於清嘉慶十二年丁卯十月十二日子時

卒無查

無後

行祥百六諱祥珏

慈廿四慈安公之子

生於清嘉慶十年乙丑七月初四日辰時

卒無查未娶

行祥百七諱梁字夢橋

慈十八慈隲公之子　品敦端方文有風骨弱冠屢試前茅

後困於塲屋年四十未獲一名賚志以歿士類咸惜之

生於清嘉慶十年乙丑七月十四日戌時

卒於清道光廿四年甲辰十一月十四日　時年四十
歲
娶穆氏生於清嘉慶八年癸亥十月十六日丑時
卒於清咸豐四年甲寅八月廿二日　時年五十有二
生二子　長謙適　次謙述
一女適盛
墓葬
行祥百八諱文奇字爲章號蕙莊
慈六九慈崗公次子
生於清嘉慶十年乙丑八月初七日巳時
卒於清咸豐四年甲寅十月十七日子時年五十歲

娶陳氏生於清嘉慶十八年癸酉十一月廿一日亥時
卒於清光緒十五年己丑十月十七日　時壽七十七
生一子　謙坰
一女適成
墓葬暗澧頭
行祥百九諱文耀字漢文號星齋
慈九一慈嵩公長子
生於清嘉慶十年乙丑八月十九日卯時
卒於清同治三年甲子四月初一日卯時壽六十歲
娶邵氏生於清嘉慶十二年丁卯四月十七日寅時
卒於清同治三年甲子六月廿二日巳時年五十有八

生一子　謙梧

墓葬廟前坂

行祥百十　諱祥瑁

慈廿七慈雲公三子

生於清嘉慶十年乙丑九月廿一日戌時

早世

行祥百十一　諱祥基

慈七四慈聖公次子

生於清嘉慶十年乙丑十月廿四日子時

早世

墓葬暗漕頭

行祥百十二諱文煥
慈九三慈清公次子爲慈九六慈潮公繼子
生於清嘉慶十年乙丑十月廿五日丑時
卒於清咸豐六年丙辰正月十二日　時年五十有二
娶莊氏生於清嘉慶廿三年戊寅三月十五日戌時
卒於清道光廿五年乙巳十一月初一日　時年二十有八
生一子　謙和
墓葬廟前畈

行祥百十三諱祥風字聖時
慈百三慈增公之子

生於淸嘉慶十年乙丑十一月初四日卯時

卒無查

娶姚氏生於淸嘉慶十二年丁卯三月初二日寅時

卒無查

生一子　謙盈

墓葬

行祥百十四　諱祥瑄

慈五三慈悦公次子

生於淸嘉慶十一年丙寅八月二十日　時

卒無查未娶

行祥百十五　諱祥雲

慈廿六慈義公四子
生於清嘉慶十一年丙寅十月廿一日亥時
卒無查未娶
行祥百十六諱祥耘字穭生號小埜　國學生
慈八五慈炳公次子
生於清嘉慶十一年丙寅十月廿七日午時
卒於清道光三十年庚戌六月廿九日　時年四十有五
娶李氏生於清嘉慶十二年丁卯十一月初二日卯時
卒於清咸豐六年丙辰正月二十日　時年五十歲
生二子　長瑜　次球

六女長適胡　次適張　三適葛　四適姚　五適李

六適徐

墓葬

行祥百十七諱祥濡字芝山

慈六七慈虔公三子

生於清嘉慶十一年丙寅十一月初三日巳時

卒於清道光十一年辛卯九月十一日戌時年二十六

娶翁氏生於清嘉慶十三年戊辰三月三十日　時

卒於清道光廿八年戊申九月十六日亥時年四十有

一

生一子　國楨早世

行祥百十八諱祥澄字雲濤

慈八四慈春公三子

生於清嘉慶十一年丙寅十二月初十日亥時

卒於清咸豐元年辛亥八月廿一日　時年四十有六

娶洪氏生於清嘉慶十一年丙寅十一月廿六日丑時

卒於清道光十九年己亥四月廿一日寅時年三十有四

生三子　長霖出繼　次森　三棥

一女適費

又娶陸氏生於清嘉慶廿三年戊寅四月十九日寅時

卒於　年　十一月廿九日　時

生二子　長榆　次梛早世

墓葬本村西河

行祥百十九諱祥發

慈五六慈坤公長子

生於清嘉慶十二年丁卯正月十八日亥時

卒於清道光四年甲申三月廿六日　時年一十有八

未娶

行祥百二十諱祥南

慈四八慈鏜公次子

生於清嘉慶十二年丁卯三月初三日辰時

卒無查未娶

行祥百廿一諱祥銓
慈八八慈學公之子
生於清嘉慶十二年丁卯九月初五日戌時
卒於清咸豐七年丁巳九月初八日巳時年五十有一
娶王氏生於清道光元年辛巳十月二十日申時
卒於清光緒　年　月　日時
生四子　長謙瑞　次謙章　三謙琳　四謙富
墓葬

行祥百廿二諱祥麟字慶來
慈四二慈信公長子
生於清嘉慶十二年丁卯十月廿七日寅時

卒於清同治三年甲子八月十六日午時年五十有八

娶李氏生於清嘉慶十一年丙寅八月初五日辰時

卒於清道光十二年壬辰正月初十日丑時年二十有

七

繼娶王氏生於清嘉慶十九年甲戌八月十一日辰時

卒於清同治元年壬戌九月十六日卯時年四十有九

生一子　謙濤

墓葬

行祥百廿三諱祥播

慈六六慈脩公長子

生於清嘉慶十二年丁卯十一月十二日卯時

卒於　年　月　日時

娶姚氏生於清嘉慶廿三年戊寅十二月初二日　時

卒於　年　月　日時

生二子　長謙葵　次謙章

墓葬

行祥百廿四諱祥嘉

慈三四慈峯公四子

生於清嘉慶十二年丁卯十二月廿八日酉時

早世

行祥百廿五諱祥喜字錫慶

慈六二慈泰公三子

生於淸嘉慶十三年戊辰正月初七日酉時

卒於淸道光廿三年癸卯十月廿九日　時年三十有

六

娶李氏生於淸嘉慶十三年戊辰二月二十日午時

卒於淸道光廿二年壬寅三月初三日丑時年三十有

五

生一女適莊

無後

墓葬

行祥百廿六諱祥騋字楚艮號桂卿

慈八七慈珏公長子

生於清嘉慶十三年戊辰四月初九日申時
卒於清同治十年辛未十月初六日辰時壽六十有四
娶洪氏生於清嘉慶十二年丁卯正月十八日戌時
卒於清道光十二年壬辰正月初十日　時年二十有
六
生一女適盛
繼娶周氏生於清嘉慶十七年壬申十二月廿五日戌時
卒於清道光廿九年己酉十二月初八日申時年三十
有八
生一子　謙耀
二女長適莊　次適徐

墓葬塔嶼廟港

行祥百廿七諱祥珍字懷奇

慈七十慈耿公長子

生於清嘉慶十三年戊辰五月十三日巳時

卒於清同治二年癸亥十二月初二日戌時年五十有

六

娶朱氏生於清嘉慶十四年己巳九月初五日卯時

卒於清同治十三年甲戌七月十八日戌時壽六十有

六

娶妾沈氏改適

生二子　長謙鍠　次謙鉞

一女適余

墓葬廟前畈

行祥百廿八諱祥成字光烈

慈六十慈川公三子

生於清嘉慶十三年戊辰七月初八日子時

卒於清同治二年癸亥正月初五日辰時年五十有六

娶姚氏生於清嘉慶十四年己巳三月初三日未時

卒於清同治十二年癸酉十月十七日　時壽六十有

五

生二子　長謙富出繼　次謙恩

一女適姚

墓葬

行祥百廿九諱祥海字饒六號廷裕

慈五一慈豐公四子

生於清嘉慶十三年戊辰十二月十六日申時

卒於清咸豐九年己未二月廿八日寅時年五十有二

娶費氏生於清嘉慶十一年丙寅十二月初七日申時

卒於清光緒十年甲申正月廿六日　時壽七十有九

無後　以兄祥浪公三子國衡兼承

寓居鄞西白塔洋

行祥百三十諱祥江字薔崗

慈六七慈虔公四子

生於清嘉慶十三年戊辰十二月廿四日亥時
於清道光十四年甲午十月廿七日　時卒於北洋船
年二十有七
娶陳氏生於清嘉慶十四年己巳七月廿四日寅時
卒於清同治十一年壬申八月十五日巳時壽六十有
四
無後　以兄祥溱公次子國華入繼
生一女適劉
墓葬鎮龍橋西南首
行祥百三一　諱祥耿字景星
慈三一慈寬公三子

生於清嘉慶十四年己巳二月初二日辰時
卒於清道光廿九年己酉閏四月初四日　時年四十
有一
娶劉氏生於清道光三年癸未十二月初八日未時
卒於清咸豐六年丙辰十二月初四日　時年三十有
四
生一子　謙雲
墓葬河裹岸

行祥百三二諱祥標
慈百二慈楝公之子
生於清嘉慶十四年己巳七月十四日申時

卒無查未娶

行祥百三三諱祥棟

慈八二慈忠公長子

生於清嘉慶十四年己巳八月初十日酉時

卒無查

娶王氏生卒無查

無後

行祥百三四諱祥明

慈十七慈錦公三子

生於清嘉慶十四年己巳八月初九日戌時

卒於清咸豐十年庚申七月廿二日戌時年五十有二

娶戴氏生於清嘉慶廿五年庚辰七月廿八日戌時
卒無查
生二子　長謙濤　次謙成
二女長適陳　次適李
墓葬
行祥百三五諱祥裕字垂昆號寶卿　國學生以子銜誥贈奉政大夫晉贈朝議大夫
慈六四慈盛公次子　同修宗譜兼葺祠宇仗義疎財䘏貧憐苦
生於清嘉慶十四年己巳十月十九日戌時
卒於清道光廿四年甲辰十一月十六日申時年三十

有六

娶姚氏 誥封宜人晉封恭人生於清嘉慶十三年戊辰

正月初五日亥時

卒於清咸豐元年辛亥十二月初九日戌時年四十有

四

生一子 勳

三女長適胡 次適方 三適姚

墓祔龔李王河斗父墳之左

行祥百三六諱祥集字以成

慈七五慈金公四子

生於清嘉慶十四年己巳十一月初一日寅時

卒於淸咸豐四年甲寅六月十三日卯時年四十有六
娶陳氏生於淸嘉慶十二年丁卯五月廿二日申時
卒於淸咸豐四年甲寅八月初八日子時年四十有八
生一子　謙剛
二女長適徐　次適翁
墓葬廟前坂
行祥百三七諱祥雅
慈六六慈脩公次子
生於淸嘉慶十四年己巳十二月十二日卯時
卒無查
娶洪氏生於淸嘉慶廿五年庚辰十二月初八日子時

卒於清道光廿一年辛丑八月廿八日巳時年二十有
二
生一子　謙巨
墓葬
行祥百三八諱祥漢字星槎
慈六七慈虔公五子
生於清嘉慶十五年庚午二月初七日巳時
卒於清同治二年癸亥七月廿五日卯時年五十有四
娶姚氏生於清嘉慶十九年甲戌十月廿四日巳時
卒於清道光廿八年戊申五月十九日子時年三十有
五

生一子　國寶

墓葬鎮龍橋

行祥百三九 諱祥坤 字德載 號惺園　國學生

慈五五慈言公次子

生於清嘉慶十五年庚午六月廿四日寅時

卒於清光緒元年乙亥八月十六日卯時壽六十有六

娶劉氏生於清嘉慶十二年丁卯十月十七日子時

卒於清同治七年戊辰十二月初四日戌時壽六十二

生二子　長謙黼　次謙闓

墓葬上坂黃泥墩後

行祥百四十 諱祥珍

慈九七慈能公長子

生於清嘉慶十五年庚午六月廿七日戌時

卒無查

娶陳氏生於清嘉慶十九年甲戌三月十六日子時

卒無查

無後

生一女適傅

墓祔父墳旁

行祥百四一諱文堯字配唐號聖階

慈九九慈岑公之子

生於清嘉慶十五年庚午七月十一日申時

卒於清咸豐九年己未十月十五日卯時年五十歲

娶姚氏生於清嘉慶十六年辛未十一月十六日戌時

卒於清同治九年庚午十一月十二日子時壽六十歲

生三子　長謙權　次謙芬　三謙桂早世

一女適洪

墓葬暗漕頭

行祥百四二諱祥珅字崑岡

慈五三慈悅公三子

生於清嘉慶十五年庚午九月初十日戌時

卒於清同治三年甲子九月初九日子時年五十有五

娶陳氏生於清嘉慶廿三年戊寅三月廿三日卯時

卒於清同治四年乙丑十一月廿六日卯時年四十有
八
無後
墓葬
行祥百四三諱祥倫字聖言號明五
慈七十慈耿公次子
生於清嘉慶十六年辛未二月十五日未時
卒於清道光十二年壬辰七月十七日未時年二十二
聘李氏生於清嘉慶十六年辛未八月十六日卯時
卒於清道光十四年甲午正月二十日午時年二十有
四

墓葬牊漕頭坐北向南

有烈女傳入事略

行祥百四四諱祥騏字汝麟號蘭卿

慈八七慈珏公次子

生於清嘉慶十六年辛未三月十二日戌時

卒於清咸豐十年庚申九月十三日辰時年五十歲

娶翁氏生於清嘉慶十六年辛未四月初八日寅時

卒於清咸豐三年癸丑正月廿三日卯時年四十有三

生一子　謙光

墓葬

行祥百四五諱樞字在東

慈百十慈陞公長子

生於清嘉慶十六年辛未閏三月廿八日寅時

久出未歸

行祥百四六諱祥芝

慈百四慈珂公長子

生於清嘉慶十六年辛未八月廿二日戌時

卒無查

娶張氏改適

無後

行祥百四七諱祥瑛

慈九五慈軾公長子

生於清嘉慶十六年辛未九月十三日子時
卒於清咸豐六年丙辰正月十九日丑時年四十有六
娶韓氏生於清嘉慶廿四年己卯十一月初七日亥時
卒於清咸豐六年丙辰正月廿四日未時年三十有八
生二子　長謙釗　次謙鈁
二女長適劉　次適吳
墓葬
行祥百四八諱文珩
慈九三慈清公三子
生於清嘉慶十六年辛未十二月廿四日卯時
卒於清道光廿九年己酉九月十二日酉時年三十九

娶黄氏　家貧傭作撫養兒女光緒朝
欽旌節孝建坊入祠生於清道光元年辛巳二月初三
日卯時
卒於清光緒十三年丁亥十二月十二日　時壽六十
有七
生一子　謙康
一女適羅
墓葬義塾東首
行祥百四九諱祥福字聿懷號月懷　國學生
慈百八慈瑛公長子
生於清嘉慶十七年壬申九月初五日申時

卒於清同治元年壬戌十一月初六日亥時年五十有

一

娶盛氏生於清嘉慶十五年庚午七月十二日午時

卒於清同治十三年甲戌十一月十二日丑時壽六十

有五

生三子　長瀚　次漳出繼　三瀾

六女長適盛　次適姚　三適洪　四適成　五適胡

六適顔

墓葬十字路眠龍山

行祥百五十諱祥樞字炳南號素愚　國學生

慈七九慈進公之子

生於清嘉慶十八年癸酉正月廿七日酉時
卒於清咸豐八年戊午十月十一日卯時年四十有六
娶陸氏生於清嘉慶十八年癸酉正月十二日辰時
卒於清同治九年庚午十月十六日戌時年五十有八
生一子　謙康
二女長適翁　次適卲
墓葬塔嶼廟前上坂
行祥百五一諱祥璐字廣生
慈三一慈寬公四子
生於清嘉慶十八年癸酉五月初六日未時
卒於清同治四年乙丑十二月十六日巳時年五十有

三

娶羅氏生於清道光十三年癸巳三月廿九日午時

卒無查

墓葬

行祥百五二諱桂字一山號其馨

慈百十慈陞公次子

生於清嘉慶十八年癸酉七月十八日寅時

卒於清咸豐元年辛亥三月廿八日子時年三十有九

娶翁氏生於清嘉慶二十年乙亥四月十五日寅時

卒於清同治二年癸亥七月廿二日巳時年四十有九

生一子　進

一女適杜

墓葬

行祥百五三諱文燧字春榆號郇漁　從九品

慈七七慈峯公次子

生於清嘉慶十八年癸酉十月十九日丑時

卒於清同治十二年癸酉五月十八日午時壽六十一

娶施氏生於清嘉慶廿一年丙子三月廿一日卯時

卒於清道光二十年庚子九月廿八日巳時年二十有

五

生一子　謙鋆早世

繼娶劉氏生於清道光四年甲申十二月廿四日子時

卒於清光緒　年　月　日　時

墓葬上畈

行祥百五四諱祥玖

慈七八慈奎公次子

生於清嘉慶十八年癸酉十一月初一日戌時

卒於清道光廿九年己酉八月十四日戌時年三十有

七未娶

行祥百五五諱栫號人和

慈百三三慈阼公長子爲慈百四六慈陶公繼子

生於清嘉慶十八年癸酉十一月十二日午時

卒無查

娶應氏生卒無查

寓居江北

行祥百五六諱祥蕙

慈百四慈珂公次子

生於清嘉慶十八年癸酉十二月十八日亥時

卒於清咸豐八年戊午二月廿九日午時年四十有六

娶張氏生於清道光二年壬午十一月初二日巳時

卒於清咸豐四年甲寅二月十四日　時年三十有三

生一子　謙鳳

墓葬牌灣頭

行祥百五七諱祥恒字北山

慈六十慈川公四子

生於清嘉慶十九年甲戌二月二十日未時

卒於清咸豐六年丙辰十二月廿六日子時年四十有

三

娶姜氏生於清嘉慶廿二年丁丑七月廿六日戌時

卒於清道光廿一年辛丑十一月廿二日戌時年二十

有五

無後

墓葬

行祥百五八諱祥占字登雲

慈百三五慈瑞公長子

生於清嘉慶十九年甲戌閏二月廿二日午時
卒於清同治三年甲子七月十五日未時年五十有一
娶盧氏生於清道光十年庚寅二月廿二日巳時
卒於清咸豐十年庚申三月初七日未時年三十有一
生一女適陳
又娶葉氏生於清道光十年庚寅九月廿八日卯時
卒於　年　月　日　時
無後
墓葬

行祥百五九諱文球字錫彪　從九品

慈九三慈清公四子

生於清嘉慶十九年甲戌三月廿一日午時

卒於清光緒四年戊寅正月十六日　時壽六十有五

娶于氏生於清道光三年癸未二月初五日酉時

卒於清光緒十八年壬辰九月廿二日　時壽七十歲

生二子　長謙悌　次謙恩

二女長適鄔　次適費

墓葬

行祥百六十 諱文盛 字際昌

慈九一 慈嵩公次子

生於清嘉慶十九年甲戌四月廿七日辰時

卒於清光緒三年丁丑六月初八日卯時壽六十有四

娶邵氏生於清道光二年壬午五月初二日卯時
卒於清道光廿八年戊申十二月廿一日戌時年二十
有七
繼娶俞氏生於清道光十年庚寅十一月廿一日辰時
卒於清咸豐元年辛亥七月廿九日申時年二十有二
再娶孔氏生於清道光九年己丑十月廿四日亥時
卒於民國十二年癸亥四月廿四日午時壽九十有五
生二子　長謙輝　次謙耀早世
二女長適陳　次適嚴
墓葬𣈶澧頭
行祥百六一諱祥綱字沛如

慈九四慈灼公次子

生於清嘉慶十九年甲戌九月十四日亥時

卒於清咸豐二年壬子十月初一日丑時年三十有九

娶翁氏生於清嘉慶十九年甲戌六月十八日酉時

卒於清同治七年戊辰八月廿三日未時年五十有五

生一女適翁

無後

墓葬廟側

行祥百六二諱祥溪字禹德

慈八四慈春公四子

生於清嘉慶二十年乙亥正月初二日申時

卒於清咸豐五年乙卯九月十八日寅時年四十有一
娶吳氏生於清嘉慶二十年乙亥七月十九日卯時
卒於清同治六年丁卯十二月十三日子時年五十有
三
生三子　長楨　次梓早世　三棠
三女長適杜　次適張　三適張
墓葬
行祥百六三諱爻炎
慈九六慈潮公之子
生於清嘉慶二十年乙亥五月廿一日酉時
卒無查未娶

行祥百六四　諱祥驥

慈四二慈信公次子

生於清嘉慶二十年乙亥十月初六日巳時

卒無查未娶

行祥百六五　諱祥璉

慈九七慈能公次子

生於清嘉慶廿一年丙子二月初十日亥時

卒於清道光廿七年丁未九月廿七日午時年三十二

娶金氏生於清嘉慶廿二年丁丑八月十六日　時

卒於清同治五年丙寅十一月十六日　時年五十歲

生三子　長謙有　次謙桂　三謙和

一女適朱

墓祔父墳旁

行祥百六六諱祥瑤

慈七八慈奎公三子

生於清嘉慶廿一年丙子二月十二日辰時

卒於清同治二年癸亥十月初二日戌時年四十有八

娶孫氏生於清嘉慶二十年乙亥三月十四日辰時

卒於清光緒十四年戊子七月初十日　時壽七十有

四

生三子　長相　次榆　三椿

一女適胡

行祥百六七諱祥泩字廉懷　國學生

慈八四慈春公五子

生於清嘉慶廿一年丙子二月廿五日子時

卒於清咸豐五年乙卯九月廿八日丑時年四十歲

娶朱氏生於清嘉慶廿三年戊寅八月初七日丑時

卒於清咸豐元年辛亥四月十一日午時年三十有四

生一女適張

繼娶周氏生於清道光十二年壬辰八月廿二日卯時

卒於清咸豐二年壬子五月廿五日午時年二十有一

又娶穆氏出歸

生二子　長楠　次樟

墓葬

行祥百六八諱祥杰

慈二十慈思公之子

生於清嘉慶廿一年丙子四月十三日戌時

卒於清光緒廿四年戊戌十二月廿八日寅時壽八十

有三

娶朱氏生於清道光十年庚寅十二月初六日寅時

卒於清光緒十年甲申正月十二日亥時年五十有五

生一女適

無後

墓葬

行祥百六九 諱祥騄字駿一號葵卿 縣學生
慈八七慈玨公三子
生於清嘉慶廿一年丙子四月廿二日未時
卒於清咸豐八年戊午正月十一日子時年四十有三
娶周氏生於清嘉慶廿五年庚辰四月十三日酉時
卒於清光緒十六年庚寅三月十七日 時壽七十有
一
無後 以祥百四四兄祥騏公子謙光兼承
生三女長適邵 次適王 次適方
墓葬塔嶼廟港

行祥百七十 諱祥祿字申之號韭畦 國學生

慈百八慈璜公次子

生於清嘉慶廿一年丙子五月十九日辰時

卒於清咸豐八年戊午四月廿二日辰時年四十有三

娶戚氏生於清嘉慶廿二年丁丑十一月十八日辰時

卒於清道光十九年己亥四月十一日申時年二十三

生一女適沈

繼娶張氏生於清嘉慶廿三年戊寅七月廿三日巳時

卒於清同治九年庚午十一月十七日巳時年五十三

生一子　謙沼

四女長適姜　次適馮　三適張　四適洪

墓葬後張屋後

行祥百七一 諱祥泰 字明山
慈百廿九慈蕊公長子
生於清嘉慶廿一年丙子八月廿九日申時
卒於　年　月　日　時
娶徐氏生於清道光十年庚寅八月十六日戌時
卒於清光緒廿二年丙申九月十九日丑時壽六十有
七
無後
墓葬大車頭港

行祥百七二 諱祥鼇
慈百四十慈瑜公之子

生於清嘉慶廿一年丙子十月初十日酉時
卒於清同治七年戊辰三月二十日卯時年五十有三
娶夏氏生於清道光元年辛巳十一月二十日戌時
卒於清光緒七年辛巳十二月廿二日　時壽六十有
一
生二子　長謙煜　次謙煌
二女長適孔　次適
墓葬

行祥百七三諱文珍
慈九三慈清公五子
生於清嘉慶廿一年丙子十一月廿八日子時

卒於清同治元年壬戌八月十八日巳時年四十有七

娶劉氏 改適

無後

行祥百七四 諱祥蟾 字桂芳

慈百三二慈教公長子爲慈百廿五慈保公繼子

生於清嘉慶廿二年丁丑四月廿九日寅時

卒於清道光廿二年壬寅十一月初一日戌時年二十
有六

娶邵氏生於清嘉慶廿五年庚辰二月初二日卯時

卒於清咸豐三年癸丑三月十五日 時年三十有四

生一子 謙爻

行祥百七五諱祥浦字玉泉
慈百一慈威公之子
生於清嘉慶廿二年丁丑五月十五日辰時
卒於清同治三年甲子九月十四日子時年四十有八
娶邵氏生於清嘉慶二十年乙亥九月廿六日辰時
卒於清同治十年辛未八月廿四日丑時年五十有七
無後　以慈百三八祥漢公子國寶兼承
生一女適應
墓葬鎮龍橋

行祥百七六諱祥賢
慈五六慈坤公次子

生於淸嘉慶廿二年丁丑七月十六日午時
卒無查未娶
行祥百七七諱祥滌字在泮號薔麓
慈八四慈春公六子
生於淸嘉慶廿二年丁丑八月十八日丑時
卒於淸道光廿一年辛丑七月初七日酉時年二十有
五
娶胡氏生於淸嘉慶廿三年戊寅十一月初七日子時
卒於淸道光二十年庚子三月初九日子時年二十三
繼娶陳氏　夫亡無嗣撫姪爲後舉止端莊出言不茍淸
同治十二年癸酉欽旌節孝生於淸嘉慶廿二年丁丑

正月十二日亥時
卒於清光緒廿一年乙未十一月十六日午時壽七十
有九
無後　以祥七四兄祥清公三子　本入繼
墓葬西岸
行祥百七八　諱　樾　字　璇衡
慈百十慈陞公三子
生於清嘉慶廿二年丁丑九月初九日亥時
卒於清道光三十年庚戌七月初四日子時年三十有
四
娶徐氏生於清道光六年丙戌六月廿一日辰時

卒於清咸豐二年壬子九月初十日子時年二十有七

無後

行祥百七九諱文寶字配昊

慈百廿六慈洲公長子

生於清嘉慶廿二年丁丑十月初三日亥時

卒於清咸豐六年丙辰六月十二日申時年四十歲

娶徐氏生於清道光十三年癸巳五月廿四日未時

卒無查

生一子　謙叕

一女適張

墓葬

行祥百八十 諱祥翰 字若林 號西園

慈百十四慈美公長子

生於清嘉慶廿二年丁丑十一月初八日亥時

卒於清同治八年己巳九月廿九日亥時年五十有三

娶姜氏生於清嘉慶廿二年丁丑十一月十五日辰時

卒於清光緒廿八年壬寅十一月初八日戌時壽八十有六

生一子 謙謹

一女適張

墓葬

行祥百八一 諱祥椿

慈九八慈揚公長子
生於清嘉慶廿二年丁丑十二月十一日卯時
卒於　年　月　日　時
娶姚氏生於清嘉慶廿五年庚辰三月十一日　時
卒於清道光廿一年辛丑二月十五日未時年二十一
生一子　謙庸
又娶姚氏生於清道光七年丁亥七月廿五日　時
卒於　年　月　日　時
墓葬上坂

行祥百八二諱祥龍
慈八六元友公之子

生於清嘉慶廿三年戊寅四月初四日午時

卒於　年　月　日　時未娶

行祥百八三諱材字作人

慈百三三慈阼公次子

生於清嘉慶廿三年戊寅七月初六日未時

卒於　年　月　日　時

娶徐氏生於清道光七年丁亥五月初一日戌時

卒於　年　月　日　時

生一子　謙成

墓葬

行祥百八四諱祥球

慈七八慈奎公四子

生於清嘉慶廿三年戊寅七月廿四日亥時

卒無查未娶

行祥百八五 諱祥蘭

慈百廿七慈水公長子

生於清嘉慶廿三年戊寅十一月初二日巳時

卒於清道光廿七年丁未六月廿三日辰時年三十歲

娶姚氏　夫主殁家困窮不得已作女工事姑嫜盡寸衷

守清白完厥終生於清嘉慶廿五年庚辰十月十六日

戌時

卒於清同治十三年甲戌六月十八日戌時年五十五

無後
墓葬西港
行祥百八六諱祥葵
慈百四慈珂公三子
生於清嘉慶廿四年己卯四月十三日戌時
卒無查未娶
行祥百八七諱祥波字靜軒
慈八四慈春公七子
生於清嘉慶廿四年己卯五月二十日午時
卒於清道光十四年甲午七月十一日戌時年一十六
冥配郎氏生於清嘉慶廿四年己卯三月十九日　時

卒於淸道光十四年甲午八月廿九日　時一年十六

祭祀隨父輪値

墓葬西岸高田

行祥百八八　諱源　字有本　號水香

慈百四八慈錕公長子

生於淸嘉慶廿五年庚辰八月廿一日酉時

卒於淸咸豐六年丙辰八月廿三日　時年三十有七

娶姚氏生於淸道光五年乙酉三月廿四日巳時

卒於淸同治七年戊辰十月二十日子時年四十有四

生一子　謙震

一女適劉

行祥百八九諱祥東
慈百五一慈愛公長子
生於清嘉慶廿五年庚辰九月廿三日戌時
卒於清咸豐六年丙辰十二月初六日　時年三十有
七
娶周氏生於清嘉慶廿三年戊寅二月廿九日　時
卒無查
生一子　謙受
墓葬

行祥百九十諱祥璧
慈七八慈奎公五子

生於淸嘉慶廿五年庚辰十月廿四日酉時
卒於淸同治三年甲子四月十六日戌時年四十有五
娶張氏生卒無查
生一子　謙紳

行祥百九一　諱祥華　字瑞芳
慈百五六慈成公長子
生於淸嘉慶廿五年庚辰十二月初五日寅時
卒於淸同治二年癸亥五月廿八日辰時年四十有四
娶朱氏生於淸道光十三年癸巳三月廿一日戌時
卒於淸光緒廿六年庚子十月廿九日　時壽六十八
生二子　長謙富　次謙安

行祥百九二諱祥德
慈五六慈坤公三子
生於清嘉慶廿五年庚辰十二月十九日辰時
卒於清咸豐四年甲寅十一月十七日未時年三十有
五
娶邵氏生於清道光元年辛巳十月十四日未時
卒於清光緒十四年戊子二月初三日未時壽六十八
生二子　長謙錳　次謙裕
一女適胡
墓葬

行祥百九三諱祥權

慈九八慈揚公次子

生於清嘉慶廿五年庚辰十二月廿一日申時

卒於　年　月　日　時未娶

墓葬上坂

行祥百九四　諱祥年

慈百三六慈均公長子

生於清嘉慶廿五年庚辰十二月廿九日亥時

卒於清同治三年甲子八月二十日　時年四十有五

娶穆氏生於清道光十三年癸巳　月　日　時

卒於清同治三年甲子閏八月廿二日　時年三十二

生二子　長謙鰲早世　次謙勳

行祥百九五諱祥森

慈八一慈文公之子

生於清道光元年辛巳三月初八日辰時

卒於清同治五年丙寅九月十一日　時年四十有五

娶姚氏生於清道光五年乙酉十一月十一日丑時

卒於　年　月　日　時

生二女長適姜　次適姚

無後

墓葬西港七分

行祥百九六諱標

慈百五九慈階公長子

生於清道光元年辛巳七月十六日亥時
卒於　年　月　日　時
娶唐氏生於清道光八年戊子八月初七日巳時
卒於　年　月　日　時
無後
墓葬

行祥百九七諱祥琛
慈百三二慈敎公次子
生於清道光元年辛巳十月初一日申時
卒無查
久出未歸

行祥百九八諱祥福

慈百二十慈靈公長子

生於清道光元年辛巳十一月十八日卯時

卒於清咸豐九年己未九月初八日　時年三十有九

娶徐氏生於清道光四年甲申十一月廿九日巳時

卒於清光緒十三年丁亥正月初十日　時壽六十四

生五子　長謙巽　次謙艮　三謙震　四謙利

五謙恂出繼

墓葬

行祥百九九諱祥光

慈百九慈珩公之子

生於清道光元年辛巳十一月廿一日卯時
卒於清同治十一年壬申十一月十六日酉時年五十
有二
娶張氏生於清道光十六年丙申七月十七日卯時
卒於清光緒三十年甲辰二月廿九日　時壽六十有
九
生二子　長謙經　次謙緯早世
一女適洪
墓葬刁孫河港
行祥二百　諱祥昂
慈四七慈乾公之子

生於清道光二年壬午二月廿二日戌時

久客無查

行祥二百一　諱文華　字初榮

慈九一慈嵩公三子

生於清道光二年壬午三月十二日申時

卒於清同治二年癸亥七月十三日丑時年四十有二

娶張氏生於清道光四年甲申十一月初一日子時

卒於清咸豐十年庚申十月十二日酉時年三十有七

無後

墓葬腊漕頭

行祥二百二　諱祥瑚

慈九五慈軾公次子

生於清道光二年壬午閏三月初三日寅時

卒於清同治十二年癸酉十一月初十日　時年五十

有二

娶張氏生於清道光十年庚寅十二月初三日　時

卒於清咸豐五年乙卯九月初六日　時年二十有六

生一子　謙生

繼娶葛氏生於清道光十三年癸巳八月三十日　時

卒於清咸豐六年丙辰五月十三日　時年二十有四

又娶黄氏改適

生二子　長謙賢　次謙良

一女

墓葬杜家漕跟

行祥二百三 諱 祥豪

慈百四一慈熙公長子爲慈百廿八慈熙公繼子

生於清道光二年壬午五月二十日戌時

卒於　年　十二月初七日　時

娶曹氏生於清道光十三年癸巳四月廿六日子時

卒於清宣統元年己酉十一月　日　時壽七十七

生一子 佑謙

一女

行祥二百四 諱 洲 字 登瀛

慈二百三八元裕公長子爲慈百廿四元祥公繼子
生於清道光二年壬午十一月初一日戌時
卒於清同治七年戊辰十二月初三日丑時年四十有
七
娶穆氏生於清道光二年壬午七月初五日卯時
卒於清光緒廿四年戊戌九月廿七日申時壽七十有
七
生三子　長謙坊　次謙剛　三謙亭
墓葬長石橋後塘河灣

行祥二百五　諱溪　字錦泉　號日新
慈百八五慈榮公長子

生於清道光二年壬午十一月十六日卯時
卒於清咸豐六年丙辰八月廿三日戌時年三十有五
娶曹氏生於清道光十年庚寅十一月初六日辰時
卒於清咸豐八年戊午八月廿三日未時年二十有九
無後
墓葬後畈
行祥二百六諱文圭字采鎮
慈百廿六慈洲公次子
生於清道光二年壬午十一月廿四日子時
卒於清同治二年癸亥九月初五日辰時年四十有二
娶王氏生於清道光九年己丑五月十七日戌時

卒無查

無後

墓葬

行祥二百七 諱浴 字春沂 號魯南

慈百四八慈錕公次子

生於清道光三年癸未正月初十日寅時

卒於清光緒十四年戊子十月廿六日午時壽六十六

娶成氏生於清道光七年丁亥十一月十六日辰時

卒於清光緒十年甲申十一月廿七日未時年五十有

八

生一子　謙霱

二女長適姚　次適龔
墓葬暗漕頭
行祥二百八諱祥炳
慈百八一慈杏公長子
生於清道光三年癸未六月廿九日辰時
卒於清道光廿五年乙巳四月十八日　時年二十有
三未娶
行祥二百九諱祥祉字介蕃號芥帆又號寅之　國學生
慈百八慈瑛公三子
生於清道光四年甲申正月十三日未時
卒於清道光廿四年甲辰十月十七日卯時年二十有

一

娶成氏生於清道光二年壬午七月初九日午時

卒於清咸豐十年庚申十月初一日辰時年三十有九

生一子　漣

一女適張

墓葬十字路茅嶺吳家山

行祥二百十　諱祥楣

慈八二慈忠公次子

生於清道光四年甲申五月廿四日申時

卒無查未娶

行祥二百十一　諱櫺　字掄材

慈百十慈陞公四子

生於清道光四年甲申七月十五日子時

卒無查

久客未歸

行祥二百十二諱祥福字天來

慈百十四慈美公次子

生於清道光四年甲申七月十七日未時

卒於清光緒十七年辛卯正月十七日　時壽六十有

八

娶鄭氏生於清道光十二年壬辰九月廿二日戌時

卒於清同治三年甲子二月廿五日戌時年三十有三

生一子　謙誌早世

二女長適陳　次適朱

續娶朱氏生於清道光廿五年乙巳四月初七日卯時

卒於清同治九年庚午六月廿九日申時年二十有六

又娶張氏生於清道光十五年乙未十二月初八日戌時

卒於清光緒廿五年己亥十一月廿一日　時壽六十

有五

生一子　謙溢

墓葬

行祥二百十三諱祥貴

慈百四一　慈熙公次子

生於清道光四年甲申七月廿三日午時

卒無查

久出未歸

行祥二百十四諱祥芬

慈百四慈珂公四子

生於清道光四年甲申九月廿三日戌時

卒無查未娶

行祥二百十五諱祥泰

慈百七七慈懷公之子

生於清道光四年甲申十一月初一日丑時

卒無查

娶周氏生卒無查

無後

行祥二百十六諱祥泰

慈百九六慈雅公長子

生於清道光四年甲申十二月　日　時

卒無查

寓居蘇州

行祥二百十七諱祥南

慈百五一慈愛公次子

生於清道光五年乙酉六月初八日戌時

卒無查未娶

行祥二百十八諱祥焻
慈百八一慈杏公次子
生於清道光五年乙酉七月廿八日戌時
卒於清咸豐六年丙辰八月十二日　時年三十有二
娶盧氏生於清道光八年戊子十一月初八日　時
卒於民國四年乙卯九月廿三日　時壽八十有八
無後
生一女適胡
墓葬

行祥二百十九諱祥豐
慈百廿一慈東公長子爲慈百七慈榮公繼子

生於清道光五年乙酉十月初九日辰時

卒無查

娶　氏生卒無查

生一子　謙財

寓居官莊橋

行祥二百二十　諱祥喬字魯瞻又字嶽瞻

慈百三二慈教公三子

生於清道光五年乙酉十一月廿七日子時

卒於清同治四年乙丑三月廿七日子時年四十有一

娶姚氏生於清道光九年己丑六月初五日　時

卒於清道光廿六年丙午三月十四日　時年一十八

繼娶洪氏生於清道光十年庚寅十月十九日辰時
卒於清光緒　年　七月初八日　時
無後　以祥百九八祥福公五子謙恂入繼
生一女適舒
墓葬
行祥二百廿一　諱祥瑞
慈九五慈軾公三子
生於清道光五年乙酉十二月初一日亥時
卒無查
娶曹氏生於清道光九年己丑十月廿四日　時
卒於清光緒三年丁丑七月十七日　時年四十有八

無後　以祥二百四十祥瑾公三子謙緯入繼
生一女適姚
墓葬杜家漕跟
行祥二百廿二 諱 渠
慈百五九慈階公次子
生於清道光六年丙戌正月初三日戌時
卒無查未娶
行祥二百廿三 諱 祥祜 字 啓周 號 溪舟　從九品
慈百八慈瑛公四子　性慈愛和易近人無子晚年自營生
壙於宅西藝菊栽松自養天年號曰菊隱割腴田十五
畝爲宗祠修輯家乘又助五畝爲中元祭祀之需亦愼

終追遠之孝思也

生於清道光六年丙戌六月初五日子時

卒於清光緒十二年丙戌十一月初二日　時壽六十

有一

娶胡氏生於清道光七年丁亥五月初十日寅時

卒於清宣統元年己酉二月十一日卯時壽八十有三

無後　以祥百四九兄祥福公次子　漳入繼

墓葬大車頭港

行祥二百廿四　諱祥瑞　字麟書

慈百四五慈梁公之子

生於清道光七年丁亥七月初一日戌時

卒無查

娶　氏生卒無查

生一子　謙元

行祥二百廿五　諱祥球

慈五三慈悅公四子

生於清道光七年丁亥九月廿九日戌時

卒無查未娶

行祥二百廿六　諱祥森　字春山

慈百廿九慈蕊公次子

生於清道光七年丁亥十二月初六日戌時

卒無查

娶孔氏生卒無查
無後
行祥二百廿七諱祥槐
慈百二慈諭公長子
生於清道光七年丁亥十二月廿三日丑時
卒於清道光廿九年己酉七月十四日　時年二十有
三未娶
寓居上海
行祥二百廿八諱祥寶
慈二百十二慈槐公長子
生於清道光七年丁亥十二月廿四日　時

寓上海柳湖無查

行祥二百廿九 諱 涔 字 雨若

慈二百三八元裕公次子

生於清道光八年戊子正月十四日子時

卒於清同治三年甲子十月廿八日子時年三十有七

娶胡氏生於清道光十一年辛卯十一月廿六日丑時

卒於清光緒元年乙亥正月初二日辰時年四十有五

生一子　謙才

一女適張

墓葬

行祥二百三十 諱 祥炕 字 維新

慈百八一慈杏公三子
生於清道光八年戊子五月廿三日亥時
卒於清光緒十六年庚寅十二月廿六日　時壽六十
有三
娶姚氏生於清道光廿五年乙巳十二月十六日辰時
卒無查
無後
行祥二百三一諱祥釗小名和尙
慈百六一慈剛公長子
生於清道光八年戊子五月廿九日午時
卒於清咸豐四年甲寅正月初二日　時年二十有七

娶薛氏　清光緒朝欽旌節孝建坊入祠生於清道光九
年己丑四月廿四日卯時
卒於清光緒廿三年丁酉九月初二日　時壽六十有
九
生一子　福謙
一女適唐
墓葬張家堰小橋跟河東坐南朝北

行祥二百三二　諱祥均
慈百二十慈靈公次子
生於清道光八年戊子十二月十五日辰時
卒於清同治元年壬戌十二月廿七日　時年三十五

娶錢氏生於清道光十一年辛卯八月初七日　時
卒於清同治十一年壬申二月二十日　時年四十有
二
無後

行祥二百三三諱祥寶
慈百六八慈楷公長子
生於清道光八年戊子　月　日　時
卒無查未娶

行祥二百三四諱祥潮
慈百九一慈寧公長子
生於清道光九年己丑六月十四日未時

卒於清咸豐九年己未八月廿九日　時年三十有一

娶葛氏生於清道光六年丙戌三月十三日　時

卒於清道光廿四年甲辰十月十八日　時年二十有

九

又娶杜氏生於清道光十三年癸巳十月十八日　時

卒於清咸豐九年己未三月十二日　時年二十有七

無後

墓祔父墳旁

行祥二百三五 諱祥雲

慈百五一 慈愛公三子

生於清道光九年己丑八月初八日亥時

卒於清道光三十年庚戌四月初三日 時年二十有
二未娶
墓葬杜家瀆旁黃泥田
行祥二百三六 諱祥雲 字瑞昌
慈百八十慈琰公長子爲慈百三七慈璇公繼子
生於清道光十年庚寅閏四月十二日申時
卒於清同治十年辛未五月十三日午時年四十有二
娶莊氏生於清道光十四年甲午十一月十一日亥時
卒於民國元年壬子二月初二日丑時壽七十有九
生二子 長謙煒 次謙燁
三女長適姚 次適方 三適陳

墓葬

行祥二百三七諱祥劭字之才官名雲　國學生

慈二百六十慈暉公長子

生於清道光十年庚寅五月十六日申時

卒於清同治八年己巳十二月廿九日寅時年四十歲

娶沈氏生於清道光十年庚寅四月初九日辰時

卒於清宣統元年己酉十月初一日未時壽八十歲

無後　以祥二百九八祥榮公長子謙德入繼

墓葬嚴墊朱

行祥二百三八諱祥載

慈百三六慈均公次子

生於淸道光十年庚寅七月十四日未時

卒於淸同治十一年壬申正月十九日未時年四十有

三

娶王氏生於淸道光十八年戊戌八月廿七日　時

卒於淸同治七年戊辰十一月十三日申時年三十有

一

無後

生一女適王

墓葬

行祥二百三九諱祥龍

慈百九九慈德公長子

生於清道光十年庚寅八月十二日丑時
卒於清光緒三年丁丑九月初六日亥時年四十有八
娶胡氏生於清道光二十年庚子正月初七日戌時
卒無查
生一子　謙恒
一女

行祥二百四十諱祥瑾字慶芳
慈九五慈軾公四子
生於清道光十年庚寅八月十九日午時
卒於清光緒十三年丁亥四月初七日亥時年五十八
娶周氏生於清道光十五年乙未九月廿九日亥時

卒於清光緒二十年甲午十月廿七日酉時壽六十歲
生四子　長謙綸　次謙紳　三謙緯出繼　四謙經
墓葬杜家漕西首
行祥二百四一諱浩字善養號思九　候選縣左堂
慈百八五慈榮公次子
生於清道光十年庚寅九月廿三日子時
卒於清同治七年戊辰四月十三日戌時年三十有九
娶莊氏　生平不苟言笑長齋禮佛每逢先代祭祀必敬
必誠守節數十年鄉黨無間言清光緒朝
欽旌節孝建坊入祠生於清道光廿一年辛丑三月十
六日寅時

卒於民國七年戊午七月初二日子時壽七十有八

無後　以祥二百六九　瀚公子謙雲承值祭祀

墓葬義塾門前東首

行祥二百四二諱祥頂

慈又九三增培公之子

生於清道光十一年辛卯九月　日　時

卒無查未娶

久客富陽

行祥二百四三諱祥慶

慈二百三十慈順公之子

生於清道光十一年辛卯八月廿七日未時

卒無查未娶

行祥二百四四諱祥芸

慈五六慈成公次子

生於清道光十二年壬辰四月廿三日亥時

卒無查

遠客未歸

行祥二百四五諱祥桂

慈百五二慈論公次子兼承百四二慈論公祭祀

生於清道光十二年壬辰五月初十日未時

卒於清光緒廿四年戊戌九月廿七日戌時壽六十有

七

娶姚氏生於清道光十五年乙未十月十一日戌時

卒於民國八年己未十一月廿七日午時壽八十有五

生二子　長謙吉　次謙德

二女長適王　次適呂

寓居上海

行祥二百四六　諱祥萱

慈百八九慈楓公長子

生於清道光十二年壬辰七月廿七日子時

卒無查

娶姚氏生於清道光廿四年甲辰正月初一日子時

卒於清同治七年戊辰五月初十日　時年二十有五

無後

行祥二百四七諱文楷字梅琴

慈二百九元泰公之子

生於清道光十二年壬辰八月初七日巳時

卒於清光緒二十年甲午三月廿九日　時壽六十有

三

娶穆氏生於清道光十五年乙未六月廿九日未時

卒於清光緒十七年辛卯正月十三日　時年五十有

七

生二子　長謙品　次謙瑞

三女長適成　次適

墓葬下坂河㪷

行祥二百四八 諱祥照 名童安 又名祥琪

慈百十八元武公之子

生於清道光十二年壬辰九月初五日戌時

卒於清光緒十四年戊子二月初三日　時年五十有

七

娶張氏生於清道光二十年庚子五月十九日子時

卒無查

生二子　長謙益　次謙恒出繼

又娶于氏生於清道光廿九年己酉十月十五日　時

生二子　長謙豫　次謙履

行祥二百四九諱祥賢

慈二百四十慈述公長子

生於清道光十二年壬辰閏九月初八日申時

卒無查

娶陳氏生於清道光廿二年壬寅六月初六日寅時

卒於清同治十三年甲戌七月十八日戌時年三十有

三

無後

墓葬

行祥二百五十諱祥愷字和春　由軍功保舉四品銜

慈二百六八慈晃公長子

生於清道光十二年壬辰十月初八日午時
卒於清光緒三年丁丑二月初二日寅時年四十有六
娶管氏生於清道光廿二年壬寅十一月十八日巳時
卒於清宣統元年己酉十一月初二日　時壽六十有
八
生一子　謙生
娶妾程氏生於清咸豐十一年辛酉三月十九日　時
卒於清光緒　年　二月十二日　時
生一女適沈
墓祔父墳旁鎮龍橋南首

慈東童氏宗譜卷十

世傳

第三十世

行祥二百五一　諱祥徵　字登峻

慈百三五慈端公次子

生於清道光十二年壬辰十一月初九日丑時

卒於清光緒廿七年辛丑正月廿八日　時壽七十歲

娶胡氏生於清道光廿三年癸卯十一月十九日午時

卒於清咸豐　年　八月廿二日　時

又娶方氏生於清咸豐五年乙卯四月廿六日　時

卒於民國十六年丁卯六月十七日　時壽七十有三

生二子　長謙增　次謙和

墓葬

行祥二百五二　諱祥大

慈百五四慈孝公之子

生於清道光十二年壬辰十一月十四日戌時

卒無查

行祥二百五三　諱祥堃

慈百四七慈標公之子

生於清道光十三年癸巳正月十八日辰時

卒於清同治七年戊辰九月初一日　時年三十有六

娶陳氏生於清道光二十年庚子十二月十二日　時

卒於清同治元年壬戌七月十九日　時年二十有三

無後

墓葬廟前坂

行祥二百五四諱祥懷

慈百九八慈遠公之子

生於清道光十三年癸巳二月初六日酉時

卒無查

娶張氏改適

生一子謙鶴

寓居半西劉

行祥二百五五諱祥舟

慈百七十慈源公之子

生於清道光十三年癸巳四月初九日戌時

卒於清光緒二十年甲午二月十六日辰時壽六十二

娶曹氏生於清道光廿一年辛丑二月十九日卯時

卒無查

無後

行祥二百五六 諱祥瑞

慈百七二慈肅公長子

生於清道光十三年癸巳八月十二日丑時

卒於清光緒　年　九月初三日　時

娶方氏生於清道光廿五年乙巳六月廿四日未時

卒於清光緒　年　二月二十日　時

生一女適

無後

墓葬薛家橋北首河塘坐西朝東

行祥二百五七諱祥慶

慈百七六慈根公長子

生於清道光十三年癸巳十一月初十日辰時

卒於清道光廿九年己酉八月初三日　時年一十有

七未娶

行祥二百五八諱祥虎

慈百九九慈德公次子

生於清道光十三年癸巳十二月三十日寅時
卒於清同治二年癸亥九月十四日　時年三十有一
未娶
行祥二百五九諱祥仁
慈二百二慈清公長子
生於清道光十四年甲午二月十二日子時
卒於清道光三十年庚戌九月初二日　時年一十七
娶姚氏生於清道光廿二年壬寅六月廿二日　時
卒於清咸豐十年庚申十二月十七日　時年一十有
九
無後

墓葬洪家屋前

行祥二百六十 諱祥茂

慈二百一慈增公之子

生於清道光十四年甲午三月廿九日丑時

卒於清咸豐九年己未三月十九日　時年二十有六

娶成氏生卒無查

無後

行祥二百六一 諱祥洲 字登仁

慈二百三六慈懷公長子

生於清道光十四年甲午五月初十日　時

卒於清光緒十八年壬辰三月廿五日未時年五十有

九
娶李氏生於清道光二十年庚子正月初二日辰時
卒於清光緒廿四年戊戌九月廿六日午時年五十九
生一子　謙章
一女適胡

行祥二百六二　諱祥彪
慈二百十九慈培公長子
生於清道光十四年甲午八月初四日卯時
卒於清光緒十二年丙戌二月初三日巳時年五十有
三
娶鄔氏生於清道光廿六年丙午四月廿四日　時

卒於民國十年辛酉二月初六日子時壽七十有六

生二子　長謙寶　次謙綸出繼

墓葬

行祥二百六三諱祥楠字豫章號雨莊

慈二百八五慈滄公長子　善書法尤善擘窠書逼眞盛小

坨大令筆法叢林古刹及墓版多遺手迹性喜酒晚號

酣伯

生於清道光十五年乙未十一月廿二日辰時

卒於清光緒八年壬午十二月廿九日子時年四十有

八

娶方氏生於清道光十二年壬辰三月初九日　時

卒於清咸豐七年丁巳三月初二日　時年二十有六

續娶費氏生於清道光十九年己亥三月十四日戌時

卒於清光緒六年庚辰十二月初五日子時年四十有

二

生一子　履謙

娶妾邱氏生於清道光二十年庚子三月廿二日　時

卒於清同治十二年癸酉閏六月初一日　時年三十

有四

生一子　和謙

墓葬紅砇橋北首坐東朝西

行祥二百六四諱祥林原名祥琳

慈百七二慈熹公次子爲慈百五五慈勳公繼子

生於清道光十五年乙未十二月十八日寅時

卒於清同治十年辛未五月廿一日　時年三十有七

娶胡氏改適

無後

行祥二百六五諱祥泰

慈二百十八慈友公之子

生於清道光十六年丙申正月十五日卯時

卒無查

娶杜氏改適

無後

行祥二百六六 諱祥愼

慈二百廿六慈蕙公之子

生於清道光十六年丙申二月初六日　時

卒於清光緒二年丙子二月十五日　時年四十有一

娶陳氏生於清道光廿一年辛丑七月廿四日　時

卒於清同治十一年壬申八月十四日　時年三十二

又娶應氏生於清道光廿五年乙巳十一月初一日午時

卒無查

生二子　長謙韶　次謙林

一女

行祥二百六七 諱祥楨字佐才號佐山

慈二百四一慈濟公長子
生於清道光十六年丙申二月廿五日未時
卒於清同治十三年甲戌十月初八日未時年三十有九
娶姚氏生於清道光廿一年辛丑十月十八日　時
卒於清光緒廿八年壬寅三月廿五日巳時壽六十三
生二子　長福謙　次祿謙
一女適姚
墓葬

行祥二百六八諱祥興
慈二百廿二慈乾公長子爲慈二百十四慈增公繼子

生於清道光十六年丙申五月廿七日巳時

卒無查

久客未歸

行祥二百六九 諱瀚 字承先 號琴仙

慈百四八 慈錕公三子

生於清道光十六年丙申八月十二日戌時

卒於清光緒六年庚辰八月十四日戌時年四十有五

娶胡氏生於清道光二十年庚子正月十三日亥時

卒於民國十七年戊辰六月十四日申時壽八十有九

生一子 謙雲

三女長適胡 次適胡 三適方

行祥二百七十 諱祥順 即文聯
慈二百十六元愷公長子
生於清道光十六年丙申九月廿一日亥時
卒無查未娶

行祥二百七一 諱祥義
慈二百二慈清公次子
生於清道光十六年丙申十月初十日丑時
卒於清咸豐四年甲寅十月初二日 時年一十有九
娶盛氏生於清道光十八年戊戌六月二十日 時
卒於清咸豐五年乙卯七月廿二日 時年一十有八
無後

墓葬洪家屋前

行祥二百七二諱祥惀字梅宣

慈百八七慈芹公長子

生於清道光十六年丙申十一月初三日戌時

卒於清光緒廿三年丁酉八月廿六日戌時壽六十有

二

娶范氏生於清道光廿六年丙午十月初五日戌時

卒於清光緒廿四年戊戌十一月初十日亥時年五十

有三

生四子　長謙學　次謙富　三謙貴　四謙華

二女長適鄭　次適胡

行祥二百七三諱祥全
慈百八九慈楓公次子
生於清道光十七年丁酉二月初六日戌時
卒無查
娶周氏生於清道光廿九年己酉十一月十八日　時
卒無查
生二子　長謙明　次謙德

行祥二百七四諱祥嘉
慈二百八八元浩公長子
生於清道光十七年丁酉三月十九日辰時
卒於清咸豐六年丙辰四月廿六日申時年二十歲

未娶

行祥二百七五諱祥宥

慈二百三九慈槐公長子

生於清道光十七年丁酉三月二十日亥時

卒於清光緒廿八年壬寅正月初一日　時壽六十有

六

娶孔氏生於清道光廿八年戊申

卒無查

無後

行祥二百七六諱祥智

慈二百四十慈述公次子

生於清道光十七年丁酉六月十四日寅時
卒於清咸豐七年丁巳正月初五日　時年二十有一
未娶

行祥二百七七諱祥寅
慈百三四慈柱公之子
生於清道光十七年丁酉八月十四日子時
卒無查未娶

行祥二百七八諱祥楧
慈二百六七慈浩公長子
生於清道光十七年丁酉十一月初五日巳時
卒於清咸豐四年甲寅十月十二日　時年一十有八

娶唐氏生於清道光五年乙酉九月十七日　時
卒於清咸豐七年丁巳五月初九日　時年三十有三
無後　以祥二百九九弟祥權公長子文熊入繼
墓葬張家堰橋西

行祥二百七九　諱　發
慈百五三元魁公之子
生於清道光十七年丁酉十一月十一日酉時
卒無查未娶

行祥二百八十　諱文芝
慈二百三五元艮公之子
生於清道光十八年戊戌閏五月廿七日戌時

卒無查未娶

行祥二百八一　諱祥賓

慈二百六八慈楷公次子

生於清道光十八年戊戌八月十二日午時

卒無查未娶

行祥二百八二　諱祥芹　字魯水

慈二百四八慈松公長子

生於清道光十八年戊戌九月初九日戌時

卒於清同治十年辛未二月廿一日　時年三十有四

娶華氏生於清道光廿五年乙巳二月廿二日　時

卒於清咸豐　年　十月十六日　時

繼娶楊氏生於淸道光廿五年乙巳四月十一日卯時

卒無查

無後

行祥二百八三諱祥安

慈二百廿二慈乾公次子

生於淸道光十八年戊戌十月十一日午時

卒於淸光緒十五年己丑八月初七日申時年五十有

二

娶李氏生於淸道光廿六年丙午四月二十日未時

卒於　年　三月初三日　時

生二子　長謙均　次謙槐

墓葬後坂

行祥二百八四諱祥禮字三美

慈二百二慈清公三子

生於清道光十八年戊戌十月廿五日　時

卒於清同治六年丁卯十二月廿二日　時年三十歲

娶張氏　清光緒朝欽旌節孝建坊入祠生於清道光廿

一年辛丑三月初五日巳時

卒於清光緒二十年甲午六月初九日丑時年五十有

四

生二子　長謙榮　次謙勞

墓葬應家閭

行祥二百八五諱祥盈字芝豐

慈二百十五元坤公長子

生於清道光十八年戊戌十二月初九日寅時

卒於清同治二年癸亥九月初一日未時年二十有六

娶鄭氏生於清道光二十年庚子十一月初九日酉時

卒於清光緒十四年戊子二月初一日　時年四十有

九

生一子　謙嶽

一女適胡

行祥二百八六諱祥金字歲元

慈二百四二慈鈞公長子

生於清道光十八年戊戌十二月初九日申時
卒於清同治七年戊辰八月十六日亥時年三十有一
娶鄔氏生於清道光廿二年壬寅十月十八日卯時
卒無查
生一女適謝
無後

行祥二百八七 諱祥江
慈二百五九慈葵公長子
生於清道光十八年戊戌十二月廿一日 時
卒無查
娶李氏生於清道光廿七年丁未二月廿九日 時

廟

卒於清同治十年辛未十二月廿六日　時年二十五

無後

墓葬

行祥二百八八　諱祥永　字玉山

慈二百十九慈培公次子

生於清道光十八年戊戌十二月廿一日戌時

卒於清光緒元年乙亥八月廿九日　時年三十有八

娶王氏生於清咸豐二年壬子九月十五日　時

卒於清光緒五年己卯十二月十二日　時年二十八

生一子　謙和　早世　以祥二百六二祥彪公次子謙

綸入繼

行祥二百八九諱祥榆字文松

慈二百七二慈偉公之子

生於清道光十九年己亥四月十九日申時

卒無查

娶□氏改適

無後

行祥二百九十諱祥巨

慈百七四慈菊公之子

生於清道光十九年己亥五月十六日辰時

卒無查未娶

行祥二百九一諱祥瑗

慈二百五四慈肇公長子
生於清道光十九年己亥六月初二日亥時
卒於清同治八年己巳正月初五日 時年三十有一
未娶

行祥二百九二 諱祥棻
慈百六九慈智公長子
生於清道光十九年己亥六月廿三日卯時
卒於清咸豐十年庚申三月二十日 時年二十有二
未娶

行祥二百九三 諱祥楷 字炳山
慈二百四一慈濟公次子

生於清道光十九年己亥七月十九日卯時
卒於清同治七年戊辰二月十九日　時年三十歲
娶吳氏　夫歿貧苦以傭值撫養兩兒越數年次兒殤至
長子順謙成立爲之娶婦范氏未幾長子又亡茹苦含
辛同甘守志可謂一門雙節清光緒朝
欽旌節孝建坊入祠生於清道光廿一年辛丑十二月
廿八日卯時
卒於民國五年丙辰十一月廿二日　時壽七十有六
生一子　順謙
墓葬李家河
行祥二百九四諱祥慶

慈百八六慈明公長子

生於清道光十九年己亥九月廿五日戌時

卒無查

行祥二百九五諱祥善字慶餘

慈二百八八元浩公次子

生於清道光十九年己亥十一月十二日丑時

卒無查

娶張氏生於清道光廿九年己酉七月二十日巳時

卒於清同治五年丙寅三月廿四日午時年一十有八

又娶丁氏生於清咸豐元年辛亥正月初二日酉時

卒無查

無後　以祥二百四八祥照公次子謙恆入繼

寓郡城青石橋

行祥二百九六諱祥逃

慈百七五慈昇公長子

生於清道光二十年庚子正月十八日巳時

卒無查

久客未歸

行祥二百九七諱祥鍾字鼎篆

慈二百五二慈槐公長子

生於清道光二十年庚子二月十七日戌時

卒於清同治十三年甲戌五月初五日寅時年三十五

娶胡氏生於清道光廿五年乙巳十月初七日　時
卒於清同治七年戊辰九月初三日　時年二十有四
繼娶胡氏生於清道光廿九年己酉八月十三日辰時
卒無査
無後
墓葬

行祥二百九八　諱祥榮　字錦齋
慈二百五慈暄公長子
生於清道光二十年庚子三月初三日巳時
卒於清光緒廿四年戊戌十月十一日　時年五十九
娶費氏生於清道光廿五年乙巳三月初七日酉時

卒於清光緒三十年甲辰十月二十日寅時壽六十歲
生三子　長謙德　次謙燮　三謙垚
一女適陳
墓葬
行祥二百九九諱祥權字震巽號繩霞　由國學生捐授布政
使司理問銜
慈二百六七慈浩公次子兼承慈二百九二慈沛公祀
生於清道光二十年庚子四月初十日亥時
卒於清光緒廿八年壬寅十一月廿六日申時壽六十
有三
娶葛氏生於清道光十八年戊戌十二月廿一日　時

卒於清咸豐九年己未八月初五日　時年二十有二
繼娶胡氏生於清道光廿一年辛丑七月廿四日　時
卒於清同治四年乙丑八月初八日　時年二十有五
繼娶姜氏生於清道光廿五年乙巳九月十二日申時
卒於清光緒元年乙亥五月初三日　時年三十有一
生二子　長文熊出繼　次文熙
一女適盛
繼娶宋氏生於清咸豐五年乙卯九月初九日　時
卒於清光緒廿九年癸卯正月十三日亥時年四十有
九
生二子　長文杰　次文烺

二女長適余　次適陸

墓葬本邑斗底洪

行祥三百　諱祥林

慈二百廿一慈東公次子

生於清道光二十年庚子十二月十二日寅時

卒無查

娶□氏生卒無查

生一子　諱仁

寓官莊橋

行祥三百一　諱祥煜

慈三百七慈甡公長子

生於淸道光廿一年辛丑正月初六日辰時
卒於淸咸豐六年丙辰十月二十日未時年一十有六
冥配鄭氏生於淸道光十八年戊戌十月十七日寅時
卒於淸咸豐四年甲寅九月十三日戌時年一十有七
墓葬上坂

行祥三百二諱祥熊
慈百九九慈德公三子
生於淸道光廿一年辛丑七月廿六日午時
卒無查未娶

行祥三百三諱祥樞字斗寅號北亭
慈三百四十慈潮公長子

生於清道光廿一年辛丑九月廿一日申時
卒於清咸豐五年乙卯六月廿九日酉時年一十有五
冥配孔氏生於清道光十九年己亥十一月十四日子時
卒於清咸豐五年乙卯九月十二日戌時年一十有七
墓葬錢家漕

行祥三百四 諱祥來 字吉如 號寅谷
慈百六三慈揄公之子
生於清道光廿一年辛丑十月十四日寅時
卒無查
娶華氏生卒無查
無後

行祥三百五諱甯

慈二百四二慈鈞公次子

生於清道光廿一年辛丑十二月初六日未時

卒於清光緒五年己卯四月初一日丑時年三十有九

娶胡氏生卒無查

無後

行祥三百六諱祥堃字增福

慈百九七慈勇公長子

生於清道光廿一年辛丑十二月初七日子時

卒於民國八年己未八月廿四日戌時壽七十有九

娶顏氏生於清道光廿六年丙午十一月十八日戌時

卒於清光緒廿二年丙申十二月十九日戌時年五十

有一

生一子　文亨

一女適張

續娶徐氏生於清同治九年庚午五月初十日子時

生二女長適徐　次適洪

墓葬吳家[illegible]

君務農勤儉有儲蓄

行祥三百七　諱祥衡　字金銓　號選甫

慈三百十三慈萊公長子

生於清道光廿二年壬寅正月三十日寅時

卒於清宣統二年庚戌　月　日　時壽六十有九

娶費氏生於清道光廿三年癸卯八月廿七日戌時

卒無查

生一子　謙楷

行祥三百八諱祥鈞字登壽

慈二百三六慈懷公次子

生於清道光廿二年壬寅四月十八日寅時

卒於清光緒十九年癸巳正月十二日辰時年五十二

娶王氏生於清道光廿七年丁未七月廿八日寅時

卒於清同治十年辛未七月十四日亥時年二十有五

繼娶方氏生於清道光廿三年癸卯七月廿三日酉時

卒於　年　月　日時

生二子　長謙芳　次謙芬

墓葬

行祥三百九諱祥鰲　由軍功保舉都司

慈二百六八慈晃公次子

生於清道光廿二年壬寅五月廿四日戌時

卒於清光緒十五年己丑正月初一日寅時年四十有

八

娶陳氏生於清道光廿六年丙午六月十三日未時

卒於民國十一年壬戌三月初十日亥時壽七十有七

無後　以祥二百五十祥愷公子謙生兼祧

生一女適張

墓葬鎮龍橋東南首

脯

行祥三百十諱祥銘字巨源

慈二百三三慈坊公之子

生於淸道光廿二年壬寅六月十八日酉時

卒於淸光緒廿七年辛丑十月初三日辰時壽六十歲

娶李氏生於淸道光廿六年丙午九月廿九日戌時

卒於淸光緒廿四年戊戌十一月十八日巳時年五十

有三

生二子　長謙璋　次謙光

墓葬

行祥三百十一　諱祥芳
慈二百五四慈肇公次子
生於清道光廿二年壬寅六月二十日丑時
卒無查
娶陳氏生於清咸豐五年乙卯八月十五日　時
卒於民國十八年己巳三月初三日　時壽七十有五
無後
墓葬鎮邑金塘
寓居金塘

行祥三百十二　諱祥家
慈百六八慈楷公三子

生於清道光廿二年壬寅七月十一日未時
卒無查未娶
行祥三百十三諱祥枚字惟吉
慈二百八五慈滄公次子
生於清道光廿二年壬寅七月廿三日酉時
卒於清光緒二十年甲午七月初九日午時年五十有
三
娶李氏生於清道光二十年庚子正月初四日　時
生於清同治十年辛未九月初五日戌時年三十有二
生一子　組謙
二女長適姚　次適唐

繼娶陳氏生於清咸豐三年癸丑三月三十日未時

卒於清光緒十九年癸巳十一月廿三日巳時年四十

有一

生三子　長紳謙早世　次緯謙　三纏謙

墓葬鎮西張家堰

行祥三百十四　諱祥來

慈百七六慈根公次子

生於清道光廿二年壬寅九月十一日戌時

卒無查未娶

行祥三百十五　諱祥鎬　字錦豐

慈二百五二慈槐公次子

生於清道光廿二年壬寅十一月廿一日寅時
卒無查
娶嚴氏生於清道光廿六年丙午
卒無查
無後

行祥三百十六諱祥蓮
慈百三十慈霦公長子
生於清道光廿二年壬寅十二月初二日巳時
卒於　年　月　日　時未娶

行祥三百十七諱祥莪
慈二百四八慈松公次子

生於清道光廿二年壬寅十二月廿八日戌時

卒無查

娶鮑氏生於清道光廿七年丁未 月 日 時

卒於清同治 年 六月廿四日 時

無後

行祥三百十八諱祥崑字金山

慈二百廿四慈烈公長子 君幼懷遠志咸同間執役外海

兵輪往來南北洋不辭勞瘁惜天不假年賫志以歿

生於清道光廿三年癸卯二月初一日午時

卒於 年 月 日 時

娶杜氏生於清道光廿一年辛丑七月十三日卯時

卒於清光緒廿一年乙未四月十六日　時年五十有

五

生一子　謙仁

墓葬薛家閘

行祥三百十九 諱祥棣 字行山

慈三百一　慈濱公長子

生於清道光廿三年癸卯四月初二日辰時

卒於清咸豐八年戊午十二月十一日申時年一十有

六未娶

墓厝西邑外

行祥三百二十 諱祥慶

慈二百廿二慈乾公三子爲慈　　慈坤公繼子
生於清道光廿三年癸卯四月初八日丑時
卒於　年　月　日　時
娶傅氏生於清道光三十年庚戌六月十四日　時
無後
行祥三百廿一諱祥模字介貴
慈二百四一慈濟公三子
生於清道光廿三年癸卯四月廿二日辰時
卒於清光緒二十年甲午十二月初三日　時年五十
有二
娶姚氏生於清道光廿五年乙巳十二月初七日戌時

卒於民國十年辛酉十一月十六日卯時壽七十有七

無後

墓葬薛家閭

行祥三百廿二 諱祥薇

慈百六九慈智公次子

生於清道光廿三年癸卯四月廿六日未時

卒無查未娶

行祥三百廿三 諱祥鎣 字品南

慈二百十五元坤公次子

生於清道光廿三年癸卯六月廿一日卯時

卒於清咸豐八年戊午五月初一日　時年一十有六

冥配穆氏生於淸道光廿三年癸卯七月十七日　時

卒於淸咸豐六年丙辰十月初八日　時年一十有四

墓葬西港

行祥三百廿四諱祥存

慈二百八十慈烋公長子

生於淸道光廿三年癸卯八月十三日申時

卒於淸同治七年戊辰十二月十七日　時年二十有

六未娶

行祥三百廿五諱文才

慈二百十六元愷公次子

生於淸道光廿三年癸卯九月廿一日亥時

卒無查未娶

行祥三百廿六 諱祥康 字三曉

慈百八七慈芹公次子

生於清道光廿三年癸卯十月十四日辰時

卒於清光緒三十四年戊申十月十七日卯時壽六十

有六

娶鄭氏生於清咸豐元年辛亥二月初七日辰時

卒於清同治九年庚午八月廿三日午時年二十歲

又娶□氏

生三子　長謙榮　次謙元　三謙巍

墓葬

行祥三百廿七諱演字譜生號小亭

慈百四八慈錕公四子

生於清道光廿四年甲辰二月初七日卯時

卒於清光緒十六年庚寅八月廿九日未時年四十有

七

娶曹氏生於清道光廿一年辛丑八月十一日午時

卒於清咸豐十年庚申閏三月十一日未時年二十歲

繼娶劉氏生於清道光廿六年丙午三月初九日辰時

卒於民國五年丙辰六月初一日酉時壽七十有一

生三子　長謙霈　次謙雩　三謙雯

一女適費

墓葬

行祥三百廿八諱　才

慈二百四二慈鈞公三子

生於清道光廿四年甲辰九月二十日巳時

卒於清光緒十五年己丑九月初三日戌時年四十有

六未娶

行祥三百廿九諱祥榮

慈百六五慈揚公之子

生於清道光廿四年甲辰十月十五日丑時

卒於清同治八年己巳十二月廿七日　時年二十有

六未娶

行祥三百三十諱祥全
慈二百三九慈槐公次子
生於清道光廿四年甲辰十一月廿四日戌時
卒於　年　月　日　時
娶成氏生於清咸豐九年癸未十月　日　時
卒於清同治十三年甲戌五月初七日　時年二十有
二
無後

行祥三百三一諱祥實
慈百六八慈楷公四子
生於清道光廿四年甲辰十二月廿八日子時

卒無查未娶

行祥三百三二　諱祥瑞

慈二百九九慈培公長子

生於清道光廿五年乙巳二月十八日　時

卒於　年　月　日時

娶　氏生卒無查

生三子　長謙元　次謙亨　三謙貞

寓太倉

行祥三百三三　諱祥蓉

慈二百四八慈松公三子

生於清道光廿五年乙巳四月十九日戌時

咸豐十一年遭髮逆擄去杳無音信

行祥三百三四　諱祥桓　字廷貴

慈三百一　慈濱公次子兼承三百六五慈沂公祀　君服賈

滬上藥肆司帳數十年足不出戶一錢不苟

生於清道光廿五年乙巳七月初四日辰時

卒於清光緒廿五年己亥十二月廿八日午時年五十

有五

娶劉氏生於清道光廿九年己酉三月十一日辰時

卒於清光緒三十四年戊申七月十六日午時壽六十

歲

生二子　長文達　次文炳

一女適徐

行祥三百三五 諱祥嘉 號顯祿

慈三百七慈甡公次子

生於清道光廿五年乙巳七月十二日寅時

卒於清同治九年庚午九月十九日酉時年二十有六

娶胡氏生於清道光廿四年甲辰十月十四日 時

卒於清同治元年壬戌七月初九日巳時年一十有九

繼娶周氏改適

無後

行祥三百三六 諱祥銘

慈二百九八慈垤公之子

生於清道光廿五年乙巳八月十五日子時
卒於　年　月　日　時未娶

行祥三百三十七諱祥春字繼春
慈三百三十慈裕公長子
生於清道光廿五年乙巳十一月初三日子時
卒於清光緒十年甲申四月初六日子時年四十歲
娶張氏改適
生一子謙才

行祥三百三十八諱祥荇
慈百三十慈霧公次子
生於清道光廿五年乙巳十二月廿三日午時

卒於清同治三年甲子十一月十一日　時年二十歲

未娶

行祥三百三九諱祥芬字嵩山

慈二百九七慈楠公之子

生於清道光廿五年乙巳十二月廿六日酉時

卒無查

娶戴氏生於清道光廿九年己酉七月初六日　時

卒無查

生一子　謙富

一女適鄔

墓葬

行祥三百四十 諱祥祉

慈二百五慈瞠公次子

生於清道光廿六年丙午二月十五日亥時

卒於清光緒十一年乙酉正月初九日 時年四十歲

娶張氏生於清道光三十年庚戌二月初一日辰時

卒於清光緒六年庚辰八月初三日 時年三十有一

繼娶陳氏生於清同治二年癸亥九月十九日辰時

生一子 諱華

行祥三百四一 諱祥松 字永茂

慈三百廿一慈陽公次子

生於清道光廿六年丙午三月十五日辰時

卒於民國三年甲寅七月十四日寅時壽六十有九
娶傅氏生於清道光廿六年丙午八月廿七日未時
卒於清光緒八年壬午正月廿七日午時年三十有七
繼娶鄞邑周氏生於清同治四年乙丑正月廿七日酉時
卒於清光緒十六年庚寅十一月十八日戌時年二十
有六
生二子　長謙益　次謙良
二女長適黃　次適陳
墓葬鄞邑後周橫江
寓鄞縣陳埠頭
行祥三百四二諱祥霖

慈百三八慈勝公之子

生於清道光廿六年丙午三月十八日午時

卒於　年　月　日時

娶倪氏生於清道光三十年庚戌月　日時

卒於　年　月　日時

生一子　謙肇

墓葬

行祥三百四三諱祥鑑字金三號明水

慈二百十五元坤公三子

生於清道光廿六年丙午四月初二日寅時

卒於清光緒五年己卯八月廿七日　時年三十有四

娶方氏生於清咸豐元年辛亥十月十八日卯時

卒於清光緒十六年庚寅八月十九日　時年四十歲

生一女適胡

無後

墓葬西港上坂河泮

行祥三百四四 諱 祥杓 字 玉剛　由國學生捐授五品銜

慈三百四十 慈潮公次子

生於清道光廿六年丙午六月初六日巳時

卒於清宣統三年辛亥四月十五日丑時壽六十有六

娶陳氏生於清道光廿五年乙巳七月十二日戌時

卒於清光緒廿四年戊戌十二月初一日亥時年五十

有四
生一子　文煇
二女長適姚　次適邵
娶妾孫氏生於清光緒九年癸未七月十四日辰時
墓葬鎮邑愛登橋
行祥三百四五諱祥栒
慈二百四一慈濟公四子
生於清道光廿六年丙午七月初四日亥時
久出無查
行祥三百四六諱祥雲
慈二百六六慈震公之子

生於清道光廿六年丙午八月初八日子時

久出無查

行祥三百四七諱祥富小名阿福

慈二百九四慈華公之子

生於清道光廿六年丙午八月十六日戌時

卒於民國十五年丙寅七月初六日寅時壽八十有一

娶陳氏生於清咸豐八年戊午十月初十日寅時

生一子　謙懷

三女長適杜　次適劉　三適葛

行祥三百四八諱祥昌

慈三百九慈昂公之子

生於清道光廿六年丙午八月十七日戌時

久出無查

行祥三百四九諱祥堯

慈二百八七慈嘯公長子

生於清道光廿六年丙午十一月十五日辰時

卒於清咸豐十一年辛酉八月初七日申時年一十有

六未娶

行祥三百五十諱祥琛

慈二百六四慈揚公之子

生於清道光廿七年丁未二月廿八日酉時

早世

行祥三百五一　諱祥棫字作人
慈二百八五慈滄公三子
生於清道光廿七年丁未三月廿八日巳時
卒於清光緒三十一年乙巳三月廿一日辰時年五十
有九
娶費氏生於清道光廿七年丁未七月十一日　時
卒於清光緒三十三年丁未二月初九日戌時壽六十
有一
生一子　仁謙
二女長適余　次適方
墓葬

行祥三百五二諱祥槐

慈二百六二慈增公之子

生於清道光廿七年丁未五月二十日申時

卒於清光緒三十三年丁未五月十八日　時壽六十

有一未娶

行祥三百五三諱祥衍字寶豐

慈三百十三慈萊公次子

生於清道光廿七年丁未七月初一日辰時

卒於清宣統元年己酉　月　日　時壽六十有三

娶朱氏生於清道光廿九年己酉月　日　時

生三子　長謙壹　次謙吉　三謙和

行祥三百五四 諱祥薰

慈二百五九慈葵公次子

生於清道光廿七年丁未十一月十八日申時

卒於　年　月　日　時未娶

行祥三百五五 諱祥嘉

慈百八六慈明公次子

生於清道光廿八年戊申正月初二日子時

卒於清光緒十五年己丑　月　日　時年四十有

二未娶

寓居蘇州

行祥三百五六 諱祥鏞

慈三百十一　慈金公之子
生於清道光廿八年戊申正月初二日午時
卒於　年　月　日　時
娶周氏改適
無後
行祥三百五七諱祥呈
慈三百廿三　慈璉公之子
生於清道光廿八年戊申正月初四日寅時
卒於清光緒三十二年丙午二月二十日丑時年五十有九
娶楊氏生於清同治八年己巳二月初十日子時

卒於民國十年辛酉七月初八日未時年五十有三

生四子　長謙鶴　次謙麟　三謙彪　四謙鴻

二女長適嚴　次適費

墓葬

行祥三百五八　諱祥爻

慈三百慈山公之子

生於清道光廿八年戊申正月初七日辰時

卒無查

娶沈氏生於清咸豐九年己未十月初八日卯時

卒無查

無後

行祥三百五九諱祥楞名式鈺字子嚴號子豐　國學生以弟
祥春銜貤贈徵仕郎以子文燕銜晉贈奉政大夫
慈三百六六慈瀚公長子　性嚴厲有幹才雖事務叢集皆
處以鎮定無不措之裕如三鄰咸服其度量
生於清道光廿八年戊申五月十九日午時
卒於清光緒十二年丙戌九月十四日卯時年三十有
九
娶卻氏生於清道光廿六年丙午二月廿三日卯時
卒於清宣統三年辛亥十二月初九日亥時壽六十有
六
生二子　長桂生早世　次金三早世

二女長適穆　次適胡
娶妾王氏　清光緒朝欽旌節孝建坊入祠生於清同治
四年乙丑正月初一日卯時
卒於清光緒廿六年庚子十二月廿七日　時年三十
有六
無後　以祥三百八七弟祥檟公長子文燕入繼
墓葬本邑東鄉蔡夾隩
行祥三百六十　諱　譜字惇宗
慈二百四二慈鈞公四子
生於清道光廿八年戊申八月十三日子時
卒於清光緒十八年壬辰正月十二日　時年四十五

娶張氏生於清咸豐十一年辛酉九月廿九日辰時

卒於清宣統二年庚戌八月初一日寅時年五十歲

生二子　長謙裕　次謙安

一女適舒

墓葬

行祥三百六一　諱祥珩

慈二百八一慈九公之子

生於清道光廿八年戊申八月十八日午時

卒無考未娶

行祥三百六二　諱祥榆

慈三百廿一慈陽公次子

生於清道光廿八年戊申八月廿三日子時

早世

行祥三百六三諱祥標

慈三百一慈濱公三子

生於清道光廿八年戊申十月十四日午時

卒於清同治六年丁卯五月初七日戌時年二十歲

未娶

厝西笆外攺葬本村鄭家河斗與祖墳相近

行祥三百六四諱祥生

慈二百廿二慈乾公四子

生於清道光廿八年戊申九月十六日　時

卒於清光緒三十二年丙午四月十五日　時年五十有九

娶張氏生於清咸豐五年乙卯五月初六日　時卒於清光緒廿五年己亥正月廿九日　時年四十有五

生二子　長謙釗　次謙鈺

三女長適孔　次適姚　三適張

墓葬

行祥三百六五諱祥崙字香山

慈二百廿四慈烈公次子

生於清道光廿九年己酉四月十七日酉時

卒於民國　年　月　日　時

娶陳氏生於清咸豐九年己未十一月廿四日辰時

卒於清光緒十八年壬辰九月初九日辰時年三十有

四

生一子　謙雲

二女長適張　次適姚

墓葬

行祥三百六六諱祥連

慈二百九九慈培公次子

生於清道光廿九年己酉　月　日　時

卒無查

寓居太倉

行祥三百六七諱祥寶

慈三百四十慈裕公次子

生於清道光三十年庚戌四月廿八日申時

卒於民國六年丁巳三月十八日子時壽六十有八

未娶

行祥三百六八諱祥賚字月莊

慈百八十慈琰公次子

生於清道光三十年庚戌七月二十日午時

卒於清光緒三十一年乙巳十月十七日午時年五十

有六

娶袁氏生於清咸豐四年甲寅二月廿六日子時
卒於清同治十二年癸酉五月十九日子時年二十歲
繼娶應氏生於清咸豐五年乙卯十月初一日申時
卒於民國九年庚申四月初七日辰時壽六十有六
生二子　長謙華　次謙莘
一女適方
墓葬

行祥三百六九　諱祥甡
慈三百五四　慈元公次子
生於清道光三十年庚戌十一月初三日午時
卒無查未娶

行祥三百七十 諱祥鈴
慈三百八慈任公之子
生於清道光三十年庚戌十一月初六日辰時
卒於清光緒廿三年丁酉四月初八日　時年四十八
娶倪氏生於清道光三十年庚戌八月初三日　時
卒於民國三年甲寅八月十二日　時壽六十有五
生二子　長謙浩　次謙三
二女長適郎　次適洪
墓葬上坂河泭

行祥三百七一　諱祥福
慈二百九九慈培公三子

生於清道光三十年庚戌　月　日　時

未娶

寓居太倉

行祥三百七二諱祥樟字瑞廷

慈二百八五慈滄公四子

生於清咸豐元年辛亥正月十四日卯時

卒於清宣統元年己酉八月初十日申時年五十有九

娶方氏生於清咸豐元年辛亥六月廿三日子時

卒於清光緒廿九年壬寅六月初三日申時年五十二

生二子　長謙熾早世　次謙焌

墓葬

行祥三百七三諱祥遠

慈百七六慈根公三子

生於淸咸豐元年辛亥二月十五日卯時

卒於淸同治五年丙寅九月初五日　時年一十有六

未娶

行祥三百七四諱祥明

慈百七五慈昇公亥子

生於淸咸豐元年辛亥六月廿六日丑時

卒於淸光緒十三年丁亥十一月廿二日午時年三十

有七

娶邵氏　淸光緒朝欽旌節孝生於淸同治二年癸亥十

月十二日丑時
卒於清光緒廿五年己亥十二月十二日　時年三十
有七
生一女適鄭
無後　以祥行四百廿二祥有公次子文銘入繼
墓葬鍾家堰河旁

行祥三百七五諱祥芳字旭初又字顯章
慈三百廿九慈介公長子
生於清咸豐二年壬子二月初八日卯時
卒於民國六年丁巳十二月初九日酉時壽六十有六
娶成氏生於清道光三十年庚戌十一月初一日丑時

卒於民國三年甲寅九月十三日卯時壽六十有五
生四子　長謙福　次謙德　三謙光　四謙耀
一女適姚
墓葬
行祥三百七十六諱祥森
慈又三百五三慈梁公之子
生於清咸豐二年壬子四月初一日子時
卒無查未娶
行祥三百七十七諱祥連字蘇連
慈三百六三慈邦公之子
生於清咸豐二年壬子五月初八日子時

卒於民國　年　月　日　時
娶方氏生於清咸豐三年癸丑正月初二日　時
卒於清宣統元年己酉二月廿七日申時年五十有七
生二女長適王　次適徐
無後

行祥三百七八　諱祥雲
慈二百八七慈曛公次子
生於清咸豐二年壬子六月廿七日亥時
卒於清光緒廿五年己亥十二月廿七日　時年四十
有八未娶

行祥三百七九　諱祥鏞

慈二百五二慈槐公三子
生於清咸豐二年壬子七月初九日戌時
卒無查未娶

行祥三百八十　諱祥暄
慈三百五八慈鳳公之子
生於清咸豐二年壬子七月十四日酉時
卒於　年　月　日　時
外出無查

行祥三百八一　諱祥圻
慈百九七慈翦公次子
生於清咸豐二年壬子七月十八日戌時

卒於清光緒十二年丙戌八月廿九日巳時年三十五
娶　氏改適
無後

行祥三百八二諱祥劾小名阿五號徵甫
慈二百六十慈暉公次子
生於清咸豐二年壬子九月初一日未時
卒於清光緒十二年丙戌正月廿八日戌時年三十五
娶徐氏生於清同治五年丙寅十二月十九日辰時
卒無查
無後
墓葬嚴墊朱

行祥三百八三 諱祥標 字雨美
慈三百七七慈泮公之子
生於清咸豐二年壬子十一月廿三日卯時
卒於清光緒廿一年乙未十二月廿九日申時年四十
有四
娶張氏生於清同治六年丁卯十月十六日亥時
無後

行祥三百八四 諱祥科
慈三百九六慈玉公之子
生於清咸豐三年癸丑正月初五日戌時
卒於　年　月　日　時

娶葛氏生於清同治三年甲子八月初三日　時

卒於清光緒十二年丙戌十一月十八日　時年二十

有三

久客未歸

行祥三百八五　諱　森　字瑞甫

慈二百四二慈鈞公五子

生於清咸豐三年癸丑四月初五日申時

卒於民國十八年己巳九月十八日午時壽七十有七

娶陳氏生於清同治六年丁卯二月十八日　時

卒於清光緒廿八年壬寅九月初二日亥時年三十六

生一子　謙禮

行祥三百八六 諱祥炘
慈三百四九慈震公長子
生於清咸豐三年癸丑十一月十七日申時
卒於清光緒九年癸未八月十五日丑時年三十有一
娶葛氏生於清咸豐七年丁巳十一月初五日戌時
卒於清光緒廿七年辛丑七月廿三日 時年四十五
生一子 謙吉
墓葬

行祥三百八七 諱祥櫝 原名景蓮 改名祥春 字梧鄰 號仲養 又
號東河居士 歲貢生遇缺先訓導內閣中書升銜署
理金華縣教諭

慈三百六六慈瀚公次子

生於清咸豐四年甲寅三月廿七日寅時

娶胡氏生於清咸豐二年壬子九月初十日亥時

卒於清光緒十六年庚寅二月廿五日丑時年三十九

生三子　長文燕出繼　次文鳳　三文鵬

繼娶嚴氏　年十五六父病危割股和藥以進父病霍愈

秉性淑慎撫前子如己出生於清同治七年戊辰十一

月初二日亥時

卒於清光緒三十年甲辰十月十二日丑時年三十七

生二子　長文奎　次文沅

一女適鎮邑董占春

側室陳氏生於清光緒十六年庚寅正月二十日未時
卒於清光緒三十三年丁未十月初十日申時年一十
有八
側室戴氏生於清光緒十一年乙酉六月初一日卯時
卒於民國十八年己巳八月十七日午時年四十有五
生一子　文劭
五女
壽域在本邑東鄉山頭黄地方河嘴坐艮向坤兼寅申

行祥三百八八　諱祥高
慈二百四五慈鶴公之子
生於清咸豐四年甲寅七月十四日戌時

久住蘇州無查

行祥三百八九 諱祥楓

慈三百四二慈道公長子

生於清咸豐四年甲寅八月廿三日辰時

卒無查 未娶

行祥三百九十 諱祥機 官名景春 字織雲 號煦伯 邑庠生清

光緒乙酉科舉人敕封徵仕郎中書科中書

慈三百四十慈潮公三子

生於清咸豐四年甲寅九月初一日子時

卒於清光緒十五年己丑十一月初五日午時年三十

有六

娶姚氏生於清咸豐五年乙卯三月初一日酉時
卒於民國十一年壬戌七月初九日巳時壽六十有八
生三子　長文然　次文烶　三文煥
一女適翁
墓葬燮登橋

行祥三百九一　諱祥法
慈二百九五慈富公之子
生於清咸豐四年甲寅十一月十八日巳時
卒於　年　月　日　時
娶費氏生於清咸豐七年丁巳五月初三日子時
卒於　年　月　日　時

謙

無後

行祥三百九二 諱祥麟 字關華

慈三百十三 慈鴻公之子

生於清咸豐五年乙卯二月初六日子時

卒於清光緒廿一年乙未十二月廿四日　時年四十

有一

娶張氏生於清咸豐八年戊午十二月三十日戌時

卒於民國十年辛酉十二月二十日寅時壽六十有四

生三子　長謙和　次謙育　三謙炳

一女適孔

墓葬鎮邑莊斗父墳旁

行祥三百九三諱祥彪
慈二百三九慈槐公三子
生於清咸豐五年乙卯二月十一日戌時
卒於　年　月　日時
娶穆氏生於清咸豐　年　月　日時
生一子　謙允

行祥三百九四諱祥爕
慈三百廿七慈雯公之子
生於清咸豐五年乙卯六月十三日辰時
久出無查

行祥三百九五諱祥栻又名式釗號貞泰　國學生

慈三百四十慈潮公四子

生於淸咸豐五年乙卯十二月廿二日酉時

卒於淸光緒六年庚戌九月初五日辰時年二十有六

娶邵氏　淸光緒朝欽旌節孝建坊入祠生於淸咸豐四

年甲寅八月三十日辰時

卒於民國元年壬子正月初十日未時年五十有九

生一子　文燧

墓葬吳夾嶴

行祥三百九六諱祥淮字長源

慈二百五六慈煦公之子

生於淸咸豐六年丙辰正月十一日巳時

卒於清光緒二十年甲午七月廿六日戌時年三十九
娶葛氏生於清咸豐六年丙辰十月初十日丑時
卒於民國三年甲寅二月初十日午時年五十有九
生五子　長謙鰲　次謙順　三謙衷　四謙光
五謙巽
一女適杜
墓葬鎮邑薛家橋
行祥三百九七諱祥茂
慈二百八十慈烝公次子
生於清咸豐六年丙辰十一月十一日申時
卒於民國八年己未十月　日　時壽六十有四

娶　氏生卒無查

生一子　謙安

二女長適　次適

行祥三百九八諱祥琪字懷廷

慈三百九一慈順公之子

生於清咸豐六年丙辰十二月廿七日子時

卒於清光緒三十三年丁未十月十四日寅時年四十

有二

娶邵氏生於清咸豐六年丙辰正月廿五日　時

卒於清同治十二年癸酉十二月廿七日卯時年一十

有八

繼娶葛氏生於清咸豐十年庚申二月初一日戌時
卒於清光緒三十三年丁未十月初六日戌時年四十
有八
生一子　謙棟
側室唐氏生於清同治九年庚午正月初九日午時
卒於民國十五年丙寅二月廿四日　時年五十有七
生二子　長謙楓　次謙榛
墓葬塔嶼廟滃西首河旁

行祥三百九九　諱祥甯
慈三百七六慈蓮公長子
生於清咸豐七年丁巳三月初一日戌時

卒無查未娶

行祥四百 諱祥豪 字坤元

慈三百五七慈順公之子

生於清咸豐七年丁巳三月初五日丑時

卒於民國十八年己巳九月廿五日巳時壽七十有三

娶應氏生於清同治四年乙丑五月十六日卯時

生二子　長謙珍　次謙生

行祥又四百 諱祥祿

慈三百六七慈煊公之子

生於清咸豐七年丁巳三月二十日子時

卒於　年　月　日　時

娶　氏生於清咸豐　年　月　日時

生二子　長謙德　次謙地

寓居嵊縣西巖

行祥四百一　諱祥柄

慈三百四二慈道公次子

生於清咸豐七年丁巳三月廿八日丑時

卒無查未娶

行祥四百二　諱祥賡

慈四百七慈萊公長子

生於清咸豐七年丁巳四月廿五日巳時

卒於清光緒廿七年辛丑八月十三日　時年四十五

娶孔氏 改適

無後

行祥四百三 諱 祥泉

慈三百四九慈震公次子

生於清咸豐七年丁巳七月十六日戌時

卒於清光緒廿四年戊戌四月十三日午時年四十有

二

娶方氏生於清同治七年戊辰九月十三日　時

卒於清光緒十五年己丑正月十五日　時年三十有

二

繼娶胡氏 改適

無後　以祥四百廿六祥耀公三子文高入繼

墓葬

行祥四百四　諱祥豐

慈二百六二慈搢公次子

生於清咸豐八年戊午三月初四日午時

卒於民國十五年丙寅五月廿六日辰時壽六十有九

娶姚氏生於清咸豐九年己未九月初一日　時

卒於清光緒十五年己丑正月十二日　時年三十有一

繼娶姚氏生於清同治十年辛未六月初七日申時

側室李氏生於清光緒四年戊寅五月十九日辰時

卒無查

生一子　謙棠

側室朱氏生於清同治八年己巳九月十九日　時

生一子　謙發

三女長適洪　次適范　三適孔

行祥四百五諱祥衛字金生

慈三百十三慈萊公三子

生於淸咸豐八年戊午五月十九日卯時

卒無查

娶　氏生卒無查

生二子　長謙泉　次謙福

墓葬

行祥四百六諱祥楣字聯甫

慈二百十五元坤公四子

生於清咸豐八年戊午七月二十日酉時

卒於清光緒廿七年辛丑十一月十五日　時年四十

有四

娶徐氏生於清同治八年己巳十月十七日子時

無後　以寓居圖四港閘謙富承值祭祀

生四女長適李　次適徐　三適周　四適胡

墓葬大車頭港

行祥四百七諱祥生

慈二百六三慈良公之子

生於淸咸豐八年戊午九月十一日卯時

卒無查未娶

行祥四百八 諱祥盈 字誠泰

慈三百七慈甡公三子

生於淸咸豐八年戊午十二月廿八日寅時

卒於民國十四年乙丑十二月十一日酉時壽六十有七

娶王氏生於淸咸豐十年庚申十二月十四日子時

卒於民國十八年己巳正月十二日寅時壽七十歲

生六子 長謙唐 次謙潮 三謙源 四謙淵

五謙浩　六謙洪

墓葬

行祥四百九諱祥霖

慈三百七六慈蓮公次子

生於清咸豐九年己未十月廿八日亥時

卒於清光緒　年　十二月初十日　時

娶翁氏生於清咸豐九年己未　月　日　時

卒於清光緒　年　十二月廿三日　時

無後

墓葬

行祥四百十諱祥球

慈二百八二慈相公長子
生於清咸豐九年己未十一月廿三日辰時
卒於清光緒廿一年乙未七月初九日　時年三十七
未娶
墓葬洪家門前
行祥四百十一諱祥清
慈三百十六慈貴公長子
生於清咸豐十年庚申正月初五日子時
卒無查
娶　氏生於清咸豐九年己未十一月廿五日戌時
卒於清光緒四年戊寅十月十一日子時年二十歲

無後

墓葬

行祥四百十二諱祥枋

慈三百四二慈道公三子

生於清咸豐十年庚申八月初二日亥時

卒無查未娶

行祥四百十三諱祥球字亦珍

慈四百六十慈榮公長子

生於清咸豐十年庚申十一月十四日酉時

娶孔氏生於清同治四年乙丑六月十一日　時

卒於清光緒十年甲申十一月十六日　時年二十歲

生一子　謙耿
繼娶王氏生於清同治七年戊辰二月初五日　時
卒於清光緒十九年癸巳八月初七日　時年二十六
又娶胡氏生於清同治十三年甲戌二月十八日　時
卒於清光緒廿七年辛丑十二月初三日　時年二十
有八

行祥四百十四　諱祥楙　字益齋　由國學生捐授同知銜誥授
奉政大夫
慈三百六六　慈瀚公三子　有俠氣馳馬試劍能濟人之急
救人之危方山子一流人物
生於清咸豐十年庚申十一月廿八日寅時

卒於清光緒廿四年戊戌二月初九日戌時年三十九
娶馬氏生於清咸豐九年己未五月十六日丑時
生二女長適葛　次適周
側室韓氏生於清同治十二年癸酉十二月廿七日寅時
卒於清光緒二十六年庚子九月初四日申時年二十
有八
生一子　文驤
墓葬鎮邑西管鄉雙蔛村

行祥四百十五　諱祥松　字寶春
慈四百三七慈龍公之子
生於清咸豐十一年辛酉三月十二日子時

卒於民國九年庚申四月初一日辰時壽六十歲

娶陳氏生於清同治元年壬戌八月十四日　時

卒於清光緒　年　五月初十日　時

繼娶陸氏生於清同治八年己巳九月十一日　時

卒於清光緒　年　六月廿七日　時

側室徐氏生於清光緒三十四年戊申十月十七日卯時

卒於　年　十月廿三日丑時

繼娶滕氏生於清光緒五年己卯七月廿三日辰時

生一子　謙仁

行祥四百十六諱祥禧字賢孚

慈三百八六慈泰公長子

生於清咸豐十一年辛酉五月十二日未時
卒於民國十五年丙寅五月廿六日未時壽六十有六
未娶

行祥四百十七諱祥槤字鏡湖
慈四百十七慈棣公長子
生於清咸豐十一年辛酉五月十九日丑時
卒於民國七年戊午三月初十日辰時年五十有八
娶邵氏生於清同治三年甲子十二月廿六日申時
生二子　長文瀾　次文海

行祥四百十八諱祥槤
慈三百廿五沛乾公長子

生於清咸豐十一年辛酉六月初二日戌時
卒於清光緒廿五年己亥十月初六日寅時年三十九
娶費氏生於清咸豐八年戊午五月十八日申時
卒於民國七年丁巳五月二十日午時壽六十歲
無後
墓葬

行祥四百十九　諱祥榮
慈四百五二慈麟公長子
生於清咸豐十一年辛酉七月廿七日亥時
卒於清光緒廿二年丙申七月廿七日　時年三十六
娶洪氏生於清同治四年乙丑七月十六日丑時

卒於民國　年　閏五月初九日　時

生一子　謙益

墓葬

行祥四百二十諱祥廷號乾坤

慈四百四六慈蔡公之子

生於清咸豐十一年辛酉十一月初四日卯時

卒無沓

行祥四百廿一諱祥銀

慈二百五二慈槐公四子

生於清咸豐十一年辛酉十一月廿一日戌時

卒無沓未娶

行祥四百廿二諱祥有

慈二百七九慈福公長子　君彈花爲業招集衆工督促之

八口之家藉以無憂

生於清咸豐十一年辛酉十一月廿三日丑時

卒於清光緒廿五年己亥九月初二日巳時年三十九

娶邵氏生於清光緒元年乙亥正月二十日辰時

生二子　長文星　次文銘出繼

行祥四百廿三諱祥寶字寶生

慈二百七三慈瑜公之子

生於清同治元年壬戌七月十四日未時

久出無查未娶

行祥四百廿四諱祥璉字錦才

慈四百六十慈榮公次子

生於清同治元年壬戌十一月初四日卯時

卒無查

娶劉氏生於清同治十一年壬申　月　日　時

無後

行祥四百廿五諱祥恆

慈四百四慈諾公長子

生於清同治元年壬戌十一月廿九日戌時

卒於清光緒九年癸未五月十六日午時年二十有二

娶孔氏生於清同治二年癸亥正月初九日辰時

無後

行祥四百廿六 諱祥耀

慈三百八四 慈春公長子

生於清同治元年壬戌十二月初八日卯時

卒於清光緒廿八年壬寅十一月二十日巳時年四十

有一

娶盧氏生於清同治五年丙寅三月初十日戌時

卒於民國元年壬子三月十一日酉時年四十有七

生三子 長謙裕 次謙艮 三文高出繼

女 適

墓葬

行祥四百廿七諱祥棻名式銘字愼思號純史　國學生

慈三百六六慈瀚公四子

生於清同治二年癸亥四月廿二日申時

卒於民國九年庚申十二月初六日未時年五十有八

娶劉氏生於清同治元年壬戌七月初二日未時

卒於清光緒廿八年壬寅十二月十五日未時年四十有一

生五子　長文照　次文甲　三文傑　四文第

五文萊

四女長適周　次適董　三適李　四適鄭

側室王氏生於清同治十三年甲戌九月初九日　時

墓葬本邑東鄉吳夾嶴

行祥四百廿八 諱祥組

慈四百十一 慈鎔公長子

生於清同治二年癸亥十月二十日戌時

卒無查未娶

行祥四百廿九 諱祥龍

慈三百八七 慈永公長子

生於清同治二年癸亥 月 日 時

隨母至灣頭無查

行祥四百三十 諱祥品

慈百九一 慈寧公次子

生於清同治三年甲子正月初三日寅時
卒於清光緒廿一年乙未九月廿五日　時年三十二
娶姚氏生於清同治三年甲子十月十一日巳時
生二子　長謙抑　次謙撝

行祥四百三一　諱祥奎
慈三百廿九慈介公次子
生於清同治三年甲子七月廿六日子時
卒於清光緒十年甲申七月十三日　時年二十有一
娶胡氏生於清同治八年己巳十一月初三日　時
卒於清光緒　年　四月初十日　時
繼娶段氏生於清同治十一年壬申三月初三日　時

卒於清光緒　年　八月初四日　時

無後

墓葬後三房倒橋跟

行祥四百三二　諱祥枋　名式鏞　字承楚　國學生

慈三百六六慈瀚公五子

生於清同治三年甲子十一月廿九日亥時

卒於民國六年丁巳二月廿九日戌時年五十有四

娶陳氏生於清同治元年壬戌八月廿八日卯時

卒於清光緒十年甲申十一月十八日戌時年二十有

三

繼娶陳氏生於清同治四年乙丑正月廿八日子時

卒於民國十三年甲子十月初八日巳時壽六十歲
生四子　長文鴻　次文鵠　三文鴛　四文鶴
三女長適盛　次適方　三適舒
墓葬鎮邑前王

行祥四百三三　諱祥豐
慈四百七慈萊公次子
生於清同治三年甲子十二月十七日子時
卒於民國十一年壬戌八月初七日　時年五十有九
娶陳氏生於清同治十二年癸酉七月三十日酉時
生四子　長謙源　次謙瑭　三謙善　四謙嘉
四女長適潘　次適洪　三適趙　四適張

行祥四百三四諱祥華

慈三百四八慈成公之子

生於清同治四年乙丑五月初三日午時

卒無查未娶

行祥四百三五諱祥琛字亦珊

慈四百六十慈榮公三子

生於淸同治四年乙丑五月十四日寅時

卒於民國十七年戊辰　月　日　時壽六十有四

娶周氏生於淸同治十三年甲戌九月初八日丑時

卒於民國十八年己巳十月廿三日午時年五十有六

無後

行祥四百三六諱祥鎮
慈三百八六慈泰公次子
生於清同治四年乙丑六月初八日寅時
未娶

行祥四百三七諱祥錦
慈四百六九慈恩公長子
生於清同治五年丙寅六月廿五日酉時
卒於清光緒　年　月　日　時
娶　氏生於清同治
生二子　長謙泰　次謙友

行祥四百三八諱祥芳

慈三百六一　慈有公長子
生於清同治五年丙寅七月十一日卯時
卒於民國八年己未九月十四日巳時年五十有四
娶嚴氏生於清同治十三年甲戌三月廿九日午時
卒無查
繼娶洪氏生於清光緒二年丙子八月廿二日亥時
卒無查
生四子　長謙耀　次謙隆　三謙惠　四謙彪
墓葬

行祥四百三九諱祥奎字藍田

慈四百四一　慈涵公之子

生於清同治五年丙寅八月二十日卯時
娶　氏生於清同治十二年癸酉十二月初十日戌時
卒於民國十二年癸亥正月初九日未時年五十有一
生一子　謙益
繼娶翁氏生於清光緒八年壬午四月十六日酉時
行祥四百四十　諱祥鈁
慈二百五二慈槐公五子
生於清同治五年丙寅十一月十四日巳時
未娶
出外未歸
行祥四百四一　諱祥忠字東生

慈四百四九慈恆公長子

生於清同治五年丙寅十一月十六日子時

卒於

娶洪氏生於清同治十年辛未正月十一日　時

卒於清宣統元年己酉十二月十七日　時年三十九

無後

行祥四百四二　諱祥美　字金生

慈四百十九慈桂公長子

生於清同治五年丙寅十二月廿八日亥時

卒於民國十六年丁卯二月廿五日辰時壽六十有二

娶周氏生於清光緒元年乙亥十月廿五日戌時

生一子　謙壽

四女

行祥四百四三諱文宏字深才

慈四百五五慈寅公之子

生於清同治六年丁卯正月廿五日申時

卒於民國十六年丁卯二月十七日丑時壽六十有一

娶邵氏生於清光緒九年癸未正月初七日未時

生二子　長謙益

行祥四百四四諱祥林

慈四百八慈盛公之子

生於清同治六年丁卯六月廿三日　時

娶陳氏生於清光緒十年甲申十月廿七日丑時

行祥四百四五　諱祥金

慈三百九四慈茂公之子

生於清同治七年戊辰三月初六日辰時

卒於清光緒十年甲申十二月十二日戌時年一十有七

行祥四百四六　諱祥福

慈二百八三慈璇公之子兼承慈三百四五慈璣公祀

生於清同治七年戊辰三月初十日亥時

娶張氏生於清光緒十年甲申　月　日時

無後

行祥四百四七諱祥鋆字韻笙
慈四百八九慈立公長子兼承慈三百五九慈慧公祀
生於清同治七年戊辰九月十九日戌時
卒於民國十一年壬戌九月初三日子時年五十有五
娶姚氏生於清同治九年庚午十二月廿三日酉時
卒於民國十二年癸亥十一月十五日　時年五十有
四
生一子　謙松
墓葬

行祥四百四八諱祥華
慈四百五二慈麟公次子

生於清同治八年己巳正月廿一日子時

娶朱氏生於清同治十年辛未八月十二日　時

卒於清光緒廿三年丁酉五月廿二日　時年二十有

八

生一子　謙明

繼娶張氏生於清光緒三年丁丑八月廿一日　時

生　子　謙恩

一女適沈

行祥四百四九諱祥年字三英

慈四百三五元本公之子

生於清同治八年己巳三月十三日申時

卒於清光緒廿二年丙申正月十五日辰時年二十八
娶陳氏生於清同治九年庚午二月廿三日申時
卒於清光緒三十三年丁未二月廿八日卯時年三十
有八
生一子　謙蕙
二女長適莊　次適姚
葬油車橋坐東朝西
行祥四百五十　諱祥琪字鏡珊
慈四百四五慈棣公次子
生於清同治八年己巳十月初七日卯時
卒於清光緒廿九年癸卯九月初七日酉時年三十有

五

娶馮氏生於清同治十二年癸酉三月廿四日未時

卒於清光緒廿八年壬寅十一月廿一日戌時年三十

歲

生一子　文濤

墓葬

行祥四百五一　諱祥甡

慈三百六一　慈有公次子

生於清同治九年庚午二月十二日卯時

無查

行祥四百五二　諱祥元

慈四百九慈萬公長子

生於清同治九年庚午三月十一日寅時

娶姚氏生於清光緒四年戊寅六月初六日　時

生三子　長文吉　次文宗　三文洪

行祥四百五三諱祥智字乾順

慈　慈盈公長子

生於清同治九年庚午九月廿四日寅時

娶陳氏生於清光緒五年己卯十二月十五日卯時

卒於民國八年己未八月初三日亥時年四十有一

生一女適王

繼娶張氏生於清光緒五年己卯八月初八日申時

行祥四百五四諱祥森字春來

慈四百四七慈霉公之子

生於清同治九年庚午十一月廿九日寅時

卒於清宣統二年庚戌七月初十日寅時年四十有一

娶邵氏生於清同治九年庚午九月十二日未時

娶妾蔣氏生於清光緒七年辛巳十二月初一日　時

行祥四百五五諱祥法字妙法

慈四百十三慈琛公長子

生於清同治十年辛未正月初一日寅時

卒於民國六年丁巳　月　日　時年四十有七

娶滕氏生於清光緒十八年壬辰七月十七日　時

行祥四百五六諱祥富

慈四百廿九慈鶴公長子

生於清同治十年辛未二月初八日寅時

娶朱氏生於清光緒十三年丁亥八月十五日卯時

生一女適

行祥四百五七諱祥裕

慈三百九九慈錦公長子

生於清同治十年辛未十一月初一日戌時

卒於清光緒廿七年辛丑八月十五日寅時年三十有

一

娶孔氏改適

行祥四百五八　諱文江

慈四百五五慈寅公次子

生於清同治十一年壬申二月廿九日酉時

卒於清光緒三十年甲辰四月廿二日　時年三十三

娶應氏生於清光緒十七年辛卯九月初十日　時

卒於民國　年　八月廿七日　時

行祥四百五九　諱祥賛

慈二百六五慈瑚公之子

生於清同治十一年壬申五月廿八日　時

無查

寓居京城

行祥四百六十　諱祥榮字仁法
慈四百十三慈琛公次子
生於清同治十二年癸酉十一月初五日寅時
卒於民國六年丁巳　月　日　時年四十有五
娶洪氏生於清光緒四年戊寅三月初一日辰時

行祥又四百六十　諱祥樟
慈四百十二慈篆公長子
生於清同治十三年甲戌十月廿四日戌時
娶洪氏生於清光緒四年戊寅三月初一日寅時
生一子

行祥四百六一　諱祥鏞字榮卿號芝生

慈四百九六慈權公長子
生於淸光緒元年乙亥八月初一日卯時
卒於民國七年戊午十一月廿五日　時年四十有四
娶施氏生於淸光緒六年庚辰八月廿四日未時
卒於淸光緒廿三年丁酉七月十四日酉時年一十八
又娶龔氏生於淸光緒五年己卯七月十五日　時
生一子　文渭
一女

行祥四百六二諱祥鑒字鑒生
慈四百八九慈立公次子
生於淸光緒元年乙亥九月廿九日午時

娶葛氏生於清同治十三年甲戌九月十二日戌時

行祥四百六三諱祥富字穀臣

慈四百七三慈慧公之子

生於清光緒元年乙亥十二月廿四日子時

娶方氏生於清光緒六年庚辰十一月十五日戌時

卒於清光緒三十三年丁未五月初二日 時年二十有八

生二子 長文英 次文中

一女適洪

繼娶吳氏生於清光緒十六年庚寅五月十八日未時

卒於民國十四年乙丑七月十三日未時年三十有六

生一子

二女

行祥四百六四 諱祥卿 字阿娥

慈四百十二慈笿公次子

生於清光緒二年丙子十月廿四日 時

卒於民國十六年丁卯十月十一日未時年五十有二

娶方氏生於清光緒十一年乙酉十月初七日申時

生三子 長謙興 次謙金

二女長適李 次適

行祥四百六五 諱祥發

慈四百廿九慈鶴公次子

生於清光緒三年丁丑五月初八日辰時

出外無查

行祥四百六六　祥珏字金順

慈　慈盈公次子

生於清光緒三年丁丑十月廿四日卯時

娶顧氏生於清光緒十五年己丑八月十五日未時

卒於民國十年辛酉七月初九日戌時年三十有三

生一子　謙吉

一女適邵

行祥四百六七　祥欽字錦榮號安榮

慈四百五九慈埅公長子

生於清光緒四年戊寅三月廿五日酉時

娶陳氏生於清光緒十三年丁亥六月十三日申時

行祥四百六八　諱祥鑑　字慶福

慈四百八四慈棠公之子

生於清光緒四年戊寅六月廿二日未時

卒於民國十八年己巳二月廿九日未時年五十有二

娶陳氏生於清光緒二年丙子七月十一日辰時

生一子　謙富

行祥四百六九　諱祥震　字澤霖　國子監典籍

慈四百八十慈楞公之子

生於清光緒五年己卯七月廿三日酉時

卒於民國三年丙寅八月十八日　時年三十有八
娶盛氏生於清光緒五年己卯正月廿七日戌時
卒於清光緒廿九年癸卯二月初十日　時年二十有
五
無後
生二女長適莊　次適韓
墓葬大車頭港
行祥四百七十諱祥釗
慈五百七慈權公長子
生於清光緒六年庚辰六月廿五日申時
卒於清光緒廿四年戊戌二月十七日　時年一十有

九

行祥四百七一　祥發

慈四百七七慈彥公之子

生於清光緒六年庚辰八月初三日辰時

娶杜氏生於清光緒十二年丙戌正月十一日丑時

生二女

側室金氏生於清光緒十六年庚寅八月廿八日酉時

行祥四百七二　祥耿

慈四百五八慈楠公長子

生於清光緒六年庚辰十一月十四日丑時

娶姚氏生於清光緒八年壬午八月十四日午時

行祥四百七三諱祥琢字珅美號詢梅
慈四百廿一慈忠公之子
生於清光緒七年辛巳五月十一日辰時
卒於民國十六年丁卯九月初六日寅時年四十有七
娶范氏生於清光緒七年辛巳十二月初七日午時
生一子　謙松
一女適羅

行祥四百七四諱祥潮
慈四百十七慈鶴公長子
生於清光緒七年辛巳六月廿八日午時
卒於民國八年己未十月初一日子時年三十有九

娶姚氏生於清光緒十一年乙酉五月十三日午時

卒於　　年　　五月十二日子時

行祥四百七五　祥貞字雲林

慈四百八七慈廷公長子

生於清光緒七年辛巳閏七月十九日午時

娶胡氏生於清光緒十年甲申十一月初十日寅時

卒於民國十六年丁卯六月初七日戌時年四十有四

生二子　長謙豫

三女長適陳　次適羅

行祥四百七六　祥法

慈四百八五慈椿公之子

生於淸光緒七年辛巳九月十五日酉時

娶毛氏

寓居上海

行祥四百七七　祥麟小名阿七

慈四百七十慈佩公之子

生於淸光緒七年辛巳十一月初十日巳時

行祥四百七八　祥鎰字裕臣

慈四百九六慈權公次子爲慈四百六一慈舜公繼子

生於淸光緒七年辛巳十一月十一日午時

娶周氏生於淸光緒七年辛巳十一月十一日辰時

生四子

三女長適林

行祥四百七九　祥瑛字銀順

慈　　慈盈公三子

生於清光緒八年壬午十二月十五日卯時

未娶

行祥四百八十　祥孝字桐甫

慈四百四九慈恒公次子

生於清光緒九年癸未四月十四日寅時

娶方氏生於清光緒十三年丁亥十二月十五日　時

行祥四百八一　諱祥豪

慈四百九九慈富公長子

生於清光緒九年癸未十二月初七日寅時
卒於清光緒廿五年己亥正月十八日子時年一十有
七
行祥四百八二　祥煌
慈四百五八慈楠公次子
生於清光緒十年甲申正月初五日巳時
行祥四百八三　祥貴字三順
慈四百五二慈麟公三子
生於清光緒十年甲申七月十二日午時
娶曹氏生於清光緒十年甲申正月廿三日　時
生一子　謙梅

行祥四百八四　祥發
慈三百九六慈玉公次子
生於清光緒十一年乙酉十月十九日卯時

行祥四百八五　祥鴻字銀水
慈四百九十慈愷公長子爲慈四百五十慈恆公繼子
生於清光緒十一年乙酉十一月十三日子時
無查

行祥四百八六諱祥光
慈四百九慈萬公次子
生於清光緒十一年乙酉十一月廿一日酉時
卒於清光緒廿九年癸卯　月　日　時年一十九

未娶

行祥四百八七　祥鑣字惠臣

慈四百九六慈權公三子

生於清光緒十二年丙戌六月廿三日子時

娶費氏生於清光緒十六年庚寅九月初二日戌時

生一子

一女

行祥四百八八　祥欽字昌年

慈五百七慈樟公次子

生於清光緒十二年丙戌九月初二日酉時

娶劉氏生於清光緒十五年己丑五月二十日辰時

卒於民國十一年壬戌正月十一日子時年三十有四

繼娶陳氏生於清光緒廿七年辛丑十月十二日　時

行祥四百八九　祥法 字潮雲

慈四百十七慈鶴公次子

生於清光緒十三年丁亥二月初四日辰時

娶葛氏生於清光緒廿二年丙申二月十二日丑時

生一子　謙安

側室蔡氏生於清光緒廿五年己亥六月廿五日子時

行祥四百九十 諱祥陞

慈五百七慈富公次子

生於清光緒十三年丁亥三月廿二日申時

卒於民國十五年丙寅三月十一日午時年四十歲
娶曹氏生於清光緒十四年戊子四月廿二日申時
生二子　長謙榮

一女適黄崗胡
行祥四百九一　祥文
慈四百七八慈本公長子繼慈四百五六慈占公繼子
生於清光緒十四年戊子七月十三日辰時
娶費氏生於清光緒十九年癸巳十二月初二日戌時
生一子
行祥四百九二諱祥棟字麟生
慈四百八八慈廷公次子

生於清光緒十四年戊子七月廿一日辰時
卒於民國四年乙卯二月初七日亥時年二十有八
娶曹氏生於清光緒十八年壬辰閏六月廿一日亥時

行祥四百九三　祥鈺
慈四百五九慈堃公次子
生於清光緒十四年戊子十月初八日卯時

行祥四百九四　祥麟　字慶生
慈四百八六慈勇公之子
生於清光緒十五年己丑三月初五日申時

行祥四百九五　祥鵠　字明水
慈四百九十慈愷公次子

生於清光緒十五年己丑十二月廿三日戌時

卒無查

娶吳氏生於清光緒廿七年辛丑六月十一日戌時

行祥四百九六 諱祥章 字水法

慈四百七八慈本公次子

生於清光緒十七年辛卯四月初四日巳時

卒於民國十六年丁卯二月十九日 時年三十有七

娶洪氏生於清光緒廿五年己亥十月十八日 時

卒於民國八年己未十月十七日 時年二十有一

墓葬

行祥四百九七 祥龍 字春榮

慈五百十二慈玉公之子
生於清光緒十八年壬辰十二月廿三日辰時
娶夏氏生於清光緒廿一年乙未十月十六日巳時
生一子
二女

行祥四百九八　祥年字震才
慈五百十八慈華公長子
生於清光緒廿一年乙未十月廿二日亥時
娶沈氏生於清光緒廿九年癸卯三月廿七日辰時

行祥四百九九　祥銓字仁釗
慈五百七慈樟公三子

生於清光緒廿四年戊戌三月十八日酉時

娶周氏

行祥五百　祥烺字炳富

慈四百九四慈章公之子

生於清光緒廿四年戊戌十二月初十日申時

娶徐氏生於清光緒三十二年丙午四月初八日辰時

行祥五百一　祥珍

慈五百十一慈泉公長子

生於清光緒廿六年庚子六月十五日丑時

娶洪氏生於清光緒廿八年壬寅二月初四日　時

行祥五百二諱祥麟

慈五百二十　慈炎公長子
生於清光緒廿七年辛丑六月初六日卯時
卒於民國九年庚申八月初二日未時年二十歲
未娶

行祥五百三　祥金
慈五百二十　慈炎公次子
生於清光緒三十年甲辰十一月初六日辰時

行祥五百四　祥浩
慈五百十七　慈榮公長子
生於清光緒三十一年乙巳七月十七日辰時
娶陳氏生於清光緒三十三年丁未七月初六日辰時

生一子

行祥五百五 名祥富 字錫金

慈五百四慈深公長子

生於清光緒三十三年丁未十一月十八日戌時

娶陳氏 離異

生一女

繼娶張氏生於清宣統元年己酉四月廿四日午時

行祥五百六 名祥慶 字民才

慈四百三五慈彝公次子

生於清宣統三年辛亥十月十五日子時

娶盛氏生於民國四年乙卯十一月廿二日丑時

行祥五百七名祥垣
慈五百十六慈榮公次子
生於民國元年壬子四月十一日申時
娶陳氏

行祥五百八名祥寧字錫麟
慈五百四慈深公次子
生於民國元年壬子九月十六日卯時
娶鍾氏生於清宣統三年辛亥六月廿八日酉時

行祥五百九名祥英
慈五百十一慈泉公次子
生於民國二年癸丑八月廿九日丑時

行祥五百十名祥德

慈五百十六慈榮公三子

生於民國四年乙卯九月二十日寅時

慈東童氏宗譜卷十一

世傳

第三十一世

行謙一　諱謙盆

祥二文炳公長子

生於清乾隆四十七年壬寅四月初九日寅時

卒於清嘉慶十二年丁卯九月初二日　時年二十有

六

娶陳氏改適

無後

行謙二　諱謙恭字警齋號一帆又號嶼亭

祥四文煒公長子　文章風雅書法遒勁宿學未成歸之天
命
生於清乾隆五十四年己酉六月十九日巳時
卒於清道光十二年壬辰九月初二日酉時年四十有
四
娶沐氏生於清乾隆五十六年辛亥六月初六日子時
卒於清光緒二年丙子六月初一日卯時壽八十有六
生三子　長遜槐　次遜和　三遜華
二女長適洪　次適翁
墓葬十字路茅嶺彭山廟後父墳旁

行謙三　諱謙金　字振聲

祥三文燈公長子

生於清乾隆五十五年庚戌八月十二日卯時

客死河南卒期無查

娶孔氏生於清乾隆五十四年己酉五月廿三日　時

卒於清嘉慶廿三年戊寅正月廿一日　時年三十歲

生二子　長遜順　次遜貫

墓葬屠家㪷父墳旁

行謙四　諱謙亨　字紹基　號樵溪　邑庠生道光十三年學院史

補增廣生

祥三文燈公次子　好學能文博通經史屢戰棘闈薦而未

售

生於清乾隆五十七年壬子二月十三日申時

卒於清道光十七年丁酉七月十三日辰時年四十有

六

娶李氏生於清乾隆六十年乙卯閏二月初一日　時

卒於清道光十四年甲午八月初九日　時年四十歲

生一子　遜言

又娶吳氏生於清嘉慶十四年己巳二月十三日　時

卒於清道光廿二年壬寅五月十七日　時年三十有

四

生一子　遜桂

墓葬雙根橋長吊

行謙五 諱謙常
祥九文烜公長子
生於清嘉慶元年丙辰十月十七日亥時
卒於清道光十年庚寅十二月十九日　時年三十五
娶沈氏生於清乾隆五十九年甲寅正月初五日　時
卒於清道光元年辛巳正月十三日　時年二十有八
生一子　遜全
一女適張
又娶張氏生於清嘉慶十二年丁卯四月十二日辰時
卒於清道光十年庚寅二月初三日　時年二十有四
墓葬後張橋跟

行謙六 諱謙尊 字天爵 號莎舟　從九品

祥十一祥璉公長子

生於清嘉慶二年丁巳三月初三日酉時

卒於清同治元年壬戌十二月十七日　時壽六十有

六

娶傅氏生於清嘉慶五年庚申正月初四日丑時

卒於清咸豐七年丁巳八月初十日　時年五十有八

生二子　長遜益　次遜金

二女長適方　次適洪

墓葬馬徑河沿

行謙七 諱謙吉 字餘慶

祥四文煒公次子

生於清嘉慶二年丁巳九月二十日戌時

卒於清道光十七年丁酉十一月初七日午時年四十

有一

娶董氏生於清嘉慶四年己未九月廿九日辰時

卒於清道光十六年丙申九月初九日午時年三十有

八

生一女適陳

無後

墓葬後坂朝東向

行謙八　諱謙和字可學

祥十一祥璉公次子

生於淸嘉慶三年戊午十月廿一日申時

卒於淸嘉慶廿三年戊寅三月廿五日　時年二十有

一未娶

墓葬鎮龍橋西南首坐西向東

祭祀隨父祀輪辦

行謙九諱謙祿字肇英

祥三文燈公三子

生於淸嘉慶四年己未二月十七日亥時

卒於淸嘉慶　年　十二月廿八日　時未娶

行謙十諱謙懷字谷如號竹虛又號虛堂　國學生例贈儒林

郎
祥八文爛公長子　儉以起家愼以處世課讀課耕貽厥子
孫
生於清嘉慶四年己未二月廿七日戌時
卒於清道光三十年庚戌九月十八日　時年五十有
二
娶張氏生於清嘉慶五年庚申七月廿九日午時
卒於清咸豐十一年辛酉四月初七日未時壽六十有
二
生三子　長遜學　次遜悌　三遜益
二女長適莊　次適陸

墓葬大禪寺港

行謙十一 諱 謙衷 字 宸懷

祥十四文烜公長子

生於清嘉慶四年己未七月初九日申時

卒於清道光十一年辛卯十月十三日未時年三十有三

娶方氏生於清嘉慶六年辛酉八月十二日申時

卒無查

生二子 長 遜賚 次 遜模 出繼

墓葬

行謙十二 諱 謙撝 字 易尊 號 味根 太學生

祥四文煒公三子 居心厚道處事精明和睦宗族友愛兄

弟

生於清嘉慶四年己未十二月十五日辰時

卒於清道光廿九年己酉七月十七日未時年五十有

一

娶胡氏生於清嘉慶三年戊午八月十六日午時

卒於清咸豐八年戊午十月十九日辰時壽六十有一

生二子 長遜桓 次遜鎔

三女長適應 次適穆 三適余

墓葬西河港

行謙十三 諱謙牧 字杏園

祥九文烜公次子

生於清嘉慶五年庚申七月初三日卯時

卒於清同治二年癸亥五月十九日　時壽六十有四

娶朱氏生於清嘉慶七年壬戌六月廿六日辰時

卒於清咸豐九年己未十二月廿九日　時年五十有

八

生三女長適陳　次適翁　三適莊

又娶妾董氏生於清嘉慶十七年壬申十月十四日　時

卒於清道光　年　七月廿八日辰時

無後

行謙十四 諱謙巽 字庚三

祥十六文照公長子

生於清嘉慶五年庚申八月廿八日申時

卒於清道光元年辛巳十月初三日丑時年二十有二

娶邱氏生於清嘉慶二年丁巳七月廿六日子時

卒於清道光元年辛巳十二月十二日丑時年三十有

一

無後　以謙十八謙治公子遜效入繼

墓葬西岸畔

行謙十五諱謙和

祥十七祥文公長子

生於清嘉慶七年壬戌五月十九日午時

卒無查未娶

行謙十六 諱謙本 字禮初

祥十三祥鳳公長子

生於清嘉慶七年壬戌十月廿三日子時

卒於清道光九年己丑九月廿二日戌時年二十有八

娶陳氏生於清嘉慶七年壬戌十月十四日　時

卒於清道光六年丙戌十二月十一日　時年二十五

無後　以弟謙榮公子遜照兼承

墓葬鎮龍橋西南首坐南向北

行謙十七 諱謙風 字東谷

祥二文炳公次子

生於清嘉慶八年癸亥四月初一日子時
卒於清道光三十年庚戌八月十四日子時年四十有
八
娶曹氏生於清嘉慶九年甲子七月十五日辰時
卒於清光緒二年丙子四月廿七日卯時年七十有三
生三子　長遜榮　次遜華　三遜富
一女適董
墓葬後張河滸大路旁東首
行謙十八 諱謙治 字咸一 號階平
祥十六文照公次子
生於清嘉慶八年癸亥八月廿七日子時

卒於清咸豐八年戊午八月廿九日　時年五十有六
娶姚氏生於清嘉慶十二年丁卯正月廿四日戌時
卒於清道光二十年庚子十月十六日戌時年三十有
四
生一子　遜效出繼
繼娶王氏生於清嘉慶十五年庚午六月廿三日子時
卒於清同治五年丙寅正月初九日　時年五十有七
生一子　遜雅
一女適袁
墓葬
行謙十九諱謙恂字杏春

祥八文爛公次子

生於清嘉慶八年癸亥九月二十日午時

卒於清道光十八年戊戌正月初四日亥時年三十有

六

娶應氏生於清嘉慶十年乙丑四月廿三日午時

卒於清道光十六年丙申三月十一日午時年三十有

二

生二子　長遜圭　次遜岳

三女長適張　次適陳　三適成

繼娶周氏　輕年守節撫子成立清咸豐間

欽旌節孝奉主入祠生於清嘉慶廿二年丁丑四月初

四日子時

卒於清道光廿四年甲辰正月廿二日戌時年二十有

八

生一女適洪

墓葬宅西倒橋跟河灣

行謙二十 諱 謙爵 字 錫榮 號 春舫

祥六祥錦公長子爲祥五祥釗公繼子

生於清嘉慶九年甲子十月廿八日戌時

卒於清同治六年丁卯三月十八日辰時壽六十有四

娶胡氏生於清嘉慶十二年丁卯十月十五日　時

卒於清道光九年己丑七月初七日午時年二十有三

繼娶王氏生於清　年　十一月十五日辰時
卒於清　年　四月廿一日　時
生二子　長遜慶　次遜銀
墓葬象山田洋胡

行謙廿一 諱謙悅 字增輝　國學生
祥二十文燦公長子
生於清嘉慶十年乙丑三月十五日申時
卒於清道光廿九年己酉四月初一日子時年四十有
五
娶洪氏生於清嘉慶十年乙丑十月十一日丑時
卒於清光緒十四年戊子十月十六日子時壽八十有

四

生二子　長遜品　次遜唐

一女適邵

墓葬鎮邕韓葛村之原

行謙廿二諱謙詞字慎餘號仁山

祥廿三祥鴻公長子

生於清嘉慶十一年丙寅二月初七日亥時

卒於清道光廿八年戊申三月初三日　時年四十三

娶韓氏生於清嘉慶十二年丁卯三月初五日未時

卒於清道光廿九年己酉四月初四日　時年四十三

生一子　遜梁

一女適葉

墓葬西岸畔

行謙廿三 諱謙鎬 字在京

祥九次烜公三子

生於清嘉慶十一年丙寅九月十二日戌時

卒於清咸豐九年己未七月廿八日　時年五十有四

娶孔氏生於清嘉慶十二年丁卯六月十八日丑時

卒於清咸豐三年癸丑八月廿三日　時年四十有七

生三女長適陳　次適孔　三適潘

無後

墓葬

行謙廿四 諱謙孟 字養吾 號鼎橋 又號小圃 道光廿三年學
院羅考取邑庠生貤封奉政大夫
祥十八祥鶴公長子
生於清嘉慶十一年丙寅九月廿三日子時
卒於清咸豐三年癸丑十一月廿七日丑時年四十八
娶姚氏 貤封宜人生於清嘉慶十一年丙寅十一月廿
八日午時
卒於清同治十三年甲戌八月十七日申時壽六十九
生一子 遜組
三女長適費 次適嚴信厚誥封正一品夫人
三適張

墓葬後周橋父塋傍

行謙廿五諱謙鏞字大鍾

祥十四文烺公次子

生於清嘉慶十二年丁卯正月初二日辰時

卒於清咸豐四年甲寅六月廿五日　時年四十有八

娶胡氏生於清嘉慶十六年辛未五月廿九日申時

卒於清道光廿四年甲辰正月二十日未時年三十有

四

無後　以弟謙衷次子遜模入繼

生一女適方

墓葬

行謙廿六 諱謙恆 字可常 號誠齋 又號友松 職員
祥六祥錦公次子
生於清嘉慶十三年戊辰正月初六日丑時
卒於清同治六年丁卯八月十九日申時壽六十歲
娶林氏生於清嘉慶十六年辛未六月初八日辰時
卒於清同治七年戊辰八月十九日巳時年五十有八
生一子 遜楷 兼承
一女適吳
墓葬鎮龍橋東南下車頭田坐西朝東

行謙廿七 諱謙榮 字震耀
祥十三祥鳳公次子

生於清嘉慶十三年戊辰五月十六日戌時
卒於清道光十七年丁酉九月十五日戌時年三十歲
娶姚氏　家貧苦節志堅行潔養女撫兒機杼不輟
清同治庚午年欽旌節孝生於清嘉慶十四年己巳四
月二十日申時
卒於清光緒五年己卯正月十四日戌時壽七十有一
生一子　遜照
二女長適朱　次適胡
墓葬馬徑河沿

行謙廿八 諱謙忼 字克誠 號葵軒　國學生
祥二十文燦公次子

生於清嘉慶十三年戊辰七月初三日子時

卒於清咸豐八年戊午五月初三日　時年五十有一

娶翁氏生於清嘉慶十四年己巳十一月廿七日子時

卒於清同治三年甲子九月初一日子時年五十有六

生三子　長遜垚　次遜逵　三遜坊

三女長適盛　次適陳　三適周

墓葬

行謙廿九　諱謙順　字鳳翰　號竹亭

祥四文煒公四子

生於清嘉慶十三年戊辰十月廿八日子時

卒於清道光廿八年戊申十二月十一日戌時年四十

有一

娶姚氏生於清嘉慶十六年辛未四月廿三日未時

卒於清道光六年丙戌九月初九日卯時年一十有六

又娶沈氏生於清嘉慶十七年壬申四月十五日戌時

卒於清同治十三年甲戌十一月廿八日辰時壽六十

有三

無後

墓葬

行謙三十諱謙六字成之號醉經又號跛生

祥十一祥璉公三子

生於清嘉慶十三年戊辰十一月廿八日亥時

卒於清咸豐六年丙辰九月初六日　時年四十有九
娶劉氏生於清嘉慶十四年己巳七月廿五日子時
卒於清道光廿八年戊申十一月十七日　時年四十
歲
生二子　長濱　次清
墓葬鎮龍橋西岸
行謙三一　諱伯龍　官名於　字南陽　號竹盧　國學生
祥廿九祥吉公長子
生於清嘉慶十三年戊辰十二月廿八日辰時
卒於清咸豐四年甲寅八月十三日辰時年四十有七
娶胡氏生於清嘉慶十五年庚午十二月初九日子時

卒於清道光十五年乙未十二月初七日午時年二十
有五
繼娶董氏　接物以和教子以嚴儉勤自矢至老不倦生
於清嘉慶十九年甲戌五月初三日巳時
卒於清光緒廿四年戊戌十一月三十日卯時壽八十
有五
生一子　遜金
三女長適姚　次適陳　三適姚
墓葬姚家廟後港

行謙三二諱謙孚字應天號學圃又訥生
祥十八祥鶴公次子　同修宗譜不辭辛苦篤志攻書一才

莫展惜哉

生於清嘉慶十四年己巳正月初九日巳時

卒於清咸豐元年辛亥十二月廿一日申時年四十三

娶姚氏生於清嘉慶十六年辛未十二月廿四日戌時

卒於清咸豐十年庚申十月十三日子時年五十歲

生一子　遜繩

三女長適張　次適葛　三適姚

墓葬後坂

行謙三三諱基字九峯號益圖

祥十二祥發公長子

生於清嘉慶十五年庚午正月十一日辰時

卒於清道光十八年戊戌六月十六日戌時年二十九
娶孔氏生於清嘉慶十年乙丑四月初三日子時
卒於清同治七年戊辰十二月十二日卯時壽六十四
生二子　長遜鏞　次遜銘
墓葬

行謙三四諱謙誥字亦訓
祥廿三祥鴻公次子
生於清嘉慶十五年庚午二月廿五日辰時
卒於清咸豐十一年辛酉九月廿二日亥時年五十二
娶陳氏生於清嘉慶十八年癸酉四月初十日午時
卒於清光緒廿四年戊戌七月十五日午時壽八十六

生三子　長遜霖　次遜澍　三遜雨

二女長適范　次適胡

墓葬河灣漕跟

行謙三五諱謙福字康哉

祥三八祥珏公長子

生於清嘉慶十五年庚午五月十三日寅時

卒於清咸豐七年丁巳十二月廿三日辰時年四十八

娶錢氏生於清嘉慶十九年甲戌三月廿五日戌時

卒於清咸豐五年乙卯四月廿二日卯時年四十有二

生一子　遜權

墓葬馬徑河沿

行謙三六諱謙釗字紹康

祥十四文烺公三子

生於清嘉慶十六年辛未二月廿一日辰時

卒於清咸豐三年癸丑五月十五日巳時年四十有三

娶朱氏生於清嘉慶二十年乙亥四月初八日寅時

卒於清光緒十三年丁亥八月十五日　時壽七十三

生二子　長遜敬　次遜慶

一女適翁

墓葬

行謙三七諱垣字星度號國衛　從九品議敘

祥十二祥發公次子

生於清嘉慶十六年辛未四月十四日戌時

卒於清道光廿八年戊申十月十七日戌時年三十八

娶盛氏生於清嘉慶十五年庚午正月廿二日亥時

卒無查

生三子　長遜鈺　次遜錦出繼　三遜鑑

一女適朱

墓葬

行謙三八諱燧字左佩

祥三三祥元公長子

生於清嘉慶十六年辛未八月廿五日辰時

卒於清咸豐四年甲寅十月初五日未時年四十有四

娶盛氏生於清嘉慶十四年己巳六月廿九日未時

卒於清咸豐四年甲寅十月廿六日亥時年四十有六

生一子　遜五

一女適盛

墓葬

行謙三九諱伯虎字其文號希唐　國學生

祥廿九祥吉公次子

生於清嘉慶十七年壬申四月十三日戌時

卒於清同治三年甲子八月廿七日卯時年五十有三

娶裘氏生於清嘉慶十九年甲戌四月十九日丑時

卒於清道光廿九年己酉十月十四日辰時年三十六

生一子　遜鈞早世

繼娶穆氏生於清道光八年戊子八月初九日巳時

卒於清光緒七年辛巳閏七月初五日亥時年五十四

生二子　長遜鋃　次遜銀

一女適洪

墓葬雙根橋坐東朝西

行謙四十　諱謙潮字湧泉號聽江　職員以四子遜樺職銜

誥贈通議大夫

祥十祥銘公之子　爲人篤實秉性孝友鄉里稱爲長者

生於清嘉慶十七年壬申六月廿六日亥時

卒於清同治十三年甲戌四月廿四日辰時壽六十三

娶葛氏　以子遜樺職銜誥贈淑人生於清嘉慶十六年
辛未十一月廿二日亥時
卒於清道光六年丙戌正月十五日巳時年一十有六
繼娶胡氏　以子遜樺職銜誥贈淑人生於清嘉慶十七
年壬申十二月初五日子時
卒於清道光十三年癸巳五月初八日辰時年二十二
生一子　遜梅
又娶盧氏　以子遜樺職銜誥贈淑人生於清嘉慶十九
年甲戌十一月廿三日辰時
卒於清同治三年甲子十二月初三日戌時年五十一
生四子　長遜椿　次遜檦　三遜樺　四遜楖

一女適邵

又娶妾翁氏生於清道光十九年己亥十月初一日申時

卒於清光緒十四年戊子八月十三日酉時年五十歲

生一女適邵

墓葬西河港

行謙四一諱謙恩

祥十七祥爻公次子

生於清嘉慶十八年癸酉正月初二日巳時

卒無查未娶

行謙四二諱慶字來章

祥三七祥和公長子

生於清嘉慶十八年癸酉四月廿八日亥時

卒無查

娶姚氏生於清嘉慶廿一年丙子四月初十日戌時

卒於清同治十一年壬申九月二十日午時年五十有

七

生四子　長遜樞　次遜極　三遜源　四遜楚

一女適朱

墓葬

行謙四三　諱垚　字惟三　號星樞

祥十二祥發公三子

生於清嘉慶十八年癸酉十一月初四日巳時

卒於清咸豐五年乙卯四月初九日寅時年四十有三

娶胡氏生於清嘉慶十七年壬申十月十四日子時

卒於清道光十一年辛卯七月初五日申時年二十歲

繼娶姚氏生於清嘉慶十六年辛未二月廿三日丑時

卒於清咸豐十一年辛酉五月十二日申時年五十有

一

無後　以兄　垣次子遜錦入繼

生二女長適張　次適胡

墓葬

行謙四四諱國樞字斗瞻

祥四十祥浪公長子

生於清嘉慶十九年甲戌二月廿六日戌時

卒於清咸豐六年丙辰八月廿四日午時年四十有三

娶沈氏生於清嘉慶十九年甲戌二月廿一日午時

卒於清道光十七年丁酉七月十八日未時年二十四

繼娶沈氏生於清嘉慶二十年乙亥九月初五日子時

卒於清同治七年戊辰七月初十日酉時年五十有四

無後　以謙七十國衡公長子遜發入繼

墓葬鄞西金田張之原

寓鄞西白塔洋

行謙四五　諱嶽字鎮五號杏卿又號玉峯　國學生

祥十九祥昌公長子

生於清嘉慶十九年甲戌閏二月十八日午時

卒於清同治八年己巳九月初一日寅時年五十有六

娶姚氏生於清嘉慶十八年癸酉十月十五日未時

卒於清同治九年庚午七月廿四日巳時年五十有八

生三子　長遜韶　次遜彬　三遜僑

二女長適張　次適姚

墓葬

行謙四六　諱謙悌　字鄂懷　號少槃　由國學生捐授光祿寺署

正良醞署兼典簿廳事欽加五品銜

祥六祥錦公三子　性機警熟諳部務大人先生皆器重之

蒞京三十年宵屬公車北上多相贊助晚年家居常抱

無子之痛憂鬱而卒

生於清嘉慶十九年甲戌閏二月廿一日子時

卒於清光緒十一年乙酉九月十五日 時壽七十有

二

娶陳氏生於清嘉慶廿四年己卯六月十七日子時

卒於清光緒十九年癸巳四月廿八日 時壽七十有

五

又娶妾張氏生於清嘉慶二十年乙亥七月初十日巳時

卒於清同治三年甲子十一月十四日未時年五十歲

二女長適姚 次適楊

又娶妾 氏生於清道光廿五年乙巳二月初三日子時

卒於淸同治九年庚午四月初一日戌時年二十有六

又娶妾程氏生於淸道光廿四年甲辰九月初三日寅時

卒於淸光緒　年　月　日　時

無後　以兄謙爵次子遜銀入繼

墓葬

行謙四七　諱謙譽　字慶朝　號竹廬

祥十六文照公三子

生於淸嘉慶十九年甲戌五月十一日丑時

卒於淸同治二年癸亥八月十一日亥時年五十歲

娶姚氏生於淸嘉慶廿四己卯十月十六日子時

卒於淸同治七年戊辰七月初六日巳時年五十歲

無後　以兄謙治子遜雅兼承

生一女適穆

墓葬

行謙四八諱國珍字魯東號來山　國學生

祥五十祥溱公長子

生於清嘉慶十九年甲戌六月十八日丑時

卒無查

娶曹氏生於清嘉慶十九年甲戌十月十七日未時

卒於清咸豐六年丙辰九月廿四日卯時年四十有三

生二女長適邵　次適陳

繼娶葛氏生於清道光十三年癸巳十二月初十日卯時

卒於清同治十年辛未十月初四日辰時年三十有九

生一子　遜鈿早世

墓葬

行謙四九　諱培　字德栽

祥十二祥發公四子

生於清嘉慶十九年甲戌十一月初五日酉時

卒於清道光十三年癸巳六月廿五日子時年二十歲

未娶

行謙五十　諱謙龍　字臨海

祥廿七祥珪公之子

生於清嘉慶二十年乙亥正月廿四日申時

卒於清咸豐七年丁巳十一月初一日卯時年四十三

娶夏氏生於清道光四年甲申三月十七日子時

卒於清同治四年乙丑四月初七日巳時年四十有二

無後

墓葬

行謙五一諱庚

祥三七祥烈公次子

生於清嘉慶二十年乙亥十一月十四日辰時

卒無考未娶

行謙五二諱謙惇字有善　國學生

祥四五文炯公長子

生於清嘉慶廿一年丙子五月廿四日辰時

卒於清同治元年壬戌九月十五日巳時年四十有六

娶王氏生於清嘉慶廿二年丁丑九月十一日卯時

卒於清同治十三年甲戌十一月初五日　時年五十

有八

生二子　長遜標　次遜英

三女長適張　次適余　三適俞

墓葬吳厝河斗坐西朝東

行謙五三諱國華字佐舜號耕山　職員

祥五十祥溱公次子爲祥百三十祥江公繼子

生於清嘉慶廿一年丙子八月初九日寅時

卒於清同治十二年癸酉七月廿九日　時年五十八

娶陳氏生於清嘉慶十九年甲戌三月初七日未時

卒於清咸豐九年己未六月廿一日亥時年四十有六

繼娶徐氏生於清道光十七年丁酉十二月初十日丑時

卒無查

無後

墓葬

行謙五四諱謙悀字慶懷號雨亭

祥六祥錦公四子爲祥廿四祥鑑公繼子

生於清嘉慶廿一年丙子九月初四日辰時

卒無查

謙倫

娶杜氏生於清道光十一年辛卯九月廿五日午時
卒於清道光廿六年丙午八月廿三日午時年一十有
六
無後　以兄謙恆子兼承
墓葬

行謙五五 諱均 字冠橋
祥四八祥亨公長子
生於清嘉慶廿一年丙子十一月十一日午時
卒於清同治十三年甲戌七月初八日午時年五十九
娶鄭氏生於清嘉慶二十年乙亥六月十一日未時
卒於清光緒　年　十二月初二日　時

無後　以百九十謙瀚公長子遜琪入繼

墓葬

行謙五六諱國芬字挺南

祥四十祥浪公次子

生於清嘉慶廿一年丙子十一月十三日申時

卒於清道光十六年丙申五月十四日申時年二十一

娶林氏　清同治丁卯年欽旌節孝生於清嘉慶二十年

乙亥正月初六日辰時

卒於清同治九年庚午二月廿二日巳時年五十有五

無後

墓葬鄞西白塔洋本宅後田

寓鄞西白塔洋

行謙五七 諱謙申 字康盛

祥廿八祥茂公之子

生於淸嘉慶廿一年丙子十二月三十日亥時

卒無查

娶烏氏生於淸道光十七年丁酉十二月初七日辰時

卒無查

生一子　遜豪 早世

行謙五八 諱 煊

祥三三祥元公次子

生於淸嘉慶廿二年丁丑二月十五日卯時

卒於清道光三十年庚戌十月三十日辰時年三十有

四未娶

行謙五九諱伯驥字秉淵號雅山

祥廿九祥吉公三子爲祥四四祥佑公繼子

生於清嘉慶廿二年丁丑十月初三日巳時

卒無查

娶姚氏生於清道光元年辛巳十月初三日巳時

卒於清咸豐四年甲寅八月廿七日　時年三十有四

生二子　長遜鋥　次遜鏘

繼娶洪氏生卒無查

墓葬大地

行謙六十諱謙學字允懷

祥十八祥鶴公三子

生於清嘉慶廿二年丁丑十一月十五日子時

卒於清道光十五年乙未五月廿八日亥時年一十九

娶張氏生於清道光二年壬午十二月十三日　時

卒於清道光廿一年辛丑三月十八日　時年二十歲

無後

墓葬茅墳斗東首坐東向西

行謙六一諱謙海字靜瀾

祥四一祥錮公之子

生於清嘉慶廿三年戊寅五月廿七日酉時

卒於清同治元年壬戌十一月十九日未時年四十有
五
娶唐氏生於清嘉慶二十年乙亥三月廿一日亥時
卒於清光緒元年乙亥十一月廿五日辰時壽六十一
生四子 長遜涵 次遜耀 三遜枏 四遜榕
二女長適邵 次適孔
墓葬
行謙六二諱江字蓉水 議敘從九品
祥五五祥利公長子
生於清嘉慶廿三年戊寅七月十三日戌時
卒於清咸豐元年辛亥四月初十日卯時年三十有四

娶成氏生於清嘉慶廿二年丁丑四月初二日寅時

卒於清光緒　年　閏八月十八日　時

生二子　長遜恂　次遜怡出繼

二女長適王　次適洪

墓葬邵家匯

行謙六三諱坤字德載

祥三九祥玉公長子

生於清嘉慶廿四年己卯正月初一日卯時

卒於清同治十一年壬申十一月廿六日　時年五十

有四

娶姚氏生於清道光十年庚寅十一月廿三日未時

卒於清光緒廿二年丙申二月初六日　時壽六十有
七
生一子　遜
一女適方
墓葬
行謙六四諱國琦
祥五十祥溱公三子
生於清嘉慶廿四年己卯四月廿七日戌時
卒於清道光二十年庚子九月初十日戌時年二十有
二未娶
行謙六五諱國豪字起凡

祥八九祥濤公長子

生於清嘉慶廿四年己卯五月廿九日辰時

卒於清同治七年戊辰十一月初七日　時年五十歲

娶張氏生於清嘉慶廿五年庚辰二月初八日午時

卒於清光緒二十年甲午十二月廿四日　時壽七十有五

生二子　長遜權　次遜鋈

一女適洪

墓葬西山石塘資照寺邊

寓鄞西白塔洋

行謙六六諱謙愼字翼文號樂齋

祥六祥錦公五子

生於清嘉慶廿四年己卯十月廿九日酉時

卒於清同治二年癸亥九月十二日巳時年四十有五

娶鄭氏生於清道光七年丁亥七月廿八日戌時

卒於清咸豐十一年辛酉十月廿一日戌時年三十五

生三子　長遜貴　次遜福　三遜壽

墓葬

行謙六七諱順

祥三七祥和公三子

生於清嘉慶廿四年己卯十二月廿七日亥時

卒無查未娶

行謙六八諱謙榮

祥五二祥生公之子

生於清嘉慶廿五年庚辰六月初八日　時

卒無查未娶

行謙六九諱謙槐字兆卿號植庭

祥四三文烈公長子

生於清嘉慶廿五年庚辰六月廿五日申時

卒於清同治五年丙寅十月十四日申時年四十有七

娶余氏生於清嘉慶廿三年戊寅十一月廿八日巳時

卒於清光緒十五年己丑十月初一日寅時壽七十有

二

生二子　長遜寶　次遜福

二女長適張　次適朱

墓葬上坂河泭父墳旁

行謙七十 諱國衡 字酬皋

祥四十祥浪公三子兼承祥海公祀

生於清嘉慶廿五年庚辰七月廿七日辰時

卒於清光緒十年甲申九月十三日　時壽六十有五

娶勒氏生於清道光四年甲申九月初一日子時

卒於清光緒九年癸未十一月十九日　時壽六十歲

生二子　長遜發出繼　次遜德

二女長適施　次適周

房

墓葬鄞東高郎頭

寓鄞西白塔洋

行謙七一　諱槐　字晉軒

祥三九祥玉公次子

生於清道光元年辛巳正月初一日亥時

卒於清同治十三年甲戌十月初三日卯時年五十四

娶李氏生於清道光十五年乙未六月十一日子時

卒於清同治十年辛未七月廿一日丑時年三十有七

生一子　遜潮

墓葬

房

行謙七二　諱謙榛　官名師晉　字瞻葉　號笠邨　道光二十七年

學院趙入學第一名由附貢生捐授中書科中書例授

徵仕郎

祥六九文霖公長子

生於清道光元年辛巳三月廿一日酉時

卒於清光緒三年丁丑十二月初四日巳時年五十有

七

娶陳氏生於清嘉慶廿四年己卯正月初九日辰時

卒於清咸豐十一年辛酉五月二十日戌時年四十三

生三子　長遜廉　次遜隅　三遜介

一女適王

又娶沈氏生於清道光十六年丙申七月十九日子時

卒於清光緒十二年丙戌二月初三日巳時年五十一

生一子　遜涵

二女長適章　次適盛

墓葬宅東上坂之原

行謙七三　諱謙備

祥六八文十公長子

生於清道光元年辛巳七月十九日戌時

卒於清咸豐　年　二月初一日辰時

娶陸氏生卒無查

生二子　長遜賢　次遜艮

墓葬應家橋

鹿行謙七四諱　津字孟水號柘社

祥五五祥利公次子

生於清道光元年辛巳八月初四日子時

卒於清道光廿七年丁未十二月初九日卯時年二十

有七

娶周氏生於清嘉慶廿四年己卯九月初七日戌時

卒於清道光廿三年癸卯十一月二十日亥時年二十

有五

繼娶周氏生於清道光五年乙酉十月廿四日午時

卒於清道光廿八年戊申四月初九日午時年二十有

四

無後　以兄謙江公次子遜怡入繼

墓葬邵家匯

行謙七五　諱謙德

祥八二祥颷公長子　祥五四祥華公繼子

生於清道光元年辛巳十二月十五日　時

久客餘姚無查

行謙七六　諱河　字禹九

祥十九祥昌公次子

生於清道光二年壬午三月初二日午時

卒於清同治元年壬戌十二月初四日戌時年四十有

娶盛氏生於淸道光元年辛巳九月廿四日巳時

卒於淸光緒廿二年丙申七月十二日 時壽七十六

生一子 遜模

四女長適杜 次適王 三適裘 四適胡

墓葬

行謙七七諱謙貴

祥四六祥震公長子

生於淸道光二年壬午三月初三日午時

卒於淸同治三年甲子四月廿九日子時年四十有三

娶莊氏生於淸道光十五年乙未八月二十日辰時

卒於淸咸豐八年戊午六月廿七日子時年二十有四

無後

墓葬

行謙七八 諱謙受

祥五四祥華公之子

生於清道光二年壬午六月十二日戌時

卒無查未娶

行謙七九 諱煌 字亦照

祥三三祥元公三子

生於清道光二年壬午七月十二日寅時

卒於清咸豐四年甲寅十月三十日午時年三十有三

未娶

行謙八十　諱國楠　字思齊

祥四十祥泿公四子

生於清道光二年壬午七月廿六日戌時

卒於清同治八年己巳九月初八日卯時　年四十有八

娶張氏　生於清道光六年丙戌十一月十三日丑時

卒於清光緒四年戊寅八月十六日　時年五十有三

無後

墓葬

寓鄞西白塔洋

行謙八一　諱埅　字德載

祥四八祥亭公次子

生於清道光二年壬午十一月初十日戌時

卒於清道光三十年庚戌九月廿六日丑時年二十九

娶徐氏生於清道光六年丙戌二月初六日巳時

卒於清咸豐二年壬子十月廿七日子時年二十有六

無後

墓葬杜家漕西首

行謙八二　諱國茂

祥五十祥溙公四子

生於清道光三年癸未正月十九日申時

卒無查未娶

行謙八三　諱炘　字春輝

祥八三祥松公長子爲祥七一祥梧公繼子

生於清道光三年癸未正月廿四日酉時

卒於清咸豐九年己未九月初九日亥時年三十有七

娶吳氏生於清嘉慶廿四年己卯七月十八日辰時

卒於清道光廿二年壬寅六月十二日未時年二十四

又娶胡氏生於清道光四年甲申十月廿四日子時

卒無查

無後

墓葬

行謙八四諱謙行字敬中

祥十六文照公四子

生於清道光三年癸未二月初一日巳時

寓居慈城無查

行謙八五 諱謙福 字聚星 號如升

祥九一祥正公長子

生於清道光三年癸未三月初九日戌時

卒於清道光廿八年戊申八月廿五日亥時年二十六

娶陳氏生於清道光四年甲申二月廿五日寅時

卒於清咸豐三年癸丑四月廿一日丑時年三十歲

生一子 遜 早世 無後以弟謙祉長子遜元入繼

一女適成

墓葬廟坂

光

行謙八六諱標

祥三九祥玉公三子

生於清道光三年癸未五月廿四日亥時

卒於清同治十二年癸酉七月廿一日未時年五十有一

光

行謙八七諱模字式章　國學生

祥六七祥貞公長子

生於清道光三年癸未八月初二日辰時

卒於清咸豐十年庚申八月十八日亥時年三十有八

娶陳氏生於清道光二年壬午正月初九日丑時

卒於清道光廿三年癸卯二月初九日　時年二十二

繼娶成氏生於淸道光五年乙酉五月廿四日　時
卒於淸咸豐五年乙卯十月廿五日　時年三十有一
生一子　邀諭
二女長適姚　次適
又娶汪氏　淸光緒年間欽旌節孝生於淸道光十一年
辛卯六月廿二日申時
卒於淸宣統二年庚戌正月初二日　時壽八十歲
生一女適林
墓葬大車頭港

行謙八八諱　瑾字桂章號品瑜　職員
祥百三祥耕公長子

生於清道光三年癸未十一月廿二日寅時
卒於清咸豐五年乙卯十月初一日丑時年三十有三
娶姚氏生於清道光二年壬午七月初二日亥時
卒於清咸豐七年丁巳五月初四日巳時年三十有六
生一女適汪
無後　以謙二百廿七謙漳公長子遜綬入繼
墓葬彌勒菴港

行謙八九諱謙讓
祥五七祥平公之子
生於清道光三年癸未十二月初九日亥時
卒於清同治五年丙寅七月二十日　時年四十有四

娶劉氏改適

生一女適

無後

行謙九十諱謙倫官名偉字學知號次軒　國學生

祥四五文炯公次子　募建江北岸悅來亭夏施茶夜給燈

以便行旅其志可嘉

生於清道光三年癸未十二月初十日辰時

卒於清光緒十六年庚寅正月二十日酉時壽六十八

娶張氏生於清道光四年甲申十二月十一日子時

卒於清同治十年辛未七月十五日卯時年四十有八

生二子長遜脩　次遜敘

又娶李氏生於清道光廿六年丙午十二月十二日寅時
卒於清光緒廿七年辛丑九月十八日寅時年五十六
生一子　遜大
一女適應
墓葬塔嶴廟西港

行謙九一　諱謙侯
祥六八文十公次子
生於清道光三年癸未十二月三十日戌時
卒於清咸豐十年庚申二月三十日　時年三十有八
娶王氏生於清道光十四年甲午　月　日　時
卒於清咸豐四年甲寅八月廿二日　時年二十有一

無後

墓葬鄭家汫

寓上海柳湖

行謙九二諱謙和字階平

祥五三祥墱公長子

生於清道光四年甲申正月初五日未時

卒於清咸豐四年甲寅八月廿九日　時年三十有一

娶盛氏生於清道光三年癸未五月廿三日辰時

卒於清光緒廿八年壬寅正月廿六日辰時壽八十歲

生一子　遜國早世

一女適方

行謙九三諱國珅字玉珅

祥八九祥濤公次子

生於清道光四年甲申三月廿六日巳時

卒於清同治五年丙寅七月十一日　時年四十有三

娶邵氏生於清道光六年丙戌三月十五日子時

卒於清道光廿八年戊申九月廿三日酉時年二十三

生一女適孔

繼娶鄭氏生於清道光十二年壬辰十一月初五日戌時

卒於清光緒三十年甲辰九月初三日　時壽七十三

生二子　長遜禮　次遜善

墓葬

寓鄞西白塔洋

行謙九四諱　塥字如衡

祥四八祥亨公三子

生於清道光四年甲申五月十五日辰時

卒於清同治七年戊辰七月十三日未時年四十有五

娶姚氏生於清道光六年丙戌十二月廿六日子時

卒於清光緒十六年庚寅正月廿八日　時壽六十五

生一子　遜振

墓葬

行謙九五諱　謙淇字六均

祥三六祥鉞公長子

生於清道光四年甲申九月十二日辰時
卒無查
娶　氏生卒無查
生二子　長遜霖　次遜香
寓京都

行謙九六諱謙亨
祥八七祥安公長子
生於清道光四年甲申十一月初七日巳時
卒於清道光廿三年癸卯十二月初九日申時年二十
歲未娶

行謙九七諱炤字巨昭

祥八三祥松公次子

生於清道光五年乙酉二月初六日亥時

卒於清道光廿二年壬寅閏七月初七日子時年一十

有八

娶張氏改適

無後

墓葬庶來橋山頭黃父墳旁

行謙九八諱珍字儒懷號品賢

祥百三祥耕公次子

生於清道光五年乙酉三月十三日寅時

卒於清同治十二年癸酉五月十九日子時年四十九

娶姚氏生於清道光六年丙戌四月初一日巳時

卒於清光緒　年　正月廿四日　時

無後

墓葬

行謙九九諱　昭字介明號階蓂　國學生

祥九四祥隆公長子　性聰穎攻苦力學有志未成人皆惜

之

生於清道光五年乙酉五月十八日未時

卒於清咸豐三年癸丑十月初三日卯時年二十有九

娶胡氏　年未三十而寡矢志以事上撫孤爲己任時家

業豐饒孺人則惟椎髻布裙與家人同操作身弱善病

守節十年憂勞以殁清光緒朝
欽旌節孝生於清道光五年乙酉十月廿九日亥時
卒於清同治四年乙丑三月初九日申時年四十有一
生一子　遜儔
一女適舒
墓葬
行謙一百諱　灑字卜水　國學生布政使理問銜
祥五五祥利公三子
生於清道光五年乙酉六月十七日酉時
卒於清咸豐十年庚申九月十一日辰時年三十有六
娶劉氏生於清道光五年乙酉六月初八日酉時

卒於清光緒廿八年壬寅八月初八日丑時壽七十八

生一子　遜賢

一女適姚

墓葬鎮龍橋

行謙百一諱謙均

祥八十祥濤公長子

生於清道光五年乙酉七月初九日午時

卒無查未娶

行謙百二諱榆字巨木

祥七四祥濤公長子

生於清道光六年丙戌五月初八日丑時

卒於清道光廿五年乙巳九月廿四日丑時年二十歲
配余氏生於清道光十一年辛卯正月廿四日子時
卒於清道光廿五年乙巳十一月初五日丑時年一十
有五
祭祀隨父輪辦
墓葬張家堰父墳旁

行謙百三諱謙寶
祥四二祥能公之子
生於清道光六年丙戌五月廿二日寅時
卒無查未娶

行謙百四諱謙沅字盈科

祥七六祥錟公之子

生於清道光六年丙戌七月廿五日戌時

卒於清同治十年辛未十一月初六日未時年四十六

娶宋氏生於清道光六年丙戌十月初一日申時

卒於清光緒十八年壬辰九月廿七日　時壽六十八

無後　以謙百六三謙迎公三子遜來入繼

生一女適徐

墓葬

行謙百五諱裕

祥七五祥亾公長子

生於清道光六年丙戌九月廿五日申時

卒於清道光廿六年丙午七月廿九日　時年二十一
未娶
行謙百六 諱 謙祿 字 富臣 號 翰卿　由國學生捐授光祿寺署
正銜
祥九一祥正公次子
生於清道光六年丙戌十一月十九日卯時
卒於清光緒廿二年丙申九月初三日午時壽七十一
娶顧氏生於清道光八年戊子九月十三日戌時
卒於清光緒廿八年壬寅九月初七日午時壽七十五
生一子　遜麟
二女長適徐　次適費

肚

墓葬牆漕頭

行謙百七諱霖官名雨林字汝雨　由國學生捐授從九品

分發廣東候補欽加六品銜

祥百十八祥澄公長子爲祥八六祥淮公繼子

生於清道光七年丁亥閏五月初十日丑時

卒於清光緒十三年丁亥九月十三日　時壽六十一

娶姚氏生於清道光六年丙戌七月初二日辰時

卒於清光緒二年丙子九月初三日　時年五十有一

生三子　長遜奇　次遜臣　三遜昌

二女長適陳　次適

側室周氏生於清道光十八年戊戌九月十三日申時

卒於清咸豐九年己未二月十三日辰時年二十有二

墓葬

庇

行謙百八諱謙懫

祥四五文炯公三子

生於清道光七年丁亥五月十五日午時

卒於清道光廿七年丁未十月初一日戌時年二十一

配陳氏生於清道光七年丁亥四月廿八日戌時

卒於清道光廿七年丁未三月十八日戌時年二十一

無後

墓葬西岸

庇

行謙百九諱謙崇字震東

祥八八文瑛公之子

生於清道光七年丁亥六月初二日子時

卒無查未娶

行謙百十諱謙型字邦孚

祥四八祥亨公四子

生於清道光七年丁亥六月廿八日申時

卒於清咸豐元年辛亥六月廿三日午時年二十有五

配陳氏生於清道光十五年乙未十月十九日巳時

卒於清道光三十年庚戌十一月十三日酉時年一十有六

無後

墓葬杜家漕西首

行謙百十一　諱謙成

祥百一祥乾公長子

生於清道光七年丁亥九月初七日子時

卒無查未娶

行謙百十二　諱栒　字魯琴號韻軒　由國學生捐授布致使

司理問銜

祥七四祥清公次子

生於清道光七年丁亥十一月廿二日卯時

卒於清同治二年癸亥八月初八日未時年三十有七

娶姚氏生於清道光六年丙戌十二月十八日卯時

卒於清光緒六年庚辰五月十八日　時年五十有五
無後　以弟　燊子遜炕兼承
生三女長適余　次適顏　三適姚
墓葬龍家堰
行謙百十三諱　炯字偉雲
祥八三祥松公三子
生於清道光八年戊子正月廿八日酉時
卒於清道光廿九年己酉六月廿九日丑時年二十二
娶胡氏生於清道光七年丁亥十二月十六日未時
卒於清同治四年乙丑二月十九日子時年三十有九
無後

墓葬鎮邑蓮宗菴前

行謙百十四 諱煥 字舜文

祥八三祥松公四子

生於淸道光八年戊子正月廿八日酉時

卒於淸道光三十年庚戌正月初七日戌時年二十三

娶應氏 青年守節撫孤成立生於淸道光八年戊子九

月十五日申時

卒於淸光緒十六年庚寅五月初三日 時壽六十三

生一子 遜慶

墓葬

行謙百十五 諱謙倫 字順梓

祥九二祥彩公之子

生於清道光八年戊子二月廿七日申時

卒於清光緒廿三年丁酉六月十三日巳時壽七十歲

娶張氏生於清道光十三年癸巳八月廿六日　時

卒於清咸豐元年辛亥十二月初四日巳時年一十九

又娶張氏生於清道光十八年戊戌二月十四日未時

卒於清同治十年辛未九月初六日午時年三十有四

生三子　長遜財　次遜源　三遜桂

墓葬

行謙百十六諱謙盛

祥四六祥震公次子

生於清道光八年戊子十月廿三日戌時
卒於清同治九年庚午七月十一日戌時年四十有三
娶洪氏改適
生一子　遜裕
墓葬
行謙百十七諱　襄字顧相號　芹香
祥九四祥隆公次子　天性孝友慷慨有爲治家處事中矩
中規
生於清道光九年己丑正月廿一日丑時
卒於清同治八年己巳二月廿六日未時年四十有一
娶盛氏生於清道光七年丁亥八月初二日寅時

卒於清咸豐七年丁巳十月廿五日亥時年三十有一

繼娶葛氏生於清道光十七年丁酉六月十三日辰時

卒於清同治十二年癸酉十月十二日丑時年三十七

生一子　遜信

墓葬馬徑河沿

行謙百十八諱伯熊官名葆芬號蘭芬　咸豐七年學院周考

取邑庠生

祥廿九祥吉公四子

生於清道光九年己丑二月十二日申時

卒於清同治八年己巳十一月十四日亥時年四十一

娶余氏生於清道光九年己丑十一月初七日丑時

卒於清同治八年己巳八月初十日戌時年四十有一
生四子 長遜鑰 次遜鈴 三遜銓 四遜鑠
二女長適莊 次適余
墓葬塔嶼廟港上坂河㳆

行謙百十九 諱謙增
祥八十祥湇公次子
生於清道光九年己丑五月廿三日丑時
卒無查未娶

行謙百二十 諱謙能
祥三一祥球公長子
生於清道光九年己丑五月廿五日午時

客死外地卒無查未娶

行謙百廿一諱謙盈

祥百十三祥風公長子

生於清道光九年己丑六月初一日辰時

卒無查未娶

行謙百廿二諱謙鈁字載揚

祥六二文楷公之子

生於清道光九年己丑十一月十三日辰時

卒於清光緒十三年丁亥八月初十日辰時年五十九

娶周氏生於清道光十八年戊戌正月十六日酉時

卒於民國六年丁巳正月十一日巳時壽八十歲

生一子　遜璋

一女適方

墓葬西八部廟港坐東朝西

行謙百廿三　諱謙貴　字艮初

祥五三祥增公次子

生於清道光九年己丑十一月十七日戌時

卒於清咸豐元年辛亥五月廿七日酉時年二十有三

娶　氏

生一子　遜源

行謙百廿四　諱謙瑞　字君常

祥八七祥安公次子

生於清道光九年己丑十一月十八日午時
卒於清光緒十一年乙酉十一月十二日未時年五十
有七
娶洪氏生於清道光十八年戊戌十一月廿四日寅時
卒於清光緒十六年庚寅九月初六日卯時年五十三
生一子　遜肇
三女長適姚　次適孔　三適余
墓葬
行謙百廿五諱謙學字開雲
祥八五祥堂公長子
生於清道光九年己丑十二月十九日丑時

卒無查

寓江北

行謙百廿六 諱謙黼 字文三 號釆五

祥百三九祥坤公長子

生於清道光九年己丑十二月三十日亥時

卒於清同治元年壬戌十一月十八日申時年三十有

四

娶胡氏生於清道光十二年壬辰十一月初一日子時

卒於清光緒廿八年壬寅九月初十日午時壽七十一

生二子　長遜錦　次遜禧

墓葬上坂

行謙百廿七 諱 枌 字 炳南
祥三九祥玉公四子
生於清道光十年庚寅正月十二日寅時
卒無查
娶劉氏生於清道光十九年己亥三月十八日未時
卒於清同治七年戊辰四月十七日 時年三十歲
生二子 長 遜漳 次 遜濤
墓葬

行謙百廿八 諱 浩 字 芳水
祥五五祥利公四子
生於清道光十年庚寅正月十二日午時

卒於淸道光三十年庚戌八月廿二日子時年二十一

娶孫氏　淸光緒間欽旌節孝建坊入祠生於淸道光十

年庚寅十月十五日戌時

卒於淸光緒十三年丁亥十一月初三日　時年五十

有八

無後

墓葬邵家滙

行謙百廿九 諱謙裕

祥六一　祥柄公長子

生於淸道光十年庚寅三月初五日寅時

卒無查未娶

行謙百三十諱謙育

祥八二祥颻公次子

生於清道光十年庚寅六月廿五日巳時

卒無查未娶

行謙百三一諱桂字星槎

祥六八祥貞公次子

生於清道光十一年辛卯六月初九日卯時

卒於清咸豐十一年辛酉閏三月十四日申時年三十有一

娶顧氏生於清道光十二年壬辰九月十五日丑時

卒於清咸豐六年丙辰六月廿一日午時年二十有五

繼娶葛氏生於清道光廿一年辛丑十月十八日子時
卒於清光緒十五年己丑十月初四日　時年四十九
無後
生一女適王
墓葬大車頭港

行謙百三二諱謙浩字　配生

祥六六祥銓公之子
生於清道光十一年辛卯六月初九日戌時
卒於清同治八年己巳四月十五日卯時年三十有九
娶胡氏生於清道光二十年庚子五月十七日巳時
卒於民國四年乙卯八月十八日寅時壽七十有五

無後

墓葬

行謙百三三　諱森字震生

祥百十八祥澄公次子

生於清道光十一年辛卯八月十三日卯時

卒於清咸豐九年己未九月廿三日戌時年二十有九

娶胡氏　清光緒朝欽旌節孝建坊入祠生於清道光十

六年丙申九月廿九日酉時

卒於民國七年戊午十一月廿三日酉時壽八十有三

無後

墓葬上坂

二房

行謙百三四　諱謙梧　字采南

祥百九文耀公之子

生於清道光十二年壬辰五月廿七日亥時

卒於清咸豐十一年辛酉二月廿七日戌時年三十歲

娶劉氏生於清道光十五年乙未八月廿七日申時

卒於清咸豐八年戊午九月廿七日巳時年二十有四

生二子　長遜鉞　次遜標早世

再娶管氏生於清道光十八年戊戌六月初一日未時

卒於清光緒廿七年辛丑正月十一日　時壽六十四

生一女適吳

墓葬

行謙百三五　諱謙全

祥五一祥琦公長子爲祥廿一祥珂公繼子

生於清道光十二年壬辰六月初四日亥時

卒無查

娶徐氏生於清道光二十年庚子二月初四日未時

卒於清同治四年乙丑三月初六日卯時年二十有六

又娶戚氏生於清道光廿三年癸卯三月廿三日亥時

卒於清同治十二年癸酉六月三十日午時年三十一

無後

墓葬

行謙百三六　諱國楨

肥

祥百十七 濡公之子
生於清道光十二年壬辰七月初五日未時
卒無查未娶

行謙百三七 諱謙利 字義和
祥八七 祥安公三子
生於清道光十二年壬辰九月廿七日酉時
卒於清同治十二年癸酉四月初五日子時年四十二
娶朱氏 清光緒朝欽旌節孝建坊入祠生於清道光廿
五年乙巳十月十五日未時
卒於民國十八年己巳十月十七日未時壽八十有五
無後 以姪遜肇兼祧

生一女適傅

墓葬九曲坂

行謙百三八 諱謙祉 字綏君 號履堂 又號芝香 晚號遠霄道人

國學生誥封奉政大夫

祥九一祥正公三子

生於清道光十二年壬辰九月三十日丑時

卒於清光緒三年丁丑十月十二日戌時年四十有六

娶慈城玉皇閣陳氏 誥封宜人生於清道光十二年壬

辰閏九月初三日戌時

卒於清光緒三十年甲辰三月十九日辰時壽七十三

生二子 長遜元出繼 次遜蘭

一女適姚

墓葬田胡港坐北朝南

行謙百三九 諱謙誠 字成舜

祥七三文荇公之子

生於清道光十二年壬辰九月三十日戌時

卒於清光緒十六年庚寅五月廿一日辰時年五十九

娶徐氏生於清道光廿五年乙巳七月初七日辰時

卒於民國十七年戊辰　月　日　時壽八十有四

無後

生一女適姚

墓葬刁孫父墳旁

郎

行謙百四十諱謙權

祥百四一文堯公長子

生於清道光十二年壬辰十月十一日酉時

卒無查未娶

郎

行謙百四一諱謙淶

祥六十祥釧公長子

生於清道光十二年壬辰十一月初七日酉時

卒無查

寓居河南

郎

行謙百四二諱喬字在簡號珊舸由國學生海運保舉同

知銜加一級

祥九四祥隆公三子　繼志修譜調查有功於祠

生於清道光十二年壬辰十一月初九日子時

卒於清光緒九年癸未十一月初三日酉時年五十二

娶洪氏生於清道光十年庚寅十二月廿四日酉時

卒於民國元年壬子二月初二日寅時壽八十有三

生二子　長遜伸　次遜偉出繼

娶妾王氏生於清咸豐元年辛亥十月十三日酉時

卒於清光緒八年壬午八月初一日酉時年三十有二

生二子　長遜倣　次遜伊出繼

一女適洪

墓葬

行謙百四三　諱枌　字南洲

祥百十八祥澄公三子

生於清道光十二年壬辰十一月十五日子時

卒於清光緒十年甲申七月廿四日　時年五十有三

娶嚴氏生於清道光廿七年丁未十二月十一日巳時

卒於清同治二年癸亥九月初三日未時年一十有七

繼娶馮氏生於清道光廿二年壬寅正月十八日丑時

卒於清光緒廿八年壬寅正月廿一日　時壽六十一

無後

墓葬本村西河岸

行謙百四四　諱謙譽

祥八二祥飈公三子
生於清道光十三年癸巳　月　日　時
卒於清同治二年癸亥十一月廿五日　時年三十有
一未娶

肝

行謙百四五諱謙寶字芳來
祥六四祥峯公之子
生於清道光十三年癸巳　月　日　時
卒無查未娶

肝

行謙百四六諱瑜字蕁樓
祥百十六祥耘公長子
生於清道光十三年癸巳二月廿二日寅時

卒於清同治三年甲子六月初八日子時年三十有二
娶沐氏生於清道光十二年壬辰　月　日　時
卒於清咸豐八年戊午八月　日　時年二十有七
生一女適劉
無後
墓葬

行謙百四七諱謙鑰官名騐聲字麗川號菊潭　由國學生海
運保舉同知銜加二級
祥六九文霖公次子　性嚴正勤以勵身儉以持家不苟言
笑令人望而生敬
生於清道光十三年癸巳六月廿六日未時

卒於清光緒廿八年壬寅五月十八日　時壽七十歲

娶姚氏生於清道光十三年癸巳二月廿八日戌時

卒於清咸豐七年丁巳五月初六日申時年二十有五

繼娶應氏生於清道光十六年丙申六月廿五日申時

卒於清宣統二年庚戌五月初四日卯時壽七十有五

生一子　遜畦

二女長適陳　次適徐

墓葬邢胡塔嶼廟東首河塘

行謙百四八諱　煒字耀廷號韋卿

祥五九祥桂公長子

生於清道光十三年癸巳七月初三日戌時

卒於清同治十三年甲戌五月二十日辰時年四十二

娶湯氏生於清道光十七年丁酉十二月十一日寅時

卒於清光緒三十三年丁未五月初四日　時壽七十

有一

生一女適貝

無後

行謙百四九諱國治

祥七二祥照公長子

生於清道光十三年癸巳八月十三日戌時

卒於清同治十一年壬申十一月十三日　時年四十

歲

娶夏氏生於清道光廿六年丙午十二月廿三日　時

卒於清同治四年乙丑閏五月廿三日　時年二十歲

繼娶方氏改適

無後

墓葬

行謙百五十諱富字夢龍

祥百廿八祥成公長子爲祥七五祥久公繼子

生於清道光十三年癸巳十一月廿七日午時

卒無查

娶姚氏生於清道光十四年甲午八月初十日亥時

卒於清同治十三年甲戌九月初十日戌時年四十一

無後

生一女適應

墓葬

行謙百五一　諱　適　字　觀臣　國學生

祥百七　梁公長子

生於清道光十三年癸巳十二月廿九日丑時

卒於清咸豐十年庚申七月廿六日　時年二十有八

娶盛氏生於清道光十八年戊戌十一月廿四日　時

卒於清同治七年戊辰八月初六日亥時年三十有一

無後

墓葬

房二

行謙百五二諱本字豫堂號漁舫　國學生

祥七四祥清公三子爲弟祥淥公繼子

生於清道光十四年甲午六月廿九日未時

卒於清咸豐九年己未六月廿二日巳時年二十有六

聘莊氏生於清道光十五年乙未六月廿九日戌時

卒於清咸豐三年癸丑七月十四日亥時年一十有九

娶邵氏生於清道光十三年癸巳三月初八日　時

卒於清咸豐四年甲寅七月二十日　時年二十有二

繼娶邵氏　清光緒朝欽旌節孝建坊入祠生於清道光

十六年丙申二月初六日寅時

卒於清光緒十一年乙酉十一月廿三日寅時年五十

歲

生一子　遜灼

墓葬後姚彌勒菴港東首

行謙百五三　諱英　字育才　號玉裁　由國學生海運保舉五

品銜

祥九四祥隆公四子　繼志修譜校對有功於祠

生於清道光十四年甲午十一月十八日子時

卒於清光緒七年辛巳十月二十日　時年四十有八

娶姚氏生於清道光十三年癸巳七月十九日巳時

卒於清光緒廿四年戊戌二月初五日　時壽六十六

生二子　長遜俊　次遜侃

一女適孔

墓葬鎮龍橋下車頭

行謙百五四　諱謙涵

祥十六文照公五子

生於清道光十四年甲午十二月廿四日未時

卒於清同治七年戊辰四月十一日　時年三十有五

娶劉氏生於清道光廿四年甲辰五月十六日　時

卒於清同治元年壬戌三月十二日　時年一十有九

無後

行謙百五五　諱謙接

祥　祥彩公之子

生於清道光十四年甲午　月　日時

卒無查未娶

行謙百五六諱謙祁字望雲　國學生

祥九一祥正公四子

生於清道光十五年乙未二月廿三日寅時

卒於清光緒十三年丁亥七月三十日申時年五十三

娶費氏生於清道光十五年乙未八月廿四日子時

卒於清光緒九年癸未八月初七日申時年四十有九

無後

生二女長適陸　次適王

墓葬

行謙百五七 諱伯駿 字蘭芳 號逸香 國學生

祥廿九祥吉公五子

生於清道光十五年乙未三月廿五日戌時

卒於清同治十年辛未八月廿二日巳時年三十有七

娶王氏生於清道光十三年癸巳十一月初九日巳時

卒於清咸豐四年甲寅十二月十五日午時年二十有二

繼娶曹氏生於清道光十八年戊戌四月十一日午時

卒於清光緒十八年壬辰十一月初二日　時年五十有五

生二子　長遜鎬　次遜鈗

生一女適余

墓葬西岸

行謙百五八諱　勳字品元號聘園　由國學生捐授布政使

司理問銜欽加五品銜

祥百三五祥裕公之子

生於清道光十五年乙未五月初五日戌時

卒於清光緒三年丁丑正月十三日卯時年四十有三

娶盛氏生於清道光十五年乙未十月初十日卯時

卒於民國三年甲寅二月廿二日辰時壽八十歲

生五子　長遜億　次遜儫　三遜儁　四遜倬

五遜俊

四女長適馮　次適吳　三適劉　四適洪

墓葬朱家斗

行謙百五九 諱謙寶

祥一百祥義公之子

生於清道光十五年乙未　月　日時

寓居乍浦無查

行謙百六十 諱謙懌 官名俊 字配京　國學生

祥四五文炯公四子

生於清道光十五年乙未七月初六日卯時

卒於清光緒五年己卯正月十五日卯時年四十有五

娶方氏生於清道光十六年丙申六月十六日未時

卒於清咸豐五年乙卯十月廿八日　時年二十歲

繼娶張氏生於清道光十七年丁酉六月初十日卯時

卒於清光緒廿八年壬寅二月初二日　時壽六十六

無後

生一女適庠生張斯敦

墓葬

行謙百六一　諱謙銈　字震生

祥九七文楠公長子

生於清道光十五年乙未八月初二日未時

久客未歸

娶洪氏生於清道光十九年己亥十二月初四日子時

三房

卒於清光緒十二年丙戌九月初七日　時年四十八

無後

行謙百六二 諱謙香 字國相

祥七二祥照公次子

生於清道光十五年乙未九月十六日丑時

卒於清光緒十年甲申十月十六日未時年五十歲

娶嚴氏生於清道光廿七年丁未十二月初八日未時

卒於民國四年乙卯五月十四日未時壽六十有九

生一子　遜鈞

一女適戴

墓葬

行謙百六三　諱謙迎　字夢仙

祥八二祥颺公四子

生於清道光十五年乙未十月十五日酉時

卒於清同治十一年壬申正月十四日午時年三十八

娶莊氏生於清道光廿四年甲辰九月廿六日午時

卒於清宣統三年辛亥十月十八日戌時壽六十有八

生三子　長遜蔭　次遜桂早世　三遜來出繼

墓葬

行謙百六四　諱瑞　字德慶

祥三九祥玉公五子

生於清道光十五年乙未十二月初九日戌時

卒無查未娶

行謙百六五　諱琅　字廉泉

祥百三祥耕公三子

生於清道光十六年丙申八月初五日卯時

卒於清咸豐五年乙卯正月十五日戌時年二十歲

娶王氏生於清道光十七年丁酉二月廿一日申時

卒於民國五年丙辰十月廿七日戌時壽八十歲

無後

墓葬三和屋西首

行謙百六六　諱謙和　字南山

祥百十二文煥公之子

生於清道光十六年丙申十一月初十日辰時

卒於清光緒二十年甲午八月十七日　時年五十九

娶洪氏生於清道光廿六年丙午正月初五日子時

卒於清光緒廿七年辛丑七月初二日　時年五十六

生二子　長遜慶　次遜雲

墓葬

行謙百六七諱謙彪字炳文　國學生

祥九七文楠公次子　性坦率遇事勇爲任勞任怨鄉里稱

爲長者

生於清道光十七年丁酉七月十六日申時

卒於清光緒三十年甲辰十一月初九日　時壽六十

有八

娶洪氏生於清道光廿一年辛丑六月初二日辰時

卒於清光緒三年丁丑十一月初八日　時年三十七

生一子　遜渭

一女適陳

墓葬鎮龍橋父墳旁

行謙百六八 諱 謙光 字 明輝 號 星南　由國學生保舉五品銜

加一級

祥百四四祥騏公之子

生於清道光十七年丁酉十二月廿七日寅時

卒於清光緒十三年丁亥十月十二日子時年五十一

娶張氏生於清道光十七年丁酉三月廿四日辰時

卒於清同治元年壬戌十月廿九日戌時年二十有六

生一女適胡

繼娶孔氏生於清道光廿六年丙午九月十八日申時

卒於清光緒三年丁丑八月初五日未時年三十有二

生一女適陳

又娶桂氏生於清咸豐九年己未十月十八日卯時

側室御氏生於清咸豐十年庚申正月十八日辰時

卒於清光緒三十年甲辰二月十九日午時年四十五

生一女適鄞邑竺

無後　以二百廿五謙耀公次子遜渭入繼

廿三

行謙百六九諱謙述字繼成

墓葬塔嶼廟港

祥百七　梁公亥子

生於清道光十七年丁酉三月廿三日酉時

卒於清同治九年庚午正月初七日　時年三十有四

娶張氏改適

生一子　遜茂

一女

廿三

行謙百七十諱謙鈞字韶和

祥百五三文燧公之子

生於清道光十八年戊戌正月初九日丑時

卒於清咸豐十年庚申六月十八日未時年二十有三

配楊氏生於清道光十七年丁酉八月廿六日丑時

卒於清咸豐四年甲寅三月十九日酉時年一十有八

無後

墓葬騰澧頭

行謙百七一　諱謙芬字永官

祥百兩一次亮公次子

生於清道光十八年戊戌二月廿九日丑時

卒無稽未娶

行謙百七二　諱國贊字允和

祥百三八祥漢公之子兼承祥浦公祀

生於清道光十八年戊戌閏四月十四日　時
卒無查
娶　氏生卒無查
生一女適
無後

行謙百七三諱謙有
祥百六五祥璉公長子
生於清道光十八年戊戌七月廿二日未時
卒無查
娶陳氏生於清道光廿七年丁未八月初五日　時
卒於清同治十二年癸酉十月初一日　時年二十七

生二子　長遜庸

墓葬

行謙百七四　諱謙庸

祥百八一祥椿公之子

生於清道光十八年戊戌八月廿三日亥時

卒無查

娶伊氏生於清道光廿一年辛丑八月廿三日　時

卒無查

又娶陳氏生於清道光廿一年辛丑七月廿一日　時

卒無查

無後

行謙百七五　諱謙嗣　字益和

祥百三六祥集公之子

生於清道光十八年戊戌十一月初八日酉時

卒於清光緒廿四年戊戌十二月廿一日戌時壽六十

有一

娶應氏生於清道光廿五年乙巳九月廿二日酉時

卒於清光緒元年乙亥二月廿七日未時年三十有一

生四子　長遜榮　次遜華　三遜富　四遜福出繼

墓葬九曲坂

行謙百七六　諱進　字襄成

祥百五二桂公之子

生於清道光十八年戊戌十一月初八日戌時
卒於清同治十三年甲戌八月廿四日戌時年三十七
娶穆氏生於清道光廿三年癸卯二月初十日辰時
卒無查
生二子　長遜珍　次遜瑜
一女適沈
墓葬
行謙百七七諱晉字德階號野梅　國學生
祥九四祥隆公五子
生於清道光十八年戊戌十二月二十日子時
卒於清同治十年辛未十一月初一日巳時年三十四

娶王氏生於清道光十九年己亥十月初四日未時

卒於清光緒元年乙亥十二月三十日卯時年三十七

生一子　遜傑

二女長適姚　次適翁

墓葬

行謙百七八　諱謙堈　字南陽

祥百八支奇公之子

生於清道光十八年戊戌　月　日　時

卒於清同治元年壬戌七月廿三日午時年二十有五

娶　氏改適

無後

行謙百七九 諱謙介

祥五一祥琦公次子

生於清道光十九年己亥正月初八日申時

卒於清光緒　年　十二月初三日　時

娶林氏 改適

生二子 長遜明 次遜義

行謙百八十 諱琛 字如玉

祥百十六祥耘公次子

生於清道光十九年己亥二月初六日寅時

卒於清同治十一年壬申三月初八日辰時年三十有四

二房

娶杜氏改適

無後

墓葬

行謙百八一諱謙協字邦和　從九品

祥四五爻炯公五子　有幹濟才能任人所不能任信孚於

人商界推爲領袖

生於清道光十九年己亥四月十一日辰時

卒於清光緒十六年庚寅九月十三日未時年五十二

娶穆氏生於清道光十七年丁酉十二月二十日　時

卒於清咸豐八年戊午八月十四日申時年二十有二

繼娶張氏生於清道光二十年庚子二月十三日　時

卒於清同治元年壬戌八月廿四日申時年二十有三
繼娶畢氏生於清道光廿四年甲辰六月十六日子時
卒於清同治五年丙寅五月廿五日丑時年二十有三
繼娶余氏生於清道光三十年庚戌九月十二日辰時
卒於民國六年丁巳正月廿六日戌時壽六十有八
生二子　長遜昶　次遜晟
五女長適陳　次適洪　三適周　四適黄　五適翁
娶妾韓氏生於清同治三年甲子三月初五日午時
卒於清宣統二年庚戌八月二十日　時年四十有七
生二子　長遜昱　次遜杲
一女適余

墓葬彌勒菴港東首

行謙百八二 諱謙闓 字廉夫 號蓮浦

祥百三九祥坤公次子

生於清道光十九年己亥五月廿五日辰時

卒於清光緒三十三年丁未五月十五日卯時壽六十

有九

娶應氏生於清道光十八年戊戌十一月十三日戌時

生三子 長遜齊 次遜治 三遜淦

二女長適姚 次適徐

墓葬田胡塔嶼廟跟

行謙百八三 諱楨 字樹周

祥百六二祥溪公次子

生於清道光十九年己亥六月初五日　時

卒於清同治六年丁卯六月十八日　時年二十有九

娶陳氏　清光緒朝欽旌節孝建坊入祠生於清道光廿

一年辛丑十一月十一日寅時

卒於清光緒十一年乙酉二月初一日　時年四十五

無後　以謙二百五四　楠公子遜煊兼承

墓葬

行謙百八四諱謙釗

祥百四七祥瑛公長子

生於清道光十九年己亥六月初八日巳時

廿二

卒於清同治七年戊辰十二月十五日　時年三十歲

娶張氏生於清道光廿一年辛丑　月　日　時

生於清同治十二年癸酉八月初三日　時年三十三

生一子　遜瑞

墓葬

行謙百八五 諱炘 字瑞明

祥五九祥桂公次子

生於清道光十九年己亥八月十三日寅時

卒於清光緒元年乙亥十一月廿四日丑時年三十七

娶陳氏生於清道光廿四年甲辰十一月十一日未時

卒於清同治二年癸亥二月廿七日寅時年二十歲

繼娶黃氏生於清道光廿六年丙午十月初六日卯時
卒於清光緒三十二年丙午三月廿三日申時壽六十
有一
生一子　遜益
墓葬
行謙百八六諱煜字旭初
祥八三祥松公五子
生於清道光十九年己亥九月初五日戌時
卒於清光緒廿九年癸卯八月十七日戌時壽六十五
娶胡氏生於清道光廿二年壬寅十月二十日子時
卒於民國十四年乙丑三月十五日巳時壽八十有四

無後　以謙百七五謙剛公四子遜福入繼

墓葬

行謙百八七諱謙煜字炳榮

祥百七二祥鰲公長子

生於清道光十九年己亥十月十三日辰時

卒於清光緒十二年丙戌九月廿九日申時年四十有

入

娶杜氏生於清道光廿一年辛丑十月十一日　時

卒於清同治五年己卯正月初三日　時年二十有九

生一子遜懋

繼娶謝氏生於清道光三十年庚戌十二月初三日卯時

卒於清同治十二年癸酉三月廿九日戌時年二十四

墓葬塔嶼廟北

行謙百八八諱謙葵

祥百廿三祥璠公長子

生於清道光十九年己亥十二月初二日寅時

卒於清同治元年壬戌八月初九日　時年二十有四

娶　氏改適

無後

行謙百八九諱謙康字振康

祥百四八文珩公之子

生於清道光二十年庚子二月廿八日巳時

卒於清同治十一年壬申三月二十日午時年三十三
娶董氏 清光緒朝欽旌節孝建坊入祠生於清道光廿
八年戊申十二月初六日寅時
無後 以謙百六六謙和公次子遜雲入繼
墓葬義塾前父墳旁

行謙百九十 諱瀚 字崙仙 號纓卿 國學生
祥百四九祥福公長子
生於清道光二十年庚子五月初八日子時
卒於清光緒廿五年己亥二月廿九日丑時壽六十歲
聘陳氏生於清道光十八年戊戌五月廿九日 時
卒於清咸豐五年乙卯十一月廿九日 時年一十八

娶張氏生於清道光廿一年辛丑四月初二日午時
卒於清同治十二年癸酉二月初一日未時年三十三
生三女長適金　次適陳　三適姚
繼娶李氏生於清咸豐元年辛亥二月初六日戌時
卒於清光緒十二年丙戌六月初十日寅時年三十六
生二子　長遜琪早世　次遜璿
側室李氏生於清同治元年壬戌十一月廿五日亥時
卒於民國元年壬子十二月廿四日辰時年五十有一
生一子　遜琳
一女適王
墓葬周張漕東首

行謙百九一諱謙溥
祥百廿二祥麟公之子
生於清道光二十年庚子六月初三日子時
卒於清光緒二年丙子二月廿八日　時年三十有七
娶周氏生於清咸豐五年乙卯二月十五日　時
卒無查
生一子　遜華

行謙百九二諱沼字炳南號也庚
祥百七十祥祿公之子
生於清道光二十年庚子十月廿九日子時
卒於清咸豐十年庚申八月十六日未時年二十有一

娶吳氏生於清道光十九年己亥十月十六日午時
卒於清咸豐七年丁巳正月廿八日丑時年一十有九
繼娶徐氏 清光緒朝欽旌節孝建坊入祠生於清道光
十九年己亥五月十六日午時
卒於民國四年乙卯十月廿五日辰時壽七十有六
生一子 遜椿
一女適王
墓葬後張
行謙百九三 諱謙爻
祥百七四祥蟾公之子
生於清道光二十年庚子十一月廿五日寅時

卒於清咸豐十一年辛酉七月廿八日　時年二十有
二未娶
行謙百九四　諱謙潢　字靜濤
祥三二祥運公之子
生於清道光廿一年辛丑正月初七日卯時
卒於清光緒三十年甲辰七月廿五日戌時壽六十四
娶李氏生於清咸豐二年壬子十二月廿四日酉時
卒無查
生二子　長遜炤　次遜琪
一女適胡
墓葬

行謙百九五諱謙珍

祥八七祥安公四子

生於清道光廿一年辛丑閏三月廿八日辰時

卒於清咸豐九年己未十一月十六日　時年一十有

九未娶

行謙百九六諱寶官名賚字玉堂號小麓　議敘

祥九四祥隆公六子

生於清道光廿一年辛丑四月十九日丑時

卒於清同治三年甲子正月十五日戌時年二十有四

娶方氏　清光緒朝欽旌節孝建坊入祠生於清道光二

十年庚子九月廿五日未時

庄

卒於清光緒十年甲申九月十六日巳時年四十有五

無後　以兄　喬公次子遜偉入繼

生一女適姚

墓葬朱家沜

行謙百九七諱謙悌字友三

祥百五九文球公長子

生於清道光廿一年辛丑八月十七日巳時

卒於清光緒十年甲申三月十八日　時年四十有四

娶姚氏生於清道光廿五年乙巳十二月十六日戌時

卒於清光緒三十一年乙巳九月初七日　時壽六十

有一

無後

墓葬

行謙百九八諱謙瑞

祥百廿一祥銓公長子

生於清道光廿一年辛丑九月初二日戌時

卒無查

娶林氏生於清道光廿八年戊申八月　日　時

無後

行謙百九九諱國泰

祥百四祥仟公之子

生於清道光廿一年辛丑十一月初一日丑時

卒無查未娶

配　行謙二百　諱　相

祥百六六祥璐公長子

生於清道光廿一年辛丑十一月初四日戌時

卒於清光緒二十年甲午六月初七日　時年五十四

娶孔氏生於清道光三十年庚戌正月二十日亥時

卒於民國元年壬子十一月十四日酉時壽六十有三

生三子　長遜芳　次遜茂　三遜莊

二女長適周　次適邵

墓葬上坂

配　行謙二百一　諱　梓　字楚琴

祥百六二祥溪公次子

生於清道光廿一年辛丑十一月十九日戌時

卒於清同治九年庚午三月初十日丑時年三十歲

未娶

行謙二百二諱伯驊字蘭薰號悅香

祥廿九祥吉公六子

生於清道光廿一年辛丑十二月十八日丑時

卒於清光緒十七年辛卯九月十三日戌時年五十一

娶陳氏生於清道光廿一年辛丑十月十七日戌時

卒於清光緒五年己卯九月初四日亥時年三十有九

生二子　長遜寶　次遜富

再娶余氏生於清咸豐二年壬子四月廿五日戌時

卒於民國十一年壬戌八月廿三日　時壽七十有一

生一子　遜敏

二女長適袁　次適陳

墓葬雙跟橋下

行謙二百三　諱謙淮

祥六十祥鉶公次子

生於清道光廿一年辛丑　月　日時

寓河南卒無査

行謙二百四　諱國家

祥七二祥照公三子

生於清道光廿二年壬寅二月初七日戌時
卒於　年　二月十四日　時
娶黄氏生於清咸豐三年癸丑十一月廿六日　時
卒於清光緒十二年丙戌正月十七日　時年三十四
繼娶龔氏改適
生一子　遜富
墓葬

行謙二百五諱　烺字星炳
祥八三祥松公六子
生於清道光廿二年壬寅二月十三日辰時
卒於清光緒十五年己丑十一月十四日未時年四十

肆

有八

娶林氏生於清道光廿六年丙午四月十七日申時

卒於清同治八年己巳二月十九日子時年二十有四

繼娶楊氏生於清咸豐元年辛亥十月廿八日寅時

卒於清光緒十四年戊子七月十七日卯時年三十八

生一子　遜禧

一女適方

墓葬

行謙二百六 諱謙坊 字漢九

祥二百四　洲公長子

生於清道光廿二年壬寅二月廿六日丑時

卒於清光緒廿二年丙申六月初八日午時年五十五
娶徐氏生於清道光廿六年丙午二月初十日亥時
卒於清同治十二年癸酉十一月十一日　時年二十
有八
生一子　遜艇
一女適姚
繼娶徐氏生於清咸豐四年甲寅八月廿五日亥時
卒於清光緒三十年甲辰八月初五日辰時年五十一
生二子　長遜國　次遜惠
一女適胡
墓葬

二房

行謙二百七　諱　錦源

祥九六祥乾公長子

生於清道光廿二年壬寅二月廿六日酉時

卒無查未娶

二房

行謙二百八　諱　榆　字燧生

祥百十八祥澄公四子

生於清道光廿二年壬寅三月初四日寅時

卒於清同治七年戊辰八月十三日巳時年二十有七

娶胡氏　清光緒朝欽旌節孝建坊入祠生於清道光廿九年己酉三月初四日　時

卒於民國五年丙辰十一月廿九日　時壽六十有八

生一子　遜炘

行謙二百九諱謙恆字玉如

祥四五文炯公六子

生於清道光廿二年壬寅三月初七日巳時

卒於清同治四年乙丑十月十五日子時年二十有四

娶陳氏　清光緒朝欽旌節孝建坊入祠生於清道光二

十年庚子六月十五日午時

卒於清光緒二十年甲午十二月十二日　時年五十

有五

墓葬

行謙二百十諱恩字信意號陸亭

祥百廿八祥成公次子

生於清道光廿二年壬寅六月初四日卯時

卒於清光緒廿四年戊戌八月廿五日巳時年五十七

娶范氏生於清咸豐三年癸丑正月廿六日子時

卒於清光緒廿七年辛丑五月初二日丑時年四十九

生二子　長遜運　次遜道

一女適應

墓葬

行謙二百十一　諱謙雲

祥百三一祥耿公之子

生於清道光廿二年壬寅九月廿二日亥時

卒於清同治十一年壬申六月廿七日亥時年三十一
娶包氏改適
生一子　遜海
墓葬
行謙二百十二諱謙巽
祥百九八祥福公長子
生於清道光廿四年甲辰正月初六日亥時
卒於清光緒十三年丁亥四月二十日　時年五十四
娶胡氏生於清咸豐十年庚申八月十二日子時
生一子　遜和
一女適莊

胙

行謙二百十三　諱謙康　字介三

祥百五十祥樞公之子

生於清道光廿四年甲辰三月十四日子時

卒於清光緒十六年庚寅十月十一日　時年四十七

娶鄭氏生於清道光廿六年丙午二月十七日寅時

卒於民國十七年戊辰十二月　日　時壽八十三

生一子　遜鼎

三女長適邵　次適𥪡　三適胡

墓葬

胙

行謙二百十四　諱謙謹　字竹安

祥百八十祥翰公之子

肆

生於清道光廿四年甲辰七月廿二日子時
卒於清宣統元年己酉正月初二日戌時壽六十有六
娶張氏生於清咸豐元年辛亥七月十九日午時
卒於民國元年壬子五月十二日申時壽六十有二
側室周氏生於清咸豐七年丁巳七月二十日　時
生二子　長遜炳　次遜品

行謙二百十五　諱謙剛　字壁山　號堅珊　官名浩　由國學生捐
授六品職銜

祥二百四　洲公次子
生於清道光廿四年甲辰七月廿二日酉時
卒於民國四年乙卯十二月廿三日　時壽七十有二

娶翁氏生於清道光廿六年丙午十月十四日辰時

卒於民國十五年丙寅七月十二日午時壽八十有一

生三子　長遜斌　次遜昂　三遜鎔

三女長適穆　次適吳　三適潘

墓葬邵家漄

行謙二百十六諱椰字茂生

祥百十八祥澄公五子

生於清道光廿四年甲辰八月廿三日丑時

卒於清同治七年戊辰二月廿一日　時年二十有五

未娶

行謙二百十七諱謙章

祥百廿一祥銓公次子
生於清道光廿四年甲辰十月初三日戌時
卒無查未娶

顯
行謙二百十八諱謙桂
祥百六五祥璉公次子
生於清道光廿四年甲辰十月初五日戌時
卒無查未娶

配
行謙二百十九諱燿字元照
祥八三祥松公七子
生於清道光廿四年甲辰十月十三日卯時
卒於清光緒五年己卯十月十五日　時年三十有六

未娶

行謙二百二十　諱宗字廷聯號友梅　由國學生捐授布政

使司理問銜

祥九四祥隆公七子　纂修宗譜以承先意

生於清道光廿四年甲辰十二月十九日午時

卒於清光緒十四年戊子六月十七日未時年四十五

娶洪氏生於清道光廿四年甲辰七月十五日未時

卒於清光緒七年辛巳六月廿九日戌時年三十有八

繼娶朱氏生於清同治四年乙丑十一月十六日戌時

卒於　　年　　月　　日時

無後　以兄　喬公四子遜伊入繼

配

墓葬下車頭

行謙二百廿一　諱漣　字詠清　從九品

祥二百九祥祉公之子

生於清道光廿五年乙巳正月二十日卯時

卒於清光緒二年丙子八月十五日亥時年三十有二

娶戚氏生於清道光廿四年甲辰十月十二日丑時

卒於清光緒二年丙子十月廿八日戌時年三十有三

生三子　長遜緯　次遜純　三遜繹

二女長適費　次適刁

墓葬

配

行謙二百廿二　諱謙傳　字薪甫

祥九十文鑑公之子

生於清道光廿五年乙巳二月初七日未時

卒於清光緒九年癸未十月十四日戌時年三十有九

娶夏氏生於清道光廿六年丙午八月初九日午時

卒於清宣統元年己酉十一月十五日巳時壽六十四

生一子　遜恂

墓葬上坂

行謙二百廿三　諱謙桂

祥百四一文堯公三子

生於清道光廿五年乙巳二月三十日子時

卒於清同治十年辛未四月初十日子時年二十有廿

未娶

行謙二百廿四諱謙芳

祥百四七祥瑛公次子

生於清道光廿五年乙巳九月十五日　時

卒於清宣統二年庚戌二月廿四日申時壽六十有六

娶韓氏生於清道光廿八年戊申正月初三日戌時

卒無查

生二子　長遜灝　次遜彬

墓葬

行謙二百廿五諱謙耀字顯宗號光祖

祥百廿六祥駿公之子

生於清道光廿五年乙巳十月廿九日辰時
卒於清宣統二年庚戌十二月十六日卯時壽六十六
娶邵氏生於清道光廿四年甲辰十月初八日申時
卒於民國十六年丁卯十一月十二日巳時壽八十四
生二子　長遜江　次遜渭出繼
三女長適徐　次適劉　三適沈
墓葬

行謙二百廿六　諱謙艮
祥百九八祥福公次子
生於清道光廿六年丙午正月初一日辰時
卒於清光緒十五年己丑　月　日　時年四十四

未娶
客死杭州

胞

行謙二百廿七諱謙漳字慶裕號省予　議敘
祥百四九祥福公次子繼祥二百廿三祥祐公繼子
生於清道光廿六年丙午二月十三日酉時
卒於清光緒廿九年癸卯七月初三日酉時年五十八
娶陳氏生於清道光廿五年乙巳六月廿七日寅時
卒於清光緒廿六年庚子六月初七日未時年五十六
生二子　長遜綬出繼　次遜縉
四女長適邵　次適穆　三適陳
墓葬

行謙二百廿八諱謙貴
祥九六祥乾公次子
生於清道光廿六年丙午十二月初十日寅時
卒無查未娶

行謙二百廿九諱謙和
祥百六五祥璉公三子
生於清道光廿七年丁未正月初五日丑時
卒無查未娶

行謙二百三十諱謙瀾字慶雲號芸生
祥百四九祥福公三子
生於清道光廿七年丁未五月十七日午時

卒於清光緒二十年甲午十月十五日亥時年四十八

娶盛氏生於清道光廿六年丙午九月初四日戌時

卒於清光緒四年戊寅十一月廿九日巳時年三十三

生一子　遜鏞

繼娶張氏生於清咸豐九年己未九月十五日巳時

卒於民國十七年戊辰三月初八日子時壽七十歲

生一女適徐

墓葬大車頭港

行謙二百三一　諱謙震

祥百八八　源標之子

生於清道光廿七年丁未十月十六日戌時

卒於清光緒五年己卯十二月初一日辰時年三十三

未娶

旺

行謙二百三二 諱謙琳

祥百廿一祥銓公三子

生於清道光廿七年丁未十月廿一日寅時

卒無查

娶余氏生於清咸豐元年辛亥八月十七日辰時

卒無查

無後

旺

行謙二百三三 諱謙益

祥百九二祥德公長子

生於清道光廿七年丁未十一月初二日巳時
卒於清光緒十九年癸巳十一月初一日酉時年四十
有七
娶徐氏生於清咸豐八年戊午正月二十日巳時
卒於民國九年庚申正月十九日戌時壽六十有三
生一子　遜初
一女適張
墓葬
行謙二百三四　諱謙緯字顯廷　國學生
祥九七文楷公三子
生於清道光廿八年戊申二月十五日亥時

卒於清光緒三十三年丁未正月初三日午時壽六十

歲

娶費氏生於清咸豐二年壬子三月廿二日午時

卒於清光緒六年庚辰九月初一日酉時年二十有九

生一子　遜雪

一女適方

繼娶葉氏生於清同治四年乙丑正月初四日亥時

生三子　長遜霞　次遜霦　三遜⿱雨壽

一女適劉

墓葬鎮龍橋父墳旁

行謙二百三五　諱謙煌　字文軒

祥百七二祥鰲公次子
生於清道光廿八年戊申二月十六日巳時
卒於清同治十二年癸酉閏六月十五日未時年二十
有六
娶龔氏改適
無後
墓葬塔嶼廟前北
行謙二百三六諱榮字位卿　從九品
祥七四祥清公四子
生於清道光廿八年戊申十一月十一日寅時
卒於清同治九年庚午正月二十日丑時年二十有三

娶夏氏　清光緒朝欽旌節孝建坊入祠生於清道光廿
七年丁未七月廿四日亥時
卒於民國十三年甲子十一月十九日申時壽七十八
生一子　遜炕兼承
墓葬後姚港東首
行謙二百三七諱謙鳳字炳生　國學生
祥百五六祥蕙公之子
生於清道光廿八年戊申十一月廿三日　時
卒於清光緒十六年庚寅五月初五日申時年四十三
娶姚氏生於清咸豐六年丙辰八月廿一日辰時
卒於清光緒十六年庚寅五月十六日寅時年三十五

生一子　遜廷

墓葬

胜　行謙二百三八諱謙溥字寶生

祥百三四祥明公長子

生於清道光廿八年戊申十二月廿五日卯時

卒於清光緒十七年辛卯正月廿八日丑時年四十四

娶穆氏生於清咸豐八年戊午二月廿七日戌時

卒於清光緒十四年戊子七月二十日戌時年三十一

生三子　長遜鐘　次遜康出繼　三遜彥

墓葬

胂　行謙二百三九諱謙亨字大亨

祥二百四　洲公三子
生於清道光廿九年己酉正月初八日丑時
卒於清光緒三十年甲辰六月二十日卯時年五十有
六
娶費氏生於清咸豐元年辛亥八月初三日亥時
卒於清光緒三十一年乙巳正月廿四日子時年五十
有五
生三子　長遜紱　次遜絇　三遜綵
一女適方
墓葬

行謙二百四十諱謙紳字雲生

祥百九十祥璧公之子

生於清道光廿九年己酉閏四月十四日子時

卒於民國五年丙辰八月十三日酉時壽六十有八

娶胡氏生於清咸豐十一年辛酉九月廿七日辰時

生一子　遜訓

二女長適姚　次適王

国家出版基金项目
NATIONAL PUBLICATION FOUNDATION

海上絲綢之路文獻集成

總主编　陳支平　陳春聲

民間譜牒編　52

主编　林　楓

海峽出版發行集團
THE STRAITS PUBLISHING & DISTRIBUTING GROUP
福建人民出版社

本册目次

［浙江慈溪］慈谿鴻門童氏宗譜十七卷首一卷（卷一二至卷一五）

童賡年等纂修

慈東童氏宗譜卷十二

世傳

第三十一世

䏘

行謙二百四一諱標字紫卿

祥七洲祥清公五子

生於清道光廿九年己酉十二月初十日辰時

卒於清光緒廿二年丙申九月廿四日辰時年四十八

娶張氏生於清道光廿九年己酉三月廿七日午時

卒於清光緒九年癸未七月初八日子時年三十有五

繼娶翁氏生於清同治三年甲子九月廿三日卯時

生一子　遜煥

三女長適膴　次適盛　三適姚

行謙二百四二 諱謙生

祥二百二祥瑚公長子

生於清道光三十年庚戌十二月初三日戌時

卒於清同治五年丙寅十月廿九日卯時年一十有七

未娶

行謙二百四三 諱榆 字桐裕 號春生

祥百六六祥璐公次子

生於清咸豐元年辛亥三月初九日卯時

卒於清宣統元年己酉十二月廿六日申時年五十九

娶朱氏生於清咸豐七年丁巳六月二十日巳時

卒於民國八年己未十一月初七日戌時壽六十有三
生一子　遜讓
三女長適李　次適翁　三適葛

行謙二百四四諱謙巨字瑞青
祥百三七祥雅公之子
生於清咸豐元年辛亥五月廿九日卯時
卒於清宣統二年庚戌　月　日　時壽六十歲
未娶

行謙二百四五諱謙貴郎謙裕
祥百九二祥德公次子
生於清咸豐元年辛亥八月二十日辰時

卒於民國十四年乙丑十一月十六日辰時壽七十五
娶王氏生於清同治五年丙寅九月廿三日戌時
卒於民國十六年丁卯九月廿一日巳時壽六十有二
生三子　長遜陽　次遜金　三遜康
一女適張
墓葬

行謙二百四六 諱謙恩 字愛卿
祥百五九文球公次子
生於清咸豐二年壬子三月廿三日卯時
卒於清光緒廿五年己亥四月三十日子時年四十八
娶應氏生於清咸豐六年丙辰五月十三日酉時

卒於清光緒廿六年庚子九月初五日戌時年四十五

生一子　遜榮

墓葬

行謙二百四七諱謙富

祥百廿一祥銓公四子

生於清咸豐二年壬子十月初十日卯時

卒無查未娶

行謙二百四八諱福謙字汝俊

祥二百三一祥錫公之子

生於清咸豐三年癸丑二月初九日卯時

卒於清宣統二年庚戌六月初九日午時年五十有八

娶夏氏生於清同治四年乙丑四月初一日辰時

卒於民國八年己未九月初一日辰時年五十有五

無後

墓葬

行謙二百四九　諱謙成

祥百八三　材公之子

生於清咸豐三年癸丑三月初四日　時

卒無查

久客未歸

行謙二百五十　諱謙富　字湘成

祥百九一　祥華公長子

生於清咸豐三年癸丑四月初四日亥時
卒無查
娶舒氏生於清咸豐七年丁巳八月初五日巳時
卒於清光緒十七年辛卯十一月十五日申時年三十
有五
生一子　遜珍
一女適姚
行謙二百五一　諱謙鼇
祥百九四祥年公長子
生於清咸豐三年癸丑七月十三日卯時
卒於清同治十一年壬申　月　日　時年二十歲

未娶

行謙二百五二諱椿字福生

祥百六六祥璐公三子

生於淸咸豐三年癸丑七月十六日子時

卒於淸光緒元年乙亥五月十七日戌時年二十有三

未娶

行謙二百五三諱謙震

祥百九八祥福公三子

生於淸咸豐四年甲寅正月廿八日子時

卒於淸光緒十九年癸巳十二月廿二日申時年四十

歲

娶陳氏生於清咸豐八年戊午七月十九日辰時
卒於清光緒十二年丙戌六月十一日　時年二十九
生一女適周
無後
墓葬
行謙二百五四諱楠字慶生
祥百六七祥澄公長子
生於清咸豐四年甲寅二月初十日亥時
卒於清光緒十二年丙戌七月十三日申時年三十三
娶王氏生於清咸豐七年丁巳三月初五日巳時
卒於民國十一年壬戌十一月廿八日寅時年五十六

生一子　遜煊

一女適胡

墓葬

行謙二百五五諱謙元字慶元

祥二百廿四祥瑞公之子

生於清咸豐四年甲寅八月十八日辰時

卒無查未娶

行謙二百五六諱謙鍠字林泉

祥百廿七祥珍公長子

生於清咸豐四年甲寅九月十五日寅時

卒於清光緒十三年丁亥八月二十日午時年三十四

娶杜氏生於清同治元年壬戌八月初四日未時
卒於清光緒二十年甲午四月十六日亥時年三十三
生一子　遜章
一女適
墓葬
行謙二百五七諱謙才字可樑
祥二百廿九　灣公之子
生於清咸豐四年甲寅九月十七日戌時
卒於民國六年丁巳十二月十六日申時壽六十有四
娶應氏生於清咸豐九年己未六月十九日丑時
無後

墓葬三和門前大路旁

行謙二百五八　諱謙綸　字桂生

祥二百四十祥瑾公長子

生於清咸豐四年甲寅十一月廿八日子時

卒於清光緒十一年乙酉五月十三日丑時年三十二

未娶

行謙二百五九　諱謙誌

祥二百十二祥福公之子

生於清咸豐五年乙卯正月廿七日戌時

卒於清同治十二年癸酉十月廿九日申時年一十九

未娶

行謙二百六十　諱謙受
祥百八九祥東公之子
生於清咸豐五年乙卯八月十六日　時
卒無查未娶
行謙二百六一　諱樟　字慶茂
祥百六七祥泩公次子
生於清咸豐五年乙卯十月初七日子時
卒於民國五年丙辰九月初九日午時壽六十有二
娶戴氏生於清咸豐七年丁巳四月十五日亥時
卒於清宣統二年庚戌六月初一日子時年五十有四
生一子　遜燦

一女適葛

墓葬

行謙二百六二　諱謙勳　字阿連

祥百九四祥年公次子

生於清咸豐五年乙卯十一月廿九日丑時

卒於　年　月　日　時

娶陳氏生於清同治十年辛未十一月初八日午時

卒於民國十年辛酉九月十三日卯時年五十有一

生三子　長遜順　次遜棠　三遜嘉

墓葬

行謙二百六三　諱謙益　字舜五

祥百七九文寶公之子

生於淸咸豐六年丙辰正月初四日申時

卒無查

娶□氏生卒無查

生一子　遜禮早世

行謙二百六四　諱謙爵　字夢蘇　號雲卿

祥二百七　浴公之子

生於淸咸豐六年丙辰正月十二日寅時

卒於淸光緒三十一年乙巳十二月廿二日巳時年五

十歲

娶費氏生於淸咸豐十一年辛酉四月廿七日申時

卒無查

無後

墓葬

行謙二百六五諱謙章

祥百廿三祥璠公次子

生於清咸豐六年丙辰正月十八日寅時

卒於清同治十三年甲戌十月初六日申時年一十九

未娶

行謙二百六六諱棠字甘卿

祥百六二祥溪公三子

生於清咸豐六年丙辰三月十七日午時

卒於清光緒十一年乙酉八月十五日　時年三十歲

娶陳氏生於清咸豐　年　十一月十一日　時

卒於清光緒十九年癸巳十一月十二日　時

無後

墓葬

行謙又二百六六諱謙利

祥百九八祥福公四子

生於清咸豐六年丙辰十一月初九日未時

卒於清光緒三年丁丑五月初七日　時年二十有二

未娶

行謙二百六七諱謙安

祥百九一祥華公次子

生於清咸豐七年丁巳七月十一日酉時

卒於民國十年辛酉正月廿一日子時壽六十有五

娶徐氏生於清同治七年戊辰二月廿九日卯時

生二子　長遜寶　次遜昌

一女適錢

行謙二百六八 諱謙鉞 字雙全

祥百廿七祥珍公次子

生於清咸豐七年丁巳八月廿五日寅時

卒於民國四年乙卯四月十四日　時年五十有九

未娶

行謙二百六九 諱謙成
祥百三四祥明公次子
生於清咸豐七年丁巳十月初六日丑時
卒於清同治十一年壬申八月初九日午時年一十六

行謙二百七十 諱謙經 字和卿
祥百九九祥光公長子
生於清咸豐七年丁巳十二月二十日戌時
卒於清光緒廿三年丁酉七月廿七日申時年四十一
娶胡氏生於清咸豐十一年辛酉二月廿九日子時
生一子 遜高
墓葬四港閘

行謙二百七一 諱謙紳 字春生

祥二百四十祥瑾公次子

生於清咸豐九年己未正月廿五日未時

卒於清光緒　年　八月初八日　時

娶周氏生於清同治八年己巳二月十七日卯時

生二子 長遜濂早世 次遜植

一女適張

行謙二百七二 諱謙恂 字養生

祥百九八祥福公五子爲祥二百二十祥喬公繼子

生於清咸豐九年己未八月十九日辰時

卒於　年　月　日寅時

娶　氏生於清同治二年癸亥十月廿五日寅時

無後　以三房謙二百三八謙濤公次子遜康入繼

行謙二百七三諱謙榮

祥二百八四祥禮公長子

生於清咸豐九年己未十二月初八日丑時

卒於清光緒十七年辛卯十月初八日戌時年四十三

娶沈氏生於清咸豐七年丁巳七月廿三日卯時

卒於清光緒廿九年癸卯九月初九日戌時年四十七

生一子　遜浩

一女適盛

墓葬

行謙二百七四　諱謙品　字品章

祥二百四七文楷公長子

生於清咸豐十年庚申正月十七日子時

卒於清光緒廿八年壬寅十一月廿九日巳時年四十

有三

娶陳氏生於清同治六年丁卯十月十八日辰時

生二子　長遜順　次遜頤

二女長適曹　次適余

行謙二百七五　諱謙輝　字杏生

祥百六十文盛公長子

生於清咸豐十年庚申二月初三日寅時

娶姚氏生於清同治十三年甲戌十月廿七日卯時

行謙二百七六　諱文泰　即順謙　字仁卿　號履安

祥二百九三祥楷公長子　幼習藥業以謹慎聞奉養孀母

吳氏善得親心里鄰咸稱之

生於清咸豐十一年辛酉十二月廿五日午時

卒於清光緒十三年丁亥二月初八日　時年二十七

娶范氏　青年守節茹苦含辛與姑吳氏稱一門雙節

清光緒朝欽旌節孝建坊入祠生於清同治五年丙寅

九月初九日戌時

卒於清光緒廿四年戊戌五月十三日酉時年三十三

墓葬鎮邑踏湝唐父墳旁

行謙二百七七諱謙鶴字岳生

祥二百五四祥懷公長子

生於清同治元年壬戌三月十二日未時

卒於　年　四月廿八日　時

娶劉氏生於清光緒元年乙亥十二月廿四日戌時

卒於　年　十一月十三日亥時

生一子　遜泰

一女適裘

墓葬

住牛西劉

行謙二百七八諱福謙字福慶

祥二百六七祥楨公長子

生於清同治元年壬戌十一月十七日午時

卒於清光緒廿五年己亥九月初七日　時年三十八

娶陳氏生於清同治五年丙寅十二月十一日辰時

卒於民國六年丁巳三月十四日　時年五十有二

生二子　長遜英　次遜華

二女長適周　次適翁

墓葬

行謙二百七九諱履謙字荔軒　邑庠生

祥二百六三祥楠公長子　性耿介家貧絕口不言嗜酒得

酒中趣韓昌黎詩云遇酒即酩酊君知我爲誰彷彿似

之支字清空一氣不倘藻繪以諸生老修譜創議以來
君與任其責未成而歿然草創之功未可沒也
生於清同治二年癸亥六月廿七日午時
卒於清光緒三十年甲辰五月廿六日酉時年四十二
娶徐氏生於清咸豐十一年辛酉十一月十二日丑時
卒於清光緒二十年甲午十月初二日丑時年四十四
生二子　長遜堂　次遜型
繼娶蔡氏生於清同治八年己巳十月十三日戌時
墓葬

行謙二百八十　諱謙嶽　字仰喬
祥二百八五祥盈公之子

生於淸同治二年癸亥七月廿二日寅時
卒於淸光緒十三年丁亥十二月廿二日酉時年二十
有五
娶張氏生於淸同治九年庚午十二月廿八日戌時
卒於淸光緒十五年己丑八月廿五日戌時年二十歲
無後
墓葬
行謙二百八一諱謙煒字炳才
祥二百三六祥雲公長子
生於淸同治二年癸亥十一月初五日亥時
卒於淸宣統三年辛亥七月十七日巳時年四十有九

未娶

行謙二百八二諱祐謙字紀生

祥二百三祥豪公之子　君務農力作克勤克儉

生於清同治三年甲子八月初八日卯時

卒於清光緒三十一年乙巳十二月廿六日　時年四

十有二

娶胡氏生於清光緒元年乙亥正月十六日戌時

卒於民國元年壬子九月初七日　時年三十有八

生四子　長遜財　次遜寶　三遜龍　四遜林

墓葬

行謙二百八三諱謙仁

祥三百十八祥崑公之子

生於清同治三年甲子十二月初六日子時

卒無查未娶

行謙二百八四 諱謙霈 字懷珍

祥三百廿七 演公長子

生於清同治四年乙丑三月初六日丑時

卒於清光緒 年 十月十七日巳時

娶韮氏生於清同治八年己巳十一月廿三日午時

卒於清光緒三十二年丙午八月廿四日申時年三十

有八

無後

生一女適胡

行謙二百八五 諱 謙學 字 玉林

祥二百七二祥愉公長子

生於清同治四年乙丑三月廿九日戌時

卒於民國十七年戊辰九月廿一日子時壽六十有五

娶姚氏生於清光緒二年丙子九月十三日　時

卒於清光緒三十三年丁未七月廿五日　時年三十

有二

生一子　遜和

繼娶余氏生於清同治十年辛未八月初二日寅時

卒於民國十四年乙丑十二月初七日未時年五十五

生一子　遜榮

墓在上坂坐西朝東

行謙二百八六　諱謙韶　字學才

祥二百六六祥慎公長子

生於清同治四年乙丑六月初三日未時

卒無查未娶

行謙二百八七　諱謙尊

祥二百八四祥禮公次子

生於清同治四年乙丑六月廿六日辰時

卒於清宣統二年庚戌十月初八日寅時年四十有六

娶姚氏生於清同治三年甲子正月十八日　時

卒於清光緒十六年庚寅七月十七日辰時年二十七

生一子　遜梁

又娶李氏生於清光緒元年乙亥五月十二日巳時

卒於民國十七年戊辰三月初二日戌時年五十有四

墓葬

行謙二百八八　諱謙耀　字春生

祥百六十文盛公次子

生於清同治四年乙丑九月十六日戌時

早世

行謙二百八九　諱謙照

祥三百十七祥義公之子

生於淸同治四年乙丑十月十四日戌時

娶 氏生卒無查

無後

行謙二百九十諱謙德

祥二百九八祥榮公長子爲祥二百三七祥鈖公繼子

生於淸同治五年丙寅正月初十日丑時

卒於民國二年癸丑九月初五日酉時年四十有八

娶范氏生於淸同治十二年癸酉十月十六日子時

卒於民國八年己未四月十九日午時年四十有七

無後

墓葬

行謙二百九一　諱謙均
祥二百八三祥安公長子
生於清同治五年丙寅八月十四日申時
卒於清光緒三十二年丙午十月十三日　時年四十
有一
娶□氏　改適
生一女適周
墓葬

行謙二百九二　諱和謙　字仁賢
祥二百六三祥楠公次子　有濟變才不負人託惜所如輒
阻憤鬱而殁

生於清同治六年丁卯二月廿二日卯時
卒於清光緒三十四年戊申八月三十日　時年四十
有二
娶胡氏生於清同治十一年壬申五月廿五日　時
卒於清宣統元年己酉十一月十四日　時年三十八
生二子　長遜埏　次遜墀
墓葬
行謙二百九三諱謙益字寶全
祥二百四八　照公長子
生於清同治六年丁卯四月廿五日申時
卒於清光緒　年　七月十九日　時未娶

行謙二百九四 諱謙晉 即謙吉

祥二百四五祥桂公長子

生於清同治六年丁卯九月初十日亥時

娶顧氏生於清同治八年己巳八月初十日亥時

卒於清光緒廿四年戊戌正月廿九日午時年三十歲

繼娶劉氏生於清同治十三年甲戌七月三十日未時

生一子 遜泉

二女長適鄭 次適屠

側室王氏生於清光緒廿一年乙未八月廿四日未時

寓居上海

行謙二百九五 謙仁

祥三百祥林公之子
生於清同治六年丁卯九月廿五日辰時
娶　氏生無查
寓宮莊橋

行謙二百九六　謙賢
祥二百二祥瑚公次子
生於清同治六年丁卯十月初六日子時
娶姚氏生無查

行謙二百九七諱文熊號藜郵官名輔卿　由國學生捐授布
政使司經歷銜加二級
祥二百九九祥權公長子爲祥二百七八祥楧公繼子　幼

習舉業長持家政繼乃父好施之志有加之無不及親
戚待以舉火者數十家死之日有聞而流涕者
生於清同治七年戊辰閏四月廿六日卯時
卒於清宣統元年己酉五月廿二日亥時年四十有二
娶葛氏生於清同治九年庚午九月十六日卯時
卒於清光緒廿一年乙未七月三十日申時年二十六
生二子　長行墀　次行均
一女適邵
繼娶盛氏生於清光緒元年乙亥十一月十九日寅時

行謙二百九八諱仁謙字兆榮

祥三百五一祥棫公之子

生於清同治七年戊辰十月廿四日戌時

卒於清光緒廿九年癸卯十一月廿八日戌時年三十

有六

娶姚氏生於清同治十年辛未七月初七日　時

卒於民國九年庚申十月初二日　時年五十歲

生三子　長遜城　次遜勇　三遜禹

墓葬

行謙二百九九諱謙生字子寬官名宗恢　由國學生捐授鹽

大使銜

祥二百五十祥愷公之子兼祧祥鼇公爲嗣

生於清同治八年己巳五月初一日丑時

卒於民國元年壬子十二月廿八日辰時年四十有四
娶張氏生於淸同治七年戊辰十二月廿五日午時
生一子　遜敏
一女適劉

行謙三百諱謙明
祥二百七三祥全公之子
生於淸同治八年己巳八月初一日亥時
卒無查未娶

行謙三百一諱謙緯字仁生
祥二百四十祥瑾公三子爲祥二百廿一祥瑞公繼子
生於淸同治八年己巳十一月初九日丑時

卒於民國四年乙卯三月廿五日　時年四十有七
娶吳氏生於清光緒六年庚辰九月初七日　時
生二子　長遜梁　次遜玉早世
一女適盛

行謙三百二　諱謙林　字生才
祥二百六六祥慎公次子
生於清同治九年庚午正月初二日未時
卒無查未娶

行謙三百三　諱謙溢　字景良
祥二百十二祥福公次子
生於清同治九年庚午正月初五日卯時

卒於清宣統二年庚戌四月初一日　時年四十有一

娶徐氏生卒無查

無後

住慈城

行謙三百四 諱 謙恆

祥二百三九祥龍公之子

生於清同治九年庚午二月初八日戌時

卒無查未娶

行謙三百五 諱 謙寶

祥二百六二祥彪公長子

生於清同治九年庚午二月廿九日午時

卒於民國五年丙辰七月廿三日　時年四十有七
娶姚氏生於清光緒十年甲申九月十一日　時
卒於清光緒三十二年丙午十月十三日戌時年二十
有三
生一子　遜楚
墓葬
行謙三百六　謙恒字雙全
祥二百四八祥照公次子爲祥二百九五善祥公繼子
生於清同治九年庚午五月十九日申時
娶　氏
寓郡城青石橋無查

行謙三百七 諱組謙 字靜齋
祥三百十三祥枚公長子
生於清同治九年庚午十月初六日酉時
卒於民國十五年丙寅九月廿二日巳時年五十有七
娶陸氏生於清光緒三年丁丑十二月二十日辰時
卒於清光緒廿七年辛丑三月廿五日丑時年二十五
無後　以緟謙公長子入繼
墓葬

行謙三百八 諱祿謙 字雲生
祥二百六七祥楨公次子
生於清同治九年庚午閏十月廿三日酉時

卒於民國三年甲寅十月廿三日　時年四十有五
娶莊氏生於清同治十二年癸酉三月十八日　時
卒於清光緒廿五年己亥十月廿四日辰時年二十七
無後
生一女適李
墓葬
行謙三百九諱謙德小名金郎
祥二百四五祥桂公次子
生於清同治九年庚午十二月十九日亥時
卒於清宣統元年己酉三月十六日寅時年四十歲
娶毛氏生於清同治十年辛未八月廿九日寅時

卒於清宣統元年己酉六月初九日辰時年三十有九

墓葬

寓居上海

行謙三百十名謙燮

祥二百九八祥榮公次子

生於清同治十年辛未正月三十日未時

娶胡氏生於清光緒元年乙亥十二月廿二日卯時

行謙三百十一諱謙富字林富

祥二百七二祥倫公次子

生於清同治十年辛未五月廿九日子時

卒於民國十七年戊辰十二月廿六日申時年五十八

娶盧氏生於清光緒八年壬午九月廿四日亥時
生二子　長遜廷　次遜延
一女適胡
行謙三百十二諱文達字慶餘
祥三百三四祥桓公長子
生於清同治十年辛未十二月初八日亥時
卒於清光緒二十七年辛丑五月廿三日戌時年三十
有一
娶鄭氏生於清同治十二年癸酉十月廿四日寅時
卒於清光緒廿七年辛丑六月廿一日申時年二十九
生二子　長遜鏘　次遜康

墓葬

行謙三百十三諱謙民字紀雲

祥二百二祥瑚公次子

生於清同治十一年壬申五月初六日寅時

卒無查未娶

行謙三百十四諱謙雲字瑞卿

祥二百六九瀚公之子

生於清同治十二年癸酉正月十二日寅時

卒於民國七年戊午七月初九日寅時年四十有六

娶曹氏生於清同治十二年癸酉八月初十日戌時

生一子　遜均

行謙三百十五名文熙官名貽芳字權郁　光緒十九年學院

陳入爲邑庠生

祥二百九九祥權公次子

生於清同治十二年癸酉二月初三日子時

娶姚氏生於清光緒元年乙亥九月初三日　時

卒於清光緒廿六年庚子二月十七日卯時年二十六

生一子　行增

一女適邵

繼娶汪氏生於清光緒七年辛巳十二月廿三日寅時

生五子　長行塏早世　次行坤　三行堦　四行培

五行基

五女長適石　次適陳

行謙三百十六 名謙章 字允蒸

祥二百六一 祥洲公長子

生於清同治十二年癸酉六月十七日酉時

娶胡氏生於清光緒四年戊寅十一月初八日辰時

卒於民國十六年丁卯七月初二日辰時年五十歲

生四女長適王　次適毛

行謙三百十七 諱謙璋 字德生　國子監典籍銜

祥三百十 祥銘公長子

生於清同治十二年癸酉十月初四日申時

卒於民國十年辛酉十二月三十日辰時年四十有九

娶洪氏生於清光緒元年乙亥二月初一日酉時
生一子　遜年
行謙三百十八諱謙錫字芳錦
祥三百六四祥生公長子
生於清同治十二年癸酉十一月廿一日午時
卒於民國九年庚申七月初三日戌時年四十有八
娶張氏生於清光緒三年丁丑正月初四日未時
生一子　遜榮
二女長適魏　次適
行謙三百十九名謙肇字正順
祥四百九祥森公長子

生於清同治十二年癸酉十二月廿三日辰時

娶錢氏生於清光緒十一年乙酉九月廿三日　時

生一子　遜立

行謙三百二十　名謙綸　字小有

祥二百六二祥彪公次子爲祥二百八八祥永公繼子

生於清同治十三年甲戌正月初二日子時

再娶陳氏生於清光緒四年戊寅五月十八日戌時

生一子

一女適

行謙三百廿一　諱謙才

祥三百三七祥春公之子

生於淸同治十三年甲戌正月十六日酉時

卒於淸宣統二年庚戌四月十九日　時年三十有七

娶姚氏生於淸光緒六年庚辰十月初一日亥時

生一子　遜祚

行謙三百廿二名謙元

祥三百三二祥瑞公長子

生於淸同治十三年甲戌三月十九日丑時

寓居太倉無查

行謙三百廿三名文燀官名錫蔚字金輝　邑庠生

祥三百四四祥杓公之子

生於淸同治十三年甲戌三月廿一日申時

娶張氏生於淸同治十一年壬申二月廿三日卯時
卒於淸光緒廿八年壬寅八月十四日辰時年三十一
生二子　長遜瑗　次遜瑜
三女長適鎮邑陳　次適余　三適周
繼娶翁氏生於淸光緒八年壬午正月廿六日寅時
卒於民國六年丁巳四月廿一日丑時年三十有六
生一子　遜璟
四女長適鎮邑陳　次適徐　三適鄞邑李　四適鎮
邑陳
繼娶洪氏生於淸光緒二十年甲午二月廿七日丑時
生二子

行謙三百廿四諱謙芳

祥三百八祥釣公長子

生於清同治十三年甲戌十二月初十日子時

卒於民國十八年己巳正月初七日亥時年五十有六

娶馮氏生於清光緒三年丁丑六月十五日寅時

卒於民國二年癸丑六月初六日亥時年三十有七

生一子　遜保

墓葬

行謙三百廿五名謙華字炳甫

祥三百六八祥賚公長子

生於清光緒元年乙亥四月十八日巳時

娶王氏生於清光緒三年丁丑九月廿二日酉時

生二子　長遜驤　次遜騁

行謙三百廿六諱文然字青閣

祥三百九十祥機公長子　人品謹飭無紈袴氣讀書刻苦

應童子試未獲雋爲惜

生於清光緒元年乙亥九月廿三日卯時

卒於清光緒廿二年丙申五月初二日丑時年二十二

娶胡氏生於清同治十三年甲戌十一月十三日戌時

無後　以三百七十九文煥公長子遜球入繼

行謙三百廿七名謙亨

祥三百三二祥瑞公次子

生於清光緒二年丙子二月初二日午時
寓居太倉無查
行謙三百廿八諱謙瑞字小品
祥二百四七文楷公次子
生於清光緒二年丙子八月初四日寅時
卒於民國十六年丁卯九月十九日申時年五十有二
娶殷氏生於清光緒六年庚辰十一月十五日午時
卒於清宣統二年庚戌九月初一日卯時年三十有一
無後
墓葬
行謙三百廿九諱謙增

祥二百五一祥徵公長子

生於清光緒二年丙子八月廿二日戌時

卒於清光緒二十年甲午八月廿一日　時年一十九

娶翁氏生於清光緒六年庚辰

生一子　遜華

行謙三百三十諱謙鼇字銀輝

祥三百九六祥淮公長子

生於清光緒二年丙子九月初五日辰時

卒於民國七年戊午三月初六日戌時年四十有三

娶周氏生於清光緒十二年丙戌十二月十二日　時

生三子　長遜章　次遜球　三遜武

行謙三百三一　名謙堯

祥二百九八祥榮公三子

生於清光緒二年丙子十一月初七日子時

娶陳氏生於清光緒十三年丁亥六月十二日辰時

生一子　遜英

行謙三百三二　名文炳　字慶甫

祥三百三四祥桓公次子

生於清光緒三年丁丑三月廿四日巳時

娶費氏生於清光緒五年己卯八月廿五日戌時

生二子　長遜釗　次遜鐘

一女適

行謙三百三三 諱文燕 字詠文 官名炳蔚 邑庠生民國十一
年壬戌省議員
祥三百八七祥櫝公長子爲祥三百五九祥楞公繼子
生於清光緒三年丁丑八月初九日巳時
卒於民國十五年丙寅十一月初四日申時年五十歲
娶吳氏生於清光緒二年丙子五月十六日申時
生四子 長遜塏 次遜均 三遜堦 四遜坡
三女長適阮 次適丁
側室顧氏生於清光緒十八年壬辰正月初三日子時
生二女

行謙三百三四 諱謙經 字蘭生

祥二百四十祥瑾公四子
生於清光緒三年丁丑八月十一日丑時
卒於民國十四年乙丑十二月十七日丑時年四十九
娶王氏生於清光緒六年庚辰三月廿八日子時
卒於清光緒廿八年壬寅五月十九日寅時年二十三
繼娶王氏生於清光緒二十年甲午十一月十二日寅時
生三子　長遜葆
行謙三百三五諱謙福字殿安號春榮
祥三百七五祥芳公長子
生於清光緒三年丁丑十二月十四日辰時
卒於民國二年癸丑二月十七日子時年三十有七

娶方氏生於清光緒三年丁丑三月十七日丑時

無後

行謙三百三六 諱謙焌 字仰喬

祥三百七二祥樟公次子

生於清光緒四年戊寅六月十四日辰時

卒於民國七年戊午九月初六日酉時年四十有一

娶姚氏生於清光緒八年壬午十一月三十日卯時

卒於民國元年壬子二月十一日申時年三十有一

生二子 長遜禎 次遜祐

一女適胡

繼娶胡氏生於清光緒十九年癸巳二月廿九日巳時

生一子　遜祺

一女

行謙三百三七名謙唐字堯臣

祥四百八祥盈公長子

生於淸光緒四年戊寅十二月廿三日戌時

娶王氏生於淸光緒六年庚辰三月廿九日巳時

生一女適陳

行謙三百三八名謙貴

祥二百七二祥倫公三子

生於淸光緒五年己卯十二月初九日申時

娶姚氏生於淸光緒十三年丁亥九月廿九日子時

生　子　遜泉

行謙三百三九諱紳謙

祥三百十三祥枚公次子

生於清光緒六年庚辰二月初四日丑時

卒於清光緒廿二年丙申五月十七日寅時年一十七

配湯氏生於清光緒五年己卯　月　日　時

卒於清光緒十五年己丑　月　日　時

行謙三百四十諱謙順字利仁

祥三百九六祥淮公次子

生於清光緒六年庚辰二月廿六日午時

卒於清光緒三十二年丙午二月十九日　時年二十

有七

娶張氏改適

生一女

行謙三百四一諱謙楷字皆春

祥三百七祥衡公長子

生於清光緒六年庚辰　月　日　時

卒於清宣統二年庚戌　月　日　時年三十有一

未娶

行謙三百四二名謙榮字九林

祥三百廿六祥康公長子

生於清光緒六年庚辰六月廿一日戌時

行謙三百四三　名文燧　字猶香

祥三百九五祥栻公之子

生於清光緒六年庚辰八月初四日亥時

娶馮氏生於清光緒七年辛巳七月廿一日　時

卒於清光緒三十年甲辰十月廿四日酉時年二十四

生二子　長遜珪　次遜璋

一女適方

繼娶周氏生於清光緒十六年庚寅九月初七日巳時

生二子

行謙三百四四　諱謙槐

祥二百八三祥安公次子

生於清光緒六年庚辰十一月十七日辰時
卒於清光緒廿九年癸卯七月十八日　時年二十四
娶張氏　削髮爲尼

行謙三百四五諱謙雯字輔卿
祥三百廿七　湞公三子
生於清光緒七年辛巳三月十六日午時
卒於民國十五年丙寅四月十三日申時年四十有六
娶胡氏生於清光緒十七年辛卯七月十六日辰時
生一子　遜裕
二女

行謙三百四六名文杰字莪邨　國學生捐授同知銜

祥二百九九祥權公三子

生於清光緒七年辛巳五月初三日丑時

娶胡氏生於清光緒八年壬午五月初四日丑時

卒於清光緒三十四年戊申七月廿四日酉時年二十

有七

生三子　長行堈早世　次行圻早世　三行垣早世

一女適孫

繼娶傅氏生於清光緒十二年丙戌七月廿五日午時

卒於民國七年戊午十月十九日戌時年三十有三

生三子　長行城　次行奎　三行址

二女

續娶張氏生於清光緒廿一年乙未九月廿七日申時

生一子

一女

行謙三百四七諱謙棟字朝棠

祥三百九八祥琪公長子

生於清光緒七年辛巳十月廿二日辰時

卒於民國十三年甲子四月初四日午時年四十有四

娶李氏生於清光緒八年壬午九月廿五日辰時

墓葬上坂[illegible]斗朝南

行謙三百四八名謙和

祥二百五一祥徵公次子

生於淸光緒七年辛巳十一月初三日酉時
娶胡氏生於淸光緒十五年己丑十一月初三日亥時
卒於民國二年癸丑五月初四日戌時年二十有五
再娶汪氏生於淸光緒十六年庚寅九月初八日　時
生二子　長遜德
一女

行謙三百四九　諱謙吉
祥三百八六祥炘公長子
生於淸光緒七年辛巳十一月十八日子時
卒於淸光緒廿七年辛丑七月廿九日　時年二十一
娶張氏　改適

生一女

無後

行謙三百五十名謙德

祥又四百祥祿公長子

生於清光緒八年壬午二月廿八日寅時

娶謝氏生於清光緒八年壬午八月廿五日午時

寓嵊縣西巖無查

行謙三百五一名謙華

祥三百四十祥祉公之子

生於清光緒八年壬午二月十九日子時

娶蔣氏生於清光緒十四年戊子四月十二日　時

卒於清光緒三十一年乙巳八月十七日辰時年一十
有八
又娶柴氏生於清光緒十七年辛卯正月廿六日卯時
卒於民國十四年乙丑八月十六日亥時年三十有五
生一女適鎮海王
行謙三百五二諱緯謙字雲章
祥三百十三祥枚公三子
生於清光緒八年壬午三月十四日辰時
卒於民國六年丁巳七月十　日　時年三十有六
娶唐氏生於清光緒九年癸未八月廿五日戌時
生一子　遜寶

行謙三百五三名文鳳字廣甫官名詠詩　由國學生捐授國子監典籍銜

祥三百八七祥樌公次子

生於清光緒八年壬午三月廿六日戌時

娶邵氏生於清光緒六年庚辰八月廿二日辰時

生三子　長遜圻　次遜坰　三遜墉

五女

行謙三百五四名謙德字春富

祥三百七五祥芳公次子

生於清光緒八年壬午四月初十日酉時

娶成氏生於清光緒九年癸未十月初一日酉時

生二子　長遜潤　次遜源

行謙三百五五諱謙雲

祥三百六五祥崙公長子

生於清光緒八年壬午四月廿九日寅時

卒於清宣統二年庚戌　月　日　時年二十有九

娶杜氏生於清光緒十一年乙酉八月十一日子時

行謙三百五六諱謙裕字祖興

祥三百六十　譜公長子

生於清光緒八年壬午八月廿七日戌時

卒於清光緒三十四年戊申二月初四日　時年二十

有七

娶周氏生於清光緒六年庚辰十二月廿二日　時

無後

行謙三百五七名謙貞

祥三百三二祥瑞公三子

生於清光緒八年壬午　月　日　時

寓太倉無查

行謙三百五八名謙浩字雲寶

祥三百七十祥鈴公長子

生於清光緒八年壬午九月初一日辰時

娶舒氏生於清光緒十年甲申六月十五日　時

卒於清光緒三十二年丙午十一月十六日　時年二

十有三

行謙三百五九 諱謙抑 字永壽 號文卿

祥四百三十祥品公長子

生於清光緒八年壬午十二月十五日亥時

卒於　年　月　日　時

娶邵氏生於清光緒十年甲申十月初八日巳時

生一子　遜鑰

二女

行謙三百六十 名謙德

祥二百七三祥全公次子

生於清光緒九年癸未三月初三日未時

未娶

行謙三百六一　名謙鈺　字芳玉

祥三百六四祥生公次子

生於清光緒九年癸未三月初三日申時

娶孔氏生於清光緒十三年丁亥十月十八日亥時

生二女長適　次適姚

行謙三百六二　名謙嚴　字全慶

祥二百四八　照公四子

生於清光緒九年癸未四月初九日亥時

行謙三百六三　諱謙元　字九卿

祥三百廿六祥康公次子

生於清光緒九年癸未四月十一日酉時
卒於民國十五年丙寅三月初七日亥時年四十有四
娶胡氏生於清光緒十九年癸巳六月十三日午時

行謙三百六四 名文埏 字蓉閣

祥三百九十 祥機公次子
生於清光緒九年癸未四月十一日亥時
聘龔氏生於清光緒十年甲申十月十三日子時
卒於清光緒廿二年丙申十一月初五日丑時年一十
有三
繼娶洪氏生於清光緒十一年乙酉四月初九日辰時
生一子 遜珩

側室黄氏生於清光緒十六年庚寅三月初六日子時
卒於民國十年辛酉正月十五日亥時年三十有二
生一子
行謙三百六五名文照原名文璜號鏡賢
祥四百廿七祥棊公長子
生於清光緒九年癸未七月初五日卯時
娶盛氏生於清光緒八年壬午二月十三日午時
卒於民國四年乙卯五月廿一日辰時年三十有四
側室陳氏生於清光緒十九年癸巳六月十六日午時
行謙三百六六名謙泰
祥四百三七祥錦公長子

生於清光緒九年癸未八月廿二日子時

行謙三百六七 名謙光 字炳文 號春華

祥三百七五祥芳公三子

生於清光緒九年癸未十一月十七日寅時

娶虞氏生於清光緒十七年辛卯十月廿二日巳時

生二子 長遜通 次遜達

一女

行謙三百六八 名謙和

祥三百九二祥麟公長子

生於清光緒九年癸未十二月初六日子時

娶張氏生於清光緒十七年辛卯九月十四日　時

行謙三百六九名謙光字炳生

祥三百十祥銘公次子

生於清光緒十年甲申閏五月十六日申時

娶韓氏生於清光緒十一年乙酉正月初四日巳時

卒於清光緒三十一年乙巳二月十六日酉時年二十

有一

繼娶邵氏生於清光緒十四年戊子四月廿二日辰時

生二子

三女長適張

行謙三百七十諱謙華字善富

祥二百七二祥倫公四子

生於清光緒十年甲申正月十八日卯時
卒於清光緒廿七年辛丑十二月十三日寅時年一十有八
冥配嚴氏生於清光緒廿三年丁酉十月廿四日　時
卒於民國元年壬子十一月　日丑時年一十有六
無後
墓葬西港
行謙三百七一　名謙益　字春泉
祥三百四一祥松公之子
生於清光緒十年甲申四月初五日巳時
娶鄞邑郁氏生於清光緒十年甲申正月初二日午時

卒無查

生一女適鮑

繼娶施氏生於清光緒廿一年乙未五月廿七日酉時

生一子

一女

適鄞邑陳埠頭

行謙三百七二名文鵬字詠章號章甫

祥三百八七祥積公三子

生於清光緒十年甲申閏五月初五日丑時

娶陳氏生於清光緒十年甲申八月十五日辰時

卒於清光緒三十二年丙午二月廿七日亥時年二十

有三

生一子　遜基

繼娶楊氏生於清光緒十三年丁亥八月廿五日戌時

卒於清光緒三十四年戊申五月初一日辰時年二十

有二

繼娶邵氏生於清光緒十八年壬辰二月初二日　時

卒於清宣統二年庚戌四月廿五日酉時年一十有九

生一女

繼娶吳氏生於清光緒十八年壬辰六月廿六日寅時

卒於民國二年癸丑六月初九日午時年二十有二

繼娶陳氏生於清光緒十八年壬辰五月廿五日辰時

卒於民國十二年癸亥正月初二日未時年三十有二

生一子

一女

繼娶林氏生於清光緒廿三年丁酉四月十四日午時

生一子

二女

行謙三百七三名謙潮字蓮生

祥四百八祥盈公次子

生於清光緒十年甲申六月初三日卯時

娶邵氏生於清光緒十四年戊子九月廿七日卯時

生子　遜堉

行謙三百七四 諱謙益

祥四百十九祥榮公長子

生於清光緒十年甲申七月十二日申時

卒於清光緒三十年甲辰五月十五日　時年二十一

娶陳氏生於清光緒十五年己丑十月十九日申時

無後

行謙三百七五 諱謙剛

祥四百廿六祥耀公長子

生於清光緒十年甲辰十月十七日子時

卒於清光緒廿八年壬寅十月廿九日申時年一十九

未娶

行謙三百七六諱謙富字士發
祥三百三九祥芬公之子
生於清光緒十年甲申十一月十一日丑時
卒於民國十三年甲子四月初五日酉時年四十有一
娶周氏生於清光緒十六年庚寅十月廿五日辰時
生三子　長遜廷
一女
行謙三百七七諱謙益
祥四百十九祥榮公次子
生於清光緒十一年乙酉二月十四日午時
卒於民國元年壬子五月十五日　時年二十有八

娶　氏改適

行謙三百七八名文甲字鏡吾　邑庠生又改名蒙求遊學日

本考取中央大學畢業生

祥四百廿七祥棻公次子

生於清光緒十一年乙酉四月十一日亥時

娶周氏生於清光緒十三年丁亥十月初十日辰時

卒於民國　年　八月初八日酉時

生一女適羅

側室呂氏生於清光緒廿二年丙申六月廿六日酉時

生二子

側室周氏生於清光緒三十三年丁未十一月十六日

時

生二子

行謙三百七九名文煥字友闓

祥三百九十祥機公三子

生於清光緒十一年乙酉八月十三日卯時

娶陳氏生於清光緒十一年乙酉閏月初八日巳時

卒於民國元年壬子八月廿四日　時年二十有八

生二子　長邇球出繼　次邇琳

繼娶錢氏生於清光緒十八年壬辰十月十六日丑時

行謙三百八十名謙三字友來

祥三百七十祥鈴公次子

生於清光緒十一年乙酉十月十六日未時
娶戴氏生於清光緒十五年己丑八月十六日申時
生　子

行謙三百八一 名謙衷 字聯星
祥三百九六祥淮公三子
生於清光緒十一年乙酉十一月廿六日巳時
娶費氏生於清光緒廿一年乙未五月初十日　時
卒於民國十一年壬戌二月十二日午時年二十有八
生一子　遜華

行謙三百八二 名文亨 字安定
祥三百六祥堃公長子

生於清光緒十一年乙酉十二月初二日戌時
娶盧氏生於清光緒十九年癸巳五月初二日戌時
生四子　長遜順
四女長適徐
行謙三百八三　名謙育字德榮
祥三百九二祥麟公次子
生於清光緒十一年乙酉十二月十九日子時
娶張氏生於清光緒廿三年丁酉十二月初九日　時
行謙三百八四　名謙偉字善慶
祥三百廿六祥康公三子
生於清光緒十二年丙戌八月初四日子時

娶姚氏生於清光緒廿二年丙申十月初一日酉時

行謙三百八五 名謙源 字堯卿

祥四百八祥盈公三子

生於清光緒十二年丙戌十月初十日卯時

未娶

行謙三百八六 名謙允

祥三百九三祥彪公之子

生於清光緒十二年丙戌十二月廿三日卯時

行謙三百八七 名文鴻 字夢熊

祥四百三二祥枋公長子

生於清光緒十三年丁亥五月初九日戌時

娶盛氏生於清光緒十一年乙酉十月初六日巳時

生四子　長遜培　次遜彬

側室常熟周氏生於清光緒廿二年丙申三月初六日酉

時

生二子

行謙三百八八名謙珍字榮生

祥四百祥豪公長子

生於清光緒十四年戊子正月初八日卯時

娶桂氏生於清光緒廿二年丙申二月初二日巳時

行謙三百八九名謙攜字永福號望卿

祥四百三十祥品公次子

生於清光緒十四年戊子正月初十日子時

娶杜氏生於清光緒十六年庚寅正月初二日戌時

卒於民國

生一子　遜銓

繼娶　氏生於清光緒

行謙三百九十名纏謙字靜安

祥三百十三祥枚公四子

生於清光緒十四年戊子正月十二日亥時

娶唐氏生於清光緒十八年壬辰二月初五日亥時

生二子

一女

行謙三百九一諱謙良字春芳

祥三百四一祥松公次子

生於清光緒十四年戊子八月初六日戌時

卒於清光緒三十二年丙午八月十二日未時年一十有九

配鄞邑張氏生於清光緒廿一年乙未十二月初八日申時

卒於清光緒廿九年癸卯十月十一日戌時

居鄞邑陳埠頭

行謙三百九二諱謙光字興隆

祥三百九六祥淮公三子

生於清光緒十四年戊子八月廿三日戌時

卒於清光緒三十三年丁未六月十五日　時年二十

歲

冥配　氏生卒無查

墓葬

行謙三百九三名文傑字鏡川號乃君

祥四百廿七祥棻公三子

生於清光緒十四年戊子八月廿六日卯時

娶洪氏生於清光緒十五年己丑二月廿七日未時

生二子

二女

行謙三百九四名謙炳字炳坤

祥三百九二祥麟公三子

生於清光緒十五年己丑七月初五日子時

娶鴻氏生於　年　月　日　時

行謙三百九五諱謙禮字和興

祥三百八五　森公之子

生於清光緒十五年己丑十一月初八日亥時

卒於民國八年己未七月初九日辰時年三十有一

娶　氏改適

無後

行謙三百九六諱謙耿字立森

祥四百十三祥球公之子

生於清光緒十五年己丑十一月十四日申時

卒於民國十七年戊辰十二月十七日亥時年四十歲

娶　氏生於清光緒

生二女長適曹

行謙三百九七名謙源字元蓮

祥四百三三祥豐公長子

生於清光緒十七年辛卯三月初二日申時

娶石氏生於清光緒廿二年丙申六月初五日　時

行謙三百九八名謙懷字雲發

祥三百四七祥敷公之子

生於清光緒十五年己丑十二月廿六日子時
娶楊氏生於清光緒十六年庚寅六月廿八日未時
卒於民國四年乙卯二月廿三日寅時年二十有六
生一女適劉
繼娶李氏生於清光緒廿一年乙未四月初八日未時
生二子
二女
行謙三百九九名文第字鏡蓉號約之
祥四百廿七祥棻公四子
生於清光緒十六年庚寅十月十九日丑時
娶方氏生於清光緒十五年己丑十二月初十日亥時

卒於民國元年壬子十二月初三日丑時年二十四

繼娶朱氏生於清光緒廿三年丁酉十二月廿六日寅時

卒於民國十二年癸亥六月十八日未時年二十七

生一女

繼娶徐氏生於清光緒廿七年辛丑八月初九日辰時

生二子

行謙四百名謙耀字春英

祥三百七五祥芳公四子

生於清光緒十六年庚寅十月初十日寅時

娶朱氏生於清光緒二十年甲午八月十六日酉時

行謙四百一名文星字兆春

祥四百廿二祥有公長子

生於清光緒十六年庚寅十二月二十日亥時

娶姚氏生於清光緒廿四年戊戌二月初二日辰時

行謙四百二　諱謙湘　字仲卿

祥四百八祥益公四子

生於清光緒十七年辛卯正月廿三日卯時

卒於民國三年甲寅七月廿七日申時年二十有四

娶王氏生於清光緒廿一年乙未　月　日　時

行謙四百三　諱謙安　字祖良

祥三百六十　譜公次子

生於清光緒十七年辛卯七月廿二日巳時

卒於民國十八年己巳八月十三日寅時年三十九

娶余氏生於清光緒十九年癸巳十月廿三日　時

生一子　遜章

行謙四百四　諱謙巽字興章

祥三百九六祥淮公五子

生於清光緒十七年辛卯十月初九日巳時

卒於民國十一年壬戌七月三十日亥時年三十有二

娶陳氏生於清光緒廿八年壬寅二月初七日　時

行謙四百五　名謙鶴

祥三百五七祥呈公長子

生於清光緒十七年辛卯十一月十一日戌時

娶顧氏生於清光緒廿一年乙未十月十八日子時

生一子

二女

行謙四百六名文焜字荇郁

祥二百九九祥權公四子

生於清光緒十七年辛卯十二月廿九日辰時

娶葉氏生於清光緒十九年癸巳四月廿九日子時

生二子　長行垓

二女

行謙四百七諱謙蕙字毓卿

祥四百四九祥年公之子

生於清光緒十八年壬辰七月十一日申時
卒於民國十八年己巳十一月十二日戌時年三十八
娶邵氏生於清光緒廿一年乙未十一月初九日子時
卒於民國十八年己巳六月十九日　時年三十有五
生二子
一女
墓葬油車橋坐東朝西

行謙四百八　名謙楓
祥三百九八　祥琪公次子
生於清光緒十八年壬辰八月廿六日亥時
娶沈氏生於清光緒十九年癸巳十一月廿三日亥時

卒於民國十五年丙寅八月二十日子時年三十四
生一子　遜耀
三女長適胡
再娶周氏生於清光緒三十二年丙午六月初六日亥時
生一女
行謙四百九諱文鵠字夢熊
祥四百三二祥枋公次子
生於清光緒十九年癸巳七月初八日巳時
卒於民國二年癸丑六月初三日　時年二十有一
娶邵氏生於清光緒十七年辛卯六月十四日亥時
生一子　遜濤

行謙四百十　諱謙萃　字祖蔭

祥三百六八祥賚公次子

生於清光緒十九年癸巳八月廿二日丑時

卒於民國　年　六月十八日　時

冥配費氏生於　年　九月初五日　時

卒於　年　四月廿七日　時

行謙四百十一　名謙艮

祥四百廿六祥耀公次子

生於清光緒十九年癸巳八月廿三日午時

娶方氏生於清光緒廿六年庚子六月十二日　時

行謙四百十二　名謙地

祥又四百祥祿公次子

生於清光緒二十年甲午九月廿七日戌時

寓嵊縣西巖

行謙四百十三諱謙尊原名文銘

祥四百廿二祥有公次子爲祥三百七四祥明公繼子

生於清光緒二十年甲午十月初一日子時

娶周氏生於清光緒廿八年壬寅五月十七日午時

生二子

行謙四百十四名謙浩字純生

祥四百八祥盈公五子

生於清光緒二十年甲午十月初一日卯時

娶方氏生於清光緒廿五年己亥七月初四日午時

生三子

行謙四百十五 名謙友

祥四百三七祥錦公次子

生於清光緒二十年甲午十二月初六日戌時

行謙四百十六 名謙芬

祥三百八祥鈞公次子

生於清光緒廿一年乙未正月十八日酉時

行謙四百十七 諱謙明 字在明

祥四百四八祥華公長子

生於清光緒廿一年乙未九月廿四日戌時

卒於民國十二年癸亥二月廿七日戌時年二十九

娶孔氏生於清光緒廿八年壬寅十一月廿九日寅時

行謙又四百十七名謙發字炳山

祥四百四祥豐公次子

生於清光緒廿一年乙未十一月初一日午時

娶王氏生於清光緒三十年甲辰　月　日時

生一女

行謙四百十八名謙生

祥四百祥豪公次子

生於清光緒廿一年乙未十一月十六日未時

行謙四百十九名文高

祥四百廿六祥耀公三子爲祥四百三祥泉公繼子
生於清光緒廿二年丙申七月十四日丑時
娶嚴氏生於清光緒廿七年辛丑
行謙四百二十諱文濤
祥四百五十祥琪公長子
生於清光緒廿二年丙申十二月初六日戌時
卒於民國十七年戊辰七月廿四日戌時年三十三
行謙四百廿一名謙麟
祥三百五七祥呈公次子
生於清光緒廿三年丁酉二月十一日卯時
娶成氏生於清光緒廿七年辛丑二月三十日　時

卒於民國十三年甲子十一月廿八日　時年二十四
無後
行謙四百廿二諱謙耀
祥四百三八祥芳公長子
生於清光緒廿三年丁酉九月初四日申時
卒於　年　五月初十日未時未娶
行謙四百廿三名文驤字永綏
祥四百十四祥楙公之子
生於清光緒廿三年丁酉九月十二日未時
娶費氏生於清光緒廿二年丙申十一月初一日辰時
卒於民國四年乙卯三月初十日卯時年二十歲

繼娶張氏生於清光緒廿二年丙申九月初一日卯時

卒於民國五年丙辰九月十四日寅時年二十有一

繼娶洪氏生於清光緒廿五年己亥九月廿五日卯時

生一子

五女

行謙四百廿四名謙棠字福山

祥四百四祥楓公長子

生於清光緒廿三年丁酉十二月初十日辰時

行謙四百廿五名謙壹

祥三百五三祥衍公長子

生於清光緒廿四年戊戌四月初四日未時

行謙四百廿六諱文鴛字夢麟
祥四百三二祥枋公三子
生於清光緒廿四年戊戌七月初七日巳時
卒於民國十八年己巳六月十五日申時年三十二
娶李氏生於清光緒廿五年己亥二月十八日子時
生一子
行謙四百廿七名謙源
祥四百三三祥豐公長子
生於清光緒廿四年戊戌十月初五日子時
行謙四百廿八名謙榛
祥三百九八祥琪公三子

生於清光緒廿四年戊戌十一月初一日丑時

寓居蘇州

行謙四百廿九名謙財

祥二百十九祥豐公之子

生於清光緒廿四年戊戌十二月初十日辰時

娶曹氏生於清光緒三十二年丙午五月廿一日寅時

寓官莊橋

行謙四百三十名謙瑭字永興

祥四百三三祥豐公次子

生於清光緒廿四年戊戌正月十九日寅時

娶王氏生於清光緒三十二年丙午七月廿一日酉時

行謙四百三一名文奎字詠奎號達甫又號覺原
祥三百八七祥檟公四子
生於清光緒廿五年己亥二月十二日丑時
娶徐氏生於清光緒廿五年己亥六月初二日寅時
卒於民國十五年丙寅十一月十九日午時年二十八
生一子
二女
繼娶江蘇松江青浦倪氏生於清光緒三十年甲辰正月
十二日子時
行謙四百三二諱文瀾
祥四百十七祥樋公之子

生於清光緒廿五年己亥四月廿九日酉時
卒於民國十八年己巳十一月廿三日亥時年三十一
娶胡氏生於清光緒三十一年乙巳三月廿二日丑時

行謙四百三三 諱謙松 字鶴年
祥四百四七祥鋆公之子
生於清光緒廿五年己亥十月初九日辰時
卒於民國十一年壬戌五月初十日卯時年二十四
娶嚴氏 改適
生一女

行謙四百三四 名文萊 字鏡熙
祥四百廿七祥棻公五子

生於清光緒廿五年己亥十月初一日　時

娶鄞邑袁氏生於清光緒廿三年丁酉三月十四日酉時

行謙四百三五名謙富字春耕

祥四百六八祥鑑公之子

生於清光緒廿六年庚子正月十一日巳時

娶邵氏生於清光緒廿七年辛丑十二月十七日戌時

行謙四百三六名謙安

祥三百九七祥茂公之子

生於清光緒廿六年庚子七月十八日卯時

娶　氏

行謙四百三七諱謙隆

祥四百三八祥芳公次子

生於清光緒廿六年庚子八月初四日未時

卒無查未娶

行謙四百三八名文英

祥四百六四祥富公長子

生於清光緒廿六年庚子十一月廿四日未時

娶陳氏生於清光緒三十年甲辰九月初十日辰時

行謙四百三九名謙吉

祥三百五三祥衍公次子

生於清光緒廿六年庚子十月廿五日申時

行謙四百四十名謙恩

祥四百四八祥華公次子

生於清光緒廿六年庚子九月十二日子時

娶吳氏生於清宣統三年辛亥九月十四日丑時

卒於民國十八年己巳三月廿五日　時年一十九

又娶張氏生於民國元年壬子九月十七日　時

行謙四百四一名謙彪字智年

祥三百五七祥呈公三子

生於清光緒廿七年辛丑正月初三日子時

娶劉氏生於清光緒廿七年辛丑九月初二日卯時

生二子

行謙四百四二諱謙松字麗孫

祥四百七四祥琢公之子

生於清光緒廿七年辛丑十一月廿六日申時

卒於民國十八年己巳正月十二日午時年二十九

娶姚氏

生一子

行謙四百四三諱謙惠字詠仁

祥四百三八祥芳公三子

生於清光緒廿八年壬寅八月廿四日申時

卒無查未娶

行謙四百四四名文中

祥四百六祥富公次子

生於清光緒廿八年壬寅十月廿一日巳時

娶朱氏生於清光緒

行謙四百四五名謙鴻字劍雲號曼英

祥四百八祥盈公六子

生於清光緒廿九年癸卯二月十八日卯時

娶劉學交公女生於清光緒三十二年丙午三月廿九日

戌時

生一女

行謙四百四六名文沅字詠沅號湘甫

祥三百八七祥春公五子

生於清光緒廿九年癸卯十月初八日戌時

娶劉氏生於清光緒廿九年癸卯十二月十二日午時

行謙四百四七　名謙發

祥四百四祥楓公次子

生於清光緒廿九年癸卯十一月初一日午時

娶王氏生於清光緒三十年甲辰八月初一日戌時

行謙又四百四七　名謙泉

祥四百五祥衛公長子

生於清光緒廿九年癸卯十一月初八日午時

行謙四百四八　名謙鴻

祥三百五七祥呈公四子

生於清光緒三十年甲辰二月廿七日未時

娶嚴氏生於清光緒三十一年乙巳七月十四日酉時

生一子

行謙四百四九名謙壽

祥四百三七祥錦公三子

生於清光緒三十年甲辰三月初三日子時

行謙四百五十名文鶴字夢虎

祥四百三二祥枋公四子

生於清光緒三十年甲辰十二月廿六日未時

娶翁氏生於清光緒三十年甲辰八月十二日子時

卒於民國十二年癸亥十月三十日酉時年二十歲

繼娶陳氏生於清光緒三十一年乙巳十二月廿九日子

時

生一子

一女

行謙四百五一　名謙善　字錫定

祥四百三三祥豐公三子

生於清光緒三十一年乙巳八月十三日未時

行謙四百五二　名謙梅

祥四百八三祥貴公之子

生於清光緒三十一年乙巳十一月初九日子時

娶胡氏生於清宣統元年己酉正月十七日亥時

行謙又四百五二　名謙生

祥四百祥豪公亥子
生於清光緒三十一年乙巳十一月十六日　時
娶董氏生於清宣統元年己酉八月十一日辰時
行謙四百五三諱謙興
祥二百九四祥卿公長子
生於清光緒三十一年乙巳十一月十九日寅時
卒於民國十一年壬戌十月十一日戌時年一十八
冥配胡氏生於清光緒三十三年丁未十月十九日戌時
卒無查
行謙四百五四名文吉
祥四百五二祥元公長子

生於清光緒三十一年乙巳十二月初九日辰時
娶陳氏生於清光緒三十四年戊申四月廿四日　時

行謙四百五五名謙豫
祥四百七五祥楨公長子
生於清光緒三十二年丙午三月廿八日午時
娶烏氏生於清宣統二年庚戌正月廿五日卯時

行謙四百五六名謙仁號祖謨
祥四百十五祥松公之子
生於清光緒三十二年丙午四月初七日申時
娶徐氏生於民國四年乙卯二月廿四日卯時

行謙四百五七名謙福字祖福

祥四百五祥衛公次子
生於清光緒三十二年丙午十一月十八日　時
行謙四百五八名謙益字定國
祥四百三九祥奎公之子
生於清光緒三十三年丁未二月廿九日戌時
娶童氏生於清光緒三十二年丙午四月初八日卯時
生一子
行謙四百五九名謙益
祥四百四三文宏公長子
生於清光緒三十三年丁未十二月初一日卯時
娶孔氏生於清宣統元年己酉九月十三日　時

行謙四百六十　名謙榮

祥四百九十祥陞公長子

生於清光緒三十三年丁未七月初七日巳時

娶陸氏生於清宣統三年辛亥七月十九日未時

生一子

行謙四百六一　名文宗

祥四百五二祥元公次子

生於清光緒三十三年丁未七月十二日寅時

娶孫氏生於清宣統二年庚戌正月十七日卯時

行謙四百六二　名文海

祥四百十七祥棟公次子

生於清光緒三十四年戊申十一月初六日巳時

行謙四百六三名文渭

祥四百六一祥錙公長子

生於清光緒三十四年戊申十一月廿二日戌時

娶馮氏生於清宣統元年己酉十月廿五日卯時

行謙四百六四名謙壽字寶林

祥四百四二祥美公之子

生於清光緒三十四年戊申十一月初二日卯時

娶楊氏生於清宣統元年己酉四月初七日辰時

行謙四百六五名謙嘉字錫蓮

祥四百三三祥豐公四子

生於清光緒三十四年戊申十二月十九日酉時
娶勵氏生於民國二年癸丑
行謙四百六六名謙和
祥三百五三祥衍公三子
生於清宣統元年己酉二月廿二日寅時
行謙四百六七名謙吉
祥四百六六祥珏公之子
生於清宣統元年己酉十月初五日戌時
行謙四百六八名謙金
祥四百八八祥卿公次子
生於民國元年壬子九月初一日戌時

行謙四百六九名謙安

祥四百八九祥法公長子

生於民國二年癸丑五月廿五日亥時

行謙四百七十名文鴻字文洪

祥四百五二祥元公三子

生於民國二年癸丑十二月廿四日戌時

行謙四百七一名謙元

祥　祥公子

生於民國三年甲寅正月初八日　時

行謙四百七二名謙彪字永齡

祥四百三八祥芳公四子

生於民國三年甲寅八月初五日子時

住費家市

行謙四百七三　名謙泰

祥　祥公子

生於民國四年乙卯三月十六日巳時

行謙四百七四　名文宗

祥四百七八祥鎰公長子

生於民國五年丙辰四月十二日子時

慈東童氏宗譜卷十三

世傳

第三十二世

行遜一 諱遜順

謙三謙金公長子

生於清嘉慶十八年癸酉

出家杭州無考

行遜二 諱遜貫

謙三謙金公次子

生於清嘉慶二十年乙亥九月初八日午時

未娶無考

行遜三諱遜言

謙四謙亨公長子

生於清嘉慶廿一年丙子六月初八日子時

卒於清道光十六年丙申七月初四日辰時年二十一

娶曹氏改適

無後

行遜四諱遜全字承倫

謙五謙常公之子

生於清嘉慶廿四年己卯九月十七日亥時

卒於清同治十年辛未六月廿八日　時年五十三

娶陳氏生於清嘉慶廿四年己卯八月廿八日酉時

卒於清光緒十三年丁亥二月十七日時壽六十九
生五子 長勤志 次勤嘉 三勤順 四勤國
五勤魁
墓葬
行遜五 諱遜槐 字晉三 號日南 國學生
謙二謙荼公長子
生於清嘉慶廿五年庚辰四月十二日戌時
卒於清光緒六年庚辰七月十六日申時壽六十一
娶陳氏生於清道光四年甲申四月初二日辰時
卒於清光緒廿九年癸卯十二月廿九日卯時壽八十
歲

生二子　長　勤恩　次　勤惠

二女長適洪　次適盛

墓葬後張橋東

行遜六　諱遜桓　字象樞　號紫庭　國學生

謙十二　謙擕公長子

生於清道光元年辛巳八月廿六日亥時

卒於清光緒十六年庚寅十月初一日戌時壽七十歲

娶李氏生於清道光三年癸未十二月初四日亥時

卒於清光緒七年辛巳三月廿九日　時年五十九

生二子　長　勤菑　次　勤畬

四女長適吳　次適郡庠生洪德成　三適張

四適余

墓葬

行遜七諱遜鈺字遠香

謙六諱謙尊公長子

生於清道光二年壬午十一月初一日亥時

卒於清道光廿九年己酉七月廿五日　時年二十八

娶方氏生於清道光三年癸未十二月初七日　時

卒於清道光三十年庚戌三月十九日　時年二十八

生一子　勤斯

墓葬馬徑河沿

行遜八諱遜學字維修號棋隱　國學生布政使理問銜

謙十謙懷公長子

生於淸道光三年癸未三月初四日寅時

卒於淸同治九年庚午八月十四日申時年四十八

娶邵氏生於淸道光二年壬午十二月十二日子時

卒於淸同治八年己巳十二月十三日子時年四十八

生二女長適李　次適王

娶妾姚氏生於淸道光廿八年戊申八月十三日亥時

卒於民國十七年戊辰十二月廿六日卯時壽八十一

無後　以遜廿二遜益公子勤勳兼承

墓葬宅後西坂

行遜九　諱遜和　字禮行　國學生

謙二謙恭公次子
生於清道光三年癸未三月十三日辰時
卒於清同治三年甲子五月十九日申時年四十二
娶劉氏生於清道光六年丙戌七月初七日戌時
卒於清光緒五年己卯三月初一日　時年五十四
生一子　勤業
墓葬
行遜十一諱遜賚字學修號星橋
謙十一謙吏公長子
生於清道光四年甲申七月廿八日亥時
卒於清光緒四年戊寅　月　日　時年五十五

娶費氏生於清道光十四年甲午正月初六日酉時
卒於　年　月　日　時
生一子　勤鉞
墓葬
行遜十一　諱遜榮　字廷才
謙十七謙風公長子
生於清道光六年丙戌正月十三日戌時
卒於清同治十年辛未八月十二日酉時年四十六
娶嚴氏生於清道光十八年戊戌十一月廿一日卯時
卒於清光緒廿六年庚子閏八月初四日未時壽六十
三

生一子　勤浩

一女適費

墓葬

行遜十二諱遜華字蓮峰　國學生

謙二謙恭公三子

生於淸道光六年丙戌正月十九日子時

卒於淸光緒十九年癸巳四月廿九日　時壽六十八

娶孔氏生於淸道光十一年辛卯十二月十三日卯時

卒於淸光緒三十年甲辰九月廿二日　時壽七十四

生一子　勤芳

二女長適姚　次適張

墓葬

行遜十三諱遜金字品仙號卜水

謙六謙尊公次子

生於清道光六年丙戌五月廿三日未時

卒於清光緒廿五年己亥十月十八日巳時壽七十四

娶倪氏生於清道光八年戊子七月廿六日子時

卒於清光緒三年丁丑九月十五日巳時年五十歲

生一子　勤燧

一女適盛

墓葬

行遜十四諱遜圭字醖璋

謙十九謙恂公長子
生於清道光七年丁亥正月二十日卯時
卒於清道光廿八年戊申十一月十九日丑時年二十
二
娶胡氏生於清道光五年乙酉十月廿一日卯時
卒於清光緒九年癸未八月初六日　時年五十九
無後　以遜十五遜悌公次子勤襄入繼
墓葬倒橋跟父墳旁
行遜十五諱遜悌字友壎又號舵湖　道光三十年學院吳入
爲邑庠生
謙十謙懷公次子

生於清道光七年丁亥五月初十日亥時
卒於清同治十年辛未十二月初一日未時年三十五
娶姚氏生於清道光六年丙戌四月廿二日丑時
卒於清光緒二十年甲午八月十七日寅時壽六十九
生二子　長勤衮　次勤襄出繼
一女適王
墓葬方家堰新屋西首
行誼見事略
行遜十六諱遜鎔字鼎初號醉六　國學生
謙十二謙撝公次子
生於清道光七年丁亥閏五月二十日子時

卒於清同治十三年甲戌九月廿五日寅時年四十八

娶胡氏生於清道光五年乙酉七月十九日未時

卒於清同治十年辛未八月二十日卯時年四十七

生一子　勤學

墓葬西港

行遜十七諱遜效字潤元

謙十八謙治公長子爲謙十四謙巽公繼子

生於清道光九年己丑四月初二日巳時

卒於清光緒九年癸未九月廿一日　時年五十五

娶沈氏生於清道光二十年庚子二月初十日巳時

卒於民國十二年癸亥　壽八十四

生一子　勤寶

墓葬

行遜十八諱濱字南澗號松壽

謙三十謙六公長子

生於清道光九年己丑十月十九日亥時

卒於清同治十二年癸酉十一月十六日丑時年四十

五未娶

行遜十九諱鏞字元音號律圓　議敘從九品

謙三三　基公長子

生於清道光九年己丑十一月廿五日午時

卒於清光緒十年甲申十一月二十日辰時年五十六

娶孔氏生於清道光十年庚寅十月廿二日巳時
卒於清同治四年乙丑七月十一日丑時年二十六
繼娶林氏生於清道光廿六年丙午十月初六日子時
卒於清同治十三年甲戌十月初十日戌時年二十九
生一子　勤溥
墓葬大車頭港
行遜二十諱遜梁字輿成
謙廿二謙詞公之子
生於清道光九年己丑十二月十六日未時
卒於清同治三年甲子七月廿一日巳時年三十六
娶杜氏生於清道光十三年癸巳三月十九日酉時

卒於清光緒十一年乙酉十月初四日辰時年四十三

無後

墓葬

行遜廿一諱遜梅字占魁號吟香　從九品

謙四十謙瀏公長子

生於清道光十年庚寅九月初四日午時

卒於清道光三十年庚戌八月廿七日戌時年二十一

娶邵氏　清咸豐年間欽旌節孝生於清道光十一年辛

卯九月初四日戌時

卒於清咸豐四年甲寅十二月十五日午時年二十四

無後　以遜五二遜櫄公長子勷炤入繼

墓葬暗漕頭坐北朝南

行遜廿二諱遜益字漁湘　國學生

謙十謙懷公三子

生於淸道光十年庚寅十月十七日亥時

卒於淸咸豐二年壬子二月初二日丑時年二十三

娶姚氏生於淸道光九年己丑正月廿八日亥時

卒於淸同治元年壬戌四月廿四日午時年三十四

生一子　勤勷兼承

墓葬方家堰後新屋西首

行遜廿三諱遜品官名聯芳字式君　國學生

謙廿一謙悅公長子

生於清道光十年庚寅十月十九日午時
卒於清同治二年癸亥八月十一日午時年三十四
娶洪氏生於清道光十年庚寅十二月廿七日辰時
卒於清光緒十三年丁亥正月初二日　時年五十八
生二子　長勤本　次勤才
二女長適姚　次適
墓葬大車頭港
行遜廿四　諱遜謨　字丕顯
謙十一謙衷公次子爲謙廿五謙鏞公繼子
生於清道光十一年辛卯二月二十日未時
卒於清同治四年乙丑三月初十日午時年三十五

娶樂氏生於清道光廿一年辛丑九月初二日卯時

卒於清咸豐十一年辛酉十二月廿三日酉時年二十

一

繼娶莊氏生於清道光廿六年丙午九月廿七日申時

卒於清同治四年乙丑三月十二日午時年二十歲

無後

墓葬

行遜廿五諱遜銘字予村

謙三三　基公次子

生於清道光十一年辛卯四月十九日未時

卒於清道光廿九年己酉十二月初八日戌時年一十

九

冥配胡氏生於清道光九年己丑十月十八日丑時

卒於清道光三十年庚戌九月廿九日酉時年二十二

無後　以遜十九　鏞公子勷溥兼祧

墓葬

行遜廿六　諱遜華　字廷福

謙十七謙風公次子

生於清道光十一年辛卯六月十八日辰時

卒於清同治十年辛未六月二十日辰時年四十一

娶徐氏生於清道光廿二年壬寅十月十一日　時

卒於清同治十年辛未九月初四日未時年三十歲

無後

墓葬

行遜廿七諱遜垚字勳堂　國學生

謙廿八謙忱公長子

生於淸道光十一年辛卯七月十四日酉時

卒於淸同治八年己巳四月十八日未時年三十九

娶姚氏生於淸道光十年庚寅五月初一日辰時

卒於淸光緒八年壬午六月十三日　時年五十三

生一子　勳聚

一女適方

墓葬

行遜廿八　諱遜五　字增美

謙三八　燧公之子

生於清道光十一年辛卯八月廿七日午時

卒於清光緒廿八年壬寅十一月十七日　時壽七十

二

娶沈氏生於清道光廿八年戊申九月廿二日子時

卒於清宣統三年辛亥十二月初四日亥時壽六十四

生二子　長勤和　次勤家

墓葬

行遜廿九　諱遜照　字元熙

謙廿七謙榮公之子兼承謙十六謙本公祀

生於清道光十二年壬辰九月初二日辰時
卒於清同治七年戊辰九月十八日亥時年三十七
娶杜氏生於清道光十四年甲午三月初二日申時
卒於清同治四年乙丑十月廿五日巳時年三十二
無後
生二女長適姚　次適
墓葬後坂

行遜三十諱鈺字寶齋
謙三七　垣公長子
生於清道光十三年癸巳九月初二日辰時
卒於清光緒五年己卯十二月初六日申時年四十七

娶沐氏生於清道光十三年癸巳七月廿四日子時
卒於清同治十二年癸酉正月廿五日戌時年四十一
生三子　長勤傳　次勤業出繼　三勤稼
墓葬

行遜三一　諱遜霖字介甫
謙三四謙詒公長子
生於清道光十四年甲午四月十三日戌時
卒於清光緒廿五年己亥九月廿九日戌時壽六十六
娶梁氏生於清咸豐二年壬子七月初七日辰時
卒於清光緒十九年癸巳八月初十日　時年四十二
無後

墓葬牌樓下高田

行遜三二 諱清 字潤水

謙三十謙六公次子

生於清道光十四年甲午六月初三日巳時

卒於清咸豐十年庚申六月廿八日午時年二十七

娶王氏 清光緒朝欽旌節孝生於清道光廿二年壬寅

九月十四日辰時

卒於清光緒二十年甲午十一月廿七日午時年五十

三

無後

墓葬鎮龍橋下車頭

行遜三三　諱遜岳　字魯瞻　國學生

謙十九謙恂公次子

生於清道光十四年甲午七月十八日卯時

卒於清咸豐六年丙辰九月廿九日午時年二十三

娶方氏　清欽旌節孝生於清道光十三年癸巳十月十五日未時

卒於清光緒廿六年庚子十一月十九日亥時壽六十八

無後　以遜十五遜悌公次子勤襄兼祧

墓葬西岸大車頭港

行遜三四　諱遜逵　字康衢

謙廿八謙忱公次子

生於清道光十五年乙未六月三十日戌時

卒於清咸豐三年癸丑五月十九日　時年一十九

冥配舒氏生於清道光十五年乙未八月三十日未時

卒於清咸豐二年壬子四月十六日丑時年一十八

墓葬大東頭港

行遜三五諱　銓

謙四三　垚公之子

生於清道光十五年乙未閏六月初七日午時

卒於清咸豐二年壬子　月　日　時年一十八

未娶

行遜三六　諱遜唐　字聘魯　國學生

謙廿一　謙悦公次子

生於清道光十五年乙未七月廿七日申時

卒於清光緒二十年甲午六月廿三日　時壽六十歲

娶洪氏　生於清道光十五年乙未六月十六日辰時

卒於清光緒十九年癸巳三月二十日　時年五十九

生三子　長　勤墒　次　勤元　三　勤水

一女適應

墓葬

行遜三七　諱遜韶　字允諧　國學生

謙四五　嶽公長子

生於清道光十五年乙未八月初五日寅時
卒於清光緒廿六年庚子三月廿一日　時壽六十六
娶葛氏生於清道光十六年丙申十月十三日亥時
卒於清光緒廿六年庚子十二月十七日　時壽六十
五
無後　以遜四六遜彬公子勤綸兼祧
生五女長適邵　次適張　三適洪　四適余
五適王
墓葬

行遜三八諱遜富字在章
謙十七謙風公三子

生於淸道光十七年丁酉四月初一日子時
卒於淸光緒廿五年己亥十一月廿四日辰時壽六十
三
娶袁氏生於淸道光廿四年甲辰六月十三日戌時
卒於淸光緒十四年戊子十一月三十日子時年四十
五
生一子　勤源
續娶廉氏生於淸道光廿四年甲辰十二月初七日戌時
卒於淸光緒廿五年己亥十月十八日戌時年五十六
墓葬鎭龍橋河沿朝南之東岸
行誼見事略

行遜三九諱錦字友生

謙三七　垣公次子爲謙四三　垚公繼子

生於清道光十七年丁酉四月十二日辰時

卒於清咸豐三年癸丑九月廿一日寅時年一十七

配王氏生於清道光十九年己亥七月廿九日　時

卒於清咸豐三年癸丑七月初四日　時年一十五

無後　以遜三十鈺公三子勤業入繼

行遜四十諱遜楷字敘伯號憲揆　國學生官刑部司獄

謙廿六謙恆公之子

生於清道光十七年丁酉七月十一日申時

卒於清光緒　年　月　日　時

娶莊氏生於清道光十九年己亥二月廿一日卯時
卒於清光緒廿九年癸卯八月廿五日　時壽六十六
無後
墓葬
行遜四一諱遜桂字庭五
謙四謙亭公次子
生於清道光十七年丁酉七月廿八日戌時
卒於清同治元年壬戌五月廿一日丑時年二十六
娶穆氏生於清道光二十年庚子七月十五日辰時
卒於清光緒　年　月　日　時
生一子　勤芝早世

行遜四二諱遜標字子清　國學生

謙五二謙惇公長子

生於清道光十八年戊戌二月廿九日丑時

卒於清同治十三年甲戌八月初三日子時年三十七

娶杜氏生於清道光十六年丙申九月初八日酉時

卒於清光緒十七年辛卯七月廿七日　時年五十六

無後　以遜一百一遜英公長子勤忠入繼

生一女適邑庠生吳玉堂

墓葬吳雁灸墳旁

行遜四三諱遜澍

謙三四謙誥公次子

生於清道光十八年戊戌五月十一日未時
西匪擄去存亡未知
行遜四四諱遜椿字茂堂號梅塘　國學生欽加同知銜
謙四十謙潮公次子　性儉樸和藹可親服賈漢皐權子母
家遂充裕見時勢日非急流勇退優游林下者十餘年
易簀時助義塾祠堂各壹千九足徵其有識
生於清道光十八年戊戌七月廿五日辰時
卒於清光緒廿九年癸卯九月初十日午時壽六十六
娶張氏生於清道光十九年己亥五月十七日子時
卒於清光緒二十年甲午四月廿九日午時年五十六
生一子　勤灼

二女長適胡　次適姜

繼娶陳氏生於清同治九年庚午十二月十九日戌時

卒於清光緒廿三年丁酉十一月廿三日亥時年二十

八

繼娶賈氏生於清光緒二年丙子四月初十日酉時

卒於清光緒廿九年癸卯八月十五日亥時年二十八

生一女適烏

側室陳氏生於清光緒五年己卯七月十一日丑時

墓葬塔嶴廟西首河沿

行遜四五諱遜恂字春棠

謙六二　江公長子

生於清道光十八年戊戌九月十三日未時

卒於清光緒十一年乙酉正月廿一日　時年四十八

娶謝氏生於清道光十六年丙申十一月廿六日酉時

卒於清光緒十年甲申三月十三日　時年四十九

無後　以遜六四遜怡公子勤益兼祧

墓葬

行遜四六諱遜彬字美增

謙四五　嶽公次子

生於清道光十九年己亥四月十五日卯時

卒於清同治八年己巳四月十三日戌時年三十一

娶吳氏生於清道光十八年戊戌二月初二日子時

卒於清光緒四年戊寅三月十三日辰時年四十一

生一子　勤綸

一女適張

墓葬

行遜四七諱遜樞

謙四二　慶公長子

生於清道光十九年己亥六月初一日寅時

卒於清同治四年乙丑四月廿八日子時年二十七

未娶

行遜四八諱遜涵字楚南

謙六一　謙海公長子

生於清道光十九年己亥六月初七日寅時

卒於清光緒十一年乙酉五月廿二日戌時年四十七

娶朱氏生於清道光廿一年辛丑二月二十日辰時

卒於清光緒廿二年丙申十一月十九日巳時年五十

六

生一子　勤煥

一女適王

墓葬鎮龍橋東首

行遜四九諱遜組字禮招號小橋　同治七年學院徐考入邑

庠生捐貢生欽加同知銜

謙廿四謙孟公之子

生於清道光十九年己亥十一月十二日申時
卒於清光緒廿四年戊戌閏三月二十日卯時壽六十
歲
娶方氏生於清道光二十年庚子十月初九日戌時
卒於清同治十三年甲戌十月十四日午時年三十五
生二子　長　勤耕　次　勤耘
二女長適庠生方魯卿　次適陳
繼娶汪氏生於清道光三十年庚戌十月十三日丑時
卒於民國五年丙辰三月初一日未時壽六十七
生二子　長　勤耜　次　勤鋤
二女長適費　次適胡

行誼見事略

行遜五十　諱遜繩　字秉直

謙三二謙孚公之子

生於清道光二十年庚子六月廿四日亥時

卒於清同治二年癸亥十月初三日子時年二十四

娶成氏生於清道光廿四年甲辰十一月十七日戌時

卒於清同治二年癸亥七月十七日戌時年二十歲

無後

墓葬後坂

行遜五一　諱遜權　號君謀

謙六五國豪公長子

生於清道光二十年庚子七月十二日丑時
卒於清咸豐十一年辛酉九月十九日子時年二十二
娶余氏生於清道光廿一年辛丑八月十一日子時
卒於清光緒十年甲申三月初五日　時年四十四
無後　以遜又九六遜鋆公長子勤鏕入繼
墓葬西山石塘資照寺邊
寓居鄞西白塔洋

行遜五二　諱遜楨　字肯堂　國學生
謙四十　謙潮公三子
生於清道光廿一年辛丑五月廿四日酉時
卒於清光緒三十一年乙巳六月初六日亥時壽六十

房

五
娶邵氏生於清道光廿三年癸卯正月十八日巳時
卒於清光緒廿五年己亥二月初九日午時年五十七
生二子　長勤炤出繼　次勤煌
二女長適周　次適莊
墓葬

行遜五三　諱遜櫃
謙四二　慶公次子
生於清道光廿一年辛丑十月初六日寅時
卒於清同治七年戊辰十一月初十日　時年二十八
娶方氏改適

無後

行遜五四　諱遜燿　字燦南

謙六一謙海公次子

生於清道光廿二年壬寅十一月十七日戌時

卒於清同治元年壬戌六月三十日巳時年二十一

娶應氏　清光緒朝三十四年戊申欽旌節孝生於清道

光廿五年乙巳四月廿二日巳時

卒於民國十八年己巳八月廿四日未時壽八十五

墓葬鎮龍橋

行遜五五　諱遜權

謙三五謙福公之子

生於清道光廿二年壬寅十一月十七日戌時
卒無查
娶胡氏生於清道光二十年庚子十二月十七日未時
卒無查
無後

行遜五六 諱遜雅 字秉言 號金官
謙十八謙治公次子兼祧謙四七謙譽公祀
生於清道光廿二年壬寅十二月初五日子時
卒於清同治十三年甲戌九月初八日巳時年三十三
娶姚氏生於清咸豐二年壬子十月初二日　時
卒於民國十八年己巳十一月廿三日酉時壽七十八

無後

行遜五七諱遜廉字燮堂　國學生欽加五品銜以子賡年舉

人晉封奉政大夫

謙七二謙榛公長子

生於清道光廿二年壬寅十二月廿三日巳時

卒於清光緒十年甲申正月初四日申時年四十三

娶杜氏生於清道光廿三年癸卯八月廿二日寅時

卒於清同治四年乙丑七月廿五日戌時年二十三

生一子　賡年

繼娶朱氏生於清道光廿四年甲辰七月十九日酉時

卒於清光緒十二年丙戌二月十一日申時年四十三

生一子　勤壋

墓葬本村上坂河泔坐西北朝東南

行遜五八諱遜僑字珊寶號子卿

謙四五　嶽公三子

生於清道光廿三年癸卯閏七月廿二日巳時

卒於清宣統二年庚戌十月十一日寅時壽六十八

娶劉氏生於清道光廿三年癸卯九月十一日子時

卒於民國十九年庚午三月十九日辰時壽八十八

無後　以遜六八遜模公三子勤純入繼

生一女適楊

墓葬

行遜五九諱遜鋼
謙五九伯驥公之子
生於清道光廿三年癸卯八月廿六日寅時
卒於清同治四年乙丑十月十八日　時年二十三
未娶

行遜六十諱遜源
謙四二　慶公三子
生於清道光廿四年甲辰三月十八日申時
卒於清同治九年庚午十月廿五日卯時年二十七
未娶

行遜六一諱遜敬字蓮生

謙三六謙釗公長子
生於清道光廿四年甲辰五月初八日寅時
卒於清光緒二十年甲午六月廿二日　時年五十一
娶沈氏生於清咸豐二年壬子四月廿九日戌時
卒於清光緒三十年甲辰六月廿七日　時年五十三
無後
墓葬
行遜六二諱遜雨
謙三四謙誥公三子
生於清道光廿四年甲辰九月初五日子時
卒無查未娶

行遜六三諱遜霖

謙九五謙淇公長子

生於清道光廿四年甲辰十月初一日子時

卒無査

寓居京都

行遜六四諱遜怡字悦堂　國學生

謙六二　江公亥子爲謙七四　津公繼子

生於清道光廿四年甲辰十月初八日未時

卒於清光緒五年己卯九月初五日　時年三十六

娶洪氏生於清道光廿六年丙午十一月十四日申時

卒於清光緒　年　四月初一日　時

生二子　長　勤益　次　勤賢早世

一女適沈

墓葬

行遜六五諱　鑑字岐孫號冠羣

謙三七　垣公三子

生於清道光廿四年甲辰十二月初十日戌時

卒於清光緒十八年壬辰九月十一日酉時年四十九

娶謝氏生於清咸豐七年丁巳九月十三日卯時

卒於清光緒廿一年乙未四月廿八日丑時年三十九

無後

墓葬

行遜六六諱遜隅字溪舫官名潤森　國學生
謙七二謙榛公次子
生於清道光廿五年乙巳正月廿五日子時
卒於清光緒七年辛巳十一月廿八日巳時年三十七
娶張氏生於清道光廿九年己酉十月十二日午時
生一子　勤翃
一女適林
墓葬

行遜六七諱遜圻字麟書號鎮北
謙廿八謙忱公三子
生於清道光廿五年乙巳十月初四日辰時

卒於清光緒六年庚辰十月十一日　時年三十六

娶翁氏生於清道光廿五年乙巳十一月廿八日　時

無後

墓葬

行遜六八　諱遜模　字子範

謙七六　河公之子

生於清道光廿六年丙午三月廿五日巳時

卒於清光緒廿七年辛丑八月十八日巳時年五十六

娶鄭氏生於清咸豐五年乙卯二月廿六日亥時

卒於清光緒六年庚辰八月初二日　時年二十五

生二子　長勤國　次勤道早世

一女適盛

繼娶鄭氏生於清同治七年戊辰十二月初二日亥時

卒於民國八年己未閏七月初六日卯時年五十二

生二子　長勤純出繼　次勤玉

墓葬

行遜六九諱遜枬字金生

謙六一謙海公三子

生於清道光廿六年丙午四月十七日戌時

卒於清同治四年乙丑八月十七日寅時年二十歲

娶姚氏生於清道光三十年庚戌十月十三日　時

卒於　年　十月初一日　時

無後

墓葬

行遜七十 諱遜貴 字有慶

謙六六謙慎公長子

生於清道光廿六年丙午六月廿五日辰時

卒於清光緒三十年甲辰七月初九日 時年五十九

未娶

行遜七一 諱遜鏘

謙五七伯驥公次子

生於清道光廿六年丙午九月初十日戌時

早世

行遜七二諱遜奇字寶霞 國學生

謙百七 霖公長子

生於清道光廿六年丙午十月廿七日午時

卒於清同治八年己巳十一月初九日未時年二十四

冥配胡氏生於 年 正月十八日 時

卒無查

行遜七三諱遜寶字如珍

謙六九謙槐公長子

生於清道光廿六年丙午十一月初十日巳時

卒於清光緒廿七年辛丑正月初六日 時年五十六

娶張氏生於清咸豐五年乙卯正月初六日亥時

卒於民國十二年癸亥十二月初一日　時壽六十九

生一子　勤藩

墓葬上坂

行遜七四　諱遜金　字品三　國學生欽加同知銜

謙三一伯龍公之子　少孤事母以孝敎子以嚴司總管帳

十年不辭勞瘁

生於清道光廿六年丙午十二月十二日子時

卒於民國七年戊午十二月十七日卯時壽七十三

娶夏氏生於清道光廿二年壬寅十月廿七日寅時

卒於民國十一年壬戌七月初二日未時壽八十一

生二子　長勤章　次勤綸出繼

墓葬東應坐西朝東

行遜七五諱遜賢
謙七三謙備公長子
生於清道光廿七年丁未三月廿三日戌時
卒無查

寓居上海

行遜七六諱遜國
謙九二謙和公之子
生於清道光廿七年丁未七月十四日未時
卒於清同治　年　月　日　時未娶

行遜七七諱遜修字道源

謙九十謙惀公長子
生於清道光廿七年丁未九月十四日戌時
卒於清光緒八年壬午十二月初二日酉時年三十一
娶姚氏生於清道光廿七年丁未三月廿九日戌時
卒於清同治十年辛未正月初九日申時年二十五
生一女適盛
繼娶葛氏生於清咸豐元年辛亥二月十四日未時
生二子　長勤海　次勤漁
墓葬費家十八灣
行遜七八諱遜介字寄梅官名季眉　由國學生欽加同知銜
賞戴花翎捐授廣東補用縣丞

謙七二　謙椽公三子

生於清道光廿七年丁未十二月十四日戌時

卒於清光緒廿五年己亥五月十三日卯時年五十三

娶[illegible]氏生於清咸豐元年辛亥十二月初十日戌時

卒於清光緒十五年己丑四月十三日寅時年三十九

續娶黎氏生於清同治二年癸亥八月二十日卯時

卒於清光緒廿一年乙未八月廿三日子時年三十三

生一子　勤熙

三女長適洪　次適趙　三適盛

娶妾陸氏生於清同治八年己巳正月廿七日巳時

卒於清光緒十九年癸巳六月二十日辰時年二十五

娶妾梁氏生於清光緒四年戊寅二月十二日未時

生一女適方

墓葬邵家滙土名落地金釵坐西朝東

行遜七九諱遜發字駿甫

謙七十國衡公長子爲謙四四國樞公繼子

生於清道光廿八年戊申五月十八日辰時

卒於民國元年壬子五月初三日辰時壽六十五

娶薛氏生於清咸豐三年癸丑三月廿一日辰時

卒於清光緒廿八年壬寅十月初十日丑時年五十歲

生四子　長勤鎬　次勤釗　三勤銘　四勤鑅

寓居鄞西白塔洋

行遜八十諱遜樺字維棠號薇塘　同治十一年學院丁入爲
郡庠生由附貢生捐授四品銜加一級以道員用賞戴
花翎

謙四十謙潮公四子
生於清道光廿八年戊申六月廿三日辰時
卒於民國十一年壬戌十月廿一日寅時壽六十五
聘王氏生於清道光廿七年丁未五月廿八日巳時
卒於清同治五年丙寅二月十六日丑時年二十歲
娶陳氏生於清道光廿六年丙午十月十五日卯時
卒於民國六年丁巳閏二月初五日卯時壽七十二
生二子　長勤燮　次勤燧

側室晏氏生於清光緒元年乙亥六月初一日未時
卒於清光緒十八年壬辰六月廿九日巳時年一十八
側室邵氏生於清光緒二年丙子十月初五日卯時
墓葬八部廟港坐辰向戌兼乾巽
行遜八一 諱遜賢 字恆堂 號福生
謙一百　灃公之子
生於清道光廿八年戊申九月廿二日申時
卒於清光緒九年癸未十月十六日丑時年三十六
娶葛氏生於清道光廿六年丙午十一月十九日戌時
卒於清光緒廿八年壬寅四月二十日未時年五十七
生二子　長勤業　次勤學出繼

一女適余

墓葬

行遜八二 諱遜慶

謙百十四 煥公之子

生於清道光廿八年戊申十月初五日寅時

卒於清宣統二年庚戌四月廿一日卯時壽六十三

娶費氏生於清咸豐三年癸丑六月初四日亥時

卒於清宣統元年己酉閏二月初六日子時年五十七

無後

行遜八三 諱遜福 字靜山

謙六六謙慎公次子

生於清道光廿八年戊申十月十五日　時
卒於　年　月　日　時
娶程氏生於清咸豐八年戊午十月廿一日辰時
行遜八四　諱遜諭　字安生　號蔭棠
謙八七　模公之子
生於清道光廿八年戊申十二月十二日午時
卒於清光緒七年辛巳十二月初十日午時年五十四
娶盛氏生於清道光廿九年己酉十月初四日戌時
卒於清光緒二十年甲午三月廿五日　時年四十六
無後　以遜百三三遜纁公長子勷諏入繼
一女適姚

墓葬大東頭潜父墳旁

行遜八五　諱遜香

謙九五謙淇公次子

生於清道光廿九年己酉八月初一日卯時

卒於清光緒　年　月　日　時

寓居京都

行遜八六　諱遜鑰　字承志

謙百十八伯熊公長子

生於清道光廿九年己酉九月初五日午時

卒於清光緒十八年壬辰十月初五日　時年四十四

未娶

行遜八七 諱遜臣 字笏齋　同治十年學院丁入爲邑庠生
謙百七　霖公次子
生於清道光廿九年己酉十月廿六日辰時
卒於清同治十年辛未十一月廿二日辰時年二十三
未娶

行遜八八 諱遜榕 字蔭甫
謙六一謙海公四子
生於清道光三十年庚戌十二月廿五日丑時
卒於民國七年戊午八月初八日申時壽六十九
娶王氏生於清咸豐四年甲寅六月廿七日酉時
生於清光緒三十一年乙巳正月初六日午時年五十

二

無後 以遜四八遜涵公子勤煥兼祧

墓葬鎮龍橋東首

行遜八九諱遜德字厚甫

謙七十國衡公次子

生於清道光三十年庚戌七月廿三日申時

卒於清光緒十八年壬辰六月廿八日戌時年四十三

娶孫氏生於清咸豐四年甲寅四月十二日卯時

卒於清光緒廿七年辛丑三月十八日戌時年四十八

生二子 長勤鎔 次勤鈞

二女長適勒 次適史

寓居鄞西白塔洋

行遜九十　諱遜艮

謙七三謙備公次子

生於清咸豐元年辛亥六月廿一日申時

卒無查

寓居上海

行遜九一　諱遜榔　字其南　國學生

謙四十謙潮公五子

生於清咸豐元年辛亥七月廿五日辰時

卒於清宣統元年己酉七月廿七日午時年五十九

娶姚氏生於清道光廿九年己酉閏四月初一日寅時

卒於清光緒三年丁丑正月初七日戌時年二十九
繼娶張氏生於清咸豐六年丙辰十月初一日戌時
生一子　勤煇
一女適姚
行遜九二諱遜楚字在元
謙四二　農公四子
生於清咸豐元年辛亥九月初六日亥時
卒於民國元年壬子八月廿六日巳時壽六十二
未娶
行遜九三諱遜財
謙百十五謙倫公長子

生於清咸豐元年辛亥十一月十五日　時
卒於清同治十二年癸酉八月十一日午時年二十三
未娶
行遜九四　諱　遜慶
謙三六謙釗公次子
生於清咸豐二年壬子三月初六日卯時
卒於清光緒十七年辛卯九月初三日　時年四十歲
娶朱氏生於清咸豐十一年辛酉二月初六日戌時
生二女長適李　次適胡
無後
行遜九五　諱　遜鈴　字　鳴和　號　承林

謙百十八　伯熊公次子
生於清咸豐二年壬子六月二十日巳時
卒於清光緒廿一年乙未六月初三日寅時年四十四
娶翁氏生於清咸豐十一年辛酉八月初四日辰時
無後
生一女適張
墓葬大車頭港
行遜九六 諱遜傳 官名益章 字吟標 號亦庭　光緒元年學院
胡入為邑庠生
謙九九　昭公之子
生於清咸豐二年壬子七月十二日辰時

卒於清光緒十六年庚寅九月十六日卯時年三十九

娶洪氏生於清道光三十年庚戌十月十二日子時

卒於民國五年丙辰十月初八日申時壽六十七

生一子　勤邦

一女適胡

行遜又九六諱遜鋈字配昌

謙六五國豪公之子

生於清咸豐三年癸丑正月初二日辰時

卒於民國五年丙辰八月二十日酉時壽六十四

娶張氏生於清咸豐七年丁巳十月初一日子時

卒於民國九年庚申四月十八日未時壽六十四

生三子　長勤鎮出繼　次勤鈺　三勤鏞

墓葬

寓居鄞西白塔洋

行遜九七諱遜鈇字鼎甫

謙百三謙梧公長子

生於清咸豐三年癸丑五月十五日辰時

卒於清宣統元年己酉六月廿七日寅時年五十七

娶戚氏生於清同治二年癸亥七月廿九日酉時

卒於民國十六年丁卯七月三十日申時壽六十六

生一子　勤艮

墓葬

行遜九八　諱遜俊　字亦彥　號菊畦　國學生

謙百五三　英公長子

生於清咸豐三年癸丑九月十四日亥時

卒於清光緒元年乙亥十二月初十日卯時年二十三

娶徐氏生於清咸豐元年辛亥二月廿二日酉時

卒於清光緒八年壬午十月十七日午時年三十二

無後

行遜九九　諱遜福　字綏之

謙六九　謙槐公次子

生於清咸豐三年癸丑十月廿八日辰時

卒於清光緒二十年甲午八月廿三日　時年四十二

娶周氏生於清咸豐七年丁巳七月廿一日巳時

卒於清光緒十七年辛卯九月廿九日　時年三十五

生一子　勤嫠早世

一女適沈

墓葬

行遜一百　諱遜錦　字燦如

謙百廿六謙黼公長子

生於清咸豐三年癸丑十一月廿七日辰時

卒於清宣統二年庚戌六月廿三日　時年五十八

娶袁氏生於清咸豐七年丁巳十一月十四日子時

卒於民國元年壬子正月初九日　時年五十六

生三子　長勤泉　次勤勇　三勤世

墓葬

行遜百一　諱遜英　字企雄　國學生

謙五二謙惇公次子

生於清咸豐四年甲寅四月廿八日戌時

卒於清宣統三年辛亥九月十一日辰時年五十八

娶張氏生於清咸豐四年甲寅二月廿八日卯時

卒於民國八年己未閏七月初七日午時壽六十六

生一子　勤瀚早世

二女長適應　次適汪

側室張氏生於清同治十一年壬申八月二十日辰時

卒於清光緒三十三年丁未四月十七日酉時年三十
六
生四子　長勤忠出繼　次勤孝　三勤積　四勤義
一女適張
墓葬半路菴洪家門前
行遜百二諱遜銓字承襄
謙百十八伯熊公三子
生於清咸豐四年甲寅九月初一日亥時
卒於清光緒　年　八月十七日　時
娶　氏改適
無後

墓葬

行遜百三諱遜標

謙百三四謙梧公亥子

生於淸咸豐四年甲寅十二月十九日亥時

卒於淸同治七年戊辰　月　日　時年一十五

未娶

行遜百四諱遜鋃字曙聲

謙三九伯虎公長子

生於淸咸豐五年乙卯三月二十日巳時

卒於淸光緒廿八年壬寅九月十三日申時年四十八

娶姚氏生於淸咸豐六年丙辰八月廿三日子時

生三子　長勤富　次勤貴　三勤功

一女適沈

行遜百五名遜敘字筆如官名童彝　從九品

謙九十謙倫公次子

生於清咸豐五年乙卯七月初七日戌時

娶董氏生於清咸豐七年丁巳十一月廿一日卯時

生一子　勤濬

二女長適費　次適葛

行遜百六諱遜麟字兆文

謙百六謙祿公之子

生於清咸豐五年乙卯十二月初九日戌時

卒於清宣統元年己酉十月十一日子時年五十五

娶姚氏生於清咸豐四年甲寅二月廿九日申時

卒於清光緒四年戊寅正月初九日　時年二十五

繼娶張氏生於清咸豐九年己未三月初九日午時

卒於清光緒七年辛巳六月廿九日未時年二十三

生一女適胡

繼娶陳氏生於清同治二年癸亥四月廿六日卯時

卒於民國十年辛酉六月初九日申時年五十九

生一子　勤豪

二女長適翁　次適盛

側室徐氏生於清同治十三年甲戌　月　日時

生四子　長勤亮　次勤高　三勤亨　四勤亭

行遜百七諱遜伸字杏軒官名宗玉　光緒四年學院黃入爲

邑庠生

謙百匹二　喬公長子

生於清咸豐六年丙辰二月初六日亥時

卒於民國十一年壬戌五月十三日寅時壽六十七

娶李氏生於清咸豐七年丁巳八月廿九日巳時

卒於清光緒十一年乙酉十月廿六日戌時年二十九

生三子　長勤宸　次勤功　三勤善

繼娶胡氏生於清同治四年乙丑九月十三日巳時

卒於清宣統元年己酉三月二十日酉時年四十五

生一女適鎮邑陳

墓葬方家堰對岸

行遜百八　諱遜元　字桂生　號吟香

謙百三八謙祉公長子爲謙八五謙福公繼子

生於清咸豐六年丙辰十月十六日辰時

卒於清光緒十七年辛卯九月十八日戌時年三十六

娶姚氏生於清咸豐六年丙辰七月二十日辰時

卒於民國二年癸丑八月初五日申時年五十八

無後　以遜一百十五遜蘭公子勤安兼承

生一女適本邑庠生裘有倬

墓葬

行遜百九諱遜利字茂棠

謙九三國珅公之子

生於清咸豐六年丙辰九月十六日辰時

卒於民國六年丁巳七月廿五日　時壽六十二

娶孫氏生於清同治五年丙寅二月廿二日戌時

生二子　長勤欽　次勤璋

寓居鄞西白塔洋

行遜百十諱遜潮

謙七槐公之子

生於清咸豐七年丁巳五月初五日辰時

卒無查未娶

亜

行遜百十一諱遜壽字仰山

謙六六謙愼公三子

生於淸咸豐七年丁巳六月初七日酉時

卒無查未娶

亜

行遜百十二諱遜信字亦橋

謙百十七　襄公之子

生於淸咸豐七年丁巳十二月廿六日寅時

卒於淸光緒十三年丁亥十一月廿六日寅時年三十

一

娶孔氏生於淸咸豐七年丁巳五月初八日午時

卒於淸宣統二年庚戌十二月廿六日戌時年五十四

生一子　勤基

墓葬鎮龍橋下東頭父墳旁

行遜百十三諱遜銀字金生

謙三九伯虎公三子

生於淸咸豐八年戊午十月廿三日子時

卒於淸光緒廿五年己亥三月十八日午時年四十二

未娶

行遜百十四諱遜慶

謙二十謙僑公長子

生於淸咸豐八年戊午十一月初四日卯時

卒於民國四年乙卯二月初三日巳時年五十八

娶余氏生於　年　十二月十八日戌時

生一子　勤權

四女長適洪　次適盧　三適龔　四適

行遜百十五 諱遜蘭 字久香 號蘭生 晚號半可主人 國學生

誥封奉政大夫

謙百三八謙祉公次子

性勤慎經營滬上錢業由司帳至經理數十年一錢不

苟雖康裕若寒素爲商界所推重

生於清咸豐八年戊午十一月十六日寅時

卒於清宣統三年辛亥十一月十五日酉時年五十四

娶馬徑張斯範公女　誥封宜人生於清同治元年壬戌

正月十二日子時

卒於清光緒十四年戊子七月十二日巳時年二十七

生一子　勷安

繼娶上邵邵丹華公次女　誥封宜人生於清同治五年

丙寅十月初三日子時

生三女長適鄞邑施丹標　次適同邑穆潤夫　三適

鄞邑陳觀周

墓葬塔嶼廟東首田胡港坐北朝南

行遜百十六諱遜億字安甫　國學生欽加五品銜

謙百五八　勷公長子

生於清咸豐九年己未二月十二日卯時

卒於清宣統二年庚戌八月初十日卯時年五十二
娶邵聽一公三女　誥封宜人生於清咸豐七年丁巳十
二月初七日未時
卒於民國元年壬子二月初七日申時年五十六
生四子　長勤擻　次勤昌　三勤珊　四勤華
二女長適胡　次適楊
墓葬本村後張橋跟
行遜百十七諱遜椿字祖恩
謙百九二　沼公之子
生於清咸豐九年己未三月十二日酉時
卒於清宣統二年庚戌五月初二日午時年五十二

娶穆氏生於清咸豐十年庚申十一月十九日申時
卒於清光緒十七年辛卯十一月十二日戌時年三十
二
生三子　長勤元　次勤光　三勤先
三女長適周　次適陳　三適姚
墓葬
行遜百十八　諱遜灼　官名文棨　字餞三　光緒六年學院張入
邑庠生中光緒二十年甲午科五十三名舉人
謙百五二　本公之子
生於清咸豐九年己未九月初七日卯時
卒於清光緒廿二年丙申十二月初一日寅時年三十

八

娶莊氏生於淸咸豐十年庚申正月廿三日卯時

卒於淸光緒廿二年丙申二月初六日丑時年三十七

生二子　長　勤垣　次　勤墉

五女長適費　次適陳　三適陳　四適陸　五適王

墓葬本村西河岸

行遜百十九　諱　遜漳

謙百廿七　栫公之子

生於淸咸豐十年庚申六月十二日卯時

卒於淸光緒三十年甲辰二月廿九日　時年四十五

娶劉氏生於淸同治十年辛未十月初一日　時

卒於清光緒廿一年乙未五月廿九日　時年二十五
生一子　勤壽
墓葬
行遜又百十九諱遜善字永慶
謙九三國珅公次子
生於清咸豐十年庚申八月廿三日辰時
卒於民國七年戊午七月廿五日　時年五十九
娶俞氏生於清同治十二年癸酉八月廿三日　時
卒於清光緒廿八年壬寅八月二十日　時年三十歲
繼娶董氏生於清同治九年庚午正月廿四日未時
卒於清光緒三十年甲辰　月　日　時年三十五

無後

墓葬

寓居鄞西白塔洋

行遜百二十 諱 遜懋

謙百八七謙煜公之子

生於淸咸豐十年庚申十二月初四日巳時

卒於淸光緒九年癸未七月十四日　時年二十四

未娶

行遜百廿一 諱 遜禧 字 成加

謙百廿六謙黼公次子

生於淸咸豐十年庚申十二月二十日戌時

卒於清光緒八年壬午二月十九日戌時年二十三
娶方氏生於清同治四年乙丑十月初六日寅時
卒於民國十八年己巳十月十七日子時壽六十五
無後
一女適張
行遜百廿二諱遜珍
謙百七六謙進公長子
生於清咸豐十一年辛酉九月十五日辰時
卒於清光緒二十年甲午六月廿四日　時年三十四
娶王氏生於清同治十二年癸酉十月十一日巳時
卒於清光緒廿七年辛丑四月十二日　時年二十九

無後

行遜百廿三 諱遜鎬 字久森

謙百五六伯駿公長子

生於清咸豐十一年辛酉十一月初一日戌時

卒於清光緒四年戊寅六月十四日亥時年一十八

娶胡氏生於清同治四年乙丑二月初九日戌時

卒於清光緒廿八年壬寅二月十八日戌時年三十八

無後　以遜七四遜金公次子勤綸入繼

墓葬西岸父墳之右

行遜百廿四 名遜源 字杏韻

謙百十五謙倫公次子

生於清咸豐十一年辛酉十二月初一日辰時
娶吳氏生於清同治二年癸亥十一月初十日未時
卒於清光緒廿一年乙未正月十九日午時年三十三
生二子　長　勤章早世　次　勤卓
一女適姚
再娶戴氏生於清同治八年己巳三月初六日巳時
生一子　勤勇
行遜百廿五諱遜瑞
謙百八四謙釗公長子
生於清咸豐十一年辛酉十二月十六日申時
卒於清光緒十四年戊子十月初六日時辰年二十八

庄

娶應氏生於清同治十二年癸酉九月廿一日巳時
生一子　勤發
行遜百廿六 諱遜齊 字雅如
謙百八二謙閶公長子
生於清同治元年壬戌閏八月初三日子時
卒於清宣統元年己酉六月初六日酉時年四十八
元娉沈氏生於清同治五年丙寅四月初六日　時
卒於清光緒九年癸未八月十九日　時年一十八
娶徐氏生於清同治三年甲子七月初四日辰時
生一子　勤忠
墓葬田胡塔嶼廟跟

行遜百廿七諱遜佩字菊如

謙百五三　英公次子

生於清同治二年癸亥八月十八日寅時

卒於清光緒廿二年丙申十二月廿三日　時年三十

四

娶張氏生於清同治四年乙丑五月十八日申時

卒於民國二年癸丑五月初三日申時年四十九

生一子　勤恩

一女適

行遜百廿八諱遜鋭字貴森

謙百五七伯　公次子

生於淸同治二年癸亥八月廿三日亥時
卒於淸光緒十三年丁亥正月初二日申時年二十五
娶胡氏生於淸同治元年壬戌八月初一日　時
卒於淸光緒十一年乙酉十月十八日巳時年二十四
無後　以遜七四遜金公次子勤綸兼祧
墓葬西岸父墳旁

行遜百廿九諱遜像字英甫
謙百五八　勳公次子
生於淸同治二年癸亥十一月初四日卯時
卒於淸光緒六年庚辰九月廿九日未時年一十八
冥配周氏生於淸同治九年庚午十月十四日亥時

卒於清光緒六年庚辰八月十一日子時年一十一

無後

墓祔父壙旁

行遜百三十　名遜和

謙百廿四謙學公之子

生於清同治二年癸亥十二月初十日辰時

未娶

行遜百三一　諱遜鑠字鼐

謙百十八伯熊公四子

生於清同治三年甲子正月初六日卯時

卒於清光緒廿一年乙未三月廿六日子時年三十二

娶胡氏生於清同治七年戊辰正月十八日卯時
生一子　勤奎

行遜百三二諱遜銀
謙二十諱爵公次子
生於清同治三年甲子正月十六日戌時
卒於民國六年丁巳五月十三日　時年五十四
娶盛氏改適
生一子　勤耿
二女長適張　次適洪
墓葬

行遜百三三諱遜緯字杏村　光緒九年學院祁入爲邑庠生

謙二百廿一　漣公長子
生於清同治三年甲子二月初八日巳時
卒於清光緒三十年甲辰十二月初三日巳時年四十一
聘馮氏生於清同治元年壬戌三月初四日子時
卒於清光緒五年己卯九月十七日申時年一十八
娶徐氏生於清同治元年壬戌正月十四日申時
卒於清光緒八年壬午十一月廿二日亥時年二十一
繼娶周氏生於清同治五年丙寅十二月初十日寅時
生四子　長勤諏出繼　次勤諤　三勤訥　四勤誠
出繼

房

行遜百三四 諱遜畦 字筱塘 國學生布理問加二級
謙百四七謙鑰公之子
生於清同治三年甲子十一月十八日子時
卒於清光緒三十年甲辰六月廿八日亥時年四十一
娶余氏生於清同治三年甲子五月十九日卯時
卒於清光緒三十年甲辰九月初四日申時年四十一
生二子 長勤煜 次勤讀
墓葬

房

行遜百三五 名遜寶 字雲亭
謙二百二伯驊公長子
生於清同治四年乙丑五月初一日戌時

娶張氏生於清同治十二年癸酉二月十四日未時

卒於清光緒廿三年丁酉十二月十二日申時年二十

五

再娶梅氏生於清同治九年庚午十一月十三日未時

生二子　長勤昌　次勤泰

一女適

行遜百三六諱遜純字藹村

謙二百廿一　漣公次子

生於清同治四年乙丑六月十一日午時

卒於清光緒十三年丁亥十月廿九日　時年二十三

冥配張氏生於清光緒六年庚辰十月十八日　時

卒於清光緒　年　八月十七日　時

行遜百三七諱遜傳又名偉字杏梁號巽甫

謙百四三　喬公次子爲謙百九六　寶公繼子

生於清同治四年乙丑七月廿四日卯時

卒於民國元年壬子二月初七日辰時年四十八

娶胡氏生於清同治四年乙丑九月二十日亥時

卒於清光緒廿七年辛丑五月廿六日亥時年三十七

生一女適姚

繼娶陳氏生於清光緒三年丁丑八月初二日午時

生二子　長勤本　次勤道

行遜百三八諱遜恂字子明

謙二百廿二謙傳公之子

生於清同治四年乙丑十月三十日巳時

卒於清光緒廿四年戊戌十月廿四日巳時年三十四

娶陸氏改適

無後

墓葬上坂

行遜百三九諱遜裕

謙百十六謙盛公之子

生於清同治四年乙丑十一月廿二日戌時

卒於清光緒十四年戊子　月　日　時年二十四

未娶

行遜百四十 諱遜江 字炳元

謙二百廿五謙耀公長子

生於清同治四年乙丑十一月三十日戌時

卒於民國十五年丙寅八月初一日寅時壽六十二

娶陳氏生於清同治六年丁卯二月初九日戌時

生二子 長勤範 次勤章

一女適俞

行遜百四一 諱遜豪

謙五七謙申公之子

生於清同治五年丙寅正月十一日子時

卒無查

行遜百四二名遜蔭字金生

謙百六二謙迎公長子

生於清同治五年丙寅九月十四日未時

娶姚氏生於清光緒三年丁丑七月十二日時

生二子　長勤康　次勤益

行遜百四三諱遜儁字敬甫

謙百五八勳公三子

生於清同治六年丁卯四月初二日戌時

卒於清宣統二年庚戌十二月十七日子時年四十四

娶葛仁信公女生於清同治九年庚午十二月廿八日戌時

生三子　長　勤章　次　勤劭　三　勤岳

行遜百四四 諱 遜淦 字 雅棠

謙百八二謙閭公次子

生於清同治六年丁卯七月初四日寅時

卒於清光緒三十三年丁未二月初七日午時年四十

一

娶胡氏生於清同治九年庚午六月初七日未時

生一女適范

行遜百四五 諱 遜庸 郎 痔駝

謙百七三謙有公之子

生於清同治六年丁卯九月十四日卯時

卒無查未娶

行遜百四六諱遜榮字正高

謙百七五謙剛公長子

生於清同治六年丁卯九月十七日亥時

卒於民國七年戊午五月十五日子時年五十二

娶林氏生於清同治十一年壬申六月初十日亥時

生二子　長勤堂　次勤璜

一女適陳

行遜百四七諱遜胄字五峰

謙百七　霖公三子

生於清同治六年丁卯十一月廿一日　時

卒於清光緒二十年甲午十一月初三日　時年二十

八

娶費氏　改適

無後　以遜百四八遜炕公次子勤組入繼

墓葬

行遜百四八　諱遜炕　字友槐

謙二百三六　榮公之子兼承百十二　栒公祀

生於清同治七年戊辰正月初五日卯時

卒於民國十七年戊辰正月初七日巳時壽六十一

娶劉氏生於清同治五年丙寅十月十四日　時

生二子　長勤基　次勤組　出繼

生四女長適方　次適劉　三適傅　四適王

行遜百四九諱遜渭字水鄰　直隸州州同職銜

謙百六七謙彪公之子

生於清同治七年戊辰三月初一日午時

卒於民國九年庚申八月廿三日亥時年五十三

娶孔氏生於清同治十一年壬申三月十八日申時

卒於清光緒廿六年庚子四月廿四日辰時年二十九

繼娶張氏生於清光緒六年庚辰十二月初九日辰時

生三子　長勤熾　次勤燧　三勤煊

二女長適盧　次適費

行遜百五十諱遜渭字柳泉

謙二百廿五謙耀公次子爲謙百六八謙光公繼子
生於清同治七年戊辰三月十七日酉時
卒於清光緒廿四年戊戌四月十八日午時年三十一
娶李氏生於清同治七年戊辰二月初四日丑時
生二子　長勤志　次勤方早世
一女適王

慈東童氏宗譜卷十四

世傳

第三十二世

行遜百五一　諱遜倬　字仁甫

謙百五八　勳公四子

生於清同治七年戊辰七月廿九日申時

卒於民國九年庚申正月廿八日巳時年五十三

娶馮宗和公女生於清同治十一年壬申八月十五日酉時

生五子　長勤嘉　次勤德　三勤志　四勤業

五勤有

房二

行遜百五二名遜涵字容之　國學生

謙七二謙榛公四子

生於清同治七年戊辰八月初四日午時

娶胡氏生於清同治五年丙寅二月十八日巳時

卒於清光緒十八年壬辰正月十七日戌時年二十七

繼娶張氏生於清同治十一年壬申八月初四日酉時

卒於清光緒三十年甲辰十月廿二日子時年三十三

生一子　勤恩

一女適張

又娶張氏生於清光緒十三年丁亥七月初十日戌時

生一女適徐

墓葬

行遜百五三 諱遜華 字金泉

謙百七五 謙剛公次子

生於清同治七年戊辰九月初九日酉時

卒於清光緒廿八年壬寅正月廿六日卯時年三十五

娶李氏生於清光緒二年丙子九月廿二日申時

生二子 長勤志 次勤元

行遜百五四 諱遜炘 字景炎

謙二百八 瑜公之子

生於清同治七年戊辰十二月十五日午時

卒於　年　正月十九日　時

娶邵氏生於清光緒元年乙亥二月初二日　時
卒於清光緒廿八年壬寅十二月初五日丑時年二十
八
無後　以遜百十八遜灼公次子勤墉入繼
墓葬

行遜百五五　名遜來
謙百六二謙迦公次子爲謙百四謙沅公繼子
生於清同治七年戊辰十二月廿五日午時
娶胡氏生於清同治十年辛未八月廿六日午時
卒於民國三年甲寅八月廿五日申時年四十四
生二子　長勤豪　次勤傑

生一女適姚

行遜百五六 諱遜富 小名阿智

謙二百二伯驊公次子

生於清同治八年己巳正月十七日申時

卒於民國十三年甲子二月廿二日未時年五十六

娶鄭氏生於清光緒十六年庚寅三月十五日子時

卒於清光緒三十四年戊申十月廿七日卯時年十九

生一女

再娶吳氏生於清光緒十一年乙酉十一月廿四日子時

無後

行遜百五七 名遜灝

謙二百廿四　謙鈁公長子
生於清同治八年己巳三月初七日巳時
入餘姚山中修道
行遜百五八　諱遜桂　字立甫
謙百十五　謙倫公次子
生於清同治八年己巳四月初十日辰時
卒於清光緒廿二年丙申四月初九日巳時年二十八
娶穆氏生於清光緒二年丙子十一月初三日　時
卒於清光緒二十年甲午十月十五日　時年一十九
墓葬
行遜百五九　諱遜治　字雅庭

謙百八二謙闓公三子

生於清同治八年己巳九月十五日戌時

卒於清光緒廿七年辛丑十月十六日巳時年三十三

娶葛氏生於清同治十三年甲戌十二月初四日寅時

生一子　勤堯

行遜百六十七　諱遜艇

謙二百六謙坊公長子

生於清同治八年己巳十二月廿五日丑時

卒於清光緒十一年乙酉七月十三日　時年一十七

娶盧氏生於清同治六年丁卯十月十四日　時

卒於清光緒　年　五月十二日　時

二房

行遜百六一　諱遜傑字鐵楼

謙百七七　晉公之子

生於清同治十年辛未正月十一日卯時

卒於民國十四年乙丑八月廿四日午時年五十五

娶楊氏生於清同治十三年甲戌八月廿三日丑時

卒於清光緒十七年辛卯九月廿五日丑時年一十八

繼娶王氏生於清光緒元年乙亥十一月廿七日　時

卒於清光緒三十三年丁未七月初七日戌時年三十

三

無後

生二女長適姚　次適孫

行遜百六二 諱 遜侒 字 性甫
謙百五八 勳公五子
生於清同治九年庚午四月廿六日戌時
卒於民國五年丙辰八月十一日亥時年四十七
娶蔡氏生於清同治十年辛未九月初七日亥時
卒於清光緒廿三年丁酉四月二十日午時年二十七
繼娶邵氏生於清光緒五年己卯十一月初二日辰時
生二子 長 勤榮 次 勤宣
一女

行遜百六三 諱 遜俶 字 永康
謙二百四三 壽公三子

生於清同治十年辛未七月廿六日寅時
卒於民國四年乙卯正月初五日酉時年四十五
又娶孫氏生於清光緒四年戊寅八月廿七日 時

行遜百六四 名遜富
謙百七五謙剛公三子
生於清同治九年庚午八月廿三日卯時
娶邵氏生於清同治十三年甲戌五月廿六日子時
生一子 勤偉
一女適姚

行遜百六五 名遜海
謙二百十一謙雲公長子

生於清同治十年辛未九月十六日酉時
未娶
行遜百六六諱遜運字桂元
謙二百十　恩公長子
生於清同治十年辛未六月初七日午時
卒於清光緒廿九年癸卯十月初九日丑時年三十三
元聘方氏生於清光緒二年丙子二月十四日　時
卒於清光緒廿八年壬寅五月廿五日　時年二十七
娶葛氏生於清光緒六年庚辰十二月初五日辰時
生一子　勤昌
行遜百六七諱遜慶

謙百六六謙和公長子
生於清同治十一年壬申四月十二日子時
卒於民國五年丙辰九月三十日　時年四十五
娶王氏生於清光緒元年乙亥十月初八日　時
生一子　勤昇

行遜百六八　名遜雪

謙二百三四謙紳公長子
生於清同治十一年壬申七月初九日戌時
出外無查

行遜又百六八　諱遜樟

謙百七六　進公次子

生於清同治十一年壬申八月十四日申時
卒於
娶陳氏改適
無後

行遜百六九諱遜伊字永年
謙百四三 喬公四子爲謙二百二十 宗公繼子
生於清同治十二年癸酉三月十二日卯時
卒於民國十年辛酉正月初二日 時年四十九
娶[illegible]氏生於清光緒三年丁丑十二月廿八日午時
卒於民國九年庚申十月十二日辰時年四十四
生一子 勤文

墓葬

行遜百七十 名遜明
謙百七九謙介公次子
生於清同治十二年癸酉六月初七日　時
未娶

行遜百七一 諱遜福
謙百七五謙剛公四子為謙百八六　煜公繼子
生於清同治十二年癸酉六月十一日巳時
卒於清光緒廿九年癸卯六月初七日辰時年三十一
娶陳氏生於清同治十一年壬申十一月初七日子時
卒於清光緒廿八年壬寅八月廿二日酉時年三十一

繼娶羅氏生於清光緒六年庚辰十一月廿一日辰時

無後

行遜百七二名遜芳字連順

謙二百　相公長子

生於清同治十二年癸酉十二月二十日申時

娶胡氏生於清光緒七年辛巳十月十五日巳時

生四子　長勤嘉　次勤全　三勤得　四勤美

一女適

行遜百七三諱遜繹字吟村

謙二百廿一　漣公三子

生於清同治十三年甲戌九月廿六日午時

卒於清光緒三十二年丙午十一月廿六日子時年三
十三
娶周氏生於清同治十一年壬申十二月二十日戌時
生二子　長勤訓　次勤誥
一女適孔

行遜百七四　名遜大　字金泉
謙九十謙倫公三子
生於清同治十三年甲戌十二月初五日巳時
娶鎮邑洪惟一公女生於清光緒二年丙子四月廿八日
丑時
側室黃氏生於清光緒廿六年庚子八月初一日未時

生一子 勤瀾

行遜百七五諱遜綬字韞齋

謙二百廿七謙漳公長子爲謙八八 瑾公繼子

生於清光緒元年乙亥十月十四日子時

卒於民國十四年乙丑正月廿七日戌時年五十一

娶張氏生於清光緒三年丁丑正月十五日未時

生一子 勤奎

三女長適劉 次適陳

行遜百七六諱遜鏞字御之

謙二百三十諱潮公之子

生於清光緒元年乙亥十一月廿三日午時

董

卒於民國八年己未四月初十日亥時年四十五

娶葛氏生於清光緒五年己卯十二月初九日辰時

卒於清宣統二年庚戌七月初八日申時年三十二

生一子　勤嘉

墓葬

行遜百七七　諱遜榮　字燮光

謙二百四六謙恩公之子

生於清光緒元年乙亥十二月初十日寅時

卒於清光緒三十年甲辰三月廿八日　時年三十歲

娶姚氏生於清光緒九年癸未十月廿五日辰時

卒無查

生一子 勤櫝

行遜百七八 諱遜益

謙百八五 炘公之子

生於清光緒元年乙亥十二月廿四日 時

卒於清光緒十七年辛卯四月廿一日 時年一十七

未娶

行遜百七九 諱遜延 字增源

謙二百三七 謙鳳公長子

生於清光緒二年丙子十月初四日丑時

卒於清宣統二年庚戌正月廿七日子時年三十五

娶方氏生於清光緒三年丁丑十二月初二日卯時

生一子　勤翔
行遜百八十　諱遜琪　字麟祥
謙百九十謙瀚公長子爲謙百一　均公繼子
生於淸光緒二年丙子十月廿七日子時
卒於淸光緒廿一年乙未八月廿七日午時年二十歲
娶張氏生於淸同治十三年甲戌八月廿七日酉時
卒於淸光緒廿一年乙未三月初一日午時年二十二
無後　以遜八一遜賢公次子勤學入繼
行遜百八一　名遜鈞　字全林
謙百六二國相公之子
生於淸光緒三年丁丑二月廿七日子時

娶洪氏生於清光緒十年甲申十一月初一日未時

卒於民國四年乙卯八月廿四日午時年三十二

生三女長適胡　次適劉　三適林

行遜百八二名遜璋字圭玉

謙百廿二謙鈁公之子

生於清光緒三年丁丑七月十一日子時

娶方氏生於清光緒五年己卯三月十七日申時

卒於清光緒廿六年庚子正月十三日巳時年二十二

繼娶張氏生於清光緒六年庚辰十月初九日亥時

生一子　勤益

行遜百八三諱遜斌字蔚如

謙二百十五謙剛公長子

生於清光緒三年丁丑十二月初七日辰時

卒於民國元年壬子七月廿五日酉時年三十六

娶姚氏生於清光緒元年乙亥十月十五日卯時

卒於民國九年庚申十一月廿五日卯時年四十六

生三子　長　勤瑞　次　勤潤　三　勤相

行遜百八四名遜鏜

謙二百三八謙濤公長子

生於清光緒五年己卯二月廿二日丑時

無查未娶

行遜百八五諱遜璿字麟瑞

謙百九十　謙瀚公次子

生於清光緒五年己卯六月廿三日卯時

卒於民國六年丁巳六月十四日辰時年三十九

娶王氏生於清光緒四年戊寅五月初十日辰時

生四子　長勤俊　次勤寬　三勤宸　四勤和

三女長適烏　次適吳

行遜百八六　諱遜茂字聯有

謙二百　相公次子

生於清光緒六年庚辰二月初一日未時

卒於民國十六年丁卯四月廿七日申時年四十八

娶李氏生於清光緒十六年庚寅十一月廿五日寅時

生二女長適周

行遜百八七名遜紱字丹如

謙二百三九謙亨公長子

生於清光緒六年庚辰六月初九日卯時

娶陳氏生於清光緒六年庚辰六月十九日酉時

生一子　克勤

二女長適沈

行遜百八八諱遜鼎字正香

謙二百十三謙康公之子

生於清光緒六年庚辰十月廿八日午時

卒於民國十六年丁卯二月十八日申時年四十八

娶王氏生於清光緒十年甲申正月初九日子時
卒於民國十七年戊辰十二月十四日子時年四十五
生二子　長勤俊　次勤倬
墓葬
行遜百八九　諱遜炤字光裕
謙百九四謙濆公長子
生於清光緒六年庚辰十一月十九日戌時
卒於清宣統二年庚戌九月十四日丑時年三十一
未娶
行遜百九十　諱遜浩
謙二百七三謙榮公之子

生於清光緒六年庚辰十一月廿五日辰時
卒於清光緒廿五年己亥十二月廿一日酉時年二十
歲
娶方氏生於清光緒八年壬午八月十三日　時
行遜百九一　名遜肇　字少五
謙百廿四謙瑞公之子
生於清光緒七年辛巳二月廿三日丑時
娶王氏生於清光緒廿一年乙未八月十八日子時
卒於民國五年丙辰九月十九日卯時年二十二
生一女適費
行遜百九二　諱遜昴　字軒如

謙二百十五　謙剛公次子
生於清光緒七年辛巳三月廿三日亥時
卒於清光緒廿七年辛丑六月廿九日巳時年二十一
娶周氏生於清光緒七年辛巳十一月初三日午時
無後

生一女適周
行遜百九三　名遜彬　字銀榮
謙二百廿四　謙芳公次子
生於清光緒七年辛巳三月廿八日酉時
娶徐氏生於清光緒廿二年丙申十一月廿三日　時
行遜百九四　名遜樹　字雲章

謙二百十二謙巽公之子

生於清光緒七年辛巳四月十二日辰時

娶葛氏生於清光緒十二年丙戌二月初四日　時

卒於民國五年丙辰二月廿一日　時年三十一

生一子　勤泰

又娶陳氏生於清光緒十八年壬辰八月十八日酉時

生二子

一女

行遜百九五諱遜初

謙二百三三謙益公之子

生於清光緒七年辛巳八月初三日未時

卒於民國十六年丁卯二月廿二日酉時年四十七
未娶
行遜百九六名遜義
謙百七九謙介公次子
生於清光緒七年辛巳十一月初一日戌時
以出杭州未歸
行遜百九七諱遜煊字紹康
謙二百五四　楠公之子兼承謙百三楨公祀
生於清光緒八年壬午三月十一日子時
卒於民國元年壬子十一月十二日子時年三十一
娶管氏生於清光緒七年辛巳七月廿二日戌時

生二子　長　勤德　次　勤治

一女適

行遜百九八　名　遜禧　字　松蓀

謙二百五　焜公之子

生於清光緒八年壬午十月初五日午時

娶鎮邑鐘聿履公三女生於清光緒十八年壬辰五月十

六日申時

生二子

行遜百九九　名　遜國　字　吉如

謙二百六謙坊公次子

生於清光緒八年壬午十二月初五日亥時

娶劉氏生於清光緒十二年丙戌正月初五日辰時

生一子

行遜二百名遜莊字聯青

謙二百　相公三子

生於清光緒九年癸未二月二十日申時

娶鍾氏生於清光緒十九年癸巳正月廿四日寅時

生一子

三女

行遜二百一名遜欽字楚臣號明揚

謙二百二伯驊公三子

生於清光緒九年癸未九月初一日寅時

娶姚氏生於清光緒二十年甲午正月廿二日未時

生一子

行遜二百二　名遜讓　字欽章

謙二百四三　榆公之子

生於清光緒九年癸未十月廿四日未時

娶鍾氏生於清光緒十三年丁亥十月十六日未時

生三子　長勤康　次勤庸

一女適阮

行遜二百三　名遜堂　字玉卿

謙二百七九履謙公長子

生於清光緒九年癸未十一月初四日辰時

娶洪氏生於清光緒十七年辛卯六月十二日　時
卒於清宣統元年己酉十一月廿三日　時年一十九
繼娶張氏生於清光緒十八年壬辰十月廿四日　時
生一子
一女
行遜二百四名遜鎔即遜熊字信如
謙百七五謙鼎公三子
生於清光緒九年癸未十一月十六日未時
娶劉氏生於清光緒八年壬午十二月初十日巳時
卒於清光緒三十二年丙午六月廿七日巳時年二十
五

繼娶陳氏生於清光緒十三年丁亥七月初十日　時
生二子　長勤恩
二女
行遜二百五 諱遜道 字桂卿
謙二百十　恩公次子
生於清光緒九年癸未十一月廿七日午時
卒於民國十一年壬戌十月初三日戌時年四十歲
娶張氏生於清光緒廿一年乙未八月十四日巳時
卒於民國六年丁巳十月廿三日卯時年二十三
繼娶夏氏生於清光緒廿三年丁酉九月十五日酉時
卒於民國九年庚申九月初一日子時年二十四

無後

行遜二百六名遜康字壽康　學生

謙二百三八謙濤公次子爲謙二百七二謙恂公繼子

生於清光緒九年癸未十一月廿八日午時

娶方氏生於清光緒十三年丁亥十月十二日申時

卒於清光緒三十三年丁未九月廿一日辰時年二十

一

生一女適成

繼娶金氏生於清光緒廿二年丙申四月十五日子時

生二子

行遜二百七名遜彥　學生

謙二百三八謙濤公三子
生於清光緒九年癸未十一月廿八日未時
未娶

行遜二百八諱遜昱字子華
謙百八一謙協公庶子
生於清光緒十年甲申四月十二日戌時
卒於清光緒廿八年壬寅四月二十日酉時年一十九

娶李氏生於清光緒八年壬午二月初二日戌時

行遜二百九名遜昶字笙昌號雅琴
謙百八一謙協公次子
生於清光緒十年甲申六月十八日戌時

娶鎮邑周人錚公三女生於清光緒十年甲申十二月十
八日　時
卒於清光緒三十二年丙午二月廿九日巳時年二十
三
繼娶鎮邑李昀青公五女生於清光緒十七年辛卯七月
十二日戌時
生四子　長　勤能　次　勤詒
一女適
行遜二百十名遜琪字玉卿
謙百九四謙潢公次子
生於清光緒十年甲申十一月初七日申時

娶胡氏生於清光緒十八年壬辰　月　日　時

行遜二百十一諱遜炳字玉庭

謙二百十四謙謹公長子

生於清光緒十一年乙酉二月廿三日丑時

卒於清宣統元年己酉十月十二日巳時年二十五

娶孔氏生於清光緒十五年己丑六月初七日卯時

行遜二百十二名遜絢字彥如

謙二百三九謙亨公次子

生於清光緒十一年乙酉九月十九日亥時

娶杜氏生於清光緒十三年丁亥十月十六日午時

行遜二百十三諱遜縉字益齋

謙二百廿七謙漳公次子
生於清光緒十二年丙戌十一月初六日戌時
卒於民國十一年壬戌閏二月十二日亥時年三十七
娶姚氏生於清光緒十三年丁亥二月廿五日未時
無後　以遜百三三遜緯公四子勤誠入繼
行遜二百十四　諱遜燦字春玉
謙二百六一謙檁公之子
生於清光緒十三年丁亥二月十九日戌時
卒於民國三年甲寅九月十三日辰時年二十八
未娶
行遜二百十五名遜雲字鴻卿

謙百六六謙和公次子爲謙百八九謙康公繼子
生於清光緒十三年丁亥二月廿二日午時
娶姚氏生於清光緒二十年甲午五月初一日　時
卒於民國八年己未七月三十日戌時年二十六
寓漢口
行遜二二百十六諱遜梁
謙二百八七謙蓴公長子
生於清光緒十三年丁亥三月廿一日亥時
卒於清光緒三十四年戊申十一月廿二日巳時年二
十二
娶姚氏改適

無後

行遜二百十七諱遜禮字瑞芳

謙二百六三謙益公之子

生於清光緒十三年丁亥十二月十一日寅時

卒無查未娶

行遜二百十八名遜霞字筌雅

謙二百三四謙紳公次子

生於清光緒十四年戊子正月初六日巳時

娶劉氏生於清光緒十五年己丑六月廿二日申時

行遜二百十九名遜順字海林

謙二百七四謙品公長子

生於清光緒十四年戊子四月初五日未時
娶顧氏生於清光緒十六年庚寅三月廿八日亥時
卒於民國十八年己巳十二月廿二日巳時年四十歲
生二子
四女長適劉

行遜二百二十　名遜晟　字雅園
謙百八一謙協公三子
生於清光緒十四年戊子四月十二日未時
娶徐氏生於清光緒十五年己丑十月十二日亥時
生四子　長勤治

行遜二百廿一　名遜陽

謙二百四五謙裕公長子

生於清光緒十四年戊子五月廿九日申時

娶周氏生於清光緒廿五年己亥五月初二日　時

卒於民國八年己未九月三十日子時年二十一

行遜二百廿二名遜琳字麟趾

謙百九十謙瀚公三子

生於清光緒十四年戊子八月初二日卯時

娶張氏生於清光緒十四年戊子七月十八日寅時

生一子

一女適

行遜二百廿三諱遜順

謙二百六二謙勳公長子
生於清光緒十四年戊子八月十九日戌時
卒於民國八年己未正月二十日午時年三十二
未娶

行遜二百廿四名遜訓字來安
謙二百四十謙紳公之子
生於清光緒十四年戊子十二月初三日子時
娶胡氏生於清光緒十八年壬辰十一月十二日午時

行遜二百廿五諱遜濂字曉蓮
謙二百七一謙紳公長子
生於清光緒十五年己丑正月初二日卯時

卒於清光緒三十三年丁未　月　日　時年一十
九
行遜二百廿六名行墀字正鎰
謙二百九七文熊公長子
生於清光緒十五年己丑正月初五日丑時
娶余氏生於清光緒十四年戊子五月十三日子時
卒於民國三年甲寅九月廿三日未時年二十七
生一子　忠銘
一女適鄭邑林
繼娶夏氏生於清光緒廿二年丙申十二月初九日寅時
生二子

二女

行遜二百廿七 諱遜章 字耕利
謙二百五六謙鎧公之子
生於清光緒十五年己丑正月廿二日戌時
卒於民國十七年戊辰正月初一日 時年四十歲
娶周氏

行遜二百廿八 名遜綵 字圭如
謙二百三九謙亭公三子
生於清光緒十五年己丑十一月十一日巳時
娶費氏生於清光緒 年 三月初一日未時

行遜二百廿九 名遜杲 字庭蓀

謙百八一謙協公四子
生於淸光緒十五年己丑十二月初九日寅時
娶盛氏生於淸光緒十六年庚寅二月初二日申時
生一子　勤立
一女

行遜二百三十諱遜型
謙二百七九履謙公次子
生於淸光緒十六年庚寅正月初八日戌時
卒於民國十五年丙寅四月十二日申時年三十七
娶陳氏生於淸光緒廿四年戊戌九月廿七日　時
卒於民國十八年己巳十二月十七日　時年三十二

墓葬

行遜二百三一　諱遜珍　字珍山

謙二百五十謙富公次子

生於清光緒十六年庚寅閏二月十二日丑時

卒於民國十六年丁卯七月初九日丑時年三十八

未娶

行遜二百三二　名遜品

謙二百十四謙謹公次子

生於清光緒十六年庚寅六月廿二日丑時

行遜二百三三　名遜霈　啞子

謙二百三四謙紳公三子

生於淸光緒十六年庚寅九月廿五日子時

娶陳氏生於淸光緒十四年戊子二月初三日戌時

生二子 長勤忠 次勤德

行遜二百三四名遜華 啞子

謙百九一謙濤公之子

生於淸光緒十六年庚寅十一月初三日 時

行遜二百三五名遜高字賡才

謙二百七二謙經公之子

生於淸光緒十七年辛卯八月十九日酉時

娶張氏生於淸光緒十七年辛卯八月初九日戌時

生二子 長勤國

一女適

行遜二百三六　名遜惠　即遜緯　字逸如

謙二百六謙坊公三子

生於清光緒十七年辛卯九月十四日戌時

娶柯氏生於清光緒廿一年乙未十一月初五日丑時

卒於民國元年壬子八月廿四日寅時年一十八

繼娶刁氏生於清光緒廿四年戊戌十一月初十日卯時

行遜二百三七　名遜植　字柏蓮

謙二百七一謙紳公次子

生於清光緒十七年辛卯八月初八日卯時

娶舒氏生於清光緒廿一年乙未十二月初二日申時

生二子
一女適
行遜二百三八諱遜城
謙二百九八仁謙公長子
生於清光緒十七年辛卯十月十四日午時
卒於民國三年甲寅三月初七日 時年二十四
娶徐氏改適
行遜二百三九名遜英字正發號芝軒
謙二百七八福謙公長子
生於清光緒十八年壬辰七月初三日辰時
娶周氏生於清光緒廿一年乙未十月廿六日未時

生三女

行遜二百四十 名遜頤 字茂林

謙二百七五謙品公次子

生於清光緒十八年壬辰十二月初六日戌時

娶吳氏生於清光緒廿六年庚子十二月初一日子時

生一女

行遜二百四一 名遜壽 字潤章

謙二百三四謙紳公四子

生於清光緒十九年癸巳二月十五日酉時

娶陳氏生於清光緒十八年壬辰五月初二日申時

卒於民國十三年甲子九月初六日申時年三十三

妾蔣氏生於清光緒十七年辛卯六月廿二日戌時

卒於民國十五年丙寅十一月三十日戌時年三十五

側室蕭氏生於清光緒廿九年癸卯九月初九日午時

行遜二百四二名遜煥字金麟

謙二百四一謙標公之子

生於清光緒十九年癸巳七月十九日辰時

娶劉氏生於清光緒廿四年戊戌三月初一日　時

生二子

一女

行遜二百四三諱遜金

謙二百四五謙裕公次子

生於清光緒十九年癸巳十月初十日丑時

卒於民國十四年乙丑九月十八日酉時年三十三

娶竺氏生於清光緒廿四年戊戌八月廿八日　時

卒於民國七年戊午九月初六日　時年二十一

墓葬

行遜二百四四　名遜堯　字志春

謙二百九八　仁謙公次子

生於清光緒十九年癸巳八月初四日子時

娶王氏生於清光緒廿三年丁酉九月廿六日酉時

生一子

行遜二百四五　諱遜鏘　字正初

謙三百十二文達公長子
生於清光緒十九年癸巳十月二十日午時
卒於民國十六年丁卯九月廿九日子時年三十五
娶周氏生於清光緒廿七年辛卯十月二十日申時
行遜二百四六名行均字辰九
謙二百九七文熙公次子
生於清光緒二十年甲午三月初八日辰時
娶□氏生於清光緒十九年癸巳六月十二日子時
生三子　長忠德
四女
行遜二百四七名遜財

謙二百八二佑謙公長子
生於清光緒二十年甲午十二月初九日辰時
娶費氏生於清光緒廿七年辛丑八月廿九日　時

行遜二百四八名遜埏號元卿

謙二百九二和謙公長子
生於清光緒二十年甲午十一月十九日午時
娶蔡氏生於清光緒廿五年己亥六月十九日　時
卒於民國十二年癸亥六月初三日辰時年二十五
生一子
繼娶莊氏生於清光緒三十一年乙巳十一月廿六日卯時

行遜又二百四八諱錦遜

謙二百九四謙曾公之子

生於清光緒二十年甲午十二月廿九日午時

卒於清宣統二年庚戌五月初九日丑時年一十七

冥配嚴氏生卒無查

寓居上海

行遜二百四九名遜和字寶田

謙二百八五謙學公長子

生於清光緒廿一年乙未二月初三日巳時

娶劉氏生於清光緒廿九年癸卯二月初十日巳時

生一子

一女適

行遜二百五十 諱遜驤 字天錫

謙三百廿五謙華公長子

生於清光緒廿一年乙未九月十九日辰時

卒於民國十九年庚午二月廿八日寅時年三十六

娶方氏生於清光緒廿五年己亥十二月十七日子時

卒於民國十一年壬戌九月廿二日丑時年二十四

生一女

行遜二百五一 名遜塏 字祖詒

謙三百三三文撫公長子

生於清光緒廿一年乙未十一月十二日巳時

娶諸氏生於清光緒廿一年乙未十月初十日寅時
生一子　勤厚
二女
行遜二百五二諱遜華字正財
謙二百廿八福謙公次子
生於清光緒廿二年丙申正月十二日辰時
卒於民國十六年丁卯十月十八日子時年三十二
娶王氏生於清光緒三十四年戊申三月十二日　時
卒於民國十五年丙寅三月十九日辰時年一十九
墓葬
行遜二百五三名遜墀小名小毛

謙
二百九二 和謙公次子
生於清光緒廿二年丙申二月廿九日子時
娶柯氏生於清光緒廿七年辛丑四月初三日　時
生二女

行遜二百五四 名遜泰

謙二百七七 謙鶴公長子
生於清光緒廿二年丙申六月十八日辰時
娶鄞邑李氏生於清光緒廿七年辛丑五月初四日午時
生一子
二女
寓居牛西劉

行遜二百五五名遜敏字永慶
謙二百九九謙生公之子
生於清光緒廿二年丙申八月廿二日亥時
娶汪香山公五女生於清光緒廿三年丁酉八月十一日辰時

行遜二百五六名遜寶
謙二百八二佐謙公次子
生於清光緒廿二年丙申十二月廿一日丑時
娶費氏生於清光緒三十一年乙巳七月初七日寅時
卒於民國十三年甲子十二月三十日　時年二十歲
繼娶杜氏生於清光緒三十三年丁未三月初九日子時

行遜二百五七名行增字靜三

謙三百十五文熙公長子

生於清光緒廿三年丁酉正月初二日寅時

娶徐氏生於清光緒廿三年丁酉八月廿四日未時

生二子

行遜二百五八名遜騁字天爵

謙三百廿五謙華公次子

生於清光緒廿四年戊戌十月廿六日丑時

娶徐氏生於清光緒三十二年丙午十二月初十日戌時

生一女

行遜二百五九名遜康字正康

謙三百十二文達公次子
生於清光緒廿四年戊戌十月初十日申時
娶胡氏生於清光緒廿七年辛丑九月廿四日寅時
卒於民國十年辛酉六月廿三日午時年二十一
繼娶徐氏生於清宣統二年庚戌十二月廿二日子時
生一女

行遜二百六十　名遜瑗　字祖根

謙三百廿三文煒公長子
生於清光緒廿四年戊戌十二月十五日寅時
娶邵氏生於清光緒廿二年丙申四月廿七日未時
生一子

一女

行遜又二百六十　名遜省

謙　和謙公長子

生於清光緒廿五年己亥三月廿七日子時

行遜二百六一　名遜龍

寓顯德廟

謙二百八二　佑謙公三子

生於清光緒廿五年己亥七月初六日午時

娶王氏生於清光緒廿七年辛丑九月初三日未時

行遜二百六二　名遜均

謙三百十四　謙雲公長子

生於清光緒廿五年己亥十月初三日寅時
娶張氏生於清光緒三十年甲辰三月十一日未時

行遜二百六三諱行垌字蓉亭
謙三百四六文燕公長子
生於清光緒廿五年己亥十月初十日寅時
卒於民國七年戊午九月初六日戌時年二十歲
未娶

行遜二百六四名遜寶
謙二百六七謙安公之子
生於清光緒廿五年己亥十二月十六日巳時
娶費氏生於清宣統元年己酉二月廿四日申時

生一女

行遜二百六五 名遜榮 字祖賡

謙三百十八謙釗公之子

生於清光緒廿六年庚子十月初四日卯時

娶賈氏生於清光緒廿七年辛丑七月十一日亥時

生一子

行遜二百六六 名遜禹 字遜滇

謙二百九八仁謙公三子

生於清光緒廿六年庚子十月初十日子時

娶洪氏生於清光緒廿八年壬寅十月初五日丑時

卒於民國十七年戊辰八月廿二日巳時年二十七

繼娶袁氏生於清宣統元年己酉正月十二日丑時

行遜又二百六六名遜康

謙二百四五謙裕公三子

生於清光緒廿六年庚子十月十八日戌時

行遜二百六七名遜富

謙二百四國家公之子

生於清光緒廿七年辛丑二月初一日子時

娶李氏生於清光緒三十四年戊申正月初六日子時

生一子

寓鄞城西門外

行遜二百六八諱行圻字荷亭

謙三百四文烝公次子

生於清光緒廿七年辛丑五月廿六日寅時

卒於民國七年戊午四月十四日未時年一十八

未娶

行遜二百六九 諱遜照 字彭年

謙三百三二文炳公長子

生於清光緒廿七年辛丑六月十二日辰時

卒於民國八年己未十一月初十日未時年一十九

娶金氏生於清光緒三十年甲辰十月十六日酉時

行遜二百七十 諱遜楚

謙三百五謙寶公之子

生於清光緒廿七年辛丑十一月廿四日戌時
卒於民國　年　正月初七日未時

行遜二百七一　名遜瑜字祖齡號仲周
謙三百廿三文煒公次子
生於清光緒廿八年壬寅正月初五日亥時
娶胡氏生於清光緒廿九年癸卯閏五月初六日酉時
生二子
一女

行遜二百七二　諱遜均字祖謙
謙三百三三文撫公次子
生於清光緒廿八年壬寅八月十七日丑時

卒於民國十二年癸亥八月初五日午時年二十二

娶邵氏生於清光緒廿八年壬寅九月廿六日巳時

卒於民國十七年戊辰九月廿九日寅時年二十七

生一子

一女

行遜二百七三名遜珪字祖恩

謙三百四三文燧公長子

生於清光緒廿八年壬寅十月初四日卯時

娶邵氏生於清光緒廿八年壬寅六月十五日卯時

行遜二百七四名遜林

謙二百八二佑謙公四子

生於清光緒廿八年壬寅十月廿四日子時

行遜二百七五名遜章

謙三百三十謙鰲公長子

生於清光緒廿九年癸卯閏五月廿八日午時

娶周氏生於民國二年癸丑

行遜二百七六名遜棠

謙二百六二謙勳公次子

生於清光緒廿九年癸卯十月初七日丑時

行遜二百七七名遜球字馥燮

謙三百七九文煥公長子爲謙三百廿六文然公繼子

生於清光緒廿九年癸卯十一月十一日戌時

娶鄭邑烏氏生於清光緒三十一年乙巳二月廿一日午時

行遜二百七八名遜鑰

謙三百五九謙抑公之子

生於清光緒廿九年癸卯十一月廿八日亥時

行遜二百七九名遜藍

謙三百九謙德公長子

生於清光緒三十年甲辰正月廿二日未時

行遜二百八十名遜立

謙三百十九謙肇公之子

生於清光緒三十年甲辰二月廿三日戌時

卒於民國十六年丁卯九月廿七日 時年二十四

未娶

行遜二百八一 諱行壿字葆山

謙三百十五文熙公次子

生於清光緒三十年甲辰六月廿六日巳時

卒於民國 年 正月初六日卯時未娶

行遜二百八二 名遜良

謙三百一 謙緯公長子

生於清光緒三十年甲辰九月三十日午時

行遜二百八三 名遜泉字彩棠

謙三百三八謙贊公長子

生於清光緒三十年甲辰十一月初十日辰時

娶姚氏生於清光緒三十四年戊申十月十三日辰時

行遜二百八四 諱遜基 字祖華

謙三百廿三文鵬公長子

生於清光緒三十年甲辰十二月廿二日辰時

卒於民國十七年戊辰九月十四日戌時

娶徐氏生於清光緒三十一年乙巳十一月廿一日未時

卒於民國十三年甲子十一月十三日巳時

生一女

繼娶方氏生於清光緒三十二年丙午五月初八日子時

生一女

行遜二百八五名遜保

謙三百八謙芳公之子

生於清光緒三十年甲辰十二月廿八日巳時

娶陸氏生於清宣統二年庚戌三月初六日卯時

行遜二百八六名遜璋字祖德

謙三百四三文燧公次子

生於清光緒三十一年乙巳四月十七日寅時

娶周氏生於清光緒三十一年乙巳三月初二日丑時

行遜二百八七名遜賚字寶康

謙三百五二緯謙公長子

生於清光緒三十一年乙巳八月十一日午時

娶唐氏生於清宣統元年己酉正月十四日酉時

生一女

行遜二百八八名遜華

謙三百廿九謙增公之子

生於清光緒三十一年乙巳十月十五日子時

行遜二百八九名行坤字紀雲

謙三百十五文熙公三子

生於清光緒三十一年乙巳十一月廿四日戌時

娶胡氏生於清宣統元年己酉十月三十日卯時

行遜二百九十名遜年

謙三百十七謙璋公之子

生於清光緒三十二年丙午二月初十日申時

娶成氏生於清宣統元年己酉正月十八日酉時

生一子

行遜二百九一 名遜琳 字均安

謙三百七九文焕公次子

生於清光緒三十二年丙午四月初九日辰時

娶周氏生於清光緒三十三年丁未六月初五日申時

生三子

行遜二百九二 名遜潤

謙三百五四謙德公長子

生於清光緒三十二年丙午六月十三日午時

娶顧氏生於民國三年甲寅十月廿四日辰時

行遜二百九三　名遜源

謙百廿三謙貴公　子

生於清光緒三十二年丙午六月十九日辰時

行遜二百九四　名遜球

謙三百三十謙鰲公次子

生於清光緒三十二年丙午七月廿七日子時

娶陸氏生於民國三年甲寅十月廿五日戌時

行遜二百九五　名遜楨

謙三百三六謙焌公長子

生於清光緒三十二年丙午十月廿四日卯時

娶盛氏生於民國三年甲寅二月十三日戌時

行遜二百九六名遜英

謙三百三一謙蔣公之子

生於清光緒三十二年丙午十月廿七日卯時

行遜二百九七名遜培字寶善

謙三百八七文鴻公長子

生於清光緒三十二年丙午十一月廿七日巳時

娶洪氏生於清光緒三十三年丁未七月初九日辰時

行遜二百九八名遜珩字熙浩

謙三百六四文燦公長子

生於清光緒三十二年丙午十一月十四日辰時

娶陳氏生於清光緒三十年甲辰八月初五日辰時

行遜二百九九名遜嘉

謙二百六二謙勳公三子

生於清光緒三十二年丙午十一月十五日辰時

娶柯氏生於民國元年壬子十一月十五日辰時

行遜又二百九九名遜廷

謙三百十一謙富公長子

生於清光緒三十二年丙午十二月十七日丑時

娶　氏生於　年　月　日　時

行遜三百諱行垣字竹亭

謙三百四六文杰公三子

生於清光緒三十三年丁未三月十九日辰時
卒於民國十五年丙寅八月十三日戌時年二十歲
未娶

行遜三百一　名行堦
謙三百十五交熙公四子
生於清光緒三十三年丁未三月二十日未時

行遜三百二　名遜銓
娶陳氏生於清光緒三十一年乙巳十一月十一日未時

謙三百九謙德公次子
行遜三百三　名遜裕
生於清光緒三十三年丁未四月十八日未時

謙三百四五謙雯公之子
生於清光緒三十四年戊申四月十九日戌時

行遜三百四名遜昌

謙二百六七謙安公次子
生於清光緒三十四年戊申五月初八日丑時
娶張氏生於民國四年乙卯六月初五日子時

行遜三百五名遜圻字祖福

謙三百五三文鳳公長子
生於清光緒三十四年戊申六月初六日子時
娶劉氏生於清光緒三十二年丙午六月初九日卯時
生一子

行遜三百六名遜榮

謙二百八五謙學公次子

生於清光緒三十四年戊申七月廿一日辰時

娶陳氏生於清宣統二年庚戌正月十五日子時

行遜三百七名行培

謙三百十五文熙公五子

生於清光緒三十四年戊申九月二十日申時

娶嚴氏生於民國元年壬子八月廿五日丑時

行遜三百八名遜延字奎章

謙三百七六謙富公長子

生於清光緒三十四年戊申十二月十七日丑時

娶洪氏生於清宣統二年庚戌十月廿五日酉時

行遜三百九 名遜武

謙三百三十謙鰲公三子

生於清宣統元年己酉正月初四日　時

行遜三百十 名遜祐

謙三百三六謙燧公次子

生於清宣統元年己酉十一月廿二日卯時

行遜三百十一 名遜通 字松年

謙三百六七謙光公長子

生於清宣統二年庚戌三月十九日巳時

娶姚氏生於清宣統三年辛亥七月廿二日亥時

行遜三百十二　名遜揩　字祖良

謙三百三三文撫公三子

生於清宣統二年庚戌四月廿一日酉時

娶曹氏生於清宣統二年庚戌六月十四日酉時

行遜三百十三　名遜源

謙三百五四謙德公次子

生於清宣統二年庚戌七月三十日子時

娶戌氏

行遜三百十四　名行坂

謙三百四六文燕公四子

生於清宣統二年庚戌九月十三日　時

行遜三百十五 名遜堉
謙三百七三謙瀏公長子
生於清宣統二年庚戌十月廿四日戌時

行遜三百十六 諱遜玉
謙三百一謙緯公次子
生於清宣統二年庚戌十二月初一日卯時
早世

行遜三百十七 名遜彬 字寶皆
謙三百八七文鴻公次子
生於清宣統二年庚戌十二月廿一日卯時

行遜三百十八 名行垓

謙四百六文烺公長子
生於清宣統三年辛亥正月初五日辰時
娶胡氏生於民國三年甲寅
行遜三百十九　名行基

謙三百十五文熙公六子
生於清宣統三年辛亥正月十三日巳時
行遜三百二十　名遜坰　字祖祿

謙三百五三文[illegible]公次子
生於清宣統三年辛亥三月初二日子時
娶邵氏生於清宣統二年庚戌八月初一日辰時
行遜三百廿一　名遜銈

謙三百八九謙撝公長子
生於清宣統三年辛亥三月十五日酉時

行遜三百廿二名遜標
謙三百八十謙三公長子
生於清宣統三年辛亥八月廿一日丑時

行遜三百廿三名遜祚
謙三百二一謙才公之子
生於清宣統三年辛亥十月廿一日戌時

行遜三百廿四名行奎
謙三百四六文杰公五子
生於清宣統三年辛亥十一月十八日申時

行遜三百廿五名遜耀

謙四百八謙楓公長子

生於民國元年壬子七月初四日寅時

行遜三百廿六名遜濤字寶珩

謙四百九文鴇公三子

生於民國元年壬子十月廿四日丑時

行遜三百廿七名遜璟字祖定

謙三百二三文輝公三子

生於民國元年壬子十月廿四日酉時

行遜三百廿八名遜章

謙四百三謙安公之子

生於民國元年壬子十一月十一日卯時

行遜三百廿九名遜坡字祖壽

謙三百三三文燕公四子

生於民國二年癸丑三月初十日亥時

娶盛氏生於民國元年壬子十一月十二日丑時

行遜三百三十名遜墉字祖祺

謙三百五三文鳳公三子

生於民國二年癸丑八月十九日巳時

行遜三百三一名遜祺字元初

謙三百三六謙焌公三子

生於民國二年癸丑六月十一日寅時

行遜三百三二名遜達

謙三百六七謙光公次子

生於民國二年癸丑六月十六日辰時

行遜三百三三名行壯

謙三百四六文杰公六子

生於民國二年癸丑七月三十日　時

行遜三百三四名遜鏞字蓉初

謙三百三二文炳公次子

生於民國二年癸丑十月廿三日丑時

行遜三百三五名遜郁字寶琴

謙三百八七文鴻公三子

生於民國三年甲寅三月十三日　時

行遜三百三六名遜葆

謙三百三四謙經公長子

生於民國三年甲寅五月廿二日未時

行遜三百三七名遜餘

謙三百七六謙富公次子

生於民國三年甲寅九月十五日寅時

行遜三百三八名遜華

謙三百八一謙衷公長子

生於民國三年甲寅十月十六日子時

行遜三百三九名遜泉字遠麟

謙二百九四謙吉公次子

生於民國四年乙卯二月廿一日巳時

行遜三百四十　名遜德

謙三百四八謙和公長子

生於民國四年乙卯十一月十五日辰時

行遜三百四一　名遜順

謙三百八二文亨公長子

生於民國四年乙卯十一月十六日戌時

行遜三百四二　名遜堯　字發章

謙三百十一謙富公次子

生於民國四年乙卯十一月廿三日丑時

行遜三百四三名遜瑶

謙三百四三文燧公三子

生於民國五年丙辰九月初四日　時

行遜三百四三名遜康

謙三百七一謙益公長子

生於民國五年丙辰十月廿三日巳時

寓陳埠頭

慈東童氏宗譜卷十五

世傳

第三十三世

行勤一　諱勤志　字有高

遜四遜全公長子

生於清道光廿一年辛丑九月初四日戌時

卒於清宣統元年己酉七月十一日　時壽六十有九

娶翁氏生於清道光廿五年乙巳十月廿六日　時

卒無查

生二子　長慎昌　次慎恆

一女適羅

寓居上海

行勤二 諱勤斯 小名阿彬

遜七 益公之子

生於清道光廿四年甲辰七月十四日申時

卒於清光緒廿一年乙未七月初五日亥時年五十二

娶黄氏生於清道光廿五年乙巳七月初三日　時

卒於清同治三年甲子二月初四日　時年二十歲

繼娶葛氏生於清道光廿五年乙巳五月初三日亥時

卒於民國十五年丙寅正月十七日戌時壽八十有二

生一子　愼徽

二女長適李　次適胡

行勤三諱勤嘉字有才
遜四遜全公次子
生於清道光廿四年甲辰十月廿六日子時
卒於清宣統三年辛亥七月二十日未時壽六十有八
娶倪氏生於清同治三年甲子十一月初二日　時
卒於清光緒十四年戊子十月初三日　時年二十五
又娶陳氏生於清同治八年己巳四月初八日辰時
生二子　長慎官　次慎興
一女適余

行勤四諱勤亥字仰山號小湖　國學生
遜十五遜悌公長子

生於清道光廿八年戊申十二月初五日辰時

卒於清光緒十七年辛卯十二月廿二日申時年四十

有四

娶顧氏生於清道光三十年庚戌二月初三日巳時

卒於清光緒廿一年乙未四月廿四日酉時年四十六

生一子　愼彥

二女長適費　次適余

墓葬方家堰後新屋西首

行勤五諱勤業號書常

遜九遜和公　子

生於清道光廿九年己酉十月廿四日未時

卒於清光緒　年　七月初五日　時

娶翁氏生卒無查

無後

行勤六諱勤順

遜四遜全公三子

生於清道光廿九年己酉十一月廿四日未時

卒於清光緒廿一年乙未四月十二日　時年四十七

娶陳氏生於清同治八年己巳三月初三日　時

生一子　慎孝

一女適張

行勤七諱勤襄字贊思號小樓

遜十五遜悌公次子

生於清道光廿九年己酉十二月初四日亥時

卒於清光緒十四年戊子八月初一日未時年四十歲

娶姚氏生於清咸豐元年辛亥三月二十日酉時

生三子　長慎康出繼　次慎庸出繼　三慎賡

行勤八諱勤恩字鞠生

遜五遜槐公長子

生於清道光三十年庚戌十月十九日辰時

卒於清光緒十一年乙酉三月十二日　時年三十六

娶費氏出歸

無後

生一女適余
墓葬吳𢖍河㳺
行勤九諱勤勳官名詠沂字銘竹　同治十一年學院丁入爲
邑庠生
遜廿二遜爺公之子出爲遜八遜學公繼子
生於清咸豐元年辛亥九月廿七日辰時
卒於清光緒三年丁丑八月十五日申時年二十有七
娶聞氏生於清咸豐三年癸丑七月初二日午時
無後以勤七襄公長子愼康入繼
生二女長適胡　次適姚
墓葬方家堰後新屋西首

行勤十諱勤學官名熙年字緝孫　光緒元年學院胡入爲邑
　庠生
遜十六遜鎔公之子　少聰穎長力學以諸生應秋試屢薦
不售光緒辛卯科堂備額滿見遺遂絕意進取善談吐
一名一物必深相研究確中肯綮人多服其博識與人
交信義相孚鄉里有疑難事相告者得一言排解渙然
冰釋有魯仲連之風焉
生於清咸豐元年辛亥九月廿八日丑時
卒於清光緒廿六年庚子三月廿七日戌時年五十歲
娶姚氏生於清咸豐三年癸丑正月十七日亥時
卒於民國八年己未五月十六日申時壽六十有七

生五子　長惟聖　次惟賢　三惟德　四惟孝
五惟忠
二女長適徐　次適費
墓葬西港
行勤十一　諱勤惠　字念橋　國學生
遜五遜槐公次子
生於清咸豐二年壬子七月初五日亥時
卒於清光緒廿五年己亥二月十五日未時年四十八
娶姚氏生於清咸豐三年癸丑十月廿六日　時
卒於清光緒五年己卯四月十三日　時年二十有五
繼娶盛氏生於清同治六年丁卯八月初九日　時

卒於清光緒八年壬午十一月廿六日　時年十六歲

繼娶盛氏生於清同治三年甲子四月十三日　時

無後以勤三一勤芳公子愼思兼祧

墓葬吳應河汊

行勤十二諱勤本字寶卿

遜廿三遜品公長子

生於清咸豐二年壬子十一月十五日子時

卒於清光緒十三年丁亥八月十二日　時年三十六

娶舒氏生於清咸豐六年丙辰六月十二日　時

卒於清光緒十七年辛卯十月初一日　時年三十六

無後

行勤十三諱勤國字小寶
遜四遜全公四子
生於清咸豐三年癸丑正月初九日丑時
卒無考未娶
行勤十四諱勤聚
遜廿七遜堯公之子
生於清咸豐四年甲寅四月廿二日亥時
卒於清光緒廿九年癸卯九月十五日　時年五十歲
未娶
行勤十五諱勤傳字亦卿
遜三十　鈺公長子

生於清咸豐五年乙卯九月初十日辰時

卒於清光緒十三年丁亥十一月十三日申時年三十

有三

娶沐氏生於清咸豐九年己未十二月廿六日未時

卒於清光緒十一年乙酉十月十五日寅時年二十七

生一子　愼修

墓葬

行勤十六諱勤堉

遜三六遜唐公長子

生於清咸豐七年丁巳十一月十一日申時

卒於清光緒十三年丁亥八月三十日　時年三十一

娶[illegible]氏生於清咸豐十一年辛酉二月初七日　時
卒於清光緒廿八年壬寅九月二十日　時年四十二
無後
生一女適成
行勤十七諱勤業字鎮安
遜三十　鈺公次子入爲遜四十　錦公繼子
生於清咸豐八年戊午十二月三十日亥時
卒於清光緒廿九年癸卯八月三十日申時年四十六
娶李氏生於清同治元年壬戌十月十六日辰時
卒於民國十四年乙丑正月初一日子時年五十有四
無後

墓葬

行勤十八諱勤魁字聚才

遜四遜全公五子

生於清咸豐九年己未二月十七日辰時

卒於清光緒三十一年乙巳六月廿四日子時年四十

有七

娶顏氏生於清同治六年丁卯七月廿八日　時

生二子　長慎安　次慎裕

行勤十九諱勤元

遜三六遜賡公次子

生於清咸豐十年庚申正月初三日巳時

卒於清光緒十五年己丑潤月二十日　時年三十歲
娶姚春林公女生於清同治十年辛未七月廿七日寅時
生二子　長慎金　次慎禮
生一女適姚
行勤二十諱勤耕字硯香　從九品
遜四九遜組公長子
生於清咸豐十年庚申二月十四日戌時
卒於清光緒廿九年癸卯七月三十日申時年四十四
娶方氏生於清咸豐八年戊午正月廿七日辰時
卒於清光緒三十三年丁未八月十三日戌時年五十
歲

生一子　慎言
三女長適姚　次適張　三適趙
行勤廿一諱勤才
遜廿三遜品公次子
生於清咸豐十年庚申五月十九日丑時
卒於民國四年乙卯五月十五日巳時年五十有六
娶應氏生於清同治四年乙丑二月初二日子時
生一子　慎夫早世
行勤廿二諱勤菑字乾生號稔田
遜六遜桓公長子
生於清咸豐十一年辛酉六月初二日辰時

卒於清光緒三十二年丙午十一月廿七日　時年四
十有六
娶劉氏生於清咸豐十一年辛酉二月初九日　時
卒於清光緒十九年癸巳九月十三日寅時年三十三
再娶馬氏生於清光緒三年丁丑三月二十日子時
生一子　愼珪
一女適
行勤廿三諱勤源字本泉
遜三八遜富公之子
生於清咸豐十一年辛酉十二月十四日亥時
卒於清光緒十八年壬辰八月廿五日卯時年三十二

娶張氏雲橋公次女生於清咸豐十一年辛酉三月十二

日子時

生二子　長慎衍　次慎衡

一女適翁

墓葬茅河塘

行勤廿四諱勤耘字稻香　國學生

遜四九遜組公次子

生於清同治元年壬戌六月十六日巳時

卒於清光緒廿四年戊戌十月廿五日戌時年三十七

娶姚氏生於清同治三年甲子十二月十七日辰時

卒於清光緒廿二年丙申九月廿四日未時年三十三

生二子 長愼初 次愼三 出繼
一女適秦
繼娶嚴氏生於清光緒元年乙亥十月廿二日辰時
卒於清光緒廿五年己亥七月二十日丑時年二十五
墓葬
行勤廿五 諱勤輔 官名賡年 字佐宸 號栢塍 光緒十五年學院潘入爲邑庠生中光緒辛卯科第十名舉人特授台州府太平縣敎諭兼署黃巖縣訓導歷署台州府學敎授 民國己巳纂修宗譜
遜五七遜廉公長子
生於清同治元年壬戌十月初二日卯時

卒於民國十九年庚午三月初三日子時壽六十有九

娶龔氏生於清同治元年壬戌九月廿九日丑時

生二子　長慎樞　次慎機

四女長適陳　次適陳　三適邵　四適吳

墓葬姚家八部廟河港

行勤廿六　勤寶字寶順

遜十七遜效公之子

生於清同治元年壬戌十月廿六日卯時

娶唐氏生於清同治八年己巳二月初十日　時

卒於清光緒廿八年壬寅十月十一日未時年三十四

生一子　慎翔

三女長適邵　次適范　三適謝

行勤廿七諱勤畬字蔭生

遜六遜桓公次子

生於清同治三年甲子七月十六日丑時

卒於清光緒廿六年庚子七月　日　時年三十七

未娶

行勤廿八諱勤傳字祖熙

遜十九遜鏞公之子

生於清同治四年乙丑五月初三日午時

卒於清光緒三十二年丙午九月廿二日辰時年四十

有二

娶周氏生於清同治十二年癸酉四月初八日辰時

生二子　長慎生　次慎興

一女適龔

行勤廿九　諱勤益　字益貴

遜六四遜怡公長子兼祧遜　遜恂公祀

生於清同治四年乙丑閏五月初九日亥時

卒於民國九年庚申三月初九日亥時年五十有六

娶張氏生於清同治十二年癸酉十月廿六日辰時

生二子　長慎守　次慎法

四女長適周　次適鍾　三適董　四適吳

行勤三十　諱勤稼　字安園

遜三十　鈺公三子

生於清同治四年乙丑七月初三日辰時

卒於清光緒三十年甲辰六月廿一日申時年四十歲

娶羅氏生於清同治十三年甲戌五月十三日子時

卒於民國十年辛酉十一月十一日巳時年四十有八

生一子　慎齡

行勤三一　諱勤芳　字元壽

遜十二遜華公之子

生於清同治四年乙丑七月十九日申時

卒於清光緒廿六年庚子二月十三日　時年三十六

娶劉氏生於清同治八年己巳五月十八日寅時

生一子　慎思

一女適鄞縣方

墓葬三和門前父墳旁

行勤三二諱勤璲字啓堂號在明

逖十三逖金公之子

生於清同治四年乙丑八月初七日卯時

卒於清光緒三十二年丙午八月初六日酉時年四十

有二

娶盛氏生於清同治八年己巳八月廿七日戌時

生二子　長慎富　次慎貴

二女長適范　次適周

行勤三三諱勤炤字光燿

遜五二遜檥公長子兼祧遜廿一遜梅公祀

生於清同治四年乙丑九月廿六日丑時

卒於民國六年丁巳十二月十六日子時年五十有三

娶朱氏生於清同治六年丁卯七月廿四日未時

卒於清光緒十五年己丑六月十四日酉時年二十三

繼娶朱氏生於清同治十二年癸酉十月初三日辰時

生一子　愼坊

一女適邵

行勤三四諱勤和字駿益

遜廿八遜五公長子

生於清同治五年丙寅八月廿一日亥時
卒於清光緒十年甲申七月十一日　時年一十有九
未娶

行勤三五諱勤煥字小齋
遜四八遜涵公之子兼祧遜八八遜榕公祀
生於清同治六年丁卯十月初八日亥時
卒於民國二年癸丑十二月初五日亥時年四十有七
娶黃氏生於清同治八年己巳九月初七日亥時
卒於清光緒二十年甲午八月十六日丑時年二十六
繼娶華氏生於清光緒十年甲申八月廿六日亥時
生一子　慎亨

行勤三六 諱勤綸 字梅生

遜四六遜彬公之子

生於清同治六年丁卯十二月初六日寅時

卒於民國二年癸丑十一月廿四日亥時年四十有七

娶余氏生於清光緒三年丁丑五月十三日戌時

卒於清光緒廿五年己亥八月初十日子時年二十三

生一子 愼夫

再娶方氏生於清同治六年丁卯十月十九日未時

行勤三七 勤鉞 字安壽

遜十遜賫公之子

生於清同治七年戊辰三月三十日 時

娶　氏

生一子　慎興

行勤三八諱勤賢字艮貴

遜六四遜怡公次子

生於清同治七年戊辰九月十一日亥時

卒於清光緒十一年乙酉四月廿六日　時年一十有

八未娶

行勤三九諱勤煌字志敏

遜五二遜檩公次子

生於清同治九年庚午四月廿六日戌時

卒於清光緒廿六年庚子七月十七日寅時年三十一

娶姚氏生於清同治十三年甲戌二月廿二日巳時
無後
行勤四十諱勤浩字松貴
遜十一遜榮公之子
生於清同治十年辛未五月十六日辰時
卒於民國元年壬子十月十九日申時年四十有二
娶曹氏生於清光緒元年乙亥十一月廿四日戌時
生一子　慎洲
一女適陳
行勤四一諱勤邦字冠春
遜九六遜仲公之子

生於清同治十年辛未二月廿三日巳時

卒於民國五年丙辰十一月廿一日未時年四十有六

娶李氏生於清光緒元年乙亥八月二十日巳時

卒於清光緒廿七年辛丑正月十八日申時年二十七

生一女適李

繼娶陳氏生於清光緒七年辛巳六月十一日子時

生一子　愼敬

行勤四二諱勤業字永富

遜八一遜賢公長子

生於清同治十三年甲戌正月十八日巳時

卒於清光緒廿八年壬寅四月十九日午時年二十九

娶董氏生於清光緒八年壬午九月廿五日酉時
卒於民國十一年壬戌五月十六日卯時年四十有一
生一子 慎德

行勤四三 勤章官名成章字桐莊號倬雲 邑庠生
遜七四遜金公長子
生於清同治十三年甲戌二月廿四日寅時
娶賀氏生於清同治十一年壬申七月三十日辰時
卒於民國十三年甲子五月廿五日戌時年五十有三
生四子 長慎廷 次慎國 三慎福 四慎祿
一女適方
繼娶姚氏生於清光緒廿八年壬寅十二月初十日寅時

二房

行勤四四諱勤灼字夏嵐號照青

遜四四遜椿公之子

生於清光緒元年乙亥三月廿九日未時

卒於清光緒十九年癸巳八月十七日卯時年一十九

娶方氏生於清光緒元年乙亥四月十五日巳時

無後

二房

行勤四五諱勤翊字臣翼號琴嶧　國學生

遜六六遜隅公之子

生於清光緒元年乙亥四月初六日戌時

卒於民國十四年乙丑正月初七日卯時年五十有一

娶張氏生於清光緒元年乙亥正月十一日子時

生二子 長慎熠 次慎煜

一女適張

行勤四六諱勤愷字臣凱號琴龕 國學生

遜五七遜廉公次子

生於清光緒元年乙亥七月廿三日子時

卒於民國十三年甲子九月十九日未時年五十歲

娶姚氏生於清同治十三年甲戌八月廿七日酉時

卒於民國二年癸丑正月初四日寅時年四十歲

生二子 長慎徵 次慎徵

一女適沈

行勤四七諱勤燮字榮卿

派

遜八十　遜樺公長子
生於清光緒元年乙亥八月初四日丑時
卒於清光緒十五年己丑十月十六日卯時年十六歲
冥配劉氏生於清同治十二年癸酉三月十四日午時
卒於清光緒七年辛巳八月十三日酉時
墓葬

行勤四八　勤綸　字鎮畬
遜七四　遜金公次子爲遜百廿三遜鎬公繼子
生於清光緒元年乙亥十月十二日子時
娶唐氏生於清光緒二年丙子二月十二日午時
生一子　慎壽

一女字胡

行勤四九　勤鎬字純生

遜七九遜發公長子

生於清光緒二年丙子六月十三日申時

娶周氏生於清光緒四年戊寅八月初六日未時

卒於清光緒廿八年壬寅十月初七日辰時年二十五

生一子　愼志

一女適董

繼娶樂氏生於清光緒二年丙子三月十三日酉時

卒於清光緒三十四年戊申十月十七日戌時年三十

有三

繼娶包氏生於清光緒十四年戊子十一月初三日巳時

寓鄞西白塔洋

二房

行勤五十　勤鑣字均賢

遜又九六遜鋆公長子爲遜權公繼子

生於清光緒二年丙子七月初八日申時

聘鮑氏生於清光緒廿七年辛丑五月　日　時

卒無查

寓鄞西白塔洋

二房

行勤五一　勤家字駿良郎啞子

遜廿八遜五公次子

生於清光緒二年丙子八月廿九日酉時

再娶妻管氏生於清光緒十四年戊子五月廿五日申時

生一子

行勤五二諱勤鎔字儒舲

遜八九遜德公長子

生於清光緒二年丙子九月三十日卯時

卒於清宣統元年己酉六月十九日午時年三十有四

娶王氏生於清光緒十年甲申三月初四日亥時

卒於民國九年庚申九月初一日　時年三十有七

生二女

墓葬

寓鄞西白塔洋

行勤五三 諱勤宸 字光初

遜百七遜伸公長子

生於清光緒三年丁丑六月十七日巳時

卒於民國七年戊午三月初十日申時年四十有二

娶陳氏生於清光緒七年辛巳九月初十日丑時

生二子 長愼聖 次愼權

行勤五四 勤海 字百川 號澄海

遜七七遜脩公長子

生於清光緒三年丁丑八月初三日巳時

娶盛氏生於清光緒四年戊寅九月廿九日丑時

卒於民國十三年甲子十二月十五日子時年四十七

生二子　長慎誥　次慎誌

四女長適盛　次適張

繼娶王氏生於清光緒十七年辛卯十月廿四日巳時

生一子　慎

行勤五五諱勤泉

遜一百遜錦公長子

生於清光緒三年丁丑八月初七日戌時

卒於民國二年癸丑　月　日　時年三十有七

娶陳氏改適

無後

行勤五六諱勤轍字荷舲

遜百十六遜億公長子

生於清光緒三年丁丑十二月廿四日卯時

卒於清宣統元年己酉八月初六日戌時年三十有三

娶邵氏生於清光緒六年庚辰二月二十日戌時

卒於清光緒三十四年戊申七月初五日丑時年二十

有九

無後以勤昌公長子入繼

墓葬後張父墳傍

行勤五七　勤學字小富號翰卿

遜八一遜賢公次子爲遜二百遜琪公繼子

生於清光緒四年戊寅九月初七日酉時

娶舒氏生於清光緒八年壬午十二月初二日酉時

行勤五八　勤國字玉章

遜六八遜模公長子

生於清光緒四年戊寅十一月廿五日辰時

娶張氏生於清光緒三年丁丑十二月廿八日辰時

行勤五九　勤水字豫章

遜三六遜唐公三子

生於清光緒五年己卯六月十五日申時

娶余氏生於清光緒十六年庚寅九月十六日卯時

行勤六十諱勤耜字俶南號稷香

遜四九遜組公三子

生於清光緒五年己卯六月十八日戌時
卒於清光緒廿八年壬寅四月十八日午時年二十四
娶朱氏生於清光緒七年辛巳十月初八日　時
無後以勤廿四勤耘公次子愼三入繼

行勤六一　諱勤釗字炳生
遜七九遜發公次子
生於清光緒五年己卯七月初八日卯時
卒於民國十四年乙丑九月十五日丑時年四十有七
未娶
墓葬
寓鄞西白塔洋

行勤六二諱勤煇字安卿

遜九一遜𣕧公之子

生於清光緒五年己卯七月廿一日辰時

卒於清宣統三年辛亥五月十六日辰時年三十三

娶方氏生於清光緒七年辛巳八月十六日　時

卒於清光緒廿五年己亥三月廿一日亥時年十九歲

繼娶陳氏生於清光緒十年甲申四月廿一日丑時

生二女長適鎮邑唐　次適周

行勤六三諱勤濬字哲明

遜百五遜敘公之子

生於清光緒五年己卯九月初九日巳時

卒於清光緒三十二年丙午四月十一日戌時年二十
有八
娶翁氏生於清光緒七年辛巳九月初十日亥時
生二子　長慎卿　次慎齋

行勤六四　勤基字榮祖
遜百十二遜信公之子
生於清光緒五年己卯十二月十二日亥時
娶周氏生於清光緒七年辛巳六月廿一日　時
卒於清光緒三十一年乙巳二月二十日亥時年二十
有五
繼娶陳氏生於清光緒九年癸未二月廿四日子時

側室殷氏生於清光緒十五年己丑九月二十日　時

卒於　年　正月廿三日　時

側室方氏生於清光緒八年壬午五月十八日辰時

生一子　愼餘

壽域馬徑河岸父墳傍

行勤六五諱勤勇

遜一百遜錦公次子

生於清光緒六年庚辰五月十二日子時

卒無查未娶

行勤六六諱勤鈞字麗生

遜八九遜德公次子

生於清光緒六年庚辰四月十二日卯時

卒於民國十七年戊辰九月初九日丑時年四十有九

娶高氏生於清光緒十九年癸巳九月初十日亥時

生二子

一女

寓鄞西白塔洋

行勤六七　勤功字耀初

遜百七遜伸公次子

生於清光緒六年庚辰九月廿九日申時

娶李氏生於清光緒十年甲申八月初十日戌時

生一子　愼賢

側室俞氏生於清光緒廿三年丁酉八月十三日　時

生一子

四女

行勤六八諱勤銘字茗生

遜七九遜發公三子

生於清光緒七年辛巳九月廿八日辰時

娶黄氏生於清光緒十年甲申八月廿八日寅時

卒於清宣統三年辛亥十一月廿二日丑時年二十八

生一女

寓鄞西白塔洋

行勤六九諱勤元字艮甫

遜百十七遜椿公長子
生於清光緒七年辛巳十一月十二日亥時
卒於清光緒三十年甲辰八月廿八日　時年二十四
未娶

行勤七十　勤燧官名鼎年號懷清又號槐青　由邑庠生捐
授主事掣籤分部學習行走

遜八十遜樺公次子
生於清光緒八年壬午五月廿五日寅時
娶張氏蘊山公女生於清光緒九年癸未正月廿一日卯
時
生二子　長愼圭　次愼垣

四女長適鎮邑周　次適鎮邑陳

行勤七一　諱勤道　字玉山

遜六八遜模公次子

生於清光緒八年壬午八月初三日丑時

早世

行勤七二　勤漁　字侶樵

遜七七遜脩公次子

生於清光緒八年壬午十二月十九日子時

娶朱氏生於清光緒十年甲申十月初六日子時

生三子　長慎謀　次慎詒

行勤七三　勤鈺　字榮生

二房

遜又九六遜鋆公次子

生於清光緒八年壬午十二月廿五日未時

寓鄞西白塔洋

行勤七四　勤安字家模號如章晚號雁門山人　國學生

欽加五品銜　民國己巳重修宗譜

遜百十五遜蘭公之子

生於清光緒九年癸未八月初六日午時

娶本邑庠生字偉公長女姚氏　誥封宜人

生於清光緒九年癸未六月廿四日辰時

生一子　慎煥

一女問月適鄞邑竺廷壽

行勤七五諱勤富字承彰

遜百四遜鋠公長子

生於清光緒十年甲申九月廿九日戌時

卒於民國元年壬子二月廿六日午時年二十有九

未娶

行勤七六　勤善字秉初

遜百七遜伸公三子

生於清光緒十年甲申二月十五日寅時

娶孔氏生於清光緒十三年丁亥七月十八日子時

卒於民國九年庚申正月廿四日寅時年三十有四

生一子　濟民

一女適包

繼娶黃氏生於清光緒廿六年庚子九月十八日午時

行勤七七 諱勤昌 字兆舲

遜百十六遜億公次子

生於清光緒十年甲申三月初七日寅時

卒於民國十八年己巳二月廿二日酉時年四十有六

娶龔志定公女生於清光緒廿三年丁酉十月十八日戌

時

生三子　長愼國出繼

二女

行勤七八 諱勤章 字梅章

遜百廿四遜源公長子

生於清光緒十年甲申十二月初九日未時

卒於清光緒廿九年癸卯五月十七日巳時年二十歲

未娶

行勤七九 勤鏷字釗生

遜七九遜發公四子

生於清光緒十一年乙酉八月十八日卯時

娶徐氏生於清光緒十五年己丑三月十五日申時

寓鄞西白塔洋

行勤八十 諱勤熙字壽蘅 國學生

遜七八遜介公之子

生於清光緒十一年乙酉十二月初六日酉時
卒於清宣統元年己酉十月初六日寅時年二十有五
娶華氏生於清光緒十年甲申六月廿六日酉時
生一子　慎澤
行勤八一　勤耞字夢香
遜四九遜組公四子
生於清光緒十二年丙戌正月初四日丑時
娶秦氏生於清光緒十三年丁亥十二月十五日寅時
卒於民國十三年甲子十月十七日辰時年三十有八
生二子　長慎恩　次慎慧
一女適鎮邑劉

側室洪氏生於清光緒十七年辛卯四月初十日戌時

行勤八二諱勤藩

遜七三遜寶公之子

生於清光緒十二年丙戌四月初八日戌時

卒於民國十一年壬戌七月初七日　時年三十有七

未娶

行勤八三　勤豪字錫賢號俊英

遜百六遜麟公長子

生於清光緒十二年丙戌八月初三日丑時

聘余氏生於清光緒十四年戊子四月廿二日　時

卒於清光緒廿九年癸卯三月初六日午時年十六歲

繼娶陳氏生於清光緒十六年庚寅十月初十日　時

卒於清宣統三年辛亥七月十六日午時年二十有二

生一子　愼杲

行勤八四　勤世

遜一百遜錦公三子

生於清光緒十三年丁亥五月初十日辰時

娶上海郭氏生於清光緒廿六年庚子九月初五日戌時

生一子

行勤八五　勤垣字柄魁號維翰　國學生　欽加五品銜

民國己巳重修宗譜

遜百十八遜灼公長子

生於清光緒十三年丁亥八月初四日寅時
娶鄭氏蕚卿公三女生於清光緒十二年丙戌九月十六
日巳時
生一子　慎修
一女未嫁而卒
行勤八六　勤光　字明甫
遜百十七遜椿公次子
生於清光緒十三年丁亥八月廿七日午時
娶傅氏生於清光緒十五年己丑十月廿五日亥時
卒於民國五年丙辰五月十二日巳時年二十有八
生一子　慎言

繼娶吳氏生於清光緒廿二年丙申正月十八日戌時
生一子
四女

行勤八七　勤珊號瑚舲又號紀祖
遜百十六遜億公三子
生於清光緒十三年丁亥十一月十六日午時
娶胡氏堯卿公女生於清光緒十七年辛卯四月初三日
辰時
生一子
一女

行勤八八　勤恩字祖欽

遜百廿七遜侃公之子

生於清光緒十三年丁亥十一月十七日寅時

娶湯氏生於清光緒廿一年乙未十月廿五日申時

行勤八九諱勤諏字頌堯

遜百三三遜緯公長子爲遜八四遜論公繼子

生於清光緒十四年戊子五月廿三日戌時

卒於民國十四年乙丑九月廿二日卯時年三十有八

娶姚氏生於清光緒十八年壬辰八月三十日酉時

卒於民國十六年丁卯九月十六日申時年三十有六

生二子　長慎孳

二女長適穆

行勤九十　勤鏞字引生
遜又九六遜鋆公三子
生於清光緒十四年戊子十一月十二日丑時
娶王氏生於清光緒廿五年己亥　月　日　時
寓鄞西白塔洋

行勤九一　勤基字肇初
遜百四八遜炕公長子
生於清光緒十五年己丑正月初一日亥時
娶倪氏生於清光緒十四年戊子六月初四日　時
生四女

行勤九二諱勤奎字康權

遜百三一遜鑠公之子
生於清光緒十五年己丑正月十三日寅時
卒於民國十五年丙寅五月初五日子時年三十有八
娶方氏生於清光緒十八年壬辰四月廿三日　時
卒於清宣統三年辛亥八月廿三日　時年三十歲
生二子　長慎恩　次慎惠
又娶周氏生於清光緒廿四年戊戌七月十七日辰時
行勤九三諱勤先字順甫
遜百十七遜椿公三子
生於清光緒十五年己丑二月十九日寅時
卒於清宣統三年辛亥五月初七日巳時年二十三

娶沈氏 改適

行勤九四　勤貴 小名阿仁

遜百四遜銀公次子

生於清光緒十五年己丑七月十九日巳時

行勤九五　勤忠

遜百廿六遜齊公之子

生於清光緒十六年庚寅三月初三日巳時

娶陳氏生於清光緒十五年己丑十月初十日寅時

行勤九六　勤志 字五昌

遜百五十遜渭公長子

生於清光緒十六年庚寅五月初五日申時

娶方氏生於清光緒二十年甲午十月初二日申時
生一子　愼成
二女
行勤九七　勤發
遜百廿五遜瑞公之子
生於清光緒十六年庚寅六月廿九日辰時
行勤九八　勤嘉字閏祖
遜百五一遜倬公長子
生於清光緒十六年庚寅七月廿六日酉時
娶楊氏惠仁公女生於清光緒二十年甲午十月廿七日
寅時

生二女

行勤九九　勤純字玉麟

遜六八遜模公三子爲遜五八遜僑公繼子

生於清光緒十七年辛卯正月廿八日亥時

娶張氏生於清光緒十五年己丑十一月廿四日亥時

生二子　長慎德

四女

行勤一百　勤艮字仰高

遜九七遜鐵公之子

生於清光緒十七年辛卯三月廿七日未時

娶[illegible]氏生於清光緒十九年癸巳七月十一日未時

生三子

一女

行勤又一百　勤卓字章文

遜百廿四遜源公次子

生於淸光緒十七年辛卯四月初八日酉時

娶周氏生於淸光緒廿八年壬寅三月初一日子時

卒於民國十四年乙丑九月初五日申時年二十有四

繼娶嚴氏生於淸光緒三十三年丁未　月　日　時

生一子

行勤百一諱勤壽字樂安

遜百十九遜漳公之子

生於清光緒十七年辛卯八月十八日巳時
卒於民國十　年　月　日　時
娶嚴氏生於清光緒廿五年己亥六月廿一日　時改適
無後

行勤百二　勤謌字頌甫
遜百三三遜繂公次子
生於清光緒十七年辛卯八月初九日巳時
娶孫氏生於清光緒十九年癸巳九月廿九日未時
卒於民國元年壬子九月初一日午時年二十歲
繼娶盧氏生於清光緒廿二年丙申三月初八日巳時
生二子

一女

行勤百三　勤煜字耀庚

遜百三四遜畦公長子

生於清光緒十八年壬辰七月廿四日子時

卒於民國十七年戊辰六月初六日未時年三十有七

娶徐氏生於清光緒十七年辛卯二月廿二日未時

無後

行勤百四　勤學字省三

遜百四六遜榮公長子

生於清光緒十八年壬辰十月十七日卯時

娶張氏生於清光緒十九年癸巳八月廿二日戌時

生一子　愼海

一女

行勤百五諱勤忠字德川

遜百一遜英公長子

生於淸光緒十八年壬辰十二月十七日寅時

卒於民國五年丙辰八月二十日　時年二十有五

娶張氏生於淸光緒二十年甲午四月廿四日　時

卒於民國五年丙辰八月廿三日　時年二十有三

無後

墓葬

行勤百六　勤墉字耀奎號維屏　民國己巳重修宗譜

遜百十八遜灼公次子
生於清光緒十九年癸巳六月初十日酉時
娶莊根香公女生於清光緒廿一年乙未二月廿一日酉
時
生四子　長慎初
二女
行勤百七　勤範字久運
遜百四十遜江公長子
生於清光緒二十年甲午九月廿四日戌時
娶陳氏生於清光緒廿九年癸卯九月初二日寅時
生二子

一女

行勤百八　勤恩字鳳翔

遜百五二遜涵公之子

生於清光緒廿一年乙未閏五月廿二日亥時

娶陳氏生於清光緒廿九年癸卯五月廿二日寅時

生二子

行勤百九　勤豪字鳳俊

遜百五五遜來公長子

生於清光緒廿一年乙未十一月十一日亥時

娶杜氏生於清光緒廿一年乙未十月廿六日卯時

生一女

行勤百十　勤功
遜百四遜鋃公三子
生於清光緒廿一年乙未十二月初五日亥時
娶方氏生於清光緒三十三年丁未正月二十日寅時
生一女

行勤百十一　勤亮字錫賚
遜百六遜麟公次子
生於清光緒廿二年丙申十二月廿三日巳時

行勤百十二　勤文字葆初
遜百六九遜伊公長子
生於清光緒廿三年丁酉二月十九日戌時

娶范氏生於清光緒廿二年丙申六月十四日亥時

行勤百十三　勤嘉字寶福

遜百七二遜芳公長子

生於清光緒廿三年丁酉四月初三日戌時

娶朱氏生於清光緒三十一年乙巳十二月廿六日巳時

生一女

行勤百十四　勤孝號德訓

遜百一遜英公次子

生於清光緒廿三年丁酉七月初九日巳時

娶鄭氏生於清光緒廿六年庚子三月廿一日辰時

生一女

行勤百十五　勤詠字頌魯
遜百三三遜緯公三子
生於清光緒廿三年丁酉七月十一日子時
娶顏氏生於清光緒廿三年丁酉八月十九日寅時
生一子
一女
行勤百十六　勤章字俊運
遜百四十遜江公次子
生於清光緒廿三年丁酉十一月初六日酉時
娶徐氏生於清宣統二年庚戌十二月廿八日子時
行勤百十七諱勤方

遜百五十遜渭公次子

生於淸光緒廿四年戊戌三月十九日戌時

卒於漢口無查未娶

行勤百十八　勤志字運來

遜百五三遜華公長子

生於淸光緒廿四年戊戌六月初五日辰時

行勤百十九　勤訓字彭齡

遜百七三遜繹公長子

生於淸光緒廿四年戊戌八月廿六日寅時

娶孔氏生於淸光緒廿四年戊戌四月十二日午時

生二子

一女

行勤百二十諱勤華字汝舲

遜百十六遜億公四子

生於清光緒廿四年戊戌十二月十一日巳時

卒於民國七年戊午八月二十日戌時年二十有一

娶顏貽芳公女生於清光緒廿八年壬寅十月十三日亥時

墓葬後張父墳旁

行勤百廿一勤瑞

遜百八三遜斌公長子

生於清光緒廿五年己亥二月初三日午時

娶董氏生於清光緒廿四年戊戌九月廿二日卯時
生二子
行勤百廿二　勤墳字漢三
遜百四六遜榮公次子
生於清光緒廿五年己亥二月十五日子時
娶陳氏生於清光緒廿五年己亥十月廿二日辰時
卒於民國八年己未三月廿四日巳時年二十有一
繼娶張氏生於清光緒廿八年壬寅八月廿二日卯時
生二子
行勤百廿三　勤讀字耀金
遜百三四遜畦公次子

生於清光緒廿五年己亥二月十九日寅時
娶陳氏生於清光緒廿三年丁酉正月初九日辰時
生二子　長愼得
三女
行勤百廿四　勤高
遜百六遜麟公三子
生於清光緒廿五年己亥九月初七日卯時
行勤百廿五　勤昌字錫榮
遜百六六遜運公之子
生於清光緒廿五年己亥十二月初三日戌時
聘周氏生於清光緒廿八年壬寅十一月初八日卯時

卒於清宣統三年辛亥六月十四日酉時
娶胡氏生於清光緒廿七年辛丑八月廿三日戌時
卒於民國十五年丙寅五月初十日丑時年二十有六
生一女
繼娶胡氏生於清宣統元年己酉六月廿二日戌時

行勤百廿六　勤欽字莊浩
遜百九遜禮公長子
生於清光緒廿五年己亥九月廿一日申時
娶陳氏生於清光緒三十三年丁未十月初二日戌時
寓鄞西白塔洋

行勤百廿七　勤德字兆先

遜百五一遜倬公次子
生於淸光緒廿五年己亥十二月廿六日戌時
娶劉衡甫公女生於淸光緒廿九年癸卯四月廿九日申
時
卒於民國十二年癸亥正月十五日午時年二十有一
繼娶徐美章公女生於淸光緒三十三年丁未十一月初
三日寅時
生一子
一女
行勤百廿八　勤嘉
遜百七六遜鏞公之子

生於清光緒廿六年庚子三月初六日辰時

卒於民國十四年乙丑十月初六日卯時年二十有六

娶姚氏生於清光緒廿六年庚子正月十四日午時

生二女

行勤百廿九　勤玉字玉振

遜六八遜模公四子

生於清光緒廿六年庚子三月十三日辰時

娶方氏生於清光緒三十年甲辰正月初五日亥時

生二子

行勤百三十　勤昌字芝椿

遜百三五遜寶公之子

生於清光緒廿六年庚子六月十八日申時
娶奚氏生於清光緒三十年甲辰二月廿五日　時
生一子
行勤百三一　勤潤
遜百八三遜斌公次子
生於清光緒廿六年庚子八月廿四日子時
娶邵氏生於清光緒廿六年庚子十一月廿八日午時
生一子
一女
行勤百三二　勤誠字頌德　民國己巳重修宗譜
遜百三三遜緯公四子爲遜二百十三遜縉公繼子

生於清光緒廿六年庚子九月初五日未時

娶王銘揚公三女生於清光緒三十年甲辰十一月十五

日子時

生一子

一女

行勤百三三　勤章字成章

遜百四三遜儁公長子

生於清光緒廿六年庚子九月十六日酉時

娶吳三號公女生於清光緒三十年甲辰七月廿三日巳

時

行勤百三四　勤業字運生

遜百五三遜華公次子
生於清光緒廿六年庚子九月十三日卯時
娶李氏生於清光緒三十四年戊申八月初四日戌時
生一女

行勤百三五 勤積字德馴
遜百一遜英公三子
生於清光緒廿七年辛丑正月初一日子時
娶洪氏生於清光緒廿六年庚子三月廿一日辰時
生二子

行勤百三六 勤耿
遜百三二遜銀公長子

生於清光緒廿七年辛丑四月初十日申時

行勤百三七　勤翔

遜百七九遜廷公之子

生於清光緒廿七年辛丑九月十一日子時

娶王氏生於清光緒三十一年乙巳九月十六日酉時

行勤百三八　勤堯

遜百五九遜治公之子

生於清光緒廿八年壬寅四月廿二日寅時

娶邵氏生於清光緒三十二年丙午十一月初七日　時

生一子

行勤百三九　勤康字永福

遜百四二遜蔭公長子

生於清光緒廿八年壬寅四月廿七日巳時

行勤百四十 勤佞 字芹夫

遜百八五遜璿公長子

生於清光緒廿八年壬寅六月初八日卯時

卒於民國十四年乙丑十二月初三日戌時年二十四

娶周氏生於清光緒三十二年丙午七月十六日午時

生一女

行勤百四一 勤櫝

遜百七七遜榮公之子

生於清光緒廿八年壬寅七月初九日亥時

行勤百四二　勤組字肇圭

遜百四八遜炕公次子

生於清光緒廿八年壬寅十月廿五日戌時

娶陳氏生於清光緒三十二年丙午九月初五日丑時

行勤又百四二　勤昇字金聲

遜百六七遜慶公之子

生於清光緒廿九年癸卯三月十五日戌時

娶邵氏生於清光緒廿八年壬寅三月初十日未時

生二子

寓居上海城內

行勤百四三　勤相

遜百八三遜斌公三子
生於清光緒廿九年癸卯八月初四日子時

行勤百四四　勤本字蟾生

遜百三七遜偉公長子
生於清光緒廿九年癸卯八月十三日卯時
娶邵氏生於清光緒廿九年癸卯正月十五日未時
生一子

行勤百四五　勤勇字惠文

遜百廿四遜源公三子
生於清光緒廿九年癸卯十一月廿三日子時
娶顔氏生於清光緒三十一年乙巳　月　日　時

行勤百四六　勤德字永楚

遜百九七遜煊公長子

生於清光緒廿九年癸卯十二月初一日子時

娶陳氏生於清光緒三十一年乙巳九月十四日寅時

行勤百四七　勤亨字錫賡

遜百六六遜麟公四子

生於清光緒三十年甲辰二月初三日卯時

行勤百四八　勤榮

遜百六二遜俊公長子

生於清光緒三十年甲辰四月十六日巳時

娶錢氏紹興人生於清光緒三十一年乙巳五月廿一日

酉時

生二子

行勤百四九　勤全字長貴

遜百七二遜芳公次子

生於清光緒三十年甲辰七月三十日辰時

娶馬氏生於民國元年壬子正月十四日　時

行勤百五十　勤劢字兆義

遜百三四遜侢公次子

生於清光緒三十年甲辰十一月廿二日巳時

娶周乾康公女生於清光緒三十四年戊申五月十三日

午時

行勤百五一　勤泰 字芝安

遜百三五遜寶公次子

生於清光緒三十年甲辰九月廿一日寅時

卒於民國十四年乙丑四月廿七日寅時年二十有二

娶象邑朱氏生於清光緒三十三年丁未二月二十日巳

時

生一女

行勤百五二　勤志 字兆豐

遜百五一遜倬公三子

生於清光緒三十年甲辰十一月十八日丑時

娶謝榮康公女生於清光緒三十一年乙巳十二月十三

日申時
生一子
行勤百五三名勤奎
遜百七五遜綬公之子
生於清光緒三十一年乙巳八月十五日子時
娶盛同元公女生於清光緒三十二年丙午十一月十五
日未時
生一子
行勤百五四名勤傑
遜百五五遜來公次子
生於清光緒三十二年丙午正月十四日酉時

行勤百五五名勤岳

遜百四三遜倜公三子

生於清光緒三十二年丙午十一月初二日辰時

行勤百五六名勤語

遜百七三遜繹公次子

生於清光緒三十二年丙午正月初六日午時

娶郭氏生於清光緒三十一年乙巳七月廿四日申時

行勤又百五六名勤義字德彬

遜百一遜英公四子

生於清光緒三十二年丙午五月廿三日寅時

娶龔氏生於清光緒三十三年丁未十月十七日丑時

生一子

一女

行勤百五七名克勤

遜百八七遜薇公長子

生於清光緒三十二年丙午十月初五日卯時

娶劉氏生於清光緒三十三年丁未六月十八日申時

行勤百五八名勤熾

遜百四九遜渭公長子

生於清光緒三十二年丙午十二月十三日辰時

娶應氏生於清光緒三十三年丁未正月廿二日未時

生一子

行勤百五九 名 勤忠

遜二百三二遜霦公長子

生於清光緒三十三年丁未十一月初二日辰時

娶姚氏生於清光緒三十三年丁未九月初七日戌時

生一女

行勤百六十 名 勤亭 字 錫勳

遜百六遜麟公五子

生於清光緒三十三年丁未十二月二十日未時

行勤百六一 名 勤業

遜百五一遜倬公四子

生於清光緒三十四年戊申七月初三日酉時

娶胡春茂女生於民國元年壬子七月廿八日戌時

行勤百六二名勤能字楚芳號士彬別號吉人

遜二百九遜昶公長子

生於淸光緒三十四年戊申七月初九日午時

娶方賡年公次女生於淸宣統元年己酉二月十四日戌

時

生一女

行勤百六三名勤浩原名勤泰

遜百九四遜和公長子

生於淸光緒三十四年戊申九月初二日酉時

娶金氏生於民國元年壬子八月廿八日辰時

行勤百六四名勤道字榮生

遜百三七遜偉公次子

生於清光緒三十四年戊申十月十五日寅時

行勤百六五名勤得字桂芳

遜百七二遜芳公三子

生於清光緒三十四年戊申十二月十五日酉時

娶邵氏生於民國五年丙辰二月初四日子時

行勤百六六名勤康

遜二百二遜讓公長子

生於清宣統元年己酉正月初九日卯時

娶王氏生於民國四年乙卯正月十二日子時

行勤百六七名勤偉
遜百六四遜富公之子
生於清宣統元年己酉十月二十日未時
娶常熟錢氏生於清宣統三年辛亥七月初八日辰時

行勤百六八名勤寬
遜百八五遜璿公次子
生於清宣統二年庚戌正月初八日巳時

行勤百六九名忠銘
遜二百廿六行墀公長子
生於清宣統二年庚戌六月十四日酉時
娶張氏生於清光緒三十四年戊申八月廿一日子時

厈二

行勤百七十 名勤國
遜二百三五遜高公長子
生於清宣統二年庚戌六月廿七日未時
娶　氏生於　年　月　日　時

厈二

行勤百七一 名勤鎰 字友三
遜百八二遜璋公之子
生於清宣統二年庚戌七月十八日卯時
娶孔氏生於清宣統三年辛亥三月初十日辰時
生一子

厈二

行勤百七二 名勤權
遜百十四遜慶公之子

𨙸

生於清宣統二年庚戌九月初九日申時

行勤百七三名勤治字永齋

遜百九七遜煊公次子

生於清宣統二年庚戌十月廿二日酉時

行勤百七四名勤谥字永富

遜百四二遜蔭公次子

生於清宣統二年庚戌十月廿四日巳時

𨙸

行勤百七五名勤悳

遜二百三三遜霦公次子

生於清宣統二年庚戌十月廿七日丑時

𨙸

娶王氏生於民國二年癸丑十一月廿六日丑時

行勤百七六名勤紳

遜百三二遜銀公次子

生於清宣統二年庚戌十一月廿六日巳時

行勤百七七名勤有字兆賢

遜百五一遜倬公五子

生於清宣統三年辛亥六月廿五日酉時

行勤百七八名勤宣

遜百六二遜俊公次子

生於清宣統三年辛亥八月十一日巳時

行勤百七九名勤立字楚香

遜二百廿九遜杲公長子

生於清宣統三年辛亥十一月廿八日丑時

行勤百八十　名　勤宸

遜百八五遜璿公三子

生於民國元年壬子四月廿六日戌時

行勤百八一　名　勤俊

遜百八八遜鼎公長子

生於民國元年壬子十一月十六日　時

行勤百八二　名　勤美

遜百七二遜芳公四子

生於民國元年壬子十二月廿六日酉時

行勤百八三　名　勤治

遜二百二十　遜晟公長子

生於民國二年癸丑正月廿一日午時

行勤百八四　名忠德

遜二百四六　行均公長子

生於民國二年癸丑三月廿六日卯時

行勤百八五　名勤燧

遜百四九　遜渭公次子

生於民國二年癸丑四月十八日辰時

娶沈氏生於民國四年乙卯正月廿七日申時

行勤百八六　名勤坤

遜二百十　遜琪公長子

生於民國三年甲寅四月廿八日寅時

行勤百八七名勤庸

遜二百二遜讓公次子

生於民國三年甲寅閏五月十九日戌時

行勤百八八名勤厚

遜二百五一行塏公長子

生於民國三年甲寅七月十八日戌時

行勤百八九名勤烈

遜二百十九遜順公長子

生於民國三年甲寅九月廿五日亥時

行勤百九十名勤倫

遜百三二遜銀公三子

生於民國四年乙卯正月十八日戌時

行勤百九一 名 勤恩

遜二百四遜鎔公長子

生於民國四年乙卯正月廿八日酉時

行勤百九二 名 勤倬

遜百八八遜鼎公次子

生於民國四年乙卯三月初七日子時

行勤百九三 名 勤詒 字 楚發 號 成賢

遜二百九遜昶公次子

生於民國四年乙卯四月十八日午時

行勤百九四名勤和
遜百八五遜𤁩公四子
生於民國四年乙卯十二月十二日申時
行勤百九五名勤煊
遜百四九遜渭公三子
生於民國五年丙辰十二月初十日辰時

第三十四世

行慎一　名慎昌

勤一勤志公長子

生於清同治九年庚午三月初十日亥時

娶胡氏生於清光緒元年乙亥　月　日　時

寓居上海

行慎二　諱慎恒

勤一勤志公次子

生於清同治十二年癸酉八月二十日午時

卒於清光緒三十年甲辰六月初三日　時年三十一

娶　氏生於清同治十二年癸酉　月　日　時

寓居上海

行愼三諱愼徽字吟坤

勤二勤、斯公之子

生於淸同治十三年甲戌正月初二日巳時

未娶

行愼四名愼康字梅卿

勤七勤襄公長子

生於淸光緒元年乙亥十二月初九日酉時

娶洪氏生於淸光緒元年乙亥九月十五日辰時

生四子　長廉泉　次廉功

生三女長適洪

行愼五諱惟聖字揆一號薇卿
勤十勤學公長子
生於清光緒二年丙子九月十七日巳時
卒於清光緒廿六年庚子十月初一日　時年二十五
娶洪氏生於清光緒四年戊寅十二月廿八日辰時
無後

行愼六諱愼言
勤二十勤耕公之子
生於清光緒四年戊寅十月初二日寅時
卒於清光緒廿二年丙申八月廿七日子時年十九歲
娶葛氏生於清光緒五年己卯六月廿五日寅時

卒於民國五年丙辰二月初十日戌時年三十有八

無後

墓葬

行慎七名慎衍字汝蕃號頌椒

勤廿三勤源公長子

生於清光緒五年己卯五月十一日寅時

娶洪氏鄞邑萬榮公女生於清光緒五年己卯十一月十

七日子時

卒於清光緒廿五年己亥六月初八日申時年二十一

繼娶穆氏聽五公長女生於清光緒六年庚辰二月十八

日巳時

卒於民國八年己未十月初五日辰時年四十歲

生一子　廉耕

四女長適西鄉鄭景炎　次適馬徑張　三適鎮邑團

橋陳樂山

又娶費氏生於清光緒廿一年乙未十月初三日丑時

生二子

行慎八名惟賢字俊士號寶卿

勤十勤學公次子

生於清光緒五年己卯十月初九日寅時

娶烏氏生於清光緒六年庚辰十月十五日未時

生二女長適方　次適胡

側室丁氏生於清光緒　年　月　日時

生二子

行愼九諱愼彦字可卿

勤四勤亥公之子

生於清光緒五年己卯十月初八日卯時

卒於清光緒廿八年壬寅正月十二日　時年二十四

娶王氏生於清光緒四年戊寅二月十三日　時

卒於清光緒廿七年辛丑十一月十三日　時年二十

有四

無後以愼康次子廉功入繼

墓葬

行愼十諱愼庸字和卿
勤七勤襄公次子
生於清光緒六年庚辰八月十四日巳時
卒於清光緒三十二年丙午九月十四日亥時年二十
有七
娶張氏生於清光緒七年辛巳十一月十五日時
卒於清光緒三十三年丁未十一月初八日辰時年二
十有七
生一子　廉德
行愼十一名惟德字昭音號懋卿
勤十勤學公三子

生於清光緒七年辛巳十一月初五日酉時
娶施氏生於清光緒十一年乙酉五月十七日寅時
行慎十二諱慎修字茂春
勤十五勤傳公之子
生於清光緒九年癸未八月初六日酉時
卒於民國十六年丁卯六月廿一日子時年四十有五
娶王氏生於清光緒十六年庚寅二月初八日子時
卒於民國元年壬子三月初一日申時年二十有三
無後
墓葬
行慎十三名慎衡字汝權

勤廿三勤源公次子

生於清光緒十年甲申九月初八日卯時

娶劉氏生於清光緒十一年乙酉四月初六日午時

生一子

生四女長字田湖胡　次字田湖胡　三字慈城淩

側室何氏生於清光緒廿五年己亥五月初六日辰時

生一女

行慎十四 名慎初 字子華　民國己巳重修宗譜

勤廿四勤耘公長子

生於清光緒十年甲申十一月廿五日申時

娶姚氏生於清光緒十二年丙戌九月廿七日亥時

卒於民國十七年戊辰十二月廿四日巳時年四十三
生四子 長廉圭 次廉坊 三廉培
生二女
行慎十五名惟孝字德本號友卿
勤十勤學公四子
生於清光緒十二年丙戌八月初八日巳時
娶方氏生於清光緒十四年戊子六月十六日寅時
卒於民國十七年戊辰五月十八日 時年四十有一
行慎十六名慎賡字鳳卿
勤七勤襄公三子
生於清光緒十三年丁亥七月廿二日酉時

配

娶姚氏生於清光緒十四年戊子二月十四日卯時
卒於民國七年戊午十二月廿八日未時年三十有一
生二子　長廉芬
一女
繼娶姜德生女生於清光緒廿四年戊戌四月二十日酉
時
生一子
二女

行慎十七諱慎榅字星垣號課青
勤廿五勤輔公長子
生於清光緒十四年戊子八月初二日戌時

卒於民國五年丙辰二月廿六日辰時年二十有九

娶刁氏生於清光緒十八年壬辰正月十八日子時

生一子　善本

一女適盧

廷

行慎十八諱慎三字子香

勤廿四勤耘公次子

生於清光緒十四年戊子十月初四日戌時

卒於民國十五年丙寅八月初一日未時年三十有九

娶沈氏生於清光緒十二年丙戌十二月十二日　時

生一子　廉均

廷

行慎十九名慎金

勤十九勤元公長子
生於清光緒十六年庚寅九月初三日亥時
行慎二十諱惟忠字良卿
勤十勤學公五子
生於清光緒十六年庚寅九月廿六日戌時
卒於清光緒三十四年戊申九月初一日　時年十九
歲
冥配張氏生於清光緒廿六年庚子十月廿七日辰時
卒於民國四年乙卯八月初十日未時年十六歲
墓葬西港
行慎廿一名慎禮

勤十九勤元公次子
生於清光緒十七年辛卯七月十八日卯時
再娶董氏生於清光緒廿九年癸卯正月初九日辰時
生二子
行慎廿二名慎思
勤三一勤芳公之子
生於清光緒十七年辛卯八月十四日戌時
娶周氏生於清光緒廿五年己亥九月廿五日戌時
生一子
行慎廿三名慎夫
勤廿一勤才公之子

生於清光緒十七年辛卯八月十五日戌時
卒於清宣統二年庚戌三月十三日　時年二十歲
未娶

行愼廿四　名愼機　字支垣　號葭青
勤廿五勤輔公次子
生於清光緒十九年癸巳十一月十三日子時
娶盛氏生於清光緒十七年辛卯九月十二日申時
生二子
三女

行愼廿五　名愼徽　字棣青
勤四六勤愷公長子

生於清光緒二十年甲午十月二十日辰時

行愼廿六名愼炤字祖紹

勤四五勤翊公長子

生於清光緒廿一年乙未七月十二日未時

娶徐氏生於清光緒廿二年丙申三月初八日午時

生二子

一女

行愼廿七名愼守字伯敬

勤廿九勤谿公長子

生於清光緒廿一年乙未十一月十七日辰時

行愼廿八名愼廷字家祥

勤四三勤章公長子

生於清光緒廿一年乙未十二月十七日午時

娶夏氏生於清光緒二十年甲午十一月初七日戌時

生二女

行愼廿九　名愼孝

勤六勤順公之子

生於清光緒廿二年丙申八月二十日酉時

行愼三十　名愼安

勤十八勤魁公長子

生於清光緒廿三年丁酉七月初一日子時

行愼三一　名愼湘　字汝佑

勤四十勤浩公之子
生於清光緒廿三年丁酉八月十一日巳時
聘張氏生於清光緒廿七年辛丑　月　日　時
卒無查
娶曹氏生於清光緒廿六年庚子十一月初七日丑時
生一子

行慎三二名慎甫字祖卿
勤三六勤綸公之子
生於清光緒廿三年丁酉十二月二十日辰時
娶李氏生於清光緒三十三年丁未十二月十一日丑時
生一女

二房

行慎三三名慎生

勤廿八勤溥公之子

生於清光緒廿四年戊戌二月十九日辰時

娶周蓮寶公女生於清光緒廿四年戊戌十月廿八日申時

生二子

一女

二房

行慎三四名慎國字家昌

勤四三勤章公次子

生於清光緒廿五年己亥五月十六日戌時

娶姚氏生於清光緒廿四年戊戌正月廿六日酉時

生二女

側室王氏生於清光緒廿六年庚子八月十五日子時

行愼三五名愼裕

勤六勤魁公次子

生於清光緒廿五年己亥七月初十日申時

行愼三六諱愼富字葆卿

勤三二勤璲公長子

生於清光緒廿五年己亥八月三十日子時

卒於民國十四年乙丑七月十六日酉時年二十有七

娶吳氏生於清光緒廿五年己亥正月初二日　時

生一子

行慎三七　名慎法　字佳才
勤廿九勤益公次子
生於清光緒廿五年己亥九月廿一日午時
娶李氏生於清光緒三十二年丙午十二月廿四日午時
生一女
行慎三八　名慎煜　字功紹
勤四五勤翊公次子
生於清光緒廿六年庚子五月廿六日未時
行慎三九　名慎誥　字訓卿
勤五四勤海公長子
生於清光緒廿六年庚子十一月十六日丑時

娶邵氏生於清光緒廿四年戊戌四月二十日午時

生一子

行慎四十名慎福字家春

勤四三勤章公三子

生於清光緒廿七年辛丑二月二十日卯時

娶姚氏生於清光緒廿七年辛丑三月二十日子時

生三子

側室楊氏生於清宣統二年庚戌十月二十日巳時

行慎四一諱慎齡小名阿狗

勤三十勤稼公之子

生於清光緒廿七年辛丑四月初八日酉時

卒於民國十八年己巳正月初一日戌時年二十有九
娶周阿春長女生於清光緒三十年甲辰八月廿三日辰
時
生一子
一女

行愼四二 諱愼聖 字希曾
勤五三勤宸公長子
生於清光緒廿七年辛丑五月廿一日申時
卒於民國十五年丙寅十月初六日酉時年二十有六
冥配胡氏生於清光緒三十一年乙巳七月初七日　時
卒於民國四年乙卯八月初七日　時

墓葬屋後

行愼四三　名愼德　字祖賡

勤四二勤業公之子

生於清光緒廿七年辛丑五月廿六日亥時

娶張氏生於清光緒三十一年乙巳十二月廿一日寅時

生一子

二女

行愼四四　名愼壽　字家寅

勤四八勤綸公長子

生於清光緒廿七年辛丑八月十二日丑時

娶邵氏生於清光緒廿七年辛丑七月廿一日未時

廿二

行愼四五名愼貴字茂卿

生一女

勤三二勤璲公次子

生於清光緒廿七年辛丑九月廿八日巳時

娶方氏生於清光緒三十一年乙巳五月廿五日酉時

生二子

廿二

行愼四六名愼卿字訓政

勤六三勤濬公長子

生於清光緒廿八年壬寅五月十五日子時

娶胡永貴長女生於清光緒三十二年丙午三月廿九日未時

卒於民國十年辛酉十一月廿二日辰時年十六歲

繼娶徐樹棠長女生於清光緒廿七年辛丑八月十六日

卯時

生三女

行愼四七名愼徵字長卿

勤四六勤愷公次子

生於清光緒廿八年壬寅十一月廿四日辰時

行愼四八名愼官

勤三勤嘉公之子

生於清光緒廿九年癸卯正月初十日辰時

行愼四九名愼煥字歡曾號煥增

勤七四勤安公之子

生於清光緒廿九年癸卯八月十一日亥時

娶馬徑張鳴盛公長女生於清光緒廿八年壬寅四月初

七日未時

生三子

行慎五十名慎珪字銘卿

勤廿二勤菑公之子

生於清光緒三十年甲辰四月初二日申時

娶欒氏生於清光緒三十二年丙午十二月初七日酉時

行慎五一名慎興

勤廿八勤溥公次子

生於清光緒三十年甲辰七月十六日辰時
娶張氏生於清宣統三年辛亥正月十一日卯時
生一子
行慎五二名慎齋字均安
勤六三勤濬公次子
生於清光緒三十一年乙巳二月十八日申時
娶董祖恩長女生於清光緒三十一年乙巳正月初六日
午時
生一子
行慎五三名慎賢字希臣
勤六七勤功公長子

生於清光緒三十一年乙巳十一月二十日巳時

娶吳懷卿女生於清光緒三十年甲辰十一月十九日亥時

生一子

行慎五四名慎志字林泉

勤四九勤鎬公長子

生於清光緒三十一年乙巳五月初十日辰時

娶應氏生於清光緒三十年甲辰八月初三日卯時

生一女

行慎五五名慎圭字家振

勤七十勤燧公長子

生於清光緒三十三年丁未二月十三日午時
娶廣東香山吳紹棠公長女生於清光緒三十一年乙巳
八月廿五日辰時
生二子
行慎五六名慎祿字家艮
勤四三勤章公四子
生於清光緒三十三年丁未九月十九日辰時
娶姚氏生於清光緒三十二年丙午九月十二日子時
生一女
側室羅氏生於民國二年癸丑三月十三日寅時
行慎五七名慎杲字元官

勤八三勤豪公之子

生於清光緒三十三年丁未十二月十四日酉時

娶盛氏生於民國三年甲寅十月廿四日酉時

行慎五八名慎坊

勤三三勤炤公之子

生於清光緒三十四年戊申三月廿六日卯時

娶葛樵賓公三女生於民國元年壬子六月十二日辰時

行慎五九名慎恩字彬章號樹聲

勤八一勤耡公長子

生於清光緒三十四年戊申十二月初五日子時

娶夏氏生於清宣統二年庚戌十二月廿九日　時

行慎六十名慎行字家振
勤八六勤光公長子
生於清宣統元年己酉正月初三日申時

行慎六一名慎恩
勤九二勤奎公長子

行慎六二名慎慧字彬泉號翔聲
生於清宣統元年己酉十一月初四日寅時
勤八一勤勑公次子
生於清宣統元年己酉十一月十七日寅時

行慎六三名慎澤
勤八十勤熙公之子

生於清宣統元年己酉十二月三十日戌時
娶趙氏生於清宣統三年辛亥五月初八日申時
行慎六四名慎亨
勤三五勤焕公之子
生於清宣統三年辛亥三月廿三日巳時
行慎六五名慎脩字承思
勤八五勤垣公長子
生於清宣統三年辛亥四月廿九日辰時
娶鎮西周振倫三女生於清宣統三年辛亥二月廿六日
子時
行慎六六名慎孳字初華

勤八九勤詖公長子

生於清宣統三年辛亥八月初一日子時

娶陳氏生於清光緒三十三年丁未十二月十六日午時

行慎六七名慎垣

勤七十勤燧公次子

生於清宣統三年辛亥八月初六日申時

娶鎮邑劉曉波公長女生於民國元年壬子正月十四日辰時

行慎六八名慎餘

勤六四勤基公長子

生於民國元年壬子三月廿二日寅時

行慎六九名慎謀
勤七二勤漁公長子
生於民國元年壬子九月廿七日丑時
娶邵氏生於清宣統三年辛亥六月十三日酉時

行慎七十名慎誌
勤五四勤海公次子
生於民國元年壬子十二月十九日巳時
娶嚴氏生於清宣統二年庚戌六月廿六日辰時

行慎七一名慎初字兆丞
勤百六勤墉公長子
生於民國二年癸丑六月初一日酉時

行愼七二名愼翔

勤廿六勤賚公之子

生於民國三年甲寅十月十一日酉時

行愼七三名愼得

勤百廿三勤讀公長子

生於民國四年乙卯四月十六日午時

行愼七四名愼德

勤九九勤純公長子

生於民國四年乙卯七月廿三日寅時

行愼七五名愼興

勤三七勤鉞公之子

生於民國四年乙卯八月十九日未時

行愼七六 名愼治 字濟民

勤七六勤善公長子

生於民國四年乙卯十一月廿四日申時

行愼七七 名愼敬 字富翔

勤四一勤邦公之子

生於民國四年乙卯十二月廿五日丑時

行愼七八 名愼成 字金鑫

勤九六勤志公長子

生於民國五年丙辰四月初六日午時

行愼七九 名愼惠

勤九二勤奎公次子

生於民國五年丙辰九月十三日丑時

行慎八十 名慎國 字堃餘

勤七七勤昌公長子爲勤五六勤撒公繼子

生於民國五年丙辰十月廿三日亥時

行慎八一 名慎海 字海林

勤百四勤學公長子

生於民國五年丙辰十二月廿四日辰時

第三十五世

彪
行廉一 名廉泉 字震甫
慎四慎康公長子
生於清光緒廿三年丁酉十一月廿一日寅時
娶劉氏生於清光緒廿三年丁酉十二月十四日卯時

彪
行廉二 名廉德 字蓉甫
慎十慎庸公之子
生於清光緒廿七年辛丑十二月初六日丑時
娶汪氏生於清光緒廿七年辛丑正月二十日酉時
生三子

彪
行廉三 諱廉功

愼四愼康公次子
生於淸光緖廿八年壬寅五月初七日寅時
卒於民國八年己未閏七月廿七日申時年十八歲
未娶

二房
行廉四 名廉圭 字善基
愼十四愼初公長子
生於淸光緖三十二年丙午八月十九日未時
娶嚴氏生於淸光緖三十四年戊申七月初五日寅時
生一子

二房
行廉五 名廉耕
愼七愼衍公長子

生於清光緒三十三年丁未六月十五日酉時
娶林曉漁公女生於清光緒三十三年丁未正月初七日
丑時
生一女

行廉六名廉坊字善富
慎十四慎初公次子
生於清宣統三年辛亥二月廿九日子時

行廉七名廉均字善慶
慎十八慎三公之子
生於民國元年壬子十月十五日丑時

行廉八名廉芬

慎十六慎賡公長子
生於民國二年癸丑七月十六日辰時

肇

行廉九名善本字性初
慎十七慎樞公之子
生於民國二年癸丑十月十八日寅時

肇

行廉十名廉權
慎四慎康公三子
生於民國四年乙卯二月初十日寅時

肇

行廉十一名廉芳
慎十六慎賡公次子
生於民國五年丙辰正月二十日丑時

行廉十二名廉培字善達

慎十四慎初公三子

生於民國五年丙辰三月十九日午時

兗東董氏宗譜　卷三

厚本堂

国家出版基金项目
NATIONAL PUBLICATION FOUNDATION

海上絲綢之路文獻集成

總主編　陳支平　陳春聲

民間譜牒編

53

主編　林　楓

海峽出版發行集團
THE STRAITS PUBLISHING & DISTRIBUTING GROUP
福建人民出版社

本册目次

[浙江慈溪]慈谿鴻門童氏宗譜十七卷首一卷(卷一六至卷一七)

童賡年等纂修

慈東童氏宗譜卷十六

寓居世傳

南房寓居鄞邑江北岸顯德廟界

第二十四世

行悌　諱全忠

孝　公之子

生於清順治二年乙酉三月十九日寅時

卒於清康熙三十五年丙子十月十七日亥時年五十

有二

三歲隨母至鄞邑甬東江北岸戴姓其後寓住顯德廟

界母死歸宗

娶欒氏生於清順治十二年乙未二月初九日丑時

卒於清康熙五十一年壬辰五月廿二日申時年五十

有八

生二子　長文元　次文德

四女長適岱山　次適朱　三適鍾　四適烏

墓葬顯德廟後鍾姓祀田上西南向

第二十五世

行蓀　諱文元

悌　全忠公長子

生於清康熙十六年丁巳九月廿五日卯時

卒於清康熙五十八年己亥十二月初三日未時年四十有三

娶周氏生於清康熙廿七年戊辰十月十七日未時

卒於清康熙五十一年壬辰六月廿七日　時年二十有五

生一子　美章

墓葬鄞東寶幢王家莊

行蒸　諱文德

悌　全忠公亥子

生於清康熙廿五年丙寅六月十二日辰時

卒於清乾隆十六年辛未閏二月廿六日戌時壽六十

有六

娶蔣氏生卒無查

生一子　貴官早世

墓葬鄞東寶幢王家莊

第二十六世

行敬　諱美章

恭　文元公之子

生於清康熙四十六年丁亥九月廿六日申時

卒於清乾隆十七年壬申十二月初一日寅時年四十

有六

娶陳氏生於清康熙五十六年丁酉六月廿九日午時

卒於清嘉慶三年戊午九月初一日丑時壽八十有二

生五子　長敏學　次敏功　三敏發　四敏忠

五敏孝

二女長適陳　次適張

墓葬鄞東寶幢王家莊

第二十七世

行敏一 諱敏學 字啓宇

敬美章公長子

生於淸乾隆二年丁巳三月廿二日酉時

卒於淸嘉慶二十年乙亥十一月十三日亥時壽七十有九

娶陳氏生於淸乾隆十二年丁卯十月十七日亥時

卒於淸嘉慶三年戊午十月二十日辰時年五十有二

生三子 長惠廣 次惠豐 三惠明

四女長適唐 次適朱 三適陳 四適馬

墓葬鄞東寶幢王家莊

行敏二諱敏功

敬　美章公次子

生於清乾隆七年壬戌七月十四日卯時

卒於清嘉慶十九年甲戌二月初二日戌時壽七十三

娶屠氏生於清乾隆九年甲子四月廿六日丑時

卒於清嘉慶三年戊午十二月十七日亥時年五十五

生六子　長惠博　次惠烈　三惠剛　四惠斌出繼

五惠高　六惠俊

二女長適屠　次適李

墓葬西河塘東西向

行敏三諱敏發

敬　美章公三子

生於清乾隆九年甲子十月初二日辰時

卒於清乾隆五十二年丁未八月初一日酉時年四十

有四

娶常氏生於清乾隆廿一年丙子正月廿八日寅時

卒於清道光元年辛巳九月初三日亥時壽六十有六

生一子　惠良

一女適俞

墓葬鄞東寶幢王家莊

行敏四諱敏忠

敬　美章公四子

生於清乾隆十五年庚午十月初四日午時

卒無查

娶俞氏生於清乾隆廿六年辛巳五月十五日戌時

卒無查

無子以敏二敏功公三子惠斌入繼

生四女長適屠　次適桂　三適屠　四適

墓葬西河塘

行敏五諱敏孝

敬　美章公五子

生於清乾隆十五年庚午十月初四日午時

卒於清乾隆五十八年癸丑四月十三日卯時年四十

有四

娶毛氏生於清乾隆廿九年甲申五月廿五日寅時

卒於清道光十三年癸巳十二月十六日辰時壽七十

歲

生三子　長惠照　次惠成　三惠直

一女適鄔

墓葬西河塘

第二十八世

行惠一　諱惠廣　字震山

敏一敏學公長子

生於清乾隆三十三年戊子二月廿七日亥時

卒於清道光七年丁亥十一月初一日戌時壽六十歲

娶桑氏生於清乾隆三十五年庚寅十二月初八日亥時

卒於清嘉慶十三年戊辰十月初六日子時年三十九

生一子　慈通

二女長適俞　次適桑

續娶林氏生於清乾隆五十九年甲寅十月十二日亥時

卒於清同治元年壬戌正月十四日辰時壽六十有九

生一子　慈槐

墓葬西河塘

行惠二諱惠博

敏二敏功公長子

生於清乾隆三十三年戊子十一月初一日未時

卒於清道光十八年戊戌十一月十九日丑時壽七十

有一

娶桂氏生於清乾隆三十八年癸巳十二月十八日未時

卒於清道光十二年壬辰十二月初八日戌時壽六十

歲

生四子　長慈貴　次慈榮　三慈華出繼　四慈春

三女長適俞　次適陳　三適桑

墓葬西河塘

行惠三諱惠豐字廷山

敏一敏學公次子

生於清乾隆三十六年辛卯四月初四日亥時

卒於清嘉慶元年丙辰三月廿五日卯時年二十有六

娶陳氏生於清乾隆三十八年癸巳十二月初六日戌時

卒於清嘉慶五年庚申八月十八日午時年二十有八

無後

墓葬生寶橋對面

行惠四諱惠烈

敏二敏功公次子
生於清乾隆三十九年甲午正月十九日亥時
卒於清嘉慶三年戊午八月初五日申時年二十五
娶陳氏生卒無查
無子以惠五惠剛公次子慈堃入繼
墓葬紅門跟河沿

行惠五諱惠剛
敏二敏功公三子
生於清乾隆四十四年己亥七月廿二日午時
卒於清咸豐七年丁巳十一月廿一日寅時壽七十九
娶余氏生於清乾隆五十一年丙午正月初二日申時

卒於清嘉慶廿四年己卯二月初三日酉時年三十四

生一子　慈和

一女適王

續娶余氏生於清乾隆五十八年癸丑三月初四日戌時

卒於清道光廿五年乙巳十二月初八日子時年五十

有三

生二子　長慈堃出繼　次慈本

一女適桑

墓葬西河塘滙角西北向

行惠六諱惠民

敏三敏發公之子

生於清乾隆四十六年辛丑十月廿六日午時
卒於清道光十六年丙申七月十八日未時年五十六
娶莊氏生於清乾隆五十一年丙午十二月二十日卯時
卒於清咸豐六年丙辰九月初九日未時壽七十一
生二子　長慈鳳　次慈麟
四女長適屠　次適柴　三適鮑　四適柴
墓葬

行惠七　諱惠高

敏二敏功公四子
生於清乾隆四十六年辛丑十月廿九日卯時
卒於清嘉慶三年戊午十一月十九日申時年十八歲

未娶

墓葬西河塘

行惠八 諱 惠斌

敏二敏功公五子

生於清乾隆四十九年甲辰三月廿五日亥時

卒無查

娶鍾氏生於清乾隆五十四年己酉六月十七日亥時

卒無查

生二子 長 慈松 次 慈來

墓葬

行惠九 諱 惠明

敏一敏學公三子
生於清乾隆五十年乙巳正月廿三日戌時
卒於清道光十二年壬辰十一月初三日子時年四十
有八
娶單氏生於清乾隆五十七年壬子十一月初一日卯時
卒無查
生一子　慈蘭
三女長適貝　次適朱　三適錢
墓葬
行惠十諱惠照
敏五敏孝公長子

生於清乾隆五十年乙巳七月十八日申時
卒於清道光十四年甲午六月廿六日巳時年五十歲
娶藍氏生於清乾隆六十年乙卯十二月廿七日辰時
卒於清咸豐十一年辛酉十一月十七日辰時壽六十
有七
生三子　長慈雲　次慈慶　三慈彪
一女適葉
墓葬顯德廟後東南向

行惠十一　諱惠俊
敏二敏功公六子
生於清乾隆五十二年丁未十二月廿八日亥時

卒於清嘉慶廿一年丙子五月廿六日戌時年三十歲
娶桂氏生於清乾隆五十八年癸丑六月十六日亥時
卒於清咸豐五年乙卯正月初六日酉時壽六十三
無子以惠二惠博公三子慈華入繼
一女適蔡
墓葬鄞東寶幢王家莊
行惠十二諱惠全字惠成
敏五敏孝公次子
生於清乾隆五十三年戊申二月十六日亥時
卒無考未娶
父命以弟惠十三惠直公長子慈櫟入繼

墓葬顯德廟跟

行惠十三 諱惠直 字惠才

敏五敏孝公三子

生於清乾隆五十七年壬子四月十一日戌時

卒於清咸豐五年乙卯十二月廿三日子時壽六十四

娶鍾氏生於清嘉慶八年癸亥三月初八日　時

卒於清道光七年丁亥三月十九日午時年二十有五

生一子　慈樑出繼

續娶孫氏生於清嘉慶十三年戊辰十二月十一日子時

卒於清道光廿七年丁未十二月初一日子時年四十

歲

生一子　慈柱
二女長適姚　次適盧
墓葬顯德廟後朝東南

第二十九世

行慈一　諱慈通

惠一惠廣公之子

生於淸乾隆五十九年甲寅十二月十九日巳時

卒無查

娶張氏生於淸嘉慶六年辛酉四月初十日未時

卒於淸道光五年乙酉十二月初九日子時年二十五

無後

墓葬

行慈二　諱慈貴字金水

惠二惠博公長子

生於清嘉慶四年己未十二月廿一日丑時
卒於清道光十年庚寅七月廿八日　時年三十二
娶滕氏生於清嘉慶六年辛酉十月十三日丑時
卒於清道光八年戊子十二月十六日子時年二十八
無後以弟慈三慈榮公長子祥雲入繼
墓葬對河
行慈三諱慈榮字金木號德健
惠二惠博公次子
生於清嘉慶八年癸亥三月廿二日巳時
卒於清同治四年乙丑十月初三日子時壽六十三
娶董氏生於清嘉慶十九年甲戌九月十三日亥時

卒於清光緒十四年戊子八月廿九日辰時壽七十五

生三子　長祥雲出繼　次祥仁　三祥法

一女適屠

墓葬鄞邑江北岸顯德廟後西南向

行慈四諱慈華字德明

惠二惠博公三子爲惠十一惠倹公繼子

生於清嘉慶十年乙丑十二月廿九日亥時

卒於清咸豐元年辛亥十月初三日卯時年四十七

娶俞氏生於清嘉慶十八年癸酉二月初十日戌時

卒於清咸豐十年庚申八月十四日子時年四十八

生二子　長祥福　次祥壽

一女適陳
墓葬虞家堰
行慈五諱慈和
惪五惠剛公長子
生於清嘉慶十三年戊辰二月十七日亥時
卒於清道光廿八年戊申四月廿九日　時年四十一
娶余氏生於清嘉慶十八年癸酉五月初十日卯時
卒於清光緒五年己卯十一月十二日卯時壽六十七
生二子　長祥豪　次祥高
二女長適余　次適桂
墓葬顯德廟火燒場本宅

行慈六 諱 慈鳳

惠六惠良公長子

生於清嘉慶十四年己巳八月十三日卯時

卒於清　年　九月十一日　時

娶陳氏生於清嘉慶廿一年丙子四月初二日子時

卒於清　年　九月初十日　時

無後

墓葬

行慈七 諱 慈春

惠二惠博公四子

生於清嘉慶十八年癸酉四月初四日戌時

卒於清同治六年丁卯十月十五日寅時年五十五
娶馬氏生於清道光三年癸未七月十三日辰時
卒於清光緒二十年甲午九月廿二日辰時壽七十二
生二子　長祥炎　次祥倫
一女適孫
墓葬香亭壙跟東南向
行慈八諱慈雲
惠十惠照公長子
生於清嘉慶廿四年己卯閏四月廿七日巳時
卒於清光緒五年己卯十一月初七日丑時壽六十一
娶干氏生於清道光十年庚寅五月十六日　時

卒於清光緒廿四年戊戌閏三月十一日寅時壽六十有九

生一女適桑

無後

墓葬

行慈九　諱慈麟

惠六惠艮公次子

生於清嘉慶廿四年己卯七月初六日申時

卒於清咸豐五年乙卯正月初九日　時年三十七

娶屠氏生於清道光十三年癸巳八月初八日　時

卒無查

無後

墓葬

行慈十諱慈槐

惠一惠廣公次子

生於清嘉慶廿四年己卯七月廿五日卯時

卒無查

娶林氏生於清道光十年庚寅十月初四日申時

卒無查

無後

墓葬

行慈十一諱慈松

惠八惠斌公之子

生於清嘉慶廿五年庚辰四月初八日　時

卒於清同治四年乙丑九月十一日子時年四十六

娶戴氏生於清道光七年丁亥十二月廿九日亥時

卒無查

生一子　祥才

二女長適烏　次適鄭

墓葬橫圳河東南向

行慈十二諱慈塋字慶和

惠五惠剛公次子爲惠四惠烈公繼子

生於清道光元年辛巳二月初三日亥時

卒於清同治十年辛未正月十三日寅時年五十一

娶俞氏生於清道光十一年辛卯八月廿六日卯時

卒於清光緒五年己卯十一月廿一日戌時年四十九

生三子　長祥俊　次祥恒出繼　三祥富

墓葬泗洲塘西南向

行慈十三諱慈樑

惠十三惠才公長子爲惠十二惠全公繼子

生於清道光元年辛巳五月廿七日午時

卒無查

娶李氏生於清道光五年乙酉十二月廿八日丑時

卒無查

生二子　長祥生　次祥瑞

三女長適層　次適石　三適烏

墓葬烏隘東烏後西南向

行慈十四諱慈慶

惠十惠照公次子

生於清道光元年辛巳十二月廿八日戌時

卒於清咸豐九年己未六月初二日辰時年三十九

娶林氏生於清道光九年己丑四月初六日酉時

卒於清咸豐七年丁巳閏五月十七日未時年二十九

生一子　祥豐

墓葬顯德廟後西北向

行慈十五諱慈彪

惠十惠熙公三子

生於清道光七年丁亥八月初一日丑時

久出無查

行慈又十五諱慈來

惠八惠斌公次子

生於清道光八年戊子十二月十五日　時

出外客死無查

行慈十六諱慈本字忠和　欽加五品銜國學生候選分府

惠五惠剛公三子

生於清道光十一年辛卯二月十六日亥時

卒於清同治十一年壬申八月初二日辰時年四十二
娶李氏生於清道光十八年戊戌十月廿五日丑時
卒於清同治二年癸亥七月初九日辰時年二十六
繼娶胡氏生於清道光二十年庚子十月廿五日酉時
卒於清同治十二年癸酉六月廿二日戌時年三十四
又娶貝氏生於清道光廿四年甲辰七月初七日丑時
卒於民國八年己未十二月十四日戌時壽七十六
無後以慈十一慈堃公次子祥恒入繼
墓葬虞家堰西南向

行慈十七諱慈蘭
惠九惠明公之子

生於清道光十一年辛卯　月　日　時

卒無查

行慈十八諱慈柱

惠十三惠才公次子

生於清道光十八年戊戌十一月廿九日辰時

遠出無查

第三十世

行祥一　諱祥雲　字仁麟

慈三慈榮公長子爲慈二慈貴公繼子

生於清道光十七年丁酉十二月十五日子時

卒於清同治二年癸亥八月廿七日巳時年二十七

未娶

行祥二　諱祥豪　字仁豪

慈五慈和公長子

生於清道光十七年丁酉十月初七日未時

卒於清光緒十三年丁亥十月十三日戌時年五十一

娶余氏生於清咸豐元年辛亥二月廿一日巳時

卒無查

無後

生二女長適李　次適黃

行祥三諱祥福字仁有

慈四慈華公次子

生於清道光十九年己亥二月初十日　時

客死外地無查

行祥四諱祥仁字仁利

慈三慈榮公次子

生於清道光十九年己亥十一月初十日申時

卒於清同治二年癸亥八月廿六日申時年二十五

未娶

墓葬顯德廟父墳之右

行祥五　諱祥壽　字仁金

慈四慈華公次子

生於清道光廿二年壬寅六月初八日辰時

卒於清光緒廿四年戊戌五月初一日未時年五十七

娶陳氏生卒無查

生一子　謙吉

墓葬虎家堰旁

行祥六　諱祥高　字仁高

慈五慈和公次子

生於清道光廿二年壬寅十二月初六日辰時

娶王氏

帶妻出粤客死外地無查

行祥七諱祥法字仁裕

慈三慈榮公三子

生於清道光廿三年癸卯正月初十日辰時

卒於清同治二年癸亥九月廿九日子時年二十一

未娶

墓葬顯德廟後西南向

行祥八諱祥炎字仁炎

慈七慈春公長子

生於清道光廿三年癸卯七月二十日亥時
卒於清光緒十五年己丑九月初三日辰時年四十七
娶陳氏生於清道光廿八年戊申八月初一日子時
卒無查
生一子　謙和
墓葬

行祥九諱祥倫
慈七慈春公次子
生於清道光廿六年丙午八月廿一日辰時
卒於清宣統三年辛亥十二月初四日未時壽六十六
娶邵氏生於清咸豐元年辛亥二月初二日卯時

卒於清同治十一年壬申正月十五日寅時年二十二

繼娶戎氏生於清道光廿五年乙巳九月廿三日丑時

卒於清光緒十二年丙戌八月十四日巳時年四十二

生二子　長謙雲　次謙榮

墓葬

行祥十諱祥俊字金泰

慈十二慈堃公長子

生於清道光廿八年戊申十月初八日酉時

卒於清光緒五年己卯十一月十一日卯時年三十二

娶俞氏生於清咸豐二年壬子二月初二日子時

卒於清同治九年庚午九月廿五日亥時年十九歲

繼娶邵氏生於清咸豐九年己未十二月初一日未時

卒於

生一子　謙增

墓葬鄞東大有山

行祥十一　諱祥豐字開勳

慈十四慈慶公之子

生於清道光廿九年己酉正月十六日亥時

卒於清光緒三十年甲辰五月初五日子時年五十六

娶徐氏生於清咸豐三年癸丑二月廿五日亥時

卒於清光緒廿九年癸卯十月初五日戌時年五十一

生二子　長謙鑾　次謙燮

二女長適陳　次適陳
墓葬鄞東寶幢王家莊
行祥十二諱祥恆字金安
慈十二慈楚公次子爲慈十六慈本公繼子
生於清咸豐二年壬子八月廿三日午時
卒於清光緒三十年甲辰四月廿六日戌時年五十三
娶劉氏生於清咸豐六年丙辰五月十三日酉時
卒於民國十四年乙丑正月廿九日戌時壽七十歲
生一子　諱受
四女長適舒　次適胡　三適馬　四適范
墓葬倪家堰

行祥十三 諱祥生 字開生

慈十三慈樑公長子

生於清咸豐二年壬子　月　日時

遠出無查

行祥十四 諱祥才

慈十一慈松公長子

生於清咸豐九年己未十二月廿一日辰時

卒無查

娶屠氏生於清同治六年丁卯　月　日時

卒於清光緒二十年甲午年六月十四日午時年二十八

生一子 謙來

墓葬白沙大福橋

行祥十五諱祥富字金發

慈十二慈堃公三子

生於清同治三年甲子十二月十七日子時

卒於民國十五年丙寅十一月廿六日酉時壽六十三

娶貝氏生於清同治五年丙寅四月廿五日午時

卒於民國十八年己巳八月十二日申時壽六十四

生三子　長謙能　次謙鴻　三謙益

墓葬倪家堰

行祥十六諱祥瑞字開豐

慈十三慈樑公次子

生於清同治四年乙丑九月十一日卯時

遠出客死日本無查

第三十一世

行謙一　諱謙和　字林根

祥八祥炎公之子

生於清同治九年庚午十月十一日丑時

卒於民國二年癸丑五月十七日酉時年四十四

娶陳氏生於清光緒七年辛巳十一月初三日未時

卒於民國四年乙卯九月初八日亥時年三十五

生一子　遜省

墓葬

行謙二　諱謙雲　字意運

祥九祥倫公長子

生於清光緒元年乙亥九月廿九日申時

卒無查未娶

墓與弟謙榮合葬顯德廟後

行謙三 諱謙榮 字正運

祥九祥倫公次子

生於清光緒四年戊寅六月初八日巳時

卒於民國十七年戊辰六月初二日午時年五十一

未娶

墓與兄謙雲合葬顯德廟後

行謙四 名謙鑾 字炳榮

祥十一祥豐公長子

生於清光緒五年己卯九月十八日戌時
娶沈氏生於清光緒八年壬午正月初二日午時
生一女適沈
行謙五名謙增字永興
祥十祥俊公之子
生於清光緒五年己卯十月初一日辰時
娶屠氏生於清光緒十年甲申十一月廿一日戌時
生一子　遜利
三女長適徐
行謙六諱謙燮字炳煜
祥十一祥豐公次子

生於清光緒九年癸未二月十一日丑時

卒於民國十七年戊辰四月二十日戌時年四十六

娶陳氏生於清光緒十一年乙酉四月初六日午時

卒於清光緒廿九年癸卯十二月初三日戌時年十九

歲

繼娶林氏生於清光緒十五年己丑正月初二日丑時

生三子　長遜甫　次遜元

一女

行謙七　諱謙能　字友湘

祥十六祥富公長子

生於清光緒十二年丙戌五月廿三日申時

卒於清光緒三十四年戊申七月初二日戌時年二十
三
冥配宋氏生於清光緒十六年庚寅十月廿八日辰時
卒於清光緒廿三年丁酉八月初一日未時
墓葬裕通橋泗州塘
行謙八　名謙來字測來
祥十四祥才公之子
生於清光緒十五年己丑十一月初十日酉時
娶何氏生於清光緒廿二年丙申三月初二日子時
行謙九　名謙鴻字友章
祥十六祥富公次子

生於清光緒十五年己丑十二月初二日午時

娶周氏生於清光緒十九年癸巳七月初七日巳時

生二子　長遜榮　次遜華

一女

行謙十　諱謙受　字國香

祥十二祥恒公之子

生於清光緒十八年壬辰四月廿一日酉時

娶屠氏生於清光緒十九年癸巳七月十五日戌時

生一子　遜明

行謙十一　名謙益　字友賚

祥十六祥富公三子

生於清光緒廿四年戊戌十月十八日子時
娶蔡氏生於清光緒三十一年乙巳六月廿三日丑時
生二子
一女
行謙十二名謙吉字瑞章
祥五祥壽公之子
生於清光緒十三年丁亥十二月十五日戌時
娶吳氏生於清光緒廿七年辛丑五月初一日午時
生一子
二女

第三十二世

行遜一　名遜甫　字舟山

謙六謙燮公長子

生於清光緒三十四年戊申十一月廿五日子時

娶王氏生於民國元年壬子十二月初八日戌時

行遜二　名遜元

謙六謙燮公次子

生於清宣統三年辛亥六月初三日子時

行遜三　名遜禮　字品芳

謙五謙增公之子

生於清光緒三十三年丁未十月初八日子時

娶周氏生於清宣統三年辛亥二月廿九日亥時

行遜四名遜榮

謙九諱鴻公長子

生於民國四年乙卯正月廿九日酉時

行遜五名遜省字信富

謙一諱和公之子

生於清光緒三十年甲辰三月廿七日子時

西房寓居鄞邑五鄉碶支派

第二十七世

行敏百五一諱允明字可誠

敬六五承德公三子

生於清乾隆元年丙辰五月廿七日丑時

卒於　年　九月初三日　時

娶董氏生於清乾隆十三年戊辰九月初十日　時

卒於　年　五月初一日　時

生三子　長宏楷　次宏智　三宏仁

二女長適傳　次適沈

墓葬明堂嶴竹園橋西首

第二十八世

行惠　諱宏楷字大茂　覃恩上壽

敏百五一允明公之子

生於清乾隆三十七年壬辰四月初五日　時

卒於清道光十七年丁酉四月初二日　時壽六十六

娶傅氏生於清乾隆四十七年壬寅十一月初五日　時

卒於清道光十四年甲午十月廿八日　時年五十三

生三子　長慈章　次慈仁早世　三慈蘭

五女長適陳　次適梁　三適俞　四適徐　五適陳

墓祔明堂陝父墳旁

第二十九世

行慈二百五七諱慈章字文益

惠　宏楷公長子

生於清嘉慶十四年己巳十二月十二日亥時

卒於　年　正月廿一日　時

娶李氏生於清嘉慶　年　十月三十日未時

卒於　年　月　日　時

生五子　長祥雲　次祥雷　三祥霖　四祥霆

五祥露

二女長適唐　次適徐

墓葬

行慈三百六一　諱慈蘭　字芝茂

惠　宏楷公次子

生於清道光三年癸未十二月三十日巳時

卒無查

娶傅氏生於清道光十年庚寅七月廿四日子時

卒無查

生一子　祥電

五女長適陳　次適沈　三適方　四適丁　五適

墓葬

第三十世

行祥一　諱祥雲　字景天

慈二百五七慈章公長子

生於清道光十九年己亥九月初一日巳時

卒於　年　九月初二日　時

聘金氏生於清道光廿三年癸卯　月　日　時

卒於清咸豐八年戊午　月　日　時年十六歲

娶卓氏生於清道光廿三年癸卯七月初二日　時

卒於清光緒廿七年辛丑十月二十日　時年五十九

生二子　長謙麒　次謙麟

三女長適虞　次適夏　三適李

墓葬

行祥二諱祥雷字震百

慈二百五七慈章公次子

生於清道光廿九年己酉二月廿一日申時

卒於清　年　七月十八日　時

娶史氏生於清咸豐三年癸丑九月初四日　時

卒於清光緒三十四年戊申十月廿三日　時年五十

六

生一子　謙鳳

墓葬

行祥三諱祥霖字雨田

慈二百五七慈章公三子
生於清咸豐元年辛亥十二月十六日亥時
卒於清光緒廿八年壬寅七月初五日　時年五十二
娶李氏生於清咸豐八年戊午正月廿五日午時
卒於　年　八月初三日　時
再娶徐氏生於清咸豐十年庚申　月　日　時
卒於民國十一年壬戌五月十二日　時壽六十三
生一子
墓葬
行祥四諱祥霆字光照
慈二百五七慈章公四子

生於清咸豐四年甲寅八月二十日午時

卒於清光緒十九年癸巳十月十八日　時年四十歲

娶王氏生於清同治元年壬戌七月初七日　時

生二子

三女長適徐　次適鍾　三適張

行祥五 諱祥露 字曉峰

慈二百五七慈章公五子

生於清咸豐八年戊午八月初七日寅時

卒於清　年　九月初二日　時

聘李氏生於清同治二年癸亥五月初四日　時

卒於清光緒三十年甲辰八月廿四日　時年四十二

墓葬

行祥六　名祥電

慈三百六一　慈蘭公之子

生於凊同治七年戊辰正月二十日酉時

無査

第三十一世

行謙一　諱謙麒　字楚才

祥一　祥雲公長子

生於清同治六年丁卯正月初五日　時

卒於民國四年乙卯四月初十日　時年四十九

娶張氏生於清同治九年庚午　月　日　時

卒於清光緒三十年甲辰十一月十六日　時年三十

五

生一子　遜源

墓葬

行謙二　諱謙麟　字春才

祥一祥雲公次子
生於清同治十年辛未九月十四日　時
卒於民國十五年丙寅七月十五日　時年五十六
娶張氏生於清光緒三年丁丑三月廿二日　時
卒於民國四年乙卯十月十九日　時年三十九
生一子　遜裕　遜德
行謙三諱謙龍字林才
祥四祥霆公長子
生於清光緒十年甲申十二月十七日亥時
卒於民國十二年癸亥六月十六日丑時年四十歲
娶陳氏生於清光緒十七年辛卯正月廿八日卯時

生一子

四女長適張　次適俞

行謙四諱謙鳳字美才

祥二祥雷公之子

生於清光緒十三年丁亥五月十二日　時

卒於民國十六年丁卯二月廿九日　時年四十一

娶方氏生於清光緒廿二年丙申　月　日　時

卒於民國十年辛酉十二月二十日　時年二十六

無後

墓葬

行謙五名謙岳字正才

祥西祥霆公次子

生於清光緒十七年辛卯七月三十日寅時

娶王氏生於清光緒廿三年丁酉正月二十日午時

生一子

一女

第三十二世

行遜一　諱遜裕

謙二謙麟公之子

生於清光緒廿三年丁酉十二月十九日　時

卒於民國十一年壬戌十二月廿五日　時年二十六

娶傅氏生於清光緒廿七年辛丑十二月十二日　時

生一子

行遜二　名遜源　字生玉

謙一謙麒公之子

生於清光緒廿二年丙申二月十六日申時

行遜三　名遜德

謙二謙麟公亥子

生於清宣統三年辛亥十一月初四日申時

西房寓居餘姚支派

第二十八世

行惠三百十諱宏夏小名阿三　隨母王氏適餘姚光緒初年

歸宗

敏二百四一允千公三子

生於清嘉慶元年丙辰六月初七日辰時

卒於清道光廿一年辛丑十一月十八日　時年四十

六

娶陳氏生卒無查

生二子　長如恆　次如源

第二十九世

行慈一　諱如恒

惠三百十宏夏公長子

生於清道光十六年丙申七月十七日卯時

卒於清同治八年己巳四月廿八日　時年三十四

娶陳氏生於清道光十七年丁酉四月廿四日　時

卒於民國八年己未八月十八日　時壽八十三

生一子　祥道

墓葬

行慈二　諱如源

惠二百十宏夏公次子

生於清道光十九年己亥七月廿七日亥時

卒於清光緒十七年辛卯六月十五日子時年五十三

娶陳氏生於清道光二十年庚子三月二十日午時

卒無查

生一子　祥明

墓葬

第三十世

行祥一　名祥道

慈一如恒公之子

生於清咸豐九年己未三月廿九日戌時

娶王氏生於清咸豐九年己未五月二十日　時

生一子　謙德

行祥二　諱祥明

慈二如源公之子

生於清同治十二年癸酉二月廿六日酉時

卒無查

娶王氏生於清光緒十二年丙戌八月　日　時

生一女適陳

第三十一世

行謙一 名謙德

祥一祥道公之子

生於清光緒十七年辛卯九月廿八日 時

娶陳氏生於清光緒十五年己丑十一月初四日 時

生三子 長遜江

三女長適陳 次適許

第三十二世

行遜一　名遜江　字長盛

謙一　謙德公長子

生於民國四年乙卯十月廿一日寅時

[illegible]重修宗譜　卷[illegible]

厚本堂

西河寓居貴駟橋現寓碶橋

第二十八世

行惠三百三五諱惠政

敏二百六四敏茂公長子

生於清嘉慶五年庚申八月十一日寅時

卒於　年　月　日時

娶□氏生卒無查

無後以惠三百七三惠元公次子慈富入繼

寓居貴駟橋外家劉氏

行惠三百七二諱惠元

敏二百六四敏茂公次子

生於清嘉慶十五年庚午九月初六日午時

卒於　年　月　日時

娶□氏生卒無查

生三子　長慈震　次慈富出繼　三慈蓮

第二十九世

行慈一 諱 慈震

惠三百七三惠元公長子

生於清道光十八年戊戌四月廿三日 時

卒於清光緒十年甲申十二月十八日 時年四十七

行慈二 諱 慈富

惠三百七三惠元公次子爲惠三百三五惠政公繼子

生於清道光廿六年丙午六月廿四日 時

卒於清光緒十二年丙戌六月廿七日 時年四十一

行慈三 諱 慈蓮 軍功六品銜

惠三百七三惠元公三子

生於淸咸豐元年辛亥三月十二日亥時

卒於　年　月　日　時

娶程氏生於淸同治元年壬戌六月初四日　時

生二子　長祥寶　次祥官

第三十世

行祥一名祥寶字貴寶
慈三慈蓮公長子
生於清光緒十一年乙酉九月初二日丑時
娶桂氏生於清光緒　年　月　日　時

行祥二名祥官
慈三慈蓮公次子
生於清光緒十五年己丑二月十三日戌時
娶周氏生於清光緒廿五年己亥十月廿二日寅時
生一子　謙華

第三十一世

行謙一　名謙華

祥二祥官公之子

生於民國三年甲寅十一月十七日辰時

二房寓居蘭谿

第二十八世

行惠廿五諱宏倫字明五

敏十五繼成公三子生卒配葬已載入正譜其四子慈發慈啓慈恩慈增俱久居蘭邑

第二十九世

行慈一　諱慈發

惠廿五宏倫公長子

生於清乾隆廿九年甲申十一月初二日午時

卒於　年　月　日時

娶沈氏生於清乾隆廿九年甲申五月十七日丑時

卒於清乾隆四十五年庚子九月十九日亥時年十七

歲

繼娶戴氏生於清乾隆三十七年壬辰十一月初八日辰

時

卒於清乾隆五十九年甲寅六月十四日酉時年二十

三

又娶戴氏生於清乾隆四十三年戊戌七月十七日辰時

卒於　年　月　日時

生二女

行慈二諱慈啓

惠廿五宏倫公次子

生於清乾隆三十二年丁亥九月初五日午時

卒於清嘉慶九年甲子四月二十日亥時年三十八

娶徐氏改適

行慈三諱慈恩

惠廿五宏倫公三子

生於清乾隆三十四年己丑十月廿九日亥時

卒於　年　月　日　時

娶趙氏生於清乾隆三十七年壬辰十一月初七日子時

卒於　年　月　日　時

生三子　長錫麟　次錫元　三逢春

一女適

行慈四 諱 慈熷

惠廿五宏倫公四子

生於清乾隆四十年乙未八月廿二日亥時

卒於　年　月　日　時

娶阮氏生於清乾隆五十年乙巳六月廿六日午時

卒於　年　月　日　時

生一女

第三十世

行祥一　諱　錫麟

慈三慈恩公長子

生於清乾隆六十年乙卯十月十四日午時

卒於　年　月　日　時

行祥二　諱　錫元

慈三慈恩公次子

生於清嘉慶五年庚申十一月十四日丑時

卒於　年　月　日　時

行祥三　諱　逢春

慈三慈恩公三子

生於淸嘉慶十一年丙寅四月十五日巳時
卒於　年　月　日　時

後三房寓居上海

第二十七世

行敏一 諱興隆字艮潮

敬二百廿七毓豪公之子

生於清乾隆五十一年丙午十月十一日申時

卒於　年　月　日時

娶林氏生於清嘉慶元年丙辰四月初八日申時

卒於　年　月　日時

生二子　長宏源　次宏釗

第二十八世

行惠一諱宏源

敏一興隆公長子

生於清嘉慶廿三年戊寅九月初八日戌時

卒於　　年　　月　　日　時

行惠二諱宏釗

敏一興隆公次子

生於清道光三年癸未五月初十日亥時

卒於　　年　　月　　日　時

中房寓居西港閘

第三十世

行祥一　諱祥春　隨母至張姓光緒年間歸宗

慈二百三二元亨公之子

生於清道光廿一年辛丑二月初二日午時

卒於民國元年壬子十一月廿一日卯時壽七十二

娶費氏生於清咸豐四年甲寅二月十二日亥時

卒於民國五年丙辰十一月初十日辰時壽六十三

生三子　長謙榮　次謙華　三謙富出繼

二女長適劉　次適王

墓葬西港閘橋下東北首

第三十一世

行謙一 諱謙榮

祥一 祥春公長子

生於清同治十二年癸酉十一月十七日寅時

卒於民國十三年甲子五月廿五日卯時年五十二

娶胡氏生於清光緒九年癸未八月廿六日戌時

生一子 遜寶

四女長適蘇 次適費

行謙二 名謙華

祥一 祥春公次子

生於清光緒九年癸未四月初一日寅時

娶費氏生於清光緒十七年辛卯四月廿一日戌時

生二子

二女長適洪

行謙三名謙富小名阿才

祥一祥春公三子爲祥四百六祥楣公繼子

生於清光緒十二年丙戌正月初十日巳時

娶洪氏生於清光緒十七年辛卯七月廿二日亥時

生三子　長遜發

三女

第三十二世

行遜一 名遜寶

謙一謙榮公長子

生於清光緒廿八年壬寅九月初三日戌時

行遜二 名遜發 字祖法

謙三謙富公長子

生於清宣統元年己酉九月初一日辰時

娶許氏生於民國二年癸丑十二月廿六日卯時

第二十六世

行敬　諱瑞甫孟四公之裔孫也自幼業工師於横河堰遂

家焉每逢孟四公祭祀及兼承孟二公祭祀享餕領胙

其子孫歷來無間其此房親面來告知則爲孟四公之

嫡派無疑矣今特補入寓居類俾後世子孫知所本云

生於清康熙廿一年壬戌十月廿一日　時

卒於　年　九月十四日　時

娶楊氏生於清康熙三十三年甲戌二月初九日　時

卒於　年　七月十六日　時

生三子　長斌才　次茂才　三育才

三女長適方　次適胡　三適鍾

墓葬鎮西路堰塘

第二十七世

行敏一　諱斌才

敬　瑞甫公長子

生於清康熙五十二年癸巳十月初三日　時

卒於清乾隆　年　八月十三日亥時

娶沈氏生於清康熙五十三年甲午八月十一日　時

卒於清乾隆　年　正月初七日　時

生一子　宏德

三女長適莊　次適莊　三適曹

墓葬地下

行敏二　諱茂才

敬　瑞甫公次子

生於清康熙五十八年己亥九月初九日卯時

卒於　年　十月廿三日　時

娶郭氏生於清康熙五十八年己亥六月初七日　時

卒於　年　十一月廿七日　時

生二子　長士乾　次惠明

三女長適陳　次適倪　三適陳

墓葬路堰塘

行敏三諱育才

敬　瑞甫公三子

生於清雍正三年乙巳五月十七日　時

卒於清乾隆四十九年甲辰五月初八日　時壽六十

娶邵氏生於清乾隆二年丁巳八月廿二日寅時

卒於清　年　正月二十日　時

生二子　長宏昌　次宏遠

二女長適莊　次適陳

墓葬邑西田

第二十八世

行惠一　諱士乾

敏二茂才公長子

生於清乾隆六年辛酉十月十一日卯時

卒於　年　九月廿一日　時

娶包氏生於清乾隆十六年辛未五月十八日寅時

卒於　年　十月廿一日　時

生二子　長宗文　次宗章

三女長適湯　次適莊　三適莊

墓葬

行惠二　諱惠明

敏二茂才公次子
生於清乾隆十三年戊辰六月十八日　時
卒於　年　五月初三日　時
娶倪氏生於清乾隆廿四年己卯四月十三日　時
卒於　年　四月十五日　時
生一子　宗武
三女長適陳　次適沈　三適奉邑
墓葬老祀田
行惠三諱宏昌
敏三育才公長子
生於清乾隆廿五年庚辰五月初三日卯時

卒於　年　四月十三日　時

娶周氏生於清乾隆三十六年辛卯十月十七日　時

卒於　年　六月廿八日　時

繼娶潘氏生於清乾隆三十八年癸巳正月廿九日亥時

卒於　年　七月廿六日　時

生一子　宗寶早世　以宏遠公三子宗敬入繼

墓葬

行惠四諱宏遠

敬三育才公次子

生於清乾隆三十七年壬辰二月十九日酉時

卒於清道光十九年己亥十月十三日　時壽六十八

娶馮氏生於清乾隆四十六年辛丑六月初八日丑時
卒於清咸豐四年甲寅九月初六日午時壽七十四
生四子　長宗勳　次宗法　三宗敬出繼　四宗春
三女長適沈　次適倪　三適何
墓葬横河高家堰
行惠五諱宏德
敏一斌才公之子
生於清乾隆四十四年己亥六月初六日　時
卒於　年　七月廿六日　時
娶王氏生於清乾隆四十五年庚子四月十六日　時
卒於　年　九月十九日　時

又娶楊氏生於淸乾隆五十二年丁未六月廿一日　時

卒於　年　月　日　時

生四子　長宗仁　次宗義　三宗禮　四宗智

墓葬牌樓南首下河

第二十九世

行慈一　諱宗文

惠一士乾公長子

生於清乾隆四十五年庚子十二月初八日亥時

卒於　年　月　日時

行慈二　諱宗武

惠二惠明公之子

生於清乾隆五十一年丙午十月廿八日　時

卒於清道光廿八年戊申十一月廿九日　時壽六十

三

娶陳氏生於清嘉慶二年丁巳十一月十六日　時

卒於　年　正月廿八日　時

繼娶徐氏生於清嘉慶九年甲子十月初三日　時

卒於　年　月　日　時

墓葬

行慈三 諱 宗仁

惠五宏德公長子

生於清乾隆五十三年戊申正月廿五日　時

卒於　年　五月廿八日　時

娶莊氏生於清乾隆五十三年戊申　月　日　時

卒於　年　月　日　時

墓葬

行慈四諱宗章

惠一士乾公次子

生於清乾隆五十六年辛亥二月廿八日戌時

卒於　年　月　日　時

娶吳氏生於清嘉慶十年乙丑十月十六日　時

卒於　年　正月初二日　時

墓葬

行慈五諱宗義

惠五宏德公次子

生於清乾隆五十八年癸丑九月十九日　時

卒於清咸豐元年辛亥　月　日　時年五十九

娶包氏生於清嘉慶三年戊午三月廿三日　時

卒於清同治七年戊辰九月初九日　時壽七十一

生二子　長祥康出繼　次祥瑞

一女適莊

墓葬

行慈六諱宗禮

惠五宏德公三子

生於清乾隆六十年乙卯九月初五日　時

卒於清道光十七年丁酉九月十一日　時年四十三

娶胡氏生於清嘉慶二年丁巳四月十四日　時

卒於清咸豐五年乙卯八月初四日　時年五十九

生三子　長祥興出繼　次祥華　三祥貴

墓葬

行慈七諱宗智

惠五宏德公四子

生於清嘉慶三年戊午二月十三日　時

卒於清咸豐四年甲寅五月二十日　時年五十七

娶陳氏生於清嘉慶十五年庚午三月十四日　時

卒於　年　五月廿一日　時

繼娶倪氏生於清嘉慶十三年戊辰十月十九日　時

卒於　年　月　日　時

生二子　長祥玖　次祥浩

一女適包

墓葬

行慈八諱宗勳

惠四宏遠公長子

生於清嘉慶五年庚申六月廿五日　時

卒於清咸豐八年戊午九月廿八日午時年五十九

娶張氏生於清嘉慶三年戊午十一月初九日　時

卒於　年　五月初一日　時

繼娶陳氏生於清嘉慶十八年癸酉三月十六日　時

卒於　年　月　日　時

生一子　祥鎮

三女長適鍾　次適莊　三適余
墓葬
行慈九諱宗寶
惠三宏昌公長子
生於淸嘉慶九年甲子十月十八日子時
卒於　年　六月廿一日　時
未娶
行慈十諱宗法
惠四宏遠公次子
生於淸嘉慶十年乙丑四月廿三日　時
卒於淸咸豐七年丁巳九月初七日　時年五十三

娶胡氏生於清嘉慶十八年癸酉九月初三日　時

卒於清道光廿四年甲辰二月初十日　時年三十二

繼娶董氏生於清道光二年壬午六月初二日　時

卒於清道光三十年庚戌八月廿二日　時年二十九

生一子　祥祚

墓葬

行慈十一　諱宗敬

惠四宏遠公三子爲惠三宏昌公繼子

生於清道光元年辛巳十一月初九日　時

卒於清同治十年辛未三月初四日　時年五十一

娶董氏生於清道光四年甲申八月初五日　時

卒於清咸豐八年戊午十一月廿七日　時年三十五
生一子　祥榮
墓葬宅右
行慈十二諱宗春
惠四宏遠公四子
生於清道光四年甲申九月初七日　時
卒於清光緒三年丁丑九月廿八日　時年五十四
娶包氏生於清道光十二年壬辰七月初三日申時
卒於清光緒七年辛巳正月初二日丑時年五十歲
生三子　長祥槐　次祥梓　三祥槺
一女適朱

墓葬鎮西妙音寺面前

第三十世

行祥一 諱祥興

慈六宗禮公長子爲慈四宗章公繼子

生於清道光六年丙戌三月初三日巳時

卒於清同治五年丙寅十二月廿八日　時年四十一

娶陳氏 晚適

生一子 中年

墓葬

行祥二 諱祥康

慈五宗義公長子爲慈三宗仁公繼子

生於清道光八年戊子十一月二十日巳時

卒於　年　月　日　時

娶□氏生於　年　月　日　時

卒於　年　月　日　時

生一子　申全

一女適

墓葬

行祥三諱祥豐

慈三宗仁公長子

生於清道光九年己丑十二月初六日卯時

卒於　年　月　日　時

行祥四諱祥華

慈六宗禮公次子
生於清道光十三年癸巳十一月十二日戌時
卒於　年　月　日時

行祥五諱祥瑞
慈五宗義公次子
生於清道光十七年丁酉　月　日時
卒於　年　月　日時

行祥六諱祥豐
慈二宗武公長子
生於清道光十八年戊戌六月廿九日寅時
卒於清宣統元年己酉十一月廿八日午時壽七十二

娶鍾氏生於清道光廿六年丙午二月廿六日寅時

卒於清同治十三年甲戌十月十七日　時年二十九

生一子　謙梁

一女適

墓葬

行祥七諱祥貴

慈六宗禮公三子

生於清道光十九年己亥三月十一日巳時

卒於　年　月　日時

行祥八諱祥玖

慈七宗智公長子

生於清道光二十年庚子正月廿二日辰時
卒於　年　月　日　時

行祥九諱祥浩
慈七宗智公次子
生於清道光廿四年甲辰十一月初三日辰時
卒於　年　月　日　時

行祥十諱祥鎮字祥震
出外無查
慈八宗勳公長子
生於清道光廿六年丙午正月初十日辰時
卒於　年　月　日　時

娶包氏生於清道光廿六年丙午十月廿三日辰時

卒於清同治九年庚午七月初一日　時年二十五

墓葬

行祥十一諱祥祚

慈十宗法公長子

生於清道光廿七年丁未二月廿六日卯時

卒於清光緒十一年乙酉八月廿三日　時年三十九

未娶

行祥十二諱祥榮

慈十一宗敬公長子

生於清道光廿七年丁未十二月十四日辰時

卒於清同治九年庚午　月　日　時年二十四

未娶

行祥十三諱祥槐

慈十二宗春公長子爲慈十一宗敬公繼子

生於清咸豐七年丁巳九月初四日午時

卒於民國七年戊午三月十六日戌時壽六十二

娶何氏生於清同治八年己巳正月十三日戌時

生三子　長謙璋　次謙琮　三謙珏

行祥十四諱祥梓

慈十二宗春公次子

生於清同治元年壬戌七月廿二日未時

卒於清光緒十六年庚寅七月廿七日申時年二十九

娶馮氏生於清同治九年庚午十一月初十日戌時

卒於清光緒廿五年己亥五月十六日辰時年三十歲

生一子　謙瑢

墓葬妙音寺門前

行祥十五名祥槺字象槤

慈十二宗春公三子

生於清同治六年丁卯正月初九日寅時

娶嚴氏生於清同治十一年壬申六月十四日　時

卒於清光緒十七年辛卯十月初四日申時年二十歲

繼娶卓氏生於清光緒三年丁丑七月廿九日　時

卒於清光緒廿二年丙申九月廿七日　時年二十歲

生一子　謙益

又娶倪氏生於清光緒元年乙亥正月初二日戌時

生二子　長謙亨　次謙光

二女長適楊　次適朱

第三十一世

行謙一　諱謙梁　字貴生

祥六祥豐公之子

生於清同治八年己巳八月廿九日丑時

卒於民國十年辛酉四月初二日子時年五十三

娶許氏生於清同治十二年癸酉八月初三日　時

卒於清光緒十五年己丑二月十七日　時年十七歲

繼娶金氏生於清光緒五年己卯閏三月初四日丑時

生三子　長遜卿　次遜昌　三遜禮

三女長適張　次適湯　三適范

行謙二　諱謙瑢　字順慶

祥十四祥梓公長子

生於清光緒十六年庚寅九月廿一日卯時

卒於民國三年甲寅八月初七日午時年二十五

娶鴻氏生於清光緒十七年辛卯正月十二日戌時

無後

行謙三諱謙璋字貫鶴

祥十三祥槐公長子

生於清光緒十九年癸巳八月十二日巳時

卒於

娶陳氏生於清光緒廿三年丁酉八月十二日巳時

生二子　長遜茂

行謙四　名謙益　字汝霖

祥十五祥槺公長子

生於清光緒廿一年乙未八月廿九日辰時

娶龔氏生於清光緒廿二年丙申十一月十七日　時

生一子

行謙五　名謙琮　字鶴林

祥十三祥槐公次子

生於清光緒廿三年丁酉七月廿一日卯時

娶朱氏生於清光緒廿七年辛丑十二月廿五日申時

生一子

二女

行謙六名謙亨字陽明

祥十五祥槺公次子

生於清光緒廿四年戊戌十二月十五日辰時

娶謝氏生於清光緒廿五年己亥九月二十日　時

卒於民國七年戊午六月十五日子時年二十歲

生一子

繼娶鄭氏生於清光緒廿六年庚子七月初六日未時

生二子

行謙七名謙珏字富玉

祥十三祥槐公三子

生於清光緒廿五年己亥十一月廿五日申時

娶劉氏生於清光緒廿八年壬寅七月十二日酉時

生一子

行謙八名謙光字巨久

祥十五祥㯬公三子

生於清宣統二年庚戌五月二十日亥時

第三十二世

行遜一　名遜卿　字財運

謙一謙梁公長子

生於清光緒廿五年己亥九月初十日午時

行遜二　名遜昌　字運發

娶鍾氏生於清光緒三十三年丁未五月十二日　時

謙一謙梁公次子

生於清光緒廿九年癸卯八月廿一日亥時

娶錢氏生於清宣統三年辛亥五月十二日　時

行遜三　名遜禮　字阿南

謙一謙梁公三子

生於清宣統元年己酉七月廿八日丑時

娶陳氏生於清宣統三年辛亥十月初四日　時

行遜四諱遜茂

謙三謙璋公長子

生於民國二年癸丑七月二十日辰時

中房寓居清林支派

第二十五世

行蔡百七五諱世榮

悌八八友武公之子

生於清康熙五十七年戊戌十二月初八日酉時

卒無查

娶徐氏生於清雍正六年戊申八月二十日　時

卒無查

生二子　長安祥　次安仁

行蔡百七八諱世昌

悌八九友魁公長子

生於清康熙六十一年壬寅正月初九日午時

卒於清乾隆三年戊午八月　日　時年十七歲

未娶

行叅百八三諱世盛

悌八九友魁公次子

生於清雍正十一年癸丑八月二十日戌時

卒無查

娶顏氏生於清乾隆元年丙辰十二月廿二日　時

卒無查

生二子　長安民　次安禮

墓葬

行恭百八六諱世華

悌八九友魁公三子

生於清乾隆三年戊午八月十九日戌時

未娶

第二十六世

行敬一　諱安祥

恭百七五世榮公長子

生於清乾隆十六年辛未六月廿二日　時

卒無查

娶徐氏生卒無查

生一子　士信

墓葬

行敬二　諱安仁

恭百七五世榮公次子

生於清乾隆廿一年丙子三月初六日　時

卒無查
娶徐氏生卒無查
生二子　長士勳　次士春
二女長適陳　次適徐
墓葬
行敬三　諱安民
恭百八三世盛公長子
生於清乾隆廿四年己卯二月十二日　時
卒無查
娶李氏生卒無查
生二子　長士俊　次士倫

二女長適楊　次適徐

墓葬

行敬四　諱安禮

恭百八三世盛公次子

生於清乾隆三十一年丙戌正月初五日戌時

卒於清道光十九年己亥三月初一日辰時壽七十四

娶沈氏生卒無查

生二子　長士元　次士亨

二女長適徐　次適沈

墓葬

第二十七世

行敏一　諱士信

敬一安祥公之子

生卒無查

娶徐氏生卒無查

無後

墓葬

行敏二　諱士俊

敬三安氏公長子

生於清乾隆四十八年癸卯六月初九日　時

卒無查

娶徐氏生卒無查

生一子　宏高

生三女長適張　次適顏　三適洪

墓葬

行敏三　諱士倫

敬三安民公次子

生於清乾隆五十一年丙午十二月十四日戌時

卒無查

娶徐氏生卒無查

生一子　宏標

四女長適陳　次適吳　三適周　四適徐

行敏四諱士勳

敬二安仁公長子

生於清嘉慶十一年丙寅十月十九日寅時

卒無查

娶陳氏生卒無查

生一子　宏元

墓葬

行敏五諱士春

敬二安仁公次子

生卒無查

早世

行敏六　諱士元

敬四安禮公長子

生於清嘉慶十八年癸酉五月初一日亥時

卒無查

娶陳氏生卒無查

行敏七　諱士亨

敬四安禮公次子

生於清嘉慶二十年乙亥十月初一日戌時

卒無查

娶徐氏生卒無查

生二子　長宏初　次宏蘭

第二十八世

行惠一　諱宏標

敏三士倫公長子

生於清嘉慶廿二年丁丑十二月廿八日丑時

卒無查

行惠二　諱宏高

敏二士俊公長子

生於清道光元年辛巳二月廿三日亥時

卒無查

行惠三　諱宏初

敏七士亨公長子

生於清道光十五年乙未六月初四日酉時

卒無查

行惠四 諱 宏蘭

敏七士亨公次子

生於清道光廿二年壬寅四月十八日酉時

卒無查

行惠五 諱 宏元

敏四士勳公長子

生於清道光三十年庚戌六月二十日卯時

卒無查

慈東童氏宗譜卷十七

事略

杏圃公事略

公諱繼善字性先號杏圃敬七公四子家貧力學康熙辛丑入泮郡庠治舉子業累試不第出遊北京遠至雲南退而置產不滿一頃僅足自資題所居曰耕讀性尙儉素雅愛花善書法尤工詞藻所著有杏圃詩稾耕讀居賦藏於家

亦周公事略

公諱繼濂字亦周號蓮峯邑庠生爲敬四七公六子氏費没時公年尙未滿三十歲緣三長兄五長兄相繼去世嫂寡姪孤公歲以束金所入代爲撫養遂不再娶其亦近今所罕有者歟

柳園公事略

公諱繼濳字亦陶號柳園敬八三公長子年十四歲入泮少優於才長而篤行不慕榮利高尚其身乾隆三十年間抱殘守缺纂集宗譜親自手書後之修譜者賴以不墜

在朝公事略

公諱在朝字與聞號萸芬又號禹門敬二百五六士鳳公之長子也七歲失怙賴母氏方孺人撫養成立天性純孝嘗念慈親苦節不忍遠遊及壯始客粵東經營四十餘載家稱小康年屆古稀身爲宗長每遇歲時伏臘必懃懃懇懇以孝友勤儉誡弟姪輩葢實有益於宗族云

一飛公事略

公諱宏鵬字一飛號誠齋敏三一繼先公長子公養親豐盛自奉儉約接物温和治家嚴嚆皓首齊眉精神矍鑠孺人應氏恭儉仁慈終身茹素精於婦工女中師傅

廷三公事略

公諱世爵字廷三號御祿悌六五公之子持己端莊待人平恕鄉黨宗族莫不欽服晚年崇信瞿曇樂善好施白髮齊眉孫曾森列極福履之盛

美卿公事略

公諱應和字美卿號仰泉郡邑賓德一公四子孫氏所出英偉者其貌雄壯者其力慷慨者其志剛方者其行曾建茅洲閘以開南洞縣主汪偉賜澤流千古四字以旌之迄今奕葉下聲名無間于遐邇贊揚不殊于親疎嗚呼公雖逝矣流風餘韻尚在人間古人云雖死猶生之年可于公贈之

邇齋公事略

公諱鴻遠字在茲號邇齋爲敏十六用周公長子予族向有祀產十二畝零三分又有餘銀貳百餘兩每歲征利上以供祖宗祭祀之品下以給子孫享餕之費裕如也緣日久生齒繁衍供給愈多又兼以不肖者之侵蝕其銀所存無幾惟留十餘畝祀產而已所入少而所出多以至元旦祭奠品物不豐而餕餘所給亦不堪言邇齋公見之慨然願捐己田二十畝以充公祀俾元旦享祀得以其所入增俎豆之品更設清明祭奠於祠中而子姓亦均沾夫神惠其尊祖敬宗之誼實所難覯至其存心忠厚制行端方固人所共曉云

天衢公事略

公諱鴻逵字天衢號靜齋廩貢生中嘉慶庚申科舉人爲敏十六用
周公四子性孝友行樸誠言語恂恂然讀書目數行下弱冠遊庠食
廩餼十餘年至五十四歲始膺鄉薦年老家居重脩宗譜然志不少
衰猶手錄古文詞若干首藏於家以爲後學法

惠東董氏宗譜　卷十

厚本堂

惠吉公事略

公諱惠吉爲敏三百三六敏山公三子居心秉直遇事勇爲雖在草莽常存報國之心咸豐辛酉西匪陷杭城公奮不顧身持刀赴難至登雲橋殺賊四五人因衆寡莫敵遂被所害如此忠義事乎不爲請卹爲憾

[illegible]上宗譜　卷二

厚本堂

天位公事略

公諱天位正四公長子居心忠厚處事端方素事經營躬親勤儉小壯命乖淡泊自甘及至五旬有餘運始亨通于是娶家室置産業大建房屋廣開阡陌連舉五子克紹箕裘壽至九旬三代兒孫濟濟繞膝當時之人莫不欣羡公之一身可謂福壽兼隆矣

莆東董氏宗譜　卷二

厚本堂

碧山公事略

公諱慈明字光遠號碧山爲惠廿三宏鵬公之子遺命脩譜昔族叔祖鴻逵公著有墓誌曰公性至孝始雖家業未充而望旨承顏凡父母服御之需無不侍奉周至後客姑蘇屢致千金嘗以親不逮養爲憾孺慕之誠終身不改嗚呼孝矣至於待親族以睦處交友以信人亦莫不推重之孺人周氏淑愼温恭亦善事舅姑克成夫志銘曰白雲之鄉仙跡歸藏山圍水繞長發其祥

泉東董氏宗譜　卷十

[illegible]本堂

梧圃公事略

公諱申培字鳳岡號梧圃惠十六宏模公次子早喪母事繼母一如所生執父喪葬祭極誠性愷恖好救人之急作事剛方爲人排難解紛莫不渙然冰釋

[illegible]東董氏宗譜　卷十

厚本堂

懋功公事略

公諱慈祿字懋功號鼎梅惠四宏濟公四子也予族向無宗祠每歲元旦祭奠皆在輪值家祖宗齊集參拜殊失尊祖敬宗之道向來老成人亦有議建其祠者皆苦有志未逮嗣孫懋功獨慨然以爲己任不吝貲財不辭勞萃年甫三十餘而經營措置卽素稱練達者無以過之其內助之賢亦絶無閒言不數年而祠宇落成使先靈永奠春秋祭享得聚族合食建千百年不拔之基厥功豈淺鮮哉至族中好義之士或助以財或助以力其踴躍樂輸以共成厥事固皆有功於宗祖云

可鑑先生事略

公諱慈錕字可鑒號月亭爲惠百十三宏緯公長子少誠篤好讀書家貧棄儒習賈不利復讀書年逾弱冠矣始發憤力學積十餘試始入泮族人秀士多出其門下然公境迫嗣繁而又撫二姪如己出均爲授室館穀所入僅供俯蓄計所以未嘗一赴棘闈惜哉道光廿四年續修宗譜公手訂之期年始成至宗族之義舉宗祠之祀事多賴其力襄成之厥字可鑒誠吾族之可鑒者矣

景水公事略

公諱祥銘字景水號新溪爲慈十五申培公長子八歲失恃事繼母如所生素遵父訓克紹箕裘終身以善養聞性樸誠行端莊語言正直其持家也克儉克勤其處世也克寬克仁向客姑蘇權子母獲什一利家致殷實樂善好施親朋有拮据者不辭艱鉅力爲調劑人皆慕之

惠東查氏宗譜　卷十

厚本堂

文燈公事略

公諱文燈字偉照號蕙沼又號澹香慈三慈祥公次子清乾隆壬子科順天鄉試中式舉人考取宗學教習好學能文有名于時同時馮小宋先生璟曰吾縣才人東童北宓蓋北鄉宓如椿東鄉郎公也其推重如此奈天不遂其志没於京都惜哉

春圃公事略

公祥鶴字春圃號芝田郡庠生爲慈六慈惠公次子也公少孤事母得歡心友于兄弟性嗜書尤熟精史事行文以氣勝書法出入歐陽率更趙父敏八赴省試三薦未售常以不獲遂顯揚之志爲憾善獎許後進雖中材亦必激賞遇不當意輒嘅然太息不忍棄其勵己愛人有如此

卜年公事略

公諱祥吉字卜年號荷橋爲慈七慈明公次子也天資穎異好學能文弱冠即肄業成均應浙闈試十餘科丁酉幾獲雋祗以微疵被棄既得復失惜哉鎮海陳羽階先生贈聯云有勞怨不辭存俠骨功名未就倘雄心之句生平首孝弟嚴家教飭子孫以崇儉黜奢力學敦品遇險難輒復有膽有識歲道光辛卯及壬辰各鄉歉收啼號遍野即首議捐貲賑濟爲族中倡於是樂輸者多而全活無算其睦於族卹鄰有如此歲癸巳宗祠栗主滿且壞見而嘆曰存殁均有不安即設總牌起而理之左昭右穆秩如也其敬宗有如此歲辛丑八月英人陷鎮關土盜蠭起劫掠富家俱挈眷奔避獨能奮不顧身合慈鎮

紳士十八團練技勇設策保守百里之内賴以安全其急公好義又如此

雨倉公事略

公諱文霖字雨倉號漁隐慈三五慈昭公次子公幼秉殊質好讀書承父業廢書服賈克勤克儉期無屢二親憂弱冠失恃事父益謹宗戚有匱乏者周恤無所吝人有爭端力爲排解務令冰釋而後已公之德蓋如此氏華事翁姑得懽心姑殁事翁益以孝閨性嚴正娣姒有紛爭理以相勸兒媳稍有過訓飭不少貸一門之內皆敬憚之孺人之德又如此

晴麓公事略

公諱祥隆字成六號晴麓爲慈六四慈盛公長子也天姿渾厚至性淵冲盡孝於親克友於弟家庭則處以和順子姪則訓以義方嚴以律身惟期言行無失儉以持己恒念物力維艱家本素封而奢華不事業承富有而吝嗇肯捐待人則霽月光風接物則慈雲愛日累增續命之田咸仰同功之火捐資助餉義不辭於奉上急公發粟濟貧恩徧及窮鄉僻壤至若編輯家乘脩葺宗祊平道路以築津梁助邱墟以施棺木尤公所贊成祖考垂裕後昆者矣氏胡賦性仁慈檢身儉樸歸贈公時　　曾翁在堂侍奉周至常得歡心至有願汝後人事汝猶汝事予之言其事翁姑無不曲體親心眞所謂能色養者矣至

於周急濟貧一如贈公是以贈公理外恭人治內而家業日豐家規愈肅矣生平不佞佛而誠于祭享常曰施捨僧尼是空思未來之福敬祀宗祖乃宜報已受之恩他如御婢僕以恩訓子孫以義親操井臼善工刀尺此特恭人之細事耳舊歲七秩兒孫以祝壽請乃訓以繼志修譜今哲嗣等謹遵母訓使宗譜不致混淆故遠近咸頌恭人之德不休嗚呼若恭人者洵鍾郝之嗣徽歟

友壎公事略

公諱遜悌字友壎號酕湖爲謙十謙懷公次子少聰穎舉子業年二十餘應縣試名列第一遂補博士員文筆高超爲流輩所推服家本素封性節儉布衣蔬食不妄費一錢然友愛性成事兄惟謹惟胞兄維脩好揮霍喜接友精弈碁輸嬴以千百計家遂中落公屢諫不聽並無怨言晚年窘迫幸公精醫道聊以爲餬口計族人皆讚謂悌弟

燕東董氏宗譜　卷十

厚本堂

在章公事略

公諱遜富字在章爲謙十七謙風公三子少家貧赤手成家性慷慨遇事勇爲精貨殖億則屢中有聲滬瀆間交友有義氣扶危濟困勞怨不辭接引後進不下數十人雖發達者衆而負累者亦不少公處之坦然無所功怨於其間同人咸德之

寄梅公事略

公諱遜介字季眉號寄梅爲謙七二謙榛公三子性慷慨好施與客粵東三十年積有贏餘分多潤寡三鄕咸受其惠置腴田數十畝分助先人祀產之不足祀廢而復舉者五世又助義學田二十畝藏書萬卷名曰可讀居以教子姪待長姪賡年尤摯辛卯科果中第十名舉人皆君陶成之力也其生平行述詳見包履吉孝廉壽序中

〔缺〕董氏宗譜　卷十

厚本堂

薇塘公事略

公諱遜樺字維棠號薇塘爲謙四十謙潮公四子先世自高曾祖考皆宅心慈善至公而大起少時父病割臂肉和湯藥以進病乃大瘳親沒棄儒習賈經營漢皋不十年致身富饒同族公舉爲祠堂總管帳民國二年祖堂被燬公首議重建慨助英洋伍百元祀下子孫聞風踴躍共襄斯舉皆公首創之力也其餘行誼已詳孫玉仙先生傳序中

如圭公妻張氏事略

孺人當慈禮如圭公沒時年方二十五歲堂有太姑性甚嚴厲翁年六十餘又病瘋癱家無斗糧僅存一綫孺人日夜紡織孝養二親歷久彌誠歲在甲子祝融肆虐廬舍蕩焉無存棲身鄰舍旋遭堂上之變孺人哭泣盡禮喪葬俱備戚里咸稱之當此之時麻衣負土孺人以婦職而兼子職畫荻課書以婦道而兼父道送死撫存心身交瘁已及至孤已成立覓業授室方謂桑榆暮景補失東隅孰如昊天不弔子啟正又溘焉殞折望無他望哀有餘哀姑媳二人形影相弔蓋孺人之辛勤患難倍有於尋常苦節者焉今雖年逾古稀紡織維勤孝媳劉氏幸曲體姑心願以女紅自食其力而定省温凊無不備至

雖孝子事親亦不過如此天殆以是少酬孺人之孝行歟

明遠公妻劉氏事略

孺人當祥釗明遠公殁時年方廿四堂有公姑侍奉無怠甘心守節惟望立嗣迨至十年仲叔旋生一子未經彌月而妻卒其時血髮黄口無養育計孺人乃襁褓過門米粥代乳而家有艱窘惟藉針指以生活已則茹苦衣敝終身無怨言清咸豐間欽旌節孝

聖言公妻李氏貞節事略

公諱祥倫字聖言號明五聘烈女李氏本邑章橋鎮景衡公之令媛也議婚後遭太翁喪延女來視殮隨即送歸待迎越四年祥倫折女聞之寢食俱廢設辭告母欲往尼庵禮佛命輿夫肩以往過壻門下輿易服登堂哭泣旋稟姑願守節焉姑聞之駭曰汝方年二十一歲吾家又艱窘毋誤終身大事勸之歸不聽延女母至多方勸諭卒不能奪脫簪珥與家人共作苦飯糗茹蘖毫無怨言歸二年而烈女竟以疾死焉嗚呼傷已發靷之日宗族鄉黨有好義者醵金道祭并請於　朝給彩額以貞節二字旌褒之至今赫赫龍章懸諸宗祠而使族之尊卑老幼無不翹首欽仰者烈女之千古一時也亦榮矣哉

慈惠公妻朱氏事略

公諱慈惠字德揚國學生惠十三宏儒公長子娶朱氏公歿時長子九歲仲子六歲季子在襁褓孺人力持門戶築室置產延師課讀時以其餘恤貧乏之家聲稱忠厚焉晚年無事喜持齋諸子善奉色養葢其德教非偶然也

君相公妻姜氏事略

公諱茂字君相悌二十公四子賦性誠樸勤勞穡事娶吳氏甫彌月而卒又娶姜氏公歿時氏年僅二十有四齡冲子弱甚危事也而能泣誦柏舟矢志靡他力撫九月之遺孤得緜一綫之血脈井臼親操紡織無倦一髮繫千鈞白首完苦節種種懿德言難盡述清道光己酉欽旌節孝

傳述　家傳

童恆九公行述

公諱志道字景向號升西行次恆九係童氏九世孫有明人也誕辰無稽卒於嘉靖二十一年四月廿七日墓葬廟側西園相傳先時廟宇建在小港東岸堪輿家謂廟基不如公居址爲吉公遂移徙別宅喜助己屋并近田四畝零重建廟祠所以四月廿七祭享又捐十畝三分歸宗祠載明宗譜想其爲人併力辦公慷慨仗義者歟昔賀監以己宅爲仙觀范文正公以己產爲義田公之行狀有相似者厥後吾宗因其尊神敬祖立萬世之丕基肇千秋之血食塑其像於廟廡春秋享祀不愆厥期歷久將壞命工新之俾垂諸久遠以著崇德報

功之意云爾

光緒　年　月　　族人遜組重書

中華民國癸亥十月　　族人勤墉補書

縣志人物傳

童居易字行簡少穎悟知學稍長嗜古文從鄉先生李聳游學益淹貫又學小戴禮於王休一日謁楊簡與語大奇之遂舍所學學焉嘉定十六年登進士第端平初鄭淸之柄國舉補登仕郎時朝廷欲使諸路置買浮鹽司除擬已定居易詣執政歷陳利害命遂寢相國趙葵開閫淮東以居易攝天長簿時諸路多屯兵每稟熟禁民採取民失其利居易上書乞弛其禁旁九郡皆獲免三年冬元兵攻城急邑令與主將不協軍民疑阻危在旦夕居易力爲陳解遂協力捍防城賴以全調諸暨簿惡少攻剽爲姦尉莫能制居易以計悉擒之民乃安堵謡曰童主簿威如虎愛百姓擒跋扈上績課最轉宣義郎知邵

武之泰甯移判夔州當路遷太學博士率以身教學者仰之以言會子事忤上出判吉州未幾遷本州同知陞中奉大夫知廣東德慶府蠻獠雜居民悍難化居易撫以愷悌之政三載民樂耕桑門不夜閭獄囚屢空尋上章乞歸居杜州之濱學者多從之稱杜州先生子鐘號松簷鋐號聲伯爲杜州六先生之二

童金字子丹家素饒裕至元間以才能薦授進義副校尉歲督海運秩滿退扁所居曰一閑築隄後澤興水利於鄉仲父鏞拙於治生服食咸資之終其身不怠即先廬側築室百餘楹爲義塾割腴田四頃延師以淑來學別置二頃代鄉鄰之輸又給貧不能養死不能斂者大德中歲飢流殍相望金發積以貸全活者衆有司奏旌其門

童文燈字慧照乾隆五十七年舉順天鄉試取宗學教習好學與宓如椿齊名有東童北宓之目

童鴻逵字天衢爲人孝友樸誠弱冠食廩餼年五十登嘉慶五年鄉薦三上公車不第設教里中以實學勉人嘗詠秧柳云老能留眼待佳士柔不折腰學少年傳誦於時

童應和東鄉農人天啟初獨貲開闢茅洲碶南洞開廣若北洞甃石爲縴路挽舟往來稱便知縣汪偉後殉崇禎難賜謚忠毅賜澤流千古四字以榮之詳見蔡雲鵬河渠議中

縣志列女傳

監生童慈高妻費氏慈高客平湖病羸卒氏撫子祥發守節二十七

年嘉慶十五年題旌

童慈穰妻張氏年二十五而寡祖姑在堂性嚴厲翁病癱瘓家無升斗儲嘉慶九年又被火無後寸椽片瓦僦居鄰家僅蔽風雨張紡織孝養歷久不衰其後疊遭雨喪撫子祥祐至授至養生送死心力交瘁而祥祐又夭婦年二十九姑婦形影相弔張年逾七十猶親機杼劉佐以女紅色養備至皆以節終咸豐二年旌

童慈保妾張氏（一作劉氏）年二十八而慈保卒家貧姑與嫡俱老賴張持門戶姑嫡相繼歿力營喪葬請以叔嗣其子而生孫又相繼夭年六十六將死惟以立嗣哀告宗人聞者皆為掩泣

童祥倫聘妻李氏未行而祥倫病卒女託詞禮佛尼菴輿過壻門易

服哭請於姑願守貞姑駭曰汝年方二十一吾又家窘毋誤汝終身也勸之歸不聽迎女母至勸諭之卒不奪脫簪珥與家人共作苦無怨色又二年遂歿道光十五年旌

童慈勳妻朱氏年二十四而寡家貧無子勤紡績或爲傭於鄰撫夫弟次子及所遺一女婚嫁之資悉出十指道光二十九年族子振德爲請旌

童茂纖妻姜氏年二十四而寡遺孤甫九月貧無斗糧姜日夜紡績撫孤成立守志至七十而終道光二十九年曾孫訓導振德呈請旌表學使趙光以冰雪爲心題其門

童謙榮妻姚氏道光九年年二十九寡事翁姑終老積紡績貲以營

殯葬撫孤子至完娶未生孫而子又夭年六十餘尙爲人傭同治九年旌

童慈標妻朱氏道光十三年年二十七而寡家貧甚日爲人傭夜歸紡績積貲營葬爲子婚娶同治十二年旌

童恂妻姚氏童祥澄妻陸氏皆三十三而寡姚奉翁姑菽水盡歡陸亦事姑盡孝光緒初年皆逾五十矣

可傳
記有之七十曰老而傳夫人年屆古稀誠老矣苟無功德何以傳乎
吾紹文兄夙敦古處克裕其後德可傳家焉董造祖祠有光於前功
可傳宗焉以云傳也無不可傳則其老也爲不老矣客歲陽月懸弧
令旦今特書二字以補祝
乾隆癸卯姑洗月中浣吉旦
弟繼濂等拜題

族倬雲先生家傳 代

君姓童氏諱文炯字漢章一字倬雲慈谿童姚村人邑庠生禮園公之季子也君少勤學能讀父書甫弱冠所作詩文雅得先民規矱同邑翁小松先生爲吾鄉名士有經術講席所至戶屨恆滿君乃承父命而問業焉先生愛其誠篤恆以實學相勉而時之爲制舉文者競尙辭華君守師言獨講求理法以此屢試不售或勸之曰君如作富麗辭取青紫如拾芥耳盍圖之君憮然曰吾投世之所好以喪己之所守即幸而獲儁其若素行何其後年益長卒無所遇伯兄厚齋慮其抑鬱爲懷請於禮園公爲之援例入成均而不知君固處之泰然無纖毫得失介其意雖自此不就試而居恆研求經義其志不少衰

君兄弟三人伯氏仲氏皆貿易於甬上君念父母老日侍其左右而未嘗須臾離冬溫夏凊色養甚周時理家政代父母勞日用飲食及喪祭嫁娶之事皆有程度以是兄弟同居二十餘年内外少長二十餘人卒不聞有詬誶聲而量貿易之所入以爲出率三年餘一君蓋與有力焉君雖家道寖隆而衣不重裘食無兼味與窶人無殊座右置書數卷暇即披閱而間耕課織日以爲常自黎明至於昏暮無少休息與人語抑然自下待僮僕輩亦温顔和色有非意干者君但自省無忿但然相安而不與之校爲人謀事必詳審其本末而熟慮其變端以告之蓋其持躬接物淵厚誠樸殆不以貧富移易其心者歟年五十有八卒於家配周氏葛氏吳氏子六某某女二君於晚年延

師敎諸子而勉之曰讀書以明理勿視爲弋取功名之具稍長戒之曰汝曹宜守吾門素風毋以服御華靡相誇耀臨終惓惓以繼書香爲言此又君之足以式於後人者也余與君同學一行作吏遂相契闊今春歸里而君之捐館舍已四年爰述其行誼以俟作家乘者之採取焉

族伯慈九醫士傳 光緒二十年作

族姪祥春譔

君諱慈九字韶成父惠南以醫名家慈九少聰穎秉庭訓習醫濡染家學自岐黃諸書無不流覽參稽積十餘年一旦有悟出而診病人多奇之方是時遠近病人聞名而來絡繹不絕而君謂曰診多恐亂神明且誤人每日過門診者有定額逾額卻之不獲命從後門而逃

即赴諸請診家亦每至三更漏下必返其盡心於醫術者如此鄰村方家堰某小兒患溼熱下痢症諸醫用治痢普通藥不效乃延慈九慈九閱諸方畢歎曰病不可爲矣服葛根近一斤必犯痙厥而亡越數日小兒如厠果如其言而殤某村有婦人產後舌吐出數寸諸醫束手郡城名醫某稱國手乃用六味地黃等品稍瘥而仍未愈始乞慈九一診之慈九曰藥品不差但少心經藥耳命加黑山梔一味以進之霍然而愈其妙悟多類此後數十年而慈九之族孫曰友壎者以諸生行醫亦有盛名於世

族姪孫悌弟友壎小傳 麗川正芳附

族祥春撰

君名遜悌字友壎慈谿東鄉人也曾祖慈福縣學生祖文綱監生父

謙懷監生代有隱德君少聰穎習舉業年二十餘應縣試縣令奇其文名第一遂補士弟子員文筆高拔爲流輩所推服君兄弟三人怡怡無間言仲弟早卒撫弟子如己子伯兄維修主家政一衣一食必稟兄而後行家故素封維修好揮霍家遂落君無怨色及析產聽兄所爲亦無異言先是君遊學四方歸好與兄同室又同牀卧時人未之奇也及家被兄落而君自如無異昔時人乃知其友愛之誠晚歲學醫道以糊口終時人謂之悌弟蓋得之方漪生明經云同時友壎之族父廉川名謙鑰者幼貧服賈養母與伯兄瞻萘相友愛伯兄教授里中脩脯所入不足以瞻家謂兄曰無憂也舉服賈所得者分潤之如是者十餘年伯兄嫉惡太嚴則進諍言交相琢磨如師友而友

愛益篤故里俗亦謂之悌弟越數十年而友壎之族祖曰正芳（名慈忠）者幼學藥業蘇州與兄際良（名慈順）亦友愛每製一衣雖千里外不敢自主往往通書於兄而後製之習以爲常不以爲煩及分居則讓其美者取其窳者終其身無一言然家亦自饒積數萬金人以爲友愛之報也里俗亦謂之悌弟

族姪孫順孫遜灼小傳

族叔祖祥春撰

吾族有順孫曰遜灼名友崇字俊三慈谿東鄉童市鎮人也縣學生光緒甲午舉人祖祥滌祖母陳氏父本母邵氏遜灼幼失怙祖母陳母邵並孀居形單影隻交相撫養遜灼三月遺服兒耳及能食能言稍有知識常不離祖母側呱呱啞啞意有所問既而出外就傳遊方

明經景雲之門景雲適館余家距遜灼家不一里每間五六日必歸省祖母同學見之以爲孤兒戀戀家舍意不謂然也久之而知其省祖母如是者七八年及長而再遊沈廣文廉之門廉設館於家距遜灼家十里每半月必歸以省祖母同學見之猶前言也又久之而乃知其省祖母誠然如是者三四年及遊庠補弟子員遂家居孝養娶室莊氏後又復常携襆被卧祖母牀側已而又同牀卧余嘗過遜灼家賓客滿座久而不散每聞私室中遜灼語曰吾今夜在祖母房卧余初聞之始則若驚繼則若訝以爲賓客不散無開牀以卧也遂各散歸及遲之又久而後知其朝夕侍奉常常不離祖母之側也如是者又十餘年祖母終身歡樂遜灼登鄉薦猶及見之年七十九歲喪

葬盡禮事母十年如事其祖母閭里稱爲童順孫性謹飭規行矩步無妄言語待羣從伯叔兄弟懇摯周到與人交藹藹以和無疾言遽色卒於光緒二十二年迄今三十年人猶感念之子二勤垣勤墉

贊曰余讀徐柳泉先生王順孫日章事狀未嘗不廢書而歎也柳泉曰順孫之性如是其摯哉日章父病篤將歿曰我死誰爲我事老母者日章年僅十四大哭跪牀前曰父倘不諱事祖母敢不如父在時夫以十四齡之孤兒聞父言感發知孝養祖母已覺其難況幼少如遜灼意眞情摯此豈可勉强爲之哉先儒謂順孫之性出於至誠吾於遜灼亦云

順孫之稱發陳孝廉敏遜余從遜灼就學時看出意眞情摯

確合順孫身分故就此處寫生以表眞跡（梧鄰謹註）

童蔭樓先生傳

童振德譜諱慈潮字信颿號蔭樓東鄉童姚村人生平以務本爲學樸厚之氣時流露於文字間道光辛丑畢漫研太守（承昭）奇其文超擢第一是年遂入郡庠同治壬戌粤匪竄浙越明年旋勦滅惟湖城賊猶盤踞振德前以軍輸功由附貢生議敘訓導時方赴省謁選方伯蔣果敏公（益澧）一見卽器重令隨軍赴湖勦賊賊平有功署湖州府學訓導兼署教授時同治甲子也（錄方景雲撰墓誌）嗣以軍務倥傯學校草創竟以積勞成疾而卒（錄家譜）振德事父知恒至孝能先意承志并以父遺命築書舍數楹延師以課子姓繼母葛氏故善病

振德日夜侍左右不稍懈故里人多稱之兄弟二人愛敬無間言女兄弟六人一女弟嫁後其夫遠客不歸則迎養於家以終其身近村方家堰爲慈鎮毘連之界堰久圮出資堅築并助田爲增修費至今慈鎮二邑水利並賴之他如粤匪將竄寧襄辦團練以安鄉里平糶倉穀以惠宗鄰亦有足多者焉　錄方景雲撰墓誌　子三人長祥杓監生以軍輸授光祿寺署正銜旋由海運保舉加五品銜次景春縣學生乙酉科本省舉人三祥栻監生

祥愷祥鰲童君合傳

奉化孫　鏘拜撰

君諱愷性至孝有大志不謹細行家貧棄學年十五學賈於文溪市肆謹慎持身一錢不苟後遇臘節收集各帳適患病經理某擬另易

別夥君堅不肯謂養兵一日用力一朝當此年盡歲逼豈能推諉時山路崎嶇衝風冒雪病加劇遽仆地幸過路農人憐君之僵卧卻蓑衣覆其上稍甦回店經理感其誠實同居五載之久因店閉歇辭歸時父母在堂弟妹幼少家無擔石之儲日赴章橋負米數升聊充一家飢餓君未敢飽餐每日傭工挈同父母合作然不肯靦顏求人其守貧有如此年廿三因同里張某汲引爲華福寶兵輪水手華福寶者中國自有兵輪以來乃第一號軍艦也船主貝君金泉愛君勤謹辦事擢爲老軌月薪數百兩後以獲海寇有功授四品銜昭武都尉年三十八陞至天津萬年清兵艦管帶會秋操至甯波時道憲顧公文彬雅相器重大開筵宴酒半酣猝遇中風之症醫藥無效遂卒於

道署其時適逢星期申甬班商船遵關例停駛顧公郎令剿寇兵輪運柩放至梅林再由陸路回籍卒時年四十有四弟祥鰲因兄祥愷挈往至甬江寶順兵艦此船由甯波運往北洋之糧每得酬奬軍功都閫府職銜由是至黃浦兵輪職員繼應安慶兵艦之聘因患足疾辭歸年四十一歲卒君兄弟友愛同具才幹若假其天年拔升鎮提在指顧間耳際此壯年兄弟先後溘逝吾爲人才惜并爲國家惜耳

童君子寬傳

君諱參字子寬性豪爽善好客交接殷勤尤能濟急扶危每發宏議一座爲之傾倒好屬文年逾弱冠尙困童子試輸餉授鹽大使銜由貢監應浙江鄉試不獲售淡如也家貧授徒族中子弟得其敎育傑

出者頗衆贈公祥愷公逝世其胞叔祥鰲又無後以君爲兼祧子事兩母俱得歡心故君書齋名曰壽萱亦祝兩老人長生壽同萱草而已孝成若天性其可傳一也年三十四營滬商業與虞君洽卿方君樵苓等相契合組織商辦甯紹公司行駛滬甬班復設上海甯波兩公司并建棧房君四出招股廣爲勸導所有鄞慈鎮三縣巨東皆藉君力爲多不二年克底於成寧紹旅客乘船稱便不受洋商欺侮樹永久之基礎挽航海之權利其可傳者二也宣統三年皖北驟罹水災延袤數百里盡成澤國間有未曾波及者食糧告罄食樹皮草根殆盡悲籲哀號不忍卒聞死亡人數十餘萬而嗷嗷待哺奄奄一息者尚存數十萬上海市民乃假哈同花園籌立皖北義賑會君慨然

憫之一切燈彩貫器燭炬及人役旅費三日之內爲數不貲君出資獨助共募銷票金計三十餘萬元如數滙解災區數萬民衆得慶更生君非富有慷慨義俠誰能及之其可傳三也歲在壬子夏我革命軍義旗一舉全國響應武漢劉家廟作戰爲時最久且最凶惡避亂無從因上下游船隻交通阻隔人民愈起恐慌時虞洽卿君發起賃德興輪船赴漢載民出險船長推諉不肯冒險嘗試君挺身出擔斯任鼓輪前往既抵漢口中流南北戰艦正在開火之際炮彈橫飛形若流星坐輪裏於中心進退維谷已逼危地船員百餘人僉謂非將船退出不能保船遑論保身君奮臂一呼力排衆議大聲曰此蹈駛至早置生命於度外幸已至目的地功虧一簣斷無返回之理一船

之生命事少全誠之生命事大凡人存善天必佑之定能履險如夷衆驩其言君佇立舵樓親自指揮兵艦亦知爲載難民而來情讓一路俾得通過時戰爭加劇炮彈擦面相擊君處之泰然不顧也抵漢埠人聲沸騰望船拯救甚切爭先恐後瞬息滿載即下駛回滬同聲頌禱君之鎮定造活六千餘人其功爲不可沒也可傳者四也年四十八方期膺命接辦滬寧滬杭兩路局總辦詎料部署甫定遽爾溘逝惜哉子一遜敏有幹濟才善揮霍有父風其家正未有艾也

鎮海陳祖詔譔文

童愼思君譜傳

君名祥棻字愼思姓童氏先世自鄞之建嶴遷居慈谿之東鄉祖蕙樓父鑑堂代有隱德君自少即負不羈之才初入學時出新解塾師

輒無以難之爲舉業不就繩尺洋洋灑灑下筆卽就已而習商業於甬東甫期年物產之所以盈虛價值之所以貴賤贏利之所以厚薄有無皆了然於心侃侃而談如老於其業者君之先世本以商起家各地列肆星羅碁布當是時君兄子嚴君實總內外事而應接不暇須君爲助君自是遂一於商君於兄弟行四長卽子嚴君性嚴厲君所爲或不當卽作聲色斥之甚或閉之一室中君皆笑受而從無怨言次梧鄰君以文學名一時顧善病每值秋試君必與偕至杭垣以慰其心待他兄弟及兄弟子亦恩義曲盡歲値秋穫君督租遠近未日出而往見星而歸日日如此未嘗言悴平時數十里往還性不喜舟輿輒步行其强力而任勞又如此始君讀書本以穎悟稱其後去

而入商界而好讀書之心實未嘗一日忘有子數人能就傅皆延師督課之君嘗曰經師不如人師必以人師而兼經師然後爲師之極則故君所延師如厲孝廉建侯謝孝廉彤黼楊孝廉省齋皆時譽也光緒中葉西學萌芽而信者尚鮮君獨以士人必融貫中外之學然後爲通儒飭其次子庠生文甲遊學日本其後邑之負笈海外者接踵而起而開風氣之先者君也洎文甲畢業於中央大學歸卽任財政部參事上行走旋授安徽三河榷運局局長於是君年亦五十餘矣遂就養於安徽官舍者亦二年有餘先是君與人言輒津津於封公之榮聞者或竊笑之而卒酬其志此豈倖而致歟君性剛好面折人過然不藏怒不宿怨人亦以是稱之待朋友尤有始終從無隙末

者晚年好習醫高聲朗誦徹夜不輟而於傳青主書尤有神契故治
疾時奏奇效年五十七歲卒於民國八年己未十二月初六日娶劉
氏側室王氏子五皆劉夫人出長文照次卽文甲後改名棠求現爲
明華銀行總理三文傑四文田三河樅陽榷運局局長次深道法國
里昂大學畢業生孫六人
讚曰君家以諄謹聞久矣洎余館梧鄰君家獲交君君於昆弟中獨
以才氣勝而家庭之間仍循循於子弟之列者維謹雖史公所稱萬
石君家何以過焉

東河姑婦雙節傳　祥謙行

從叔祥春撰

余讀劉子政范蔚宗列女傳或以才行著或以德義顯不獨以節見

也女而以節見乃人生之不幸至於姑婦一室並世守節尤不幸之大者嗚呼惟其爲不幸之事乃所以見節歟節婦吳氏者余從兄祥楷之妻也年甫笄歸祥楷爲室祥楷服賈滬上初若奮發有爲者不幸失業而歸病歿於途吳氏年二十八生二子長文泰乳名仁卿倚幼次甫彌月呱呱待哺家貧甚無以爲生思爲乳傭於異姓富家得厚值以謀衣食甫入門悔曰是乃掩沒我宗族光也遂拂衣歸歸則爲傭於宗族以養兒謂傭家猶吾同宗如一家也心暫安越數年次兒殤長兒習韓康業於滬上以繼逝夫君之志逮年長納范氏爲妻節婦見之差慰矣無何而文泰善憂家無儋石儲朝夜謀所以養寡母之志而不使爲傭已而善憂者亦善病遂成癆瘵而卒嗚呼慘矣

范氏者童養女也幼卽依吳氏爲養夫歿年纔二十六痛哭失聲欲以身殉而瀕於死者屢矣宗族勸以邁姑在勿復爾始止遂與姑同住一室日則同舍夜則同寢往往乏食范氏傭於鄰以養姑吳氏亦傭於鄰以養婦相對涕泣不自其傭之苦而値之微也曰吾兩人惟恃此傭値以終而已抑余又聞之范氏爲傭時往往有男子行過稍近衣則大怒拂之若恐浼焉嗚呼是足以愧天下後世之爲寡婦者矣

贊曰余先世太高祖妣姜氏撫孤守節著於邑乘尙矣越百餘年而後裔乃有吳氏范氏一門姑婦之雙節後先輝映天豈獨鍾苦節於我童氏歟然太高祖妣姜氏一房以下子孫繁衍至百餘人之多其

間有服賈創市廛者有讀書成功名貢成均登賢書者又有爲司訓之官從事軍旅立功吳興而賫志以歿者向之孑孑孤立至今而振振蔚起吾安知非姜氏守節之報耶然則如吳氏范氏者亦可以慰矣

先兄子嚴小傳

胞弟祥春譔

先兄諱祥楞字子嚴號子豐應秋試改名式鈺先大夫長子也幼穎悟精悍攻制藝從遊周大梁方鵾之門應童試秋試不售會先大夫歿年甫弱冠家指數百事務繁棄儒專治家政內外嚴肅有張百忍柳玭之遺風光緒初元先兄年纔二十三四有志農桑之學闢田種桑督家人育蠶爲本鄉開風氣又招湖人之老於蠶事者在家繅絲

以爲之倡當時費市與童市兩村桑園相望爲一邑之先聲日手朱子通鑑綱目一卷觀大意不求甚解好與里鄰方漪生族瞻篆諸長老談論英氣勃勃曲盡事情見者以爲蘇瓌有子事寡母馬氏以孝敎諸弟如嚴師暇則通商甬江蘇滬間與列肆經理晤會議論風生聞者憚服然故人子弟有貧寒不振者率提拔之不遺餘力好誘掖後進俊英多所成就其言卒驗於數十年後所著有子嚴時文鈔二卷子嚴詩鈔一卷

從弟織雲小傳

從兄祥春撰

君名景春譜名祥機字織雲號煦伯先伯父訓導公三子也溫恭直諒質重少文望之知爲端人正士自幼攻苦力學與余同遊本邑周

慈東董氏宗譜　卷十　厚本堂

明經大梁鎮海劉明經鵾仁和王孝廉金銛之門嘗艱於有司試年三十八縣庠次年乙酉中式本省鄉試舉人二十一名兩赴禮部試一科房考被薦以詩失粘旋黜君性自奉甚約常好施與而不有其惠往時仕途改遷懷才之士入貲於大司農取縣令長如反手有胡球生孝廉啟榆者君兒女戚也素抱此志苦乏貲君貸三千金佽助之無吝色後啟榆爲賢邑宰歸如其本以償同年友洪某富家子也家中落悵悵若有所失忽通書告貸百金慨諾之終身不言其事同年費某亦一時患貧授徒游學不足以事養告貸五十金君亦隱默不言近村名孝廉姚某家居教授清操絕俗口不言貧一日與飲酒酣略言境卽助百餘金無異言受者無愧色其樂成人美多類此君

兄弟三人長祥杓次卽君三祥栻伯父訓導公歿時君年九歲事余
先大夫如父事母以孝聞及年長家中建設一秉命於兄而不過問
弟祥栻病痱有足疾不良於行卧牀褥者數年君爲之延醫調藥暇
時對牀晤談引古人可歌可泣之事以解其悶其篤於家庭如是君
與余同歲生遲數月以兄事我君性嗜酒一日飲鄰家歸大醉適與
余遇同行中途以橋一枚啖我序雁行禮互推先後忽失足墜水浮
沉余惶遽甚忽見對岸有人植立呼之不應忽不見余爲施救以手
拯之獲濟始知岸上爲神人若隱助焉嘗與族中逸庭緝孫諸君結
文字飲鬬拳行令酷飲大醉歷七日夜不休無失德時人以爲豪余
竊觀君持身待人一出以至誠惻怛其智勇有過人者區區遇神人

及豪飲之事何足道哉世多以此稱君者故余亦不得而略也子三
文然文烻文煥女一適鄞邑翁翊商

一門雙節傳

族祥春撰

節母陳氏定海金塘人道光中葉西匪擾甯波童氏避難金塘節母歸童祥滌爲繼室祥滌家故饒貲財兄弟六人羣從數百指爭以豪華相尙而節母獨安淡泊姑余氏性嚴厲治家政不少假諸姊姒趨承恐後而節母獨得其歡心越七月而祥滌歿節母年二十有四無子痛不欲生三鄰勸慰乃撫夫兄八歲子本爲繼子所以承宗祊泯競爭有丈夫風本年幼撫如己子愛而能勞至成立爲娶室焉余不及見本亦不親聞其教本之詳抑嘗往來節母之家但見節母之治

家也約約其身以約其孤孫無所不約亦見其律身也嚴嚴其已以嚴其子姓僕婢無所不嚴先是節母初歸之時家境已裕至晚歲又增田六十餘畝本卒於咸豐九年年二十六婦邵氏亦以節著

節婦邵氏鄞邑侍郎邵基之曾孫女祖炖公父塈公年甫笄歸童本爲繼室節婦生長詩禮之家以嘗所善事其父母者事其姑節母喜曰吾得賢婦矣越四年而本亡於是時節婦年方二十有四生遺腹子名遜灼郎文崇節母見孫生謂之曰吾與汝共養天其不棄我乎節婦視其哺乳節母則隨之節婦療其疾病節母則共之及長而就傅壯而遊學四方節母導於前節婦誨於後日夜惟冀孤兒孫之成名而已余又見節婦之事節母始則同室居繼則同牀卧三人者形影

相依離則憂合則喜如是者數十年遜灼遊庠補弟子員節母喜曰吾家舊服賈讀書成名自吾孫始矣嗣中甲午科舉人節婦雖不及見而節母則親見之里鄰父老以爲兩代節孝之報云遜灼孝事祖母時人謂之順孫別有傳

族叔祖震巽公傳略

族姪孫賡年拜撰

傳者傳也必視乎其人夫人苟無卓犖可傳之事雖連篇累牘作者近諛愛者有愧其人苟有可傳之事其生存之日交口稱頌即年湮代遠猶嘖嘖在人耳目間洵爲可傳矣後之士夫入其鄉過其廬必指之曰某也賢某也賢數十年如一日所謂沒世而名猶稱道不替此人也適合于禮經所云鄉先生有功德於人歿而祭于社焉如族

叔祖震巽公是也

公諱祥權字震巽繩霞其號也性好善遇事勇爲於宗族事尤摯一族譜也自宋靜總公首創明文成公續脩之明清鼎革迭經變亂子姓散處四方譜系無從收拾垂百餘年至乾隆三十年柳園公搜集殘帙親自編排手訂成篇藏於家以備後人采擇如嘉道間天衢月亭小橋諸公雖經續修次第刊行皆循柳園公手抄爲藍本公念年久或恐失墮以溪舟公助光裕田十餘畝爲不足添助十畝以爲後人修譜之費公之功也其可傳者一一宗祠自明文成公創建享堂三間清懋功公始募建大廳五間及東西廳以及廊廡宗祏祖宗靈魂得所憑依年久破舊光緒間經公重修煥然一新公之功也其可

傳者二一春秋祭祀以報馨香邇齋公首助田二十畝以供元旦享祀清明仍付闕如公續助田　畝以擴充之可謂萬年香火永世勿替公之功也其可傳者三族人貧寒子弟無力求學公承先人寄霞公之志助田　畝以爲膏火之資又助景范祀田　畝以給孤寡而無告者爲合族所仰望公之功也其可傳者四科舉停廢學堂將興公乃相地祠堂東首數十步獨力創造數十間名曰龍江書塾并撥田　畝以爲常年經費而垂永久近日改設學堂即以書塾爲基礎迄今莘莘學子人才輩出皆公之功也其可傳者五歷觀公之行誼仁孝備至爲近今所罕覯其餘諸善事指不勝屈已詳諸名士所撰墓誌壽序中茲不贅敘余因己巳修譜之暇撮其大端皆

足以信今而傳後故據書直書不敢妄贊一詞以爲後人勸并可爲後之覽者興感而鼓舞焉

從兄玉剛傳

從弟祥春謹譔

君名玉剛譜名祥杓號建南伯父訓導公次子也母胡孺人少時習業上海以勤稱訓導公歿後吾府君實主家政君佐理之余家人衆事繁君自是不復出事繼母朱孺人孝君兄弟三人次弟織雲習儒業君爲之延師購書皆不惜重資其後織雲中光緒乙酉科舉人皆由君陶成之力爲多季弟貞泰有足疾延醫訪藥君未嘗以勞辭余家先世自西河徙三斟童其始業農既而敀修韓康業設肆上海青浦各處家以漸裕而田亦歲增君既家居日廵行隴畔課傭人耕而

田之美惡尤以水爲命脈遇旱澇佃者輒以濬河請君召水匠至口講指畫某處當開某處當塞某處當紆某處當直與夫爲時若干日爲工若干人爲費若干金授以章程不爽累黍聞者皆驚服不敢一言欺謾而里之方家堰者尤爲慈鎮兩邑水利關鍵君與從兄震巽君修築之而程工賦材亦稟君之成算爲多自周官匠人之職廢溝洫之法視爲絕學而君若性能之惜其所施者小耳震巽君修宗祠君與先兄子嚴以白金數百兩助之性好飲客至必勸之盡醉晚年自營新居既落成手訂家規守樸素家風至今弗改卒於宣統三年四月十五日年六十六歲配陳孺人側室孫氏子一錦蔚邑庠生能守其家業

敬具祖母陳太孺人暨先妣邵孺人事略

祖母姓陳氏定海廳人歸　先祖祥滌公爲繼室結褵甫七月　先祖遽卽世并無出以伯祖祥清公三子諱謙本承繼卽文崇之先考也　祖母爲之撫育教誨且授室焉妣莊妣邵皆早世又繼娶生妣邵孺人邵孺人歸僅四載而　先考又棄世越四月邵孺人生文崇嗚呼文崇悲　祖母之節尤悲　祖母之遇焉且當是時　祖母始衰家道中落薄田數十畝　先曾祖因創業京都大半質於人所遺者亦僅耳　先妣料理米鹽時形艱窘自食粗糲以甘旨奉　祖母終身如一日迨文崇稍長　祖母嘗招諸別室而教之曰汝少時不知艱苦今成人矣我爲汝告之汝當謹識之勿忘昔汝母之新寡也

有竊以淫巧之圖悅汝母者汝母艴然怒并出惡言絕之由是家政
嚴肅踵吾門者無不懍然焉以此見汝母之節西匪竄吾鄉吾家避
難山居行將半途舟忽漏將沉同舟者皆紛紛就陸路而遁惟汝母
抱汝擲諸岸掖我舍舟同坐于河干未幾別有船來僱而棹之以此
見汝母之孝京都祖業房親有分者七八家大率多以揮霍爲能靡
不虧欠汝母含辛茹苦不敢稍涉浪費京店雖遠隔大半由汝母章
程而行以故祖業不至傾覆且屢獲贏餘而　先曾祖出質之田亦
得以贖回也我與汝母兩世嫠居相依爲命歷有年矣今仗親族公
請遵例俱得邀　旌誠盛典也汝自少讀書汝母督責綦嚴今雖幸
獲青衿猶宜攻苦力學當知陶成之不易以慰我與汝母之望不意

汝母竟先我而逝我將何以爲情耶文崇聞敎之餘不勝哀痛爰備述告語以求　太夫子大人傳諸邑乘垂諸後世文崇感且不朽

祖母年二十四歲歸　先祖越七月　先祖歿同治癸酉年請　旌時年五十七歲現存年七十歲　先妣年二十歸　先考越四年　先考歿時　先妣年二十四歲光緒乙酉年請　旌時年五十歲卽于是年十一月二十三日壽終計守節二十有七年奉養　祖母三十年

童母邵太孺人家傳

侍生陳祖詔撰

太孺人邵氏慈東人正大君之長女年二十一來歸童貞泰君爲室七年而貞泰逝世又三十二年而太孺人卒時民國壬子年五十有

九子一游湘孫四遜珪遜璋遜瑤遜瑚先是貞泰君賈上海結婚甫三載忽得風疾纏綿牀褥者又三年之久時時望有子庚辰八月太孺人果舉一子貞泰君喜甚令人抱之至近撫摩之不忍釋顧貞泰君病益劇甫一月自知不起謂太孺人曰吾之得延似續汝之功也吾父子之緣淺吾身後幸善撫之吾不及見此兒之長矣太孺人涕泣受命貞泰君旋卒及游湘既長太孺人爲延師課讀科舉廢遣入學堂已又爲娶名家女爲婦今游湘亦已有子矣夫人孰不欲有子有子矣而己身或遭短折則此嗣子者將以託之何人有人可託矣而其人或不足於義方之訓又柰何獨太孺人撫一月之孤以養以教歷數十年之久而不自知其敏勞而游湘家號殷實從不染紈絝

之習率循母教不怠不逆見者稱之此貞泰君所以含笑於地下而太孺人所以告慰於貞泰君者也嗚呼賢母也已民國八年請旌節孝得給志潔行芳匾額太孺人持身以儉遇傭僕以恩戚族之貧乏者時時賙恤之然余皆不書獨書其撫孤之義俾世之稱未亡者有所取法焉

讚曰書稱禹之言曰啟呱呱而泣予弗子惟荒度土功然則禹不能自教其子明矣而傳稱啟賢能敬承禹之道其皆塗山氏之功歟若太孺人者其亦庶幾乎

童養吾君家傳

鎮海張壽榮鞠舲撰

童君養吾慈谿人諱謙孟字鼎橋養吾其號也縣學生員性嗜書嘗

潛心探討博稽旁搜流覽不輟以爲如是乃所以增長識見開拓心胸故其生平不規規於制藝帖括之學而制藝帖括之所出卒未嘗不工蓋其集益廣也事有致力於彼而收效於此者大都如斯已君稟承家學厥考春圃先生能文熟精史事書法出入歐陽趙文敏善誘掖後進凡經其啟廸者輒月異日新故君亦翹然不羣讀書之外兼及詩古文所作多可觀他若天文歷算三角八綫星學諸書研究尤深所著賦草墨栽龍江竹枝詞筆算渾天球圖等藏於家余耳君之名久矣初嘗聞於其族夢橋君並見其所爲勾股割圜諸圖繼復於太守李侯校藝院中熟其名且嘿甚因思介紹於夢橋俾得一見其人旋以夢橋作古余復羇旅無常歲莫始歸里因輟其事比交小

橋明經詢其家世乃知爲養吾君哲嗣余既甚慰亟索其遺迹大半散亡并余初時獲見於夢橋所攜視者亦不可得小橋惶慚滋深淚涔涔下逾日搜求於朋友處始得若干首訂爲亦耕軒遺稿三卷余序之而其婿嚴君筱舫梓之儲其曆算書待續刊小橋乃稍釋所憾茲復述其事略以家傳請余無能辭爲著其可表式者餘詳遺稿序不贅君志行高潔不諧世俗不與聞外事摯於孝友事親能得歡心我邑陳羽階明經耿介士也於人少所許可嘗贈以聯語曰今天下豈無廉士此室中如見古人可以得其概矣君以試不利遂絕意名塲授徒自給日惟怡情書卷至暮年齒不少倦以其婿貴貤封奉政大夫子一遜組附貢生女三長適費才國學生次適嚴信厚郎筱舫

君前任長蘆運同今李爵相薦舉道員總理鐵路事蓋才學兼優者也三適張琳於傳例得附見故及之

論曰自士習浮夸人爲漸漬一有樸學好修之子讀書稽古多識前言往行輒羣相詆諆曰是不能趨時爲制藝而假借他途以自遁其於功名也遠矣比見其試亦高等並有掇科第以去者乃又改其辭曰是偶然得力於所記憶非真能文而因以得所藉手窺其意蓋必抑之以不能文而已之能文見必謂其偶然獲助藉以明己之不屑爲不如是則已何所長而彼且並無所短不益愿然乎乃若養吾君之工於制藝帖括抑又何耶然而君止一衿以終吾恐悠悠者又將貽之口實矣顏黃門曰人有飽食醉酒全忘修學及夫議論得失蒙

然張口如坐雲霧公私宴集談古賦詩塞默低頭欠伸而已有識旁觀代其入地烏虖若而人者以視養吾君之所爲孰得孰失孰爲之而無所合孰不爲而能兼善必有辨之者功名利鈍曾何足云哉

太學生童翁德星家傳

眷晚生邵　錕拜撰

翁姓童氏諱文爛字德星又字厚齋慈谿縣童姚村人父諱慈福縣學生母孔氏昆季三人共啜菽人以是尤難之翁之爲賈也聲聞藉甚由吳越至豫楚皆知翁而足跡未嘗出五十里外或招致之則曰我所以棄毛錐持籌算者思養父母耳賈人子逐什一之利奔走江湖遠或數十年不返其如高堂何哉及將卒遺訓其子孫有曰人子不得已當作客遠不過三年宜歸來以無負倚門倚閭之望翁生於

乾隆三十九年二月十九日卒於道光二十年十一月二十九日享年六十有七娶洪氏生於乾隆三十九年二月二十一日卒於咸豐元年正月二十三日享年七十有八合葬於鎮邑周家塾之西原子二謙懷謙恂孫五遜學遜圭遜悌遜益遜岳曾孫三勤衮勤襄勤勳始翁苦所居不廣將新之又將爲義塚給棺具葬埋皆不果旣卒而其子成之又嘗語其子曰吾家固儒素我不得已廢學就商汝曹勉爲讀書將誰有繼乃祖者乎性孝友時致家所寡有之物以娛親意凡所以事其親者甚備久之與昆季分財或語翁曰乃家治產業僉莫如君力宜多取之翁不可曰皆吾父母之子也古者大功猶同財我敢自別異於同生乎卒平分之而號其家曰孝全翁以二百金起

家寖爲村上巨室顧退抑自下與人言常吶吶不肯道人短以所聞見教家人必以善行足取法者生平無疾言遽色雖甚逆意處之恬如鄰人時有非禮陵翁翁不與之校也性慈惠三黨或困乏時有贈卹加意孤寡湯藥櫬櫝之施予靡歲不有年饑出倉粟助縣官振濟而戒家人益節儉翁少讀書以貧異稱里黨中爲文善思索有性靈既而以家貧親老廢書歎曰我冀沾微祿養吾父母得失未可知而或緩我使不逮養吾計左矣乃學爲賈雖漸饒裕亦何足貴乎今翁孫遜悌試於郡冠其軍有聲庠序間足慰翁之志矣余叨戚末知翁行誼爲掇拾其事狀書之

贊曰素封之子恆不知艱難飫饜膏粱而米生於囊瓮亦足慨也翁

處富厚而不妄貧賤其深知其此意也夫

童君承文家傳

同邑柴常春撰

君諱炳蔚承文其字也世居慈谿東鄉之三斢童祖鑑堂有隱德父梧叟金華縣學教諭以學行稱君其長子也出嗣伯父子嚴後清光緒時君補縣學生員科舉廢肄業甯波法政學堂民國旣建省會成立九年君以當選爲省議員十一年又以衆議員之推選參議會參議員省議員縣不數人參議員省不數人而君中其選豈非以才歟惜參議員卽以未及召集而卽止省會亦不久旋卽解散君之先世以商業起家君自嗣守先業外閒亦從事廢著億則屢中有端木氏之風然君知其家人曰後人弗遽倣傚其遠慮又如此君性孝友事

繼母邵太孺人勿逆勿怠太孺人病革謂人曰凡人亦何必親生子意謂盡孝如君卽與出腹子同也羣從之事視如己事有未當輒涕泣以道其待人也有就謀者甫數語卽知其意而悉力排解之得以無事而其人或不知也謀生實難有以衣食之故挽君營業者君輒不辭其後雖受欺負而不悔某常假君資以營生値還期力不足又罹重病旁皇無計君聞使人語之曰善養身前數不必置懷也其人如釋重負病以遽愈總之君之爲人重義而輕利先人而後己夫是以蜚聲商界而人人頌禱之也而論者徒知以議員貴君以懋遷之術稱君烏足以知君哉君卒於民國十五年十一月十四日年五十歲娶吳氏側室顧氏子四皆吳孺人出長遜壿次遜均先君卒三遜

堦四遜坡女五長適鎮海阮次適鄞丁餘未氏孫二

讚曰我省議員百五十二人余與君同選又同邑故氣誼視他人爲親自君卒後余有事省垣輒想見與君當日雲龍之好焉其家以家傳請爰述君之生平以貽之

慈谿縣志人物傳補　　姪賡年撰

童遜組字小橋父謙孟諸生以經術教授里中懷才不遇賫志以殁遜組十歲而孤終鮮兄弟賴母氏含辛茹蘗撫養成立少穎悟生而不羈母姚太夫人督之嚴始就章句學困於童子試同治戊辰督學徐壽蘅侍郎試浙入邑庠年已三十矣其後屢赴南北闈薦而未售遂淡於進取其姊適同邑嚴觀察信厚貲雄一鄉乃倚以爲重入商

界任錢典業公所事家稍裕肆力於古文詩詞尤善擘窠書并橅雙鈎法幾入鍾薛之室人爭求之不愛值繇是更爲人所重性坦白排難解紛必底於和釋而止親族中三十年無涉訟公庭者皆遜組之力也鄉里善舉知無不爲襄理五眼碶水利及採訪雲華堂節孝纂脩癸酉族譜皆克著勤勞生平不愛人憐然頗憐人有貧苦相告者或米或錢施捨不吝家雖屢空不顧也光緒甲乙間僦居郡城東北隅有小樓一間樓下桂樹高出墻外四季開花芳香可愛遜組題其額曰聞香小齋首唱七律四章一時和者不下五六十人著有聞香小齋唱和集一卷時嚴觀察信厚駐滬歷辦順直秦晉湘鄂振欵屢勸入貲爲州縣佐施其展布遜組曰落拓一官無補家國反縛身心

堅不就宗湘文太守源瀚吳福茨道尹引孫遇地方公益善舉延聘六邑紳董遜組必首選因其上自官吏中及紳學下至輿隸走卒無不識其名慕其人故得遜組指使百端就理當道交器重之若有人以私事相賄託者則嚴拒之其和中有介如此卒年六十著有蘧蘧室詩藁詩話及雙鉤法若干卷藏於家

薇塘先生傳

謝覺德拜撰

先生諱遜樺薇塘其別署也慈東靈陽鄉童市鎮人先世皆有隱德先生性孝友贈公湧泉公病劇先生年方弱冠朝夕祈禱願以身代嘗割臂肉以療之鄉黨至今稱孝焉兄弟五人先生序居其四當甲戌贈公棄養先生哀毀骨立如禮伯兄繼殂仲弟遭風疾不克顧家

先生周濟罔懈視姪猶子多方援引方期諸姪繼起不幸一門衰薄孤寡嗷嗷待哺皆資先生以爲周濟十年如一日尤爲人所難能孔子曰施於政何異施於家是亦爲政奚其爲爲政先生有焉性和藹人有非理相干者百端譬解從不疾言厲色先平其氣後服其心人多感化鄉里望之古之魯仲連云夙擅理財學嘗投筆嘆曰丈夫志在四方安能以一衿終老伏處衡門長事筆研間乎乃棄儒服賈於漢皐視銑盪鏐鈑之高下爲轉物候時之盈絀不數年而蓄積饒多親族賴其援引者皆隨時俯仰而獲其贏利矣先生素慷慨仗義同村姚某視其人樸誠先假與萬金營業虧耗殆盡先生坦然處之不責償復貸以數萬金使之背城一戰友人涸澈頓蘇詎料姚某廢舉

仍不利業劇財匱無以償夙債先生仍愛人喜施意豁如也非特不追其欵且濟其日用毋使乏尤其度量過人遠矣其時姚某之司賬某者曾爲姚擔保立有筆據應負陪償責其父在本村營業聞之心膽俱碎匍匐乞先生憐之先生曰泉貴流通去留無定區區安足計卽出其保單還之其父如釋重負感拜而去前清道光八年祖堂被毁民國甲寅復遭回祿滿目荒榛悉爲瓦礫之場無人過問先生慨然發起謂堂爲祖宗棲神之所以我二房子孫衆多若不急行修理以妥宗祏而爲子孫者轉得安居高堂大廈於心得毋愀然乎先生首出五百圓爲之倡一時聞風興起相助爲理集欵甚巨鳩工庀材規模式廓閎五月而告成于是其庭翼翼然其正噲噲然神靈得所

棲而祖考攸甯矣晚年家居以爲人道必自親親始由家庭而宗族由宗族而鄉黨必使人各有業得遂其生故多方汲引雖虧耗不計也每謂祖宗得一亢宗子以光大門閭范文正之義田可則而傚也其他好施與恤孤寡修橋路勸掩埋諸善舉知無不爲爲無不力以實心行實事晚近來殊難數數覯也易簀時命哲嗣槐卿盡出契券而焚之謂我子孫賢存此何濟於用子孫不賢反多後累不有之可也惟現有之贏餘充宗祠義田外并前購祠旁隙地爲異日擴充祠基云壬戌十月之交召嗣君等而囑之曰余中心所耿耿者有願未了溝通河渠爲地方公益尚未及身行之余之遺憾也前所助田十五畝比年生息雖較昔增多然仍慮不敷望汝等遵我遺意補我所

未了之願余必安余願亦慰矣槐卿恪承父志復益以千金使河工可賡續進行可謂善繼善述者矣槐卿以茂才異等蜚聲於庠序之間嗣孫秉璋奎章等亦英英露爽商界學界各樹一幟將來悉爲後起之英先生生平犖犖諸大端已詳孫玉仙司馬七十壽言中故不復贅焉

童君俊三孝廉事略 代陸仰賢 俊三郎遜灼公

姪賡年撰文

君諱文崇字俊三慈谿靈陽鄉童市鎮人曾祖慈春懋遷北地善居積以貲雄於鄉生子六人君祖祥淥年最少娶妣陳太孺人越七月祥淥不祿無嗣太孺人痛不欲生三鄉勸慰以夫兄祥濤八歲子謙本爲後使撫孤完節以承宗祧焉太孺人視如己出以教以養幾經

勞瘁至於成立乃爲娶邵太孺人以延似續得慰夫君於地下詎料甫四年本又殂謝幸懷孕四月尚有一綫之望兩太孺人朝夕祈禱果生丈夫子一即君也稍慰未亡人之痛矣君少孤煢煢孑立惟兩太孺人是依愛護維謹不使離左右然教君嚴而有法及長外適使人陪伴君必請告以往歸稍晚必詢問再三君欲得堂上歡心輒閒述民俗瑣屑事佐以嬉笑而後已兩太孺人或時不懌則大懼不敢出聲起敬起孝愉色婉容數十年如一日乙酉邵太孺人棄養君哀毀逾恆喪葬盡禮時時號泣孝成天性非常人之所能及者時祖母陳太孺人尚在堂依依孺慕一如邵太孺人在日鄉人多以孝子順孫稱焉君年甫冠銳志治舉業爲方明經景雲沈徵士廉高足弟子

每一藝出儕輩相推服縣府試屢列前茅祁文恪公歲試入爲縣學生戊己之間奉化孫玉仙先生設帳於其族中可讀居君往從焉攻治經史外及諸子百家得諸名士互相切磋文名大噪此時舘中蕉花盛開人咸爲科名之兆族姪賡年果於次年中本省鄉試舉人癸巳孫先生鏘聯捷成進士甲午江君志伊聯捷入詞林君亦於是年領鄉薦人才濟濟可謂德星聚於一堂矣乙未歲中日交戰南北道梗公車裹足不前君欲博一命之榮以爲顯揚之地不避危難襆被入都試畢薦而未售房師陳公大加激賞期以晚成君自知有命乃絕意進取覃思著述浸淫乎史漢出入乎韓歐之間一字不安不善也故所存文字僅數十篇且不欲示人耳旋丁祖母陳太孺人艱未

禫又遭德配莊孺人喪君至性過人疊遭大故閉門讀禮不問世事時以君賦悼亡踵門求婚者屨常滿君自惟素體孱弱未必永年且兒女衆多不欲以異母遭蘆花之泣概謝絕之未幾漸患怔忡皆因心力交瘁之餘重以憂憤遂成不起之症所謂憂能傷人也卒年僅三十有八惜哉生平儉約自守雖處席豐履厚之地常存持盈保泰之心一器一物不求華美一飲一食但期適口悉遵兩太孺人之教而行之然歲時薦獻未嘗不致敬而豐也親朋往來未嘗不勉從其腆也性孝友本生祖名下有祀田十餘畝出售于人君出資贖回仍歸原祀使享祀無缺而君報本追遠之誠於此可見其概也生子二勤垣勤墉有幹濟才皆能繼其家聲女五適費適陳適陳適陸適王

孫男五人茲擇丙寅四月十日合葬於本村西岸之原相度均吉得安窀穸矣余竊觀士君子不幸幼罹難逆迹其孤露宜若無由自奮卒其所跨越倫輩未嘗不推本於聖善其一時功名成就宗族交游光寵雖其人克自振拔亦天之所以佑啟其後以酬苦節之貞未有已也今其子孫輩以君言行不忍湮沒欲求

當世大人先生錫之銘誄以光諸幽壤亦為人子表揚其親之責也余與君兒女通家夙稱交好雖其沒時已閱卅年幾同隔世而聲音笑貌宛在目前惟余以衰病放廢之身麤述君之梗概是所重有感者也

童君在章家傳

同邑後學葉梧春撰

君諱遜富字在章慈谿靈陽鄉童姚村人前清國學生以孫慎衍職封奉直大夫天姿英敏幼讀書過目成誦塾師異之期以大器比長迫於境棄儒就商操韓康業昆弟三人君其季也父東各公早世事母曹太宜人先意承志能得其歡心性慷爽不事居積太宜人嘗詔之曰汝家貧吾安之有素然生齒日繁得置恆產以備婚嫁固所願也乃稍稍治田宅君經營於外太宜人操持於內不數稔稱小康太宜人得優遊晚境以終餘年者君實有以養其志也君作事有幹才應機立斷而胸無城府往往面斥人過事後卽渙然冰釋故人樂與之友貿遷藥物廢著適當顧自僞貨日出利恆倍蓰君獨以藥性純

雜病家生命所關選擇惟恐不嚴有業是者輒勸戒之人以是益重君謂其有古君子風也王君位東君故人也重君才聘赴四川主號事君以母在峻郄之越數年太宜人棄養王君復申前請乃始束裝就道川號者藥業利藪人所謀之而不得者君以天倫之樂棄如敝屣迨爲鮮民後方始就聘以全友誼此其志趣蓋有過人者焉君自奉儉約非義不取雖薄有積蓄而產不逾中人嘗割己田以助宗祀並增上祖祀產鄉里多盜出資募團丁爲富者倡人尤稱之其他賑灾恤嫠修梁治道及三郤之以緩急告者無不量力佽助尤善獎掖後進汲引親族賴君力得以馳騁商場者實繁有徒其急公好義類如此君有肆在東瀛司事者挾欵遁因遭訟累家復落君處之泰然

乃仍客滬上至是人之稱貸者則貸諸人以與之比有所入復代償之而不責償於貸者其慷慨性成不以豐嗇異也子勤源能世君業盛君仰喬知其才聘赴四川掌永泰號事既首途疾作遂歸逾年而殁人皆惜之君遭此變故中懷抑鬱乃命長孫愼衍侍左右教以經商之道及人情世故愼衍善領悟君對之雖聊爲慰情而西河之痛卒促殘年未幾抱病卒春秋六十有三子一卽勤源孫二愼衍愼衡距君殁三十餘載其族人續修家乘愼衍昆季繕君事略屬余傳其事余不文然與愼衍昆季交最久誼無可辭故敘述如此

葉梧春曰余曩者見君於滬上魁岸頎碩古貌凜然及與之談論則辭氣和藹蓋恂恂然君子人也忽忽四十年來此僑寓而君已物故

久矣然每見夫闤闠叢攘駔獪雜處大都纖嗇狡滑孳孳爲利如君之輕財仗義而又篤於天性者蓋不數覯未嘗不歎古今人不相及而世風之每況愈下也詩曰雖無老成人尚有典型吾故樂傳君之事不獨爲君子孫法且爲世人風也

壽序

童公靜齋七十壽序

士之樹立於時者德行文藝本末兼資然而跅弛之才倚馬千言立就而浮動不居放蕩自娛其器量不足以脩德而凝道謹飭之儒斤斤繩尺自守而英華消阻才美不外見又未免迂疎而寡效求其文行交稱堪爲後進師表者不數數覯乃今於吾同年友靜齋童先生遇之先生名鴻逵字天衢靜齋其號亦號杏村行四家世慈水東鄉其尊君年伯蘭圃公起家儒學爲郡庠名宿庭訓淵源啟佑後人先生弱冠列黌序遂以高等食廩餼於鄉學者十餘年援例貢入成均歲庚申與余同膺浙江鄉薦凡三赴公車試禮部未捷今兹年七十

矣德配陳孺人膝下令嗣四人曰慈泰慈金慈珏慈增孟仲季皆國學生叔邑庠生女二人孫男女十餘人家本素封慈泰等且讀且賈朅來於乍川甬東間以致洗腆而盡孝養俾先生益得肆力於詩書以精其學而劭其德名顯當時緒垂奕葉初余與先生相見京邸見其道範可欽謙退有節入座者如領春風飲醇醴盤桓不忍去及與上下其議論乃知枕葄經史醖釀宏深因與晨夕往還無臭味差池是以知先生家事甚悉先生自遊庠以後常肄業於其郡之月湖書院每課輒冠軍儕輩驚服之咸謂扶搖直上在指顧間事乃遲之又久髮已及班始得賓興於鄉矣器之大者成必晚積之厚者流自光順水揚帆則蓬瀛可到寧復慮有行行且止觀望中流者乃北上三

年且及古稀豈其鴻毛順風尙有待耶雖然先生自比年以來誠有以自樂呫嗶丹黃不停披不絶吟下帷講貫遠近來學者得所指授皆無忝於爾雅之選先生素行剛方足跡履城市者絶稀又以其爲誨之餘脩葺宗譜俾有成書殫精力至於幾歷寒暑其於德行又如彼非所謂本末兼施者歟非交脩不怠足爲鄉邑矜式者歟非脩德食報而垂譽無窮者歟抑余又聞之先生一門之集祜蓋自有得天獨厚度越尋常者厥考蘭圃公壽九十七乃終親昆三人皆稱耇成人女兄之適胡氏者亦壽九十一而終德配年九十六齊眉偕老璧合珠聯先生精神矍鑠好學孳孳不倦誠伏波所謂老而益壯者將見克享期頤上之爲熙朝徵人瑞下之爲桑梓集耆英其在斯人歟

舍先生吾誰與歸余羈京師其及門諸君子以書徵言爲稱觴之頌余於先生葢識之稔而遂不覺其樂道之詳因序而歸之

乾隆乙卯舉人義烏訓導張校均代陳履豐閣學

恭祝大碩德蕙樓童老先生大人七十壽言

壽者酬也天之所以酬善人也人能自固其精神日積其慈祥天必報之以壽考箕疇五福首重在壽理有固然人生至七十則杖國養學之典貳膳四豆之制其文載於戴記者特詳豈非人世之所願望而不能必得者哉谿上童君蕙樓自幼性聰穎能習會計及長父母使之行賈勞勤備嘗銖積寸累遂成素封而其立心仁厚實符乎天地生生之德是以必得其壽而無疑其在平日則恩周三黨遇飢歲則惠及窮黎至於崇飾祠宇修治橋梁道路又其事之小者而自奉儉約不因家之饒足而稍有改易數十年直如一日如此懿行卽求之古人中且不多得況今人乎聞其尊甫　善長先生年過古稀

治家敦孝弟崇儉樸內外雍睦里鄰之人至今稱道不置生丈夫子四人君其長也君之治家持身皆恪遵先人之教而未嘗稍有違年弱冠即奔走服賈於外最善持籌通達世務適合乎龍門所紀猗頓之行橋姚之術夫治生之道各任智力夙興夜寐以脩其業相與通功易事交利而俱贍非有發徵期會而遠近咸足拙者之所爲恆不如巧者獲利之多其大較也君儲峙黃家之所需而貨物必精售者自遠而至平江茂苑之間無不知君之名及君之爲人者嗣後於滬瀆甬東復各設列肆而其貨物之精貿易之廣一視姑蘇宜其家道日隆隆起新堂構廣田圃而有以大慰高堂之心且使其昆季之家家業亦日盛而嘖嘖有稱於里中此皆君惠之所波及者也昔明人

田汝成爲阿寄傳因論及於五都之豪爲父行賈匿良獻楛否且德色以覘君之曲體親心善承先志而又庇及昆季者相去何可以道里計者惜君屢占炊臼之夢未聞弄璋之音續娶李氏乃生二子長曰慈潮次曰慈瀚今皆嶷然成立或課以詩書或勉以耕稼皆足慰君之志承君之事君顧之而怡然色喜殆洪範所陳身康强而子孫逢吉之報歟歲庚子六月爲君七旬覽揆之辰族黨偕友人共謀所以壽君侑一觴君謹守先儒伊川程子之言力辭之而不敢當以故令嗣慈潮因其弟慈瀚於九月十有九日合巹即於翌日補稱壽觥介余弟修書達右江署中乞爲壽言余素悉君之懿行又因長君之孝思洗腆用酒以表揚其美義不得辭爰郵寄俚詞陳諸座右以爲

介壽之章以明天之報施善人之理且以爲世之能孝養其親者勸抑又聞君之年已七十而精神矍鑠視聽不衰較之盛年無異則由耄耋而鮐背正未有艾他日余回里中當躬登楚寶之堂載進眉壽之祝君必輾然一笑而醉百觚其樂豈有涯哉至於世俗之人所以慶壽考者往往效岡阜諛詞余輒鄙之而不屑道也是爲序

道光上章困敦歲無射月上澣

賜進士出身

誥授中憲大夫廣西右江兵備道歷任陝西鹽法道署督糧道事前

禮部儀制司主事祠祭司掌印員癸巳科鄉試提調官加三級愚

弟陳修鼎拜撰

繩霞童先生五十壽序

鎭邑劉　鯤撰

余嘗慨近世人心之薄風俗之濇遠不逮古昔旣而思其所以致此之故大率由於席世業擁厚貲者知有其身而不知有其先知有其家而不知有其族知有一己之安富而不知有他人之困窮積習成風比比皆是求其承先志篤本支推仁心行義舉惠周乎宗黨澤被乎里閭行孚乎道路率其乎所性而初非假此以沽名行其所安而並非挾此以望報者蓋千百中不獲一二焉今乃於慈谿童君繩霞而得之君之從弟織雲爲余乙酉典浙試所得門下士織雲謁余時常縷述君之行事以告余余心儀者久之歲戊子余又奉命視學此邦越春初織雲以書來言今歲四月十日爲君五十覽揆

之辰乞余一言爲君壽余雖未與君謀面然知君甚悉其何能以不文辭君爲太學生　寄霞先生孫太學生　小霞先生季子先是寄霞先生嘗有志助祭田設義塾未果而卒　小霞先生遵　母洪太孺人訓始以田三十五畝爲祭田七十八畝爲塾田卽於宗祠側舍延師課族之子弟讀而塾舍尙未建也　小霞先生捐館後祠塾支用漸繁入不敷出君慮祀事之或墜塾費之不給也爰割膏腴數十畝分益之使充足有餘裕并置基地數畝行將鳩工庀材營建塾舍以垂永久是君之承先志篤本支有如此者君性好施與於族之孤嫠無依者倍加矜恤歲凡數十人月給米粟俾得事畜有資以全生而完節至三鄰以窘急告無不曲爲周濟待友誠懇寬厚卽欺誑

之亦不遽形決絕傭作者詢悉其無耦往往出貲使完娶姻族有爭競事力爲排解不聽則垂涕道之務使和協而後已所設藥肆數處每歲夏月必施送痧藥以濟人是君之推仁心有如此者君自奉甚約飲食不嫌粗糲衣服不尚華美處豐厚無異寠素及

朝廷有籌餉勸賑等諭則踴躍樂輸爲鄉邑倡他若修橋梁治堰閘平道塗以及鄉里一切諸善事詣君募商者無不慷慨佽助以成人美是君之行義舉有如此者君未習舉業而性耽文字奇書法帖不惜重價購藏尤篤嗜顏魯公書十數年來臨橅無虛日故其擘窠書爲時所稱君有三子以長子文熊嗣伯兄後命與次子其業儒歲延名師督課綦嚴今俱彬雅能文文熊且已生一子異日桂秀蘭芳瓜緜

椒衍可操左券蓋積善之家必有餘慶理固不爽而余竊爲君欣幸者則以君之承先志篤本支推仁心行義舉俾世之席世業擁厚貲者咸聞風而慕效行見鄙薄化爲爲敦厚澆漓返爲忠艮而君乃得以伴奐優游逍遙杖履由是而耆而耄而耋而期頤年日益增而人心風俗亦蒸蒸然日進而日臻於古豈不更足以慰君之願而樂君之志也耶織雲其誦余言以告君吾知君當必以余言爲然而笑引一觴者矣是爲序

玉剛童先生六十壽序

鎮邑陳祖詔譔

吾鄉與慈谿東鄉里落相望果蓏樹木之隴相錯故其地之人情風尚咸習熟於吾鄉人之心目而言殷實之家能以仁厚存心者必曰龍江童氏余嘗耳熟之　童君　織雲孝廉之兄也余舊與織雲同學後　君與織雲以課故邀余館其家余見及門諸子脩整者多竊嘆仁厚之稱爲不虛也及進察其家庭之際凡父兄所以教子弟者大率不雅此旨然後又知後生氣習之良有所本也而　君時方總攬家政故稱　君者猶多而余之知　君亦猶稔　君始賈申江以粵匪亂歸不復出當是時　先德　先生以勦匪功官湖州教授而委家事於其弟　君遵循叔氏之訓無自擅者事繼母　朱宜人猶

謹凡娶兩弟嫁兩妹豐嗇惟　宜人之言是從既總家政則視弟之
子如己之子積數年內外無間言嘗先塋搆新居皆不事華侈從兄
繩霞創建家塾　君卽割腴田以傾助之他如恤親族佐鄉黨義舉
者猶無虛歲與人處一將以誠不設城府　君之行如此此子弟所
以有述而善氣所以詳溢於一門也往余讀太史公書以爲遷紀漢
初名臣如蕭曹平勃輩其功業皆磊落軒天地傳之宜矣若萬石君
直不疑諸人不過一身一家之美何與於楚漢之成敗而亦覼縷述
之何歟已而悟一代之興非取天下之爲難而治天下之爲難治天
下之道莫亟於善風俗必也家敦雍穆之行人懷長厚之心而後可
以云　治觀秦之所以速敗與周之所以久存者豈不以此哉遷故

以數人示其則此撰著之微旨也由是而言如　君者又豈家門之所賴也哉　君以捐輸功由國學生　誥授奉政大夫性嗜飲客至必盡歡而罷習勤不倦早起循阡陌中課督傭耕雖祁寒暑雨不間也今茲六月上澣爲　君六秩初度之辰哲嗣錦蔚茂才謀所以佐康酌者以嘗從余遊來請壽　君之詞余謂風會之由厚而薄也殆亦天爲之乎然苟有人焉固而存之則亦可以久而不敝余初主君家見　君家之俗輒愛慕之顧猶自以足跡未出鄉里所見少耳其後東遊齊魯北極燕趙雖皆匆匆與計偕然所至之處間亦察其習俗之升降而求如君家者卒寡則　君敦率之功其可不紀乎　君之壽余其能已於言乎　君初屆杖鄉精力如故子爲諸生兩孫秀

徹田園歲益飲興不衰荀子稱美意延年則　君之由是而耄耋而期頤皆不足以爲　君難獨　君平昔之行近可以爲法於後嗣遠可以矜式於鄉里　君之年彌永郎薰德而善良者彌衆古者君子以名里廉讓以名鄉行將於龍江再見之矣世有良史如司馬氏者知治道之純駁制於俗尚之善惡安知不大書特書以繼萬石君直不疑之後者乎此余祝　君以大年之意也

童君梧鄰六十壽序

往歲余過中翰童君梧鄰家舊所館者也君方端坐一室中羣書鱗次櫛比高可隱人手披目覽如不及哲嗣炳蔚茂才侍側謂余吾父明年壽六十戚好將製屏幛以祝洪算咸謂知吾父者莫如先生詳願得一言紀其實余諾焉今茲三月二十七日君初度之辰至矣爰輙述君生平之懿一通以貽之君年方踰冠卽補博士弟子員旋食餼已又以優行貢成均文譽籍甚顧秋闈屢薦不售以捐輸功光緒甲辰由中書官金華教諭甫踰年歸君歸以齒德負一鄉之望里黨時資以排解然君獨嗜書有魏武稱袁伯業風今登壽六秩猶日親佔畢可謂好學之君子矣顧吾竊念始館君家爲光緒庚寅其時率

由舊章以科舉取士而大吏或嫌舉業空疏提倡通經博古之學天下之士翕然應和古書亦往往流布君承　先德鑑堂司馬之緒號素封致書尤多無慮萬餘卷而尤熟於許鄭及近儒顧閻段王之書故學使試經解君名輒冠其曹十數年後諸志士國勢之弱歸咎於歷來造士之非法於是學制改風尚異矣邇者益甚貴賤之分是非之實智愚賢鄙之辨與曩時亦若東西南朔然蒓齋黎氏曰天道二千年而一大變自唐虞至秦自秦至今日是也殆其然乎則夫古書之放廢也固宜而君獨篤好之不倦且搆一小樓顏傳經豈君之所得固有異於人者乎夫人之於事惟爲於舉世不爲之日爲足貴耳若與俗詭隨則亦時然而然之衆人已耳非豪傑之士嘗試以爲古

聖賢書於科舉誠有未備若夫脩齊治平之道殆未能逾焉昌黎有言養叔治射庖丁治牛僚之於丸秋之於弈伯倫之於酒樂之皆終身不厭奚暇外慕徙業者皆不造其堂不嚌其胾者也然則君之於書必有獨見其深者矣君事繼母馬太宜人亹亹色養兄弟閒怡怡如待人情恕理遣官長山時以其地學堂費絀捐所得學俸悉與之幾千金學人大感郎生祀君於學堂歸又製德政牌萬民繖以贈爲從來學官所未有是豈徒性之近云爾哉亦由得於學者然也君保身謹兼通岐黃家言炳蔚兄弟五人皆象賢諸孫亭亭玉立家庭之樂又如此君之壽考何待余言而余猶不能已於言者昔司馬遷傳儒林如申公伏生皆享有期頤之壽而夷考其生蓋在周秦之際於

時名法縱橫之學飈起乃獨抱遺經硜硜自守殆天故厚之以緜儒學之一脈然則如君者亦必爲天之所厚也何疑君其發架上秘笈薈蕞成說折衷一是以詔來學後世復有如史遷者出必將傳君如申公如伏生則君之壽於世者不更永乎

昭陽赤奮若之歲律中姑洗月全浣宜壽之辰

教弟鎮海陳祖詔謹譔

童梧鄰先生七十壽序

由城東出三十里而近曰童村童氏聚族居此代有聞人其在今日有以績學敦行矜式鄉里者是爲梧鄰先生今歲三月二十七日先生七十誕辰哲嗣炳蔚等將張筵觴客佐高堂一日之歡其戚張君組英臚陳事實徵文於余余與先生有夙昔之雅雖學殖荒落誼固不得而辭也先生年逾弱冠卽補博士弟子員旋食餼於庠每學使按臨試輒高等顧困於秋闈前後應試十餘次屢薦而迄不得售於是援例以內閣中書改捐教職署金華縣學教諭在任之日適值辦學費絀捐所得學俸千金以資補助所識拔皆名下士甫踰年卽辭職歸里先生天性嗜書若渴既去官則益溺苦於學手披目覽幾廢

寢食尤嗜經學於清代顧閻段王諸家之書治之尤精成傳經樓經說一卷餘事爲詩初學義山繼宗山谷成傳經樓詩集四卷懷才不遇初無侘傺無聊之概以著述銷磨歲月以學問頤養性天此其宜壽者一也先生里居以名德爲鄉邑所推重歷充學務委員鄉約局董事靈陽鄉自治會議長鄉有大事咸取決於片言而先生熱心公益不獨竭力以爲之謀亦且出財力以爲之助創辦龍江國民兼高小學校歷年補助二三千金其他善舉如雲華堂孤兒院水災義賑會本邑敎養局平糶局等十餘年來出貲無算綜厥生平尤以講求水利爲事邑東與鎮海界接河流灌注利害共之近村之河連歲濬治不取佃戶分文推而至於鎮界之西大河中大河亦復募捐助成

其後造福於桑梓者甚鉅在先生祇盡其分之所當爲與其力之所能爲初無責報於天之意而降祥之說見於商書仁壽之言徵於魯論有不期然而然者此其宜壽者二也從古文人際遇不同大率順境少而逆境多此前人所以有造物忌才之語也先生生承先業家號素封有書卷足以供嘯傲有田園足以供事畜有商肆足以供營運雖微官終老而足於己無求於人兼以家門鼎盛有子六人或居商界或在學校皆卓然有聲於時孫曾繞膝左右承歡天倫之樂又豈人爵之榮所能擬其萬一者此其宜壽者三也抑余又有說焉典午之初人人以放誕相高自軼於禮法之外而大亂隨之而起歷久而未已學術誤人范氏歸罪王何非過論也今日時局大類典午學

說偏激蓋又過之欲弭亂源在正人心窮鄉下士雖無轉移風化之權而淸修碩望足以橫範羣倫使後生有所觀感而興起其收效於無形中者殆非淺鮮碩果不食隱寓剝極必復之機然則今世如先生者又曷可少歟余早歲應試卽識先生嗣是每遇試事輒相過從先生品學已爲朋輩所推重其後饑驅奔走不相聞問忽忽三十餘年倦遊歸里故交零落而先生齒益高健飯如故三世濟美又爲同時所稀有其慶幸爲何如也書此以復張君臺萊頌禱之中蓋不勝風雨懷人之感已

昭陽大淵獻之歲律中姑洗月全瀚宜壽之辰

同縣楊敏曾謹譔

梧隣仁兄童先生七十壽言

壬戌臘八余既以頌詞壽老友慈谿洪仰峯先生七十生日矣越明年癸亥其同里童梧隣先生年亦七十三月二十有七日其生日也先是先生之哲嗣詠文茂才在省議會間以其暇來停雲軒求文爲其父七十壽言二先生長余二三歲屬居鄰邑每府院試及秋闈省試則過從尤密既而各以冷官分任教職洪先生任義烏訓導五年童先生署金華教諭二年洎余由四川越嶲廳同知降選金華府學教授丁未之冬始蒞其任二先生則已先後歸里矣同事司訓沈君藹庭齒長於余近十歲愛吟嗜酒酒酣耳熱相與談二十年來同寅輒舉洪君童君爲言彼亦以二先生爲余同郡又素所熟習者也憶

余於光緒己丑庚寅間曾館童佐宸孝廉家梧隣先生所居曰三斛童相去不二里其從弟織雲孝廉又是乙酉同年故尤得樂敘晨夕云武昌起義民國成立幾近一紀風雲變幻統一無期蒿目時艱輒滋滋感喟追念舊友如織雲同年久已宿草其餘存者亦落落如晨星仰峰先生晚年好佛既來杭西湖鳳林寺啟建水陸道場接膝暢談心目一快則如吾梧隣先生者亦古人所謂聞足音而跫然可喜者也雖無其子之請余亦烏能忘於言哉蓋漢唐儒者皆達仙佛之學宋儒襲昌黎之論變本加厲益拒而絕之以衛道之嚴明清二朝以制藝取士士子騖於名利益昌言排斥佛老余初亦溺於其說故在越嶲仕時嘗以詆訶僧道上干吏議其後教授婺州得讀文憲宋

公全集乃知公於釋道兩家皆能抉其精蘊凡所發揮如數家珍然後知文學如宋公不獨冠絕明初蓋百世可師者也余旣校刊宋集亦稍稍知瀏覽二氏之書然竊念三教之興鼎立中華不容偏廢科舉旣改學校林立研究科學以爲職志而不復知有許鄭專門之學惟我梧隣先生上承先世司馬公之舊聚書數萬卷日夕鑽研老不釋卷葢篤於所好而不爲外物所遷者歟先生年六十時其友鎮海陳孝廉祖詔旣爲先生贈言比之於漢申公伏生之列滄桑之世獨抱遺經求之近今誠未易數數覯也先生任金華教諭旣有德於士林已而退隱里居尤能力行慈善慨助賑捐雖以錙以一兩之役亦有必求必應大異乎一毛不拔者然可見先生非獨篤於好古而好

義之心亦數十年如一日固宜其種德積福子孫蘭桂繩繩繼起有如是也往者其甥舒君舜禾習賈姑蘇將以無量壽佛直幅爲先生壽求余題詩幀右矣今炳蔚君持先生六十時陳君所撰文相示記庚寅歲彼此皆館童氏者三十年來回前塵均如白頭宮女良堪自詫顧自鼎革以來蟄居湖曲欲得一人談訓詁文字如先生者苦不易遇安得手執一卷日侍吾先生之側與謀保存國粹者則陳君所稱漢申公伏生之故事先生將躬蹈有期日矣三月二十八日爲倉聖誕辰鏘以主任節孝祠役不克離杭若先生亦如仰綦先生之避囂來杭則又得把臂於六橋三竺間其樂爲何如也姑獻此議以當息壤不如先生之意如何耳是爲序

中華民國十有二年夏正季春之月全浣吉旦

寅愚弟奉化孫　鏘拜撰

童梧隣先生七十徵詩文啟

大江之南東海之濱青山圍闕相之湖芳艸滿虞翻之宅其間有壽人焉則我慈谿童梧隣先生是已昭陽大淵獻之歲律中姑洗之月先生七十生辰同人將陪哲嗣文孫之後舉介眉之典欲侑康爵必徵雅歌　允祥　蠡測洪源管窺霽宇磚將引玉莛先叩鐘凡百君子其垂聽焉　先生姓延顓頊望出雁門在漢則姑幕以循吏蜚聲在宋則南城以純儒顯迹代有聞人光於惇史來宅茲土蔚爲巨宗或力穡於先疇或授書於家弄至　先生大父　蕙樓先生經通匡鼎業紹韓康賣業而婦稚知名散金而閭閻銜德克臻遐齒佑啟後人厥考　鑑堂先生値妖賊之亂義高於王斗恢先世之緒業殖於白圭

丈夫子五　先生其次也弱不好弄幼卽工文迭贄名師分餼膠序
顧以制舉之業囿於流俗竺好漢學家言著有傳經樓經說一卷懲
彼澆風獨敦趣古出其餘技猶作詩人甄騷綜雅胎唐息宋始愛玉
溪之集晚慕山谷之詩轉益多師自成一格著有傳經樓詩四卷豐
才嗇遇屢困秋闈自知李杜文章不關科第臺尙氣節骨不耐風塵
改選閒官樂育多士旋返初服樂彼考槃鼎革之交皭然不滓是則
春風柳宅陶處士自潔其身秋雨瓜疇鄭廣文聞而增感匪夷匪惠
別開大隱之塗似僊似圖克保文人之節營山中之生壙王谷雲深
傳劫後之尙書濟南風古此其宜壽者一矣葢聞大乘菩薩之道首
捨慳貪儒門貨殖之賢亦云施濟然而名流豪舉自後聲華從古書

生多嫌寒乞　先生藉其先業産僅中貲每出家財以紓時患先皇
西狩曾輸卜式之錢異縣偏灾屢散任氏之粟金華秉鐸新學議規
盡擲俸銀以庇學子遂使儒官不冷去留棠蔭之碑童子有知分飽
苜盤之味水利諸書夙所研味邑東溝洫毘接蛟門旱潦病民久廢
通濬　先生悉心擘畫捐資督役歷六七次費數千金以工代賑人
無胖首之嗟變瘠成腴家慰豚蹄之祝他若惠孤矜寡恤囚掩骸罔
不孳孳爲之久而不倦允宜錫善男子之名猶未盡大丈夫之量葢
杜陵廣廈白傅長裘其所蓄然也然而仁風所被枯本生黃悲願所
宏餓虎低首遂使盜牛者遙羞王烈失脯者自愧虞桑白棒少年裹
足仁里黃巾劇賊稽首經師陽城之直道足以薰善㠯戴封之純脩

足以消災異固應鄉推祭酒州議表閭今則李眒者去恩周鼠壤之蔬徐市歸來仙送麟洲之藥體厚德以載物永美意以延年此其宜壽者又一矣蓋聞慷慨之施任俠所能勉倫紀之地儒者或難言

先生竺守家風肫然天性孺慕之忱晚而益摯久事繼母孝著鄉邦因侍疾而徧讀醫經至臨窆而忽逢仙叟感應仲華之孝梓樹常新致宋思禮之誠醴泉如注柳公權之兄弟不知異母所生楊子幼之資財樂與外家相共謹事哲兄撫裘以驗暖尤禮寡嫂正冠以致恭嘗效王祥事親之迹知瑯琊之必興讀馬援致姪之書知新息之將大以是寶顏之推懿訓遵石慶之醇風門無棄李之爭人澤芝蘭之氣承茲堂構廣我甄陶誼洽連枝豈僅季江仲海愛深猶子更多末

婢胡奴居巢之里匪止二劉安平之門竟逾八達　先生兄弟五人從子十餘人並有器業爲世聞人或以文筆馳譽或以計學名家多以綜覈之才上贊平準之政夫孟子設教首成仲季之賢謝傅掄才先及階庭之際故梁甫隱迹葛子瑜列於英雄竹林雅遊阮仲容同其標舉孝思錫類門楣聿興羣從上壽宗袞怡然伯壎仲篪共有高堂之黃髮優龍劣豹人瞻深巷之烏衣植自天倫拓斯家慶此其宜壽者又一矣蓋聞智慧福德之男端正有相之女迺人間之瑞鷰亦夢裏之祥麟抱送或現夫儒童成就必緣於上善是以高禖之祝得一爲艱華叟所祈以多爲貴然而王霸稚子只解樵蘇陶潛中男不好紙筆撫在家之嬌女徒侈辭華弄逸少之諸孫未雄頭角則亦足

縈懷抱有歉生平而　先生有男子六人孫十一人曾孫四人七旬中壽四世同堂鳳毛濟美鑫羽延禧未有艾也哲嗣承文君挾瑰瑋之才稟純樸之質讀書讀律有猷有爲爭於鄉望推爲議官兩浙士大倚爲時棟賡甫詠章逵甫三君皆以通方之氣待用而儲參朮之材足國壽民端有賴焉湘甫常與其姪遜基從余遊處近將卒業大學毓如居殿鋒穎秀發無忝諸兄龍文虎脊籥雲霞而上馳虬鐔蛟鐔貫星虹而並耀非敢諛也蓋有望焉餘者孫曾繞膝下望若森森玉樹郁郁芳蘭　先生顧而樂之喜可知也杖側元方此日清流之選車中文若他年王佐之才吉展身雲善緣心影加以婣婭延尹姞之風娣姒守郝鍾之禮閨門穆若鄉里翕然此蓋故家之恆儀抑亦

德門之盛軌也今者永文君率其昆季釀碧玉之醇煑青精之飯譜紫芝之曲協黃竹之歌西延甪里東召安期左輯洪崖右拜黃石坐老人於武夷幔襄樂嘉賓於宏景宅前上巳鶯花春猶未暮故園泉石山自常靈雲璈奏而桑海無塵寶鏡開而華藏普現天外之八公十叟羣集鑾車人間之孝子順孫願贈鳩杖是則方山著論難算壽星量於如來腐史成書應進世家於老子此其宜壽者又一矣允祥欣瞻四美未擅三長羨松柏之後凋念桑梓之必敬鄭莊游俠敢攀大父之行劉向校書待述列仙之傳遇老人於絳縣難猜二首六身補樂府於漢年但曰千秋萬歲所冀　鴻都上客鶴渚名流錫以瑶章輝之錦軸庶幾訪雙流之隱侶賡嘉祐冲退之褒斡上古之鴻鈞

永老童神明之胄云爾

同縣通家子洪允祥撰

恭祝

清封宜人童老伯母馬太宜人七十帨慶

詩大雅旣醉之八章曰釐爾女士鄭康成以女士爲女而有士行者又繼之曰從以孫子康成謂賢知子孫以隨之然則子孫之賢且知固由祖若父之積善餘慶而亦由於其母之賢於詩固有明徵矣雖然歷觀諸史自東漢而後多有列女一傳其中或以節著或以才見要皆女之行非士之行也女而有士行者自漢至今不可多見乃今於童老伯母馬太宜人見之太宜人爲鄞縣馬東觀先生之女吾邑童益齋先生之淑儷余友永綏君之母而族兄月如之外姑也毓邪因是得飫聞太宜人之嘉言懿行而不禁肅然起敬爲太宜人之歸

益齋先生也事君舅鑑堂封公莊以敬事君姑馬太夫人柔以恪上
而營蘋蘩之薦下而具韭菁之饌籩笥桶櫛焉鍼管綫纊焉尊者之
厠窬皃童之襌褯煩潤之胼飾之未嘗以倦頌告也其事夫子則媞
媞其容翼翼其容度桑里之間怡怡愉愉不啻若女昆季焉益齋先
生中年無子因納篷室太宜人推樛木逮下之仁廣鳲鳩均平之德
待之有加果爾桑弧蓬矢門左高懸丞綏以生益齋先生與太宜人
喜可知也無何太乙少女兩星疊霣太宜人雖在哀痛之中不廢禮
爻自綾衿衾冒以至楄柎耤幹之具靡不親自料量悉中程度時丞
綏未離襁褓太宜人躬自鞠育寒燠燥溼恩斯勤斯內而度支出納
外而親故酬酢屏當揩持釐然秩然丞綏甫及八齡兩目失明太宜

人愁焉憂之延醫調養不遑寧處凡歷九年之久而承綏一目復明其天之所以報太宜人之劬勞乎蓋太宜人幼嫻姆敎深明大義故能温慈惠和律己以儉待人以恕而於臧獲婢媪遇之尤有恩禮終日之間喜怒不形粹然藹然所謂女而有士行者宜其康彊逢吉自天祐之也今年五月十有六日實爲七十設帨之辰承綏將於是日饌肥鱻以甘之鑑金絲以娱之率其家人奉觴上壽而孔李之交金張之戚莫不帣韝鞠𦝫黎收雅拜善頌善禱華藻雲飛誦窈窕德象之篇伸眉梨耋鮐之祝所以焜緣純而耀彤管者喬喬皇皇環瑋連夵不可以麗計自茲以往太宜人安神閨房之內錢牙金齒黃髮皤皤由八十九十以至期頤甲子再周古稀重屆瑤環瑜珥蘭牙盈庭

縵福綈齡無有涯涘毓邠忝在世好敢不一言爲太宜人進無彊之頌以侑洗腆之觴也乎

時在

中華民國十七年古曆著雍執徐律中甤賓

世愚姪周毓邠頓首拜譔

世愚姪錢　常頓首拜書

梧叟廣文童先生七十壽讌詩序

余踰冠與　梧叟廣文先後成諸生叟居谿上歲科試必來郡相見秋試則遇於省垣當時講求制科之學閒涉經史詞章意氣甚盛余好曾文正之文謂有雄偉非常之概詩尤硬語盤空戛戛獨造偶與言之則大喜蓋叟亦私淑湘鄉者也余三十以後奔走海內外不常家居則聞叟孝于親友于兄弟其治家則以張楊園先生訓子語張文端恒產瑣言爲法其居鄉則治水利言地方利弊又如陸桴亭之爲人也既以內翰改儒官署理金華縣學教諭則沿溯金華學派務爲體用兼備時方創開學校則捐俸金爲助學子大感服奉叟祿位於堂瀕行則製牌繖相送者不絕於道生平待友至厚始終有恩義

教子弟嚴而有法萬石君第五倫之風猶有存者今童氏房從兄弟蔚然以起有聲於時皆奉叟之教者也忽忽三紀感念身世回憶與叟談文講藝蓋自少而壯而老余少叟三歲叟今年七十矣其長君永文文學我適吳氏姊之壻也偕其諸弟浣洪樵舲明經爲啟徵詩文　然成帙大率如既醉詩人歌詠太平君子淵淵乎汎汎乎雖奚斯之頌魯麥邱之獻齊不是過也溪上三月春和景明永文諸子率其孫曾男女內外數十人奉觴上壽笙簧酒醴更奏迭進叟踞觚而聽誦詩故然以忘其老昔曾文正爲郭璧齋先生壽序謂先生所以延年受祉與其諸子蜚聲騰實其鬱積非一朝夕之故因自言竊祿於朝其封翁溷跡名場撼頓不得伸者有年然則叟之十試不第隱

約終身所以致其壽而燾其後者其在斯乎其在斯乎因叟好湘鄉之文而余生平亦欝不得施者也爰引其言以質當世知言君子

鄞縣張美翊撰

郵祝

貤封宜人童世伯母馬太宜人五十壽序

余邑居郡西南山多而水駛民俗樸野廣輪一二百里無一家以藏書名者然自宋以來邑之先正多以儒林文學起家其文字之孤行鈔本者余嘗校而刊之一曰陳本堂集一曰舒文靖集二集先後既印行矣然余嘗謂本堂前妻童氏文靖前妻亦童氏文靖先本堂近百年而時之委禽童氏者卒能以賢淑資內助卒勉其夫成德業著文章名稱到今夫豈非童氏家法之懿有以使之然歟鏘奉邑之鄙人也嘗以授徒餬口館於慈谿童氏三年童氏故多藏書家久之習與織雲同年之從兄梧隣茂才交乃知梧隣藏書之富皆自其繼母

馬太宜人敎之　馬太宜人者鄞邑　故佛山同知銘軒先生之第九女也　銘軒先生以甲科官於廣東有子七人多捷春秋闈或入掌綸綍或出膺民社其不仕者以經術主講月湖弟子皆彬彬有家法　太宜人生長詩禮之家飫聞庭訓年二十一歸我　世丈鑑堂爲繼室時　司馬已有五丈夫子曰祥楞曰祥春即梧隣也曰祥桸曰祥棻曰祥枋二女子子已及笄而嫁於士族矣方　太宜人之來歸也夫兄蔭樓年伯適捐舘湖郡學舍子姓林立食指浩繁　太宜人佐理家政無難色闕一年而　司馬即世時獨長君祥楞有婦耳

太宜人雖痛不欲生顧思諸孤幼家計煩重爲之節哀順變襄理大事無滋悔與姒氏朱宜人措置內政者又數年嗣因兩家生齒繁

議析炊爨田園廬舍坦然無所擇獨選老僕之久役於家者留供驅使蓋　太宜人之識見遠矣然性尤孝友甚以昆季多宦遊恆迎母氏於家侍奉惟謹及病歸而嘗藥旣屬纊而含歛皆　太宜人一人之力居多他若諸昆之塋壙諸姪之不能自存　太宜人則又皆有以調劑之及自嫁其遺腹女也謂方氏富甲一邑易習於驕侈故衣服妝匳皆有節制而不敢逾分其不薄於母家者如彼而不厚於女家者又如此　太宜人誠加人一等哉夫四明之俗嫁女之盛多或至累千萬金至延師課子弟獨恃有賢父兄耳而其母之不顧而問者所在皆是也　太宜人素知書鍼黹之下恆以外家禮法勖諸子井井有敘每觀於架上書籍未備命多蓄經史百家之書以資考論

於是有傳經樓之建而族之羣從子弟爭相慕效童氏藏書之富頗聞於浙東西而不知皆　太宜人爲之倡也今年九月五日爲　太宜人五旬晉帨且仲子梧隣以鏘習知其家世郵書都門屬爲之序竊以　太宜人來歸凡三十年子男存者四人孫男九人曾孫男一人他日涵濡家教趾美青雲世澤之長方興未艾　太宜人由六十七十以至於百歲知必有以慶門第之盛而食藏書之報者鏘猶當濡毫吮墨以俟之然則今日之言姑以爲乘韋之先焉可矣是爲序

時在

聖治光緒二十二年太歲丙申季秋之月上澣吉旦

敕授徵仕郎

賜進士出身內閣漢票簽中書世愚姪奉化孫　鏘頓首拜撰

例授文林郎甲午科解元世愚姪鎮海陳脩榆頓首拜書

童君小橋明經五旬壽序

昔上元梅柏梘之壽張南山也謂人之愛名也同於壽而名之可壽者莫如詩賡虞前其文不可考而歌謡獨流傳至今以秦亡滅學而詩以諷誦獨全故古今爲詩者以其名之可久而壽也然則人子欲壽其親之名後世誠宜求其親之詩與歌謡詩與歌謡傳而親之名無不壽故能傳親之詩與歌謡者固不獨附以傳其名而其人亦必食報於壽無疑也慈谿童君小橋績學工詩文學使徐公壽蘅蒞郡時補邑弟子員乃益講求經世之學左圖右史羅列几案承其贈翁鼎橋先生家學間及天算地輿罔不研習既而思經世之學非得高官不能竟所設施乃更壹意求有關於鄉邦者推究之性好施予見

人患難貧苦謀所以賙恤而振捄之者不遺餘力力所不逮則又多方勸募務愜人之意而後已以故有求於君者無遠近而造矣君尤嗜酒凡交遊至輒極醉而後散或自他方歸座上客滿杯盤狼籍談辯縱橫無所避人見門外多車轍知君行已回鄉隣瑣屑之事亦多資君決曲直古稱魯仲連能排難解紛如君者何多讓焉然君初不以是自多客散酒闌就席卽鼾聲如雷因自署曰卧隱此可見君之清懷雅量矣夫其嘉惠鄉邦者如此則其推恩宗族者可知當其慷慨論議不過身受者感佩而已而識者獨謂其內行有不可及者三鄉多貧乏不能自存贈翁常振恤之君承贈翁志視如一體故有環居而待炊者君周之無吝倦焉童氏宗譜脩訖凡三年皆君手之自

出而所惓惓者尤在採訪節義由族及鄉推而益廣時脩邑志者知君搜訪無遺因遂以此事相屬其未被旌者又錄其姓氏交雲華堂以達於會垣總局此又君之實事求是者也初君爲邑名諸生慨然以天下爲己任既屢蹭秋闈乃援例入成均旋又以輸餉功議敘同知君工行草書尤長於飛白所至以楹帖乞書者戸屨恆滿君每浮數大白後揮灑自如侍者執縑研墨若惟恐不及往往至夜分不輟手腕幾脫而君不厭也去年出其贈翁亦耕軒遺稿龍江竹枝詞商之其姊婿嚴小舫都轉授之梓人謂人子例得稱親之善況手澤所存懼失不守是以耿耿於懷不能自已夫贈翁之名彰彰在人耳目豈必以是重顧君眷懷先世之苦心凡欲榮親之名而并壽親之名

於後世者究不可没也今年十一月十二日爲君五十誕辰哲嗣勤耕勤耘等相謀製屏幛屬其從弟佐宸貽書於閩而乞余文佐宸余長兒文卿同硯生也憶余在里時久耳君名因即向所傳聞證之佐宸撰略而喜君之榮親之名而并得壽親之名於後世者皆足見君之壽徵而君之名必緣是而俱壽又不足論故余揭世之疑於君者述之以堅君之意若其嘉惠鄉邦者人人知之而非余所以知君也是爲序

時在

龍御光緒十有四年歲次戊子律中黃鍾中澣宜壽之辰

賜進士出身

誥授奉政大夫現任福建長樂縣知縣　欽加同知銜戊子科福建
鄉試同考官前翰林院庶吉士兵部學習主事武選司行走愚小
弟陳受頤頓首拜撰
誥授中憲大夫戶部主事福建清吏司　欽賞四品頂戴光緒乙亥
恩科舉人世愚弟張宏訓頓首拜書

童寄梅貳尹五十壽序

光緒丙申慈谿童君寄梅年五十矣憶歲癸巳余歸自天津君之猶子佐宸賡爻謁余延課其從弟康年康年君之令嗣也是時甫勝衣耳君元配鄭宜人善病無子繼娶鄧宜人晚而得康年其愛子宜何如而君必爲之擇名師厚其脩脯而豐其供饍若惟恐其教督之不盡者余於是知君之愛其子非猶夫人之愛其子也余之館於君家也君方客粤中未一相見然君時時以書致其家必及余與康年若惟恐禮意之不周而康年之荒於嬉者其家之款待余者久而不懈康年雖年少知讀書能循法度余於是知君之刑於其家非猶夫人之持其家也君少遭喪亂避地茅嶺侍母陳太宜人疾以孝聞既長

棄儒而賈經涉數千里家稍稍立矣每念昔年艱窘之狀務爲撙節顧獨厚於宗黨自高祖以上置祭田若干畝祀廢而復舉者數世兄弟四人伯仲無祿竭力營葬後母沈宜人之殁也遺一子一女君爲之婚娶其嫁也厚貲遣之廣文君少孤家無藏書君多方購置聚書數千卷嘗曰不讀破萬卷不能下筆爲文吾少好讀書以貧故廢學至今時一披覽意怦怦不能自已汝曹勉之精校精槧可爲寶貴吾弗吝值也今廣文君以種學績文舉於鄉所以成就之者抑君之力爲多然則君非獨愛其子而已推而至於異母之昆弟與其羣從之子弟其厚愛之無已者無以異也天性伉爽疏財仗義自中外互市輪船往來各海岸動彌時日舟中往往有物故者夷性險忍棄擲洪

波巨浪中莫可誰何君惻然傷悼爲置棺若干具附載以行猝有不諱以時斂藏之蓋自平安堂之設而德澤之在人者溥矣其他義槳仁粟未易悉數然則君非獨以厚其親故而已也推而至於圓顱方趾含牙戴角之倫其厚愛之無已者亦無以異也後世鄉司徒之職既廢六行寖以不講耰鉏而有德色箕帚而有誶語鴒原之義缺而角弓翩反之詩作於下鬩牆之釁起自士大夫之家而浸淫以成其風俗世道之不古其不以此與太史公爲游俠列傳其所稱述多奇偉卓絕之行而根本之地或未暇以深言如君者豈當以任俠名哉君通經史大義書學平原遒勁有骨法體貌豐碩善飲噉飲酒盡數石不亂客至飲酣談諧間作率常傾其座人余之倦游而歸也君嘗

訪余於蕭寥寂寞之中爲余置酒述平生傾慕意相得甚懽以君亟遠游不數數見也十二月十四日爲君生辰廣文君念君之德弗諠故於其稱觴也徧徵當世能文之士作爲詩歌以張大之而以其壽讌之屬余余故蹇拙不能勝任然其誼有不容辭者念與康年别去忽忽三年矣未知其近所詣何如以君名德其康强逢吉可不待言顧竊以爲君今始五十耳孜之於禮服官政之歲也年富而材優使得從容一命大展厥施其闓澤之及人必有進於是者異時政成名立而康年方遂其顯揚之志則夫因豈弟之歌而藉手以頌君子之壽考余又將執筆而隨其後也已

包履吉蕉舫

寄梅年丈童先生五十生辰徵詩文啟

粵維柔兆涒灘之歲律中大呂之月爲我年丈寄梅先生五十初度其從子柘塍廣文撰具行略預徵詩文龐德公隱處之風士元有述謝安石高人之量幼度能詳宜播美於齒筵益鏗奇於觚牘而況季布任俠氣蓋關中卓茂寬仁名冠天下豈有同居里閈誼屬通家而不先爲引喤樂表穆行者乎先生系源顓頊著望句章姑幕令君標循良於漢代雙流處士樂沖退於宋時追溯姓原聿生人傑贈公笠郁先生以茂材異等爲儒林丈人慶積一門靈鍾四美先生其第三子也幼挺瓌質長標儁聲至性早具於始孩達識已充於甫冠代傳厚德本萬石之家風世號辦才實牛千之門蔭當夫西匪竄擾東浙

驛騷先生侍親入山食貧違難釣魚一尺鮮可佐餐採薯半筐飢以當食殺雞供饌比茅容之隱居拾葚分甘若蔡順之遭亂逮太公太母先後棄養居喪營葬盡禮盡哀丁蘭雪涕於圖形方儲銜悲於負土以古方今不是過焉遂乃推恩棣鄂篤念荊枝雖有異母之分彌深同父之愛姜肱共被時戀戀於諸昆鮑照遺書尤拳拳於幼妹追維祖德遠庇後人爲置腴田以供祀事考公輔義田之記常稔有徵讀放翁家祭之詩告虔斯切此先生之篤行也夫計然七策竝行於陶朱呂氏八覽實成於陽翟自來市隱具有偉人先生甫屆壯年遠游粵嶠古節度之大府今市舶之總司北戸之風土異宜南方之草木殊狀雖物裔而地大每事雜而言龐而乃鬻貨通財高掌遠蹠聲

聞朔起積著累贏大長奉尉佗之書使者裝陸賈之橐每當颷輪電報絡繹往來驛置風馳賓朋霧集下筆則千言立就吐詞則四座皆傾莫不青松示心白水旌信町畦罔別崖岸自高是以當代賴其前籌同人奉爲幟志宏羊心計徵諸平準之文白圭治生附之貨殖之別此先生之通才也昔陳孟公尺牘書法能精劉知幾史通譏評殊允先生雅工作字尤好讀書握算稍閒踞觚自適摹魯公坐位之帖繙朱子綱目之編臨池而墨花欲飛開卷而落葉如掃乃復徵求秘籍搜訪遺文揮斥千金網羅四部縹緗插架古帙有香油素充庭新籤皆玉項氏墨林之孤本毛君汲古之舊藏錄副兼收傾貲未吝由是薈萃篇翰招邀勝流凡騷雅儁人辯慧君子備極撫塵之好益敦

贈處之歡桃李開而芳藹張芝蘭入而高談劇謝澹任達雲霞之交不渝陳登豪邁湖海之氣斯振猶且酒人量勝觴政才優雖百觚之有程或一石之不醉令嚴羯鼓亦開筵以坐花巧擬藏鈎復合座而射覆此先生之雅尙也風期既邈雲量逾高效佛弟子之能仁現宰官身而說法先生久居服嶺徧種福田屬襁孤兒保微生於免乳恤緯嫠婦全苦節於未亡贈藥一丸則溽暑無病裝棉萬領則隆冬不寒加以惠及重泉誼均瘞旅免行舟之水葬置揭櫫以喪歸譬普渡於慈航拓荒園於漏澤至如尊生要訣集經驗之良方勸善名言衍感應之緒論無不解囊慨助鐫板分貽探延年卻病之原寓陰德陽施之意若夫宗支受福親串銘恩四方賴續命之田九族舉同功之

火猶其餘事無俟贅陳此先生之義聞也眾善畢臻嘉貽載遠用使竹林趾美玉樹揚華振起門基陶成國器同年栢膝廣文久聞馬伏波之誡遂舉楊少尹之科令子康年太學君力覊丱之妙齡已頭角之嶄絕遺經能讀喜韋元成之象賢家訓有編知顏黃門之勸學以章厚報預卜將來今者葭琯紀時艾年晉秩自宜廣爲稱述譜入聲歌況復綬綰黃絲冠彯翠羽已值服官之日仍守高尙之貞懸弧有取於禮經介爵當援夫詩義頤山等久叨世戚獲奉光儀聞見較真敷陳非諛伏冀大雅閎達文章鉅公錫以華篇登諸錦軸庶幾名傳流寓非垂交廣之春秋詩詠土音再續甬上之耆舊云爾

童君薇塘七十壽序　姪賡年代

光緒戊子余館慈谿童氏課讀居中其鄉之善士曰震巽君曰寄梅君皆相契洽惟薇塘君遠商漢皋未緣相見心耿耿者久之忽已二十餘年矣今春柘塍廣文書來告余曰堂叔薇翁年七十矣欲得先生一言以爲壽余思向之所欲見而不得者今見其所述言行如相晤對雖欲不言而情有不得不言者古人所謂相契於無形者余與薇塘亦若是也贈公湧泉公生五子君居其四少聰慧爲公所鍾愛稍長知識如成人父老才之年十五盧太淑人棄養伯仲兩兄服賈於外家事以一身肩之暇則誦讀不輟年弱冠遊郡庠湧泉公笑謂家人曰作商得財讀書得名各有所成吾無憂焉同治十三年贈公

捐館舍君哀毀骨立寢苦枕凷一切喪制悉遵家禮兄弟分產一聽
兄弟所爲並無爭意尤爲人所難能性和藹無疾言厲色待諸姪如
子常察其飢飽寒煖而調攝之不足則佽助之而日用之可節者務
從其儉然待客未嘗不加腆君曰豐不圖匱匱將奈何其治家思防
有如此君夙裕幹濟才尤熟諳世事因思科舉誤人乃棄儒習賈經
營漢皋持籌握筭億則屢中不十年致身富饒商界推爲祭酒且公
舉君爲四明商業董事吾寧人至漢者識與不識羣相推重君雖負
盛名仍安儒素管理各業鎮日堂皇指畫井然跬步不出諸朋儕肅
然起敬其執事有恪有如此性慷慨機警過人有友人子費某負君
數千金友人小本經紀倉皇莫措君察其苦情檢票還之感拜而去

又友人假君萬金勢不能償君復益萬金使之背城一戰友人涸轍頓蘇復仍負於君君亦不計較謂寧人負我我不負人其待友誠摯有如此反正以來漢埠各商該欠莊欵乘此國變均置之不理君顧全大局將數萬巨欵壬癸二年一律清償因之票帮各錢莊咸嘖嘖稱君爲善人其信孚於人持身之潔有如此君好施與謂天下窮民之無告者莫如孤寡况屬同帮尤關切近於是創立恤嫠保孤會逐年周給賴以全活者甚衆如遇各直省水旱偏災君屢捐巨欵以甦民困其急公好義有如此晚年家居謂行善必自睦族始宗人不能葬與困乏難自存者時籌策而周卹之至於吗囂爭論兩持不下其事常起於言語之微而馴致乎訴訟之大君一言排解渙然冰釋以

故瑣瑣來相賀者屐常滿也甲寅祖堂被燬君謂族人曰祖堂爲祖宗棲神之地先所憑依子孫何安君倡捐五百金由是風聞續助閱五月而告成皆君首事之力也其睦於宗族又如此君今年七十矣精悍之色猶見眉宇强健如四五十時安居頤養怡怡如也其哲嗣槐卿亦學中名士二孫皆露頭角蔗境之甘含飴之樂共相期於耄耋而期頤可矣六月念三日君生辰也因摭其行誼而質言之然回憶館童氏時震巽寄梅兩君時相把晤年未老而皆怛化余與君相契於無形猶皆長存於世況余隱虎林君隱龍江年相若而境亦相同屆期爲余置酒邀友余當鼓輪南下與君浮一大白也可

愚弟奉化孫　鏘拜撰

童君笙如七十壽序

中西互市以來商業競爭出口之稅不及進口歲耗金錢千百萬計憂國者蠧焉傷之惟藥材爲天生特質尙能借材異地爲西藥所化用故吾中國能獨擅其利焉惟精是業者惟吾慈谿爲最盛道咸之間甬上市肆林立尤以慈東童氏爲最著名當時號爲童半街由來已久今其子若孫傳其業世其家已百餘年於茲矣童君笙如爲文炯公孫次軒公次子文炯公以藥業起家貲雄靈陽次軒公能世其業性好施自甬北至駱駝橋延袤數十里夏暑冬寒烈風暴雨行旅無棲止之所次軒公發起募建泗州堂於要路夏施凉茶夜給燈燭數十年如一日勒碑誌緣起以垂永遠行人稱便厥功爲最次軒公

晚年家居方氏倡主四明公所慕其名延聘爲襄理今埜如君得繩其業食其報未始非先德之所留貽也君年幼失恃父娶繼母生一弟妹時家已中落君不欲累老父乃壹意分居仍世藥業鳩貲集股棉力經營自少至壯歷二十餘年幾經困頓幾經勞瘁雖事不應手力不從必此志不容稍懈故多一番波折增一番閱歷多一番顛蹶增一番精神而且爲人之所不敢爲任人之所不能任信義孚於衆口終底於功成名立所謂老驥伏櫪志在千里烈士暮年壯心未已君其有焉君性耿直待人以誠律己以嚴雖片紙隻字不輕以與人爲人謀事無不盡心盡力必使滿人之欲以止然嫉惡頗嚴無論先進後進以詐力相尙者必睚眦決裂有我不負人亦不使人負於我

之概故同業中久識其底蘊不敢以欺誣相嘗試而君鐵中錚錚聲名亦大噪慕其道義者且樂與之爲友相與訂忘年之交也君治家極有矩矱一門之內雍和肅穆婦女無戲謔聲卽鄉鄰子弟見君亦肅然起敬不敢以嬉戲相加中年抱喪明之痛遺有兩孫隨時嚴督不少寬假從讀必延名師習賈必因其材今則兩孫皆崢嶸頭角斂材就範能繼其家聲得親承色笑而兩老人昔年痛子之心藉以少慰矣君娶董氏少君二歲三從悉備四德俱嫻同歷艱屯今雖家業隆起仍蔬食布衣儼如寒素入其庭器具質而潔飲食約而精黎明卽起既昏便息有合於朱柏廬先生治家格言之旨且君心極精細卽一名一物必位置得宜庋藏必記否則其心不安或者譏其多親

細務不顧也君性敦孝友如子弟叔姪遇疾痛痾癢日必省親調護維謹有可代爲力者無不周至贈公次軒公窀穸未安君力謀安葬雖弟姪富厚而費從公出不欲多派弟姪足見大公無私每逢祖宗生諱日期雖在甬江必親來祭拜雖風雨不輟祭必以誠饌必從豐不徒循祭祀之虛文尤爲人所難能者君好施與親族朋友有急難相告者必量力佽助直省徧災節食用而賑濟之君常語人曰螢火之光只能自嚼未能展其遠大之志爲憾耳若見貧苦子弟及抱才不遇者必多方引薦之以成其材故三鄉咸德之綜此諸行宜享遐齡古人云美意延年修德獲報意在斯乎意在斯乎今年七夕爲君七十壽辰屬在友朋擬祝君壽乞序於余余不文何敢爲君壽然余

司連山會館事已五六年常與君相晤熟悉君之言行可以振勵世俗洵爲吾藥界中之偉人且康强逢吉老而益壯由耄耋而至期頤可以操券得也爰爲詮次數語以作引年之喤君必點頷而喜進一觴乎

姪賡年撰文代李鍾秀

在章童老先生五旬壽序

童君遜富字在章慈谿人也居東鄉童姚村以耕讀世其家幼聰穎讀書倍常童器局宏遠家本寒素致不得卒業於學乃服賈走四方由甬而滬而蜀取藥物而懋遷之以起其家君父諧贈奉直大夫東谷公生三子君其季也贈公早捐館君每以奉養未逮爲憾事其母曹太宜人尤能恪盡孝道一切皆先意承志凡可以致親懽者百方爲之處昆仲間亦友愛無間客滬江垂十餘年歲中更番歸省以慰倚閭之念主滬上號務區畫條分作事多深長思不肯苟營旦暮交遊往來必信必誠務以道誼氣節相崇尚以故人咸器重其爲人王君位東與君交最久相契亦最深見君飭躬敦行謹嚴練達歲乙亥

欲聘往川俾主川莊事君以母在堂不忍遠離堅辭不就越數載曹
太宜人棄養王君復聘之君以義不獲辭始束裝就道其視世之沾
沾於利者相去奚若哉先是君家無恆產曹太宜人念生齒日繁用
度疏薄意忽忽不樂君每自滬江歸輒曲爲寬解迨稍獲盈餘必積
累奉母以治田宅無銖錙私蓄太宜人得年高壽終而不留遺憾非
君之養志曷克臻此君自奉甚約治家亦敦節儉滬江繁華甲天下
君雖久居其地卒未少變其志君性既醇篤更勇於從義嘗割膏腴
以助宗祠及上祖之產輸賑捐以惠災區練民團以衞鄉里此犖犖
大者他如修治道途施捨衣藥並三卹以緩急告者亦靡不量力佽
助至罄竹難書所謂樂善不倦舍斯人其誰與歸嗟乎世有聲名煊

赫稱道一時者究其實德遠不及鄉里近不及親族唯君以實心行實事且並不自以爲德而亦未嘗與人言爲善而鄉黨宗族多樂道其盛事頌君德於不衰與倖致虚名者相去奚啻霄壤哉君娶袁宜人內助稱賢生一子名勤源恂恂謹厚已嶄然見頭角孫二人長愼衍次愼衡玉樹揚芬蘭芽挺秀夫積厚流光理無或爽故人感君德者猶隱而天之所以報君德者獨顯異日者子子孫孫達人繼起由周甲以至期頤含飴繞膝之樂正未有艾請進一觴以爲君劵即以爲序

時在

聖治光緒十有二年柔兆閹茂歲仲呂月

愚弟趙佑宸頓首拜撰

童母張太夫人六十壽敘

自余棄儒冠服習商賈來滬上爲人主計知交落落胥無足言者獨童君汝蕃性伉爽磊落晨夕共事相得甚情逾骨月故得習聞童氏家事歲庚申三月爲太夫人六十設帨之辰汝蕃謀所以爲稱觴上壽之文來告於余曰子知我者盍爲我表彰懿美闡揚苦節以答母氏劬勞於萬一夫汝蕃則豈敢以飲食燕集子姓親戚會聚之私夸張其侈又或以摭拾文人頌禱之辭張之壁間以爲觀美所以欲子之文之者誠有所不得已也余既夙知太夫人之賢又重之以汝蕃孝思之誠固不敢辭竊謂女子之行不出於閨門將取其常事列之則非吾文之所取亦豈足饜汝蕃之意而又何用於言乎雖然吾聞

之盛而必衰者天之道衰而復興者人之德當　太夫人之歸　童本泉封翁爲室也父　雲樵張公及封翁父　在章太翁皆以商業雄海上用世好而爲婚姻爭以慷慨任俠聞於時甚盛大也而　封翁又少年通才聲譽譟甚夫亦極人世之榮莞已無何商肆之張於東瀛者蹶盡喪其資又搆訟累家驟落　封翁乃摒擋作遊蜀道計未果而疾作遂以不起遺邁翁孩提　太夫人以窮嫠一身肩其任仰事俯畜心力交瘁不知天之厄之耶抑將厚其德而歷試諸艱以成之耶故曰天也自封翁之沒汝蕃及其弟汝權賴母氏撫育教養以成立其後喪太翁婚嫁兒女一一經營得其當荼蘖之苦極人世之至枯而　太夫人一以人力勝之今數十年汝蕃汝權皆治計然

之學以廢著顯汝權又遠商至於蜀以竟封翁未竟之志此如寒林巨木更嚴霜之後生意幾盡矣而尚能留其靑靑者以待春風至而向榮後凋之節勁也天也亦人也汝蕃兄弟苟一念今日之得以獲顯名厚實於商途者絲毫皆　太夫人之德所積累而留遺苟志之勿忘且事事體母慈之意以行子以積善貽孫孫復以積善貽其孫子則童氏之光大夫豈有既　太夫人優遊晚景顧而樂之壽考康寧正未有艾則所以壽　太夫人者不旣多乎若夫婦道母儀持家待人接物諸端縱言之亦千人一例也吾何贅焉

婣世愚姪葉秉常拜撰

童母張太夫人六十壽言

太史公傳貨殖言天下治生祖白圭而白圭自言其術則謂猶伊尹呂尙之謀余昔誦習其書竊爲偉論以爲恥言財利殆世儒誤解經旨者之所爲若夫治平之道資於足用楙而通之無儒賈一也嘗以此意質吾友鄭君梧孫鄭君以爲然且言童君汝蕃者振奇卓識子識之乎英英此才乃得之闤闠喧攘之地彌足珍也余與汝蕃生同邑里初未嘗識其爲人因鄭君言始納刺述願交意把臂歡然相與上下其議論輒自歎美以爲不可及汝蕃雖商賈乎其恢奇之量深遠之識殆非娖娖小儒所能項背望間以餘事肆志詞章亦復斐雅有希古之意余唯汝蕃童年失怙何以得此於孤露之生締交既久

縱談及於身世乃知汝蕃之成就實有所受之蓋母氏張太夫人之遺澤也太夫人系出名族幼嫻女誡來嬪封翁本泉先生時猶及事太翁在章先生其時家門鼎盛在章先生父子并以懋遷著聞州里張商肆於日本歲時旅食不遑寧處家政經紀一惟太夫人自賴郎汝蕃與其弟汝權從師問學亦太夫人主之無何封翁太翁先後棄養東瀛之商肆亦蹶喪其資又遭訟累家日益落太夫人以一煢嫠經營拮据於其間俾家業無廢喪葬冠昏之禮無缺而汝蕃兄弟亦蔚然有以自見此其有造童氏擬之程嬰杵臼未遑多讓天以艱辛勵太夫人之苦節太夫人即以綢繆戶牖為啟沃令嗣之資豐德之樹俾爾戩穀嗚呼豈偶然哉今歲二月為太夫人六十設帨之辰邦

人諸友與汝蕃遊者咸相與捧巵上壽賡聖善之什以爲期頤之祭
余唯汪容甫有言寡母必壽其子必孝詘先伸後騐天道之可知者
輒發斯旨爲汝蕃勗雖不文庶無悖于修詞立誠之旨歟

世愚姪胡慶墉拜撰

[illegible]東董氏宗譜　卷十

厚本堂

清封宜人童母葛太宜人七十壽序

慨自歐化東漸男女平權之說興我中國先聖王一切制防遂蕩佚而不知守倫理日斁天下無狱平之日矣古之平天下者先治其國治其國者先齊其家然齊其家者必自婦道始故王化之原首先關雎吾於童母之閫範有足稱焉宜人爲道源君繼室道源君精於藥業有才不遇家亦中落鬱鬱不得志貧而兼病不能治生產宜人椎髻布裙篝燈績紝至深夜不倦卽米鹽瑣屑必親自操作家賴以不墜其內助之賢至今嘖嘖里鄰間迨道源君中年逝世所遺二子一女家無擔石之儲靑年守志黃口啼飢此時宜人一手經理雖以偉丈夫處之鮮有不顛蹶者而宜人委曲維持以求其濟卒能撫孤成

立然則女貞之木淩冬益茂豈偶然歟余嘗思敬姜之論勞逸曰民勞則思思則善心生逸則忘善忘善則惡心生此二語爲千古保家之良法故至今稱婦道者咸宗焉今宜人勤儉自矢與敬善同天或者表厲宜人使之光顯於無窮也宜人夙裕賢明尤熟諳世事元配姚宜人遺一女撫之如己出其嫁也厚其粧奩以遺之待傭僕嚴中有寬雖繁劇中常察其饑飽寒煖而溫卹之諸婦諸孫有不合家範者必嚴斥之而家用之可節者務從其儉然待客及饋遺未嘗不加腆嘗曰豐不圖匱匱將柰何其思防有如此綜理家政事無鉅細莫不躬親今雖席豐履厚而粗衣糲食仍若寒素性慈愛見有饑不得食寒不得衣必解衣衣之推食食之至於檀越布施及橋梁道路

佽助亦所不吝余謂爲善無不報而遲速有時歐陽公嘗言之矣是故天定勝人人定亦可勝天理固然也長子澄海有幹濟才遠商荆沙荆沙爲西川之門戸商肆林立生意發達蛟川方氏設金店於其間內外交迫幾至失敗澄海獨力維持能任人之所不能任蹶而復振恢復過舊不十年致身富饒於是大江南北經營殆遍詢爲商界之巨擘次子侶樵少年練達亦經自立皆受宜人之教爲多今則境遇之隆較之道源君在日有加之無不及而宜人又必杜絕奢華垂爲家法且視聽勿衰雖七十歲如五六十時斯信天之報施善人爲不爽矣明年春二月爲宜人七十壽辰同人擬預介壽觴其族子栢勝孝廉余門下士也貽書乞余摭述宜人生平懿行以書屛幛余憶

光緒戊子己丑年間館于童氏可讀居中與宜人家只一墻之隔每
夜半雞聲尤聞宜人機杼之聲與其諸子讀書聲遙遙相答余早決
其必有昌盛之一日今果然矣爲之喜述其大端俾澄海等以爲引
年之耤將至耄耋期頤而未艾也然則宜人當亦幸今日蔗境之甘
回思昔年茹蘗之苦亦𣂏然晉一觴也夫
中華民國八年歲次己未

奉化侍生孫　鏘拜撰并書

童母張太夫人七十壽序

上章敦牂之歲夏正三月十二日爲

童母張太夫人七十生辰喆嗣汝蕃汝權將屆期率子孫洗腆稱慶其交親故舊以侑觴之詞屬余余與汝蕃先世皆營藥業交三世矣汝蕃之祖在章翁與吾諸父稱莫逆其父本泉君繼父業亦有聲而中年卽世汝蕃以孤童嗣興爲同業所推服在上海三十餘年吾家昆季羣從往還秦蜀湘漢粤中者道過上海必暱孰汝蕃以爲東道主相稔既久無所不諳度因是得深悉其母太夫人之懿德因事致敬卽以爲其母太夫人壽余其敢辭太夫人爲同里雲樵翁之次女婉娩淑愼自幼卽與常女子異在章翁欲爲子論婚聘焉年十六太

姑曹有疾先迎之來侍奉周旋悉中禮度三鄉中已籍之稱童有賢婦矣比及笄來歸事翁姑惟謹姑多病問起居奉甘旨率不假手他人侍疾逾十載聽於無聲視於無形順適厥旨恆得其歡心而食不終席衣不解帶者常累月也迨姑棄養則一意總理家政事無纖鉅據依儀則未始或愆俾翁父子無復有幾微內顧憂翁嘗設肆東瀛爲經事者牽累損資無算家中落本泉君旣膺人聘將客蜀已首途矣疾作而歸遂歿太夫人哀慟無似痛不欲生旣而曰翁老矣慘遭奇變摧撞已勿克勝卽奈何重傷其心乎乃忍死自支厲制淚抑哀翻相慰喻而頤養翁終天年教子以成立此其以純孝之心矢保艾之志茲可謂難矣古稱女德必曰卑弱下人撝謙自執抑若無與於

大計者詩人儆於祝女子曰無非無儀惟酒食是議無父母詒罹易此而以才能自詡則於道爲悖此蓋爲處常者言之也若遭命不猶早失所天尊親待養遺孤未立傫焉以一身支持其間爲鄉里著儀則者豈僅卑弱撝謙而無才以爲德而已哉然必隱忍愉婉以悅其親堅貞果毅而不撓其氣恩勤敎誨而以肅其後如是則爲淑媛爲賢母反是則爲庸妄人矣賢淑者難爲庸妄者豈少也哉今日競言女學恒譏切舊儒持論以爲檢押婦女者泰甚深咎女子無才爲德之說之非必令研求學術以冀後日之能自立自其出而之於世也去樸訥趨簡捷體態變矣薄靜嘉而放誕閑檢踰矣豈緣絡污濊不問筐筥錡釜不議而改革聖賢有別之訓人品心術無一存者而盡

失其所以爲人虧體辱親莫大於此嗚呼此豈婦女之正軌哉亦遂於一時之風尙而不知謹者其末流宜有爾也若太夫人者勤一世以保門風高明卓絶之行悉本慈祥柔順而出才令德備所謂女而有士行者足爲閭黨樹之表率其有禆於當世之女教者不淺也果也伯仲植立家道懋成有以承先業而恢世澤方駸駸乎未艾歐陽子曰觀於其子之賢而有立則知其母之義方汝蕃與其弟汝權秉於母教者多故所造旣所持益固而所表襮自卓卓異於凡庸以貽太夫人無涯令問譬之樹木盤根錯節得地彌厚枝葉布護卒有以回蔭於無窮耋爾女士從以孫子康彊之慶太夫人旣自致之耄耋期頤未日之壽者無量所以荷天之寵者蓋可預券家室雝雝子孫

繩繩太夫人願之樂而彌永其年余雖不文稱述懿媺頌禱繁祉更將載筆以竢焉

侍生洪日湄拜撰

愚姪洪守謙拜書

東董氏宗譜　卷十

厚本堂

品三童老先生七秩大慶

蛟川陳祖詔撰

余館於慈東童君梧隣家者久童氏聚族而居余因梧隣得以識其族之賢者而茂才桐莊尤後起之英英者也桐莊初補博士弟子員即聲傳一黌服其儕輩其後朝廷設議會桐莊爲鄉黨所推遇事建白悉當識者皆稱爲人粗入細李普濟之流亞焉余因歎童氏之多才而方興之未有艾也梧隣曰桐莊信美才然亦知其淵源所自乎因爲余言其尊甫品三君之爲人甚悉蓋君幼篤嗜讀書晨夕不輟母董太君以獨子故憐甚禁之君乃仿范忠宣故事置燈幃帳中不令太君知卒以境艱去習廢著業而嚴督桐莊以業儒桐莊果蜚聲庠序君以爲能成其志無何科舉停君愀然不樂蓋君所望於桐莊

者不止青衿已也及膺自治職則又進而教之凡所論列必斟酌情理不令畸輕畸重此君所以造就桐莊而桐莊之文與才所由度越輩流者也然君之肅其後人者實不止此君年甫十五值粵匪陷甯波家人轉徙流離君性機警遇急輒有以自脫他人從其言者亦多免於難君之敏於才者有如此君賈於外月必數歸以省太君起居嘗謂其配夏宜人曰吾母所愛之食毋令諸子分食之不然余雖不效郭巨所爲而訶責必及焉君之篤於孝者有如此君自奉儉而願好事賑施前清光緒己酉順直饑君節日用以賑以是膺花翎同知銜之封典他如育嬰恤嫠施藥皆傾囊弗吝而不肯居其名有春秋時宋樂氏風邑雲華堂雖刊名碑記而君不一以語人君之好善而

不求人知者又如此今兹十二月十又二日爲君七旬初度之辰桐莊及弟振宇將稱慶寢室族人以君嘗司宗祠事有功因與君之戚好介梧隣囑余一言以侑康爵余謂傳有之父者矩也以法度教其子也則梧隣之稱君者是已又曰子者似也克似其先人也則余之所見於桐莊者是已顧余每慨人莫不欲成其子之才而子果能有成者蓋寡幸而有之則如阮籍之渾山濤之簡謝莊之朏丁覽之固鄭餘慶之澣章安石之陟史册莫不著之以爲美談垂示奕世若君之是父是子於古人何多讓焉梧隣又言君之祖卜年公家本素封好排難解紛然則君之垂裕後昆殆猶卜年公之垂裕君乎然卜年公未及見君而君親見桐莊之遊黌序職地治則君之福殆又過之

今年屆七旬而精神矍鑠夏宜人白頭偕老桐莊兄弟並象賢繼志孫枝蔚起家庭之樂爲何如耶荀子曰美意延年然則期頤之慶不屬之君而誰屬耶君今於介壽之時回憶曩者夜闌抱子之時所殷殷之以望者如願以償有不欣然而加觴者乎

中華民國四年

族叔祖母夏太君八旬壽序

族姪孫慎衍 汝蕃 謹譔

我童氏聚族而居者數百家其間婦德可風母儀足式勤儉謹慎始終如一福壽康甯兼而有之者則莫如我叔祖母夏太君太君者封翁品三公之配茂才桐莊叔之母也來自蛟川夏氏夏本名門其時洪楊亂後品三公家中落而太君則提甕出汲有桓女風母姑董太夫人家法嚴子婦少有過卽厲聲呵責不少貸而太君則順從有道從不聞有怨咨聲品三公商於外滫瀡之供不能躬自爲太君則婦兼子職恒得姑氏歡姑壽八十五病卧於床久飲食須代箸便溺穢扶持者經十年而太君則事之維謹夙夜匪懈雖十年如一日也語所謂久病無孝子者豈可概之於太君哉太君性厚重生平無故不

外行鄉里遇社會雖鑼鼓喧天曾不一出視世俗多嗜好家庭無博具者十不得一而太君禁之甚故舉家肅然至今未見踰其禁生子二長桐莊次振宇振宇出繼從叔經商遠方而桐莊則誦詩習禮無日不依依於膝下而其所以能蜚聲庠序望重一鄉者何莫非出於母教原夫品三公之所以能使桐莊從名師學儒業者則尤太君之勤儉有以助之也蓋彼時品三公經營所入數有限耳厥後境漸裕而太君之勤儉如故珠璣錦繡之飾未嘗御於身婢僕侍側恆不輕指使遇善舉則慷慨爲之見有饑無以爲食寒無以爲衣貧無以爲醫喪無以爲殮者無不一一資助之凡前此品三公之襄造祖堂慨助育嬰設立消防開辦河工與夫後此桐莊叔之廣脩橋梁發起醫

院籌募賑捐主持鄉團者皆太君促而成之也歲庚子順直饑桐莊遵父命出資賑之清廷以花翎同知銜報捐而太君遂得膺五品之封誥然而太君未嘗介於意謂助賑所以救災非所以博榮封也兒輩能盡心力而爲之活人多則造福於余者亦多安用此區區之虛榮乎歲辛亥國步更桐莊爲出身計欲涉足於政界而太君不許謂天下將從此多事汝但從事教育服務社會可耳何必陷入政治漩渦中重滋余之憂噫嘻豈尋常無識者所能言哉昔衍之先祖考在日謂得婦如此其子孫必有昌者今果然矣子固當世之望孫皆後起之英濟濟一堂其足以娛太君者夫非天之所以報太君乎太君長品三公四歲品三公卒太君壽已七十有七此不足爲太君憾太

君年至八十而視聽如昔起居無恙與人語倫井然遇家人之懈於事者猶能督責之而不倦此尤高年中之所罕見者也昔周公稱文王永年而婦美無逸證之太君不亦然乎今年十月廿七日爲太君八旬帨日闔第稱觴其盛可知試令誦衍言而質之太君必有灑然意移欣然色解者矣若夫百歲之祝六珈之頌泛泛之詞豈足以動

太君聽哉

中華民國十年小春月宜壽之辰

童鼎橋先生龍江竹枝詞題詞

沈人俊鳳士

浮生一大夢何物眞我有上壽祇百年數盡仍散手富貴與貧賤人事皆由天惟此方寸地人定天無權自來學行純今古同朝暮道德能文章開卷恍相遇大者首忠孝日月中天懸其次藉作述江湖萬古傳澧蘭沅芷間清芬揚千載摘豔更薰香能令心平愛先生隱君子圭璧珍其身耕讀怡情性磨涅謝磁磷更美後起賢孝思善繼述遺編廣徵題世守期勿失諛墓我何歌闡幽分所宜紀述附簡編庶幾非媿詞

蕘蕘室詩話跋

堂姪賡年撰

右蕘蕘室詩話小橋堂伯父所纂集也伯父易簣時諄諄以詩話未梓爲憾且命年任校讐之責嗚呼言猶在耳適時奉司鐸太平之命此事遂忘而堂兄弟又相繼去世其稿遂散失殆盡去年請假回里乃得其副本重録之僅數十帙爲此其先後刪其重複併剔其習見者共釐爲一卷則伯父生平纂集之功或不至復失而手澤之留貽後人者僅可於此稍見一斑也傷已

光緒二十有八年二月中澣

龍江竹枝詞自序

童家興市僅二十餘年余少時河南兩處並無店屋黑水漕頭只有染棚一架河北雖有數店亦殊寥寥今之市必舊爲曬場地基有祭祀賓客之需雙日赴章橋市單日則到團橋頭市行販上門來都是鹹貨乾貨新鮮埠頭貨偶亦有之家常鹹齏蠏漿自種瓜茄菜蔬亦算上食上府無航船不能步行者必須討轎即使有一頂以備婦女及殷戸所乘不似今日之多也然其時家多温飽人乏閒游貧富渾於無形少長秩然有敘二十年來衣服飲食及一切動用喜新厭故踵事增華較余少時大有豐儉之殊一食費萬錢者不爲希罕而家無隔宿之糧者亦因此而轉多枯榮殊色冷煖異情風氣之變更直

轉瞬間耳余作此詞以誌今昔之感雖方言俚語近於風謡俾村童野老亦能領略其意讀者勿以鄙俗見唉可也

道光庚戌秋八月龍江居士童謙孟書於近三堂

亦耕軒遺稿序

余家與慈東童氏爲世姻祖姑適順天舉人慧照先生爲元配亡後以三祖姑續配爲其嗣君兆基先生食餼庠序名譟一時則與先母爲中表姊弟每歲試必偕其同族鼎橋先生寓余家且盛推鼎橋先生之學問品詣竊心儀其人以年幼不獲窺其根底爲憾及予膺鄉薦後授徒孝廉堂其哲嗣小橋茂才來問業於吾小橋樸實敦厚文如其人與人交尙信義非時下鍥薄少年可比會小橋喪耦余器其品學以兄子續其室尋舊好也小橋絃誦之餘出一編呈余曰此亦耕軒遺稿先君子手澤也并述其將授剞劂求序於余余受而讀之詩古文辭各有家法其最者天文曆算之學詩胎息長慶得敦厚溫

柔之旨文瓣香南豐不尙艱深雖寥寥數篇而嘗鼎一臠可知全味竹枝詞意存警世圓轉流利明白如話所謂老嫗能解者也或反以鄙俚少之惑矣夫言各有當竹枝詞卽古謠諺之遺正以淺顯易知文言道俗情爲合彼疑爲鄙俚者我知其於此道固未深諳耳且言爲心聲誠中形外故詩文並有取於率眞之途者蓋文能率眞則議論可窺詩能率眞則性情可見今鼎橋之詩文縱心而言觸竟感發不求工而自工時以流露其眞摯之趣有再四細繹覺有序乎詩文之先並有得乎詩文之外者矣此其意豈屑爲務奇炫博規唐仿宋者之所爲哉余向以不獲見鼎橋根柢爲憾者至是盡得其所藴乃快然而無憾焉用題數語於簡端以質諸當世云

光緒庚辰年二月姻教弟汪爱祁拜序

光緒丁亥年十月朔鄞邑陳政鍌拜書

又序

吾鄉鼎橋先生績學士也猶憶歲癸卯於邑試場中親見之宸是時已寓後學追隨之意先生旋以是科掇前茅獲雋然先生不競競於科名也其平日以授徒給衣食暇時卽肆力於天文志及筭學諸書凡詩古文辭尤所素好若於應制文字間亦爲之而注意不在此今士之爭相誇耀者大都涉獵篇章好事塗澤甚且標榜相高將以此掩飾人耳目嗚呼試問其根柢之學何在乎先生早歸道山以未及請益爲憾哲嗣小橋明經能讀父書其議論尤足傾倒多士宸於先生推曁本外親與小橋行列相伯仲自是更親暱者有之冬初自北來出先生集分詩古文辭爲三卷讀之下淵懿樸茂猶仰見先正

之遺風焉今既付諸剞劂俾好修之士口誦心維咸知實學庶不負

先生之志而又見小橋之克振家聲也歟

光緒十三年歲在丁亥臘月　　日姻晚生徐向宸敬謹拜序

亦耕軒遺稿序

昔余年甫冠館於慈谿吳氏時童君夢橋亦館其地密邇鄰比課徒之暇相與往來過從笑語歡洽情逾素好夜分久坐篝燈瀹茗時復劈牋拈句吟哦推敲互相賞析結爲詩社者月常數四少年勝概發不自遏今雖人事俱非回憶之下蓋猶髣髴焉若或遇之夫夢橋困頓士也而實一績學深沈之士不以余之年少鄙不屑交且時述其族之鼎橋君之爲人與夫詩文譔著娓娓可聽數月後袖示天文星象及八綫三角割圜勾股之圖曰此亦渠所爲以余方致力數學未得其傳故及之也余以是有慕於鼎橋君思一見其人又嘗試於太守李侯題下有各爲題目八韻詩一首時與試之士尟有知爲山公

故實者余亦敷衍完事榜發童君擢第一詢知爲詩獨不誤而清詞麗句遂播於郡中傳誦者久之余以是益思一見鼎橋君其人而慕之不已於後飢驅食迫旅寄無常夢橋旋亦作古介紹無人卒無由晤鼎橋君一爲握手耿耿於懷者久而不釋逮余年漸衰始於就館方氏獲交其嗣君小橋明經情愫之通契合之雅已十餘年於茲今小橋梓其先德遺稿問序於余余感觸舊事不能無言讀其集古近體詩清矯拔俗且其文實有關世道而不可磨滅竹枝詞剴切警動意在喚醒癡聾俾而寓以箴規巧亦不傷大雅是皆其可傳者爰書諸簡端而歸之光緒丁亥仲春月鎮海張壽榮鞠舲氏序於清湖邨之書隱樓

蕤蕤室詩話序

余友嚴君子均搜集令舅氏童小橋先生遺箸付手民印郵書眎余屬爲之序小橋先生襟懷豪邁稠人廣坐議論風生其磊落英多之概迄今猶能想像及之書法俊逸直窺顚米堂奧扁牓大字尤瀟洒出塵雙鈎特餘事耳不知其兼嫺吟咏也今觀所作直抒胸臆不依傍人門戶自成一家書如其人詩亦如其人矣所編詩話於網羅散失之中兼寓表章先哲之意其用力可不謂勤乎自科學盛行風雅之道亦稍稍衰矣子均爲此非獨鄭重遺文篤於渭陽之誼亦以見扶輪大雅爲藝林添一韻事也壬戌仲冬鎮海盛炳緯省傳甫

[illegible]氏宗譜　卷十

[illegible]本堂

蕤蕤室詩序

自趧鴃鳴而百草不芳洚洞警而䖏跡交路儒業等於寒灰文教淪爲榛莽鄉無善俗人盡猺獞此李隴西所以有大雅不作吾衰誰陳之感慨也余自滄桑後行遯客授斗室之外不知復有天地與學童講論石渠緒餘有時發爲浩歌以抒所鬱積蓋屏絕人事久矣惟一二舊交不變末易慮者間相過從作世外譚語及鄉邦文獻開元遺事每扼腕咨嗟不知涕淚之何從也今年夏間慈谿嚴覲察子均邀飲於其宅坐皆舊故友出示其所刊童小橋先生蕤蕤室類槀統三卷雙鈎爲一卷則鍾薛之遺型也詩槀爲一卷則元白之酬唱也以詩話一卷厭焉展讀一過猶想見吾邦文獻承平之流風也又不禁

爲之喟然子均之刋是集則義篤渭陽路車乘黃不足稱於前矣其行誼尤可風也三綱淪矣近今之世誰復念及鞠育勤斯之恩而推及於所自出乎子均之不忘舅氏子均之所以爲孝也豈徒發潛德之幽光振大雅於東洛云爾哉

壬戌之秋八月鄞縣高振霄雲麓識

和家嬾仙叔十嬾詩 有序

嬾仙叔吾家詩人也少有郤子疾閉户自娱數十年無人事酬酢孟幸託同宗樂其性情之眞心意之曠不役役於名利不斤斤於脩飾時過從焉覩其閣見古琴懸壁奇書橫架以及鍾王眞跡歐虞法帖羅列滿前而嬾仙叔日與松使者楮先生枕藉其中筆墨所到有飛鴻戲海舞鶴遊天景象披閱數四不啻遊眺於名山大澤之中清風明月之下飄飄然羽化而登仙也生平最豪於飲興至輒浮大白不減古人漢書下酒之概茲以十嬾詩見示並能自道其中之所得與外之所寄嗚呼世人以懶故蹉跎無所成吾何取乎其嬾蓋如吾叔者乃可以嬾自命也

乃非可以嬾相喚也率和十章以誌向往云爾

出岫閒雲笑月忙盈虛消息太無常嬾仙舊證三生果遮莫塵寰事事忘

悟到閒身亦是仙爲名爲利總徒然平生不入邯鄲道醒饜黃粱四十年

莫怪琴書課太疏終年寂寂閉門居每逢天朗氣清日不是彈琴便讀書

脩到嬾仙有幾生筆歌墨舞鬼神驚人間不少留眞跡莫再紅塵污姓名

少女姮娥入幕賓青煙繞處自相親貪眠何事耽風月風月偏要作

主人

高卧龍江學卧龍卧遊山水謝行蹤自來邱壑胸中滿抵得龍剛數

十峰

乘興有時大白浮幾杯酒作釣詩鈎如何詩酒傳名久偏欲逃名詩

酒傳

誰繪拐仙貌若癡一枝拐杖手長持嬾仙相見粲然笑始是蹣跚酬

酢時

未了人間煙火緣不冠不履短蓑前年來悟徹蒲團業笑指燈花盡

夜妍

脫略疏慵本性情半生贏得嬾仙名嬾仙生有嬾仙福未許凡人學

得成

○和前詩後意有未盡翻爲新様一體以嬾字弁首仙字韻尾頗得擊首則尾應擊尾則首應擊其中間則首尾皆應之趣録呈仙閣用博胡盧一笑

懶搗元霜四十年得來魚兎忘蹄筌心花意蕊天香滿應是前身月裏仙

懶身高卧碧雲邊勘破宦情與守錢名利途中多少客笑他末路始求仙

懶豈清公杜撰禪冬忘誦讀夏忘絃琴書不許凡人聽傳是列仙操水仙

懶到文房也寂然名誇草聖舊時傳筆歌墨舞今抛却差作右軍飛

白仙

懶看庭前景物妍却於良夜下帷眠風清月白人何處夢會巫山雲

雨仙

懶中長擁一壺天世界煙花過眼遷遊翫何如天上坐笑人但學地

行仙

懶抱金罇對綺筵狂吟豪飲近來捐詩成偶酌三杯酒趣勝當年李

謫仙

懶投桃李結塵緣坐閱青燈榻半穿酬酢禮皆人世設從來落拓是

神仙

懶整衣衫露半肩蹣跚行讓別人先脩成正果何容飾鐵拐仙今得

兩仙

懶自天成早十全年來更覺勝從前性靈養到忘情日便是蓬萊第一仙

墓表

柳園先生墓表　小坨盛　本拜識

先生名潛字亦陶邑庠生少優於才長而篤行不慕榮利高尚其身世亦無知之者其爲無懷葛天之流亞歟銘曰

學博而無名　才大而未伸　吁嗟先生　殆今世之逸民

梧園公墓表

陳　蕙拜撰

翁名申培，字鳳崗，號梧園，例授登仕佐郎。早喪母，事繼母一如所生，于兄弟居次。伯氏郡庠生，季客都中，家事惟翁自賴。析箸後，執父喪，葬祭極其誠敬。平居爲人慨慈好周急，作事剛方，往往爲鄉鄰排難解紛。元配朱氏孺人，生長子祥銘；繼配陸氏孺人，生次子祥鈿；又娶陳氏孺人，無出。女六，孫二。翁生於乾隆十八年十二月二十八日，卒於道光三年四月二十四日，葬於宅南西兆旁。其壻洪名彬者述其行，余得所詳，因陳其梗概而系之銘曰：

歸于兆域　桑梓故鄉　善人之後　世乎其昌

邇齋童公墓誌銘

公諱鴻遠字在茲號邇齋世居慈水之龍江累世潛德不耀公父以名宿困諸生昆季四人公居長性孝友多卓識念家無長物食指日繁株守非久計習業川遇事輒了之且推誠相與直聲播遐邇故所獲豐焉歲一歸省儲甘旨率諸弟各勤職業德配嚴氏復善事奉舅姑和姑嫂家政肅然喪祭冠昏豐約如禮如是者三十年有子克勤貲業乃邀息家園與野老課晴雨話桑麻知其志不在素封也時宗祠鮮經費歲祀無所出捐田二十畝其他見義勇爲指不勝屈故考終既三紀鄉黨猶稱頌勿衰歲丙子長孫祥發捐五品銜貤贈公奉直大夫德配嚴貤贈太宜人孫曾俱懋勉繼前光論者謂積善之慶

也公生於雍正辛亥四月十三日辰時卒於乾隆壬子正月十八日

時太宜人生於雍正壬子閏五月十三日子時卒於嘉慶庚申正

月十八日　時生子二慈高慈賢女三適應適陳適胡前殯於甬上

邊嶺之右今稍移於後葬爲請誌于瀚瀚居咫尺又世交子弟謹以

所聞而爲之銘曰

扶輿靈氣　甬水之濱　思神守護　留待善人

道光丁酉歲應鍾月穀旦

嘉慶乙丑年黃鍾月吉旦立

勅授文林郎湖北房山縣知縣丙子戊子湖北鄉試同考官世愚姪

姚　瀚頓首拜誌

童荇楚先生墓碣銘

公諱祥正字寅初號荇楚　贈公南貢先生之三子也幼秉殊質有幹才事父母得歡心友於兄弟承父業服賈於閩乍閩十餘年無少逸與人交接處亦以敦厚樸誠爲念惜爲奔走致勞不永厥壽生於嘉慶癸亥年正月初二日卒於道光丁酉年九月二十六日勅封儒林郎以三子謙祉銜誥封奉政大夫德配姚太宜人苦事翁姑克相夫子嚴以持己和以待人公歿時家貧子幼茹苦含辛不使外聞晚年家道少康常以苦境自陳蓋數十年如一日焉生於嘉慶甲子年十一月十八日卒於同治七年戊辰十月十一日敕封安人誥封宜人生子四謙福謙祿謙祉謙礽孫三遜麟遜元遜蘭今卜兆於栢塘

村之原爰爲之銘曰

龍江之派　柘樹之村　流長源遠　宜爾子孫

翰林院庶吉士　姻晚生汪爰祁拜誌

慎齋公墓誌

太學慎齋童先生世居慈東之東郭名鴻韜字錫文性生孝友胸藏幹略弱冠客閩家業日起而其倜儻慷慨不設城府聞者莫不欽羨晚年歸息田園樂善好施余嘗經其地與其從弟靜齋孝廉交好每稱先生行誼不置即其去貲財以增遠祖祀產善行其一也夫仁孝爲百行之先不可舉一端以例其餘哉配胡氏孺人端莊淑慎於嘉慶三年卒繼配王氏因今年葬胡氏孺人於甬東姜山里之高塘而其令嗣兼爲治壽藏工竣乞言于余余謂隴岡之表當有得之後昆姑先陳其略云

嘉慶丙子

張嘉全拜譔

中書科中書贈奉直大夫童君墓碣銘

光緒己亥余與童君笠村相晤於陳氏張鐙置酒座客六七人剌取經傳僻字以爲諧樂余於是知君越三年君殁余赴官江右不克臨吊比歸君諸子卜日將葬以表墓之文爲請乃不辭而爲之君諱師晉字瞻蓀笠村其自署也先世故鄞產宋時遷慈谿之鴻門遂爲慈谿縣人曾祖宏度妣莊氏祖慈昭妣盛氏父文霖妣華氏自祖以下並以君弟駿聲貲銜贈中憲大夫祖妣妣皆恭人君少讀書材質明敏未弱冠開甃鄉里抗顏爲人師昆明趙文恪公視學吾浙拔冠童子軍嘉予備至決其遠到丁卯君七試布政司未獲一遇亦泊然不爲介意也能詩善詞同郡章祭酒鋆裘孝廉性宗倡聚香吟社君與

其列稱社中眉目所著龍江詩鈔吟花館詞皆繕寫成帙藏之篋中事母盡孝母病目君偕其弟朝夕祈禱目以復明爲父治墓兆已有定所掘地數尺覩一碑則前人古冢也心爲惻然而葬父於其側子孫省墓則設酒饌祭之歲以爲例辛壬之交粵寇陷郡縣羅致聲望之士强畀僞職鄉不通於賊以君負才謂百計購之君脫身走卒不爲賊屈也光緒丁丑十二月四日卒年五十有七以諸生援例授中書科中書其後叔子季眉階五品始贈奉直大夫前娶陳氏鎮海人監生政揚女咸豐辛酉五月二十卒年四十有三續娶沈氏山陰人監生大榮女後君十年卒是爲光緒丙戌二月三日年五十有一子四陳宜人出者三遜廉遜隅皆監生季眉五品銜廣東補用縣丞沈

宜人出者一遜涵女三長適同縣庠生王仁元次適鄞庠生章師濂三適同縣盛炳喬孫四人賡年勤翊勤堪勤熙葬之期丁亥四月七日也余解官歸里里中諸朋好大半零落回念舊游雖與君不常晤時復悵悒於君之葬也安忍不銘銘曰

洪水滔天污我浙水丹巾紅裳濟濟多士嗚呼童君屹乎中流撓之不濁一節千秋况復家庭壎篪協律翳目重開愈其母疾匪孝無親匪義無君君親兩盡盡此一身奠厥幽居宅西上阪勒石有辭我愧不腆

光緒十三年丁亥閏四月上石

知州銜江西建昌縣知縣鄞董沛撰文

翰林院編修前甘肅學政鄞陸廷黻書丹

童君小霞墓誌銘

君諱慈浩字其天號小霞國學生世爲慈谿童姚村人考國學生知悌妣洪氏君生有至性自痛少孤思有以竟未成之緒洪太孺人又時時述先世之訓以教君故益自奮勵棄儒後服賈滬上勤勞備至然歲必歸省無或間道光乙巳太孺人謝世君哀毁之餘思其遺言謹割膏腴三十五畝助宗祠祭田之不充又明年割田七十八畝郎祠旁立塾延師課族之子弟并乞徐舍人時棟記其事陳徵君勱書於石銜諸祠壁冀久久不廢宗郤交譽之則泫然曰慈浩何能爲哉此吾母之訓吾父之志也其能錫類如此初娶方再娶夏俱能如君之孝夏孺人生三子祥榕祥槙祥權一女適姚氏榕早殤槙既娶卒

無出權生二子謙肅謙照君生於嘉慶十六年十一月二十六日戌時卒於道光二十九年十二月初四日丑時方孺人生於嘉慶十七年十一月初一日亥時卒於道光八年九月二十九日辰時夏孺人生於嘉慶十六年二月十九日丑時卒於同治二年十二月十四日寅時合葬於鎮西李家河南岸之原余少時讀董氏祭田墊田記慕君之孝思不匱庶幾一見而何意終不得見而僅得誌其墓哉然聞哲嗣權性好善有父風仁粟義漿道露誦德近復蓄貲置田以恤其族之嫠孀無依者是又能體君之孝以孝其親者也君之遺澤長矣因系以銘曰

卜吉壤兮河之滑妥靈魄兮昌後人助豐潔兮籩豆莘莘篤培

植兮詩禮彬彬然則匪壤是吉兮唯君之仁

鄞毛　焜譔并書

同治九年庚午歲春王月上石

景水公墓表

翁諱祥銘字景水號新溪行一清例授登仕佐郎性孝友好周急有剛斷鄉里賴焉配邵氏孺人無出繼配翁氏孺人賢歡內助生子謙潮克紹箕裘孫三遜梅遜椿遜櫺亭亭玉立正未有艾茲塋於西河之原爲次其略勒諸珉石云

眷弟邵　錕拜撰

童繩霞先生生壙誌銘　　陳守正撰

先生姓童氏名祥權繩霞其字也其先世累有隱德尊甫小霞公尤好善嘗割膏腴田數十畝寄於祠收田所入延師敎族之子弟曰吾承先人志也先生則別建書塾十餘楹募增田數十畝卽分餘粒以活族之孤寒者於是同族咸有賴焉先生可謂善繼者矣然先生樂善恆不倦助饟賑災率輸將恐後至於修堤堰築道路建亭造橋凡有濟於人者雖捐多金弗惜焉其他善行不勝述而先生所最重者在讀書隆師傅勵子姪令必成名嘗擬省垣建試舘一爲多士求名地捐金數百以爲倡未果恆惓惓不能忘若自奉則約甚一如寒素家風噫嘻如先生者並世有幾人哉先生雅好孽窠書兼諸形家者

言去年冬營生壙於巖家堰之原先生以道光二十年四月初十日生援例入國學欽加布政使司理問銜今周花甲矣娶四安人元娶葛繼娶胡又配姜孝廉乙蓁公女長男業儒名文熊嗣先生胞兄後次男邑庠生名貽芳女一適盛則其庶出也今德配宋出二男名文杰名文煨女一未字現有丈夫子四人三授室孫男四人孫女二人猗歟盛哉吾卜先生之德之正未有艾也爰銘曰

居山之陽　近水之旁　配君之德　流澤孔長

童君織雲先生墓表

君余伯父訓導蔭樓公之子也與余生同歲學同校試同寓居嘗自謂雖軾轍之自相師友無以過之其後君中光緒乙酉科本省舉人再赴禮闈不遇旋卒今年君嗣子文熾兄弟將葬君而以表墓之文請嗚呼余尚忍銘君也哉然非余又孰知君者爰涕泣而書之君諱景春譜名祥機字織雲號煦伯兄弟四人君次三是時次兄玉剛君主家政君有所建設必請於兄不自專弟祥棫有足疾君爲之延醫訪藥不言勞豪於飲嘗與人競量之大小歷七日夜不倦又嘗與余同飲歸君醉墜水中救之獲甦余時見隔水若有植立者輒奇之自奉甚儉而假借人則不吝君媚孝廉胡君啟榆思以捐輸官知縣而

力不足君慨助以三千金洪君君同歲生也家中落通書告貸君以百金助之里人孝廉姚君濤介絕俗口不言貧適有事君聞卽贈以數百金蓋其好施而不妄施者又如此生咸豐四年九月初一日卒光緒十五年十一月初五日得年三十六歲配姚氏生子四長文然次文熵三文烶四文煥女一適鄞翁氏孫四人

中華民國十四年八月　日

梧叟童祥春撰文

鄞縣張原煒書丹

聽江公墓表

姪遜組拜撰并書

公諱謙潮字湧泉號聽江新溪公之子也由國子監誥授奉政大夫幼敏捷好讀書尋以廢讀客蘇吳地俗尚奢公樸儉同家居生計日以饒足性至孝服勞奉養盡得父母歡及歿葬祭悉以禮督子孫綦嚴服賈讀書各如其材而使之人或有爭執者得翁排解之無不平以故鄉里中咸交相推重焉生於嘉慶十七年六月廿六日卒於同治十三年四月廿四日公娶葛氏胡氏盧氏俱封宜人葛氏無出胡氏生一子遜梅早世俱德容兼備早卒無傳盧氏善事翁姑克相夫子勤儉治家義方教子生四子一女遜椿授同知銜賞戴花翎遜樓授太學生遜樺由附貢授同知銜遜榔授太學生女適同邑庠生邵

應綸孫六人皆亭亭玉立又娶妾翁氏生一女尙幼玆卜葬於宅右
河西之原爰述其大略云

童道源先生墓表

先生諱遜脩字道源性誠樸就業於甬江未能大展其才賫志以歿年三十有六先娶姚氏孺人生一女繼娶葛孺人生二子先生逝世時子女尚在提攜中賴葛孺人含辛茹苦撫育成立二十年遠賈荆沙漸至富足孺人之心爲之一喜嘗以先生窀穸未安促二子急覔葬地茲以得閘門十八灣之原相視均吉坐西朝東以妥先靈於地下矣先生生於道光廿七年九月十四日卒於光緒八年十二月初二日姚孺人生於道光廿七年三月十九日卒於同治十年正月初九日葛氏孺人生於咸豐元年二月十四日現年七十有六康健如昔子二澄海澄宇女一適鎮海盛孫五愼誥愼謀愼誌愼詒愼詞皆

露頭角其家正方興未艾也余屬在子輩同居里閈悉家世言行爰
採大略以垂不朽焉

丙寅仲冬族姪賡年拜書

童氏族田字號畝分土名開後

朝宗戶

陽字號一千一百八十一號共民民田一畝二分八釐五毫此係祠堂基

舊存田共十二畝二分三釐九毫內十畝零三分係前明恒九

公所捐

陽字二千一百號　竈官田一畝　土名吳家屋後

陽字二千八百十號　竈民田五分二釐　鄭家坂

陽字一千三百廿八號　竈民田一畝六分九釐六毫八廟西爿

陽字一千三百廿九號　竈民田四分　同

陽字一千三百三十號　竈民田一畝九分三釐二毫　同

陽字一千四百十五號　竈民田一畝三分六釐　周家墳

陽字一千六百七十四號　竈民田六分三釐　高頭漕

陽字一千九百七十一號　竈民田四分九釐七毫　上坂河浰

陽字一千一百零三號　竈民田六分零三毫二絲　任家田

陽字一千四百四十五號　竈民田九分　廟後笆下

陽字一千九百十九號　竈民田二畝一分　黃泥墩

雲字八十六號　竈民田六分　周長漕

朝陽祖二十八世孫邇齋祀捐田二十畝在上莊地方

雨字一千四百九十四號　民民田二畝五分　土名遶塘

雨字一千四百六十七號　民民田二畝三分五釐　施家堰

雨字一千六百三十三號　民民田一分五釐　同

雨字一千號　民民田二畝六分六釐　石柱墳

雨字七百六十三號　民民田二畝五分　三畝

雨字七百廿一號　民民田三畝七分　莊後大片

雨字七百三十二號　民民田一畝三分　莊後裏片

雨字八百廿五號　民民田七分　門前漕頭

雨字一千一百三十號　民民田一畝二分　長三畝

騰字七百四十號　民民田二分六釐　外河沿

騰字一千二百零一號　民民田四分三釐　漢塘

雨字六百五十四號　寄竈民田二畝二分五釐　餘墩

朝陽祖二十九世孫小霞祀助祭田三十五畝零在鎮邑牛港地方

其契券四至字號另立圖記

朝陽祖三十世孫祥權助祭田廿九畝二分在本邑西嚴上河嚴兩處地方計田十五畝二分本邑更樓地方計田十四畝正其契券四至字號另立圖記

以上共計祭田九十七畝七分二釐零

朝陽祖二十九世孫小霞祀助書塾田七十八畝三分二釐五毫一

則在本邑東嚴地方計田六十五畝零五釐一毫一則在鎮邑陸
廸公橋地方計田十三畝二分七釐四毫其契劵四至字號另立
圖記

鰲東董氏宗譜　卷十

厚本堂

助田

震生妻胡氏　助宗祠田八畝九分

在章公　助宗祠田八畝五分

梧園公　新溪公　湧泉公　助宗祠田十四畝四分五釐

又　助龍江田十四畝一分五釐

薇塘公　助宗祠旁屋基五分

震巽公　助光裕祀田六畝一分

裕祿祀　助光裕祀田十畝

又　助宗祠秋祭田十畝

道光二十四年重修宗譜記

連絲紙三十刀毛六紙十刀　錢十七千文

草譜紙五刀厚連絲紙半刀桑皮紙一刀　錢一千四百文

藍綾子面四丈五尺紅緞二尺宋錦一尺七寸　錢十一千六百文

藍洋布八尺白銅綾二尺五寸白雙扣線二兩　錢一千五百文

硃筆墨棕櫚印板圈子　錢一千四百文

成衣木工礬粉等　錢八百文

印刻工食每盤印七頁計錢一百文連印錯重印共八百五十盤　錢八十五千文

又另送酒菜　錢四千文

釘工　錢三千文

宗祠安神祭祖福禮　　錢十二千文

零用　　錢五千二百文

通共用錢一百四十二千九百文

碧山公認費錢四十六千三百文

慈錕認費錢四千文

祥隆認費錢四十六千三百文

祥裕認費錢四十六千三百文

右記各項經費數目備後日重修查據一覽便知價額無須訪問自可預約錢數多寡至於譜宜勤修大略以叁拾年爲度如缺貲費或照前譜各房勸捐今共修新譜壹樣柒部每部肆本

壹部存宗長陸部編號孝友睦婣任恤分存六房長房老二房
孝字號三房友字號南房睦字號中房婣字號西房任字號東
西河房恤字號各房務須珍藏篋笥每歲當暑擇晴吉曬之勿
使蠹魚損蝕煙薰雨漬査前譜有不識貴重率意添改者甚至
草書塗鴉不堪汚瀆殊不知譜爲吾宗信史繪錄已定不得妄
有更改設有嫁娶卒葬未經印刊恐日久遺忘宜於每歲正月
初二日齎來宗祠告知宗房煩紳士等用楷書註入宗長所存
總譜內俟刪暇之日通補六部庶不失爲孝子順孫時存尊祖
敬宗之意今將新譜編號分存責有攸歸倘仍有故蹈前轍者
惟藏譜房長是問而草率私註之家罰在宗祠演戲祭祖各宜

慎之無違

修緝　二十九世孫　慈錕

同修　三十世孫　祥隆

祥吉

祥裕

監梓　二十九世孫　慈暉

三十世孫　棵

浴

三十一世孫　謙孚

謙孟

謙六

謙誥

伯龍

謙潮

嶽

伯驥

昭

襄

伯熊

校對

印刊　嵊縣　俞秉禮

朝陽祖二十七世孫宗長在朝敬記

同治十三年重修宗譜記

始祖遺像畫工工食并京元紙　錢六千四百文

連泗紙三十七刀毛鹿紙十二刀　錢廿七千五百文

正副草譜紙共九刀桑皮紙半刀　錢五千一百文

重金箋藍連紙紅羅紋雙紅紙赤金　錢二千文

藍綾子面十二丈紅緞四尺五寸白雙扣線三兩　錢廿二千三百文

藍洋布一丈二尺紅衣線一支　錢六百文

硃筆墨棕櫚印板圈子　錢五千文

成衣木工篾匠竹木料等　錢二千五百文

印刻工食每盤印七頁計錢一百十文連印錯重印共一千一百盤　錢一百廿一千文

又釘工酒菜　錢八千文

又柴茶油　錢十五千三百文

開工告竣請神祭祖福醴　錢三千文

小橋修譜三載束金供饍　錢一百五十千文

監梓校對供饍零用等　錢六千七百文

譜箱七只木匠漆匠銅匠工料　錢十一千二百文

宗祠請神祭祖福禮　錢二十千文

又零用　錢十三千四百文

通共用錢四百二十千文

右記各項經費數目以備後之查據今共修新譜壹樣柒部其

式樣照舊譜稍異每部分禮樂射御書數六本仍照舊章壹部
編號總字存宗長處六部編號孝友睦婣任恤分存六房其規
例載明前記茲不重贅惟冀藏譜者各宜珍重或有犯規者訣
不情貸幸勿褻視是余所深願也

重修　三十一世孫　喬
纂緝　三十一世孫　寀
　　　三十二世孫　遜組
監梓　二十九世孫　蕬松
　　　　　　　　　蕬槉
　　　三十二世孫　傳

俊

伸

校對

印刊　嵊縣　李朝柱

朝陽祖二十八世孫宗長惠海敬記

跋

癸酉春寀承母氏之訓曰增修宗譜汝父之志也汝宜與兄共成此舉兄謂寀曰宗譜不修幾三十年於兹矣今承慈訓以繼嚴志奈余迫於經營未能專綜其事非弟無以考其成夫吾族之譜自　靜憁祖畢殫心力纘成墜緒歷經先輩修明補續後之人掇拾補苴似若易爲力然不存一念之誠安望成屢世之功哉語云言則容易爲則實難吾弟毋忽諸寀聞之惕然不敢忘開局以來再更寒暑始克付梓而其事果不易也其間遐鄉僻邑蠹蝕殘編搜羅抉剔大都皆小橋之功寀則因人成事殊有負母兄之訓也譜既成復命於家慈因述訓言并誌數語於簡末云

昔

同治甲戌年仲冬月　吉旦

朝陽祖三十一世孫　寀謹跋

民國己巳重修宗譜跋

族譜之設所以紀宗功紀世系詳嗣續雖與志史不同而其義則一也考我宗譜倡於明文成公清嘉慶間栁園公手鈔成書道光間續修於高祖鴻逵公嗣後繼修者爲慈錕公至同治間遜組伯再修承上啟下循次排序至今賴以不墜惟自同治甲戌至今已垂七十年之久若再不興修恐老成凋謝杞宋無徵故急急不可緩也歲在己巳族人慷慨輸囊共襄斯舉聘族兄佐宸任編輯及堂弟柄魁瑤魁兄弟頌德族姪子華任校對調查之責各能踴躍從事不閱一年蔚然成書皆有報本追遠之思無遲緩因循之習若執舊譜以核新譜其時期或三年或五年其若緩若速有識者必能辨之矣此次告成

尙稱翔實安等可以告無罪於先人矣至於優劣自問無愧寸心任

後人之褒貶在所不計矣

朝陽祖三十三世孫勤安謹跋

［福建晉江］潘湖金墩黃氏廿四㭆房族譜

不分卷

黃金鐘纂修

［福建晋江］《潘湖金墩黄氏廿四棡房族譜》不分卷，黄金鐘纂修。潘湖位於今福建省晋江市池店鎮。該譜纂成於民國二十年（一九三一），載序、世系、小傳、生卒年月、葬地，内容較爲簡略。潘湖開基祖千三生於莆田金墩，元世遷於晋南潘湖。其後裔衆多，多有遷居臺灣，以及南洋石叻坡（新加坡）、吕宋（菲律賓）、安南（越南）、暹羅（泰國）者。十五世當，清嘉慶間亡歐羅巴。據民國間抄本影印。

潘湖金墩黄氏廿四椆房族譜

金墩黃源流譜序

嘗思物本乎天人本乎祖祖也者後世所從出之原也夫人子之由來未有非先祖所流傳此人生固不可不知其世系之源流也然而年湮代遠未免久而難稽古人於是諄諄設譜乘焉

我祖

軒轅公傳六世　啟公封江夏黃國因以為姓至壹百十七世　千三公生長於莆田之金墩自元世而肇基於晉南之潘湖延今五百餘載支分派多不知幾何幸有存譜俾後世子孫知近世之昭穆亦可保遠代之次序　金鐘　欽纂修譜乘幸而於

中華民國辛未式拾年　金鐘　領男　德馨（還鄉）謹錄將我祖本支

相承世系考訂溯厥由來後世展卷興思俾千百世後而不失其倫是所謂國不可一日無乘家不可一日無譜也金鐘是以識之不朽云壹佰三十五裔孫進禮字

金鐘謹誌之

金墩廿四棡大四房黄氏歷代祖宗世系抄列于後以遺後知

黄氏分派流傳家譜　確寔黄帝傳至六世孫南陸公為黄氏之始祖作乙世祖

一世祖開基黄帝有熊氏 字軒轅 少典國公子 在天子位百年 享壽壹百十壹歲

二世祖昌意公 軒轅公次子 生子二

三世祖顓頊公 以水德王在天子位七十八年 生子二

四世祖鯀 顓頊次子 仕唐堯

五世祖禹 仕陶唐治水有功舜授禪在天子位百年

六世祖啓

受封江夏黃國因以黃爲姓在天子位九年

生子六

七世祖仲康 啓次子在天子位十三年

八世祖相 仲康子在天子位二十八年

九世祖少康 相子在天子位二十二年

少康子在天子位十七年

十世祖抒

十一世祖槐 抒長子在天子位廿六年

十二世祖芼 槐長子在位十八年

十三世祖泄 芼長子在位十六年

子四

十四世祖扃 泄四子在位廿一年

子五

十五世祖廑 扃長子在位廿一年

子三

十六世祖根 廑次子在天子位

子三

十七世祖榦 根長子

十八世祖梁 榦子

子四

梁長子

十九世祖甲 祖

子二

卅六世祖嚳 子五 約績次子上士

卅七世祖王所 子三 嚳次子威武將軍

卅八世祖中立 子一 王所次子典農將

卅九世祖起犀 子一 中立子制統

四十世祖髦 起犀子元士

四十一世祖見推 子五 司隸

四十二世祖鞅 子一 内史族正

四十三世祖屨 鞅子制統

四十四世祖辰 子五 屨子折内閣正

四十五世祖芮伯 子四 辰長子仕周大司徒作桑柔詩

四十六世祖孝 子一 芮伯次子太正

四十七世祖牙 子二 孝子大司徒

四十八世祖宓 牙次子北地都尉

四十九世祖鈃 宓子鎮北大將軍

五十世祖詹父何 子一 鈃次子庶尹

五十一世祖囏 子三 詹父何子山師

囍長子理監門使

五十二世祖緊　子一

緊子大正

五十三世祖辟子藩　子五

藩長子元士

五十四世祖吉甫　子一

吉甫子選曹

五十五世祖适　子二

适次子將軍

五十六世祖孝權梁

孝權梁子太僕正

五十七世祖垂　子一

垂子櫰羌校尉

五十八世祖息　子一

息子圻內閣正

五十九世祖熾　子三

熾長子執政上卿

六十世祖宰孔　子一

宰孔子典農將

六十一世祖陳

陳子庶尹

六十二世祖妥　子三

妥季子錢府主

六十三世祖扁　子二

扁次子大夫

六十四世祖六叔弓　子四

六叔弓季子冀州牧遷光州固始縣　光州在河南省汝寧府

六十五世祖老　子六

老長子内史

六十六世祖宗伯　子三

宗伯季子庶子政事

六十七世祖鄗　子四

六十八世祖廣中 鄗季子圻内令 子一

六十九世祖輔西 廣中子大司農將 子一

七十世祖芹 輔西長子掌節上士 子二

七十一世祖永樂 芹次子圻内閣正

七十二世祖駿 永樂子司隸 子一

七十三世祖歇 楚駿子 楚君遷大正號春申君

七十四世祖幼冲 秦時西關大儒

七十五世祖大綱 幼冲四子漢定侯遷太傅 子一

七十六世祖公卿 大綱子

七十七世祖太族 公卿子 子五

七十八世祖世霸 太族子漢永州太守歷官丞相

黄氏之先得姓於有熊至啟封於江夏之間傳及七十五世漢定侯綱家居光州固始縣九歲能文章漢高祖即位三年拜光州刺史有善政至十二年巡狩見綱有古人風再封於江夏以一言違意將兄弟以三公之服歷太傅生公卿傳太族則七十七世矣今自太族公復著於下

七十九世祖季宗 霸子 子二

八十世祖禄 季宗次子漢光武賜以隱居服

八十一世祖香　禄子孝子宗文強漢肅宗朝官拜尚書　子一

八十二世祖瓊　香子字世英魏郡太守遷尚書僕射　子四

八十三世祖榮　瓊四子字叔本賜隱居服　子二

八十四世祖琥　榮長子字文琰五官中郎將　子三

八十五世祖通　琥季子　子五

八十六世祖忠　通次子字漢升蜀將軍　子六

八十七世祖公衡　忠四子車騎將軍司馬　子四

八十八世祖騰　公衡次子晉時隱者　子三

八十九世祖知運　騰長子字玉衡永嘉太守　子四

九十世祖元芳　晉安太守始遷福州侯官縣黃巷

九十一世祖仲　元芳子官上卿　子九

九十二世祖雍　仲長子封黃門侍郎未就卒　子四

九十三世祖如意　雍次子壽百有三　子四

九十四世祖齊　如意次子官太保　子四

九十五世祖貴林　官拜太傅　子四

九十六世祖端儀　貴林次子　子一

九十七世祖若 端儀焦州刺史 子六

九十八世祖翰之 若四子後周青錢學士

九十九世祖竹若 翰之長子官晋安司法參軍號竹若 子一

壹百世祖沖 字士謙 子一

壹百一世祖岸

公係莆田縣黄巷始祖字宗極唐天寶癸巳進士桂州刺史封開國公金紫光祿大夫謚忠義先世自光州固始縣入閩侯官縣黄巷由岸遷莆延壽里黄巷為莆始遷之祖壽八十二配趙氏封開國夫人繼妣鄧氏封吉國夫人合葬延福院靈源山坊 子一

壹百二世祖諶

岸公子係莆田二世祖字廷翰唐開元八年官閩縣令壽七十三配朱氏封沛國夫人子五

長英 次益 三華 四華 五英

大理評事英公譜誌

大唐太宗貞元六年因狄夷亂華恐無分别特勅吏部尚書許國公高士廉中書令温彦博等九人考史定天下氏族苗裔相承不虚者方許通婚媾以是藏於秘閣厥後刺史岸公得一副本而流傳焉今黄氏譜系定當以岸公為

入莆始祖云

唐貞觀六年重九日大理評事裔孫莫謹誌

壹百三世祖華

謠公五子係莆田黃蒼三世祖永泰元年官散騎常侍析

居前華　配夫人常氏葬上林東黃山　子二

長昌齡　次昌朝

壹百四世祖昌朝

華公次子係莆田四世祖貞元十四年反金華令　配安人康氏

葬九峯　子四

長峰　次峒　三峻　四巘

壹百五世祖峻

昌朝公三子莆田五世祖字罕崇行艮九太和八年官諫議

大夫居永福配安人孟氏葬墉頭山子一

碣

壹百五世祖巘

昌朝公四子係莆田黃巷五世祖本宗行艮十居興化配趙氏

葬教忠院南　子一

曾

壹百六世祖碣

峻公子係遷江黃巷還碧溪第一世祖乃唐桂州刺史閩國公諡忠公

岸公六世孫也初任福州兵馬副使轉馬步行軍都校戰安南有功陞

壹百六世祖曾

漳州刺史改授擢威勝軍節度副使贈司徒謚忠義配夫人康氏與子環媳林氏舉家百口同時殉難同瘞越州境湖南
皇清崇祀忠義祠一統閫誌郡誌俱有傳稱父死忠子死孝妻死夫僕死主一門
忠孝節義萬全立從弟 曾之第三子 琛為後嗣

巇公子係碧溪第一世本宗之祖字宜官行廿三岸公六世孫也
唐末不仕隱溪院後遂為碧溪始祖 子三

長璥　次珮　三琛 繼碣公為後嗣

壹百七世祖琛

曾公三子碣公嗣子係碧溪二世祖也字居寅行十八天復初錄授奉禮郎配孺人趙氏 子二

長祐　次裕

壹百八世祖祐

琛公長子係碧溪三世祖字順福行六宋初以忠義子孫薦授四門學正配孺人陳氏葬滌坑 子二

長達　次逵

壹百九世祖達

祐公長子碧溪四世祖字載道行四居湘溪景祐丙午科貢入太學祥符己酉補上舍以子寵封評事郎配陳氏封安人葬后坑山 子三

長安　次定　三寵

壹百十世祖寵

達公三子碧溪五世祖字錫甫行十七景祐甲戌科登張唐卿榜進士官大理評事配宋氏封安人葬井康山 子一

中庸

壹百十一世祖　中庸

龍公子翠溪第六世祖字長引行二十宣和癸巳科登鄭嶰榜進士官太常博士司馬溫公薦授浙西提刑祀鄉賢事蹟載郡誌配恭人周氏葬教院北子五

長偶　次仲　三修　四伸　五佃

壹百十二世祖　偶

字彥吉中庸公長子翠溪七世祖引十六龍裳父恩補承事郎以子徹封奉議郎配崔氏贈安人葬梧塘山北子一

壹百十三世祖　徹

偶公子係翠溪八世祖字常明引十七宣和甲辰科登沈晦榜進士歷平江縣令有翠溪詩話載郡志配安人陳氏林氏葬翠溪之東　子三

長豐　次廊　三府

壹百十四世祖　府

徹公三子字用藏引廿一徙居金墩係翠溪九世祖隆興癸未木待問榜進士歷江縣令平海軍僉配宜人陳氏合葬華岩寺東　子一

安石

壹百十五世祖　安石

府公子字公介係翠溪十世祖引卅九紹興癸丑科陳亮榜進士館閣校勘階朝請郎配安人林氏陳氏葬太平山　子二

近官　遠官

壹百十六世祖　近公　安石公長子

松观　權观　櫝观　榻观　梨观

公行居一字士進號如軒生卒失傳無考

公係磐溪十一世祖以明經薦授歷新州教授配吳氏儒人葬陽門山

公行四十二

長房諱松观字本茂行千一公　近公長子

遷居晉江縣安海街姑祖配　陳氏　方氏　墓葬在南門外

三十五都下華鄉大度師姑園　子一　名良輔字子弼號竹西

配　張氏　趙氏　子四　長元壽　次元歆

三元修　四元嗣

二房諱權觀字本經即千三公　本宗始祖

公居金墩配劉氏葬在蘇山子一名應孫字學古

三房諱櫕觀字本美行千七公

公係洪武癸丑貢元廷試第壹名官潮州教授　享壽七十三歲

四房諱梛觀字本瞻行千九公

公居塘下配吳氏葬在后巷五劍山南子二長名祿　次名侑

五房諱梨觀　失攷

晉世祖遷潘湖始祖　千三公　近公次子

仕龍

太新　分支過江霞浯賣域厝發族

公行居二字權硯號本經生元成宗大德丙午十年正月初九日子時 卒元順帝至正丁未廿七年九月初二吉 享壽六十二

妣　洪氏　生卒失殁

續妣　歐陽氏諱娘生元武宗己酉二年四月廿三日辰時 卒元順帝乙巳廿五年十二月十二吉 享壽五十七

公自興化莆田派衍與同胞兄弟千一公爲征役故遷居晉江縣南門外卅五都潘湖鄉支由金墩分派

考妣合葬本都鄉山之欉嵗斑鳩之口穴坐山向辛兼卯酉用中針

一世祖　仕龍公　千三公長子

本族派

福　字顏益號豈毅

祿　即鳳泉公　今井頭房是其派也子三　長顯文　次顯章　三顯奇

壽　即樓叟公　今居庵上房是其派也

晉　分居南京子二　長奴　次矮

英　即世芳公　今居後壁房是其派也

公行居一字希亮號湖山生元文宗至順庚午二年七月廿二日吉時 卒明永樂丁亥五年十二月初七日吉時 享壽七十六歲

妣　張氏　十二月廿二日忌神不知是生是卒之忌辰

妣　鄭氏　十二月廿日忌神不知是生是卒之忌辰

考妣三人合葬本縣三十三都紫帽山鷄籠山穴坐未向丑

三世祖 福觀公　湖山公長子

長遜　本派
長治　即學士公
長生　即心泉公

公行居一字顏孟號宣毅　生元順帝辛卯十一年十月廿五日吉時　卒明洪武廿

妣馬氏諱娘　生元昭宗癸巳年十二月初一日吉時　卒明永樂甲申二年正月初九吉時

考以耆宿執國政賦於京師棄骸於外是以生卒之月日時未詳

妣以衣冠當公骸合葬本縣卅三都紫帽鷄籠山二世祖墓壙左畔

四世祖 長遜公　宣毅公長子

眞生　李氏出　本鄉長房是其派
眞賚　李氏出　本鄉二房是其派
眞賜　鄭氏出　本派
眞回　鄭氏出　早夭無系

公行居一字孟文號毅齋　生明洪武甲寅七年九月初二日吉時　卒明正統甲子九年二月初九日吉時

妣池店李氏諱雉娘　生明洪武乙卯八年八月廿五日吉時　卒明永樂乙未十三年二月三十日吉時

妣鄭氏諱娘　生明洪武戊午十一年三月十七日吉時　卒明景泰丙子十九日吉　享壽七十九歲

考妣葬獅山埔官路下坐北向南

五世祖　真賜公　毅齋公三子

尚仁　字子慎　生明景泰乙亥年八月廿八日吉時　卒明正德丙寅年正月十一日吉時　公娶埔上李氏生子四　長啟發　次啟生　三克昌　四克隆

尚德　本派

尚義　子四　長喬遷　次喬陞　三喬新　四喬森

尚賢　字子檜　今東庫橋頭是其派也

尚智　子四　長天秩　次天敘　三日儼　四日警

公行居三字伯泰號素履　生明永樂癸卯年正月廿日吉時　卒明成化甲辰年正月初九日吉時

妣塘市諱　娘　生明永樂壬寅年八月廿七日吉時　卒明天順己卯年九月廿四日吉時

妣霞衢諱　娘　生明正統丁巳年十二月二日吉時　卒　年三月廿四日吉時

考妣三人合葬本鄉獅山宮路下

素履公次子

昊爵　今移坑穆猫即其派也

昊倫　本派

六世祖　尚德公

公行居二字于道號存性　生明天順丁丑元年九月十八日吉時　卒明嘉靖己丑八年十月初二日吉時

妣下衛陳氏諱勤裕　生明景泰乙亥六年十二月初一日亥時　卒明正德甲戌九年八月十八日吉時

考妣合葬赤墓口

後遷葬獅山埔官路下穴坐癸向丁

九世祖 天倫公 尚德公次子

休

章 本派

習

公行居二字汝重號勤朴 生明成化丁未廿三年八月初六日吉時 卒明嘉靖戊申七年八月初四日吉時

妣林氏號勤裕 生明 卒明嘉靖 年九月十五日吉時

考妣墓未詳

十世祖 日章公 天倫公次子

生 魯

公行居五字際傳號朝賓 生明正德庚辰十五年五月廿一日酉時 卒明 年三月十八日吉時

妣 未詳

墓准叉溪口土名虎仔山

九世祖　一魯公　應舉　日章公長子

公行居一字國參　名爵南　生明嘉靖辛丑廿年十二月廿四日吉時　卒明萬歷戊午四十六年正月初六子時

妣　陳氏號勤惠　生明嘉靖丁未廿六年九月十一日申時　卒明萬歷乙卯四十三年十月初五日亥時

萬曆四十七年戊午三月十四日丑時考妣合葬在南安三十三都加洋青龍山穴坐壬向丙兼子午

十世祖應舉公　一魯長子

昆斗

公行居一字爾賢號振樂 生明萬曆丙子四年六月廿二日未時 卒清順治辛丑十八年六月廿四日巳時

妣

陳氏號勤慈 生明萬曆丁丑五年二月初二日辰時 卒清順治丙戌三年二月十三日寅時

考妣合葬 本邑三十二都秀林山即浯垵

穴坐坤向艮兼未丑

乾隆辛丑四十六年十月重修

坐申向寅兼坤艮碑可為據

或疑內外向異譜中誌 君賢叔

敬錄以示子孫知之

十一世祖　光斗公

應擧公長子

炳朱　後茂口田洋

燦朱　無系

焙朱　本派

公行居一字昇甫號明南　生明萬曆癸卯卅一年十一月廿三丑時　卒清順治乙未十二年五月望吉時

妣南安徐氏號孝慈　生明萬曆丙午卅四年六月初二酉時　卒清順治辛丑十八年三月廿日吉時

考妣合葬本鄉土名山狗堂

穴坐甲向庚兼卯酉

後改葬坐甲向庚兼寅申

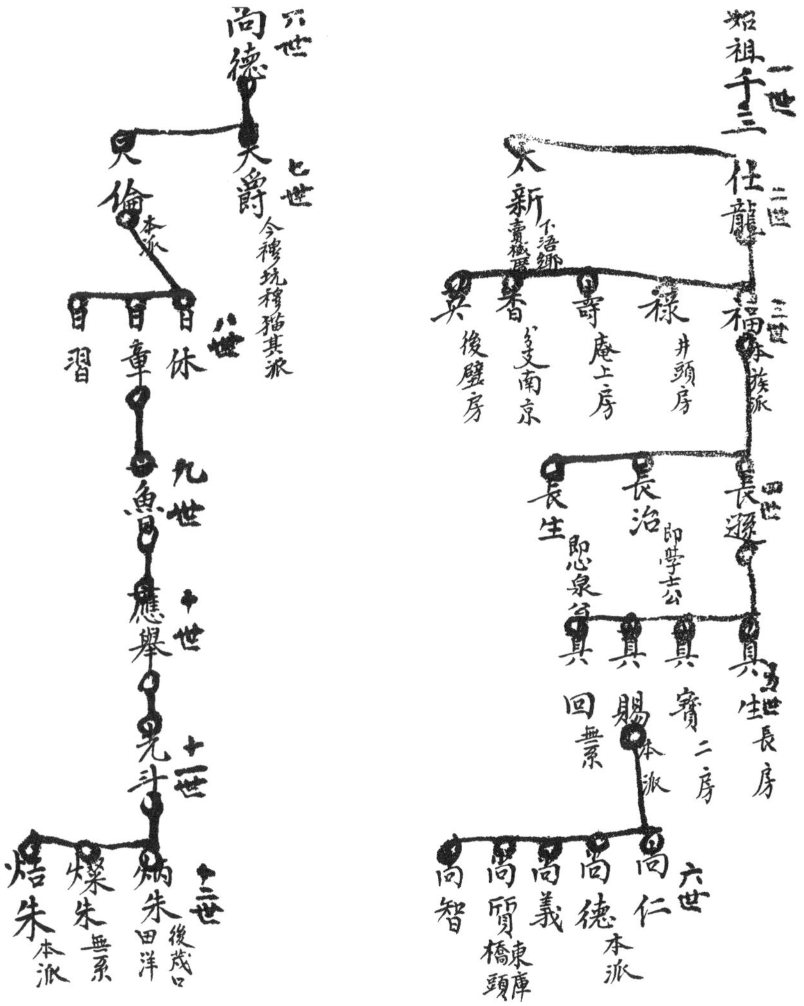
始祖 千三 一世
任龍 二世
大新
福 三世 本族派
祿 井頭房
壽 庵上房
後壁房
長遜 四世
長治 即學士公
長生
真生 五世 長房
真賓 二房
真賜 本派
真回 無系
尚仁 六世
尚德 本派
尚義
尚質 東庫 橋頭
尚智
尚德 六世
大爵 七世
大倫 本派
日休 八世
日章
日習
九世
應舉 十世
光斗 十一世
十二世
本派

第二世祖　焙朱公　　光斗公三子

庭寵　庭從　庭山　庭愷

公行居三字宗淦號肇豐　生明崇禎乙酉十一月十三日未時
卒清康熙辛卯六月廿七日子時

妣李氏諱寬娘號勤慎　生清順治四年丁亥六月初七日丑時
卒康熙廿七年戊申八月廿三日卯時

考妣合葬甌嶺鄉　坐乾向巽兼亥巳

十三世祖 庭愷公　　炷朱四子

奎珠柱尚

無系 號亞直 生清雍正甲辰二年五月初二日午時 卒清乾隆戊寅廿三年五月廿七日寅時

名引 居四 字孫惻 號覓仁 生清康熙戊辰七年正月初五日辰時 卒清乾隆辛未十六年二月廿二日酉時

妣南安西林朱氏 諱快娘 號淑慎 生清康熙壬申卅一年十月初八日辰時 卒清乾隆己巳十四年六月十九日午時

考葬西埔山坐北向南

妣葬陳瑛山新林埔坐北向南

十四世祖 珪公　　庭愷公長子

昔往臺灣淡水艋舺

名引 居一 字世 號亞白 生清康熙壬辰五十一年六月廿三日吉時 卒清乾隆丙戌卅一年四月廿日未時

妣曾村魏氏 諱 號勤順 生清康熙庚子五十九年十月十七日辰時 卒清乾隆癸亥八年二月廿五日辰時

續妣南安黃龍吳氏 諱背娘 生清康熙壬寅六十一年正月廿九日辰時 卒清乾隆癸未廿八年九月廿二日申時

考葬西埔山

焅朱公四房統系

庭愷公世系

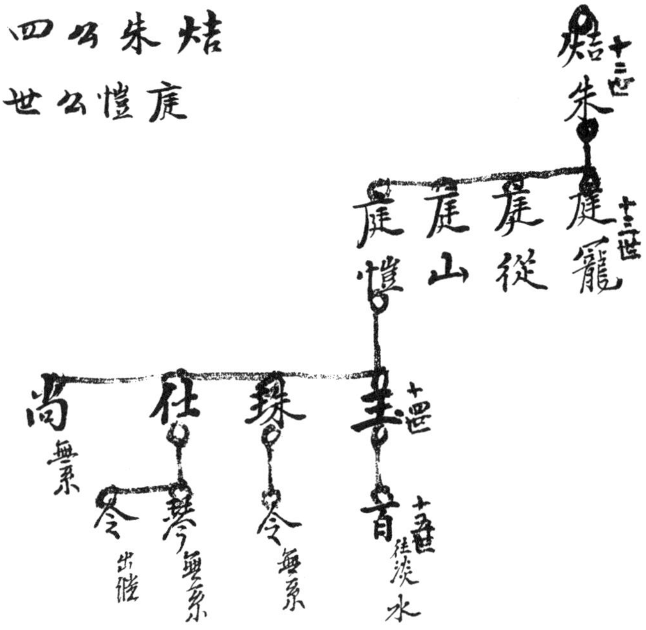

焐朱公長房統系
㢟寵公世系

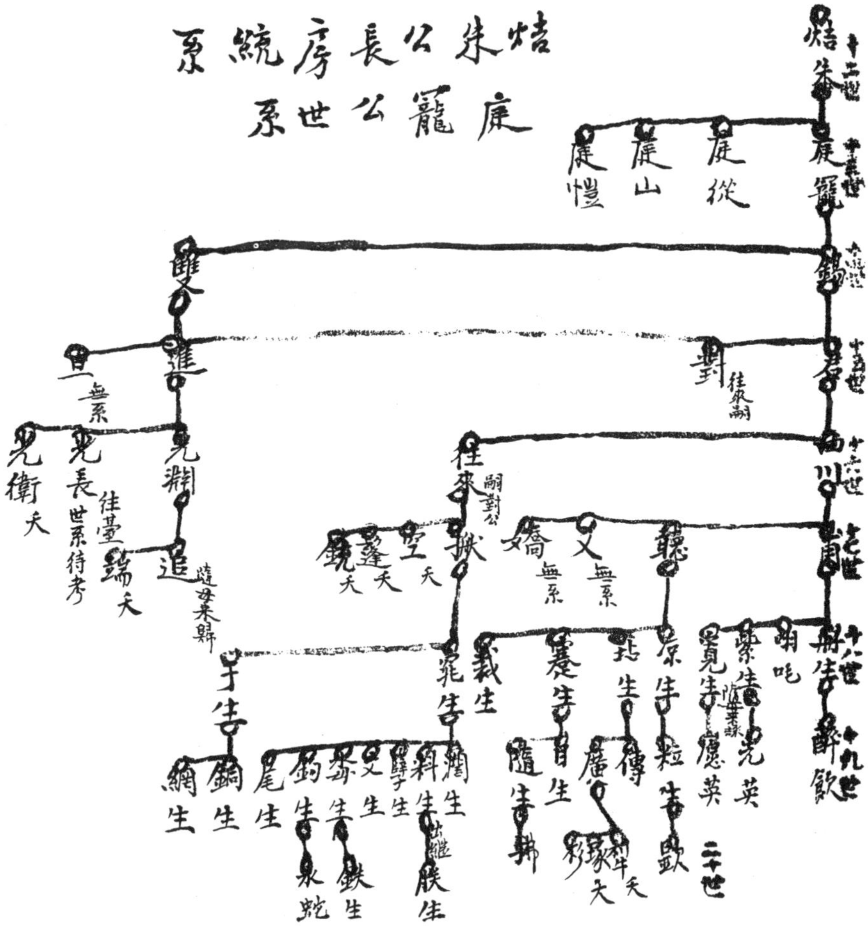

十三世祖　庭寵公（錫雙）　焙朱公長子

公行居一字孫香號承天　生清康熙己酉年三月初九日未時　卒清雍正戊申年六月廿五日巳時

妣庵上林氏號慈順　生清康熙辛亥年十一月初五日亥時　卒雍正乙巳年十二月十八日子時

考妣合葬陳璞山　坐西向東

十四世祖　錫公（君劉）　庭寵公長子

公行居一字世嘉號誠確　生清康熙庚午年六月初二日丑時　卒清乾隆辛巳年七月十五日未時

妣山頭陳氏號純懿　生清康熙戊寅年九月十四日巳時　卒清乾隆丙辰年三月初七日巳時

考妣合葬西埔山　後改葬陳璞山　坐西向東

廿四世祖　雙公　庚羆公次子

進

旦　無系

公行居二字世偶號敦厚　生清康熙壬申年八月十一日亥時　卒清乾隆丁亥正月初四日丑時

妣南安黃龍吳氏號柔嘉　生清康熙辛巳年六月十四日卯時　卒清乾隆辛卯年二月初六卯

考葬西埔山坐南向北

妣葬西埔山春洪公墓南　坐南向北

廿五世祖　君公　錫公長子

西川

往來　嗣對公

公行居一字克　號克君　生清雍正乙巳年二月二十日丑時　卒清乾隆丙戌年十二月廿七日亥時

妣林氏號勤慎　生清雍正戊申年九月初四日卯時　卒清乾隆己卯年五月十九日卯時

考妣葬西埔山　坐西向東

十五世祖　對公　律來　錫公次子

君公次子承祧

公行居二字克　號樸素　生／卒　清　雍正戊申／嘉慶癸亥　年　十一／六　月　廿五／初十　日　吉／未　時

考　葬　西埔山　坐北向南

十五世祖　進公　燮公長子

光淵　往臺灣

光長

光衛　夭　生／卒　清乾隆　甲申／壬寅　年　二／四　月　初八／十七　日　未／未　時　葬西埔山坐南向北

公行居一字克　號克愛　生／卒　清　雍正／乾隆戊申　年　三／四　月　十二／初八　日　午／正　時

妣青陽蔡氏諱改娘號嘉柔　生／卒　清　雍正癸丑／嘉慶壬申　年　八／七　月　初一／十八　日　吉／未　時

考　葬　西埔山　坐南向北

妣　葬　深巷尾　坐西向東

十六世祖　四川公　君公長子

公行居一字繩　號東泉　生清乾隆庚午年六月廿一日寅時　卒清嘉慶癸亥年五月初六日未時

妣小橋李氏諱績娘號裕厚　生清乾隆辛巳年四月廿八日辰時　卒清道光十年閏四月廿二日未時

考葬西埔小坐北向南

妣葬深巷尾坐西向東

甫　聰　文　嬌

十六世祖　往來公　君公次子　嗣對公

公行居一（立生父行）則居二　字繩往　號利　生清乾隆乙亥年正月初九日寅時　卒清嘉慶丁丑年六月初五日酉時

妣陳氏諱巧娘號嘉言　生清乾隆丁亥年十月十八日寅時　卒清道光丁未年十二月初七日酉時

考於道光十九年六月廿六日拾公骸葬西埔山坐癸向丁兼子午

妣葬西埔山坐北向南

撤　生清乾隆乙卯年三月初三日丑時　卒清道光己酉年三月初四日申時　亡在艋舺

堅　生清嘉慶戊午年六月廿三日寅時　卒清道光丁酉年九月十一日未時

逢　生清嘉慶己巳年三月初一日午時　卒清道光壬寅年七月廿四日申時　亡在艋舺

銳

十六世祖　光淵公　　進公長子

從劉氏來歸

進
錫　劉氏出

公行左一字繩泉號克深生清乾隆丁丑年十二月初一日吉時
卒清嘉慶己卯年四月十九日寅時

妣后圳坑謝氏諱戌娘號長姿生清乾隆年五月初十日辰時
卒清乾隆年十一月十八日午時

續妣浦西劉氏諱胡娘號為純生清乾隆乙酉年六月廿二日未時
卒清道光壬辰年三月卒日未時

考葬西埔山什班李厝墓邊左畔坐北向南

妣葬西埔山坐南向北
續妣葬陳瑛山坐西向東

十七世祖　甫公　　四川公長子

冊生
吻吒
紫生
覓生　從母來居長

公行左一字昭號厚重生清乾隆癸卯年五月初二日寅時
卒清咸豐戊午年十一月十四日子時

妣古福李氏諱慶娘號如意生清乾隆庚戌年十二月廿九日吉時
卒清同治五年十一月廿七日亥時

考妣合葬西埔山坐北向南

十七世祖　聽公　四川公次子

公行居二字昭　號恩聰　生清乾隆乙巳年六月廿三日卯時　卒清同治壬申年十一月廿七日辰時

深生　珐生　蹇生　栽生

妣砌坑曾氏諱素娘號恭柔　生清嘉慶壬戌年四月十八日午時　卒清光緒乙亥年十月廿七日卯時

考妣葬深巷尾　坐東南向西北

十七世祖　文公　四川公三子

公行居三字照　號希俊　生清乾隆己酉年十一月十五日寅時　卒清道光丁亥年四月廿四日未時

考葬西埔山　坐東北向西南

十七世祖　嬌公　四川公四子

公行居四字昭　號昭色　生清嘉慶己未年七月廿日吉時　卒清道光壬辰年六月廿三日巳時

考葬西山埔下大稚公園壙　坐西向東

十七世祖 追公 光淵公長子

公行居一字昭 號昭述 生 清乾隆壬子 八月廿五日寅時
卒 清道光壬辰年 三月廿 日未時

考葬 長潭岡 坐東向西

十七世祖 端公 光淵公次子

公行居二字昭 號 生
卒 年 月 日 時

考葬

十七世祖 撳公 往来公長子

兆生
子生

公行居一字昭 號剛健 生 清乾隆辛亥 年十二月初六日寅時
卒 清同治癸酉 年六月廿二日辰時

妣 赤西張氏諱 郤娘號靖恭 生 清乾隆癸丑 年十二月初一日亥時
卒 清咸豐辛亥年 二月廿九日巳時

廿八世祖 册公 甫公長子

諱歆

公行居一字穆 號

生清道光辛巳年十一月初八日巳時

卒清同治辛未年十 月廿三 卯時

妣青陽 氏諱寸娘號

生清道光己丑年七月初五日辰時

卒清

廿八世祖 紫生公 甫公次子

諱光英

胞弟明吒長子承祧

公行居二字穆 號抑素

生清道光丙戌年六月初四日辰時

卒清咸豐辛亥年二月廿二日戌時

考冀 深巷尾

十八世祖　㖿吒公　　甫公三子

晃英　出嗣紫生公

公行居三字穆毛號麟趾　生清道光壬子年八月初四日亥時
卒清光緒甲申年十月十四日酉時

妣古福李氏諱𥓂娘號　生清道光廿一年九月十七日戌時
卒清光緒甲辰年五月十七日辰時

十八世祖　寬生公　　甫公子　隨母來

愿英

公行居　字　號　生
卒　年　月　日　時

十八世祖　涼公　　聰公長子

糧生

公行居一字穆　號　生清道光甲申年八月廿五日酉時
卒清光緒己丑十二月十一日亥時

妣下浯吳氏諱親娘號　生清道光庚寅年七月廿九日酉時
卒

孝英

十八世祖　玷公　聽公次子

公行居二字穆　號　傳廣

生清道光丁亥年八月初十日午時
卒清光緒己卯二月廿四日巳時

妣青陽莊氏諱買娘

生清道光癸卯年六月十五日巳時
卒清光緒丙戌正月十七日巳時

十八世祖　蹇公　聽公三子

自生　隨生

公行居三字穆　號

生清道光甲午年九月初八日申時
卒清光緒甲午三月初二巳時

妣溜石謝氏諱孝娘號

生清道光戊申年九月初九日吉時
卒清光緒癸卯四月廿三酉

十八世祖　裁公　聽公四子

公行居四字穆　號

生清道道光戊戌年十一月十五日酉時

第八世祖　寵生公　掀公長子

潤生　料生（出繼）　孳生　文生　纂生　鈎生　尾生

公行居一字穆寵號
生清道光戊子年八月廿二日寅時
卒清光緒辛丑年八月初二日申時
妣娶邊林氏諱皮娘號
生清道光戊戌年七月初八日酉時
卒清光緒甲辰年五月初九日午時
考妣　葬　於民國乙卯年二月十四日改布山園
坐北向南　丑未兼艮坤

第八世祖于公　銅生　綢生　揪公次子

公行居二字穆　號　生清道光癸巳年十一月初四日巳時

妣溜石朱氏諱恕娘號　生清道光甲辰年三月廿四日戌時

第九世祖　醉飲公　冊生公長子

公行居一字進　號　生清咸豐庚申年八月廿一日丑時

十九世祖　先英公　明吒公長子

公初名一字進　號　生清咸豐戊午年七月十五日辰時

十九世祖　愿英公　寬公長子

公初名一字進　號　生清道光甲辰年七月初二日戌時

十九世祖 粒公 淙公長子

勛生

公行居一字進粒號清和 生清咸豐庚申年正月十一日申時 卒清光緒甲辰年六月廿二日

妣仕春陳氏諱妙娘號 生清光緒庚辰年七月廿九日辰時 卒清光緒丙申年四月廿四日酉時

十九世祖 傳公 玷公長子

拂生

公行居一字進傳號 生清同治戊辰年九月廿三日未時 卒清光緒戊戌年六月廿二日戌時

妣古福楊氏諱篤娘號慈惠 生光緒辛巳年七月廿九日午時 卒民國廿六年丁丑十月初一日寅時

妣 壽墓本山園頭

葬在山平路墘穴坐乾向巽兼亥巳

卄九世祖　廣公　琚公次子

[redacted]

牛生　生清光緒甲辰卅年五月廿九日申時　卒中華民國戊午七年六月十七戌時

瑑生　生清光緒丁未卅三年三月十一日卯時　卒中華民國庚申九年三月十一日亥時

彩生

公行居二字進廣號　生清同治庚午九年六月廿三日吉時　卒中華民國己未八年十一月廿日寅時

妣　陳氏諱娩娘號　生清光緒癸未九年八月初二日巳時　卒公曆二辛卯五月初十日申時

卄九世祖　目公　廣公長子

公行居一字進目號　生　年十二月廿三日吉時

卒　年六月初四寅時

妣孩灶吳氏諱芋娘　生　年六月十九

卒　年八月十四日時

孝　葬　卒山

妣　葬　卒山

廿九世祖　瀡公　撫生　褰公次子

公行居二字進瀡號
生清同治辛未十年七月廿一日申時　吉
卒中華民國己未八年六月廿九日
妣車厝王氏諱溫娘號
生清光緒戊子十四年
卒中華民國甲申三十三年七月十四日酉時
考　葬本山辟墓園頭
妣　葬仝上

廿九世祖　瀾公　寵公長子

公行居一字進　號
生清咸豐甲寅年十一月廿四日辰時
卒清光緒癸未年八月初一寅時
妣深坑王氏諱担娟號
生清咸豐丁巳年八月廿七日卯時
考　葬　深巷尾

十九世祖　料公　承嗣鬆蓬公爲孫　寵公次子

朕生　朝壽　朝應

公与二位妣于民国廿四年乙亥十一月廿八日什骸合葬在大石山下穴坐子向午兼癸丁

公行居二字進料　號景山　生清咸豐戊午年三月初八日巳時　卒清宣統己酉九月廿二日丑時

妣古坑李氏諱歇娘號　生清同治己巳年八月初四日吉時　卒清光緒甲辰五月初九巳時

續妣車唐王氏諱搁娘號受珠　生清咸豐甲寅年三月廿日辰時　卒清宣統庚戌

考葬本山塅邊橫路園　妣

續妣葬本山張厝墓後

十九世祖　孼公　寵公三子

公行居之字進　號　生清咸豐庚申年七月廿七日丑時　卒清光緒甲辰五月廿六日子時

十九世祖 文公　寵公四子

公副名四 字進 號　生清同治甲子年十月十六日丑時

十九世祖 奋公 鉄　寵公五子

公副名五 字進奋 號　生清同治辛未年六月初三日未時　卒 民國廿五年二月十八日吉時

妣 楊氏諱惜娘號　生清光緒癸未年十二月十八日吉時　卒清光緒甲辰年四月廿九日申時

續妣 菁莟王氏諱嫌娘號鳳惠　生清光緒己丑十五年十二月十三日巳时　卒于民国戊午七年

再續妣 孫灶吳氏諱娟　生清光緒丁酉廿三年七月廿五日巳时　卒于[illegible]壬子四月廿六日吉時

十九世祖　鈞公　泉蛇（水盒）　寵公六子

公行居六字進渭號盤溪　生清光緒丁丑年正月初八日未時　卒民國乙酉年五月十四日辰時

妣下茂吳氏諱走娘號　生清光緒丙戌年四月廿日未時　卒清光緒癸卯年五月初二日辰時

次妣鄭氏諱圭娘號　生　卒清光緒甲辰年五月初三日未時

三妣惠安林氏諱榮娘號　生清光緒辛卯七年三月廿日辰時　卒民國廿一年十元月初八日未時

十九世祖　尾公　寵公七子

公行居七字進尾號　生清光緒辛巳年六月初七日丑時　卒清宣統己酉年六月廿五日酉時

考　廣漳州七抒于此　民國乙卯年十四格骸葬于本山鞍邊囝

廿九世祖 鋼公 于公長子

公行居一 字進 號

生清同治壬戌年十月廿六日辰時

四 廿二

廿九世祖 綢公 于公次子

公行居二 字進 號

生清同治辛未年七月十六日未時

卒清同治辛未九月廿八巳時

[illegible]一十世祖朕公

名列居一，字朝朕，號

生清光緒乙酉十一年十一月初五日酉時

料公長子

[illegible]十世祖杉公

名列居三，字朝杉，號

生清宣統庚戌二年三月廿三日酉時

廣公三子

○二十世祖拂公 隨公長子

公行居一字朝拂號 生中華民国乙卯四年八月廿四日巳時

卒公元庚子年三月廿四丑時

孝男家國建平

○二十世祖歆公 粒公長子

二十一世考諱仁義 生民國丁丑年五月初四日子時 意公長子

卒共和壬申年六月十一日丑時

孝男来權 来福 孝孫有興 原配妻陳淑珠

公行居一字朝歆號 生清光緒庚子廿六年六月初三日卯時

卒於公元丁酉年九月十三日巳時

妣霞浯吳氏諱森娘 生中華民国丁巳六年

二十一世考諱拉土 生民國丙戌年二月初二日 原配妻賴碰治 意公次子

卒共和丁寅年十月三十日

孝男龍發 萬發

二十世祖鉄公

海公長子

公行居一字朝鉄號

生中華民国丙辰五年九月廿二日　時

卒于中華民国二十三年十二　初一日吉时

二十世祖水蛇公（水盒）

鈞公長子

公行居一字朝　號

生中華民国丙寅十五年九月初九日酉時

二十世祖　朝應公

清水　聰明　水彬

公行居二　生清光緒廿六年庚子十一月初八日子時

卒民國卅八年己丑四月初十日未時

妣磁灶吳氏諱佩娘号青悠生清光緒卅三年丁未十

初四日未時卒民国廿一年壬申十一月初五日亥時

穴八座癸向丁兼子午

二十一世清水　朝應公長子

長子培强　次子培展

公行居一　生民国十五年丙寅九月初十日戌時

續妣茂霞吴氏諱選娘號 生民國五年丙辰九月初七酉時

寬明

水濱

朝應公次子

二十一世 寬明

長子灿龍 二灿兴 三灿源

公行居二 廷字

生民國廿七年戊寅癸亥七月初八日辰時

妣惠安蔗前村鄭氏字美珠

生于民國二十九年庚辰年 二月初八日吉時

二十一世 水濟

朝應公三子

公行居三 廷

建良 建阳

生民國卅年辛巳正月十六日申時

26

妣新店李氏字丽芬

生于民國三十三年甲申二月初二日寅時

清水配妻

妣青陽莊氏字碧华

生于民國十九年庚午十一月初九日辰時

清水公長子

二十二世培强

公行居一孝字

生一九五四年乙未正月二十一日吉時

清水公次子

二十二世培展

公行居二孝字

生于一九六二年壬寅年八月十五吉时

二十二世炳龍

聰明公長子

公行居一孝字

生于一九六六年丙午九月二十六日申時

二十二世炳兴

聰明公次子

公行居二孝字

生于一九六八年戊申十二月初七卯時

聰明公三子

二十二世灿源

公行居三孝字

生一九七一年辛亥五月二十八日辰時

水彬公长子

二十二世建良

公行居一孝字

生于一九六五年乙巳九月初六日辰時

水彬公次子

二十二世建阳

公行居二孝字

生于一九六八年戊申正月十九日申時

焅朱次房統系

庭從公世系

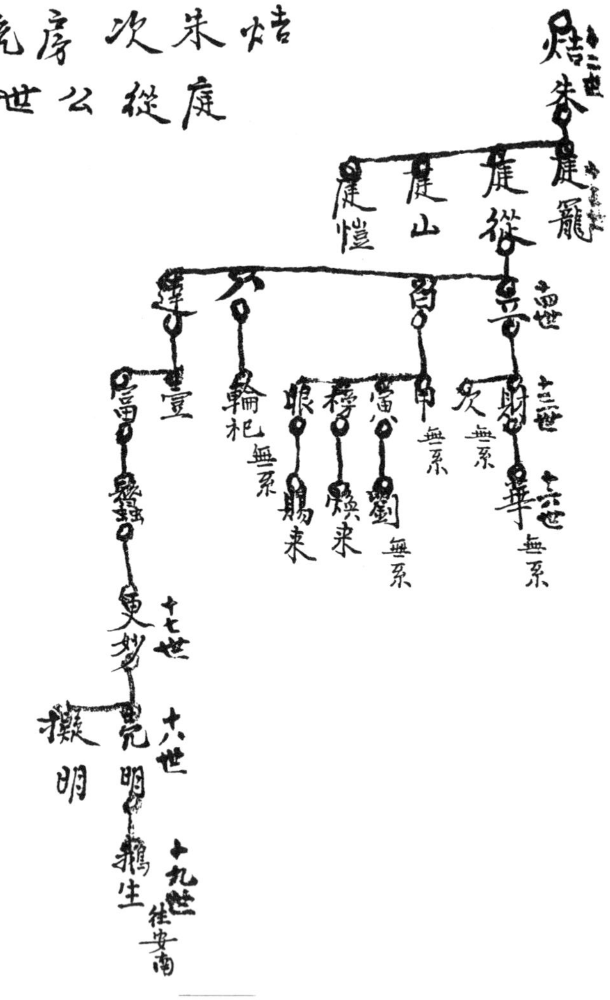

廿三世祖 庚從公 焅朱公次子

立 才 文 達

公行居二字孫進號榮昌 生清康熙乙卯年九月初八日未時 卒清乾隆丙寅十一月初二日未

妣本鄉邱氏諱娘號勤素 生清康熙己未年六月初四日未時 卒清乾隆癸酉十月初五酉

考妣合葬西埔山坐西向東

廿四世祖 立公 庚從公長子

次財

公行居一字世中號植德 生清康熙己卯年六月廿五日巳時 卒清乾隆辛未五十四日巳

妣冷水井蔡氏諱濯娘號仁慈 生清康熙辛巳年七月初十日卯時 卒清乾隆己卯四月十九未

考 墓 西埔山 坐北向南

妣

十四世祖　白公　庚從公次子

帛（夭）　寅　樗　娘

公行居二字世皓號義寶　生清康熙乙酉年十二月廿七日酉時
卒清乾隆乙卯年二月十七巳時

妣洋埭李氏諱衍娘號淑隨　生清康熙癸巳年三月初五日辰時
卒清乾隆丁丑年八月廿五日午時

考　妣　葬西埔山坐東向西

十四世祖　八公　庚從公三子

輪祀　無系

公行居三字世號世士　生清康熙壬辰年十二月十三日吉時
卒清乾隆辛巳年十二月二日酉時

妣浯垵周氏諱做娘號淑盈　生清康熙戊戌年十月初三日酉時
卒清乾隆己卯年四月廿七日未時

考　妣　合葬西埔山坐北向南　於嘉慶戊寅年將原穴改為坐東向西

十四世祖 達公 庭從公四子

行居四 字世人 號杏仁 生清康熙甲午年十二月初八日吉時 卒清乾隆甲辰年七月十九日午時

壹 富

妣蘇媽陳氏諱啟娘號淑貞 生清康熙壬寅年六月初三日午時 卒清乾隆庚辰年二月十八日卯時

考妣合葬西埔山坐西向東 嘉慶戊寅年五月初五日辰时改葬本山郭厝墓右肩上園中坐甲庚兼卯酉

十五世祖 財公 立公長子

華 無子

行居一 字克才 號振貞 生清雍正丙午年十月初七日吉時 卒清乾隆壬寅年四月三十日戌時

妣卓氏諱 娘號敦厚 生清雍正戊申年十月初八日酉時 卒清乾隆甲申年十月十六日戌時

考葬西埔山坐西向東

妣葬 山坪園中

十五世祖　寅公　劉　白公次子

公行居二字克號日賓　生清雍正甲寅年十二月卅日戌時　卒清嘉慶庚申年三月初四日辰時

妣王氏諱尾娘號歸善　生清乾隆庚申年十二月初六日戌時　卒清乾隆庚辰年二月十二日卯時

考葬水溝墘坐東向西

妣葬西埔山坐西向東

十五世祖　樗公　燦來　白公三子

公行居三字克號志觀　生清乾隆壬戌年十二月十六日吉時　卒清嘉慶辛酉年十二月廿八日吉時　續妣李氏出

妣陳氏諱孰娘號精姿　生清乾隆戊辰年七月廿八日巳時　卒清乾隆壬寅年三月廿五申時

續妣硎坑霞美李氏諱鸞娘號聲姿　生清乾隆辛未　卒清嘉慶己卯年七月十三日未時

考葬本山王厝墓邊坐北向南　嘉慶己卯年改葬西浦山義塚與寅伯仝葬坐北向南

妣葬深巷尾坐東向西

續妣葬西埔山坐北向南

十五世祖　眼公　鵬來　白公四子

公行居四字克策號　生清乾隆甲子年十一月廿六日辰時　卒清嘉慶丙辰年三月初七日卯時

妣林氏諱專娘號慈惠　生清乾隆丁卯　卒清嘉慶庚申年九月十三日巳時

考妣葬本山深巷尾坐東向西

十五世祖　壹公　無系　達公長子

公行居一字克利號　生清乾隆癸丑年八月廿四日　時　卒清乾隆甲辰年二月初五日

考葬墳　於嘉慶戊寅年五月初五日辰時將原穴

改葬西埔山義塚內穴坐甲庚兼寅申

碑字潘湖黃公祖塋

第五世祖　富公　蔡祖　達公次子

分刊居二字克有號大業　生清乾隆庚午年八月廿六日亥時　卒清嘉慶庚辰年八月初六日亥時

妣南安黃龍田中吳氏諱拱娘號慈素　生清乾隆庚辰年九月卅寅時　卒清道光乙未年四月十二日辰時

考葬本山郭厝墓边園中坐甲庚兼卯酉

妣葬本山郭厝墓边園中坐南向北

第六世祖　煥公　樟公長子

分刊居一字縄　號　生清乾隆己酉年十二月初二日未時

第六世祖　賜公　服公長子

分刊居一字縄　號　生清乾隆　年　月　日　時

十八世祖 亮公 遷安南

鵬生 在安南出 更妙公長子

公行居一字穆號 生清道光乙酉年十二月廿四日寅時

妣安南國女子 氏諱 生 年 月 日 時

十八世祖 擬公 更妙公次子

公行居二字穆議號 生清道光丁亥年十月廿九日巳時

庭罷
庭從
庭山
庭愷
冬生
海

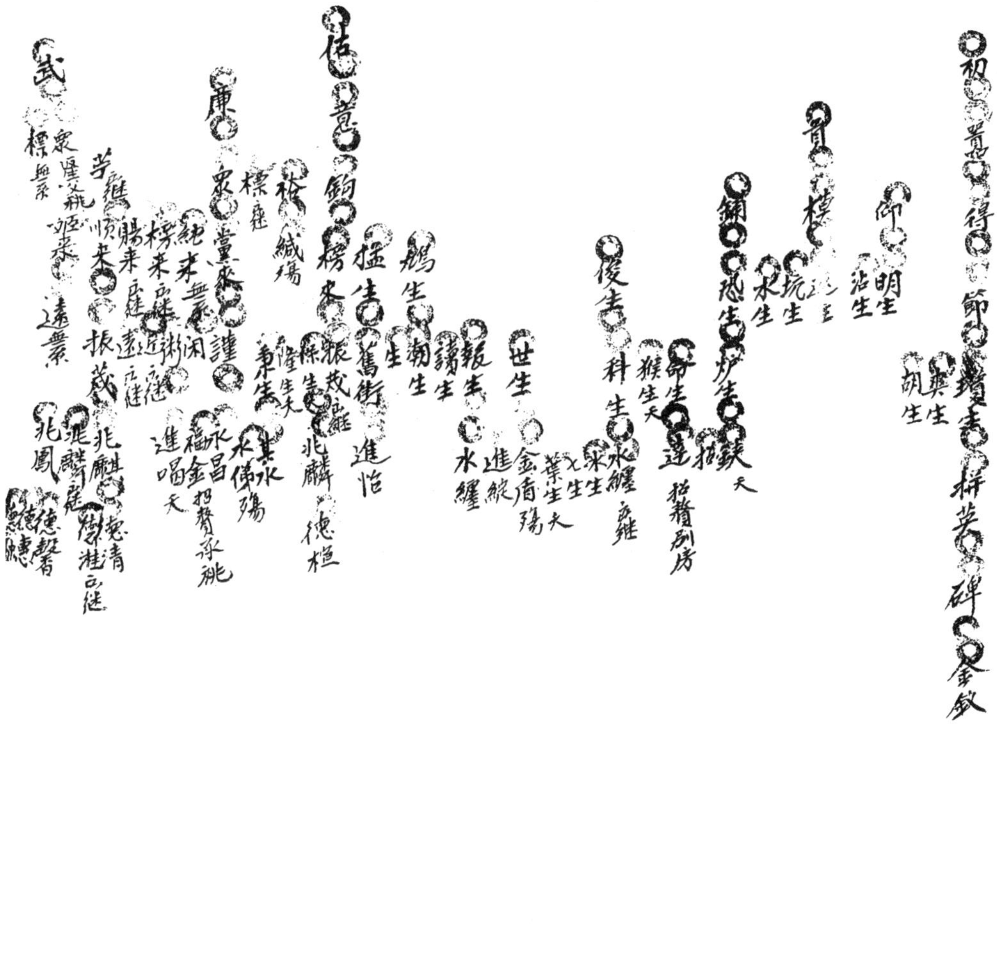

仰
明生
沾生
胡生
世生
水纏
進怡
德桓
進唱
承祧
招贅別房

十三世祖　庭山公　鄉飲大賓　焙朱公三子

恩賜頂帶
黃袍榮身

麟　香　莉　佑

公行居三字孫巖號厚朴　生清康熙己未十八年三月廿四日亥時　卒清乾隆甲申廿九年八月初十酉時

妣南安黃龍吳氏諱娘號淑慈　生清康熙戊辰廿七年七月十一日寅時　卒清乾隆辛未十六年十月十五日未時

考妣葬廿二都茂厝覆鼎山　坐艮向坤兼寅申

十四世祖　麟公　庭山公長子

天定（公元一九九九年二月廿九日移葬往營后山坐坤兼未丑）　天蘊　天閣　天齊　天卯

公行居一字世祥號國楨　生清康熙戊子四十七年六月初四日吉時　卒清乾隆丁未五十二年五月十三日未時

妣塘頭蔡氏諱勸娘號寬柔　生清康熙丙申五十五年九月廿九日戌時　卒清乾隆壬寅四十七年六月初五日亥時

考葬本山長潭園中穴坐巽向乾兼巳亥

妣葬廿二都園坂山土名后井山坐艮坤兼寅申　改葬深巷尾坐東北向西南

考妣同於咸丰八年改葬本山土名后壁墓道穴坐甲向庚兼卯酉

十四世祖 香公 庭山公次子

公行居二字世歧號正直 生清康熙癸巳五十二年十月初三日亥時 卒清乾隆辛卯卅六年十二月初七日辰時

妣赤塘林氏諱簪娘號純一 生清康熙辛丑六十年正月廿六日亥時 卒清乾隆壬子丢七年五月初七日丑時

考 葬西埔山坐北向南

妣 葬西埔山坐西向東

媽 無系 生卒清乾隆辛未十六、己酉丢十四年正月廿日未時

執 維 無系 生清乾隆辛巳廿六年正月廿九日丑時 卒清乾隆甲寅丢十九年五月初四日戌時

十四世祖 初公 庭山公三子

嘉 貫

公行居三字世號敦厚 生清康熙己亥丢十八年二月十九日巳時 卒清乾隆壬寅四十七年二月卅日未時

妣仙店李氏諱春娘號羗懿 生清雍正甲辰二年三月初七日戌時 卒清乾隆丙申四十一年五月十二日戌時

考 妣 葬西埔山坐北向南

十四世祖佑公　庭山公四子

意　廉　武　富

公行居四字世保號國祥　生清康熙壬寅六十一年四月十九日吉時　卒清乾隆丁未五十二年五月初七日未時

妣南安黃龍吳氏諱環娘號貞婉　生清雍正辛亥九年五月十九日亥時　卒清乾隆辛未十六年四月十八日丑時

考妣　於同治戊辰七年三月十三日合葬深巷尾園墘坐乾巽兼辰戌

十五世祖天定公　麟公長子

檜　賢

號渾忠　生清乾隆丁亥卅二年二月初二日亥時　卒清乾隆壬寅四十七年五月初八日卯時

公行居一字克　號秉厚　生清乾隆己未四年三月廿一日丑時　卒清嘉慶壬申十七年七月廿一日丑時

妣仙店李氏諱完娘號淑清　生清乾隆辛酉六年正月廿日吉時　卒清乾隆壬寅四十七年五月初六日巳時

考妣　葬西塽山坐西向東

廿五世祖天蘊公　麟公次子

款　塘

公行居二字克蘊號顯正　生清乾隆癸亥八年七月廿三日酉時　卒清乾隆戊申五十三年三月十三日未時

妣蔡坑莊氏諱神娘號淑智　生清乾隆乙亥廿年五月廿六日辰時　卒清道光己丑九年十二月廿八日未時

考葬西埔山坐東向西

妣葬按邊横路頂林厝墓下坐北向南

廿五世祖天闊公　麟公三子

惠　雲　岱　獺（出繼媽公）　琴

公行居三字克闊號步登　生清乾隆丁卯十二年四月卅日吉時　卒清嘉慶甲戌十九年三月二十二日酉時

妣黄坂蔡氏諱外娘號懿順　生清乾隆己卯二十四年正月十九日戌時　卒清嘉慶戊辰十三年十二月十八日酉時

考葬本山郭厝墓后改葬園坂后井山坐丙向壬兼午子與妣合葬

兆　同治己巳八年二月廿二日葬園坂坐丙向壬

十五世祖天齊公　麟公四子

樹　賢　章　根

公行居四字克家號修亭　生清乾隆辛未十六年七月廿八日子時　卒清道光辛巳元年十月初四亥時

妣烏石吳氏諱專娘號志一　生清乾隆戊寅廿三年七月廿九日酉時　卒清道光己亥十九年七月初四未時

考葬西埔山什班坐北向南

妣葬本山土名山坪頂坐乾向巽兼亥巳　同治戊辰七年三月廿日改葬陳璞山公園內坐乾向巽兼辰戌

十五世祖天郊公　麟公五子

註

公行居五字克郊號啟明　生清乾隆己卯廿四年十二月十六日卯時　卒清道光庚子廿年五月初四未時

妣陳店后坑林氏諱信娘號　生清乾隆庚寅卅五年五月廿七日亥時　卒清道光壬寅廿二年正月廿日未時

考合葬陳璞山自己園中坐西向東

妣　同治己巳八年十月廿一日改葬坐乾向巽　與仝媽息婦仝葬

〔福建晋江〕潘湖金墩黄氏廿四柵房族譜

十五世祖媽公　香公長子

嗣　堂兄天闇公四男承祧

公諱居一字克　號成進　生清乾隆戊辰十三年二月初二日吉時　卒清嘉慶戊午三年七月十九日吉時

考葬南埔山

十五世祖囂嘉公　初公長子

得　仰

公諱居一字克　號志應　生清乾隆甲子九年八月十五日亥時　卒清乾隆壬寅四十七年二月十六日寅時

妣惠安山兜郭氏諱濺娘號貞盛　生清乾隆己巳十四年二月初四日寅時　卒清道光壬寅廿二年四月廿三日申時

考葬海邊自己園后　坐北向南

妣葬陳埭山　坐西向東

五世祖　貢公　模　鏞　　利公次子

公行居二字克貢號希禹　生清乾隆己巳十四年九月廿一日寅時　卒清嘉慶丙子廿一年正月十三日巳時

妣坡邊林氏諱罕娘號貞鄭　生清乾隆甲戌十九年八月初一日吉時　卒清嘉慶甲戌十九年六月廿九日寅時

考葬深垵尾坐東向西

妣葬西埔山坐艮坤兼丑未

五世祖　意公　鈞　榕　標（出繼胞弟武公）　　佑公長子

公行居五字克誠號篤寔　生清乾隆戊寅廿三年七月廿二日寅時　卒清嘉慶丙子廿一年五月廿四日吉時

妣南安萬龍吳氏諱銀娘號勤德　生清乾隆丙子廿一年十月廿六日子時　卒清道光辛巳元年十一月[illegible]日戌時

考在臺灣承天府

妣葬深垵尾坐北向南　同治戊辰七年二月十二日改葬坐辰向戌

十五世祖廉公　佑公次子

男 衆
孚 出繼胞弟當公

公行居二字克潔號克裕 生乾隆辛巳廿六年十一月初五日酉時 卒清嘉慶四年十一月廿二日子時

妣南安坑園楊氏諱笑娘號端節 生乾隆甲申廿九年正月十二日辰時 卒清道光辛巳元年七月廿七日午時

考葬本山深巷尾 附 祖佑公仝壙

妣葬本山深巷尾什班上園坐丙向壬兼巳亥 同治戊辰年三月十三日改葬坐辰戌

十五世祖武公　佑公三子

男 衆 胞兄廉公長男承繼后返生父承祧
標 胞兄意公三男承繼

公行居三字克武號希智 生乾隆甲申廿九年九月廿一日卯時 卒清乾隆己酉五十四年正月十吉時

考葬在暹邏望國衙

十五世祖當公　佑公四子

子　脫元康公次子承繼

公行居四字克當號希仁　生乾隆庚寅卅五年二月廿七日酉時　卒清嘉慶辛酉六年五月十三日午時

葬　云在歐羅巴

十六世祖寶公

子發　字昭治　無系　生嘉慶戊辰十三年四月十二日吉時　天定公次子　卒清咸豐乙卯五年三月十七日酉時

公行居二字繩寔號敦信　生乾隆甲午卅九年五月初八日巳時　卒清道光庚戌卅年七月初九日午時

妣烏石吳氏諱吏娘號柔順　生乾隆壬寅四十七年七月初三日寅時　卒清咸豐乙卯五年四月初二日未時

葬　深巷尾　坐東向西

妣　與子發合葬　柳通井　坐西北向東南

同治八年寔公與吳吏娘及子發公合葬山坪

十六世祖款公

諱天 次弟塘公長男承繼 蘊公長子

公行居一字繩款號恩特 生清乾隆乙未四十年七月廿七日巳時 卒清嘉慶戊辰十三年正月十七日巳時

壽墓在卒山壬厝邊 坐東向西

十六世祖塘公

諱天 出繼胞兄款公 蘊公次子

公行居二 此賊不齒諸人以嫂為妻亂倫至極本不載之譜第因蘊公無嗣子姑就所生之子照行叙下以為后世子孫觀譜者戒 字繩塘號有材 生清乾隆壬寅四十七年七月廿九日亥時 卒清道光辛丑廿一年閏三月初四日吉時

妣陳埭丁氏諱救娘 生清辛亥年十月十五日吉時 卒清咸豐辛酉十一年八月十四日巳時

壽 妣墓西埔山 坐北向南

十六世祖惠公　閣公長子

公行居一字繩　號　生
卒 清乾隆庚子四十八年十二月十二日酉時

于民国廿六年丁丑仟骸遷在厝後目巳公园下穴坐乾向巽兼亥巳

十六世祖雪公　閣公次子

公行居二字繩　號　生 清乾隆己酉五十四年十二月十五日午時
卒 清道光丁未廿七年三月十二日吉時

与堂弟錦揚告祖及姪孫穆護仝作乙堆　公元一九八八年四月十一日　遷移西埔

十六世祖岱公　閣公三子

公行居三字繩　號　生 清乾隆壬子五十七年十月十二日酉時
卒 清嘉慶乙亥廿

考亡在艋舺街

十六世祖獺公　閣公四子　承繼堂伯媽公

公自生卒之年月日無考

十六世祖尋公　閣公五子

公行居五字繩　號　生
卒 清嘉慶癸亥八年十一月初九日時

十六世祖樹公 齊公長子

辮 出繼胞弟賢公

公行居一字繩木號怡松 生 清乾隆己亥四十四年五月初一日亥時 卒 清嘉慶戊寅廿三年五月十四日寅時

妣曾村魏氏諱奴娘號節儉 生 清乾隆壬子五十七年十二月初六日吉時 卒 清咸豐乙卯五年五月廿日午時

考葬南山三古園內 坐西向東 改葬西埔山 坐北向南

妣葬 同治己巳八年二月廿二日日改葬壬厝墓邊坐南向北

十六世祖賢公 齊公次子

辮 胞兄樹公次男承繼

公行居二字偉哲號超士 生 清乾隆壬子五十七年正月初六日亥時 卒 清嘉慶庚辰廿五年十二月十二日酉時

妣陳店后坑楊氏諱告娘號 生 卒 清嘉慶癸亥八年十二月初七日卯時

考葬山坪自己園中坐西向東 又葬西埔山坐北向南兼辰戌

同治戊辰七年二月廿四日改葬陳瑛山公園乾 坐乾向巽

妣于民国廿六年十二月廿九日龍骸葬在厝後公園下穴坐乾向巽

兼亥巳與堂伯雪公及姪孫穆蔭改合作乙堆

公元一九八八年十四月十日 廷移西補

十六世祖罩公　齊公三子

菁生　胞弟狠公長男承繼

公行居三字繩罩號雲集　生清乾隆乙卯六十年七月廿七日午時　卒清嘉慶庚辰廿五年八月廿九日丑時

考　在臺灣艋舺街未娶，後拾骸歸唐，同治己巳八年二月廿二日葬陳瑛山自己園中

十六世祖狠公　齊公四子

菁生　蘇氏出

助生

學生

公行居四字繩來號義勇　生清嘉慶庚午十五年十一月十九日亥時　卒清咸豐己未九年十二月十八日丑時

妣前埔蘇氏諱耽娘號和意　生清嘉慶壬戌七年十月廿四日未時　卒清道光甲午十四年三月廿二日午時

續妣烏吳氏諱雪娘號　生清嘉慶己未四年十月廿四日巳時　卒同治丁卯六年二月初四日寅時

考

妣　合葬陳瑛山尖西向東　同治戊辰七年改坐乾向巽兼戌辰

續妣　光緒九年二月初四日又改葬八

十六世祖詿公 冬生 邠公長子

公行居一，繩九，號繩輕。生乾隆庚戌五十五年十一月初九日酉時，卒清咸豐壬子二年五月五日未時。

妣陳店后坑林氏，諱罵娘，號儉約。生嘉慶丁巳二年四月初九日辰時，卒清道光丙午廿六年十二月初三日亥時。

考 葬骸在溪水膳岬

妣 葬 陳瑛山坐西向東

十六世祖得公 郎 贊器公長子

公行居一，字繩得，號益彰。生乾隆辛卯卅七年八月廿七日酉時，卒清道光壬辰十二年三月初二日丑時。

妣下輦曾氏，諱什娘，號　。生乾隆壬寅卌七年八月初七日吉時，卒清咸豐乙卯五年五月廿六日未時。

考 葬 西埔山坐東向西

妣

十六世祖仰公　明生　居生　賞公次子

公行居二字德　號青山　生乾隆甲午卅九年十二月初八日申時　卒清道光乙巳廿五年五月廿六日戌時

妣城內李氏諱法娘號儉意　生乾隆辛亥年八月廿五日卯時　卒清嘉慶乙亥年四月廿六日午時

續妣城內曾氏諱閒娘號柔懿　生嘉慶丁巳二年五月初二日吉時　卒清道光乙巳廿五年四月初三日寅時

考　葬　西埔山

妣　葬　安邊大墓園內　坐北向南

續妣　葬　西埔山

十六世祖　樸公　泉坑返　貢公長子

公行居一字德典號爾楷　生乾隆乙未四十年十月十七日寅時　卒清道光乙巳廿五年七月十四日丑時

妣陳埭丁氏諱痛娘號　生乾隆丙申四十一年六月廿四日戌時　卒清乾隆己酉五十四年

續妣陳埭陳氏諱欣娘號慣意　生乾隆壬寅四十七年三月初一日未時　卒嘉慶己卯廿四年五月初一日申時

考　葬　西埔山

妣　葬　安邊林大墓下園中　坐北向南

十六世祖鋪公　　~~恐傻鷹猛~~　　貢公次子

公行居二字繩鋪號厚重　生乾隆戊戌四十三年六月初十日巳時　卒清咸豐八年八月十三日卯時

妣陳埭陳氏諱看娘號勤儉　生乾隆辛亥五十六年九月廿二日亥時　卒清同治甲子三年七月廿五日巳時

考葬坡邊橫路坐北向南　改葬西埔尾

妣葬坡邊橫路坐北向南　光緒丁丑年十一月初四日寄葬

坡邊橫路坐癸丁兼子午

十六世祖鈞公　　意公長子

擇　堂弟衆公三男承繼

公行居一字德表號伯仲　生乾隆癸卯四十八年三月廿四日酉時　卒清道光癸巳十三年四月廿四日辰時

考葬西埔什班山

甲六世祖裕公　纖鴉　意公次子

公行居二字繩喻號繩義 生 乾隆丙午年十一月初五日酉時 卒 清道光癸巳十三年八月初四日未時

考 葬西埔什班山

甲六世祖眾公　廉公長子

熏來　繇來　榜來（出繼釣公）　鵬來（出繼學公）　哨來　婕來

公行居 字繩師號爾旅 生 乾隆甲辰四十九年七月十三日酉時 卒 清道光丙午廿六年十月初六卯時

妣營邊陳氏諱 薈號有身 生 嘉慶戊午三年五月十一日巳時 卒 清咸豐己未九年二月廿九日申時

考 葬 深巷尾自己園墘 坐東向西

妣 葬 太公（佑公）身邊 深巷尾

十六世祖標公　意公三子　承继肶伯武公

公行居一　在生父諭行州居一　字經　號　生清乾隆乙卯六十年四月十八日卯時　卒清道光乙酉五年六月初七日未時

考葬陳璞山　坐北向南

十六世祖學公　康公次子　承继肶叔當公

楫生　殀

見生　殤

公行居二　在生父行居二　字繩學　號素端　生清乾隆庚戌五十五年四月十六日辰時　卒清道光壬寅廿二年十二月十八日亥時

十七世祖辦公　樹公長子

護生

公行居一　字　號　生　年　月　日時

妣溪頭周氏諱圓娘　生　年　月　日時

十七世祖抱公　樹公次子　承继肶叔賢公

見生

不生

公行居一　在生父行居二　字貽光　號懷保　生清嘉慶甲戌十九年正月初六日丑時　卒清咸豐辛亥五年四月初八日未時

妣新街王氏諱嚴娘　號成謙　生清道光乙酉年九月十七日申時　卒清同治甲戌十三年九月廿九日申時

考葬大石山　坐北向南　同治戊辰七年三月廿日改葬陳璞山　坐乾向巽

妣光緒癸未九年三月初四日改葬路溝頂　坐亥向巳

十七世祖菁公　狠公長子

篤生　董生　叔生

公行居一字昭　號

生 清 道光丙戌六年十二月廿四日辰時
卒 清 同治丁卯六年二月十四日亥時

妣烏石吳氏諱好娘號永久

生 清 道光戊子八年八月廿四日辰時
卒 清 同治甲子三年二月十二日辰時

考合葬路溝坐東向西　同治十三年十二月改坐甲向庚申寅兼

妣一九七三年癸丑六月初八日改葬大石山穴坐丑向未兼癸丁未寅合乙堆

十七世祖的公　狠公次子

森生　槐生　酉生　務生　冬生

公行居二字昭　號

生 清 道光丙申十六年正月廿二日寅時
卒 清 光緒戊子十四年七月廿五日巳時

妣古福楊氏諱尾娘號

生 清 道光丁未廿七年八月初三日辰時
卒 清 光緒丁未卅三年四月三十日

考葬布山路溝公園頭

十七世祖宇公　根公三子

公行居三字炤宙號

生清道光癸卯廿三年六月廿二日未時

卒同治辛未十年五月廿日吉時

十七世祖節公　得公長子

瓊生

巽生

胡生

公行居一字昭　號丙遠

生清嘉慶戊寅廿三年三月十九日午時

卒咸豐戊午八年十月廿八日吉時

妣舊舖陳氏諱甜娘號

生清嘉慶丁丑廿二年十一月廿一日卯時

卒咸豐己未九年十月廿三日寅時

考往臺灣經營遇賊死難

妣葬[illegible]鄉仙境山前[illegible]

十七世祖明公　仰公長子

公行居一字昭　號

生

卒　年　月　日　時

十七世祖沾公　　仰公次子

公行居二字昭　號　生卒　年　月　日　時

十七世祖返公　　模公長子

公行居一字昭　號　生卒　年　月　日　時

十七世祖坑公　　模公次子

公行居二字昭　號　生卒　年　月　日　時

十七世祖水公　　模公三子

公行居三字昭　號　生卒　年　月　日　時

十七世祖 恐公 鋪公長子

爐生 命生 猴生

公引居一字昭懼號
生清嘉慶庚午十五年二月廿日亥時
卒清光緒庚寅十六年三月廿五日辰時

妣鯉洲鄭氏諱薰娘號儉約
生清道光辛巳元年二月十九日辰時
卒清光緒庚子廿六年十二月初一日午時

考于民国廿六年丁丑二月廿九日公媽各什骸
妣合葬只厝後自己公园下穴坐壬向丙兼子午
一九七三年癸丑六月初八日改葬大石山穴坐丑向未兼癸丁夫妻乙埕

十七世祖 俊公 鋪公次子

料生 世生 報生 讀生

公引居二字昭美號傑士
生清嘉慶丁丑廿二年五月廿三日辰時
卒清同治癸亥二年二月初二日卯時

妣舊鋪楊氏諱早娘號勤儉
生清道光乙酉五年九月十八日申時
卒清光緒辛丑廿七年五月廿二日戌時

考妣合葬 坐亥向巳兼壬丙

十七世祖鳩公
星潮生
鋪公三子

公行居三字昭　號納
生 清 道光壬午年二年正月十三日未時
卒 清 光緒庚辰六十十月十一日亥時

妣砌田張氏諱鹹娘號恭寬
生 清 道光癸巳十三年十一月十二日寅時
卒 清 光緒癸卯七十年閏五月初五日申時

考
妣
無嗣

十七世祖猛公
舊衔
鋪公四子

公行居四字昭成號敦素　海清
生 清 道光丁亥七年十一月廿六日酉時
卒 清 光緒丁亥六十二年十月十二日子時

妣御里蔡氏諱格娘號思淑
生 清 道光庚子廿年六月十五日巳時
卒 清 同治丁卯六八月廿四日未時

十七世祖黨公　象公長

謹生
閑生　承滙胞弟賜公
彩生　承滙胞弟姬公
遠生

公行居一字昭黨號達菴　生嘉慶庚辰廿五年三月十五日寅時
卒清同治丁卯六年四月十四日申時

妣車厝王氏諱粉娘號慈儉　生道光乙酉五年六月初十日寅時
卒清光緒辛巳七年五月廿三日亥時

考葬坡邊橫路

妣葬深巷尾

十七世祖純公　象公次子

公行居二字昭如號惟德　生道光壬午二年
卒清同治戊辰七年九月十四日吉時

考葬骸在臺灣淡水艋舺

十七世祖榜公

遷福州南台蒼前山對湖鄉

張茂 出繼胞弟順公

縣生 夭

隆生 夭

泉生

象公三子 一承繼堂伯鈞公

公行居一 行居三 左生父 字昭榜 號惟仁 生清道光乙酉五年二月廿三日巳時 卒清光緒壬寅廿八年正月廿一日吉時

妣延陵岩普吳氏諱趕娘素儉 生清道光癸丑十三年十月廿三日吉時 卒清光緒癸卯廿九年閏五月初五日壬時

考妣合葬 福州南台湖邊鄉黃牌山 坐北向南

十七世祖賜公

象公四子 承繼胞叔榜公

進生 胞兄黨公四子承繼

公行居四 承繼行則居長 字昭 號厚福 生清道光壬辰十二年八月十一日丑時 卒清咸豐戊午八年十月廿八日辰時

考往臺灣 逐 祖 遇賊沉殁海中

廿七世祖 順公 褱公五子

猴茂 胞兄穆公長子承繼

公行居五字昭順號順昌 生 清道光乙未十五年六月廿八日丑時
卒 清道光庚戌卅年九月廿八日丑時

考 葬 深巷尾

廿七世祖 姬公 衆公六子

還 胞兄黨公五子承繼

公行居六字昭遠號文章 生 清道光戊戌十八年八月初四日吉時
卒 清咸丰己未九年三月初四日辰時

考 葬 深巷尾

廿八世祖 護公 辨公長子

民国廿六年丁丑什骸与伯公绲雪及祖妣楊枑合作已堆 告
塋在厝後自己公园穴坐乾向巽兼亥巳 公元一九八八年四月十二日 迁移西埔

公行居一字穆 號 生 清 年 月 日 時
卒

十八世祖火生公　拋公長子

公行居一字穆如號益熱　生清道光癸卯廿三年十月初八日巳時　卒

十八世祖不生公　拋公次子

公行居二字穆亦號說平　生清咸豐辛亥元年正月初八日巳時　卒

十八世祖駕公　菁公長子

公行居一字穆駕號善御　生清咸豐壬子二年十一月初六日亥時　卒光緒甲申十七初一日寅時

考　往臺灣歿于淡水

十八世祖董公　菁公次子

公行居二字穆戒號　生清咸豐丁巳七年十月十六日未時　卒光緒己丑正月初二日戌時

民國廿六年二月廿九日拾骸與重弟穆璘穆冬合作一堆

考　葬本山　厝後路溝頂公園頭穴坐壬向丙兼子午段蓋大墓

廿八世祖汲公

諱坪 溪坪

菁公三子

公行居三字穆汲號 生清咸豐庚申十年五月初八日亥時 卒民國庚申九年六月十二日辰時

妣王氏名絹娘 深坑人 生清咸豐癸亥十三年五月十二日未時 卒宣統己酉元年五月十五日辛時

廿八世祖砵公

的公長子

公行居二字穆砵號 生清同治丙寅五年二月十三日辰時

廿八世祖視公

的公次子

妣李氏芬娘號順慈 生清光緒乙酉十一年十月十六日吉時 卒甲辰卅年五月廿五日申時

公行居二字穆視號 生清同治己巳八年十一月廿二日卯時 卒

壽往大年雄十卒月日時未詳

妣于民國廿六年丁丑班衣骸葬在厝後自己公園穴坐乾向巽兼亥巳

十八世祖四公　的公三子

海生　溪坪

公行居三字穆四號　生清同治癸酉十二年十一月廿四日卯時
卒中華民國庚午十九年七月初一日子時

妣古福楊氏諱緣娘號　生清光緒乙酉十一年十月初八日卯時
卒共和辛丑年六月初六日辰時

壽歿 小呂宋　享壽七十七歲在小呂宋

十八世祖疥公　的公四子

公行居四字穆檜號　生清光緒丙子弍年十二月十二日亥時
卒清光緒癸卯廿九年五月十六日辰時

壽塋本山路溝公園下穴坐壬向丙兼子午改塟大石山

十八世祖冬公　的公五子

公行居五字穆冬號　生清光緒甲申十年四月十二日亥時
卒清光緒甲辰卅年五月廿五日巳時

民國廿六年丁丑二月廿五日三位與穆董兄穆疥兄張氏嬤合作乙壙
公元一九七三年癸丑六月初八日改葬大石山穴坐丑向未兼癸丁堂兄穆董穆疥
三位合乙壙

廿八世祖瓊公　節公長子

拼英

公行居一字穆花號

生道光戊戌十八年九月廿四日午時

卒光緒戊寅四年六月廿八日午時

妣唐頭蔡氏諱担娘號

生道光十六年十二月十六日吉時

卒宣統元年五月初一日申時

葬往臺灣淡水　歿於淡水

廿八世祖爽公　節公次子

公行居二字穆　號

生清道光乙巳廿五年十月初七日吉時

卒清光緒癸未九年二月十七日吉時

葬路溝頂公園內

廿八世祖胡公　節公三子

公行居三字穆　號

生清咸豐辛亥元年七月廿七日寅時

卒清同治辛未十年十二月廿七日寅時

葬臺灣淡水

十八世祖秉公　榜公四子

其水殤

水俤殤

公行居四諱秉號秉之彝　生清光緒乙亥元年十二月十六日吉時

妣永春張氏諱攀娘號靜心　生清光緒辛巳七年四月廿九日酉時　卒宣統辛亥三年七月

妣葬福州南台鳌頭鳳嶺坐南向北

十九世祖海公　四畋公長子

公行居一字進海號　生清光緒丙午卅二年六月初二日辰時

享壽七十三歲卒共和解放戊午廿八年二月十四日巳時

妣浮橋吳氏諱玉娘　生清宣統己酉元年十二月十六日申時

十九世祖溪公 即坪　汲濒公長子

公行居乙字進溪號溪坪　生清宣統己酉元年六月廿六日　時
卒共和丙寅　十二　初三　亥

[illegible]

妣陳棣丁氏號出娘　生民國丙辰年五月初十日未時

生長子順留
三子火煙
五子朝智

十九世祖拼英公 即扁公　壇公長子

○碑

公行居一字進之俩號圓通　生清同治癸酉十二年正月十九　八　時
卒民國壬午卅　初二日

妣塗嶺厝陳氏諱噴娘　生清光緒丙戌十二年六月十八日　时
卒一九六九庚戌五月初七日酉時
享壽八十四與葬在大石山坐東向西

十　世祖爐公　招鋏（殤）　恐公長子

公行居一字穆　號

生清道光癸卯廿三年十月初十日亥時

卒清光緒戊子十四年八月廿四日吉時

妣浯潭李氏諱須娘號

生清道光乙巳廿五年十一月十一日辰時

卒

十八世祖命公　達（出繼嵩公）　恐公次子

公行居二字穆令號

生清咸豐甲寅四年七月十八日午時

卒

妣菜公洲吳諱儀娘號淑勤

生清同治癸亥二年三月廿四日午時

卒清光緒庚子廿六年六月初六日未時

孝往台灣棄骸於外

十八世祖猴公　恐公三子

公行居三字穆鐵號　生清咸丰丁巳七年正月初二日亥時　卒清

十八世祖科公　俊公長子

永生

來生

色生

業生　殤　生清光緒辛卯年十月初八日丑時　卒清光緒丙申年九月廿八日子時　六岁而殤　葬路墻坐東向西

公行居一字穆　號登瀛　生清道光丙午廿六年九月十六日辰時　卒清光緒辛丑廿七年五月十七辰時

妣高坑郭氏諱來娘號　生清咸丰辛酉十一年二月初二日丑時　卒

十八世祖世公　俊公次子

金盾　生正月三十日吉時　卒六月廿二日酉時殀

進縱

公行居二字穆　號序源　生清咸丰乙卯七年六月廿八日未時　卒光緒庚子廿六年六月廿六日丑時

妣溜石吳氏諱甘娘號儉德　生清同治戊辰七年九月廿日酉時　卒光緒庚子廿六年六月十六日巳時

十八世祖報公　俊公三子

子纏　胞兄長男承祀

公行居三字穆報號以直　生清咸丰戊午八年七月十八日未時　卒光緒庚辰六年正月廿日申時

孝　歿在金塔

十八世祖讀公　俊公四子

公行居四字穆　號　生清咸丰辛酉十一年三月卅日未時　卒六月廿六日吉時

十八世祖潮公　鳩公長子

公引居一字穆　號　生清咸豐丁巳七年十二月十五日寅時　卒清光緒戊戌廿四年二月十五日申時

十八世祖生公　鳩公次子

公引居二字穆　號　生　卒　年正月十六日　時

十八世祖舊街公　猛公長子

彩生　即恬

民国廿六年丁丑二月廿九日什骸与槐柳陳婉娘合作葬乙堆在大石山　穴坐癸向丁子午

公引居一字穆街號　生清同治甲子三年六月十二日亥時　卒清宣統己酉元年七月廿七日巳時

妣柴塔蔡氏諱姊娘號　生清光緒乙亥元年九月廿四日寅時

十八世祖謹公　　黨公長子

公行居一字穆　福金 泉昌　號　招贅

生清道光乙巳廿五年五月初五日巳時
卒清光緒乙未廿一　六　廿五　未時

妣唐曆唐氏諱殊娟號

生清咸丰庚申十年十月初六日巳時
卒中華民國廿六年六　太氏

孝　葬福州南台烟台山下　坐西向東

十八世祖開公　　黨公次子

公行居二字穆　號

生清道光丁未廿七年正月廿一日午時
卒清光緒癸巳十九　正　初九　寅

妣小橋陳氏諱除娘號峻良

生清同治三年甲子六月十七日吉時　卒民国卅年辛巳九月廿七日辰時　享壽七十八　葬在本山坡邊橫路
穴坐坎向南　茔改按獅山坡穴坐癸向丁兼子午

孝　棄骸廈門

十八世祖粥公　　黨公三子

進　喝　夭

公行居三字穆　號

生清道光己酉廿九年十一月初六戌時
卒清光緒癸巳十九　正　初九　寅

妣陳店楊氏諱綸娘號

生清同治癸亥二年十六月初一　辰時
卒　初三日

孝　葬福州南台倉前山禪臣行边

十八世祖近公　黨公四子承繼四叔賜公

進飛

公行居四字穆近號　生清咸豐癸丑三年正月廿三日寅時
卒清宣統己酉元年五月廿七日時

妣霞浯吳氏諱祝娘號　生清同治壬戌元年九月廿四日辰時
卒年十月初三日時

如妣福州許氏諱　號　生年十一月十五日時
卒年三月廿六日時

考葬如妣　氏合葬福州南台嶺后山山頂尾坐西向東

妣葬

十八世祖遠公　黨公五子承繼六叔姬公

公行居五字穆　號　生清咸豐丁巳七年六月十六日午時
卒清光緒戊戌廿四年九月初十日吉時

考葬福州南台烟台山坐西向東

橒公長子承繼五叔順公

十八世祖振茂公

兆麒　兆麟（出繼胞弟保公）　兆鳳　兆凰

公行五 字穆茂 號耀祖 生清咸丰丁巳七年十一月廿三日亥時
卒清宣統庚戌弍年九月廿七日丑時

妣增頭柳氏諱旺娘號貞一 生清同治己巳八年五月十五日辰時
卒中華民國九年七月卌四日未時

考 葬 福州南台湖裡區斗門鄉雞籠山坐南向北
中華民國己巳十八年十月初三日改葬於福州閩侯南台
湖裡區長安鄉長安山之陽 坐壬向丙兼子午洋
炭大墓牌用磨光青石字刻泉州黃公振茂喬梓

廿八世祖保公

飛麟 胞兄振蒼公次男承祧 榜公次子

公行居二字穆保號猪母 生 清 同治癸亥二 年十一月廿五日吉時
卒 光緒乙未廿

考 葬 福州南台程埔頭山坐東向西

中華民國十四乙丑年十一月十三日改葬 福州閩侯南台湖裡區

嶺后山趙氏祠堂邊坐西向東

廿八世祖隆公 榜公三子

公行居三字穆隆 號 生 年 月 日 時
卒

第九世祖招公　　爐公次子

公行居二字進　號　生　年　月　日　時

第九世祖達公　　命公長子

承祧別房

公行居一字進　號　生　年　月　日　時

十九世祖水公　科公長子

公行居一字進水號正直　生清光緒己卯五年二月初七日午時　卒清光緒己亥廿五年五月廿七子時

考葬山棚路溝壙坐北向南

十九世祖冰公　科公次子

公行居二字進冰號正平　生清光緒辛巳七年六月十六日亥時　卒

考往唉叻坡棄骸於外卒日無考

早九世祖七公　科公三子

公引居三字進七號

生清光緒丁亥十三年七月初七日辰時

早九世祖縱公　穆俊世公次子

子黃水精

公引居二字進縱號

生清光緒己亥廿五年七月初五日巳時

卒共和丙寅年四月廿五日未時

妣曾村魏氏諱越娘號

生清光緒戊申卅四年四月十七日寅時

卒共和庚午年十月廿六日辰時

魚

廿九世祖移公 即怡　舊街長子

長子娟民

次子振業

公行居一字進怡號　生清光緒己亥廿五年五月十三日申時

妣海尾陳氏諱娩娘號　生清光緒丁未卅三年十三月廿六日酉時　卒中華民国戊辰十七年三月初三日酉時

續妣車厝王氏諱　娘號　生中華民国丙辰五年十月十三日巳時

廿九世祖永昌公　謹公長子

公行居一字進昌號　生清光緒癸亥九年七月十四日子時　卒中華民國癸丑弍年四月十四日辰時

妣福州鄭氏諱妹娘號　生清光緒甲辰卅八年八月十二日子時　卒

考　葬　福州南台嶺后山趙氏祠堂邊坐西向東

十九世祖飛公　迈公長子

公行居一字進飛號　生清光緒癸亥九年二月廿三日吉時　卒

妣福州陳氏諱　生　年六月初四日　時　卒

考葬臺灣　殁台灣死期不詳

妣葬福州南台藤山鳳嶺坐南向北

十九世祖兆麒公　振茂公長子

德清

德淮　出繼兆凰公

公行居一字進仁號孝恭　生清光緒辛卯十七年九月十八未時　卒中華民國己巳十八年八月廿四日酉時

妣福州下渡陳氏諱月香號慈貞　生清光緒甲午廿年十二月廿日丑時　卒中華民國甲子十三年五月十三申時

考妣合葬福州南台嶺后山鄭氏祠堂邊墨西向東

廿九世祖兆麟公

振茂公次子 承繼二叔保公

德檀

公行居一 生父行居二 字進義 號悌和 生清光緒癸巳十九年八月十三日子時 卒中華民國戊辰十七年六月廿七日巳時

妣福州巷頭李氏諱 號惠貞 生清光緒甲辰三十年正月十一日寅時

考墓 福州南台獅頭山坐南向北

十九世祖兆鳳公

振茂公三子

德馨 德慧 德融 德徽 德秀 殤 德 寅殤 三歲

公行居三 字進禮 號忠賓 號金鐘 生清光緒乙未廿一年十月廿六日卯時 卒民國辛巳三十年十一月初八日亥時

墓在本山路溝尾王厝墓口邊穴坐午向子兼丁癸

妣福州達道劉氏諱金娘 號貞玉 生清光緒丙午卅二年九月初七日酉時

十九世兆凰公　振茂公四子

德滙　嗣胞兄麒公次子承繼

公行居四字進智號信人　生清光緒癸卯廿九年九月十三日寅時
卒于中華民國丙寅十五年七月十九日丑時

妣福州東窯翁氏諱　號　生清光緒戊申卅四年九月十二日辰時

考墓福州南台嶺后鄉坐西向東

廿九世祖福金公　謹公招贅之子

公行居　字　號　生清光緒戊子十四年五月初二日丑時

妣即永昌之妻因永昌歿該房無嗣子故招贅福金為謹公之嗣以奉宗祧

三十世祖

海公長子

公行居一字朝興號

生中華民國己巳十八年四月十三日酉時

三十世祖

海公次子

公行居二字朝發號

生中華民國辛未廿年三月初七日辰時

五十世祖德清公　兆麟公長子

公行居一字朝清號潔如　生中華民國丙辰五年正月初十日未時

妣福州嶺后趙氏諱　號　生　年　月　日　時

五十世祖德濉公　兆麟公次子承繼四叔兆凰公

公行居一（生父行居二）字朝濉號明如　生中華民國辛酉十年七月廿日辰時　卒中華民國二十年六

考葬福州南台嶺后鄉坐西向東

二十世祖德檀公　兆麟公長子

公行居一字朝檀號浩如生中華民國癸亥十二年三月十九日申時

二十世祖德馨公　兆鳳公長子

公行居二字朝馨號淳如生中華民國甲子十三年五月十五日午時

●二十世祖　德慧公　兆鳳次子

公行居二字朝慧號相如　生中華民國丁亥三十六年六月廿五日卯時

●二十世祖　德融公　兆鳳三子

公行居三字朝融號麗如　生中華民國辛未弍十年七月初六日戌時

二十世祖碑公

金釵 扁公長子

公行居一 字朝碑號

妣山光天莊氏 諱鏲娘號

生清光緒丁未年五月十一日申時

卒共和丁卯年十二月初七日午時

生中華民國癸丑弍年十月初八日子時

卒共和丙子年十二月十三日子時

孝男黄金釵

孝孫 國強 文化

曾孫 育蕙

迸餓

孝孫 甲子 文輝

曾孫 育謙

二十一世祖金釵公

碑公長子

公行居一

生民国廿二年甫七月十四日辰時

妣新唐頭吳香鹿

生公元辛巳年六月初四日巳時

二十世祖　德秀公　　兆國公四子

公行居四字朝秀號　如　生中華民國　年十二月十三日　時

〇二十一世祖迓餓公　　碑公三子

〇公行居三　　生民國卅十九年辛巳七十八日酉時

妣倉迓蔡氏　另名　玉梅

二十一世

廷口配妻

顯妣名伎娘吴氏生於民國辛未年八月廿三

日宝時卒于公元戊戌年八月廿五日子时

二十世順淄公　係是溪公長子

公行居一字名順淄　生民國丁丑年七月十九日午時

妣洋埭林氏字雨麗珠　生民國癸未年五月十一日巳時

生長水龍

次雨龍

二十世火煙公　溪公三子

公行居三字名火煙　生民国乙酉年十一月初十日子時

娶陈埭鄉丁氏名香姑生民国己丑年十一月初十日寅

長子榮灿

二十世智公　溪公五子

公行居五字名朝智　生民国癸巳年八月十九日辰時

長子瀚渝

娶西濱鄉林氏諱小森

二十世祖黄朝民

係黄進怡公長子

生於1944年甲申年十月十二日　時

長子黄金生

娶砌田村何氏諱楠娘

生於1948戊子年正月十五日　時

二十世祖黄振業

係黄進稻公次子

生於1947年丁亥年二月二十五日吉時

長子黄東銘出繼十七世高祖鴻公爲祠

次子黄鴻銘

娶湖美村陳氏諱烏妹娘

二十世祖　朝桒黄公　係料公長子

長子廷口　次子克海

生　年九月初二日

卒　年九月三十日

配妻　妣新葱吳氏　大霞吾人氏

生　年二月初九日

卒　年八月廿七日

二十一世祖　廷口黄公　係朝桒長子

不字江山諱孝培

生民國己巳年十二月廿七日　時

卒　年　月　日　時

配妻　妣侒娘吳氏　磁灶人氏

二十一世祖克海黃公 [illegible]

長子祥川　次子祥富　叁子祥澤

生民國癸酉年八月十八日辰時

卒共和丙子年六月初一日巳時

配妻 姚烏逃陳氏　南安石井人氏

生民國戊寅年正月初五日寅時

卒　　年　月　日　時

十四世祖珠公　庭愷公次子

名　胞弟仕公次男承繼　無系

公行居二字世　號至金　生清康熙乙未五十四年十月廿六日午時　卒清乾隆丙戌卅一年五月十三日酉時

葬　西埔山　與長兄玉公仝壙

十四世祖仕公　庭愷公三子

名琴　無系　出繼次兄珠公　無系

公行居三字世　號邀爵　生清康熙壬寅六十一年十月十七日寅時　卒清嘉慶丁巳二年七月二日丑時

妣南安黃龍吳氏　諱八娘　號双四　生清雍正庚戌八年七月十九日吉時　卒清嘉慶癸酉十八年七月廿五日老時

葬另穴　西埔山坐南向北

妣葬　本山深溝尾土厝墓后坐北向南

宗叔穆四公生平性勤樸而節省幼迫貧之力耕無以舒家用因遠[illegible]
而之小呂宋作小經營克勤克儉冀振家聲幸老天不負善良之篤志底
成殿僉一旦由小生理而擴及大經營囤積巨金榮光閭里及中華民國三年甲
寅葭冬公四十有二歲之時蔺載榮歸就故鄉建大厦屋址三間兩座（兩落）乙申（辛）
未卯酉以遺子孫為紀念焉至中華民國八年己未季春因岷邦生理擴暢公
為不得久羈故里如是携眷南渡正是能人事多勞力過度精神鑠損未
及返祖而仙逝於岷邦此公之餘憾也　公行居三室中楊緣（娘）性淑惠貞慈善主
内饋有才教子閭里敦睦而公之大業緣娘實成焉宗姪（鐘）感公之志有成因附誌
於譜牒供後世子孫觀譜興思而自競焉

宗姪金鐘謹撰

圖書在版編目（CIP）數據

海上絲綢之路文獻集成．民間譜牒編．第七輯 / 林楓主編．-- 福州：福建人民出版社，2024.7.
ISBN 978-7-211-09486-8

Ⅰ. K203

中國國家版本館CIP數據核字第2024XB2940號

海上絲綢之路文獻集成・民間譜牒編（第七輯）

主　　編　林　楓
責任編輯　張煜傑
美術編輯　白　玫
出版發行　福建人民出版社
電　　話　0591–87533169（發行部）
電子郵箱　fjpph7221@126.com
地　　址　福建省福州市東水路 76 號
經　　銷　福建新華發行（集團）有限責任公司
印刷裝訂　上海中華印刷有限公司
地　　址　上海市青浦區匯金路 889 號
電　　話　021–69213456
開　　本　787 毫米 ×1092 毫米　1/16
印　　張　276.25
版　　次　2024 年 7 月第 1 版第 1 次印刷
書　　號　ISBN 978-7-211-09486-8
定　　價　3200.00 元（共 8 册）